농민 권순덕의 삶과 기록

『아포일기』 4

개인기록
연구총서
8

농민 권순덕의 삶과 기록

『아포일기』 4

이정덕 · 소순열 · 남춘호 · 임경택 · 문만용 · 안승택
이성호 · 손현주 · 이태훈 · 김예찬 · 박성훈 · 김민영 편

전북대학교 출판문화원

이 책은 2014년 정부(교육부 사회과학연구지원사업)의 재원으로 한국연구재단의 지원을 받아 수행된 연구임(NRF-2014-S1A3A2044461)

서 문

지난해 우리 연구팀은 경북 김천의 농민, 권순덕의 1969년부터 1985년까지의 일기를 모아 『아포일기』 1, 2권을 출간한 바 있다. 그리고 꼭 일 년 만에 그 이후의 일기(1986~2000)를 세 권의 책으로 묶어 『아포일기』 3~5권을 펴내게 되었다. 우여곡절을 거쳐 전라도의 연구팀이 경상도의 농민을 만나고, 그의 삶의 궤적을 고스란히 담은 「일기」 원본을 송두리째 건네받은 지 만 2년여 만에 한 시골 농부의 30여년의 생활 기록을 완간할 수 있게 된 셈이다.

「일기」 속에서 권순덕은 20대의 청년에서 50대의 장년이 되었다. 일기를 쓰기 시작한 1969년, 그는 막 군에서 제대하고 돌아와 '무엇을 해서 먹고 살 것인가'를 고민하던 가난한 농촌의 청년이었다. 그로부터 30년이 지난 1990년대 후반에 그는 군에서 제대한 아들의 장래를 걱정하는 50대의 아버지가 되어 있다. 통상 한 세대를 30년으로 가늠한다는 점을 감안하면, 『아포일기』 1권에서 5권까지는 딱 한 세대가 지나온 만큼의 세월이 담긴 역사책이다.

그 사이 권순덕은 도시로 나가겠다는 꿈을 접고 고향마을에서 농사를 짓기 시작했다. 남의 땅 농사가 대부분이었던 영세 소작농으로 출발한 그는 30년 후 마을에서 가장 넓은 면적을 경작하는 부농의 한 사람이 되었다. 20대에 부모를 여읜 그는, 이제 결혼을 해서 세 자녀를 둔 부모가 되었다. 같은 기간 동안 직접 나무를 잘라 와서 닭장을 짓고, 순전히 손노동으로 논밭을 갈던 경작방식은 경운기, 이앙기, 직파기, 트랙터를 이용하는 기계화 영농으로 전환되었다.

우리 연구팀이 일기 등의 개인기록에 주목하는 가장 큰 이유는 한국사회의 압축 근대 경험을 개인의 일상생활 수준에서 확인하고자 하는 데 있다. 국가의 근대화정책과 시장의 확대를 통해 가능했다고 일컬어지는 이른바 '고도성장기' 동안에, 그 속에서 또는 그 이면에서 고도성장의 속도에 적응하기 위해 숨이 가빴을 민중의 일상사를 통해 한국 근현대사를 재구성하는 것이 우리 연구팀의 주요 연구 목표이다. 우리는 개인의 일상적 기록 속에서 다양한 근대적 삶의 경제적, 정치적, 사회문화적, 심리적 유형들을 찾아볼 수 있을 것이라고 기대했고, 이러한 기대는 지금도 유효하다. 특히 수십 년 동안의 생애 과정을 매일매일 빠짐없이 적은 일기는 그 자체로 한국 근현대사 속의 작은 역사이다.

『아포일기』 1~5권은 햇수로 32년의 기록이며, 입력한 원문의 양은 A4 용지 약 3천 매

분량이다. 이것은 어지간히 심지가 굳고 독하지 않은 사람이면 도저히 엄두를 낼 수 없는 분량의 기록이다. 어쩌면 한 개인의 삶을 이렇게 꾸준히 자세하게 기록해 놓은 자료는 어디에서도 찾아보기 힘들 것이다. 이것이 우리 연구팀이 주목하는 일기의 역사적 가치라 할 수 있다.

『아포일기』 속에서 권순덕은 나이가 들어가고 새로운 가족을 이루고 땅을 넓히고 새집을 짓는다. 농사일 뿐 아니라 건설공사 현장의 노동자가 되기도 하고, 자영업자가 되기도 했으며, 열심히 일을 해서 "젊은 시절에 기반을 잡겠다"는 꿈을 이루어 부농이 되었다. 그렇지만 「일기」에서 발견할 수 있는 중요한 사실은 그와 가족의 피땀이 밴 노력과 그 결과로서의 경제적 성장에 그치지 않는다. 오히려 짧은 시간에 이룩한 (가계의) 고도성장과 그것을 위해 투자한 육체적・물리적 노고 자체보다, 그 과정에서 터득하게 되는 한 농민의 인식과 태도, 삶의 지식 그리고 그에 기반한 행동과 적응 양식에 대한 지시와 암시가 일기 자료의 가치를 한층 더 높여준다 할 수 있다.

우리는 이와 같이 전례없이 급속하게 진행된 물질적・양적 성장과 지적・정신적 변화, 그리고 이에 동반되는 형식적・제도적 변화와 규범적・윤리적 변화 등을 통틀어 '압축 근대성'이라고 부르기로 하였다. 『아포일기』에서 권순덕은 한 세대 내에서 빈농에서 부농으로 그리고 소작농에서 임대농으로, 손노동에서 기계화 영농으로, 농민에서 노동자로 자영업자로 변모했으며, 마을에서 가장 좋은 집을 짓고 가장 넓은 면적을 경작하는 농민 중의 한 사람이 되었다. 그리고 그만큼 소득이 늘어 도시에 아파트를 구입하고, 자녀들이 도시로 나가 자리잡을 기반을 마련해 줄 수 있었다. 이를 기반으로 초등학교밖에 마치지 못한 그의 자녀들은 모두 대학을 마치고 도시 중산층으로 변모할 수 있었다. 가히 '압축성장'이라 할 수 있는 그의 생애는 자신과 가족의 초과노동을 통해서 이룩될 수 있었다는 점에서 한국사회의 고도성장 과정과 빼다 박은 듯이 닮아있다.

경제적으로 안정된 기반 마련을 목표로 삼았던 권순덕의 생활태도는 절약과 근면, 성실로 요약될 수 있다. 이러한 그의 삶의 태도는 자신 뿐 아니라 가족과 이웃, 전체 사회에까지 확대 적용되었다. 그에게 낭비와 무절제는 비도덕적인 것이어서, 88올림픽을 맞아 흥청거리는 사회 분위기도 분수를 모르는 짓이었다. 근대적 규범이라 할 수 있을 이러한 그의 생활태도는 자신의 경제활동에서는 한층 과도한 양상을 띠고 나타나고 있다. 자신을 혹사하는 초과 노동에 대해서는 이미 앞에서 언급한 바 있지만, 그 외에도 농업생산을 늘리기 위한 그의 노력은 영농기술의 습득, 모험적인 기계화, 농약과 비료의 과도한 살포 등으로 표출되기도 하였다.

이미 1980년대 이전부터 농산물 가격에 민감했던 그는 과일 가격이 높은 도매점을 찾아 물건을 내기도 하고, 자신이 재배한 농산물을 직접 시장에 가지고 가서 판매하기도 하는 등 소득을 높이기 위한 다양한 방책을 찾았다. 1990년대에 이르러 부농의 지위에 오른 그는 토지가격을 높이는 개발의 효과에 민감해지고 도시의 아파트를 구입하는 등 부동산의 가치를 인식하게 되었다. 생산을 늘리고 소득을 높이기 위한 기술과 투자, 농협 융자의 활용 등의 정보를 습득하고 활용하는 데에서 그는 누구보다 활발하고 적극적이었다. 이러한 개인의 태도와 행동의 변화에서 우리는 근대적 성장의 속도와 방향에 적응하려는 농민의 생애 과정을 발견할 수 있다.

그러나 『아포일기』는 그의 세계관 속에서 변하지 않고 지속되는 두 가지 특징을 보여준다. 하나는 농업에 대한 비관적 태도이고, 다른 하나는 가족과 자녀, 형제들을 범위로 하는 가족주의의 이념이다. 그가 20대의 젊은 시절에 지녔던 도시 이주의 꿈은 긴 모색 끝에 좌절되었다. 그러나 이 꿈은 수십 년 동안 잠복해 있다가 자녀들의 미래에 이전되어 나타났다. 그는 자녀들을 어떻게든 대학까지 가르치고, 도시에 나가 살게 해야 한다는 생각을 한시도 포기한 적이 없었다. 결국 그는 도시 생활의 꿈을 자녀들을 통해 성취하였다. 그리고 여기에는 그의 가족주의 이념이 굳게 자리하고 있다. 젊은 시절부터, 특히 부모를 여의면서 형제의 공부와 경제적 안정에 대한 부담을 감추지 않았던 그는 결혼 이후 늘 부인과 자녀들의 건강, 학업, 취업, 결혼에 깊은 관심을 보이고 있었다. 결국 그의 과도한 자기 착취적 노동과 소득 증대에 대한 집념은 형제애와 가족애를 기반으로 하는 것이었다 할 수 있다.

『아포일기』에서 나타나는 이러한 그의 양가적 인식과 태도 그리고 행동들을 우리는 '압축 근대성'의 한 측면으로 이해하고자 한다. 우리 연구팀은 이와 같은 개념틀을 토대로 『아포일기』에 대한 본격적인 분석을 이제 시작하려 한다.

2년에 걸쳐 32년 치의 『아포일기』 원문을 해독하고 입력・교정하는 작업은 쉬운 일이 아니었다. 늘 우리 연구팀원 중 누군가는 다른 일을 뒤로 미루고 이 작업에 매달려 있지 않으면 안되었다. 특히 이 길고 지루한 수공업적 작업은 연구팀의 보조연구원 네 명의 희생적인 시간 투자를 통해서만 가능할 수 있었다. 이 자리를 빌어 이들에게 감사 인사를 전한다.

『아포일기』 1, 2권과 마찬가지로 김천 현지의 사정이나 풍속, 언어 등에 관해서는 김천문화원 송기동 사무국장께서 큰 도움을 주셨다. 무엇이든 필요한 일이 생길 때마다 찾아가거나 전화를 거는 우리 연구팀에 송 국장께서는 언제나 한결같이 정성을 다해주셨다. 다시 한번 감사드린다. 아울러 이번에도 막대한 분량의 일기 원문을 통독하고 해제 원고를 써주신 전북대학교 BK21사업단의 진명숙 박사께 감사드린다.

자신의 생애 기록을 선뜻 내주신 일기의 저자 권순덕 옹께 우리 연구팀은 큰 빚을 지고 있다. 하지만 우리가 드릴 수 있는 것은 이 일기가 어떤 이유로든 오용되거나 오독되지 않도록 조심하겠다는 약속뿐이다. 덧붙여 일기가 우리사회의 근현대사를 재구성하는데 중요한 자료로 활용될 수 있도록 우리 연구팀 모두가 최선을 다하겠다는 약속도 함께 드린다. 특히 옹의 자택을 방문했던 어느 날, 따뜻한 점심상을 차려주신 부인 이윤심 여사께 특별한 감사를 드린다. 우리는 그날 어쩔 수 없이 점심을 두 번 먹어야 했지만, 여사의 마음이 담긴 음식를 하나도 남기지 않고 다 먹을 수 있었다.

끝으로 어려운 상황에서도 선뜻 일기의 출판을 맡아주신 전북대학교 출판문화원에도 감사드린다.

2015년 6월 30일

연구팀을 대표하여 **이성호** 씀

아포일기 4 **목차**

농민 권순덕의 **삶과 기록**

아포일기

아포일기 1 **목차**

제2부 아포일기❶ (1969년~1974년)

아포일기 2 **목차**

제1부 아포일기❷ (1975년~1985년)

아포일기 3 **목차**

제2부 아포일기❸ (1986년~1990년)

〈일러두기〉

1) 원문의 한글 표기는 교정하지 않는 것을 원칙으로 하였다.
2) 뜻풀이가 필요한 경우에는 [ ], 빠진 글자는 { } 표시를 하여 뜻풀이를 하거나 글자를 채워 넣되, 첫 출현지점에서 1회만 교정하였다.
3) 설명이 필요한 용어나 문장에는 각주를 달아 설명하였다.
4) 해독이 불가능한 글자는 □ 표시를 하였다.
5) 일기를 쓴 날짜와 날씨는 모두 〈 〉 안에 입력하되, 원문에 음력 날짜가 기입되어 있는 경우에는 〈 〉 밖에 입력하였다.
6) 날짜 표기에 쓰이지 않은 문장 안의 〈 〉 표시가 나타나는 경우는 저자가 기입한 것으로, 이는 따로 바꾸지 않은 채 그대로 두었다.
7) 원문 안의 ( )는 저자가 기입한 것이다.
8) 일부 일기 안의 인명은 인권 보호를 위하여 가명으로 처리하였다.
9) 자료에 거명된 사람에 관련된 정보는 학술적 목적 이외의 용도로 사용할 수 없다.

아포일기 ❹

(1991~1995년)

농민 권순덕의 **삶과 기록**

아포일기

▌1991년▐

〈1991년 1월 1일 화요일 날씨 비〉
"오늘은 달희 아래채에 일은 스레트 하두록 할 준비을 안전히 하여주어다. 그리고 금년을 복을 받는 기분으로 마음의 엄숙을 가지노라고 말을 하고 십프며 또 올해는 우리 운이가 반성을 하는 아이로 변한다면 이 아빠의 소망은 더 바라지 않캐노라고 크게 말을 하고 십노라. 올해의 소망이 아니라 자신의 평생 소망이라고 말을 하고 십프며 우리 운이가 재발 속을 썩이는 일이 업쓰며 평범 아이로 잘라준다면 더 욕심을 부리지 않캐다."
지출에 … 감기약 1,800원

〈1991년 1월 2일 수요일 날씨 맑음〉
추이가 몰려와 겨울맡을 보이는 너킴이며 올해는 겨울이 업는 감을 가지왔는데 오늘은 참바람이 불어오니 오늘은 몸이 움츠리어저는 날이 돼고 잇다.
오늘은 기온은 별료 내리가지 안아따고 생각을 하는데 참바람이 불어서 자신은 휴식을 한 샘이다.
지출에 … 아들 과자 1,500원

〈1991년 1월 3일 목요일 날씨 맑음〉
오늘은 동내방에서 화토노리 업시 자잠[좌담]으로 시간을 보내쓰며 자담 주제는 정치문재의 이야기들이다. 오늘같이 자담을 하면서 놀며 좋게는데 안저며 화토노리를 하여서 친구 돈 따먹기을 여사로 아는 버릇이 모두들 넘어 좋아해서 극정이 돼는구나. 오전에는 낡씨가 찹바서 들래 가서 일하기가 그북하니 다들 오전만이 동내방에서 휴식을 치하고 잇다.
"그리고 금년에 매상을 정부에서 다 바다주지 않으니 금년에는 땅 팔려고 내논 사람이 수도 업고 갈림 논도 수도 업쓰니 농촌이 이르게 변할 줄이야 꿈에도 생각을 못하여쓰며 이것들이 정부 정치가들이 정치는 뒤로 하고 자기들키리 자리싸움 하고 잇쓰기 때문에 개핵성 업는 정치을 하여키 때문에 사전에 준비도 못하고 현실로 부탁치는 농민의 가슴에는 음청난 상쳐을 어떠게 치우을 할련지 힘업는 농민들은 고스란이 당하고 마는 심정 그 누가 알라주리. 그리고 농민들은 팔고 전업을 할려고 하여도 땅들이 매매가 돼지 않으니 한탄의 소리밖에 업꾸나."
지출에 아빠 감기약 1,800원 민정이 집배
과자 2,000원 차비 560원
計 4,360원

〈1991년 1월 4일 금요일 날씨 맑음〉
금일은 낡씨가 차지어니 동내방으로 한방 모여 놀라쓰며 하로만 화토노리을 안아더니 오늘은 하토노리을 하는 것이 좋찌 않타는 생각으로 뒤전에서 구경만 하다 돈을 읽고 나오는 사람의 대로 들어가게 돼어쓰며 이것을 화토판이 안대니까 끌어더리는데 결국 끌려 들어가서 요 앞날에 화토노리로 수입을 14,000원 본 것과 자신의 돈과 20,000만 원 일은 셈이며 실찌 자신의 돈원 6,000원 일은 결과가 돼며 이것을 자신에깨 정말 아까운 돈이라고 생각을 하며 남들은 이 추이에 구미 돈을 벌로 가는데 자신은 일을 안 알망정 화토노리을 해서는 안 댄다는 너킴을 가지고 잇쓰며서도 탁 그절을 못하고 다들 하는데 모면을 할 수가 어렵꾸나. 앞푸론 부더이한 사정에 매이며 할련지 몰라도 악재[억제]을 만이 할 결심이다.

"화토노리가 이상한 것이 금년은 도입을 해서 너도나도 유행이 돼어서 안저며 아다사키[1]라는 화토노리가 벌러저 4장 묵끔으로 두 무더기을 만들어 이것을 한 장만 보인 상태에서 스로 좋은 곳을 선택을 하여 돈을 실어서 그 끝수로 만은 숫자가 먹개 돼는데 이것이 막쳐기을 하면서 양 곳으로 돈을 일깨 돼고 따는 사람은 양 곳으로 돈을 따게 돼니 손에을 보는 사람은 상당이 만이 본다."

지출에 … 고기 돌부리값 2,000원
화토노리에 6,000원
計 8,000원

〈1991년 1월 5일 토요일 날씨 맑음〉

금일은 화토노리에 참석을 하지 않고 구경만 하고 마라쓰며 오늘도 자신이 맨바[멤버]에 들은 사람이라서 빠지는데 힘이 들으다. 우선 화토판에 맨바에서 빠저야 화토노리을 억재을 할 수가 잇따고 본다. 그리고 한번 화토노리을 하게 돼며 지출을 20,000원 이상을 하는 편이며 이것은 장난이 힘한 편이며 마음의 감정이 상활 수 잇는 문재라고 말을 하고 십다.

"오후에는 매주 뛰디는 데 그들어주어쓰며 그리고 부엌에 불이 들어가지을 안아서 한 풍기을 빌리와서 부엌을 부치는 작업을 하여쓰며 이것을 하고 보니 불이 그러깨도 잘 들어갈 수가 업쓰며 정말 일적 못한 것이 후에 돼는구나."

〈1991년 1월 6일 일요일 날씨 맑음〉

요줌은 자신은 건강하다고 생각을 하고 잇쓰는데 이번 감기가 들고는 감기가 나가지 않코 오래 가는 것을 보니 건강이 좋은 것은 아니구나 하는 생각이 돼며 건강을 더 보살피야 하겟다.

"요줌은 감기 때문에 무선 일의 개핵을 새우지 못하고 무할량으로 놀고 잇다. 자신의 무할량에 정신적으로는 편찌 않는 일가[일과]라고 말을 하고 십다."

〈1991년 1월 7일 월요일 날씨 눈〉

오늘 낢씨는 아침부터 흐리어 금새라도 흰 눈빨리 쇼다질 것 같은 낢씨을 보이드니 오후에는 결국 눈빨리 쇼다지고 마는구나. 이 몸 눈 나리는 모섭을 바라보니 잠쉬나마 어린이가 돼는 캐감이 드는구나. 저 눈빨리 한업시 쇼다저 인간의 돼지[대지]에 더러운 것 다 감추어주니 인간세상이 이처름 드러어지고 살별한 세상 다 무드[묻어] 업새고 옛 조상이 살든 그 시절 살개 하여 인간의 고개을 들어 한줌 부끄러움 업는 세상 만들어다오.

"오늘 낢씨 바서는 화토노리에 안성맡춤인데 그리고 조합에서 매상가격 차액을 돌려주지 화토노리에 안성맡춤인데 사람들이 말

---

1) 아또사키(あとさき,後先)는 몇 장의 화투를 합산하여 끝수를 겨루는 도박의 한 종류이다.

려들지 않코 그냥 설그머니 화토판이 시마[2]가 저고 잇는 모섭을 보니 다들 반성을 만이 하고 잇따는 것을 알 수가 잇꾸나."
수입에 … 매상가격 차액금 인상액
247,920원

<1991년 1월 8일 화요일 날씨 맑음>

금일은 동내 정기총회을 하여쓰며 금년으로 동서기와 동장 다들 사임을 하여쓰며 그리고 동내 찾고 동장 할 사람이 업쓰며 자신으로 바서는 동장을 착실 하며 소득은 잇따고 보는데 이진일 씨 동장 모양 동장일만 보다면 이것은 해가 갈수록 손에가 만으며 집배 일을 하면서 동내일을 본다면 소득이 만으리라고 생각을 하는데 다들 동장을 할려고 더는 사람이 업쓰며 앞푸론 동장도 공무원 모양 봉급을 주는 식으로 운영을 해야 하겟꾸나. 그리고 동서기는 금년이 끝으로 바야 한다. 외냐 동서기는 하는 일에 바서는 너무나 수입이 적으서 앞푸론 할 사람이 업따고 본다.
오늘날까지 이태옥 씨을 동민들이 잘들 부리따고 생각을 하며 동내일찾고 이태옥 씨처름 잘 바준 사람이 업쓰며 자신 자주 이야기을 하는데 감사폐라 만들어서 주어야 한다고 말들을 하곤 하였다.
"인간이 희생을 하면서 살라가야 하는데 이재는 희생을 안알라고 더니 사회는 각박했쓰고 사회생활은 살별해저고 옛 어른들의 말씀이 뭉쳐야 산다는 말리 이재는 사멸이 돼고 잇쓰니 인간생활도 머지않아 사멸이 돼리라고 본다."
수입에 매상가격 인상분 2가마니 3,500원

<1991년 1월 9일 수요일 날씨 맑음>

금일은 달희 창고 자재 재목을 빼어서 산다고 가자고 하여서 따라 가서 재제소 가격을 알라보니 생각보다 적개 돌아가며 자신은 500,000만 원 들어가지 않을까 하고 생각을 하여는데 20평짜리에 재목 값이 335,000원 들어가드라. 이것을 보고는 재목 값은 아직은 헐타고 생각을 하여다. 그리고 일적 올 수도 잇쓰는데 이곳저곳 돌라보느라고 종일 시간을 다 보내쓰며 이 좋은 낡에 종일 시간을 보내게 된 것을 아쉬운 감이 쉽게 살라저지 않는구나.
지출에 전쟁가위 3,000원
전자계산기 9,000원
計 12,000원

<1991년 1월 10일 목요일 날씨 맑음>

우리 운이가 요줌은 철이 더는 너킴이 들며 약속을 반은 지키고 잇따는 너킴이며 운이을 사랑으로 다스리니 조금식 인간이 돼어 간다는 생각에 자신은 마음속으로 을마나 좋은지 모른다.
부모가 자식이 바른 길로 가지 않고 말도 듯찌 않코 잇는 모섭을 보노라면 부모의 가슴에는 상쳐가 무어라 말로 다하리까. 당하지 않는 사람은 이 심정을 꿈에도 생각을 못하리. 자신은 요줌은 운이을 보며 우섬이 나며 자신의 엽패 안치고 싶은 심정이다.
"우리 부부가 감기로 큰 곤욕을 치루고 잇다. 자신이 감기로 방 신세로 좋은 날들을 보내고 요줌은 회복이 돼니 이재는 집사람이 감기몸살을 쳐는데 이것은 처음 시작을 하면서부터 고통을 주고 잇드라. 우리 부부

---

2) 시마이(しまい)는 마지막, 끝을 나타내는 일본어이다.

가 정초부터 감기로 건강을 상하게 하고 잇쓰며 금년에는 건강 갈리을 더해야 하겟꾸나."
수입에 매상 인상분 52,690원 (30가마분)
지출에 감기약 1,500원

〈1991년 1월 11일 금요일 날씨 맑음〉

오늘은 복판논에 객토을 하는데 땅이 콤바이 작욱이 깊프서 객토차가 만대로 다니지을 못해서 객토하는데 상당안 예로가 만아쓰며 오늘같이 객토 하는데 힘들며 아무 일도 못하게더라. 자신이 객토차들이 아무 곳이나 빠진다 합시고 부루고 도장만 찍어가는 식이라서 그따이로 부러고 간다면 자신은 객토을 하지 않깨따고 성질을 부리쓰며 자신이 성화을 내니 마구하지 않코 자신의 뜻대로 따라주어서 객토을 간신이 하게 돼어쓰며 처음 시작을 할 때 바서는 두 다래이 돼는 것이 아닌가 하고 염려을 하여쓰며 자신의 예감도 객토을 잘못 시작을 하여따는 생각이 머리에 감돌라서 아주 불캐한 객토을 한 셈인돼 망우리가 보통은 돼어따고 생각을 한다.
"오늘 복판에 객토을 54바리을 한 셈이다."[3)]
지출에 … {()객토 실는 폭크래이 기사에깨 흙을 좀 만이 실어달라고 5,000원을 줌.)

〈1991년 1월 12일 토요일 날씨 맑음〉

"오전에는 당산논에 객토을 씩피리 흙구두둥이 보려고 가자고 하여서 현장에 구경을 하는 데 오전을 보내쓰며 요줌은 감기몰살쳤고 너무나 개울이 한 셈이며 이르다가는 아들 뒤바라지을 할 수가 잇깨나 하는 마음으로 오늘은 일하로 갈려고 정심을 11시에 먹짜고 집사람에깨 졸라쓰며 집사람은 겨울에 놀지 무엇을 할려고 하느냐고 하지만 요줌 감기로 휴식을 만이 하니 가슴에 퉁퉁질이 나고 잇다."
"정부에서는 요줌 물과가 치솟스니까 강제로 단속을 한다고 법석을 부리 바야 서민은 별 도움이 업쓸 뿐 아니라 어갑[억압]을 부리는 만큼 서민들 농민들밖에 피해가 될 뿐 아니라 농산물이 어갑으로 1자리 숫짜로 만뜰으낮찌만 힘이 잇는 공산품은 업갑으로 1자리 숫짜로 만든다고 하지만 이것은 속으로는 잡피지 않는 것이 사실이다. 이것을 볼 때에 정부 하는 짓을 보며 약자의 머리를 잡고 눌리는 짓뿐이다."
(오후에는 작과나무 전정을 함.)
지출에 … 전화요금 3,700원

〈1991년 1월 13일 일요일 날씨 맑음〉

금일은 종일 동안 작과나무 전정을 하여쓰며 올 드려 종일 동안 전정을 한 날은 오늘이 처음이며 종일 동안 일을 하니 일이 줄어더는데 낢씨가 찹다는 핑계로 오전은 매일 시고 잇쓰니 작업량이 줄지을 않으며 자신은 마음적으로 설 아래만 망무리을 한다는 개산으로 작업을 하고 잇다.

〈1991년 1월 14일 월요일 날씨 맑음〉

요줌은 작과나무 전정을 하여보니 해가 만

3) 일기 지면 상단에 '1月 11日(김원태 200,000만 원 줌.)' 이라고 기록되어있다. 괄호 안의 글자에는 가운데 줄을 그었는데 이는 빌려준 돈을 돌려받았다는 표시로 가운데 줄을 그은 것으로 보인다.

이 길어젓따는 너킴이 오며 일도 만이 하여저고 잇다.
자신으로 바서는 봄이 빨리 와서 일을 하며 좋게따는 생각이 들며 자신은 올래는 11마지기가 더 갈림을 하기 때문에 일철이 빨리 와서 농사을 짓어 밭쓰며 하는 마음이다.
"요줌은 정부 정책도 불안 물과는 하늘 높은지 모르고 띠고 쿠에트는 전쟁이 감돌지 농민은 우루가이도 문재. 모든 문재가 농민들로 바서 복합적인 불안 때문에 농민들의 머리는 멍한 날을 보내고 잇쓰며 자신도 때로는 30대만 돼어도 농촌을 버리고 도시로 띠쳐 같쓰며 하는 충동이 생기곤 한다."
"요줌 농지개량조합에서 토지 구입자금을 전액을 주어서 농사을 짓을 분은 다들 돼어주는돼 이것들이 본 치지[취지]는 생각을 하며 업는 사람이 땅을 가지는 캐감 말을 할 수 업시 좋찌만 실속으로 들어간다면 형제의 땅, 부모의 땅, 이것들이 땅주인 명에[명의]만 바꾸고 돈만 이용을 하는 부정 이것을 모르고 잇는 정부 오늘날까지 밑바닥에 와서 어떠게 돈이 쓰여저고 잇는가 학인을 하지 않고 잇는 정치가 불만스렵다. 이것은 정부가 성실한 정치을 한다면 다들 될 수가 잇는데 실행을 못하는 이유가 가슴 아푸다."
"농지개량조합에서 농토 구입자금을 주어서 업고 농사는 짓어볼 결심을 가진 자들의 힘이 대어 주는 농지개량조합에 돼에서 감사을 드리고 십은데 자신이 부탁을 하고 싶픈 말은 정말 농사을 끝까지 짓을 뿐인가 그르치 않으며 좀 짓고 시원찬으며 말 사람인가 좀 가리며 그리고 어느 정도 기반이 잇는 사람을 택해야 됀다고 본다. 외냐 업는 사람은 논을 조금 준다고 해도 농지개량조합에 융자을 갈고 나며 소득이 업쓰니 실망을 주어서 이 길도 저 길도 가지 못하게 하지 말고 돈이 이용만 하고 마는 부정 만들찌 말고 농촌에 좋은 씨앗이 될 수 잇는 사람에깨 투자을 시키서 큰 열매을 어들 수 잇는 사업이 돼기을 바란다."

〈1991년 1월 15일 화요일 날씨 맑음〉

금일은 대신국민학교에서 영농교육을 하는데 강사도 심화저고 교육을 밭는 사람도 심화가 전 너킴을 바로 바다쓰며 첫째 강사도 시들래서 교육도 돼지 않고 심지어 교육을 밭고 나오는 사람의 말도 오늘 이 추운데 와서 교육을 바다바야 한 가지도 배우지 못 해따고 은성을 하는 사람, 그리고 우리 마을에서 교육을 바드로 간 사람이 육 명밖에 안대고 잇쓰며 대신 1, 2, 3동이 다들 참석을 해야 노인들 패며 30명도 돼지 않으며 이것을 볼 때에 정부에서 농민들을 넘어나 천대하여따는 것이 절시리 너켜저며 정부는 농민들이 정부 시책에 고개을 돌리고 잇는 자세을 바로 돌일 수 잇쓸까 의문이 가며 역사가 노태우정권을 어떠게 평을 할련지 몰라도 자신은 노태우정권을 넘어나 힘이 업는 정권이라고 말을 하고 싶프며 실찌 노태우 대통령은 선거 공략에 서민 보통사람이라고 입을 벌리고 일을 하여 보게노라고 전국을 돌아다닌 사람이 서민 보통사람만 죽인 정치을 한 사람이라고 말을 하고 십프며 그리고 재발 자리만 지킨 사람이고 말을 하고 십다.
"그리고 정부에서 기름 값 들먹이고 잇쓰서 오늘 2드람 경유을 띠어 와다."
"아직은 촌에는 기름 오른다고 와우성이 업

는데 도시는 기름 값 오른다고 테래비전에 곽 쥬유소마다 기름 살려는 사람의 행열을 보니 안전이 전쟁이드라. 그래서 자신도 앞푸로 기름 만이 쓰야 하니 오늘 2드람을 띠어 와서 극정은 면한 셈이다."

지출에 경유 2드람 400l 62,230원
라면 4,800원 화장지 3,400원
計 69,430원[4)]

〈1991년 1월 16일 수요일 날씨 맑음〉

금일은 작과나무 포도, 복숭아 교육을 동사모소에서 교육을 하는데 이번 작과 교육은 도엄을 받따고 생각을 하며 정부에서도 강사 교육을 특별이 하여 농민외 도음이 될 수 잇는 강사을 영농교육 강사에 참여을 시켜 주어쓰며 한다.

오늘 강사는 한 분은 실력이 잇쓰며 한 분은 아주 강사라고는 자격이 미비한 강사라고 하고 십다.

그리고 오후에는 동 총회을 가진 셈이며 오늘까지 공석이든 동장을 오늘부터 전 동장이 다시 동내 음무을 보게 돼어쓰며 동내 하소임[하소연]도 다들 해결이 돼어쓰며 자신은 하소임을 할 사람이 업따고 보앗는데 그래도 소득이라는 것은 1,400,000만 원 보고 1年을 살라주야 하며 아주 천한 직업을 할려고 더는 것을 보니 자신으로 바서는 이 벌리 좋은 구미 바닥이 잇는데 천한 직업을 할려고 더는 이봉림 씨을 보니 이해가 돼지을 않는구나. 여하튼 동내 임사는 다 해결이 된 셈이다.

〈1991년 1월 17일 목요일 날씨 비〉

겨울 낢씨가 이처름 따뜻한 날이 계속 돼는 해도 금년이 처음이라고 생각을 하며 그리고 1월 달에 비가 내린 적도 금년이 처음이라고 생각을 하며 정말 우리가 자랄 때는 모씨 춥던 그때 생각하며 올겨울 생각을 하며 이것은 겨울이란 말을 부치기가 의미업는 말이라고 하고 십두록 따스한 날이 계속 돼고 잇다.

"작과나무 전정을 종일 함."

지출에 … 아들, 순대 값 1,000원 혜영이
활명수 300원
計 1,300원

〈1991년 1월 18일 금요일 날씨 맑음〉

오늘은 안전 봄이란 착각을 할 정도로 따스한 낢을 보여주는구나. 그리고 오늘은 달희 아래채 짓는데 잣쇼[5)]을 종일 동안 만들어 주엇다. 자신은 생각에 갓쇼 6개을 못한다고 생각을 하여는데 생각보다 일적 다 만든 셈이다. 그리고 앞푸론 이른 일은 댈 수 잇는 데로 안해야 한다고 생각을 가지 보앗다.

〈1991년 1월 19일 토요일 날씨 맑음〉

"금일은 달희 아래채 갇쇼을 다 올리서 서[6)]만 안전이 걸어 낫쓰며 낢씨가 달희 집 짓어라고 낢씨가 좋은지 요즘은 일기가 봄날 같은며 오늘도 일을 하면서 옻을 안전이 벗스놓고 작업을 한 셈이다."요즘 자신은 달희 일 때문에 자신 일이 낭패가 돼고 잇다.

---

4) 실제 계산은 70,430원이나 69,430원으로 잘못 기록하였다.

5) 갓쇼오로 ㅅ자 보를 뜻한다.

6) 서까래를 뜻한다.

〈1991년 1월 20일 일요일 날씨 맑음〉

순달이가 꿀을 형수 약으로 호박에 너어서 따려 먹으며 좋다면서 꿀 1대짜리을 주는데 지수씨을 하여주라고 그절을 하여도 잇따면서 그절을 하고 형수 하여주라고 하면서 주는데 꿀을 바다 왔쓰며 순달이 저의 형수을 생각을 하여주는 것을 보며 정말 고맙다. 자신은 집사람을 갑으치로 따진다면 이 지구을 다 준다고 하여도 바꾸지 안을 사람이라고 생각을 하지만 꿀을 호박에 너어 따려 먹으며 좋다고 하지만 자신은 습득 행동을 할 수 업따고 보는데 동생이 대신 하여준다는 것은 정말 고맙다. 이 고마원 대까을 갑파야 하는데 이번 일은 시간은 멀리 갈련지는 몰라도 자신이 꼭 갚뻘 결심이다.

"오늘은 종일 나무 전정을 함."

〈1991년 1월 21일 월요일 날씨 비〉

금일은 어재 작과나무 전정을 하면서 눈에 까시가 드러가서 잠자면 나오겟찌 하고 미련을 돼고 밤을 세아도 까시는 나오지 않고 눈만 충혈이 돼어 잇쓰서 형수에깨 빼어 볼려고 가보앗든이 못 빼어서 그만 김천도립병원 안과로 갈스 눈에 까시을 빼내쓰며 의사선생님이 작년 그 자리라고 이야기을 하면서 이상하다고 이야기을 하드라. 그리고 눈에 까시는 기술도 업고 의사로 보면 별 기술이 아니고 손으로 집어내는 일이라고 생각을 하는데 눈에 띠을 빼내고 돈을 넘어나 만이 밭고 잇다고 생각을 하며 의사 손이 약 3초 정도 움직이고 자신이 부담이 8,500원 들어쓰며 이것이 보음[보험]조합에서 부담금액을 천다면 음청난 부담을 하고 잇쓰며 이것을 볼 때 의료조합이 조직이 돼기 전에 생각을 한다면 의료조합 부담 업시 자신의 부담 가지고 치료을 할 수 잇따고 보며 지금 생각을 하면 의료조합 생기고 병원 의료수과만 높빈 결과가 돼고 마라다고 생각을 한다.

"집사람은 친정을 갈쓰며 집사람은 좋깨다고 생각을 한다. 예냐하며 어머님의 얼굴을 볼 수가 잇쓰며 부모가 오래 살라개시는 자식은 다들 복이 만은 사람이라고 생각을 하고 잇다. 부모가 개시지 않는 사람은 나이가 만픈 적든 관개 업시 마음 상쳐는 같다는 생각이 들며 늘 아쉬운 감이 마음의 상쳐을 주고 바람쳐름 살라저는 날들이 만타고 생각을 한다."

그리고 집사람이 친정에서 전화을 하길에 어머님을 보니 좋으냐고 물어니 좋다고 밝은 우섬을 짓드라. 그래서 어머님 얼굴을 만이 보고 오라고 이야기을 하니 그 밝은 우섬 내 얼굴이 펴저는 너킴을 바다쓰며 부모을 가진 자들은 정말 복이 만은 자라고 말을 하고 십다.

지출에 김천도립병원에 8,500원 차비
200원 개 기생충 약 1,000원
친정가는 데 쇠고기값 7,600원
우리 쇠고기 2,400원 고등어
1,500 김, 미역, 오징어 10,000원
전기담아 400원 밀감 1,000원
아들 소집품 1,300원
計 33,900원

〈1991년 1월 22일 화요일 날씨 비, 눈〉

오늘은 종일 비가 내리쓰며 이 비가 해동비처름 종일 동안 내는 모섭을 보며 안전 봄비라고 착각을 할 정도며 마음으로 바서는 이 비가 눈이 돼서 내리쓰며 천지가 하야게

덥포잇쓸 건대 하고 아쉬운 감 검할 길 업꾸나.

"오늘을 종일 동안 낡씨 변득으로 휴식을 하면서 오늘 일과을 보내고 마랐다."

지출에 … 오락에 1,000원 새집배 삼촌 기지사[기제사] 5,000 아들 통닭 4,500원

計 10,500원

〈1991년 1월 23일 수요일 날씨 맑음〉

오늘은 달희 아래채 스레트 잇는 작업을 하여쓰며 달희 아래채 짓는 작업을 오늘로서 안전이 하여다. 그리고 오늘은 지붕 위에 올라가지 않코 길성, 점수을 지붕위에 올라가게 하여쓰며 자신은 안전문재 때문에 지붕에 올라가지 않코 밑태서 작업을 하고 마라다. 그리고 자신은 지붕에 올라가는 작업은 신경을 넘어 만이 쓰여저기 때문에 앞푸론 하지 않을 결심이다.

"그리고 오늘 저녁은 삼촌 지사을 지내고 오니 춘호와 진일이 둘리서 도박을 하는데 기가 차드라. 외냐 둘리서 서로가 돈을 먹개따고 욕심을 부리는 것을 여사로 안 보이며 그리고 친구끼리 그것도 둘리서 돈에 눈독을 더리는 것을 보니 이재는 돈에는 채면이 업꾸나. 그전에는 도박을 하여도 둘리가 돼면 끝이 돼는데 이제는 둘리도 돈이라면 하는구나 하는 생각이 들드라. 그리고 자신이 붓뜰리서 같이 밤을 새우고 마랐다. 자신이 생각을 할 때에 안저며 친구 돈 따먹는 작난을 하게 돼는데 이것은 차라이 도로변에 가서 칼을 들고 돈을 빼앗는 강도보다 더 낱번 짓이라고 생각을 가져본다.

"요 앞전에 동내 소임이 우리들 노는데 불을 때지 않아서 앞스서 불평을 하여든이 아주 실은 행동이드라. 자신은 나이 만은 사람 방에 불을 때면서 절먼 사람의 방에 나무단 1한 단만 너어노면 돼는데 그것을 하기가 실어서 안 때는냐고 이야기을 하여더니 오늘 술 치안 소리로 우래실이가 그른 소리을 하는데 서운하다고 이야기을 하는데 자신은 형님으로 지내온 것이라 남들에깨 개니 욕을 먹는다고 충고죠로 이야기을 한 것이며 형님 일에 불만이 만아서 앞쓰서 이야기을 한 것이 아닌데 날 보고 서운하다는 소리을 활 때에 아ㅈ[7] 자신위 소득도 업는데 남외깨 실은 소리을 하여따는 것이 니우침이 돼며 앞푸론 남외 잘못은 절때 이야기을 안을 생각을 하였다."

"사람이 서로가 남외 장점만 이야기을 하여도 못 다하고 인간의 생을 맡치야 하는데 남외 결점을 할 필요가 업따고 보고 잇다."

〈1991년 1월 24일 목요일 날씨 눈〉

금일은 눈등으리가 내리곤 하여도 땅에 떨어저면 다들 녹아쓰며 눈빨은 종일 내리따고 하지만 싸인 눈은 볼 수가 업고 길목만 물탕을 만들고 마랐다.

그리고 우리 운이을 사람 만들어 보게따고 자신은 온 정성을 다 드린다고 하여도 인간은 돼지 않을 것 같떠며 오늘도 세집배 아침밥 먹으라고 오라고 저의 엄마가 이야기을 하여든이 그길로 놀로가서 어대 노는지 숨어서 놀고 잇쓰니 때도 먹일 수 업고 아

---

7) 원문에 '아ㅈ'으로 표기가 되어 있고, 아마도 감탄사 '아'에다가 …이나 ~처럼 종종 붙여 사용하는 것으로 보인다.

침 정심 다들 먹찌 못하고 놀고 잇쓰니 부모가 의이 힘이 들지 않을 수가 잇깨나. 이 아빠 밥 먹일라고 부르니까 숨어버리며 행세가 술겸술검 하는 것이 이 아빠로서 마음에 글리며 오늘은 성질을 참을 수가 업쓰서 귀짜돼기을 아들 보는 올리부치고 마랐쓰며 집배 돼리고 와서 목졸라 죽일라고 생각까지 들며 차라이 눈에 보이지 안는 곳으로 살라저면 속이 신하게 될 것 같드며 재발 살라주어쓰며 하는 마음밖에 업드라.
그 날리을 직이고 참을 길이 업쓰서 동내에 놀고 오니 성질이 수그러들며 이때야말로 운이을 골목에서 귀짜대기 올리부친 것이 자신의 마음이 넘어나 경솔했쓰며 골목에서 내 자식을 때리다니 너어나 잘못한 자신의 심정을 책망도 하여보앗다. 그래도 집배서 죽으라고 소리을 천 것, 헉띠로 목을 조은 흉내로 급을 준 것은 하나도 뉘우침이 업다.
"사람은 때리서도 안 돼고 달래도 안 돼고 손바닥에 떠올리서 바들으도 인간이 안 될 것은 안 댄다고 생각을 하며 우리 운이는 자신의 능력으로 사람을 만들 수가 업쓰며 자신은 이르게 생각을 한다. 앞푸로 운이가 아빠의 속을 썩인다면 어떠게 할 도리 업쓰며 자신도 안전이 자식을 포기을 할 작정이다. 이 아빠도 나중 가서 정을 띠는 그 아품보다 이 시간부터 정을 띠어서 마음의 상쳐을 업쌔야 한다는 것이 오른 답이라고 생각을 하고 잇다."
수입에 … 달희 아래채 짓는데 품값으로
170,000원 가지고 왔는데
100,000만원 받고 마랐다.

〈1991년 1월 25일 금요일 날씨 흐림〉

금일은 우리 소을 김천 우시장에 팔료 가는데 7시에 갈쓰며 자신은 선둘 동서가 일적 오라고 하여서 어드울 때 가서 넘어나 일적 온 것이 아닌가 하고 생각을 하여는데 우시장에 들어쓰니 벌서 소들은 만이 나와 잇쓰며 이재는 시장이 일적 선다는 너킴이 들고 잇다.
그리고 이번 소야말로 나의 생활을 윤택하게 만들준 소라고 말을 하고 십프며 오늘 팔로 간 소 살 때는 돈이 업쓰서 남의 빚을 내어서 70십만 원 주고 사온 소며 10년간 한 해도 걸어지 않코 송아지을 나온 소며 자신은 소가 돈을 다 벌어주어따고 생각을 하며 그리고 나의 가정을 따뜻하게 만들으준 소을 이재 수정이 안 댄다고 팔라쓰니 나의 마음이 습파며 소을 보고 올라니 발길이 습득 떨어저지 않으며 고개을 돌로 소을 보고 아무 말도 업시 발자국을 멀개하고 말앗다. 정말 자신을 살개 댄 것이 소며 정말 고맙다고 밖에 할 말이 업쓰며 집배 와서 마구관을 들어쓰보니 혼자 잇는 것을 보니 더 쓸쓸해 보이며 마음이 습파드라.
"그리고 오늘 일반벼 매상을 공쌍굴에 가서 매상을 하여쓰며 이것은 창고 문재로 여기 사람들이 공쌍굴까지 매상을 한다는 것은 정부 잘못이라고 생각을 한다."
외냐하며 동내 부자들이 매상량 6가마니 밖에 안대니 이것을 가지고 운님을 들게 하고 경비을 만이 내게 하는 것은 잘못이라고 생각을 하며 업는 농민을 좀 생각을 하여주며 좋겟다. 자신은 4풋대을 가지고 가서 종일 시간이 걸려다.
그리고 오늘 매상 등급은 아주 잘 주드라. 자신과 형, 세집배 다들 1등을 받다쓰며 오늘 매상은 등급을 잘 주어서 고맙다.
"수입 … 소값 1,930,000원"

지출에 … 선둘 동서가 소 팔아 주어따고 10,000원 차비 200원 치약 2,000원
計 12,200원

수입에 … 일반매상 4푯대 158,600원

지출에 … 1푯대 운님으로 500식 하여서 2,000원 지출함.

〈1991년 1월 26일 토요일 날씨 맑음〉

작과나무 전정을 종일함.

남들은 우리 소 만이 받다고 이야기을 하지만 자신은 좀 당해따고 생각을 한다.

"앞푸로 소 값이 떠려저리라고 생각을 하고 봄이 돼며 소 값은 좀 내리라고 생각이 들어 소 사는 것을 당분간 표기을 하고 봄이 돼며 소을 사드리야 한다고 생각을 하고 잇다. 만약 소 값이 떠려저지 않으며 우리 송아지을 노어면 팔지 않고 먹일 작정을 하고 잇다."

〈1991년 1월 27일 일요일 날씨 맑음〉

오늘로서 당산밭에는 작과나무 전정을 안전이 한 셈이다.

조금식 조금식 일을 한 것이 이재 끝을 내고 보니 앞밭에는 전정을 하지 않고 잇는데도 마음은 이재 다들 끝을 낸 기분이다.

"따뜻한 낢씨가 개속대니 나무들은 봄을 만난 것쳐름 가지에는 물이 올라잇고 금새라도 움이 돗을 뗫한 감을 보이고 잇다."

"그리고 오늘 김영호 모친 회갑이라면서 동내로 음식을 재공을 하여주는데 정말 엄식이 만을 뿐 아니라 온 동민이 잘 어더먹으다.

그리고 우리 알기만 하여도 아주 가난하여는데 이재는 가난을 안전이 면하고 이재는 부자가 돼어쓰며 이재는 돈이 잇는 표을 내고 잇다."

지출 … 혜영이 옷 50,000원 돼지고기 1斤 반 4,800원 꽁치 2,000원 호빵 1,200원 마스크 500원 라면 쇠고기다시다 1,450원 차비 660원
計 60,610

〈1991년 1월 28일 월요일 날씨 맑음〉

금일은 당산 세집배 작과나무 전정을 오전으로 끝을 내고 오후에는 김상진 씨 진갑날에 잔치을 하는데 가서 먹는 것은 어재 부주도 하지 않고 대접을 받든 것보다 못하며 옛날 말과 같이 소문난 잔치에 먹을 것 업따는 말이 꼭 맡꾸나 하는 생각이 드는구나. 그래도 동내에서 부자가 이번 잔치에 큰 인사는 받찌 못하리라고 생각을 한다.

"그리고 도박을 하는 사람은 모이며 도박을 하구저 숨이 넘어가는 너킴이 들며 오늘 김원태는 도박을 안알라고 하는 사람을 억찌로 크드리서[끌어들여서] 결국 도박을 하게 하는 모섭을 가만이 볼 때에 도박을 할려고 숨이 곳 넘어가는 느킴이드라. 도박이 일단 벌어저니 꾼들은 다들 모여더는 모섭을 보며 누가 정보을 알리서 모시오는 것 같이 다들 모여들며 오늘은 봉산 사람이 둘이 잇쓰서 돈벌기는 수라리라고 생각을 하며 오늘 도박은 안저면서 큰 도박으로 변하고 잇드라."

지출에 … 김상진 씨 진갑에 부주 10,000원

〈1991년 1월 29일 화요일 날씨 맑음〉

오늘은 봄날도 이처름 따뜻한 날도 더물 때가 만타고 생각을 한다. 작과나무 가지는

물이 오르고 가지마다 파라게 짓터지고 까치는 보금자리을 짓고 잊는 모섭을 보니 이재는 봄이구나. 봄이 오는 것은 어느 누구도 말리지 못하는 봄. 만물이 솟아나는 힘. 이것만 생각을 하여도 내 주먹이 힘이 쓰이는 그 깨감. 아ㅈ[8] 봄이다.

"보금자리을 짓는 저 까치의 안 쌍쳐름 우리 부부도 올해의 풍년을 만들두록 열심히 노력을 할 끄시며 저의 까치가 보금자리을 짓기 이화여 나뭇가지 한 개식 서로 물어다 보금자리을 짓드시 우리 부부도 두 몸이 한 몸이 돼어 열심히 살아보리다."

"오늘은 우리 부부도 자신은 나무 전정을 하고 집사람은 나뭇가지를 모어는 작업을 하여쓰며 나 자신도 둘리서 작업을 하는 것을 볼 때 봄이라는 것을 너킬 수가 잇다."

〈1991년 1월 30일 수요일 날씨 맑음〉

앞밭에 나무 전정을 하고 잇쓰니 술집배서 놀고 잇쓰며 소리가 재미이쓰 보이며 자신은 나무 전정을 하고 잇찌만 마음은 술집배가잇쓰며 자신도 갈려고 생각을 하고 잇는데 동내 어른들이 길목에 잇쓰서 어른들의 눈 때문에 사실 못갈다. 오늘 일은 마음과 몸과 일체대는 일이 아니라서 지루한 하로 일가라고 보고 십고 이재와서 생각을 하니 술집배 가면 다들 도박이라서 돈을 쓴다면 만 원 이상은 지출이 돼어쓸까라고 생각을 할 때 잘 안같다 시프며 이것은 동내 어른들 때문에 벌어따고 생각을 한다. 그리고 오늘 일은 조금 씹바따고[잘 못했다고] 생각을 하는데 안전이 소하을 씨키고 보니 오늘 일은 꿀맡 갇다고 생각을 가지본다.

지출에 … 객토자금 54차에 351,000원
보험료값 9,900원
計 360,900원

〈1991년 1월 31일 목요일 날씨 맑음〉

오전에는 작과나무 전정을 하고 오후에는 달희 새집을 짓어서 이사하는데 초대을 하여서 슈프타이 3,700원 선물을 들고 같쓰며 돈을 만이 들이리서 짓어노니 가연 좋더라. 자신도 집을 짓어서 살라밧쓰며 하는 심정이드라.

"그리고 집사람은 조카 용학이 졸업식에 참석을 하로 같쓰며 우리 아들은 전문대학이라도 한번 시키보겟나 하는 생각이 들며 자식들 공부하는 모섭을 보니 한탄스럽다."

지출에 … 달희 이사 하는데 슈프타이 3,700원 집사람 달희 이사 하는데 퐁뽕 750원 용학이 꽃따발 5,000원 차비 840원 용숙이 떡 1,000원 운이 과자 1,000원
計 12,290원

〈1991년 2월 1일 금요일 날씨 맑음〉

"오늘도 나무 전정을 함."

우리 운이 공부에 치미가 업쓰서 큰 골치을 알고 잇다. 집배서 아빠 일하는 것 소죽이라든지 부엌에 군불 때는 것이라든지 이른 일들은 하라고 이야기을 안예도 척척 아라서 하는 것을 보며 잘하고 잇다. 이것을 보고는 운이 고맙다고 이 아빠가 인사

---

8) 원문에 '아ㅈ'으로 표기가 되어 있고, 아마도 감탄사 '아'에다가 …이나 ~처럼 종종 붙여 사용하는 것으로 보인다. 1991년 1월 23일 일기에도 동일한 표현이 등장한다.

을 하면서도 운이 공부을 해야지 다른 일들은 다들 필요가 업따고 이야기을 드로 한다만 우리 운이 고등학교도 못 간다면 자신이 열심히 하여서 돈을 재아무리 돈을 벌어나도 아무 소용이 업다고 보며 나 자신이 제일 소중한 이새 농사가 숭년이 돼고 잇는데 무선 돈이 필요하게나. 돈은 무일푼이라도 이사 농사가 잘됐다면 이 길을 택카개다. 우리 형제들 다들 자식이 착실하고 공부을 다들 잘하고 잇는데 나의 자식만 공부에 치미을 못 부치고 잇따는 것이 정말 가슴 아푼 일들이다.

"이번 대학교 예술채육과 입학 부정이 이재 발각이 돼어 전국에 큰 무리을 일으키는 것을 볼 때 정부 정책이 앞가림만 하고 잇따는 것을 알 수 잇쓰며 대학교 예술, 채육은 우리들 알기로 부정으로 입학한다는 것을 6年 이상은 돼어따고 보는데 이재 와서 부정입학을 들추고 잇따는 것이 문교부 정책 한심스러어며 전국 대학교 다들 부정 입학생이고 보니 이재 와서 정부에서 부정입학 사권을 학대하지 말고 중단하라고 지시을 하는 것과 문교부 정책이 홀란이 온다고 중단하는 것은 정부에서 부정입학을 또 허용을 한다는 소리인가. 정부 정책 우리로서는 이회가 돼지을 않는다. 무선 일이든지 부정이 잇쓰며 다들 발키서 국민예깨 알리는 일이 정부가 할 일이지 부정으로 정국 선생들 다들 잡어너어 학생들이 공부을 못하는 일이 잇쓰도 이번 일들은 부정을 다들 파해쳐서 관개자는 처벌을 해야 한다고 본다. 정부는 문교부 홀란 온다고 사권을 학대하지 말라고 하며 부정의 반은 처벌을 하고 반은 재가 잇쓰도 덮프준다는 말인가."

정부하는 일들이 셋 살 먹은 장난하는 소리만 하고 잇는 것은 딱 질색이며 이재는 민자당 정책 하로 빨리 지나가서 새 정책이 들어쓰서 국민이 정부의 말을 밑고 살라가는 정책이 우리 국민으로서 할 도리며 이재는 선거날 밖에 고대할 수밖에 업따고 본다.

〈1991년 2월 2일 토요일 날씨 맑음〉

우리 마을에 임대농사을 짓어며 갈림으로 농사을 짓어 왔는데 농사을 짓는 사람이 봇돈, 제초제, 살충제, 콤바이 싹, 주인이 하는 것은 비료대금 반만 주며 주인은 일 년 농사을 다 짓어 왔는데 이것이 반갈림이 아니라면서 청년회원들이 앞푸로 4대 6으로 주인은 4을 하고 농사을 짓는 사람이 6을 먹대 농사 밑천은 일절 다 부담을 하기로 하였다. 청년회원들은 이 일이 관철이 돼지 않으며 농사을 짓찌 않깨따고 오늘 주인들에깨 통보을 하여다. 이것이 진작 이른 일이 발생을 하여야 한다고 본다.

"오늘 자신도 청년 일을 찬성을 하며 업는 사람들이 같이 살자고 하는 것을 협조을 하여 주었다. 만약에 이것이 회결이 돼지 않으며 자신도 트랙터 벌리에 타격이 오는 것은 사실이지만 결국 청년회원들이 정리을 활 수 잇따고 보고 잇다."

"이번 일로 오전은 청년회원들에 협설려 오전을 그냥 보내고 마랐다."

지출에 … 윷노리에 … 2,000원

〈1991년 2월 3일 일요일 날씨 맑음〉

정상원 모친이 돈 500백만 원 가지고 갈 때는 상원 이야기을 해서 영수증을 줄라고 하든이 오늘이 삼 일째인돼 자신이 생각을 할 때 이상한 사람이라고 생각을 한다. 남외 돈 500백을 가지고 갇쓰며 미안해서 영수증을 하여 줄 권대 아직까지 아무련 대답이 업쓰니 마음이 답답하며 나로서는 500백만 원이 전 살림이 다라고 하여도 가연이 아닌돼 남의 돈을 여사로 아는 사람이 이상하구나.

자신이 상원을 보며 영수증을 하여달라고 이야기을 하여야겟쓰며 처음부터 이렬 줄 알라쓰며 돈을 주지 않는데 사람이란 한번 격끄바야 아는 것이라고 생각을 하며 돈을 조합에 그냥 두는 것인돼 이자 좀 더 늘굴라고 하다 큰 실수을 하는 것이 아닌가 하고 마음이 편치 않꾸나.

"오늘은 영권 동생 자유예식장에서 결혼식을 올리는데 결혼을 축하을 하로 갇쓰며 자신은 오전에 나무 전정을 하고 12시가 돼는 것을 보고 정심은 김천 자유예식장에서 식을 올리고 정심 대집을 한다고 때가 돼어도 참고 같더니 정심은 주지 않코 봉투에 3,000원 주고는 아무 것도 업드라. 그래서 정심도 어더먹찌 못하고 말라쓰며 나뿐 아니라 축하객들은 다들 배꼽품 당해쓰며 다들 정심을 먹찌 않코 왔따고 하며 예식이 1시라서 다들 시장키을 당했따고 생각을 하며 자신은 집배 와서 정심을 먹어다."

지출에 … 영권 동생 결혼 부주 10,000원
차비 200원
計 10,200원

〈1991년 2월 4일 월요일 날씨 눈〉

금일은 눈도 오지도 안으면서 눈빨이 휘날리서 휴식을 하여쓰며 오늘 휴식은 상점에서 휴식을 종일 함.

"요줌 안저면 도박을 하며 이것을 생각을 할 때에 다들 친구의 돈인데 이것을 서로 가질라고 한장을 하고 잇는 것을 볼 때에 너무하다는 생각을 하면서도 도박이 아니며 오락이 업따는 것이 원망도 돼고 잇다."

지출에 … 돼지고기 돌부리 2,000원

〈1991년 2월 5일 화요일 날씨 맑음〉

앞밭에 작과나무 전정을 하니 어재 도박을 한 사람들이 윷을 놀고 잇쓰며 윷이라는 소리가 산천을 울리고 잇쓰며 자신도 놀려 갈려고 멧 번이나 놀로 가자 하는 마음 여르번 드는데 나의 계산은 오늘날까지 전정을 안전이 끝을 낸다는 결심 때문에 억찌로 참고 개핵대로 할려고 상당이 바픈 일가을 보내쓰며 그리고 나무 전정을 하고 잇쓰니 덕삼이가 올라와서 담배집에 돈을 오늘 준다면서 빌리와서 50십만 원 다 일어따면서 자신한태 한 달만 쓰고 준다면서 50십만 원 달고 하여서 외돌터라. 어재 저녁에 판돈이 다 해야 3만 원정도라고 생각을 하며 이것도 동전 100원 짜리 판에 50십만 원 문치[뭉치]을 빌리서 하는 친구을 처음부터 집배 가라고 건유을 해도 들으주지 않으며 술기가 만으며 나의 생각에는 술 먹은 친구 돈은 먼저 먹으며 주인이라는 생각이 들며 도박하는 사람들은 때을 만난 기분이드라. 이것을 보고 자신은 일적 오고 마라쓰며 결국은 덕삼이가 봉이 돼고 마라쓰며 오늘 덕삼이가 돈을 달라고 하는데 장난의 말이지만 등신아 하고 놀리고 마랐다. 우리 생각을 할 때는 생각지도 몿하는 바보의 짓을 하고 잇는 것이 이상하다.

오늘 덕삼이가 돈 50십만 원 달라고 하는데 업따고 하면서 주지 않아쓰며 실찌 돈은 잇찌만 자신이 쓸 돈 밖에 업쓰며 자신은 덕삼이 주며 난은 농사밑천 할려며 빛을 낼 형편이라서 업따고 하면서 주지 않아쓰며 덕삼이는 자신에깨 돈을 달라고 하며 줄끄라고 생각을 하고 왔쓸 것은 사실이며 덕삼이가 그절을 당하고 돌라가는 모섭은 정말 친구로서 미안하며 자신이 올해 쓰고 남을 돈이 잇따면 돌리주게쓰며 제 아무리 노럼 돈이라고 하지만 돌리주겟는데 도라가는 덕삼의 마음보다 자신의 마음이 더 않대쓰며 덕삼이가 오해는 업쓰며 하는 마음이다.

〈1991년 2월 6일 수요일 날씨 맑음〉

오늘은 정부에서 통일벼 매상을 바다주지 않아서 오늘 정미소에서 삶 방아을 찟고 마라쓰며 정부에서 통일벼만 바다주어도 금년에는 다들 바다주어야 농민들의 아품을 조금이라도 들어주는데 이것을 모르고 정부 행정을 원망도 하고 십꾸나.

그리고 집사람이 김천장에 강정끄리 준비해 오면서 쌍하탕 한 병을 챱다고 품안에 너어서 따뜻하게 하여서 남편 줄라고 가지고 와서 주는 모섭을 보며 그 보잘 것 업는 한 병이지만 을마나 고맡고 처음에 남편을 줄려고 배에 너어며 병이라서 을마나 찹아쓸까. 남편을 생각을 하여 따뜻하게 주자는 생각 너무나 고맡고 이 못난 남편을 생각을 하여 주는 집사람 앞푸론 더 따뜻하게 대해줄 것이며 집사람보다 자신이 더 사랑을 하여줄 작정이다. 집사람이 오늘뿐 아니라 하잘 것 업는 요구르터까지 품안 너어 따뜻하게 하여서 주는 사람을 조금한 깃떨 하나도 상하지 안투록 사랑을 하여도 집사람만 못한다고 생각을 한다.

"네 너을 사랑을 하리라. 너의 품안에서 온몸의 체온을 요구르터 병 속에 담아서 주는 님. 의이 요구르터로 생각을 할소냐. 나는 이것을 사랑을 마쉰다고 생각을 하고 잇소. 내 당신의 고마운 정을 꼭 갑파드리리라. 정말 고맡소."

〈1991년 2월 7일 목요일 날씨 맑음〉

오늘은 바실보 파보을 하여쓰며 메년 파보을 하지만 해가 갈수록 사람의 수는 점점 줄어들고 잇꾸나. 올해는 사람이 더 적은 감이 들며 앞푸론 바실보 파보도 멧 사람이 결산을 하고 말 것으로 생각을 한다.

그리고 오늘 파보하는데 약장사 아주마 두 분이 와서 한약 선전을 하면서 팔고 잇쓰며 자신도 운이 보신약을 짓어다 먹일라고 작정을 한 것이 운이도 약전골목에 안갈려고 하여서 오늘 한약 아주마가 25,000원짜리 20,000원 판다고 하면서 선전을 하길래 아주마 불어서 3통을 살려고 하면서 돈을 막 깍끌라고 무진작 예을 쓴는데 먹끄들지 않아서 20,000원식 주고 싸쓰며 모두들 만이 사쓰며 자신도 운이 줄라고 20,000원 주고 사고 마랐다. 이번 한약은 우선 보기에 좋으며 약을 가지고 와도 속아꾸나 하는 너킴이 업꾸나.

"집배서 아들에깨 들으니 이철수가 머리가 깨지서 병원에 같다는 이야기을 하여서 낮재 형님과 멧치 도박을 하는 것을 보앗서 도박을 하다 싸어서 사권이 벌어전는가 또 형님과 마찰이 잇쓴는가 하고 극정이 돼어서 뉴스 들을라고 저녁을 먹고 같떠 형님과 도박을 하는 그 사람들 꼭 부터잇떠라. 도박을 하는 맨바가 잇쓰며 이 사람들 매일 밤 부인들이 잡아가는데도 시정을 못하고 안저며 하며 결국은 10시 이후가 대며 부인들이 나와서 꼭 잡아가는데도 시정 못하고 꼭 하는 것을 볼 때에 부인들이 남편들을 어떼게 다스리서 건절이 돼지 않코 꼭 고기 돌부리나 잔치, 무선 행사가 잇는 날은 도박하는 날이 돼고 말며 오늘도 창고장 형님이 날리을 직이며 지서에 고발을 한다고 야단을 부리서 도박판이 깨지고 말라찌 그르치 않으며 밤새두록 도박을 하게 돼는데 잘 깨지고 말라따고 생각을 한다. 그리고 형님도 정신이 업는 사람이다. 형님도 요줌은 안저며 도박을 하고 잇는 것을 볼 때에 일평생 도박을 할 사람이라고 생각을 할 때에 정말 문재다."
지출에 … 운이 보신약 한약 1지 20,000원

〈1991년 2월 8일 금요일 날씨 맑음〉
금일은 형수와 집사람이 광정[강정]을 하는데 자신은 아무 것도 그들지 않코 오전 일과을 보내쓰며 오후에는 앞발태 전정을 한 것을 주어서 묵년대[묶는데] 힘이 들 뿐 아니라 나무 전정하는 것보다 더 드지 않을까 하는 생각도 들으가는구나.
금년에는 봄이 팔리 오는 너킴이며 사람의 손길도 팔라저는 너킴이며 금년에는 잠쉬실 여가 업는 해라고 말을 하고 싶다.
"김원태가 또 오십만 원 달라고 해서 업따고 이야기을 하여도 전부가 업따고 이야기을 하면서 사정을 하길래 먼저 번에 200,000만 원 그래을[거래를] 했키 때문에 준다고 대답을 하고보니 이 돈은 다 노름돈이란 생각을 하니 개니 대답을 햇쓰며 오늘 500,000만 원 건너주면서 노름돈이란 것을 생각을 하니 돈을 주면서 좋은 돈으로 주지 못하고 추한 돈으로 주는 자신의 마음이 발찌 못한 것은 사실이다. 자신도 옛날에 형님 노름돈 대어준 사람이 더 미어떤 적이 잇쓰며 그때는 알곡으로 개산을 하니 주는 자신은 원수쳐름 여기 왔는데 자신이 이 짓을 하여따는 것이 가슴 아푼 일들이라고 생각을 한다."
"앞푸론 노름하는 사람은 돈을 절때 주지 않캐다."

〈1991년 2월 9일 토요일 날씨 흐림 비〉
오전에는 전젱목 꼬쟁이을 온자서 주어 묵끄쓰며 오후에는 집사람 딸, 아들 온 식구가 나와서 꼬쟁이 주꼬 자신은 단을 묵고 하니 오후에 일적 다 하게쓰며 꼬쟁이 좃는데는 아들도 어른 목을 다 한다고 생각을 하며 아들이 그드니 내가 아주 수라구나.
"자신이 일을 하다 죽는 한이 잇쓰도 자식들 공부을 할려고 하며 일을 시키지 않캐는데 자식들이 하라는 공부는 하지 않코 테래비전만 보고는 공부을 하지 않아서 너이들 공부을 안알라면 아빠 일 좀 도와달라고 하고서는 일터로 아빠는 같든이 나중에 다들 나와서 아빠 일을 도와주는데 고맡드라."
그리고 집배 올 머리에 밭트막이 너무나 지저분에서 태와 업샐라고 불을 질려떠니 불이 엄청난 불이 돼며 바람도 업는데 불빛이 태풍처름 회모라쳐면서 불이 타는데 온 식구가 불을 끄는데 정신이 업쓰며 오늘 불은 조금이라도 바람키가 잇쓰따면 산불을 내고 마란 불이 돼고 마라쓰며 산불을 낸다고 해도 큰집 용만에 산에 불이 붙고는 말지만 여화든 큰 실수 할 뿐 했다. 신문에 밭트막 태우다 산불 낸다고 여르차례 보도가 돼드니 나처름 여사로 여기다 산불을 낸다는 것을 너켜쓰며 오늘 불은 산불을 내는 불인돼 운이 잇쓰니 산불이 돼지 않아따고 생각을 한다.

〈1991년 2월 10일 일요일 날씨 비〉

오늘 비는 봄비라고 말을 하고 싶프며 이번 비는 밤새두록 비가 내리도 시원찬아서 오전까지 비가 내리쓰니 봄비 칯고도 만이 내린 비라고 생각을 한다. 올해는 큰 추이 업시 한해을 보내는 것이 한편으로 좋고 한편으로는 원망도 대는 너킴이 잇다. 한해 겨울 보내며 산천이 하야게 덮프서 설경을 구경을 하면서 한번 눈밭을 티어다녀 보고픈 너킴이 한번 들어야 겨울의 찬맡을 보야 할텐데 이번 겨울은 눈 한번 재대로 오지 않고 한해 겨울을 다 보내다니 아쉬운 겨울이 돼어다고 본다.

"금일은 재화내 펌프 설치을 하여주어쓰며 작업을 다하고 보니 재선이 집배서 수도 이상이 생겨서 공기가 따라 들어와 물이 재대로 나오지 않아서 설치한 보람이 업드라."

〈1991년 2월 11일 월요일 날씨 흐림〉

요줌 도박을 하는 사람이 도박을 할려고 밑천 사람들 모양 날뛰고 잇는 것을 보니 우리 같은 사람은 이해가 돼지 않는구나. 자신도 장난으로 말려드려따가 10,000원까지 일어다. 9,000원만 겨우 차저 물려나오고 마랐찌만 도박을 하게 돼며 신체 큰 무리가 돼는 것을 도박을 해본 사람은 알리라고 생각을 한다.

"오늘도 도박을 크게 하여쓰며 오늘 도박은 부인들이 날리을 천는데도 떨르저지 않코 도박을 했따니 도박도 앞날이 업키 때문에 절정 했따고 생각을 하며 도박도 이제 설시며 할 여가 업키 때문에 일은 사람은 마음이 바파저기 돼잇다."

지출에 … 화토노리에 1,000원

〈1991년 2월 12일 화요일 날씨 맑음〉

오늘 도박은 넘어 심하며 도박 크서 돈을 만이 일어니 감정으로 변하며 오늘 일은 사람 둘은 본성을 일련 너킴이며 우리가 보기에 안타까어며 한 사람은 휘말리서 돈을 일으쓰며 둘리가 일은 돈은 800,000만 원 이상 일으따고 생각을 하며 이 돈픈 아니라 서로 주고 밭고 하는 식으로 도박을 해서 일은 사람은 실찌 돈은 상당이 만이 손예을 본 것으로 안다.

"자신이 도박의 문재을 생각을 할 때에 한 사람만 도박이란 것이 나푼 것이다 하고 너켜 준다면 동내가 조용희 댓겠는데 한 사람이 도박에 재미을 보기 때문에 도박이 근절이 돼지 않코 개속 도박이 살아가고 잇쓰며 도박에 말려드는 사람도 안타가운 일들이다."

"그리고 오늘 동장은 전화요금 473,630원을 자신이 계산을 하여서 대신 보조 납부을 시키주어서 40십만 원 득을 본 셈이라고 생각을 한다. 이것은 자신이 납부을 시키주지 않아따면 동장이 술이 취한 상태며 온 동내 돈 잇는 곳에 다니면서 빌리와서 도박을 해야 10분도 안가며 온 동내 돈을 다 같다 날라도 안대며 나중에는 돈이 업쓰서 도박이 끝이 낯쓰며 실찌 동장은 한경이 업쓰며 잇따 해야 논 3마지기도 안대는 것 가지고 도박을 음청나게 할 뿐 아니라 진일이 동장은 동내 일을 그냥 바주어도 돈이 남을 껏으로 본다."

도박을 전문으로 하는 사람은 옛날 동장 김춘효, 지도자 윤천희, 현 동장 이진일, 감투가 업는 김원태 이 사람들은 부인들에깨 엄청나게 달리면서도 개속 하는 것을 볼 때 문재라고 생각을 한다.

〈1991년 2월 13일 수요일 날씨 흐림〉

금새라도 쇼다질 떳한 낡씨가 종일 참아주고 잇다. 요즘 낡씨가 자주 비가 올려고 하고 잇쓰며 봄비가 자주 오며 불상한 농민만 예을 먹이니 참아주어쓰며 하는 바람이다.

"오늘은 오전에는 당산에 전지목을 혼자 조금 줏고 았쓰며 오후에는 연탄재을 경운기로 한발이 실어내는 일로 하로 일가을 보내고 마랐다."

"어재 도박을 하여서 돈을 딴 사람은 이자을 놀 주선을 하고 잇는 것을 보니 그 반대로 돈을 일은 사람은 마음적으로 타격이 클 끝이며 자신의 마음과 가슴을 치리라고 생각을 하며 그 아픔은 당해보지 않코는 그 가슴 아품을 알 리가 업다고 본다."

"농민들은 겨울에 다들 아품을 당하고 잇다."

지출에 … 쇠고기 세집배 6,800원

〈1991년 2월 14일 목요일 날씨 흐림〉

이재봉 씨 수도 펌프 설치을 안전이 하여 줌. 오늘은 언 선을 포기하고 이원만내 수도로 가설을 하여서 이재는 물이 잘 나고 잇다.

그리고 돼지머리 돌부리을 하는데 전부가 비지라서 두 점 먹고 마라쓰며 오늘 출물은 1,000원이지만 오늘 돌부리는 아깝더라. 오늘 돌부리는 자신뿐 아니라 다들 고기도 먹찌 못하고 부담을 한 셈이다.

지출에 … 돼지 돌부리에 형님과 자신 둘리 2,000원 돼지 콩팥 값 1,000원 計 3,000

〈1991년 2월 15일 금요일 날씨 비〉

오늘이 설인데 비가 계속 내리고 잇는 것을 볼 때에 올 농사가 극정이 돼고 잇꾸나. 그래도 오늘은 낡씨가 좋아야 하는데 땅이 길어서 설 기분을 접고 잇꾸나.

"그리고 올해는 우리 가족에 행복을 바라며 우리 운이 빨리 니우쳐서 공부을 할려고 하는 의지만 보여준다면 자신은 더 바라지 않캐다. 자신은 무엇보다 이 소원을 빌어보게 노라."

"그리고 우리 형제들 한 사람도 낙오 업시 설을 마지하여서 무엇보다 더 기쁘다고 하고 십다."

지출에 … (아들 세배돈) 10,000원

〈1991년 2월 16일 토요일 날씨 맑음〉

오늘로서 형제관들도 직장따라 다들 돌라가고 마랐쓰며 형제들이 설 시로 돌라올 때보다 형제들이 돌라갈 때의 모섭을 보니 올 때의 기쁨보다 갈 때의 허전한 감이 더 크다고 보며 이것은 인간의 길이라고 한다고 하지만 인간은 만남의 행복을 가지고 십프며 늘 따뜻하여쓰며 하는 마음뿐이다.

"늘 설 명절 대며 우리 형제들만 자가용이 업고 아르마[아랫마을] 큰집에 조카들과 세집에 사촌이나 마당으로 자가용이 잇는 것을 보며 허전한 마음 검할 길 업쓰며 나의 마음을 아푸게 만드는 시간은 짤버나 명절 때마다 격는 아품도 크다. 이재는 용학이 선경그럽유톤[선경그룹유통]에 들으같쓰니 머지 않아서 자가용이 머지 않서 생길 끝이다 하면서 운선 마음을 달래본다."

"그리고 오늘은 아무 일도 하지 않코 종일 테레비전 시청만 하다 하로 일가을 보내고 마랐다."

"공부만 만이들 하며 편하게 인생 생활 할 수 잇는데 우리 운이는 자신이 안전 거름

돼어서 학교 시키볼려고 소원이라고 생각을 하고 잇는데 우리 운이는 안중에도 공부는 업쓰니 이 아품을 어뒤 비하게쓰며 때로는 자신은 이 세상에서 일원 것이 업따고 생각을 하여본다."

<1991년 2월 17일 일요일 날씨 맑음>

이번 설은 연휴가 4일이 돼는데도 추석보다 자가용들이 동내 들 왔쓰며 이번 설은 연휴가 만은데도 고향 내리온 사람이 추석보다 아주 적으따고 본다.

"그리고 집사람은 아들 혜지 돼리고 첫같집에 갇다 왔쓰며 집사람이 친정에 갇다오고 이야기을 할 때에 앞푸로 전화도 하지 말라고 하드라고 이야기을 하면서 처어머님도 할 말도 다 못하고 전화 하는 것도 실어한다고 이야기을 할 때에 처어머님이 개롭따는 말이며 자식이 전화을 하는대 실어한다는 것은 처남의 택이가 부모님에깨 잘못한다는 것은 사실이며 실찌 교회 간다는 사람이 잘못한다는 것은 벌스 알고잇찌만 이처름 만들으낮따는 것이 가슴 아푼 일들이다. 자신은 처어님이라도 실찌 가 배어야 하는데 전화로나마 처어머님 목소리라도 덥고 십프며 자신은 집사람보고 살도로 처어님에깨 전화을 더리바라 식사라도 요줌 잘하는지 늙 전화 글어보라면 활 말도 업다고 하면서 전화를 들하며 하라는 데로 하지 않아서 우리 딸들 보고 너이들도 엄마 모양 남편이 전화을 하라는데 안부전화을 하지 않으며 다들 죽인다면서 살도로 전화을 하라는 이야기까지 하여쓰며 집사람이보다 처어머님에깨 자신이 전화을 자주 하는 편인데 이제는 전화도 못하고 여사일이 아니구나 하는 생각이며 흔이들 고부간에 사이가 벌어저는 것은 자식에 문재가 잇따고 본다.

그리고 선산 부군수 김기지 부군수가 이번에 마을에 돼지 잡아먹어라고 돈 200,000만 원을 주어서 오늘 온동내 잘 {먹}어다. 김기지 씨는 면석이로 해서 부군수까지 올라같쓰니 이 사람은 수단이 만은 사람이며 고등학교도 대구농고도 재발 간 사람이 부군수까지 올라같쓰니 정말 이 사람은 출세한 사람이 돈도 잘 쓴다고 본다. 외냐하며 설 명절로 꼭 선물 아니며 돈을 내어서 동내 어른들 대접하는 일은 돈 잇따고 아무나 할 수 잇는 일이 아니라고 말을 하고 십다.

"오늘은 동민들이 돼지고기 돌부리을 잘 하여따고 보며 자신도 잘 먹다."

지출에 … 화토노리 2,000원 진사람
친정가는 돼 쇠고기 7,500원
돼지고기 3,600원 조카들
3,000원 처어머님 5,000원
計 21,100원

<1991년 2월 18일 월요일 날씨 흐림>

오전에 남들 놀며 자신도 놀라고 생각을 하여는데 사람들이 나오지 않아서 그만 들로 같쓰며 작과 전정목을 주어서 묵는 작업을 조금 하여쓰며 그것도 낡씨 좀 찹지 명절 뒤라 들판에는 아무도 나오지 않아쓰며 혼자 할려니 일에 큰 의욕이 업는 작업을 하였다.

그래서 오후에는 놀로같떠니 외 이재 나오는냐고 물킬에 오전에도 놀라는냐고 무려니 오전에도 한 방 모여 노라따고 하면서 방으로 하나 고수돕 하고 놀며 오늘은 도박손님이 업쓰서 그른지 조용희 놀고 잇드라. 친구들이 재아무리 오래 놀라도 오늘같이 논다면 아무 일이 업다고 본다.

"지출에 … 화토놀이 1,000원 / 아들 과자 600원 計 1,600원"

〈1991년 2월 19일 화요일 날씨 흐림〉

"오늘은 값짝이 꽃샘추위을 하는 것처름 바람이 모질게 불어 낡씨 촉감이 아주 차거어며 다들 휴식을 하여쓰며 자신도 휴식을 하고 마랐다."

우리 운이가 고등학교을 갈려고 생각을 하고 잇는지 고등학교는 안중에도 업는지 귀가 찬다. 운아 어너 고등학교 갈 결정을 가지느냐 무려면 아무련 생각도 해보지 않아는지 몰라 하면 끝이 나며 공부 의욕이 아예 업는 것 갈터며 자신은 제일 소중한 농사는 짓찌 못하고 입배 풀칠할 농사는 풍년을 만들어바야 아무련 소용이 업따고 본다. 사람의 자식 잘돼는 맡으로 인간 생활을 살라간다고 하여도 가연이 아닌돼 자신은 운이가 우선 바서 알찬 열매는 귀대가 어로어니 나외 만족을 도저히 이룰 수가 업따고 보니 가슴아푼 일들이다.

〈1991년 2월 20일 수요일 날씨 흐림, 눈〉

금일은 벼집을 집사람과 둘리서 실어내고 앞밭에 작과나무 전정목을 안전이 실어드리고 종일 동안 정신업는 일과을 보내고 오늘 일은 갑짝이 너무나 만이 일을 하였다고 본다.

"운이가 오늘도 오락실에 같다가 오후 6시경에 집 왔드라. 오늘은 다꾸쳐서 무르니 어그재도 오락실에 가고 오늘은 운이 혼자 오락실에 같따고 이야기을 하며 돈은 (설) 새배돈을 가지고 가서 오락을 하여따고 이야기을. 오늘은 자기 돈이지만 집배 아무 말도 하지 않코 돈을 가지고 가서 사먹어따면 말도 하지 않캐는 그 돈으로 오락실에 같다주는 것을 생각을 할 때는 속이 한번식 뒤비저며 흥분을 죽일 수 업쓰서 오늘은 운이깨 매을 돼고 마랐다. 매을 돼면서 오늘은 혼을 낼 작정을 하여는데 그래도 매라서 성질돼로 다 못하고 마랐다. 우리 운이 계심을 못하는 것이 가슴 아푸며 이재는 속아서 살라왔따고 보며 이재는 운이깨 열정을 업새야 하겟따고 생각도 가지 본다."

〈1991년 2월 21일 목요일 날씨 눈〉

오늘 아들 등교길 줌 대어서 중년 신사 한분이 집배 와서 운이 덕암 시험지라면서 바다보라면서 한삭고 집배 들으오며 운이을 공부을 하게끔 바람을 일으키며 좋은 말만 하고 잇쓰며 그래도 자신은 어재 운이가 오락실래 같다 와서 어재 성질도 자신은 다 풀리지 않은 상태인돼 아들 공부을 하게끔 바다보이야 한다고 사정을 하며 건유을 하여도 자신은 포기을 하면서도 운이가 한번 할려고 더는데 어이 그부을 할 수도 업고 해서 운이예깨 정말 해볼래 하면서 다짐을 바다보니 할려고 들으서 또 한번 속아보자 하면서 계약을 하여다. 1년에 150,000만원이 돼며 한 달에 15,000원 돼며 시험지 쳐고 상당이 빗산 금액이며 어떤 시험지가 올란지는 몰라도 너어나 빗산 금액이라 크게 당한 기분이다. 이번 일은 크게 당하드라도 이번 객이로 운이만 니우쳐서 공부을 할 의욕만 준다면 이번 돈원은 정말 값진 것으로 생각을 가지겟다.

"오늘은 눈바람이 휘모라쳤는데 낡씨 차거어서 얼신도 할 수도 업쓸뿐 아니라 앞푸 걸어간다면 바람으로 인해서 뒤로 밀일 정도며 앞푸로 전진이 힘이 들 정도며 오늘 바람은 불안 주는 바람이라고 말을 하고 십다."

"오늘은 아침부터 형님과 한 팀은 도박이 탁 부터 잊는 것을 볼 때 기가 차며 이 사람들이 한장을 한 사람들이지 하는 생각이 들며 친구 돈을 따먹을라고 한장을 한 사람이 어이 친구라 할쇼냐. 다들 여유가 각박한 사람들이며 이른 친구가 다들 친구의 과정을 파개하고 잊쓰며 서로가 파게을 시킬라고 더는 친구가 의이 마음속에는 원수라는 감을 가지고 잊쓸 것이 아닌가 하고 생각을 할 때 도박하는 사람의 얼굴 가죽이 두끕따는 생각을 아니 할 수가 업다."

1991년 2월 21일 아포면 사모소 세 청사을 오늘 준공을 함.

형님도 절멀 때는 부모님을 속을 쓱이더니 이재는 형수 속을 쓱키고 잊는 것을 볼 때에 감정만 생기는구나. 이재는 자신도 형님의 도박에 돼에서는 강 건너 불 보드시 구경만 할 작정이며 형님은 우선 보기에는 평생 도박을 해도 모자랄 정도니 이재는 말을 부칠 필요가 업다고 본다.

지출에 … 운이 시험지 개약금조 10,000원

〈1991년 2월 22일 금요일 날씨 눈〉

금년들에 최고로 눈이 만 내리따고 본다. 눈은 올겨울에 내리지을 안아서 5센치 정도로 금년 눈이 최고 돼어쓰니 올겨울에 눈의 량은 알마나다고 본다.

우리가 어릴 때는 눈들이 한번 왔따면 적설량이 무렵까지 오는 것이 헛다하다고 보는데 요즘은 눈도 재돼로 안올뿐 아니라 어름도 한번 재돼로 얼지 않으니 앞푸로 십년 뒤에는 우리 지방이 현재 제주도 낢씨가 돼지 않을까 하는 생각을 가저보며 그때는 살기좋은 세상이 됀다고 보고 잊다.

"내일이 윤문희 씨 한갑한다고 그들어주로 같쓰며 요즘은 한갑을 한다면 돼지 4바리 잡는 것은 보통으로 알고 잊쓰며 십오 년 전에는 한갑이나 길홍사을 치룬다 해도 돼지 한 바리로 잔치을 다 밧는데 그때는 돼지고기 한 줌 먹키가 하늘 별 따기처름 힘들어는데 요즘은 돼지고기을 먹찌을 안을 뿐 아니라 다들 손들이 적으로 가고 잊는 것을 볼 때 너무나 인간생활이 변해 왔따는 것이 제삼 너킬 수 잊쓰며 흙르온 가정을 생각을 할 때에 정말 감탄스렵꾸나.

우리 부모님들은 다들 고기 한 점 자시지 못하고 국물만 먹어온 것을 생각을 할 때에 한마뒤로 말을 해서 뼈 아푼 일만 하다 다들 도라가쉬쓰며 우리 부모도 연세로 천다면 아직 살라개실 연세라고 볼 때 이 좋은 세상을 보지 못하고 돌라가쉬따는 것이 나의 뼈아품이 돼고 잊꾸나."

"오늘은 우리 부부가 윤문희 한갑 준비에 일 거들어주는 것으로 하로 일과을 보내쓰며 오늘 일은 낢씨가 험살구저 일 도어는데 다들 힘이 만이 들으따고 본다. 올들으 오늘이 제일 춥고 눈도 제일 만이 온 날이라고 말을 하고 십다."

"이번 서울 수서지구 내물 사권으로 국회원 4명과 청아대 비스관 1명, 5명이 뇌물 사권으로 입권이 다 돼고 잊쓰며 이번 국회원들은 다들 소리만 높파지 일한 것이 업쓰며 우리 생각으로는 다들 회산을 시키고 마라쓰며 하는 감정 밖에 업꾸나. 국민이 국회원을 선출시키노어며 국가 발전을 하는데 나두고 사리사욕만 부리고 부정만 하고 잊쓰며 오희려 국회원들의 양심들이 다들 썩어파저서 다들 소리만 지루고 잇쓰니 하나도 성립이 업고 힙쓸려서 오히려 국민들을 불안만 드 주고 잇쓰며 그리고 국회원들이 차기에 국회원 자리을 염려해서 토이만 했따 하며 소리 큰 사람이 똑똑한 사람처름 보이는 줄 알고 잇쓰니 의이 이것이 국회원 자질이 가추어 잇따고 보는지. 자신은 이번 국회원들이 다들 자격 미달이라고 본다."

〈1991년 2월 23일 토요일 날씨 맑음〉

윤문희 씨 한갑이라고 우리 부부가 다들 그 들어주어쓰며 윤문희 씨는 돈 벌어서 한갑을 잘한 것을 보니 인간이 성실이 하여서 돈을 쓸 때 쓰는 사람이 생외 보람을 가지고 살라가는 사람이라고 생각을 한다. 윤문희 씨가 우리가 일기로도[알기로도] 동내쳐고 제일 업는 축에 잇쓰는데 윤문희 씨가 이발일 배와서 이발관을 운영을 하면서 돈을 다 벌어다. 오늘 한갑을 잘하는 모섭을 보니 돈을 벌어다는 자랑도 돼는구나.

지출에 … 윤문희 씨 한갑에 부주 10,000원

〈1991년 2월 24일 일요일 날씨 맑음〉

금일은 순서 동생 럭키그린맨숀아파트로 오늘 이사을 하여쓰며 맨숀이라서 그른지 정말 좋으며 동생도 오늘낡까지 아이들 데리고 셋방으로 9년 동안 살라따고 이야기을 하는 것을 들을 때에 예먹은 것은 사실이다. 셋방살리보다 더 큰 고충은 업따고 보며 정말 사니라고 힘이 들으따는 것을 인정한다. 우리 형제들이 부모님 살림 업시 다들 빈몸으로 나가서 맨션아파트을 진긴다는[마련한다는] 것은 다들 성실리 살아주키 때문에 큰 결실이 돼어따고 본다. 정말 빈손으로 가서 34평짜리 맨션을 잡을 수 잇쓰따는 것이 피나는 노력을 해따는 것을 생각을 하니 나의 눈에 눈물이 매칠 정도로 고맙다. 아직까지 돈이 만이 들어가게드라만 더 열심히 하여서 잘 살아다오. 오늘 너이들의 살림을 운반을 하면서 만이 장만한 것을 보고 만이 벌어따고 여르 번 입을 다시쓰며 다들 나보다 다 낮따고 생각을 하여쓰며 자신도 드 열심히 하여야 하겟다고 마음의 가고가 서는구나.

그리고 대신 민성이내는 김천 금탑아파트로 이사할 때는 아무 것도 주 것이 업쓰며 집사람이 하이타이 정도밖에 사준 것이 업는데 너이들은 돈이 업쓰서 조합에 순달이을 이용해서 돈을 만이 이용한 것을 보고는 너의 속살림은 모르지만 자신으로 바서 돈이 답답따는 생각을 가지기 때문에 오늘 아침에 전화로 순달이에깨 너이들은 십 원 한 장 주지 못하고 구미 순서 이사하는데 돈이 업따고 하는데 자신도 만이 주며 좋찌만 그를 쳐지 안대니 십만 원만 줄 작정을 하고 잇다고 하면서 순달이가 이해 달라고 사전에 이야기을 하였다. 오늘 형님은 시계 85,000원 주고 자신은 하고 십픈 데 보태쓰라고 돈으로 100,000만 주고 왔찌만 순달이 부부 보기에 마음에 걸리서 자신의 마음이 더 아푸며 실찌 자신에깨는 순달이가 잘하며 저의 형수 건강까지 생각을 하여 주는 동생이며 혹 인삼이라도 생기며 자기 아들 주지 않코 저의 형수 약카다고 따려 먹이라는 동생은 그냥 두고 오늘 일들이 차별해서 대화는 일이 돼어쓰니 오늘 순달이 부부가 현장에서 을마나 마음이 아파켓나 하는 생각을 하니 너의 부부 보기가 미안해서 참키가 고충이 돼어따고 생각을 한다.

"오늘 일은 잘못돼어따고 나 자신도 시인을 한다만 순달이 이해해달라는 마음이며 실찌 차별해서 행한 일은 절때 가슴을 열고 말을 하고 십다. 미안타."
"오늘은 형님도 잘못하여따고 생각을 한다. 외냐 순달이 이삿할 때는 아무 것도 하여주않코 오늘은 시계을 사준다고 법석을 부리쓰니 자신도 형님 하는데 그냥 이쓸 {수}도 업고 해서 모든 일이 실수라고 본다."[9)]
지출에 순서 동생 이사하는 데 100,000원

〈1991년 2월 25일 월요일 날씨 맑음〉

오늘 낡씨는 맑으나 전부가 눈이 싸여 잇쓰서 일은 못하고 혹 트랙트 쓰리[써래]나 나와쓸까 하고 김천 동양대리점으로 대동대리점으로 한박기 돌라 밭쓰며 쓰리는 아직 나오지 않코 경운기 쓰리만 재작을 만이 하고 잇드라.
자신의 마음은 나의 구상으로 쓰리을 만들어 볼 작정을 하고보니 정기 용접기가 100,000만 원 들으가며 그리고 동양대리점 기사들이 아직 트랙터 쓰리는 잘 안됀다고 이야기을 하면서 경운기 쓰리을 하라고 이야기을 들을 때 하고 십픈 마음이 망스리전다. 그래서 결단을 내리지 못하고 한번 구경만 하는 것으로 하로의 일과을 보낸 셈이다.
"지출에 1,000원짜리 빼다먹키에
　　　　2,000원"

〈1991년 2월 26일 화요일 날씨 맑음〉

오늘같은 날은 눈만 업따면 충분히 일을 할 수가 잇따고 보는데 눈이 체 녹지 않아서 아무 일도 못하고 무이미하게 하로을 보내고 마랐다.
지출에 … 자신의 감기약 하로분 2,000원
　　　　혜영 공낙금 101,100원 혜지
　　　　90,000 운이 49,200원 혜지
　　　　책값 5,290원 혜영 9,710원
　　　　운이 8,500원
　　　　計 265,800원

〈1991년 2월 27일 수요일 날씨 비〉

자신이 요줌 건강이 약한 모양인가바. 자신이 감기을 잘 안는데 올드려 감기을 자주 한 편이니 건강이 세약한 것 같꾸나. 오늘도 감기 때문에 구둘목 신세을 지우고 마라쓰니 한번식 생각을 가지바야 하겟꾸나.
"오늘은 안전 봄비가 내리고 잇는 것을 보니 나의 마음에는 금년 농사의 설계을 그리보는 시간도 돼고 잇꾸나. 그리고 이 봄비가 끝치며 우리 손길은 상당이 바빠저개찌. 내 손, 집사람의 손 다들 흙투성이로 한해의 농사가 시작이 될 것을 생각을 하니 마음이 바빠저는구나."
지출에 … 보험료 값 10,900원 화장지
　　　　후리돔 치솔 치약 껌 8,920원
　　　　計 19,820원

〈1991년 2월 28일 목요일 날씨 흐림〉

오늘이 이월 달이 마지막 날이 돼는 것을 보고는 세월이 너무나 빠르다는 너킴이 올해는 더 깊이 들며 이월들이 넘어가면 농민들은 세해의 걸음을 내뒤디야 하며 이제는 삼월이 돼며 영농 일과로 들어가야 한다. 이달의 마지막 날이 돼고 보니 한편으로 서

9) 이 문단은 지면이 모자라 상단의 여백에 적었다. 내용상 아래로 옮겨 적는다.

원하고 한편으로 삼월 달을 마지하는 기분도 좋으려만 금년 농사을 짓어서 농민들의 땀의 대까가 잊쓸련지 불안도 사실 앞쓰고 잊꾸나. 정치인들이여 농민들은 땀의 값으치도 돼지 않는 소득을 가지고 안간힘을 쓰면서 살라가는데 정부는 농민들만 잡고 잊쓰니 소리 한번 지루지 못하고 한탄으로 살라가고 잊다. 정치인들이 정부 양특적자가 너이들의 정치 잘못으로 양특적자가 생기찌 농민들의 농민들이 수학을 배로 생산을 하여서 양특적자가 난 것인가 가슴에 손을 언고 말을 하여바라. 외 너이들 잘못으로 마음이 백조보다 더 힌 농민들에깨 잘못을 씨우고 잊나. 정치인들이여 코앞을 생각을 하지 말고 우리들의 이세들을 보고 정치을 하여바라. 코앞의 잘못은 시인을 하면서 먼 정래을 생각을 가지바라. 세상에 야비한 짓은 약칸 자을 치는 것이 제일 야비한 짓이다. 정부도 야비한 짓은 그만하여 주어쓰며 한다.

"오늘은 비료 값 삼월 달에는 오른다고 우리 마을에는 농협에 비료 띤다고 법석을 부리고 잊다. 이른 짓도 정부을 밑지 못하는 정치을 오늘날까지 해와키 때문에 농민들은 불안해서 헛말에 동요돼며 질서가 업쓰저개 돼는 것이다. 자신도 요소 25포, 복합 38포을 뛰어왔다. 정부가 미들 수 잊는 정치을 해 왔다면 이른 날리을 치루지 않는다고 자신을 말을 하고 십다."

지출에 … 비료값 요소 25포 복합 38포 264,550원

〈1991년 3월 1일 금요일 날씨 맑음〉

오늘이 보름이라 다들 술집배서 고기 돌부리을 하고 돌부리 돈원 설 명절에 돈이 좋금 나온 것을 오늘 보름이라고 돌부리을 하고 윷판을 벌리서 모두들 놀아쓰며 자신과 형님 같이 놀고 잊는데 큰집배 미숙이가 돼리로 왔드라. 그래서 큰집배 와보니 순달이 왔잊드라. 순달이 모섭을 보니 좋은 얼굴이 아니드라. 그래서 자신도 영문도 모르고 좋은 기분은 못 돼더라. 형님도 오기 전에 무선 일이냐 무르니 다짜꾸짜 빛이 만아서 땅 팔아가야 하갯따고 소리을 쳤드라. 이것이 구미 순서 동생 이사할 때에 형님은 시계을 85,000원 했주고 자신은 돈으로 100,000만 원 준 것이 꼿따리을 잡서 다시도 안볼 사람처름 얼굴색이 변했잊쓰며 그래서 내가 순서 이사하기 전에 전화로 너외깨 미안하고 너의 이사할 때는 아무 것도 하여주지 못하고 순서 이사할 때 형님은 시계을 하여 줄라고 하니 나는 돈으로 100,000만 원 생각을 하고 잊는데 잘못댄 것을 순달이 니가 이해해다오 하면서 사전에 사과을 하여는데도 우선 보기에 순서가 못한 것을 조금 생각을 하여서 월마 돼지 않는 것 가지고 얼굴 색갈이 변해잊는 모섭을 보고 자신이 그러면 안댄다고 하면 가라고 소리을 쳤도 말을 들으먹찌 않아서 자신은 그만 집부로 올라쓰며 집배 와서 생각을 하여도 순달이 잘못한다는 생각이 들며 막상 형님들이 잘못 잊따 해도 얼굴색 그처름 변할 수가 업쓰며 순달이로서는 무엇을 착각을 하고 잊는 것 같타서 다시 큰집부로 내리가보니 이미 순달이는 불만 질어놓코 같쓰며 형님은 오늘날까지 누가 잘했든 잘못했든 우리 형제들이 잘 나왔는데 이제와서 한 분 잘못하여따고 부모 유산 땅을 팔라달라면서 아무 성쳤고 같따며 서운해서 울고 잊뜨라. 그래서 형님이 이해해달라고 이야기을 하여쓰

며 오늘 일사을 풀게 하는데 여간 힘 안드려쓰며 오늘 일로 본다면 순달이가 화약을 저고 불로 들어같따고 본다. 외냐 남외 속만 뒤비찌 실속은 아무 도엄이 돼지 못했쓰며 자신도 순달이 이사할 때는 화이타이로 하고는 순서 이사할 때는 100,000원 준 것이 제가 돼어 일반벼 벼을 찌어서 쌀로 그 대까을 줄라고 집사람과 약속을 하여쓰며 이것을 빨리 주어야 미안감이 빨리 해소 돼겟따면서 늙 이야기을 한 것이 오늘 그 일사로 폭발을 하고 말라쓰니 무어라고 말을 할 수가 업쓰며 순달이가 그쳐름 속이 상해따면 종용이 이야기을 해도 이 일은 가슴 깊이 니우칠 수 잇쓰며 형님도 매사 일에 생각하는 사람을 만들 수가 잇따고 보는데 오늘 밤새두록 생각을 하여도 순달이 잘뭇이라고 말을 하고 싶프며 그리고 오늘 일을 구미 순서 동생이 알며 월마나 가슴 아푸겟나 하는 생각이 들며 오늘 일은 남이 알며 우설 일이라고 생각을 하며 순달이같이 한다면 종말이 순복이도 이사할 때는 아무 것도 하여 준 것이 업는데 그 화킴으로 날리을 천다면 무엇이 돼며 오늘 일로 바서는 순달이가 아주 잘뭇이라고 생각을 한다.

"순달아 아푸로 서운하그든 대화부터 하여보자. 니 서운해서 하을 풀어따고는 할련지는 몰라도 가슴 속은 무엇신가 처음보다 더 못하리라고 생각을 한다. 나는 지구 땅등으리 다 가지고 형제간에 정이 업따면 지구 땅등으리 다 버리고 아무 것 업시 형제간에 정을 가지고 살라갈 수가 잇따면 아무 것도 업시 형제간에 정을 가지고 살라가고 십다."

앞푸론 돈으로 정을 버리지 말자고 말을 하고 십다.

지출에 … 화토로리 14,000원

〈1991년 3월 2일 토요일 날씨 맑음〉

오전에는 당산밭에 전지목을 묵고 실어 왔쓰며 세집배 바끄리 실어서 방아을 찟어서 가다주고 잇쓰니 형님이 윤창희가 봉산에 자형 편으로 내가 경운기 사고로 순천향병원에 입원했따고 하면서 놀란 표정으로 이야기을 하여서 사람이 그따이 그진말을 한다면서 그대로 말고서 오후에 경운기로 가야 하는데 기분이 나빠서 경운기는 그냥 두고 오트바이로 전지목을 묵끄로만 같쓰다. 사람이 외 설때업는 그짓을 할까. 그것도 나이가 60십이 다 댄 사람이 생각을 할수록 이해가 안대며 그짓을 하는 사람은 여사로 넌길련지는 몰라도 나 자신은 종일 동안 기분이 나푸며 기분 나푼 소리가 자신의 머리에서 떠나지 않는 상태에서 하로 일가 마치고 집배 와서 저녁상을 들기 전에 봉산 누님 집배서 전화 와떠라. 그래서 전화을 바다보니 윤창희가 경운기 사고로 순천향병원 같따는 그진말을 오속 골짝이 잔치에서 자형한태 이야기을 하여서 놀라서 집배까지 빨리 왔따는 이야기을 들을 때에 자형은 을마나 놀라쓰며 누님은 더 놀란 것은 {사}실이다. 이 전화을 받고는 화가 발깍 나더라. 그래서 오트바이로 윤창희 집배을 가니 사람이 업고 술집으로 동내 갈만안 대는 다들 해매도 업드라. 그래서 남들도 오늘만 참으라고 이야기을 하여서 집부로 오고 마랐다. 오늘 생각을 하니 기가 차며 이해을 할려고 하여도 이해가 돼지을 안으며 속이 상하니까 잠이 오지 않코 골머리만 아푸고 하여서 밤 12시 경에 진통제 아스피린 약을 먹고 잠을 이루고 마랐다.

"세상에 인간이 고루지 못한 것을 생각을 하여쓰며 정말 한심한 인간이라고 생각을 한다."
지출에 … 쌍화탕 300원

〈1991년 3월 3일 일요일 날씨 맑음〉
오늘 아침에는 순달이께 전화을 해서 재마무리[제아무리] 서운하드례도 이재 성질이 풀리쓰며 오늘 일요일이니 시간을 내서 잘못했따고 한마디만 하며 형제간에 원수절 일도 아니며 이것도 넘어 오래가면 뒤말이 들 좋으니 아서 사과을 하라고 이야기을 하려고 해도 못한다는 말을 계속하드라. 내가 볼 때는 순달이 잘한 것이 업따고 하면서 건유을 하여도 그절을 해서 그름 전부가 니가 잘했다고 하면서 전화을 끈고 마랐다.
순달이가 자신이 이야기을 하며 그래도 들을 줄 알라쓰며 막상 죽일 제을 젓떠래도 동생이 이해을 해서 그날은 너무 형님에깨 잘못한 것 같쑈 하며 서로가 밝은 우섬이 나올 끈데 순달이가 형님에깨 이기보자는 뜻으로 벗티고 잇는 줄은 몰라도 너무나 옹절하다고 말을 하고 십프며 오늘낡까지 100점짜리 동생이라고 생각을 하고 살아왓는데 오늘 행동을 보니 40점짜리 동생으로 보는 것도 만이 바주는 것이라고 생각을 하며 아주 서운하드라.
"오전에는 윤정희 氏 형수 칠순이라고 동내 술돼집하는데 그들으주고는 음식도 같치 먹으찌만 잇는 사람들이 적은 돈을 가지고 다뚜는 것을 보니 여사로 안보이며 결국은 나중에 음식을 다 주면서 심부름하는 사람들의 마음을 그슬리게 하고 잇다. 오늘 형수 일에 잇는 사람들이 돈을 쓰는 데는 뺀질타는 생각을 하였다."
그리고 오후 2시에 자유예식장에서 외숙모 종말이 아들 결혼식에 참석을 하였쓰며 외숙모님 혼자 아들 키울 때는 고생을 만이 하였따고 보는데 오늘 아들 결혼식이라 음식 장만을 만이 하였서 대집을 하는 것을 볼 때 만이 낫젓따는 생각이 더는구나.
"사람이란 성실이 살라간다면 끝이 실올리[매우 실하게] 풀리는 법. 업시 살다 외재 남들과 어깨을 나라니 가질 수 잇깨 살라가는 마음이야말로 하늘을 날고 십두록 기쁘리라고 생각을 한다. 이것이 인간의 길이다고 말을 하고 십다."
지출에 … 큰외숙모 아들 결혼 부주
20,000만 원 차비 500원
計 20,500원
그리고 어재 저녁에 윤창희 씨가 어처구니 업는 그진말로 자신이 성질이 나서 맥살이라도 잡을라고 동내을 다 해매도 업드라. 그래서 보지도 못하고 성질이 나서 밤에 잠이 오지을 안아서 약으로 밤을 잣쓰며 아침에 형님한태 전화로 창희가 밤에 차저와서 미안하다고 동생에깨 이야기 하라면서 사가을 한다면서 참으라고 형님이 이야기을 해서 오늘은 가보지 않코 참고 마랐다. 막상 어재 사람을 못만나서 그르치 만낫따며 60십 댄 사람을 손을 대어딴지 했뜨라면 이것도 수치라고 생각이 들며 어재 일은 윤창희 씨가 마절 짓은 했찌만 그래도 묘하게 풀리간 것이 자신이 드 운이 좋아따고 생각을 한다.
그리고 자신이 아침으로 운동해서 그른지 마음이 크며 우리 아들 때 당수할 때 타 동내 아들 지나가면 한번 치고 십픈 마음이 잇뜻이 자신이 그 마음이 마이 잇따고 생각을 하며 이 마음을 죽이지 않으며 손예을 볼 학율이 만이 잇따고 생각을 하며 아푸로 마음을 자재해야 하겟다.

〈1991년 3월 4일 월요일 날씨 맑음〉

오늘부터 본격적인 일로 들어갈따고 본다. 오늘은 집사람과 둘리서 전지목을 묵끄서 경운기로 실어오는 작업을 하여쓰며 이제는 비가 오나 눈이 오나 농민들은 일을 해야 한다. 농민들은 성실이 일만 하며 그때가 잇쓰야 하는데 정부 하는 짓을 보며 보장보다 농민들을 불안만 가중시키니 정책이 아주 잘못돼어따고 본다.

〈1991년 3월 5일 화요일 날씨 맑음〉

오늘은 일진이 나프며 올해는 재수가 업쓸라나 정초부터 난대업는 경운기 사고로 순천병원에 입원했따는 거짓말을 하는 놈이 업나. 오늘은 초가을부터 갈림농사을 짓어 달라고 사정을 하여서 짓어 주겟따고 약속을 하고는 하여는데 청년단에서 4.6재로 한다고 임대농사을 다들 내나쓰며 사륙재 문재로 지주들이 일부 직파재배 하면 짓을 수가 잇고 농촌지도소에서 지원을 해준다면서 주인이 짓을라고 하는 사람이 셋 사람인돼 셋 사람의 임대농사을 짓든 사람들은 청년회 때문에 큰 손에을 보계 돼어쓰며 그 중 이광태도 한 사람이며 김상태 씨가 이재 와서 자신을 갈림논으로 준 것을 빼앗사 광태 줄라면서 이해을 해달라고 하드라. 나는 주인 땅을 달라고 하는데 안줄라 소리는 못하며 자신은 어른 땅을 부친다고 약속을 해서 실찌 갈림을 하라고 청탁이 들으왔도 어른 농사 때문에 못한다고 그절을 하여쓰며 일이 그른 중이나 아라고 하면서 주고 마랐다. 사람들이 아들 일도 아니고 이재 와서 조끈이 좋타고 남을 이처름 손에을 보이도 돼며 약심을 다 버리도 나만은 덕이 돼며 됀다는 사고방식으로 살라가는 사람인 줄 몰라쓰며 옛말에 물 깊이는 알라도 사람 속은 모른다드니 김상태 씨가 그른 사람인 줄 정말 몰라쓰며 마음적으로는 남을 손에을 보이도 유만부특이지 이재 와서 땅을 달라고 하는 사람이 어돼 잇쓰며 개씸한 마음을 억찌로 참고 땅 주인 하는데 어떠게 하겟는냐고 하고 말라쓰며 나중에 집사람한테 김상태 부인이 올라와서 말을 잘못했따면서 도로 농사을 짓어라고 이야기을 하길래 나는 모른다고 하면서 나외깨 미루고 마라따고 이야기을 하길래 못짓깨따고 당장 이야기을 하지 하면서 꾸중을 주고 마랐쓰며 사람이 손에을 볼라고 그른데 김상태 논은 사람이 성질나 부치지 못하게쓰며 내일은 주고 십픈 사람 주라고 하고 일단 끝을 낼 작정이다.

"금년에는 처음 들으쓰면서 감기로 접어들으서 기분이 들 좋은 예감이 들드니 좋은 일은 업고 응뚱한 일들만 생기며 자신이 금년에는 49 대는 해라서 더 조심을 해야 하겟쓰며 금년에는 마음을 마니 죽이는 쪽으로 생활을 할 작정이다."

"오늘도 집사람과 두리서 전정목을 묵는 작업을 하였는데 어재보다 오늘은 지루한 감이 업쓰며 오늘 일이 좋금 낫드라."

〈1991년 3월 6일 수요일 날씨 맑음〉

오늘로서 전지목을 안전이 묵끄서 경운기로 실어서 집에 재는 작업까지 안전이 끝이 낫다. 오늘 일은 다 할려고 열심히 일을 하여서 집사람은 잠자리에 들면서 팔이 아푸다고 몸부림을 첯고 잇는 모섭 보고는 안스려어 좀 만치주며 아빠가 드뒤다면서 어름도[어림도] 업이 자신에 일은 남들보다 앞쓰가는데 무리하게 일을 할 필요가 업는데 기상대 내일 저녁에 비 온다기에 내일까지 작과 거름을 다할 욕심으로 오늘 일을 무리하게 하여 집사람 잠자리에 몸부리 처는 것을 보고는 비 온 후에 할 끈대 하는 안스름이 잇다.

"오늘 들에 가면서 김상태 집배 가니 여자밖에 없드라. 그래 농사는 나는 않알태니 주고 십픈 사람 주라고 하면서 이야기을 하여쓰며 자신은 갈림 해달라는 사람이 잇쓰도 집배 농사 때문에 못한다고 이야기을 하여는데 집배는 이재 와서 뺏앗사서 남을 줄라고 하는데 어이 집배 농사 짓깨는냐고 하면서 나는 상관을 하지 않을태니까 주고 십픈 사람 주라고 하곤 왔다."

"나는 사실 김상태가 어쩌구니 업는 손예을 보이는 데는 정말 서운하다. 김상태 아니며 그 당시는 갈림 농사을 짓을 수가 잇쓴는데 그리고 마음의 준비가 {안}됀 상태에서 이지경이 돼니 마음의 상쳐가 크다."

〈1991년 3월 7일 목요일 날씨 흐림〉

금일은 작과나무에 비료 거름을 안전 하여씀.

기상태서 내일 비 온다기에 비료거름을 할려고 바푼 일손을 두리가 움직이키 때문에 오늘 비료거름까지 할 수가 잇쓰따고 생각을 한다. 그리고 작년에 과일이 업쓰서 그른지 도장지[10]가 너무 만아서 올해는 거름적개 할려고 경기화학비료 총 12포을 싸와서 당산밭에 7곱포 세집배 밭에 1포, 세집배 유목에는 복합비료 1포에서 2돼 정도 난굼. 그리고 앞밭에는 4포을 함. 1포로 15포기 정도로 비료을 함.[11]

〈1991년 3월 8일 금요일 날씨 비, 눈〉

해동비가 넘어나 만이 내리서 어재 비료 한것이 비에 썩키 내리가지나 않을까 하는 염려가 돼두록 비가 만이 오는구나. 과수 바서는 이번 비가 잘 온다는 생각이 들어가는구나.

"요줌 지방자치제 선거 한다고 정부는 법석을 부리며 타락선거 하지 말라고 야단을 쳤고 잇는 것을 볼 때에 원재라도 정당이 내물로 돈으로 표을 주어 놓고 이재 와서 타락선거 하지 말자고 개몽운동을 벌리고 잇는 법석을 부리는 것을 보니 의이가 업꾸나."

"오늘은 일기불순어로 종일 동안 휴식을 하여쓰며 오늘 오후에는 술방취기을 하면서 자신이 이기쓰면서도 오희려 1,000원을 보태서 술, 음료수을 사왔다. 오늘은 사람이 넘어 만원대 술, 음료수을 살 돈이 2,000원이라서 넘어나 적은 돈이라 자신이 1,000원을 더 보태서 사왔다."

지출에 … 술값 돈 1,000원

〈1991년 3월 9일 토요일 날씨 흐리, 비〉

금일은 윤학대 씨 회갑이 준비하는 데 부부가 다가가서 그들어주어쓰며 요줌은 잔치을 하며 음료수와 맥주로 잔치을 치루게 돼며 막끌리는 아주 적은 량이며 엔날에는 막

10) 주 가지가 잘 자라지 않을 때에 눈을 티워 빠르게 뻗어 나가는 가지로 헛가지이다.

11) 일기 지면 상단에 '(작과 거름함)'이라고 기록되어있다.

끌리로 잔치을 치라는데 요즘 세대가 반돼로 돼어 잇쓰며 머지 안아 막끌리는 살라질 것 같터며 조금식 살라나는 것이 동동주을 애용을 조금식 늘어나는 추세다.

〈1991년 3월 10일 일요일 날씨 비〉

오늘은 윤학대 씨 회갑날이다. 그들어주로 같든이 사람들이 넘어나 만아서 할 일도 별로 업쓰며 절먼 사람이 넘어나 만아서 우리들은 친구 형이고 옛날에 우리 집에 살든 사람이라 드 인정이 가며 가깝게 지내고 잇는 사이다. 그리고 윤학대 씨는 비가 금새 쇼다질 뜻 하면서도 비가 12시까지 참아주어서 손님이 오는 데는 아무 지장이 업쓰스며 음식은 만이 장만을 하였노코 오전부터 비가 온다면 그 낭패야말로 말을 할 수가 업다. 다행이 손님을 그진 다 치루고 비가 내리쓰니 천만다행이라고 생각을 하여본다. 아무라도 이 큰 고부[고비]에 낡씨가 운다면 그 타격이야 말로 다 할 수가 업따고 본다. 요즘 회갑 노인들을 보며 다들 청년 겨우 면환 사람들이라고 말을 하고 십프며 이재는 회갑을 71세로 한다면 옛날 회갑 정도로 인생이 늙어 보인다고 말을 하고십다.
앞푸로 회갑을 71세로 곤치야 될 것 같꾸나.
지출에 … 윤학대 씨 축이금 10,000원

〈1991년 3월 11일 월요일 날씨 눈, 비〉

밤사이 눈이 쇼다저서 산천이 보야게 만들어 노왔쓰며 보야게 싸인 눈들을 바라보니 입이 저절로 벌어저며 우리들의 마음도 상캐하고 마음 같다서는 집사람 손을 꼭 잡고 저 눈길을 걸어바쓰며 하는 심정이며 눈이야말로 나의 마음을 점깨 하고 잇꾸나. 그리고 이 눈이 녹지 않코 싸여더라면 엄청난 눈이 돼어쓸 끈대 반은 녹아버리고 마라서 그르치 녹찌 않코 오는데로 싸여다면 인간의 마음을 감탐을 할 수 잇는돼 눈이 충분이 돼어따고 생각을 하며 오늘 같은 설경을 사진기가 업쓰서 찍찌 못한 것이 아쉬운 마음이다.
"그리고 눈, 비 때문에 무이미하게 하로 생활을 보내고 마라따고 생각을 하며 그리고 우리가 오락을 해도 막끌리 내기는 하지 않으며 이재는 낭비 수준만 노파서 90%푸로 맥주로 술을 하기 때문에 낭비을 하는 사람은 만타고 생각을 한다."
"그리고 오늘 저녁 먹을 때 들으오면서 외 너깨 오는냐고 무려니 자률학슬을 했따고 그진말을 여사로 하드라. 자신이 죽을 일 했드라도 그짓말을 하지 말라고 해서며 바른 말만 한다면 다들 용서을 하여준다고 하여도 그진말만 한다면서 매을 돼고 마랐다."
"이재는 운이 고등학교만 졸업을 하며 자신은 손을 띠겠다. 외냐 부모을 넘어나 속을 썩이며 사람이 넘어나 자식에깨 매달리며 도리킬 수 업는 실망이 오리라고 생각을 할 때 나의 인간생활이 너무나 허망할 것 같다서 나의 생활을 가리두록 마음을 쓰야 하겠다."

〈1991년 3월 12일 요일 날씨 맑음〉

금일은 난생 처음 만이 우섯따고 생각을 한다. 외냐하면 50대 60대 70대 셋 팀으로 윷판을 놀리는대 50대는 달희하고 자신이 둘리 들어가서 70대 노인들과 놀라는데 우리들은 윷을 달희나 자신이나 윷을 놀리본 경험도 업고 70대 노인들은 절멀 때는 한가닥석 한 사람이라 우리들이 벗도 돼지 않는다면서 어른들과 한번 놀라본다는 욕심으로 논다고 이야기을 하고서 날라떠니 두리가 준농[주눅]이 들어서 매일 또 빡캐나지을 않으며 온 동민이 그진 다들 모여 따고 해도 가연이 아닌돼 어른들은 모도 잘하며 우리 말은 출발도 하지 않아서 70 노인들은 다들 출발하고 주위에서는 그냥 논을 주라고 소리들을 하지 우리는 윷깟치을 떤지며 또 밖에 안대더니 마지막에 모가 나와서 노인들은 다 익기따고 좋아들 하는데 상대방의 말을 잡아서 운으로 잡아따고 주위에서 이야기들 하며 오늘 윷판은 안대어도 그처름 안돼는 것은 처음 밭다. 오늘 윷판에서 정말 만이들 웃쓰며 오늘 놀리는 70 노인들은 어떠게 생각을 할련지는 몰라도 발은 하로라고 생각을 한다. 셋 팀이 중 우리 팀만 승리을 했찌 60대 70대는 어른들이 수라개 승리을 하여쓰며 노리을 하여도 어른과 아들이 한태 어울리서 논다는 것이 정말 좋은 노리라고 생각을 한다.

"오늘 놀이가 마지막 기회에 일부로 실수을 해서 저줄라고 생각을 하여도 보앗는데 실천은 뫁하고 어른들깨 이기서 마음적으로 마음에 걸리기는 하지만 이것을 생각을 할 때 70 노인들은 승리는 뒤에 두고도 전 사람은 1,000원 술값을 하기 때문에 오늘 윷노리로 어른들은 서운하지나 않을까 하는 생각을 가지지나 않을까 하고 생각을 할 때는 마지막 실수을 해서 저줄 끈대 하는 아쉬움이 남는구나. 오늘 자신이 생각을 한 대로 실천만 하여따면 어른들은 정말 좋아들 할 끈대 망우리 일이 잘 뫁돼어따고 생각을 한다."

지출에 … 윷노리 뒤판보기에 3,000원

〈1991년 3월 13일 수요일 날씨 맑음〉

작과나무 밑에 김매기을 대충하고 그 위에 벼집을 깔라쓰며 금년도 작과나무에 비료 거름을 낡씨에 맡차서 잘 했따고 생각을 하며 비료는 헌적[흔적]은 남아 잇찌만 실질적로 본다면 비료 거름은 안전이 녹아서 나무는 효엄을 보고 잇따고 생각을 한다.

"오늘로서 앞밭에 작업은 끝을 냇따고 생각을 하며 이재는 약만 살포을 하고 과일만 수학만 돼는돼 금년에는 좀 만이 달리서 돈을 만이 하여쓰며 좋겟다."

〈1991년 3월 14일 목요일 날씨 맑음〉

오전에는 세집배 전지목을 실어다주는 작업과 비료 거름 벼집 나무 밑에 갈두록 하는 작업 일체를 다 하여쓰며 이것도 집사람과 둘리서 하여쓰며 오후에는 당산밭에 김매기 작업을 혼자 하여쓰며 작업 진도가 남들보다 빠르기 때문에 일과시간을 일적 맡치고 마랐다.

그리고 운이 저녁때가 돼어도 집배 들어오지을 않아서 저의 친구집배 전화을 하여 보앗던이 다들 집배 와잇쓰며 운이만 오지 않아드라. 이재부터 열이 오르기 시작한다. 오락실에 같다 온지가 겨우 이틀 돼어다고 보는데 그리고 혼이 그처름 난는데 오락실에 가 하는 생각을 하니 열이 나드라. 오두록 간신이 참아쓰며 저녁을 들기 직전에 들으왔드라. 무엇 때문에 이재 오느냐고 무르니 오락실에 같다 왔따고 화드라. 그 소리을 덧고 참을 수가 업드라. 너 오락실에 같다 온지가 언재이며 이재는 너와 약속을 할 필요도 업고 하니 옷을 다 벗키서 어르죽으라면서 한두로 미려내고 마랐다. 미려내고 보니 낡씨가 너무어나 추어서 마음적으로는 빨리 방으로 돼리고 드르오고 십프나 금새 그럴 수도 업고 조금 잇다 저의 엄마 부축으로 돼리도 방우로 들어왔찌만 인간은 이미 안댄다는 생각을 벌서 하여쓰며 이 자석이 본 정신이 업는 아이가 아닌가. 본 정신 잇쓰며 저의 아빠 죽일 놈 하는데 그래도 일주일이라도 참아주야지 하는 생각이 들며 한심스렵다.

"나는 자식 키우는 데 낭비 고통만 당해찌. 그리고 나의 생활이 무이미한 인생간을 살아쓰며 옛날 말이 무자식 상팔자라드니 내 이른 고충이 잇쓸 알라따면 자식 업시 무자석 상팔자로 살아나보지. 이것은 죽일 수도 업고 살도로 속을 썩카면서 살 일을 생각을 하니 기가 차며 인간이 복 만은 사람은 자식이 잘 자라줄 때 그 사람이 세상에서 제일이 복이 만은 사람이라고 말을 하고 십다. 나는 알들 키우는데 고생만 했찌. 차라리 업는 것이 좋겟다. 저른 자식을 키울라고 업고 안고 그 고충을 다 바다가면서 아들이라고 키운 집사람이 외돌꾸나."

지출에 … 맡소금, 비누, 라면 7,300원
(집사람의 지출) (료손) (료손{}),
헨드크림 9,600원 김, 쥐고기,
생강, 대추 11,000원 고추
파어는데 2,000원 오뎅 꽁치
3,000원 장아[장화] 3,500원
진통제, 감초 3,000원 간장,
때미리 1,800원 도시락,
간통[반찬통], 가방 9,500원
차비 500원 가위, 머리 손질
3,000원
計 63,200원

〈1991년 3월 15일 금요일 날씨 맑음〉

오늘로서 작과 밭에 작업은 사실 끝이 난 셈이다. 봄에 노타리을 할려고 하며 마음이 바픈데 가을게 미리 노타리 작업을 하여 노니 봄에 일이 징해서[적어서] 좋꾸나. 이재는 가을게 작과 거름과 벼집 까는 작업을 다 하여야 하게꾸나.

"오늘은 김달수 씨가 자기 논 14마지기라면서 4.6재로 하라고 집배 왔드라. 자신은 올해는 기분이 나빠서 농사을 안 짓을라고 생각을 하여는데 오희려 김상태 논보다 논 마지기도 만고 조끈이 오희려 좋다고 생각을 하는데 허돼래 일을 을마나 바라나 문제다. 그리고 남의 일도 3년하고 트랙타 융자만 벌면 마라야 한다고 생각을 한다."

"김상태 씨가 자신을 허전하게 말들은 것이 오늘로 해소돼는구나. 늙 사람이 그따이 일을 하고 잇는가, 자신도 청년단의 약속을 핑계을 돼어서 광태을 김상태 농사을 못짓게 할려고 마음은 구친는데 김달수 씨 논이 들어오니 마음이 누구려저는구나."

〈1991년 3월 16일 토요일 날씨 흐림〉

오전에는 말리논에 사과나무 모목에 거름 할려고 김매기와 마늘 밭에 벼집을 벗키는 작업을 하여다.

그리고 오후에는 경운기 동전[12]이 빠지서 곤친다고 뛰어다니다 오후 일과을 다 보내쓰며 오후 일은 개핵돼로 못해서 내일로 넘어가게 돼어다.

금년들으 농민들을 농사에 관심도가 바닥까지 떨어젓따고 생각을 하며 다들 농사짓어서 무엇해 하면서 관심이 업쓰며 이것이

---

12) 실린더 헤드 부분에 냉각수가 얼어서 팽창할 경우에 대비한 동전 모양의 마개.

지속이 돼며 머지않아서 식량도 수입을 해서 먹을 정도로 심각한 때가 오리라고 생각을 한다.
지출에 … 경운기 곤치는 대 200원

〈1991년 3월 17일 일요일 날씨 맑음〉
금일은 외갑집 사촌 삼촌 회갑인돼 집사람을 보내고 마랐다. 자신은 아직 외갑집 마을이 어떠게 생긴는지 모르며 내 알고는 한번도 안 같쓰며 어머님 손을 잡고는 간 적이 잇쓰는지는 몰라도 외갑집이란 것은 구상도 못하고 잇다. 이번 기회에 외갑집 동내을 가서 어머님 살든 집이 그대로 잇는지 그르치 않으며 허물고 서라버 집이 돼어 잇는지 자신의 눈으로 학인을 하여 볼 끈대하는 마음 아쉽다. 앞푸로 한번 이른 기회가 잇따면 자신이 가서 어머님 살든 마당이라도 발바나 보고 십꾸나.
"오전에는 봇밭에 두엄을 실어내고 우엉깨어 왔쓰며 오후에는 상산밭에 물 바들라고 약통 뭍는 작업을 하고 오면서 나무 한발이 소나무 둥치기와 살타구리 해서 경운기로 한발이 한 것으로 하로 일과을 보내고 마랐다."
지출에 … 외갑집 사촌 외삼촌 회갑에 10,000원

〈1991년 3월 18일 월요일 날씨 맑음〉
금일은 인분을 첫는데 장군 8개로 실어내니 생각보다 수라드라. 이것을 시작을 하기 전에는 인분을 프내야 하는데 하면서 미루어 온 것은 사실이다. 오늘은 일적부터 서들어서 인분 프는 데 집사람도 거들어 주어쓰며 셋 바리째는 장군을 들어 내류는 데 힘이 들으서 장군이 땅에 충격이 좀 같나바 장군 빌리서 온 것이 만이 갈라저며 인분이 다들 세어나오드라. 오늘 일은 결과적으로 큰 손에을 본 셈이다. 인분차을 불어서 인분을 쳐리했드라면 사람 편하지 집사람도 들어올리는 수고는 안했도 될 것이며 통장군도 요즘 물과가 올라서 9,000원 할 것으로 내다보니 사람은 사람대로 고생을 하면서 낭비만 시킨 셈이며 자신 생각으로 조금이라도 절약을 할려고 했든 것이 오히려 손에을 본 셈이며 그리고 남의 통장군을 빌리다 쓰는 것은 좋으나 이것들이 다들 날아서 [낡아서] 사용을 하는데 소월이 하며 다들 세 통장군 물라주게 돼니 이것을 생각을 하고 사용을 하여야 한다고 생각을 한다. 자신도 오늘 우리 통장군을 대치로 주어쓰며 오늘 일은 득은 업따고 본다.
"오늘 인분을 처리하는 돼 오후 2시에 끝을 낸 셈이다. 통장군 수는 36개 인분을 프내니 다 프게드라."
지출에 … 베지밀 2개 500원

〈1991년 3월 19일 화요일 날씨 맑음〉
오전에는 들판을 한 밖기 돌아보앗쓰며 일부 봇뚝이 월동에 만이 망가저 손질을 일부 하고 나머지는 다음으로 미루고 오후에는 김원태 밭을 폭크렌으로 파 뒤비논 것을 트랙터로 노타리을 하여 주어쓰며 처음 생각에는 돈을 내는 것이 아니라 기계 망가저는 손실이 드 크지 않을까 하는 생각을 가진는데 실찌 작업을 하여보니 모래밭에 노타리 쳐는 너킴이드라. 오늘 일은 생각보다 아주 수라드라.

〈1991년 3월 20일 수요일 날씨 맑음〉
오늘을 넉뚤 전역 길 부역을 하여쓰며 오늘

부역은 경용이 객토 하면서 길을 망가떠리 따고 이번 부역에 포크레이로 실어주는 작업을 거들어 주어쓰며 오늘 부역은 실어주기 때문에 좀 수례따고 본다.

"그리고 자신과 맺치는 부역을 하면서 사욕을 부리다. 외냐하며 학대 형님이 담 싸는데 기초 공그리 철 모래을 부역을 하고 오면서 한 발리식 실어달라고 하는데 부역을 마지막 바리는 자신은 농로 보수 하는 데 가지 않코 돌라서 학대 형님 기초할 모래을 실어주어쓰며 오전과 오후 마지막 바리 2두 바리는 빼어 먹어서 자신의 마음 좋지 않으며 사람이 원칙을 벗스나며 마음의 상쳐을 입는 것은 사실이다."

"오늘 일은 정말 미안하게 됀 날이다."

"운이 문재가 이재는 치가 떨린다. 외냐 오늘도 마을 아들 다들 집배 학교을 마치는 되로 오는데 운이만 오락실에 들리고 잇쓰며 오늘도 오락실에 갇다가 너깨 들으오드라. 그래서 너는 아빠가 약속을 한 날에는 이 아빠가 돼리고 오락실에 간다는데 그 기간을 운이가 약속을 하여 놓고 약속한 날은 이번 달은 24日 30日 이날은 오락실에 아빠가 돼리고 간다는 약속을 하였는데 약속 기간을 참지 못하고 오늘 뿐 아니라 매일 가디사{피} 하는 놈을 이재는 약속도 할 필요도 이재는 꾸중을 줄 필료도 업쓰며 이재는 오락을 하여 바라며 다구치지 않고 이재는 아빠의 일 떠막키는 일을 시킬 작정이다. 오늘도 트랙터 덥는 작업을 혼자 하라고 시키쓰며 그리고 밤 11시 돼어는데 쇠죽을 끄리라고 시키쓰며 이것들은 다들 어그지 일을 시키쓰며 앞푸로도 인간이 돼는 것을 포기을 하고 이재는 자신의 일만 시키서 자신은 좀 편하게 살라 볼 결심이다."

"오늘 저녁에는 하푸리을 집사람에 다 부리쓰며 오늘 저녁은 운이와 집사람은 저녁을 몿먹개 만들으쓰며 집사람에 몿할 말만 고라서 다 하여쓰며 서로가 따로 살자는 말까지 하여도 마음은 풀리지 않코 마음은 생각을 할수록 더 더 상하고 잇꾸나."

"오늘 저녁 같떠며 살고 십지 않는 마음이 드 크드라."

〈1991년 3월 21일 목요일 날씨 흐림

누님이 도립병원에 입원 해따기에 집사람과 둘리서 병문안 같쓰며 누님도 자주 아파서 극정이 돼며 사람이 건강해야 살매 가치를 가질 수 잇찌 그르치 않으며 매사 일이 캐알하지 몿한 것이 사실이다. 누님도 건강에 시달림 돼어서 장수는 바라지 몿하게쓰며 어머님처름 돼어서는 아니 됀다.

사람도 혈통이 좋아야 장수하며 자식들은 부모가 어느 정도 살아주어야 마음에 충격을 면해줄 수 잇따고 생각을 하는데 아무라도 생명을 만돼로 몿하는 것이 인생간이라고 생각하며 그리고 인간이 살라가는 가정이 다들 복이라고 생각을 하며 마음이 편해전다.

"오후에는 상토흙을 팔 때가 업쓰서 망스리다 오늘까지 오게돼어쓰니 상토흙 준비가 작년보다 상당이 너저며 올해는 사람들이 상토흙을 크게 생각을 안아는 것쳐름 너켜저며 사람들이 농사에 간심이 금년에는 땅바닥에 떨어젓따고 생각을 하며 자신이 생각을 하여도 너무 떨어졏따고 생각을 하며 앞푸로 정부에서 농민들을 맬새을[멸시를] 하게 돼며 농업은 영혼이 망가저버릴 것으로 내다본다. 정부에서도 다 망가저버리기 전에 손을 쓰주며 하는 마음이다."

"농민들을 이돼로 둔다면 농민이 제일 일적 희생양이 돼겟찌만 배가 치몰하드시 결국은 나라도 망하는 법. 우리나라가 도라서라도 서울만 가면 돼는 것이 아니라 우리 정치인들이 무엇신가 잘못하는 것은 사실이며 이 원인을 빨리 시인하여 바른 길로 가지 않으며 우리 후손들에깨 음청난 타격만 주고 간다."
"사람이 잘못됀 것을 시인할 줄 아는 사람이 돼어야 오른 길을 갈 수 잇다."
지출에 … 경운기 물코크 교환 3,500원
누님 병문에 2,700원 차비
1,000원
計 7,200원

〈1991년 3월 22일 금요일 날씨 비〉
오늘 오전에는 상토흙을 다 팔려고 집사람과 둘리서 서들어쓰며 가랑비을 마저면서 흙을 파드린는데 결국은 비가 만이 와서 계핵돼로 하기는 몿하고 두 바리만 실어드리고 마랐다.
"그리고 이재는 비가 넘어 만이 와서 아무 일도 몿하고 상토흙 산도나 재어보자 하는 마음으로 금릉군지도소에 가서 산도을 재는돼 직원이 친절하며 정말 잘 하여주드라. 그리고 지도소에서 주차장까지 걸어서 온다면 한참 오는데 산도 재주는 직원이 시내 볼 일 잇따면서 주차장까지 태어다 주는데 고맡드라. 사람이 다녀보며 인정이 매말라 따고는 하지만 좋은 사람이 만이 잇따고 본다. 그리고 고마어서 술대집을 할려고 하니 술 못한다고 하면서 가드라. 오늘 직원 처음 보는 사람에깨 친절하게 돼어 주는데 고맡드라."
"그리고 친구 사 명이 술 한 잔 하자면서 1,000원 그출해서 4,000원으로 와다싸키 하는데 너어서 다행이 이켜서 8,000원 돼어 술집배 가니 신준래 선거 술 준다면서 그 돈은 나중 자시고 신준래 술을 잘 어드먹으다. 오늘은 경수 덕택으로 잘 어드먹으쓰며 돈 몿 쓰게 하여도 속으로 쓰며 이른 식으로 선거을 하며 약싹빠른 사람은 매일 술따령을 하고 순진하고 어리석은 사람들은 선거 술 구경도 못하고 선거에 참여 밖에 못한다. 원재라도 못난 사람은 당하면서 사라가는 것이 인간 밖에 업따고 보며 말 못하는 동물도 몿난 탓스로 불익이 업는데 이것을 생각을 할 때는 인간이 동물보다 몿하다고 바야 한다."
"오늘 비야말로 아무 소용업는 비라고 보며 이번 비 때문에 상토흙에 산도 맡출라면 시간이 업쓰서 큰 피해가 돼지 않을까 하는 마음이 든다."

〈1991년 3월 23일 토요일 날씨 맑음〉
객토 논자리에 경운기 쓰리로 논을 고루는데 처음에는 물이 적으서 생 외을 먹어는데 나중에는 물이 만이 들으서 하니 줄줄 내리면서 수라게 돼드라. 외초에 객토할 때에 객토 차 빠지서 재자리에 흙을 못 비아서 논 고루는데 힘이 만이 들으서며 이것을 종일 고라도 마음에 들두록 몿하고 마랐다.
"지방자치제 선거 하는 데 신준래는 돈을 만돼로 쓰고 잇꾸나. 집사람 친구들 신준래 선거 술 준다고 나와드니 돈을 40,000원 준다고 하니 아포 전역에 다 쓴다면 음청난 돈이 들으가리라고 생각을 하며 만약 도위원을 나온다면 시시한 사람 평생 벌어도 못 벌 정도로 낭비가 돼겟따고 생각을 한다.

아직 우리 국민성이 나자서 돈 쓰는 사람이 당선이 됀다. 이것은 마니들 생각을 하여 볼 문{제}들이다."

지출에 … 베지밀 250원
밭동산과자 200원
計 450원

〈1991년 3월 24일 일요일 날씨 맑음〉

오늘로서 상토흙을 선희내 3바리 자신이 7바리을 경운기로 가득희 실어다. 이것이 한 발이에 200상자는 할 수 잇따고 계산을 하여서 총 10바리을 실어 드리는데 학실한 량을 몰라서 염려가 돼고 잇다.

오후 시간이 남아서 선희내 상토흙을 흙 처는 기계로 작업을 해도 흙이 추지서 상토흙 부스저지 않아서 시간만 걸리지 작업이 돼지을 안아서 생 외을 먹으쓰며 천 흙을 두 바리 하는데 오후 내가 걸린 셈이다.

너어나 시간이 낭비가 돼어서 두 바리 선희내 주는 것만 하고 마랐다. 요즘 낡씨가 너무나 비가 자주 와서 상토흙 준비가 너저절 뿐 아니라 파종시기까지 할 수가 잇쓸까 하고 극정이 돼는구나.

오늘 상토흙 준비하면서 운이가 그들어주는데 저의 엄마가 힘이 들으 보이며 저의 엄마을 도와주는 모섭을 여르 번 보앗쓰며 이것을 볼 때에 아이가 생각을 할 줄 아는 아이라고 생각을 하는데 오락에는 정신업시 하는 것을 볼 때는 생각을 못하는 아이쳐름 보아는데 오늘 일 도와주면서 아이 동태을 관찰을 했볼 때에 마음이 조금 노이는 맡이 보이는구나.

수입 … 선희내 흙 천 값으로 35,000원
지출에 … 셋값 1,000원

〈1991년 3월 25일 월요일 날씨 비〉

올해 비가 넘어나 만이 왔서 상토흙 분 아니라 봄에 일이 자꾸만 너저만가고 잇다. 오늘도 비 온 뒤라 아무 일도 못하고 종일 동안 휴식을 하여쓰며 오늘은 술집배 선거 고기가 희갈리젓드라. 사람들이 이쪽저쪽 번갈아가면서 돈을 떠드내서 통달로 달라들며 오늘은 신준래, 최호수 술 마음것 먹으다.

"우리 국은 선거하며 돈을 쓰는 데로 표을 어던는돼 이변 기자재[지자제]는 득표가 어떠게 나올란지 몰라도 인물은 최효수가 난대 돈은 신준래보다 돈을 적개 쓰서 득표을 어떠게 어들란지 몰개꾸나. 이번 선거 계표을 보며 우리 국민의 수준이 조금식 나저고 잇는가 알 수가 잇따고 본다."

"오늘은 운이가 학교에서 8시가 넘어도 집배 오지을 않아서 자신의 성질에 열이 나서 집배 잇쓸 수가 업떠라. 그래서 마실을 가고 마랐다. 자신은 남들에깨 좋은 일만 할려고 노력을 할 뿐 아니라 어때것 살라오면서 남의 피해는 주지 않코 살아왔따고 자부을 하는 사람이며 우리 부모님에깨도 속 썩이지 않코 살아잇따고 생각을 하는데 왜 나의 이세는 자신의 속을 푹푹 썩이고 잇는가. 아무 곳도 쓰지 못할 인간이 태어나서 부모 속을 끌캐 하고 잇쓰며 속이 썩는 감정을 다 참지 뫃하고 그만 집사람에깨 원망을 하고 마라쓰며 차라리 돌등이 낮떠라면 담 싸는 곳이라도 쓰지 아무 것 쓰지 못할 인간을 낮따면서 원망도 하여 보앗다."

"내 이재는 운이예깨 설득이고 훈계고 부탁이고 모든 일채를 간습을 하지 않을 작정이며 자신이 난 재로 고등학교 간다면 시키주고 그 이후는 자신은 모른다. 그리고 지 돈을 벌며 살아갈 것이고 돈 업쓰며 죽을 끄시고 부모 속을 썩이는 자식을 보태줄 필요도 업고 내 벌어 내 인생 절급게 이 세상 살아가리다. 그리고 혜영이 결혼만 시키며 자신도 일손을 노아서 내 일생을 편하게 살아볼 작정이다."

"오늘 집사람이 저금돈 4,000원 중 2,000원 오락을 하고 온 운이을 종알리을 때리따고 이야기을 하드라만 큰 간심도 업쓰며 집사람도 운이는 인간이 안 될 사람이니 정을 차춤 띠라고 말만 하고 마랐다."

식물은 성장을 할 수 잊나 업나는 떡잎부터 알드시 인간도 국민학교부터 인간의 행료을 알 수 잊다. 이미 구조부터 잘못됀 것을 바르게 할 수도 업쓸 뿐 아니라 매달리서 예원하는 인간 생활이 드 불상하다. 인간도 처음부터 쓰지 못할 인간은 도태을 하여야 주위 사람도 절급개 살아갈 수 잊고 인간이 돼지 못할 인간을 키어나바야 사회생활에 고충만 가고 일평생 고충만 가니 본인에깨도 좋은 일이라고 생각을 하여 본다.

"이 몸 자식에깨 거름이 돼어줄라고 결심을 하여 온 내가 어리석은 짓을 했따고 이재와 생각이 드는구나. 자식이 부모 속을 썩이는 자식을 위하여 거름이 돼어준다는 것이 머리에 스쳐가는 것만 해도 끔직할 일이다. 이재는 자식에깨 감정밖에 업꾸나. 나 자신의 할 일은 자식의 정을 멀개 해서 마음의 상쳐을 줄이는 것이 나의 길이라고 말을 하고 십다."

〈1991년 3월 26일 화요일 날씨 흐림〉

오늘이 지방의원 선거날이며 오늘 투표야 말로 30년만에 부활이 돼는 행사로 본다면 우리 지방의 큰 행사 날이라고 바야 한다. 오늘날까지는 다들 고기 안주 술을 잘 먹어찌만 오늘만 지나면 고기, 술 줄 사람도 업쓰니 다들 서운하리라고 생각을 한다. 다들 선거만 한다면 표을 줄 사람이나 안줄 사람이나 돈을 십 원이라도 만이 빼슬라고 더는 모섭을 볼 때 기가 찰 때도 만다. 물론 돈이 만아서 낭비을 좀 해도 될 사람도 잊찌만 그래도 자기 나란대로[나름대로] 절약을 하면서 사라가는 사람이 지방을 위해서 일을 할려고 더는 사람을 넘어나 낭비을 만이 시킨다는 것을 생각을 할 때는 다들 생각을 할 문재라고 본다. 이번에 출마한 사람이 이번 선거비용이 5,000천만 원 됀다고 보는데 이 돈은 촌에서 엄청난 돈이며 지방유지라는 소리을 들을라고 오천만 원 낭비을 해야됀다는 것은 우리로서는 감이 생각지도 못할 일들이라고 생각을 하여 본다. 그리고 오천만 원 들으가도 당선 돼는 사람은 그 가버치는 됀다고 쳐자. 낙선돼는 사람은 영혼이 페배자 돼는 것이 아닐까 하는 생각을 하여 본다면 우리 지방에 일꾼을 버리는 것이 돼며 지방의원 아직 우리 국민 수준에 일어다고 생각을 하여 본다. 그리고 이번 선거로 득이 돼는 것보다 일넌 것이 드 만치 않나 하고 생각을 가지 본다.

"그리고 이번 선거 판결이 어떠게 될 줄은 몰라도 돈과 관판[간판] 싸움이 돼어따고 생각을 하는데 이번 선거에 국민의 수준을 책정을 하는 선거라고 말을 할 수가 잊다."

〈1991년 3월 27일 수요일 날씨 비〉

오늘 비야말로 급이 나는 비다. 이른 봄에 번개불이 번적이며 천동까지 하면서 비가 내리고 잊다. 이것을 본 자신은 금년 농사을 어떠게 만들라고 이러개 필요업는 비가 살도로 오는지 두렵구나.

"이번 선거을 볼 때에 국민 수준이 상당이 낮따고 생각을 한다. 외냐 이번 선거에 최호수보다 신줄래가 돈은 만이 푸리는데 500표 차이라는 수자가 낮따는 것은 이재 우리 국민도 돈보다 얼굴이 앞선다는 것이 입정이 되어쓰며 이재 국민도 본 길을 가고 잇따는 증명이 돼어다. 이 길을 벌서 글어야 하는데 이재부터라는 것이 가슴 아푼 일들이다. 그리고 이번 일은 신줄래가 일하는 데는 열성을 가지고 갈 사람인데 학별이 좋은 최호수 씨는 성격이 너무나 암띠다고 할까 말이 업는 사람이라 일하는 데는 줄래씨보다 못할 것으로 내다보고 잇다."

"그리고 낙선한 신줄래가 고맙따고 차에 엠프을 달아 소리을 질어면서 술과 안주 일체를 준비을 하여 동사무소에 어른과 절먼 쪽다들 술을 푸짐하게 주는 모섭을 보니 아직 여유잇는 모섭을 보여주는 것이 절먼 페기며 우리 생각에는 이불이나 띠접버 쓰고 누어만 잇깨찌 하며 생각을 한 사람이 차을 5대 동원을 하여 술돼집 하로 마을마다 차저 인사하로 다닌다니 이거야말로 절먼 페기라고 말을 하고 십다. 이번 선거비용이 5,000천만 원 들으같따고 이야기들을 하고 잇는데 촌살림으로 본다면 정말 한 살림이라고 본다."

"오늘 자신이 본 신준래 무선 일이라도 할 수 잇는 사람이라고 보며 그 절먼 페기 부렵꾸나. 우리 지방에 참된 일꾼을 버린 것이 아쉽꾸나."

〈1991년 3월 28일 목요일 날씨 흐림〉

일기불순으로 오전은 휴식을 하여쓰며 일부 사람들은 사과나무 약이 바푸다면서 약살포을 하로 가서 술집에도 사람들이 업드라. 그리고 오전에 약천 사람들은 오후에 하창한 낡씨을 보여서 잘했따고 생각을 한다. 그리고 오후에는 사람이 타고 다니는 쓰리을 살려고 재선이하고 김천 한성공업사에 살려고 하는데 개인적으로 10대식 구입을 해도 10,000원 더 흘캐는 못 사개쓰며 윤공사에서 210,000원에 사준다고 하여서 돈만 주고 실어다 달라면서 내리오고 마랐다.

농민들은 수입은 업쓰도 수라게 살려고만 하니 실속은 업다. 점점 갈수록 기계만 농민들에깨 보급이 돼며 농민들은 기계 값만 끄러안고 마는 행세가 돼고 만다.

"앞푸로 농민들을 정부에서 다르리 갈련지는 몰라도 농민들 살라가기가 막막하며 이대로 그냥 둔다면 머지않아서 사멸돼고 말끗이다. 만약에 사멸돼고 난 후에는 정부에 어떠한 대책을 세울라고 하는지 몰라도 자신이 생각을 하기에는 정부 정책이 아주 잘못돼어가고 잇는 것만은 사실이다. 이대로 간다면 5年 안에는 소득업는 밭으로 3분지 1은 변하리라고 본다. 이것을 전국으로 본다면 해아릴수도 업는 수자가 황무지로 변해간다는 것을 생각을 하여바라. 이것은 전두환 대통령 직깨가족들이 부정으로 돈을 만이 가짓따고 영창을 살리고 고속하고 이른 일들은 재가 돼지 않는다고 본다. 외냐 아주 전은 돈이라서 정부 정책 잘못으로 옥토가 쓰지 못할 황페어로 만든 장보인들은 어떠한 벌로서도 바꿀 수 업는 재을 지어가고 잇따고 생각한다."

지출에 … 탑승 쓰리값 210,000원
작과나무 약값 8,800원 차비
500원 아미 값 1자 700원 計

31,000원[13)]

〈1991년 3월 29일 금요일 날씨 맑음〉

금일은 작과밭 황을 살포하는데 올해는 황을 보지 않고 작년에 남은 것 4말로 앞밭태만 오늘 오전에 살포을 하여쓰며 당산밭에는 황 쳐리을 금년에는 하지 않코 살충재와 메타목의 떠물약을 이 두 가지만 살포을 하고 말 작정이다.

"그리고 우리 마을에도 금년부터 황 쳐리가 힘이 만이 들 뿐 아니라 돈도 만이 들으간다고 작과나무에는 유황 쳐리을 않을라고 하고 잇다. 오후에는 트랙터로 봇밭 노타리을 하는 것으로 하로 일가을 보내고 마랐다."

〈1991년 3월 30일 토요일 날씨 맑음〉

오늘은 아버지 친구 분이 마지막으로 별세을 하여쓰며 이분은 아버지보다 19년 이상드 살라계시쓰며 정말 복 만은 사람이라고 말을 하고 십꾸나. 우리 마을에서 동갑네기 셋 분 중 마지막으로 세상을 떠나시따. 이른 분들은 좋은 세상 다 밭쓰며 우리 부모야말로 어더운 세상에서 살다만 돌라가신 것이 한이 됀다고 말을 하고 십다.

"오늘은 상갓집배서 그들어주로는 같지만 사실 윷노래만 구경을 하다 시간만 다 보내고 마랏다."

오늘도 운이가 오후 네깨 온다는 것을 운이 친구로부터 다 들어쓰며 이것을 미리 알고 잇쓰며 이재는 바람이 부는데로 살아가라. 이재는 인간의 길을 못 간다는 것을 이 아빠는 알고 잇쓰며 부모 말을 안덧고 하는 놈은 고생을 해야 한다 하며 바람이 부는데로 그냥 둘라고 생각을 하여는데 아을 보니 그만 속이 뒤접버저드라. 어떠한 일이 잇쓰도 고등학교만 책보따리만 왔따 갈따 하는 식이라도 졸업을 시키줄라고 마음을 먹으는데 이제는 고등학교도 갈 수 업쓸 뿐 아니라 이재는 중학교만 하고 마라면서 전과만 가지고 오라고 하여서 다 태울라고 성냥불을 질어돼니 집사람이 말리고 해서 그냥 두고 마라찌만 부모 속을 사흘이 넘어가지 않캐 썩키고 잇쓰니 한장할 노릇이다.

운이가 평소에도 매일 동네 아들보다 뒤차로 오는 것을 보며 매일 오락실에 구경을 하고 뒤차로 오고 잇는 것 같다.

〈1991년 3월 31일 일요일 날씨 맑음〉

금일은 외갑집배 작은 외삼촌 마지막 결혼식을 김천 자유예식장에서 올린다고 하는데 자신은 집사람 보내고 자신은 아버지의 친구 분 광정 구등이 파달라고 하여서 일 거들어주로 같쓰며 미리 광정 구등이와 산소자리을 폭크렌으로 작업을 하여서 사람들 할 일은 적드라. 오늘 하관을 한 사람은 고생도 하지 않코 돌아가시서 정말 복 만은 사람이라고 말을 하고 십다.

"산에 일을 오후 3시 조금 넘어서 일을 맡치고 집배 돌아오니 집사람이 예식장 갈다 오면서 운이 친구와 약속 잇따면서 구미 차을 탈라고 잇는 것을 잡와왔따고 이야기을 하여서 화가 치키는 것을 참고 무르다. 그르니 오락실에서 친구와 만날라고 약속을 했따기에 김천 오락실로 갈려고 낮쓰다. 그름 그 놈이 어떤 놈인가 한번 보자 하고

---

13) 실제 계산은 220,000원이나 31,000원으로 잘못 기록하였다.

아포 오락실로 가보앗든이 약속을 한 놈은 한 놈밖에 없쓰며 저의 반 아들은 4명이 잇뜨라. 이 셋 사람은 약속을 한 아이는 아니고 1명밖에 업드라. 그 나머지는 못온다고 열약이 왔따고 이야기을 하드라. 그래서 처음 약속을 한 놈은 누구야고 무르니 대신 현성이라고 하는데 너의 아버지 이름 무엇시냐고 무르니 죽어따고 이야기을 하면서 저의 엄마만 잇따고 이야기을 하드라. 이 소리을 덧고 손을 대고 십프나 남의 자식이라 손을 될 수도 업고 달래고 마라다. 친구일수록 나픈 길로 가면 서로가 못 가게 하는 것이 친구이지 나픈 일을 하면서 전화로 불어내는 것은 아주 나픈 사람이라고 타이루고 요놈들 순대라 사주면서 예원을 할려고 순대집으로 돼리고 같든이 순대집도 문을 닷고 음식점은 업쓰며 음식을 할려고 하면 아포 역전에 가야한다고 이야기을 하여서 그만 오락실래 돼리고 가서 마음 놋고 하려고 돈 5,000원 주어떠니 둘리 가서 돈을 바꾸드니 오락을 둘리가 한 자리서 오락을 같이 하고 잇쓰며 집배서는 아이가 풀이 업든 아이가 힘이 생기며 활기차 보이드라. 그것을 보고 자신은 오락실을 나와 경운기 센타에 가서 시간을 보내고 오늘따라 추어서 경운기 센타에 3시간 기다리는데 몸에 추이가 왔서 더 기다릴 수가 업쓰서 오락실에 같든이 성운이 서잇드라. 돈이 떨어젓나 하니까 조금 잇따 할려고 한다고 이야기을 하드라. 그루자 오락실에 우리보다는 나이가 좀 만은 사람이 들으오길에 댁이 주인인야고 무르떠니 그르타고 이야기을 하드라. 그래서 주인 나리도 밑천을 드리서 돈을 벌어야 하지만 넘어나 지난친 아이는 자재을 하여주며 어떠겟는냐 하니 주인 하는 말이 큰 돈 가지고 오는 아이는 돈을 안밖까주며 들으보낸다고 하면서 수라게 나오드라. 그래서 내 아이가 제가 기며 나의 자식은 오락에 미친 아이가 돼어쓰며 어재 저녁에 저의 아빠외깨 혼이 나고 오늘 오락실 갈려고 하니 부모로서는 죽을 지경이{며} 주사는 돈 번다고 좋아는 할련지 몰라도 당하고 잇는 부모의 심정은 뼈을 깍는 아품이라고 이야기을 하여쓰며 그리고 이 아이들이 부모들은 다들 모르고 잇쓰며 이중 부모가 오락실에 간다고 아는 아이는 한 명 정도밖에 안댄다고 이야기을 하면서 지난친 아이들을 자재을 하여주지 않는다면 선생님에 알리서 타격을 줄 것이며 이왕 내 아이는 다 망치찌 이 티업는 아이들을 희생 막키 위해서 보초라도 설 수 잇따고 이야기을 하니 허가 잇따고 이야기을 하드라. 그래서 그 허가는 사람이 할 수도 잇고 치소도 할 수도 잇는 것 아닌냐고 하면서 말을 하여쓰며 자신이 볼 때는 오락실 허가 자리가 아니라고 보며 이 오락실은 학교 정문에서 100매다 완돼며 이것은 주인이 허가 잇따고 이야기을 할 때는 무엇신가 불리한 점이 잇따고 본다. 자신이 이 오락실을 고발하여볼까 하는 마음이 여르번 치솟으나 그래 자재을 하여왓다.

"오늘 주인 하는 말이 주사 아들은 오락실에 못 오개 할태니까 극정을 하지 마라고 이야기을 하면서 선하게 이야기을 하면서 진작 이야기을 하여떠라면 자재을 하여슬끈데 잘못 돼어따고 이야기을 하면서 미안해 하드라. 자신이 내일부터 내 자식을 탁끈깨 해달라는 소리는 못하고 일주일 1, 2두 번식은 허용을 하면서 지나친 오락이 안

돼게 하여 주십시요 하고 부탁을 하여다. 요놈들이 저녁노을 절 무렵에는 그만 할려고 하면서 운이가 아빠 뻐스 온다면서 가자고 하드라. 그래서 돼리고 오고 마랐다."
지출에 … 오락비 값 700원 포장류 2,700원 차비 580원 計 3,980원

〈1991년 4월 1일 월요일 날씨 맑음〉
상토흙을 상토기계로 집사람과 둘리 하여도 흙 처는 것은 다 하게쓰며 이 기계을 진작 사야하는데 사람이 계니 외을 먹어따고 본다. 무선 일이든지 기계가 하지 사람이 몿한다고 본다.
"상토흙을 경운기 볼속 10바리 파와서 선이내 두 바리 정도 주고 무우리 경운기로 한 발이 남아씀. 그르며 자신은 8바리 중 무구리을 1바리 남와쓰니까 실찌 량은 7곱바리라고 본다. 이것이 상자 1,100개는 담아야 한다고 보는데 올해 농사가 드 드러와서 감을 잡을 수가 업꾸나."
"오늘 상토흙 쳐는데 정말 수고을 만이 하여도 흙 량이 넘어 만아 외을 먹어쓰며 이것이 촌에 사는 수고인가. 마음적으로는 편하게 하여 줄 수는 잊따고 보지만 육체적인 고통은 들으 줄 수 업는 것이 마음에 걸리는 일들이다."

〈1991년 4월 2일 화요일 날씨 맑음〉
오전에는 복토흙을 잘 나오두록 아미에 한번식 더 쳐나쓰며 복토흙을 셋 무더기을 만들어서 한 무드기의 반지름을 65전 하여서 셋 무더기을 난겨 준 셈인데 조금 적지 않을까 하는 생각이 드는구나.
그리고 마늘에 거름을 하고 집사람과 김매기을 하여씀. 그리고 마늘이 고로 나지 않코 마늘농사가 처음부터 숭년이란 예감이 들며 올해는 마늘농사을 잘 짓는다고 마늘씨을 다 갈는데 돼도 마늘농사가 시원찬으며 이것은 아주 손예가 만꾸나.
수입에 트랙터 노타리값 20,000원

〈1991년 4월 3일 수요일 날씨 맑음〉
당산밭에 깍찌벌레 약과 메타독서, 복비 3가지 혼합을 하여 살포 하여쓰며 약을 오십말 량을 다 타서 살포을 하여보니 45말 량만 잊쓰도 살포을 할 수 잊따고 본다.
"그리고 올해부터는 다들 작과나무에는 황처리을 안해도 됀다면서 황 꼬는 사람이 업쓸 뿐 아니라 이재는 사람들이 수라게 살려고 하는 것이 눈에 표가 날 정도로 변하고 잊다. 이것은 농민들이 수입자유화로 농사재미가 업는데 드 농민들은 농사일에 의욕이 금년부터 땅바닥에 안전이 떨어젔따고 생각을 한다."
"그리고 이태옥 씨 품을 와사놀려고 경운기로 거름을 실어주는데 술키가 넘어나 만아서 경운기에서 떨어절까바 신경이 쓰여저 외료가 만으며 자신은 술 치한 사람이 수십{명 할 것} 업시 지키는데 마음에 맡찌 않으며 거름을 다 실고 작과나무 전지목을 실련는데 바을 시원찬깨 거려서 자신이 경운기 위에서 멘다고 땅기니까 바가 벗키저드라. 그래서 자신은 땅에 떨어저고 마랐다. 그래도 널쪄면서 나뭇가지를 잡고 떨어저 아무 상쳐는 업쓰지만 품을 와사놀려다 올 농사을 못 지얼 뿐 했쓰며 지금 생각을 하니 운이 상당이 좋아쓰며 그 나뭇가지가 업쓰떠라면 다치는 것이 사실인데 지금 생각을 하니 왔찔하드라. 그리고 술 치안 사람 경운

기에 대리고 다니다 큰 코 닷치겟쓰며 시원찬원 사람 조금 다치며 정말 좋진다고 생각을 너켜다."
"그리고 술 치안 사람 일을 할 때는 차분한 생각을 가지고 일을 해야 실수가 업다."
"앞푸론 돈을 주어서 품을 쓰는 것이 오른 일이라고 생각을 한다."

〈1991년 4월 4일 목요일 날씨 맑음〉

세집배 작과나무 약 살포을 바시냇이까지 오전에 다 하여쓰며 숙모님은 약을 아키 때문에 적은 량으로 살포을 하니 마음 바푸나 시간 단축이 돼어 좋꾸나. 숙모님은 자신이 약이 적다고 하면 늙 댄다는 말을 할 때에 자신의 생각과 달라서 약을 푹 쳐주고 싶프도 약 량이 적으서 마음놋고 쳘 수가 업다.
"오늘도 감자 씨을 노앗쓰며 금년은 날짜을 본다면 만이들 너저가고 잇다. 절우가 너저서 그른지 다들 이재 노어며 아직 밭을 갈지 않는 사람들도 3분 2 이상은 그대로 남아잇쓰며 작년 바서는 1달 차이로 씨감자을 놋는 사람도 들으 잇쓸 것으로 내다보고 잇다."
오늘 감자 노어면서 우응도 갈고 마랐다.
지출에 아들 과자 500원 식용류, 치약,
육모상자, 거름 4포 20,000원
육모상자 거름값 1포당 2,350
計 20,400원[14)]

〈1991년 4월 5일 금요일 날씨 맑음〉

오늘은 상토흙에 거름과 다찌에스 약을 썩끄스며 거름을 썩크보니 흙 량이 적으 보이서 운이와 둘리서 경운기로 한 발이 더 실어왔다. 올해는 흙 량이 만으니 작업을 하는데 지루한 감을 만이 너켜서 농사일은 노다지 힘으로 해야 하며 힘의 대까도 돼지 않는 것이 정말 한스렵다. 못 배어서 농민이 된 것이 한이 돼는데 그기다 중노동으로 한 평생을 살라가야니 이 한을 누구로 돌리야 하는지 갈피을 잡찌 못할 지경이로다.
"오늘은 운이와 오락실에 가는 날이라고 약속을 한 날이며 훈와 오전에는 상토흙에 거름 썩는 작업을 거들으주고 오후에 김천 가서 이발하고 오락을 한판 하려고 하면서 달래다. 오전에는 운이가 일을 잘 거들어주며 무선 일이든지 일을 시키며 잘한다. 그련돼 공부는 외 그쳐름 하기 실을까. 운이가 공부을 열심히 한다면 이 아빠 무선 일이든지 마다하지 않코 자식에깨 안전 희생을 하여도 원망을 하지 안으리만 이재는 자식까지 고생을 시키계 돼어쓰니 나의 생활은 무이미한 공백 생활이 됀 것이 가슴 아푼 일이다. 오늘은 운이가 이발을 하고 밤이 어더어야 집배 올 줄 알라는데 경운기로 거름을 실어내고 잇는데 저 먼 대에서 운이가 오길에 마음속으로 을마나 좋은지 운이 곁투로 가서 벌서 오나 오락은 하지 않아나 무려니 두 판만 하고 왔쓰 하길에 와 우리 운이 사람돼어 가는구나 하고 소리을 쳣고 마랐다. 오늘 우리 운이가 오락을 해도 좋다는 허락을 받고 간 아이가 오락 2판만 하고 왔따니 이것은 기적의 소리가 들리는 신호라고 생각을 하고 십다."
"이 아빠는 나로서 고생이 끝이 나야지 자식까지 고생을 하면서 세상을 살라간다는 것은 생각도 하기 실은 사람이며 아빠 말을

---

14) 실제 계산은 20,500원이나 20,400원으로 잘못 기록하였다.

덧찌 아니하며 아빠처름 고생을 하면서 이 세상을 살아야 한다. 이 아빠는 자식까지는 고생을 하면서 달리가는 것을 꿈이라도 꾸어서는 아니 됀다고 말을 하고 십다."
"자식을 고생을 안 식킬라고 아들 하나만 둔 것이 잘못이란 말은 아직 하고 십찌 않다."

〈1991년 4월 6일 토요일 날씨 맑음〉
금일은 쇠거름을 종일 실어내다 동장 벼집을 두 바리 실어주어쓰며 이것은 우리 파종할 때 동장 부인 거들어줄라고 하여서 실어준 것이다. 오늘로서 쇠거름을 안전이 실어냇다.
"우리 운이 어재 오락을 실끈 하고 오라고 하여든이 어재는 이발을 하고 오락을 두 판 하고 왔따기에 니우침이 잇는가 하고 생각을 하여든이 그것이 아니다. 오늘 오락을 하고 왔따면서 너깨 집배 왔드라. 그래서 운이 아빠와 약속은 하나도 지키지 않코 니 마음대로 하는 아이 어디 잇쓰 하면서 공부하기 실은 놈은 일이라도 해야 먹고 살지 하면서 아빠와 일이나 하자 하면서 일을 돼리고 시킷다. 우리 운이는 도저희 사람을 말들가 업쓰며 운이 때문에 때로는 아무 재미가 업다."

〈1991년 4월 7일 일요일 날씨 맑음〉
금일은 수로작업을 하여쓰며 작년부터 임사을 농사을 재일 만이 짓는 사람부터 순서돼로 하기로 결정을 하여서 오늘 자신이 임사을 않을라고 노력을 하여는데 동민 여럿시가 하여야 됀다고 다들 입을 모아서 어떠게 할 수도 업고 자신이 올해는 임사을 맡게 돼어다. 올해 자신으로 바서는 논이 42 마지가가 돼어서 시간 여유가 업는데 들 전역을 책임을 맡게 돼어쓰니 나의 일이 낭패가 따려지 않나 하고 생각을 할 때에 올해의 일이 극정 돼는구나.
수입에 윷노리에 8,000원 형님 또래들 더링크 1병식 주니까 3,000원이 돼며 실소득은 5,000원 본 셈이다.

〈1991년 4월 8일 월요일 날씨 맑음〉
오늘은 안전 봄이 아니고 여름이라고 말을 하고 십꾸나. 오늘 낡씨가 너무나 드어서 갯돌작업 하는데 드어서 일 못하게따고 입을 모으고 잇드라. 자신도 너무나 드어서 생 외을 먹어다.
"그리고 오늘로서 샛도랑은 다들 첫고 굼도랑과 쌍구름도랑은 아직 남아 잇다. 그리고 오늘 글전 이야기을 하는데 말들이 너무나 만아 앞스서 일하는 것이 보통이 아니라는 것을 알랏다."
"오늘 집사람 당일치기로 진해 벗꽃 구경 같쓰며 전화로 집배 열 시경에 도착을 한다고 열락이 왔드라. 그래서 나는 아들을 9시 반경에 엄마 마집을 가라고 아들에깨 이야기을 할려고 생각을 하여는데 저녁도 그진 9시경에 운이가 밥상을 차려서 먹고 1시간을 몿 참아서 그간 잠이 들어쓰며 벗득 일어나보니 10시 40분이들아. 그래서 너이들 빨리 마집 가라고 호령쳤니 혜영이는 아빠 썽 낸다고 도로 하을 내드라. 그래서 공부보다 엄마의 정 아빠의 정. 의이 엄마가 먼 구경을 같다 오는데 보고 십찌도 않트나 하고 빨리 가라고 재충을 하고 잇는데 대문 닷는 소리가 나드라. 을마나 미안한지 자신이 나가서 보따리를 밭아 들고 아들 하나 내보내지 못해서 미안하다. 나는 정신업시 잠이 들어쓰 오늘 집사람에깨는 너무나 미안했따. 외냐 집사람은 여행을 하며 차에깨 시달림을 너무나 밭는 사람이라 밥을 따뜻하게 하여도 밥을 잘 안들낀돼 밥도 아침밥 그대로며 고기 한 근도 준비을 못해쓰며 하나에서 10까지가 다들 정이 간 것이 업쓰니 너무나 마음적으로 미안햇쓰다. 아이들이 다들 8시 9시 10시 다들 너깨 온다는 것이 핑계가 뙬련지는 몰라도 오늘 일은 마음 속 깊피 들어오는 미안감을 가짓다. 이른 실수가 여보가 너무나 좋아서 실수가 따린 것이 아닌가 생각을 가지 본다. 오늘 집사람에깨 미안했다.

지출에 … 김경칠 씨와 임용규 씨가 보에 일로 김천가서 박정수 의원 만나서 우리 보 일에 협조을 했달라고 부탁을 했따고 이야기을 하는데 술집에서 어떠게 할 수도 업고 맥주 두 병을 밭다 주엇다. 맥주 2병 1,600원

〈1991년 4월 9일 화요일 날씨 맑음〉

오늘은 처음 논갈리에 들어같쓰며 올해는 비가 자주 오는 바람에 논갈리가 만이 너젓다. 오늘 논갈 리가 쟁기 고장만 아니며 수라게 갈 수 잇는 것을 무리하게 작업을 하여서 종일 동안 작업을 하여서 다 한 셈이다. 오늘 논 갈린 것이 17마지기 갈라다.

지출에 … 트랙트 쟁기 용접 2,000원

수입에 … 트랙터 수입에 40,000원

〈1991년 4월 10일 수요일 날씨 맑음〉

오늘은 굼도랑을 첫고는 하여찌만 올해는 처음 겟돌을 시작하면서 잘한다고 미리 하로에 5마지기 끄준다고 하니 너머나 만이 들 끄주어서 사람이 적으서 일을 하기가 그북하구나. 그리고 하로에 걸을 저바야 15,000원이기 때문에 다들 돈을 내고 내일 하지 하는 생각 때문 출력하는 수자가 업쓰서 종일해야 작업량은 을마 돼지 않고 새값[15]만 만이 들어가는구나. 그리고 요줌은 고기 업시 새을 먹을라고 들지을 않으니 통닭이 죽어난다.

지출에 욽노리에 노리감아서 12,000원

〈1991년 4월 11일 수요일[16] 낡씨 맑음〉

오늘은 쌍구름 도량 화발치에 돌망태 안침이 너어나 높파서 돌망태 철사을 끈어내고 돌을 폭트랜 들어가두록 주어냇는 작업을 대신 1, 2, 3동이 합보을 하니 오전 일적하겟드라. 일한 것 바서는 셋값으로 탉 14바리와 주류 일체을 한다면 일한 것이 넘어 적으 셋가 앞갑을[세가 아까울] 정도다.

〈1991년 4월 12일 목요일[17] 낡씨 비〉

오늘은 대신과 물 막아 넌는 작업을 하는데 대신보다 우리 마을이 도락 수가 훍신 만은데 사람 수자는 4분 1 정도밖에 나오지을 안아쓰며 다해바야 10명밖에 돼지을 안아서 내 나람돼로 성질이 나드라. 오후에는 엠프로 방송을 하면서 만약 오후에도 10명 미만으로 나온다면 자신이 책임지고

---

15) 새참 값으로 일기에서는 '새' 또는 '세'로 적고 있다.

16) 목요일이나 수요일로 잘못 기록하였다.

17) 금요일이나 목요일로 잘못 기록하였다.

세는 김천 가서 사드리게씀이다. 만약에 여기서 불만이 계신 분은 바로 나오시서 이야기 해 달라면서 성질이 난 방송을 하여다. 다들 방송을 덧고는 오후에는 36명 정도 나와드라. 오후에는 우리 동내 사람들이 만이 나오니 마음이 든든하며 오전에는 대신 사람들이 시내이는 사람 수자가 업따고 총감에깨 말싸움까지 나오고 하여쓰니 봇감관으로서 미안하여서 어떠게 할 수도 업드라. 대신은 하로 3마지기 끄주고 우리 마을은 5마지기 끄주어쓰니 제 아무리 도락수가 만타해도 마지기을 만이 끄주니 다들 끄고 보에 일 나올 사람이 업쓰니 욕을 먹개 돼어다. 오늘 방송을 그칠게 한 것이 미안트라.

4月 12日 침종함. 1 단지에 15㎏ 함.[18]

〈1991년 4월 13일 토요일 날씨 맑음〉

오늘 첫가집에 밭을 갈라서 논짜리을 메어서 포도나무 심을라고 한다면서 트랙터로 일 좀 해달라고 하면서 바푸다고 법석을 부리서 자신의 바푼 일들을 뒤로 하고 오늘 트랙터을 몰고 현장에을 같든이 이것은 도자로 할 일이며 작업량이 넘어 만아 트랙터로 할 일들이 아니드라. 이것을 현장을 미리 와밧드라면 첫갑집 일이지만 자신은 오지 않는다. 그래도 이왕 왔쓰니 작업을 하여쓰며 세 시간도 업씨 한 셈이며 일은 열심히 하여주어쓰며 우리 같떠며 나중 빠지는데 경운기로 실어 넛고 하면 될 것 같뜬데 첫나무댁이[처남의 댁이] 폭끄랜을 돼어야 하겟따고 자주 이야기을 하며 귀에 좋은 소리는 업드라. 그래서 오후 해가 지두록 하면 3분지 2는 안전이 할 수가 잇따고 보는데 이왕 폭끄랜 될라면 오늘 일은 우에 일이 돼며 트랙터 외먹일 필요도 업고 하니 오늘 나도 폭크랜 작업을 하는데 남을 매키나서 미안해서 가바야 한다면서 핑계쳐고 마랐다. 그리고 어머님이 나재 개안트니 올때는 어지렵따고 누어만 계시서 내 마음이 안댓쓰며 내가 오늘 일을 개니 왔따. 어머님 아푼을 것을 보고 가면 어떠게 하나. 차라리 아푼 모섭을 안밧트라면 드 조어른만 누어만 잇는 어머님의 모섭이 안스렵드라.

지출에 첫가집 가는데 고기값 7,500원

〈1991년 1월[19] 14일 일요일 날씨 맑음〉

오늘은 쌍구름 도량을 폭크랜으로 한 번식 집프서 도량을 첫는데 작업량이 오늘 다 못할 것 같다서 폭크랜 기사을 일크리을 보이고 오늘 다 하게 돼면 30,000원 텁으로 줄태니까 열심히 하여 보라니까 작업량이 넘어 만타면서 내일 오전까지 해도 다 할 동말 동이라고 답을 하드라. 그래서 자신도 너무 무리가면 안댄다면서 폭기을 하여는데 기사 하는 말이 저녁 8시까지 한다면 다할 수 잇쓸란 하고 대답을 하여서 하여 보라고 하여떤니 이것은 세참도 업고 정신 업시 일을 하는 것을 보니 한국 사람은 돈내기 주며 죽어까 극정됀다니 틀림이 업는 말이드라.

폭크랜 기사을 돈을 줄라고 생각을 한 것은 내일 하로 한다면 누가 나오며 자신이 할 일 업는 사람 모양 폭크랜에깨 매달릴 수가

18) 이 문장은 4월 11일자 일기가 기록된 쪽의 맨 위에 기록되어 있는데, 문맥에 따라 12일자 일기 뒤에 적는다.

19) 4월이나 1월로 잘못 기록하였다.

업쓰서 욕을 먹는 한이 잇쓰도 줄라고 생각을 하여다. 그리고 오늘 폭크랜 기사 팁으로 30,000원 벌라고 하다 7시 40분까지 죽투록 하여따고 본다.

〈1991년 1월[20] 15일 월요일 날씨 맑음〉

오전부터 논갈리을 하여찌만 봉답이라서 마지기 수는 을마 못하겟드라. 오늘 총 마지기 수는 4단지 정도 밖에 갈지 못했다. "요줌은 봇 간관 한다고 아침으로 돈 바다야지 하로 일과 정신이 업시 지나가고 잇다."

〈1991년 4월 16일 화요일 날씨 맑음〉

오늘은 봉답 논갈리 하는데 힘도 들 뿐 아니라 땅이 이시며 작업량도 흙신 적드라. 그리고 트랙트 철밖키[철바퀴]을 165,000원 주고 밖키을 사 달라보니 물 잇는 논도 갈 수는 잇찌만 실룡수가 업따고 본다. 외냐하면 철밖키가 돌면서 차재을 시달리게 만들으 사람을 피곤하게 할 뿐 아니라 흔들림이 만아 차도 만이 상하게쓰며 개니 낭비을 하여따고 생각을 한다. 차라리 논갈 리가 불가능한 곳을 노타리로 할려고 해야 하는데 165,000원 돈을 버린 것을 생각을 하니 아까운 마음뿐이다.

지출에 트랙터 철밖키 165,000원
육모상자 20개 14,000
지출 179,000원[21]

〈1991년 4월 17일 수요일 날씨 비〉

오전에는 육모상자 하오스을 짓을라고 비누류을 살려고 김천시장을 가서 자신이 살 물건 멧 개 품목을 사들고 곳바로 왔다. 그리고 오후에는 비가 억수같이 쇼다젓고 잇다. 이번 비 때문에 논갈리는 다하여따고 생각을 한다. 오후에는 비 때문에 아무 일도 못하고 휴식을 하여쓰며 가래집 짜는 것으로 하로 일과을 보냇다.

지출에 … 오늘은 이상하게 나무 술값을 치루게 돼어서 마음이 상캐한 감은 업시 돈을 3,000원 지불하고 마랐다.
計 3,000원

〈1991년 4월 18일 목요일 날씨 비〉

매년 모재리 노타리 모재리 일은 파종을 하고 모재리는 손을 보는데 올해는 좀 수라게 할려고 비가 오는데 모재리 노타리 준비을 한 셈이다.

그리고 우리 조가 금년에는 제일 너깨 파종을 하게꾸나. 다들 농사는 만은 편인데 일을 스더는 사람이 업쓰서 일에 바픈 거름을 치개꾸나.

우리 운이 정말 문재 왔다. 외냐 3학년이라서 가외수업을 하기 때문에 귀가 시간은 8시 30분이면 집배 도착하는데 오락이 무엇이 그르께 좋은지 돈 잇쓰며 오락하고 돈 업쓰며 오락실에 구경을 하다 온다니 기가 찬다. 왜 인간은 팔지 않아는가. 인간도 처음부터 시장에 파는 절래가 돼어떠라면 우리 운이 좀 팔게.[22]

지출에 … 보일로 3,000원

---

20) 4월이나 1월로 잘못 기록하였다.

21) 같은 내용이 14일자 일기가 적힌 쪽의 윗부분 빈 곳에 적혀 있으나, 반복해서 적지 않았다.

22) 이 내용은 18일과 19일자 일기를 기록한 지면 상단에 따로 써두었으나 정확히 어느 날짜에 해당하는 내용이지 알 수 없어 18일자 일기에 옮겨 적는다. '임숙네 상자 총수 330개 수령함.'이라고 기록하였다.

〈1991년 4월 19일 금요일 날씨 맑음〉

오늘은 모재리을 한전이 한 셈이다. 금년에는 좀 수라개 할려고 파종도 하기 전에 다 한 셈이며 매년 파종을 하고 나서 모재리 준비을 할려니 마음이 늙 바파서 금년에는 파종 전에 아래뜰 모재리는 안전이 하여주어다.

그리고 금년에도 자두 수학은 바라볼 수가 업다. 외냐 오늘 아침에 일어나보니 어름이 얼어쓸 뿐 아니라 스리가 보야게 온 것을 보니 자두 수학은 작년보다 더 업따고 내다 보고잇다.

지출에 … 보예 일료 1,250원. 사람들이 이상하다. 자기가 시킨 {일}을 남을 터 매키는 심정 마니 생각을 하여야 한다.

〈1991년 4월 20일 토요일 날씨 맑음〉

금년에는 벼씨 촉 티우는 작업을 비누류하오스에서 하니 하로 밤만에 파종을 할 수가 잇쓰서 벼씨을 도로 받같으로 돌리고 마랐다. 자신은 파종을 내일 할려고 에정을 하고 잇는데 벼씨 촉이 하오스 속에는 남들과 잇뜰 밤을 세우게 돼며 파종하는 데 촉이 넘어 질어 파종하기가 그북할 정도 질게드라.

네년에는 일기예보을 덧고 낡씨가 좋다면 벼씨을 건저 저녁에 건저서 하오스 속에 너어며 벼씨 촉이 알맞게 자라겟드라. 우리는 벼씨가 언재라도 벼씨 촉이 남들보다 빨리 나고 잇드라.

"오늘 영권내 파종을 오후 2시경에 맡치서 우리 파종을 좀 하여둔다고 한 것이 사람이 만아 3분 1을 하여쓰며 금년에는 파종이 좀 수라게 돼고 잇다."

〈1991년 4월 21일 일요일 날씨 맑음〉

오늘 오전으로서 파종을 끝을 냇다. 올해는 농사을 14마지기 드 짓키 때문에 신경을 쓰서 미리부터 품을 만들으노니 파종하는데 사람이 만트라. 올해는 파종이 수라게 돼는 너킴이 더는구나.

〈1991년 4월 22일 월요일 날씨 맑음〉

오후에는 웃뜰래 모재 두 판을 하고 보 뚝을 하는데 오후 내 걸린 셈이며 모재리도 배락치기 하는 것보다 일적 하여서 흙이 안전이 불언 상태에서 모재리을 하여야 모재리가 곱게 돼게쓰며 일도 수라게 할 수 잇캐드라.

"우리 운이 여전이 아빠 속을 썩이는데 이재는 할 말도 업다. 사람이 죽을라고 들며 무선 짓을 못하겟나. 너하고 십픈돼로 하여바라. 개속 속을 썩인다면 이 아빠는 술집 여자라도 어더서 너위들 안보이는 데 가서 편하게 살겟다. 이 몸 너위들에깨 안전 희생을 하여서 이 좋은 세상에 좀 편하게 살리보겟따고 이 아빠 열심히 살아왔는데 이재는 실옥라이 같은 희망도 업쓰며 너위가 아빠 배판하는데 이 아빠 자식 버리는데 무선 재가 됏겟나. 이 아빠 너위들에깨 휘생을 할려고 작정한 것이 어리석원 짓이여따고 생각을 한다."

〈1991년 4월 23일 화요일 날씨 맑음〉

오늘은 큰집배 1모판이 나가는데 둘리 다가서 그들어주어쓰며 사람이 여릇이 하니까 사람이 수라드라.

오늘은 운이깨 성질을 부릴 것을 집사람에네서 미안하며 집사람을 눈물을 흙리게 하여서 드 미안하며 자신도 집사람에깨 어그지 소리을 때로는 만이 하는 편이며 이른 버릇은 빨리 버리야 하면서도 버리지 못하는 심정 집사람에깨 미안할 뿐이다.
오늘 오후에는 논갈리을 하는데 작업하기가 그북하여 을마 하지 못하여다. 오후에 너깨 가서 8마지기 정도밖에 갈지 못하였다.

〈1991년 4월 24일 수요일 날씨 맑음〉
오늘은 영권내 육모상자 본답에 나가는데 일을 하여쓰며 육모상자가 오늘이 재일 만이 나가는 것 같다. 그리고 우{리} 조에는 오늘 처음 시작을 하여쓰며 금년에는 우리 조 제일 넛따고 본다.
"그리고 우리 부부는 처어머님 생신인데 영권내 육모상자을 본답에 내고 오후에 부부가 오토바이로 가서 정심만 어더먹고 왔쓰며 사오는 자신 혼자고 딸들은 다들 참석을 하였드라. 그리고 김천 손지사오가 왔서 고맙드라. 처어머님이 어집렵다고 고개을 들지도 안코 잘 가라고 하든 어머님이 오늘 생신 때는 활기을 찾저서 자신으로 천만 다행이다. 먼저 번에 어머님 아푼 것을 보고 왔서는 자신의 마음이 안대떠니 오늘은 자신의 마음이 좋드라."

〈1991년 4월 25일 목요일 날씨 맑음〉
육모상자가 본답에 나가는데 사람이 만아서 모판이 2군돼을 다니면서 하여도 11시 전에 작업을 맡치쓰니 사람이 만아서 일 적을 뿐 아니라 그들어주로 온 사람이 만아서 일이 수라게 하여따고 본다.
오늘 일은 아래들에 한 사람을 일부 바푼 사람을 돌리 보내고 절만 사람만 돼리고 가서 작업을 한 셈이다.

〈1991년 4월 26일 금요일 날씨 맑음〉
오늘은 달희 육모상자을 본답에 냇쓰며 육모상자 내기가 파종보다 더 수라다.
"그리고 오후에는 논갈리을 하는데 우리 마을에는 절먼 사람이 만아서 트랙터로 일을 하여 돈을 벌 수가 업다고 본다. 오늘도 경운기로 갈지 못하는 돼만 트랙터로 논을 갈라쓰니 이것은 돈을 버는 것이 아니라고 본다. 외냐하면 기계가 힘이 들어 마모비도 안됀다고 본다."
(논갈리 13마지기 갈라씀.)

〈1991년 4월 27일 토요일 날씨 맑음〉
오전에는 금년도 처음 물 막아 넌는 작업을 우리 마을 사람이 가래 둘로 작업을 하여쓰며 작년만 에도 가래가 3카래로 작업을 하여는데 올해는 줄리서 일에 지장이 오지 않을까 한다.
그리고 금년에는 사모가 만은 것이 표가 난다. 외냐 그전에는 일이 끝이 만은데 요줌은 정신업시 작업을 해도 일이 개속 밀리고 잇쓰니 일은 만은 것이 사실이다.
오후에는 임숙내 갈림 논을 부친다고 밭에 노타리을 해서 깨골 짓어 달라고 하여서 그 작업을 하는데 어텁뚜록 하였다. 이것도 실참을 업쌔고 개속 하여서 다했찌 그르치 않으며 내일로 작업이 넘어갈 뿐 했다.

〈1991년 4월 28일 일요일 날씨 맑음〉
오늘은 모판에 종이 벗키고 다코닐 약을 살포을 하여쓰며 올해는 종이 벗키니 모가 그처름 좋은지 정말 마음 찬 모가 돼며 여떼것 모가 깨끗하고 좋은 것은 올개뿐이라고 생각 들며 오늘 일은 부부가 하는데 코노래가 나올 정도로 마음이 좋아다. 오늘 종이 벗키고 약 살포 하는데 오전 내 걸리며 다 코닐 약은 물 10말만 해도 충분하겟드라. "오후에는 논갈리 돈을 벌라고더니 수란 데는 주인들이 갈고 경운기로 못갈 때만 갈라고 주니 이것은 힘이 들어 기계 마모비도 안덴다고 생각을 한다. 내년에는 고리했쓰카트을[고려해서 컷트(cut)를] 싯킬 때는 시키고 해야 자신에깨 득이 됐겟드라."
(오후에 10마지기 갈라씀.)

〈1991년 4월 29일 월요일 날씨 비〉
당산논에 벼집을 일부 남은 것이 작업하는데 아주 불편하게 만들드라. 오늘 벼집을 헌터니 논을 하는데 힘이 만이 들어다. 내년에는 벼집을 다들 쓸을라개다.
그리고 오후에는 노타리 했달라고 하여서 노타리을 오후에 20마지기 하겟드라.

〈1991년 4월 30일 화요일 날씨 맑음〉
오늘은 하로의 개핵돼로 못하였다. 사람이 열심히 하며 을마든지 할 수 잇따고 받는데 역시 인간이 하는 일은 한계가 잇따는 것을 알랐다.
요즘은 작업량이 처 밀리잇따고 말을 하고 십다. 사람이 돈이 제아무리 좋다고 하여도 건강을 우선해야 하겟다. 그리고 내년에는 가다리을 전부 손을 띠는 방식을 치해야 하겟다.
"오전에는 당산논 두룸과 노타리만 하고 오후에는 노타리 벌리을 한 셈이다."

〈1991년 5월 1일 수요일 날씨 맑음〉
세월도 자신이 정신업시 하로가 지나가드시 한 달 가는 것이 눈 깜짝할 사위에 지나가는 너킴이구나. 사월이 어그저 마지한 것 같은데 사월을 보내고 오월 달을 마지하여 쓰니 오월 달은 정신 좀 차릴 여유 시간 좀 가질 수 잇쓰며 좋겟다. 정말 오월은 좋은 달이다. 사람 뿐 아니라 동물 할 것 업시 초목이 푸르고 정말 좋은 달이다. 이 좋은 달을 마지하면서 좋은 시간을 내어 기분을 만킹도 하여 보지 못하고 정신업시 띠어 다닐 생각을 하니 사실 급이 나는구나.
오늘은 세집 밭에 참깨 갈 자리을 실 참도 업시 오전 내 경운기 노타리을 하여쓰며 배곱파서 오후 2시가 돼어찌 셋 시가 돼어도 이것을 다 해야 오후에는 참깨 이랑을 짓을 수가 잇찌 하는 생각에 오전 내 실 참 업시 일을 하여떠{니} 배곱파서 억찌로 참아쓰며 오늘 일은 시계을 가지고 같드라면 배곱픈 너킴을 들 가지는데 시계 업쓰서 큰 고충을 당햇쓰며 작업을 다하고 오면서 시간을 무르니 12시라고 하드라. 겨우 12시인돼 자신의 배가 곱파 허기징이 나서 사실 겨우 일을 한 셈이드라. 그 소리을 들으니 허기징이 들하며 압밭태 코때기 정도 노타리을 해야 하는 곳이 잇쓰서 마저 할려고 올라가니 집사람이 쑥을 덧고 잇드라. 그래서 배곱파 죽깨따고 하니 상점으로 달려가서 셋 참을 12시가 넘어서 먹어다.
오후에는 집사람과 둘리서 참깨 고랑을 경운기로 짓어 참깨 자리을 손질을 하는데 반 조금 더 한 셈이다. 오늘 다 못하며 남은 것은 집사람 일이 돼기 때문에 다 할려고 열심히 하여는데 다 못하고 일가을 맡치서 집사람 일로 넘어가게 한 것이 안뎃꾸나.
지출에 경운기 한풍기 벨트 조절하는 배아링이 나가서 배아링만 사오는데 3,000원

〈1991년 5월 2일 날씨 맑음〉

오늘은 모진 바람이라고 말을 하고 십다. 바람이 넘어나 세차게 불어서 사람이 앞푸로 전진을 할 수가 업꾸나. 슬때업시 모진 바람이 부는 것을 볼 때 금년에는 가굼이 오지 않을까 하는 두루움이 생기는구나. 자신이 보 관간 할 때만도 곱게 지나갈쓰며 한다. 외냐하면 가뭄이 오게 돼면 자신이 할 일이 넘어나 만타고 본다. 여하튼 별일 업시 한해만 지나가다오.

"그리고 오늘이 혜지 생일이다. 혜지 생일이라고 포장류라도 혜지 생일 하여주라고 집사람에 이야기을 했는데 내일 모래가 아빠 생일인돼 그때 가면 돈을 넘어 만이 쓴다면서 혜지 생일은 그냥 넘어가자고 하면서 미역국으로만 혜지 생일을 마지하였다. 원재라도 혜지 생일은 아빠 생일 때문에 음식 준비가 미전하다. 다른 아들은 고기 한 근이라도 들어가는데 우리 혜지는 아빠 생일에 밀리서 고기 한 근 업시 생일을 마지한 것이 아쉽다. 오늘은 아침 밥상을 들고 혜지 고기 하나 업쓰서 미안꾸나 하니 개안타는 말을 우서면서 하드라만 그래도 마음에 걸리는구나. 앞푸론 집사람을 꾸중을 주어쓰도 고기 한 근 잇는 혜지 생일을 마지해야 하겟다."

오늘은 밭태 일은 집사람에깨 다 맡키고 자신은 논에 물을 돼어서 봇뚝과 두룸을 할려고 물 돼는 작업으로 하로의 일과을 보내쓰며 그리고 봇물이 적어서 논에 물돼기가 그리 힘이 드는구나.

〈1991년 5월 3일 금요일 날씨 맑음〉

봉답논에 두룸과 참깨 이랑에 재초제 살포함. 그리고 오후에는 트랙터로 노타리 작업을 함. 트랙터로 돈을 벌라고 들어서 그른지 잠쉬 실 사이가 업쓰며 마음과 육체나 다 실 참이 업꾸나.

"그리고 내일이 자신의 49회 생일이라고 집사람이 준비한다고 밤 2시 돼두록 준비을 하고 잇는 모섭 보니 한편으로는 남편 생일 준비한다고 열성을 하고 잇는 모섭 고맡고 한편으로 생일이 무엇시 돼단하다고 집사람이 밤잠을 자지 못하고 잇는 모섭 안쓰려어며 다들 업세버리고 잠이나 자라고 소리도 칮찌만 마음은 반반이라고 생각을 한다만 요즘 집사람도 일이 뒤서 실찌 피곤한 것은 사실인돼 남편 생일이라고 잠을 설치며 준비을 하는 모섭 안스려어며 이것들이 다들 부질업는 짓들이다."

"우리 혜지가 아빠 생신 축하한다는 글기와 손수건 선물 아빠의 머리맡에 둔 것을 보니 나도 딸을 다 키어따는 생각이 들며 집사람을 품에 안으면서 요보 아들 키와주서서 정말 고맡소. 정말 자식 키우는데 외 먹어따고 집사람에 말을 하고 십다고 말을 하였다. 자신의 생일에 축복보다 우리 혜지 아빠에깨 고맡따는 말이 나의 가슴을 펴계 하는구나."

수입 트랙터 60,000원

〈1991년 5월 4일 토요일 날씨 맑음〉

오늘은 모재리 통풍을 처음 시키쓰며 모가 키가 넘어나 크서 지금 심어도 키가 적찌는 않캐더라. 올해는 침종에서부터 8日일 정도 너깨 했든이 올해는 처음부터 키가 잘 자라며 그때가 모든 족끈[조건]이 맡던 가바. 그리고 너깨하니 모들이 다들 깨끝하드라.

오늘은 두룸을 하여는데 을마 못하고 생각

보다 일이 안돼고 잇다. 그리고 오늘도 보일로 두 사람 돼리고 물 막아넌는 작업을 하여다.
지출에 록캉 값 12,000원(900미리)
셋시가 매기탕 한다고 나누서 함.

〈1991년 5월 5일 일요일 날씨 맑음〉

금일은 송아지 분만 하여쓰며 소가 말라서 그른지 분만 하는데 송아지 발이 나와서 잡고 땅기니까 수라게 나오드라. 송아지가 나오자마자 암수을 가리는데 단번에 알 수가 잇드라. 그리고 밤에 송아지 노어며 일에 지쳐서 송아지 분만 하는데 힘이 만이 드는데 낮재 나서 한시름 들은 셈이다.
오늘은 송아지 분만 한다고 왔다갈다 하다 개핵 했든 일이 재대로 못하였다.

〈1991년 5월 6일 월요일 날씨 비〉

오전에는 물 막아넛는 작업을 하여쓰며 오늘 물 막아넌는 작업을 좀 만이 할려고 하다 비도 오지 또 만은 비가 온다고 기상대서 이야기을 하지 또 오늘은 경로잔치 한다고 하지 여르모로 걸리서 물 막아는 작업을 실찌 들하고 맡친 셈이다.
"인간이 나이가 만으며 아이가 됀다드니 어른들이 올해는 자기들이 하고 찬조을 다들 같지겟따면서 부녀회원들이 할려고 하는 것을 치소을 시키고 오늘 어른들이 오늘 날을 작아서 하는데 이 문재로 절먼 사람과 말도 만아쓰며 잔치을 자기가 하는 잔치가 어디 잇쓰며 이것은 이웃 동내가 알며 절먼 사람을 욕을 먹이는기 돼며 우리가 생각을 할 때는 마음도 가지지 못할 일든인돼 돈에 욕심을 부리는 것을 볼 때는 정말 어리석은 짓을 하엿다."
"사람은 돈을 욕심을 부리는 자는 인간을 패가망신 하는 법. 인간의 할 일이 하여서 안댄다는 것이 만 분지 일이라도 잇따면 그 길을 가지 말라."
오늘 일은 전먼 사람들이 따라주어야 한다고 하면서 부녀회원 청년회원 다들 협조을 하엿서 계핵에 업뜬 일을 하여서 두서는 업쓰찌만 망우리는 그른대로 돼어따고 생각을 한다. 만약에 내년에도 돈에 욕심을 부리서 경로잔치을 어른들이 한다면 그때는 잘못댄 일에 자꾸만 따라 갈 수가 업따고 생각을 한다.

〈1991년 5월 7일 화요일 날씨 비〉

기상대서 비가 만이 온다더니 비 오는 것이 간질나게 오며 비 오는 것이 가랑비가 와니라 가랑 문지라고 하며 됄 것 같다. 이번 비가 푹 왔쓰며 밭작물에도 해갈이 면할 수가 잇는데 비가 완아 농민들을 가슴을 태우고 잇다.
"오늘은 생각한 것보다 일을 만이 한 셈이다. 그리고 요줌은 남 먼저 들판에 나가며 저녁 해가 저 어더어야 집배 들어오두록 일을 하여도 일이 끝이 업고 잠쉬 실 사이가 업쓰며 정신업는 날을 보내고 잇다."

〈1991년 5월 8일 수요일 날씨 맑음〉

오늘은 종일 동안 트랙터 노타리 작업만 한 셈이다. 집사람은 밭태 일로 바푸고 자신은 논에 일만 하는데 정말 바푸며 내년에는 가다리[곁다리]는 다 버리야 하겟다.
자신 푼 아니라 집사람도 잠자리에 알련 소리가 너무나 크며 사람이 열심히 살라가는 것도 좋찌만 너무나 시간 여유가 업시 살아가는 것도 좋은 것은 아니다.

자출에 … 고추모 값 20,000만 원 포기당
100원

〈1991년 5월 9일 목요일 날씨 맑음〉

낡씨가 너무나 가뭄이 심해서 극정이다. 밭에 잔 씨라든지 밭에 작물에는 안전 가뭄이 들고 잇쓰며 논들도 물 고갈이 오고 잇쓰니 농민들을 외을 먹이고 잇쓰며 앞푸로 비가 오지 않을 예감이 들며 보에 할 일 아니라도 정신업는 시간을 보내고 잇는데 보 일까지 겹칠까바 극정이 만타.

수입 … 트랙터 노타리값 1단지
20,000만원식
計 65,000원

〈1991년 5월 10일 금요일 날씨 맑음〉

오늘로서 자신이 갈림 하는 논들은 다들 노타리을 안전이 천 셈이 돼며 오후에는 큰골 못 작짜들 수로 부역을 하는데 마음적으로는 부역을 가지 안아쓰며 하는데 자신도 보에 일을 보면서 참아 불참을 할 수가 업쓰서 그 바푼 일들을 뒤로 미루고 부역을 가서 일을 제돼로 할 수가 업쓰며 그중에다 대충 하자고 소리을 하여쓰니 이것은 자신도 공채을 운직은[공동체를 움직이는] 사람으로서는 잘못이라는 너킴이 들면서 자신의 할 일이 넘어나 만아 마음과 행동이 일체가 돼지 않아서 본인 아닌 행동이 생기는구나.

지출에 … 소 사료 값 10,000원

〈1991년 5월 11일 토요일 날씨 맑음〉

금일은 기자내 모내기 하두록 쓰레질을 하여주어쓰며 올해는 탑승 스레로 스레질을 해보니 진작 못한 것이 후해할 정도로 잘 돼며 신기할 정도 돼드라.

"탑승 스레로 논을 종일 한다면 15마지기는 동스레 장스레질[23]은 충분이 할 수가 잇따고 본다."

〈1991년 5월 12일 일요일 날씨 맑음〉

오늘은 작과나무에 살충재을 종일 동안 살포을 한 셈이며 그리고 풀약까지 다 쳐고나니 어덥드라. 오늘 일은 무리하게 한 셈이며 요줌은 계속 무리한 작업이 돼는구나.

"남들은 동내에서 제일 만이 일을 한다고 하며 그처름 일을 만이 하여서 어떠게 할려고 하나 극정도 하여주는 사람 이쓰며 자신도 요줌은 계속 무리하게 작업을 한다고 생각은 하고 잇찌만 어떠게 할 수가 업꾸나."

"앞밭에 약 살포량 25말 당산에 45말 사용하면 충분하다."

〈1991년 5월 13일 월요일 날씨 맑음〉

오늘은 7곱단지 동스레질만 하는데 종일이 글리며 이것도 저녁 땅검이가 질 때까지 하였다.

오늘도 우에 일이 2단지가 잇키 때문에 바푼 거름을 천 샘이며 올해는 트랙터 스리산다고 가다리 농사을 25마지기을 하여주기 때문에 큰 곤욕을 치루고 잇다.

〈1991년 5월 14일 화요일 날씨 비〉

오늘은 일을 빨리 할려고 집사람이 거름을 헌치는데 미전해서 자신이 거름을 헌치고

---

23) 장써레, 곱써레로 논 바닥의 두두룩한 곳을 길게 써레질 하는 것을 장써레질이라 하며, 써레질로 판판하게 골라진 논을 한번 더 써레질 하는 것을 곱써레질이라 한다.

집사람을 경운기 운전을 하라고 하여떠니 검새 기와변속을 잘못 시키서 타고 하는 스례을 안전이 박살을 내고 마라쓰니 사람이 몰라도 그처름 모른다고 야단을 쵛쓰며 자신의 마음로 골탕을 먹으바라 하며 거름을 5단지 거름을 다 헌치라고 시키쓰며 자신은 몰고 다니는 스례을 집개서 가지고 나와서 스레질을 하여보니 낡은 여름보닥 빛처름 따스하지 힘은 들지 땀방울이 흙리서 앞을 볼 수가 업쓰며 도저이 힘이 들어 할 수가 업드라. 그래서 차을 불어 김천 한승공사로 가지고 가서 곤치서 오후 너깨야 작업을 하여쓰며 자신은 타고 쓰례질을 하는데 물논에 거름 헌치는 것이 제일 고통스레운 일을 집사람이 하고 잇는 모섭을 보니 보기가 아주 안좋드라. 그레서 오늘 힘들어찌 하며 좀 쉬라고 하고 나머지는 경운기을 몰면서 자신 혼자 거름을 헌치고 마랐다.
오늘은 일은 만이 할려고 하다 정말 바푼 거름을 천 셈이 돼고 마랐다.

〈1991년 5월 15일 수요일 날씨 맑음〉

처음 가다리 농사을 성낙을 할 때는 봇뜰 다 심고 나서 모을 심어며 댄다고 하면서 반이라도 빼줄 떠시 하드니 이재와서는 모가 너무 키가 크서 빨리 심을라고 하면서 24日날 해달라고 하여서 다 할려고 밤 8시까지 하엿도 다 할 수가 업쓰서 제 날짜에 못하게따고 하니 성질을 내드라. 그래서 자신도 성질이 나드라. 자신은 다 할려고 죽도록 해도 안대는데 남외 속도 모르고 자기 주장만 세고 잇는 사람. 이것이 다들 인간의 습승[습성]이라고 말을 할까. 다들 내 마음보다 다들 떨리는구나[틀리는구나]. 앞푸론 사람과 사람의 사위는 약속을 대두록 안에야 하겟다.
"속 다르고 그죽 다른 것은 사람뿐이라고 말을 하고 십다."

〈1991년 5월 16일 목요일 날씨 비〉

비가 올라면 비가 오든지 비는 오지도 안으며 바람만 정신업시 불고 잇쓰며 오늘따라 봉답과 당산논은 모내기을 하는데 바람 때문에 다들 죽살게따는 너킴이 들며 피해가 만으리라고 본다.
오늘 서양바실에 노타리해서 그 만은 두룸 할라내 몸과 마음이 이처름 바푼지 자신이 생각을 해도 너무 하다는 생각이 든다. 때로는 사람이 이래 살라야 돼는가 하는 마음도 든다.

〈1991년 5월 19일 낡씨 맑음〉

오늘은 늑둘래 모내기을 함. 그리고 금년에 모 농사을 잘 짓어따고 생각을 하며 기계모 나온 후로는 처음 모 농사을 잘 짓어따고 생각을 하며 올해는 모춤을 잡고 뗫들라고 해도 힘이 모자라 잘 안떡키는 실정이며 모 종사가 잘 데어서 캐알한 모내기을 한 셈이다.
(오늘 모내기 마지기 수는 17.5 반은 심어다.)

〈1991년 5월 21일 화요일 날씨 맑음〉

오늘로서 늑들래는 다 심어며 올해는 영권내가 그 만은 모을 재초제 천 호수을 들 가쉬고 어린 모에 약을 살포해서 모판을 안전이 바리따고 해도 가연이 아니며 그 바람에 제철내 하고 둘리만 번갈라 심어니 일의 진도가 빠르다. 그 바람에 금년도는 수라게 잘 심는다고 생각을 하는 바이다.

올해는 이태옥 씨을 두 번이나 품을 돼어서 작업을 하니 수라드라.

〈1991년 5월 26일 일요일 날씨 비〉

오늘은 웃뜰래 모내기을 하여쓰며 오늘은 모을 머들리는[24] 사람들은 기상대에서 비가 만이 온다고 예보을 하여서 만약에 비가 만이 오며 작업에 지장을 줄 뿐 아니라 비가 오며 정심밥을 어대서 먹어며 생각을 할수록 좋은 점은 한 개도 업고 해서 머들리는 놉은 내일로 연기을 하고 집사람과 둘리서 기계로 모만 심어놓고 내일은 머들이며 사람이 수라다면서 집사람은 모판을 주고 나는 기계로 모을 심는 작업을 하여쓰며 머들리는 사람이 업쓰니 마음의 여유가 만쿠나.

19日날은 머들이는 사람이 기계보다 앞쓰가니 종일 동안 밥도 핀하게 먹지도 못하여는데 오늘은 마음돼로 하게드라. 오늘은 셋단지 밀기는 수라게 미려따고 생각을 한다. 그리고 모가 나이가 만으니 너무나 찔기서 심어저는 모 포기가 고루지 못하드라. 이것도 때가 다 잇쓰며 일적 해야 하겟다고 생각을 한다.

"내년에는 5月 15日에는 아래뜰이나 웃뜰이나 한 곳은 15日 안에 다 심어야 하겟다."

오늘로서 금년 모는 다 심어쓰며 올해는 가다리 농사가 25마지기 정도 돼며 내 농사가 43마지기. 이것을 자신 혼자 할려니 잠쉬 여유가 업쓰며 정말 정신업는 시간을 보내따고 생각을 한다. 그중에 트랙터로 돈을 벌라내 정말 정신업는 날들을 보내쓰며 일기 쓸 시간이 업쓰서 모내가 한 날만 기억을 해서 적으둔다.

"그리고 오늘은 우리 부부가 스로 예 먹어따고 이야기을 하며 정말 자신이 바푼이니 집사람도 따라서 바푼 것이 사실이다. 정말 여자의 몸으로 고생을 만이 하여따고 생각을 하며 내년에는 가다리 농사는 다들 하지 않으며 소득업시 바푼 이유는 가다리 농사라고 생각을 하며 만약에 오래 짓개돼며 집사람 죽일 것 같다서 내년에는 내 농사만 짓깨다.

수입에 트랙터 노타리값 210,000원

〈1991년 5월 31일 금요일 날씨 맑음〉

오늘은 작과 밭에 약 2차 살포을 하여쓰며 과일이 작년보다 조금 드 달린 감이 더는구나. 원재라도 따뜻한 양지 쪽 당산 쪽으로는 작과 일 뿐 아니라 사과도 잘 안돼고 잇다. 이것은 단지 스리 피해도 아닌 것 같다. 오늘 작과 밭에 약 살포하는데 아침 일적스들어 약 살포하는 데는 일적 끝을 낸 셈이다.

그리고 대신 정수 노타리 해달라고 하여서 마음에 바푼 일과가 돼어따고 생각을 하며 자신도 모내기 마친 지가 어거재[엊그제]라고 하지만 대신 정수 4마지기에 이재 노타리을 하여 두룸 하는 모섭 정말 스급프드라. 무선 일이든지 남 뒤에 가며 스급한 마음이 들으가는 것이 사실이다.

수입 … 트랙터 값 33,000원

〈1991년 6월 1일 토요일 날씨 비〉

오늘은 당산논과 봉답논의 벼에 웃거름을

24) 머드리다는 '모를 보식한다'는 뜻의 방언이다.

오늘 하여쓰며 모내기 한 날을 천다면 웃거름이 조금 넛따고 생각을 한다. 당산논은 요소 1포5 반 하고 봉답에는 0.5포을 한 셈이다.
"오후에는 웃들을 한 밝기 돌면서 논에 물을 추가 더 돼고 웃뜰 봇밭을 가보니 밭이 아니라 잡풀이 울콩을 다 덥고 울콩 이파리만 보이고 잇는 실정이며 남들은 다들 깨끗한돼 자신의 밭만 응망이 돼어 잇쓰며 지나다니는 사람들이 을마나 욕을 하여쓸까 하는 마음뿐이며 오늘 이 밭을 우박이 왔도 김매기 작업을 다 하고 간다는 마음의 가고을 하여쓰며 비을 마저면서 한 사람이라도 드 보기 전에 김매기을 다 할려고 마음이 바파다."
"집사람도 이재는 시간 여유가 잇쓸 것으로 본다. 오늘은 자두 딸 때 품을 엇는다고 오늘 두희 씨 모내기에 같찌만 이재는 그때그때 사항 따라서 할 일이지 미리 일을 하여주고 품을 엇는 일은 하지 않을 것이다. 오늘을 비을 마저면서 어덥뚜록 하고 오는 모섭을 보니 안스렵드라."
지출에 … 잡초약 만드리입제 5,600원

〈1991년 6월 2일 일요일 날씨 비〉
들판을 한 밝기 돌아보고 당산과 봉답에 논에 도구을 다 떠쓰며 모포기가 벌기 전에 도구을 떠니 사람이 아주 수라드라.
"오후에는 고추 모을 심고 지주을 세우고 집사람은 서모사 적과을 하고 그 남어지 시간은 콩씨 너을 때에 잡초을 뽑는 작업을 하는 것으로 하로 일과를 보내고 마랐다."
지출에 … 비료값 요소 5포 복합
21-17-17=15포 85,100원
요줌 학생이나 노사나 국회원이나 정부 홀란을 줄 뿐 아니라 국가 발전을 저해하는 장해물이라고 생각을 한다. 분규을 하여도 타인에 피해을 주지 않는 분규을 하여야지 한국 사람의 분규는 꼭 남을 안고 홀란 주고 잇쓰니 이것이 문재라고 말을 하고 십다. 정부 불안만 주다 나라가 망하면 어느 누가 책임을 저나. 정말 가슴 아픈 대모을 자재을 하여주고 나라 발전에 도움이 가는 일을 하여주며 하는 생각이며 그리고 국회원이 학생 대모에 부축이고 잇는 것이 더 가슴 아푼 일이다.

〈1991년 6월 3일 월요일 날씨 비〉
요줌 낡씨가 장마처름 비가 만이도 오지 않고 낡씨도 맑지 않은 상태가 꼭 장마 낡씨가 영상이다. 논에는 거름 시기가 자꾸만 너저만 가고 잇는데 낡씨는 삼 일 동안 여름 장마처름 비가 질질 오오면서 낡씨가 들지 않으니 일을 할 수가 업꾸나. 그르니 마음만 바파저는 상태라고 말을 하고 십다. 그리고 종일 동안 휴식을 한 셈이다.
"학생 대모에 꽃잊겨 국무총리가 사태을 결국 하고 국무총리로 부임을 한 지가 한 달도 못대어 마지막 강위을 하기 위해 외국어대학 강위 하는데 대모때의 학생이 강위실에 차저와서 국무총리을 폭경을 하지 않나. 닭갈로 국무총리 머리을 때려 온 머리에 개알 떠진 투성이며 그기다 가루로 덥프씨어서 하얀 사람을 만들으 논 관경을 우리가 볼 때에 참을 수가 업꾸나. 자신이 진앞하는 경찰이라면 그따위 행세을 하는 아이들은 총으로 모조리 쏴아 죽이고 십픈 충동이 일으나는구나."
이것들도 민주화라 말인가. 정말 한심스렵꾸나. 요줌 학생들의 대모때가 자유을 부려짓고 낡이 갈수록 대모는 경렬하고 폭행, 파계 돼는돼로 부수고 잇는 학생때들의 진정한 자유길이라 했도 따려지 않캐다. 이번 사권은 당사사는 말을 할 것도 업고 배우자을 가리내서 사형을 시키도 제가 적따고 자신은 말을 하고 십다.“

“학생들 대모하는 모섭을 볼 때에 자유을 찾는 것이 아니라 국가 전복을 원하는 자라고 말을 하고 십프며 이것을 그냥 두며 나라 망하며 그때는 누가 책임을 질 수도 업는 일. 자유보다 먼재 할 일들은 국가 좀벌레을 먼저 잡아내어 경멸시키야 한다.”

수입에 … 일반벼 값 613斤 288,100원

〈1991년 6월 4일 화요일 날씨 맑음〉

오늘은 벼에 웃거름을 하는데 자신이 생각을 하여도 너무 무리하게 웃거름을 했따고 생각을 한다. 외냐 12시가 넘두록 거름을 하여쓸 뿐 아니라 한 번도 쉬지 않코 거름 헌치는데 나중에는 논바닥에 주저않깨쓰며 마지막에는 한앞[한 삽] 헌치고 좀 쉬어서 웃거름 헌치곤 하여다. 사람이 지칠 때는 이래 지치는구나 하는 생각이 던다.

“오후에는 두 단지 거름만 헌치고 도구 떠는 작업으로 간소하게 작업을 하여다. 오늘도 오전 오후 작업을 반 타서 하여떠라면 몸이 상하지 않는데 오늘은 일을 넘어하니 만사가 실을 정도드라.”

오전에 21.5돼지지 논에 거름을 다 하여쓰며 1차 거름은 한 단지에 1포 반식을 다 돌리다. 오후에는 2단지 거름을 하는 것으로 하로 일과을 보내고 마라다.

지출에 … 비누 치약 쑤세미 밀가류
6,000원

〈1991년 6월 5일 수요일 날씨 맑음〉

오전에는 바시내이밭 땅콩밭에 김매기을 하여쓰며 오후에는 윤석이 모친 상문을 같쓰며 운명을 한 사람이 고생을 만이 하여서 그른지 부모의 슬픔이 듣한 너킴이 들드라. 요줌 운이가 학교 맡치고 귀가 시간이 세 시간에 들오고 잇다. 그래서 운이 마음의 계심을 하여서 오락실에 들리지 않고 오는 것인지 알 수가 업쓰며 운아 요줌은 오락실에 안가는 것을 보니 사람이 돼어가는구나. 하면서 친찬을 아키지 않으며 너무나 고마어서 집사람보고 단작 신발과 가방, 매이카 잇는 신발, 가방 싸주니 좋아서 신글벙글 하면서 학교 가는 모섭을 볼 때에 농띠 젗는 놈이 좋은 것은 하고 십픈가바. 하는 생각에 쓴우섬이 나는구나.

수입 … 트랙터 노타리값 20,000원

〈1991년 6월 6일 목요일 날씨 맑음〉

오늘은 윤석이 모친 운상에 가서 장지을 공산굴 방천까지 가서 셋시가 경운기로 한 발리 떠오는 것으로 운상일을 맡친 셈이다. 산소을 밭에 쓰니 일크리가 적으서 오전으로 모든 일을 맡치다. 오후에는 송아지 설사약을 주사약으로 사왔쓰며 오늘날까지 송아지들이 설사을 한 번식 하고 말며 이번에는 송아지가 설사을 해도 넘어나 심해서 설사 안치[완치]가 극정이 돼는구나. 오늘로서 설사약을 셋 번짼돼 잘 낮찌 않는구나.

지출에 송아지약과 주사약이 8,000원
차비 500원 술값 450원
계 8,950원

〈1991년 6월 7일 금요일 날씨 맑음〉

오늘은 봉답 수부논 김매기을 하여서 제초

제 만드리약 입제을 헌치고 이것만은 별도 일을 할려니 마음가짐이 등한시 하는구나. 오후에는 참깨 속음 하는 것으로 하로 일과을 보내쓰며 우선 바서는 우리 깨가 제일 좋다고 말을 하고 십프며 지나다니는 사람들도 좋다고 입을 다시곤 한다.

〈1991년 6월 8일 토요일 날씨 맑음〉

오전에는 참깨 약을 집사람과 둘리서 약 살포하고 오후에는 봇밭 김매기 하는 것과 왔들[웃들]에 웃거름 할려고 물되는 작업으로 하로의 일과를 보내고 마랐다.

그리고 내년에는 5月 15日 안에 모내기을 맡치 볼 생각이다. 외냐하며 자신이 올해 웃뜰래 5月 26日날 심은 것이 요줌 보며 일적 심은 것을 보며 너깨 심은 벼는 마음에 들지을 안을 뿐 아니라 논 자리에 가기가 실을 정도다. 이것을 해소하기는 일적스들어 일적 모내기을 하는 것이 상책이라고 본다.

5月 15日 안에 모내기 하여함.[25)]

〈1991년 6월 9일 일요일 날씨 비〉

이번 비야말로 정말 때맞차 왔따고 생각을 한다. 오늘 비가 오지 않아따면 사람들을 바푸게 할 것이며 밭작물은 가뭄이 들 끈데 이번 비로 한 고비을 잘 넘어 갈따고 생각을 한다.

그리고 오늘은 종일 휴식을 하여는데도 몸은 더 곤하며 자신이 생각을 하여도 너무나 곤하다는 생각밖에 들지 않으며 자신이 생각을 하여도 극정이 될만침 몸이 곤하고 잇다. 자신이 요줌은 집배 들어와서 잔손을 운직이지 않을 정도로 일손을 놋고 잇다.

〈1991년 6월 10일 월요일 날씨 맑음〉

오늘 오전에는 넉둘 전 도량에 수초 작업을 함.

요줌에는 사람들이 일을 넘어나 안알라고 한다. 이것이 내 일이라면 수라게 할 수 잇는 일인돼 그만 작업을 못하고 바터 도랑과 고속도로 밑 도랑은 그냥 두고 마랐다.

"오후에는 웃들래 웃거름을 하는데 넘어나 더어서 생 외을 먹어쓰며 처음에 자신의 몸이 이상이 잇쓰서 허덕이고 잇는 줄 알고 극정을 했쓰며 이재는 농사도 못 찟깨쓰며 단 방도을 차저야 하겟따는 생각을 하고는 하여쓰며 그리고 집사람 봉답에 콩 갈려고 김매기 작업을 하는데 거름을 하고 집사람한테 갈려고 약속을 하고도 집배 와서 선풍기로 바람 쇼이서 푹 시어서 집사람에깨 갈쓰며 오늘 거름하다 죽을 뻔 했쓰며 이재는 다 늙은는가바. 이재는 일도 못 하겟쓰 하니까 집사람도 갱이질을 하는데 더어서 숨을 못 쉬게따고 이야기을 하여서 오늘 낡씨 문제로 그 고통을 당한 것이구나 하는 안도의 숨을 쉴 수가 잇꾸나. 오늘 작업은 억찌로 한 셈이다.[26)]

〈1991년 6월 11일 화요일 날씨 비〉

콩씨 갈려고 당산밭에 노타리 작업을 하고 봉답 길에 콩씨뿌림을 하는 것으로 하로 일과을 보냈다. 봉답 경운길에 잡초을 재거하고 콩씨뿌림을 할려니 힘이 들더라. 이것을

---

25) 이것은 6월 8-9일자 일기가 적힌 쪽의 위, 빈곳에 적혀 있는 내용으로, 문맥을 따라 여기에 적어 넣었다.
26) 일기 지면 상단에 '(웃들래 웃거름 함.)'이라고 기록되어있다.

잡초약을 살포을 하여서 죽이고 난 뒤에 씨뿌림을 하며 일하기가 수란돼 여사일로 생각을 해서 힘이 들어다.

〈1991년 6월 12일 수요일 날씨 맑음〉

오전에는 재방공사 한 지가 3년도 안돼언 것이 돌드리 어결어저 다 니리안저서 그것을 발견을 자신이 하고 그냥 둘라고 하니 비가 만이 오며 재방이 분계될 것 같고 할려니 자신이 시간 여유가 안나 오늘은 만사일을 그냥 두고 인보을 둘이 싸서 일을 시키다.

그리고 요즘 사람은 돈 버는 일도 마지못해서 일을 하며 돈을 가지고도 일을 시키지 못하는 실정이다. 오늘 일은 돌 무너저는데 100,000만 원 들으같쓰니 귀가 찬다. 공동재산이 희프다는 것을 다시 생각을 가질 수 잇는 기회라고 말을 하고 십꾸나. 이것이 자신 일이라면 세면 5포 값으로 할 수 잇는 문재인돼 공동재산이 불어가기가 힘이 드는 일이구나.

오후에는 바시네이밭에 참깨 속음을 마지막 한 포기을 두고 속는 작업을 하였다.

〈1991년 6월 13일 목요일 날씨 맑음〉

오전에 콩씨 갈란 곳에 라쏘유제로 살포을 하여서 풀을 못나게 고압푼무기로 살포을 하여쓰며 오후에는 개 돌부리을 하는데 생각보다 고기을 먹찌 못하게쓰며 자신이 생각을 해도 고기 멧 점 먹고 비싼 고기 값을 할려고 하니 마음이 좋은 편은 아니며 앞푸론 개 돌리는 안해야 하겟따는 생각이 든다. 외냐 주위에서 입만 가지고 달라드는 사람이 넘어나 만타. 이것을 말을 할 수도 업고 어른들의 이른 직을 하고 잇는 것을 꼴 따[볼 때] 다들 뒤로 수권거리지만 실찌 말을 하는 사람이 업따. 외냐하며 사람이 먹는 것 같지고 말을 하며 초집따고 이야기가 돼니 더 말을 안아는 실정이다.

“집사람하고 참깨 속음질 하로 잘 가는데 개을 크실어 오면서 돌부리 하자는 바람에 큰 바가지만 쓴 셈이 돼고 마랐다. 돌부리 값 7,000원 가지며 온 식구가 충분이 먹을 수 잇는 돈을 단 메 줌[몇 점] 먹고 돈을 하여쓰니 마음이 걸리는 돌부리을 한 것이다.”

지출에 개 돌부리 6,500원

〈1991년 6월 14일 금요일 날씨 맑음〉

오늘로서 넉들 전 논에 2차 웃거름을 함. 오늘 거름은 1단지에 요소 반 포식을 하여다. 우선 보기는 벼들이 다들 좋은 데 미리 헌친 셈이다.

그리고 오늘 백운기 씨 돈을 처음에는 50십만 원 달라고 하드니 나중에는 집딸리 나온다고 100만 원 달라고 사정을 하는 바람에 오늘 백만 원 빼서 조합 마당에서 주어는데 기분이 좋지 않더라. 외냐하며 사람이 시용이 업키 때문에. 개니 주겟따고 이야기을 해서 할 수 업시 주어찌만 이 돈은 받키기 힘들 것으로 보며 마음적으로 좋은 점이 하나도 업쓰며 돈을 준 것이 후예가 돼는구나.

올해는 자신이 웃거름 2차 거름을 빨리 한 셈이다. 그 위유는 2차 거름을 너깨 하니 벼 도박에 영향이 가는 것 같다서 올해는 5일 정도 빨리 한 셈이다.[27)]

27) 일기 지면 상단에 ‘(6月 14日 백운기 100만 원 줌.)’이라고 기록되어있다.

〈1991년 6월 15일 토요일 날씨 맑음〉

오늘은 도사리을 줏는 것으로 하고 일과을 보내고 마랐다.

"이재는 재초제가 마셋트는 제초재 효과가 업꾸나. 마셋트 사용한 곳은 다들 잡초가 다 자라고 잇는 것을 볼 때는 제초제 값이 음청나게 올라따고 말을 할 수가 잇다. 모든 물가들이 이름만 갈라서 물과가 오르고 잇쓰니 무라 말을 할 수도 업쓸 뿐 아니라 입 한번 벌리지 못하고 따라가야 하는 심정 당하지 아니하고는 알 수가 업다고 본다."

수입에 노임에 10,000원

〈1991년 6월 16일 일요일 날씨 흐림〉

오전에는 물 막아 넌는 보을 하여쓰며 오늘 일은 대신 임사가 일을 소월이 바서 오늘 우리 일이 엄청나게 만아다. 외냐하면 냇물이 빨리 들어오는 것을 막지 않고 그냥 두어서 냇모래가 빨리 들어와서 마새 때문에 우리 봇꾼이 일이 만아서 마음이 안 좋드라. 오늘 보는 상당이 일을 만이 하여따고 본다.

오후에는 넉뜰래 똥벌래 약을 살포을 하여쓰며 오늘이 일요일이라서 낮참에 김천을 가서 약을 사와서 논에 약을 살포을 하는데 마음이 바파서며 똥벌레는 6月 14日경에는 필이 살포해야 하겟다. 오늘 약은 어갈리 논에 일적 모내기 한 곳은 약이 만이 너저 따고 본다.

"그리고 우순 바서는 자신의 벼가 좋다고 생각을 한다."

지출에 참깨 약이 10말 용에 7,000원
수도작 약 스미치온 약 500cc
5병 17,500원 차비 500원
돌부리 값 1,000원
計 26,000원

〈1991년 6월 17일 월요일 날씨 맑음〉

오전에는 벼에 살충제 살포을 하여쓰며 이번 살충제가 3日, 4日 정도는 너젓따고 생각을 하며 살충제 살포을 하면서 적키[적기]을 노칠 필요가 업다고 본다.

이번에는 사실 살충제을 안쳐고 싸락약 입제을 살포을 하고 말 작정을 하여는데 결국은 유제 약을 살포을 하면서 벼잎만 다 먹개 하고 마라는 것이 안타갑꾸나.

"오후에는 아포국민학교에서 도위원 유세하는데 자신도 참석을 하여보니 유세장이 오늘 마지막이라서 그른지 대만은이드라. 우리 지역은 (민정당) 박시하 씨, (평민당) (배기하 氏), 무소속에 (이정길) 이 셋 사람의 유세을 들을라고 보닥빛도 무렵쓰고 다들 만이 나왔드라. 이것을 보니 정말 유세을 들을라고 나왔는지 그리치 않으며 술잔을 어더먹기 위해서 나왔는지 구분을 할 수야 업찌만 정말 이 만은 사람들이 강연을 덧고 주권을 바로 하기 위해서 나온 사람이 이처름 만타면 우리 국민이 잘 살 수가 잇따고 보는데 정말 생각을 해볼 문제다."

그리고 유세을 마지막으로 하고 나오는 무소속 이정길 씨을 등을 칯며 시비을 걸고 잇는 사람을 보니 너머하다고 생각을 할 뿐 아니라 요줌도 무소속이라고 그 만은 사람앞패서 폭행을 할려고 드는 것을 볼 때에 옛날에는 그저 떡 주물더니 한 것이라고 미드저며 옛날 야당들은 피가 끄꿀 섯따고 해도 무리돼는 말은 아니다. 이것을 본 내가 이정길 씨을 품에 안으며 갈바야 덕이 업따면서 돼리고 나왓쓰며 이것을 보며 정치인들 다들 갈라야 하며 칯재 술래 팔리는 농민들이 죽으야 한다. 도위원 출마자도 그릇다. 정당에서는 마구 돈을 쓰고 야당들은 묵끄놓고 싸우라고 하니 의위 이길 수가 잇나. 주위에서 바도 안탑카깨 짝이 업꾸나.
"대신 역전에 이정길 씨는 오늘날까지 여당으로 일을 한 사람이며 고정으로 살아 온 사람이 이번 공천에 돈 때문에 밀리서 무속으로 나온 사람이지만 정말 똑똑한 사람이라고 말을 하고 십프며 우리들이 지켜보지만 마음이 고정이며 마음으로 바서는 국회원 캄이라고 말을 하고 십다. 이정길 씨도 무소속으로 출마하기 전에는 이정길 몸에 감이 누가 손을 돼며 말도 큰소리로 할 사람은 경상북도에도 업쓸 끈돼 여당을 탈당을 하고나니 몸에 손을 데는 사람이 업나 열락 사모실도 못 엇고 잇쓰며 하나에서 열까지가 피을 토활 일들만 발생을 하고 잇쓰니 이정길 본인으로서도 자유당 때 외 돈을 몰랐떤가 하고 생각을 가지볼 때가 잇쓰리라고 생각을 한다."

지출에 … 쇠 사료 값 3포에 12,300원
운이 이발료 값 2,500원 살충제 엘산 500cc 3병 9,000원 차비 340원
計 24,140원

〈1991년 6월 18일 화요일 날씨〉

오늘로서 벼 살충제을 다 살포을 하여쓰며 웃거름도 웃뜰로서 2차 거름을 다 한 셈이다. 비료 거름은 마지막 다 한 셈이라고 생각을 한다. 그리고 요줌은 시간 여유가 업쓰며 자신은 모내기을 한 뒤는 이재 시간 여유가 잇깨찌 하고 기대을 하여는데 모내기 할 때나 별 다름업시 시간 여유가 업꾸나.

〈1991년 6월 19일 수요일 날씨 맑음〉

오전으로 이화명충약 입제을 다 살포을 한 셈이며 작업을 나누어서 필요하지 않깨 할려고 하여도 그것이 실천이 안대며 일을 한다 하며 어거지 일이 돼고 만다. 그르니 원재라도 일을 무리하게 돼곤 만다.
"오후에는 도위원 입포부 선거 술을 먹는다고 하면서 일하로 가지 말라고 하여서 기다리떠니 이정길 씨는 우리 동네 기군[계끈]들이 돈을 내기로 하고 박시하 씨와 합동으로 돼지을 잡아서 온 동네 술을 먹어다. 선거하며 온 동네 술잔치가 돼고 만다. 이것을 생각을 할 때에 기가 찰 일들이다."
"월론에서는 다들 공명선거라고 부르짓고 잇찌만 야당 후보들은 움직이지 못하게 암력을 준다는 이야기을 들을 때에 요줌도 야당들이 압력을 밭고 잇쓰니 옛날 야당들은 정말 고통을 당했따는 것을 잠쉬 돼세래 본다."
"우리 국민은 원재나 공명선거을 할련지 꿈만 갇꾸나."

지출에 … 집사람 허리 통정 약 3,000원

〈1991년 6월 20일 목요일 날씨 맑음〉

오늘 도위원 선거날이며 이번 선거을 하나만나 돈 쓰는데로 득표가 나오리라고 생각을 할 뿐 아니라 오늘날까지 돈 뿌리고 당선 안대는 사람이 업쓸 뿐 아니라 여당이 이번 선거는 공명선거을 하자고 부려짓고 잇는 정당이 드 부정을 하고 잇쓰니 공명선거가 대지 않을 뿐 아니라 선거 분이기가 민주화가 돼어야 나라 발전과 민주정치을 이률 수 잇따고 본다.

복숭 수학(칯) 1짝 4,400원

〈1991년 6월 21일 금요일 날씨 맑음〉

오늘은 종일 동안 논에 김매기을 하여쓰며

집사람 허리 아푸다고 하여서 자신 혼자 대는돼로 김매기을 다 할려고 했는데 도저이 다 할 수가 업쓰서 오늘은 집사람이 따라 나와서 김매기을 같이 하였다.

"자신은 때에 따라서 일에 지루한 때가 만은데 집사람은 일이 지엇고 지루한 마음이 업따니 그진말 하지 말라고 하며 정말 그릇 따면서 늙 시간이 모자라서 못한다고 이야기을 하는 것을 보며 자신으로서는 미드저지 않는 너킴이 던다."

"그리고 이번에 도위원 선거 한다고 박시하씨는 돈을 물쓰덧 한다고 하드니 계표 결과 당선이 돼어쓰며 그리고 야당 후보들은 돈을 못쓰게 묵끄노니 선거 바로 될 수가 업쓰며 우리 지역도 돈 쓰는데 득표가 나왔다. 순위을 본다면 (박시하 민자당) (이정길 무소속) 신민당 배기하. 돈돼로 표을 억고 잇쓰니 우리 국민이 언재 공명선거을 할련지 한탄스렵다."

"그리고 자신이 미려주는 사람은 오늘날까지 당선이 안돼고 잇쓰며 자신이 선택을 하는 사람은 페을 하고 마는데 이것이 자신이 사람을 선택을 못하는지 그리치 않으며 돈에 팔리서 표을 빼앗키는지 알 수가 업꾸나."

여회든 돈을 주고 표을 어들라는 입포자의 마음을 곤치두록 국민들이 가슴에 손을 언고 생각을 할 문재이며 돈 뿌리는 후보자는 무족끈 탈락을 시키야 오른 사람의 선택을 할 수가 잇다.

〈1991년 6월 22일 토요일 날씨 맑음〉

서양바실에 김매기을 집사람과 둘리서 종일 동안 김매기을 하면서 오늘날까지 농사을 짓어찌만 서양바실 논만춤 지섬[지심]이 만은 곳은 처음 밭쓰며 이재는 마셋트 제초제는 하나의 형식적인 제초제라고 말을 하고 십다.

오늘 지섬이 넘어 만아서 엄두도 내지 못하게쓰며 알더리[알뜰히] 김매기을 할려며 4日, 5日 매야 다 맬 수가 잇쓸 끄라는 생각이 들며 내년에 좋은 제초제을 사용을 할 욕심으로 대충 문개버리고 마라쓰며 사실 김매기을 안해따고 생각을 한다.

그리고 오늘은 작과일 착색약을 두 번째로 살포을 하여쓰며 이 약을 매년 살포을 해서 시장에 출하을 한 사람이 돈을 만이 밭고 장사을 잘한다. 자신은 두 번째 살포을 했찌만 남들은 벌서 살포을 해서 시장 출하을 하고 잇쓰니 자신은 약을 살포을 해도 별 도움이 업다고 본다. 그리고 자신은 일적 살포을 할려고 하여도 마음에 걸리는 점이 잇쓰서 넘어나 일적 살포을 못하니 별 도움이 업다.

〈1991년 6월 23일 일요일 날씨 맑음〉

오늘 오전으로 논에 김매기을 다 하였다. 금년 김매기는 알떠리 하지 못하고 마란 셈이다.

오후에는 작과 밭에 제초제을 살포을 하였다.

〈1991년 6월 24일 월요일 날씨 맑음〉

오전에는 두엄을 두리 실어내고 처음 대석[28]을 집사람과 둘리서 온 밭을 해매서 4개짝을 따서 용만 편으로 부치 보냇다. 이미 착색약을 살포을 해서 일적 추라하는

28) 대석은 자두의 품종 중 하나이다.

사람은 3일 전부터 시장에 내고 잇쓰며 이 사람들은 짝 당 40,000원식 넘어 밭고 잇따니 약이 해렵따고 아직 살포을 하지 않코 잇는 사람은 손에가 엄청나게 크며 사람이 고정으로 이 세상을 살라가며 돈을 못 벌고 밥만 먹고 살며 악덕하게 살라가며 돈을 만이 벌어서 살고 생각만 하여도 그릇덴 것이다.
이것이 새상 살리라 말인가. 자신도 오늘 4짝에 96,690원 바다 왔드라. 이것이 하로 앞만 같다면 40,000원 이상 밭는다고 이야기을 하니 이 차이가 정말 엄청나다.
"오늘 이넘에[이놈의] 도로 보수작업을 부치는데 정말 힘이 들어다. 재각키 바푸니까 응뚱한 소리 하지 성질 급한 사람은 다시는 부역을 부치마라고 하지 마음이 좄번 사람은 부역을 부치보니 단번 표가 나며 사람은 마음이 늚버야 한다고 생각을 하며 공동 일에 조금 손에가 가는 한이 잇쓰도 참을 수가 잇쓰야 남외깨 호감을 바들 수 잇다."
지출에 오늘 세 값은 서들은 제로 3,100원 한 셈이다.

〈1991년 6월 25일 화요일 날씨 맑음〉

올해는 작과 일을 처음 수학을 하면서 몸이 고달프며 자신이 생각을 해도 몸의 피료가 너무하다는 생각이 든다. 인간이 돈을 따는데 몸이 이처름 말을 덧찌 않는 것은 자신의 건강에 문제가 잇는 것이 아닌가. 그릇치 않으며 나이가 들어서 그른지 자신도 분관을 할 수가 업쓰며 여화뗜 몸이 피료한 감이 만타는 것을 인정을 한다.
오늘 종일 동안 수학한 것이 14짝을 수학한 셈이다.

〈1991년 6월 26일 수요일 날씨 비〉

기상대서는 오늘부터 장마끈에 들어따고 하며 비가 만이 온다고 하여서 과일도 처음 수학을 하는데 장마로 들어따니 올해 과일은 어떠게 하나 하고 극정이 앞쓰는구나.
그래도 오늘은 비가 시작을 하드니 그만 낡씨가 개이는 날이 돼며 과일을 수학을 하는 사람은 천만다행이라고 생각을 한다.
오늘은 자두을 수학을 오전만 하고 오후에는 휴식을 한 셈이다. 집사람은 자신이 휴식을 하는 것을 실어하지 않코 열심히 하는 모섭을 볼 때는 마음 놓고 휴식을 할 수가 업드라. 자신이 맥을 못추고 잇쓰니 집사람마저 몸살이라도 할까봐 극정이 돼고 잇꾸나.
오늘 과일 수학한 것이 18짝. 용만 12짝 (정 씨) 6짝 = 18짝

〈1991년 6월 27일 목요일 날씨 맑음〉

기상대에서 장마가 물어같다는 예보에 마음이 노이드라. 자신의 바서는 장마 예보가 소강상태로 돼어따는 외보에 이것보다 마음이 좋을 수가 업꾸나.
재발 장마가 자두 수학을 끝내겻든 장마비가 왔쓰며 하는 마음뿐이다.

〈1991년 6월 28일 금요일 날씨 비〉

오늘은 종일 비가 내린 셈이다. 우리 부부는 회장부부터[해장부터] 자두 수학을 하는데 우의을 입버도 이것은 우이 행세을 하지 못한다. 외냐하며 나무 이파리 물방울이 옻깃스로 타고 들어서 속옻부터 먼저 젓고 만다. 얼마간 하다보며 사람의 모섭이 생쥐 물에 빠저 잇는 모섭의 꼴이 돼어 잇쓰며 그 모섭을 보고는 도시로 시집을 같쓰며 편

하게 살 끈데 고생한다고 하는 나의 말이 집사람의 귀전에는 어떠게 들럴련지는 몰라도 한탄스러운 말이다.
"오늘 일도 종일 비을 마저 그 꼴은 생각을 할수록 추하기 짝이 업다. 요보 우리가 이 낡비을 다 마저가면서 일을 외 하느냐고 물어니 집사람 하는 말이 자두가 익어서 일을 하는 것이 아니야고 하면서 웃고 마랐다. 오늘 일은 우리가 이래 살라야 하느냐 하면서 한탄도 하여 보앗다."

〈1991년 6월 29일 토요일 날씨 비〉
오늘은 자두 수학을 하는데 운이까지 그들게 하였다. 오늘 운이을 동원시킨 것은 우리 아빠가 어떠게 하면서 살아가나 집적 보고 너켜라고 도와달라고 하여서 운이을 일을 시키다. 자신이 운이가 낡비을 마저면서 도운다고 움직이는 모섭 보기가 마음이 좋찌 않꾸나.

〈1991년 6월 30일 일요일 날씨 비〉
우리 자두가 좋아서 실찌 돈을 만이 받고 잇찌만 동네사람들은 우리 자두값 만이 받는다고 다들 입을 모우고 잇쓰며 실찌 가격보다 불가서 온동네 소문이 나 잇다. 이것이 자신이 조금한 일도 나외 대회서는[나에 대해서는] 소문이 잘 난다는 생각도 가저본다.
오늘도 운이가 자두 따는 데 그들어쓰며 7月 4日날 시험 천다는 말을 해도 시험은 뒤전으로 미루고 아빠 일 좀 도와달라고 하여쓰며 이것은 마음속으로는 공부을 하구로 하고 십찌만 자신은 운이가 조금이라도 마음적으로 좀 너켜보라는 뜻으로 일을 자꾸만 시키고 잇다.[29)]

〈1991년 7월 1일 월요일 날씨 비〉
오늘은 당산밭에 자두가 손이 너저 땅바닥에 과일이 떨어저 잇는 모섭을 보니 가슴아푸드라. 이것은 자신이 품을 진작 대어서 손을 쓰야 하는데 손을 돼지 못해서 큰 손에을 본 것이다. 그래서 오늘 오후에는 품을 두리 돼어는데 한 분은 오지 않아 우리 읾에 큰 타격이 돼어쓰며 오늘 일은 개핵돼로 돼지 않아쓰며 오늘 품이 오지 않아 하로의 일이 뒤로 밀리고 말라따고 해도 가연이 아니다.
자두 수확 … 42짝

〈1991년 7월 2일 화요일 날씨 비〉
요줌 장마라지만 날 살리너라고 개속 비가 오지 않고 개이는 시간이 만아서 작업하는데는 별 다름이 업다고 보며 옛날 어른들이 비방울 사이로 다닌다는 말이 잇뜻이 요줌 자신이 비방울 사이로 자두 수학을 하고 잇쓰며 자신이 생각을 해도 이 낡이 날을 살린다고 생각을 한다.
금년에는 품을 하지 않고 자두 수학을 할려고 생각을 하고 열심히 하여는데 도저이 품을 안대고 할 수가 업쓰서 오늘은 품을 둘 돼어서 자두 수학을 하여쓰며 생각보다 자두 수학을 만이 한 셈이며 나중에는 자두 선별이 시간이 걸리서 길 가는 사람을 잡아서 거들게 하여쓰며 이것이 정이라는 것 너켜쓰며 이른 정을 줄 때가 만아야 한다고 생각을 하며 여릇시가 하니 수라며 다들 자

29) 일기 지면 상단에 '우리 개 수정함.'이라고 기록되어있다.

기 일들을 하고 지친 몸으로 들어오는 사람을 잡아서 해 달라고 하여서 미안하며 고맙게 생각을 한다.
자두 수학 63짝
수입에 … 트랙터 값 140,000원

〈1991년 7월 3일 수요일 날씨 흐림〉
오늘 낡씨는 먹구름 몰려 잇쓰서 금새라도 비가 쇼다질 떳 질 뜻 하드니 비는 오지 않코 하로에도 수십 번 먹구름이 몰려오다 맑다 해도 비는 내리지 않아쓰며 용깨 참아주어서 큰 다행이다. 자신의 마음도 낡씨따라 변하며 먹구름이 올 때는 마음이 바푸며 불안해지곤 하는데 그른돼로 낡씨가 참아주어서 다행이라 생각을 하고 잇다.
요줌 집사랍이 돈 하는 재미로 몸이 뒨 줄도 모르고 실바람난다는 말을 하는 것을 볼 때에 돈이 무엇시기에 돈에 따라 움직이나 하고 잠쉬 생각도 하여 보앗다. 자신은 실찌 돈도 실을 정도로 빨리 끝이 낮쓰며 하는 심정인돼 집사람 좋아하는 모섭으로 일을 하는 것을 볼 때에 고맙드라.
자두 수학에 39짝

〈1991년 7월 4일 목요일 날씨 비〉
오늘은 자두를 만이 수학을 할려고 품을 둘이나 돼어 낮는데 회장부터 비가 쇼다저고 잇드라. 자신의 마음적으로는 오늘만 참아다오. 오늘만 참아주며 자두도 수학을 다 할 뿐 아니라 금년 자두 수학을 비방울 쌔로 작업을 다 했따고 생각을 하며 올해의 낡은 내 날이라고 말을 하고 십픈데 오늘 비오는 모셥을 보니 십사리 그치 아니할 껏 갈떠며 비가 쏘다저는데 품을 돼어서 작업을 하는 자신이 품 보기에 미안해서 참기가 어르울 땐돼 아침을 먹고 나니 낡씨가 비가 들오며 작업을 할 수가 잇쓰며 작업을 할 때는 비가 오지 않드라. 자신으로 바서는 큰 다행이며 내일은 소낙비가 종일 오는 한이 잇쓰도 오늘만 참아다오 하는 마음으로 작업을 하여쓰며 오늘 품을 돼어서 일을 하니 생각보다 일적 하게쓰며 오늘 일은 만점이라고 말을 하고 십프며 그리고 자두 수학을 안전이 하고 나니 비가 쏘다저는 모섭을 보니 이재는 을마든지 오느라. 자두 선별이야 포장 밑태서 하니 할 수 잇따는 생각이 들며 올해는 자신은 자두를 다 따서 선별을 할려고 하며 비가 쇼다저 자신은 별료 비 피해를 보지 않코 만은 자두 수학을 해따고 말을 하고 십프며 생각할수록 낡씨가 희안했따고 본다.
자두 수학 용만 30짝 정 씨 16짝 計 46짝

〈1991년 7월 5일 금요일 날씨 맑음〉
오늘로서 당산밭에 자두 수학을 안전이 한셈이며 기상대서 6월 중순부터 장마가 시작이라 해서 마음적으로는 큰 부담을 가지쓰며 다행이 근장마[건장마]라서 비는 여르차례 마저찌만 별 다름업시 자두 수학을 다 하여쓰며 이재는 급이 업따는 마음가지지크구나. 그리고 금년에는 자두 장사을 잘해서 돈도 만이 하고 금년이 최고로 돈도 만이 하여따고 생각을 하며 돈을 만이 하니 기분이 그리 좋꾸나.
자두 수학 15짝
수입에 트랙터 값 75,000원

〈1991년 7월 6일 토요일 날씨 맑음〉
오늘로서 안전이 자두 수학을 끝을 냇쓰며 오늘은 마지막 자두 수학을 하면서 낡씨는 여름 때앙빛보다 더 드운 낡씨을 하는데 자두 수학을 하는데 땀은 쏘다저고 숨쉬기도 그북할 정도이며 오늘 자두 수학은 정말 힘드려쓰며 집사람은 돈을 만이 하니 힘이 솟는 것처름 지루한 감 업시 일을 잘하는데 자신은 정말 몸부림을 쳤면서 억찌로 자두 수학을 끝을 냇다.
자두 수학을 저녁노월이 질 때 맡치쓰며 이것을 정리을 하고 나니 어더어지기 시작을 하는데 내일부터 본격적으로 장마가 시작을 해서 만은 비가 온다고 기상대에서 예보을 하여서 어더지는데 감자 캐로 갈쓰며 자신이 생각을 해도 자신은 넘어나 바푸다는 생각이 들며 감자을 캐는데 감자가 하예서 감자을 캘 수가 잇드라. 만약에 감자가 검따면 캘 수가 업는데 감자가 어더울수록 힌 빛이 드 나며 진주알 줏는 것처름 그 기분도 좋드라. 그리고 감자도 만이 달리쓰며 올해는 무어시든 마음에 찬 수학이 돼는구나.
자두 수학 용만 9짝 홍 시[씨] 1짝 정 씨 4짝으로 금년도 자두 수학을 끝을 냇다.
그리고 금년도 자두 수학이 당산이나 앞밭이나 작년보다 3 분지 1은 더 수학을 했따고 생각을 하며 서모사까지 수학을 한다면 500백 만 원까지 가능하니 이것은 자두 농사 일에[이래] 처음이라고 말을 하고 십다.
수입에 트랙터 230,000원

〈1991년 7월 7일 일요일 날씨 비〉

기상대에서 만이 온다고 급주는 량은 오지 않고 종일 비가 왔찌만 부지른한 사람은 일하기 좋을 만은 비라고 말을 하고 십다. 자신은 종일 휴식을 하여쓰며 종일 동안 구둘목 신세을 졌는데도 필료는 풀리지 않고 몸은 더 무거어저며 정말 몸부림으로 해을 보내따고 본다.
자신이 오늘 생각을 해 볼 때 자두 수학 감자 수학 비방울 세로 일을 했따고 생각을 하며 생각할수록 용키 끝을 냇따고 생각을 하고 잇다.

〈1991년 7월 8일 월요일 날씨 비〉

오전에는 웃들래 보 뚝에 풀 제거을 하여쓰며 모내기을 너깨한 논들은 아직까지 일적 심은 모을 모따라 크고 잇쓰며 우리 지에는 5月 20日 안내가 모내기 적키라고 생각을 한다.
내년에는 어떠한 일이 잇쓰도 모내기을 일적 할 작정이다. 오후에는 가랑비라서 일을 해도 충분이 할 수 잇는데 몸이 무거어 휴식을 하여쓰며 피료가 싸여서 그른지 시며 실수록 몸은 더 무거어 저는구나.
수입에 … 트랙터 값 105,000원

〈1991년 7월 9일 화요일 날씨 비〉

오전에는 울콩 수학을 익은 것만 뽑아 오고 마라다. 금년 울콩은 좀 만이 달린 셈이다. 울콩이 옛날 모양 수학이 안대고 잇쓰며 자신 뿐 아니라 남들도 울콩 농사 잘 대어따고 하는 밭이 업쓰며 어뜬 사람은 울콩이 다들 오글어들으 울콩을 볼 수도 업는 밭들이 만드라. 이것도 세대가 허르니[흐르니] 안대는가 하는 생각도 들으간다.
"요줌은 가만이 보며 재시간에 귀가을 하며 자신이 볼 때는 조금 나저가는 느킴이 든다. 앞푸로 조금 더 두고 바야 하겠다."
"오후에는 안전 휴식을 하였다."
지출 … 농약 도열병약 살충재 46,000원
작과 상자 300개 300,000원 작과

약 35,200원 혜지 과자 700원
計 381,900원
수입에 트랙터 170,000원

〈1991년 7월 10일 수요일 날씨 비〉

요줌 낡씨가 비가 자주 오는 바람에 비가 올 때마다 휴식을 하여떠니 마음이 부담이 돼는 것 같다서 오늘은 보슬비가 오는데 보 뚝에 풀을 재거하는 일을 종일 하였다. 오늘은 종일 일을 하고 나니 마음의 부담이 풀리는 것 같다.

〈1991년 7월 11일 목요일 날씨 비〉

요줌은 비을 마저면서 보 뚝에 풀 깍는 작업을 하여쓰며 남들은 비 온다고 길거리 나와 잇는데 자신은 보닥빛에 구슬땀을 흙리면서 일을 하니 차라리 우장을 쓰고 작업을 하니 불편한 점이 잇쓰니 보닥빛에 일하는 것보다 낮따는 생각에 일을 하여쓰며 남들은 비 오는데 일하로 간다고 저 사람 좀 쉬라고 하는 사람 숭을 보는 사람 여르 사람이 잇쓸 줄 안다.
오늘로서 보 뚝에 풀 재거하는 일은 다 하였다. 이재와서 생각을 할 때에 남들은 보 뚝 일은 그냥 잇는데 자신은 다 하여쓰니 그만춤 시간 여유가 잇따는 것을 할 때 참 잘 했따는 느킴이 던다.
"집사람은 작년만 해도 낮잠이 업쓰며 낮잠을 잘려고 생각을 하지 않는 사람이 올해는 잠이 모자라 낮참으로 안저며 졸고 잇쓰며 원재나 잠이 모자라서 입을 다시곤 하며 낮잠으로 눈을 부치는 것을 볼 때는 집사람이 을마나 피곤해서 저럴까. 때로는 누피서 잠을 자게 할 때도 잇찌만 마음속으로 을마든지 잠을 푹 자게 하여 피로가 속 빠지게 하고 십프나 집사람은 그 말을 들으주지 않는 사람이며 그 반대로 피료을 풀라면서 자신을 쉬게 만든다. 자신은 내 몸 상해는 것보다 집사람 건강 상해까바 극정이 드 돼며 마음로는 늙 극정이 됀다만 이것을 해결하지 않코는 집사람과 나는 몸이 결국 망가저고 만다는 생각이 들며 사실 두 몸이 쇄부치라고 해도 잠쉬 실 사이 업씨 일을 하고 잇쓰니 의이 안 망가저갯쓰며 이것을 알면서 대책을 세우지 못한 자신이 원망도 돼고 잇다.
"인간의 인생 너무나 짤따는 생각밖에 업꾸나."

〈1991년 7월 12일 금요일 날씨 비〉

장마을 해도 가끔 빛이 날 때가 잇는데 금년 장마는 빛 구경을 할 수가 업꾸나. 가끔 빛이 나야 벼 할착도 좋은데 매일 구전 날씨만 보이니 벼에는 좋은 점이 업깨꾸나.
그리고 오늘은 정자못 구름이 막키서 경작자들이 떨련다고 법석을 부리다 시간이 어중간에 다른 일도 못하고 오전 일과을 보내고 오후에는 당산논 도사리[30]을 보이는 것만 줏고 마랐다. 금년에 제초제을 사용하는데 물이 적은데 기상대서 비 온다고 법석을 부리는 바람에 비가 오면 충분하다는 생각으로 물이 적은데 제초제을 사용한 자리가 멧 자리 돼며 기상대 말 듯고 물 적은 곳에 제초재을 사용해서 벼에 약해도 입버쓸 뿐 아니라 사실 피해가 만아다고 생각을 한다.
자신 뿐 아니라 농민들은 다들 눈에 보이지

30) 도사리는 못자리에 난 어린 잡풀을 이르는 말로, 여기서는 논의 잡초를 뜻하는 것으로 보인다.

않는 피해을 만이들 밭다고 생각을 한다.

〈1991년 7월 13일 토요일 날씨 맑음〉

오늘은 기상대서는 한 차례 소낙이가 온다고 예보을 하여찌만 장마 바람에 약 살포을 못해서 벼잎은 벌레가 깔가 먹고 병충때문에 하로가 바푸며 오늘은 소낙이가 오는 한이 잇쓰도 벼논에 약 살포을 하자면서 아침 일적 준비을 해서 들판으로 나가니 보슬비가 내리고 잇드라. 그래도 돌라쓰지 않고 들로 갈서 약을 살포을 한참 하니 보슬비는 끝치고 낡씨는 개이는 낡씨을 보이며 자신으로 바서는 천만다행이다. 오전으로 27마지기 약 살포을 하고 나니 오후 1시가 돼드라.

"오후에는 집사람은 후모사 따로 가고 운이와 형영이을 돼리고 나머지 논들을 약을 살포을 하고 마랐다. 오늘 종일 동안 비을 참아준 것을 보며 우리 약 살포하라고 참아준 것 같꾸나. "

후모사 수학 5짝 복숭 1짝 計 6짝

〈1991년 7월 14일 일요일 날씨 맑음〉

오늘은 늙비가 오든지 흐린 낡씨 뒤에 빛이 나며 온도 올라가니 일하기가 그북하며 자신은 무지파 심어면서 못 전지서 모옥[목욕]까지 하고 일하는데 몸부림을 천 셈이며 이것을 모든 집사람이 일적 마자면서 오전 11시경에 작업을 맡치고 들어 온 셈이며 오후에는 후모사 조금 따고 울콩 뽑고 시간이 돼며 무지파을 할려고 개핵을 하여쓰며 그래도 자신은 요줌 꼭 낮참을 쉬곤 하는데 집사람은 좀 쉬지도 않코 낮참도 모르고 일을 한 사람을 자신은 푹 쉬고 집사람을 돼리고 갈려니 너무나 미안하며 오늘은 일하로 가면서 너무나 미안해 좀 쉬지 않코 일을 하겟나 하고 너무나 미안한 것 잇찌. 그래서 후모{사} 따는 것을 자신이 부지련이 하며 집사람을 쉬게 하는 것이나 다름이 업따는 생각에 사다리을 들고 열심이 하여쓰며 오늘은 아직까지 이처름 집사람을 뼈 스며들께 너켜 보지 않아따고 말을 하고 십다. 늙 자신이 고맡따는 생각을 가지고 잇쓴는데 오늘은 마음이 수겨지는구나. 우리가 평생을 이려고 산다면 집사람 지쳐서 일어나지 못한다는 생각이 머리에 스쳐갈 뿐 아니라 어느 지점에 가서는 요보 편하게 해드리라. 아직은 언재라는 낡자는 학정을 잡찌 못하여찌만 마음의 한 구석에는 자리을 잡고 잇쑈. 정말 자신은 미안하다는 말 뿐 못하는 남편 용서을 바랄 뿐이요.

〈1991년 7월 15일 월요일 날씨 비〉

오전에는 집사람과 무지을 하는데 비가 넘어나 만이 오고 잇더라. 그래도 요줌 부닥빛에 무지 할 때보다 흙신 낫드라. 보닥빛에는 몸부리을 칯는데 오늘은 그 만은 비을 마저면서 무지을 하면서도 콧노래 불어가면서 일을 끝을 냇다. 올해는 무지을 자신이 알기론 제일 만이 무지을 하여따고 생각을 한다.

오후에는 안전 휴식을 하여쓰며 집사람 할 일 만타고 쉬지도 안을라고 하는데 오늘은 아들 잠재우다십피 하여쓰며 금새 잠이 들어 새근거리는 모섭을 보고 자기 몸 망가저는 것은 뒤로 하고 남편 극정하여 주는 모섭을 보며 그른 힘이 어대서 나오는지 기득도 하다. 내 이 몸 다 갈 때까지 그 고마음을 잇찌 안어리라. 오늘 오후 내가 아니라 일 년이라도 새근그리며 잠자다오.[31)]

〈1991년 7월 16일 화요일 날씨 맑음〉

오전에는 집사람은 후모사 따고 자신은 콩나물콩 속음질 하고 너무나 달라서 콩나물 행세도 못하두록 돼어 잊쓰며 이것을 속음질을 열심이 하여도 다 못하고 마라다.

오후에는 두룸에 잡초 제거을 하고 논에 끌피을 보이는 것만 업세버리고 마라쓰며 이재는 벼도 너무 만이 잘라서 남외 눈에 거슬거리는 것만 사실 재거을 하여쓰며 알드리 할려고 해도 손이 다 가지 않는 실정이며 또 사람도 너무 무리해서는 안댄다는 생각 때문에 대충주위로 살라간다는 말을 하고 십꾸나.

그리고 열무 씨뿌림과 린징[당근] 씨부림을 하였다. 오늘 일과는 조금식 여르 곳의 일을 하여따고 생각을 하고 잇다.

자두 후모사 5짝 복숭 1짝 계 6짝

〈1991년 7월 17일 수요일 날씨 흐림〉

오늘 낡씨는 수십 번 소낙이 구름이 몰려들어다 살라지고 하여쓰며 우리 지역에는 비가 적은 곳이라 그르치 비가 만이 오는 곳이라면 오늘 장대비가 여르 차례 내리따고 본다. 그리고 오늘 비가 오지 않는 바람에 당산 콩밭은 골을 갱이 타서 김매기 작업은 아주 잘 했따고 생각을 한다.

오늘 콩밭은 사실 소득은 업다. 외냐하며 콩나물콩 두 말 저 바야 세집과 한 말식 나누며 이것은 사실 김매기 품값도 안댄다. 사실 자신은 제초제 거름 따지며 적자나 다름이 업다. 이것을 놀일 수도 업고 매년 농사을 짓찌만 사실 남외 눈 때문에 짓고 잇다.

사실 이 땅들이 십 년 전만 해도 옥토라고 생각을 하여쓸 것이며 그때야 보리 농사을 짓을 때는 갑어치가 잊따고 생각을 하여찌만 요줌 사실 버일 땅이라고 생각을 한다. 이것은 1년에 콩 두 말 할려고 빼앗키는 일력, 장비값 다 따진다면 음청난 손에라고 생각을 한다.

〈1991년 7월 18일 목요일 날씨 비〉

오늘은 처음 비가 시작할 때는 비가 만이 올 것 같더니 비도 별로 오지도 않으며 종일 비가 와따가 같다 하면서 만은 비는 오지 않고 일만 못하두록 만들어쓰며 이 시간에 와서는 일 못한 것이 아쉬운 마음이 들어간다.

올 장마는 비가 곱게 내리서 논물도 가득 체우지 못할 정도로 비가 와쓰며 우리 농민으로서는 더 바랄 수 업두록 곱게 비가 내리쓰며 요대로 장마가 끝이 낮쓰며 하는 바람밖에 업다.

"종일 동안 휴식을 하여쓰며 요줌은 일기불순으로 일을 못해도 절먼 사람은 술집배 나와서 놀지도 않고 잇꾸나."

"우리 운이 오늘 오락실에서 놀고 왔쓰며 어재는 구경만 했따고 이야기을 하여쓰며 오늘은 오락실에 간 것 같다서 다구치뜨니 바른말을 하며 그래도 이 아빠는 오락실에 들 가게찌 차차 끈깨지 하고 생각을 하여 왔는데 전과 다름이 업쓰니 이 아빠로서 이재는 할 말도 업쓰며 이재는 부모 골탕 먹이지 말고 그만 죽어라. 그 길이 너 한태도 좋은 것이며 너도 그런 식으로 사회생활을 한다면 고생만 댄다면서 그만 죽어라

---

31) 일기 지면 상단에 '7月 15日 김춘효 1,000,000원'이라고 기록되어있다.

고만 했쓰니 이재는 슬마 하고 기대을 할 필요가 업따고 본다. 이재는 두 길을 땍활밖에 업따고 본다. 자신도 더 말을 할 기력도 업다."

〈1991년 7월 19일 금요일 날씨 흐림〉

오전에는 후모사 따는데 그들어주고 후모사도 이재는 이삭밖에 업다. 금년에는 작과일 농사도 잘 짓어따고 생각을 하며 과일장사도 잘 했따고 생각을 가진다. 요즘 과격 흙타고[가격 헐하다고] 아우성을 쳧도 자신은 귀전만 울리고 말지 가슴까지 들어오지 않을 뿐 아니라 마음좋차도 쓰지 않는 실정이다. 외냐 대석으로 마음에 찬 돈을 했키 때문에 더 욕심을 부리지 환코 잇다. 오늘은 복이라고 돼지을 마을에서 잡아서 과일 따는데 외을 먹은 집사람 고기라도 만이 먹일라고 고기 4斤을 사들고 돌부리도 화지 않고 집사람과 집배서 복 땜을 한 셈이다.

오후에는 아래뜰에는 두룸에 잡초 제거을 다 하여쓰며 이재부터는 시간 여유가 조금식 잇쓰리라고 생각을 한다. 그리고 오늘 임숙이내 논 이삭거름 용 1포로 한 대 정도 남구고 한 단에 다 한 셈이다. 거름량이 만아찌 않나 하고 극정이 돼고 잇꾸나.

금년도 작과일 총수입은 5,188,500원 오백십팔만팔천오백원

당산 수입금 3,701,390원 후모사, 복숭 204,620원

입밭에 1,282,840원

〈1991년 7월 20일 토요일 날씨 흐림〉

오전으로 사실상 논에 일은 끝을 낸 셈이다. 오늘 오전으로 웃들 두룸에 잡풀 재거하는 것으로 논에 일은 끝이 난 셈이다. 오후에는 참깨밭 김매기 하는 것으로 하로 일과을 보내고 마랐다.

그리고 세집배 밭에 작과일 돈을 올해는 만이 하여서 갈림으로 500,000십만 원 숙모님 같다 주니 너위들래깨는 안 받는다고 하면서 도로 집사람을 돌려준다고 하드라. 자신은 돈을 바들 줄 알라는데 숙모님이 그절을 하고 돈을 만이 하여서 도로 좋다고 하니 정말 고마운 일이며 자신도 마음먹고 일은 하여주지만 그 마은 돈을 밭지 않고 잇쓰니 음청난 배래라고 생각을 한다. 자신도 일 비에서 작년부터 큰 덕을 본다고 생각을 한다. 그리고 숙모님 생전에는 밭도지을 안 밭게따고 이야기을 하고 잇쓰니 정말 고마운 일이라고 생각을 한다.

지출에 밭 잡초약 2,800원
참깨약 7,600원 차비 500원
計 10,900원

〈1991년 7월 21일 일요일 날씨 비〉

오늘은 바시내이밭 참깨약을 살포하고 사과밭에 약 살포을 하는 것으로 하로의 일과을 보내고 마라다. 오늘은 숙모님의 고마운 마음으로 대신정미소에 가서 통일벼 400㎏을 내다 주어쓰며 사과밭 약 철 극정을 하여서 곳바로 해결을 하여 준 셈이다.

요즘 엠비씨 카메라 고발에서 곰 썰개물 빼는데 곰 배 속으로 호수로 연결을 하여서 손님이 원하며 곰의 철띠을 자물쇠로 열어 채취을 하는 가정을 보니 기가 찬다. 돈이 만원 사람은 농장으로 어디로 할 것 업시 값은 고소하고 사람의 양심으로는 할 수 업는 일들도 서섬치 않고 마구자비로 하는 돈 마은 사람들 한심스렵키 짝이 업다. 사람의

평생이 길지 않는 인생을 갑어치 잇는 생활에 쓰지 못하고 사람의 눈살을 찌프린 일들을 골라서 하는 비인간들 한심스렵키 짝이 업다. 콤 슬게물을 먹는 사람이나 콤을 수입을 해서 콤 배 속에 호수를 주입해서 썰개물을 체치해서 파는 사람들 누구 할 수 업씨 국가의 좀들이라고 생각을 한다.
우리 돈 업는 농민들은 잠쉬 실 여가도 업시 일을 해도 자녀들 학교 등록금 극정을 해야 하며 하로에 두 벌식 땀으로 적시서 벗스야 하며 말이 땀으로 오전에 한 벌 오후에 한 벌식 벗스야 하는 육체적인 고통을 당하며 나의 집사람은 저녁으로 하로의 가계비 정리을 하는데 잠에 쫒이겨 한 자도 올캐 쓰지 못하고 노트만 아들 작난한 것처름 줄만 끌리고 글씨가 지렁이 갈떠시 질질 끌린 표만 잇고 가계부 정리을 다 하지 못하고 잠을 자는 날짜가 요즘 매일이라고 해도 그짓이 아니다. 우리 농민이 이래 생활로 새상을 살라가는 농민과 콤 썰계물만 먹는 사람. 이 사람들이 사장으로만 밝히는데 이 사람들은 정부가 밝키서 어떠개 돈을 벌어쓰며 고용인들을 어떠개 돼리고 잇나 좀 밝키주어쓰며 한다. 이 재력들이 잇는 사람들이 좋은 곳으로 손을 피지 못하고 잇는 일들이 가슴 아푼 일들이다.
지출에 고{기} 값 8,050원

〈1991년 7월 22일 월요일 날씨 맑음〉
오전에는 사과나무 보식한 곳에 잡초과 만아서 크라이목손 약을 살포을 하고 오후에는 후모사 따는 데 그들어주는 정도로 하로의 일과을 보낸 셈이다.
그리고 자신이 요즘은 시간 여유을 만이 가진다고 생각을 하는데 피료과 풀리지 않고 누적이 돼어 잇쓰며 마음적으로는 종일 동안 휴식을 하여 받쓰며 하는 심정이며 자신의 몸이 이처름 피료하여저 잇는지 감을 잡지 못할 정도로 피료가 잇다는 것은 사실이다.
"작년만 해도 이른 피료가 업따고 생각을 하는데 금년에는 일이 만아저서 그른지 그러치 않으며 나이가 만아저서 그른지 자신도 모르고 하로의 생활을 하고 잇다."
"오늘로서 작과일은 끝을 냇다. 우리 집사람 이재는 일 다 했쓰며 정밀 외먹으따고 생각을 한다. 마음적으로는 고맙고 장화고 곳 안아주고 십플 정도로 고맙다."

〈1991년 7월 23일 화요일 날씨 비〉
오늘은 비가 쇼다질 것 같은 낡씨을 보이드니 급만 주고는 큰 비는 오지 않으며 적은 비만 내리고 마랐다. 자신으로 바서는 큰 다행이다. 외냐하며 바시내 참깨 농사을 너무나 잘 짓어낫서 지나가는 사람마다 참깨 농사 잘 짓어따고 입을 다시고 잇쓰서 곱게 곱게 비을 내리달라는 기분으로 살아간다고 말을 하고 십다.
"오늘은 집사람 김매기 도우는 것으로 하로의 일과을 보내고 마랐다."

〈1991년 7월 24일 수요일 날씨 맑음〉
오전에는 무지파 김매기와 살충제 약 살포을 하는 것으로 오전 일과을 보내고 오후에는 보 뚝에 풀 재거하는 것으로 시간을 보내고 낡씨가 너무 더어서 일적 마치고 휴식을 하여쓰며 일부 사람들은 잡초약 크라이목손을 살포을 해서 일손을 들고 잇다. 아푸로는 일부 벼에 약해가 가는 한이 잇쓰도 약 살포을 하여야 사람이 수라리라고 생각을 한다. 이재는 돈이 들어가는 한이 잇쓰도 사람이 편한 쪽으로 가야한다.
"자신이 보 뚝에 잡초 제거을 오늘로서 셋 번째가 돼니 아푸로 벼 수학을 할 때까지 보 뚝 깍는 일은 두 번 이상은 하여야 됀다고 볼 때 소득 업는 일을 하고 잇는 것을 볼 때에 우리 농민들도 생각을 가지 바야 한다고 생각을 한다."

〈1991년 7월 25일 목요일 날씨 맑음〉
오늘은 포항 동서가 울 집배 온다고 해서 집안 정리하고 모내기 한다고 그때부터 그대로 살라 온 집이라 응망이라 거름짜리에 벼집 썩은 것과 쇠똥 다들 실어내는데 오전내 걸리쓰며 그것들을 다들 치우고 나니 집안이 헌하드라. 오늘 일은 할려고 마음은 가지고 잇쓰찌만 늙 미루고 잇는 일들인 돼 이번에 처어머님과 포항 동서 가족이 온다는 바람에 집안 청소는 잘 한 셈이다.
"오후에는 포항 동서와 처어님과 한 자리에 안저서 이야기로 오후 시간을 다 보내쓰며 집사람은 김천시장에 반찬 준비하로 같쓰며 오늘은 우리 식구들이 분주하게 보낸 하로가 돼어다."

〈1991년 7월 26일 금요일 날씨 맑음〉
"오늘은 동서 차로 오봉저수지에 낚시하로 동서 가족과 우리 가족 다 처어머님까지 오봉 저수지에 낚시하로 같쓰며 오늘따라 낡시가 더어서 그른지 낚시도 안대고 그늘이 재돼로 업쓰서 정심만 먹고 보따리을 싸들고 집우로 오고 마랐다. 오늘 일은 동서 차로 4번을 다니니라고 동서만 외을 먹이쓰며 아직까지 초보운전자라서 힘이 만이 들어쓸 뿐 아니라 울 집배 들어오면서 두 번이나 담벽에 글키는 운전을 하여쓰며 차가 조금 끌거쓰며 이 차가 세차가 아니라서 마음에 부담은 들 가지만 동서로 본다면 차을 처음 사서 자신의 집배 와서 차 기스을 내서 개니 왔따고 후해하는 생각은 안가질련지는 몰라도 마음은 상당 상하리라고 생각을 한다. 자신도 다들 만족하게 보내따고 하는데 한 가지 차 기스을 내서 마음에 글리는 하로가 덴 쌤이며 오늘 저녁을 일적 집배서 하고 저녁노월이 질무름에 처갓집 부로 떠났다."

〈1991년 7월 27일 토요일 날씨 맑음〉
오늘은 불빛드이[불볕더위]라고 생각을 한다. 오늘은 아무 일도 하지 않아도 이마에 구슬땀이 줄줄 흙르서 도저이 작업을 할 수 업는 낡이라고 표현을 하고 십꾸나.
"오늘은 보 뚝에 풀 깍는 작업을 조금하고 휴식을 한 셈이다. 육체적인 휴식을 하지만 마음의 휴식은 돼지 않는 낡이다. 외냐하면 낡씨가 너무나 좋아서 마음에 휴식은 못한 낡이다."

〈1991년 7월 28일 일요일 날씨 비〉
당산논 주위로 풀 깍는 작업을 하여쓰며 오늘 풀 깍는 작업을 일적 할 끈대 동생 친구 부인이 나의 가정 이야기는 아직 아무한태도 안했는데 아저씨한테 이야기을 한다면서 집안 이야기을 하는데 아들과 부모 사이가 납빠서 중간 입장에 힘이 만이 들게쓰며 그리고 옛 어른들은 집배서 부모을 모시는 자식을 사랑하고 모시는 자식이지 나가서 사는 자식을 드 사랑하고 드 생각을 하고 잇는 것을 보며 큰 모선이라고 생각을 하며 태성 입장도 지금 부모을 모시고 살지만 자식 대하기가 독사 마나는 것처름 여켜진다니 태성이도 부모와 살아바야 사이만 점점 나빠저고 태성이 소득은 갈수록 주르더니 부모와 가불을 짓어서 탈태을 해야 살 길이 나온다. 인간은 흐름에 따라서 살아야지 그리치 않고 미련을 두고 살며 후예하는 날이 만타고 생각을 한다.

"오늘 일은 동생 친구 부인 말 덧다 일적 맡칠 일을 12시가 돼두록 하여쓰며 그기다 비까지 마저면서 일을 하게 돼어다. 이것은 자신은 조금도 그 사람 때문에 나의 일이 지장이 돼어다 하는 생각은 업고 자신을 밑고 가정 이야기 하는 절먼 부인 잇따는 것이 드 고맙게 생각을 한다."

"오늘 이야기는 부모와 가불을 빨리 짓어서 행동을 취해야지 그리치 않으면 절멈 다 빼앗키고 나중에는 빈 몸이 돼니 가불을 짓을 때는 소리가 나지만 매댑을 짓고 나며 오희려 생활이 편하고 부모 입장도 자식에깨 세로운 대접을 바드면서 살아간다고 대답밖에 못했다. 인간이 돈이 잇쓰서 가정이 편하지는 않타는 것을 다시 한 번 너켜쓰며 태성이 과정도 주위에서 보기는 아주 편하게 살아간다고 보지만 실찌 속은 바삭바삭 마렬 정도라니 이것은 사람이 돈이 잇쓰도 편하지 않타는 정거을 보여주는구나."

〈1991년 7월 29일 월요일 날씨 비〉

오늘은 중앙기상대에서 태풍 옛급 케티오[32]가 우리 지방으로 지나간다고 낡리을 직이서 내 나람돼로 재방으로 보수한 곳을 뛰어가 보앗쓰며 내 나람돼로 보 감독 한다고 마음이 바픈 하로라고 말을 하고 십다. 오늘은 태풍 캐티오가 다행이 제주도만 거치고 육지는 들어쓰지 않코 동해안으로 비키가서 우리 지방은 가랑비 오는 정도 끝이나버렷다. 이것은 우리 지방 뿐 아니라 우리나라가 행운이라고 말을 하고 십다. 오늘은 국민이 불안만 가지고 하로를 보내따고 본다.

오늘 오전에는 보 도랑 수초작업을 하여쓰며 오늘은 보꾼들이 태풍 온다고 사과 농사 짓는 사람들은 사과 따로 간다고 사람이 아주 적은 수짜라고 본다. 태풍 온다고 사과을 딴 사람들은 기상대 말 덧고 큰 피해을 받다. 이것이 전국으로 본다면 음청난 소내라고 말을 하고 십다.

오늘 보꾼은 25명 출력함.

〈1991년 7월 30일 화요일 날씨 비〉

오전에는 조합에 배추거름 용 복합비료 3포 사오는 것으로 오전 일과을 보내고 오후에는 집사람과 들깨밭 김매기을 하는데 낡씨 넘어 드어서 김매기에 너무 힘들어쓰며 오늘 김매기 하는 때기밭은 자신이 처음 장만한 때기밭이며 집사람이 이 때기밭은 갈새[괄시]을 하면 안댄다는 말외 자신의 머리에 아찔하는 마음이 스쳐지는구나. 자신이 처음 시관을 나와서 고추 갈라 먹을 때가 업쓰서 진풀산을 그것도 30평도 못대는 것을 개관을 해서 갈라 먹은 것을 생각을 하니 마음이 아찔하며 자신이 어떠게 살아앗나 하는 생각이 들곤 하며 그때는 안 죽어서 살아따고 할까. 이재 와서는 그 고충은 다 버리고 이재 와서 살기 돼니까 이 밭을 기찬타고 버릴까 하는 생각이 인돼 집사

32) 1991년 7월 발생한 태풍 케이틀린이다.

람 때문에 오늘낢까지 기찬은 것을 무렵쓰고 사실 부치 먹고 잇다.

오늘 집사람과 김매기을 하면서 아빠 이 밭을 갈새하며 안댄다고 하는 말래 자신의 가슴에 찡하는 감을 너껴쓰며 자신도 이 밭을 부치기는 힘이 들어도 버리지 않을 끗이며 이 밭으로 하여 살개 돼어따는 생각으로 버리지 않을 끄시다.

지출에 … 비료값 3포 13,050원 라면
4,800원 보험료 10,900원
주민세 값 880원
計 29,630원

〈1991년 7월 31일 수요일 날씨 비〉

지도소에서 농기계 수리반이 와서 농기계 수리을 하여 주는데 자신도 경운기을 가지고 가서 수리을 하는데 양쪽에 축을 다 갈고 배아링까지 다들 갈라쓰며 오늘 수리반이 와서 부품 값만 바다서 그르치 경운기 수리점에 수리을 하여떠라면 100,000원 이상 들으갈 꺼으로 내다보고 잇다. 오늘 경운기 수리는 자신이 제일 오수리로 하여쓰며 돈이 만이 들으가도 마음이 깨운하게 곤칫따고 생각을 한다. 그리고 오후에는 낚시 사료 가서 낚시대 2대을 사와서 오후 5시가 돼어는데 운이와 둘리 낚시을 가지고 관정에 낚시을 나보니 아직 초보라서 그른지 고기는 낙꾸지 못하고 저녁 무름에 1바리을 잡아쓰며 운이는 한 바리도 잡지 못하고 마라쓰며 형님이 낚시로 잡은 것을 주어서 우리 바구니는 엄치 고기가 돼며 한 번은 먹을 수 잇는 고기가 돼며 형님은 고기도 자시지도 않으면서도 낚시라 하며 남외깨 뒤저지 않는 것을 보며 이상할 정도다. "자신은 아직은 낚시에 취미을 가질라면 만은 시간이 가리라고 생각을 한다. 외냐하며 고기가 물지 않으니 답답함을 참지 못하게 드라. 이것을 볼 때 낚시 취미에는 힘이 들끄수로 본다."

지출 … 경운기 수리비와 오일 1통
기와오일 2통과 60,000원

〈1991년 8월 1일 목요일 날씨 비〉

오전에는 두룸에 풀 깍는 작업을 4번째로 두 단지 하여쓰며 1년에 두룸에 풀 깍는 작업을 6회 이상은 할 것 같꾸나.

오후에는 고추 지주가 시원찬아서 고추 가지가 찌저저는 것이 만아서 말목을 준비을 하여서 골마다 지주을 밖아서 줄로 찌저는 것을 방지하두록 매어 두어쓰며 이재는 바람이 부르도 쓰려저는 것도 방지가 될 것 같꾸나.

"올해는 장마비가 너무나 지루한 낢짜을 보내고 잇는 것이 인간의 짜증만 주고 잇따고 말을 하고 십다."

〈1991년 8월 2일 금요일 날씨 비〉

오늘은 아침부터 보슬비가 내리고 잇쓰니 낚시꾼들이 부척끄리기 시작을 하며 오늘 뿐 아니라 낚시하는 사람들 비만 와따 하며 집배서 가만이 쉬지을 못한다. 오늘은 봉고차로 선산 대영못에 가자고 하여서 자신은 우선 고기보다 구경이나 하여 보자는 욕심으로 따라갇든이 정말 못도 크며 오봉저수지보다 드 큰 것 같드라. 어돼 업시 낚시꾼들이 몰려들며 자가용차들이 줄을 지어 잇고 낚시하는 사람도 나이들 한족으로 치중이 돼어잇찌 않코 절먼 사람 중년 사람 나이 만은 사람 다들 골고로며 옛날에는 노인들이 주로 낚시을 하여는데 이재는 절먼 사람이 만이 늙어낮쓰며 그리고 우리 마을도 절먼 사람은 다들 낚시대가 두 대 이상은 다들 가지고 잇따고 생각을 하며 우리 형님을 해서 9명이 봉고차로 선산 대영못에 낚시을 갇쓰며 자신도 오늘은 20바리는 잡았다. 그리고 9명위 잡은 고기을 잡은 것을 다 모드니 상당이 만트라.

그리고 우리 국민이들이 노는 것을 넘어나 좋아한다. 아직은 우리 국민이 성실이 살라야 하는데 그르치 않고 다들 낭비을 수준 이상 쓰고 잇쓰니 정말 극정됀다. 인간이 성실치 못하며 후세들에깨 좋은 점은 바라지 못하리라. 인간은 분수을 안다면 낭비의 길은 멀어저는데 한국 사람들은 자기 분수을 모르고 살라가는 것이 가슴 아푼 일들이다.

지출에 … 형님과 둘리가 9,000원

〈1991년 8월 3일 토요일 날씨 맑음〉

오늘은 동민 전은[정원]이 도로 주변과 재방, 동네 주위로 잡초 제거을 하는 부역을 하여쓰며 오후에는 넉둘레 살충제을 3회째로 살포을 하여쓰며 이재는 앞푸로 1회만 더하면 금년 농사을 짓찌 않을까 하는 생각이 들어간다.

그리고 우선 보기에는 다들 가한 농사가 돼어 잇쓰서 오늘 약 살포을 하여보니 금년 벼가 넘치지나 않을까 하는 생각에 머리에서 살아저지 않꾸나.

이번에 선산 방면으로 낚시 하로 같든이 선산 벼논에 벼들을 보니 저래 농사을 짓어도 수학이 나는지 의심스러어며 벼들이 모 때만 재발 벗쓰따고 생각을 하며 그래 짓어도 벼 수학이 됀다면 우리 지역에 잇는 사람들이 욕심을 좀 버리서 짓어야 한다고 생각을 한다.

〈1991년 8월 4일 일요일 날씨 비〉

기상대는 장마는 긴 1달로 끝이 낱따고 예보을 하여는데 외보는 아랑곳 업시 비는 계속 비는 오며 비오는 량도 종일 내리는데 너무나 만은 비라고 생각을 한다.

오늘은 숙모님 생신을 오늘로 당기서 생신을 하여쓰며 올해 생신은 자식들, (딸), (사오)까지 다들 참석을 한 생신을 마지하여다.

오늘은 해장부터 벼논에 살충제을 할려고 개핵을 세운 것이 해장부터 비가 내리는 바람에 아무 것도 하지 못하고 휴식으로 종일을 보내는 것으로 하로 일과라고 말을 하고 십다.

지출에 … 숙모님 생신에 10,000원

〈1991년 8월 5일 월요일 날씨 비〉

금일은 칠촌 조카사오가 43세 나이로 별세을 하여서 집안 몣치가 상문을 같든이 절먼 나이로 가는 모섭과 상주들 외타게 우는 모섭을 보니 눈물이 나올라는 것을 억찌로 참아쓰며 사람이 죽엄을 만돼로 못하지만 그래도 요즘 70세는 살아주야 가족의 피해을 주리줄 수가 잇따고 보며 43세 나이로 죽어간다면 남은 가족은 살라간다고는 하지만 그 가정의 고충은 그 아무도 모른다. 오늘 일의 가정을 본다면 비는 쇼다저지 절먼 나이로 가는 외도[애도]의 슬픔 합창돼 뒤{범}벅이 돼어 잇는 가정. 가슴 아픈 일들이며 아무 가정이라도 저른 꼴이 업쓰야 한다.

"인간이 살다보며 돈이 앞세우고 잇는데 돈보다 건강이 제일이다. 건강 업씨는 밝은 우섬이 업다."

지출에 … 정국이 남편 상문에
… 20,000원

〈1991년 8월 6일 화요일 날씨 맑음〉

오전에는 김장배추 갈 때에 밑거름을 반 포 이상 하여 경운기로 안전이 갈라 두어쓰며 올해도 나물도 기하고 해서 남보다 일적 갈 예정이다.

"오후에는 벼논에 살충제을 살포하는데 약을 4가지 혼합을 하여 살포을 하여쓰며 한 번 쳤는데 약값도 상당이 만이 들어간다고 본다. 오늘 약은 (문고병 약) (도열병 약) (살충제) (멸구약). 이려다가는 약이 넘어 만아서 벼들이 자물시는[33] 것이 아닌가 하는 생각도 들어가며 약이 회사에서 한 가지 약을 살포을 하며 여러 가지 병을 방제할 수 잊는 약을 만들어내지 뫃하는가 하는 아쉬운 마음이 든다."

지출에 … 멸구 약 500cc짜리 10병
19,000원 치약 500원
計 19,500원

〈1991년 8월 7일 수요일 날씨 맑음〉

오전에는 웃들과 당산논에 약 살포을 마지막으로 멸구 약과 도열병 약 상충제 문고병 약 살충제 4가지을 혼합을 하여 오전으로 살포을 끝을 냇다.

그리고 올해는 한 단지에 웃거름 요소 2포을 하여는데 벼들이 전반적으로 다들 좋으며 벼 쓰러질까 극정이 잔득 돼는구나. 자신도 좋은 곳이 3군돼는 돼는데 비바람이 분다면 쓰려저지 않을까 하는 극정이 앞쓰고 잇다. 그리고 오후에는 외성보에서 영남이깨 빼앗긴 땅 봇밭에 공장 짓는다고 봇방천을 도로 만든다고 재방 문재로 추진위원들과 사장 오라해서 토위한다고 오후을 보내고 마랏다. 자신은 사장을 어갑을 주기 위해서 주민들 말 한마디 업씨 당신 땅이라고 만돼로 길 따듬고 하는데 그르며 당신들 땅 밑투론 재방이 우리 재방이니 차단을 하겟따고 하니 별명을 하드라. 장비가 아 잊쓰서[와 있어서] 미차 이야기을 못하여 재송하다고 사과을 한다고 이야기을 하는데 여하뜬 영남이 하나 때문에 1, 2, 3동이 피해는 오리라고 생각을 하며 앞푸로 자기들은 주민 피해을 절때 주지 않는다고 사정을 하지만 피해는 꼭 오리라고 생각을 한다.

"영남 땅이 수십 사람의 손을 거쳐는데 주민과 시가리가 저 잊따는 것을 알고 손을 못돼고 다들 남의 손으로만 넌구고 마랐는{데} 이번 사람은 시도을 가감하게 더는 것을 보니 뒤 배경이 던던한 사람이 잊는가바."

〈1991년 8월 8일 목요일 날씨 맑음〉

오전에는 임숙내 체소밭을 갈라주는 것으로 오전 일과가을 보내고 집사람 세집배 과일 따주로 가서 자신이 작과밭을 가보니 과일을 반 정도 따쓰며 자신도 그들어서 18짝을 만들으 끝을 내고 오존으로 끝을 냇다.

오후에는 봇밭에 공장 짓는다고 쌍구름 물을 내까 재방 쪽으로 돌리는데 직각으로 수로을 돌려나서 우리 추진위원들이 강력하게 저지을 하여 원상복키을 시키찌만 이 일로 은성을 만이 높이고는 하여쓰며 자신이 책임자 하나로서 은성을 높이쓰며 그리고 자신은 오늘 현장 그대로 두어서 내일 군 지도자을 현장답사 시키서 은상복구을 하두록 폭크래이을 중단을 자신이 강력하게

33) '자물시다'는 '까무러지다'의 경상도 방언이다.

저지을 하여는데 나의 뜻돼로 못해서 마음에 사실 걸리는 점이 잇다.
오늘 일은 현장에 나와서 저지을 하여서 한가지 모면을 하였따고 생각을 하는 바이다.

〈1991년 8월 9일 금요일 날씨 비〉
기상청에서 장마가 다 갇다는데 쓸때업는 비가 종일 내리고 잇쓰며 그래도 시원찬은지 하늘에는 먹구름이 이동이 업고 폭우라도 쇼다질 뗏 하고 잇는 낡씨며 이재는 인간이 비 오는데 안전이 질린 상태며 정말 넘어나 긴긴 장마비라고 말을 하고 십다.
"금년에는 풍년을 바랄 수 업는 너킴이 들으간다. 외냐하며 긴 장마을 쵳면서도 큰 비는 오지 않코 해가 나오지 못하고 구전 낡씨로 40, 50日이 돼니 들판에 벼들은 웃자라서 농민들 이마에 주름을 주지 않을까 하는 불안감이 들어간다."
지출에 달 폐계 (아이들 줄라고) 4바리에 5,000원

〈1991년 8월 10일 토요일 날씨 비〉
오늘도 비가 만은 량은 아니지만 끈질개 비가 내리는 바람에 종일 동안 휴식을 하고 마랐다.
집사람은 큰집배 작과일 개루시 딴다고 그들으주로 가서 마음적으로는 안대더라. 우리 일 죽두록 하고 남의 일로 조금 쉬지도 안고 비가 오는데 일을 하로 같쓰니 건강이 감당을 할 수가 업따고 생각을 하니 마음이 안스러으며 우리보다 다들 수라니 앞푸론 일 갈려면 자신에깨 허락을 밭고 가라고 이야기을 하였쓰며 사실 자신에 일하는 것도 마음이 안스러 마음의 힘이 드는데 남의 일다 하고는 건강을 유지할 수가 업따고 본다. 그리고 매마른 집사람 일하는 것이 자신이 일하는 것보다 마음의 고충을 준다고 생각을 한다.34)

〈1991년 8월 11일 일요일 날씨 맑음〉
금일은 봇밭 한 곳은 오늘로서 배추, 무우씨을 파종을 하여쓰며 자신이 제일 먼저 배추 파종을 하여다. 매년 배추 파종을 맡차서 할려고 하며 땅이 메말라서 배추 씨가 고로 쓰지을 안더라. 그래서 남 먼저 배추 무우을 갈고 마랐다.

〈1991년 8월 12일 월요일 날씨 맑음〉
금일은 철로 굴에 물이 빠지 않아서 도량쵳는 작업을 하고 봇밭에 공장 짓는 일로 재방을 길 딱는다고 자신 보기에 2자 정도는 낮추어따고 생각을 한다. 그 재방 일로 군 직원과 면 직원이 현지답사 한다고 나와서 재방을 돌아보고는 한단은 말이 이것이 개인 소유라는 말을 해서 불캐하기 짝이 업드라. 개인 소유라고 700백 도락이란 들판을 피해을 주어도 됀다는 말인가. 그 말을 덧고 머리에 쓰쳐가는 느킴은 너이들 사장에깨 을마나 어더먹으서 그따이 소리을 하는가. 그 만은 동민은 좋은 소리을 들을라고 더위을 무렵쓰고 현장에 나와는데 그따이 소리는 대책이 업따는 소리가 아닌가 하는 생각에 아주 불캐하드라.
그리고 이번 일이 군에서는 해결이 어렵깨 따는 생각이 들며 만약 이 일이 잘 안돼며 군중 힘을 이려키서 군에 전 동민이 찾저가

34) 일기 지면 상단에 '8月 10日 순달이 백만 원 차용함.'이라고 기록되어있다.

서 말성을 만들어 볼 작정이다.
"이 일이 세 살 먹은 아들이 생각을 해도 개인 소유가 땔 수가 업쓸 뿐 아니라 들판을 보호하는 재방이 개인 소유가 땔 수가 업쓰며 재방 승토는 어른들의 등짐으로 성토을 다 했다고 하는 재방이 법정으로 하여 개인께 빼앗긴 것만도 동민이 이가 갈린다고 하는데 또 재방에도 길 만든다고 들판에 피해을 줄라고 더니 이것은 주민의 생명을 걸어스도 막아야 한다고 생각을 한다."
"그리고 자신은 보 관간 하면서 비가 고로 왔주어서 수라게 지나간다고 생각을 한 것이 이번 일로 고충을 당하고 잇다."
지출에 … 전화요금 3,870원

〈1991년 8월 13일 화요일 날씨 맑음〉

금일은 바시내이 숙모님 사과밭에 약 살포을 하여주어쓰며 오후에는 작과나무에 살충재을 살포을 하여쓰며 금년에 작과일 돈을 만이 하여서 작과나무에 약 살포을 하였다. 당산에 작과나무도 살충재을 한 번 때릴 작정이다.
그리고 자신은 배추 씨을 일적 가란 것이 큰 잘못이라고 생각을 한다. 외냐하며 삼일 동안 너무나 맑은 낡씨에다 따가운 빛살 때문에 배추 무우 씨가 띠서 시갑씨만 버리는 것이 아닌가 하고 극정이 앞쓰는구나.

〈1991년 8월 14일 수요일 날씨 맑음〉

오전에는 대희내 마당에 센맨 한다고 그들어주어쓰며 대신 경용이에깨 띠어내어 주어는데 자신은 업자 일을 도와준 셈이 돼며 앞푸론 마당에 세멘을 할려면 업자을 띠어내어 주야 할 정도로 인심이 야박하여젖따고 생각을 할 때에 인간의 본심은 살라간다는 것이 절시리 너켜진다. 농촌에 큰일은 위읏 사람이 다들 하여쓰며 주인은 밥만 해내면 무선 일이든지 다 돼어는데 이재는 돈이 들어가야 일이 돼니 인간의 본심은 살아가는 것이 아쉽다.

〈1991년 8월 15일 목요일 날씨 맑음〉

오늘은 우리 동민이 다들 야외 같따고 해도 무리돼는 말은 아니다. 남안 이[나이 많은 이]니 나마 니는 이재 을마 놀지 몾한다면서 관광 아니며 주위에 술잔을 나눌 수 잇는 자리을 물색만 한다 해도 무리돼는 말은 아니며 오늘은 다들 놀로 가고 우리 또래 매치는 동내 남아 잇찌 그 위에는 다들 놀로 가고 동내는 빈 동네만 돼고 마랐다.
"자신이 생각을 할 때 우리 정부가 귀가 찬다. 외냐하며 나만 이는 인생이 을마 남지 않아따면서 노는 데 낭비만 하고 절먼 사람은 절머서 관광하며 놀자리만 찾고 잇쓰니 우리 국민 중에 어뜬 개충[계층]이 절약해야 하는지 생각조차도 할 수 업쓰며 이르다가는 보리고개의 고충을 넘가할[능가할] 고충이 올까 극정이 돼는구나."
"우리나라의 국민성의 기질을 바꾸지 않코는 선진국에 갈 수가 업따고 본다."

〈1991년 8월 16일 금요일 날씨 맑음〉

가을 채소 갈란 것이 요줌 보닥빛으로 인하여 씨가 고로 쓰지 않는구나. 남들은 요줌 갈고 잇는데 자신보다 씨 쓰는 데 좋을란지 몰라도 마음적으로 일적 가란 것이 좋지 않을까 하는 생각은 가진다.
오늘은 배추밭을 한 밖기 돌아 보앗든이 남들은 부부간에 놀로 다니는 것 같다고 하드라. 자신은 벌스 배추, 무을 다 갈고 남들은 봇밭이 하야게 배추 간다고 사람들이 장사진을 치더라. 그중 우리 부부는 여유잇는 시간을 가지고 배추밭을 도라 보는 정도가 돼니 놀로 온 사람 모양 보이는가바. 남들은 만은 농사을 하면서 시간 여유가 잇따고 하지만 자신은 금년에는 정신업는 시간을 보내고 잇따고 생각을 한다. 올해는 집사람도 따라서 빠뿐 시간을 보내고 잇다.
"배추, 무우 씨가 보닥빛에도 불구하고 씨가 잘 쓰따고 생각을 하며 보닥 빛에 말라 죽찌 안느며 씨는 충분하다고 생각한다."

〈1991년 8월 17일 토요일 날씨 맑음〉
요줌은 별로 하는 일 업시 시간을 보내고 잇다. 오늘은 집사람과 도래밭 김매기 하는 것으로 하로의 일과을 보내따고 생각을 하며 자신이 하로을 돌아볼 때에 마음에 찬 일과가 돼지 않는다고 생각을 가지면서도 넘어나 보닥빛이라 실천에 온기지 못하고 자꾸만 미루는 습성이 잇다.
"요줌은 별로 하는 일이 업시 하로의 일과을 보내고 잇다."

〈1991년 8월 18일 일요일 날씨 맑음〉
우리 마을에 가로등 8개을 정부에서 세어주어 마을길들이 대낮같이 밝은 길을 걸어갈 때에 마음도 편하구나. 나라에서 농민을 생각을 하여주는 것이 처음이 아닌가 하는 마음도 들어가는구나. 정부에서 가로등은 벌스부터 하여야 할 일을 이재 와서 선심을 쓰는 것처름 달라주곤 하는데 주민은 따뜻한 감을 가지는 사람이 들 하다고 생각을 한다.
"오늘은 벼집 썩은 것을 경운기로 셋 바리 내는 것과 두룸에 풀 깍는 작업으로 하로일과을 보냇다."
"우리 마을 사람들의 나들이을 생각을 할 때에 중년 여자들은 1년에 평균 3회 이상 하고 (사십대) (70대) 이른 사람들도 3회 이상 관광을 절기며 그 나머지 우리 또래는 1년에 한 번 정도 하는 편이 돼다고 본다. 이것을 볼 때에 우리 국민은 흥청거리는 것을 좋아하는 것은 사실이다. 우리나라가 부강을 할려면 절먼 사람이 건전해야 부강을 바라는데 절먼 사람들이 건전하지 못하고 흥청거리는 것을 좋아하니 부강을 바랄 수가 업따고 보니 가슴 아푼 일들이다."

〈1991년 8월 19일 월요일 날씨 맑음〉
오전에는 물 막아 넌는 작업을 하여쓰며 요줌은 사람들이 시키는 것을 실어할 뿐 아니라 공동일은 일을 안 알라고 들며 갈수록 협동이 돼지 않코 개인주위자가 돼며 이것을 시대가 그르꾸나 하고 따라야지 그르치 않코 내 주장을 세어서 따라오두록 할려고 하며 잡음이 만아저 좋은대로 따라가는 것이 제일 편하다.
오후에는 체소밭을 한 밖기 돌아보니 씨가 그대로 썬는데 새들이 마집을 시키논 것을 보니 열불 나는데 그중에 빼어먹은 곳이 만아서 배추는 3분 1은 머드리야 할 정도며 앞푸로도 피해가 드 될 것 같꾸나. 그래도 자신은 남 먼저 갈라서 씨가 그른돼로 잘 썻따고 생각을 한다. 남들은 보닥빛에 배추씨가 쓰지 않아서 배추 씨을 다시 갈아야 한다는 사람이 만드라. 올해는 배추, 무우 씨 체집을 적개해서 배추 면적이 줄어든다는 소리가 티부이가 말을 하고 잇는데 낡씨 땃수로[탓으로] 씨값씨가 더욱 더 모자라 올 배추 값은 좋을 껏으로 내다보고 잇다.

"낡씨 더어서 일을 못한 적도 금년이 처음인가 하고 생각이 돼는구나. 우리나라도 이재는 4개절이 업고 개절마다 표가 업시 시간이 다들 넘어가는 말이 만타."

〈1991년 8월 20일 화요일 날씨 맑음〉

오늘은 참깨 수학을 하는데 우선 병드려서 익은 것만 수학을 하여쓰며 남들은 참깨 농사 잘 짓어따고 해도 오늘 시원찬은 것을 수학을 하여보니 참깨 농사가 잘 댄 것이 아니드라.

그리고 우리 마을 중년부인들이 홍도을 2박 3일 동 관광을 35명이나 갈쓰니 마을에는 떵빈 감이 들어가며 분수에 맡는 사람도 한두 사람은 잇따고 하지만 그 나머지는 분수에 넘치면서 행동을 같이 하고 잇는 것을 볼 때에 문재가 따린다고 생각을 한다.

〈1991년 8월 21일 수요일 날씨 맑음〉

오전에는 세집배 참깨 수학을 안전이 하여 주었다. 해장부터 서들어서 수학을 하니 보닥빛 전에 다 할 수 잇쓰서며 오늘은 낡씨가 더 불빛 드위을 주고 잇쓰며 금년 배추씨는 정상으로 낯따고 하여도 불빛 드이 때문에 다들 말라서 안댈 너킴이 더는구나.

"요줌 밭 곡석은 바작 가뭄이 심하다고 생각을 하며 요줌 비가 와야 하는데 하면서 기상대 예보만 귀을 기우린다. 사람 마음 같다서는 비가 안 번 와야 하는데 하는 생각밖에 업다."

〈1991년 8월 22일 목요일 날씨 비〉

이번 비가 채소 바서는 잘 오지만 벼 바서는 이번 비가 큰 피해가 돼리라고 생각을 한다. 외냐하며 섬진벼는 한참 출수을 하고 잇는데 태풍 컬레식[35]이 발달하여 간접적으로 비가 오고 잇다. 이 비야말로 조금 오고 마라야 하는데 만은 비가 온다면 큰 피해가 돼리라고 생각을 하며 만약 태풍 피해을 집적 피해을 본다면 풍년 걸림돌이 돼리라고 생각을 한다.

"종일 동안 비로 인하여 휴식을 하여쓰며 이번 달은 어정 달이라고 생각을 가저본다."

〈1991년 8월 23일 금요일 날씨 비〉

태풍 글래드시가 결국 벼논에 물바다을 말들고 마라니 풍년을 코앞에 두고 숭년을 만들고 마라쓰니 허전한 마음을 달래 길 업내. 허전한 마음을 누가 알라주겟나. 이것도 년에 멧 번식을 띠고 일어쓰는 농민의 가슴을 정부에서도 누루고 잇는 것은 가슴 아푼 일이다.

"종일 비가 쇼다저는 낡이라고 말을 하고 십프며 태풍은 서해안으로 가는데 외 우리 지역에 비 피해을 만이 주고 잇는지 모르개꾸나."

〈1991년 8월 24일 토요일 날씨 비〉

벼논에 비가 출수을 하여서 벼 이삭만 물위로 나왔쓸 {뿐} 그 나머지는 다들 침수가 돼어 잇쓰며 금년같이 침수가 만이 댄 적도 아주 더문 해라고 말을 하고 십다. 자신 웃들래 한 자리가 출수도 하지 않는 자리가 안전 침수가 돼어서 금년에 농사을 만이 한 것과 제일 바픈 시간을 보낸 대까도 업시 다들 헛수고 한 것이고 생각을 할 때 허전

35) 1991년 8월에 발생한 태풍 글래디스로 당시 호남 내륙지방과 영남 지역에 폭우를 쏟아 부었다.

한 마음을 채울 길이 업꾸나.
"집사람과 둘리서 벼 쓰려진 것을 이려키 세우는데 자신의 마음을 원망을 하여다. 외냐 봉답논에는 해마다 쓰려저서 고충을 당하면서 매번 시정을 못하고 거름을 만이 하여서 일끄리을 만들곤 하는구나. 오늘 자신의 마음을 쓰라리두록 꾸중을 한 셈이며 집사람 보기에도 미안해서 고개을 재돼로 들 수 업두록 마음 상쳐을 주는 너킴을 바닷다."
"오늘은 실속은 업쓰면서도 하로 일과을 바푸게 보냇다. 오늘은 쌍구름 수문을 냇물이 역류하는 것을 막아야지 물이 나가두록 널어야지 마음과 몸과 다 바푼 일가여따고 본다."
"그리고 우리 지역은 재방이 분개됀[붕괴된] 곳이 업쓰서 천만다행이다. 이번 물로 냇뚝이 분개돼어서 재 넘어는 온통 물바다을 만들어따니 우리 마을에는 이만한 것이 천만다행이라고 생각을 한다."
"오늘 벼 포기을 집사람과 둘리 세우면서 남편이 발로 차고 십두록 밉찌 하고 무르니 나는 남편이 밉고 그르치는 안타고 이야기을 하여서 매년 쓰려지게 하며 매년 집사람을 외을 먹이는데도 밉찌 않타고 하는 것은 그짓말꽉따고 하니 아니라면서 자신은 남편이 밉고 그르치는 안타고 하는 집사람 말을 그짓이라고는 생각지 않는다. 오늘날까지 살면서 나는 별 소리을 다해도 실은 기색 업쓰며 어쩌며 십집올 때 장 그 마음이며 자신으로는 생각을 할 때 집사람같은 사람이 양반이라고 말을 하고 십다."
"자신은 쌍놈과 양반과 살라간다고 말을 하고 십꾸나."

〈1991년 8월 25일 일요일 날씨 맑음〉

기상대에서는 드위는 한풀 꺽킨다드니 오늘은 불빛 더위 드이며 오늘은 채소밭 김매기을 하면서도 시간은 오후 5시 이후에도 불빛 드이라 휴식을 하면서 김매기에 끝을 내고 마랐다.
"오늘은 김매기 하는데 더어서 참는데 힘이 들어쓰며 오늘은 큰 고충으로 하로의 일과을 보내고 마랐다."
"물바다을 이룬 것도 오늘은 언재 침수을 하였나 하는 식으로 침수됀 도로가 보승보승하게 매말라 잇는 모섭 신기하구나."

〈1991년 8월 26일 월요일 날씨 맑음〉

금일은 들판을 한 밖기 돌아 보앗쓰며 우선 보기에 침수 댄 {곳}도 별 표가 업쓰 보이드라. 웃뜰래 굼논은 악치[36]들은 하로 동안 물래 잠겨 잇쓰는데 우선 보기에는 별 표가 업쓰 보이드라.
오후헤는 이왕기 계산하는데 자신이 농사을 만이 짓어서 돈이 제일 만트라. 마지기당 5,000원 평균선을 15마지기 잡고 그 이후 농사짓는 것은 마지기당 5,000원 풀어서 자신이 낸 금액이 120,000원, 달희 85,000, 영권 65,000원 부담을 하고 마랏다.
그리고 이왕기 수리비가 45,000원.
"그리고 우리 운이가 저의 엄마에깨 생각하는 것과 저의 누나에깨 엄마을 도와주라는 말을 자주 하는 것을 보니 이재 철이 더는

36) 좋은 것을 고르고 남은 찌꺼기, 또는 부스러기를 뜻하는 말로 제대로 자리지 못한 벼들을 지칭하는 것으로 보인다.

너킴이 들드라."
지출에 휘발유 값 4,400원 (1말)
이왕기 값 120,000원
計 124,400원

〈1991년 8월 27일 화요일 날씨 맑음〉

오늘은 참깨 수학을 하여쓰며 참깨 농사가 제일 잘 짓어쓰며 맡물로 떨른 참깨가 1말은 좋다고 생각을 하며 자신은 모든 곡식은 다 사랑스러운 감은 잇쓰나 참깨와 고추는 정말 사랑스러으며 마음의 감탄을 가질 수 잇는 곡석이라고 말을 하고 십다.

〈1991년 8월 28일 화요일 날씨 맑음〉

배추밭과 무지파밭이 침수가 돼어서 배추는 다시 씨뿌림을 다시 하였다. 그리고 무지파는 우선 보기에는 피해가 업는 것같이 보이는데 나중에 피해가 잇쓸련지 알 수가 업꾸나.

"앞푸론 낡씨만 잘한다면 금년 농사는 대풍작을 할 수가 잇따고 보고 잇는데 풍작을 눈앞에 두고 마음이 두렵키만 하구나."

〈1991년 8월 29일 수요일 날씨 비〉

기상대서 이름 업는 태풍이 올라온다고 해서 극정을 하여떠니 태풍으로 발달을 뫃하고 열대저기압으로 변해서 매우 약간 저기압이라서 우리 지역은 비 피해을 주지 않고 조용히 끝이 나는구나. 12호 태풍의 상쳐도 아물지 않은 상태에서 태풍이 온다고 해서 큰 피을 주는 것이 아니냐 하고 극정을 만이 하여는데 우리 지역은 적은 비로 지나갈지만 12호 태풍으로 큰 피을 준 곳에 만은 비로 피해을 준 것을 보니 당하고 잇는 사람의 심정들은 가슴 아푼 일들이다. 당하고 잇는 사람들은 저지대 사람, 이곳도 돈이 업는 사람이 저지대에 살고 잇키 때문에 그 피해는 말을 할 수 업쓸 뿐 아니라 마음의 피해가 더 크다고 생각을 한다. 업는 사람들은 늙 당하고 살아가는 것이 인간이라면 인간의 존재가 제일 나푼 것이 아닌가 하는 생각도 더는구나.

"오늘로서 참깨 뿌리을 안전이 뽑아쓰며 그 후작으로는 맡당한 씨값씨가 없쓰서 엇까리[얼갈이] 배추 씨을 갈 작정인데 마전이라 씨값만 버리는 것이 아닐까 하고 선덕 마음이 내키지 않는구나."

"매년 수해 저는 해는 체소값이 업쓰며 그저 버리는 해라고 생각을 하며 좋을 끄라고 생각을 하면서도 인간의 기대 때문에 갈개 돼는 것이 인간의 본능이라고 하고 십꾸나."

〈1991년 8월 30일 목요일 날씨 맑음〉

금일은 우리 송아지 가격이 월마나 대나 알라볼려고 김천 우시장에을 같든이 전에 우시장은 폐장을 하고 우시장을 지례 쪽으로 온긴지가 한 달이 돼어따고 해서 온긴 우시장에 가기 위해서 택시을 타트니 2,000원 달라고 하드라. 시장을 같든이 잘 했나드라. 위치도 선정을 잘해서 돼지[대지]값도 을마 드리지 않코 큰 부지을 학보하여따고 본다.

자신이 송아지 장을 볼 때는 파장이 돼고 잇쓰며 자신은 송아지 장을 온긴 줄도 모르고 우시장을 가서 이미 송아지 장은 파장이 됀 상태라서 아쉬운 감이 들드라. 자신이 볼 때는 우리 송아지 170만 원 받들 수가 잇따고 본다.

오후에는 참개 후작에 어까리 배추을 갈라

는데 집사람과 둘리 수고비나 나올란지 의심스렵꾸나. 자신이 씨을 뿌리면서도 반 마음으로 하여찌만 채소로는 마전에는 안댄다고 보는데 씨 값, 비료 값은 차저야 하는데 하고 아쉬운 마음만 감도는구나.

지출에 … 차비 670원 송아지 꼽비[고삐] 500원 택시비 값 2,000원
計 3,120원

〈1991년 8월 31일 토요일 날씨 맑음〉

큰집배 가닥 달라내는 데 일을 오전 내 하고 아직은 망우리 작업은 세멘이 굳지 않아서 안전 작업은 하여주지 못하여쓰며 다음에 한 나잘 일을 해야 망우리 작업 돼지 십푸다.

"오후에는 넉둘 재방 문재로 토위을 하는데 집단으로 군수실에 가기로 합이 보고 언재 간다는 것은 결정을 하지 않코 해여저고 마라는데 재방 문재가 법정에까지 가지 않을까 하는 생각이 들어간다. 자신은 재발 올해만 넘어같쓰며 하는 바람이다. 이 문재가 쉽게 해결이 돼지 않을 껏 같다서 큰 문재라고 생각을 한다."

"팔 월 한 달은 바람같이 지나가고 잇꾸나. 인간의 생도 보이지 않는 늙음이 가고 잇따는 것을 생각을 할 때 헛탈함 더하는구나."

〈1991년 9월 1일 일요일 날씨 맑음〉

금일은 집사람과 채소밭을 같든이 그간 무우 배추가 무성하게 자라잇쓰며 자신이 보기에도 깜쪽 놀랄 정도로 자라잇드라. 이것을 본 집사람 시장에 팔로 갈려고 하드라. 그래서 장사는 아무나 하는 줄 아나 하며 나누어 먹고 말자고 하니 넘어나 만타면서 시장에 갈려고 해서 다시 바구니을 가지고 왔서 시장에 갈 준비을 하여쓰며 무우 배추을 전부 속음질을 하니 음치 만드라. 이것을 오후 3시에 구미 장으로 간다고 해서 자신이 뻐스 타는 데까지 내다 주고는 가지 말라고 하는 것을 억찌로 가는 모섭을 보니 돈에 애착은 마은 사람이구나. 나 같트며 가라 해도 힘든다고 평소니을[빵소니를] 철끈데 아들 반찬을 하나 사도 산다면서 나물을 가지고 가드라. 자신은 저녁 너깨야 오지 않을까 생각을 하여는데 생각 외 일적 오드라. 집배 들으오는 무섭이 좋은 모섭이며 나물장사을 잘 했따면서 14,000원을 내어 놓드라. 나물 한 보따리에 만이 했따고 친찬을 하여주니 집사람은 더 힘이 나는 모섭이며 자신이 보기에도 아주 좋드라.

"들판을 한 밖이 돌아보니 어느 누구 업시 벼들이 다들 좋으며 벼 이삭들이 넘실거리는 모섭 볼 때 마음이 꽉 찬 너킴을 바들 수가 잇쓰다. 앞푸로 낡씨만 잘 했준다면 농민들의 얼굴에는 아주 밝은 모섭으로 수학을 할 끈데 그래도 아직은 마음을 조이고 잇꾸나."

수입에 … 채소 값 14,000원

〈1991년 9월 2일 월요일 날씨 맑음〉

녹들 재방 보수 문재로 면장 면담하로 주민 도표[대표] 6명과 면장실래 들어가니 도위원 면장 지서장 부민장 4명이 돼기하고 잇드라. 재방에 성토 문재로 민원신고 하여는지도 1달이 다 돼어도 대답이 업고 해서 주민 일동이 군에 차저가서 항이 대모 할려고 하니 서들어서 힘을 쓰게니 만약에 안돼면 대모하는 데 협조을 하겟다고 말을 하니 기가 찬다. 외냐 그간 자기 발뺌을 다 하고는 대모을 하여라 하는 소리 밖에 돼지 않는다

고 생각을 한다.

"그리고 오후에는 군수님 면담을 한다고 대산 총감 도위원 지도자와 경수 우리 마을에서 2명밖에 가지 않아다. 자신은 책임자 가야 한다고 해도 나의 마음속은 아직 이른 일로 시간을 낭비을 해서는 안됄 사람이며 자신은 책임자의 자리을 꼭 참석을 해야 한다고 생각이 돼며 참석을 하지 그리치 않코는 참석을 회패하고 잊다."

"자신도 아직은 공동 일에 적극성을 부리지 않치만 원잰가는 공동 일에 앞장을 쓰서 일을 하고 십고 좋은 일을 하고 십픈 마음은 머리에 떠나지 않는다."

〈1991년 9월 3일 화요일 날씨 맑음〉

금일은 재방 성토 문재로 부군수실래 우리 지역 대표자 5명 재방을 불법으로 미련 사장과 부군{수}실래서 사고 경위을 부군님이 말을 하려고 하니까 사장 하는 말이 내 땅에 내가 한 것을 전면 잘뭋이 업따고 청산유수같이 말을 하는 것을 들을 때 자신의 마음속으로는 극정이 돼드라. 사실 주민 대표로 돼리고 5명이 갈찌만 자신보다 실 내망은 모르지 자신은 말주변이 업쓰서 마음의 심정을 다 표현을 할 수가 업쓸 것 같다서 극정이 돼드라. 부군수님 사장 말을 덧고는 주민 대표로 이야기을 하라고 이야기을 하드라. 그래서 여기서 서로 눈치만 보여서는 안댄다는 생각에 자신이 자리에서 일어나서 이 민원은 오늘이 꼭 한 달째며 자신은 문 씨라고 이야기 하여쓰며 총 길이가 1㎞ 200m이며 문 씨가 군, 면 주민 몰래 재방을 1m매다 이상 불법으로 재방을 낮차쓰며 이것은 돼지는 문 씨 땅이라고 하지만 재방은 우리 조상들이 등짐으로 성토을 한 것을 문 씨가 불법으로 700m매다는 도자로 미려쓰며 우리 주민은 이번 비에도 사실 재방 분개됄까바 불안한 것 사실이다. 이것을 문 씨 입부로만 한다고 하여찌 실찌 오늘까지 미루어 왔쓰며 우리 주민은 비가 9月 달래 만이 오니 극정을 만이 하고 잇쓰니 군수님이 이 문재을 해결하여 주십사 하고 군까지 왔따고 내력을 말을 하니 군수님 하는 말이 어재 알라는데 이 민원이 1달 돼어따고 하니 회당돼는 계장 3명을 부르드니 이 일이 어째됀 것인지 계장 말을 하라고 하니까 자신의 말과 한 달이 돼어쓰며 현장까지 갈따는 말을 하니까 해결도 뭋하는 주제에 꾹 지{키}고 잇키{는} 외 잇는냐고 꾸중을 주는데 우리로서는 면목이 업드라.

군수님 말씀이 문 사장을 법정인 조치을 치하라면서 주민이 시급한 문재는 성토활 흙이 업쓰서 지연돼고 잇따고 이야기을 하니 개발계장인가 군수님 물더니 흙 보맹기가 잇따고 이야기을 하니까 절차을 밝바서 밝리 복구돼두록 지쉬을 하며 또 요구가 무엇신가 물어서 낡짜 정해서 군수님이 지쉬을 하여주십사 하고 이야기을 하니까 그것은 어떠게 낡짜 하겟는냐고 하드니 계장들래깨 낡짜까지 정하두록 지쉬을 하며 법에 따라 처벌하라는 명이 떨어저쓰며 아포면장 징계 먹일라고 말을 하는 것을 볼 때 마음은 좋찌 않은 편이드라.

오늘 일은 자신이 답편을 다 했쓰며 간 사람들은 자리만 지킨 셈이며 자신의 마음속으로는 실수을 하지 않아는가 하는 생각가 무선 말을 하여는가 말은 바로 하여는가 하는 생각이 자신의 머리는 뒤번벅이며 일을 다 보고 군청 문을 나올 때 창고장 하는 말이 정말 말을 잘했쓰며 우리는 노픈 사람이 앞패 잇쓰며 말이 안나온다면서 말을 잘했따고 친찬을 주고 다들 책임감이 뜰린다고 이야기을 하여주며 말을 잘했따고 이야기을 하여주니 큰 실수는 안해꾸나 하는 생각이 들며 그때야 마음의 안정을 차절 수가 잇쓰다. 오늘 일은 자신이 해결을 다한 것처름 기분이 좋드라.
"오늘 경비로 18,200원 봇돈을 지출을 한 셈이다."

〈1991년 9월 4일 수요일 날씨 맑음〉

오늘 오전에는 쌍구룸 도량 수초 작업을 1, 2, 3동이 합보을 하며쓰며 올해는 처음 수초 작업을 하여서 넘어나 무성하게 잘라 잇드라. 그래도 수초 작업을 쌍구룸 도랑은 오전 10시 이전에 끝을 내쓰며 시간이 넘어나 만이 남아서 밭떠 도량 수초 작업을 12시가 그진 다 돼두록 작업을 하여쓰며 오늘은 마음이 들두록 따라주며 자신이 넘어나 만은 작업을 시키서 미안하드라.
"그리고 오늘 대구 매일신문 기자라면서 현장에 나왔드라. 그러면서 한 토막을 낼라고 하여서 재방 성토 문재는 부군수님이 냇바닥에 보맹기을 채치을 하두록 허가을 하여서 성토 문재는 해결이 돼어 잇따고 하니 그래도 한 토막 내어도 됀다고 하면서 낼라고 하드라. 그르면서 면 총무계장과 둘리 자연스렵게 이야기을 하라면서 사진을 한 판 찍드라. 자신의 사진이 신문에 나올련지는 몰라도 보꾼들이 출세하였따고 친구들이 술 내라고 자담까지 하였다. 책임자을 절기는 사람들은 이 재미로 책임자을 할려고 하는지도 모르겟꾸나."
"오후에는 개니 술집에서 쇠고기 돌부리 하고 윷 노는데 구경을 하면서 오후 시간을 그냥 보내고 마랏쓰며 자신도 보에 책임을 맡고는 술자석이 넘어나 자주 만들어저며 자신은 술자석이 자주 형성이 돼어도 술은 입배 돼지 않치만 이것이 자주 돼푸리 돼며 자신의 마음가짐이 회해저고[해이해지고] 주간을 익개 돼며[주관을 잃게 되며] 책임자 명칭은 좋은 것이라 할련지는 몰라도 건강 문재는 아주 재로라고 말을 하고 십프며 자신도 이재는 수초 작업 한 번만 하며 나의 의무는 끝이라고 생각을 한다."
지출에 … 쇠고기 돌부리 값 4,000원

〈1991년 9월 5일 목요일 날씨 비〉

오늘은 송아지 팔료 갈려고 김천용달화물에 전화을 해서 5시 30분에 와달라고 하니 이 사람은 시간을 지킬라고 5시경이 돼니 전화로 비가 조금식 비가 오는데 가도 돼는냐고 무려보길에 비가 만이 오지 않을 것 같고 선둘 동서가 이른 날 차라이 소장이 잘 됀다고 해서 오라 했뜬이 용달차가 집배 도착을 하니 비가 쇼다저드라. 그래서 기사에깨 방에 들어가자면서 조금 기다리면 안대겟는냐고 무려니 조금 기다리보자면서 이야기을 하며 우선 보기에 사람이 좋드라. 장사을 하는 사람 쳐고는 넘어나 순진한 사람이라고 말을 하고 십다. 자신이 생각을 하여도 도저이 낡씨가 개인 낡같이 보이지 않드라. 그래서 조금 기다리다 개약금액 20,000원 주니까 짐도 실지 못하고 다 밭드면 안댄다면서 15,000만 바다 가드라. 이번 15,000원 심중하게 생각을 하여드라면 지출을 안해도 돼는데 하고 아쉬운 감이 들며 이것은 선둘 동서 말을 들으서 낭비을 한 셈이다. 자신도 생각을 만이 하는 편인돼 오늘 일은 큰 실수라고 말을 하고 십다.
"오늘 저녁이 아버지 낡이며 행재들이 빠지는 사람 업시 다들 참석을 하여서 준비을 하여쓰며 매년 지수씨도 빠진 업시 참석을 하여 주는데 고맡따고 생각을 한다. 우리 부모님이 오늘 하로만이라도 살아준다면 을마나 좋으리만 하는 허망한 생각을 가지 보앗다."
"불필요한 비 때문에 멧칠 휴식을 하고 잇다. 육체적으로는 휴식을 하고 잊찌만 마음은 벼가 다 쓰려질까바 극정은 태산 같꾸나."
지출에 … 아버지 재사 준비 10,000원
(용달화물에) 15,000원
計 25,000원

〈1991년 9월 6일 금요일 날씨 비〉

금년 풍년 농사을 약속을 한 것처름 생각을 하여는데 불청객 비 때문에 풍년 농사을 다 망치따고 생각을 한다. 중부에서 하잘 것 업는 벼농사 가지고 날리을 부리는 꼴 보기 실어서 벼 풍년을 망친 것으로 본다. 우리 경재가 정치을 잘 몿하여서 우리 국민이 빈곤 차이을 벌리낮따고 생각을 한다. 정치세력이 약자을 도울 수 잇는 정치인 좀 나와쓰며 하는 생각이다. 우리나라 정치가 오늘날까지 대통령은 자기 임기까지 자리만 지킬라고 가진 노력만 했왔쓰며 그 나머지는 대통령 자리을 헌들어서 떨러떠릴 작정 밖에 업쓰서니 국민을 위한 정치는 오늘낡까지 업쓰따고 해도 무리돼는 말이 아니라고 생각을 가지 본다.
"정부에서 농민을 불신을 하는 것 바쓰는 엄청난 재해을 당해야 한다고 본다."
"오늘도 일한 것은 업다고 본다. 동생 채소 줄라고 집사람과 둘리 가서 무우 배추 속굼질을 하여서 구미 민정내 주고 비을 마저면서 채소에 살충재을 살포을 하여쓰며 자신도 약을 버리는 택 처고 가지고 간 약이라서 비을 마저면서 살포을 3통이나 들어다."
그리고 오늘 인공유는 조합에 업따고 하여서 김천 우성사료공장으로 같쓰며 이번 인공유는 어재 장날 송아지을 팔라쓰며 이른 돈은 안들어가도 돼는데 잔관[잠깐] 실수로 낭비가 만이 돼는구나. 인공류 6,500원, 차비 500원, 화물차 값이 15,000원 들어간 곳을 보니 큰 실수가 돼어다고 생각을 한다.
자신은 이번 10日 장날에는 실수로 낭비한 돈을 추가로 더 바다야 됀다는 계산이 나온다. 자신은 더 바다야 하는데 하는 마음밖에 업다.
지출에 … 인공류 값 6,500원 차비 500원
計 2,000원

〈1991년 9월 7일 토요일 날씨 맑음〉

오전에는 시금씨을 갈라쓰며 참깨 뿌리 뽑아내고 어갈리 배추을 갈란 것이 포장하게 자라는 모섭 포장하며 저것이 다 자라면 구미시장에 팔라면 한참 걸일 것으로 내다본다. 남들은 좋다고 입을 다시곤 하는데 이재는 팔아바야 가버치을 알 수가 잇다.
그리고 오후에는 벼논에 멸구약을 살포을 하여보니 선진벼는 낱알이 상당이 만이 죽어 잇쓰며 금년 벼농사는 수학이 만이 떨어절 것으로 내다보며 요줌 낡씨도 벼에 줄낡씨만 하고 잇쓰니 벼 수학은 상당한 감수가 올 것으로 내다본다.
그리고 벼논에 약 살포을 하여도 1단지에 물량이 15말로 살포을 하여쓰며 실찌 15

말 량이 다 들어가지 않는 논이 더 만아쓴는돼 오늘은 벼 뿌리까지 가두록 천다고 25말을 살포을 하여보니 약 살포하는 시간이 넘어나 만이 걸리며 사람이 지업을 정도이드라. 그리고 마지기 수도 오후에 14, 5돼지기 약 살표을 하니 밤중이드라. 멸구에 을마나 방제가 돨련지 몰라도 무리라고 생각을 한다.[37)]

〈1991년 9월 8일 일요일 날씨 맑음〉
오늘도 멸구약을 살포을 하는데 힘이 만이 들어다. 남들은 25말 가지고 두 단지 살포을 하고 잇따는데 나는 25말 가지고 한 단식 살포을 하여보니 너무나 지루한 감을 가지고 약 살포을 하니 육체적인 고통이 더 따리고 잇쓰며 집사람이 넘어나 지루하여 더 말리고 잇따만 금년에는 경험으로 처음부터 만은 량을 가지고 살포을 하여서 이번에는 만{은} 량을 살포을 하여서 가을에 멸구 피해을 관찰하여 눈에 표나두록 효염이 업쓰며 내년에는 종전에 살포하는 식으로 약 량 10말 잡아서 살포을 할 작정이다.
"오늘은 어재보다 적개 살포을 하여쓰며 오늘은 종일 살포한 것이 6단지 밖에 살포을 못하였다."

〈1991년 9월 9일 월요일 날씨 맑음〉
오늘 오전으로서 웃뜰래 3단지 벼을 멸구약(비피) 25말 량으로 살포을 하여다. 작년에는 15말 량으로 살포을 하여두어쓰며 금년에는 잘한다고 약 량을 만이 잡아서 살포을 하여두어는데 멸구 피해을 을마나 주룰 수 잇쓸까 몰겟다.[38)]

〈1991년 9월 10일 화요일 날씨 맑음〉
금일은 송아지 팔로을 집배서 6시 출발하여는데 우시장에는 벌서 발 드릴 떰도 업시 시장은 소, 송아지, 화물차가 만온이 돼어서 차 들어가기가 그북하드라. 앞푸론 5시 안에는 들어가야 불편이 들할 것으로 내다본다. 우리는 자신과 이웃사람과 송아지 두 바리을 같이 실고 가서 내리노니까 살려고 하는 사람이 잇쓰서 일적 팔아다. 우리 송아지는 빨간 송아지가 아니여드라면 1,800,000원 바들 수가 잇따고 보는데 다들 빨간 점을 험을 잡아서 처음에는 1,740,000원 나왔는데 빨같따고 안살려고 뒤비저드라. 우리가 바서는 송아지만 좋으며 됐찌 색깔을 구지 더 따지는 느킴을 바다따. 그래서 주위 사람들이 다들 색칼 때문에 더 못받는다고 이야기을 하여서 자신도 수궁을 하고 마랐다.
"자신이 더 버티쓰며 1,750,000원 바들 수가 잇따고 보는데 그만 1,730,000원에 팔고 마랐다."
수입에 … 송아지 값, 숫송아지
1,730,000원
지출에 … 선둘 동서 10,000원 흥정
들노리 하는 사람 5,000원 차비
10,000원
計 25,000

〈1991년 9월 11일 수요일 날씨 맑음〉
요즘은 모든 일들이 마지막 손질이 돼는 것 같다. 오늘도 보 뚝에 풀 깍는 작업을 하여

37) 일기 지면 상단에 '9月 7日날 멸구방제 1단지에 약량 25말 사용.'이라고 기록되어있다.
38) 일기 지면 상단에 '웃뜰 3단지는 멸구약(비피) 살포함.'이라고 기록되어있다.

쓰며 종일 동안 하여쓰며 모든 일들이 마지막 손질하고 잇는 잇 때에 기상대는 비가 오겟따고 예보을 하여서 가슴이 덜긍덜궁하고 잇다.

"들판에 벼들이 재발 서잇는 필지드리 만타고 생각을 하고 잇는데 요즘 날씨가 지나가는 비가 가끔 떨어저고 잇쓰며 기상대는 비가 조금 오겟따고 외보을 할 때 망우리 손질이 가볍찌 않꾸나."

지출에 아들 과자 1,300원

〈1991년 9월 12일 목요일 날씨 맑음〉

이재는 벼이삭들이 고개을 수기고 황금물결을 이루고 잇는 들판을 보노라면 마음에 걸리는 것이 잇다. 외냐하며 우리 부모님들이 농사을 짓을 때는 논자리에 피 한 포기 보기가 힘드는데 지금 우리가 농사을 짓어논 들판을 보아라. 논자리에 피가 업는 논이 업쓰며 두룸과 보 뚝에 한 번도 풀 깍는 작업을 하지 않아 그저 엉망이며 심지어 서느 필지는 벼 이삭보다 피 이삭이 만타고 할 때에 이것은 농사을 짓는 사람의 책임만다 잇따고는 자신은 말을 하고 십지 않다. 작년만 해도 정부에서 매상을 바다주고 하니 들판들이 황금물결만 지두룩 농사을 짓어는데 정부에서 넘어나 쌀농사을 천대을 하니 금년 들어서 논들이 잡초밭으로 변하고 잇는 모섭을 볼 때 가슴 아픈 일들이며 이려다가는 우리 이세들래깨 잡초논을 물리주지 않을까 하고 생각이 들 뿐 아니라 후진국가에서 땅이 놀고 잇쓰며 땅들이 황패어간다는 것은 십개 말을 한다면 정부 정치 잘못으로 나라가 병들고 잇따고 말을 하고 십다.

"오늘로서 두룸과 보 뚝에 풀 깍는 작업을 마지막 손질을 하여따고 생각을 하며 이재는 풀이 자라는 한이 잇쓰도 그냥 둘 작정이다. 당산 벼논에는 안전이 풀꼬을 파 낳쓰며 도구[39]까지 훌터두어다.[40]

수입 … 참깨 4돼 (5㎏ 500) 44,000원

〈1991년 9월 13일 금요일 날씨 맑음〉

오늘은 재방 문재로 군에서 손님이 오는 바람에 아무 일도 못하고 현장 검사을 하여쓰며 군청에서도 살림법으로 문 씨을 고발한다고는 하지만 문재 까다라서 힘이 들 것스로 본다. 자신이 볼 때는 법에 크게 저축도 않댈 푼 아니라 영남이 처음 문재와 같이 법정 문재로 갈 것으로 볼 때에 외성보에 경비만 나는 것이 아니냐 하는 생각이 머리에 스쳐가는구나.

"자신으로 바서는 올해만 넘어 같쓰며 하는 생각이다. 우리 목이자[몽리자]가 이 사실을 안다면 무책임자라고 이야기을 하겟찌만 사실 골머리 아픈 일은 자신은 아주 실어하는 사람이다. 그러니 사실 금년을 빨리 넘어같쓰며 하는 생각밖에 업다."

지출에 … 경운기 수리 22,000원 라면,
코피, 화장지 10,450원
計 32,450원

〈1991년 9월 14일 토요일 날씨 흐림〉

우리 채소가 좋으며 오늘도 나물 해온 기마느니까 구미 장에 팔로 갈려고 시작을 하

---

39) 도구치다는 물이 흘러 나가도록 작은 도랑을 내는 것을 뜻한다.

40) 일기 지면 상단에 '당산논에 물꼬을 안전이 파놈.'이라고 기록되어있다.

드라. 이번에는 나누어 먹을 때가 셋 집이나 댄다면서 나누어 먹으라고 하니까 큰집 배만 주고 김천 동생 우래실 첫갓집에도 촌에서 나물을 시장에서 사먹는다는데 주라고 하니까 집사람이 이번에는 채소값이 비싸니까 팔고 흐을 때 다음에 준다면서 채소 팔로 갈려고 드는 것을 볼 때 나와는 정반돼다. 자신은 무엇시든지 남들 주고 십고 한대 집사람은 돈을 할려고 더는 모섭 저 집배도 주지 않코 팔로 갈려고 하는 사람 넘어하다고 생각을 한다. 그래서 너의 엄마가 너 논는 데 힘만 들어찌 아무 소용이 업는 딸이라면서 욕 썩인 말을 하니 웃고 마라찌만 집사람 너무 야물다는 말을 하고 십프며 자신한태는 않성맡춤이라고 말을 하고 십꾸나.

오늘 일은 나쁜 사람이라고 욕을 하지 않아따면 큰집배 조금 주고 채소 장사 가는데 그만 장을 포기하고 친정에 전화을 하여서 나물 가지고 가라 하니까 당장 올라고 하드라. 그리고 김천 동생은 조합으로 전화을 하니까 출장가고 업고 집부로 전화을 하니 전화도 받찌 않는다고 하면서 두 집 나물을 친정 오빠 다 주어쓰며 (나물) (토란) (가지) 여르 가지 보따리을 하니 상당이 만터라. 첫갓집은 나물 농사을 매년 시운찬은 농사을 짓드라. 그래서 매년 조금식은 가지고 가는 편이다.

지출에 (처남) 음료수 1,300원

〈1991년 9월 15일 일요일 날씨 맑음〉

금일은 임숙내 갈림하는 복판논에는 너머나 말라서 물을 조금 돼쓰며 남들은 논자리마다 일적 물을 파나서 다들 논자리을 너무 말루드라. 이것은 눈에 보이지 않깨 소출이 뜰어진다고 보는데 요줌 사람들은 수학은 뒤로 하고 우선 편한 것을 앞세우고 잇키 때문에 이른 현상이 이려난다.

“남들은 금년 농사가 상당이 만이 소출이 떨어진다고 보고잇찌만 자신은 그래 생각을 하지 않고 풍작으로 본다.”

“오늘로서 물꼬을 안전이 파나섯며 이재부터 가을 준비을 하고 잇는 것이나 다름이 업다.”

지출에 … 연탄 값 500장에 110,000원

〈1991년 9월 16일 월요일 날씨 맑음〉

오늘은 동장 (진일) 마당을 하는데 모래을 실어서 마당에 세멘을 할려니 마음도 바풀 뿐 아니라 일하는데 준비도 덜 돼 마당을 할려니 일이 제돼로 안대며 자신이 생각을 할 때 일머리을 쓰지 못한 것도 답답할 정도다.

“그리고 오늘은 평민당과 민주당 합당을 한 날이며 오늘날까지 평민당이 국민의 신임을 받지 몾하고 당당의 발은을 무족끈 반대나 하는 평민당이 돼어서 온 평민당이 등으리가 큰들 국민의 신임을 바들 수가 잇쓸까 하는 생각이 들며 국민의 신임을 어들라면 야당의 일이 무엇신가 생각하고 늘 소신을 가지고 정치을 하여야 하며 오랜 시간이 흙르야 한다고 생각을 한다.”

〈1991년 9월 17일 화요일 날씨 맑음〉

금일은 추석맞이 대청소을 하니라고 도로변과 집앞 수로에 풀 깍는 작업을 하여다.

“모든 일들이 농민 뿐 아니라 공무원들도 무선 일에 적극성이 업고 형식에 지나지 않는다. 그전에는 추석맞지 풀 깍는 작업을 하면 면직원이 나와서 적극성을 보이는데 오늘은 나와서 자리만 지킬 뿐이다. 우리 국민이 아직 살아남을라면 협동이 꼭 필요한돼 이재는 개인주위가 돼고 잇쓰니 새마을 정신이 어디로 살라젔나 하는 아쉬운 뿐이구나."

〈1991년 9월 18일 수요일 날씨 맑음〉

오늘은 일반벼 3가마와 이웃사람의 벼 7가마을 경운기에 실고 대신정미소에 가서 내는돼 선진벼는 465원, 아키바리는 500원 근당 쳐드라. 일반벼라고 선진벼는 일반벼로 인정을 하지 않드라. 자신은 161㎏에 124,155원드라.

그리고 집사람 어까리 배추을 해서 구미 장 갈려고 해서 배추 솟끔질 하는데 그들어 어쓰며 배추을 만이 갈리서 솟끔 배추도 만으며 가지고 갈 수가 업써서 솟끔질도 다 하지 않아쓰며 이것을 시장에 갈려고 버스 승강재까지 같다주면서 이 만은 것을 집사람이 너고 들고 시장까지 가야한다는 것을 생각을 하니 너무나 무리구나 하는 생각이 들며 따라가서 시장까{지} 같다 줄까 하는 생각까지 들드라. 이것을 집사람이 너고 다 팔아야 한다는 생각을 하니 집사람 골탕만 먹이개쓰며 이른 고충이 온다는 것을 생각을 못하고 배추가 비싸다는 생각만 하고 참깨 후작으로 배추을 다 갈라쓰니 큰 실수을 한 것이구나 하는 생각을 하여쓰며 이중에 집사람이 채소 장사을 가서 해가 저고 날이 어두어서 앞 사람이 보이지 않는데도 오지 않아서 집배 잇쓸 수가 업쓰며 저녁밥은 큰집 현숙한태 전기밥솟에 밥만 안치돌라고 하고 집사람 마집을 갓쓰며 버스가 3대나 올라가도 집사람은 오지 않아서 처음 장 갈 때에 빨리지 않크든 이웃 상점 다 주라고 했는데 오지 않으니 개니 극정이 돼드라. 앞푸론 경운기로 가면 몰라도 나물 장사을 머리에 너고 들고 가는 장사는 사람을 골탕먹이는 일밖에 안돼며 이재는 몿 가게 하여야 하겟다.

수입에 … 집사람 채소 장사 12,600원
일{반}벼값 161㎏ 124,155원
計 136,755원

〈1991년 9월 19일 목요일 날씨 맑음〉

오늘 오전은 보 도량에 수초 작업을 마지막으로 하여쓰며 자신에 보 일은 사실 오늘로서 끝이 난 셈이다. 그리고 누님 집배 한번 갈려고 한 것이 여때것 시간이 업쓰서 한번 들리 본다면서 여때것 가보지 못해서 오늘은 봉산 냇까에 모래 실어로 가면서 한번 들리 볼라고 담배 1보루 사고 포장류 고기와 체소을 하여서 누님 집배 들리떠니 자신이 생각하기보다 누님의 얼굴이 좋드라. 그래서 보는 적시 마음이 노이드라. 늙 누님의 건강이 않좋다는 이야기을 덧고도 한 번 배옵지 몿해서 마음 타드니 오늘 누님의 모섭을 보니 자신의 마음이 밝은 너킴을 바닷다.

지출에 … 누님 집에 가면서 포장류 값
3,000원 담배 7,000원
計 10,000원

〈1991년 9월 20일 금요일 날씨 맑음〉

집사람과 둘리서 채소밭을 한 밖기 돌아보고 채소 하는 것으로 오전 일과을 보내쓰며 그리고 오늘은 마음적으로 기쁜 소리을 들어다. 우리보다 절먼 사람의 부인이 둘리는 정말 인꼬부부라고 이야기을 할 때에 그투론[겉으론] 그르치 않타고 이야기을 하여찌만 마음적으로는 기분이 좋으며 이 소리을 잘 덧고 잇다.
"그리고 자신보다 집사람이 더 자신을 사랑하며 아켜주는 모섭을 보며 보잘 것 업는 남편을 아켜주는 그 고마음에 머리가 수거려진다."
수입

〈1991년 9월 21일 토요일 날씨 맑음〉
오늘은 추석 전날이라서 무선 을도 몾하고 운이와 친근감을 갈키 위하여 운이을 돼리고 대신 못에 낚시질 같쓰며 대신 못에 가니 이미 형님은 조카들 돼리고 낚시질을 하고 잇쓰며 자신도 운이 낚시질을 하여보니 고기가 심심찬게 나오며 낚시질을 하는 사람들이 이 재미로 낚시질을 하는구나 하는 마음이 들며 오늘 자신도 고기 낙카올리는 그 케감을 가지쓰며 오전 낚시질만 하여쓰며 그르자 순범이도 구경한다면서 대신 못에 왔드라. 그루자 산신못에는 권 씨들이 만으니까 대신 못은 권 씨들레깨 파라야겟따고 대신 사람들이 말을 하고 잇드라.
지출에 … 돼지머리 값 7,000원
수입에 … 참깨 값 2돼 22,000원

〈1991년 9월 22일 일요일 날씨 맑음〉
올해는 추석 한가이 날이 하창안 날이며 오늘 같이 맑은 날은 업쓰따고 기역이 돼며 오늘은 성모길에 다들 땀방울을 흙리쓰며 정말 한여름 날씨라고 말을 하고 십다. 그리고 이번 추석은 고향에 차저오는 분이 아주 적어따고 생각을 한다.
"이번 추석에도 낙오자 업시 우리 형재들은 다들 참석을 하여서 고맡드라. 그리고 동생들 줄 것도 업고 나물만이 한 봇따리식 주어 보낸 셈이다."

〈1991년 9월 23일 월요일 날씨 맑음〉
이번 추석에는 찾저온 사람이 적어다고 생각을 한다. 올해는 추석이 딴기서 우리 고향을 지키고 잇는 사람들은 시간 여유을 가질 수가 잇쓰며 우리들이 시간 여유가 잇따면 고향을 차저온 친구와 어울 수 잇는 시간 여유가 잇는데 고향을 차저주는 친구가 적은 추석이 아쉽구나.
그리고 우리 마을에는 절머니와 남와니[나이 많은 이]와는 사위가 벌어저 잇따는 것을 알라찌만 이처름 검[금]이 만이 나잇따는 것을 밑차 몰라다. 오늘 남완니 노는 모섭을 볼 때에 중년청에 한 사람도 키어잇찌 않으며 두 패로 갈라서 윷판을 벌리고 잇쓰며 이것은 절먼 사람들이 먼저 풀어야 한다는 이야기도 하였찌만 어른들의 행동이 넘어나 지어서 헌들라고[쥐어 흔들려고] 드는 그 심정을 아직 버리지 몾하고 계속 이어갈 몾땐 버럿을 일적 버리야 하는데 버리지 몾하고 잇는 어른들도 계심을 해야 한다고 생각을 한다. 어른과 절먼청에 관계는 한합이 퇄려며 오랜 시간이 간다고 보고 잇다.
"그리고 집사람 친정에 갈는데 따라가지 몾해서 마음에 걸리는구나. 자신으로 바서는 처어머님이 나의 어머님이라고 생각을 할려고 수십 번 생각을 하여는데 이것이 자신의 마음과 행동과 외 다루다 말인가. 외 몸이 마음에 따라가지 않는 것이 습파기 짝이 업다."
지출에 … 친정 가는데 21,000원 자신이
윷판에 2,000원
計 23,000원

〈1991년 9월 24일 화요일 날씨 맑음〉

오늘은 어갈리 배추에 살충재 약을 살포을 일적 하고 술집배서 윷판을 하는데 마지막에 지곤 하여서 안타까움 때문에 자꾸만 하여도 역시 앞과 똑같이 망우리에 지곤 하였다. 셋째 판은 남의 힘으로 반본을 찾고는 자꾸 잇쓰야 손에만 볼 것 같다서 그만 가을배추벌레 잡어로 가고 마랐다. 오늘 윷판을 밤 9시까지 한 사람은 만 원 돈을 일어따고 이야기을 하드라. 자신도 일적 마란 것이 덕이 돼어따고 생각을 하며 자신도 3,000원 부주을 하고 마랐다.

지출에 … 윷판에 3,000원

〈1991년 9월 25일 수요일 날씨 맑음〉

오늘은 넘어나 시간 여유가 만아서 하로의 시간이 지업꾸나. 오늘 오전도 길거리에서 서승대다 오전 시간을 보내쓰며 오후에는 상점에서 윷판을 벌리서 소리가 산천을 떠나갈 정도 아우성을 처는데 오전에 노란 돼신 쇠두엄을 경운기로 두 바리 실어내고 윷판 구경을 하여찌만 요즘은 윷판이 오락이 아니고 또띠기[개인전 도박]라고 돈 놋고 돈 먹키며 이것은 화토보다 더 도박성이 크며 요줌 사람들은 돈 먹키을 하지 않으며 아외[아예] 할려고 들지을 않으니 근본 자세가 어띤가 몰래 썩어가고 잇따고 말을 하고 십다.

그리고 요줌에는 절먼 사람 때문에 어른들이 밀리서 오락을 가질 수가 업는 실정이라고 말을 하고 십꾸나.

지출에 구론산 300원

〈1991년 9월 26일 목요일 날씨 비〉

오늘 비야말로 우리 농민들은 바라지 않는 비라고 말을 하고 십프며 이번 비는 채소에 도엄을 줄련지는 몰라도 항금물결 치고 잇는 벼는 엄청난 타격을 주는 비기 때문에 은성이 돼는 비라고 말을 하고 십프며 이번 비야말로 곱게 내리서 다 짓어논 벼에 별 타격 업시 지나쓰며 하는 마음이 간절할 뿐이다.

"만약에 이번 비가 만이 온다면 늑들례 벼는 반수는 다 도복[41]이 될 것으로 본다. 벼 수학에 코앞에 두고 벼 도복을 바라보고만 잇쓰야 하는 농민의 가슴이 아픈 일이다."

지출에 … 술값 1,000원 아들 과자
1,000원
計 2,000원

〈1991년 9월 27일 금요일 날씨 비〉

중앙기상대는 태풍 미어리얼[42] 대형 태풍이 온다고 하며 집적적인 피해는 업쓰나 관접적으로 비가 만이 온다는 외보에 불안한 감이 머리에서 떠나지 않으며 수학을 앞두고 벼 도복이 다 돼는 것이 아닌가 하고 오늘 안절부절 하게쓰며 오늘 운이 학습찌 대금을 아포우체국에 납부하로 가면서 뻐스 창문으로 들판을 볼 때 쓰려진 벼논 자리가 만은 관경을 보니 우리 벼도 다 쓰러젖깨꾸나 하는 불안감이 더하며 마음은 곳 바로 현지 논을 보고 십찌만 음청나게 벼가 쓰러저쓸까바 불안감 때문에 현장을 가보지 몿하고 불안감으로 집배서 시간을 보내고 마랐다.

---

41) 도복(倒伏)은 작물이 비바람으로 쓰러지는 것을 뜻한다.

42) 1991년 9월 말의 제19호 태풍 미레유이다.

이번 비야말로 쓸 때 업는 비가 내리서 벼 수학에 지장만 줄 뿐 도엄은 업따고 본다만 다행이 우리나라을 비켜 가서 큰 피해는 주지 않아따면 비 패해을 만이 본 것이라고 말을 하고 십다.
내일은 논자리마다 학인을 해야 하는데 큰 피해가 업쓰며 하는 불안감뿐이다.
지출에 운이 학습지값 16,000원
차비 170원
計 16,170원

〈1991년 9월 28일 토요일 날씨 맑음〉

태풍 미어리얼 오는 바람에 수학에 코앞에 두고 무선 날벼력이란 말이냐. 자신도 벼가 다 합파면 600평은 넘어 쓰러젓쓸 것으로 본다. 자신 뿐 아니라 마을 첯고도 안 쓰려진 사람이 업쓸 정도로 벼 도복을 시키쓰며 자신도 집사람과 둘이 벼을 세우면서 벼을 내면 쓰려지기 한다면서 빈참[헛돈]을 주고 잇쓰며 자신도 매년 벼을 도복을 시키두록 농사을 짓어니 안타가움이 한이 업다. 사람이 한 번 속어면 드 속지 않아야 하는데 매년 독복을 시키서 사람을 에먹이고 잇쓰니 현명한 사람이 못돼는 것은 사실이다. 오늘은 벼 포기을 세우면서 외 자신이 바보짓을 하는가 원망을 만이 하여쓰며 내년에는 단지 당 1포식 주라야 돼겟쓰며 요줌은 품이 업키 때문에 노동을 수학보다 드 첫야 한다고 생각을 하며 앞푸로 2일은 더 세우야 다 세울 것 같든돼 귀가 찬다.
"이번 태풍만 아니여드라면 시간 여유을 충분이 가지고 벼 수학에 들어갈 것인돼 생각지 않아든 태풍 바람에 큰 고충을 당하고 잇다."

〈1991년 9월 29일 일요일 날씨 맑음〉

"오늘도 쓰려진 벼 세우느라고 안관힘을 다 쓰스며 종일 벼 스러진 것을 세우는 작업을 하여도 한 번 시지도 않고 일을 하며 이틀 동안 작업을 하니 온 몸이 절리며 그기다 손목이 아파서 일은 마음돼로 돼지 않찌 섬세하게 집사람은 만이 하지는 못하지. 오늘은 집사람에 일을 꼼꼼하게 한다면서 무선 일을 그른 식으로 일을 하니 무선 일이 돼는냐고 성질을 부리다. 오늘도 손목이 아푸지 않아따면 집사람 만이 하는 것을 실어하는 자신이 적개 한다고 성화을 냇쓰니 집사람 마음은 오직 아파깨나 하는 마음이 들며 자신의 성질도 성질이 나며 함부로 말을 마구하는 습성을 버리야 하는데 하면서 버리지 못하는 자신의 마음을 때로는 책망도 만이 하고 잇따. 그리고 오늘 일을 맡치고 집배 들어서 집사람이 자신한태 잘하는 모섭을 보고 웃고 마랐다. 너는 의이 속도 업는냐. 남편에깨 꾸정을 듯고 평소 때보다 더 따듯하게 돼하며 맡잇는 것은 다 바치는 모섭을 보니 너머나 고마어서 너는 남편이 밉찌도 않는냐 하니까 남편이 미어서 어떠게 사는냐고 하는 집사람의 말을 하는 그 모섭은 바다을 보는 것처름 자신의 머리에 선듯 들어오는구나. 어이하여 너는 인간이 씹번 것을 뱁지 않고 다들 새길 수 잇는 늚번 아랑 나 자신에 반만 다오. 너의 널번 마음 반만 나누어 가진다며 어느 누구에깨도 고개을 들고 살아가리다(오늘 마음속까지 미안한 마음을 너켜쑈이다)."

〈1991년 9월 30일 월요일 날씨 맑음〉

쓰러진 벼 세우는 작업은 끝을 내따고 보지만 자꾸만 쓰러지는 벼을 안전이 세우따고는 보지 못한다. 여하든 오늘로서 벼을 다 세운다고 보지만 마음은 편치 않꾸나. 3日 꼭 벼 세우는 작업을 하고 보니 온 몸이 아나픈 돼가 업꾸나. 벼 일어키는 작업하면 3日 동안 휴식 업시 세참 업시 일을 하여다. 이상하게 육체적 고통이 만이 돼는 일은 휴식을 하지 않코 평소에 수란 일하며 휴식을 하곤 하는데 자신도 생각을 하며 이상할 정도다. 자신의 잘못으로 3일 동안 벼 세우는데 집사람 외 먹언 것이 미안하며 내년에는 바보짓을 하지 않아야겟다.
"올해는 농사 만이 짓어도 별 소득이 업다고 본다. 외냐 스러진 벼가 만아서 그만춤 감소가 따리기 때문에 수학이 업따고 보며 가슴 아픈 해가 돼어따고 생각을 할 때 여름에 둘리가 땀을 흙린 돼까가 업따는 것이 머리을 무급게 하는구나.
지출에 보험로 10,900원

〈1991년 10월 1일 화요일 날씨 맑음〉
오늘 오전에는 군 산림청에서 재방 문재로 진술서 작성하는데 불어서 자신과 윤천희 씨 둘리서 불어서 같든이 별 일도 아닌 것을 바푼 사람을 부르곤 하는데 이른 점은 관에서도 고루해야 한다고 생각을 한다.
우리 농민들은 관에서 부르면 만사 일을 접어두고 가야하는 농민 엔만하면 부르지 않코 행정처리을 하여 주어야 한다고 생각을 한다. 오늘도 중화지 않는 일로 보 돈 축만 내고 마랐다.
오후에는 넉들 재방 복구사업을 한다고 해서 현장에 나와달라는 부탁을 하여서 작업하는 데서 별 일도 하지 않으면서 오후을 보내고 마라다. 무선 일이든지 책임자 하면은 일이 적은 사람 책임진 일을 가지고 매달일 수 잇는 시간 여유가 잇는 사람이 하여야 하며 자신같이 시간이 업는 사람은 책임자 하면 마음의 한 구석은 자신의 일에 치우치게 되면 언재나 마음의 집중이 책임진 일에 집중이 돼지 않는 것이 사실이다. 앞푸로 공동일 이끌어가는 데 문재가 마느리라고 생각을 한다. 오늘은 보 일로 하로을 보내고 마랐다.
그리고 오늘은 군청에 간다고 일적부터 집사람과 둘리서 오토바이로 불이나게 띠어다니면서 채소을 두 봇따리 해서 구미 시장에 팔로 갈다 온 집사람 이야기가 구미 시장에 돌아스며 채소 이며 머리가 아푸두록 이고 가서 4,000원 정도밖에 못하여쓰며 그것도 다 못 팔아서 구미 동생 집배 다 주고 왔따고 하니 기가 찬다. 외냐 농민들이 땀 흙리서 짓언 것은 하나에서 열까지가 발끝에 차이며 돈 돼는 것이 업쓰니 의이하여 일에 재미을 가지고 살아갈 것인가. 앞푸로 농민의 설 자리가 어떤가라 말을 하고 십꾸나.
"오늘 집사람 채소장사 한 것은 대충 따지어도 적자라고 생각을 한다. 외냐하며 오트바이 기름 값도 안돼며 채소류는 그냥 구미 시장까지 머리에 니고 가서 버리따고 생각을 하며 채소류는 버리따고 하여도 새상이 그르타고 생각을 하게찌만 집사람이 구미 시장까지 머리에 니고 간 것이 마음에 걸리는구나. 골탕을 먹어가면서 채소을 버린 격이 돼니 마음 아푼 일이다."
수입에 … 체소값 4,000원

〈1991년 10월 2일 수요일 날씨 맑음〉
오늘도 재방 성토하는 데 종일 해을 보내쓰며 책임자 하는 일이 이른 것인가. 여르 가지의 생각이 다 들며 남들은 부역을 빠진 사람을 세우라 하지만 다들 바푸다는 핑계로 현장 감독을 하지 않을라고 하며 자기 주간돼로 살아가는 것이 현 사회라고 말을 하고 십다. 현 사회는 책{임}자 하며 다들 바보가 돼고 만다. 요즘 사람들은 선임을 할 때는 간곡이 세우며 그 후부터는 책임자 손수 일을 하여야 하며 협조라는 것은 차저 볼래야 불 수 업는 일들이 버르진다. 그리고 책임자 하며 평가의 인물이 돼고 말며 앞푸론 책임자는 속이 업쓰야 한다고 생각하며 자신은 속이 잇는 사람이키 때문에 책임자 할 수가 업따고 본다.
"오늘도 보조로 일 명을 쓰찌만 아무 덕이 업는 사람이 돼어쓰며 할 일 만은 사람이 책임자라는 그 말 때문에 오늘도 종일 소득 업는 종일 해을 보내고 마라다."

〈1991년 10월 3일 목요일 날씨 맑음〉

오늘은 재방 성토 작업하는데 농사을 만이 짓는 사람들의 순위로 현장 감독으로 보내고 마랐다.
"오늘은 재방 성토하는데 책임자라고 한번 들리는 일과 채소밭에 나물 하는 것과 두엄 실어내는 것으로 하로 일과을 보내고 마랐다."
그리고 오늘이 집사람 생일돼 감짝해서 고기 한 근도 준비도 못했쓰며 이것도 밥상을 바드면서 미역국이 들어오드라. 그래서 자신은 벗떡 떠오르는 것이 오늘이 집사람 생일이구나. 오늘이 윤심이 생일인돼 고기 한 근도 못사서 어떠게 하나 이야기을 하니까 개안타고 하드라만 넘어나 감짝 했쓰며 메칠 전까지도 집사람 생일이 10. 3日이라고 생각을 하여 왔는돼 재방 성토 문재로 티어 다니라고 깜짝 했나바. 그리고 아이들까지 모르고 넘어간다면 집사람 서운하게 생각을 할까바 너의 엄마 생일 챈기라고 이야기을 하여는돼 너이들도 모르고 잇쓰나 하고 책망을 하니까 딸들 둘리는 저의 엄마 화장품 연지을 사와서 밥상머리에서 저의 엄마에 조금한 선물이라고 하면서 주길에 그래도 잇고 넘어가지는 안해서 한숨을 돌린 셈이다.
오늘 일은 자신이 인생사리을 벌로 살아간다고 할까. 소중한 사람의 생일을 그저 넘어가버리쓰며 만약에 자신의 생일을 그냥 넘어같따면 이것은 용서가 좀 어렵지 않아쓸까 할 때에 상당이 미안점이 만꾸나.

〈1991년 10월 4일 금요일 날씨 맑음〉

오늘은 가을 준비한다고 벼집을 경운기로 실어내고 콩 수학을 익은 것만 뽑아 왔쓰며 집사람은 나물 장사 갈려고 어깔리 배추 뽑와쓰며 쓸 때 업는 배추을 만이 갈라서 큰 두통거리구나. 나물이 넘어나 헌해서 사먹을 사람이 업쓰며 자신은 그냥 버리는 식으로 줄라고 하여도 구미장 가는 사람이 띠어서 할 사람은 업고 이재는 집사람도 시간도 업고 사실 멧 천 한다고 집사람 외먹이기 실어며 돈보다 집사람 외먹는 것이 사실 더 실어며 오늘은 풋고추와 배추을 가지고 가서 만 원 했따면서 좋아하는 모섭을 보니 장사을 시키도 될 것 같떠며 남편 굴머 죽이지는 않캐드라. 집사람 좋아하면서 다음에 갈 때는 감자을 잘 산다면서 감자도 가지고 갈려고 해서 이재는 남편까지 팔아먹을까바 극정 됀다고 하니 다 팔아도 실랑은 안 판다고 해서 웃고 마랐다.
수입에 … 어깔래이 배추 구미 시장에서
10,000원

〈1991년 10월 5일 토요일 날씨 맑음〉
김창길이 우사 정화조 하는 데 일하여 달라고 하여서 전부 옹벽으로 하기 때문에 일하기가 힘이 들며 남들은 벼 탈곡한다고 야단이라 마음이 바파서 일하는 것도 바푸며 내 일은 벼 갈돌리고 자신 수학을 할 욕심으로 오늘 정화조 다 했치울라고 정신업시 하여는데 결국은 다 못하고 마랐다. 정화자 일이 생각을 한 것보다 일이 안돼고 잇드라.
수입 … 채소값 구미 2,000원

〈1991년 10월 6일 일요일 날씨 맑음〉
오늘은 서양바실논 상강벼 탈곡을 하여쓰며 보기는 거름이 적어서 아쉬운 감이 잇드니 그것이 생산이 만이 낯타고 생각을 한다. 콘바이 푸대로 67개 생산함.
"그리고 대신 임배 건유로 콤바이을 돼리고 왔쓰며 이것은 자신도 트랙트로 돈을 벌어 먹는 사람이 타 동에서 돼리고 온다는 것은 하나의 실래가 돼는 일이라고 생각을 하며 본 동에 콤바이 가지고 잇는 사람 바서는 정말 미안점이 만아서 볼 면목이 업꾸나. 그리고 이것이 대신 인배 씨의 건유가 아니면 돼리고 오지 않는다. 외냐하면 자신의 트랙터가 대신 인배 씨의 앞푸로 빼키 때문에 거절을 못해서 자신은 본 동 콤바이 가지고 잇는 사람에깨 욕을 먹는 일을 하고 잇다."
자신도 우리 콤바이 한 대로는 탈곡을 책임저고 할 수가 업키 때문에 미안 일을 하고 잇다.

〈1991년 10월 7일 월요일 날씨 맑음〉
오늘은 복판논에 콤바이 탈곡을 함. 금년 첫고는 수학이 만이 됀 것으로 안다. 그리고 자신으로 해서 타 동에서 콤바이을 돼리고 왔서 벼 탈곡을 하는 사람은 아주 잘하고 잇다. 외냐하며 벼을 베는데 아주 잘 베며 사람들이 섬세하드라.
그리고 금년에는 벼 탈곡을 하여도 옛날처름 바푸지는 않캐드라. 외냐하면 통일벼가 적키 때문에 가을 수학에 여유 시간이 잇따고 생각을 가저본다.
그리고 집사람이 배추 팔 시간이 업쓰서 우리 동내 아주머니가 노상에서 배추 자리을 바다서 파는 사람에깨 긷다만[갖다만] 주고 왔는데 남들이 배추는 안팔린다고 이야기을 하는 것을 보니 그 짓도 못하고 배추 팔로 갈 시간은 업고 큰 문재이다. 개니 배추을 갈라서 큰 두통거리가 돼고 잇다.

〈1991년 10월 8일 화요일 날씨 맑음〉
오전에는 어갈리 배추 시장에 갈다 주로 가는데 준비하여 주는 데 오전 일과을 보낸 셈이며 어갈리 배추을 해수 모친을 두 번째 갈다 주는 날이며 이것을 매일 갈다 주는 것도 여관 힘이 아니며 이것이 돈이라도 만이 하면 재미나 잇따고 하지만 돈원을 적기하기 때문에 더 고통이 따리는 것 같다.
그리고 채소밭에 살충제을 살포을 하였다. 배추벌레가 약을 안 철레야 안 철 수가 업쓰서 그만 약을 살포을 하고 마랐다.
그리고 오후에는 창길이 우사 정화조 공구리 칯는데 그들어 주는 일로 오후 시간을 보내고 마랐다.

〈1991년 10월 9일 수요일 날씨 맑음〉
"오늘은 우리 마을 콤바이는 다들 일거리가 업쓰서 다들 놀고 잇고 자신이 대리고 온 기계는 종일 동안 일을 하여서 손용수

보기에 미안터니 더디어 터지고 마랐다. 오늘 저녁을 먹기 직전에 용수 부인 차저왔서 하는 말이 용수 기계보다 우리가 돼리고 온 기계가 좋다고 하며 선전을 한다드니 자신이 건유을 하여서 저 손님이 떨어전다면서 울면서 이야기을 할 때 그 모섭보기 실어며 외당초부터 이른 너킴을 가지고 잇쓰찌만 이처름 울면서까지 할 줄을 몰라쓰며 자신도 남의 기계을 가지고 왔스팔자을 피는 것도 아니고 나 자신도 당산논에 빠지기 때문에 돼리고 온 것이며 이것을 처음부터 용수 기계로 탈곡을 못한다고 할 사람이 사왕[상황]이 이 지경이 돼고 보니 울고불고 하는 심정을 생각을 하여바야 한다고 말을 하고 십프며 이 사실을 실미 동내로 전화을 할려고 하다 이 사람들이 꼭 작업을 맏치며 술집배서 밤 9시기가 돼두록 이드라 하는 생각에 상점에 가보니 술자석 어울리고 잇드라. 이 사실을 알리고 그만두라고 이야기을 할려고 하는데 술자석에서 한는 소리가 용수가 차로 가면서 광태 벼 푸대을 4푸대을 차로 스치게 하여서 다들 잡바 찟고 벼는 땅바닥에 다 흙리게 하고도 미안타는 말도 업따면서 서운 기색을 보이며 실찌 타 동에서 들어온 사람이 다들 점잔어며 심지어 기계가지 손을 돼어서 부푼이 업따고 전화도 오지. 이것은 용수가 손을 안 대어쓰도 발뺌을 할 수가 업깨 돼어쓰며 자신이 생각을 할 때에 넘어 하여따고 생각을 한다."

"용수도 자기 기계로 우리 동네 벼을 책임질 수가 잇따면 별 문재지만 기계 선택을 잘 못하여서 조금만 빠지도 벼 탈곡을 못하면서 욕심만 부리는 것도 아주 잘못이라고 생각을 한다. 정상인이라면 주민들이 피해을 업깨끔 벼 탈곡을 하두록 도와주어야 한다고 생각을 한다. 자기의 욕심은 주민의 벼는 고실든지[말라죽든지] 말든지 자기 기계로 벼 탈곡을 하여 주어쓰며 하는 마음은 나쁜 사람이라고 말을 하고 십다."

〈1991년 10월 10일 목요일 날씨 맑음〉

오늘은 건답직파단지 견학을 군 지도소 주선으로 칠곡, 구미, 선산, (화혜단지) 견학을 잘하였다. 가는 곳마다 반갑게 돼해주며 대접도 잘 바다쓰며 건답 직파가 칠곡은 족권이 우리 보기에 맡다고 생각을 하며 이름이 논이지 실찌 밭이라고 말을 하고 십다. 그리고 근답직파가 김천, 선산 두 곳은 실패작이라고 생각을 한다.

그리고 자신이 콤바이을 돼리고 오니 말들이 외 만은가 스로가[서로가] 흙떠들라고 들며 심지어 미여온[미운] 친구가 용수 콤바이로 비고 십프도 자신의 건유 때문에 못빗겟따고 고자질을 하고 잇는 모섭을 보니 어느 누구도 밑들 사람이 업고 엔말 그처름 만은지 감을 잡을 수가 업쓰며 나와 용수 사위을 그북하게 묮고 가두록 만들고 잇는 것이 자신으로 이해가 돼지 않는다.

이번 일을 보니 말이 업는 사람은 항상 당하고 잇쓰며 인간이 재일 드러운 동물이라고 말을 하고 십다. 인간은 어느 누구도 미들 수가 업쓰며 어느 누구도 미드서는 당하고 마는 세상이 돼고 잇쓰니 어느 누구을 땃했야 하나.

"자신은 오늘 여르 가지로 느킴과 인간이 이처름 요사스러운 동물인지 밑차 몰랐다."

〈1991년 10월 11일 금요일 날씨 맑음〉

"금일은 윤천회 모친 장랙식에 참석. 교인

들은 부모가 마지막 가는 길에 찬송이 나오는 것을 볼 때 우리로서는 도저희 이해을 할 수가 업쓰며 서르어서 따라 죽을 지경일끈대 노래로서 장래식을 마치는 것을 볼 때 정상인라고 볼 수가 업쓰며 교에 밑치며 이것은 약이 업노라고 말을 하고 십프며 역사가 흐르며 교 때문에 망하리라고 생각을 한다. 교인칫고 목사 하며 신주 모시더시 하고 잇쓰니 기가 찰 노릇이며 오늘도 신자 한 분이 목사 준다면서 산같집의 음식을 싸주는 모섭을 보니 목사 집배는 논 한 마지기 짓찌 않아도 쌀, 작곡이 싸인다드니 그 말이 맡키는 마꾸나 하는 생각이 들며 의이하여 아무 노력 업시 잘 사라가는 것이 이것이 부정이며 마약 자신이 (하느님이라면) 하느님이 잇따면 모한 수법으로 선한 인간을 천당의 길이 잇따면서 유인을 하고 잇는 앒잡이들을 원벌을 주게노라. 사람이 열심히 하여서 여유가 잇따면 이 세상에 살라가는 데 피참한 사람들이 만은데 그분들 돌바주는 길이 인간의 길이며 못댄 목사가 호화스렵게 이 세상을 살라가고 손바닥 발바닥 흙 한 줌 안문치고 일요일마다 벌소리 하는 자을 찬사같이 살게 하는 자는 인간의 길이 아니라고 말을 하고 십다."

〈1991년 10월 12일 토요일 날씨 맑음〉

오늘은 콩지름 콩을 뽑아쓰며 콩나물 콩이 다해야 3대도 안 됄 정도다. 그리고 땅콩 수학을 하고 오늘 오후에는 밭에서 땅콩 수학을 하는데 절먼 사람이 하나둘 모이더니 그만 4명이 오후 내 놀고 마랐다. 올해 가을은 정말 시간 여유가 만은 해라고 말을 하고 십다.

"요즘은 낮잠을 조금식 자고 허들래 일 조금식 하는 것으로 하로의 일가을 보내고 잇다."

〈1991년 10월 13일 일요일 날씨 맑음〉

오늘은 봉답에 찰벼을 베기 시작하여쓰며 금년에는 찰벼가 자신이 농사을 짓고는 최고 만이 하여따고 생각을 하며 그리고 이재 집사람은 장사 물이 들어다. 외냐하며 조금식 여르 가지 가지고 가야 손님이 잇따면서 감자, 고구마, 배추을 조금식 가지고 가는 모섭. 그것도 장보타리을 만들고 잇쓰며 좋아하는 것은 그만춤 능숙하여따고 본다. 이재는 동생들도 푸짐하게 어더 먹은 것도 이재는 끝이라고 볼 때에 동생들과 인정이 머르저는 것이 아닐까. 집사람 장사 물 들며 나누어 먹는 것이 업키 때문에 벌서부터 염려됀다.

"집사람도 언근이 오해을 하는 눈치더라. 이번 추석에 동시들래깨 배추을 마니 갈라서 자네들이 아파트에 파라야 한다고 말을 하여는데 이른 말도 업쓰며 어느 누구도 극정을 하여주는 사람 업쓰니 쪽금 불만을 가지는 것 같드라. 그리고 자신은 시관을 나오는 직후부터 배추는 나누 먹고 하였다. 이른 것을 볼 때 그 고마움을 몰라주더라."

"오늘날까지 채소밭이 두 군데라 다른 작물을 할려고 해도 자신 배추을 갈지 않으며 동생들이 김장배추을 사먹야 하니 그것 때문에 오늘날까지 배추을 갈아왔다. 나의 마음을 몰라주는 것이 마음에 순간순간 걸린다."

〈1991년 10월 14일 월요일 날씨 맑음〉

대신 인배 씨의 소계로 실미 콤바이을 테리고 와서 우리 마을 벼을 20마지기 베고는 콤바이을 우리 마을 사람이 기계을 손을 돼는 바람에 그만 우리 마을에 포기을 할려고 하면서 오지 않을라고 하는 것을 볼 때에 자신만 욕을 보고 마는 격이 돼며 올해 인배 씨 때문에 엄청난 모역을 당하여따고 생각을 생각을 할수록 묘한 사람을 욕을 먹이고 잇따는 생각을 할 때에 가슴 아푼 일이다. 이것은 자신의 일로 욕을 받따면 자신의 잘못이라면 달겟 받겟는데 가만이 잇는 사람을 욕을 보게 하는 것이 마음 아푼 일이다.

"오늘은 봉답논에 찰벼을 집사람과 둘리서 낮수로 벼을 베고 마랐다. 그리고 봉답논에 올해로서 벼농사는 끝이라고 생각을 하며 올 가을에는 사과나무 보식을 한 것을 이식을 하여서 밭읏로 만들 작정이다."

〈1991년 10월 15일 화요일 날씨 맑음〉

오늘은 콤바이 탈곡을 할려고 콩나물 콩, 들깨 소사한 것을 치우는 작업과 벼논에 갈돌리는 작업을 하여쓰며 우선 바서는 선진벼는 조금 일적은 너킴이 들어가는구나. 자신도 내일은 콤바이 탈곡을 선진벼을 할 작{정}이다.

"그리고 오늘 큰집배 골래[골에] 탈곡을 하는 것을 보니 평수는 800백 평인 논에 콤바이 푸대로 40개 낫쓰니 이것은 숭년보다 조금 낫따고 생각을 한다."

〈1991년 10월 16일 수요일 날씨 비〉

오늘은 갈림하는 논 4단지을 콤바이 탈곡을 할려고 하는데 가랑비 방울이 떨어저 마음이 불안하드니 겨우 날씨가 우리 벼 콤바위 탈곡 할 때까지 간신이 참아주어따고 생각을 한다. 만약에 비가 만이 왔떠라면 자신은 가을 일이 상당이 지연이 될 건돼 낢씨가 만이 참아주고 저녁에 비가 내리서 잘했따는 생각이 들며 벼도 만이 낮따고 생각을 하며 기분이 좋아든 날이라고 말을 하고 십다.

오늘 일은 자신으로 바서는 4단지 곡석을 다 만치기 때문에 무리한 일이라고 본다. 그른돼 일이 대니라고 대신 동서가 대신 사람 콤바이 탈곡한다고 와서 그들어주어서 큰 도엄이 돼어따고 생각을 하며 고맡드라. 그리고 집사람 그들어줄라고 가진 외을 쓰는 것을 보며 이상할 정도다. 외냐하며 자신이 일하는 것을 도와줄라고 안간심 다 쓰는 것을 보며 정말 고맡게 생각을 한다. 그리고 내 부인이라고 생각을 하는 것이 아니라 강마른 사람이 너무 도와줄라고 할 때는 자신이 미안할 정도다.

콤바이 탈곡 임숙네 6마지기 92푸대. 경화네 형님 2단지 86푸대 수학을 함.

지출에 라면, 화장지, 치약 12,100원

트랙터 추래라 용접 2,000원 세값

〈1991년 10월 17일 목요일 날씨 맑음〉

어재 비가 방울비로 조금 내리고 마라서 그르치 만이 왔드라면 재신으로 바서는 벼 탈곡한 것이 2단지 벼을 건조시키는 데 우리 부부가 큰 고충을 바들 끈대 이슬비로 내리서 마당만 조금 저절 정도로 왔서 우리 바서는 천만다행이라고 생각한다.

오늘도 벼알 마당으로 널고 이웃 마당으로 너는 데만도 오전이 다 글리드라. 이것이 어재 비가 적으나 왔따면 종일 열어도 시간이 모자랄 정도라고 본다. 사실 어재 비 온다고 해서 우예 일은 만이 하여따고 본다. 사실 어재 비 완 아드라면 반 일로 접버드는데 일을 만이 한 것은 사실이다.
"오늘은 집사람 채소로 하여준 것으로 하로의 일가을 보면 됀다. 그리고 오늘은 어재의 고충으로 오늘은 휴식이라고 보면 됀다.

〈1991년 10월 18일 금요일 날씨 맑음〉
오늘은 기온이 내리간다고 기상대서 예보을 여서서[하여서] 호박을 따는 작업과 집사람은 엇카리 배추을 하여서 해수 엄마에깨 팔라달라고 이 바픈 중에도 같다 주야하며 엇칼리 배추을 만이 갈라놋고 그냥 둘라니 숙모 밭에 갈라키 때문에 도저이 그냥 둘 수도 업는 문재. 팔라니 두 봇따리 해야 집사람 힘만 들지 5,000식 하는 것을 이 바픈 돼 같다주는 일도 보통 고통이 아니며 이것도 배추 가지고 가는 날은 둘리가 손질도 해야 하지 꼭 오전 시간을 그진 다 빼앗킨다고 바야 한다. 자신이 배추 갈란 것이 이처름 고통이 돼리라고 조금도 생각지 못 하여쓰며 자신은 그런돼로 시간이 난다고 보지만 집사람은 시간 업다. 시간은 뒤로 칯고 몸살 직전이라고 바야 하며 넘어 힘드려 보이는 것을 볼 때마다 생각 업는 일을 하여다고 늙 생각을 하며 안스려울 때가 만꾸나.
오늘은 저녁때에 하늘에는 먹구름이 때을 짓어서 몰려더는 모섭을 볼 때에 금새라도 우박이라도 쏘다질 떳 하는 낡씨 때문에 우{리} 식구 전원이 비상이 걸린 샘이다. 우선 이웃 마당에 벼을 먼저 치우자면서 한두 방울 떨어저는돼 정신 업시 푸대 담아쓰며 너무나 바푸니까 일이 더 안돼는 너킴이 들며 아주 바푸니까 물건을 덜어다 낯다[들었다 놨다] 하는 것 반복이 돼 일이 어떠게 돌아가는 줄도 모르게 이웃 마당에는 정리을 다 하고 우리 집배 마당에 벼는 치울라니 힘이 업쓰서 도저이 치울 수가 업더라. 이재는 죽인다고 해도 할 심이 업드라. 그르니 우박이 온다고 해도 힘이 업쓰니 도저이 치울 수가 업드라. 그래서 비가 와서 벼알이 다 떠내려간다고 하여도 할려는 의욕이 업쓰며 아들은 하늘을 보며 극정돼니까 아외 보지 말고 방우로 들어오라고 하예서 그만 자신도 비가 오면 맡추지 하고 방우로 들어가고 마라쓰며 방에서는 집사람 부엌에 밥하는 사람 보고 비가 오는냐 하면서 연신 물어보는 정도며 한참 잊따 집사람 말이 극정말고 방에 잊쓰라고 하길에 하늘을 바라보니 먹구름은 살아저고 힌 구름이 몰려오고 잊드라. 이것을 보고 죽두록 일한 것이 아쉽기 짝이 업꾸나.

〈1991년 10월 19일 토요일 날씨 맑음〉
오늘은 윤두회 씨 콤바이로 마른 논자리는 콤바이 탈곡을 잘하여서 이재는 제일 잘 빈다고 자랑을 하여떠니 임숙네 고속도로 밑 논에 와서 논자리가 빠지니까 일도 돼지 않을 뿐 아니라 벼알을 문개버리는데 가슴 아푸며 이 가슴 아품을 네포[표현]도 할 수 업쓸 뿐 아니라 외당초 국제콤바이는 빠지는 곳에는 안댄다는 것을 알면서 둥안시 생각을 한 것이 후예 돼며 다 짓어 곡석을 문개버리는 것을 볼 때 써라린 마음도 억재하기가 힘이 들며 논 주인 자신보다 드 가슴 아푼 일이라고 생각을 하며 결국을 해결을 하지 못하고 다 지어논 곡석만 손실을 시킨다면서 콤바이는 논자리을 나오고 마랐다. 자신으로 바서는 벼알 손실하는 것 바서는 잘됀 일이라고 생각을 한다.
"저녁 너깨 집사람과 둘리 오니 아들 셋이가

그 만은 나락을 푸대 담아낮서 눈이 다 띠드라. 이것이들이 그만은 벼을 담아쓰니 을마나 힘이 드렷깨나 하고 안스려우며 정말 대견스렵꾸나. 너위들이 아빠 일을 도어니 정말 고맙다. 무시든 먹고 십픈 것 이야기 하라고 이야기을 하려고 해도 개안타면서 이야기을 하지 않드라. 우리가 해도 무리한 일인돼 아들이 다 했쓰니 정말 고맙다."
"오늘 아들이 벼알을 만친 것이 5마지기 폭을 다 했쓰니 수고가 만아따고 생각을 한다."

〈1991년 10월 20일 일요일 날씨 맑음〉

오늘은 조합 주체로 민속체전이라고 아포조합원을 한자리에 모여서 마을 단위로 경기도 하고 노리라곤 다들 한 셈이며 다들 경기에는 관심도 업고 술자리에 안저서 절기는 것밖에 업쓰며 마지막에 마을 단위로 노래자랑 하는데 열이을 보이며 연외인을 초청을 해서 사회을 보고 하니까 열기을 볼수가 잇쓰며 연외인도 3류 정도 5명을 초청을 해서 노래자랑에 분이기을 만들어주는데 잔취 분이기을 살리주는 너킴이 들드라. 그리고 마을 대표로 나와서 노래을 부르는 돼 다들 잘들 놀드라. 자신도 마음적으로는 무대에 올라가서 놀고 십픈 마음이 들어가드라. 오늘 잔치에 이 바픈 중에도 만이들 참석을 하여준 것을 보니 조합원 가정마다 경품권이 잇키 때문에 끝까지 사람이 만아따고 생각을 한다.
"오늘 일은 잔취는 잘했따고 보지만 자신이 생각을 할 때는 낭비 죠로 생각을 하고 십다. 이번 잔치의 예산이 12,000,000만원 잡는다고 생각을 할 때에 엄청난 돈이라고 생각을 한다."

〈1991년 10월 21일 월요일 날씨 맑음〉

큰집배 콤바이 탈곡하는데 종일 거들어쓰며 구미 큰 기계가 탈곡을 하는데 정말 잘하드라. 오늘 큰집배 콤바이 탈곡을 10말 5돼지기을 하여쓰니 하로에 만이 한 셈이다.
그리고 오늘 임숙네 고속도 밑에 콤바이 탈곡을 중단한 것을 큰 기계로 작업을 하니까 빠지는 돼 신경도 쓸 필요도 업고 시원스렵게 벼 탈곡을 하여서 마음이 쉬원하드라. 입지 족끈이 나푸니까 벼알이 손실이 돼어도 별로 신경이 들 쓰이는구나. 오늘은 콤바이 탈곡을 안알라고 할까바 극정을 속으로 만이 한 것은 사실이다.
올해는 가을 낡씨는 정말 잘한다. 낡씨 잘해 벼알 말류는 데 극정이 업쓰며 올해같이 가을 낡씨 좋은 해도 아주 더물다고 보고 잇다. 올해 가을 낡씨 바서는 농사을 더 지엇쓰며 하는 욕심이 생기는 가을 낡씨라고 말을 하고 십다.
(임숙네 (고속도로 밑) 42푸대 콤바이 푸대)

〈1991년 10월 22일 화요일 날씨 맑음〉

오늘은 세집배 웃뜰논 두 단지에 89푸대 수학함. 오늘 기계 고장만 아니면 웃뜰래 셋 단지 다 콤바이 탈곡을 다 하는데 우리 두 단지만 탈곡을 하고 수리하로 가서 자신으로 바서는 반 정도 탈곡을 하다 고장이 낮따면 밥을 해야지 아침 이슬밭에 탈곡을 해야 하지 여로모 피해가 돼는데 잘 됀 셈이다.
이재는 자신도 두 단지 만이 쓰러진 벼을 탈곡을 하여서 금년 농사는 다 했는 너킴이 들며 이재 남은 것은 셋 단지 남아는데 이것은 콤바이 탈곡을 안해도 다 할 수 잇는 마음의 여유가 생기며 사실 내 마음은 벼 탈곡을 다 한 기분이다.
웃들에 두 단지 콤바이 푸대로 89개 (수학함. 선집벼)

〈1991년 10월 23일 수요일 날씨 맑음〉
웃뜰래 굼논에는 콤바이 푸대로 40개 수학을 하여는데 처음 출수을 하기 전에 물에 자물씨서[잠겨서] 벼알이 들지 않을 것으로 내다본 것이 다행스럽게 벼 수학을 생각보다 만이 수학이 돼어쓰니 다행한 일이라고 생각을 한다. 벼 출수 전에 침수가 하로 정도 논 물에 자물시도 벼 연거는[영그는] 데는 별 지장이 업다고 생각이 더는구나.
"자신은 금년 농사는 잘 짓어따고 생각을 한다."
웃들 굼논에 콤바이 푸대로 40개 수학함.
"우리 혜영이가 우리 아빠 넘어나 고댄 일을 한다고 박카스 한 통을 싸와서 아빠 피로해복재라면서 줄 때에 이 박카스 한 통을 적은 선물이지만 이 아빠는 정말 고맡드라. 우리 혜영이가 저의 아빠가 고댄 일을 하고 잇따는 생각을 가저준 것이 무엇보다 정말 고맙다."
지출에 … 아들 줄라고 (인삼) 15,000원

〈1991년 10월 24일 목요일 날씨 흐림〉
당산논에 갈돌리는데 오후 네 걸리쓰며 오늘은 벼 가마니을 세집배 벼 가마니 23가마는 재주고 이것도 밤 8시경에 포게 주어쓰며 오늘은 밤 9시까지 늙 헤야 하는 신세 따령도 하여다. 오늘 이웃 마당에 벼까지 다들 담아서 치우야 하는 형편이며 오늘 일이 제일 만으며 오늘만 벼 가마니을 치우며 가을거지는 다 한 것이나 다름이 업는 일들이라고 생각을 한다. 그른돼 벼 가마니 48가마을 높이 재야 하는 돼 우리 부부 힘으로는 도저이 할 수 업쓰며 미리 힘을 다 패어서[빼서] 급을 먹을 정도로 기진맥진 할 정도에서 이 마는 가마니을 치우야 하는 마음이 사실 상실대어 잇쓰다. 우리 부부는 아들이 밤 10시경에는 다들 오기 때문에 그때까지 기다리서 하자고 하면서 아들 오기만 기다리고 마랐다. 아들이 다들 집배 잇쓰니 힘이 조금 생기는 것 같떠며 저녁상을 밭고 우리 전부가 저녁을 먹고 저 벼 가마니 재는 돼 도와주야 한다고 이야기을 하니 선뜻 도와줄라고 말을 해서 고맡드라. 저녁밥을 먹고 온 식구가 벼 가마니을 만치니 벼 가마니가 날아가는 것 같드며 이재는 자식 도엄을 바들 때가 잇꾸나 하는 너킴이 들드라.
수입에 어갈리 배추값 7,000원

〈1991년 10월 25일 금요일 날씨 맑음〉
정부에서 추곡 매상량을 통일벼 150만 섬 일반벼 700백만 섬 밭돼 100만 섬은 조합에서 바다드리기로 하여쓰며 그리고 일반벼 인상은 7%로 올리는 것을 볼 때에 기가 찬다. 다른 물가는 50% 이상은 올라가는 돼 추곡만이 7%로 올리는 것은 농민은 죽어라는 말과 같다. 앞푸로 내년이 선거인돼도 농민을 죽이고 잇는 것은 선거을 다 치루고 난다면 농민은 아주 죽이자 하는 것과 다름이 업다. 이번 선거에는 농민들도 더 속찌 말자. 농민들이 늘 술 한 잔에 속아서 정당을 표을 준 것이 오희려 농민의 목을 졸라왔다는 것은 누구을 땃을 해야 하나 할 때에 가슴만 아푼 일들이다.
"우리 농민들이 고충을 당하고 잇는 것은 정부 정치 잘못이라고 말을 하고 십프며 우리 농민이 살려면 이번 선거는 띠집어야 우리 농민이 숨을 쉬어가면서 살라가리라."
오늘은 봉답벼 낮수로 벼베기에 들어 같쓰며 매년 손으로 벼베기을 할려니 힘이 만이 들어간다. 앞푸로는 벼농사는 안전 사양길이며 농민이 살라갈려며 벼농사을 빨리 집어치우야 살아남을 수가 잊따고 본다.
"통일벼는 작년 가격으로 동결을 해서 150만 섬 바다더리겟따니 우리 농민은 콤바이 싹은 마지기당 4,000원식이나 올라는돼 매상가격 일반벼 7%푸로 올리는 것은 농민의 실정을 모르고 잊따고 말을 하고 십다."

〈1991년 10월 26일 토요일 날씨 맑음〉
오늘로서 봉답벼 베기는 끝을 냇쓰며 손으로 봉답벼을 다 베니까 힘이 들 뿐 아니라 올해로서 벼농사는 끝이며 마지막이란 것을 생각을 하니 마음적으로 한결 편한 점이 이꾸나.
이재는 가을 추수만 끝을 낸다면 폭크랜을 불려서 사과나무 이식 준비을 해서 사과나무 과손을 만들 작정이다. 이재는 우리 농민도 쌀농사로만 살아갈 수 업는 세대가 왔따고 보고 봉답논은 하로 빨리 쌀을 탈피을 해야 한다고 생각을 한다.
"정부 정치 잘못으로 농업이 사양길로 들어간 것을 잡찌 않코 방치을 하여두며 10년 안에 농촌 기반이 허물어 질 뿐 아니라 우리 조상들의 손때 무든 옥토가 잡초로 변하고 주식이 돼지 않는 과일밭으로 변하고 말 끝을 생각을 하니 기가 찬다. 우리 후손에깨 무엇을 난겨준다 말인가. 만약에 정치인이 정치 잘못으로 패가망신이 돼며 그때는 누가 책임을 전단은 말인가. 극정이 돼는구나."

"나라가 발전을 할려면 한 곳이라도 저버리는 것이 업쓰야 하며 한 곳을 버리게 돼며 결국은 다 버리게 돼는 법. 우리 가정에서 자식이 10면인 돼 9명의 자식은 유산을 만이 주고 1명의 자식은 천대을 하게 돼며 결(국)은 9명의 자식도 살아갈 수가 업쓰며 홀란 때문에 다 망하는 것. 정치인들이여 버리는 자식 업시 꾸김업는 정치을 간곡이 발알 뿐이다."
"우리 농민들은 넘어나 울려서 이재는 더 울 기력도 업는 농민 버리지 말고 손이라도 잡을 수 잇는 거리에 두어 달라는 말밖에 업다."

〈1991년 10월 27일 일요일 날씨 맑음〉
오늘은 큰집배 찰벼을 탈곡기 탈곡을 하는데 그들어주어쓰며 올해는 300평에 찰벼을 하여서 오늘 오전에 벼 탈곡을 맡치고 마랐다.
엔날에는 벼 탈곡을 손우로 벼을 다 베서 탈곡기 타작을 어떠게 했쓸까. 옛이야기가 돼버리꾸나. 이것이 10년 주기로 이처름 변했왔꾸나 생각을 할 때에 놀랍게 발전도 하여따고 생각을 한다. 이재는 머지않아 논바닥에 기계만으로 탈곡을 할 때가 머지않아따고 생각을 하며 선진국에서는 논바닥에 기계만으로 탈곡을 하고 잇따는 이야기도 잇다.
오늘 큰집배 탈곡하는 데 그들어주면서 옛날에는 손우로 전부 다하여쓰니 사람 몸이 을마나 상해쓰며 요줌 사람들 손우로 탈곡을 다 한다면 아무도 농사을 짓을 사람 업따고 본다. 우리 이십대만도 살기가 힘이 들어 고통도 정말 만아다.
수입에 어갈리 배추값 8,000원

〈1991년 10월 28일 월요일 날씨 맑음〉

오전에는 우리 어갈리 배추 팔아주는 아주마 무우 한 발리 실어달라고 하여서 경운기로 한 발리 실어주는 것으로 오전 일과을 보내고 마랐다.

오후에는 대신 경호 콤바이로 당산벼 탈곡을 하는데 한 박기 도는 돼 콤바이가 억찌로 나갈쓰며 자신이 생각을 하여도 빠지기 때문에 탈곡을 못할 것 같드라. 그리고 매년 도구 단속을 소월이 한 것이 이제 왔서 표가 나는구나. 결국은 두 마지기는 콤바이 탈곡을 하고 남어지 1마지기는 손우로 베어서 마른 땅으로 온기는 작업을 집사람과 둘리서 하느라고 마음과 고통과 다들 바파스며 조금만 드 돼어도 못갈 정도로 고통이 따리다. 이것을 마지막 야간작업을 하는데 생각찌도 안은 사람이 4명이나 와서 어더어 길도 보이지 않는돼 그들어주어서 넘어나 고맏드라. 요줌 일이 다들 육체인 고통이 다 따린다고 보는데 다들 지나가지 않고 와서 그들어주는 것을 볼 때 넘어나 고마어서 술집배 돼리고 가서 술을 바다 주어다. 정말 오늘 일은 고맏따는 너킴을 제일 만이 바닷다.

지출에 술값 맥주 6,800원 셋값 4,400원
計 11,200원

〈1991년 10월 29일 화요일 날씨 맑음〉

금일은 벼집을 처음 묶끄 보앗쓰며 피료가 누적이 돼어 잇쓰서 그른지 벼집 묵는 돼임이 들어 오전만 묵고 오후에는 봉답 벼 탈곡을 경운기로 할려고 찰벼만 모다 두는 작업을 하고 내일을 대비하느라고 고돼 일을 피한 셈이다.

수입에 트랙터 노타리값 60,000원

〈1991년 10월 30일 수요일 날씨 맑음〉

오늘은 봉답벼 탈곡을 집사람과 둘리서 하는돼로 하고 내일까지 할려고 들은는데 오늘 형님과 형수 둘리가 와서 다행이 일적 벼 탈곡을 맡치다.

오늘 형님이 도어지 않아따면 내일 혜지가 시험을 마지막 찿기 때문에 내일 혜지까지 힘이 들어야 하는데 형님 때문에 오늘 벼 탈곡을 다 마치고 올해 벼 탈곡을 오늘로서 안전이 맡치고 마랐다. 집사람은 작년보다 수학이 적으서 아쉬어 하드라만 자신은 수학은 뒤전칯고 벼 탈곡을 오늘 맡치게 돼어서 마음이 제일 편하드라.

올해 가을 낢씨가 좋아서 우리 부부가 편해따고 생각을 하며 만약에 이 만은 농사에 가을 낢씨가 시원찬아따면 안전이 지친 몸이 돼고도 남을 정도로 일 량이 만아따고 생각을 하며 자신이 생각을 하여도 이처름 무리할 것 업따고 보는돼 자신이 너무 욕심을 만이 부리고 잇다. 사람이 욕심을 버리고 살며 만사가 편하다고 본다.

"그리고 올해는 봉답논은 올해로서 벼농사는 끝이라고 생각을 하며 사과밭이 돼든 말든 올 가을은 폭크랜을 돼어서 사과나무을 이식을 하고 말크다."

〈1991년 10월 31일 목요일 날씨 맑음〉

오늘은 지친 몸을 풀기 위해서 사실 휴식이나 다름이 업다. 콩 꼬투리 조금 대는 것을 방망이로 두둘리서 콩 타작을 하여다.

"우리 혜지가 올해는 벼 가만이가 만타고 입을 자주 벌리고 잇는 것을 보니 우리 부부보다 우리 혜지가 벼 가마니가 만으니까 더 좋은가바. 우리 부부도 여름 네 땀을 흙린 대까을 이 만은 가마니을 보고 잠쉬나마 마음이 찬 기쁨을 가질 수가 잇꾸나. 우리 집배 250가마니을 재어 노니 온 집배 벼 가마니처름 보이며 마음적으로는 일 년 네 두고 밭쓰며 하는 심정이다.

지출에 … 이발료 3,000원
보험료 값 10,900원 〉 13,900원

〈1991년 11월 1일 금요일 날씨 맑음〉

오전에는 고구마 조금 돼는 것을 마저 수학을 하고 금년도에 거두어 드릴 것은 무우, 배추만 남은 셈이며 올해 가을은 정말 백점을 주고 십픈 낡씨만 개속하고 잇다. 가을 하늘이 맑은 땃에 농민들이 을마나 편하며 계핵한 대로 일이 돼어 간다고 생각을 한다.

오후에는 벼집을 묵끄서 실어올려고 트랙터을 몰고 들판을 나가보니 항금물결 치든 들판에 한금빛은 다 어뒤로 가고 벼집 묵는 농부들만 이곳저곳에서 일하는 그 모섭만 보이며 들판에 허전한 감만 감도는구나. 그리고 또 한 해가 넘어갈꾸나 하는 생각에 잠기는구나. 이재는 허전 들판으로 변하고 마라쓰니 그 모섭 보기 실꾸나.

〈1991년 11월 2일 토요일 날씨 맑음〉

오늘 오전에 벼집을 혼자 묵는 돼 지루한 감이 들어서 남들보다 조금 일적 작업을 마치쓰며 오전에는 자신이 일을 마치고 들어오니 남들도 따라서 작업을 마치드라. 그래서 자신도 아무 마음이 업시 오전을 보내고 오후에 집 묵끄로 나가니 오전에 일을 한 사람들이 시지도 않코 나와서 벼집을 저만춤 묵끄드라. 자신은 정심을 먹고 나니 피료에 못익여 조금 누어떠니 그새 잠이 들어 오후 2시가 돼는 것을 보고 들판에 나가니 사람들이 벌서 나와서 벼집을 만이 묵끄나서 자신도 체력이 제일 따리는구나 하는 생각이 들며 자신도 오늘 넛스들어서 적키 한 것을 다 하여야겟따는 생각으로 남들이 다 들어가는 것을 보고 경운기에 한 발리 실어서 작과밭에 부루고 오니 밤이 어더어서 길도 모를 정도가 돼드라.

"사람이 남을 비와게 쉬운 돼 남을 보지 말고 자신의 소신 것 일만 하게 돼면 그것이 인생 생활에 재일 행복한 것이다."

"집사람은 큰집배 사과 따주로 갈쓰며 집사람이나 자신이나 일복이 만은 사람이라고 생각을 한다."

〈1991년 11월 3일 일요일 날씨 맑음〉

금일은 둘리서 벼집 묵끄서 트랙터로 실어 드리는 작업을 하여쓰며 트랙터에 실어서 벼집 실기가 아주 술라며 엄청나게 만이 실게드라. 사람이 물건 값을 모르거든 돈을 만이 주라드니 비싼 물건이 좋다는 것을 다시 한 번 너켜다.

"오늘 일은 생각 부주위로 너무나 저물게 작업을 하여쓰며 벼집을 마지막 실을 때 논바닥이 잘 안보여쓰나 이것은 요줌 바픈 일도 업는데 이처름 저물게 할 필요가 업는데 하면서 다 실어면서도 아쉬운 감이 가지 않는구나."

"정부 정말 넘어나 농민의 심정을 모르며 묵묵하다고 이처름 허신짝 버리드시 버리고 잇꾸나. 이번 통일벼 150만 섬 작년에 예시한 것을 말로만 150만 섬 밭는 결과 돼는구나. 처음 농민들이 침종을 할 때에 정부에 통일벼 150만 섬 밭대 가격을 올려 주지 않코 올해 가격으로 바다드린다니까 농사 적키 하고 기찬타는 뗫으로 남들 다

주고는 이재 와서 정부 발포가 통일벼 예시한 것이 통일벼을 안 지어떠라도 일반벼로 통일벼 예시한 것을 바다 준다고 하니 이재 와서 수학을 조금이라도 더 해서 돈을 벌라고 남외 것으로 통일벼 예시한 것을 더 돼어 보겟따고 통일벼을 더 한 사람은 음청난 손예을 보게돼어 잇다."
외냐하며 정부에서 통일벼 예시량을 일반벼로 대치로 돼어 줄라고 하니 초봄에 침종할 때 한 말은 다들 허사가 돼고 스로들 통일벼 예시량을 돼어 볼라고 발부등을 칯고잇쓰니 대치 농사로 통일벼 농사을 만이 짓어난 사람들은 멍하게 정부 하는 것만 바라볼 뿐 정부 정책 한심하다고 말을 할 뿐이다.
"이 곳도 정부에서 통일벼 골치가 아푸다면 통일벼을 몿하게 하고 통일벼 예시량을 돼치로 일반벼을 돼어 주겟다고 이야기을 하여쓰며 이른 폐단이 일어나지 않는 것이며 일반벼을 하며 콩 먹고 알 먹는 식인돼 누가 이것을 말고 골치 아푼 통일벼을 할 사람이 어띠 잇나. 자신은 늙 정부 정책 코앞도 못보고 정치하는 정부 좋아하지 않는 한 사람이다."
지출에 … 대신 역전에 순달이 처삼촌
회갑에 10,000원

<1991년 11월 4일 월요일 날씨 맑음>
집사람은 김천시장에 참기름 짜로 가고 자신 혼자 벼집을 묵는 돼 시간이 지루할 뿐 아니라 작업량도 적개 하는 너킴이며 시간이 지루해서 도저이 혼자는 못하겟드라.
"다들 잘하드라. 들판에 벼집이 잘 줄어들며 이재는 빈자리가 만으며 수일 내로 벼집 거더어더리는 작업도 끝이 낡 껏 같꾸나."
지출에 기름 경유 200리터 30,740원

<1991년 11월 5일 화요일 날씨 맑음>
금일은 매상 준비을 통일벼만 하여쓰며 오늘은 큰집배 56개 새집배 35개을 준비을 하여 주어쓰며 이번 11月 7日 매상에는 작년도 통일벼 예시한 것만 매상을 바다줄라고 하는데 통벼 농사 짓어난 것을 다 넘어줄란지 모르겟꾸나. 실찌 예시량은 우리 마을에는 적은 량이라고 생각을 하고 잇다.
"금년도 통일벼을 약삭바르게 침종을 할 때에 남외 것으로 더 침종을 한 사람들은 요즘 골치을 만이 알고 잇다. 사람이 말로서는 모든 일의 약속은 다들 허사라고 본다."
"그리고 11月 7日 (0)시부터 훼발유 값 인상됀다고 하여서 큰집배 갈리기 목스로 면세유 휘발유 1말을 끈어쓰며 정부 하는 짓은 미드저지 않으며 기름 값은 절때 올리지 않는다고 한 지가 일 년도 안돼어는데 이미 휘발유는 오른다고 발표을 하여쓰며 등유, 경유도 따라서 올릴 계핵이드라."

<1991년 11월 6일 수요일 날씨 맑음>
금일은 오전 내 자신 끄 매상 준비을 하여쓰며 58가마니 묵끄 논 것이 매상 가마니로 안전이 묵끄니 73개로 늘어나드라. 모두들 벼알 굴따면서 좋다고 하드니 생각보다 만이 늘어낫다. 처음에는 통일벼을 다 못돼고 난굴 줄 알라드니 이재 와서는 나중에 매상을 일반벼로 돼치을 하여 주리삼아도 우선은 통일벼을 다 널 수가 잇따고 하니 한시름 낮따고 본다.
그리고 우리 운이가 마음의 내표을 하지 않아도 아포 기계과에 가고 십프하는 눈치드라. 그른돼도 자신은 세대가 전문대학이라도 시키주어야 한다고 생각을 해서 중앙에 원세을 내어보라고 이야기도 하여쓰며 운이 말이 중에 떨어저며 어떠게 할려고 극정을 하며 자신도 중앙이 매년 미달이라도 올해도 미달이란 생각으로 중앙에 가서 운이가 공부을 하여야지 하고 니우침이 들어 열심이 하며 전문대학이라도 시킬 수 잇따는 욕심 때문에 중앙을 내어보라고 건유을 하여찌만 한편으로는 공부에 죽어라고 하고 치미가 업는 공부을 시킬 욕심으로 중앙고등학교을 넘어바야 아포처름 농띠나 쵳고 하며 부모 골통은 뒤로 가고 본인 신세도 망치는 길이 아니냐 하고 생각이 머리에 들어올 때 학교 질로가 힘이 들며 여르 번 망스리쓰며 혜영이도 운이 중앙 가서 교과서 엄청나게 불어나고 공부에 치미가 업쓰며드 농띠 댄다고 아포 기술과 너어라고 이야기도 하지만 요즘 세대는 전문대학이라도 나와야 하는 세상인돼 하는 마음만 머리에 콱 차며 어떠게 선택이 돼지 않트라. 그래서 오늘 운이에깨 (전기과) (기술과) 두 가지가 잇따고 하니 기술과 원세을 내고 만약에 성적이 안댄다고 (전기과) 가라고 하그든 가지 말라고 부탁을 하여쓰며 만약에 아포 기술과가 안대며 중앙고등학교 넘어서 안돼며 재수을 시킬 욕심 가지고 마랐다. 운이가 반에서 30등이라도 한다면 자신이 어찌라도 부리서 중앙고등학교 넘어서 전문대학을 꿈을 꾸어 보겟는데 넘어나도 공부에 치미가 업는 아이라서 학교 지망도 어렵꾸나.

오늘 아포 종합기술과는 특차라면서 오늘 원세을 낸다기에 기술과 내고 전기과 가지 말라는 부탁만 하고 마랏다. 그른돼 운이가 평소 때보다 일적 오드라. 그래서 너 공부도 하지 않고 오는 것이 아니냐 하니까 오늘 원 내는 날이라면서 선생님 일적 보내준다면서 일적 왔따고 하드라. 그르면서 아포 전기과 기술과 다들 미달이라면서 다들 합격했따고 이야기을 해서 잘댄 일이라고 하여도 운아 이재는 사회에서 살아가자면 기술이 잇쓰야 살아갈 수가 잇따면서 열심이 하라고 당부만 하고 마랐다.

"자신도 생각을 해볼 때에 우선 바서는 잘됀 일이라고 생각을 가저본다. 공부에 치미가 업는 아이 졸라바야 고충만 더 하지 별다름이 업따고 본다. 우리 운이 원서는 잘냇따고 생각을 하며 잘됀 일이라고 말을 하고 십다."

〈1991년 11월 7일 목요일 날씨 흐림〉

오늘이 우리 마을에 매상 날인돼 기상대에서 비가 한때 온다는 예보가 잇쓰서 매상 날이 연기나 대지 않을까 하는 염려을 만이 하여는데 다행이 매상이 끝이 나두록 참아 주어서 고마은 날씨을 하여따고 생각을 한다.

"오늘 매상은 생각보다 2등이 만이 낫따고 생각을 한다. 매상 가마니 73가마니 중 1등 65가마, 2등 8가마. 2등이 8가마나 나와서 서운감이 더는구나."

"그리고 매상을 하고나니 마음 개운하지 않코 어딘가 모르게 마음 한 구석에는 서운함이 감도는구나."

"그리고 통일벼는 금년으로 마지막이 돼며 이재는 정부에서 통일벼는 도태 시킬라고 들며 이 통일벼야 말로 우리 국민이 보리고개을 해결씨긴 벼라고 생각을 한다. 우리 국민이 요만춤 살라가는 것도 통일벼 덕이라고 생각을 한다. 통일벼가 벼씨 쵳고 한

고비을 넌긴 통일벼 상앙[상황]은 우리 국민이 천대을 하여서 않댈 벼씨라고 말을 하고 십다."

(금일 매상량) 73가마 중 1등 65가마
2등 8가마
計 73가마

수입이 … 매상량 73가마.
총 금액 2,735,010원

〈1991년 11월 8일 금요일 날씨 맑음〉

오늘은 작과밭에 벼집 실고 집사람은 벼집 묵는 작업을 하여쓰며 벼집 만치는 사람은 그 넒번 들판에 우리 부부밖에 업쓰며 다들 벼집은 그대로 잇는데 사람들은 무엇을 하고 잇는지 들판에는 사람이 보이지 않는구나.

"요줌도 잠자리에서 일어날려면 죽깨다는 소리가 절로 난다. 우리 부부가 잠자리에 일어날 때는 피료가 다 풀리지 않는 몸 일어나는데 그 고충 말을 다 할 수 업쓰며 내일이 조금 낮깨찌 하는 마음으로 잠자리에 일어나는 고충을 달래본다."

〈1991년 11월 9일 토요일 날씨 맑음〉

집사람은 봉산 누님 집에 자형 회갑이 내일 돼 금년에는 회갑하며 안좋다는 소리가 나와서 그 동네는 금년도 회갑을 마지하는 사람 다 회갑을 하지 않는다고 하면서 내일 아침 식사 정도 집안만 나누어 먹는다고 집사람 일 좀 도와달라고 하여서 집사람과 형수 다들 갇쓰며 자신은 벼집을 묵꼬 실어드리는 작업을 하는데 혼자는 무선 일이든지 불가능이라는 너킴이 들며 벼집을 실어드리는데 고충이 만터라.

"우리 혜지 정기 대학은 자신이 업따면서 시험도 않 철라고 하지 이 아빠는 딸라지 학교라도 정기 대학 관판 따서 시집이나 좋은 대 보내자 하는 생각밖에 업꾸나. 우리 혜지 실력으로 전기 대학을 바랄 수 업고 전문대도 좋은 곳은 실력이 안댄다고 보나 이 아빠 남달리 공부을 해야 한다. 너이들은 삼 년만 열심이 노력하며 평생을 편하게 이 세상을 살라간다. 만약에 삼 년 노력이 시은찬으며 평생을 아빠처름 일을 해야 살라간다고 뉴차 이야기을 하여쓰며 부모 처고 자신만춤 공부하라는 사람도 업따고 보는데 결과가 이래 돼고 보니 마음속으로밖에 원망을 못하고 잇는 이 아빠가 스렵꾸나. 인간이 자식 만돼로 안대는 것이 인간이라고 말을 하고 십꾸나."

지출에 … 전기세 값 2,500원
수입에 … 풋고추 값 10,000원

〈1991년 11월 10일 일요일 날씨 맑음〉

금일은 누님 집배서 아침밥 형재와 집안만 나누어 먹는다고 우리 형제가 형님, 순달, 셋시가 먼저 가서 아침밥을 어드먹어쓰며 실찌 오늘이 자형 회갑날인돼 올해는 회갑을 다들 하지 않는다면서 자형도 회갑을 하지 않고 아침밥만 나누어 먹은 셈이 돼며 그리고 오늘은 그른돼로 자형 집에 한참 놀아야 하는데 형님은 예식장에 간다고 밥만 어더먹고 오트바이로 오고 마라쓰며 누님은 좀 서운하지 않아는가 몰겟꾸나.

그리고 구미 목화예식장에서 김원태 장남 결혼식을 올리는데 답례품으로 봉투에 3,000원 너어서 주는 일을 보면서 부주하는 명단을 보니 가까운 사람 먼 사람 부주계돈 올리는 모섭을 보니 단번에 표가 나며 그리고 김원태는 남외 잔치에 가지 않고 집배만 바켜 잊는 사람이 어이 파트리지 않코 골고루 한 것을 보니 여사로 안보이며 겨우 면만 잇따면 청첩을 다 한 것으로 본다. 이것을 보니 다들 이처름 사욕을 부리니 의이하여 얼굴을 들고 남외 예식장에 참석을 하는 사람은 주일 다가올까바 극정 됀다고 말을 하며 오늘도 오성예식장에 가야한다면서 음식도 들지 않코 가는 사람들이 만트라. 이것을 볼 때에 서로들 자재을 해야 하는데 서로가 장사을 할려고 이름 석자도 잘 모르는 사람에깨도 청첩을 내어서 장사을 할려고 더니 기가 찬다.

"오늘 김원태 씨도 부주가 2,600,000원 들어왔쓰니 조금식 다닌다고 하며 장사 할마나다고 본다."

지출에 … 누님 집에 30,000원
김원태 장남 결혼식 10,000원
計 40,000원

〈1991년 11월 11일 월요일 날씨 맑음〉

오늘로서 봉답 벼집 말고 벼집을 사실 정리을 다 한 셈이다. 그리고 무우 수학도 남들보다 팔리 수학을 하고 마랐다.

"그리고 우리 어갈리 배추 팔아주든 아주마 배추을 실어주는 작업을 하여쓰며 자신은 잠쉬도 실 여가 업는 사람이라고 말을 하고 십꾸나. 사람이 일을 만이 하여서 버는 것은 실찌 버는 것이 아닌돼 늘 대책을 차저 볼라고 머리을 쓰바도 차절 길이 업꾸나."

지출에 … 전기 안전기 두크비집 9,000원
혜지 감기약 4,000원

〈1991년 11월 12일 화요일 날씨 맑음〉

오늘은 임숙네 벼집 실어 달라고 하여서 트랙터로 5섯 바리 실어주어쓰며 경운기로 실는다면 종일 실어도 못 다 실을 량이라고 보는데 트랙터로 실어니까 만이 실고 작업도 경운기보다 간편해서 오늘 실적 실어다.

"임대 농사에도 가다리가 넘어나 만타고 생각을 하며 대신 1, 2동은 가다리는 전연 업따고 하는데 우리 마을에는 절먼 사람이 넘어 만아서 아직은 가다리을 하면서도 남외 논을 할려고 하니 업는 사람들이 고충이 만타."

〈1991년 11월 13일 수요일 날씨 맑음〉

집사람은 큰집배 사과 선별 하여주로 가고 자신은 피료 때문에 집배서 휴식을 한 셈이다. 오늘 휴식을 할려고 방에서 딩굴고 잇쓰서도 피료는 풀리지 않는 너킴이 들며 오희려 피료가 가중대는 너킴이 들어 집안일 조금 하는 것으로 오늘 하로을 보내고 마랐다.

〈1991년 11월 14일 목요일 날씨 맑음〉

금일은 자야네 부친 회갑 준비한다고 그들어주로 갈쓰며 돼지는 어재 다 잡고 오늘은 변도 130개 싸는 정도로 일을 하여쓰며 오늘 일 보로 온 사람이 넘어나 만터라. 이것을 볼 때에 사람은 선하게 살라야 한다는 것을 너킬 수가 잇다. 자야 엄마가 두 번째 들어온 사람이 넘어나 좋은 사람이며 이 사람은 구전 일 마른 일 할 것 업시 동네일이라면 다 가서 하여주는 사람이라 일 바주는 사람이 처밀리타고 생각을 하며 오늘 손님은 다 자야 엄마 노력의 대까 손님이라고 말을 하고 십꾸나.

"요줌 사람들은 늙 손에 보는 사람 쪽에 사람이 따리지 본전 다 찾는 사람예깨 사람이 따리지 않는다. 이것을 볼 때 약삿바르게 살아가면서 따리는 업시 살 필요가 업다고 생각이 들어가는구나."[43)]
지출에 트랙터 값 원금 1,000,000
이자 169,610원.
(1,169,610원 상완함.)
트랙터 엔진오일 값 16,800원
計 1,186,410원

〈1991년 11월 15일 금요일 날씨 맑음〉
금일은 자야네 부친 회갑이라 그들어주로 갇든이 아이들이 만아서 별로 거들어주지 못하고 마라다만 오늘 잔취는 음식은 아주 만아쓰며 오늘 음식으로 정식 잔치을 쳤도 됄 음식인돼 집배 오는 사람만은 부주을 밭게따고 해서 실찌 부주 손님은 을마 돼지 않으며 그 만은 음식만 소비만 돼고 마랐쓰며 특이 동네로 음식을 내주고 또 집배서 손님을 바드니 이중 음식이 소모가 돼고 마랐다.
그리고 오늘 잔치상에서 절을 받는데 양쪽 딸에깨 다 상쳐을 입피따고 생각을 한다. 외냐하면 본딸 둘은 잔치상에 안전 부모가 들어온 사람이고 부모가 들어오면서 종말이 딸을 돼리고 살로 온 딸이며 본쳐나 들어온 쳐나 아들이 업쓰니 딸 셋이 잇는데 이 딸들이 술잔을 올리고 절을 하는데 맡딸은 아무 표가 업시 지네와쓰며 둘째 딸이 절을 하면서 울고 마랐쓰며 주위에서 볼 때 마음 아푼 일이 돼어쓰며 또 마지막 딸이 절을 올리고 눈물을 흙리고 마라쓰니 이것은 부모가 다 자식에깨 상쳐의 눈물을 준 것이라고 생각을 한다. 왜나하면 둘째 딸은 저을 버리고 간 어머님 생각이 낫스 눈물이 나와쓸 끄고 종말이 딸은 저의 아버지 생각이 나서 눈물이 나와쓸 끄니 이것은 부모들의 부주위로 눈물의 상쳐을 주어쓰니 이 상쳐야말로 평생을 잊저저지 않는 상펴라고 말을 하고 십다. 그리고 잔치상에서 절을 받고 잇는 부모의 가슴에서도 펜치 않는 자리라고 말을 하고 십꾸나.
"부모의 길이 음중하고 띠가 업쓰야 한다는 것을 이 자리에서 너켜쓰며 그리고 부모의 자리가 정말 어러운 자리구나 하는 생각이 자신의 머리에서 잠쉬 쉬어가는 너킴이 더는구나."
지출 … 자야네 부친 회갑에 부주
10,000원

〈1991년 11월 16일 토요일 날씨 맑음〉
금일은 가을가리을 칯밭쓰며 가을가리을 하기에 알맡다고 본다. 금년에는 추수을 할 때부터 계속 가뭄이 돼어서 논들이 다들 마른 상태라서 가을가리에 알맡다고 본다.
"오늘 가을바리는 12말 5돼지기을 천 셈이다."
복판논 앞쪽으로 갈라씀. 임숙네 복판논 앞쪽으로 임숙네 6마지기 앞쪽으로 갈라씀.[44)]

〈1991년 11월 17일 일요일 날씨 맑음〉
기상대서 비 온다고 예보을 하여도 우리 지역은 비는 오지 않고 말은 낡씨만 보여주니 우리 지방은 축복 바든 땅이라고 말을 하고 십다. 우리 지역은 태풍 피해 잘 업고 홍수 피해 잘 업는 아주 순탄한 지방이라고 말을

---

43) 일기 지면 상단에 '(11月 14日 트랙터 엔진오일 교환함. 4리터 반 주입함.)'이라고 기록되어있다.
44) 일기 지면 상단에 '(가을가리 첨)'이라고 기록되어있다.

하고 십다. 올해도 그 만은 비가 쇼다저 날리을 직이도 이곳은 피해 업고 풍년 농사 짓어따고 본다.
"오늘은 마늘 파종하는 것으로 하로을 보내고 마랐다. 마늘 파종 할려고 4접을 까든이 터가 적으서 씨마늘이 조금 남은 셈이다."
"오늘 앞밭 뚝에 대나무밭을 업셀라고 주위로 번질까바 불길이 다른 곳으로 못 가게 정리을 하고 이번에는 위에서 불을 지르며 불길이 따내려가기 때문에 불길이 힘이 업쓸 것으로 불을 질어떠니 대나무밭이이라 이것은 불길이 더 크며 대나무가 타면서 총소리가 나며 도저이 불길이 다 붓게 돼며 우리 부부가 감당을 할 수가 업쓰서 불길을 도중에 잡고 마랐다. 이 불길 잡는 데 두리가 마음적으로 조금 놀랄 정도였따고 본다.
밭터막에 불 놋타 이번이 두 번째로 놀란 셈이 돼며 이번에는 주위로 번질까바 준비을 사전에 다 하고 위에서 불을 질려는데 불길은 나중 가니까 음청나게 큰 불이 돼어 감당을 할 수가 업쓰며 다행이 도랑에 물이 내려가며 또 2리터짜리 물통이 잇쓰서 불길을 도중에 잡아따고 생각을 한다."
"불은 엔만하며 슬때업는 장난을 하지 않아야 하게쓰며 여사로 편하게 불을 지루며 편하다는 생각으로 밭뚝에는 여사로 불씨을 프터리는데 이 섭간[습관]은 버리야 하게꾸나 하는 생각이 다시 한 번 생각이 돼는구나."

〈1991년 11월 18일 월요일 날씨 맑음〉

금일은 장래식에 참석을 하여쓰며 오늘 이석윤이 모친이 교인이라 목사과 설교만 하면 병을 곤친다고 용문산으로 여르 곳을 따라다니쓰며 병원에서 이장암이라고 판명이 난는돼도 마음만 잇쓰며 병 곤친다고 따라서 다니며 돈만 쓰고 결국은 오늘 장래식을 하여쓰며 죽엄도 천당에 간다고 집배서 안 죽을라고 해서 결국은 죽어서 들어왔쓰며 장래식도 어재가 일요일이라 교인들은 일요일은 장래식을 하지 않는다고 4일 장래식을 하여쓰니 엄청난 낭비을 한 셈이다.
우리가 생각을 할 때에 우서운 짓을 하고 잇다. 자신이 생각을 할 때 교인들보다 어리석은 자 업고 만약에 자신이 하나님이라면 목사들을 원별 주겠노라. 사회에 사기재로 가목살리을 하는 자보다 더 사기을 처는 사람이며 목사는 아무 노력 업시 입으로 거짓말로 호화렵게 살라간다는 것은 이것은 부정이며 사람이 노력을 하여서 잘 사라가는 것은 그것이 원칙이나 아무 노력 업시 하려게 같이 사라가는 것은 우리로서는 용서을 할 수 업는 일이며 사람이 교회만 가면 하느님이 잇따고 큰소리을 쳋는 것을 볼 때에 목사라는 사람이 어떠게 꼬아서 그른지 알 수가 업쓰며 밑는 자여 11조 하는 재력이 잇끄든 달동네 사람들은 밤낮 주야로 일을 하여도 쌀밥 먹지 못하고 때로는 라면으로 세상을 살라가는 사람이 수도 업쓰니 그 자을 도와주라. 그것이 인간이 할 일이다. 그 일보다 드 좋은 일은 업다. 어리석은 자야 천당은 업노라.
"오늘도 장래식을 하는데 아들 2명 딸 5명, 이 만은 자식을 키우는데 뼈을 깍는 아품을 가지고 부모가 키와왔는 자식들이 창송가 책을 들고 부모의 마지막 길에 창송가을 부르는 것을 볼 때에 자신은 도저이 이해가 안돼며 이해을 할려고 하여도 이해을 할 수가 업드라."

지출에 … (석균이) 모친 장래식 부주 10,000원

〈1991년 11월 19일 화요일 날씨 비〉

오늘은 비도 별로 오지 않으며 모진 바람 때문에 큰 소동 낮쓰며 집안에 덥프 논 것은 다들 날라가고 덥프며 날으고 손으로 잡고 잇쓸 정도 모진 바람이 부르쓰며 태풍이 불적에도 그른 날리을 본 적은 업는데 오늘 그 비바람은 잠쉬라서 참아같찌 그 바람이 계속 부르따며 당할 재수가 업는데 다행이 잠쉬라서 천만다행이라고 생각을 하여 본다.

그리고 오늘 쳐남이 벼씨을 28가마 실어 와서 우리 마을에 나누어 주어쓰며 이 벼씨는 일품벼 신품종이며 그리고 자신이 직파재배 견학을 군 지도소 주선으로 외관 선산 칠곡으로 한 박키 돌아보면서 일품벼 씨가 시험포에 재일 낯드라. 그리고 지도소에서도 벼씨가 재일 좋다고 이야기을 하여쓰며 자신도 견학을 한 결과 일품벼 씨가 좋다고 건유을 하니 너도나도 하여서 우리 마을 일품벼 28가마가 삽시간에 다 나같쓰며 추과로 4포을 드 받다쓰니 벼씨 쳐고는 재일 마는 량이 들어왔다고 생각을 한다. 그리고 벼씨 가마당 43,000원에 다들 팔려다고 생각을 한다.

"자신도 이 만은 량을 자신 소게로 벼씨가 만이 들어왔는데 내년에 이 벼씨로 농사가 잘 돼어야 하는데 하는 극정이 들어가는구나."

"자신은 자식들 대학을 시킬 욕심으로 정말 열심이 살아 왔쓰며 자신이 배우지 못한 공부을 자식에깨는 물려주지 않는다고 결심을 가지고 살라 왔쓰며 그리고 공부을 시킨다는 욕심으로 공부하라고 노래을 불련는데 우리 혜지가 전기 대학교에 원서을 널 실력이 안댄다고 표기을 하고 잇는 모셥을 안타갑게 생각이 돼며 마음속으로 아빠의 말을 덧찌 않고 온 결과가 이 지경이 돼고 잇쓰니 사실 자신의 뼈가 아푸지만 꾹 참고 전문대라도 나와야 하니 들어갈 수 잇는 학교을 가라는 말밖에 할 수 업꾸나."

"금일은 말리논을 밭으로 만들라고 자질[45]을 하여 밭쓰며 어떠게 하며 이 고논[46]을 밭으로 만드는데 자신 나람대로 구상을 하여 본 날이라고 생각을 하고 십다."

〈1991년 11월 20일 수요일 날씨 맑음〉

오전에 말리논을 폭크랜이 와서 작업을 하두록 다들 정리을 하여쓰며 정리을 다 하고 보니 금년에는 밭이 돼는구나 하는 기쁜 마음이 드는구나. 남들은 이 고논을 흙을 만이 바다서 밭을 하려고 하지만 자신은 투자을 하는 것도 좋찌만 소득도 업는 곳에서 투자을 할 필요가 업따는 생각에 톡크랜 작업만 하여서 돼는돼로 농사을 지어먹을 작정이다.

"그리{고} 당산논도 객토을 하여서 포도밭으로 전환을 할 작정이다. 당산논을 객토 흙 바다서 밭을 만들 작정이며 흙도 1,000,000만 원치 투자을 하여서 포도밭을 만들어 볼 작정이다."

"근수 집배에 강아지을 한 바리을 가지고

45) 자로 재보는 일을 이르는 말이다.

46) 바닥이 깊고 물길이 좋으며 기름진 논을 이르는 말이다.

왔떠니 강아지가 춥다고 떨면서 울러돼는 것을 보니 겨울 강아지을 키우겟나 하는 생각이 들며 키울 수 잇따는 자신이 업쓰며 자신이 잘못하여따는 생각이 들며 앞푸로 추운 낡씨가 만을땐돼 강아지을 잘못 가지고 왔따는 생각이 살라저지 않는구나. 강아지을 을마 달라고 할련지는 몰라도 강아지을 잘못 가지고 왔다는 생각이 머리에 살라저지 완아서 강아지에 신경이 벗적 쓰이는구나."

〈1991년 11월 21일 목요일 날씨 맑음〉

오전에는 김원태 가을(가)리을 첨. 가을리을 처는데 벼집을 잘개 살란 곳은 쟁기 빛밥에 벼집이 싸이지 안아서 가을가리에 불편함 업꾸나.

오후에는 당산논에 도구을 물리 잘 빠지게 다시 한 번 싹 쳐고 자신 나람으로 밭을 만들 준비을 한 셈이다.

지출에 강아지 값 40,000

수입에 … 벼집 값 40,000

〈1991년 11월 22일 금요일 날씨 흐림〉

금일은 봉답논에 밭을 만들기 위에서 오늘 폭크랜 작업을 하여쓰며 폭크랜 작업을 종일 사용할려고 마음을 먹어는데 그만 경비을 줄리게 돼어서쓰며 폭크랜 작업을 오전만 하고 오후에 할 일은 경비을 줄리기 위해서 그만두고 마랐다. 오후 시간은 65,000원. 이 돈은 사람의 품을 사용하겟다.

"우선 보기에는 밭이 뗄까 하는 서그픔이 만으며 자신도 밭을 만들 수가 잇쓸까 하는 극심이밖에 없꾸나. 사람이 수라게 밭을 만드는 데는 돈을 만이 투자하며 밭도 잘 뗄 것이며 사람도 수란돼 경비을 주릴라고 하니 사람의 신경이 정말 만이 쓰이는구나."

지출에 … 폭크랜 작업에 60,000만 원
세값 2,600원
計 62,600원

〈1991년 11월 23일 토요일 날씨 비〉

이번 비야말로 반가운 비라고 말을 하고 십다. 인간의 마음으로서는 비가 드 잇다 왔도 돼는데 하는 마음은 더나 그래도 비가 적은 량으로 오고 잇찌만 비가 실치는 않는구나. 이번 비는 참아서 참다 못참아 어쩔수 업시 비가 내리고 잇따는 말을 하고 십다. 이번 가을보다 낡씨가 잘한 가을은 이번이 첨이라고 생각을 하며 인간이 낡씨을 만든다고 해도 올해처름 가을 추수을 멋찌게 하두록 못 만들 것으로 생각을 할 때에 자신은 늙 입을 다시고 잇는 편이다.

〈1991년 11월 24일 일요일 날씨 맑음〉

오늘 오전에는 경화 형님 집에 사과 저장하는데 일을 해달라 해서 사과 저장을 하여주로 같쓰며 형님내 사과 저장은 늙 급이 난다. 외냐하면 언잰가 사과 저장하여 주로 가서 몸살까지 하여서 형님 사과 저장해달라며 급부터 먼저 난다. 오늘은 자신이 군에 일로 못간다고 했든이 사람이 하나 더 놉을 한 모양이다. 오늘 저장하로 같든이 사람이 만으며 (사오) (아들) 놉이 두 명 자신까지 5명이 작업을 하니 오후 2시가 돼드라. 이것은 일적 맡침이다. 그전에는 둘리가 다 했쓰니 사람들 그냥 죽인 셈이다. 오늘 저장한 사과가 690짝이 돼며 작년보다 농사을 잘 진 셈이다.

그리고 오후에 기상대에서 내일 낡씨가 영5돼로 내리간다고 해서 질사람과 불리부리야[부랴부랴] 해서 양 군돼[두 군데] 배추, 대파을 수학을 하는데 저물게 수학을 다 한 셈이다. 금년 배추는 일적 가라서 다들 배추가 알이 차서 마음에 찬 배추 수학을 한 셈이다. 그리고 대파도 처음 만이 짓어따고 생각을 하며 금년도에는 수학에는 마음이 찬 해라고 바야 한다고 본다.

〈1991년 11월 25일 월요일 날씨 맑음〉

오전에는 웃뜰에 양수장 파이프을 모래 채치 하는 도자가 문개버리서 현장답사. 군에 보수 요구한다고 오전 일과을 보내쓰며 금년에는 보일로 관에 일이 넘어 만은 것 같다. 그리고 빨리 한 해가 넘어가서 인수인계을 하여주고 십픈 심정이다.

오후에는 임숙네 배추와 대파 수학을 하여주어쓰며 조금 벌라고더니 일 거들어주는 것도 넘어나 만쿠나. 임숙네 배추, 대파, 경운기로 3바리가 돼더라.

〈1991년 11월 26일 화요일 날씨 맑음〉

금일은 동네 방목[방생]하는 낡이며 금년에는 냇 방천에 가지 않고 고속도로 주변과 재방 주변으로 방목을 종일 하였다. 금년에는 방목이 작년보다는 아주 적은 편이다. 올해는 사람들이 낡씨도 따뜻해서 열심이 하는 것 같든데 나무 량은 적은 량이라고 말을 하고 십꾸나.

〈1991년 11월 27일 수요일 날씨 맑음〉

당산논을 밭을 만들라고 배수을 시킬라고 파이프을 널 욕심으로 배수 구덩을 종일 동{안} 작업을 하여쓰며 요줌은 사람 힘으로는 못한다는 너킴이 들며 돈을 주어도 폭크랜을 땅파는 데는 쓰야 됀다는 인식이 들며 돈을 주어도 싸다는 생각을 가지다.

당산논을 밭을 하게 돼며 금년에 자신이 1,200평이 밭을 만들게 돼니 정국적으로 논이 밭으로 이전돼는 수짜만도 수도 업게 쓰며 정치 잘못으로 농정기반이 안전이 문어저고 잇따는 정거며 농정이 문어저며 정부도 부강을 할 수가 업쓰며 정치 잘못으로 나라가 망하며 후대에 가서는 누가 책임을 저나 가슴 아픈 일들이다.

자신은 그래도 네 자식은 대학을 시킨다고 저의 엄마 배 속에서 나와서부터 대학을 시킨다는 결심을 가지고 살와왔는데 우리 혜지 정기 대학에 원서도 너어보지 못한 우리 혜지 아빠의 가슴을 타게 한다. 네 인생을 살아본 네가 공부을 하지 아니하며 세상살리가 힘이들고 너위들 3년 노력하며 이 세상을 편하게 살고 3년 노력하지 않으며 평생을 두고 고생한다고 노래을 하다시피 한 것이 결과가 이래 돼고 보니 나의 절거운 인생 이재는 허망한 너킴이 들며 차라이 너이들이 어리서 이 아빠의 꿈만 가지고 살아가두록 하여떠라면 이 허망한 맡은 보지 않아찌. 너위들 보기에는 아무 일도 업는 것처름 보일란지 몰라도 마음속으로는 찝다못해 아주 눌리고 십정이다. 그래도 너위들 마음을 달랜다고 전문대학이라도 하여야 하니 부털 때 드려가라고 말을 하고 잇쓰며 혜지 뿐 아니라 혜영이도 전기 대학을 들어갈 성적이 못돼고 잇쓰니 이 아빠는 이제는 절망이 이구나. 때로는 자식들 정기 대학도 못 들어가는데 남외 일 치울까 하고 입을 자주 다시니 집사람이 딸을 치울라면 돈이 만이 잇쓰야 한다고 극정을 하고 잇드라. 인생살리가 이려딴 말인가.

〈1991년 11월 28일 목요일 날씨 맑음〉

금일은 당산논을 밭 할려고 뒤도구 물을 뺄라고 파이프을 말리논과 두 군돼 쓸라고 파이프 91,000원 주고 싸와는데 당산에는 자신의 계핵보다 흙을 만이 바들라고 드니 파이프가 필요가 업쓰서 생각찌 않는 곳에 들어같쓰며 파이프 값 40,000원 계핵돼로 들어가지만 남어지 파이프는 엉뚱한 곳에 다 드러가게 돼어다.

"자신의 흙 바들 량보다 만이 들어가게 됀다고 바야 한다. 남들이 이왕 흙을 밭는 짐에 만이 바다야 됀다고 모두들 건유을 하니 자신도 생각한 것이 자꾸만 흐리저고 투자하는 짐에 더 하는 쪽으로 끌리가게 돼는구나."

지출에 … 파이프 값이 91,000원 뻐스비 값 250원 운님을 안 바들라고 하여서 담배, 음료수 1,500원
計 92,750원

〈1991년 11월 29일 금요일 날씨 맑음〉

"당산논에 흙 드러온다고 준비만 하다 하로 해을 보내쓰며 파이프 널라고 판 자리에 모래만 채우는 작업으로 끝을 냇쓰며 파이프는 생각지도 않은 자리에 다 들어가게 돼어다. 그리고 객토 차가 올라고 말만 하고 오지 않으니 자신이 마음을 잡고 일을 할 수가 업쓰며 기다리다 시간을 보내게 돼는구나."

〈1991년 11월 30일 토요일 날씨 맑음〉

금일은 형님 생신이며 아침 밥 한 키 형제관키리 나누어 먹는 자리을 하여쓰며 동생들은 순달이만 참석을 하고 남어지는 지수들만 참석을 하고 마랐다.

그리고 구미 동생 둘리는 무우 배추을 김장을 충분이 하두록 집사람이 다들 주어따고 하길에 잘했따고 이야기을 하여쓰며 집사람은 가만이 보며 친정에 여형제 간에 조금한 것도 주라 하며 아까어서 안 줄라고 하는 사람이 남편 형제간키리 나누어 먹는 것은 아깝찌 않캐 나누어 먹는 모섭을 보며 고맡드라. 오늘 동생들도 무우, 배추, 참깨, 대파 자신이 농사을 짓은 것은 다들 조금식 가지고 같쓰며 무, 배추는 자신이 농사을 짓고는 매년 가지고 같쓰니 이것은 돈으로 한산 할련지는 몰라도 이것이 돈은 얼마 돼지 않찌만 자신은 배추을 키울라면 벌래 잡아주어야지 약 쳐야지 공은 무진장 들어간다. 이것을 보며 고맡게 생각을 하여야 하는데 고마운 뜻을 잘 모르고 잊는 것 같다. 그래서 사실 재미는 업는 너킴이다. 자신은 그래도 일요일은 내 일을 해달라고 하지는 않치만 큰집이라도 와서 가끔 도우고 해야 하는데 일을 할 때는 코끈티도 보이지 않코 수학을 하여 노면 가지고 갈려고 드는 너킴이 들어가서 그것이 나부구나 하는 생각이 들며 자신도 매년 소득이 잊쓰야 한다면서 채소밭을 다른 작물을 심을라고 들다가도 네가 배추 무우을 갈지 않으며 동생들은 무우, 배추을 사먹어야 한다는 것을 생각을 하며 다른 작물을 심찌 못하고 또 배추, 무우을 심어며 무우, 배추을 경운기로 매년 두 발리식 뽑아도 돈을 하지 못하고 동생 셋시 나누어주고 하며 돈을 할 수가 업다.

지출에 … 형님 생신에 10,000원
셋 값 2,100
計 12,000

금일은 봉답논을 밭으로 만들어서 사과나무 이식을 시키쓰며 종일 동안 11포기 온

기니까 더 할 수도 업쓸 뿐 파기 힘들어 이식이 힘이 들며 가뭄이 심해서 더 힘이 더는구나.

〈1991년 12월 1일 낡씨 맑음〉

금일은 사과나무 이식하는데 형님과 순달이가 와서 좀 수라게 나무 심는 작업 하여쓰며 형님은 오전만 하고 순달이는 종일 그들어서 자신이 내일 하로 더 이식을 하여아 하는데 오늘 일적 맡치게 돼어쓰며 나무 심는 데 그들어주니 고마운 일이다. 그래서 다른 동생들은 참깨 1돼 찹쌀 1돼식 주어는데 순달이는 참깨 2돼 찹쌀 2돼 한 돼식 더 주어쓰며 나중에 살 한 가마니을 줄라고 하여다. 구미 동생들도 집사람이 나무 심는다고 이야기을 하여따는돼 아무 열락이 업쓰며 전화 한 통아도 업쓰며 사람들이 고마움을 모르고 잇다고 말을 하고 십다. 사람이 무엇을 주어서 그른 것이 아니라 일 년 내 가도 자신은 일을 안 도와주어도 때로는 와서 농사짓는다고 수고한다면서 조금이라도 그들어주며 그것이 인정인돼 일할 때는 아무 기척도 업고 가을게 쌀 가지고 가라면 만이 안준다고 불평을 하고 무우, 배추 가지고 가라면 조금이라도 더 가지고 갈려고 한다는 집사람의 말을 덧고는 사람이 그래서는 안댄다면서 이야기을 하여쓰며 사실 자신은 동생들에깨 쌀은 못주고는 하여찌만 김장배추는 처음부터 줄라고 신경을 쓰서 농사을 짓는 줄을 모르고 잇다.

지출에 돼지고기 포장류 3,000원
셋값 1,100 〉 4,100

〈1991년 12월 2일 화요일 날씨 맑음〉

봉답논에 폭크랜 판 곳에 모래을 경운기로 실어다 붓는데 종일 실어바야 6 바리밖에 더 못실어며 시간 여유는 6바라 더 실을 시간도 잇는데 사람이 지치서 몾하게쓰며 사실 마음적으로는 시고 십픈 심정이다. 모래을 다 실어 불라고 들며 수도 업깨고 보통 곤욕이 아니구나.

"농민들은 몾 살겟따고 날리을 처고 아우성을 부리도 아랑곳 하지 않고 민자당 단독으로 추곡수매안을 저 만돼로 변칙 통과시키는 민자당. 이것이 이쓸 수도 업고 오늘날까지 지나오면서 국회원이 뭇엇을 하여쓰며 서로가 변칙 통과나 시키고 서로가 싸움만 하는 국회원. 서로가 사욕만 차리는 국회원. 이 저질들이 국회을 어떠게 운영을 하며 진정한 국회원은 하로을 살라도 국민을 위한 국회원이 달라는 부탁과 욕심을 버리고 우리나라을 극정을 할 수 잇는 국회원이 돼어 달라는 부탁을 하고 십다."

그리고 우리 마을에는 상인들이 벼을 살려고 골막마다 차을 몰고 다니면서 벼 가마니을 사고 잇다. 이것은 정부가 매상을 바다주지 않코 하니 곡상이 판을 치고 잇다. 이것이 나라 부강하여질 때는 곡상이 다들 멸종을 하여 왔는데 이제 와서 우리 조상들이 땀을 흙리서 농사을 짓어노며 곡상들이 저울에 수을 부리서 가마당 5근이 접어저는 그 시대로 돌아왔다고 말을 하고 십다. 우리 정부가 선진국으로 들어썻따고 말을 하고 잇찌만 현 농민의 수준과 요즘 곡상이 차을 몰고 다니면서 곡석을 사는 것과 하로에 우리 마을에도 및 차가 나가고 잇쓰니 이것은 우리 농민이 보리고개 시절로 태보 돼어다고 생각을 하며 정부에서 준관상인[중간상인]을 업쌔야 하는데 정부에서 오히려 준관상인을 키우고 잇쓰니 귀가 찰 노련이다.

〈1991년 12월 3일 수요일 날씨 맑음〉
오늘은 김장배추 수학을 하고 그곳에다 마을을 노앗는데 씨값이라도 차절란지 몰게꾸나. 작년에는 배추 뽑고 마늘을 갈라더니 씨값도 못해서 금년도 작년처름 씨값도 못하며 어떠게 하나 하고 극정이 앞쓰는구나. 그리고 오후에는 봉답논에 모래 실어 붓는데 힘더려 못하게더라. 경운기가 재 자리에 못 드러가니까 사람 힘으로 다 할려고 하니 힘이 들어 5분에 1도 못하고 사람이 지친 상태라고 말을 하고 십다. 벼농사가 힘든다고 밭을 할려고 했떤이 오희려 힘은 더 들고 잇다. 그리고 특이 돈을 적개 투자을 할려고 더니 사람의 힘이 만이 들어가고 잇다.

〈1991년 12월 4일 수요일 날씨 맑음〉
봉답논에 수부에 물 빼어낼라고 파이프 65㎜짜리을 폭크랜으로 판 곳에 무더 난는 돼이것이 속을 다 빨라내서 밭 행세을 할 수 잇두록 될련지 궁금하며 썰때업는 돈만 투자 하는 것이 아닐까 하는 생각도 더는구나.
지출에 운이 엘범돼 17,000
라면 칯갈 비누 15,400 〉 32,400

〈1991년 12월 5일 목요일 날씨 맑음〉
금일은 누님 집에 가서 콩깍지와 쌀 딩기을 실어왔쓰며 눈님은 구미 돈 벌로 가고 업쓰며 누님은 몸이 안캐하신 분은 아닌돼 남들이 다들 돈을 버니까 욕심으로 돈을 벌로 가는 모양이다. 그리고 봉산 사람들은 다들 돈을 벌로 가서 집배 노는 사람이 업다. 그른돼 우리 마을 사람은 별로 돈을 벌로 가는 사람이 맷 사람 뿐이다. 인간은 성실이 살아가며 부지련해야 한다.
우리 마을 사람들은 다들 살기 좋아서 돈 벌로 안 가는 것이 아니라 사람이 개어러서 돈 벌로 안간다고 바야 한다.
그리고 오후에는 먼저번에 가을가리 칯고 남은 것과 한 단지 가을가리 칯는 것으로 오늘 일과을 마감한 셈이다. 오늘 오후 일은 작업 족끈이 낮파서 그른지 아주 적은 량이라고 말을 하고 십다.
지출에 … 자형 담배값 7,000
맥주값 2,400
計 9,400원

〈1991년 12월 6일 금요일 날씨 맑음〉
오전에는 자신도 안전이 휴식을 하여보니 자신이 일을 할 때는 골목으로 술집부로 전부 노는 사람같든이 자신이 휴식을 하여보니 전부가 일하는 사람같이 보여서 휴식도 편찌 않으며 사람은 일을 해야 한다는 너킴을 가지곤 하였다.
오후에는 경운기로 모래 3바리 실고 마지막에는 세집에 작과나무 둥친 나무을 한 바리 실어주는 것으로 오늘 일과을 보내고 마랐다.

〈1991년 12월 7일 토요일 날씨 맑음〉
오늘은 종일 동안 가을가리 4단지 처는 것으로 종일 해을 봇넷다. 요줌은 해가 짤바서 일하는 시간이 얼마 돼지 않아서 작업률이 업다고 본다.

〈1991년 12월 8일 일요일 날씨 흐림〉
금일은 재화네 봉답논을 밭 할려고 도자로 밀어난 것을 가을가리을 쳐는데 힘이 만이 들어가드라. 그리고 오후에는 와송보에 금년도 지출 금액과 글전, 보 돈 결산을 할려고 개산을 감사원과 셋시가 오후 네 해도 넉둘 면적과 마너미기 계산까지 할려고 더니 오후 네 하여도 다 하지 못하고 마랐다. 오늘로서 동생들 무우 배추을 다들 나어주어쓰며 무어 배추을 나누어 먹는 데가 5섯 집이 돼니 자신이 팔아먹을 배추는 을마 돼지 않는구나.

〈1991년 12월 9일 월요일 날씨 맑음〉

오늘 오전에는 올해 봇 돈 경비 정리한다고 3명이 하로가 걸린 셈이다. 이것도 정리하는 일이 경험이 잇는 득국이 손을 빌리서 그르치 그르치 않으며 예로점이 만아쓸 끄라고 본다.

오후에는 형님과 둘리서 오후네 휴식을 한 셈이며 오늘이 올드러 제일 추번 날이라고 말을 하고 십다.

"아들 옷값이 매이크 값이라서 그른지 세일하는데 돼도 80,000만 원식이 하고 잇쓰니 돈 갈치가 이처름 업는 것은 나라을 좀 먹는 일이며 우리 자랄 때와 비안다면 천국가 땅이라고 생각하는 것보다 더 차이 잇는 세대가 돼고 잇다. 요줌 아들은 매이크 업는 옷은 아예 입을라고 들지을 않으며 우리 운이도 매이크 업는 옷은 아예 보지도 않는다는 저의 엄마 말래 기가 찬다. 공부 못하는 자식이 깨끄랍키 짝이 업노. 티사스 하나 사는데돼 3번을 사와서 입으라고 하며 마음에 들지 않는다고 입찌 않코 잇는 모섭을 보며 마음이 안돼고 마음의 한편으로 밉찌만 사람이 그른 욕심이라도 잇쓰야지 그르치 않고 주는데로 입는다면 그것이 더 문재가 아니겟나 하고 마음을 달래곤 한다. 운이 옷을 사는데 여간 힘이 안들며 도파도 사가지고 마음에 들지 않는다고 그냥 무그가지 티사스도 네가 입고 잇찌 운이는 마음에 들지 않으며 초라한 모섭으로 학교을 가도 그냥 가며 마음에 들지 않는 옷은 입찌을 않코 잇쓰니 앞푸론 옷 사는 데는 돼리고 가서 마음 옷을 고루게 하여야 할 형편이다.

지출에 운이 오리털 잠바 69,700
혜영 신발값 31,600 〉 101,300원

〈1991년 12월 10일 화요일 날씨 흐림〉

오늘은 당산논을 흙 너준다고 해서 나갈든이 자신은 아직 흙도 더러오지 않으면서 열락을 하여서 추은돼 떨기만 한 셈이며 자신은 오후 너깨야 내 차례가 뗄 것 같든데 집배 들어오지 않코 남을 구경을 하다 그진 종일 동안 떨은 셈이다. 그리고 자신 해 저무리에 흙을 조금 바든 셈이다. 자신이 흙을 다 바들 동안만 낡씨가 좋아쓰며 하는 생각인돼 하늘에는 먹구름 몰려더는 것을 보니 마음이 편하지 한꾸나.

"사진이 봉답 어갈리 논 농사짓키가 힘이 든다고 다들 밭을 만들고 잇는데 자신이 밭을 만들어 내년에 나무을 심어서 수학을 볼 때는 남의 밭이 회가리저서 서로가 임대농사 짓어달라고 아우성을 철 시기가 온다고 보는데 자신은 개니 개산착오로 남의 농사 수입을 보는 것을 그저 주울땐돼 자신은 내 밭 때문에 줏찌도 못하고 실질적으로 음청난 손예가 됀다고 생각을 하기 때문에 사실 밭 만드는 것은 썩 좋은 편은 아니라고 생각을 한다. 아푸로 노동력이 잇는 사람은 자기 땅에 투자을 피하는 것이 좋다고 생각을 한다. 앞푸로 5년 후에는 사과 과손도 허네파질[흔해빠질] 같더며 하기 실어 못할 때가 오리라고 생각을 한다."

지출에 … 의료보험료 값 2기분에 1,440원
치약 화장지 쇼세지 5,700원
計 27,140원

〈1991년 12월 11일 수요일 날씨 비〉

눈비가 조금 푸린 것이 자신에깨는 큰 낭패구나. 어재 저녁에 가랑비가 내리기 때문에 객토 차가 들어오지 못하고 휴식을 하여쓰니 자신도 따라서 휴식을 하는 하로 해가 돼어쓰며 비도 비 갈지 못한 비가 나의 일을 가로막는데 가슴 아푼 하로라고 말을 하고 십다.

"오늘 객토 차 흙을 발키 위해서 도로까에 기다리고 잇는데 학교길에 우리 혜지가 뻐스을 타기 위해서 300매다 정도에 뛰어는 돼 불가 5매다 전방까지 뛰어왔는데 태어주지 않고 가는 뻐스 기사가 원망이 돼고 학생이 뛰어서 뻐스을 탈려고 할 때는 선심을 배풀어 주야 하는데 하는 마음이 들어가고 잇쓰며 자신 혜지 곁투로 가서 혜지야 요것이 인생살이다. 사람이 출세길은 한 발 자욱 차이며 우리 혜지도 1분만 더 일 나와쓰며 이번 뻐스을 탈 수가 잇는데 그만 못 타고 마라쓰며 혜지야 공부도 이것과 똑같다면."[47]

〈1991년 12월 12일 목요일 날씨 맑음〉

금년들어 제일 추원 날이며 바람까지 모라쳐니 체감온도는 더 나전 감이 잇쓰며 오늘 이사 당산논에 흙 받는데 힘이 만이 들어쓰며 오늘 흙을 만이 바들 욕심으로 폭크랜 기사 흙 만이 떠달라고 현금 20,000원 주고 도자 운전기사에깨 나라시 잘 해 달라는 부탁으로 담배 보로로 7,000을 주어쓰며 돈을 주니 표가 나드라. 이것이 눈에 표가 나두록 덕이 돼니 이른 부정을 만들고 잇꾸나 하는 생각이 들면서도 한편으로 이른 부정을 버리야 하는데 이것들 다들 따지며 자기 코 자기가 지어밖는 것이나 다름이 업다고 본다.

그리고 자신이 오후 세참 줄 때까지만 했도 기분 좋은 시간이 돼어는데 오후 세참 가지로 간 사위에 전포가 6장이 더 들어간 너킴이 들며 자신이 막키고 갈 때는 말을 하지 않아서 그르치 92번 나오는 것을 보고 갈는데 그 잠쉬에 100번이 나와쓰며 이것을 보고 마음 속으로 참는 것이 좋다고 생각을 하고 참을라고 생각하고 현장에서 15,000원 6바리며 90,000원인돼 생각을 하니 속이 끌어서 참을 수가 업쓰서며 그래도 자신이 속아따는 말이라도 해야 나의 마음이 조금이나마 조금 낮캐지 하는 마음으로 그 자리에 같이 잇쓰떤 석희에깨 차저가서 속위타는 마음 달래볼려고 차저가는 길에 한번 생각을 하니 이것은 두 번 바보가 돼는 일이며 이것이 잘못돼며 뒤어펴서 큰 욕이 돼며 집사람 말맡따나 단번에 못발키서 바보짓을 했따면서 잇저라고 하지만 자신은 죽도십두록 우울해저며 사람이 어이해서 그른 일을 할 수가 잇는가. 잇것은 현금인돼 남외 돈을 90,000원을 손에을 보일 수가 잇나 생각을 할 때 자신은 친구 동생이 일부로 90,000원 주지는 않아따고 생각을 하며 이것은 도자 운전수에깨 전포을 빼앗키

47) 일기 지면 상단에 '12月 11日 개 (수정함.)'이라고 기록되어있다.

따고 생각을 하며 도자 운전수가 봉산 사람이며 잘 아는 사람이 그짓을 하고 잇쓰니 피을 토할 일이며 오늘 오후는 난생 처음 불캐한 감으로 시간을 보네면서 남외에 속아따는 심정이 서르서 참을 길이 업쓰서 열까지 나며 사실 죽고십두록 서렵더라. 인간이 외 남을 속이야 득이 돼는가. 오늘 일로 바스도 다들 남을 속이고 잇는 것을 볼 때에 운전수는 사장을 속이고 현금을 주며 한 발이 10,000 주며 좋다고 하면서 현금을 달라고 하며 사장이 부정을 한다고 위 추위에 종일 동안 잇는데 부정을 하고 잇쓰니 기가 찬다. 자신은 이른 짓을 하며 한 발리에 5,000원 득이 돼니 무마돼며 외 인간은 남을 속이야 돼나 할 때에 마음 아푼 일들이며 자신도 밑고 전포을 막긴 자가 나을 속이쓰며 자신은 막을 수가 잇쓴는데 나의 부주로 손애을 받쓰며 자신은 세참 가지로 가면서 92번이라고 말만 한마뒤 하여쓰며 이른 불상사가 발생을 하지 않는데 하는 마을 가질 때는 외 내가 바보야 하는 생각을 할 때 그 마음 아품은 당해보지 않아는 사람은 모른다고 생각을 한다.

(지출) 세값 9,000원
현금 발리 수 12바리 120,000원
전포 발리 수 120바리 1,800,000원
도자 운전수 담배 7,000원 폭크랜 기사 20,000원
計 1,956,000원

〈1991년 12월 13일 금요일 날씨 맑음〉

오늘은 어재 남외깨 속안 아품 때문에 어재 밤 한 짐도 못 자쓰며 그 아품 때문에 만사 일이 실어며 나의 어리석음을 꾸짓는 일이 머리가 깍 차서 무엇을 하고 십따는 의욕이 업쓰며 오늘은 자신의 마음을 꾸짓고 꾸짓는 일로 골방 생활을 종일 한 셈이다.

〈1991년 12월 14일 토요일 날씨 맑음〉

금일은 흙 바든 곳에 트랙터로 갈라쓰며 금년부터는 밭으로 수학을 하여야 하며 농사 짓키 힘든다고 6마지기나 밭을 만들어쓰니 수학량으로 본다면 밭이 뒤떠려저지나 않을까 하는 생각이어 때로는 들면서도 단지 벼농사 짓는 데 힘든다는 하나 때문에 밭을 만들어쓰니 이것은 잘 하여는지 두고 바야 한다고 본다.

〈1991년 12월 15일 일요일 날씨 맑음〉

금일은 작과나무 전정을 하여 보앗다. 나무 전정을 할 때는 나무 전정을 만이 하여서 여름에 빛이 만이 들어오구로 해야지 하면서도 전정을 할 때는 생각돼로 몿하고 여름에 가보며 숲이 우거저 후해을 하곤 하는데 올해는 마음먹고 전정을 만이 해야지 하는 마음을 가지고 나무 전정을 하여보겟다.
그리고 오후에 정미소에서 선진벼 정미을 하는데 13가마니 가지고 가서 정미을 하여는데 쌀 80㎏짜리 6개 나고 20㎏ 정도 낮쓰니 이것은 자신이 생각을 할 때 만이 낮따고 생각을 하여본다. 널 정미소에 정미을 하여보며 생각보다 적개 생산이 돼는돼 오늘은 생각보다 만은 량이 나온 것은 난생 처음이라고 생각을 하여본다.

〈1991년 12월 16일 월요일 날씨 맑음〉

오전에는 작과나무 전정을 하여쓰며 오후에는 내일 비가 온다는 기상대 외보을 하여

서 가을가리을 쳐볼라고 갈드니 트랙타만 외만 먹이고 가을가리도 쳐지 못하고 트랙터만 예을 먹인 셈이며 소득업는 오후가 돼어쓰며 표가 나지 않는 손에가 만아따고 생각을 한다.
그리고 당산논을 밭을 만들어 낫찌만 대채 작물이 업다. 과수을 선택을 하며 안댄다고 말들을 하곤 하니 갈피을 잡지 못하고 뭇을 하나 망스려지고 잇다.

〈1991년 12월 17일 화요일 날씨 비〉 불

오늘은 대학교 입시라고 날리을 직이는 것을 보니 마음이 절리는 말이 잇쓰며 우리 혜지는 저의 아빠 공부을 해야 한다고 노래을 불어끈만 그 대까는 어디로 가고 실력이 못 댄다고 전기 대학교 시험도 못보고 잇는 형편이니 이내 마음도 편치 않꾸나. 그 수만원 학생들이 전기 대학 시험 본다고 낢리을 찍이는 곳에 내 딸은 그 축에 키지 못하고 잇쓰니 자신이 헛살란 너킴도 들어가는구나. 이재는 전기 대학교 원서는 못 낸따나 전문대학이나 들어가야 하는데 이재는 그 소망 하나 뿐이다.
부모가 못 배운 공부 자식에깨 원을 풀개따는 욕망으로 열심이 살아앗는데 그 결실이 업쓰니 허전함을 달래기 힘이 더는구나.
"오늘 비는 밭작물에 안전 해갈은 못 돼어도 어느 정도 해갈을 면외따고 생각을 한다. 이번 가뭄은 여름철래 이른 가뭄아 왔다면 낢리가 난다고 보는데 추수 후에라 별 가뭄을 너키지 못하고 넘어 왔다는 것이 큰 행운이라고 생각을 한다."

〈1991년 12월 18일 수요일 날씨 맑음〉

오전에는 동사모소에서 오전 일과을 보내쓰며 아직까지 낢씨가 구저도 휴식을 하는 사람 업더라. 그리고 92년도 달력을 보니 봄철리 아주 댄기더라. 농사일을 봄으로 미루다가는 바푼 고기을 마절 것 같꾸나. 봄에 할 일들을 겨울철래 해야 할 것으로 내다보고 잇다.
오늘 오전에 휴식을 한 대까로 12시가 쳐못돼어서 작과나무 전정을 하로 같쓰며 일적 작업을 하니 오후 해가 길게도 너켜지더라. 자신이 일을 들라면 이번 겨울에 당산 작과나무는 전정을 안전이 하여두어야 한다고 생각을 한다.
"정부에서도 추곡안을 아직까지 결정을 하지 못하고 질질 끌고 오는 국회원들 정부하는 짓을 보며 기가 찬다. 그리고 우리 국민이 요줌 불항을 격고 잇는 것은 정부 정치을 잘 못해서 요줌 큰 곤욕을 치루고 잇따고 말을 하고 십프며 정부는 책임을 저야 한다고 자신은 말을 하고 십다."
"우리 농촌 기반 뿔리까지 헌들리개 하는 정책 이번 선거는 국민이 술잔에 팔리지 말고 똘똘 뭉쳐서 정권을 바까야 하며 정책 잘못으로 국가 손실 잇따면 책임도 지어야 한다고 본다. 이번에 정권 바꾸지 못하며 우리 농촌 항패어[황폐화]가 시간문재라고 내다보고 잇다."

〈1991년 12월 19일 목요일 날씨 맑음〉

금일은 종일 동안 작과나무 전정을 하는 것으로 하로 해을 보네쓰며.
그리고 오늘 저녁은 어머님의 제사날이며 다들 며느리들이 다들 참석을 하여서 어머님의 재사 준비한다고 부주한 날이며 우리가 재사 준비한다고 분주하게 날뛰는 모섭 어머님은 알까 모를까 하는 생각에 잠겨오는구나. 어머님이 살아개시며 일등 가는 아들이 될 꺼돼 일등 가는 자식이 못돼어서 원통하기 짝이 업꾸나...
금년에는 어머님 제사에 자형이 참석을 하여쓰며 장모 제사에 사오가 참석을 한다는 것은 어르러운 일인돼 자형이 참석을 하여 고맏드라.

〈1991년 12월 20일 금요일 날씨 맑음〉
오늘은 24日 매상이라고 매상 활당량 푸는데 오전 시간을 보네쓰며 이번 매상량 가지고 조합에 영농자금도 갚을 정도가 안돼니 예금한 돈을 찾저서 부채을 갑을 정도니 우리 농민 기가 찬다. 정부에서는 중간상인 업세야 한다고 큰소리 쳐면서 오히려 중간상인을 만들고 잇쓰니 이것은 잘못돼어도 아주 잘못돼고 잇다. 이재는 우리 농민들이 준간상인들예깨 매달리면서 우리 벼 가지고 가라고 할 정도가 돼어쓰니 우리 농민들 살아갈 길이 어렵꾸나.
오후에 작과나무 전정을 하는데 친구가 와서 내일 봉산에 젗소 정화조 하는데 일하여 달라고 하면서 부탁하로 와서 오후 시간을 그진 다 보넨 셈이다. 친구 보기는 아쉬우나 자신이 타 동에 돈벌로 갈 시간 여유가 업다.

〈1991년 12월 21일 토요일 날씨 맑음〉
금일인 매상 준비한다고 종일이 걸려쓰며 셋집배 매상을 132개가 할당이 돼어쓰며 이 량 가지고 무엇을 하라 말인가. 정말 의이가 업꾸나. 마당에 전부가 벼 가마니인돼 이것을 보고 잇쓰야 할 형편이니 기가 찬다. 그리고 자신이 우리 동네에서 매상량 체고 만으며 자신이 남외 농사로 우리 마을에서 제일가는 1등 부자가 돼어쓰니 한 가지로서나마 일등을 하여따니 마음 차는구나. 동네 계시판에 매상량 할당에 권순덕이가 제일 만타고 말포을 하여쓰니 이것은 좋은 일이다. 자신이 매상량 124개 배정을 바든 셈이다.
금년도 총 매상량 124개에서 칯 공판에서 통일벼 73개 빼내고 남어지 량으로 조합에 빚을 갑파야 한다.

〈1991년 12월 22일 일요일 날씨 흐림〉
오늘은 재선이와 둘리서 보 돈과 글전을 바두로 동네을 안 밖기 돌아보앗든이 생각보다 돈 밭기가 수라드라. 요줌에는 수금하기가 힘이 들 줄 알라는데 그르치 않아서 마음 쓰기가 수라고 잇꾸나.
"그리고 형님이 벼 가마니을 곡상에깨 내는데 근당 일반벼 선진벼는 490원 남어지는 510원식 해서 35가마 달라네는데 이것을 큰 푸대로 담아네는데 이것을 차에 실어주야지 우리로서는 차에 실어주는데 아주 무리한 작업이라고 생각을 하며 셋집까지 50가마 이상 실어주고 나니 오후 일은 피곤해서 할 의욕이 업쓰서 휴식을 치하고 마랐다."

〈1991년 12월 23일 월요일 날씨 맑음〉
금일은 금성사 다니는 동생 주선으로 이번에 회사 불경기로 칼라 티부이가 공장도 가격으로 준다고 해서 태래비전을 가지고 오라고 하여든이 처음 생각한 것은 업고 좋은 것이라면서 말로서는 50십만 원짜리가 넘는다고 이야기을 하는데 현찰 가격은 월마나 가는지 알 수가 업꾸나. 내일 (비디오)까지 다 한다면 900,000만 원 들어가지

시프며 처음에 생각에는 700,000만 원 정도 잡은 것이 생각 위에 돈이 만이 들어가는구나.
“정부에서 가소비을 한다고 가소비 줄리자고 운동까지 하고 잇는데 자신이 가소비을 하게 돼어쓰며 숙모님은 혜지네가 이번에 개구리 은덕에서 널전[떨어진] 기분이 돼겟따고 이야기을 하든이 정말 돈 생각을 하니 정신이 업다. 흙 값이 1,800,000원 주야 하지 (태래비전과) (비디오) 값을 준다면 건 3,000,000백만 원 지출이 돼니 자신으로서는 음청난 큰돈이라고 말을 하고 십다.”
“우리 혜지 이재 공부한다고 독서실래 가서 밤으로 공부한다고 몸살을 춯는 것을 보며 아빠가 그처름 공부하라고 노래을 할 때 조금식이라도 해쓰며 이른 고충은 업쓸 껀돼 하고 원망이 돼는구나. 이재부터라도 공부을 열심이 하여서 이 아빠 마음속에는 전문대학교도 떨어질까바 마음이 불안한돼 너의 아빠 불안감을 털쳐주어쓰며 하는 심정이다.”
지출에 … 테레비전(안대나) 45,000원

〈1991년 12월 24일 화요일 날씨 비〉
오늘 아침부터 하늘래는 비가 장때비라도 쇼다질 뜻한 낡씨드라. 그리고 보슬비가 한두 방울 네리는데 우리 마을 매상낡인돼 이 낡씨가 매상을 몿하두록 하는 것이 아닌가. 이번 매상이 우리 농민으로서는 학수고대한 날인돼 비로 인하여 연기가 됀다는 것은 말도 안댄다고 본다. 오늘 매상은 오전에는 동남촌 사람들이 매상을 하고 오후부터 우리 마을 매상을 한다고 하니 마음은 더 불안하다. 외냐하며 하늘래는 먹구름 곳 쑈다질 뜻 하면서 가랑비는 한두 방울 오지. 이 날씨가 참아주지 않을 끗시라고 생각을 하여키 때문에 불안감으로 금일 매상을 사실다 한 것이라고 하며 종일 동안 낡씨가 참아준 돼 돼에서 정말 고마운 낡이라고 말을 하고 십다.
“금일 매상 51개 가지고 가서 다들 1등을 마잣쓰며 오늘 매상 등급은 아주 잘 주는구나 하는 인식이 돼며 정부에서 선거가 잇쓰니 등급을 잘 주는 것이 아닌가 하는 인식이 돼드라.”
그리고 순서가 자신의 앞푸로 7,000,000만 원을 대출을 한 것이 작년도 갑찌 않아서 연체가 부터서 8,000,000만 원이 넘고 잇쓰니 기가 찬다. 이 돈을 갑찌 않아서 연채가 부두록 할 정도며 순서가 이번에 무리로 집 장만한 것은 무리로 한 것이라고 생각을 하며 이것이 누적이 돼며 아파트 갈리비 때문에 살아보지도 몿하고 나와야 하는 형편이 됄까바 극정이다. 그리고 순서는 무선 말이 업다. 사람이 형재키리 무엇 때문에 이자만 갑파 달라고 하든지 무선 말이 잇쓰야지. 그러치 않고 나두며 어떠게 하느냐 하는 생각에 기가 찬다.
수입에 51가마에 1등 2,174,640원
지출에 … 테래비 (다이) 48,000원

〈1991년 12월 25일 수요일 날씨 비〉
금일은 재선이와 둘리서 가랑비을 마저면서 보 돈 수금을 하여쓰며 다들 잘 주어서 불과 셋 사람 남고 수금을 다 한 셈이며 이재는 봉산과 득계만 남은 셈이다.
그리고 겨울비가 봄비 내리는 모양 보슬비로 꾸준이 종일 내리고 잇쓰며 낡씨가 표건하며 보슬비료 네리고 잇쓰니 봄이라는 착각을 할 정도로 포건한 비라고 말을 하고 십다.
"이번에 보 돈을 마을 전체 다니보니 돈 달라고 하니 얼굴상이 다들 돌아가며 전부가 하나같이 걸전 것이 업는 인상을 주며 다들 속는 기분으로 마지몾해서 주고 잇는 상이 드라. 이것을 본 자신이 생각을 할 때에 인간의 동물은 이것이 본능인가 하는 생각이 들며 앞쓰서 같이 살자고 노력의 대까는 간곳 업고 수십 명 다들 낮번 인상으로 돈을 수금을 하여쓰니 이 피해는 눈에 포 업는 손예가 엄청나게 크다고 생각을 하며 공동일에 앞 쓰지도 말고 뒤 쓰지도 말고 중간을 지키는 자야말로 아주 현명하다고 말을 하고 십고 중립이야말로 (이득) 손에도 (업는) 아주 편한 이치라고 말을 하고 십다."
지출에 … 문고비 값, 동장, 동서기
37,000원 오물새 값,

〈1991년 12월 26일 목요일 날씨 비〉
금일은 보슬비가 네리는데 곡장이 벼 가마니을 떠로 와서 비을 마저면서 나락을 네쓰며 한끄번에 75푸대을 달라넬라니 매상 가마니 만칠 때보다 더 힘이 들며 오늘 75가마 달라네는데 비와 땀과 번벅이 돼어 흙으러는 땀을 딱는 데도 정신이 업쓰따고 말을 하고 십다. 오늘 벼 가마니 곡상에깨 달려준 것을 정부 매상을 다 돼어따면 1,000,000만 원 이상을 더 할 끈돼 하고 생각을 할 때 정부 원망을 더 하고 십꾸나.
"인간은 몾난 사람을 죽이야 돼는지 우리 농민이야말로 어디 가서 말을 한마뒤 몾하고 매일 당하면서 살아온 농민을 오물같이 버리고 잇는 정부, 네 무선 욕을 다 하여도 농민의 속은 풀리지 않으리라. 이 엉으리야말로 일평생 잊저저지 않으리라."

수입에 곡상에깨 달려준 벼가 실 중량
6,329근 1근당 가격이 500원
총 금액 3,164,500원

〈1991년 12월 27일 금요일 날씨 비〉
기온의 변화도 이상할 정도로 변하고 잇꾸나. 12月달 말인돼 연 삼 일 동안 만이도 오지 않고 개속 보슬비로 똑같은 량의 비가 삼 일 동안 비가 왔쓰니 삼 일 동안 비의 량을 합판다면 만은 량이다. 그리고 밭작물에도 해갈이 다 돼어따고 생각을 한다.
"이번 비는 지루한 비가 아니고 참 잘 온 비라고 말을 하고 십다. 그리고 낡씨 변화가 그전과는 영 다른 점이 만이 잇다. 요즘 와서는 겨울도 별로 너껴보지 몾하고 그냥 가버리며 사계절이 업는 착각의 세월이라고 말을 하고 십꾸나. 이 상태로 흙으간다면 우리나라도 겨울이 업는 나라고 변모할 줄 몰겟다."

〈1991년 12월 28일 토요일 날씨 맑음〉
이재는 본격적인 겨울 낡씨을 하고 잇꾸나. 오늘이 아주 쌀쌀한 낡씨라고 말을 하고 십다. 그리고 자신이 놀다 오니 용암 사람들이 콤바이 값 가지로 와서 부르길래 방에서 누어잇다 방문을 열고 나가는데 다리가 말을 덧찌 않아서 그대로 넘어같쓰며 떠력래서[뜨락에서] 일어나서 마당으로 갈려고 하니 다리가 말을 덧찌 않아서 마당으로 쓰려졋따면서 엉등이에 꼬리 부분에 손도 못대두록 아푸다는 집사람 이야기을 덧고 보니 오늘 큰일을 저질 뿐 했쓰며 자신도 용암 사람들 콤바이싹 값을 다 바다쓰니 오늘 오전에 가지고 가라고 전화을 하여놋고 그간 몾 참아서 동사에 놀려을 같쓰니 이것은 네 잘못이라고 본다. 외냐하면 자신이 집배 잇쓰트라면 자신이 사람을 마지했드라면 이른 변을 당하지 않아쓸 끈돼 여하든 큰 모면을 한 셈이다. 이 잇때 잘 못 넘어가면 머리을 다치며 내진탕으로 죽어가는 사람이 만은데 자신은 여예 비한다면 큰 행운이라고 말을 하고 십다. 자신이 생각을 할수록 큰 모면을 면예따고 생각을 하고 잇다.

그리고 콤바 따라 다니면서 수고했따고 돈 오만 원 주는 것을 자신이 먹찌 아니하고 용암 콤바위로 탈곡을 한 사람은 다들 불어서 오징어 한 짝을 사와서 술안주 대집을 하여쓰며 이것을 시작을 하니 객꾼도 만으며 생각보다 만이 들어가드라. 이 돈을 남들은 술 바다주는 일이 오늘날까지 업든 일을 하고나니 다들 잘 먹어따고 인사을 만이 하드라. 오늘로 바서는 객꾼이 반이라고 말을 하고 십다.

"오늘 일을 생각을 정리을 하여본다면 집사람을 반은 버릿다 차전 셈이 돼며 자신으로 바서는 큰 행운이라고 정리을 하고 십다."

〈1991년 12월 29일 일요일 날씨 맑음〉

오늘은 김천 영빈예식장에서 자신을 중매한 분의 손지딸 예식 올린다고 청첩이 와서 시간 여유가 업쓰서 집사람을 병원에 돼리고 가서 주사라도 맡치야지 해복이 빠르지 않캐나 하는 생각에 김천 성모병원에 돼리고 같든이 이것은 오래 간다면서 3주는 간다고 하드라. 이것은 단번에 낮찌 않코 스스이 낮는다고 이야기을 하드라. 그래서 주사 맡고 약만 가지고 집사람은 뻐스로 집배 내려가는 것을 보고 자신은 영빈예식장으로 같쓰며 김천 영빈예식장에는 난생 처음이다. 그리고 예식장 안이 너무나 적으서 좋찌 아니하며 너무나 쫍번 터라 사람의 담배연기도 다들 빠저나가지 몿해 연기 속에서 예식 시간을 기다리는 편이라고 말을 하고 십다.

지출에 … 정수원 장녀 예식에 부주 20,000원 하여는데 답례품으로 3,000원식 주드라. 예식을 이른 식으로 한다면 당사자는 간편하다고 생각을 하지만 손님들은 밥을 굴멀 사람이 드만타고 생각을 하며 자신도 정심을 집배 와서 먹으쓰니 그때 시간은 2시 반이 넘드라. 이른 것을 볼 때에 손님에깨는 인사가 안댄다고 본다.

지출에 … 정수원 장녀 예식에 부주 20,000원. 반찬, 김, 당면, 오탱, 닥강, 맡살, 전기코드 교한 500원 밀감, 병원비, 차비, 計 44,840원

〈1991년 12월 30일 월요일 날씨 맑음〉

오늘은 낢씨가 만이 풀리쓰며 어재 바스는 참바람이 모라쳐는 것을 볼 때에 낢씨가 푸르저지 않을 것 같드니 오늘은 재법 풀리쓰며 성급한 사람은 나무 전정하로 갈 정도의 낢씨라고 말을 하고 십다. 이 상태로 간다면 내일은 노는 사람 업시 들로 나쓸 것으로 내다본다.

"화토로 술빵치기 한다면 자신이 걸머저는 돼 오늘은 자신이 걸머저지 않코 공짜로 정심을 채어쓰니 일수가 좋아따고 생각을 하며 그중에 22,000원 득을 본 셈이다."

"우리 집사람 91年을 마지막으로 보내면서 일수가 나푸구나. 오늘은 놀로같다 오니 또

다치따고 이야기을 하여서 감짝 놀라쓰며 또 넘어같는냐고 하니까 호박 쌀다 큰 손가락을 찔려따면서 엄치 만이 배어따고 이야기을 하길래 생각한 곳이 아니고 탄 곳이라 그만 웃고 마라쓰며 우리 윤심이 죽찌나 않으며 댄다고 말을 하고는 다친 손가락 보자 말도 하지 않고 아무 일도 업는 것처름 지네고 마랐다."

우리 집사람 92年을 코앞에 두고 일수 낮번 일만 일어나는데 어서 빨리 91年 넘어 같쓰며 한다.

그리고 자신이 49수을 아무 탈 업시 넘어가는 일박에 업따고 보며 올해는 수입도 업는 해가 돼어버리고 말라쓰며 금년 한 해가 공짜로 살아따고 할까. 사실 시간이 바푼돼 일 년을 공짜로 살라따는 것은 자신으로 본다면 음청난 손실이라고 말을 하고 십다.

수입 터랙타 논갈리 40,000원

지출에 … 동사무소 농약 값 338,100원

〈1991년 12월 31일 화요일 날씨 맑음〉

오늘은 안전이 낡씨가 풀린 상태며 오전은 약간 허린 낡씨라 동네방에 손님이 줄지 않트라. 자신도 나무 전정을 해야 하는돼 하면서도 뫃가고 한태 협쓸려서 오늘은 휴식으로 보내고 마랐다.

오늘로서 91年도을 보내게 돼어쓰며 91年도는 자신을 밝게 만들지는 뫃해쓰며 서운한 점이 잇따면 집사람이 92年을 코앞에 두고 다치따는 것과 91年을 마지막 보내면서 타박상 때문에 몸부림을 치는 것을 볼때에 91年은 조금 서운한 해라고 말을 하고 십다.

새해는 큰 소망을 이루어쓰며 한다. 우리 혜지 전문대라도 부개 해서 우리 가정에 우섬을 주게 할 것과 우리 가족이 새해는 건강하게 92年도을 보내게 해달라는 소망밖에 업다. 그리고 92年는 뒤을 돌라바도 한줌 부끄러운 일 업시 보내두록 기원하게 노라.

지출에 … 술빵치기 5,000원

수입에 … 터랙트 논갈리 50,000원

"온 세상에 만물이 세월따라 변하고 잇껀만 너는 의위하여 자신에깨 온 그날이나 오늘이나 변하지 않는 너의 마음가짐을 볼 때 감탄을 하곤 한다. 인간이 세월 따라 변하는 것이 술리인돼 어이하여 너는 그 꾸끗한 짐념이 어디서 발상이 돼길래 세월 따이는 아랑곳업시 짐념을 지켜가는 너의 모섭 보노라면 연재나 이 마음 채칙질 하곤 잇탄다. 나의 꾸끗한 짐념은 세월에 저고 잇딴다. 나의 짐념 다 버리고 너의 짐념 3분 1만이라도 바다드리고 십꾸나. 인간의 짐념이 바로 쓰지 뫃하며 어이 사람이라고 할수 잇쓰리. 당신의 짐념은 인간이 꼭 가지야 할 기법이라고 말을 하고 십다. 아~ 아고맙다. 정말 고맙다."

1992년

〈1992년 1월 1일 수요일 낡씨 맑음〉
금일은 새해라고 다들 놀라고 하는 기분이 들이 만으며 동네방에 사람들이 한 방 모여 놀며 이재는 방으로 한 방 모여 놀라도 옛날 모양 남의 돈을 먹을라고 더는[드는] 사람 업쓰며 건전하게 시간을 보내고 잇다.
오늘도 화토 놀리을 하여도 무리 가지 않캐 막치기을 하면서 부담 업는 놀리을 하여따고 생각을 한다.
그리고 앞전에 술빵치기로 5,000원 일은 것을 오늘 본전을 찾게 돼어쓰며 오늘은 8,000원 수입을 본 셈이며 자신이 올 겨울에 손에 본 것을 다 따진다면 안전희 본전으로 본다고 생각을 하며 오늘날까지는 본전이다.
수입 내 술빵치기 8,000

〈1992년 1월 2일 목요일 낡씨 맑음〉
오늘은 보에 일로 나갇다 일도 못하고 남외깨 부잡피서 일도 못하고 동내방에서 화토 노리을 하여서며 오늘은 자신의 마음속으로는 작과나무 전정을 할려고 마음을 먹어쓴는데 그만 같이 노는 사람들이 오늘까지 설인돼 일을 할려고 하면서 빙찬[핀잔]을 주어서 오전에 화토노리을 하여는데 손에도 업고 득도 업는 오전시간을 보내쓰며 오늘 오전에 손에을 본 사람은 12,000원 받다고 하는 것을 볼 때 그죽[거죽]으로는 아무른 포[표]가 업찌만 마음속으로는 불캐하고 아까운 돈이라고 하는 생각을 가질 것은 사실이다. 그리고 화토놀리로 돈을 일어면 적개 일으나 만이 일으나 마음의 상쳐는 입개 마른이다.

〈1992년 1월 3일 금요일 낡씨 맑음〉
오늘은 작과 전정을 하여쓰며, 오전에 나무 전정을 잘하고서는 정심 먹으로 들어오니 친구 부인이 우리는 동사에 놀려 갇다고 하여서 집배 가든 길에 동사에 들려떠니 4명이 모여 앉자서 천 원짜리 묵도 놋고 빼다 먹기 하고 잇킬래 이 사람들이 좋은 낡씨에 이것이 무엇시냐고 하면서도 그 자리에 안저서 구경을 하다 칠곤 돼지 가지고 가는 사람이 돈먹기 하다. 자신은 띠방으로 4,000원 일으쓰며, 오늘꺼니 전정을 잘 하고나서 그만 말려들어서 화토 한 번 만저보지 않코 4,000원 손에을 본 셈이다.
오후에는 자신보다 5살 만은 친구와 당산길 문재로 어뒤로 날까 하고 서로의 외측만 하여쓰며, 자신은 우리 밭으로 나는 것은 사실인돼, 앞푸로 나는냐 뒤로 나는냐가 문재인돼 만약 우리 밭 복판으로 난다면 자신은 큰 피해을 보게 돼며 자신이 투자한 것이 자주 잘못이라고 생각을 한다.
오늘 오후에는 다들 작과나무 전정하로 왔따가 처음 측량하면서는 상수도 관 문다고 이야기를 하면서 조금한 말목에다 빨간 리봉을 달라서 철로용지 비에서 말뚝을 밖아 논 지점이 이야기을 하다 서로 어디로 날까 하고 이야기을 하다 서로가 오후 일은 얼마 하지 못하고 오후 시간을 보냇다.
자신은 일 잘하고 화토노리에 띠방으로

4,000원 일은 것이 아쉬어 잊쳐지지 않는구나.
지출에 화토노리 4,000

〈1992년 1월 4일 토요일 낡씨 맑음〉
오전에는 김영태 씨 딸 결혼을 앞두고 동네 술돼집을 하는 바람에 오늘 오전에는 잘 어더먹은 셈이다.
오늘 오전에는 서리가 넘어나 만이 내리서 나무 전정하는데 미끄러어 작업에 골란해서 동사에 놀라떠니 술돼집을 잘 바든 셈이다. 동사에 음식을 내는 것도 시간이 가며 따라 변모해 가는구나. 그전에는 동사에 음식이 나오며 부주을 다들 받는데 부주을 바다도 정식부주보다 적게 받고는 하는데 이재는 부주을 안 받는다고 하면서 음식을 주고는 예식장에 가서는 부주을 다 받고 잇다. 이것을 보며, 그집에 부주 안 받는다고 예식장에 가지 않으며, 그 사람만 부주가 빠지는 패단이 잇다. 그르고 볼 때 동사만 안 밭찌 실찌론 부주을 다 받는 형식이다!

〈1992년 1월 5일 일요일 낡씨 맑음〉
오전에는 구미 순서 동생이 혈압에 만개 열매가 좋다고 한약방에서 들어따면서 만개 열매을 따로 가자고 하며서 동생과 족카을 돼리고 산에 올라갈든이 옛날 산길은 다들 작목으로 막키버리고 길은 간 곳이 업쓰니, 작목 사이로 다니는데 힘이 들드라. 동생도 혈압으로 고충을 당하고 잇는데 만개 열매로 차로 따려먹고 효염을 밧쓰며 하는 바람이다.
그리고 오늘 오전에 전정을 못한 것을 만이라도 할려고 오후에는 서들어서 들로 같든 길에 박명섭이가 잡드라. 오늘 셋 시에 임정길 씨 칠순이라고 동사에 술돼집 한다고 못 가구로 하면서 그만 나무 전정은 폭기을 하고 동사에 같든이 이미 사람은 다들 묘여잇드라.
다들 칠순으로 술대접하는 사람들은 다들 복노인이라고 생각을 한다. 칠순잔치에 낭비을 하는 것은 좋은 일이라고 생각을 한다. 인간이 살아가면서 좋은 일은 남들에게 배풀고 해야지, 좋은 일로 베풀 줄 모르며 인간의 갑어치는 잊저가고 잇따고 말을 하고 십다.
"인간이 갈수록 인심이 야박하여지고 잇다. 옛날에는 한갑하며 그름뱅이 한갑이라고 하며, 그저 남들래기니 대접만 하며 왔쓰며 요즘 왔쓰는 한갑으로 돈을 한 목 벌라고 들며 한갑해 흑돼지 금이 올라서 한갑잔취에 별로 돈을 벌 수 업따는 판단이 나오며 그헤도 무선 관계를 돼드라도 한갑을 아니하고 다음 해 그 돼지값이 허르며 한갑을 시작하는 실정이니 옛날과 요즘 세태와 인정을 견주어 본다면 하늘과 땅 차이라고 말을 하고 십프며, 옛날에는 살기도 아주 어려울 땐돼 그중에도 인정을 베풀어 가면서 살어 왔따는 것 본바다야 하는데 요즘 사람들은 좋은 것은 다들 버리고 나픈 것을 서슴업시 바다드리고 잇는 것을 볼 때, 아쉬운 마음 검할 길 업쓸 때가 많타고 본다."
"이 세상이 성실하게 살아가는 사람이 오히려 힘이 들고 있다는 것이 인간의 사리가 어돼서 잘못이 잇는가 반성을 하여봐라."
"인간은 하로 한 번식만 반성을 한다면 실수는 업따고 생각을 한다."

〈1992년 1월 6일 월요일 낡씨 비〉
오늘은 소한이인돼 추위는 다 어디로 가고

포근이 봄비처름 비가 종일 내리고 잇는 것을 보며 기온차가 옛날 모양 추위는 다들 간 곳 업고 겨울 낢씨에 해동비쳐름 꾸준하게 내리고 잇는 것을 보며 이재 봄이구나 하는 착각도 가지게 돼는구나. 옛날부터 소한, 대한 넘어가며 내 아들 얼어 죽는 일은 업따는 옛 어른들의 말씀이 잇뜨시 이재는 이 비로 인하여 봄이 돼는 것이 아닌가 몰겟다.

"올해는 기온차외가 변득이 만타고 생각을 가저본다. 외냐 하며 가을 후부터 3개월 이상 가뭄이 돼더니 이재 와쓰는 겨울 낢씨가 봄에 비 내리드시 만이도 오지 않코 꾸준이 내리고 잇는 것을 보며 누가 겨울이라고 하겟쓰며, 이재는 우리 지방에도 겨울 눈을 보게 힘들지나 않을까 하는 염려도 생기는구나."

"요즘은 정계에서는 서로들 국회원 공천 바들라고 후보자에 올르겟따고 열정이라니 이것은 부정의 온상이며 요즘 정치하는 사람들 진정 국민을 위하며 정치을 하지 않고 자기 소득 차기에 국회원 자리만 가지고 날띠고 잇쓰니 의이하며 나라의 부강을 바랄 수가 잇쓰며 오회려 부강은 그냥 두고 자절만 하고 잇쓰니 이것은 정치인들 가욕이 잇키 때문에 사회는 물란해지고 국민원 불안만 가중돼고 잇따는 것을 정치인들이 책임을 저야 한다."

"이번 4대 선거에 국민이 합심이 돼지 않고 술래 팔린다면 우리 경제는 자절이 돼어서 해여나지 못할 것이며 올해 선거야말로 국민이 잘살고 못살고에 갈림길이라고 말을 하고 십프며 이번에는 민자당에 표을 준다면 우리 농민은 농정기반까지 무너질 뿐 아니라 우리나라가 선진국에 들어가지 못할 뿐 아니라 요대로 자절돼고 말태니 이번 선거 뒤집어서 채임[책임] 추궁을 하여 비리을 안전이 들추어서 가리내는 정부가 돼어야 앞푸로의 민주발전을 가지고 올 수가 잇따고 생각을 하며 이번은 정당하게 표을 떤저야만 우리 국민의 설 자리가 나온다고 본다."

"우리 국민의 기질이 자신이 나와서 일을 하여본다고 앞스서 날띠는 사람 칫고 부정을 일삼고 잇뜨시 요즘 정치인들은 국민들의 여론은 뒤로하고 그저 자리만 자절라고 당수들이 이 당 저 당 마구 온겨가는 모섭들 볼 때 정말 속보인다."

수입 동사에서 화토노리 10,000원

〈1992년 1월 7일 화요일 낢씨 비〉

금일은 외송보에 연말결산 할려고 윤천희 집배서 감사 준비 한다고 오후네가 걸리쓰며 우리는 대충 하는 성격인돼 윤천희 씨는 아주 섬세한 사람이다. 감사 자료에 한 곳이라도 털리며 그 용지는 버리고 다시 쓰는 사람이며, 아주 바른 사람이라고 생각을 하며 원칙에서 벗스나는 사람이며 공금을 띠지도 않고 부치도 않는 사람이라고 오늘 감사 준비 자료 만들면서 너겨다. 사람이 공동 일에 부정이 업쓰야 그 사람의 효감을 가질 수 잇따고 생각을 한다.

"공금이란 것은 아주 힘이 더는 돈이며 공금은 등한시 하여따가는 인간의 본성을 저울질하는 것이라고 말을 하고 싶다. 자신도 감사 준비 자료를 다하고 나니 마음이 가벼꾸나. 감사자료를 만들기 전에는 책임자의 한 사람으로 늘 묵켜있는 너킴인돼 오늘은 속이 시원하구나."

이재는 앞쓰서 하는 일은 사실상 오늘로서

끝이 난 셈이다. 그리고 올해는 재난도 업고 외송보에 임사[유사]로서 큰 사고 업시 무사이 잘 나와따고 생각을 한다.
지출에 감사자료 만들면서 술값 맥주 4병 3,900원

〈1992년 1월 8일 수요일 낡씨 맑음〉
오전에는 동사에 놀려가서 화토노리을 안 알라고 뒤전에 밀려 잇는데 화토노리 짝이 업쓰니까 끄드리는 바람에 끝까지 거절도 하지 못하게고 해서 그 자리에 말려 드려가서 돈만 일코 마랏다. 화토노리는 돈이 만든 적든 돈만 일어며 기분은 나픈 것은 사실이다. 이것을 알면서도 멧 번 너켜도 본일인돼 그 자리을 벗스나기가 힘이 드는구나. 오늘도 자신이 들어가지 않으며 3명이라도 하는데 그만 말려 들어가서 손에을 보고 마랐다.
오후에는 작과나무 전정을 하여쓰며 벌서 해가 길어젓따는 것을 사람이 너킬 수가 잇쓰며 일이 만이 돼고 잇다. 그리고 이재는 92년도 작업이 사실 시작이 돼어따고 본다.
지출에 화토노리 5,000원
수입에 대파값 20,000원

〈1992년 1월 9일 목요일 낡씨 맑음〉
금일은 종일 작과 나무 전정을 하여쓰며 요즘은 일이 만이 돼고 잇다. 이재는 당산 작과나무는 하로 반만 하며 전정은 끝을 낼 것 같다.
그리고 금년에는 작과 거름을 좀 주리서 할 작정이다.
작과일이 열매가 오고 안 오고는 다들 거름 관계라고 말을 하고 십다.
금년에는 땅 한 번 읏지 안고 겨울이 넘어 갈 것 하구나. 달로 본다면 재일 추월 때라고 생각을 하는데 봄비쳐름 비가 2일식이나 오지 않나 나무 전정을 하면서 넘어나 더워서 옷을 벗놋고 할 정도니 금년 한 해는 이상한 날이라고 생각을 가저본다.
요즘 전개에서는 현대그럽 사장 정주영 씨가 신당을 창설을 한다고 날리을 짓기며 또 한군대는 대권을 누가 잡나 하고 민자당에서는 날리을 직이고 잇쓰니 정부 돌아가는 꼴이 말이 아니다. 민자당에서도 한합이 돼지 않으며 서로가 뜻고 잇쓰니 의이 정치안정을 바랄 수가 잇나. 기가 찰 노릇이다.
우리 혜지 이재사 도서실래서 공부한다고 저녁도 오지 않고 몸부림을 쳐고 잇는 모섭을 생각을 힐 때에 안스러어며 어재는 감기가 들으서 병원에 왔다 가는 모섭을 볼 때에 저의 아빠 공부하는 말 덧지 않코 이재와서 발등에 떨어저니까 공부한다고 독서실에 다니는 모섭을 보노라리 마슴만 타는구나.
"부모 말을 새겨 들어며 아무 탈이 업는데 이재와서는 후해을 한들 아무 소용이 업다 이놈드라. 내 자식 키어 오른 대학 못 시키고 내 생을 끝을 본다니 가슴에 한이 매칠 이다."

〈1992년 1월 10일 금요일 낡씨 눈〉
금일은 우리 마을 년말 결산 보고을 한 날이며 금일 총회는 사람의 수가 적으며, 이재는 갈수록 총회 결산 따이[따위]는 아랑곳하지 않는구나. 우리 마을에 이진일 동장으로 부임을 하고서부터 동네 창고에 비 세는 것을 보수을 하여라고 하여는데 매년 한다고 말로만 하고 그냥 지나와서 이제는 갈

쇼가 다들 썩으서 전체을 갈라돼니, 동장 부주위로 동네 손실이 만아다고 생각을 한다. 이번 동장은 동네로서 덕보다 손에가 더 만아따고 생각을 한다. 창고 보수비가 6,000,000만원 들으가야 한다고 하니 손실이 아주 만타고 생각을 한다.

그리고 오늘은 집사람은 친정에 저의 오빠 생일이라고 김천 가서 인절미을 하여서 정심 때을 맡쳐서 갈려고 분주한 오전 일과을 보내쓰며 제 아무리 분주한 시간을 보네도 오전 시간은 다 보네고 오후 2시에 집배 도착을 하여쓰니 마음이나 오직 바빠꺳는가. 그리고 이웃지에 인절미 하여따고 다들 돌려주고 친정에 오토바이로 갈쓰니 그때는 이미 3시가 돼어쓰며 첫갓집배 가니 처 어머님 식구들이 다들 계시며 어머님은 허리가 더 꼬라젓잇쓰며 어머님을 우리집배 한 번 오시라고 전화로 하엿든니 안 올라고 하는 이유을 알겟드라. 작년보다 더 만이 허리가 꼬라젓잇쓰니 이재는 어머님이 저의 집배 한 번 못 오시고 돌아가쉬겠꾸나 생각을 할 때에 마음속으로 서운함을 검치 못하게꾸나. 처 어머님 돌아가쉬며 어머님이라고 부를 사람이 업따는 생각을 할 때 가슴 아푸며 나의 외로움을 처어머님은 달래곤 하는데돼 이재는 처 어머님마저 우리집배 못 올 지경이 돼어 잇쓰니 그것이 나의 외로움이 더 크구나. 이제는 억찌로나 봄이 돼어서 풀잎이 도다낡 때가 돼며 자신이 한 번이라도 모시고 보네야 돼겟꾸나. 어머님의 허리가 더 꼬부라진 모섭을 보니 그리 마음이 아푸구나.

그리고 오늘은 친정 식구들이 자신을 교회 가지 않는다고 총공격을 하드라. 그 전에는 교회 입자도 내지 않트니 오늘은 자신이 결혼할 때에 주례를 선 목사가 자신의 안부을 무르면서 교회을 가는가 뭍는다면서 교회을 가지을 안는다고 원망을 한다면서 이번에는 첫가집 식구들 총공격을 하는데, 자신은 하느님이 어디 잊는냐고 하면서 변명을 하여찌만 그 사람들은 꼭 잊따면서 이야기들 하는데 우리로서는 이해가 안 댄다. 어이해서 교회만 가면 사람을 저르깨 바보을 만들고 잊쓸까 하는 신통하기도 하구나. 그리고 미듬[믿음]으로 암을 곤친다고 이야기을 하며, 밑고 잊쓰니 사람이 피을 토활 일들이다.

"오늘 일은 친정 식구들이 교회을 가지 않는다고 공격을 해바야 귀전에서 다들 흙어버리지 자신의 속에 들오지는 않치만 그 소리을 집적 들은 것이 자신의 기분은 좋찌는 안는 편이구나."

지출에 쇠고기 10,000 인절미값 10,000원
계 20,000원

〈1992년 1월 11일 토요일 낡씨 맑음〉

오늘은 맑은 낡씨라서 아침 일적 스들어서 작과나무 전정하로 같든이 썰리가 너무나 만이 내리서 작과나무 전정에 불편한 점이 만아서 그만 나무 전정을 포기을 하고 집배 들으오니 면에서 관정 보수공사 한다고 현지답사한다고 열락이 왔잇드라. 그래서 보에 간심이 만으신 김경칠 씨와 임용규 씨에게 열락을 해서 기다리고 잇쓰떠니 12시가 다 돼어서 성용차로[승용차로] 왔드라. 관정에 현장검사을 다 하고 군에서 15,000,000만원 떨어젓따면서 천오백 만원으로 할려고 하여서 무선 공사가 돈에 딸라서 공사을 하는 것이 어디 잇느냐고 하면서 이야기을 하니까 돈에 따라서 하는 것이 아니라 요즘은 장비가 좋키 때문에 현재로 구등이 9개로 돼어 잇는돼 3구등이을 줄이서 6구등이로 파서 원 파이프에 연결을 하여도 충분이 돼두룩 한다면서 설명을 하드라만 자신은 돈에 딸라서 할려고 하는 공사가 재돼로 될까 하는 의문이 가며 자신이 처음에 돈돼로 공사을 할려고 하기에 돈돼로 공사을 할려면 그냥 두라고 이야기을 하여쓰며 자신이 총감 정도라도 이 공사는 줄아서는 안 댄다면서 돈 책정을 더 바다서 할려고 하겟는데 총감도 아무 말도 업고 그 사람들이 해주는 돼로 보고만 잇깨따는 표정이드라. 그래서 자신도 그냥 두고 마라따만 이 공사는 처음 시작부터 문재가 발상이 됀 것이나 다름이 업따고 본다.
그리고 오후에는 작과나무 전정하로 갇쓰며 오늘로서 당산에 자신의 밭은 나무전정을 안전이 끝을 냇쓰며 이재는 세집 밭에 4나무만 정정을 하며 당산 밭은 끝을 낸다. 이곳만 끝을 내면 앞밭은 수라게 할 수가 잇쓰며 이재는 마음 여유가 잇따고 본다.
이변에 첫갓집배 같든이 교회 가지 않는다고 온 식구가 공격을 하드라. 그리고 주례사 우리 결혼할 때 주례 선 것을 잊찌 않코 교회 가는냐고 묻는다면서 총공격을 하는 것을 볼 때에 종교라는 것을 우섭게 알라는돼 실내용은 그르치 않으며, 그 힘이란 원자폭탄보다 드 큰 힘을 가지고 잇따고 보며 종교에 휘말려 들며 벗나지 못하고 원자폭탄은 피해서 나오는 사람은 잇따고 보나 종교에 휘말려 들어갈따면 이곳은 피할 곳은 업쓰며 영혼이 말려들어가야 한다는 것을 너켜쓰며 종교란 것이 이려께 힘이 잇는 줄 몰라쓰며 이 사람들은 하나님 말씀이라면 이 목섬 마구 버리도 눈 하나 깜짝하지 안을 사람들이며 미듬이란 쫍게 생각을 하며 좋은 것이라고 보지만 속 깊이 들어가며 다들 사기성이라고 보며 자신은 좋은 평을 하고 십찌 않다.

〈1992년 1월 12일 일요일 낡씨 맑음〉

금일은 작과나무 전정을 하는데 피료한 몸을 억찌로 한 셈이며 오늘은 몸이 피곤해서 마음은 좀 쉬쓰며 하는데 아거지로 나무전정을 하여쓰며 하로 일과을 끝을 내고 오니 온몸이 슈시며 감기몸살이란 너킴이 들며 몸부림을 쳐겟드라. 그 중 삼촌 기지사[기제사]라서 참석을 하고 집배 오는데도 피료함을 너켜쓰며 오늘 잠을 자는 돼가지 몸살을 친 하로라고 말을 하고 십다.
"자신이 작과 전정은 여유을 가지고 하여도 충분이 돼는돼 성급이 해치울라고 하는 마음가짐 때문에 이른 고충을 받고 있다."

〈1992년 1월 13일 월요일 낡씨 흐림〉

금일은 감기몸살로 종일 방안에서 보내고 마랐다. 오늘은 방에서 곰짝도 하지 못하고 누어서 하로을 보냇다.

〈1992년 1월 14일 화요일 낡씨 맑음〉

새해는 자신이 제일 좋은 것을 발견을 하였다.
우리 운이가 반성을 한 느킴이 안전이 들며 돈이라든지 무엇던지 마구 버리나도 분실이 업쓰며 저의 아빠가 놀려을 같다와라 공부도 한두 시간식 하고 잠쉬 바람 좀 씨어야지 공부도 잘됀다면서 바람을 너어도 바람이 들지 않으며 이재는 놀려가도 멧 시에 들어와야 한다고 이야기을 하며 틀림이 업쓰며 이재는 저의 언니 공부까지 극정을 하여주는 아이로 변화고 잇는 운이 볼 때 기떡하기 짝이 업쓰며 그 전에는 돈을 보는 돼로 마구 써비서 오락실에 가며 저의 아빠 외계 오락실에 간다고 마저서 죽을 정도로 매도 만이 마자는돼 이제 와서 서서이 변하고 잇는 모섭을 볼 때 그때 운이을 모질개 때린 것이 마음에 걸리며 그때는 죽뚜록 미운 자식이 이재는 머리를 매일 쓰다듬어주는 아이로 변해쓰니 이 아빠 마음 하늘이라도 날고 십은 마음이다. 운아 노력해서 안대는 것은 미여하지 않는다. 사람이 그저 성실하게만 살아주고 그 아이 착하구나 하는 말만 들어주며 자신은 좋깨다. 운아 우리 성실하게 살라가는 부자 돼어보자. 이 아빠 너의 모섭 변하고 잇는 것을 보니 요즘 입이 저절로 벌어저며 요즘은 운이예깨 무엇을 해주어야 이 아빠 끔[꿈]을 만이 업깨나 하는 심정으로 살아가고 잇다. 정말 고맙다.

"너의 모섭을 보고 잇는 이 아빠 얼굴에 주름이 저지 않깨 성실하게만 살아다오. 이 아빠 다른 부탁은 하고 십지 않다."

오늘은 대신역전 이인배 총감 집배서 자신이 우리마을 임사을 보면서 총지출, 수입금액을 감사을 받는데 자신은 밋칠 전부터 안전무결하게 감사 바들 준비을 하며서 가도 감사자리에 안저니 마습이 불안한 느킴이 들며, 대신 임사는 감사준비을 하지 않아서 무엇이 어떼게 돼는 줄도 모르겟쓰며 감사 자료가 이르타고 총감에깨 꾸중을 덧고 잇는 모섭을 보니 안타갑드라. 자신은 감사자료도 말끔이 하여 갈고 실찌 감사을 한다해도 짤번 시간에 알 수도 업쓸 뿐 아니라 자신은 그저 장부상으로 대어 잇는 현금 맡차서 총감 주는 것으로 감사 임무가 끝이 난 샘이다. 자신이 총감에깨 현금으로 807,300원 준 셈이다. 대신 임사는 감사자료가 마지 않을 뿐 아니라 총 마지기도 맡지 않는다면서 내일 파보[48]을 할 때까지 다 해야 결산보고을 한다면서 저녁에 잡아 놋는 것을 보고 우리 마을에서 윤종희, 윤천희 우리 식구들은 그만 넘어오고 마랐다. 공금을 막키며 양심에 맥키야지 이것은 어떠게 할 수가 업따고 본다. 특희 보에 일은 그날 경비와 닭 먹은 것들 더 올리서 부정을 하며 할 수도 잇는 문재인돼 각 임사의 양심에 막키야 됀다고 본다. 자신은 내일 결산만 하며 나의 의무는 끝이 난다. 우리는 남들래깨 저울질 돼는 노럿은 이재 하지 않으며 특희 이 일은 남들에깨 얼굴을 불키는 것이만치 좋은 일은 업다고 보기 때문에 이른 일은 선임자을 피하는 것이 현명한 사람이라고 말을 하고 십다.

〈1992년 1월 15일 수요일 낡씨 맑음〉

금일은 외성보에 파보을 맡치쓰며 특이 낡씨가 좋아서 큰 다행이다 요즘에는 모임에는 갈수록 수짜는 줄고 잇꾸나. 오늘도 파보을 하는데 양동의 수짜가 아주 적으며 갈수록 공동채란 것 운명이 아주 어렵꾸나. 자신도 오늘은 통장정리까지 끝을 내어서 감사 윤종희 씨을 주고 마랐다. 다 정리을 하고 나니 책임자라는 것을 벗고나니 마음이 아주 가벼운 너킴이 더는구나.

지출에 … 비디오 텔리전 값 853,000원
라면값 5,000

48) 일을 마침.

계 858,000원
수입에 … 금년도 임사 하면서 수고비값
50,000원

〈1992년 1월 16일 목요일 낡씨 눈〉

오전에는 선둘 동서 앞푸로 매상을 퇼라면 11가마 돼라고 하여서 집사람과 오전에 준비을 하여서, 오후에는 순달이 쌀 한 가마와 매상 가마니 11가마니을 실고 순달이 쌀가마부터 내라주고 김천 사료집배 가서 운학이가 개사료 산다기에 자신도 소사료 3푸대 실고 선둘 동서 집배 실어다주로 가는데 눈송이가 아주 크게 내리길에 만이 올라나 극정을 하여떠니 잠쉬 내리고 말드라. 그래서 다행이라고 생각을 한다. 만약에 눈이라도 만이 와서 불편하며 조카을 돼리고 가서 만이 미안할 됀돼 낡씨가 참아주어서 다행이라고 생각을 하며

"선둘 동서 집배 가니 마당으로 미주장[메주장]이 가득하고 헛관으로 미주가 가득 달려잇는 모섭을 보니 너무나 힘들어따는 생각을 하며 우리들은 돈을 만이 준다 해도 못할 너킴이 먼저 들어가며 동서 집배 못쳐름 가면서 아무것도 들고가지 않아서 미안트라. 자신은 매상 돈을 질 때에 고기 한 근이라도 사다줄 작정이다."

"그리고 선둘 동네는 아직 우리 동네 비완다면 아주 촌이라는 느킴이 들어오며 우리가 사는 마을은 촌티을 벗선 마을이라고 말을 하고 십프며 자신이 사는 마을라서 그른 것이 나니라[아니라] 우리 마을은 촌티을 벗선 말이라고 생각을 한다."

"우리 혜지 이재사 공부한다고 독서실래서 잠을 자면서 공부을 한다고 집배도 일주일 오지 않는 것을 보니 극정이 돼는구나. 딸다 키어논 것을 공부 때문에 죽이는 것이 아니냐 하면서 집배 오라고 전화을 다 하라 하여쓰며, 우리 혜지 공부한다고 똥빠지는구나. 마음 속에 자리을 잡고 잇꾸나. 우리 혜지가 전문대학교라도 들어가야 하는데 하고 생각을 하니 시험 쳐는 날짜가 빨리 넘어같쓰며 하는 심정이며, 독서실래서 공부한다고 날띠는 모섭 안쓰어며 우리 혜영이 (밴도)가 다 나리기도 힘드는 실정이며 모든 것이 안스러 주위에서 보기가 더 힘이 더는구나.

지출에 쇠사료값 3포 × 4500원 =
13,500원 운님 5,000원
계 18,500

〈1992년 1월 17일 금요일 낡씨 흐림〉

금일은 낡씨 변득으로 하로의 생활을 휴식어로 하로을 보내고 마랐다. 오늘은 다들 휴식으로 보낸 사람이 만타고 생각을 한다. 그리고 오늘 우리 운이 등록금을 대신 분소에 납부을 하여쓰며 운이가 아포종합기술고등교을 갈려고 하는 것을 볼 때에 한편으로는 마음이 노이나 운이가 기술고등학교을 가서 적성에 맡추어서 해낼란지 궁금적이 들기도 하는구나.

"자신이 생각을 할 때에 기술고등학교을 거쳐서 기술전문대학교을 그쳐서 나온다면 인문계을 나오는 것보다 좋을 것으로 내다보고 잇다."

지출에 운이 고등학교 등록금 93,410원
초크바이 1,180원 엿값 4,700
두부 2,000
계 11,290[49]
(화토노리값) 3,000
계 14,290원[50]

〈1992년 1월 18일 토요일 낡씨 맑음〉

요즘은 낡씨가 추어서 동네방으로 한 방식 놀라도 옛날처름 낭비을 하지 않을 뿐 아니라 이재 굽삐는 아예 볼 수도 업쓸 뿐 아니라 이재는 민화토로 천 원식 빼다먹키도 낭비라고 그절하는 사람이 만아서 화토노리가 이루어저지 않을 때가 만타. 이것을 볼 때에 사람들이 갑짝이 건면하게 살아야 한다고 개심을 해서 그른지 그르치 않으며 정부에서 매상을 받다주지 않아서 경제적인 타격이 오기 때문에 화토 따이는 넘어다볼 수가 없는 입장이 돼어 잇는가. 갑작이 성실한 이유을 알 수가 업꾸나.

"그리고 우리 마을에 상점이 둘인돼 한 곳은 벌리가 돼지 않는다고 장사을 그만두고 구미 공장에 취직을 하는 실정이며, 이것을 보앗도 낭비는 들 하고 잇따는 정명이 돼며 아직까지는 우리 마을에는 상점 한 곳은 잘 사가 잘 돼리라고 생각을 한다."

"그리고 이번 추위에 일도 못하고 동네방우로 놀면서 이틀동안 놀라도 낭비을 하지 않은 셈이며 화토노리을 하여도 막쳐기을 하니까 별로 손예도 업고 왼만하며 그저 가버시키[51] 정도로 써벼리니 이것은 낭비로 생각을 할 수가 업쓸 뿐 아니라 아주 건면한 생활을 보내고 잇다."

"정부에서 매상을 받다주{지} 않으니 농촌의 경기가 갑짝이 땅받닥에 떨어저 잇따고 생각을 하며 이 경{기}가 오래간다면 소도시가 먼저 불항이 올끄시며 소도시의 경기가 마비가 돼기 전에 농촌의 경기가 살라나야 한다고 생각을 한다."

〈1992년 1월 19일 일요일 낡씨 맑음〉

오늘은 낡씨가 조금 풀리는 낡씨구나 자신은 낡씨는 풀리는데 감기는 더 심하여서 대신 약방에서 약을 사먹고 종일동안 밭갖구경하지 않고 방에서만 딩굴고 잇쓰다.

자신은 감기을 하지 않아서 채력이 좋은 것 갈다고 생각을 한 것이 이번에 감기가 탁 걸리고 보니 마음은 번한돼 육체적인 노동을 못하게드라. 젊은 사람도 감기가 힘이 더는데 남완이들은[나이 많은 이들은] 감기 좋심을 꼭 해야 하겠드라.

"신정에는 우리 가족이 다들 건강을 빌어는데 정초부터 감기몸살로 골방 신세를 짓어 쓰니 이거 신정에 빌은 것이 다들 허사가 아니냐. 금년 새해는 우리 가족의 건강을 상하지 않깨 밝은 우섬으로 살아가두록, 내 미리 주계 비나이다."

우리 국회원 서로들 할려고 소리들 쳐는 모섭들, 서로 공천을 받게따고 와우성. 이것은 여당이나 야당이나 맡찬가지며 국회원 출마할려고 공천 비률이 대학교 가기보다 더 힘들다고 하니 이것은 부정이 만타는 정거나 다름이 업다.

나라의 질서가 잡필라면 아우성이 업쓰저야하는데 위에서 아우성이니 밑태야 아우성이 아니라 죽음의 소리라 말을 {할}까. 나라꼴이 좀이 먹어도 만이 먹어서 뒤살기가 힘이 들지 않나 하고 내다보고 십다.

지출에 … 감약(이뜰분) 3,000원

---

49) 실제 계산은 101,290원이나 11,290원으로 잘못 기록하였다.

50) 실제 계산은 104,290원이나 14,290원으로 잘못 기록하였다.

51) '가보시키', '분배'를 의미하는 일본말.

〈1992년 1월 20일 월요일 낡씨 맑음〉

오늘은 일을 할 수도 잇는 낡씨인돼 감기몸살로 오늘도 휴일을 하고 말라쓰며 이재는 감기도 급이 날 정도며 겨울에는 감기 조심을 특이 하여야 한다고 생각을 한다.

"민성이가 우리집배 오드니 큰아버지요, 큰마음 먹어내요 하드라. 그래서 너 반족도 안 댄다 하면서, 비디오, 텔레비전과 다이까지, 900,000 주어는돼 좋은냐고 무르니 좋다고 하면서 불버하드라[부러워하더라]. 동생은 다른 것은 다들 잇쓰나 아직 비디오는 업쓰니까 아들이 비디오을 보고는 가지고 싶프하드라. 그리고 민성이는 말을 하도 어른 같이 하고 잇는 것을 볼 때 신통할 정도다."

"우리 운이 저 엄마에깨 전 신경을 다 쓰준다고 해도 무리돼는 말은 아니며 저 어머님 잔일까지 다들 거들어주고 잇쓰며 심지어 밥상까지 다들 들다주는 모섭을 볼 때에 학실이 반성을 한 아이라고 말을 하고 십프며 그기에다 쇠까지 다 돌보고 잇쓰니 자신의 마음이 헙족한 기분이며 자신이 생각을 할 때에 인간이 된다는 것은 1% 터 업다고 단정을 내린 아이가 잇재 와서 저 엄마 염려와 그들어주고 잇는 모섭로 변하고 잇는 것을 볼 때에 자신으로 큰 복등어리가 굴러온 기분보다 더 좋으며 마음 속으로는 자신은 실바람이 난다고 말을 하고 십다. 그리고 나 자신은 돈봇따리보다 우리 운이의 성실함을 가지고 십다."

"인간이 세상을 살라가면서 꼭 좋은 일만 잇는 것이 아니라 낮번 것도 잇따만 자신은 나번 것은 다들 지나가고 이재는 좋은 일만 온다느 기분으로 이 세상을 살고 십노라."

〈1992년 1월 21일 화요일 낡씨 맑음〉

오늘은 오전은 안전 휴식을 하고 오후에는 정심을 집사람도 선둘 동서 집배 요 앞전에 매상 가마니 돼라고 11가마 준 것을 돈 바드로 가고 해서 자신은 감기몸살로 여르날 휴식을 한 것이라 오늘 해야지 하면서 준비을 하여서 나슬라고 하니 참바람이 얼굴에 스쳐오길에 예감이 아직 감기가 안전이 떨어저지 않아서 재발하며 어떠게 하나 하고 나무 전정하는 것 치소하고 골방에서 휴힉을 하여쓰며, 방에서 휴식을 치하고 잇는데 집사람이 매상 돈을 바다서 오길에 작과나무 전정을 하로 갈라고 하다 감기 도절까바 안 같따고 하면서 미안타 하니까 집사람이 잘 안 같다면서 안아주는 모섭을 보니 요줌 매일 골방 신세을 지는 남편이 그처름 좋은가 해서, 너, 정말 남편이 그리 좋은냐고 하니까 좋다고 스섬 업시 말을 하는 집사람, 이재는 자신 꼭 껼어안아 주어쓰며 서로가 하로라도 떨어저서는 못살 것으로 생각을 한다.

"자신은 이 세상에서 불어할 것이 업쓰며 내 곁에 집사람만 잇따며 더 발알 것이 업노라."

"정부 시책이 돌아가는 모섭 기가 찬다. 내일 후기대학 시험 쳐는 낡인돼 오늘 신학대학교에서 시험지 도난사고로 내일 시험쳐는 날짜을 7月 10日 연기돼어따고 교육청에서 발표을 하여쓰며 이것은 교육청에서 시험 날짜만 발표을 해서는 될 문제가 아니며, 휴기대학 준비을 학생이 수십 만이 넘는데 여기다 학부까지 이미 이동이 다 돼잇는 실정이며 정신적인 타격과 여기 따린 낭비는 누가 책임을 전단 말인가. 사람의 성품을 본다면 한 가지만 보아도 그 사람의 성격을 아드시 정부 정책 기가 차며 오늘날 까지 정치인 자리싸움 해왔찌, 진정 국민을 위하여 정치을 하는 사람이 업쓰며, 이번에 정권을 교차하지 않으며 나라가 부강을 할 수도 업쓸 뿐 아니라 민주정치가 돼지 않는 다고 본다."

수입에 선둘 동서 앞푸로 매상된 것
472,560원

지출에 차비 540원 쇠고기 8,000
야구르트 900원 선둘 동서집배
계 9,440원

〈1992년 1월 22일 수요일 낡씨 눈〉

금일은 작과나무 전정을 하로 같다. 눈팔이 금새라도 싸일 덧이 내리고 잇쓰서 그만 하든 일을 치우고 집부로 돌아앚쓰며 집배 들어서자 말자 눈팔은 언재 내리나 하는 식으로 하늘 개이고 말드라. 그래서 나무 전정d,s 표기을 하고서는 동사에 놀려 같든이 장 놀던 사람은 셋 사람이 놀더라. 동사에 손님이 낡씨 따라 불고 줄고 한다. 오늘은 동사에 손님이 업는 것을 보니 그래도 들판으로 일하로 다들 같다는 생각에 놀라도 마음은 편지 않는 놀리가 돼어따고 본다.

"오후에는 집배 일로 오후 시간을 보내쓰며 집에 일을 다들 하고 방에서 휴식을 하니 집사람이 김천장에서 띠밥을 띠어서 들어 오면서 춥다고 몸부림을 쳐드라. 오늘 띠밥을 띠면서 종일동안 순서을 기다리니라고 그 후에 피할 수도 업고 자리을 지키야돼니까 오늘 추위에 큰 고충을 당한 너킴이 단번에 들어오는 너킴이며, 자신은 멧칠재 휴식만 하고 잇쓰서 미안할 정도라고 생각을 한다."

"우리 운이가 오락은 뒤전으로 미려냇따고 아빠는 밑고잇는데 오늘 저의 엄마가 운이 저 자석 친구한대 오락기개 빌왓따고 이야기을 하여서 마음 속으로는 크게 놀라찌만 걸투로 운아 아직 오락을 잊찌 않고 잇꾸나, 어이하여 오락을 잊찌 못하고 잊어냐, 오락은 조금한 아들이 하느 것이라 이재 고등학생이 한다며 이것은 큰 문재라면서 오락기계을 한 번 보자 하니까 기계가 전화기처름 생겨쓰며 엇떤 보며 전화기라고 착각을 할 정도라고 말을 하고 십프며 이 기계을 90,000원 주어따고 이야기을 하길에 이 사실을 저의 엄마 아는지 궁금하며, 요줌 아들 큰 문재라고 다시 한 번 놀라쓰며, 여기 바서는 우리 운이는 오락에 들 밑친 놈이라고 생각을 해야하나, 부모로서는 갈피을 잡을 수가 업두룩 만들고 잇꾸나. 우리 운이 오락에 니우침을 가지고 멀리하는 줄 알라더니 그러치 않는 것이 아닌가 생각을 할 때에 자신을 놀라게 하여쓰며 오늘 오락기을 텔래비전에 부착을 해야 오락을 할 수가 잇따고 이야기을 해서 하여 보라고 하여떤니 텔래비전 뒤면에 부착을 하면서 오락을 하드라. 자신이 운이 오락을 지켜보면서 자신이 볼 때는 아무 재미도 업는데 아이들은 이상하며 좋은 것이라고 생각을 하고 잊는가바 자신은 텔래비전에 부착을 하며 부착을 할 때에 원선을 빼내어서 오락기계 선을 키어야 작동을 하기 때문에 자신은 무선 말도 못하고 텔레비전에 선 꼬지 때 이상이 잇쓰며 텔래비전이 잘 안 나오며, 오희려 손실이 만으며, 운아 다시는 안 아는 것으로 다짐을 받아다.

지출에 … 화토노리에 … 3,000원

〈1992년 1월 23일 목요일 낡씨 맑음〉

오늘은 집사람 보신약을 짓어줄라고 오늘 둘리서 대구 약전 골목으로 갈려고 열차에 몸을 실어쓰며 오늘 안행열차로 가는돼, 지루하기 짝이 업쓰며 이것은 안행이라서 급행을 앞새우기 위에서 역마다 그진 다들 대패을 하는 식이라 대구까지 가는데 1시간 30분이 걸리며, 이 1시 30분이 열차 안에서 보내기 정말 지루한 시간이며, 자신의 건강에 이상이 잇쓰서 그른지 지루 시간을 참찌을 못하게쓰며, 오늘 집사람 보신약을 짓어줄라고 하다, 자신이 큰 고충을 당해쓰며, 감기키로 그른지 택시 안, 뻐스 안 다들 고충을 참기가 힘이 들며, 집배까지 오는데 난생 처음 고충을 만이 당해따고 생각을 한다.

빙배 오는 직시 자리에서 누어서 휴식을 취해쓰며 오늘같이 고충이 잇따면 천금을 준다 해도 실타고 할 것이다.

"그리고 우리가 매년 영일당 한약방을 찾저가서 보신약을 짓어키 때문에 영일당 한약방을 가니 한약방 이전을 했따면서 전포 전세을 놋는다고 종이 쪽찌을 부쳐 낫드라. 그래서 주위에 사람들에게 무르도 모른다고 하지, 그래서 약방이 큰곳에 들어갈려고 해매는 중인돼 집사람이 영일당 한약방을 찾아다. 자신은 이전햇따고 하여서 자신은 포기을 하여는데 집사람은 약도을 삼세하게 보앗뜬과 영일당 한약방을 쉽게 찾아다. 그래도 면이 잇는 사람이 좋다는 너킴을 밭아다. 오늘 집사람 때문에 경비가 들 낫따고 생각을 한다. 만약에 이전하여따고 처음 가는 한약방에 가며 아무래도 보신약이라면서 멧 만원 드 달라고 할 것인돼 다행이 영일당 한약방을 차저서 경비을 들 냇따고 생각을 가저본다.

지출에 보신약 75,000 택시비, 열차비,
　　　　뻐쓰비, 5,360원
　　　　계 80,360원

〈1992년 1월 24일 금요일 낡씨 맑음〉

금일은 종일동안 작과나무 전정을 하여쓰며 앞밭태는 금년에는 전정을 강전정을 하고 잇쓰서 금년에는 작과일이 들 달리지 않을까 하고 미리부터 염려가 되고 있다.

"금년에는 겨울낡씨가 따뜻하여서 과일나무 전정일은 다들 만이들 하여따고 보며, 농민들의 봄의 일이 줄어들 것으로 내다보고 잇다."

〈1992년 1월 25일 토요일 낡씨 흐림〉

금일은 눈에 까시가 들어가서 형수님에깨 빼로 가서 까시는 다행이 잘 빼쓰며 큰집에서 형수와 집사람과 셋시서 오정 내 잘 놀다 정심 먹으로 오다 동사을 들라떠니, 시옥와 금 씨 둘리서 술방치기을 하드라. 그래서 구경을 하다 술집부로 가는 것을 보고서 자신은 정심 먹으로 올라고 하니 금 씨가 같이 가자고 하면서 손을 잡어면서 술집부로 이끌어서 할 수 업시 따라같다. 술 먹는 사람들은 술자석에서 한 잔식 하고 일어쓰는 법이 업꾸나. 술이 들어가서 벌수리을 할 정도가 돼어야지 끝이 나며 오늘도 벌소리가 넘어 만아서 그만하자고 말루을 하여도 들어주지 않으며 우리는 쓸 말 위[외]에는 아주 질색이며, 이 바픈 세상에 벌소리 할 정도로 여유가 잇따는 것이 우리로서는 위해[이해]가 돼지 않는다.

"김시옥이도 처음 한 마실로 장가을 가서 영들포에서 시계점과 금방을 할 때는 한

번 날리쓰며 고향 와서 벌소리을 해도 여사로 들어쓰며 좀 불비하는 정도여는데 이재 와서 첫가집 신세로 살며 그 중 장인만 살고 잇는데 둘리서 밥을 먹으며 이것슨 사오가 장인을 그늘리는지[거느리는지] 장인이 사오을 그늘리는지 알 수가 업는 신세가 돼어쓰며, 그 신신에 시옥이는 말이 만은지 술만 먹고 지정[주정]만 하고 그중에 벌소리가 만은지 오늘 시옥을 보니 저른 풍채로 영등포에서 시계방을 차리쓰며 익이 금방까지 경영을 햇따니 어심스러울 정도다. 이재는 자식이 부모을 마다고 해서 부인 엽패도 가지 못하는 신세가 돼어쓰니 정말 딱한 쳐지며 시옥이가 행세을 하는 처지을 보니 아직은 고생을 해야 하겟따는 생각이 들드라."

"금 씨도 우리마을로 이사온지가 1년 반이 돼어는돼, 자신은 착실한 사람이라고 보앗는데, 오늘 술자석에서 격끄보니 어거지밖에 업따고 생각을 하며, 아주 막대먹은 사람이라 경계을 할 사람이라고 생각을 하고 십다."

지출에 베지밀 값으로, 술값에 1,000
　　　　보태서 주어다

지출에 1,000원

〈1992년 1월 26일 일요일 낡씨 맑음〉

오늘은 첫갓집 큰 어머님 돌아가쉬다고 열락이 와서 갈려고 생각을 하여는데 구미 순희 동생이 참나무을 베어서 벗섯을 할려고 참나무 베어로 오라고 하여서 첫갓집 상문은 집사람을 보내고 자신은 동생과 둘리서 당산에 가서 참나무을 두 포기을 베어쓰며 이것도 거두로 나무을 베는데 힘이 만이 들어다. 나무 실어로 온 사람이 상주 갈다 오면서 들리서 나무을 실고가서 수라게 잘됀 셈이다.

오후에는 작과나무 전정을 하여쓰며 요줌은 감기 키가 안전이 떨어저지을 안아서 그른지 몸이 쉽게 피료하여저며 일이 급이 난다. 오늘 오후는 작과나무 전정을 해가 잇는데도 일적 말치고 마랐다.

"우리 운이가 저의 엄마을 무적 생각을 하여주는 것을 보며 안전이 변한 아이라고 생각을 가저보며 저의 엄마 선기는 것을 보고 태로는 너의 엄마는 생각을 할 필요도 업고 너의 아빠 선기보라고 이야기도 멧 번 하여본 적이 잇쓰며, 부모가 자식을 볼 때에 행동을 바로같질 때가 사는 보람을 가지며 자식이 부모 고충을 알라주는 자식은 이미 다 키어따고 생각을 해도 무리돼는 {일은} 아니라고 본다. 우리 운이가 갑짝이 다 크따고 생각을 하여본다. 요줌 우리 운이 저의 엄마 외먹는다고 자리에 누피지을 안나, 이 아빠가 셈이 날 정도로 저의 엄마을 생각을 하는 운이 정말 고맙다."

지출에 … 첫갓집 큰어머님 상문에
　　　　20,000원

〈1992년 1월 27일 월요일 낡씨 맑음〉

오전에는 자신의 피료을 충당하기 위하여 휴식을 하여쓰며, 자신보다 집사람이 휴식을 하면서 을마든지 일을 할 수 잇따면서 자신의 몸을 더 염려하고 잇다. 그리고 자신의 건강이 딸리서 그런지 감기몸살이 오래가며 건강의 회복이 잘돼지 완코 오래가는 너킴이며 이것도 나이가 만아서 그른 것인가 하는 마음이 때로는 들어가는구나.

"세월 지나면 나이 먹는 것밖에 업꾸나. 벌서 내 나이 50십. 사십대 생각과 오십대란니 갑짝이 어른 댄 너킴이며, 벌서란 너킴이 들며, 50십 세란 나이의 뒤을 돌아볼 때 무엇을 했나 하는 생각과 자신이 그만 무엇을 했딴 말인가 할 때에 그 허망밖에 업구나. 나이 오십대는 정말 바람을 가지고 살아야하며 하나에서 열까지을 좋은 일만 하여가면서 살아야하며 50십대의 뒤을 돌라볼 때는 무엇신가 해따는 것을 꼭 남기야한다고 생각을 한다."

"우리 혜지 독서실래서 참밥[찬밥]을 먹어가면서 공부한다는 모섭을 보니 한편으로 밉고 한편으로 부모을 떠나서 공부한다고 몸부림을 쳐는 모섭 보노라니 신경이 쓰이서 자신의 자리가 흔들리는 너킴이며 이려다가는 딸아 키아논 것, 죽이는 것이 아니냐, 때로는 공부 치우고 집배 오라고 저의 엄마에께 전화을 하려고 할 때가 만타. 오늘도 새벽에 참밥이 잇따고 저 엄마에깨 전화을 하여서 밥을 보내지 말라고 전화가 와킬래, 고기 사줄라면서 집배 오라고 해도 공부을 한다고 안 올라고 하는 것을 볼 때에 당장 가서 먹고 십픈 음식을 사주어쓰며 하는 심정이며, 정말 냇 딸 안스려 자신이 공부을 하여쓰며 하는 심정이다."

"오후에는 작과나무 전정을 하로 갔쓰며 실찌 남들은 작과나무 전정을 끝을 낸 사람이 잇쓰며, 성급하게 날띠는 사람은 전지목까지 다들 묵끈 사람도 잇는 것을 볼 때, 사실은 마음이 바픈 일가들이라고 생각을 할 때에 마음돼로 휴식을 만돼로 할 수 업는 입장이라서 휴식을 하지 않코 나무전정을 하로 같쓰며 집사람은 휴식을 하지 않는다고 원망을 하지만 자신의 마음은 휴식을 마음노코 할 수 업는 입장이다. 자신은 무선 일이든지 앞쓰가야지 뒤가는 것은 아주 실은 사람이다."

〈1992년 1월 28일 화요일 낡씨 비〉

오늘도 작과 전정을 종일 하여쓰며 오늘 낡씨는 겨울 속에 안전 봄이라고 말을 하고 십다. 의이하여 겨울이 봄같은 낡씨만 보이며 때로는 봄이라는 착각을 할 정도로 겨울 내 따스한 봄이라고 할 정도로 추위가 업쓰며 올해같이 따스한 겨울 낡씨는 업따고 본다.

"이 새상에서 재일 빠른 것이 무엇시냐고 물련다면 자신은 세월이라고 말을 하리다. 새해을 마지한지가 어거재 같든데 일월 한달이 다 가고 잇쓰니 세월은 눈 깜짝할 사이에 지나가고 잇따고 말을 하고 십다. 세월이 빨리 간다고 좋아하는 니 업고 가는 세월 재일 실어하는 것이 사람이다. 가는 세월 잡지 못하고 가는 세월만 지키보련이 내 마음만 우울하여지는구나."

"요즘 국회에서는 서로가 공천을 바들라고 낡리며 이것이 전쟁이라고 표현을 하고 십프며, 국가을 위하여 좋은 일을 할려며 국회원 말고도 좋은 일들이 수도 업는데 다 마다하고 국회원 공천 바들라고 낡리을 직이며 또 탈락설이 도는 데는 때 지어 농성들이나 하고 이것들이 다들 정치인들의 할 짓이란 말인가. 요줌 하는 짓들 정말 쓴 우섬밖에 나지을 않으며, 외 이래 난 사람이 업쓰며 엔날에는 정말 고개을 숙일 정도로 훌륭한 사람이 만은데 요줌에는 훌륭한 사람이 업쓰며 외 이래 국가을 위하여 몸 받쳐서 일을 할 사람이 업단 말인가. 정말 가슴 아픈 일들이며 자신이 볼 때는 현 정치인들 다 자격미달이라고 말을 하고 십프며 다들 책임을 추궁하여야 하며, 침체돈 국가의 손실을 변재을 하여야 한다.
우리 경제의 위기는 국회원들이 정치 운형을 잘못하여서 발생을 한 것이라고 말을 하고 십프며 앞푸론 정말 참신하고 덕망이 잇는 분, 이재는 소리만 잘 내는 정치인을 뽑지 말고 우리 국민도 이재는 정말 국가 위하여 아니 국민을 위하여서 일을 할 수 잇는 인물 뽑아주어쓰며 하는 심정이다. 그리고 우리나라도 돈 한 푼 업는 사람도 국회원에 선출이 될 수도 잇는 국민의 수준이 돼어야 한다고 본다. 그리고 첫째 우리 국민성이 바꾸는 일이 급선무라고 말을 하고 십다. 국민들아 우리가 살아오면서 선거을 어떠게 치라왔딴 말인가 재 각기 가슴에 손을 돼 생각을 하여 보앗아라 다들 한심한 생각 때문에 다들 뒤도라보기을 실어할 것이다."
"이번 선거는 우리 경제에 달려잇는 정말 중대한 선거라고 말을 하소 십다. 경재 위기을 극복을 하지 못한다면 정말 우리 국민이 사멸이 됀다. 우리 경제을 바서는 국회원, 정치원들 자리싸움은 할 시가 아니라고 보며, 이 난국을 이러키세어놓고 정치인들 자리싸움을 하여주어쓰며 한다. 이 난국에 국회에서는 서로들 자리싸움만 하고 잇따는 것이 한심스렵기 짝이 업구나."
"야당도 여당에 일을 헌들기만 하지 말고 경제위기에는 손을 잡을 줄 알고 무족끈 야당은 언더는 야당이 돼지 말고 이 난국을 벗스날 수 잇두록 뗫을 같이 하여서 국민선[성]에 설 줄 아는 야당이 돼어주어쓰며 하는 심정이다."

〈1992년 1월 29일 수요일 낡씨 맑음〉

오늘로서 작과나무 전정은 안전이 끝이 난 샘이다. 작과나무 전정은 올겨울이 따뜻하여키 때문에 전정을 빨리 끝을 낸 셈이며 자신은 매년 설 아래에 당산 밭만 전정을 하여두고 집압에 밭은 매년 설 시고 전정을 하는데 금년에는 설 아래 나무 전정을 안전이 끝을 냇쓰니 봄에 할 일을 만이 줄라따고 생각을 한다.
"우리 마을에 한전에서 전주을 갈라내는 작업을 셋 번이나 하고 잇는 것을 볼 때에 정부 공사을 알라주어야 한다고 본다. 한전에서 처음에는 적은 전주을 셋어서 과슬[가설]하든니 을마 돼지 않아서 준간 전주로 갈더니 요줌 와서는 큰 전주을 갈라서 가설하는 모섭을 보니 분주하기 짝이 업쓰며 세 번식이나 갈라돼는 낭비을 생각을 할 때에 음청난 돈이라고 생각을 할 때에 정부공사일이 어디서 문재가 잇는가 한 번 생각을 하여볼 문재라고 생각을 한다."

〈1992년 1월 30일 목요일 낡씨 맑음〉

부부간에 사랑이 길어 가는구나. 자신도 집사람을 너무나 좋아서 자신의 몸이 상할 정도라고 보는데 오늘은 집사람이 설 다 온다고 목욕을 시키는데 아들 목욕을 시키는 것처름 따스하게 어디 손길 안 가는 곳 업시 시키주는 그 모섭, 볼수록 아름답고 백합꽃이 예쁘다고 한들 집사람만 못하며, 오늘따라 더 아름다우며 인간생리 절거움을 만킹하여쓰며 그 전에는 목욕을 하여도 그저 고마운 사람이다 라고 생각을 하여쓸 뿐 마음속의 깊이에 들어오지 못했따고 생각을 하는데 오늘은 우리 집사람 자상함을 너켜쓰며 어디 하나 버릴 곳이 업는 사람이다. 네너을 만나서 마음속을 편하게 하여 주는 부인 그 정성을 늙 고맙게 생각을 하며 이 세상에서 남편에깨 더 잘하는 사람은 업따고 생각을 하며 자신은 하로 생활이 천사 됀 기분으로 하로 생활을 살라간다고 말을 하고 십소.
"오늘은 전정목을 묵년 작업을 시도을 하여 보앗쓰며 전지목을 묵는 작업도 전정을 하는 일보다 별로 수란 너킴도 업드라. 오늘 오후에 전지목을 묵는데 나무 주수을 세어보며 그진 다 같다는 생각을 하였다."
"요즘 우리 운이가 저의 엄마 도울라네 아빠 일 도울라네 정신이 업두록 일을 하고 잇다. 매일같이 소는 전적 책임지고 다 돌보지 저역으로는 오후 10시만 돼며 군불까지 다 책임지고 할 줄 알고 부억 일을 재법 도우고 잇는 것을 보니 이재는 다 키어따는 생각이 들 뿐 아니라 때로는 누구 아들이라고 하는 생각이 든다. 이재는 자신도 고개을 들 수 잇는 자리을 차지하고 잇따고 본다. 부모가 자식이 바로 자라지 못하는 과정을 볼 때가 그 고통이 제일 크다고 생각을 한다. 자신도 우리 운이만 티 업시 잘아준다면 이 세상에서 누구을 불비하지 않으리라."
"겨울치고 눈 한 번 재돼로 내리지 않아서 이재는 눈빨리 희날리며 산천초목이 힌 눈이 싸이는 그 가정을 보고 십노라. 눈, 눈이 소복이 내려 들길, 산길, 할 것 업시 하얀 길을 만들어 주어쓰며 하며, 그 위에 걸어 보고 십노라. 그 눈길을 걸을 때 발자국 밑태서 눈소리을 들어면서 한 업시 겉고 십노라. 봄이 돼기 전에 소복한 눈 내려주어쓰며 한다. 내마음 속을 사로잡는 것은 눈밖에 업노라."

〈1992년 1월 31일 금요일 낢씨 눈〉

오전에는 집사람과 대신으로 갈라떡을 빼로 갈쓰며 요즘은 가래떡을 그진 다들 빼서 손님이 업드라. 그래서 빨리 가래떡을 뺀 셈이다. 자신은 떡방아간까지 같다주고 대신동의 집부로 해서 사촌동서 집배서 오전 내 놀다 떡만 실고 오고마라쓰며, 우리가 올 때는 눈빨리 휘날리며 눈이 오는데 만이 올 것 같더라. 자신의 마음속으로는 한질 와바쓰며 하는 심정이드라.
"그리고 요즘 사람들은 가래떡도 만이들 빼는 사람이 업쓰며, 만이 가래떡을 하는 사람 해야 5돼 정도가 만이 하는 사람이라고 바야 한다. 옛날 같떠며 다들 한 말 이상 한다고 바야 하는데 요즘 사람들은 하기 실어 안 아는 사람도 만타고 본다. 그리고 우리도 올해는 가래떡을 5돼을 하여쓰며 가래떡이 잘 돼어따고 본다."
"그리고 오후에는 큰집배서 노는데 동장과 형님 서너시가 노는데 이 사람들도 눈 내리는 것을 좋다 하며 이번에 눈이 한질 왔봐쓰며 하고 기다리고 잇드라. 눈이 푹 만이 내리바쓰며 하는 것은 사람의 마음은 다들 같든가바. 사람들이 눈이 만이 왔쓰며 하는 마음을 가지고 잇따는 것을 알고 이번 눈은 천지을 하야게 한 셈이다. 이 눈이 마음에 찬 눈은 아니지만 금년쳐고 최고 만이 온 눈이며 하야게 내린 눈을 보니 자신의 마음을 포건하게 너켜질 뿐 아니라 눈을 보며 마음과 가슴이 넒버저는 너킴이다. 그리고 이번 눈이 금년 겨울 행세을 다 했따고 본다. 만약에 눈이 오지 않코 비가 왔따면 이번 겨울이 무어미하게 넘어갈 뿐한 것을 마지막으로 겨울 풍경을 만들어주어서 겨울철의 의미을 한목을 했따고 생각을 한다."

〈1992년 2월 1일 토요일 낡씨 맑음〉

밤사이 눈이 내리서 마음을 포권하게 만들어낮꾸나. 잠자리에서 일어나 방문을 열 때는 천지가 하얀 눈으로 변했쓰니 겨울의 기분을 만킹을 할 수가 잇따고 보며 하늘도 인간의 기분이라 할가. 인간의 마음을 해아릴 줄 안다고 생각을 한다. 자신은 늙 눈 한번 덤벅 왔쓰며 하는 생각이 자신의 머리에서 떠나지 안터니 오늘로서 소원을 이루어 젓따고 생각을 한다.

"오늘의 설경은 사진기가 잇따면 우리 집사람 폭 끌어안아서 사진을 찍고 십픈 심정 용소섬쳐나 사진기가 업쓰서 그 뗫을 이루지 못하고 잇따는 것이 어른이기에 참을 수가 잇쓰따고 말을 하고 십다."

"오늘은 눈이 소복이 내리니 동네방으로 모여들어서 방이 비좁을 정도며 동네방은 일기에 따라 손님이 변한다. 오늘은 아무 일도 못하니 다들 동네방으로 모여들어 화토노리로 시간을 보내고 만다. 오늘도 술빵치기로 시간을 보내며 돼는데 그만 한 사람이 탈을 내고 만다. 그만 오동, 비, 을 출리네고 굽비을 시작들 하고 말며 이 노리만 하며 돈원 어디서 나오는지 그냥 나오고 잇쓰니 신기한 노릇이다. 오늘은 크게는 하지 않아찌만 만이 일은 사람은 10만원이 넘두룩 일어찌만 소소하게 일은 사람이 만타. 그리고 파장에는 싸움으로 돌변을 하고 마는 것이 굽피다. 오늘도 싸움 돌발 직전까지 왔는데 주위에 말류로 마치고 마라찌만 이 노리는 마구리가 좋치 않는 것이 큰 험이라고 하고 십다."

"오늘 눈은 6㎝ 정도 내리는데 이 눈길은 두리서 손잡고 걸어가고 십픈 심정의 눈길이며, 두리서만 걸어가기에 알마전 눈이라고 보고 십프며, 겨울 기분을 만킹을 할 수 잇는 좋은 눈이라고 말을 하고 십다."

〈1992년 2월 2일 일요일 낡씨 흐림〉

별로 반갑지도 안는 설이 부득부득 다가오고 잇꾸나. 자신은 설이 다가오며 옛날 사람모양 돈 들어간다고 업쓰며 좋개따고 하든 말과 달리 자신은 설이 다가오며 자신의 나이가 더 보테지는 것이 아주 실다.

"그리고 오늘은 청년회원들이 우리 마을 입구에 이정표 세우고 남어지 수입금으로 마을에 돼지을 잡아서 술대접을 하여쓰며 마을에 이정포야말로 벌서 해야 하는 것인돼 이재 해서 마음에 걸리기는 하나 이재라도 우리 마을 이정포에 잇따는 것이 우리 마을 얼굴이며 우리 마을 문패가 잇재 달려 잇따는 것이 마을 사람들의 자랑이다."

"요줌은 자신이 한 번식 놀려가가며 때도 모르게 놀고 잇쓰니 집배 일은 만사 일 접어두고 놀고 잇쓰며 자신이 놀고 올 때는 집사람 보기에 미안한 감이 든다. 자신이 놀면서도 때는 차저 먹으면서 놀라야 하는데 하면서도 실천을 못하고 맥 업시 놀고 잇는 것이 안타갑다."

"오늘도 동네방에서는 굽삐가 부터서 손에을 본 사람이 두 사람이 오늘 손내을 본 돈이 250,000원 돼며 이 돈을 일은 사람은 돈을 벌로 다니는 사람인돼 주위에서 볼 때는 정신이 업는 사람처름 보이며 실수로 돈을 일년 수가 만으며 주위에서 볼 때는 본성이 업쓰보이니 화토노리가 돼지 않으며 집배서 대리로 와서 큰 모면을 하여따고 생각을 한다. 집배서 오지 않아따면 큰 돈을 일월 것인돼 그만하며서 큰 다행이라고 생각을 한다. 자신도 뒤전에서 돈노리을 하다

7,000원 손에을 받쓰며 이 돈을 가지고 아들 고기라도 사주어쓰며 아들의 건강에도 도엄을 주어쓸 것{인}돼 하고 생각을 할 때 7,000원 돈이 아까바 가슴 아푼 일을 하여 쓰며 아푸론 이 짓을 절때 하지 않는다. 아푸론 굽삐는 절때 하지 않을 것이다.
지출에 … 화토노리 7,000원

〈1992년 2월 3일 월요일 낡씨 군〉
오늘로서 묵원 해을 보내게 되며 내일은 새해가 된다. 오늘로서 우리 가정에 좋치 않은 운쇄을 다 버리고 내일 아침 밝은 해가 떠오려더 우리 가정에 밝은 우섬과 행운이 새해는 오두록 기원할 것이며 올해는 모든 일들이 수라게 풀리두록 고게 숙여 빌게노라.
"그리고 우리 운이 새해부터는 탈선 업시 학교생활 잘하고 노력하는 아이로 잘아달라는 부탁만 하고 십다. 나 자신은 우리 운이 남보다 특별이 잘아달라는 욕심은 업고 그저 평범한 아이로만 잘아달라는 욕심만 가지고 십다."
"그리고 우리 혜지 전문대학교라도 들어가야 하는데 생각을 할 때 부모로서 가슴 타는 일이다. 부모 대어서 공부 시킬라고 정말 노력을 하면서 살앗는돼 이재는 전문대학이라도 부터야 하는 기대감, 생각을 할수록 순 갑푸며 가슴 아푼 이리구나. 나 자신으로서는 그저 부터만 달라는 소망밖에 업노라."
"오늘 돼지 잡는 것도 절먼 사람들이 서둘어 하여야 하는데 나이로 바서 내일이며 한갑 나이들이 돼지을 잡아서 설레 쓸 고기을 준비을 하여주며 요줌 사람들 하기 실어서 아무것도 하지 않을라고 하며 그리고 조금이라도 힘더는 일은 아외 하지을 안 알라고 더는 마음 자체가 제일 나쁜 일이라고 생각을 하며 우리 국민성이 외 이래 나쁜 쪽으로만 밀려가는지 절먼 사람들의 사고방식이 이러타며 우리 국가는 정말 해여나지 몿할 구릉텅이로 빠지고 마는 것이 사실이라고 볼 때, 이것은 누가 책임을 전단 말이냐. 우리 국민이 잘 살 수 잇는 길은 꿈나무들이 힘 더는 일을 서로 할려고 더는 량심이 잇쓸 때가 우리나라의 앞길이 밝은 빛이 나리라고 생각을 한다."
지출에 … 고기값 4,300원
이발비값 3,500원
계 7,800원

〈1992년 2월 4일 화요일 낡씨 맑음〉
오늘이 고유의 풍섭 명절 설이다. 올해는 연휴가 만아서 그른지는 몰라도 마을의 골목에 승용차가 즐비하게 잇따고 말을 하고 십프며 요줌은 밥 먹고 살며 승용차 한 대식은 다들 가지고 잇쓰니 살기는 좋은 세상인 것만은 사실이다. 우리 국민들이 다들 후세까지 좋은 세상으로 살아준다면 이지 더 발알 것이 업찌만 다들 분수에 맡찌 않는 생활을 한다면 결국 후세들에깨 불행이 가중대는 것만은 사실인돼 만약 좋지 않는 때가 온다면 돌아오지 않는 불행이라고 생각을 먼죄 하고 십다. 우리 국민이 다들 차을 먼죄 준비을 하고 잇쓰니 명절로 차 물결로 장관을 이루며 이재는 고속도로마저 주차장으로 착각을 할 정도로 차가 만은이니 이것은 아직 우리나라 기름 한 방울 나지 않는 곳에서 무엇이 잘못돼어 간다는 것은 사실인돼, 정부에서는 어디의 잘못이란 것을 파악조차 모르고 잇쓰니 아따갑기 짝이 업는 일들이다.

“우리 집안만 생각을 하여도 우리 형제만 업찌 다들 차을 가지고 잇쓰니 다들 수도 업따고 생각을 가저보며, 좋은 일들인지 그르치 않으며 불행한 짓들인지 가름하기가 힘더는 일들이다.”

“올해도 우리 가족은 하나도 낙오 없시 설 차례상에 참석을 다 하여쓰며 이것은 다들 과정이 별일 업시 무사하게 지내왔따는 증거이며, 내년에도 우리 가족 몸 건강하게 무리 업는 가정이 되기을 머리 숙여 기원하게 노라. 정말 고마운 일들이다. 내년에도 한자리에 참석을 할 수 잇두록 기원하겠다.”

그리고 자신은 일적함시 잠자리 준비을 하고 잇는데 딸래미예깨 전화가 왓더라. 그래서 바다보니 큰집에 아빠만 빠짓따고 놀로 오라 해서 가보니 남자들은 고수돕으로 돈먹기 하고 여자들은 주위에서 구경만 하고 잇쓰서 이거 치우라고 하면서 온 가족이 다 놀 수 잇는 윷판을 벌려서 한 가정에 10,000원식 내며 오형제라 50,000원 이것을 이긴 사람이 가지고 가는 일을 하자고 하니 다들 좋다고 하며, 그때사 윷같이을 만들으서 윷판을 벌리는돼 순달이가 한 가정에 20,000식 하며 100,000 만들어 승리자 한 사람이 가지고 가는 거스로 결정을 하고 윷판이 밤너깨야 벌여젓따. 이것은 돈이 100,000만원 걸려잇쓰서 오형제가 열심이더라. 그리고 부부가 합심이 돼서야 승리을 할 수 잇고 자신이 놀면서 서로가 단압됀 기분이 들며 안끈을 아주 잘 냇따고 생각이 들더라.

서로들 리구전[리그전]으로 부는데[붙는데] 다들 실력들이 비슷하며 누가 승리을 장담을 할 수 업쓰며 윷판이라 하며 형님은 동네 첫고도 둘째 가라며 설벌 사람인돼 오늘은 중결선도 올라가지 못하고 탈락이 돼고 우리 부부가 정말 어렵깨 마지막 결승에 종말이 순복이 부부에깨 자핀 것을 마지막에 띠접은[뒤집은] 셈이다. 정말 우리 부부가 승리을 하여서 정말 마음적으로 기쁘더라. 그 돈을 십만 원을 지니까 집사람이 돈을 다 돌려주라고 하여서 이 돈을 다 주며 내년에 재미가 업따면서 자신이 거절하고 마라쓰며 자신이 돈을 다 가질 수도 업고 해서 조카들 공책을 사라고 하면서 10,000식 다 주고 구미 민정이네는 집장만하고 아이들 학교 식킨다고 조금 답답하다고 민정이 책이나 사라고 20,000원 다 주고 마라쓰며 자신의 실소득은 30,000만원 본 셈이다.

수입에 … 형재들 윷판에서 30,000원

〈1992년 2월 5일 수요일 낢씨 맑음〉

오늘은 동네방에 손님이 재일 만아쓰며, 안지며 고수돕을 하며 안저며 돈먹기밖에 모르며, 오늘은 사람이 넘어 만아서 연기는 방으로 자욱하며 담배을 피우는 사람들은 담배을 피우지 않는 사람을 조금도 생각지 않코 마구 담배을 태우고 잇쓰며 그 연기는 방으로 가득 돼며담배을 피우지 않는 사람들은 참기가 힘이 들 정도다. 그래서 오늘은 담배 연기가 실어 집우로 일적 돌아오고 마랏다.

〈1992년 2월 6일 목요일 낢씨 맑음〉

금일은 장모님 새배 더리로 집사람과 둘리서 우래실로 같쓰며 첫가집에 가니 처 어머님만 개시고 다들 들레 가고 놀로 가고 업더라. 어머님에깨 둘리서 새배을 더리고 한참 잇쓰니까 김천 처형이 들어오더라. 장모님은 딸이 들어오는데 남인 줄 알라따고 할 때에 자모님도 결력과 시력이 떨어지고 잇따는 증거이며 이재는 우리집배 한 번 못 오시고 돌라가시겟따는 생각을 하니 어딘가 모르게 서운하여지는구나.
"오늘은 장모님과 김천 처형과 한 자리에서 종일 노란 샘이다. 그리고 장모님은 어재부터 딸들을 기다린 눈치더라. 이것을 보며 장모님 살라개실 때는 자주 장모님을 배옵고 하여 됀다는 것을 너겨다."
"나로 바서는 외로움을 조금이라도 달랠 수 잇는 분이 장모님이라고 말을 하고 십다. 그러니 장모님 오래 살아계시며 좋겠다."
"우리 운이 오늘부터 개학을 하여쓰며 우리 운이 방학 동안은 우리 운이가 소을 다 먹이따고 생각을 하며 우리 운이 한참 오락에 미쳐 잇쓸 때는 자신이 생각하기로 인간이 됀다는 것을 이 아빠는 안전 포기을 한 아빠인돼 긴 겨울방학 동안 소 먹인 일과 저의 엄마 일도 만이 도와주어따고 생각을 하며 자신은 우리 운이가 인간이 돼기 위해 반성을 하고 잇따는 자식이라고 생각을 하며 우리 운이가 만이 달라진 아이는 털림이 업따고 생각을 한다. 이 아빠 겨울방학 동안 엄마 아빠 일을 만이 하여따고 이 아빠는 생각을 하며 이것을 고맏게 생각을 하며 고맏따고 생각을 한다. 앞푸로 살아가는데 이 아빠의 얼굴이 찌펴리는 일이 업두록 하여주기 바라며, 새해는 안전이 달라저 잇따는 것을 보여다오."

〈1992년 2월 7일 금요일 낡씨 맑음〉

금일도 안전 휴식을 한 날이라고 생각을 한다. 오늘 동네방에서 모두들 놀고 잇는데 아포 농협에 조합장이 와서 새해에 새배 하로 왔따면서 인사을 하고 동네 어른들에깨 술 한 잔 하라면서 30,000원 주고 가드라. 이것을 닭을 사와서 동네 노는 사람들은 잘 먹은 셈이다. 조합장 김일웅이도 차기에 조합장을 한 번 하겟따는 욕심으로 부지련이 띠고 잇따는 너킴을 바닷다.
"사람들이 할 일들은 만은데 싸인 눈들이 채 다 녹지 않아서 사람들이 일터로 가지 않고 동네방으로 모여던다. 오늘도 한 방 가득하며 화토노리을 하지 않으며 심심해서 밀려나올 정도다."
"정부 정치인들 이번 국회원에 공천을 밭지 못한 사람들은 때로 모려다니면서 농성들이나 아우성을 쳐고 잇쓰며 공천 후유정으로 큰 몸살을 알고 잇쓰며, 각 정당들이 다들 같다. 이것을 보며 정부는 어디로 가나 나만은 살아보자고 아우성 쳐고 잇쓰니 국민들이 어이 따릴 수가 잇나. 가슴 아푼 일들이다."

〈1992년 2월 8일 토요일 낡씨 맑음〉

자신이 놀다오니 집사람이 운이 친구들이 로라스키장에 가자고 전화로 불어내서 로라장에 갈따고 이야기을 하여서 우리 운이가 아직까지 친구들레깨 안전이 벗나지 못하고 잇꾸나, 요놈이 아직은 마음을 노치 못할 존재가 아니냐 하는 긴장이 들며, 운이가 저의 엄마에깨 로라장에 간다고 이야기을 한 것만으로도 마음이 달라진 것은 사실인돼 그래도 아빠의 마음은 불한 마음이 들며 마음이 노이지 않는다는 말도 하고 십다.
"우리 운이가 저녁 짓을 때즘 집배 들어왔더라. 운이 로라장에 갈때미 하니까 서슴업시 갈따고 하며 토 을마을 쓴는냐 하니까

4,000원 쓰따고 이야기을 하여서 자신 생각은 4,000원 더 쓰따고 인정이 돼는데 운이가 4,000원 쓰따고 이야기을 하여서 지출에 대한 이야기는 무찌 않고 운이 말을 인정을 하여 주어쓰며 운아 4,000원 돈을 운이 고기을 사먹으쓰며 더 좋아찌 않아깨나 운아 4,000원을 벌라고 들며 힘더는 일이며 이것은 적은 돈이 아니다, 앞푸로는 로라장에 가기 업따고 이야기을 하는 정도 이야기을 맡치다."

오늘도 동네방에서 사람들이 놀고 잇는데 자신이 놀로 같다가 사람들이 너무 만이 모여더니 담배연기가 넘어 만아서 요줌은 동네방이 조금 머러지는 너킴이 잇쓰며 그 전에는 동네방에 갈러고 옛을 쓰따고 보는데 이재는 동네 같따가도 도로 집에 돌라오는 적이 잇뜰이 돼는데 자신의 마음이 변하고 잇따는 생각이 들 때가 잇다.

〈1992년 2월 9일 일요일 낡씨 맑음〉

자신은 설만 쉬게 돼며 들판으로 나가서 일을 할 줄 알라는데 오늘도 동네방에는 손님이 줄지 않코 잇떠라. 자신도 동네방에서 화토노리을 오전 내 하고 오후는 담배 연기도 실어며 자신도 별로 노는데 별로 달갑지 않은 점이 잇쓰며 사실 치미가 떨어지고 잇따고 말을 하고 십다.

"오후에는 운이와 둘리서 티부이 안대나을 온기는 작업을 하여쓰며 안대나 온기는 작업을 하는 과정에서 전폭기만 망가떠리서 헌 것으로 교환을 하여서 티부이 화면은 온기기 전보다 하면이 더 허리서 더 불편을 격끄야하게 돼어쓰며 티부이을 더 맑개 볼려고 욕심을 부리다 티부이 화면을 허리게 시청을 하여야 돼는 이 심정이 아쉽키 짝이 업는 일을 운이와 둘리서 저절고 마라따다고 생각을 한다."

지출에 화토노리에 2,000원

〈1992년 2월 10일 월요일 낡씨 맑음〉

금일은 우리 개가 분만할 때가 돼어쓰며 2月 12日 낡이 예정일이라 나로서는 개 분만을 바다본 적도 업고 처음 당하는 것이라 개 분만하는데 어ㄸ게 하여야 돼는지 남들래깨 무르보니 여로 가지 방법이 나오며 자신은 어떠게 할까 하는 궁리만 하는데 오늘은 자신이 일적 일어나서 마당에 서승대도 우리 개가 밭같에 보이지 않아서 어윈 일이냐 하면서 개집을 떠리다보니 개가 분만을 하여서 강아지 엿섯 마리을 품에 안코 잇쓰서 을마나 좋은지 강아지 낮따면서 소리을 지르고 마랏다. 자신은 분만 예정일이 12일 날이라서 전구담아가 운이 골절사고 낮쓸 때 200촉짜리가 잇쓰서 그 전구담아을 개집에 가슬을 할까 하는 생각을 하고 잇쓰는데 예정일보다 앞당기 낫쓰며 개 분만을 실패 업시 잘 낫서 강아지들이 어미 품안에 오기종기 안저 잇는 모섭 정말 기쁘다. 자신은 분만 일자가 다가오니 어더개 해야 잘하나 하고 마음만 불안하여쓴는데 사람의 도엄 업시 분만을 잘하여따는 것을 정말 고맙게 생각을 하고 잇다.

그리고 집사람이 감기로 병원을 들리서 개 줄 것을 닭 내장을 사오라고 하여서 김천을 간 사람이 오후 4시가 넘어도 사람이 오지을 않으며 전화통화도 하여주지 않으며, 자신은 집사람이 그 전에 넘어가서 방치 꼬리뼈을 다치고 넘어가서 다힌 후부터는 집사람의 건강에는 사실 불안감이 자신의 머리에서는 떠나지 안는 것이 잇는데 오늘은 개가 분만일정이 다가오니 닭 내장과 감기 때문에 병원 일을 일적 보고 오라고 한 사람이 오후 4시가 넘어서도 병원 일을 일적 보고 오라고 한 사람이 오후 4시가 넘어서도 오지 않으니 집배서는 저녁준비와 소죽 준비을 하여도 오지 않으니 불안감을 참을 수가 업쓰며 시간이 갈수록 이것은 분명이 사고 낫따는 의심이 가며 이것이 그 전 모양 쓰러저서 병원 잇는가 하는 생각도 들며 불안감을 자재을 할 수가 업더라. 그러자 5시경에 집배 들오면서 아빠 미안해요 하면서 집배 들어오길래 그만 화를 내면서 전화 한 통화도 못하게드나 하고 때리죽일까 하며 대드러쓰며 마음은 한 번 때릴 만이 잇쓰면서도 손은 대지 못하고 급만 주고 말랏다. 집사람은 하는 말이 전화을 할려고 햇는데 100원 짜리라서 못햇따고 하면서 미안하다고 이야기을 하드라만 집배서 극정을 하는 것을 바서는 100원 돈이냐 하는 생각이 들며 의이가 업쓰서 말이 안 나오드라. 자신은 오늘 쓸 때 업는 극정을 너무 만이 하여쓰며 이 쓸 때 업는 극정을 전화 한 통아만 하여떠라면 좋을 일과가 돼어쓸 것이 자신은 요줌 병원에 손님이 그처름 만은지 몰라쓰며 요줌 병원에 인키 잇는 병원 아침 일적 가지 않으며 지[제] 날 진찰도 못하고 다음날까지 밀린다니 보통 심각한 일이 아니다. 국민들이 의료카드가 잇따고 서로들 병원을 들락끄리니 병원마다 손님이 만은이며 보험료 측내는 적자라고 아우성이 정말 문재다.

"오늘은 낡씨가 맑은 기온을 보이니 동네방에 손님이 반 이상 줄더라. 내일만 가며 동네방에는 빈방이 돼지 않을까 하는 생각이 앞쓰는구나. 오늘은 방 잇는 사람 다 1,000원식 그출을 하여서 돼지고기 돌부리을 한다면서 다 그출을 하였다. 그 바람에 방에서 화토노리로 3,000 일으쓰며 오락으로 화토노리을 하여도 100원을 일어도 마음은 불캐하다. 그리고 100원이라도 타며 기분이 좋으며 이것은 매일 해도 기분 좋은 사람은 한두 사람이며 그 남어지는 다들 일으며 조금 크게 일으며 일당까지 일어니 다들 기분 나쁜 일이 돼고 말며 이것을 볼 때는 화토을 안 만치야지 해도 그 방에만 가며 건유 때문에 화토을 외면하기가 힘이 든다. 화토라는 것은 돈이 따리기 마련이며 화토노리을 크개 할수록 바보노릇을 더 하기 때문에 화토노리는 돈을 적개 해야지 돈도 적개 쓸 뿐 아니라 바보노릇을 적개 하며 만약에 굽피을 하게 돼며 그 방에 잇는 사람을 다들 회식을 시키주는 결과가 돼며 이것은 돈을 따는 사람은 적은 돈을 타게 돼며 반대로 일는 사람은 상당이 만원[많은] 돈을 일개 돼고 만다."

화토라는 {것은} 만치며 손에며, 그 주위에 잇는 사람이 제일 똑똑한 사람들이다. 이 사람들은 돈 한 푼 쓰지도 않고 잘 먹을 수가 잇쓰며 건강에 무리 업시 하로 일과을 보낼 수 잇쓰니 이 사람들은 여로모로 득이 돼고 잇다. 화토을 만치며 돈이 따치기 때문에 종일 만치며 들판에서 열심이 중노동을 하는 것보다 아침에 일어나기가 더 힘드는 것을 보며 화토노리가 엄청난 중노동이라고 생각을 가지 본다.

지출에 화토노리 3,000원 돼지고기 돌부리 1,000원

계 4,000원

〈1992년 2월 11일 화요일 낡씨 맑음〉

금일은 곡상에깨 벼을 다 달라냇쓰며 자신

은 벼값이 올라갈 줄 알라는데 오히려 추곡 값이 10원식 근당 내리쓰며 자신으로 바서는 일적 내지 못한 것이 큰 손에을 본 셈이다. 자신으로 바서는 추곡 값이 내리서 손에, 추곡이 말라서 근량이 내리서 손에, 쥐들이 먹어서 큰 손에을 본 것을 생각을 하며 실질적으로 엄청난 손에가 돼어따고 생각을 하니 가슴 아푸다.

오늘 추곡을 상인에깨 섬진벼

1321升 × 490원 = 647,290원 入

시엄재이, 일반벼 2320升 × 505원 =

1,171,600원

오늘 추곡을 상인에깨 달린 것이 계

1,818,890원

오늘로서 추곡은 안전이 다 냇쓰며 추곡 가마니을 다들 상인예깨 달리 냇는 것이 허전하기 짝이 업다. 정부에서 매상을 바다주어떠라면 적개 해도 13,000,000원 할 수 잇는 추곡을 상인예깨 다 달린 것이 생각을 할수록 가슴 아푼 일이라서 잇절라고 해도 머리에서 떠나지 않는구나.

수입에 추곡 3641升 1,817,600원

금년도 추곡값 총금액 10,364,310원

〈1992년 2월 12일 수요일 낡씨 맑음〉

오늘 오전에는 예금하로 갈다 그만 동네방에서 놀고 마랐다. 어재 저녁 일을 들어니 700,000만원 돼는 굽피가 벌어젓따고 이야기을 하며 그것도 월마가 댈련지 모르는데 돈을 딴 사람이 돈을 일은 사람이 돈 빌리로 간 떰을 타서 가버리고 마라서 그만 화토가 시마 젓찌 그르치 않으며 큰 판이 댈 뿐 했따고 이야기을 하드라. 형님은 평소에 노룸을 하지 않는데 오늘은 여자들 구경 같지 하니까 낮재부터 굽피가 벌어젗다. 자신이 볼 때는 창고장 김춘효는 화토로 돈을 벌라고 가진 예을 다 쓰는 너킴이 들며, 여때까지 돈을 자주 판조름을 하여서며 이 사람은 굽피하며 밥도 안 먹고 할 사람이라고 생각을 한다. 그 속에서 형님도 그 판에 낮재부터 그들고 하여서 그냥 두고 마랐는데 자신이 생각을 할수록 말려들 것 같다. 소죽을 다 끄리놓고 큰집에 갇서 미숙이한태 너의 아빠 김천 자나부지가 와서 찾는다고 그진말을 하라고 심부름을 시킷다. 조금 기다리니 형님이 집배 왔드라. 그래서 형님, 그 누구 돈을 따먹을라 화토을 하느냐고 이야기을 하여쓰며 시옥이는 돈 한 푼 업는 사람이고 정남이는 서울 잇따고 하지만 고향에 와서 도장 주문 바주로 다니는 사람이며 이 사람은 노룸을 할 줄 알떠라. 그리고 인적이 집배 이사 온 사람 마느라가 공단에 나가서 벌어서 먹는 사람인돼, 그리고 창고장은 노룸 할려고 자리만 만드는 사람인돼 그기에서 노룸을 하여서 누구 돈을 딴다고 하며 그기에서 돈을 다 모다바야 얼마 돼지 않으며 그 사람들은 입만 가지고 더는 사람이라서 말려들며 큰 손에 난타면서 품념을 너러놓고 손예가 갇드라도 그 장소에 가지 말라고 당부만 하고 자신은 저녁 먹으로 왔쓰며, 오늘 아침에 동사에 출근을 하니 어재 저녁 뉴스는 한화게 알 수 잇쓰며, 형님도 자신이 불어내지 않코 그냥 두어떠라면 돈을 만이 타쓸란지 몰라도 잘 불어냇따고 생각을 하며, 형님도 100,000만원 수입을 바타고 해서 큰 모면을 하여따고 생각을 한다.

어재 저녁에는 서울 정남이가 돈을 다 따고 하드라. 자신이 볼 때는 정남이는 굽피을 만이 한 사람이며 창고장 김춘효는 돈에 허욕만 만치 자신이 볼 때는 정신 업는 사람이라고 생각을 한다. 외냐하며 돈 다해바야 멧 만원{인}돼, 그 돈 먹깨따고 뭉티 돈을 희대는데 자신이 볼 때는 안전이 정신이 업는 사람이라고 보인다. 외 남의 돈에 허욕을 부릴까 그른 사람은 마음이 보통사람보다 좀 틀린다고 생각을 가저본다.
오후에는 다들 작과나무 전지목을 주어로 다들 갈쓰며, 동네방에는 절먼 사람들 3명 밖에 업쓰며, 이 사람은들은 어재 저녁에 한 판을 한 사람들이다. 그 남어지는 날이 좋아서 다들 들판으로 가고 업드라. 자신도 오후에는 전지목을 혼자서 조금 줏는 것으로 오늘 일과를 맡친 셈이다.
지출에 전화요금 5,680원

〈1992년 2월 13일 목요일 낡씨 맑음〉
금일은 아침 바람이 조금 사늘하며 일 하기는 좀 불편 낡씨 갈다. 큰집배 들리서 놀다 형님이 일 하로 갈려고 하길에 동네방에 갈든이 삼 명이 놀고잇드라. 그래서 조금 놀다 작과 전지목을 주월라고 생각을 하고 들어가서 잡담만 하다 10시 30분 돼는 것을 보고 전지목을 주어로 간다니 이재 한나잘 돼따면서 같이 놀자고 하면서 마구 잡는 것을 일을 조금 해야지 밥을 어더먹지 하면서 앞밭에 전지목을 1시간 반을 주원 셈이다.
오늘은 전지목을 주어면서도 참바람이 옻깃을 헌들고 잇쓰니 마음이 일을 하자는 결심이 업쓰며 좋은 날에 하지 하는 마음이 들며 일에 의욕이 업쓰저는구나. 전지목을 주어서 정리을 한 사람이 잇따고는 하지만 자신의 마음은 설마 봄에 다 하겟찌 하는 마음으로 자꾸만 무리고 잇는 실정이다.
"그리고 우리 부부가 다 요줌 놀면서 잠짜리에서 일어나기가 힘이 들며 몸이 아주 무급고 잇쓰며 아침에 일어나는데 내 몸이 노는데 외 이래 몸이 무급나 하고 염려을 만이 하는 편이다. 사실 우리 부부는 매일 놀고 잇따고 해도 무리돼는 말은 아닌돼 몸이 일을 하여야 됀다는 결심을 세우지 못하고 잇는 실정이다."
"우리집은 사촌키리 졸업한다고 선물 산다고 법석을 부리며 선물을 산다고 하며 10,000원짜리는 들먹크리니 요줌 아들은 돈에는 구에을 밭찌 않코 저이들 하고 십픈 것을 다들 하고 살라가니 좋은 세상에 살아가고 잇따는 생각이 든다. 그리고 이거보다 더 좋은 세상에 살아가는 아이들은 인간의 낙원이라 할까, 인간이 너깨 태어날수록 복이 만은 아이들이라고 말을 할까 한다. 그리고 우리 형제 아들이 딸드리 전문대 졸업, 고등학교 졸업 2명, 중학교 2, 급년에 졸업식을 5명이 돼는구나."
우리 운이 용학이 형한태 손목시계 선물 받든 것을 차고 다니는 줄 알라떠니 운이 손목에 헌 시계을 차고 다니서 더 시계 선물 바든 것을 차고 다닌다고 이야기을 하든이 외 헌시계냐고 무르니 세 시계는 고등학교 입학을 하며 차고 다닐라고 이야기을 해서 자신이 볼 때는 아까운 물건이 업고 마구잡이인 줄 알라는데 오늘 운이 말을 덧고 보니 어딘가 모르게 생각을 가지고 생활을 한다는 것이 마음이 든든하며 앞푸로 생활을 하는데 참을성을 가질 수 잇는 아이로 자라 달라는 부탁을 하고 십다.
"우리 혜영이, 혜지 졸업선물, 운이 졸업선물을 하는 것을 볼 때에 저의 아빠보다 더 야물다는 너킴을 바다쓰며 이것은 아빠가 꼭 사주야돼는 필통을 사와서 운이 졸업선물이라면서 주길에 자신이 선물을 보앗든 이 연필, 지우게, 샤펜 일체을 선물을 하는 것을 보고 저의 아빠 생각을 하고 잇따는 너킴을 바다서 정말 고맏드라."
"오후에는 참바람도 불고 해서 전지목을 줏는 것은 포기하고 둘리서 낮잠으로 오후 시간을 다 보냇다."

〈1992년 2월 14일 금요일 낡씨 맑음〉
오늘은 아들, 딸 졸업식 하는 낡이다. 우리 운이는 중학교, 혜지는 고등학교 졸업 날이다. 이것들이 졸업하면서 상 한 장 받지 못하고 졸업을 한다는 것이 이 아빠로서 아쉽고 한편으로는 중학교, 고등학교 졸업을 한다니 나도 자식을 다 키어꾸나 하는 의젓한 기분이 드는구나.
"그리고 우리 운이 오락에 빠저잇쓸 때에 바스는 우리 운이는 중학교 졸업장도 못 가질 줄 알라는데, 아니 절때 중학도 졸업을 못한다고 이 아빠는 생각을 하여쓰며 그른대 졸업장을 지고 오길래 우서면서 우리 운이 오락에 밑쳐잇쓸 때 바서는 졸업도 못할 줄 알라는데 졸업장을 바다오니 운이 고맏다. 나는 너 졸업도 못할 줄 알라는데 졸업장을 지고 오니 정말 고맙고 상장 바다서 오는 것보다 이 아빠 속마음은 더 좋꾸나."
"우리 혜지 졸업을 하고 와서 자기보다 못한 아이들도 상을 바다따면서 예통하게 하는 모섭 기업드라. 이것은 그저 상을 못 받아다가 아니고 저보다 못한 아이들이 상을 못 받아따면서 땅을 굴리면서 외통하게 여기는 모섭을 보니 혜지로 바서는 상을 끝으로 밭아따며 그저 그냥 넘어갈 것인돼 상을 외통하게 밭지 못해서 아주 않타까운 행동, 발짓, 심지어 담임선생님을 밝아 죽일까 하는 말도 서습업시 하고 잇는 모섭을 보니 이 아빠는 내 딸이 일등으로 상을 밭은 것보다 더 값진 것을 업고 잇따고 생각을 하며 자신의 입까에 미소가 살아저지 않는구나."
"그리고 화잘 것 업는 학교 졸업하는데 우리 가족이 6명, 졸업을 가진 아이하고 다들 따지며 8명이 돼며 아이들이 오늘 졸업식장에 우리 식구들 제일 만타고 이야기을 하드라. 요줌은 졸업만 한다면 꽃따발이 다 따리니 이 돈도 도수 업는 돈이라고 말을 하고 십다."
"그리고 아이들 졸하는데 구미 민정이 엄마가 와서 졸업을 축하하여주는데 고맏다. 우리는 졸업선물만 사주고 졸업식장에 가지을 않아는데 와서 차저보고 아이들에깨 마음 하나 쓰준다는 것이 아이들래깨는 마음의 힘이 돼리라고 보며 말로만 졸업을 축하한다는 것보다 실찌 와서 졸업장에 와서 지키보는 것은 그 차이는 엄청나리라고 생각을 하며 정말 고맏다. 실찌는 우리 오 형제 중 제일 바쁜 사람이라고 생각을 하는데 아이들 졸업장까지 참석을 한다는 것이 힘더는 일이라고 생각을 한다."

〈1992년 2월 15일 토요일 낡씨 맑음〉
오늘은 작과나무 전지목을 운이와 둘리서 주어서 묵는 작업을 하여쓰며 혼자 줏는 것보다 홀신 작업이 잘 돼며 둘리서 말동무도 될 뿐 아니라 작업이 아들이나 어른이나 전지목 줏는 것은 다 갈다고 생각을 하며 오늘 일은 시간은 을마 안 돼지만 작업량은 아주 만아따고 생각을 한다.
"그리고 오후에는 집사람이 그들어준다고 나와서 전지목을 줏킬래 감기가 낫따고 해도 참바람을 씨며 밤에는 감기키가 드 할 수가 잇쓰니 들어가라고 해도 아빠 일을 못 도와주어서 미안타하면서 가라는 말을 아랑곳하지 않코 일을 그들며 가라 하며 이재 감기 다 낮따고 하면서 작업을 하고 잇킬에 내 신경이 더 이쓰이서 힘이 든다고 해도 그들고 잇쓰며 자신은 참바람이 획 부르서 내 얼굴에 스쳐갈 때는 집사람 참바람 쉬며 들 좋을 것을 생각을 하니 더 참을 길 업쓰며 그만 집사람 보고 화을 벌끅 내면서 소리을 질려따. 그때사 일하든 것을 멋추고 들어가드라. 집사람이 집배 들어가니 운이와 둘리서 일을 하니 마음이 그리 편할 수가 업꾸나. 집사람을 볼 때에 보신약을 먹고 난 뒤에는 피료에 겹쳐서 미두[대동]을 못하고 잇쓰며 오늘까지 병치리만 하고 아무것도 못한 것을 보며 보신약에 문재가 잇쓰서 그른지 한편으로 생각을 하며 체중이 불은 것을 생각을 하며 보신약이 잘못됀 것은 아니지 않나 하고 생각도 하면서도 집사람의 피료가 풀리지 않고 가중만 돼고 잇는 집사람을 볼 때에 보신약이라고 마구 보약으로 짓어먹어서는 안 댄다는 너킴을 가져본다."

"오늘로 운이가 둘리서 앞밭에 작과나무 전지목을 안전이 주어서 다들 묶는 작업을 끝을 냇다. 우리 운이가 그들지 않아따면 내일 하로을 더 해야 끝을 볼 수가 잇는데 오늘 끝을 냇쓰니 이것이 운이 덕이다."

"우리 혜지가 전문대학교에 원서을 접수을 하고 왔쓰니 혜지가 전문대학교라도 들어가야 하는데 하는 극정밖에 업따. 이재는 혜지가 전문대학 들어가는 길 밖에 업쓰며 남들은 전기대학교 들어가는 기쁨을 가지고 살라간다고 할련지는 몰라도 자신은 전문대학교 들어가는 기쁨을 가지고 십프며 우리 혜지가 전문대학교 들어간다면 남들 전기대학 들어가는 기쁨보다 더 크게 이 아빠는 가지고 십다."

〈1992년 2월 16일 일요일 낢씨 맑음〉

오늘은 닭부리을 할려고 해서 자신은 개 줄 욕심은 닭 내장과 닭 머리을 어더올 욕심으로 자신이 닭을 사줄라고 하면서 동장에깨 돈 25,000원 달라고 해서 김천 자리시장에 가서 닭을 먼저 살려고 하는 것이 아니라 닭 내장이 잇나 업나을 먼저 학인을 하고서 이것도 한 집은 내장이 업쓰서 다른 곳에서 닭 7마리와 내장을 어더왔다. 닭값은 여름이나 지금이 다들 같떠며 꾸준한 시세구나 하는 생각이 들며 육계 마리당 3,000원식 달라고 하드라. 닭 7마리에 20,000원 주고 차싹은 내 돈 2,000원 보태서 7,000원 주고 사실 자신은 닭 내장은 2,000원 지금 다 치어따고 생각을 한다.

그리고 형님 처남 아들 결혼식을 구미 오성 예식장에서 예식을 올리는돼 참석을 하여쓰며 예식장은 다들 같떠며 그기에도 인간 산태 날 정도로 분비며 예식도 오후 1시에 하는돼 앞푸로 예씩을 올릴 사람이 만은지 예식도 30분도 더 걸리지 않아따고 생각을 한다. 어떤 곳은 주례사의 말이 지루하게 널어놓는데 이곳은 주례사의 말이 간단하여서 좋더라. 그리고 자신이 예식장에 참석을 한외로 손님이 제일 만아따고 생각을 하며 오늘 예식장 손님을 청일 식당에서 정심 식사을 대집하는데 정말 손님이 만터라. 손님이 넘어 만으니 일에 순서가 업쓰며 심부룸꾼들이 큰 곤욕을 치라따고 생각을 하며 정말 손님이 만터라.

"국립과학수사연구소에서 허이감정으로 내물이 잇쓰다는 것은 설랑(한) 사람이 디접어쓰따는 것이 아닌가. 이것은 생각지도 못할 일들이며 설랑한 사람이 디집어 쓴 상쳐의 골은 누가 책임을 진단 말이냐. 정말 피을 토할 일들이다. 국가에서 허이 감정으로 내물이 오고 같따는 것은 정부가 패세가 돼어따고 보며 한심한 일들이다."

지출에 닭 내장값 2,000원 개 사료 값 5,500원 형님 처남 아들 결혼식 부주 20,000원 차비 320원 計 27,850원[52)]

〈1992년 2월 17일 월요일 낡씨 맑음〉

요줌 메칠은 화토노리로 돈 먹키을 하지 않코 잇꾸나. 돈 탄 사람이 서울 사람이기 때문에 공장이 돌라가지 않코 잇꾸나. 그리고 실찌 돈도 다들 업따고 보며 그리고 금년에는 매상을 안 바다주어키 때문에 농민들은 금년부터 큰 타격을 밭고 잇쓰며 우리 마을에 상점이 둘이다 하다로 줄어도 장사과 안됐다고 말들을 하고 잇쓰니 그만춤 사정이 어렵따고 말을 하고 십다.

"정부에서는 농민을 다 죽이놓고 국회, 국립과학연구소 활 것 업시 내물 사건이 만연하고 잇쓰니 노태우 정치을 하는 것인지 알수가 업쓰며 우리나라서 바서 김대중이가 이번 대통령이 돼어서 정국에 비리을 다 들추어서 비리 혁명을 이룩해야 우리나라가 바르게 살 수 잇따고 보며 우리나라 정치가 민주정치을 할 수 잇따고 보며 현재로 바서는 대가리들이 비리는 더 만이 가지고 잇는데 의이 민주정치가 될 수 잇쓰리까. 우리나라의 앞길이 기가 찬다. 현재로 바서 비리 혁명을 이륙할 사람은 김대중 한 분밖에 업다고 생각을 하는데 우리 국민들 수준을 볼 때에 누가 해도 다들 같따고 하면서 큰 간심도 업쓰며 선거을 해야 여당이 승리을 할 판이니 나라꼴이 말이 아니라고 생각을 한다."

"오늘은 일 좀 할려고 하며 집사람이 쉬어다 보름 쉬그든 다 같이 하자고 바람을 자꾸만 너어니 실찌 속마음은 놀고 십픈 마음이 조금 잇는데 집사람이 시어라는 말래 자꾸만 노는 시간이 만아저고 잇따는 것을 자신도 알고 잇다. 오후에도 놀라고 같는데 술 먹고 두 친구가 벌소리을 하는데 실어그만 노는 것을 포기을 하고 우리 운이와 둘리서 전지목을 주워로 가고 마랏다."

〈1992년 2월 18일 화요일 낡씨 흐림〉

금일은 정월보름이다. 예날 같더며 큰 명절로 들어가는데 요줌 정월보름이라 해도 캥가리 하나 쳐나 조용하게 지네며 차라리 평소보다 더 조용하게 보네고 잇다. 오늘은 조용한 하로을 보냇따고 말을 하고 십꾸나.

"오늘 오락은 절먼 사람과 윷판을 한 판 하여서 20,000원 먹고 마라쓰며 그리고 요줌 절먼 사람들도 옛날 모양 윷판에 구경도 하지 않을 뿐 아니라 방에서 안저서 편하게 화토로 돈을 벌라고 하지 옛날 모양 윷같이로 돈노리을 하지 않을라고 들며 이재는 윷판마저 머러저고 잇따."

"이번 국립과학연구소 감정 비리 사건 의욕을 풀어주지 못하고 피라미만 잡고 마라쓰며 우리나라의 사끈은 굴직한 것은 의욕을

52) 실제 계산은 27,820원이나 27,850원으로 잘못 기록하였다.

풀지 못하고 이생양 한두 사람으로 끝을 내는 풍조는 우리 국민의 수준이라고 생각을 하며 우리가 발전을 할려며 글력자의 힘을 만이 잇따고 한다. 그리고 정치인들이 다들 부정이 잇따는 정거나 다름이 업따."
오늘이 우리 혜지 전문대 원서 마감날이다. 오늘 김천전문대 유아과는 80명 모집에 178명 왔따는 전화로 학인을 하든 혜지가 발을 굴리는 모섭을 보니 마음속으로 극정이 크면서도 밭갈투론 바보야 극정을 무엇때문에 하나, 혜지는 충분하게 들어간다, 다들 보리단들이라면서 극정을 하지 마라고 하지만 마음적으로 큰 충격을 받아다. 이 아빠로서는 자신이 공부을 못해키 때문에 내 자식들은 대학 공부을 시키서 이 세상을 좀 편하게 살두록 한다고 열심이 살아 앗는데 이것이 열매을 맺찌 못하는가 할 때는 이 허전함을 달랠 길이 어럽따고 생각을 하며 우리 혜지 전화로 학인을 하고 178명 왔다는 말을 들을 때에 자신의 입은 저절로 벌어저는 허전함이 너켜오는 캐감이더라. 자식 공부도 열심히 하여 돈만 뒤바라지 하며 돼는 줄 알라떠니 공부도 팔짜가 좋아야지 공부도 시키는구나 하는 너킴이 들며 우리 혜지 때문에 큰 극정이구나.
"오늘로 마지막으로 농민들은 노란 샘이다. 이재는 농민들은 비가 오나 눈이 오나 들판에 살라야 하며 보닥빛에 일을 해야 됀다는 생각을 하니 겨울철이 외 이래 빨리 가는냐 하고 아쉬운 마음 검할 길 업다. 정말 오늘 해가 아쉬운 아쉽꾸나."
지출에 … 운이 과자 1,000원

〈1992년 2월 19일 수요일 낡씨 맑음〉
금일은 가족들을 돼리고 전지목을 주어로 가기는 차번 낡씨며 조금 미안한 낡씨라고 생각을 하면서 오늘은 집사람, 운이 다들 돼리고 당산 밭으로 일하로 나오니 낡씨는 더 차거운 낡씨며 오후부터 돼리고 나와서 할끈돼 하는 아쉬움을 가지고 작업을 시작을 하여쓰며 일을 열심히 하고 보니 사늘한 낡씨는 어디로 다 가버리고 마랏다. 셋시가 열심이 작업을 하니 생각보다 작업을 만이 하여쓰며 자신의 생각으로는 내일 오전까지 잡은 것을 오늘로서 다 하여쓰니 정말 만이 하여쓰며 오늘 작업이 만이 됀 것은 휴식을 하며 낡씨 차가어서 실 수가 업키 때문에 일을 만이 하여따고 생각을 한다.
"이번에 전문대 유아과에 지원이 처밀리서 우리 혜지가 극정이 크며 우리 혜지가 부터야 하는데 하는 생각을 하니 머리가 무거지는구나. 요줌은 딸을 더 만이 공부을 식키야 돼는 세상에 공부 못해서 학교을 못하니 이재는 옌날과가는 아주 다른 세상이다. 우리 혜지가 이재 와서 밤작을 설치면서 유아과라도 한번 하여보겟따고 노력을 하고 잇는데 지원자가 넘어 만아서 떨어진다면 그 엄청난 실망을 어떠개 매울까가 더 극정이며 사실 자신은 유아과 못 들어갈까바 하면서도 고등학교을 아포종합고등학교라서 모든 것이 모자라는 학교일 뿐 아니라 학생들의 자실이 타 학교 따라가지 못한 학교라서 한편로 극정이 됀다. 자신은 전기대학은 공부을 잘 해야 학교을 한다고 알라찌만 전문대학교 돈만 가지고 잇쓰며 한다고 알라는데 이재는 작년이 옌날이라고 생각을 해야 됄 일이다. 이것이 우리 혜지부터 부티치고 보니 그 고통도 크다고 생각을 한다."
"아들 학교 시키는 것도 부모의 복이 잇쓰야 대학을 시키는 것이구나 하는 풋념도 하게 돼는구나."
지출에 … 운이 과자 1,000원

〈1992년 2월 20일 목요일 낡씨 맑음〉
오늘로 전지목을 안전이 주워서 묵는 작업까지 마친 셈이다. 오늘은 낡씨가 차거따면서 우리 운이가 오늘 쉬고 내일 하자고 하면서 쉬라고 하는 것을 오늘 아빠는 오전을 휴식을 하여바도 별 도엄도 업따면서 오후는 찹따고 해도 나가서 일을 하며 춥번지 모르니 나 혼자 가서 일을 할려고 하면서 나쓰니까 운이가 따라나스며 갈려고 하기에 운이는 쉬라고 하니까 그들어줄라고 하길래 고맙더라. 그래서 대리고 가서 전지목을 줏는 작업을 하여쓰며 마지막에는 지루한 감을 가지는 것 같다 좀 쉬라고 그냥 두고 마랏다. 그리고 운이가 그들어줄라는 마음이 정말 고맙더라.
"요즘 낡씨는 기온차가 만아서 감기 좋심을 하여야 하는 낡씨라고 말을 하고 십프며 요즘 낡씨가 부지련한 사람만 일을 하는 낡씨라고 말을 하고 십다."
"그리고 운이가 일 그들어주는 것이 고마어서 운이 무선 과자을 사줄까 하고 무르니까 안 먹을라고 하드라. 운이가 돈 쓰는 것이 실어서 그절하는 것인가 정말 과자 맡이 업쓰서 그절을 하는지 속마음을 알 수가 업꾸나. 이빠의 마음은 운이가 돈이 아까어서 그절을 하여주어쓰며 하는 마음이 더는구나."
지출에 … 라면, 식용유 5돼 14,600원

〈1992년 2월 21일 금요일 낡씨 맑음〉
금일은 동네방에 셋시서 놀라쓰며 오늘 낡씨는 바람이 불어서 차거운 낡씨인돼 다들 들래 갇는지 동네방에는 사람들이 나오지을 안드라. 그래서 동네방에서 할 일 업는 사람과 놀자니 마음은 들판에 가잇쓰며 놀라도 마음은 편하지 않는 오전을 보내쓰며 오후에는 자신도 남들은 다 하는데 하고서 경운기로 전지목을 집배 실어더리는 작업을 집사람과 둘리서 하여쓰며 오후에 네 실어니 앞밭에 나무는 안전이 실어더리다.
"세상에 남편이 부인 실어하라 사람 업따고 하게찌만 내 집사람은 마음이 늙번 사람이며 자신에깨는 정말 포근한 사람이며 가장 따뜻한 사람이다. 남편 몸을 자기 몸보다 더 소중하게 여기는 마음을 볼 때에 여자로서는 할 수 업는 일을 내 부인은 하고 잇따는 것이 너무나 고마어 말을 다 할 수가 업꾸나."
"오늘 오전 내 화토쳐기 하여서 천 원을 수입을 본 셈이다. 이것은 건강으로 바서는 큰 손에다. 화노토리는 중노동보다 몸은 더 상한다고 본다. 화토노리을 하여보니 돈에 열성을 가지고 화토을 쳐며 돈을 별로 일치 않는데 돈에 예착이 업시 하는 사람은 나중에 일어나며 만이 일는다. 우리는 천 원식 무드서 익이는 사람이 천 원식 가지고 가기 때문에 대개 보며 오전 내 하며 5,000원 손에을 가는 사람이 잇쓰나 그저 분파이[53] 가 돼는 셈이다."

〈1992년 2월 22일 토요일 낡씨 맑음〉
금일은 전지목을 집사람과 둘리서 실어더리는데 김경칠 씨의 딸 결혼을 앞두고 동네로 술 대접한다고 하여서 전지목을 경운기

53) 분배를 뜻하는 일본어(ぶんぱい)이다.

로 두 바리 실고 술 대접한다기에 같떠니 일부 사람들이 나와잇쓰며 한참 기다리니까 음식이 들어오는데 따듯하게 음식을 준비을 한 너킴이 들며 음식은 여르가지는 아니지만 음식을 푸짐하게 만으며 자신은 오늘은 중식을 건너띨 수가 잇쓰며 자신은 은재라도 동네 술대접을 바다도 매일 중식을 건너띨 때는 업쓰는데 오늘은 중식을 건너띠어쓰니 음식을 만이 먹은 것은 사실이다. 그리고 우리 마을에는 음식이 나올 때는 화토을 하는 공식이다. 오늘도 역시 화토가 벌어젔는데 자신은 뒤전에서 노리을 감아서 6,000원을 수입을 본 셈이며 자신이 수입을 보면서도 마음은 내일은 비가 온다는 기상대의 예보에 극정이 돼어서 전지목을 실어오는 극정 때문에 편하게 오락만 할 수가 업쓰서 전지목을 실어올 욕심으로 집부로 오고 마라쓰며 다 실어드리는데 조금 너전 일가가 돼고 마랐다. 오늘은 작업 개핵돼로 일을 하여서 다행이라고 생각을 한다.
"오늘은 혜지가 독서실에서 일적 오는 것 같다서 우리 혜지가 일적 오는구나 하니까 나는 공부가 안돼며 머리에 들어가지 않으며 아무것도 모르겟따면서 눈물을 흙리고 해서 그만 자신이 미리 질급을 먹고 운다고 꾸중을 주곤 하여찌만 그리고 다들 너의 수준이기 때문 극정을 할 필요도 업쓰며 혜지는 들어간다고 달래곤 하지만 마음속으로 아포고등학교 나와서는 전문대학교 들어가기도 힘든다고 생각을 하지만 우리 혜지는 들으갈 것으로 내다보고 잇다."

〈1992년 2월 23일 일요일 낢씨 맑음〉

오전에는 동네방에서 토론으로 오전 일과을 보내쓰며 요줌 정치는 자리싸음 하느라고 열을 올리지 우리 경제가 위기니까 국회원이 합심이 돼어 열을 올리서 경제을 살리야만 우리가 산다고 노력은 뒤에 두고 서로들 국회원 할려고 몸부림을 쳐고 잇쓰며 국회원 자리가 돈방석인가 출마하면서부터 차기 국회원 할려고 몸살을 쳐는 것을 볼때에 국회원 부정은 자신이 생각을 할 때 무진장 만타고 생각을 하며 국회원 한 사람의 부정으로 국가 손실과 기업들의 손실 따지본다면 전국의 국회원 다 부정으로 수입을 본다고 하며 국가의 손실은 음청낢 끄시며 우리가 싑계 생각을 해도 국회원 한사람이 당사을 운영한다면 매달 천만 원 던다고 하니 이것이 부정이다고 보며 국회원 본급으로는 대조도 안 대는 일이며 이 국원 저의들이 다 알면서 부정을 하고 잇쓰니 정치가 바로 돼지 않는 법. 인간의 일로는 부정이 잇쓰며 제 아무리 속이 백조같이 힌들 바른 말을 할 수 업는 일. 말을 바로 못하니 정치가 바로 될 수가 업쓰니 이번 선거는 국민이 한 마음으로 정치을 바까서 대통령 이하 국회원까지 청문회을 열어 옥들을 가리서 우리 정치가 백조같은 힌색갈로 정치인돼어 우리나라의 경제을 잡아서 세계 일등하는 국민의 길로 가야한다고 본다. 병원에서 병을 콘치드시 우리 정치인들 가슴 속의 껌은 색깔을 치우하지 않코는 정치가 바로 갈 수가 업쓸 뿐 아니라 아까운 시간만 낭비을 하는 격이 됀다.
"우리 국회원들이 자유당 때의 부정보다 더 크게 부정을 하고 잇쓰며 그때는 진정 국민을 위한, 아니 나라를 위한 국회원이 잇쓰다고 보는데 현 국회원은 다들 하나같이 국회원 자격 미달이라고 말을 하고 십다."
"우리 혜지 전문대 시험일자가 26日인돼

낡짜가 다가오니 불안은 가중대며 우리 혜지가 들어가야 하는데 하는 마음뿐이구나. 자신은 돈만 잇쓰며 전문대학원 시키는 줄 알라는데 이재와서 보니 전문대학교 시키가 힘더는 것을 너켜쓰며 저의 아빠 공부하라고 노래을 할 때 조금식이라도 했더라면 이른 불안하지 않아도 될 일을 온 가족이 불안 마음으로 날을 보내고 잇따. 자식 키어서 전문대학교라도 못 싯킨다며 이거는 말도 안대는 말이며 자신은 그래도 전기대학교라 훌릉하게 식킨다고 열심히 살라는데 이재와서 전문대학을 두고도 불안을 안고 잇는 자신의 생각을 할수록 허망한 마음 뿐이구나."

"오늘 오후는 노는 것도 별로 좋은 일도 못대고 해서 당산 밭 가는 데 길 보수하는 것으로 오후 시간을 보내고 마랐다."

지출에 … 김경칠 씨 딸 결혼 부주
10,000원

〈1992년 2월 24일 월요일 낡씨 맑음〉

오늘은 바람이 차거서 일하기가 그북한지 동네방에 놀려을 만이들 왔쓰며 산토기가 생기서 술안주까지 만들어 잘 먹어다. 사람들이 겨울에는 이 낡씨보다 헐신{훨씬} 더 추어도 다들 일을 하곤 하여는데 우수가 벌서 지나서 봄이라고 생각들 하는데도 바람만 부르도 사람들이 놀고 십프하는 경향이 잇쓰며 겨울에 못 노란 것을 만이라도 하는 것쳐름 낡씨만 사늘하며 동네방으로 손님이 가득가득 차는 편이다. 오늘도 종일 동안 동네방에는 가득 참 샘이다.

자신은 요줌 시간이 잇쓸 때에 재임감 신청을 해서 임감 승멍을 띠어낫쓰며 이번에는 전국에 임감을 다시 하는 데만 해도 경비는 엄청나리라고 생각을 한다.

"오늘로서 우리 혜지는 사실 공부을 다 한 셈이며 주위에서 지키보는 자신이 더 고통이 돼며 자신의 고통이 따리는데 본인은 뼈을 깍는 너킴으로 시간을 보낸다고 하여도 무리돼는 말은 아닐 것이다. 우리 혜지가 내일은 면접을 보고 모래는 시험 날이며 극정을 한들 아무 소용이 업쓰며 생각을 할수록 마음 타고 자신의 마음속은 타는데 밭같으로 여유을 가지는 표을 내고 잇쓰며 우리 혜지가 학격을 하며 아무 탈 업시 만사가 해결이 돼는데 혜지 나람대로는 열심히 하여 왔는데 만 분지 일이라도 실패하며 그 상쳐을 자신 혼자 치우을 할 수 잇는 아이가 돼어 잇는가가 재일 염려돼며 우리 혜지가 상쳐의 치우을 할 수 잇는 능력이 잇쓸까가 극정이 돼며 자신은 시험 전보다 시험을 천 후가 극정이 사실 더 돼는구나."

지출에 … 포장류 과자 4,000
임감 증명 600원
4,600원

〈1992년 2월 25일 화요일 낡씨 맑음〉

우리 혜지 면접을 보는 날이며 이재는 내일 시험보는 날만 사실 남은 셈이다. 여때것 공부을 한 것을 소심것 시험이나 잘 바달라는 부탁밖에 업깨꾸나. 내일을 대비을 하여서 너깨나마 공부을 열심히 해왔는데, 아니 살이 쪽 빠지두록 하여왔는데 좋은 결실을 바랄 뿐이다.

"우리 혜영이라도 관심이 들 하겟는데 마음속으로는 시험을 잘 바야하는데 하는 조바심을 이 아빠도 무진장 크다고 말을 하고 십다. 우리 혜지는 어떠한 일이 잇쓰도, 아니 시집을 갈 때까지라도 도전을 시키서 전문대학 졸업장을 손에 지게 하여서 결혼 상대자을 골을 작정이다."

"오늘로서 작과밭에 전지목과 둥치기는 전부 집부로 전부 가지고 들어온 셈이며 이재는 거름할 준비만 하여서 거름만 하게 돼며 작과 밭의 봄의 일은 안전이 끝이 나는 셈이다."

〈1992년 2월 26일 수요일 낡씨 맑음〉

오늘이 전문대학교 입시 날이다. 오늘은 혜지만 보내기가 마음이 안정이 돼지을 안아서 혜영이을 따라가게 하여쓰며 혜영이부로 시간이 급파거든 택시을 이용하라고 하면서 당부을 하여두어쓰며 자신은 차 시간 극정 열래 열까지 다 극정이 돼며 마음의 안정이 안 대는 아침이라고 말을 하고 십프며 오늘은 혜지, 혜영이을 다들 보내고 나서 조용이 시간을 보내다 너깨야 집사람을 돼리고 작과나무 거름을 주기 위에서 나무 밑을 끌어내는 작업을 하는데 우리 혜지 시험을 잘 쳐야하는데 하는 염려 때문에 자주 시게 돼며 실 때마다 우리 혜지 염려 때문에 일이 제돼로 돼지을 안으며 시간만 자주 보게 대며 볼 때마다 시작이다, 한참 보고 잇다, 과목 때마다 이야기을 하곤 하여쓰며 자식 공부 시키가 이처름 힘드는 줄 정말 몰라쓰며 부모 마음이 진정이 돼지 않고 종일 동안 안절부절 하는 마음이니 내 딸의 마음은 오직 하게나 하는 생각을 할 때는 그리 허전할 뿐이구나. 우리 혜지가 시험을 오후 4시에 맡치는데 자신은 4시도 안돼어서 작업을 맡치고 집배 와서 우리 혜지 오두록만 기다리고 잊는 중이며 혜지가 5시 30분 경에 대문을 들어쓰는데 맥 빠진 몸으로 들어오길에 자신도 모르게 맥 빠진 기분이며 우리 혜지 가방을 바다들고는 정말 외 먹으다, 이재는 극정을 할 필요도 업따면서 푹 시어라, 잠이나 푹 자라고만 하여쓰며 공부한다고 외쳐러운 모섭을 볼 때마다 자신 마음이 더 따는 너킴이여는데 이재는 끝이 난 셈이니 한편으로는 무거운 짐을 벗서버린 너킴이다. 우리 혜지 결과는 뒤전으로 미루고라도 정말 예먹으다.

〈1992년 2월 27일 목요일 낡씨 맑음〉

오전에는 채소밭에 두엄을 경운기로 두 바리 실어내고 오후에는 기상대서 내일 비 온다고 하여서 작과나무 비료거름을 하여쓰며 비료거름은 경기화학비료(원예비료) 25kg 앞밭에 3포을 하고 한 포기에 1,000g짜리 박아지로 포기 당 박째기[바가지]로 하나식을 주어쓰며 작년보다 1포을 줄란 셈이다. 이것은 자신이 생각하기에 비료거름이 만아서 열매가 오지 않는 것으로 생각을 하고 금년에는 한 포을 줄랏다. 그리고 당산밭도 작년보다 1포을 줄라쓰며 이것도 앞밭에 비료량을 똑같이 주어쓰며 원예비료 1포로 작과나무 18포기을 줌 셈이다. 열매가 오지 않는다고 거름을 줄안 것이 잘하는지을 몰겟쓰며 금년에 두고 나무 세력을 보아야겟다.

"자신은 우리 혜지 발포 이후에 상쳐을 생각을 하여볼 때에 불안감이 머리에서 살라저지 않고 잇다. 오늘도 마음속으로만 가슴을 조리고 잇는데 우리 혜지가 아빠을 부르더니 나 떠려저도 아빠 실망하지 마라고 부탁을 하는 것을 볼 때 우리 혜지가 다 잘아따는 생각이 들며 자신이 생각하는 것름 못난 자식이 아니라는 것이 학인이 돼어쓰며 우리 혜지 만에 하나라도 실패을 해도 극정을 할 필요도 업따면서 우리 혜지 시집갈 때까지 도전을 할 것이며 어떠게 하든 전문대 졸업장을 손 지고 시집을 보낼 작정이라고 {하}며 마음을 달래곤 하여다."

"정주영 씨 현대그룹 사장이 이번에 정치에 띠어덜어서 민중당을 창당을 하며 이번 국회원 20명을 선출 식킨다는 목포로 열리을 올리고 잇는데 민자당에서는 노망키 잇따는 비난을 하고 잇쓰며 그리고 현대그릅에 세무 사찰에 들어간다는 말들을 하고 잇는 것을 볼 때에 귀가 찬다. 우리나라의 정치는 민주화라고 말들을 하고 잇찌만 속으로는 강제 정치라고 말을 하고 싶프며 만약에 정주영 씨가 당을 창설해서 성공을 못하며 현대그릅이 망하는 것이 아닌가 하고 극정이 돼고 잇다. 사실 그릅 망치는 것이 말로 마음 먹기 달린는데 정주영 씨가 후진에서 당을 창서래서 당을 두고 보고 행동을 했쓰며 안전하는 것이 아닐까 하는 염려가 돼고 잇다."

"정부에서 버스비 값 올린 적이 1주일도 안 돼어는돼 오늘 버스 파업에 들어가고 잇쓰니 귀기 찬다. 이 세상 살리가 공동채는 만돼로 하여 목적에 달성을 하여서 살라가고 잇쓰며 우리 농민들은 수십 년 살라오면서 큰소리 내지 못하고 당하고만 살라가는 농민 자신이 생각을 하여도 피을 토활 일이다."

〈1992년 2월 28일 금요일 낡씨 비〉

집사람과 둘리서 작과나무 밑에 김매기 작업을 오전 내 당산 밭은 끝을 낸 셈이다. 그리고 비가 올라며 비료거름이 푹 녹두록 와주어쓰며 하는 바람인돼 비가 시작을 하다마니 비료나 다 녹두록 와주지 하고 아쉬운 마음 검치 뫃하게꾸나.

"오후에는 그걸 비 온다고 휴식을 하고 말라쓰며 휴식을 하는데도 몸은 피료가 다 가중대는 것 같다서 몸부림을 천 셈이다."

"우리 혜지 시험 발포날이 내일인돼 오늘은 더 지루한 너킴이 들며 참다 못해서 저녁할 머리는 학교로 전화을 하여보니 전화을 받지 않으며 마음만 답답하구나. 인간의 이쳐름 답답 마음이 자주 잇따면 살아갈 수가 업따고 보며 오늘갈떠며 웃던지 울던지 발리 발포가 낮쓰며 하는 심정이다. 혜지는 기대을 하지 마라고 하면서도 알고 십프하는 심정으로 잇쓰며 정말 답답하기 짝이 업꾸나. 오늘갈떠며 우리 혜지 합격만 한다면 무엇시든지 입만 떨어저며 다들 하여주고 십픈 욕망이구나. 자신에깨는 이른 큰일이 처음 다치는 일이라 자신의 가슴 속으로만 다들 색이기는 너무나 큰일이라고 생각을 하고 십다. 자신의 친구는 전기대학에 뚝 떨어저지 않코 부터따고 극정을 하는 친구가 잇는 하면 전문대학에 떨어질까바 안절부절하고 잇는 자신 인간의 극정은 다들 다르게 가지고 잇따는 것은 사실이구나."

〈1992년 2월 29일 토요일 낡씨 흐림〉

금일은 송문 이모님 집에 이모님 칠순이라고 형님과 둘리서 형님은 이모님 댁에 여르번 갈찌만 자신은 처음이다. 송문이는 버스도 하로 두 번 식밖에 안다니며 고통이 불편하기 짝이 업더라. 김천 주차장에서 아침 첯차가 8시 10분에 송문까지 들어가는데 밭같송문 밖에 가지 않는다고 하드라. 그 버스에 몸 실고 가는데 농공단지까지는 손님이 도로 잇떠니 김천농공단지 지나니까 불가 4명밖에 업쓰며 이것도 조금 더 가니 형님과 두리밖에 업는 버스가 비포장도로가 안자리에 고정을 할 수가 업쓸 뿐 아니라 사람머리가 띠니까 천장에 들리박으까 바 극정까지 하여쓰며 비포장도로가 험하다는 것을 절시리 너켜다. 이 도로을 달리는 버스 안 손님은 두리밖에 업는 손님을 실고 산길로 올라가는 모섭의 기사 보기에 미안함을 가질 수밖에 업쓰며 그르자 종착지 밭갈송문에 도착을 하드라. 그래서 자신이 요줌 기사가 업쓰서 좋은 노선도 띠지 못하고 잇는데 이 험난한 산길을 띠고 잇느냐 하고 책망을 열어보앗다. 오늘 비포장도로 달리는데 들경들경 하면서 달리는 버스 안에 자신도 생각을 못한 것을 오늘 버스 안에서 옌날 생각에 잠겨잇쓰다는 것이 마음을 간추릴 수가 잇쓰따는 것이 보람 잇는 낡이라고 먼저 말을 하고 십다.

밭갈송문에서 안송문까지는 산길로 올라가는데 줄잡아도 2km는 돼리라고 본다. 이 헌난한 산길을 오르면서 자신은 생각을 만이 하여다. 우리 외갑집 할아버지, 알머니가 어떠한 사람인가을 생각을 하여쓰며 우리 외갑집 활아버지가 생각을 못한 사람이며 아주 못난 사람이라고 생각을 하여다. 자신은 땀을 흙리면서 또 오르고 또 올라도 마을은 보이지 않고 이마에 땀밖에 업쓰며 흐르는 땀을 손수건으로 딱아도 끝이 업쓰며 이 길은 두 번은 실어하는 길이라고 말을 하고 십프며 자신도 마음에 이 길로 가라하며 고개을 지울 사람이라고 생각을 한다. 자신은 난생 처음 헌난한 길을 걸어보앗다.

"그러자 산 중특에 집이 보이드라. 그 집들을 보고 발길을 자주 띠어낫쓰며 그르자 등골짝이에 땀이 낫쓰 속옷까지 꾸끕하게 저잊는 너킴이 오며 마을 입구에 들어쓰니 매투기 이마처름 급경사이며 누가 이 불편한 이치에서 살려고 정착을 하여든가, 누가 마을을 만드러딴 말인가 원망도 하고 십꾸나. 그기에도 우리 마을같이 땅들이 묵더시 송문 골짝에도 갱이로 벼농사을 짓든 땅들이 묵어나며 그곳은 엿섯 집이 살고 잇는데 다들 두리식 살고만 잇따고 하며 그곳도 머지 않아서 마월도 폐망돼리라고 보며 야지 사람은 하로도 못살 곳이라고 본다. 이른 것들을 생각을 할 때 우리는 복밭은 사람이라고 말을 하고 욕망이 가슴 속에 치솟는 너킴을 가지노라.

"오모[고모]집에 도착을 하니 11시경이 돼더라. 그때서 아침상을 바든 셈이며 음식을 천안 아들이 다들 회와따면서 음식을 푸짐하드라. 골짝에서 아들을 천안시에서 잡파상사을 크게 한다니 그것만도 출세을 했노라고 말을 하고 십노라. 그곳은 이미 이제 이모와 외갑집 외숙모님은 벌서 어제 왔따고 하며 오늘 쉬어서 내일 갈려고 하드라. 우리 형제도 이모님과 놀고십픈 마음은 잇쓰나 형님은 용숙 섬 본다고 약속을 오후 2시 보자고 약속을 했키 때문에 이모님 집에서 지체을 할 수가 업드라. 그래서 자신도 형님과 둘리서 밥만 한 그릇 어더먹고 그 자리을 나온 셈이다. 선 보는 일만 아니라도 6시 막차로 나와쓰며 인사는 돼리라고 보는데 그만 송문 이모님 보기에 미안하게 돼어버리따고 생각을 한다."

"사람이 어르운 곳에 살아도 다들 편하게 살아간다는 것을 너켜다. 그곳은 전화로 차을 부르는데 자신은 택시을 부르는 줄 알라떠니 택시가 아니고 나중 보니까 자가용 승용차를 부르더라. 자가용을 부르며 돈이 반절이라면서 그곳은 그래 돈을 벗는 자가용이 잇쓰며 승용차을 이용하며 스로가 덕이 돼는 일이라고 생각을 하며 우리도 승용차을 이용하는데 김천까지 9,000원 달라고 하는데 10,000원 주고 이용을 하여쓰며 이것은 자신이 생각을 하여도 돈이 아값지 않코 잘 했따고 생각을 하며 기사 양반에깨 고맙따는 인사로 보내쓰며.

"자신은 김천서 집부로 전화로 혜지 합격 문제가 어떠개 돼어나 하고 전화을 할려고 전화빡스에 들어갈려고 하는데 버스가 들어돼어서 전화도 걸어보지 못하고 버스을 타고 마랏다. 버스에 몸을 실고는 우리 혜지가 학격을 하여야 하는데 하는 생각에 업쓰며 머리에 합격을 하여야 됀다는 생각이 머리 깍 차잇는 심정이 버스에 내리면서 그 기분이 안크번에 머리에서 날라버리니까 몸의 균형을 잡을 수가 업따는 너킴이 오며 이 일은 형수가 우리는 내리고 형수는 따면서[타면서] 그 이야기을 들을 때 그 기분은 생각조차 하기 실뚜록 기분이 나푼 일이라고 말을 하고 십다. 자신이 도로에서 집배오는데 아무 힘이 업시 글어온 셈이며 아픔은 혜지에깨 내포도 하지 못하고 마음속으로만 다들 삭이기에는 너무나 힘드는 일이라고 생각을 한다."

"오늘은 혜지에깨 매친 감정을 집사람에깨 풀어버린 것이 조금만 더 참아따면 무사하게 넘아갈 일을 불캐하게 넘어가버리고 마랐다. 오늘의 일은 친정에서 전화왔더라. 이것이 집사람의 옛친구가 집사람을 보고 십따면서 집사람을 저녁 때가 다 돼어는데 그때는 이미 우리집배는 혜지가 전문대학에 떨어저서 서로 열이 다들 올라잇는 상때며 자신은 정말 땀이 줄줄 허럴 정도로 마음들은 고조돼잇는 상태인돼 집사람이 전화을 밭든이 딸이 입시 떨어저서 기분 안좋아서 그를 기분이 아니라고 하든이 친정에서도 저의 엄마도 와서 자고 가라고 부탁을 하든 모양인가 무르보고 갈려고 해서 그만 화가 발각 나드라. 의이해서 친정 친구가 그쳐름 좋으냐, 이 난중에 친구와 시닥크릴 기분이 어디 잇너냐고 고암을 쳤쓰며 오늘 일은 쳐어머님이 더 미어며 사람이 나이 만은 사람은 이른 고충이 잇쓰며 우리들보다 더 잘 알 사람이 오라고 이야기을 한다니 마음적으로 화가 나서 당장이라도 발바버리쓰며 하는 마음이 좀 풀일 기분이더라. 그리고 오늘은 집사람도 다들 실어며 혼자 살고 십픈 심정이더라. 정말로 오늘은 사람을 죽일 정도로 화가 치솟어며 성질을 푸는데 힘들 것이라고 생각까지 들더라."

지출에 … 송문 이모님 칠순에 20,000원

〈1992년 3월 1일 일요일 낢씨 비〉

오늘 비는 하늘에 먹구름 바서는 소낙비도 금세 쇼다질 뗫 하든 낢씨가 가랑비도 못돼는 비가 내리고 말며 자야네 딸 결혼을 앞두로 오늘 음식 장만하는데 일만 그북하게 만들며 사람이 업쓰도 심덕이 좋으니 이 우중쭝 낢씨도 불구하고 일 거들어줄 사람이 마당으로 하나 돼고 잇쓰며 요줌은 모든 것이 품아쉬가 됀다고 바야 한다. 오늘은 본집부로 바서는 사람 만아서 수라게 한 셈이라고 보며 자신도 일도 별로 거들지 못하고 종일 그곳에서 하로 일과을 보내고 마란 셈이며 집사람도 오전만 그들어준 셈이다.

"오늘은 자신이 각 당에서 창당대회을 하는데 여사로 알아왔는데 이번에 국민당이 김천 영빈예식장에서 창당대회을 하여는데 영빈예식장 주위에는 각 면에서 직원이 다 올라와서 각 동대로 참석을 하는 사람의 수짜을 파악하며 명단까지 빼내어서 전화질까지 하고 잇따니 이것은 공명선거가 와니고 직권당의 행패며 말로는 국무원 중립을 지키야 한다고 법석을 부리고 잇는 것을 보며 속다른 정치을 말라야 하는데 이것을 모르고 농민들은 선거철이 오며 한두 잔에 팔려서 죽권 행사을 바로 몾하는 이리 국민 한심스러개 짝이 업는 일이며 우리 국민의 수준이 원망스럽꾸나."

"이번 14대 국회원 선거을 민자당은 대통령 선거로 생각을 하고 정국적으로 바락을 하고 잇따고 말을 하고 십다. 이번 14대 국회원 선거는 하나마나의 선거가 댈 것을 생각을 하니 기가 찬다. 우리 농민들의 기반을 을마나 허들어야지 정신을 차려월란지 한숨만 나오고 잇다. 소리 업는 농민들을 숨이나 쉬도록 두고 눌리주며 하는 바람밖에 업노라."

"우리 농민들은 고무풍선도 누루며 어느 한계는 소리을 내면서 터지는데 그리고 군벙이도 발부며 꿈뜰하고 터지는데 우리 농민은 숨밖에 터질 줄 모르고 누루며 누룰수록 눌리기밖에 몾한 농민 이 소리 업시 죽는 것이 안타까운 우리 농민 더 볼 수 업다. 이번 정치 물어가라고 말을 하고 십다."

〈1992년 3월 2일 월요일 낡씨 비〉

금일은 이말봉 씨 후처가 살로 오면서 돼리고 온 딸 결혼식 낡이며 오늘 예식은 월요일이라서 목화예식장에 예식장 한 쌍의 부부만 예식을 올린다고 예식장이 조용해서 좋으며 하객들도 다들 좋아하는 모섭이며 일요일에 예식을 올리는 것보다 손님이 적을란지 몰라도 평일에 예식을 올리는 것도 한 쌍이 탄생하는 데는 상깨하고 좋용한 기분으로 출발돼는 것 같다서 좋은 너킴이 먼저 들어간다.

"오늘도 낡씨도 변득스렵키는 하지만 이말봉 씨는 딸 결혼식 올린다고 구미 목화예식장에 참석을 하는 것으로 오늘 일과을 보내고 마랐다. 그리고 자신이 생각을 하여도 멧칠 째 휴식으로만 하로 일과을 보내고 잇쓰서 마음적으로 답답함을 가지고 잇다."

"우리 혜지는 전문대학교에 떨어저고 잇는데 남들은 입학금 너어로 간다는 말이 가슴이 찡하두록 아푸구나. 나 자신도 혜지가 학격을 하여더라며 이 세상에 어느 누구도 불버할 사람이 업따고 생각을 하는데 나 자신에깨도 이른 큰 상쳐을 줄 쭐 몰라쓰며 이 상쳐가 일 년 후에는 매어저야 하는데 일 년 후에도 나의 상쳐가 매꾸어전다는 보장 업고 인간이 안 대는 일도 잇꾸나 하는 것도 이번에 알라쓰며 자신은 오늘날까지 착실이 성실리 살라가는 신조만 지키며 인간이 안대는 일은 업따고 살아왔는데 인간도 안대는 일이 잇꾸나 하는 아픔을 너켜쓰며 자신은 이른 상쳐는 자신의 일이 아니라고 살아는데 자신 끝도 잇꾸나 할 때 그 아픔을 이재야 알라쓰며 그리고 인간의 상쳐 중에 재일 큰 상처라고 말을 하고 십다."

지출에 … 이말봉 씨 딸 결혼에 부주 값 10,000원

〈1992년 3월 3일 화요일 낡씨 맑음〉

금일은 앞밭에 붕사까지 하고 두엄으로 덥는 작업까지 다 한 셈이다. 앞밭에는 김매기 작업이 업키 때문에 작업시간이 빨라전 셈이다. 그전에는 당산밭보다 더 만이 잡초

가 만아쓴는데 올해는 앞밭은 김매기 할 것이 업더라. 그리고 오후에 집사람이 그들어서 좀 빨리 일을 할 수가 잇쓰따고 본다.
"그리고 오늘 오후 4시에 문화회관에서 민자당 창당대회 하는데 김영삼 씨가 와서 공약을 발포을 한다고 가자고 하는데 자신은 가지 완고 작과나무에 두엄 덥는 일을 하여다. 자신은 민자당이 가연 무엇을 했단 말이냐, 자신은 오희려 정부 경제라든지 모든 것이 낙후돼어따고 보며 정부 부란만 가중시킨 당이라고 생각을 하는 사람이기 때문에 가지 않아다. 그리고 민자당은 창당대회을 하며 동원을 하고 야당 창당대회을 갈려며 얼굴 감추어서 참석을 한다는 것은 선거가 아니라고 생각을 하고 잇다."
"그리고 이번 14대 국회원 차기정치에 연관이 돼니까 김영삼 씨 외 4명원 정국을 순회을 하면서 이번 14대 국회원 의석을 학보을 못하며 정부 홀란이 온다면서 안전 발락을 하고 잇는 실정이다. 그 반돼로 야당들은 바람 잡는데 민자당 3분도 1도 못하고 잇쓰니 이번 투표는 하나 만나 돨 판이니 자신으로 바서는 흥미가 업는 일들이다."
자신이 생각을 할 때는 현 국회원 부정과 청문회을 한 번 더 하며 부정으로 벌은 돈을 국가로 바치는 작업을 해야만 우리 정치가 민주화로 가지 그르치 않코는 민주화로 갈 수가 업다고 본다. 외냐 현국회원들이 무엇신데 국회원 당선만 돼며 돈을 어떠게 벗는지 우리로서는 생각지 못할 돈을 벌고 잇쓰니 이것이 다들 부정이라고 보는데 이것을 국민예깨 떨지 않고 정치을 할려고 더는데 민주화로 갈 수가 잇나. 우리 국민이 한심스러운지 자신이 부정적으로 보는지는 몰겟따만 여화관 우리나라과 문재가 만은 나라라고 본다.
"자신이 생각을 할 때는 이번 총선에서 저개돼며 전두환 대통령 모양 청문회에 나와야 될 입장이니 이것을 은패하기 위에서 민자당이 바락을 하고 잇따고 본다."
지출에 작과나무에 풍사 3봉 2kg짜리 × 1,000원 = 3,000

〈1992년 3월 4일 수요일 낡씨 흐림〉

당산 밭에 붕사 2kg짜리 두 포을 하여쓰며 그리고 벼집을 깔 수 잇두록 준비을 안전이 하여두는데 집사람과 두리서 무리한 일을 하여따고 생각을 하며 집사람은 일을 한다 하며 만이 한다고 입을 다시곤 한다. 오늘 일은 너무나 무리을 하여따는 것이 잠자리에서 표가 나는구나. 자신은 몸이 피료하면 집사람이나 온 식구가 다들 알 정도로 알련 소리을 하는 편이다.
"우리 혜지가 대구 용숙이한태 잇쓰면서 학원을 다니라고 하여도 불편하다면서 안 갈려고 하며 집배서 혜영이와 공부을 하여서 내년에 들어갈 수가 업따고 생각을 하는데 혜지는 어떠개 생각을 하는지 알 수가 업꾸나. 자신으로 바서는 내년에는 혜영이가 잇키 때문에 만약에 혜영이는 대학을 들어가고 혜지는 떨어저며 정신적인 타격은 크다고 생각을 하고 만약에 등록금도 혜영이만 너캐 대며 이 아빠의 마음은 올해의 마음 상쳐는 저 가라 할땐돼 벌서부터 큰 극정이다."
"그리고 우리 운이가 학년이 올라갈수록 아빠와 대화가 발가저는 것을 이 아빠가 너킬 수 잇쓰며 성격도 밝아저고 잇따는 너킴을 이들 수가 잇따. 그리고 자신은 자식의 성격과 밝은 마음이 자신의 피부로 다가올 때가 재일 행복이란 너킴을 바들 수가 잇다.” “인간이 살라가는 데 잇쓰서 순탄지는 안는다고는 살아앗찌만 우리 혜지가 전문학교을 실패을 하여서 자신의 허망함을 주다니 내 반세기 살라왔찌만 별 문재 업시 살아온 나을 내 딸이 상쳐을 큰 골을 짓우다니 쓴 우섬밖에 짓찌 못하는 심정 딱도 하구나.”

〈1992년 3월 5일 목요일 낡씨 눈, 비〉

금일은 눈비가 내리서 아무 일도 못하여쓰며 농촌에서는 비오는 낡은 휴일이라고 생각을 하며 농촌 생활은 천대을 받아도 비오는 날 보고 살아간다고 본다고 하여도 무리돼는 맑은 아니라고 생각을 한다. 그리고 오전에는 사람이들이 방으로 하나돼어도 화토을 만치지 않고 조용히 잡담으로 시간을 보낸 셈이다.

“오후에는 친구 4명이 돈 1,000원 무드놓고 빼다먹기 막 쳐기을 하고 잇쓰니 금 씨가 화토장을 간추리면서 동, 비[54]을 빼어내면서 꼽피을 하자면서 사람을 못살게 하여서 여기서 노름을 할 사람이 업따고 해도 돈이 만타면서 화자고 하길에 마음속으로는 들어온 놈이 동답 팔아먹는다드니 이 사람도 그중 한 사람이라고 생각을 하니 열이 조금 오르드라. 노름을 부치서 정신이 들두록 하여주어야지 하고는 자신이 붓터서 판을 만들어쓰며 판을 만들어도 습득 달라들지을 안아서 서울 정남이을 부터서 돈을 다 따먹으라고 눈길을 주어도 달라들지을 않아서 자신만 핑르 보게 돼어쓰며 잠쉬 잔깐 10,000원이 날라버리고 하니 자신이 붓칠라다 자신만 비보는 것이구나 하고 예감이 좋찌을 않드라. 그래서 돈을 5,000원을 빌리서 선을 잡버니 도가 쓰며 본전을 찻개 돼며 그때사 정남이와 여릇이가 부드라. 그때는 정신적으로 도음이 돼며 화토란 부터며 페가 갈리며 방에 사람들도 금 씨 도와주는 사람 업쓰며 판에서도 금 씨만 공격을 하게 됐다. 금 씨 돈자랑 하든 지갑의 돈이 줄키 시작을 하는데 금세 줄어며 170,000원 돈이 수식간에 다들 나가버리니 금 씨는 얼굴만 벌것개 하고서는 뒤자리로 밀리안저니 화토판도 그만 시마[55]가 저며 화토판은 시마을 저며서 싸음으로 돌변을 하고 말며 이것도 다들 술 싸음이다. 동서기는 부역 때 이야기가 나와서 싸음으로 돌변을 하고 말라찌만 자신이 볼 때는 금 씨가 너무나 이해타산을 가리는 사람이며 우선 외모로 보기는 사람이 좋은 사람이라고 보이는데 실찌 행동은 아주 낮번 일들을 만이 하고 잇따. 이것은 술만 먹으며 동네방에서 지정버스름하게[주정 비슷하게] 행동을 할 뿐 아니라 객지에서 살로 온 놈이 남외 말꼬타리을 잡아서 물고 너르저는 벗릇 아주 낮쁠만 아니라 들어온 놈이 큰 소리는 독하며 요줌은 지고 헌들라고 더는데 아주 배우지 못한 놈이며 이 사람은 누가 근더려주어쓰며 하는 사람 모양 보이며 손만 돼며 한 살림을 넘어다 볼 사람같이 보이며 사람으로서는 상대을 할 사람이 아니라는 것을 알면서도 자신의 성격이 걸리는 일을 하벼 보고 잇는 성질이 아니라서 마음속으로 금 씨 대하기가 극정이 돼며 오늘도 금 씨가 자신

54) 여기서 말한 동, 비는 화투 종류 중 하나인 똥과 비를 말한다.

55) 끝, 끝마침을 뜻하는 일본어(仕舞い)이다.

보다 5쌀 위라도 막 노코 하지만 오늘 금 씨 하는 말이 공중 띠어놓고 하는 말이 수털리며 주어넌는다고 입을 벌리서 금 씨 공찰치나 누구을 주어는냐고 하느냐고 하면서 고함을 지려니 그때사 귀가 죽더라. 그때는 금 씨가 귀 글리는 소리을 한다면 그때는 자신의 선격으로 바서 싸음이 댄다고 본다. 오늘도 하로 일과을 분석을 한다면 큰 손에을 볼 수도 잊는 일수라고 생각을 할 수도 잇쓰며 자신은 금 씨을 경계을 만이 하면서도 아다리가 댈 학률도 만타고도 생각을 한다. 그러니 내일부터라도 경계을 더 하여야 한다고 생각을 한다.

"오늘 일을 추리본다면 잘 참아왔따고 생각을 하며 저녁때가 다 돼어쓰니 금 씨 돈은 170,000원 다 일으찌 그기다 동서기가 부역대 문재로 싸음이 벌어지는데 말도 돼지 않는 말을 스로가 하며 금 씨는 콜라병을 지고 땅바닥을 치니 병이 캐어지고 하는 관경을 보고 잇쓰니 열이 나는데 형님이 집에 가자 하길에 그냥 나와버리고 말라다. 금 씨는 주제 파악도 몿하는 놈이 동네방에서 본토배기을 지고 헌들고 잇따는 착각을 하고 잇다. 사람이란 경우에 벗쓰나는 일을 해서는 안대며 황상 자신이 남외깨 피해을 주지 않나 하는 생각을 하며 오늘은 남외깨 무엇을 도와주어나을 생각하는 사람이 돼어야 한다고 본다."

수입에 화토노리에 29,000원

〈1992년 3월 6일 금요일 낡씨 비〉

요번에 비는 좋은 비라고 생각을 하며 때마차 비가 내리따고 생각을 하며 이번 비가 사람의 욕심대로 다한다며 조금 적은 비라고 생각을 한다.

그리고 오늘도 휴식을 하여쓰며 자신으로 바서는 여르 날 휴식을 하여쓰며 동네방으로 한방식 노라도 화토에 밑친 사람만 오지 않으며 좋용이 잘들 놀며 부담 업시 놀고 해여진다.

"그리고 이번 14대 국회원 선거가 20일도 못 남아는데 선거 열기는 풍기지 않으며 아직 우리 마을은 조용하며 선거가 잇는지도 모를 정도로 조용하고 잇다."

〈1992년 3월 7일 토요일 낡씨 맑음〉

금일은 윤상무 씨 회갑잔치에는 일 바줄라고 생각지 않아는데 어재 저녁때 줌 돼어서 전화로 잔치집배 저녁 먹으로 오라는 전화가 와따고 혜영이가 이야기을 하여서 전화을 할 사람이 업는데 하고 여사로 생각을 하고 보내고 마랐다. 자신은 오늘 아침에 동사 놀려가면서도 윤상무 씨가 전화했따는 것을 생각지도 않코 잔치집배 12시경 돼어서 손님으로 갈려고 마음을 먹고 동사 놀로 갇드니 절먼 사람들예깨는 전부 전화로 상무 씨가 했따고 하길에 심부름꾼이 업쓰니까 전화로 앞바피 한 것이구나 하고 생각을 할 때에 만약 연관이 업따고 가지 않으며 서운하게 생각을 하지 않을까 하는 생각에 회갑집배 참석을 하게 돼어쓰며 마을 회갑쳐고는 손님이 만으며 손님 비에서 음식이 적으쓰며 나중에는 가밴도[56]가 모자라서 주지 못하는 사태가 돼어쓰며 상무 씨가 음식 부족으로 욕도 도라오리라고 생각을 한다.

56) 잔치 후에 음식을 들려 보내는 일

"그리고 윤상무 씨가 딸이 (6명), (아들) 1 명 육 남매 중 종말이 딸 말고는 다들 출가 시킨는데 다들 딸들 예쁘며 부모들보다 다 좋으며 회갑할 때 딸들이 예쁘고 만으니까 우울려 노는 관경이 아주 포상하드라[포근해서 좋드라]. 관경을 볼 때는 딸들을 만이 낳어서 키어밧쓰며 하는 생각밖에 업드라."

지출에 … 윤상무 씨 회갑에 부주
10,000원

〈1992년 3월 8일 일요일 낡씨 맑음〉

당산 논을 밭 만들은 곳에 배수관이 막희서 물이 빠지지 않아서 배수관 털는 작업가 배수 쳐는 작업을 하여쓰며 오늘 배수관은 처음에 안전무결하게 하여쓰며 아무 탈도 업는 일이라고 보는데 처음에 여사로 생각을 하고 두엇떤 것이 배수관으로 흙이 딸려더러서 관들이 막희는 바람에 큰 고충을 당했다고 생각을 한다.

"그리고 상동추와 시금치 밭에 거름 요소을 그냥 뿌리두어는데 피해가 업쓸련지 몰게꾸나."

"그리고 오후에는 앞밭에 노타리을 하는데 혜지가 세을 가지고 나와드라. 자신의 마음속으로 혜지만 시험에 들어떠라면 을마나 좋을까 요놈이 인물 값도 못하는구나 마음이 들며 아쉬운 감을 참키가 힘이 들며 정말 우리 혜지가 전문대학교에 들어갇더라면 자신은 어느 누구도 불버하지 않코 살라가개끔만 요줌은 자신이 속과 다른 행동을 하고 잇따. 외냐하면 다 키어논 혜지가 탈선이라도 할까바 자신은 혜지 편에 잇따고 말을 하고 십다."

"혜영이는 저의 아빠 들래을 갈따오든 말든 인사도 업시 불 켜놓고 공부을 한다고 잇는데 혜지는 마당에서 나무을 따뜸고 잇더라. 그래서 혜지 곁투로 다가스서 혜지야 혜영이 보아라, 저의 아빠에깨 인사도 업시 공부을 하는 것을 보앗라. 혜영이는 아망이 {있}쉬서 대학교 들어갈려고 일 도와주지 않고 공부만 하는데 혜지는 엄마, 아빠 도와바야 아무 소용이 업쓰며 혜지는 대학교 들어가는 것이 문재며 엄마, 아빠 도울 필요 업쓰며 대학교 들어가그든 엄마, 아빠 일 만이 도와달라고 부탁을 하였다. 우리 혜지는 혜영이보다 욕심이 업는 아이라고 보며 우리 혜영이는 채질이 약하게 태어나서 그른지 이 아빠가 어릴 때부터 건강 갈리을 하지 않아서 그른지 공부을 좀 할려고 하며 탈이 나곤 하니 채력 뒤밭침이 돼지을 않아서 공부 진도을 보지 못하는 안타가운 일들이며 혜영이 야망을 바서는 충분이 공부을 할 수 잇는 아이라고 보는데 이 아빠로서도 안타가운 일이라고 생각을 한다."

〈1992년 3월 9일 월요일 낡씨 맑음〉

말리논에 사과나무 이식을 하여쓰며 오전에는 집사람과 둘리서 열심이 심어도 포기수을 6섯 포기밖에 심지을 못해쓰며 오전에는 나무 한 포기에 흙을 경운기로 한 발리 실어서 나무을 심키 때문에 월마 하지을 못하여다고 본다. 오후에는 흙을 실찌 않고 나무만 온기 심어니까 나무을 만이 심계쓰며 오후에는 9나무을 심어쓰며 그래도 시간은 잇는데 힘이 쪽 빠지서 나무을 팰 수가 업쓰서 그만 나무 심는 것을 포기을 하고 내일로 미루고 마랐다. 오늘은 무리한 작업을 하여따고 보며 건강 회친다고 무리한 일은 안 알라고 개핵을 세우는데 일을 하다보며 자신을 다루지 못하고 그만 무리

한 작업이 돼곤 하는데 안타가운 일이다.
"자신의 일이 힘들며 집사람은 따라서 힘이 들게 돼며 이것을 볼 때는 자신이 몸과 마음을 잘 다스릴 수 잇는 사람이 돼어야 하며 이재는 집사람 몸을 생각을 하여서 작업을 해야 건강의 무리가 업는 일일이 댈련지 노력을 해바야 하게꾸나."

〈1992년 3월 10일 화요일 낡씨 맑음〉

말리 논 사과나무 이식작업하는 것을 오늘로서 안전이 이식을 하여쓰며 자신이 처음 시작을 할 때는 하로에 9포기 잡고 삼 일 잡아는데 그것도 오전으로 이식 작업을 하여쓰니 이것은 떡박의 일이며 가을개 이식을 할 때는 가뭄이 심해서 나무 패기가 힘이 들어 포기수을 만이 할 수가 업떠니 요줌 캐니 봄비가 온 뒤라서 그른지 나무 패기가 수래서 이식 작업이 빨라젓따고 생각을 한다.
"그리고 자신이 사과나무 이식작업을 힘들어 어떠게 할까 하고 황상 극정을 하여와는데 끝을 내고 보니 마음적으로 그리 편할 수가 업꾸나."
"그리고 오후에는 당산 논을 밭 할려고 흙바든 것을 트랙터로 골라서 양살구나무을 심어볼라고 고라보니 밑땅이 추지니까 트랙터가 빠지니까 바로 골을 수가 업쓰며 오히려 골라논 것을 바릴 정도로 삐지는 상태라 앞두룸 쪽으로 조금 고루다 작업을 포기을 하고 마랐다."
"요줌은 운이가 개학을 하여서 학교을 가논 놈을 소 먹이에 다 보는 실정이며 운이 와니며 소을 못 먹일 정도로 운이예깨 기대고 잇는 실정이다."

〈1992년 3월 11일 수요일 낡씨 맑음〉

금일은 과수묘목이 하로가 다르게 올라간다는 소문이 들리서 오늘 아침은 일적 서들어서 김종한 부인과 둘리서 목골 모목집부로 같쓰며 우리가 쵳소님이 돼어쓰며 처음 들어쓰서 묘목을 보니 마음에 들지을 안아서 한 집을 더 돌려보니 그 집은 나무가 더 형편이 업쓰보이며 묘목이 나푸니까 조금 헐더라. 포기 당 500원 싸며 돈보다 묘목이 마음에 들지을 않아서 처음에 같든 집배서 묘목을 포기당 1,500원 주고 양살구 100포와 감나무 10포기을 포기당 1,500원 주고 살 수밖에 업쓰다. 우리는 모묙을 포장을 하고 잇쓰니 양살구묘목을 살려고 마구 대더는 모섭을 보니 우리는 일적 잘 앗쓰며 한 발자욱만 너저도 우리가 저 사람들의 모양세가 돼어쓸 끄며 찌저거리 묘목을 살 수밖에 업는 신세가 돼어쓸 건돼 오늘 서들어서 온 것이 행운이라고 말을 하고 십다. 그리고 오늘 일수는 좋은 셈이다. 묘목 값을 다 지불하고 나니 용만이가 배나무을 심다 모자라서 배나무 사로 왔따면서 차을 몰고 왔서 우리가 묘목을 실고 잘 앗쓰며 오늘 일과는 재수 좋은 날이라고 보고 십꾸나.
"오후에는 약살구나무을 심는데 한 단지에 포기당 5m식 심어니까 80포기가 들어가며 자신은 한 단지 95포기 들어간다고 100포기을 산 것이 자신의 계산 착오로 20포기가 나서 이 묘목을 작과밭으로 나누어 심어낫쓰며 이른 것을 보며 집사람 말과 같이 별로 한다고 이야기을 하는 것이 오른 말이라고 생각을 한다. 자신은 심중하게 생각을 해서 행동을 한다고 해도 착오가 나는 것을 보며 이것은 심중하지 뫃한다고 해도 무리

돼는 말은 아니라고 생각을 한다."
오늘 묘목을 심는돼 임숙이네 어른이 오시서 묘목을 심는데 걸들어서 빨리 할 수가 잇쓰따고 생각을 한다. 그리고 묘목을 다 심어노니 과수밭같이 보이며 외감에 살구나무가 됄 것 같다서 마음이 편하드라.[57)]
지출에 … 양살구나무 87포기, 수분수 13포기, 감나무 10포기 피자두 수분수 3포 계 165,000원 셋값 맥주 1병 900원, 빵 1,200원 計 167,100원

〈1992년 3월 12일 목요일 낡씨 맑음〉
금일은 임숙네 사과밭 노타리 해달라고 하여서 트랙터로 노타리을 하니까 십개 할 수가 잇쓰며 경운기로 할려고 하며 종일 해야 됀다고 보는데 트랙터로 노타리을 하니까 오전 9시가 조금 더 돼는 것 같드라. 그래서 오전에 재복이 2마지기, 재화네 3.5돼지기 두 번식 노타리을 해서 오전 일과에 만이 한 셈이라고 생각을 한다.
"오후에는 말리 논에 경기화학비료 원예용두 포로 사과나무에 헌치쓰며 금세 심은 것에도 비료을 하여는돼 나무에 지장이 업쓸란지 하고 극정이 돼는구나."
"우리 혜지가 입시 떨어지고 처음 나드리을 한 셈이며 자신은 종일 일하고 소죽까지 다들 끄리고 집안일까지 안전 맡치고 피곤한 몸을 쉬기 위해서 떠력에 걸쳐앉저 잇쓰니까 혜지가 대문에 들어오면서 저의 엄마을 큰소리을 부르면서 들어오길에 저 소리가 입시에 합격을 하고 내 귀전에 들리떠라면 을마나 더 기어쓰까 하고 아쉬운 검할 길 업노라."

〈1992년 3월 13일 금요일 낡씨 맑음〉
금일은 상토흙 천다고 아침 일적 스드려서 작업을 하여보니 오늘 서들어서 하로만에 상토흙을 다 준비을 할려고 스리밭에 트랙터로 노타리 작업을 한 것이 오희려 일이 안대두록 만드련 셈이다. 외냐 스리가 하야게 온 것을 그대로 노타리을 쳐낫쓰니 아침 했살래 녹어니까 흙이 다들 꿉벙하니 흙쳐는 기게에 나오지 않아서 사람이 아미[58)]로 쳐는데 힘이 더려쓰며 종일 쳐도 경운기로 다섯 바리밖에 못했다. 오늘 사토 준비하는데 집사람과 두리서 정말 힘드는 작업을 하여쓰며 앞푸로 상토흙 준비 업시 농사을 지어야 하는데 계속 일력으로 하는 일은 피해야 한다고 본다.
"남외 농사로 돈을 벌라고 들다가는 자신만 골먹어며 별 문재인돼 집사람까지 골탕을 먹개 돼니 이것은 돈 버는 것이 아니라고 보고 잇는데 별 다른 대책 업시 해야 되니 아쉬운 감이 머리에서 살라저지 않코 잇다."
"오늘 저녁을 먹고 잇는데 혜지 친구예깨 전화가 왔{다}. 혜지는 안갈려고 하고 혜지 친구는 구미로 나오라고 하고 서로들 간다, 안간다 하는 말을 한참 하드니 그만 혜지가 구미에 갈려고 약속을 하드라. 그래서 혜지는 돈독하게 마음 먹고 공부을 해야 돼 하니까 혜지가 아빠는 공부밖에 몰라여 하면서 톡 쏘길래 그 소리을 들어니 속이 디접

---

57) '(1992年 3月 11日 영농자금 100만원 수령함.)'이라고 지면 상단에 따로 기록되어 있다.
58) 그물을 가리키는 말.

저드라. 입시 떨어진지 열흘도 안 댄어는데 공부하라는 소리가 실어서 못하게느냐, 남들은 사년재 들어가는데 전문대학교 못들어가서 울고 잇는 꼬라지 보기 실타면서 다 집어치어라, 대학교 안 갈려고 하며 공부 소리을 안 안다면서 다 집어치우라고 고함을 쳐 저녁도 못 먹개 하여쓰며 혜영이는 저의 언니 꾸중 준다고 화을 발깍 네길례 너도 공부 하기 실크든 그만 두어라, 어디 아빠한태 돼덜어 하니까 아빠에깨 할 말은 해야 하겟따면서 쪼알그리서 그만 어갑으로[억압으로] 눌려버리고 마랐다. 혜영이는 네 딸리지만 안칼지게 못때어쓰며 이것은 어너 누구에깨 지는 성질이 아니며 요것은 좀 못땐 것이 험이지 다른 것은 다들 좋다고 인정을 하고 십다."

"오늘 혜지에깨 성질을 부린 것이 이 아빠의 마음이 늙지 못한 대서 발생을 했따고 생각을 하며 이 아빠의 위치에서 무리했다고 인정을 하며 마음이 늙찌 못한 것을 인정하며 앞푸로 노력을 하고 십다."

"우리 혜영이 한태는 말조심을 하여야 하겟꾸나. 이 아빠는 식구, 자식한태 말을 벌로 하는 성격인돼 이것을 시정을 할려고 하여도 잘 안돼고 잇는데 우리 혜영이한태 크게 당할 우려가 만타. 앞푸로 혜영이한태만 걸리지 않으며 다들 모면을 할 수가 잇따고 생각을 하는데 우리 불여 한태는 항상 조심을 해야 챙피을 면할 수가 잇다."

〈1992년 3월 14일 토요일 낡씨 맑음〉

오늘 오전으로서 상토흙을 안전희 준비을 하여쓰며 상토흙을 경운 추래라에서 흙을 천 상토로 9바리 준비을 하여는데 마지바리는 흙 쳐는 지치서 조금 적개 흙을 천 셈이다. 올해는 경운기로 상토흙을 대정을 할려니 처음이라서 마음을 바로 잡지을 못하게꾸나.

"오후에는 감자밭을 경운기로 갈라쓰며 자신이 나올 때는 보밭을 전부 갈라는 줄 알라쓰며 자신이 제일 너전 줄 알고 나와는데 실찌 밭을 갈라논 것은 멧 자리밖에 안 대며 자신도 빠른 쪽으로 가며 마음만 뒤에 가지 실찌 일은 빨리 가고 잇따는 것을 오늘 인정을 하여다."

"오늘 저녁을 먹고 잇쓰니 동사무소 엠프소리가 오늘 저녁 8시 30분 박정수 국회원이 와서 자담회 한다고 나오라고 동장이 이야기을 하여서 자신은 민자당 정치 잘못으로 농민들만 죽이는데 그곳을 무하려고 가여 하면서 안갈려고 하다 우리 마을에서 민자당 면책이 잇찌, 운동자로서 용만이 하지 그래서 채면에 참석을 하여쓰며 막상 동사을 가니 손님이 방으로 가득하며 박정수가 들어오는데 박수로 한영을 하길래 우리 농민은 아직 더 예을 먹어야 하는구, 농민들 설 자리도 업깨끔 한 민자당 국회원 좋다고 박수로 한영하는 것을 보니 기가 찬다. 이 관경을 보고 친구 한 사람에깨 농민들은 예을 더 먹어야 하는구나 하고 이야기도 하여찌만 우리 농민들 누가 죽이고 잇는 줄 모르고 잇쓰니 피을 토할 일이다. 우리 농민 우리가 죽이고 잇는데 누가 땃을 해."

〈1992년 3월 15일 일요일 낡씨 맑음〉

오전에는 경칠 씨 산 밑에 밭을 할려고 하면서 논 갈라돌라고 하여서 오전 내 갈라쓰며 이 논은 경리 정리가 돼지을 안아서 논 갈기가 힘 더는 곳이며 이것도 두 자리을 만들어서 더욱 논갈기가 더디며 오전 내 5

마지기밖에 갈지 못했다.
오후에는 웃뜰래 논을 갈라쓰며 울 겨울에 땅들이 을지을 안아서 봄가리도 기계에 무리가 가드라. 네일 기상대에서 비 온다고 예보을 하여서 만약에 비가 오며 웃뜰래 논 갈기가 힘이 든다고 오늘 다들 갈라 샘이다. 그리고 금년에는 추위가 업쓰서 땅들이 풍아작용이 돼지 않아서 금년 농사는 잘 돼지 않을 것으로 본다.
"작동에서 대신굴까지 우회도로 낸다고 측량을 하는데 빨간 리봉을 달라서 말목이 밖혀잇는 지점이 세집에 당산 경계에 밖혀잇쓰며 우리가 바도 그리 나야될 것 같더며 현재로 바서는 김춘효 씨 과손 경계로 쪽바로 간다고 보는데 경계가 중심이 돼어서 날련지 그르치 않코 도로같이 될련지는 몰라도 자신이 볼 때는 자신의 욕심이 아니라 우리 밭쪽으로 와야 돼지 않을까 하는 생각을 가저보며 자신은 당산밭을 사면서부터 앞도로가 그리 간다고 보고 그 밭을 싸쓰며 마음속으로 도로가 난다고 말들을 만이들하고 잇쓸 때 자신은 우리 복판으로 나면 자신은 큰 손에가 됀다는 극정을 하고 잇는데 이번 측량을 하는데 우리 밭은 아주 안정권이며 자신의 생각같다스는 우리 밭 꼬리을 물고 돌라같쓰며 하는데 우리 밭에서 십 매다 전방으로 돼엇쓰서 사실 마음에 찬 도로가 돼지 않코 잇다."

〈1992년 3월 16일 월요일 낡씨 비〉

가랑비가 오는데 이것은 비라고 하기 보다는 안개비라고 말을 할까 자신의 마음과타서는 밭 바서는 만이 가물어서며 이번에 비 푹 아야 과수에 거름도 될 뿐 폭 아주어쓰며 하는데 비는 사람 마음같이 돼지을 않는구나. 자신은 비 온다고 오전 내 휴식을 하여는데 결국은 가랑비로 끝을 내고 마는데 아쉽꾸나.
"오후에는 낡씨만 잔득 흐리지 비는 오지을 않코 잇쓰서 김상진 논 갈라주로 같쓰며 논이 방천 밑이라서 아직 논이 마르지 않아서 갈기가 힘이 들드라. 이른 논들은 실찌 기계 마모비도 않 될 것으로 내다보고 잇다."
"우리 혜지 공부을 하지 않고 친구 따라 구미 시내 갈려고 하길에 꾸중을 주어떠니 그 일사로 아빠에깨 말도 재돼로 하지 않고 인사도 하지 않코 잇쓰며 그 표정이 실어서 혜지는 아빠 공부하라고 꾸중을 한 것이 그쳐름 실떠나, 이 아빠는 혜지가 좋아서 같이 살고 십픈데 혜지는 아빠가 실어서 어떠게 하나, 큰일이구나 하면서 혜지 마음을 달래보앗다. 이 아빠야말로 딸들 밉고 실어서 꾸중을 주는 부모가 어디 잇캐나, 이 아빠도 공부을 해서 전문대학교 해서 시집이라도 좋은 데 가서 좀 편하게 살라고 이야기 한 것이지 우리 혜지 전문대학교 떨어젓따고 미어서 한 말은 아니며 자신은 나만이 딸을 키우는 너킴이으로 살아가며 내 딸이 제일 예쁘다고 생각을 하며 살라가는 아빠가 잘 돼라고 꾸중을 준 것이 혜지가 잘못 바다드리는데 이 아빠는 마음속으로는 서운하구나."
"딸 키우기가 아들보다 더 힘이 더는구나. 혜지가 아들이라면 이 아빠는 신경을 들 쓰겟는데 딸이라는 문제로 포나지 않는 눈치을 바야 하며 심중에 잇는 말을 다 내포도 하지 못하고 일부만 해야 하는 심정도 가슴 아픈 일들이다. 옛날 어른들은 이른 고충은 업시 살아따고 생각을 하고 십프며 현재의 어른들은 속과 밭같과 이중 생활을 해야 하며 딸 눈치까지 바야 하니 부모자리가 갈수록 힘더는 자리가 돼고 잇꾸나."
"우리 성운이는 고등학교 들어쓰고는 공부을 한다고 자기 방으로 가서 공부을 한다고 하는데 공부을 하든 말든 공부을 한다고 책을 펴는 것만으로도 자신은 성공이라고 생각을 한다. 이것은 운이 머리속에 공부을 해야 한다는 마음 들어키 때문에 행동을 하니까 자신은 안도의 숨은 쉬따고 생각을 하며 앞푸로 눈길을 두고 바야 하겟다."
"자신으로바서는 집사람이 재일 쉽고 아들, 딸, 다들 어렵꾸나. 십개 생각을 한다면 아들, 딸드리 쉽게 생각이 들란지 몰라도 자식들 키어보니까 갈수록 상대가 어렵고 하고 십픈 말도 삼 분지 일 정도만 해야 하는 심정이며 집사람에깨는 재아무리 해도 털고 일어쓰며 그만인돼 자식들은 그것이 아니라는 것을 말을 하고 십다."

〈1992년 3월 17일 화요일 낢씨 비〉

요줌 가랑비가 가끔 내리고 해서 일하기 실은 사람들은 놀기 좋고 부진련 사람들은 일하기 좋을 만춤 하고 잇따고 본다. 자신도 휴식을 할려고 하다 논 갈라달라고 하는 것을 남 놀 때 갈라주며 내 일이 더 됀다는 생각으로 트랙터을 몰고 가니 한 단지 갈라주고 오전 일가을 보내고 마랐다.
"오후에는 당산 작과밭 노타리을 하는데 자신의 밭 노타리 시간이 2시간, 세집배 1시간, 셋 시간 노타리을 하니까 안전이 할 수 잇드라. 이재는 작과밭 노타리는 오늘로 안전이 한 셈이다. 그른돼 노타리을 안전이 하고 나니 비방울이 굴거저면서 비가 만이 올 뜻 하여서 오늘 작업은 잘못이라고 생각을 한다."
"그리고 올해는 봄이 일적 온 셈이다. 자두꽃이 그진 다 핀 꽃도 들로 보이며 올해는 일주일도 더 빨리 자두꽃이 만발을 할 것으로 본다. 올해는 작과일이 서리 피해 업시 만이들 열어주어쓰며 한다."
지출에 … 트랙터 쟁기빛 용접 18,000원

〈1992년 3월 18일 수요일 낢씨 눈, 비〉

때 아닌 눈이 엄치 만이 온 셈이며 이번 눈으로 과수 밭들은 다들 해갈을 면회따고 생각을 한다. 밭 회갈은 조금 너전 감이 이쓰나 이번 눈, 비가 잘 앗따고 생각을 가저본다.
그리고 오전에는 눈, 비 때문에 휴식을 하여쓰며 오늘은 낢씨가 구저서 일도 못 활 정도라도 동네방에 손님은 만치 않아서며 생각지도 않아떤 선거술을 우리가 만들어서 돼지고기을 싸와서 잘 먹어다. 오늘 술은 선거 운동자들 3명 중 1명이 동사무소에 놀로 와서 선거술 바드라고 보쳐니까 아직 자금이 내려오지 않아따면서 술을 안 줄라고 하길래 오늘 내일 내로 자금이 조금이라도 나온다면서 그때 주기로 하고 남들이 돈을 빌리주고서 오늘 고기을 45,000원 주고 돼지고기을 사오니 고기가 다 못 먹고 남드라. 그것도 운동자가 업는데 다음에 돈을 밭키로 하고 돈을 빌리주는 사람들이나 그 자리서 표 줄라면서 술잔끄리을 만드는 사람들이나 조금도 뜰리지 않타고 보며 우리들은 고기 안주에 잘 먹어며 웃찌만 후보자들은 이 사실을 알며 가슴 아푼 일들이라고 생각을 한다.
그리고 금년도 농사을 짓을 비료거름을 일못할 때 띠어온다고 대신분소에 가서 요소 30포, 복합 60포, 복합 21-17-17 1포, 콩

전용 비료 2포, 계 93포 전포도받찌 않고 경운기로 2바리에 나무 실고 계산을 다 하고나니 분소 부장님이 수고했다고 음료수을 주어서 잘 먹고 그냥 올 수가 업쓰서 직원 두 사람에깨 2병을 싸주고 집배 왔서 비료값이 올란는지 가격이 차이가 넘어 만으며 자신은 비료값을 무르볼려고 하여도 사람들을 못 믿더시 무르보는 모양 자신의 선격으로 무르보는 성격이 아니며 윈재라도 돌라는 대로 돈만 주는 성격이며 자신의 성격이 낮쁘다는 것을 알면서 실천을 모샇고 조합직원 달라는 대로 주고 마는 성격이라 이번 비료값이 올란는지 몰라도 이번 비료값은 착오가 만이 낮따고 생각을 하며 내일 가격을 무르서 바라야 하는데 전포을 받찌 않아서 극정이 돼고 잇다. 자신이 전표을 바다낮드라도 신경을 안 쓰도 돼는 일을 신경을 쓰게 하는 자신이 안타까운 일이다. 오늘 비료값으로 469,000원 주어다. (93포)
지출에 … 가면, 가루 8,100원

<1992년 3월 19일 목요일 낢씨 맑음>
오전에는 집사람과 둘리서 당산 작과나무 나무 밑에 벼집을 깔라주는 작업을 하여쓰며 벼집을 깔고 보니 벼집이 조금 적더라. 벼집이 만아더라면 좀 만이 깔라더라면 과일 수학할 때에 과일이 떨어저도 과일에 상쳐가 나지을 않아서 도엄이 될건돼 좀 이쉽꾸나.
오후에는 당산 논에 양살구 심은 곳에 되도구을쳐는데 질땅이라 흙이 삽에 무더서 작업이 안돼며 되도구을 그냥 두며 습패서 안댈 것 같다서 도구을 삽부로 쳐는데 정말 힘이 들어쓰며 입이 말라서 참는데도 힘이 들어다. 남들은 김천 14대 국회원 합동유세 갈는데 자신은 큰 일을 다 하여쓰며 한편으로는 일을 잘했따고 생각을 하면서도 유세 갈다온 사람들이 식당을 잡아서 떡까지 해서 고기 안주와 잘 먹어따고 하는데 자신도 갈끈데 하는 마음이 더는구나. 중부에서는 공명성거을 부려짓고 여당들은 식당까지 잡아서 선심을 배풀고 잇쓰니 이것이 선거라는 말인가. 우리 국민의 수준이 아직까지 바닥에 맴돌고 잇는 것이 한스렵꾸나.
"그리고 오늘 저녁에 국민당에 정희동 후보가 온다고 말을 들어는데 동네 엠프에 소리가 업쓰서 이상하다 온다는 것이 치쇼[취소]을 하여는가 궁금해서 전화을 걸어보앗더니 온다고 하여서 회관으로 갈떠니 이것은 온 동민이 다들 나와쓰며 민자당에 박정수는 동네 엠프로 방송을 하여서 회관에서 박정수와 면담 자담회 한다고 나와달라고 셋 번식이나 방송을 한 것보다 2배는 더 만이 모여쓰며 정희동 씨가 돈이 만타고 어더 먹을라고 나온 것인지 사람들은 마이 모여주어서 자신도 마음이 좋더라. 외냐 자신도 농민들을 천대하는 민자당을 지지을 안아니까 자신도 야당 쪽으로 표을 작정이며 오늘 저녁만 하여도 사람 모이는데 방송도 못하고 가만이 모이야 하니 이것도 공명 선거가 못돼고 잇쓰며 이것은 외이상 정희동 씨 후보가 온다는 것은 우리 마을 손님이 오는데 동민예깨 십계 엠프로 방송을 해도 됀다고 본다. 자신이 볼 때는 정부가 하는 짓들이 부정적으로만 다들 보이고 잇다."
"그리고 돈 만원 사람이 왔따 가니까 회관에는 맥주가 희갈리졏쓰며 박정수보다 술대접을 만이 하였다고 생각을 한다. 정말 돈이 좋따는 것을 한번 너켜쓰며 돈이 일을 하는 것이구나. 무선 일이든지 사람이 일을 한다고 보며 실패며 돈이 일을 한다고 바야 현 사회에서는 통환다고 보고 잇다."
지출에 비료 값 93포 393,000원
수입 … 트랙터 노타리 값 35,000원
경운기 크라지 2,000원
계 399,000원[59)]

〈1992년 3월 20일 금요일 낡씨 흐림〉
오전에는 작과밭에 김매기 작업을 혼자 하여스며 오후에는 김천국민학교에서 14대 국회원 후보자들 마지막 합동 강연회라서 자신이 오늘은 참석을 하여쓰며 남들은 셋 번 다 참석을 했따고 이야기을 하드라.
오늘 유세는 낡씨 흐리며 낡씨 차거어서 마지막 강연이 민자당 박정수 후보가 돼며 우리는 국민당에 정희동 씨와 두 번째 민주당 정정문 씨의 후보 강연만 덧고 지루하기도 하고 가만이 쓰잇쓰니까 다리 아푸고 하여서 우리 다리도 아푸고 하니 대동대리점 사모실에 가서 시간을 보내다 5기 30분 돼는 것을 보고 아래 장터 금복식육점에 가서 술이나 어더먹자고 하면서 친구 이 명을 돼리고 일적암시 유세장을 빠저나왔쓰며 대동대리점에서 시간을 보내니 시간이 잘도 가며 우리 셋시는 5기 30분이 안대는 것을 보고 식당으로 가니 우리들보다 약삭빠른 사람들이 일부 잇쓰며 우리는 박정수 유세 한마디도 들어주지 않코 따뜻한 이래목을 차저했쓰며 자리을 잡고는 물쭈들 이야기도 업시 고기을 빨리 가저오라고 큰소리 쳐며 유세장에 손님들은 오지도 않아서 우리는 불고기로 배을 채우고 잇쓰며 오늘 불고기는 배가 불어서 더 먹을 수가 업두록 만이 먹어쓰며 오늘 일은 유세장에서 유세을 박정수 씨의 강연을 듯고 온 사람들은 자리가 업쓰서 고기도 재돼로 못 먹어쓰며 그 반돼로 유세도 덧찌 않코 실찌 고기을 먹을 자격도 업는 사람들이 안방을 차지해서 배부르게 잘 어더먹어따고 생각을 한다.
유세장에 참석을 하는 사람들이 불고기 어더먹는 재미로 참석을 하는지 몰겟쓰며 어재도 불고기와 떡까지 해서 잘 먹어따고 하니 이것은 공명선거가 아니고 여당들의 부정선거라고 말을 해도 무리돼는 말은 아니다. 외냐 여당들은 유세 때마다 큰 식당을 예약을 하여서 손님들을 마음돼로 대접을 하면서 야당들은 규제을 하여서 공명 선거을 하두록 만들고 잇쓰니 이것은 선거도 아니고 그저 형식적으로 행사만 치루는 식이라고 말을 하고 십다.
오늘 식당에 음식값이 대신 1·2·3동 사람들이 먹은 것만도 380,000원 됀다고 하니 이것은 규제도 밭찌 않고 직권당의 결력이다.
"우리 국민들이 돈 뿌리는 후보자는 표을 주지 않아야 하는데 우리 국민은 돈을 뿌리는 자에깨 표을 주고 잇쓰니 우리 국민위자기 코을 자기가 지어밖는 줄도 모르고 잇쓰니 의이 부정이 건절돼며 생각을 할수록 기가 잘 노릇이며 자신도 여당의 정치을 불신을 하면서도 이재는 마음이 지쳐서 신경도 쓰기도 실고 댈 때로 대라는 식이며 자신의 주간도 살아저며 다들 어더먹는 데만 좋아서 흥청거리며 절먼 아들도 한결 같이 어느 누가 가도 다들 같따고 말을 하고 잇

59) 실제 금액은 395,000원이나 399,000원으로 잘못 기록하였다.

는데 한두리 힘으로 이길도 업고 흙르가는 것만 바라보고 잇쓸 뿐이다."

"자신은 오늘 일가을 생각을 하여본다면 자신의 일을 대비을 해서 시장을 보앗따고 말을 하고 십고 떰으로 박정수 씨의 술대접을 바다고 생각을 하여 본다."

"그리고 민자당이 전국적으로 돈을 뿌리는 것만도 수도 업따고 보며 금릉군 일 때 오늘 돈 쓴 것만도 음청난 돈이며 농민들의 돈은 견주도 못할 돈이라는 것을 생각을 할 때 선거도 업쓰야 한다고 본다."

지출에 트랙터 쟁기 바닥쇄 2개, 트랙터
쟁기낢 3개, 경운기 크라자줄
계 15,000원
삽 4,000원 개사료 5,500
아들과자 1,000원
計 25,500

〈1992년 3월 21일 토요일 낢씨 흐림〉

금일은 경화네 형님 내일 칠순이라고 오늘은 돼지 잡는데 그들어주어쓰며 요즘은 남외 일레 돼지 잡는 것을 실어하며 잡아주지을 안아서 돼지 배달을 하는 사람이 돼지 목까지 찔러주고 가서 그 나머지는 형님이 하여쓰며 앞푸로 우리 집안에서는 돼지 못 잡아서도 잔치을 못 할 시대가 왔다고 생각을 하며 그전에는 돼지을 잡아달라고 부탁만 하며 잡아주고는 하여는데 이재는 이른 일들을 실어하기 때문에 자기 일은 자기가 해야 돼는 시대라고 말을 하고 십다.

"경화네 형님 회갑한지가 어재같든돼 내일이 칠순이라고 준비을 하고 잇는 것을 보니 세월이 정말 빠르다는 것을 재삼 실감을 가질 수가 잇꾸나."

〈1992년 3월 22일 일요일 낢씨 맑음〉

경화네 형님 칠순 잔치을 하는데 동네로 술대접을 하는데 고기 돼지 뒤다리, 갈비 한 쪽과 머리 눌린 것을 주고 탁주 1斗, 움료수 1팍스, 맥주 2팍스, 소주 대 3병 주니 푸건한 것 같더라. 이것도 처음 생각에는 동네로 주는 것은 좀 간단하다고 생각을 하여왔는데 막상 준비을 하여서 주보니 잔치하는 것이나 다름이 업더라. 당사자 바스는 좋을란지 몰라도 아주 버거어서 생약을 하는 것이 재일 편한 일들이다.

오늘 경화네 형님 칠순이라 동민들은 그진 모여따고 해도 가연이 아닌데 문주당 국회원 후보 정정문 씨의 운동자가 와서 밭같에서 판푸렛스만 멕 장 주길래 방마다 손님이 가득 찾잇쓰니 선전 좀 하여서 한 포 어더라니까 더가지 않아서 정정문 씨는 돈 업는 줄 다 아니까 인사만 해도 됀다니까 그래도 인사도 하지 않코 봉고차만 타고 달라나드라. 이것은 운동자들이 성위가 업는 것보다 돈이 업쓰서 인사도 못한다고 보고 십프며 오늘 운동자을 볼 때는 표을 엇는 데는 하나도 도엄이 업따고 보며 낭비 중에 더 낭비만 보태고 잇는 것이라 바야 한다.

"이번 14대 국회원 선거는 투껑을 열어보니 만나니 우리 농민 4년 동안 더 고생을 하며 4년 후는 우리 농민들을 도와줄 야당을 밀어준다는 보장 업고 선거 때만 돼며 우리 농민 고생한 것은 어디로 살아저고 불고기 술안주에 귀중한 표을 주고 마는 농민들 한탄할 일들이다. 자신은 우리 농민들 술잔에 팔리는 것은 조금 이해도 할 수 잇따고 보지만 세상살리을 알마난 사람들이며 그기다 절먼 사람들이 민자당 운동자로 다들 잡펴잇쓰니 자신은 이해가 안돼며 돈을 을마을 벗는지는 몰라도 이른 사람들을 욕을 하고 십다.”

〈1992년 3월 23일 월요일 낡씨 비〉

요범 비는 아주 만은 비라고 말을 하고 십프며 봄에 할 일들이 비료 인해서 지연이 될 정도로 만은 량의 비라고 말을 하고 십다. 그리고 오늘은 비로 인해서 아무 일도 못하고 하니 동네방으로 다들 모여서 들어서 선거 술 먹을 궁리만 하는 눈치며 우리도 문종철 씨의 무소속 후보 술을 20,000원 어더서 돼지고기 술안주을 하여서 잘 먹어다. 그리고 저녁에는 박정수 후보가 온다고 하면서 이번에는 엠프로 소리을 하지 않고 집집마다 들리서 오늘 저녁 8시에 박정수 후보 온다고 동회관으로 모여달라는 부탁으로 오늘은 동네에 투표권이 잇는 사람들은 다들 나와따고 생각을 하며 이 사람들이 공약을 덧키 위해서 나온 사람들은 한 사람도 업따고 생각을 하며 다들 술값이라도 어들라고 나왔따고 생각을 하고 십다. 그리고 집사람은 선거술 어더먹는 성질이 아니며 다른 사람들은 여르번인돼 우리 집사람은 처음 나가서 부인회 이름으로 100,000만 원 어따고 하지, 우리 또래는 50,000원 어더쓰며 여당 운동자는 마음돼로 돈을 쓰고 잇쓰니 귀가 찰 노렷이다. 야당에는 공명 선거, 타락 선거 먹자가 떠들고 잇쓰니 우리 국민 수준이 바닥에 떨어저 잇는데 입부로만 한 포을 달라고 목이 매이두록 호소을 해도 뒤도라볼 줄도 모르는 국민인돼 돈을 쓰지 않는 후포는 선거을 하나마나가 돼고 잇는 실정이니 우리 국민이 재각키 가슴에 손을 언저서 생각을 하여보라고 말을 하고 십다.

수입 트랙터 노타리 값 35,000원

〈1992년 3월 24일 화요일 낡씨 흐림〉

오늘은 14대 국회원 선거낡이며 언재라도 정당이 불법으로 선거운동을 하는 것을 자신은 못밭당하게 생각을 할 뿐 아니라 여당이 정치하는 것을 보고 원재라도 불만을 가진 사람인돼 올해는 기표소 갈 때까지도 여당을 불신을 안고 같는데 우리 마을 김춘효가 여당 면책이며 그 사람을 보니 마음이 돌아쓰며 노다지 술잔을 어더먹어쓰며 그리고 우리 지역은 아직까지 여당을 지지을 하고 잇쓰서 자신은 야당을 지지을 하는 사람인돼 야당이 전망이 업쓰서 자신의 속과 다른 기표을 하여서 여당에 표을 주어찌만 자신은 여당을 불신을 하고 잇는 사람이라고 말을 하고 십다.

“그리고 자신은 이번 14대 국회원 선거는 아주 의미가 업쓰서 집사람에깨 지지라을 건유을 하지 않고 집사람 생각대로 하두록 마켜두어쓰며 실찌 14대 국회원 선거바람이 타는 것이 여당이 압도적으로 부는 것 같다서 우리 국민은 아직 더 고생을 하여야 됀다는 원망을 마음 속 깊이 하면서 14대 국회원 선거는 의미 업는 기표을 하여주어따고 생각을 하고 십다.”

〈1992년 3월 25일 수요일 낡씨 맑음〉

오전에는 양살구 심은 곳에 도구 배수관을 뭍고 양살구 심은 곳에 위에 논물을 안 바줄라고 김경칠 씨의 물키 배수관도 자신이 나주어쓰며 이재는 자신의 밭우로 물이 적개 내리오기 때문 다소나마 물이 우리 양살구 밭은 조금 나저리라고 생각을 한다.

“그리고 오후에는 감자을 파종을 하여쓰며

올해는 감자 씨가 비싼돼도 다들 감자을 만이 갈더라. 그리고 자신도 시중에 감자 씨는 1관만 사고 나머지는 우리 감자 작년도 씨감자을 30평 정도 갈라는데 감자 씨가 집배 감자라서 수학이 대지 않아서 노력의 대가을 볼 수가 업쓰서 아쉬운 점이 잇다. 감자 씨을 마니 갈란 것은 집사람이 오늘 장에을 울콩을 5돼을 가지고 팔려고 하니 울콩을 수입을 해서 1돼 300원 하며 우리 콩은 500원 줄라고 해서 집사람이 팔지 않고 그대로 집부로 가지고 왔더라. 이것을 본 내가 귀가 찬다. 울콩을 수입을 해서 300원 한다면 한국 콩은 갈라바야 들어간 밑천도 못 할 형편이니 우리가 무엇을 해서 살라남을 수가 잇딴 말이냐. 생각을 할수록 우리 농민은 뼈만 안풀 일들이다."

"자신이 늙 울콩을 조금식은 매년 하고 잇는데 집사람이 울콩 보따리을 팔려고 같다 그냥 가지고 오는 것을 보고 집배 감자 씨라도 만이 난 셈이다."

"그리고 이번 14대 국회원 민자당이 실패했따고 매스컴에 나와서 찬성을 하여쓰며 우리 국민이 그래도 살라잇꾸나 하는 생가이 압스며 그 소리을 텔래비전으로 들을 때에 자신의 얼굴에 우섬꽃이 먼저 피며 정말 박수을 보내고 십드라. 우리 국민이 이러깨 살아잇는 줄 모르고 우리 지역에는 민자당이 판을 치는 것을 보고 우리 국민 다들 죽어꾸나 하면서 원망을 하며 나 자신을 버리면서 될 때로 대라, 죽어며 다들 죽찌 하면서 술 만이 어더먹은 재로 민자당에 표을 떤진 것이 부끄럽게 생각을 한다. 자신처름 원통해서 표을 떤진 사람과 술잔에 넘어간 사람을 뺀다면 이번 선거는 민자당이 폐가 망신을 당한 것이 오른 일들이며 정치에 손을 나야 할 지경이라고 표현을 해도 됀다고 바야 한다. 민자당은 전 공무원 마을에 동장까지 가담을 시키서 선거운동을 했쓸 뿐 아니라 불고기 안주로 술대집을 하여는데 결과는 과반수을 못채와쓰니 이것은 참패가 아니라 국민 앞패서 정치한다고 말도 할 자격이 업다. 그리고 현대구릅이 이번 선거에 국회원 선출 못 식키며 현대그릅이 넘어가지나 않을까 하겨 염료도 하여쓰며 자신은 현대그릅 사장 정주영 씨을 욕을 하며 그 사람도 현 국회가 월마나 답답하여서 기업인이 정치을 할려고 띠어더러깨나, 그 사람은 국민들에깨 좋운 일을 할려고 띠어더른 사람이라면서 표을 주라고 이야기을 한 사람이며 만약 정주영 씨 당에서 국회원이 선출이 돼지 않으며 정주영 씨는 존재도 업시 살라저니 표을 주라고 말들을 한 사람이다. 이번 14대 국회원 선거에 정주영 씨는 생각보다 국회원 당선을 마니 식키서 정주영 씨는 축재 분위기며 이재는 국민당이 손을 들며 만사가 해결이 돼는 이치에 노여잇쓰니 이재는 현대그릅이 살 뿐 아니라 정주영 씨도 국민당으로서 살아남을 수가 잇쓰니 큰 행운이라고 말을 하고 십다."

"앞푸로 우리나라을 다스려갈 당은 (민자당) (민주당) (국민당) 셋 당이 국정을 운영을 하여야 하는데 이재는 세 당이 창설을 해서 막광한 힘을 국민이 부여했는데 그 힘을 발리을 할련지 두고 볼 일들이다."

〈1992년 3월 26일 목요일 낡씨 맑음〉

오전에는 당산 작과밭에 약 철 물 준비을 하고나서 보밭에 우성 씨 파종을 하는 것으로 오전 일과을 보내쓰며 오후에는 일적 서들어서 작과밭에 남들은 황대엉품약을 쳐고 일부는 황을 꼬아서 쳐곤 하는데 자신은 봉산 사람들이 양재물 쳐도 됀다는 말을 덧고 물 한 섬에 양재물 가루 600g을 쳐는데 마음이 편하지 않으며 우리 마을에서 나마는 양재물을 쳐고 잊는데 나마는 과일 농사을 다 바리는 것이 아닌가 하고 극정이 딱대며 양재물 사온 것이 휴에돼고 잇쓰며 오후에 당산과 앞밭에는 약 살포을 다 하여다만 마음속으로는 큰 실수을 하여다고 보고 잇다.

"자신을 가만이 볼 때에 어정적인 일을 할 때가 만타고 보며 자신은 빈떰이 업시 한다고 해도 떰이 벌어저고 잇따는 너킴을 받고 잇쓰며 우리 집사람은 벌서부터 과일 안 달리며 실랑 기압이라고 하며 염려대는 말을 할 때는 좋찌 않따는 것은 사실이다. 집사람이 세심한 사람이라 한번 시원찬타며 꼭 피해을 보곤 하는데 과일에 피해가 온다면 자신은 엄청난 타격이 오계 됀다."

〈1992년 3월 27일 금요일 낡씨 흐림〉

오늘 오전으로서 작과나무와 사과나무에 양재물 살포을 안전이 하여쓰며 그래도 양살구 심은 곳은 약 살포을 하지 않아쓰며 금년도 봉답 논 6마지기을 밭을 안 만들어도 세집 밭을 가다리을 하여주기 때문에 자신으로 바서는 밭이 만은 량인돼 금년도 6마지기 밭이 들어오니 현재까지 정신 업시 일을 해왔따고 생각을 하며 밭이 너무 만타는 너킴이 벌서 오고 잇다. 자신이 밭을 돌바야 하는 밭이 사과밭 7마지기, 작과밭 13마지기, 계 20마지기을 돌바야하니 이재는 머지 않아서 논 농사는 줄라야 할 것 같꾸나.

"오늘은 약을 살포을 하여도 마음적으로 편하지을 않꾸나. 남들은 황을 살포하고 황대용품약을 살포을 하는데 자신만은 봉산 사람들이 황대용으로 약재물을 살포한다는 소리만 덧고 자신만은 우리 마을에서 처음 살포을 하여 낫쓰니 작과나무 꽃이 곳리어 나올 준비을 하고 잇는 실정인돼 약재물을 살포을 하여쓰니 그 피해가 크지 않을까 하는 생각 자신의 머리에서 살라저지 않고 배기잇쓰니 이거 정신적으로도 큰 피해라고 생각을 한다."

"오후에는 집사람과 둘리서 마늘밭, 딸기밭, 상추 갈 때와 배추 갈 때에 김매기을 하여서 잔 씨갑씨을 파종을 하는 것으로 오늘 일과을 마무리을 하였다."

"자신의 일을 간추리 본다면 자신의 일보다 집사람의 일이 언재라도 만은 것은 사실이다. 집사람은 집배 와서 일들이 빨래라든지 동물들을 전부 돌보는 일 생각을 할수록 만타는 것을 너켜보며 이것들을 다들 업세버릴라고 해도 십계 돼지 않는구나. 자신이 마음적으로는 집사람을 공주처름 아키지만 육체적으로는 고통을 너무 만이 주고 잇따는 것을 알지만 이것을 실천을 못하고 잇는 자신을 꾸짓키는 하지만 실천을 못하고 잇는 자신을 원망을 하고 십다."

지출에 … 살충재 입제 파단 2봉 3,200원
의료보험료값 10,900원
계 14,100원

〈1992년 3월 28일 토요일 낡씨 흐림〉

오늘은 논들을 밭을 만드는데 노타리 하여주는데 시간을 다 보내따고 생각을 한다. 요즘 자신이 일하는 것은 기계 마모비을 계산한다면 득이 업따고 생각을 한다. 외냐하며 예을 들어서 모내기 할 자리는 트랙터 노타리을 물논에서 하기 때문에 기계도 수랄 뿐 아니라 한 번만 노타리을 하는데 요즘 자신이 노타리 하고 잇는 것은 밭을 하기 때문에 마른 자리에서 꼭 두 번식 쳐야 하기 때문에 돈을 배을 바다도 기계 바서는 득이 업다고 보는데 돈을 물노타리에서 5,000원식 단지당 더 밭고 잇키 때문에 만족한 일은 아닌돼 모두 부탁을 하기 때문에 할 수 업시 하고 잇다.
수입에 트랙터 노타리 값 60,000원

〈1992년 3월 29일 일요일 낡씨 맑음〉

오늘은 이웃집 재근 엄마 회갑이라 일 거들어주로 같쓴데 여자 회갑이라서 손님이 적은돼다 일 바줄 사람이 만아서 자신은 친구들과 아무 일도 거들어주지 않고 그냥 노라따고 말을 하고 십프며 그리고 오늘 회갑은 남자가 업는 회갑이라서 보는 사람에깨 좋은 너킴을 주지 못하고 잇쓰며 사람은 회갑만이라도 두리서 나란이 안저서 자식들에깨 절을 바다야 한다고 생각을 하며 오늘 회갑은 서로가 마음속만 아픈 회갑이라고 생각을 하여 본다.
"아무 잔취라도 가며 남의 음식, 남의 술로 인사을 다 하는 사람이 만은데 이른 사람은 자신이 생각을 할 때에 이상한 사람이다. 외냐하며 술대접도 본집에서 하며 을마라도 해도 돼는데 남외 집배 잇는데도 맥주병을 한두 병도 아니고 마구 주는 성격, 그 사람들 자기 물건이라면 그러 쓰지는 않을 사람이며 인간이 남외 음석일수록 조심을 해야 돼며 자신이 이래 해도 욕이 돼지 않나 하고 생각을 가저밭쓰며 한다."
"요줌은 남외 잔취에 음식으로 자기 인사하는 사람이 그전보다 늙어나고 잇쓰며 이른 사람이 만으며 잔치 쳐기가 앞푸로 힘이 든다고 본다."
지출에 … 윤재근 모친 회갑잔치 부주 10,000원

〈1992년 3월 30일 월요일 낡씨 맑음〉

금일은 말리 사과밭에 두엄을 경운기로 6섯 바리을 실어냇쓰며 이것을 진작 실어내야 하는데 오늘 실어내고 보니 일을 잘했따는 마음의 캐감을 가질 수가 잇꾸나.
"오후에는 양살구밭에 돌 주어내로 집사람과 둘리 같는데 대성이가 조립식 집을 짓을라고 기초 공구리 작업을 하고 잇킬래 바로 엽페서 일을 할 수가 업쓰서 그들어주로 같쓰며 폭크렌으로 센멘 작업을 하기 때문에 사람은 힘드는 일은 하지 않아도 작업을 할 수가 잇더라. 그리고 오늘 일을 도와주니 자신이 일을 한 것보다 고맡따는 정표을 더 밭은 너킴이 들며 오늘 일은 거들어준 것이 잘 했따고 생각을 한다."
"그리고 양살구밭 돌 주어내는 작업을 하면서 보니 밭을 잘 했따는 너킴이 들며 아무 나무라도 될 떳 하며 처음에는 흙을 밭고는 과수가 돼겟나 하는 의구심을 가진 것이 사실이다."
지출에 … 경유 200리터 30,200원
수입에 … 트랙터 노타리 값 30,000원

〈1992년 3월 31일 화요일 낡씨 흐림〉

오늘은 양살구 심은 곳에 경운기로 망을 만들라고 갈라보니 밑탕이 벌렁벌렁하면서 경운기가 빠지는데 힘이 들어서 가는데 힘이 만이 들어쓰며 실찌 경운기로 갈란 것은 2.5돼지기 돼는 것을 오전 내 갈라쓰며 정말 몸살 날 정도로 일을 한 셈이라고 생각을 한다.
그리고 오후에는 집사람과 둘리서 도구을 안전이 졌쓰며 도구는 벌서 져야할 일을 땅이 추지서 기계가 들어갈 수 잇두록 말라주지 않아서 오늘까지 오게 돼어쓰며 이재는 도구을 졌나서 양살구에도 좀 날 것으로 내다본다. 오늘 양살구 밭에 일을 하다 두리가 쉬면서 이야기가 이 재리에 양살구 꽃이 만발을 하며 도로에서 보나 어느 곳에서 보나 아름답게 보일 것으로 보이며 정말 위치가 좋으며 우리 집을 여기에다 짓어도 될 덧 십프며 좋은 자리로 보이는구나.
"40대는 세월이 이처름 빠른 너킴을 들 바다는데 50대가 돼니 세월이 너무 빠르지 않나 하는 너킴이며 자신이 생각을 하기는 92年 1월으 어그저 마지한 것 처름 너켜저는데 1월, 2월, 3월도 다 가고 4월달을 내일로 마지하니 이려다가는 60대을 눈 감짝할 사이여 마지할 것 같다서 하로 해가 넘어가는 것이 두렵꾸나. 내 자신이 살라온 뒤을 돌라볼 때는 아무 것도 한 것 업는데 인생살리는 다 살라고 잇따니 어이 업는 쓴 우섬이 옛[웬] 말인가. 오직 자신의 마음은 20대의 마음인돼 인생 50십이라니 어이가 업다고 말을 해야 하게꾸나."

〈1992년 4월 1일 목요일 낡씨 비〉
오전에는 무지파 씨뿌림을 두리서 하여쓰며 비가 보슬비로 조금 와서 땅에는 비 온 표가 업쓰며 비가 적기 와서 씨가림이나 하지 않을란지 몰게꾸나.
오후에는 당산 세 집배 밭 뒤도구을 쳐는 것으로 오늘 일과을 보낸 셈이다. 그리 당산 우리 밭에는 양지바른 곳에는 자두꽃이 안전이 핀 곳이 만으며 을래 우리밭이 삼일은 남들보다 더 빠르다고 생각을 한다. 그리고 올해는 겨울 낡씨하며 봄낡씨가 따뜻하여서 자두꽃이 10일은 일적 만발할 것으로 내다보고 잇다.
수입에 트랙터 노라티값 90,000

〈1992년 4월 2일 금요일 낡씨 맑음〉
오전은 말리 사과밭에 모래 실어넌는 작업을 하여쓰며 오전내 실어 너어도 경운기로 4바리 밖에 실찌 못하게쓰며 아쉬운 돼로 앞푸로 종일 실어며 급판돼는 마꿀 수가 잇따고 보는데 이재는 모래 실어 너을 시간이 업따고 본다.
"오후에는 말리 사과밭에 약 쳘 물이라도 할려고 뒤도구에 약철물만 돼두록 새암을 파서 그것도 냇가에 모래을 실어면서 보니 포도기둥을 동아리을 내어서 내까버리 낫드라. 그래서 오후에 두 경운기 실어와서 돌 돼신에 새암둘래을 다틀짜쓰며 새암을 피고 보니 물이 약 철물이라도 날련지 극정이 돼는구나. 이것도 집사람과 둘리 하여는돼 그것도 남들이 여자가 그론 일까지 그들어 준다고 숭을 보곤 하여는돼 재발 약물이나 돼두록 나와 주어쓰며 한다."
지출에 모판거름 4포 듬보약 따찌엣스
　　20본
　　계 43,960원

〈1992년 4월 3일 금요일 낡씨 맑음〉
금일은 트랙터 노타리을 7마지기 하는 것으로 하로 일과을 보낸 셈이며 트랙터 생노타리는 별 소득이 업다고 보고 잇다. 외냐하며 일한 것처름 돈을 못 받기 때문에 이른 작업을 피해야 돼는 것이 오회려 돈 버는 것이 아니냐 하는 생각도 더는구나.

"그리고 우리 작과 꽂이 남들보다 일적 만발하고 잇꾸나. 우리는 앞밭에는 남들보다 너깨 꽂이 만발을 하는데 올해는 앞밭에도 그진 만발이 다 돼어 잇따고 바야한다. 이것을 본 자신은 올해 비료거름을 적개 하여떠니 그 영향으로 꽂들이 남들보다 일적 꽂이 피는지 알 수가 업꾸나. 이것이 손에가 갈려고 남들보다 일적 피는지 득을 보일라고 일적 피는지 극정이 돼는구나."

"자신은 작과꽂은 4月16日 돼어야 만발을 하는 줄 아는데 올해는 벌서 당산에는 만발을 하여쓰니 올해는 개화기가 10日 이상 빠르다고 생각을 한다."

〈1992년 4월 4일 토요일 낢씨 맑음〉

금일은 트랙터로 논갈리을 하여씀. 그리고 오늘은 논갈리을 하는데 온 단지가 아니고 거슬리 논만 갈란 셈이다. 자신의 생각보다 아주 적게 갈란 셈이다.

"오후에는 논을 갈면서도 앞박키에 라대나가 나가서 기름이 새는 것을 보고도 논을 갈려니 신경이 앞박기에 잇쓰서 마음 놋고 갈 수가 업쓰서 오후시간을 일적 맡치고 김천 동양대리점으로 부품을 사로 갇쓰며 박킹 하나에 5,000원 달라고 해서 앞박기 둘다 사는데 10,000원 주고도 비싸다고 말도 하지 못하고 돈을 주고 싸와쓰며 자신이 볼때는 1,500원 짜리도 못 됀다고 생각을 하는데 모든 물과가 가격이 잇는 것이 아니고 입만 벌리며 그것이 금액이니 기가 찰 노릇이다."

"관에서 농민을 돌바줄라면 농기계 부품을 원가로 사는 곳이 잇쓰야지 농민도 속찌 않고 살라 갈 것이며 이재는 농민의 농기계 부품값도 무시을 못 할 정도로 지출이 만이 됀다."

지출에 구리스값 2,000 트랙터 라대나 값 2개 10,000 차비 660원
계 12,660

〈1992년 4월 5일 일요일 낢씨 맑음〉

금일은 형님과 둘리서 트랙터 앞밖기 라돼나을 갈라널라고 떠드보니 재대로 빠지지 않아서 앗지도 못하고 무리하게 하여서 빼지 못하고 다들 보도만 끌어 논 상태이며 이것도 한번 수리을 하는 것을 보고 돼드려쓰며 할 수가 잇슬땐돼 한본 보지 않아서 곤치 볼려고 둘지 못 하여서 그만 떠드만 놋고 그냥 덥프두고 마랐다.

"그리고 오늘은 일요일이라서 운이가 그드라고 상토흙에 거름과 따찌에스 약을 혼용을 하여서 상토흙에 썩는 직접을 하는데 집사람과 운이 셋시서 상토흙에 거름 썩는데 오전내 걸리쓰며 낢씨도 여름 낢씨라 구술같은 땀을 흙리쓰며 수고을 몽땅한 셈이다."

"오늘 상토흙에 거름량은 지도소 시키는 량보다 1포 3kg을 줄란 셈이다. 그리고 곰팡이 약은 정량이 20포인돼 이것은(1포가 500g인돼) 한봉지 500g을 남기고 혼용을 하여 두어다."

"오후는 트랙트도 고장이 나잇는 상태라서 다룬 일이 별로 업쓰서 김매기 갱이을 들고서는 자두꽂이 만발한 것을 구경을 하기 위하여서 당산 자두밭을 가니 올해는 일적 자두꽂이 만발하여쓰며 요난이 꽂들이 힌 빛을 만이 내면서 만발대어 잇는 꽂뭉성이가 탐스러어며 자두밭을 서성거리겟쓰며 올해는 유난이 맑은 꽂들이라 보기가 아주 좋더라. 오후에는 당산 자두밭 앞밭에 자두밭에

서 오후시간을 다들 보내고 마랐다. 이재는 앞푸로 낡씨가 일주일 정도만 낡씨가 잘하며 자두는 풍년이 돼지 않을가 하는 생각이 앞쓰는구나."

"그리고 올해는 산소에 손을 대어야 대는 해인지 동네 사람이니 객지에 잇는 사람이나 다들 하나같이 산소에 치장을 하고 잇스며 사람들이 살기가 좋으니 산소에 투자을 만이들 하고 잇는 실정이다. 이재는 묘소에 자판[상석]이 업는 묘는 더물 정도 보이며 이것이 넘어 성해도 문재점이 돼고 잇다. 우리나라 국토는 한정이 돼어 잇는데 국민들이 다들 묘을 학창[확장]을 하고 투자을 하고 잇다는 것은 말못돼어 가그 잇는 실정이며 앞푸로 정부에서 방치을 하여두며 온 산에 묘소치리밖에 돼지 않는다고 보고 잇쓰며 이것도 규재가 넛따고 생각을 하고 잇다."

〈1992년 4월 6일 월요일 낡씨 맑음〉

금일 오전은 트랙터 앞라돼나 수리을 하기 위하여 아포조합 수리점으로 가서 수리을 하는데 아무것도 아닌 것을 모르니 급에 질려서 자신이 어재 수리을 못하고 마랐다. 무엇던지 알면 수란돼 모르니 어렵기 마련이다. 앞푸론 알리돼나 수리는 집에서 을마든지 할 수 잇따고 생각을 한다. 앞푸로 농기계 수리는 집에 할 수 잇두록 기술을 배아야 하는돼 기술 배울 길이 업꾸나.

"그리고 조합기사가 앞리대나와 기름망을 교한을 하여쓰며 부품은 자신이 다들 가지고 같지만 수리비을 순달이가 조합에 이쓰서 그른지 돈을 안 바들라고 하여서 자신이 기계 수리 시간바스는 돈을 음치 바다야 할 시간이 걸려따고 생각을 하는데 돈을 안 바들라고 한다고 그냥 올 수가 업쓰서 수고햇따면서 10,000원을 주고 왔다. 기사 일하는 것이 차근희 일을 잘 하더라."

"오후에는 논을 갈로 같더니 콤바이 탈곡을 하면서 벼집을 길게 쌀란 것 때문에 논을 갈 수가 업더라. 그래서 논도 갈지 못하고 논자리에 마다불을 다질어 버리고 마랏다. 앞푸론 벼집을 실게 싸는 것 기계는 피해야 돼겟꾸나."

지출에 트랙터 수고비값 10,000원
　　　기와오일 4,100
　　　계 14,100

〈1992년 4월 7일 화요일 낡씨 맑음〉

오늘은 갯돌보을 하는데 임사문재로 원성가지 노파저서 시간을 보내쓰며 자신이 작년에 내 일을 적극적으로 바주는 사람이 자신을 1년만 더 하라고 부탁을 하는데 그절을 하여서 서운하다고 이야기을 하는데 자신도 그부들 바서는 올해 일을 더 바주야 하는데 자신의 욕심으로 그만둔 돼 돼해서 미안하기 짝이 업드라.

"오늘은 갯돌보을 하는데 종일 하여쓰며 갯돌보을 하면서 정심시간을 이용을 하여서 한단지 논갈리을 하는 것으로 하로 일과을 보내고 마랐다."

"자두꽃이 만발한 후부터는 낡씨가 잘하여 왔는데 앞푸로 일주일 정도만 잘 하여도 자두농사는 풍년 농사는 돼지 않을가 하는 생각이 던다."

〈1992년 4월 8일 수요일 낡씨 흐림〉

오늘도 갯돌보을 하고 오후에는 정심을 일적 먹고 남들 정심먹고 나오는 동안에 논한단지 갈리을 하고 남들과 보을 같이 하고 나중에는 보을 맡치고 한단지을 갈고서 오늘 하로의 시간을 다 보냇다. 자신은 종일동안 잠시 실 사이 업시 시간을 보낸 셈이다.

“정부는 현대그릅에 문지을 떨고 잇는 것을 보니 현대그릅이 정부 세금 추진 때문에 살아남기 어로어운 위기가 오지 않을까 하는 생각이 들며 이번 14대 국원선거에 정주영 현대그릅 사장이 국민당을 창설을 화서 정치에 뛰어들은 것이 하나의 실수가 돼지 않을까 염려가 돼며 정주영씨는 현대그릅 직원들이나 보살펴 주어 득망을 노리는 것이 정주영씨 길이 아니여던가 하는 생각을 한다.”

〈1992년 4월 9일 목요일 낡씨 비〉

비 때문에 아무 일도 못하고 휴식을 하는 것으로 하로의 일과을 보내고 마랏다. 자신도 비을 조금 바라찌만 이처름 만이 올 줄은 생각지 못 하여찌만 차라리 위채 만이 올 줄 알라더라면 비가 오지 않는 쪽이 더 낫찌 않아나 하는 생각이 먼저 들며 이번 비가 너어니 만이 내리서 논 갈리에 문재가 잇쓸 뿐 아니라 봄에 일이 너저만 간다. 그리고 작과일에 영향도 주리라고 생각을 하며 작과일 농사는 꼭 일기불순으로 피해을 주곤 하는구나.

금일은 봄비가 여름 장대비쳐름 내리고 잇는 소리을 들어면서 육체적인 피료을 풀은 셈이다. 육체적인 피료을 풀면서 이 비료 인하여 농사 일들이 지연 될 것을 생각을 하니 별료 좋은 너킴이 업는 하로의 일가라고 말을 하고 십다.

“우리 혜지 공부하라고 하며 아주 실어하는 버릇이 나오며 알라서 한다고 하면서 꼭 말대꾸을 하면서 무선 말을 못 하게 한다. 나 자신은 올해 상쳐가 아물지 않고 잇는데 어이하여 공부소리가 안 나울 수가 잇쓰며 또 자신이 볼 때는 공부을 저래해서는 내년이 오나마나 대학에 떨어절껀 사실인돼 편하게 두고 볼라니 답답함이 참찌 못해서 때로는 폭하는데 이론식으로는 싸이만 벌어저고 말끄며 저의 좋은대로 둘라니 가슴 아푼 일이다. 혜지는 내년에 학교에 못 드려가도 자신의 마음만 책치질을 하고 말련지는 몰라도 자신은 만약에 혜영이는 전문대학이로 들어가고 혜지는 못 들어 간다면 자신의 아품은 참을 수가 업쓸 것으로 보는 자신이 어이 공부소리가 안 나올 수가 잇따고 보나. 정말 자식 키우기 힘이 더는구나.”

〈1992년 4월 10일 금요일 낡씨 비〉

오늘은 꾸준한 비가 종일 내리쓰며 기상대는 우리 지역에 75mm 내리다고 예보을 하지만 실찌 비는 더 왔따고 생각을 한다. 봉답논을 밭만 들은 곳은 물천지가 돼어 잇쓰며 이재는 논갈리는 다들 했따고 생각을 한다. 물고마다 물이 고여 잇쓰니 이것을 따논는다고 어럽두록 하여쓰며 비가 삼일동안 계속 내리니 사람이 질리게 쓰며 이재는 좀 그쳐 주어 쓰며 하는 심정이며 비오는 모섭이 여름 장마 비쳐름 내리쓰니 사람이 지치게 돼어 잇다.

“이번 비로 인하여 자신의 할 일을 넘어나 만이 지연을 시키노와쓰며 휴식을 하여도 마음은 편치 않을 정도며 마음만은 아주 바쁜 심정이라고 말을 하고 십다.”

“작과나무에 비가 오기 전에는 꽃들이 만발이 돼어 잇쓰는데 비가 온이 잎들이 아주 만이 잘라서 멀리서 볼 때는 다들 시프러개 보이며 마음속으로는 꽂들이 수정이 돼지 않아서 잎이 빨리 나오는 것이 아닐까 하는 생각도 들어 가는구나. 자두 열매에 결정적인 타격을 이 비가 주어따고 생각을 하고 십다."

〈1992년 4월 11일 토요일 낡씨 비〉

내일이 처어머님 생신이라고 집사람이 묵을 해 갈라고 해서 자신이 메물을 대신 떡방아간에 가서 눌리다 주어쓰며 자신 갈 때여 기찬아서도 하지 않캐는데 이것을 큰 집에 가서 묵을 한다고 법석을 부리며 이것을 만드는 가정을 보니 여사일이 아니구나.

"그리고 오전부터 정지 못 배수 놋는데 부역을 하여쓰며 자신은 실찌 부역을 바지도 돼는데 외냐하면 작년 가을에 논을 밭을 만들어키 때문에 이재는 수도작을 않아기 때문에 부역에 참여을 하지 않아도 돼는데 자신이 여떼것 참여을 해 온 사람이라 밭하며 따고 참여을 안아기 미안해서 오늘 부역에 참여을 하여 주어던 것은 사실이다."

〈1992년 4월 12일 일요일 낡씨 맑음〉

금일은 처어머님 생신날이며 자신은 별 할 일은 업시 처어머님 생신에 참석을 하지 않아쓰며 포항 동서와 서울처제가 대문집에 둘리로 와서 우리집도 오게 돼어쓰며 형부쳐가 집에 가자고 하는데도 바푸다는 핀계을 돼면서 그절을 하고 마랐다.

"그리고 서울쳐제는 대수술을 밭은 사람쳐고는 건강이 아주 좋으며 정기적인 검사을 하여야 하는데 암이란 것은 수술 후에도 검진이 꼭 필요하며 4,5년은 조심을 하여야 돼는 것 갈더라."

"자신은 처어머님에깨 자신의 어머님처름 할려고 마음을 먹고 잇찌만 행동은 따라 못하고 잇다. 만약 오늘이 어머님 생신이라면 세상 어느 곳이라도 담순에 달려갈끈데 처어머님 생신인돼 여기서 우래실이 10리도 못 될끈데 그저 바푸다는 핀계로 집사람을 보내고 자신은 살짝 빠지는 못 땐 버릇이다. 자신은 처어머님이라도 살라개신 것만도 큰 행복이라고 생각을 하여야 하는데 이것을 모르고 잇는 자신이 원망을 하고 십다."

"오늘도 자신을 두고 가만이 생각을 하여본다. 외 자신은 마음에 따라가지 못 할까. 사람이란 마음에 따라서 육체는 따라가는 것이 아닐까. 자신은 육체와 마음이 따로 잇쓸 때가 만타는 것을 너켜본다. 자신은 마음과 육체가 물류만 돼지 않는다면 자신은 남들보다 앞장스고도 남을 사람이라고 생각을 하는데 아직 마음과 육체가 한 합이 안 돼고 잇는 것이 안타갑기 짝이 업는 일이 들이다."

지출에 … 서울처재가 어른예깨 문안
오면서 그냥 와서 자신이
상점에 가서 참두유 4,500원
주고 사와서 들고가라 하였다.

〈1992년 4월 13일 월요일 낡씨 맑음〉

오전 벼씨 참종을 함.
신품종 일품벼씨 120kg
대신 벼씨 30kg
섬진벼시 55kg 계 205kg

소독약, 소폭탁 9병 물 한말에 1병식 사용
살충재 리바이 진토약 불판에 20CC 사용함

오후에는 세집배 바시네이 밭 노타리을 함. 트랙터로 노타리을 하니 조금 십드라.

지출에 … 작과 상자값 200,000 벼씨 ×
소득약과 살출재 6,500원
태성네 벼씨값 30kg에
32,200원 전화요금이 4,610
계 243,310원

〈1992년 4월 14일 화요일 낡씨 맑음〉

울콩씨 파종을 함. 울콩시을 파종을 외국에서 수입을 하여서 울콩씨가 4,500원 하든 울콩이 수입 바람에 500원으로 떨어젓쓰니 이것도 검지댄 콩인데 콩감정원 잘못 판단으로 수입이 무한정 수입이 돼어 농민을 죽이고 잇쓰니 농민은 죽이도 분풀 리가 쉽게 풀리지 않을 일들을 해도 매스콤에 한번 타면 그저 무이미하게 돼어 버리는 실정이나 못 배운 농민들만 죽고 잇따. 정부에서 재 아무리 선진국 돾다고 터벌리도 농민이 못 살며 국가도 재 아무리 선진국 돾다고 법서을 부리도 개꿈과 다름이 업노라. 자신도 울콩이 수입문재로 1돼 500원 한다는 울콩씨을 집사람과 둘리 갈라쓰니 이것을 알면서 채소밭은 갈씨가 업따고 버린 밭은 울콩시을 갈라쓰니 우리 농민 외깨도 문재가 사실 잇따고 보고 십꾸나.

"오후에는 땅콩씨을 갈라쓰며 사실 올해는 땅콩씨을 비누류 깔라서 갈려고 한 것이 집사람 내일 구정가시 해서 할 여자가 업키 때문에 비누류 피는 것은 치고하고 둘리서 땅콩을 맨땅에 갈라쓰니 나중 김매기에 외료가 만을 것으로 본다."

지출에 … 트랙터 엔진 오일값 4통
16,000원

〈1992년 4월 15일 수요일 낡씨 비〉

오늘은 집사람 1박2일로 여행을 떠나는 낡인돼 비바람이 모질게 불며 오늘따라 낡씨 차가어서 구경을 안 보내쓰며 한다. 이것도 저 친구들은 집사람과 두 사람만 간다기에 낡씨가 그북해서 마음 속으로는 구경을 잘 못 간다는 생각이 들며 낡씨가 그북해서 집사람 구경가는데 말찌는 못 해쓰며 비만 오지 않아도 마음은 들스이겟는데 낡씨가 마음쓰게 하는구나.

"오늘따라서 다들 나갈 시간 대어는데 할 일들이 만아서 멀리하는 사람은 버스 앞자리에 안져야 하는데 일적 스들지 않아서 마음이 버쩍 마음이 쓰인다. 사람이 한번 자석을 잡으며 집배 올 때까지 그 자리가 내 자리이기 때문에 빨리 스드러야 한다고 보체도 잘 돼지 않으며 차시간이 다 돼니까 자신의 마음이 더 바빠지는 구나. 이러다가는 제일 뒤자석에 앉캐떠면서 한 자석이라도 앞패 안치기 위하여 오토바이로 주막까지 가니까 아직 차가 오지 않아서 큰 다행이구나. 언재라도 관광버스가 돼기을 해서 오는돼로 자리을 잡는데 오늘은 차가 오지 않아서 큰 다행이라고 생각을 한다."

"오늘은 낡씨가 비바람이 불며 낡씨가 그북해서 일하기가 말당치 않어며 휴식을 해야 할 낡씨인돼 오늘은 자신은 평소때보다 더 일적 트랙터로 논갈로 갇스며 개핵한 량을 다 하여쓰며 실찌 집사람이 집에 잇쓰따면 휴식을 햇쓸끈데 집사람이 어키 때문에 일을 햇따고 생각을 한다. 그리고 하로쇠 작업량은 오늘이 재일 만아따고 생각을 한다."

"집사람이 전화로 강원도 신광사절이라면서 여기서 밤을 잔다면서 전화을 하는데 아주 밝은 목소리며 멀리도 하지 않코 잘 앗따고 이기기[이야기]을 하는 것만도 당번에 잘 같다는 너킴이 오두록 맑은 목소리가 고맙드라."

〈1992년 4월 16일 목요일 낡씨 맑음〉

오늘은 종일동안 갯돌작업을 하고 여과치기로 논 두마지기 갈리작업 밖에 못 하여쓰며 비 온뒤라 논을 갈려고 하니 무리가 가며 보머리에는 땅이 진여기저서 논을 더 못 갈게더라. 그래서 오늘은 시간 여유는 잇는데 그만 다음으로 미류고 마랐다.

그리고 1박2일로 집사람 여행 떠나고 우리 혜지가 때마다 밥을 어더먹는데 마음이 쓰이며 1박2일 동안 때마다 신경이 쓰이며 무엇을 해도 부담대는 너킴 때문에 사실 지루한 감이 들드라. 그리고 우리 혜지 밥 하는데 외 먹어다고 생각을 하며 우리 혜지도 책임을 젓니까 아침으로 일적 일어나서 동생들 밥과 밴도을 다들 쌔보는 것을 보니 사람은 은재나 책임지고 살아가야 한다고 본다. 우리 혜지가 저의 엄마가 잇쓸때는 오전 9시가 돼두록 일어나지 않는 아이가 저의 엄마가 업쓰니 혜영이는 주번이라서 일적 가는 밥을 다 해서 동생들을 재시간에 보내고 잇는 것을 보니 부모가 평상시 극정을 만이 하고 잇따는 느김을 바다따고 생각을 한다.

"집사람 이번 구경은 멀미을 하지 않아서 구경을 잘 햇따는 너킴이 드는구나. 집사람은 은재라도 구경을 같다 집에 들어쓰며 기진맥진이 돼는데 오늘은 대문에 걸어들어오는데 발소리가 한안 빛이며 소리만 들어도 구경을 잘 햇따는 외감을 가질 수가 잇쓰며 우리 집사람 이번 여행이 기분이 좋아서 멀미을 안 와는지 그르치 않으며 멀미약이 좋아서 멀미을 안 해는지는 몰라도 별딸 업시 잽배까지 돌라와서 다행이라고 생각을 한다."

그리고 아이들 방에 현광등이 소리가 심하게 난타는 것을 미리 전부터 알라찌만 예사로 지나왔는데 아이들 시험 공부하는데 신경쓰인다고 이야기을 하여서 자신이 아이들방에서 잠쉬 잇는데 정말 신경이 쓰이두록 소리가 나서 그전부터 현광등에 들어가는 부속품을 교환을 할려고 사두어뜬 것을 저녁 먹을 때가 돼어는데 전등불을 그고 교환을 하여도 오히려 전보다 소리가 더 크게 나서 이거 안대겟따하고 공부방에 소리가 난다는 것은 잇쓸 수가 업는 일이며 인지라도 시장에 가서 현광등을 사와서 달아주야겟따면서 저녁 7시하며 어더운데 시장에는 9시까지는 장을 본다고 이야기을 하여서 인재라도 충분이 같따올 수 잇꾸나 하고 김천가서 먼저번에 신광사는 곳에서 현광등을 속아서 싸키 때문에 을마 쓰지 못하고 해서 오늘은 다른 곳에서 현광등을 11,000원 주고 좋은 것을 싸와서 달아보니 정말 좋더라. 전구담아가 2개라서 그른지 밝은 것이 마음에 들며 자신의 마음에 꼭 들드라.

수입에 … 트랙터 노타리값 25,000
지출에 … 현광등 11,000 돼지고{기}값
2斤 5,000 차비값 640원
계 16,640

〈1992년 4월 17일 금요일 낡씨 맑음〉

오늘도 굼도량[도랑] 첫는 것으로 하로 일과을 보내쓰며 오후에는 굼도량 처는데 물이 만아서 작업을 할 수가 업쓰서 세참 먹을 때까지만 하고 보을 맡치고 마랐다. 보을 일적 마치고 집사람 상토흙 담는데 그들어줄라고 급피 집에 오니 어재 놀고 온 사람들 정심먹고 속풀이 했따면서 그때야 시작을 하드라. 그래서 윤심이 넘어 심해다. 실량은 마느라 흙 담는데 그들어 줄라고 일맡치고 총알같이 왔는데 이{제} 시작을 하고 잇쓰니 너무한 것이 아니냐고 하니까 집사람 말을 들어니 그래야 한다고 생각이 들드라. 집사람은 속풀리한다고 이야기을 하여는데도 집사람은 정심 먹어로 오라고 전화가 매번 올 때까지 집에 일하고 또 정심 막고 올 수가 업쓰며 그 중 집사람이 제일 나이가 적은 사람이 나 바푸다고 정심만 먹고 도저이 올 수가 업쓰서 밥 먹고 설거지 하여주고 오니 이래 너따고 이야기을 하니 오희려 잘 햇따고만 할 수 업드라. 그때부터 두리가 흙을 담는데 저물두록 담이 쓰며 둘이 담으니 잘 주르며 현재 흙 담는 상자 수가 480개 담아낫다.

〈1992년 4월 18일 토요일 낡씨 비〉

이번주는 구전 날이 만으며 벼씨 침종에도 빗이 업쓰서 벼씨가 고루게 불찌을 안아서 벼씨 촉이 고로 나지을 안을 것으로 내다보며 침공시간은 다들 같아도 벼씨 촉은 고루지 않을 것으로 내다보고 잇다. 그리고 오늘은 기상대에서 비온다기에 둘리서 상토흙을 담는 것으로 시간을 보내쓰며 자신이 흙을 담는데도 맷번을 텁는 소동을 부리쓰며 하늘에 구름들이 밀려 올 때마다 비가 쇼다저고는 하며 사람들을 외을 먹이고 잇다. 이번주는 비 때문에 일을 제대로 할 수가 업는 주일이 돼어따고 한다. 오늘 집사람과 둘리서 비을 마저면서 상토흙을 다 담아서 끝을 냇다. 두리가 1,080개을 안전이 담아서 정리을 다 하여 두어다.

"그리고 우리 혜지가 가정에 일 도와주는 것도 부담스렵다. 우리 혜지가 내년에는 전문대학교을 들어가야 하는데 이 아빠는 불안감이 떠나지 않는구나."

〈1992년 4월 19일 일요일 낡씨 맑음〉

오늘은 모재리 준비을 하는 것으로 일가을 보내따고 한다. 오늘은 모재리 준비을 하는데 자신의 모재리 도배나대는 면적을 봉사을 하는 것으로 하로의 일가을 보내쓰며 이른 일들을 해달라고 하는 것을 안 해주며 실타고 할끄며 해달라는 사람의 자신은 하나라지만 자신은 상당이 만은 량이다. 이것을 생각을 할 때에 남의 생각으르 하지 않는 것 같꾸나.
"상토흙이 100상자는 더 담을 수가 잇두록 남아쓰며 이정도 량은 꼭 맡게 남겨둔 것이라고 말을 하고 십다."

〈1992년 4월 20일 월요일 낡씨 맑음〉

오늘은 강자지 장을 집사람만 보낼라고 하다 강아지 6섯바리을 감당을 할 수가 업쓸 것 같다서 자신은 장아지을 시장까지만 갈따주고만 올라고 근수 차을 이용을 하여서 김천 개시장 가보니 강아지들이 한정도 업쓰며 그리고 강아지들이 어떠게 먹어서 그른지 강아지들이 아주 좋으며 우리 강아지는 낮번 축에 들어가며 처음에 장사꾼이 한마리에 30,000원 몰미라서 줄라고 하는 것을 40,000원 바들라고 하다 강아지도 팔도 못하고 자신은 농로 부역을 하기 때문 무작정 기다릴 수도 업고 해서 9시가 넘는 것을 보고 집사람보고 나중에 팔라지 않크든 줄라는데로 주고 마라고 하고 자신은 부역을 가기 위하여 집부로 내리고 마라쓰며 자신이 생각을 해도 강아지 장이 안 대는 것 갔떠며 일반 가정에서 먹일라고 강아지을 사는 사람이 업쓰며 다들 장사치들만 운직이고 잇는 상태니 어이 강아지 장이 돼지을 안으며 자신은 내리 오면서 생각이 집사람 줄라는돼로 주고 오지 못하고 강아지을 도로 가지고 오는 것이 아닐가 하는 염려가 머리에 떠나지 않는구나.
"자신이 강아지 장을 갈 때에 오늘 부역 하는데 세로 통닭을 준비하는대 그들어 줄라고 약속을 하여서 집배와서 세 준비하는 것으로 가보니 이미 동서기가 안전이 준비을 하여쓰며 자신은 덤으로 세참까지 부역을 한 셈이다. 육계 열 마리를 쌀미서 둘로 가서 길부역을 한다고 들판에 전부 경운기 갈더라. 그리고 요줌 사람들은 부역을 하여도 꼭 고기을 먹고 할려고 하니 지출이 만아저고 잇다. 그리고 농로 부역을 종일 하여쓰며 부역은 잘하여따고 생각을 한다."
"집사람 시장을 보고 오느라고 너깨 오면서 강아지을 그냥 갈다 버리고 온다고 이야기을 하며 들어오드라. 자신은 강아지을 가지고 올 끄라고 생각을 한 것이 강아지을 안 가지고 온 것만도 다행으로 생각을 하면서 강아지을 버리고 왔다니 마음적으로 서운하며 자신은 강아지금이 연만하며 50,000원식을 하길래 자신도 50,000원 받는다고 강아지을 키어 왔는데 강아지 금을 보고 우리 강아지는 찾는 사람이 업쓰서 실망을 하고 마랐다. 우리 강아지을 키울 사람은 25,000 받고 나중에 장사꾼에깨 15,000 받고 주고 마랐따니 서운함이 쉽게 살라저지 않는구나. 정말 아쉬운 강아지여따고 생각을 하며 처음 장사치 30,000원 줄라고 할 때 주어쓰며 잘 하는데 하는 아쉬운이 만꾸나."

〈1992년 4월 21일 화요일 낡씨 비〉

금일은 모재리을 오전내 준비을 하여는데 끝도 내지 않코 바르는 것만 두고 다 한 상태로 모재리을 끝을 냇쓰며 웃뜰에 2판 아래뜰래 8판을 한 셈이다.
그리고 오후에는 노타리을 하는 것으로 오늘 일과을 보내고 마랐다.
수입에 갈리 노타리값 50,000원

〈1992년 4월 22일 수요일 낡씨 맑음〉

금일은 자신의 생일이며 이번 생일 50십회 생일을 마지 하여쓰며 금년에는 집안에 여자들은 다들 밥한때 나누어 먹어쓰며 권씨들은 집안은 6집이며 권씨들이 이 동네을 창설해따고 이야기을 하는데 집안은 널어나지 않아쓰며 우리 집안은 옛날이나 지금이나 널지도 않고 줄지도 않은 상태로 내리 오고 잇다. 그리고 올해는 두 집에 육촌 아지매까지 소리을 햇기 때문에 자신의 생일에 손님이 만아젓따고 분산한 너킴을 주어따고 생각을 한다.
그리고 침종한 벼씨을 21일날 오전에 건지서 하로 밤을 자고 나니 초곡이 곳비로 파종을 할 수 잇두록 자라쓰며 내일가면 너무 촉이 만이 자을 것 같다서 한두로 돌러기가 힘이 들어다. 자신은 21일날 비 온다고 해서 오전부터 건지며 충분하리라고 생각을 해서 건지쓰며 비가 오며 하로가 공백이 돼지 않을까 하는 생각에 오전 일적부터 건저서 촉을 디우는데로 들어간 것이 너무 일적 건지서 슬때업는 극정과 슬때업는 힘을 드리고 잇따고 생각을 한다.
수입에 성구에 45,000원 미수금함(선불)

"혜지는 저의 아빠 생신을 축하한다면서 양말 선물을 하고 혜영이는 저의 아빠 힘든다고 박카스 1통을 선물하는 것을 보며 저의 아빠의 고마음을 알고 잊는 것만도 아빠는 큰 선물을 바든 것이나 다름이 업따고 생각을 한다. 정말 고맙다."

〈1992년 4월 23일 목요일 낡씨 맑음〉

금일은 파종을 하여쓰며 오늘 파종은 벼씨 촉이 만이 잘라서 파종기에 나오지 안아서 파종하는데 힘이 만이 드려스며 시간이 지연이 만이 돼어서며 나중에 여르 사람이 만이 와서 그르치 그리치 안아쓰며 저녁 할 때까지 시간이 걸일 것이라고 생각을 하며 자신도 9명이 하여쓰며 적은 수자가 아닌돼 시간이 걸리더라. 그리고 내년에는 스들어서 남 먼재 할려고 들어야겟쓰며 한방구에[한꺼번에] 일을 하니까 사람이 업쓰서 놉을 할려고 해도 사람이 업드라. 내년에는 동네에서 제일적해야 사람을 수라게 쓸 수가 잊따고 본다. 오늘 자신의 파종하는 사람들 수고 했따고 생각을 한다.

〈1992년 4월 24일 금요일 낡씨 맑음〉

금일은 재철내 파종을 오전에 다 한 셈이다. 제철네는 밤만 두 밤을 자고 파종을 해서 파종기에 잘 나오니 일이 잘 돼며 수라게 잘 하여쓰며

오후에는 영권 파종까지 하여쓰며 두 집다 벼씨가 재발 촉이 나서 파종기에 그침 업시 잘 나오니 하로만 양 집다 파종을 다 할 수가 잊스서며 영권네는 내일 파종을 할려고 예정을 한 것이 오늘로 땅기서 일을 하여서 사람은 힘들어찌만 일은 잘 햇따고 생각을 한다.

"이재는 파종을 하는 것도 힘이 더는구나." 이재는 농사법을 개정을 하여서 농사을 짓어야 돼지 이재는 상토흙을 이용을 하여서 농사 짓는 법은 탈피을 해야 농사을 짓을 수가 잊지 그르치 않코는 농사는 힘이 들어서 농사도 짓을 수추가 업깨따고 생각을 가저본다.

〈1992년 4월 25일 토요일 낡씨 맑음〉

오늘은 우리 소 팔로 갈려고 차을 불어 낫쓰며 우리 소가 아직까지 색키을 노을 수가 잇따면 우시장에 팔려고 생각지 않아쓸건돼 들치가 돼는 바람에 오늘 우시장 팔려고 차을 불어나서 마음속으로는 아주 서운하기 짝이 업쓰며 자신은 소로 돈을 벌이서는 생각을 하니 마음이 더 아프더라. 그리고 집사람은 소을 실고 나가는 모섭을 보고 눈물까지 흘리따니 그 아픔은 말을 할 수가 업따고 본다. 그리고 우리 소가 고기 소로 변한다는 것을 생각을 할 때 가슴 아프다. 이것을 모르고 사람이 이끄는데로 끌려가는 우리 소가 가엽키 짝이 업는 일들이다.

"그리고 자신이 소장수가 2,500,000원 줄라고 하는 것을 달라서 판다면서 겨우 우겨서 근으로 팔려고 저울에 달라떠니 500kg로 못 나가드라. 그래서 자신의 생각돼로 근대가 안 나가니 60,000원 손에을 본 셈이다. 무더기로 팔라쓰며 2,500,000 바들 수가 잊는 돈을 자신은 더 밭는다는 욕심으로 달라서 팔려고 한 것이 손에을 본 셈이다. 자신이 손에을 가도 그저 뼈아품은 업다. 정당으로 팔라쓰니까."

"오전에는 윤제선이가 육모상자을 모탄에 내는 작업을 하여서 그들어 달라고 해여서 자신도 육모상자 낼 때 대리다 쓸 욕심으로

그들어 주고 마랏다."
수입에 소값 2,440,000원
지출에 소운임 20,000원 택시비 1,000원
모재리 덥는 것 13,000원 모판
비누류 참깨 비누류 215,000원
버스비값 230원 선둘 동서
10,000원 우시장에 검원꾼
6,000원
계 71,730[60)]

〈1992년 4월 26일 일요일 낡씨 맑음〉
오전에는 육모상자을 한번식 디비는 작업은 밑태[밑에]것을 위로 오게하여 어린 모들이 고로나게 하는 작업을 올해는 상자가 넘어 만아서 급에 질리서 더버는 작업을 하지 않고 본답에 가지고 갈려고 생각을 하여는데 집사람이 한번 법비자고 하며 남들 다들하는데 않알라고 한다면서 책망을 해서 집사람 말돼로 덤비는 작업을 아침을 먹고 너깨야 시작을 하여보니 더비는 작업을 하기는 해야 하게더라. 외냐하면 육모상자을 정성을 더해서 잘싼 것은 별문재가 업는데 상자을 벌로 둔 것은 눌리서 어린 모가 자랄 수가 업개 돼어 잇쓰며 육모상자는 2日 이전에 본담에 나가는 것은 덤비는 작업을 하지 않아도 됀다고 보지만 4日, 5日 돼어서 본답에 나가는 것은 필리 덤비는 작업을 해야 한다는 것을 너켜다.
"오후에는 논갈리 하는 것으로 하로 일과을 보내쓰며 그리고 집배 오니 큰집배 육모상자을 낸다고 하길에 그들어 주로 가서 거들어 주어쓰며 너깨까지 하여도 큰집배는 사람이 만아서 수라게 한 셈이다."

〈1992년 4월 27일 월요일 낡씨 맑음〉
오늘은 육모상자을 본답에 내쓰며 사람이 만아서 웃뜰 모재리까지 다들 하여도 일적오며 오늘 일은 생각보다 일적 하여쓰며 자신은 상자 수을 바서는 극정을 만이 하여다. 외냐하면 1,080 상자을 한구대만 하면 별문재인돼 두군대을 해야 하니까 자신은 사실 염려을 한 셈인돼 우외[위에]사람이 만이 와서 일은 십계 하여서 천만다행이다.
"그리고 모판을 8판을 하여서 제일 뒤판에 89판을 놋고 앞판을 노와보니 모판이 남아서 내년에는 뒤판에 50판 놋고 하면 그냥 마저 갈 것 같꾸나."
오후에는 갈리을 하는데 논들이 빠지고 하여서 사실 을마 갈지을 못 햇다. 오늘 갈리 한 것은 8마지기 갈란 셈이다.

〈1992년 4월 28일 화요일 낡씨 맑음〉
오늘로서 육모상자가 본답으로 우리조에서 마지막으로 나가쓰며 올해는 우리조가 조금 너저며 그리고 올해는 우리마을 전채적으로 파종시기가 오일정도는 너따고 생각을 하며 내년에는 좀 서둘러서 파종을 해야 모든 것이 수라게 풀려갈 것 같다.
오늘 영권내는 본답에 나가서 바람을 넘어 만이 씨서 모에 피해가 돼지 않을까 한다. 오늘 바람은 모판 비누류 시기는 힘드는 낡씨라고 말을 하고 십다.
오늘은 육모상자을 종일내서 자신의 일을 전연 못하고 오늘 일과을 보내쓰며 이재는 내일 운학이 품만 갑프며 다하는 셈이 돼며 이재는 서로가 어울리서 일을 해야 살아갈 수가 잇따고 보며 내일 일만 그들어주며 이

60) 실제 계산은 265,230원이나 71,730원으로 잘못 기록하였다.

제 자유시간이다.
"금년에는 우리마을에 건답직파 재법이 들어와서 처음으로 다섯 집이 직파 재배을 하고 잇는데 요줌 바서는 직파 재배도 될 덧하며 트랙터 두 대로 한 대는 노타리하고 한 대는 파종을 하면서 완결을 지어면서 가는돼 수라게 한단지 하고 잇는 것을 볼 때 우선 바서 사람들 서고퍼 벼가지 않고 댈 것 같은 너킴이 들며 이재는 육모상자을 이용해서 모내는 것을 옛날이 돼고 마는 시기가 왔따고 온다."

〈1992년 4월 29일 수요일 낡씨 맑음〉

오전에는 운학이 육모상자 내년돼 품이라서 그들어 주어쓰며 운학이가 일을 별로 한타고는 들어찌만 그처름 벌로 하는 줄 몰라쓰며 모판이라고는 바른 곳이 업고 상자가 바로 안퍼 잇는 것이 업쓰며 모판이라고 발로 발바도 빠지는 것이 업쓰며 그저 마당이라고 하며 돼겟더라. 그래도 모판이 잘 댄다며 기적이라고 바야한다고 생각을 한다.
"그리고 모판 위치가 좋아서 한단지 거리로 두판을 하여노니 작업은 편하며 사람의 수짜라도 적으도 돼며 모판 위치는 좋다고 생각을 한다."
"오후에는 내일이 기상대서 비 온다고 외보을 하여서 추진 논부터 논갈리을 하여쓰며 논갈리을 부탁을 한 사람 논은 그진 다들 갈라쓰며 앞푸로 하로 정때만 갈며 다 갈 수가 잇쓰며 이재는 오월하며 우리 농민들은 엽드라 볼 시간도 업는 달이라고 생각을 하며 오월이 풍년을 자유하는 달이라고 말을 하고 십꾸나."
지출에 … (태옥씨 모내기 할 때 품으로 쓸라고) 30,000원

〈1992년 4월 30일 목요일 낡씨 비〉

오전에는 웃뜰에 보뚝과 두룸을 하여쓰며 남들은 가랑비 온다고 다들 휴식을 하고 잇는데 자신은 일을 하여쓰며 일을 해도 다른 사람은 놀때 작업을 하니 마음의 여유을 가지고 일을 할 수가 잇쓰시며 농업은 먼저 서들어서 일을 하며 마음의 여유가 생긴다고 본다.
오후에는 모판에 종이 벗키는데 일패한 모판이 넘어 만아서 기분이 상하며 올해따라 파종을 하고 온상에 둘리노어면서 바르게 싸지 않코 물리저 잇는 상자는 본답에 나가도 자라지 않고 실패한 상자가 돼고 만다. 육모상자을 온상에 들리놀 때는 반드시 자신이 더리논 작업은 꼭 해야 돼겟따는 생각을 가지쓰며 처음 만치는 사람 막키서 실페돼는 상자가 만아따고 생각을 한다.
"올해 육모상자을 우에 것으로 파종을 하지 않아따면 육모상자가 모자알뿐에쓰며 육모상자가 실패 됀 것이 만으니까 기분이 상하며 모내기을 할 때까지 속이 상하리라고 생각을 한다."

〈1992년 5월 1일 금요일 낡씨 맑음〉

오전에는 임숙네 참깨 갈 자리 노라티와 골까지 지어주어쓰며 자신은 종일 잡아는데 오전에 다 하여스니 생각보다 빨리한 셈이다. 그리고 작년에는 참깨밭을 처음 심어바서 참깨골이 바르지 않아는데 올해는 곳 짓는 방식이 달라서 골이 바르며 자신이 바도 골들이 먹는 것처름 바르게 돼어 잇쓰서 자신 보기에도 좋더라.
"오후에는 용만 가닥을 달라내는데 자신의 일이 넘어 바파서 안 거들어 주고 자신의 일을 할려고 들래을 같는데 들래가서 일을

할려고 하니 마음에 걸리서 일을 할 수가 업쓰며 그리고 자신의 이처름 바파서 눈꼬뜰세 업쓰서 남이 볼 때는 나 바푼 것을 모르고 그리고 용만은 좀 안 거들어 주는가 하고 생각을 할 것이며 그래서 들래 같다 그냥 들어와서 가닥달라 주는데 그들어 주고 마랐다. 걸리곤 할땐돼 그들어 준 것이 오희려 마음이 편하구나."

지출에 … 트랙터 철박키 용접에 3,000
라면 4,800원(라쑈 3병 300CC) 크라이목손 약[61](3병 500CC짜리) 16,200
계 20,400원[62]

〈1992년 5월 2일 토요일 낡씨 맑음〉

오전에는 참깨 갈 자리에 라쑈 김매기 하지 않을라고 갈 자리마다 약살포을 함. 그리고 오후에는 갈리을 하는 것으로 하로 일가을 보내고 마랐다. 자신은 나만이 바푼 줄 알라떠니 참외하는 하는 사람들도 바푼양이 드라. 오늘 들래서 시간이 잇쓰서 외너시가 안저 놀면서 자담식으로 시간을 보내는데 참외하는 사람들이 아푸게 살라가며 성질도 제일 만이 내고 잇따고 한다. 외냐하면 월래 일이 만은데 바람까지 올해는 유난리 불고 잇키 때문에 참외농사 짓는 사람들이 고통이 따리는 모양이다.

그리고 자신의 생각을 할 때는 참외농사을 짓얼라면 논농사는 다들 버리고 참외만 매달리서 해야 돼겟따는 생각이 들며 우리같뜬 사람들은 할려고 마음을 먹지 않아야 한다고 생각을 한다.

"그리고 올해 작과일 농사는 숭년이라고 말을 하고 십다. 올해는 기온 잘 햇따고 생각을 하는데도 작과일이 업는 것을 보며 이상할 노릇이다. 올해 따서 작과상자을 일적만이 사나외 상자 손에도 따리는구나. 과일은 업는데 상자을 만이 드리나서 이것도 불편한 일이구나."

"요줌 사람 잠자리에서 허리가 아푸다면서 잠을 만돼로 이루지 못한 사람을 볼 때 극정이 돼며 촌에서 육체적인 노동을 하면서 잠을 만돼로 자야하는데 잠을 만돼로 못 잔다는 것은 여르모로바서도 좋지 않는 일인돼 병원에 가라고 해도 할 일들이 만아서 그른지 병원에 가지않고 미련만 돼고 잇다."

"건강바서는 농사일이 무리돼는 것은 사실이며 조금하다 마라야지 오래 할 일은 아니라는 것을 너켜다."

〈1992년 5월 3일 일요일 낡씨 맑음〉

금일 보뚝과 구룸내 제초제을 살포하여쓰며 보뚝에 풀제거는 벌서 해야 돼는건돼 오늘하여서 너전감이 잇다. 그리고 오후에는 두룸을 하여쓰며 금년 들어서는 논에 물 잡는 것도 사람들이 신경을 들스고 잇쓰며 현제 물잡은 10필지 안팎이라고 생각을 하며 사람들이 서들지 않코 잇꾸나.

"그리고 들래서 들어오면서 모래을 한반리 실고 말리 논에 참깨 갈 때 쓸라고 오니 집사람과 아이들이 참깨 비누류을 다들 씨어 낫더라. 자신은 바파도 집사람이 허리 아푸다고 하여서 그들어 주고 할려고 마음을 먹

61) 국내에는 그라목손(Gramoxone)이라는 이름으로 널리 알려져 있으며 이에 대한 오기인 것으로 보인다. 정식명칭은 파라콰트(paraquat)이며 제초제의 일종이다.

62) 실제 계산은 24,000원이나 20,400원으로 잘못 기록하였다.

고 잇는데 참깨 비누류을 다들 시어나서 기분이 밝더라. 그저 아들에깨 수고 햇따 말이 절로 나더라."

〈1992년 5월 4일 월요일 낡씨 맑음〉
금일은 물 막아넌는 보을 처음 금{년} 들어서 한 셈이며 우리 바실 보가 옛날에는 갈래보을 얼마하지 않아도 물이 들어오고는 하여는 이재는 냇까에 모래채치을 하여서 구룸 아구지가 높파저서 가뭄이 심하게 돼며 번세 작업을 하게 돼며 문재가 만을 것으로 보며 요줌도 작업에 지장이 잇따고 본다.
오후에는 논갈리 하는 것으로 오늘 일기을 보낸 셈이며 갈리 작업은 돈을 벌로도 실찌 수입이 완대는 너킴이 들어서 마음은 별로 좋지 않타고 본다. 외냐하면 갈리을 주는 것도 족끈이 실은 곳만 주니까 기계 마모비가 그만침 따린다고 생각을 한다.

〈1992년 5월 5일 화요일 낡씨 맑음〉
오늘은 어린날이다. 자신이 아이들 기울 때는 바푼 일 그더 치우고 아이들 돼리고 놀로 같쓴는데 이재는 어린날해도 별의미가 업쓰며 자신들도 어린날이라고 야회 가자는 말도 업쓰며 다들 성숙이 돼어따는 너킴이 들며 곡식으로 말하며[말하면] 다들 연거려따고 생각을 할까 이재는 아이들돼리고 우섬을 가지는 때는 다들 넘어따고 생각을 하며 겨울까에 물리 한번 허르며 그때로서 생명을 다 하드시 인간의 인생도 한번 허르며 그때로 생명이 다 같는 것이구나 하는 생각을 다시 너켜 저는구나.
"어재 저녁에는 논에 물 돼너라고 밤잠을 자지 않아서 오늘은 일하는데 힘드는 것을 알 수가 잇쓰며 마음은 일을 하고 십프도 육체가 말을 덧지 않아서 일을 못 하고 오후로 미루고 말라쓰며 오후에는 좀 실라고 마음을 먹고 잇는 재화네가 참깨 자리 노타리을 해달라고 해여서 좀 쉬지도 않코 일하로 같쓰며 오늘은 정말 피로한 것을 몸소 너켜다.
지출에 두룸하는데 흙 끄려올리는 것
용접에 1,000원

〈1992년 5월 6일 수요일 낡씨 흐림〉
금일은 금새라도 비가 쑈다 질 떳 하면서도 비가 오지 않고 잇쓰며 이번에 비가 폭아야 모든 일들이 수라게 풀리가는데 비가 오지 않으니 외가 타는구나. 다른 곳은 만은 량의 비가 쇼다고 진다고 뉴스에 발표을 하고 잇는데 이곳은 비가 오지 않으니 마음이 답답하며 마음이 후련하구로 소낙비로 쇼다 젓쓰며 하는 바람이다.
"오늘로서 논에 물 잡은 곳은 두룸을 다 하여쓰며 올해는 두룸하는데 아주 힘드는 너킴이 들며 옛날에도 이처름 힘이 드려떤가. 그려치 않으며 자신의 몸이 피료해서 무리한 너킴이 오는 줄을 감을 잡찌 못 하게드라."
"오늘은 고추모을 싸는데 주인이 처음부터 몰 띠어서 팔드니 사람이 만이 몰려더니 주인 다들 포기추을 새리 줄 수가 업스니 고추모을 사로 온 사람이 좋은 곳만 부터서 좋은 모만 가라서 고추모을 사게 돼는데 자신은 주인 처음부터 몰띠니까 좋은 모들이 만이 돌와서 표현은 못해도 속이 쓰리다. 자신의 뒤로 온 사람들은 자기가 좋은 모만 가리서 고추모을 사는데 자신만 적은 모까지 싸쓰니 마음이 아푸구나."
"오늘 자신은 서들어서 고추을 싹키 때문에

실질적으로 큰 손에을 본 셈이다."

인간이 서들어서 손에 볼 때도 잇고 서들지 않아서 손실이 올 때가 잇쓰니 인간의 일에는 다들 복이라고 생각을 하며 마음적으로 편다.

〈1992년 5월 7일 목요일 낡씨 비〉

금일은 우리마을래 경로잔치 하는 날이며 경로잔치에 비가 내리서 잔치 기분을 다 밝리을 하지 뫃 햇따고 보고 잇다. 오늘 비만 내리지 않아따면 어른들 아주 절급게 놀 수가 잇쓸끈대 비가 경로잔치에 흥을 다 깨어 버리따고 생각을 한다.

"오늘 비는 외이래 내리는 것이 시은찬으며 마음에 찬 비가 돼지 못 한 것이 안타까우며 내 마음 같다서는 소낙이로 한줄기 내리 주어쓰며 하는 바람인돼 그른 비가 돼지 못 하니 마음만 외가 타고 잇다. 우리 농민들은 이번 비로 논물을 잡을 수가 잇뚜록 온다면 일손을 을마나 들려 주는 격이 돼는데 마음과 같이 비을 내리주지 못하니 정말 아쉽개 돼는구나."

"오늘은 트랙터 노타리 발 갈널라고 김천 동양대리점을 두 번식이나 같쓰며 두 번을 가도 노타리 발이 업키 때문에 다들 갈라 넛티 못 하면서 바뿐거름만 하여쓰며 대리점도 부품도 다들 업쓰며 벌서 자신의 노타리가 구경이 돼고 마라쓰며 구경온 부품을 구입을 할려며 힘 더는 것은 불분에 부치더라도 부품이 업쓰니 기가 찰 노릇이며 우리 나라의 기업들이 정신상태가 다들 죽어따고 생각을 한다."

"그리고 모재리 통풍을 시킨 것을 오늘 저녁에는 막지 않고 그대로 두어쓰며 오늘 통풍 식킨 것을 막지 않은 것은 시간이 나지 을 안아서 못 햇던 것이며 시간이 업스서 통풍 식킨 것을 막지 못 하니까 염려가 돼고 잇다."

금일은 고추모을 집사람과 둘리서 110포기을 심는돼 자신은 잔칸하고 참깨 비누류가지 칼려고 개핵을 햇는데 고추모 심는데 시간이 아주 만이 걸리며 고추모 심는데 절차가 만떠라. 그래서 고추모을 둘리심고 경로잔치 오는데도 바파따고 말을 하고 십프며 오늘 일은 개핵돼로 뫃하고 마랐다.

그리고 자신으로 바서는 작과농사가 벼농사보다 더 크다고 생각을 하고 잇는데 작과농사가 숭년이 돼고 마랐쓰며 올해는 작년보다 더 업쓰며 자신으로 바서 큰 숭년을 만난 샘이며 작과나무에 과일이 만이 달리야지 기분이 좋아서 논외 일이 절로 돼는데 숭년을 만나쓰니 마음이 덤덤하다고 볼까 정말 아쉬운 감이 떠나지 않는구나.

지출에 … 경로잔치에 찬조 10,000원
트랙터 노타리발 27,800
오토바이 오일 2,000 트랙터,
보도 1,000 버스비값 640원
계 41,440원

〈1992년 5월 8일 금요일 낡씨 맑음〉

오전에는 이앙기 수리 할려고 대동대리점에 같다 주는 것으로 끝을 냇쓰며 이번에 이앙기 수리비 값이 만이 들 것으로 내다보고 잇다.

그리고 오늘로서 웃뜰래 노타리을 하면서 금논에 두룸까지 같지 다 하여쓰며 매년 올해와 같이 단번에 매소지며 일을 수랄 것 같꾸나. 오늘 웃뜰래 노타리 다 쳣고 당산 작과나무에 약철물 20말 준비을 하여 주는데 땅검이가 저서 어덥드라. 앞도로에는 저녁에는 될 수 잇는한 도로에 경운기가 가는 것을 삼가야 한다고 생각을 하고 잇쓰며 오늘도 너무 너저 염려을 만이 하엿다.

〈1992년 5월 9일 토요일 낡씨 맑음〉

금일은 작과나무 약살포함. 작과나무 약살포을 너깨하여서 티물어 박아지가 저잇더라. 그리고 작과나무에 유황처리할 때는 필리 터물약을 살포을 해야 이때줌 대어도 티물이 들하게 돼며 자신은 약살포시기을 노친 셈이다. 그래서 터물약만 다시 살포해야 돼는 것이 아닌가 십다. 오전에 약살포을 당산 밭과 앞밭에 살포을 다 하니 오전 일가 딱 맏드라.

"오후에는 트랙터 노타리을 본격적으로 하여따고 보며 오늘 오후에는 노타리을 일부 쳐고 잇쓰며 시기로 바서도 모내기 준비을 할 때가 돼어따고 생각을 한다. 그리고 노타리하는데 운이가 하고저 여기는 것 같다서 트랙터 운전을 하고 십거든 들로 나오라고 하여뜬이 정말 들로 나와트라. 이것을 본 자신이 을마나 하고 십프서 들로 나와깨나 하고 우섯뜬이 운이도 따라웃더라. 그래서 운이 태어서 운전을 가려키쓰며 아직은 스턴밭[서툰맛]은 잇쓰니 마키여 할 수 잇캐따는 것을 너켜쓰며 자신이 오후네 태어서 갈치고 십프도 공부에 침이가 업는 아이라서 공부에 지장이 잇쓸까 외당초 바람을 넌 것이 이 아빠가 잘못 잇여꾸나 하는 생각이 머리에 잠재잇쓰서 더 식키고 십프도 공부에 도움이 돼지 않을 것 같다서 3단지 쳐고는 집부로 보내고 마랏다."

〈1992년 5월 10일 일요일 낡씨 맑음〉

웃뜰 모재리는 비누류을 안전이 밧키쓰며 아래뜰래는 아직 통풍만 여르곳에 내고 마랏다. 그리고 아래들은 모판에 통풍을 한쪽으로 만 시키떠니 모끝이 조금식 타떠라. 그래서 고운 장예는 지장이 만치만 냉해는 모에 별 지장이 업키 때문에 이재는 가급적 일적 통풍을 식킬 것이며 기상대에서 23도만 낡씨가 올라간다면 통풍을 식킬 작정이다.

"어재 낡씨가 흐리고 낡씨가 차운 너킴이 들어서 통풍을 신경을 쓰지 않아떠니 고은 장혜가 입버쓰며 앞푸로 모 크는데 영향이 업쓸란지 모르게다."

〈1992년 5월 11일 월요일 낡씨 맑음〉

오전에는 두룸할라네 노타리 할라네 모재리 비누류 벗킬라네 분주한 일과가 돼고 바픈 오전 일과을 보내쓰며 바픈 일과가 돼니 실찌 작업량은 업다.

오후에는 대신동서 노타리을 하려고 초곡까지 갈쓰며 해 달라는 것을 자신 바프다고 안 해주면 뼈속하게 여길끄고 다 해줄라니 자신의 일이 넘어나 바픈 일만 돌라오니 자신의 건강만 피료가 싸이는 격이 됀다. 초곡까지 가서 노타리을 다 하고 보니 노타리 발통이 어디로 바저나가고 업쓰며 그것을 찾는다고 현장까지 차져도 가너라고 시간만 그리고 찾찌는 못 하고 그냥 아버리쓰며 자신으로 바서는 품도 줄라는 것도 바찌 않아쓰며 발통 분실과 기계 마모비을 다 따진다면 손에가 만아따고 생각을 한다.

"사람이란 부자관이라도 계산을 해야 한다고 생각을 한다. 계산을 하지 않는다면 한쪽에는 덕이 돼지만 반대쪽에는 손에 따리기 때문에 마음 속으로 불편을 주기 때문에 이것은 밭같으로 불편을 주는 것보다 더 나쁜 일들이라고 생각을 하며 사람이란 계산을 똑바로 하지 않으며 좋은 사람이 뎰 수가 업다고 생각을 하여본다."
지출에 트랙터 노타리 밝값이 20,000

〈1992년 5월 12일 화요일 낡씨 맑음〉
오늘은 종일동안 트랙터 노타리을 하여쓰며 그리고 올해는 보편적으로 땅들이 잘 풀이시을 안 터라. 올해는 겨울에 을지을 안아서 땅들이 풍아작용을 못해서 곡석도 대는 것이 영향이 이쓰리라고 생각을 한다.
"그리고 올해는 다들 침송을 너깨해서 모내기는 빨리 할려고 바피 날띠고 잇쓰며 다들 거름거리들 종종 거름이며 행동에서도 농민들의 생활이 바픈 철이라는 것을 알 수가 잇다."

〈1992년 5월 13일 수요일 낡씨 비〉
이번에 비가 올려며 푹아야 하는데 비 오는 것이 그리 시원찬으며 오기 실은 비가 돼고 잇꾸나. 오늘은 웃뜰래 17日낡 모내기을 할려고 논쓰리 작업을 하여쓰며 세단지을 밥을 내다먹으면서 그진 종일이 걸린 셈이다. 좀 수알라면 동쓰리질을 먼저하고 나서 장쓰리질을 하며 마음이 들 바풀 것 갈꾸나.
그리고 웃뜰래서는 자신이 모판을 재일 너깨 내고서 모내기을 재일적 하게 돼어쓰며 이것은 자신와 일을 들어볼 셈이르모 시작을 하는 셈이다.
그리고 아까시와 꽃이 만발해서 향기을 풍길 때는 모내기을 할 때가 꼭 대어 다고 자신은 생각을 한다.
자신은 처음 개핵대로만 하며 무리업는 작업이 돼는데 내일 일을 들어볼라고 개핵 밖의 일을 6마지기 거름을 헌칠라고 시작을 해서 바료포는 다들 떠더낮찌 그냥 두고 올라니 하늘은 먹구름이 잔떡 키어잇찌 해서 부덕이 거름을 헌치는데 어더운 밤에 거름을 다 헌치쓰며 거름을 헌치면서도 자신이 일을 무리하게 만들고 잇쓰며 한번식 생땀을 내는데 건강이 상하게 돼는데 하면서 마음을 원망을 만이 하여 본 날이다.
"사람이 개핵돼로만 하여도 잘 하는 것인돼 개핵의 밖의 일을 하고 잇는 것은 건강을 일깨돼는 일이다. 앞푸론 개핵대로만 할려고 노력을 해야 하겟다."

〈1992년 5월 14일 목요일 낡씨 맑음
금일도 논 쓰리는 작업을 하여쓰며 집사람도 그들고 해서 하로에 4단지 밖에 못하게 쓰며 쓰리질도 미리 거름을 헌치 두어다가 쓰리는 작업만 하며 만이 할 수 잇스도 비료을 헌치면서 쓰리질을 할려니 을마 하지 못 하게드라. 그리고 찰당에는 미리 노타리을 하여 두어야지 땅이 제돼로 풀리겟더라.

〈1992년 5월 15일 금요일 낡씨 맑음〉
오늘로 물잡은 논들은 다들 쓰리 작업을 안전이 맡치스며 물을 잡지 않은 곳 10마지기만 남은 셈이며 이재는 일을 만이 하는 고비는 넘기쓰며 이재는 마음까지 너것한 감이 더는구나.
오늘 저녁 노월이 다 질 무렵에 모판에 약철라고 오토바이로 성급희 가니까 대신 사람이 이래 설치며 하는 말까지 하더라. 자신이 모재리 제일 나중에 하여는데 모내기는 재일 일적 할려고 준비을 다 하여노니 남이 볼 때는 정신업시 서든다고 생각을 할크로 본다.

〈1992년 5월 16일 토요일 낡씨 맑음〉

금일은 내일 모내기 할 논에 모판띠어다 놋는 작업을 하여쓰며 웃들에서 자신이 재일 먼저 모내기을 하니 글거치는 것이 업쓰며 조용해서 좋꾸나. 앞푸로도 먼저 모내기을 하여야 자신으로 바서도 수라겟다.

그리고 올해는 모판을 구차서 그른지 모판을 띠는데 흙이 달아붓찌을 않아서 아주 수라며 정말 신기할 정도다. 모판에 흙이 달아붓터며 여관 힘이 아닌대 큰 일손을 들어준 셈이다.

오늘도 여가치로 트랙터 노타리을 하여쓰며 노타리을 하여 돈을 번다고는 하지만 사람이 시간여유을 가지야 하는데 시간 여유도 업쓰며 잠쉬 덤이 잇스며 트랙터 노타리을 하여야 하니 자신이 피료가 싸인다고 말을 하고 십꾸나.

"잠자리에 들기 전에 내일 일을 개핵을 먼저하고 일을 어떠게 해야 일이 단축을 하고 시간여유을 낼 수가 잇깨나 하는 생각을 하고 잠을 자개 돼니 자신은 시계처름 쉬지는 않는다고 말을 하고 십다."

지출 경유 한드람 30,700원

〈1992년 5월 18일 낡씨 맑음[63]〉

오전에는 내일 모내기 할 자리에 모판을 띠어다 놋는데 집사람과 놉을 해서 삼명이 7곱단지 모판을 잠쉬 실 사이 업시 하여도 오후 1시까지 하게스며 일을 너무리하게 한다는 것을 자신도 너킨다.

"오후에는 트랙터 노타리 돈 벌로 같쓰며 요줌은 단 1초도 실 사이 업따고 본다."

〈1992년 5월 17일 일요일 낡씨 맑음〉

금일은 웃뜰 모내기을 하여쓰며 대신 사람들은 모판을 재일 뒤에 하는 사람이 모내기는 재일 먼저한다고 이야기을 하곤 하며 자신도 일 모내기을 처음 햇쓰며 처음하니 장해물이 업스서 첫째 좋꾸나. 그리고 이앙기가 우리끄만 다하고 나오면서 이앙기가 고장이 나서 영권 한단지는 못하고 마랐다. 그래서 보기에 미안하며 자신으로 바서는 천만다행이다. 그려치 않으며 19日, 20日 양일간 모내기가 차질이 생힐 뿐 아니라 첫째 놉이 다들 뜰어저기 때문에 자신으로 바서는 큰 낭패라고 보는데 큰 다행이라고 본다.

〈1992년 5월 19일 화요일 낡씨 맑음〉

금일은 모내기을 하여쓰며 이앙기 고장으로 동양 이앙기을 구입을 해서 모내기을 해도 새그라서 좋다는 마음이 업스며 손이 안마저 모심기가 그북하구나. 숙달이 안 대어서 그른지 쓰기가 대동만 못 한 너킴이 들며 대동이앙기는 좀 둔해서 그르치 우리가 쓰기는 좀 피난 물건이라고 말을 하고 십프며 동양 이앙기는 좀 살가운 맡이 잇쓰며 모내기는 대동보다 좀 나와보이는데 모판 탑재가 불편하구나. 그리고 이앙기 자채가 대동보다 높기 때문에 압보기가[앞을 보기가] 불편하다고 말을 하고 십꾸나.

〈1992년 5월 20일 수요일 낡씨 맑음〉

오늘 모내기는 일적 맡치쓰며 오늘 혜지가 이앙기 뒤바라지 하여 주는데 참 잘하며 품대어서 하는 것보다 자신의 마음 한결 편하

63) 5월 17일과 18일의 일기가 바뀌어 있으며 5월 18일의 경우 월요일이나 본문에 요일 표기가 되지 않았다.

며 혜지가 오늘 외을 먹어다. 모내기을 하여도 혜지는 일 시키야지 하는 마음은 업는데 오늘 갑자기 품이 못 오게따고 해서 혜지을 돼리고 같떠니 잘 하드라.
오늘 모들이는 사람들도 일적 마치쓰며 올해는 모가 잘 신기따고 하면서 수라게 거들이는 작업을 하드라.
"그리고 우리 모내기을 마치니까 4시가 돼는 것을 보고 남의 일을 지장을 주며 안 댄다고 트랙터 노타리을 하여주어쓰며 자신이 생각을 해도 잠쉬 실 사이가 업따고 본다."

〈1992년 5월 21일 목요일 낡씨 맑음〉
금일은 웃뜰래 재초제 입재을 살포을 하고 시간이 남아서 서양바실래 동쓰레질을 처녁노월이 저는돼 다 하여쓰며 오늘 일은 논에 물을 돼면서 제초제을 첫키 때문에 저물두록 일을 하게 돼어다.

〈1992년 5월 22일 금요일 낡씨 맑음〉
금일은 26日날 모내기 할 자리게 논을 장만을 하면서 두룸을 같이 할려니 마음까지 급피며 정신이 없는 작업을 하여따고 본다.

〈1992년 5월 23일 토요일 낡씨 맑음〉
서양바실래 비료 헌치고 장스리로 26日날 모내기 할 자리는 안전이 끝을 냇쓰며 그리고 재봉씨가 단답으로 이것도 갈린 논을 어더서 처음 농사을 짓는데 좀 해달라고 사정을 하여 자신도 피료가 싸여서 남의 일을 할 수가 업는데 사정을 하는 바람에 쓰레질을 하여 주어쓰며 자신은 남들 해달라 하며 거절을 못 하는 성격이이라 늘 바푼 사람이 돼고 잇다.
"남들은 여과차기로 돈은 다 번다고 이야기을 하고 잇지만 자신은 해장으로도 노타리 작업을 하며 부탁을 하는 사람의 일에 지장은 주지 않는 성격이다."

〈1992년 5월 24일 일요일 낡씨 맑음〉
금일은 일요일이라서 우리 운이을 돼리고 가서 모판을 띠어서 26日을 낡 심을 자리에 같다 나야지 하고 생각을 하고 잇쓰는데 오늘 아치멩 운아 일 좀 돠와달라고 하니 배 아푸다고 하여서 대리고 가지 못 하고 혜지가 도와줄라고 하는데 그만두라고 이야기을 하여쓰며 모판을 떠서 논자리에 같다 놀라니 힘드 들고 혼자는 일이 안 돼며 성질만 날려고 하는 것을 참는데도 힘이 들어쓰며 나중에는 재봉씨가 재철네 일 거들어 줄라고 나와서 재철네는 일이요일이라서 사람이 마느니 내 일좀 도와 달라고 하여쓰며 자신도 일이 을마 안 돼며 자신이 노타리을 할 것이 잇고 재근가 내일 쓰레질 한다고 오늘 노타리을 하여 달라고 하여서 마음이 그리 바푸요 자신도 노라티 일만 아니면 시간 여유가 잇는데 재건 노타리 일 때문에 자신 바푸다면서 그들어 달라고 하니 나중에 재봉씨가 그들어 주어서 자신의 개핵대로 다 할 수가 잇쓰다.
수입에 … 트랙터 노타리 값 120,000원

〈1992년 5월 25일 월요일 낡씨 비〉
금일은 종일동안 트랙터 노타리을 하여쓰며 노타리 일이 차에서 타고 하는 일도 힘더는지 피료가 너무 싸이는 너킴이 들며 저녁으로는 죽는 소리을 하고 잇는 실정이다.
그리고 자신의 일도 마는 편인돼 여과치기로 남의 돈을 벌라고 더니 정신적인 고충과 육체적인 고충이 크다고 생각을 한다.

<1992년 5월 26일 화요일 낡씨 비>

금일은 모내기 하는 낡이며 아침에 일어나서는 하늘이 해맑아쓰며 어재 낡씨가 험살굿은 낡씨가 오늘 아침에 맑아서 기분좋게 모내기 할 준비을 갇추어서 들로 낫쓰서며 낡씨가 오후 3시까지만도 낡씨가 좋아는데 그 이후는 먹구룸이 몰려들며 바람이 아주 세찬 바람이 몰라쳐며 그기다 천동까지 쳐면서 소낙이가 오는데 앞이 안 보이서 모내기을 할 수가 업스며 우장까지 입어는데 옷은 다 바리고 추어서 어떠게 할 수가 업스며 추어서 견디기가 힘이 들어쓰며 우리 혜지도 물에 빠진 것처름 푹 쳐저 잇는 모섭을 보니 한편으로는 우섭고 한편으로는 우리 혜지 감기 들까바 극정이 앞쓰는 구나. 그리고 이 낡씨만 험살굿전 일만 안 해더라면 오늘 일은 별 무리 업시 할 일을 세찬 소낙비 모라치는 바람 때문에 오늘 일은 아주 힘들어따고 보며 그리고 머둘리는 작업은 결국 한단지 정도는 남겨놋고 말랏다.

"오늘은 자신푼 아니라 머들이는 사람 할 것 업시 다들 큰 고충이여따고 생각을 하고 십다."

<1992년 5월 27일 수요일 낡씨 맑음>

오늘은 어재 모내기 한 자리에 한단지 머더리지[64] 못 한 곳에 집사람과 둘리서 머들이고 말라쓰며 집사람을 막켜두어쓰며 종일도 더 걸일 줄 모른다. 외냐하면 집사람은 무선 일이던지 너무 안전무결하게 하는 사람이라서 시간이 소요됀다. 이것을 다만 자신이 집사람 고충을 들어주게 이해서 오늘 일은 대충이다. 아빠만 따라하라고 하면서 당부을 하고 사실 길 엽패는 남들이 보기 때문에 너무 대충을 할 수가 업쓰며 안쪽으로 대충하고 마랏다. 집사람은 한번 가는데 자신은 4번은 아따같다 해쓰니 이것은 정말 대충 하여따고 보며 자신 매일하는 소리가 요보는 너무 안결무결 할려고 들며 집사람 죽는다면서 당부하는 말이며 자신은 우리 부부에깨는 너무나 만은 작업량이라서 대충하지 않으며 다들 할 수 업는 일이키 때문에 자신에깨 막키고 집사람은 편하돼로 하라고 당부을 하고 잇다. 오늘 일도 집사람 막켜두며 허리 아푸다고 하면서 종일해야 다 할동말똥인돼 수라게 금세 다 하니 좋지하고 무르니 웃더라.

"그리고 오후에는 트랙터 노타리을 바진다고 아무도 안해 줄라고 하는 논을 자신도 빠지는 알면서도 부탁을 하는데 그절을 몿해서 대답을 하면서 어쩔 수 업수. 오늘 오후는 노타리을 하로가면서 집사람 보고 트랙터 빠지로 간다면서 집을 낮쓰며 논자리에 가서 안 빠지는돼부터 다들 하여놋고 빠지는 조금식 들어갇쓰며 자신은 요정도 하고 마랐쓰며 하는돼 논주인은 조금이라도 더 할려고 자꾸만 대리고 들어가는 것이며 자신도 결국은 바지고 마라쓰며 이것을 어떠게 하나하고 생각을 하여쓰며 이 바푼도 트랙터을 대리고 오는 일이 보통 일이 아니다. 외냐하며 마음속으로는 장사속이라서 좋지는 안키 때문에 마음이 허락이 안 대고 잇쓰며 그래서 한번 시도을 하여 보고 결정을 할 욕심으로 빠진 상태에서 노타리을쳐면서 나오니 조금식 나오는데 그 기분이야 말로 좋드라. 그래서 트랙터 뒤로 가서 노

64) 머들이다. 모가 심겨지지 않은 곳을 사람이 손으로 작업하는 일.

타리을 하는 식으로 대충 하여 주고는 결국은 갱이로 쬬아야지 하면서 조금 더 갱이로 해야 하겟소 하면서 그만 작업을 마치고 마랏다."
"논주인은 다들 바진다고 다들 안 해 줄라고 하는데 정말 고맙다고 인사을 들어쓰며 그리고 올해 밭만들은 곳에 콩 갈려고 트랙터 노타리을 하여 주어쓰며 내일 콩씨을 갈라쓰며 하는데 내일은 혁회씨 논 쓰레질을 하여 주로 가기 때문에 콩씨 못 가는 것이 아쉬운 일이 돼는구나."
수입에 트랙터 노타리값 20,000원

〈1992년 5월 28일 목요일 낡씨 맑음〉
오전에는 윤혁회씨 경운기로 쓰레질을 하여 주어쓰며 이것도 트랙터로 논갈리을 하여 주어키 때문에 할 수 업시 일을 한 셈이다. 논 5마지기는 비료을 헌치가면서도 동쓰리 장쓰리질을 다 할 수가 잇떠구나. 오늘 쓰레질은 오전에 마칠 수가 잇쓰다.
오후에는 동장 노타리을 하여 달라고 하여서 좀 쉬고 십픈데 단답을 모내기을 할려고 하는데 일적 노타리을 하여주고 자신의 일을 하여야 겟따는 생각으로 노타리을 하여 주고 말리 논에 김매기을 하엿다.
"요줌 낡씨는 변득이 심한 너킴이 들 뿐 아니라 오후에는 겨울 옻을준비을 하여서 들로 가야 하며 만약 준비을 뫃 하며 그날은 만이 털어야 한다. 앞푸로 온이 어떠개 변할란지는 몰라도 요줌 기온을 바서는 기온변화가 인간을 도j는 쪽으로 변화지 않코 득이 돼지 않는 쪽으로 변할 너킴이 들며 기온 때문에 인간이 살라가는데 큰 고충이 생길 것으로 내다보고 잇다."
"그리고 우리 농민들의 마음자세들이 다들 하나같이 벼농사는 여사로 알고 다들 농사을 짓어며 무엇해 심지에 이앙을 한 후에 모패기을 머더리지 않는 사람이 돼다수며 논에 물 치는 것도 여사로 알고 잇쓰며 논에 이앙기로 모내기을 한 것만도 다행이라고 생각들 하고 잇쓰며 정부에서 매상을 안 바더니 벼농사는 아주 천대을 바더며 벼농사는 우섭게 알고 잇는데 우리 농민들 정말 이을때수록 마음가짐을 바로 가지야 하는데 이미 우리 농민들은 마음은 다 변해서 바로 잡을 수 업깨 돼어 잇쓰며 정부는 선진국이라고 소리을 질어바야 농민들이 병들고 잇는데 어이하여 선진국으로 갈 수가 잇나. 농민이 병들며 나라 망하는 것은 시간 문재라고 생각을 한다."
"우리나라의 정치가 손 잘 못 돼어 가도 한참 잘못돼어 가고 잇쓰며 이 손실을 누가 책임을 진다는 말리야. 정말 피을 토할 일이라고 본다."
"이대로 간다면 십년 후에는 우리 농민은 안 대는 쪽으로만 몰리게 돼며 정부에서도 이상하게 농민들을 망하게 만들고 잇다. 외냐 우리 농민이 매상을 안 바다주니 봉답논은 앞 다투어 밭을 만들어서 과실나무을 심고 잇는데 지도소는 작과나무단지, 사과단지 하면서 지역적으로 육성을 하고 잇쓰니 더 기가 찰 노릇이다. 정부에서 육성을 하지 않아도 봉답 논들은 밭으로 전한 하는 것은 시간문재라고 보는데 정부에서 육성을 하고 잇쓰니 이것은 농민들을 더 빨리 망하게 하는 정책이라고 말을 하고 십다. 육성하는 과일이 수학을 할려며 10년이 걸리는데 10년 후에는 누가 책임을 진단 말이냐. 전국에 봉답땅은 다들 밭으로 전환해서 다들 과실이 홍수같이 쇼다저 나올 땐돼 그때는 정부에서 무선 소리을 한단 말이냐. 정부하는 짓들 기가 차 말을 하고 십찌 않타."

〈1992년 5월 29일 금요일 낡씨 비〉

금일은 제초제 철사리에 양숙이로 물을 끈올리쓰며 이것도 비가 오고 잇는데 양수기 작업을 하여쓰며 비가 올라면 푹아버리쓰며 하는데 비 오는 것이 시원찬아서 양수기 작업을 하여 노니 물이 조금 만은 너킴이 잇는데 제초제을 쳐버리고 마랐다.

"오늘로 제초제는 안전이 다 천 셈이며 봉답을 받을 하고 나니 모내기가 수란 너킴이 드는구나. 봉답이 잇떠라면 아직 모내기가 길을 못 내고 잇쓸끈데 이재는 다들 끝을 냇쓰니 마음 여유가 생긴다고 바야한다."

수입에 트랙터 노타리값 30,000원

〈1992년 5월 30일 토요일 낡씨 맑음〉

금일은 우리 운이 성적포가 배달부 편으로 집배 왔더라. 자신은 운이가 처음 학교에 들어같쓸 때는 공부을 하는 것 같더니 나중에는 역시 중학교 때 모양 공부을 하지 않아서 고등학교에 들어가도 뒤에서 맴돌며 어떠게 하나 하고 극정이 꼭 대어는데 오늘 성적표을 보니까 50명 중 29등 하여더라. 이것을 본 자신은 운이만 할려고 하며 충분이 할 수 잇따고 보는데 운이가 공부에 침이을 가지지 몾 하니 안타깞키 짝이 업꾸나. 이 아빠야말로 공부을 시키볼 생각인대 자식들이 너무나 노력을 하지 않아서 외돌비 죽을 지경이구나.

"오늘은 우리 운이 학교 같다오는데 열심히 정말 잘햇다. 우리 아빠와 열심히 하여 보자. 운아 너는 공부을 해야 편하게 살아갈 수 잇고 아빠는 일을 열심히 해야 살아갈 수가 잇딴다."

그리고 오늘은 운이와 공부을 하다가 잘라고 마음을 먹어는데 실천을 몾 햇쓰며 엔만하며 실천을 할끈대 일터에서 집배만 들어오며 그저 죽는 소리가 절로 나고 잇쓰니 운이와 공부을 같이 할 수가 잇캐나. 내가 자식 공부을 식킬라며 머리을 같이 맡대어서 공부을 하며 운이가 공부을 좀 더 할 수가 잇따고 보는데 피료가 싸여서 그른지 몸이 말을 안 덧고 잇쓰니 실천을 할 수가 업쓰니 내 마음도 타는구나.

금일은 종일동안 참깨 속음질하고 참깨에 터물약과 살충재을 살포을 하여쓰며 우선 바스는 바시내이 참깨는 스그프며 말리논 처음 참깨 농사라서 그른지 댈 것 같드라. 그리고 올해는 밭이 만아서 그른지 우리 부부가 정신이 업쓰며 서로가 잠자리에 들여 알련 소리가 저절로 나며 이러깨 무리가두록 일을 하여서 돼겟나 하는 생각이 드는구나.

〈1992년 5월 31일 일요일 낡씨 맑음〉

둘리서 말리에 힌콩씨을 갈라쓰며 이곳도 둘리서 콩씨을 심는 것 처름 더디며 둘리가 오전내 해도 참깨 사이만도 다 몾 하여쓰며 앞푸로도 종일 더 걸이야 다 할 것 같트며 오후에는 당산 새집에 밭에 질금콩이라도 갈라 볼라고 경운기 노타리을 하여쓰며 이곳은 콩을 갈라바야 죽두록 해야 콩 한말도 수학고 안대면서 김매기가 힘이 더는구나. 그래도 눈을 바서 갈라야하니 더 힘쓰는 너킴이 더는구나.

그리고 오후에는 당산에 노타리을 할려고 파짐 업시 챙기서 간다고 같는데 현장에 가서 노타리을 할려고 조립을 하여보니 노타리 기와을 가지 오지 않아서 집부로 오며 시간이 걸리고 해서 바로 저태서 운학이 집에서 빌리는데 그곳은 여자들이 화토칯기 하면서 놀고 잇는 모섭을 보니 팔짜좋은 사람들이구나. 우리 부부는 보닥빛에서 탐방울을 헐리면서 일을 해도 무엇을 할주망을 몰겟는데 이곳은 창문이라는 곳은 다 열어 재치고 화토노리을 하고 잇쓰니 정말 한가한 사람이구나. 그리고 저 사람들은 할 일이 업쓰서 편하게 안저서 화토노리을 하고 잇는가 생각을 하면서 돌아오니 역시 운학이 밭도 김매기 할 것이 솔벌정도로 마너며 김매기 밭을 보니 엄두도 안 나는데 편하게 안저서 화토노리을 하고 잇쓰니 저른 사람들은 우리들 가슴보다 다들 다르다고 너겨쓰며 또 한 사람은 친구부인돼 이 사람은 개인택시로 버는 사람의 부인라 할 것도 업따고 보지만 그래도 칠십 노인들이 밭태가서 일 한다고 날띠고 잇는데 그곳에 가서 그들어 주지는 못 할 망정 놀로 나와서 화토노리을 하고 잇는 것을 보며 미느리 대접은 별로 갯따는 생각이 들며 살찌는 넉넉하지 못한 사람들이 더 편하게 살아가는구나.

"자신은 오늘 한가한 시간을 보내고 잇는 절먼 여자들을 보고는 집사람에깨 미안감을 더 너겨본다. 우리 집사람 매일 무엇을 먼저 해야 오른 일을 하나 하고 생각을 해야 돼는 실정이며 늙 비지땀을 흙리두록 해도 끝도 업는 날을 개속한다고 보며 오늘은 자신의 머리에 편하게 안저서 화토노리을 하는 것을 자신의 머리에서 떠나지 않으며 그것을 생각을 하니 이 더운데 집사람 일하는 것을 볼 수가 업쓰서 좀 쉬어서 하자고 하면서 부인을 불어쓰며 집사람은 이미 땀에 젓저서 넌링구가 푹저저 잇쓰며 이르게 힘들게 일을 하고 잇는 반면에 편하게 안저서 시간을 보내는 사람이 잇따는 생각을 하니 집사람은 너무나 고생을 하고 잇따는 것을 생각을 하며 미안감이 오늘따라 더 하며 앞푸로 더 사랑을 하여 주어야겟쓰며 젖전 넌링구을 거더 재치서 칮가슴이 다들 나오게 하여 시원한 감을 맡보게 하여서 휴식을 하여쓰며 오늘은다들 벗스도 시원치 않을 낡씨라고 말을 하고 십다."

〈1992년 6월 1일 월요일 낡씨 맑음〉

금일은 웃뜰래 웃거름을 하여는돼 굼논은 1포 반을 하는데 두단지 논은 1포 반이 좀 못돌아 간 셈이다. 매년 거름을 만이 하여서 그른지 벼가 쓰려지곤 하는데 금년에는 조금식 적개 할까 하는 생각도 들어가는구나. 오후에는 당산 작과밭에 약철물을 준비을 하여서 약살포을 하여쓰며 요번에는 50말을 하니까 푹쳐게더라. 그리고 금년에는 약철물을 한번도 못 받아쓰며 그전에는 비물로 약물을 충당을 하여 와는데 이것을 보며 가뭄이 심해따고 생각을 한다

금년에는 초기에 강우량이 업는 것을 보며 나중에 쓸 때 업는 비료 인하여 농작물을 피해을 줄라고 비을 바랄 때는 비가 오지 않코 잇는 것이 아닌가 하고 미리 마음의 부란이 따린다.

〈1992년 6월 2일 화요일 낡씨 맑음〉

금일은 당산 작과나무에 약살포 할 약을 아포조합에 가서 살충재와 탄저병[65]약, 떠물약 3가지 약을 90말량을 43,600원 주고 사와서 당산에 약철물을 준비을 하여서 약

살포을 하니 마음과 육체적으로도 불편하다고 말을 하고 십프며 무선 일이든지 너젓한 자세로 해야 마음과 육체적으로 다들 편하다고 생각을 한다.

"그리고 오늘부터 우리 혜지가 학원에 가서 공부을 할려고 해서 수강료가 달 70,000 오늘 학원에 간다고 80,000 주어쓰며 돈은 들어도 이번에는 들어가야 하는데 하는 안타가운 마음 밖에 업꾸나."

지출에 … 자두나무에 약갑 43,600원 차비 400원 혜지 수강료 80,000원 계 124,000원

〈1992년 6월 3일 수요일 낡씨 맑음〉

오늘 오전에는 앞밭태 작과나무와 말리 사과나무에 약살포을 하고 말리 사과나무에는 우선에는 12말량만 잇쓰며 약살포을 할 수가 잇다.

오후에 논에 웃거름 할려고 경운기에 거름을 실고 들로 같더니 논들이 다들 말라서 거름할 자리가 두 곶 말고는 다들 물이 모자라서 8마지기 거름만 헌치고 나머지는 물을 돼어서 거름 할려고 그냥 가지고 들어왔다.

오늘 저녁에는 밤을 세어스라도 15마지기는 물을 돼어야지 내일 거름을 할 수가 잇는데 하고 극정이 탁 돼더라. 외냐하며 들판에는 논들이 다들 말라저 잇고 가뭄 때문에 물은 업쓰며 그른 중에도 스로들 물 될 사람이라서 쉽게 물을 될 수가 잇쓸까 하는 극정이 돼더라. 너전 저녁을 먹고 물을 돼기 위해서 들로 가니 동생 친구가 이미 물을 될라고 준비을 하여 놓아떠라. 자신은 모른치 하면서 자신의 논이 위에 잇키 때문에 매기을 혖고 마랒다. 이래하지 않으며 내일 일이 차질이 오기 때문에 자신이 먼저 물을 돼게 돼어쓰며 동생 친구가 형님 때문에 물 됀다고 말을 하며 밤잠까지 못 잔다고 부정거리서 밤 10시경에 술집으로 돼리고 와서 입을 막고 마랐다. 술집에서 뛰어놓고 자신은 들로 같떠니 조금 돼니까 또 나와드라. 그래서 자네가 잇쓰며 부담됀다면서 가라고 하니 이재는 밤은 다 쓸친 것이고 물을 돼고 간다면서 밤 2시까지 물을 돼고 들어같다. 자신은 그래도 내일 거름 헌칠 곶이 한군돼 더 남아 잇쓰며 이곶을 돼어야 개핵돼로 물을 돼게 돼며 물을 떳대로 다들 돼고 보니 내일 양수기 작업을 할 자리에 물을 돼며 자신이 그만춤 수라게 돼는 것이 아닌가 하고 생각이 머리에 떠올라서 양수기 작업을 할려고 하는 필지는 3필지며 10마지기다. 이곶운 밤 3시경부터 물이 들어 같쓰며 자신은 밤을 띤분으로 세와쓰며 이것도 시간이 모자라서 4마지기는 초벌을 재발돌린 셈이다. 자신은 밤을 세우면서 25마지기을 다 됀 셈이며 개핵보다 10마지기 더 물을 댄 셈이다.

〈1992년 6월 4일 목요일 낡씨 맑음〉

어재 저녁을 던눈으로 세우고 오늘 아침밥을 먹고 숫갈 노어면서 요소비료 3단지 헌칠 량을 실고서 어재 저녁에 물을 대어서 두룸에 구멍이나 나지 완아나하고 성급이 가보니 한 곶은 두룸에 구멍이 나서 물이

65) 탄저병은 통상 작물, 야채, 화초, 과수, 수목 등 유용식물의 잎, 가지, 과실, 종자 등에 발생하는 병으로 잎과 과실 등에 병반을 만들며 후에 병반에 점질물이 생성된다.

다들 빠지고 초벌 밖에 업쓰서 저녁에 물 돼어는 돼하고 속이 상하기 짝이 업더라. 다른 곳은 다들 아무일 업는돼 해필 물 돼기 재일 어리운 돼가 물이 다들 빠지쓰니 그 말로 속상하기 짝이 업드라. 다들 한밖기 돌아보고 거름을 헌치는데 힘들며 땀이 그저 줄줄 흙리며 농사 만이 짓따가는 사람 죽개꾸나 하는 생각이 절로 나며 3단지 거름을 헌치고 나니 오전 11시가 돼드라. 그길로 바로 와서 잠을 자고 마랐다.
오늘 일은 자신의 육체을 아주 망가떠린 일을 하여따고 생각을 하며 자신이 너무리하게 하여다고 생각을 하고 십프며 앞푸로 이른 일은 해도 안돼고 이쓰도 안 댄다고 본다.
오늘로서 19日, 20日 모내기 한 곳은 다들 웃거름을 다들 거름을 다 하고 마랐다.
"오늘 일은 허정거리면서 거름을 다들 하여따고 말을 하고 십다."

〈1992년 6월 5일 금요일 낡씨 맑음〉
당산 밭에 양살구 심은 곳에 간작물로 힌콩씨을 갈라는데 남들은 생땅에는 힌콩이 안 댄다고 이야기을 하는데 자신은 이재와서 다른 작물로 맡당치 않코 우실에 집사람이 수란 작물을 선택을 한 것이다. 올해는 밭을 6마지기 만들어서 그른지 자신이나 집사람이나 둘리다 일을 해도 해도 끝이 업고 잠쉬 실 시간이 업쓰니 의이 사람이 안 지칠 수가 잇쓰며 자신은 그른대로 참아갈 수가 잇따고 보는데 집사람은 참아갈 수가 업따고 자신은 보니 집사람 일하는 것이 마음이 쓰이며 그래도 아무 말 업시 오희려 남편 지칠까바 극정하는 집사람 정말 고맏고 언재라도 뒤에서 꼭 키안주고 십픈 심정이다. 우리는 둘리서 절거움 아니며 벌서 지쳐서 해어 날 수가 업쓰따고 본다.
오늘 저녁에도 화발치[66] 논 서양바실 논과 봉희 논 6마지기, 4마지기, 열마지 논 물을 돼는데 밤을 세운 셈이다. 밤 3시가 돼니 기력이라곤 다들 빠저서 걸어다니는데 허정허정하는 너킴이며 만대로 나릴 수가 업두록 지쳐잇쓰니 모든 것이 깃찬아저며 물바서는 조금이라도 더 돼쓰며 해도 몸이 말을 덧찌 않아서 그만 물을 끈고 마랐다. 이른 고생은 비가 한번 쇼다저며 다들 희결을 시킬 수가 잇는데 가뭄이 개속대고 잇쓰니 화발치 논들은 주간에는 물무경을 못 하고 밤을 지세우야 돼니 이른 고통은 뼈을 깍는 고통이라고 생각을 한다.

〈1992년 6월 6일 토요일 낡씨 흐림〉
밤 쇄어서 물을 남의 논으로 대키 때문에 남의 논물이 만이나 빠지지나 완아나하고 성급이 오토바이로 가다 자신의 실수로 넘어저서 아무른 사고 업쓰서 다행이지만 오늘은 마른 땅에서 넘어가며 해렵잔개[아주 쉽게] 상처을 입을 수가 잇쓰는데 손발닥에 돌만 배키는 정도로 끝이 낮쓰니 자신이 생각을 해도 큰 다행이라고 생각을 한다. 사람은 급파며 사고가 나기 쉽어니 원재나 마음 차갑게 행동을 하는 습성을 길여야 한다고 생각을 한다.
"오늘은 당산밭에 힌콩씨 갈란 곳에 지섬안나구로 랴소 약을 살포을 하고 앞밭에 재초재 크라목손 약을 15말 타서 약을 살포

66) 아래 수준이라는 뜻. 하발치 또는 하바리라고도 쓰임.

을 하니 충분하드라. 그리고 당산 작과밭에는 20말량을 타니까 충분하드라. 당산밭에는 재초재 약을 살포을 하는데 어재 저녁에 잠을 못 자서 그른지 일에 지루한 감이 들어 집사람에깨 약을 살포을 하라고 하여서 자신은 쉬면서 집사람 하는 것을 보며 약 쳐는 것도 넘어나 야물개 쳐서 약량이 부족이 될까바도 극정돼고 한편으로는 집사람을 이른 일까지 시키며 돼겟나 하는 생각에 자신이 일어나서 일을 하개 돼며 이것도 셋 번이나 돼풀이 돼어쓰니 자신의 몸이 지치기는 만이 지쳐 잇쓰나바."

요줌은 일을 하고 십프서 하는 것이 아니라 억찌로 한다고 말을 하고 십꾸나.

지출에 제초제값 38,500원

〈1992년 6월 7일 일요일 낡씨 비〉

우리 농민들은 비가 폭아주어쓰며 하는 바람인돼 비는 의어 그쳐름 오기 실은가. 비라곤 간질나게 내리고는 어잰 바람만 모라친단 말이냐. 가뭄이 심해서 밭작물은 이미 곡식이 줄어더는지 오래며 우리 농민들을 낡씨마저 갈세을 한다며 우리는 어떠게 하라고 분통 떠지는 날만 더 해저는구나.

"오늘로서 벼논에 일차 거름은 다들하여쓰며 이재는 거름하는 일도 수라지 않꾸나. 자신이 생각을 하여도 농사일 만이 하여서 덕이 돼는 일은 업따고 본다."

"자신은 농사일은 앞푸로 5年만 더하고 농사일은 줄아서 밭에 일만 할 작정이다. 건강을 유지을 할려면 농사일을 줄아야 한다고 생각을 하며 자신도 이 세상에 태어나서 시간여유을 가지고 한번 살라야지 인간의 삶매 바람이 잇찌 않캐나."

"사람이란 자식에깨 넘어 거름이 만이 돼어서는 자식의 삶매 길을 막는 것이나 다름이 업쓸뿐 아니라 자식은 온실에 식물처름 길여서는 좋은 것이 아니라고 생각을 한다."

수입에 … 트랙터 값 102,000원

〈1992년 6월 8일 월요일 낡씨 맑음〉

기상대는 요줌 곳에 따라 비 온다고 예보는 하지만 비는 오지 않코 피료업는 바람만 부려재키며 바람 때문에 가뭄은 더 심하고 예타게 기다리는 비는 외 오지 않을까. 우리 부부가 비지땁을 흙리면서 콩갈라 논 것이 가뭄 때문에 콩씨가 싹이 못 떠고 잇쓰니 사람의 마음이 타며 사람으로서 참아내기가 힘 더는 나날을 보내고 잇다. 이것들을 해결할 것은 단비가 폭아서 돼지을 적싸준다면 곡식뿐 아니라 인간의 마음에 물을 주은 것 같다고 생각을 한다.

"오늘은 두리서 콩밭 김매기와 마늘밭 김매기을 하여쓰며 이재부터는 모내기 한다고 못 한 김매기을 차곡차곡 하는 중이며 이재는 오늘로서 참깨 속음질도 오늘로 안전이 하여쓰며 이재는 참깨 농사는 약살포만 하는 것으로 남아잇다."

"금년 낡씨가 수라게 지나갈 것이라 생각을 조금도 주지 않은 낡씨을 하고 잇쓰며 자신의 생각으로도 큰 고비을 줄 것만 같떠며 이러다가는 가뭄으로 다 죽이고 나중에는 다들 피해을 주지 않을까 하는 극정도 더는구나."

〈1992년 6월 9일 화요일 낡씨 흐림〉

오전에는 물 막아 넌는 작업을 하여는데 이재는 냇물이 맑아서 보꾼이 목이 말을 때는 그 물을 먹기도 하여는데 이재는 보물이 안전이 오염이 돼어서 아전 똥물이라고 말을 하고 십다. 이대로 10년 후는 안전이 물행세는 끝이 날 것 같터며 대지에 물이 업따며 만물이 맬종은 시간문재라고 생각을 한다.
"오후에는 말은 논 자리부터 물 돼는 작업을 하엿다. 물 돼는 작업을 비만 한번 온다면 안해도 뙐 일을 연속 대푸리하고 잇쓰니 농민들이 엽도라 볼 결 업이 바푼 나낡을 보내고 잇다."
"요줌 낡씨가 외돌다. 외냐하면 농민들은 비을 목 마르게 기다리고 잇는 실정이며 다들 하늘만 바라보고 잇따고 해도 가연이 아닌돼 비는 오지 않코 잇쓰니 가슴 아푼 일이다."

〈1992년 6월 10일 수요일 낡씨 흐림〉
금일은 논짜리 마다 물이 말라서 논물돼는대 생각보다 물을 적개 댄 셈이다. 물 댈라고 분주하게 뛰어다니찌만 을마 돼지 못 하고 분주한 하로을 보내따고 생각을 한다.
"그리고 오늘로서 참깨 약을 2차로 살포을 하여쓰며 바시내이는 물량을 15말타쳐니까 충분하다. 그리고 말리는 참깨약을 6말량을 하니까 충분하드라."

〈1992년 6월 11일 목요일 낡씨 맑음〉
비만 한줄기 내리며 우리 농민 얼굴에 주름이 다 필건돼 그처름 기다리는 비는 오지 않코 실어하는 바람만 모질게 분단 말이냐. 이 낡씨가 용심 부리는 것 처름 우리 농민 실따는 것만 계속 준단 말인가. 우리 농민들 가슴 아파하는 심정을 알라준다면 벌서 비가 왔쓰야 하는데 혜도 혜도 넘어들 하고 잇다.
"우리 부부 콩씨 갈란 것이 모진 바람 가뭄때문에 콩씨가 땅 위에 올라오지 뫃 하고 잇스니 그 예따는[에 타는] 마음이나 말로 다 할 수 잇단 말이냐. 인간이 할 수 업는 일을 하늘이 하고 잇꾸나. 이재는 김천 시민들이 식수난을 격고 잇따는 것을 하늘은 알고 잇는지 이 목마른 땅에서 비을 기다리고 잇노라. 이 한을 풀어달라고 예원을 하고 잇다.
"우리 집사람은 비 한방울 내리주지 않아서 땅이 메말라 돌아가는데 하늘너을 믿고 비을 내리줄 것이다 하고 마른 땅에 비지땀을 흙리며 땅 쬬아서 콩씨을 한알 두알 씨을 푸리고 잇노라. 만약 하늘 니가 비을 내리주지 않는다며 땅 속에 콩씨는 그때로 죽고 만다. 이것 생각을 하여 쓰라도 비을 내리주어 쓰며 하는 심정이다."
"하늘아, 하늘아 니가 비을 내리주지 않아서 콩씨가 땅 속에서 다들 죽어가도 아깝지 아너리만 내 부인 모닥 빛에외 너을 밎고 비지땀을 흙리면서 고생한 것이 아갑노라."
금일 오후에는 우리 운이가 둘리서 육모상자을 묵어서 정리하는 것으로 오후 시간을 보내고 마라쓰며 우리 운이 그들지 않아떠라면 저녁 땅거미가 지두록 할 뿐 하여꾸나.
지출에 운이과자 1,000 전화요금 5,440원
계 6,440원

〈1992년 6월 12일 금요일 낡씨 맑음〉
기상대의 말대로 곳에 따라 소낙이가 온다는 말을 기다리떠니 비는 오지 않코 맑은 빛살만 내리쨰이고 잇쓰니 그 심정이 어이 좋아쓰리까. 나 자신은 매일 비을 기다리고 잇는데비는 오지 않으니 마음이 우중쩡한 기분이라고 말을 할까. 어이 이 마음을 몰라주고 잇는 낡씨가 원망스렵꾸나.

"오전에는 집사람과 밀리 논에 콩씨을 갈라쓰며 이 가뭄에 콩씨가 난다는 보장도 업는데 콩씨을 갈라쓰며 만약에 수일내로 비가 오지 않는다며 수고는 뒤로 가고 콩씨도 다들 버리는 격이 돼고 마니 어리석은 짓을 요줌은 우리 부부가 매일하고 잇다."
"오후에는 채소밭을 한밖이 돌아서 모낸 들판을 돌아보니 모때들이 숙숙 자리지 못 하고 봊때마다 똑같떠니 사랑스러운 감이 업꾸나. 오늘 오후는 처음 논에 도사리을 주어보앗다. 작년에만 해도 논자리마다 도사리을 줏고 잇쓸끈대 한 해에 농토을 천대을 하고 잇쓰니 우리 농토가 앞푸로 극정이 돼고 잇다."
지출에 휘발유 1말, 라면 1팍스, 국수
10묵끔 (라쑈) 입제약
계 15,370원

〈1992년 6월 13일 토요일 낢씨 비〉
금일은 세벽에 잠길에 돌리는 소리가 비망울 소리가 귀전에 들길래 귀을 기울려서 들어보니 비소리가 틀림이 업더라. 그래서 여보, 여보 비 온다면서 집사람을 깨와쓰며 그때가 세벽 3시30분이며 비소리가 님소리보다 더 방갑드라. 이 비가 일일만 더 빠릴왓따며 밭작물래 피해업시 다들 해결 다 대어쓸건대 이재는 밭곡석은 다들 피해을 다 주고 이재와서 비가 온다 말이나 하고 혼자만 중을거리고는 하여다.
"비 온다고 나가서 설거지을 하고 나니 비방울 머추고 말며 이 낢씨가 비가 올덧올덧하면서 내리지 않느니 예타기 그지 업스며 오늘 하로에도 두차래 비가 내리더니 그만 원재 비가 왔는 식으로 빛이 나바리니 농민의 가슴만 아푸게 하고 잇다. 이재는 나 자신도 비을 기다리다 지친 몸이라 비야 올마오든지 만대로 해라 하는 식으로 배가 나오는 판이다."
"경화내 형님 칠순 생신이 정식 오늘이라고 하여서 오늘 아침을 집안키리만 아침밥을 나누어 먹어다."
그리고 오늘 오전과 오후에는 도살리 줏는 일을 하여쓰며 자신이 논에 일을 하니까 근수가 소덕 업는 일을 모하는데 하느냐면서 자두밭에 가서 일을 하며 돈이 돼는데 하고 말을 하드라. 그말은 맡는 말이다. 자신도 자두가 작년 깐춤이나 달라쓰며 자두밭을 수십번 들일 껏인돼 올해는 자두밭을 아주 안 간다고 말을 하고 십다. 자두밭도 좀 과일이 달려 잇쓰야 손길을 주고 십지 아무것도 과일이 업는데 손길이 가지 않는구나. 그래도 개산적으로는 작과일을 손질을 하며 하는 만춤은 득이 오는데 벼논에는 아무 소득이 업는 일을 하고 잇따고 바야한다. 다들거래서 그른지 벼논에는 그 들판에 한두사람 밖에 업쓰며 다들 작과밭에서 일을 하는지 다들 벼농사는 천대을 해서 그른지 감을 잡을 수가 업꾸나.
"우리 마을래서 처음 건답직파 재배라고 6집이 처음 시작을 하는데 3명은 성공이라고 보지만 3명은 안전 실패라고 생각을 한다. 우리 농민들 바서는 건답직파가 성공을 해야 우리 농민이 수라게 벼농사을 짓을 수가 잇는데 현재바서는 건답직파을 해야 하게따는 생각이 조금도 업쓰며 이것은 실패작이라고 말을 하고 십다. 그리고 우리 마을은 건답직파 재배 단단지가 반절은 못 댄다고 말을 하고 십프며 건답직파 농사을 짓을라면 다시 객토을 복색이 땅으로 해야 건답직파을 할 수 잇따고 보고 잇다."

"그리고 올래는 기온이 차거어서 별할작이 잘 대지 않코 잇따고 보며 들판에 벼들이 탐쓰려운 벼가 별료 업다고 보며 올래 낡씨는 벼논에 아주 불량한 낡씨라고 말을 하고 십다."

〈1992년 6월 14일 일요일 낡씨 맑음〉

금일은 집사람과 마늘 수학을 하는데 난대업시 작동 아들이라고만 알고 잇는 자가 오길로 여기을 어떠개 오는냐고 물어니까 마늘 뽑는대 그들어주로 왔찌 하면서 말투가 이상하며 마음 속으로 외감이 좋지 않으며 마음 속으로 급을 먹은 셈이다. 그르자 단배을 주길래 담배을 안 안다니까 단배을 집어너떠니 식도 칼을 내면서 내 옆패 돼면서 술 먹끄로 돈 1,000원을 달라고 해서 돈 천우너 줄 태니 칼은 너어라 하니까 칼은 너치 안코 견주어 잇는데 정신이 하나도 업쓰며 칼이 크서 재칼로 찌려며 죽갯따는 생각이 들며 달래도 고다을[그대로] 덧찌 않으며 그 시간이 어이 길며 나는 돈이 업고 집사람이 돈 잇따고 하여서 주라고 하여는데 주머니에서 천원짜리 크낸다고 들지고 잇는데 주머니 채로 다 달로 할 것 갈더니 천원을 주니까 바다너어면서 칼을 집어너떠라. 그때는 안도의 숨을 쉬면서 불안하기 짝이 업더라. 그때는 자신은 호미을 들고 잇쓰서 후리 철까 말까 하는 생각이 들며 한참 망스러저더라. 그르자 술집이 어재 잇는냐고 물어서 대신과 득계가 잇따고 하면서 따돌려 보낼라고 전 신경을 다 쓰서며 그래도 쉽계 자리을 떠지 않아서 마음의 조마함은 말을 할 수가 업쓰며 이것이 행동하는 것이 정신이 돌란 형세을 하고 잇쓰며 자신은 난생 처음 칼을 들고 돈 달라는 일을 당하여 보지 않아서 마음적으로는 큰 충격을 바다쓰며 이 미친놈은 천원을 가지고 뒤을 도라보면서 술집에 간다고 하면 가고 잇는데 자신은 뒤로 올카바 그놈 주시하고 만약 오며 도망을 갈려고 생각을 하고 잇는데 오지는 않코 살아저고 마랏다. 현장에는 우리 엽패 70대 어른이 잇쓴데 그 사람도 그저 모른체만 하고 잇쓰며 칼들은 자에깨는 이르게 다 참고 마는구나. 아무라도 칼을 들어돼며 다 필요업고 그저 목섬만 살려 달라는 말 밖에 업캐쓰며 자신도 내 나람돼로 내 몸 보호할려고 운동을 하여도 모타리 적은 아들예깨 큰소리 못 하고 당하고 마라쓰며 자신은 주먹으로 당하며 끼듬은 불안하고 그려지는 안캐는데 칼을 더리대는데 질급을 먹은 뒤라서 무선 일이 벙벙하며 일이 안대고 잇쓰며 그만 마늘만 캐고 집부로 오고 마랐다. 집배와서 신고을 할까 말까 망스리처며 저 놈을 그냥 두며 사람을 꼭 죽이고 말스라면서 저놈 신고해서 방재을 하여 주어야지 해 하면서 만약 신고을 햇따는 것을 알고 차저 와서 벌소리라도 하며 그것이 더 골치 아플 것이 아닐까 하는 생각 때문에 신고는 하지 않코 마랏다. 그것도 집사람이 우리가 안 해도 다리가 한다면서 건유을 해서 신고는 참고 마랐다.

"자신은 텔레비전에서 강도을 햇따고 하며 여사로 하는 말이 저른 놈은 원벌주며 줄어들지만 늙 범이 무르다고만 하며 불평을 하는 자신이 엿는데 오늘 자신이 당하고 보니 칼들고 돈 뺏는 놈은 다들 사형을 해야 한다는 생각이 들어가는구나."

"오후에는 벼논에 도사리을 주어면서 연신 고개을 들고 그 미친놈 오지 않는가 하고 자주 주위을 살펴 보앗다. 그리고 앞푸론 앞면이 업는 자는 피해야 하겟따는 생각을 가지본다."
"자의 앞날에는 이른 일이 업스야 하는데 정말 불안하다."

〈1992년 6월 15일 월요일 낡씨 맑음〉
오전에는 김매기을 하여쓰며 금년에는 김매기을 알드리 하지 않고 대충하는 식으로 넘어가고 잇다. 오늘 오전에 웃뜰 김매기을 하는데 논바닥에 아무것도 업쓰서 일부 다녀보고 별료 업쓰서 골고리 다니지도 않고 도로 주변만 도살리을 줏는 식으로 끝을 냇다.
"그리고 오늘 오후에는 동양대리점에서 이왕기 서류을 해 달라고 하여서 달희와 둘리서 서류을 갈추어 주너느라고 면사무소와 조합을 들리서 서류을 갈추어서 동양대리접으로 갇다주고는 불고기 대접을 받아다."
"대리점도 농기계을 한 대을 팔며 수입이 상당이 만은 것 같드라. 그르치 않으며 불고기 대접을 할 수가 업쓰며 불고기도 우리들만 가서 마음대로 먹으라는 식으로 하는 것을 볼 때에 마진이 상당이 만은 것이 사실이구나."
지출에 이왕기 서류 갖추는데 1,000원
양수기 벨트 조리게 1,750원
계 2,750원

〈1992년 6월 16일 화요일 낡씨 맑음〉
오전에는 도살리을 줏따과도 다들 도살리을 줏는 사람이 업쓰며 다들 벼논에는 간심이 업쓰며 다들 편하기만 살라고 생각을 하고 싯쓰니 우리 농민들의 마음자세부터 다들 기우려저 잊쓰니 정부에서 어떠게 수섭을 하여서 우리 농민의 자세을 잡을란지 염려돼며 정부에서는 선진국이라고 제 아무리 소리을 쳐도 우리 농민들이 바로 서지 않코는 정부가 선진국이 퇼 수 업쓸 뿐 아니라 정부에서 우리 농민들을 넘어나 천대을 오래 햇키 때문에 우리 농민들 다 쓰려절 직전이라고 자신은 말을 하고 십다.
"오후에는 벼논에 물 돼는 것으로 오후의 일과을 보내고 마랏다. 논들도 하말치 논들은 물갈 리가 힘이 들어서 농사짓키가 힘이 더는구나."
우리 운이가 공부을 할려고 의욕을 가진다고 자신의 마음이 좋아질라고 하며 운이는 이미 공부 의욕이 업스저는 너킴이 들어가니 우리 운이가 공부 의욕이 업쓰서 예돌바죽을 정도라고 말을 하고 십다.

〈1992년 6월 17일 수요일 낡씨 비〉
오전에는 서양바실 도량 수초작업 부역을 하여쓰며 이재는 공동일에 불만을 더 가지고 잇쓰며 이재는 사람들이 조금도 손에 돼는 일은 전연 안 할라고 들며 오늘은 부역 나와따가 들어가는 사람이 생기고 잇는 것을 볼 때에 공동일을 앞쓰서 일하는 사람을 고달프게 하고 잇쓰며 개인주위로 행동을 하기 때문에 행동을 치할 때는 한번 더 생각을 하여서 생활을 하는 습감을 가지야 한다.
오후에는 비 올 행세을 할 뿐 아니라 하늘을 보며 만은 량의 비가 올 것 갇더니 방울비만 내리고는 그만 하늘은 맑은 낡씨로 변화고 마는 것을 볼 때에 이 낡씨가 큰 숭년을 지울라고 들며 낡씨하는 짓을 보며 수라개 넘어갈 것 같지 않쿠나.

〈1992년 6월 18일 목요일 낡씨 맑음〉
오늘은 웃거름 2차 거름을 하여쓰며 금년에

는 일기불순으로 거른지 벼들이 약 마치며 잘라지 뫃 하고 잇쓰서 오늘 단지 당 요소거름을 반포식 돌리고 잇쓰며 웃거름 량이 1 단지에 요소거름 2포식 들어간 셈이다.
내년에는 웃거름을 쳇거름에 2포식을 하여야 자신이 좀 더 수라겟다. 외냐하면 오늘 논 자리마다 거름을 반포식을 할려고 하니 우예 힘이 들어간다고 생각을 하기 때문에 내년에는 웃거름을 한것번에 전량을 다 하여야 두벌 일이 아니댄다고 생각을 가지본다.
금일 오후에는 이화명충약, 입제약을 논에 살포을 두단지 한 셈이며 파단입제을 이와 나방을 바서는 일적다고 보지만 벼잎을 칼가먹는 벌레 때문에 오늘 살포을 하여 보앗다.

〈1992년 6월 19일 금요일 낡씨 비〉
금일은 이화명충 약, 입제 파단약을 살포을 논자리마다 하는 중이며 웃거름 요소을 2차로 한 단지에 0.5포을 하고 잇쓰며 금년 벼는 좋다는 것이 업쓰서 거름 소고리을 들게 돼는데 거름을 하면서 불안감을 가지고 조금식 조금식 하고 잇는데 나중에 벼도락이 돼지나 않을까 하고 염려 때문에 마음대로 행동을 취하지 뫃 하고 잇다.
"요줌 낡씨가 안타갑기 짝이 업다. 오늘도 하늘에는 먹구름이 몰려들어서 금새라도 쇼다질 것 같든 낡씨가 비 두방울 편지고는 언재 허리떠시 금새 맑은 낡씨을 보이고 하는데 정말 외따는 낡씨가 연속돼고 잇쓰니 농민들이 가슴을 타게 하는구나. 앞푸로 수일네로 비가 오지 않는다면 밭곡석 콩이라든지 과일 할 것 업시 다들 큰 피해가 돼리라고 생각을 하며 정말 수일네로 비가 왔쓰며 하는 심정이다."
"요줌 참깨나무에 고은 장해가 돼어서 그른지 급속도로 말라 죽고 잇쓰니 이 목마른 작물예깨 시원하게 비을 내라주셔며 만사가 해결이 돼리라고 생각을 가지본다."
수입 …복등 2짝 5,380원

〈1992년 6월 20일 토요일 낡씨 맑음〉
기상대에서는 당분간 비가 업다고 하니 우리 콩씨을 간다고 집사람이 비지땀을 흙리면서 갈란 것이 넘어나 매달라서 현재 삼분지 일은 땅위에 올라오지 뫃 하고 잇는데 콩시 버리는 것보다 집사람 땀 흙리면서 노력한 것이 더 안쓰럽쿠나. 자신은 만흔 비는 오지 않드라도 콩씨 나두록만 와 주어쓰며 하는 바람이다.
"오늘로서 벼논에 거름이 미숙한 곳을 한단지에 요소거름 반포 꼴을 전부 돌리쓰며 벼가 아주 미숙한 논은 0.7 포도 한 곳도 잇다. 올해 벼성장이 아주 나푸다고 말을 하고 십꾸나. 벼성장이 낱풀수록 사람들이 웃거름을 주기 때문에 실패율이 더 만타고 생각을 한다."
"그리고 오늘로서 임숙네 고속도로 논 한 필지는 논이 말라서 이화명충약, 입제을 살포을 뫃 햇찌만 그 나머지는 파단 입제을 전 논에 다들 살포을 하엿다. 이재는 금년 농사일을 그진 다 햇따고 하여도 가연이 아니며 우리 농민들도 이재는 생땀은 흙리지 않아도 댄다고 본다."
"집사람이 잠자리에서 허리 아푸다고 몸부림을 쳐는 것을 볼 때마다 안스려어 자신이 힘이 들며 병원에 가도 별 도움이 업고 허리가 아푸다고 할 때마다 주물어 주는 식으로 보내고 잇쓰며 자신의 만쳐주며 그 때는 풀린다고 하며 자신은 신소리로 말을 하고 잇찌만 마음 속으로는 집사람이 잠자리에서는 잠을 만돼로 자야 하는데 허리 때문에 잠을 만돼로 못 자고 잇는 부인이 안쓰려어며 자신은 늙 병원에 가라고 하지만 병원에도 가지 않코 아빠가 주물며 낮는다고 하면서 그냥 넌기고 잇쓰며 집사람이 나재 일도 넘어나 고대며 집사람은 말이 여자이지 실찌 일은 남자들보다 만이 하고 잇다. 이것을 알고 w는 자신이 노래처름 매일 사람은 편하게 일을 해야 한다 부인처름 구석구석 다들 빠지는 곳 업시 안전 무결하게 할려고 하며 부인은 죽는다면서 무끄는곳은 무끄고 대는대로 살아가야 한다고 늙 노래을 한다. 그래도 부인 성격이 야무진 사람이라 자신의 말은 다들 흙로버리고 그 일을 다 하고 잇쓰니 집사람의 몸이 배기 날 수가 잇쓰리. 부인이 하기 실어서 그냥 두어따고 하며 무선 일이라도 자신이 웃셔 주리인다."

"남의 농사을 오래하고 십프도 부인 건강바스도 조금하고 말라야 하게꾸나."

지출에 … 사다리 용접 4,000원

수입에 트랙터 노타리값 80,000원

〈1992년 6월 21일 일요일 낡씨 맑음〉

기상대는 당분간 비는 업따고 하여도 그 말은 밀지 않고 하늘만 바라보는 석관[습관]이라할까. 비가 너무나 안 온다는 원망을 하로에 수십번 하고 잇다.

그리고 우리 인간사회에서 마음이 컴은 사람만 돈을 벌게 할까 요즘 과일에 익는 약을 쳐서 좌과일이 나오는 사람들은 1짝에 70,000원식 하는 사람이 잇는가 하며 인간이 인간을 독약을 주고 잇는 사람이 돈을 더 잘 벌로 잇쓰며 우리 같이는 인간이 해렵따고 약을 사용을 못 햇쓰며 양심을 가지고 사는 사람들은 요즘 비양심으로 돈을 벌고 잇는 모섭을 보고 돈을 만이 하여따며 입만 벌어저고 잇쓰며 불버하는 실정이다. 인간사회에서 이긔뿐 아니라 비양심으로 해야 돈을 만이 벌고 양심을 지키는 사람들은 밥만 먹고 사는 세상이 돼어 잇쓰니 인간이 피을 토하고 죽을 일들이라고 생각을 한다.

요즘 세상은 비양심을 가지고 세상을 살라가는데 양심이 잇는 사람들이 비양심 쪽으로 따라가는 세상이 돼고 잇쓰며 이 세상이 크 길로 가고 잇쓰니 한심할 일들이다.

"오늘 오전에 집사람과 둘리서 벼잎 칼가먹는 벌래 약을 임숙네 고속도로 밑 논과 우리 논 두 필지만 살충재 약을 살포을 하고 말리 사과나무에 약살포을 하여쓰며 그리고 자식이 늙 농기계을 여름네 쓰서 흙투성이로 돼어 잇는 기계들을 전부 크집어 내어서 세척을 해야 하는데 하면서 시간이 업쓰서 오늘날까지 미루어 온 것을 오늘 오전에 농기계 일체와 트랙터까지 새차을 안전이 하여서 마음의 깨온함을 가지다."

"오후에는 벼논에 도살리을 줏는 것으로 오후 시간을 보내쓰며 이것도 혼자 할려니 시간이 지루해서 힘이 더는구나. 말동무라도 할려고 집사람을 돼리고 가서 할까 해도 집사람은 집사람돼로 할 일들이 마늘 뿐 아니라 집사람은 잠자리에서 일어날라고 하며 허리 아푸다고 몸부림 천느 것을 보며 논바닥에 대리고 가기가 실어며 마음적으로는 가만 안쳐두고 자신의 혼짜 무선 일이든지 다하고 십프도 그 일이 안대고 잇다."

"집사람이 일을 만이들 한다는 것을 자신이 알고 잇키 때문에 잠자리에서 일어날 때는

ㅇ무라도 힘이 업는 상태며 손도 움직이기 힘드는 시간인돼 그것을 참고 집사람 허리 아푸다며 일은 새벽에는 자신의 손이 꼭 가야 허리 통증이 풀리곤 한다. 이 일을 아침마다 하여야 하며 이 고충은 사랑이 업쓰며 이 일은 할 수 업는 일이라고 생각을 하여 본다. 자신도 사랑 때문에 매일 반복돼고 잇는일을 하여 온다고 생각을 하고 잇다."
수입에 트랙터 갈리값 25,000

〈1992년 6월 22일 월요일 낡씨 맑음〉

금일은 대석[67]에 과일 익는 약을 살포을 할려고 단산 밭에 갈더니 과일이 이미 색이 난 잎이 만아서 과일 촉진재 약을 포기을 하고 작과일부터 수학을 하여쓰며 과일을 처음 따며 한두짝 따기가 힘이 더는데 오늘은 시간이 업스서 그르치 시간만 여유가 잇쓰따면 7개는 충분이 할 수가 잇따고 보는데 오전 10시경에 상원 차가 원예조합에 간다고 해서 그 시간 맡춘다고 해서 5짝만 수학을 한 셈이다.
올해는 가뭄이 심해서 과일들이 아주 잘며 우리 밭은 가뭄이 둘타는데도 과일이 행편이 업는데 가뭄이 심한 곳은 과일이 아주 허무할 정도라고 본다. 그리고 올해는 과일이 숭년이라곤 하지만 과일이 잘아서 돈을 만이 하기는 틀리따고 생각을 한다.
오늘은 생각지 않는 일을 하여다. 상자을 자두밭에 과일 따며 쓸라고 다들 작년 량보다 적개 같다 논는 작업을 하여쓰며 금년에는 자두수학을 당산에 140개, 앞밭에 120개을 분배을 하여 낮는데 이것도 수학이 안대지 십푸구나.
금년에 상자 준비을 400개 준비을 하여는데 과일수학은 반만 보고 잇쓰니 수입도 작년만이라며 자신으로서는 돈의 손실이 크다고 생각을 한다.
"자신은 작과일을 처음 출하하며 좋은 가격을 맡다와는데 올해는 가뭄 땃스로 첫 출한 것이 돈이 적개 나와서 기분은 상캐하지는 못 하구나."
수입 대석 5짝 78,550원

〈1992년 6월 23일 화요일 낡씨 맑음〉

금일은 오전까지 작과일을 따니 더 딸 것이 업쓰며 오늘도 5짝을 수학을 하니 할 것이 업쓰서 그만 과일따는 것을 맡치고 마랏다.
"그리고 덕삼이 형이 서울에서 작곡[작고]을 하여서 오늘 오전 10시경에 영구차로 고향으로 와서 배재산에 안장을 한다기에 그들어 줄라고 갈든이 이미 사람들이 만이 들 와서 일을 하고 잇더라. 그래서 조근 미안떠라. 덕삼이 형이 우리 마을에서 잘 알 때는 신체 좋아쓰며 사람이 억신 사람여는데 사람의 운명은 알 수가 업꾸나. 53살을 살고 죽다니 인간의 생각은 파리 목숨이나 다름이 업따고 생각을 하고 십꾸나."
지출에 조합이자값 195,000원 참두유 3,500원
계 198,500원

〈1992년 6월 24일 수요일 낡씨 맑음〉

오전에 당산에 자두을 따고 정심 먹으로 오니 윤광열 집 짓는데 윤광열이 장인 밭 갈 담지대 나논 것이 골목으로 나오두록 지대을 센멘으로 짓어 부낫더라. 그래서 정

---

67) 자두의 일종으로 6월말에서 7월 초에 나오며 짙은 빨간색에 작은 자두이다.

석윤씨예깨 가서 담을 싸기 전에 바라야지요 앞패 모양 부속건물 짓드서 밭같으로 나오두록 담을 다 싸노니 어떠개 할 수도 업고 서로가 말로만 싸오고 정석윤씨만 절먼 여자한태 당하고 마라쓰며 이번에도 그냥 두며 또 당하니까 그서 바로 하두록 광열이 장인예깨 차저 가서 이야기을 하니 처음에는 사람이 저 땅이라면서 화을 내고 잇쓰며 상대방에서 화을 내곤 하니 우리도 따라서 성질이 나며 소로가 은성이 높파젔쓰며 자신은 을래 역기가 다른 곳보다 소니까 남의 땅 만이 달라 소리 못 하고 사인지 부록쿠 널비 하나을 들리 달라고 광열이 장인예깨 사정을 하엿다. 그러하여 광열이 장인이 둘리서 싼다고 이야기을 해서 그름 그래 알게따고 하고 오면서 자신이 쓸때업는 화을 낸 것 같다. 외냐하며 부속건물 담을 쌀 때에 담이 밭같으로 나와서 이 담이 나와쓰니 웃마사람이 다니기 불편하며 징거리며 스로가 불편하니 웃마사람과 상이해서 담을 싸라고 하니 집 짓는 사장이 남의 집을 짓어니 배가 아푸야 외도 때같이 말을 한다고 말을 해서 자신이 야이 새키야 내가 이 집 짓는데 배가 외 아빠 내가 이 집 짓는대 무엇 때문에 배가 아파 하면서 성질이 나서 칠라고 하다 은성만 높피고 말라서 그 말이 머리에 스쳐가서 사장 이야기을 하면서 절먼 놈이 그따이 소리을 한다면서 그자석 보기도 실타면서 내가 이 집 짓는 배가 뭇 할려고 이 배가 아파 내가 내일 죽어도 이 집 짓는 배 안 아파 하면서 한참 욕을 하고 마랐다.

그리고 오후 일을 다 하고 집배 들어오면서 담을 싼 것을 보니 우리가 요구 한 것보다 조금 더리서 담을 쌋떠라. 그래서 마음 속으로 기분이 좋드라. 그른대 집사람이 밭같에 갈다 오드니 광열이가 우리 욕을 마구하고 회사로 자전차로 가다 밤 8시에 사고 낮따고 골목에 나와 아낙네들이 이야기을 한다고 집사람이 나길에 안 거래도 열이 나와 잇는데 사고 낮따니 마음이 안 대쓰며 낮재가서 은성을 안 높이는 건대 하고 후예가 돼며 해질 오늘 사고 낮쓰니 남소리 좋아하는 여자들 오직 잘 할까 생각을 하니 귀가 따갑다. 그 충격으로 밤세두록 잠 한심 못 자고 마랐다.

"광열이는 자기 잘못은 생각을 하지 않코 잘못댄 일들은 조상 땃 한다고 따가운 시선은 자신한태 다 온다고 생각을 하니 정말 귀가 찬다."

〈1992년 6월 25일 목요일 낡씨 맑음〉

금년에는 과일도 업쓸 뿐 아니라 가뭄 때문에 나무 잎들이 갈란 상태며 실찌 과일까지 골란 상태라서 과일 수학이 적으며 한번 열매을 따니 아주 업스서 이삭줏는 상태가 대며 정말 추무하구나. 자신은 140짝은 안 나오겟나 생각을 하여는데 70짝도 어렵따고 본다. 자신은 작과일은 아주 숭년이라고 생각을 한다.

어재 광열이 일로 어재 저녁 밤잠을 자지 못 해서 오늘 과일따는데 자신의 몸을 억찌로 고누면서 과일을 따쓰며 혜지와 집사람은 조금이라도 더 딸라고 안간힘을 쓰고 잇는 것을 보고 자신도 어재 저녁에 잠을 못 자서 몸은 휘청거리지만 억찌로 억찌로 참어면서 벗티왔는데 오후 6시경에는 죽어도 못 할 것 같다서 나는 좀 쉬야겟따면서 경운기 위에서 잠을 좀 자고 마랐다.

광열집 때문에 자신의 건강피해가 아주 만

와따고 생각을 하며 요즘 인간들은 외 마음들이 늙찌 못하고 사욕들만 쨍기고 잇쓸까. 정말 생각을 할수록 한심하다.
수입 트랙터 값 70,000원

〈1992년 6월 26일 금요일 낡씨 맑음〉
과일이 넘어나 허무해서 과일값이 좋아도 마음이 좋다는 생각보다 허무하다는 너킴이 만아저며 과일을 수학을 하여도 허망한 기분밖에 업다.

〈1992년 6월 27일 토요일 낡씨 맑음〉
과일 수학을 하면서 비 한번 안 맡고 과일 수학을 하는 해는 자신 알기론 올해가 처음이라고 생각을 한다. 엔날 말이 7년을 가물어도 하로만 참아달라고 한다더니 자신이 과일 다 따두록 비을 참아주어쓰며 하는 바람이다.
그리고 요줌은 우리 혜지가 과일 따는데 도와준다고 학원 수업만 하고 일적 와서 과일 따는데 도와주고 잇쓰서 큰 보댐이 돼고 잇꾸나.
수입 트랙터값 130,000원 50,000원
계 180,000원

〈1992년 6월 28일 일요일 낡씨 맑음〉
오늘은 계산서을 밭아보니 이름 틀린다고 과일갑을 아주 허무하게 잡아낮쓰며 자신은 자신의 앞푸로 만이 가며 물건 갑이 적개 나올까바 혜지 앞부포 13짝 부친 것이 158,000원 밖에 안 대며 자신은 200,000만원 이상 본 것이 아주 허무하게 잡아서 말로만 싸와바야 별 도움이 업쓰며 말로만 음성을 높피바야 수정이 돼지 않으며 자신만 허무한 사람만 돼고 말 것 갈다서 그만 수라게 마라쓰며 자신은 이 기한 과일을 허무하게 잡아낯서 서운함을 참기가 힘이 더는구나.
"이재는 정씨와는 자신과 그래는 다 햇따고 생각을 하며 다른 곳에 가서 반값을 밭는한이 잇쓰서도 정씨와는 거래을 하지 않깨다."
"우리 농민들 불쌍하기 짝이 업다. 자신은 상회을 잡아서 직거래 하자고 매년 이야기을 하여도 사람들이 따라 주지 않으며 매년 중간 상인 잡는 줄을 알면서 조직채가 이루어저지 않으니 퀴가 찬다."
지출 작과상자 값 나머지 160,000원

〈1992년 6월 29일 월요일 낡씨 맑음〉
정씨와 거래을 끈을라고 생각을 하여는데 자신이 서운하다가 물건을 단번에 끈어며 자신이 미리 준 물건 때문에 딱 끈지 못 하고 오늘도 당산밭에서 수학한 것을 6짝 정씨을 주어다.
자신은 업는 자두을 따서 준 것을 잡아노니 그딘말 때문에 일이 손에 걸리지 않으며 그만 일에 의욕과 재미가 업쓰서 일을 하기가 실터라. 오늘은 종일동안 정씨에깨 잡핀 것만 머리에 떠오르며 자기네들도 잡아야 먹고 산다고는 하지만 하로에 가격을 차이을 너머 만이 주두록 잡어며 생산자들은 그 분통 때문에 일에 의욕이 업두록 한다는 것은 너무들 하다고 생각을 한다.
오늘로서 당산밭 자두수학을 마지막 다 하여쓰며 자두 수학이 너무 서운하구나. 자두가 업쓰도 그처름 업는지 자신 밑차 몰라쓰며 자두농사는 안전희 숭년을 만나쓰며 자신으로 바서는너무 허무해서 참기가 힘이 더는구나.

그리고 숙모님 참깨밭에 떠물이 만타면서 약좀 쳐자고 하는데 자신이 바푸다고 안 철라고 하지도 못 하고 자신이 일을 적개 하고 약을 쳐야지 서로가 좋찌 하는 생각에 혜지을 대리고 가서 참깨 약을 쳐고 마랐다.
그리고 정씨가 자신의 과일을 이름을 맡까 따고 다들 잡아떠니 오늘도 집사람 이름과 혜지 이름으로 부친 것이 삼분지 이나 대는데 오늘도 잡아서며 어떠게 하나하고 불안한 마음을 검할 수가 업쓰서며 자신은 장키을일적 차절라고 사실 노력을 만이 하엿다. 오늘은 아주 허무하게는 하지 않아도 자신의 이름으로 무친 것은 아주 잘낮고 집사람, 혜지 이름으로 부친 물건 값은 자신의 이름으로 부친 물값보다 아주 적개 나와떠라. 그래도 다들 잡아쓰며 어떠게 하나 생각을 해는데 자신으로는 천만다행이라고 생각을 하엿다.
"오늘 당산밭태 과일이 너무나 허무해서 너무 햇따는 생각이 머리에서 살라저지 않는 하로라고 말을 하고 십다."

〈1992년 6월 30일 화요일 낡씨 맑음〉
오늘로서 앞밭태도 과일을 다 딴 셈이다. 이재는 남아따고 해도 이삭 정도 남아쓰니 금년도 과일 수학은 다 하여따고 생각을 하며 과일 숭년이 이처름 허무하다는 것을 몰라쓰며 너어나 허무해서 자신의 머리 속에는 허무함이 살아저지 않코 잇꾸나.
"오늘 개산서도 정씨한태는 다들 잡아쓰며 앞푸론 중간 상인들을 거쳐서 판매하는 것은 피하는 것이 우리 생산자들은 과일 수입에 큰 도엄이 댄다고 생각을 하며 내년에는 작과일을 자신이 김천을 가는 한이 잇쓰도 정씨한태는 거리을 하지 않캐다."
수입에 … 트랙터 값 75,000원

〈1992년 7월 1일 수요일 낡씨 맑음〉
오늘 앞밭태 이삭과일을 전부 따모다보니 10짝이 돼며 앞푸로 남은 것이 5짝이나 됄련지 몰개꾸나.
금년에는 자두수학을 하면서 비 한방울 안 맡고 다들 수학을 햇따는 것이 무엇으로 표현을 해야 됄련지 알 수가 업꾸나.
"요줌은 밭곡석은 초가 바푸게 비을 기다리는데비는 오지 않고 매일 보닥빛만 죠인단 말이냐. 하늘에 비가 오지 않으니 사람이 갈정이 더 나는구나."
"앞푸로 수일 내로 비가 오지 않으며 밭작물은 50%나 감조될 것 이라고 생각을 한다."
수입 … 트랙터 값 360,000원
지출에 … 고추모 값 24,000원

〈1992년 7월 2일 목요일 낡씨 흐림〉
오전에는 외성보에서 넉둘 도량에 수초작업을 함. 요줌은 과일도 업고 해서 사람들이 시간여유가 마늘끈대 부역을 나온 사람이 넘어나 적어서 작업을 시키는대 여간 힘들 뿐 아니라 단채 일은 포기 정도로 도립[68]을 하여쓰며 인간이 살아가는데는 합동이 돼어야 살라갈 수가 잇는데 개인 주위로 돌아가니 우리 농민들은 자꾸만 구릉텅이로만 가는 이유을 몰겟다.
오전에 집사람 혼자 당산밭에서 이삭으로 딴 것이 5짝 앞밭태서 1짝을 보태서 대전

68) 거꾸로 섬.

천과조합에 부치고 마랐다.
이재는 올해 과일은 다들 수학을 한 셈이다. 앞푸로 남은 것은 동생들이나 주고 하며 사실 자두 수학은 끝을 냇따고 생각을 하며 금년 과일은 자신을 허망을 준 해라고 말을 하고 십다.
"금년에는 과일은 숭년을 주어찌만 벼농사는 풍년을 주어야 하는데 벼농사까지 숭년을 지울까바 마음이 불안한다. 우선바서는 가뭄 때문에 밭작물은 다들 타돌아가서 이재 똥비가 와도 50% 수학도 못 댄다고 생각을 한다. 그르며 남은 벼수학만 바라보고 잇는 실정인돼 낡씨가 불규칙스려서 우리 농민들의 마음을 부란하게 할 뿐 아니라 이 낡씨가 큰재을 저질 것만 같든 너킴이 들두록 하고 잇다."
"오늘도 한두차래 소낙이가 올뜻올뜻 하면서도 비가 내리지 않으니 마음의 간장을 다 태우고 잇다. 밭작물은 타돌아가는 모섭이 안타가어서 밭작물이 잇는 곳은 마음이 안타까어서 발길이 가지을 안는다. 정말 마음을 타게 하는 낡씨가 넘어나 길어서 인간의 마음을 지치게 하고 잇다."

〈1992년 7월 3일 금요일 낡씨 흐림〉
오늘은 대석을 마지따서 동생, 누님, 처형 다들 한짝식 선물을 하여쓰며 남들은 올해 과일갑이 비싸서 선물도 조금식 하고 어떤 사람은 선물도 아예 안 해따고 하는 사람 잇떠라. 사람이 조금 여유을 가지며 실찌 마음은 더 편하다.
"오늘로서 자두을 다 따서 집사람이 조금식 시간 여유가 생기계 될 것을 생각을 하니 자두을 다 딴 것이 속이 시원하구나. 집사람은 잠쉬 쉬지 못 하고 무선 일이 그리 마느며 집사람 일 마는 것이 외쳐러어 자신의 일은 마나도 집사람 일이 업쓰며 하는 심정이며 오늘도 지수씨들은 도시에서 살기 때문에 편한 생활로 살라가는데 집사람은 나외깨 시집온 후는 구슬땀을 흙리면서 살아왔쓰니 그 미안함은 말을 할 수도 업쓰며 말로 할 수 업씨 미안하며 그 고댄 생활로 살아가도 ㅂ평 한번 하지 않고 무선 일이든지 만이 할려고 들며 자신은 조금이라도 편하게 해 줄라고 예쓰고 잇는 것을 볼 때에 그 고마운을 남편으로서 다 못 하고 잇쓰서 늙 미안함을 가슴에 간직을 하고 잇다."
"오늘은 누님 집배 과일 선물로 담배와 포장류 고기을 가지고 누님 집에 들리떠니 자형이 다리 아푸다고 조금식 절고 잇쓰며 용한 침쟁이 한때는 다들 다녀바따고 하면서 별 효력을 못 받아따고 이야기을 하며 다리 아푼지는 모내기 할 때부터 그래따고 하니 시간이 조금 흙르따고 보며 이것을 본 것이 극정이 돼는구나. 아직까지는 건강에 하자가 업쓰야 하는데 염려가 만이 돼고 잇다."
지출에 … 누님 집배 과일 설물하로 가면서
담배 7,000 포장류 2,600원
계 9,600원
식용류 갋 1말에 19,000원
합계 28,600원

〈1992년 7월 4일 토요일 낡씨 흐림〉
옛어른들의 말씀이 칠년 가뭄에 하로도 파지는 날업씨 비가 온다더니 요줌 낡씨가 매일같이 먹구름이 몰려 들어서 금새라도 큰비가 쇼다질 떳 하다. 그만 비방울 두 방을 정도 내리고는 그만 말은 낡씨을 보이곤 하니 사람의 간장을 더 때우고 잇다.
"오늘은 벼논에 물 댄다고 분주하게 날띠도

겨우 두단지 밖에 회결을 못해쓰며 이것도 밤 12시까지 하여서 겨우 두단지 밖에 못 돼쓰니 물대는 시간에 바픈 일손을 다 빼앗키고 잇쓰니 가뭄 땃수로 우리 농부들이 큰 고충이 따리고 잇쓰니 머 한번만이라도 쇼다저 주어쓰며 하는 심정 밖에 업다."
"요줌은 비가 오지 않아서 낡씨의 신통으로 인간은 매일같이 빈정거리는 날로만 보내고 잇따고 말을 하고 십꾸나."
수입에 트랙터 값 130,000원

〈1992년 7월 5일 일요일 낡씨 흐림〉
오전에는 벼논에 김매기 하는 것으로 시간을 보내고 마라쓰며 그리고 올해 벼들이 웃미을 먹지 못해서 벼들의 키가 아주 적드라. 그래서 발거름을 자주하기가 실어며 벼들의 모섭이 탐스렵지 않아서 벼의 예착심이 업따고 말을 하고 십다.
"오후에는 서모사 나무들이 고사의 직전이라고 말을 하고 십프며 나무들의 시들은 모섭이 예쳐려어서 참이 물주가 업쓰서 서모사 나무에만 물 90말을 경운기로 날라서 나누어 주는데 오후 시간을 보내고 마랐다."
요줌 낡씨가 너무하다는 생각이 들며 밭작물이 햇빛에 못 익여서 타도라가는 모섭을 농민들의 마음으로는 볼 수가 업꾸나.

〈1992년 7월 6일 월요일 낡씨 맑음〉
요줌 사람들이 목이 타게 비을 기다리도 비는 오지 않고 보닥빛만 내리째이고 잇쓰니 식물 모섭이야말로 보기가 그북할 정도며 비을 기다리다 못해서 과손마다[과수원마다] 새암 피는 것이 유행이며 오늘같은 날이 연속댄다면 사과도 다들 낙화가 될 뿐 아니라 사과나무도 죽을 정도로 가뭄이 따려니 딴 작물은 볼 것도 업다. 낡씨가 너무하다는 생각밖에 업꾸나. 그리고 다른 곳은 곳에 따라서 소낙이라도 한번식 내리서 도엄이 댄다는대 이곳은 소낙이 한번 업고 불빛 더이만 드하고 잇스니 사람까지 해갈을 탄다고 말을 하고 십다.
"그리고 윤두희씨가 벼포기가 학보가 돼지 않코 남들보다 벼가 빠진다고 오늘 요소반포을 하고 잇는데 이번 거름은 벼 키만 키운다고 생각을 하고 잇는데 앞푸로 벼가 어떠게 잘라나 두고 바야하게쓰며 우리가 알기론 벼도복에 도와주는 일이라고 생각을 하는데 벼농사에 도엄을 주는지 주시을 하여야 하게꾸나."
"오늘 오전에 도량 수초작업 부역을 하는데 12명 밖에 동원이 안 대며 앞푸로 부역에 문재가 크다고 생각을 하고 잇다."
오후에는 양살구 모목에 물을 주는데 너무 너저따고 생각을 한다. 이 물을 일주일 전에 주어따면 큰 도엄 될 건돼 오늘 물을 주는데 고사할 나무가 드로 잇쓰며 이것이 겨울을 나는데 힘이 들지 않을까 염려가 돼며 실패 나무가 마느리라고 생각을 한다.
"오늘 양살구 나무에 90말을 경운기로 날라서 준 셈이다. 진작 주어쓰며 노력의 재미을 어들 수가 잇쓰따고 보는데 너무나 너저서 노력의 대까도 찾지 못 할 것으로 본다. 오늘 일은 아쉬운 일이라고 생각을 가지본다."

〈1992년 7월 7일 화요일 낡씨 맑음〉
오전에는 물 막아 넌는 작업을 하는데 옛날 같떠며 냇바닥을 김천 입구까지 퍼올리 같쓸건돼 이재는 김천 공장 패수가 나와서 외성보이구지까지 내리오고 잇쓰니 우선 벼논에 해갈을 면할 수가 잇쓰서 좋다만 나중에 일이 극정이 돼는구나. 이재는 냇물이 똥물과 다름이 업시 오염이 돼어 잇쓰서 갈수록 오염이 더 댄다고 볼 때는 벼논에도 피해가 돼리라고 생각을 가저본다.
"가뭄 때문에 모두들 날리라고 생각을 한다. 요줌은 총알 업는 전쟁을 하고 잇다. 다들 경운기에 물통을 실고 괴수나무에 물 준다고 날리며 사과나무에 과일이 가물이 들어서 낙화 직전이니 정말 심각한 일들이다."
지출에 라면 4,200원

〈1992년 7월 8일 수요일 낢씨 맑음〉

오늘은 우리 지방에 수원수가 37도 8이나 올라 갈쓰니 이것은 낢씨가 아니라 불벼락이라고 말을 하고 십꾸나. 어재까지만도 아무려치도 안튼 벼가 오늘은 벼가 참다 못해 타도라가고 잇는 모섭을 보기가 민망하기 짝이 업꾸나. 자신이 농사을 짓고는 처음 벼라는 것을 보앗쓰며 남이바도 벼가 타도라가고 잇는 모섭이 안타까운데 주인들은 정말 가슴 아푼 일들이라고 생각을 하며 저 벼들이 앞푸로 3日 더 가뭄다면 저 벼들은 다들 타도라가고 말 것을 생각을 하니 하늘도 원망스렵다.
"오전에는 사과나무와 참깨, 콩, 다들 살충재 약을 푼문기로 살포을 하여쓰며 올해 참깨 농사도 수학이 형편 업쓸 것으로 내다보고 잇다. 작물들이 웃비가 오지 않으니 ㅍㅍ치서 보기에 곡식될까 하는 의심이 갈 정도이니 수학을 바랄 수가 잇나."
"동네 아주마들은 비가 오지 않는다고 갱매구[꽹과리]을 산에 올라가서 쳐며 사람이 을마나 외가 타며 오늘같은 불빛 더이에 산에 올라가서 갱매구을 쳔단말이냐. 생각을 할수록 예돌꾸나[애닯구나]."
"세월이 흙으갈수록 모든 일이 수라게 풀리지 않코 옥 말리고 잇따고 생각이 더는구나. 우리가 부모 밑에서 일을 할 때는 낢씨들이 년중 시철이 잇쓰서 개절마다 표가 나는대 요줌은 사철이 업고 사만사온이 업스며 연중 불규칙스러운 낢씨만 보이고 잇다. 금년들어서는 기상대도 맡지 않으며 세상살이가 밑고 살라갈 수가 업꾸나. 이재는 인간의 약자을 잡아먹을 세상이 왔따고 말을 하고 십다."

〈1992년 7월 9일 목요일 낢씨 맑음〉

작과나무에 응애 약[69]과 살충재을 살포을 할려니 우에 돈을 쓰는 척쳐름 마음이 좋찌 않꾸나. 작과일을 내년에 좀 만이 딸 욕심으로 오늘 작과밭에 저눔 약살포을 하여쓰며 골래 새집배 작과나무도 약살포을 하여다. 작과나무에도 다 따고 약살포을 하여두며 좋다고 하지만 과일 업는 나무에 약살포는 재미가 업쓰서 약살포하기가 울치는 않타고 생각을 한다.
"우리 부부가 지차도 너무 만이 지친 모양이라고 생각을 한다. 외냐하며 우리 부부가 요줌은 별로 고댄 일도 하지 않코 잇는데 피료해서 두리가 못 전지는 것을 보며 말을 할 수 업두록 지친 몸이 여는가바 자신이 생각을 해도 너무 지친 몸이라고 생각을 하며 요줌은 고댄 일을 하지 않아도 힘이 들

69) 응애는 거미강 진드기목 가운데 후기문아목(Metastigmata)을 제외한 거미류의 총칭으로 응애라는 말은 본래 평안도에서 전라남도 순천에 이르는 사과 재배지대의 사과나무에 기생하는 사과응애를 뜻한다.

고 몸이 피료해서 건강에 극정이 뙬 만춤 피료하다고 말을 하고 십다."

〈1992년 7월 10일 금요일 낡씨 비〉

오늘도 불빛더이라서 두룸에 김매기을 하는데 땀이 줄줄 흙오내리서 감당을 할 수가 업쓸 뿐 아니라 땀을 감당을 할 수가 업쓰서 오전 10시까지도 몾 하고 집부로 와서 휴식을 하고 마랐다.

"오후에는 친구 삼명이 전파사을 돌아보는대 좋흔 물건들 만으니 신촌 광배가 전축을 살 마음이 잇쓰서 소리사마다 구경을 하는데 김천 소리사는 다들 돌아바쓰며 물건들이 넘어나 좋아서 자신이 사고십픈 마음이 들며 갇다 놀자리만 잇따면 전축 1,450,000원 자리 가지고 오고 십픈 마음이 소구쳐서 참기가 힘이 들어다."

"오후 너깨야 소박비가 내리는데 인간의 소리가 저절로 나오고 잇다. 이 비가 오디서 오는 비냐. 옺이 뽕당 다 저져도 만이 좀 와주어쓰며 하는 심정이다. 비가 내리고 잇스니 자신의 마음이 그리 좋으며 어딘가 모르개 힘이 생기며 오늘 기분은 자신이 생각을 해도 기분이 아주 좋아따고 생각을 한다."

지출에 약대 감는 자제값이 11,000원

〈1992년 7월 11일 토요일 낡씨 맑음〉

어재 저녁에 비올 때바서는 이재는 해갈을 면 할 수 잇따고 정말 좋아하는데 비가 그 창하게 시작만 하다 말라따고 말을 하고 십다. 우리 농민들은 비 온다고 함성까지 질여다고 보는데 그만 농민들을 큰 실망만 주고 마랐다. 정말 너무나 외돌바서 무라고 말을 할 수가 업다.

"금일은 고구마 놀자리에 이랑을 만들고 잇따가 자신의 귀가 삼일전부터 귀가 이상한 예감 때문에 만약 귀가 위상이 잇따면 큰 문재며 귀는 이상이 잇따면 건강의 부위 중 제일 중요한 곳이라서 미련을 두고 일을 할 수가 업쓰서 모든 일을 중단을 하고 병원부터 들리는 일을 하여쓰며 김천 도립병원 이비노과을 차저가니 아주 이상이 버따고 하지만 자신은 평소 때와는 다려따고 생각을 하고 잇다. 그른데 병원에서 이상이 업따고 하니 두고 바야 돼겟다."

"금일은 벼논에 물을 돼면서 만이 궁성거리다[궁시렁거리다]. 기상대는 매일 비 온다고 하지 오늘이나 내일이나 비가 올라나 기다리다가 벼논에 물 돼는 작업은 지연이 돼고 벼논에는 메말라서 땅에 검이 나서 손가락이 들어가두록 금이 낮잇쓰며 벼논을 볼수록 낡씨가 너무하다는 생각 때문에 빈잔을 하게 됀다. 이 낡씨가 빈잔을 을마나 해야 비가 올려나 재발 소원을 풀어주어쓰며 하는데 그 소원이 원재 이루어 질란치 안타가운 나날을 보내고 잇는 것이 자슴 아푼 일들이다."

지출에 진찰값 3,600원 차비값 600원
계 4,200원

〈1992년 7월 12일 일요일 낡씨 비〉

어재 저녁에 밤새두록 논에 물 돼어노니 비가 마음에 차지는 않아도 벼논에는 해갈이 돼두록 내리쓰며 이것이 기상대서 삼일간 비가 업따고 하여서 밤잠을 자지 않고 물 돼노니까 비가 쇼다저서 어재 저녁 고생한 것이 마음이 아푸구나.

우후는 고구마을 심어쓰며 이번 비로는 밭은 해갈을 면하두록 내린 비는 못 돼고 잇다. 오늘 두리서 고구마을 심는데 비가 적더라.
이재는 장마끈에 들어따니 차첨차첨 밭래도 해갈을 면할 수가 잇깨지만 우리들의 심장을 아푸게는 하여찌만 그래라도 비가 내리쓰니 천만 다행이라고 생각을 한다. 만약 이 비가 일주일만 되온다면 우리 농민은 손도 대지 못 하고 강 건너 불 보더시 타들어가는 곡석을 생각을 한다면 정말 고맡따고 해야 하지 않나.
"비의 고마음을 올해는 뼈저리게 너켜쓰며 이 고마음이냐말로 말로 표현을 다 하리까. 삼천 초목이 목말라 죽어가는 식물, 나무할 것 업시 생명을 건저주는 비. 이 비는 음청난 좋은 일을 하고 표정이 업는 비. 너 어떠게 고맡따는 인사을 해야 너의 표정을 일걸 수 잇쓰리까. 인간이 못 하는 심비스르운 너의 힘. 정말 머리을 수겨서 고맡다고 말을 하리라."

〈1992년 7월 13일 월요일 낡씨 비〉

고구마 순을 잘라서 본 답에 심어쓰며 이재 고구마을 심어서 고구마나 달련지 개니[괜히] 사람의 허수고만 하고 말련지 하는 마음 때문에 고구마을 심어도 별 깊은 마음이 업시 고구마을 심다 남은 것을 마자 심고 들깨 모종과 일부 팥을 갈라쓰며 당산 세집에 밭은 노력의 대까도 업는데 안 갈려고 해도 밭을 놀릴 수도 업쓰서 매년 씨감씨을 갈지만 소득은 업다.
오늘 비도 처음 시작은 그창하게 시작을 하여찌만 안전 해갈은 시키지 못 햇따고 생각을 하며 앞푸로 50미리는 더 와야 해갈은 면할 수가 잇따고 본다.[70]

〈1992년 7월 14일 화요일 낡씨 비〉

오전은에는 후모사[71]을 수학을 하여쓰며 후모서가 가뭄이 심햇든 것이라 과일이 잘며 십계 익지을 안코 잇드라. 둘리서 오전내 따바야 후모사 6짝 복숭 1짝 계 7짝 밖에 따지 못 햇다.
오후에는 두룸에 풀깍는 작업을 하여쓰며 그리고 농촌 지도소에서 나와서 이삭거름량과 시기을 알려주며 농촌 지도소에서 금년 처음 나와서 병충외방과 주기 교육은 농한기 교육보다 성과가 더 잇다고 생각을 가저본다. 이번 교육은 우리 농민들의 수학증산을 만이 시키는데 큰 도움을 준 교육이라고 생각을 한다.
"앞푸로 농촌지도소에서 오늘같은 주기교육을 우리 농민들에깨 하여주며 큰 도움 줄 수가 잇쓸 뿐 아니라 농촌 지도소을 따렬수가 잇따고 본다."

〈1992년 7월 15일 수요일 낡씨 비〉

말리 사과나무에 복합비료가 업쓰서 요소거름을 하여쓰며 한나무에 볼석볼석 3주먹 만식을 하여떠니 요소 1포가 조금 더 들어가드라. 이재는 장마가 끝이 난다면 그때가서 복합을 1포더 할 예정이다. 그리고 당산에 양살구나무에는 요소비료을 1포기당 손으로 두 주먹식을 하여쓰며 양살구에는 우선보기에는 실패나무가 만늘 것 같꾸나. 처음에는 양살기나무가 백플로 다들 살라서 신기함을 너켜왔는데 가뭄이 지속이 너

70) 본 내용은 일기 지면 상단에 기록되어 있다. '7.13日 (큰 개 수정식킴)' 이라고 기록하였다.
71) 후모사는 대석에 이어 나오는 7월 중순에 나오는 자두의 일종으로 포모사 혹은 후무사로 불린다.

어나 오래된 뒤라 그만 가뭄 피해가 만을 것으로 생각을 한다.
"옛어른들의 말슴에 칠년을 가뭄에 비 안 오는 날이 업따더니 요줌 낡씨가 매일 비가 오낙이로 한차례식은 내리고 잇꾸나. 이재는 가뭄은 안전이 해갈이 돼어따고 본다."
"농민들은 무엇을 해야 하는데도 할 일이 업스니 귀가 찰 일들이다. 정부에서 만이 농사을 짓어며 수입이 댄다고는 하지만 인간으로서 한계가 잇는데 농사을 짓어바야 수입은 업고 무엇을 해야 소득이 잇쓸까하고 생각을 곰들이 해야 할 것이 업스니 한심한 일들이다."

〈1992년 7월 16일 목요일 낡씨 비〉
두엄을 경운기로 실냇쓰며 자신의 소 먹이고 거름 난 것을 안전이 실어냇쓰며 촌에서 소을 먹이야 똥거름이 나오는데 이재는 소을 먹이지 않으니 수입도 업쓸 뿐 아니라 과수밭에 거룸이 들어갈 것이 업쓰서 더 아쉬운 마음이 더는구나. 우리 농촌에서는 소을 먹이야 똥거름이 들어가서 소출이 만아서 수입이 돼는데 다들 힘든다고 다들 소을 버리고 잇쓰서 우리 농토는 산성화 돼고 땅은 농민을 외면하고 잇다.
오후에는 비오는 바람에 휴식을 하고 말라다. 할 일 들은 만은데 일기로 인하여 우리 부부가 휴식을 하니 마음까지 편하며 우리 농민들의 설자리가 업다는 생각을 할 때는 일에 재미을 너키지 못하고 대는데로 살라가자하는 성이 업는 행동이 살라난다고 말을 하고 십다.
요줌 낡씨가 오후에는 한두차례 비가 오고 잇꾸나. 밭곡석 다들 접고 이재는 비가 허나게 온다는 것은 별의미도 업쓸뿐 오희려 물 날리로 우리 농민들의 땀으로 농사을 짓어논 것을 망칠가바 마음만 불안하다.
"(집사람은 서모사 수학 6짝 함.)"

〈1992년 7월 17일 금요일 낡씨 비〉
이 낡씨가 결국은 물날리을 만나게 만들고 마는구나. 오늘은 자신은 양살구 심은 밭이 물날리을 만나서 처음에는 밭태 넘치서 물이 넘쳐 들어가는 량이 만아서 어떠개 손을 쓸 수가 업쓰서 멍하니 바라만 보고 잇쓰다. 그러다가 정신을 차려서 도량에 풀 베기 작업부터 시작을 하여쓰며 제발 밭으로 넘쳐들어오는 말만 막아두고는 비가 그친 후에 할려고 엄급조치만 하여 두어쓰며 안전무결을 할려니 물이 넘어 만아서 작업을 할 수가 업더라. 그래서 비만 그치두록 기다리는 수 밖에 업다고 판단 오후에는 비가 그치드라. 그래서 도량뚝도 뜬뜬하게 삽질을 하여 두어쓰며 안전무결하게 할려면 내년 봄이 돼어야 다 할 수가 잇따고 본다.
"넉들래는 벼포기 중간까지 물이 찻쓰며 비가 더 오게 돼며 치수가 될 것 갈터며 이재는 비가 그만아야 하는 바람이다. 우리 농민들은 피해만 밭고 살라가는구나. 정부에서 불신, 낡씨한태 불신 우리 농민들은 가뭄피해, 침수피해을 년중 행사쳐름 당하고 잇는데 하나에서 10가지을 다 생각을 하여도 우리 농민 좋은 것은 업꾸나."

〈1992년 7월 18일 토요일 낡씨 흐림〉
오전에는 이삭거름용 비료을 6포와 보라차용, 슈새미, 치약을 조합에서 사오는 것으로 오전 일과을 보내고 마랐다.
"오후에는 집사람과 둘리서 무자파 무자을 하여쓰며 일부 사람들은 무지파 무자을 한 사람들이 만터라. 우리는 무지파 무지하는 것이 조금 너젓따고 생각을 한다. 오후에 가서는 김매기을 할 란네 시간이 적어서 무지파 무지을 반도 못 하고 오후 시간을 보내고 마랐다."

"우리 운이가 이번 성적포가 우편으로 집에 왔더라. 성적포에 먼저보다 9개단 올라서 기분이 좋드라. 우리 운이가 공부을 하는 것을 못바서 성적이 내릴 줄 알라는데 그래도 성적이 오르니 천만다행이며 자신의 욕심으로 바서는 조금 더 하여서 성적이 좋아저며 을마나 좋깨나 하는 욕심이며 우리 운이 공부안에서 속이 상할 때가 넘어 만타고 생각을 한다. 자식 공부는 부모가 건유로는 안 댄다고 생각을 하며 자신이 공부을 할 의욕이 생기서 공부을 해야 된다고 생각을 한다. 자식들 공부로 일적 공부을 해야 한다는 것을 캐우치는 아이는 세상살리을 편하게 살아갈 아이며 이것을 너깨 캐우치는 아이는 사회생활을 그만춤 힘들게 살아간다고 생각을 한다."

"인간이 노력을 하지 않코 인간의 생활을 편캐는 살아갈 수가 업다고 보며 인간이 노력하는 만큼 살아간다는 것이 인간의 술리라고 생각을 한다."

지출에 … 이삭거름용 6포, 보리차용 1포,
슈세미, 치약 계 75,880원

〈1992년 7월 19일 일요일 낢씨 흐림〉

금일은 아침 일적부터 스들어서 경운기로 인분을 프서 실어내는데 비지땀이 흙르서 옻은 비가 마전것쳐름 젓고 인분을 5섯 경운기 실어서 작과밭에 그냥 쇼다버리는데 나중에 힘이 업스서 오전 11시가 넘어니 다시도 할 의욕이 업쓰며 마지막 한발리만 하며 다 한다고 힘을 낼라고 해도 힘이 안 나올 뿐 지쳐서 죽깨더라. 그래서 마지막 한발리을 포기하고 마랐다. 마음적으로는 12시가 넘어도 깨운하게 인분을 다 플냇스며 했는데 육신이 말을 덧찌 않아서 마지막 한발리을 그냥 두고 마랏다. 오늘 인분은 집사람 과일 따는데 실로만 안 간다면 인분을 끝을 밭쓸란지도 모르는데 아쉬운 감이 쉽게 떠나지 않는구나. 집사람 과일 딴 것을 가질로 가니 이미 오후 1시가 돼며 오전 일과는 아주 바픈 일가라고 말을 하고 십다.

"오후에는 낢씨도 흐린돼 땀은 움직일 수가 업다 움직이며 비지땀이 흐르기 때문에 일을 할려고 들지을 못 하게 쓰며 마음으로 오후내 휴식을 할려고 마음을 가진는데 그래도 할 일들이 자옥희 싸여잇쓰서 4시 반이 돼니까 바람키가 잇는 것 같다서 어재 무지하다 남은 것을 할려고 집사람과 둘리 가서 하여쓰며 어낙 너깨야 나와서 무파을 다 하지 못 하고 조금 남겨두고 마랐다. 오늘 무지파도 조금 남겨두고 올려니 조금만 더 일적 나와떠라면 안전이 끝을 내는데 하며 아쉬움 두고 저녁 땅검이가 저는 것을 보고 집우로 오고 마라서 정말 아쉽꾸나."

"오늘로서 사실 작과일은 다 땅 셈이다. 이재는 서모사 과일, 아삭이 남아쓸 뿐 오늘 8짝으로 금년 과일은 끝이 낫따고 한다."

〈1992년 7월 20일 월요일 낢씨 맑음〉

오늘 벼이삭 거름을 하여쓰며 금년에는 지도소에서 벼이삭 거름을 해야 수학이 만이 댄다고 교육을 해서 올해는 다들 이삭거름 한다고 법석을 부린다고 말을 할까. 금년에는 교육관계가 전부 이삭거름을 한다고 하는 지도소 교육이 우리 농민을 득을 주는 것보다 손예을 만이 주는 것이 아닐까 하고 극정이 돼고 잇다. 자신도 이삭거름용 18-0-18 복합거름을 6포을 싸와서 오늘로서 이삭거름을 다 한 셈이다. 금년에 자신은 벼 이삭거름을 하는데 아주 거름키가 업는 곳은 1단지에 18-0-18 복합 한 포식을 하여쓰며 그 나머지는 1단지 0.5포을 한 셈이다. 금년에는 자신은 5섯단지는 이삭거름을 하지 않고 그 나머지는 거름을 다들 한 셈이다.

〈1992년 7월 21일 화요일 낢씨 맑음〉

오늘은 난생 처음 낢씨가 떠급따는 것을 너켜쓰며 자신은 요줌 낢씨가 푹푹찌는 낢씨라서 오전 일적 스들어서 이삭거름용 비료을 10마지 헌치고 집사람 여름배추와 린징[72]을 가는데 갈떠니 낢씨가 떠거어서 입이 다 벌어지며 이상태로 2시간만 가만이서 잇쓰며 그저 죽개따는 너킴이 들며 이시간을 본다면 오전 9시여는데 이것도 뭄개구름이 지나가면 시원하고 구름이 업쓸때는 너무 떠거어서 입이 벌어저드라.

"오늘 낢씨는 정말 급이 나는 날이며 농민들을 개로피는 낢씨라고 말을 하고 십다."

"금년에는 벼농사을 넘어 당한시 하는 것은 사실이다. 그전 갈더며 벼논에 살충재 약을 3번은 살포을 했쓸건돼 벼논에 살충재 약을 살포을 하지 않코 잇쓰며 자신도 물약을 살포을 하지 않코 잇다. 이것은 우리 농민들은 벼농사는 돼는돼로 짓어 먹을 생각을 하고 잇쓰며 이것은 정부에서 작년에 매상을 안 바다주니 씰찌 돈이 안돼니까 벼농사을 한해에 천대을 하고 잇다. 이것은 정부에서 농업을 너무 천대을 해서 이른 현상이 일어낮쓰며 정부에서 우리 농민들 마음을 바로 잡아서 농사을 천직으로 알고 벼 한톨이라고 소중하다는 생각을 가지고 살아가두록 만들 수가 잇쓸란지 의문이 가며 정부에서 우리 농민들의 기본 자세을 다 무너뜨리서 이재는 바로 세울 수가 업따고 보며 이것은 정부 책입이라고 본다."

〈1992년 7월 22일 수요일 낢씨 맑음〉

금일은 벼논에 김매기을 하는데 길옆패라서 남들 보기에 실을 뿐 아니라 갈림 논이라서 주인 보기에 미안한 감이 들어서 그냥 둘 수가 업쓰서 오늘은 종일동안 벼논 김매기을 하는 것으로 하로 일과을 보내고 마랏다.

"요줌 낢씨가 푹푹찌는 낢씨라서 일하기가 급이 날 뿐 아니라 작업하는 시간은 하로에 5시간 정도밖에 못 한다고 생각을 한다."

〈1992년 7월 23일 목요일 낢씨 맑음〉

벼논에 살충재와 문고병 약[73]과 도열병 약[74]을 살포하는데 비지땀이 흙르서 여관 고충이 아니여쓰며 오늘같이 힘들며 농사일을 아무도 할 사람 업따고 보며 오늘같이 더운 날은 오래 살포을 한다면 죽을 사람도 잇따고 본다. 정말 오늘 일은 생명이 달려 잇는 작업이라고 말을 하고 십다.

---

72) 당근의 일본말.

73) 문고병은 잎집무늬마름병이라고도 하며 주로 잎집에 담자균류가 기생하여 회색의 얼룩무늬가 생기고 차츰 잿빛을 띤 흰색으로 변하여 시들어 죽는 병이다.

74) 도열병은 벼가 잘 자란 뒤에 잎과 줄기에 박테리아가 생겨 잎줄기 등을 해치는 병이다.

지출에 보험료값 10,400 화장지 밀가루
6,800원 농약 12,800원
計 35,500[75)]

〈1992년 7월 24일 금요일 낡씨 맑음〉

오전으로서 벼논에 병충해 예방을 안전이 하여쓰며 이번 병충제 예방은 비지땀으로 외방을 하여따고 생각을 한다. 요즘 낡씨는 찌는 낡씨가 계속대고 잇다.
그리고 현재로 벼작항을 볼 때에 웃거름을 할 때에 1차에 요소거름을 두표을 단번에 한 사람의 벼는 다들 작황이 다들 좋다고 생각을 하며 자신도 여태까지는 1차 1.5포 하고 이차거름을 0.5포해서 요소거름을 두표을 맞추는데 이것은 벼의 작항도 안 좋을 뿐 아니라 일손도 한번 더 들어간다고 볼 때에는 1차에 요소비료을 단지당 2포식 하는 것이 잘하는 짓잇라고 생각을 한다. 자신도 내년부터는 1차 2포하는 농사을 짓을 작정이다.
수입 트랙터 노타리값 30,000원

〈1992년 7월 25일 토요일 낡씨 맑음〉

오전에는 참깨약을 살충제 살포을 하고 말리 사과나무에 터물약과 살충제을 살포을 하여 주어쓰며 아직 과일도 업는데 지출만 계속하고 잇쓰며 아직 수입도 업다고 대충 약을 살포을 하여도 지출이 제법 돼고 잇꾸나.
"오후에는 보뚝을 깍는 작업을 할려고 오후 4시에 들로 같떠니 그늙은 듥판에 아무도 업쓰며 사람이라곤 자신 뿐이더라. 아무도 업는 들판에서 부뚝을 깍는데 비지땀이 흙으서 입번 옷을 물에서 건저논 옷을 입은 모양이 잠쉬대어버리고 땀재거 한다고 일도 안 돼고 잇다. 요즘 낡씨는 오전 9시까지만하고 오후는 6시 이후에 작업을 할 정도며 낡씨가 너무 더어서 하로 생활이 힘들고 잇다."

〈1992년 7월 26일 일요일 낡씨 맑음〉

요줌은 찌는 낡씨 때문에 하로 일과가 휴식이라고 할까. 종일해도 씰찌 작업을 하는 시간을 따진다면 5시간 정도 밖에 안 댄다고 보며 이 짤번 시간을 보는데도 큰 곤욕이라고 보며 하로 생활이 급이 날 정도의 나날 나날을 보내고 잇쓰니 건강은 말을 할 것도 업시 상하고 잇따고 보고 잇다.
"요줌은 옻 두 벌을 갈라입어야 하며 이것도 땀으로 젖저서 갈라 입어야 하는 심정 정말 고달픈 나날 나날을 보내고 잇다."
"요줌 우리 부부는 서로가 일을 적개 하라고 당부을 하면서 하로 생활을 보내고 잇쓰며 그래도 자신보다 집사람이 일을 더 하고 잇쓰며 자신은 오전 10시만 돼면 작업을 중단하고 집배 들어오며 집사람은 오지 않아서 자신이 매일 일하는 데을 차저가서 강제로 오트바이에 태오는 일이 자신의 일과가 중 한 목을 꼭 하고 잇다."
"오늘은 콩밭 김매기와 벼논 도살리 줏는 것으로 하로의 일과가을 보내고 마랐다."

〈1992년 7월 27일 월요일 낡씨 맑음〉

보뚝에 풀 깍는 작업을 하여쓰며 무더위 때문에 평소 때보다 작업량이 반도 몿 하고 잇따. 그리고 들판에 일하는 사람이 만이

75) 실제 계산은 30,000원이나 35,500원으로 잘못 기록하였다.

잇따면 무던어도 일을 조금식은 더 할 수 잇따고 보는데 들판에 일하는 사람이라곤 한 두 사람뿐이니 일에 의욕이 더 업따고 본다.
"요줌 일품벼는 벼이삭이 3센치 이상 잘아 잇는 것을 볼 때에 자신은 올해 따라서 일품벼만 8단지 이상을 짓어난는데 벼라는 것은 오종은 벼수학이 떨어진다고 보는데 일품가 머지 않아서 출수을 할 것 같떠며 현재로바서는 일품벼 이삭이 마음에 들지을 않으며 자신은 처음 농사을 짓어쓰며 일품벼 이삭을 볼 때에 자신의 마음이 스쳐가는 너킴이 올해따라 일품벼을 한 것이 안 실패라는 너킴밖에 업꾸나."

〈1992년 7월 28일 화요일 낡씨 맑음〉
오늘은 벼논에 양수기 작업을 하여쓰며 양수기 작업을 6시간을 하니까 6마지기 논에 재발 초벌 풍기는 정도며 양수기 작업을 더 할려고 해도 시간이 12시라서 앞푸로 5일 안우로 비가 오겟찌 하는 생각에 그만 양수기 작업 그만 철수을 하고 마랐다.
"오후에는 개돌부리을 하여쓰며 사람 몸에 개가 좋다고는 하지만 개값이 넘어나 비싸서 외민들이[서민들이] 먹키는 부담댄다고 말을 하고 십다. 자신은 앞푸로 바푼 시간을 보내며 집사람 여름내 고생을 하여서 자신 혼자 개을 잡아먹을 개산을 하고 잇는데 오늘 개돌부리는 피할라다 낡씨가 넘어 더어서 돌부리에 참석을 하여쓰며 자신 먹고 말려고 하니 집사람이 마음에 걸리서 마지막 개머리을 집사람 줄라고 가지고 왔다."
"집사람 보신약으로 개을 살라고 준비을 하는 중인돼 오늘 개돌부리는 지출을 추가로 하는 너킴이 들어서 마움에 걸리는구나."

수입 트랙터 노타리값 50,000원

〈1992년 7월 29일 수요일 낡씨 맑음〉
금일은 말리 밭에 도구에만 제초제을 살포을 하여쓰며 요즘은 낡씨가 찌는 낡씨들이라서 하로에 작업량도 을마 안돼며 실찌 일을 하는 것 바서는 하로 생활이 미안활 정도다.
"오후에는 웃뜰논에 자신의 두룸도 아닌돼 두룸에 풀을 그냥 둘리니 자신이 풀 때문에 벼 피해가 만이 뙬 것 같다서 남의 두룸에 풀 깍는데 다 보내쓰며 논 위우지[이웃]도 알드리 하는 사람이며 덕이 돼는데 벌로 농사을 짓는 사람 엽패 잇쓰며 득이 돼며 남의 일을 하지 않아도 됀다."
"자신은 남의 두룸을 깍까주는 필찌가 멧자리 댄다고 본다. 사람이 답답한 사람이 세암판다더니 자신이 남의 일을 만이 하며 생각을 할수록 원성을 하고 십다."

〈1992년 7월 30일 목요일 낡씨 맑음〉
어재 저녁에 벼논에 물 됀다고 밤잠을 자지 뫃 해서 오늘 오전에는 잠자는 것으로 오전 시간을 다 보내고 마랓쓰며 오후에는 이발을 하고 고추나무에 물 주는 것으로 하로 시간을 보내고 마랐다.
"오늘은 집사람은 비지땀을 흚리면서 일하고 잇는데 자신은 해가 저물어 가두록 놀고 집사람의 이마의 땀을 보고 미안해서 할말은 업쓰서 너무 놀라서 미안하구나. 말문을 열고는 하지만 집사람은 더운 낡씨에 잘 햇따고 매번 이야기을 하는 것을 볼 때에 집사람이 자신에깨 너무 희생을 하고 살라가는 것을 볼 때에 너무나 고맡기 짝이 업다."

지출에 … 이발비 3,500원
수입에 … 노터리 트랙터 값 45,000원

〈1992년 7월 31일 금요일 낡씨 맑음〉

오전에는 무지파에 가뭄이 너무 심해서 양수기로 뿌리가 자물씨두록 물을 프쓰며 이것이 무지을 하고 곳바로 양수작업을 하여 두어쓰며 무지파도 좋아쓸끈데 이재와서 양수 작업을 한들 손예는 다가고 별도 엄이나 대는 줄 몰겟다.

“오후에는 피살리[피살이]을 조금하다 벼논에 뒤도구[76]에 풀 깍는 작업을 하는 것이로 하로 일가을 보내고 마라쓰니 사실 요줌은 일하는 것이 밥값다 몰 한다고 생각을 하며 그래도 삼시 때을 먹을 때마다 미안할 때 만타.

“세상에서 빠른 것이 무엇시냐고 물련다면 자신은 세월이라고 말을 하고 십다. 칠월 한달이 잠쉬 다 가버리고 내일이며 팔월 자신은 새 달을 마지하면서 기쁨보다 두려움이 만타고 말을 하고 십다. 세월이 빠른 것이 자신 인생이 그만춤 빨리 간다는 것을 생각을 할 때에 그 허전함을 매꿀 방법이 업스며 그 손실은 돈으로도 다 할 수 업는 일이다.”

〈1992년 8월 1일 토요일 낡씨 맑음〉

금년에는 장마라해야 밭에 해갈을 속깊이 시키지 못하고 소낙이 한번 오는 정도로 장마가 끝이 낮쓰니 밭작물은 벌서 가뭄 때문에 수학이 줄어 더는 상때며 낡씨가 해도 해도 너무들 하고 잇쓰며 요줌 같더며 사람 살기도 힘이 들정니 이거 무라고 말을 할 수가 업꾸나.

금일은 구릅에 2차로 풀깍는 작업으로 오늘 일과을 보내고 마랐다.

“정부 돌아 가는 것이 말이 아니다. 국회원 선거을 원재 했는데 오늘날까지 여야가 마음의 합심을 못하고 삼당이 재각키 주장을 세어서 국회가 공전으로 시간을 보내고 잇쓰니 국회가 국민을 잘 살게 하자는데 주장이 다들 달라서 국회을 열지 못해서 무선 일을 못한다며 국회가 국민을 위한 것이 아니라고 말을 하는 것이 좋찌 않캐나. 국회원이 나라을 위한 국회원이지. 요줌 국회원 자기 당 싸음이다. 나라가 망하든 말든 뒤로 하고 자기 당론만 주장을 해서 아니 안전이 정권을 누가 잡나 하는 싸움만 하고 잇는 국회원 다들 자격 미달이며 다들 국회원 해산을 해서 업쌔 버리야 한다. 국회원 때문에 나라가 발전을 못하고 태보가 돼다고 본다. 그리고 정부는 장기 정권은 나라 발전을 저해 하는 것 밖에 업따고 말을 하고 십다.”

〈1992년 8월 2일 일요일 낡씨 맑음〉

오전에는 물막아 너는 작업을 하여쓰며 올해는 가뭄이 심해따고는 하지만 우리 들판에는 김천 공단물이 나와서 우리들은 금년 가뭄에는 큰 고충업시 대치 했따고 보는데 요줌 와서 각 동네 책임자들이 기상대 예보에 미다서 비온다고 늙 예보을 해서 비온다고 보을 서들지 완아서 웃뜰과 아래뜰이 같이 물일 될라고 하니 물은 업찌. 벼는 출쑤을 할 준비을 하고 잇찌. 다들 문댄다고 날리을 직이며 특희 아래들 사람들은 물을 볼

76) 뒷 둔덕을 뜻함.

수가 업쓰며 사람의 마음만 바푸고 잇쓰며 마음만 조리본다고 본다. 그리고 양동네 인사들이 판단 잘못으로 벼수학에 차질이 온다고 해도 무리돼는 말은 아니라고 본다.
"다들 인사가 잘못이라고 아우성을 쳤바야 이미 때는 다들 넘어 갇쓰며 이재는 다들 마음의 합심을 해서 물이 아래뜰로 빨리 내리오두록 부지련 날띠의 웃뜰 매기탕을 띠워 물이 내리 오두록 하는 길밖에 업다고 본다."
"오후에는 도랑에 잡초 제거 작업을 하여쓰며 오늘 잡초 제거 보는 자신이 서양바실에 물 될 욕심으로 도량에 풀제거을 해야 한다고 인사에깨 건위을 해서 보을 부치쓰며 자신이 저녁잠을 자지 않코 물될 계산을 했는데 해발치에서는 밤을 세스라도 물댄다는 것은 무리라고 생각을 해서며 이것은 위에 잇는 사람들이 넘어나 매기탕들이 총총 쳤잇쓰서 다들 제거을 하고 하발치에서는 넘어나 무리라서 그만 포기을 하고 마랐다. 그리고 해절무름에 비방울이 한두방울 내리며 하늘에는 금새라도 쏘다 질떳 해서 비가 온다고 다들 비온다고 소리을 쳐고는 했는데 그 기쁨은 잠쉬며 순식간에 먹거름은 다들 사라저고 마는 것을 볼때에 아쉬운 감을 버릴 수가 업꾸나. 하늘도 인간의 마음을 넘어나 모른다고 말을 하고 십다."

〈1992년 8월 3일 월요일 낡씨 맑음〉

벼논에 양수기 작업을 하여는데 6마지기에 양수작업을 8시간 양수 작업을 하여쓰며 양수작업도 돌리만 두면 물이 다들 프전다고는 하지만 그것도 마음이 쓰이기 때문에 편한 일은 아니라고 생각을 한다. 양수 작업을 할 때마다 하늘이 원망스렵다. 너무나 가물어서 밭곡석은 다들 접은 셈이나 다름이 업고 벼농사에만 매달리서 살려고 하는 우리 농민을 넘어 가슴 아푸게 하고 잇따고 생각을 하며 양수기 작업은 비만 한 번 와 주어쓰며 이른 고충을 들어 줄끈데 정말 무심도하다.
"오후에는 오토바이 기름 사오는 것으로 오후 일과을 보내쓰며 특희 찌는 낡씨 때문에 우리 농민들을 고충을 더 주고 잇다."
지출에 … 양수기 오수 3인치 100매다
21,000원, 휘발유 오트바이
1말에 5,300원, 제초제 라남
1,600원
計 27,900원

〈1992년 8월 4일 화요일 낡씨 맑음〉

오늘도 서양비실래 양수작업을 하여씀. 이 가뭄을 빨리 해갈을 면할 수가 잇쓰야 하는데 이대로 개속 간다면 남와 나는 식물이 업쓸 것 같떠며 가뭄이 너무하다고 생각을 하며 이 낡씨가 수일네로 비가 와야 하는데 기상대는 비온다는 예보을 하지 않으며 자연희 비을 기다리는 그 허전함을 누구에깨 말을 할 수도 업는 일이다.
"오후에는 안전 휴식으로 시간을 보내고 마랐다."
수입에 노타리값 30,000원
지출에 … 복합비료 2포테 9,740원,
휘발유 5,300원
計 14,540원[77]

77) 실제 계산은 15,040원이나 14,540원으로 잘못 기록하였다.

〈1992년 8월 5일 수요일 낡씨 비〉

오늘은 가을배추 갈 준비한다고 보밭을 갈라쓰며 밭들이 가는데 문지가 나며 가을 배추 가는데도 비가 오지 않으며 배추을 갈 수가 업쓸 것으로 내다 보고 잇다.

"비가 금새라도 쇼다 질떳하든 비가 가랑비로만 내리고 잇쓰니 생각을 할수록 한심스러운 너킴이 들며 이 낡씨가 사람의 간장을 너무 태우며 낡씨가 원망스렵따고 말을 하고 십프며 요즘은 기상대에서 비온다고 예보을 하지 않나하고 귀을 기울리는 편이며 낡씨에 노이로재 걸일 지경이다."

"오후에는 벼논에 물돼는 작업을 하여쓰며 벼논에 물 댄다고 오후 시간을 다 보내도 1단지 물도 묷돼고 잇쓰니 농민의 고충을 말로 다 할 수가 업따고 생각을 한다."

〈1992년 8월 6일 목요일 낡씨 비〉

우리 농민들은 소낙이로 한참 와주어쓰며 하는데 고작 온다고 해야 간질난 가랑비로 오다 말고 하니 마음을 더욱 더 타게 만들고 잇다. 기상대서 비온다고 예보을 하여주기을 귀을 기울리고 잇는데 요줌 낡씨 하는 꼴 보며 국회원들 하는 짓이라고 말을 하고 십다.

"오늘은 벼논에 물돼는 일로 하로 해을 보내고 마랐다."

〈1992년 8월 7일 금요일 낡씨 비〉

벼논에 물돼고 잇는데 먹구름이 순식간에 몰려 들면서 비가 아닌 우박이라도 쇼다 질 것 같다. 벼논에 물돼는 사람들이 삼명이 잇따가 다들 비온다고 물키만 막고 다 들어 갈쓰며 자신 물키도 막지 않고 그냥 두고 들어 왔쓰며 집배 들어 와서보니 앞산에 해가 나와 잇쓰며 무지게만 그리어 젓잊고 구름은 순식간에 살아저고 언재 비올 행세을 했딴 말이냐 하고 맑은 낡씨을 보이는데 이재는 비을 바라다 지치고 말겟따는 생각밖에 업꾸나. 이재는 비을 바라지 않캐다.

〈1992년 8월 8일 토요일 낡씨 흐림〉

오늘로서 벼논에 물돼는 작업을 끝을 냇쓰며 올해는 비 올 행세는 자주하면서 실찌 비는 내리지 않는 해라고 말을 하고 십꾸나.

"올해는 벼 수학에 온같 고난을 다 격으면서 짓어온 벼라서 한톨이라도 아키야 한다고 생각을 가저보며 올해 같이 벼농사에 힘이 만이 들어 간다면 농사 짓을 사람이 업찌 않캐나 하는 생각까지 하여 본다."

〈1992년 8월 9일 일요일 낡씨 흐림〉

기상대는 요줌은 매일 곳에 따라 소낙이 온다고 예보을 하지만 오늘낡까지 한번도 소낙이는 오지 않아고 우리들의 마음만 아푸게 하여 왔쓰며 그처름 예타게 기다리는 비는 오지 않코 잇쓰니 우리들도 이재는 배가 나오는 식이다. 이재는 일년에 비 오지마라. 우리 답답하지 않타고 크게 말을 하고 십꾸나.

"그리고 기상대서 9호 태풍, 10호 태풍은 사라오 태풍보다 일력이 더 크다고 법석을 부리면서 우리나라도 영향을 준다고 주위을 요하는 바람에 사과 잇는 사람들은 다들 태풍 오면 떨려진다고 다들 따서 출하을 하는데 천과 시장에 사과 내리 놀떰이 업다고 상인들은 따라 합시고 반갑도 안줄라고 한다고 하니 기상대의 예보가 우리 농민들의 깨는 생명이 달려 잇따고 해도 가연이 아닌데 이번에 태풍 예보을 떨린 예보을 해서 사과농사을 잘 짓어논 사과을 똥검[똥값]으로 팔아버리쓰니 이사람들이야 피을 토할 정도로 가슴 아리을 할 것이 아닌가. 기상대서 태풍 두게을 전연 맡지 않는 예보을 했키 때문에 앞푸로 진정 우리나라로 태풍이 온다고 예보을 해도 누가 밑더주리까. 이래 돼고 보며 엄청난 손실을 볼 것은 눈알 잊따고 해도 무리 대는 말을 아닌데 그 책임이 누가 잊딴 말인가. 기상대도 책임을 질 수 잊는 마음가짐 차분하게 예보을 하여주며 재발 풍을 떨지 않아쓰며 한다.
"오전에는 무지파에 살충재 약을 살포하고 집사람과 둘리서 여름 비지땀을 흙리면서 짓어논 벼농사을 오트바이로 필지 마다 다들 돌아 밧쓰며 자신은 그른대로 잘 짓어따고 생각을 하는데 집사람의 동태을 보니 올해 비지탐을 흙리면서 짓어논 벼을 보더니 마음에 들지 않는 눈치며 그여로 필찌 중 한 필지도 속 들어오는 필지가 업는 것 같떠며 자신은 한 필찌는 아주 농사을 잘 돼어따고 생각을 하며 집사람에 자랑을 하고 십픈 필찌인돼 이 논은 어떠냐고 하니까 좋은데 벼끝이 좀 빨같따고 하는데 그만 힘이 업더라. 집사람이 나프다고 하며 가을 수학에 떨어저는 것은 사실 집사람의 눈은 보통이 넘는다고 보며 자신은 올해 벼농사을 70점 이상은 보고 잊는데 집사람의 눈치는 아주 밑뚜로 보고 잊는 눈치라서 별로 좋은 너킴이 아니라고 말을 하고 십다. 그리고 어느 해가 자신이 경운기로 물떠다 배추 갈자리에 주어서 배추을 가란적이 잊는데 오늘도 자신이 배추 갈자리에 경운기로 85말을 프다주는 것으로 오늘 일기을 맡치다. 배추밭에 물을 주어서 배추을 가는 해는 배추가 재돼로 안 댄다고 기억을 하고 잇다."

〈1992년 8월 10일 월요일 낡씨 맑음〉

오늘은 배추 갈자리에 물 준 곳에 오전에 배추와 무우을 갈라 쓰며 자신은 기상대서 12日날 전국적으로 비온다고 해서 오늘 배추을 갈라쓰며 만약에 기상대로 비가 오지 않는다면 배추씨와 무우씨는 버리고 말껐이며 이것은 무리한 일을 하여따고 생각을 한다.
"오후에는 픈무기 밝킹을 김천으로 싸로 같쓰며 요즘 부품값이 가격이 정해저 잊는 것이 아니라 대리점 주인들의 부르는 것이 금이라고 생각을 하며 자신은 고무 밝킹이 너무나 비싸다고 생각을 하며 오늘 부품값이 밝킹과 담아와 6,000원 주고 싸와쓰며 우리 농민들은 부품값을 정가을 모르고 싸야 하는 가슴 아픈 일이다."
"오늘은 집사람이 참깨 기름 짜로 같쓰며 자신은 부품을 사서 들고 집배 내려 올라고 하는데 집사람이 반대편의 인도의 길로 가는 것을 자신이 불어다 김천에서 집사람을 만나니 그리 더 반가운 너킴이 더하며 집배서도 김천 가면 만약에 남편 하는데로 응해주야하며 꼭 따라야 한다고 다짐을 하여두어쓰며 그래서 평소에 김천서 둘리 만나며 고기집배 대리고 가서 맡잇는 고기을 싸둘라고 마음을 같지쓰나 이것을 한번도 실천을 못했쓰며 늙 고기집에서 고기을 꾸어 먹어며 그 맡이 더하며 이것을 못했주어스 마음에 걸린 적이 잊쓰서 오늘 실천을 할려고 집사람을 고기점으로 대리고 갈려고 하니 그 돈으로 온 식구가 같이 먹짜고 집사람이 당부을 하는 바람에 또 자신이 실천을 못하고 마랐쓰며 오늘도 집사람이 돼지고기 2

근과 닭을 싸스 집배가서 닭죽과 고기을 집배가서 온 식구가 먹짜고 하는 바람에 그만 실천을 못하고 마랐다."

지출에 … 푼무기 부품값 6,000원,
차비값 640원,
計 6,640원

〈1992년 8월 11일 화요일 낡씨 비〉

이번 비야말로 채소비라고 말을 하고 십프며 오늘로서 비는 그만 보고 맑은 낡씨을 보이야 한다. 그르치 않으며 한참 벼들이 출수을 한참 하고 잇는데 비가 계속 온다면 소출이 떨어저기 때문에 맑은 낡씨을 보여야 한다.

"자신은 때마차 채소을 잘가라따고 생각을 한다."

"금일은 매기탕 할려고 로캉[노깡] 사로 가는데 따라가서 450십짜리 가락찌을 싸와쓰며 로캉 가락찌는 생가보다 아주 비싼 너킴이며 가락찌을 한 개는 로캉 사는데 따라온 셈이며 한꺼는 4,000원 주고 싸와쓰며 운님으로 2,000원 보태 주어서 6,000원 주고 매기탕을 싸온 셈이다."

지출에 … 물돼는 매기탕 값 6,000원

〈1992년 8월 12일 수요일 낡씨 비〉

이번 비로 인하여 밭작물은 해갈은 면했찌만 벼 출수을 한참 하고 잇는데 벼 감수는 만이 돼리하고 생각을 한다. 그리고 사실 요줌은 비을 바랄때는 아니라고 생각을 한다. 이번 비는 득보다 손예을 만이 주는 비라고 말을 하고 십다.

"오늘은 정미소 사장이 정미소 파대에 말려 들어가서 병원 응급실에 잇따고 해도 병문안을 못가서 이번에 비도 오고 겸사로 정미소 사장 병문안 윤두희씨의 승용차로 4명이 구미 고려병원으로 병문안을 하는데 한자의 병차도는 아주 좋으며 수일네로 태원을 할 수 잇두록 경과가 좋더라. 그리고 병원에 가며 주위에 전부가 한자이며 한자로 물결을 쳐는 것을 볼 때 삼시 밥만 먹으도 병원에을 그려고 살라야 한다고 생각이 든다."

지출에 … 병문안에 4,000원

〈1992년 8월 13일 목요일 낡씨 비〉

요줌 비 오는 것이 만이도 오지 않코 작마비쳐름 내리고 잇쓰며 이 비야말로 벼 출수하는데 폐가 돼는 비며 이재는 내린비만도 만족한 비라고 생각을 하며 이재는 비 좀 안아쓰며 한다.

"그리고 자신은 올해 따라서 일품벼을 만이 해서 극정이 크다. 외냐 하며 일품벼가 다른 벼보다 출수을 일적하여서 이번 비을 다 맡고 출수을 하여서 자신은 벼들이 연결지 못하고 쭉쟁이 농사 됄까바 극정이 크구나."

"오후에 맑음 떰을 타서 뒤도구에 풀까가는 작업과 피살이 하는 것으로 오늘 일과을 보내쓰며 오늘도 사실 밥갑을 못했따고 생각한다."

〈1992년 8월 14일 금요일 낡씨 비〉

이번 비는 진저리가 난다. 외냐하며 다 짓어논 농사을 망치는 비라서 사람의 신경을 더 쓰게 하며 비 오는 것이 지루하기 짝이 업쓰며 이 비로 인하여 수학이 감수가 만이 댈 것을 생각을 하니 가슴 타는구나.

"오늘은 안전 휴식을 하여쓰며"

지출에 … 청년단에서 회식한다고 해서

돼지 잡는데 고기 2근반 가지고 옴. (가격은 미정) 돼지고기 값 2斤 반 4,500원, 작과나무거름 원예비료값 11포 64,100원

〈1992년 8월 15일 토요일 낡씨 비〉

오트바이가 잘타고 다니떤 것이 오늘 갑짝이 오트바이가 고장이 나서 시동이 돼지을 안아서 동네에서 오트바이 고장을 안다는 사람을 다들 보아도 고장을 아는 사람이 업쓰며 자신도 오트바이 고장이 만이 난 너킴이 들어서 오늘은 오트바이을 김천 대리점에 가서 수리하는데 수리비가 100,000만원 이상 들어 간다면 수리을 포기을 하고 세것을 살려고 마음을 먹고 가서 김천 수리점에서 수리비가 월마가 돼겟는가 하고 무르니 45,000 든다더니 다들 수리을 하고 나서는 60,000만원 달라고 해서 할 수 업시 다들주고 마랐다.

"오늘은 마음으로는 오트바이 100cc 짜리을 살려고 사실 같쓴는데 오트바이 수리로 다시 큰 돈을 쓰지 않코도 오트바이을 탈 수가 잇쓰서 큰 다행이다."

지출에 … 오트바이 수리비 값 60,000원

〈1992년 8월 16일 일요일 낡씨 흐림〉

오전에는 집사람과 오트바이로 채소밭을 둘려서 벼논들을 한밖키 돌아쓰며 집사람은 좋다면서 이야기을 하는 것을 볼 때에 늙 오트바이로 둘리 같이 다니는 것을 좋아하는 모섭을 볼 때에 자신도 좋으며 실찌 자신의 마음속은 집사람을 한발자욱도 걸리는 것이 실어서 늙 태어서 다니며 혹 집사람이 혼자 작업을 할 때는 태어다 주고 작업을 마칠시간이 돼며 태로 가서 같이 오곤하며 집사람은 실찌 걸어다니는 적이 소수라고 말을 하고 십프며 우리 부부 생할이 하로가면 그만춤 사람의 깊이가 더해저며 절밀 때에 벌로 살아 온 것이 안타까운 너킴이 머리에서 살아죄지 않고 잇다. 인간생활이 부부가 을마나 조중하다는 것은 가정생활을 착실이 살아 가는 자만이 알 수가 잇쓰며 아네는 자신의 몸보다 더 소중한 것이라는 것을 알 수가 잇다.

"오후에는 두릅에 잡풀을 제거하여쓰며 이것은 남의 두릅에 풀을 깍는 것은 자신이 답답한 모양이다. 외냐하며 엔말에 답답한 놈이 세암 판다는 식으로 자신이 보다 보다 두릅에 풀을 깍찌 않아서 피가 우리 한질대는 것이 비스덤이 누어 잇쓰니 자신의 피해가 벼 두 줄이 안전 피해을 보고 잇쓰서 할 수 업시 자신이 두릅을 매어 주어쓰며 이른 사람들은 양심이라는 것은 업는 것 같터며 내일로 인해 남외 피해을 주며 시간이 바쁘게 해주어야 인간인돼 이른사람은 우리로서는 이해가 뙬수가 업쓰며 요줌은 이른 사람들이 드로 만타고 본다."

"곡식이 가버치가 잇든 말든 인간의 기본 양심은 가지고 살아가야지 사람이지. 기본 양심을 버리고 살라 가는자는 이미 죽은 자나 다름이 업따고 생각을 한다."

"올해벼, 일품벼와 미랑 29호는 일적 출수을 하는 바람에 낟알이 마이죽어서 소출이 아주 줄어 들것으로 내다본다. 외냐 이른벼는 출수을 하면서 비을 계속 마자키 때문에 그 피해는 마널것으로 내다보며 자신이 벼씨을 일품벼을 만이 해키 때문에 금년 농사을 헛농사 짓는 것이 아닌가 하고 염려가 크다."

〈1992년 8월 17일 월요일 낡씨 흐림〉

집사람과 둘리서 고구마밭과 팥밭에 김매기 하는 것으로 오늘 일과을 보냇찌만 올해는 고구마밭과 팥밭은 김매기 수궁도 안나올 것 같드며 들어간 밑천도 건지지 못할 것 같터며 가뭄 때문에 농민의 가슴을 을마나 아푸게 하였는지 어느 누구도 모월것으로 내다본다.

"올해 가뭄 때문에 농촌에는 음청난 타격이라고 말을 하고 십다."

〈1992년 8월 18일 화요일 낡씨 맑음〉

금일은 참깨 수학을 하는데 병더려서 정상으로 돼지 않는것만 골라서 수학을 하여쓰며 올해 참깨 농사가 처음 잘돼어따고 하여찌만 실찌 수학을 해보니 참깨 농사가 흉년이라고 생각을 한다.

"금년 참깨 농사는 한참 자랄때와는 아주 기분이 좋아는데 막상 수학을 하고 보니 농민의 얼굴이 찌푸리게 하는 수학이다."

지출에 … 운이 공낙금 75,000원,
농약값 62,000원,
計 137,000원

〈1992년 8월 19일 서요일 낡씨 맑음〉

채소 김매기와 무지파 김매기을 하여찌만 무지파는 처음부터 무엇신가 잘안대는 너킴이 들더니 무지파 모양이 탄자병인가 벌레가 먹어서 그른지 무지파 깻치 못하고 주피 안키만 하고 보기마저 흉한 모섭이 돼어잇쓰서 볼때마다 짜증이 나곤하는구나.

"오늘은 무지파와 채소에 약을 폭칯쓰며 채소나 파나 푸른 벌레는 약을 살포을 하여도 죽찌 않아서 신경이 쓰이는구나."

"그리고 오늘은 처어머님이 오시니 자신이 신이 나는 기분이며 둘레서도 집사람 보고 처어머님이 울집에 한번 안오고 죽을라고하나 하고 중을거리 떠니 오늘은 어머님이 오시니 마음이 더 좋꾸나. 처어머님을 집사람보다 자신이 더 좋은 이유을 모헐정도며 여하튼 처어머님이 오시니 나의 엄마 처름 좋꾸나. 그리고 처어머님 계실 때만도 자신의 엄마 모시는 것쳐름 성위을 다 할 작정이다."

〈1992년 8월 20일 목요일 낡씨 흐림〉

오늘은 우리 운이을 대리고 회장부터 시작을 해서 벼논에 이화명충 약을 살포을 하여쓰며 요즘 벼논에는 출수을 해서 수정기간이라서 약을 10시 이전만 살포을 할려니 만은 면적은 살포을 못하니 마음이 바푸드라.

(오늘 오전에 16마지기 약 살포을 함.)

〈1992년 8월 21일 금요일 낡씨 흐림〉

오늘로서 벼논에 약 살포을 종일 하여쓰며 이화명충약은 안전이 살포을 하여쓰며 이제는 벼논에 약은 마지막이 될련지는 몰라도 시절은 다들 돼해따고 생각을 한다.

"그리고 자신이 벼 쓰러진다고 비료하는데 신경을 만이 쓰는데 돼도 벼가 너무 좋아서 쓰려질벼가 두필지가 잇따고 생각을 하며 재발 뒤 낡씨 좀 잘해주며 좋캐다."

〈1992년 8월 22일 토요일 낡씨 맑음〉

오늘은 집사람과 둘리서 참깨 수학을 함. 그리고 먼저 번에 참깨 수학을 한 것을 떨고 오늘 수학을 한 것을 정리을 하는데 처어머님이 거들지 않아떠라면 다 할 수 업쓰며 오늘 처 어머님이 너무 만이 그들어서 남아니 몸살이나 할까바 극정이 돼며 요줌 사람들 외 남아니 실어 할까 이상할 정도다. 외냐 처어머님 오시니 허리가 꼬부라저서 아무 일도 못할 것 같다도 잔손일은 다들 하고 집배 일은 안전 무결하게 다하며 자신은 아주 편한 너킴이 더는데 외 남아니 실어 할까 의문이 갈 정도다.
지출에 … 라면, 간장 7,350원
수입에 … 터력타값 200,000 만원

〈1992년 8월 23일 일요일 낡씨 비〉

요줌 메칠은 낡씨가 계속 허린 낡씨라서 선진벼 출수에 지장이 마눌 것 같터며 차라리 일품벼 출수 할 때가 낮찌 않아나 하는 생각이 더는구나. 벼 출수 할때마다 흐린 낡씨 아니며 비가 오곤하는데 하늘도 인간처름 용심이 잇나바. 꼭 인간이 좋은 낡씨을 원하며 꼭 흐린 낡씨을 만들어 주니 인간이 아주 좋다는 인식을 못하고 잇는 살아간다고 할까. 쉽게 생각을 한다면 인간보다 용짐 심술은 하늘이 만이 가짓따고 생각을 한다.
오늘은 큰집배 포도 따는데 집사람과 둘리서 그들어 주어 쓰며 올해는 큰집 포도가 정품은 별료 업쓰나 공장용도 19,000원식 하니까 포도 농사을 짓는 사람들은 다들 돈을 만이 하여따고 생각을 하며 요줌 갈터며 다들 치우고 포도 농사밖에 업따고 생각을 하며 자신도 양살구 심은곳에 양살구 나무도 삼분지 일은 다들 죽어꼬 남은 것도 나무들이 좋다 하는 나무가 업쓰서 다들 버리고 포도 나무을 심을까 하는 생각이 든다. 포도을 할려고 해도 포도 면적이 기와 급수로 널어나서 이재 심는 사람들은 수입도 보지 못하고 외만 먹는 것이 아닐까 하는 생각에 습득 달라 둘디 못하겠다. 그래도 자신은 큰마음 먹고 포도 나무을 심어볼까 하는 마음이 80% 부로 마음이 잇따고 생각을 한다.
"오후에는 말리 사과나무 도장지 빼내는 작업을 하여쓰며 오늘 오후 일은 밥값도 못됀다고 생각을 한다. 그리고 요줌 일은 옴꺽이 따지며 적자 생활이 이라고 생각을 한다."
"우리 혜영이는 학교에서 독서실로 공부을 온겨 가면서 공부을 하는 것 같떠며 얼굴에 축이 나는데 우리 혜지는 독서실만 갈다오며 잠자기 바푸며 공부 하는 모섭이 예성이 업쓰며 그저 해야 하는것이라 하고 공부을 하고 잇쓰니 다음 시험을 어떠게 치룰란지 정말 극정이 됀다."
"부모가 자식을 키운다고 생각을 하는데 이 말은 음격이 따지며 자식은 자기가 크간다고 생각을 한다. 외냐 부모가 시키스는 대는 일이 업쓰니까 부모가 자식을 키운다고 하는 말은 뺏쓰며 한다. 자신이 자식을 키어보니 부모가 식키서 됀다는 일은 찾저 볼래야 볼수도 업쓸뿐 부모는 자식을 자라는데 영향까만 재공을 하는 사람이라고만 생각을 할 수밖에 업다."

〈1992년 8월 24일 월요일 낡씨 비〉

금일은 낡씨도 보슬비가 내리고 해서 이앙기 결산을 하여쓰며 올해는 이앙기 고장으로 인하여 이앙기 세것을 구입을 해서 이앙기 수리비와 지출금액 상당이 맡터라. 자신이 이앙기 수리비와 이앙기 구입하는데 돈을 선돈을 지불한 것이 300,000 만원 지불하여는데 계산을 하면서 자신이 차저 온 금액이 58,000원 차저 왔쓰나 실지 지출 금액은 258,000원.

〈1992년 8월 25일 화요일 낡씨 비〉
금일은 아버지 재사이며 재사 상에 음식이 넘어만아서 상다리가 휘어지두록 차려놓고 아버지 재사들 지내야 잇쓰도 아버지는 아쉬는지 아버지 아버지 자식 오형제가 한놈도 빠지는 놈이 업시 아버지 재사을 모시고 잇씀이다. 그리고 아버지 살라 개실때는 닭고기도 만대로 자시지 못하고 돌아 가신 것이 이시간을 통해서 마음에 걸리서 눈시울이 떠그어저 참키가 힘이 들어소. 아버지의 가르침을 바뜰어서 오형제 전부가 아무탈업시 잘들 지네고 씀이다. 앞푸로도 더욱 더 잘 살며 잘 지네겟씀이다.
지출에 … 아버지 제사에 10,000원, 형수 생신에 10,000원,
계 20,000원

〈1992년 8월 26일 수요일 낡씨 비〉
오늘은 매일같이 비가네리서 오늘은 잠쉬 맑은 낡씨을 보여서 채소밭에 약살포을 하고 막나쓰니까 비가 네리서 첫수고 했따는 생각이 들며 처음 시작을 할 때도 약을 버릴 작정을 하고 집배서 나쓰서 약을 살포을 하여찌만 막상 약을 살포을 하고 나니 비가 내리서 안타가운 마음이 쉬 살라저지 않는구나.
요줌 낡씨가 장마 처름 비가 내리니 농민들의 가슴에 못을 밖는 것이나 다름이 업다. 요줌 비내리는 벼 수학을 감수을 시킬라고 비가 내리고 잇쓰니 가슴 아푼일이다.

〈1992년 8월 27일 목요일 낡씨 비〉
금일은 비 때문에 안전 휴식을 하여쓰며 요줌은 선진벼가 한참 출수을 하고 잇는데 비 때문에 선지벼가 피해가 아주 만을 것으로 내다보며 일품벼 출수꺼리 보다 요줌 비가 만이 내리서 선진벼가 피해가 더 뎰 것으로 내다보고 잇다.

〈1992년 8월 28일 금요일 낡씨 흐림〉
오늘 오전에는 집사람과 둘리서 집사람은 채소밭 김매기 하고 자신은 채소밭에 약살포을 하여쓰며 이것도 둘리서 오전네 일을 하였다.
그리고 오후에는 너무나 맑은 낡씨라서 집사람과 둘리서 참깨을 마지막 다 수학을 하는데 둘리서 구술땀을 만이들 흙리쓰며 오후 저물두록 끝을 냇다.
"자신보다 아들이 저 할머니을 생각을 하며 주든지 신기 힐정도로 생각을 하며 한가지라도 저 할머니 줄라고 하는 것을 볼 때 정말 고맙드라. 자신이 자신의 어머님쳐름 모시고 잇쓰니 이들도 따라서 선기고 잇는지는 몰라도 할머니을 극진이 선기고 잇쓰니 정말 고마운 일이구나."

〈1992년 8월 29일 토요일 낡씨 맑음〉
어재 참깨 수학한 것을 정리을 하여쓰며 금년도 참깨 면적은 작년보다 훎신 만은데 참깨 수학은 작년보다 적개 수학을 할 것 같터며 참깨나 보기에는 잘 됫는 것 같든데 실지 떨어보니 참깨가 쏘다저지 않으며 시은찬으며 참깨 수학이 떨어 질 것 같다.
그리고 처 어머님이 참깨 손질은 다들 하는 편이 우리는 힘든다고 그냥 두라해도 남아니가 다들하게 돼며 자신은 어머님이 하게 한다고 꾸중을 주지만 이것이 실천이 잘 안돼고 어머님이 잔손을 다들 하여서 마음적

으로 편하게 할려고 해도 처어머님이 일손을 먼저 하곤 하니 미안한점이 한 두 번이 아니다.
"집사람 보고 처어머님이 올해가 마지막이 됄련지 모르니 좋은 음식 만이 하여주고 편하게 푹시어서 가두록 하라고 해도 돈 더는 것이 먼저 생각이 나는 모양이가바. 고기 반찬을 적개 사오는 것을 보며 자신은 우리 어머님이라면 쇠 머리 하나정도는 곰을 꼬아 먹일꼈이다 하는 생각이 더는데 여자들은 돈을 먼저 앞세우나바. 이것을 볼 때에는 한편으로는 어머님에깨 잘못하는것고 한편으로는 가정을 생각을 해서 못하고 잇는 것을 볼 때에 크게 꾸중울 못하고 엄마에깨 잘해야지 하고 말랐다."
"오후에는 자신의 혼자서 참깨 뿌리 뽑고 김매기 작업을 하여쓰며 낢씨 더어서 작업에 지장이 돼어서 일을 만돼로 하지 못하게 드라. 오늘 일도 혼자 하니까 지루한 감이 들어서 아주 만이는 못한 셈이다."

〈1992년 8월 30일 일요일 낢씨 맑음〉

금일은 삼복더위보다 오늘낢씨는 더 드어서 참키가 힘이 들고 숨도 만돼로 못 실 정도며 낢씨 더어서 오늘일은 재돼로 못했쓰며 참깨 밭 뒤설거지에 힘이 들어쓰며 아직도 멧칠은 더해야 다 할 것 같꾸나.
"오늘 일은 낢씨 더어서 사람 죽는다면서 자신이 작업시간을 단축을 시키고 마랐다."
"처어머님을 자꾸만 잡고 잇쓰니 처어머님이 지루해 여기며 자꾸만 갈려고 해서 자신이 추석 전날까지 모시고 십픈데 자꾸만 가실라고 해서 자꾸만 잡는것도 처어머님 고통이라고 생각을 하고 화요일 정도는 보내더리야 할 것 같꾸나. 처어머님이 계실 동안 잘해 더린다고 노력을 하여는데 불편한 점이나 업쓰는지 몰겟꾸나. 자신한태는 재일 귀중한 분이라고 생각을 한다."

〈1992년 8월 31일 월요일 낢씨 맑음〉

오전에는 참깨 뒤거류에 시금치와 상추씨, 알타리 무우, 배추, 무우 다들 자리가 잇는 데로 씨갑씨을 너어두어는데 재대로 됄련지는 몰라도 말리 밭에 갈라 노앗다. 이것을 조금 더 일적 할 수도 잇쓰는데 참깨 후작에는 아무것도 안알라고 마음을 먹으든 것이라 멧칠 너저따고 생각을 하며 시갑씨을 갈고 보니 서들어서 씨갑씨을 갈끈데 하는 아쉬움이 생기는구나.
그리고 김천 처형이 어머님이 울집배 오시따고 하니 잠깐 다녀같다. 처형도 김천 동서가 이발일을 하니 잠쉬 빠저 나올 떔이 업나바. 마음적으로 시네이 한번 올라고 해도 잘안다고 이야기을 하시드라. 요줌은 도시나 촌이나 단 부부가 해야 돈이 남찌 품과 직공을 돼어서 남는 돈이 업따면서 김천 동서도 네외가 이발일을 하고 잇쓰니 시간 여유가 업나 부다.
"오후에는 기상대가 내일부터 이틀 비 온다고 예보을 하여서 어머님, 집사람, 자신 셋시서 참깨을 떨어쓰며 한번 떠는데 5돼 정도나며 참깨을 다 떨며 3말은 수학이 돼리라고 본다. 그리고 참깨 농사을 처음 짓고 그해 따라서 참깨을 만이 떨어서는 참깨가 그리도 보기도 좋고 사랑스렵더니 요줌은 사랑스러운 감이 업꾸나."
"우리 누렁이 개가 강아지 분만을 8마리나 하여는지가 오일은 대어따고 보는데 아침에 일어나서 집사람이 강아지가 한마리 죽어따는 소리에 정말 앞깝꾸나. 만이도 분만을 해서 여때까지 키운 것을 한바리가 죽따니 습습하구나. 누렁이가 강아지을 8마리 분만 햇따니 만이 낮따는 생각으로 입이 벌어질 정도로 만타고 보는데 그만 한발리 실패을 해서 7바리라서 그만 적은 수자라는 너킴이 더는구나."
"나라가 부강 할수록 노임의 당과가 비싸저 단두리 할량만끔만 가지고 해야 돼며 이재는 적은 부피로 알찬 농사가 갑진 작물을 선댁을 하여서 농사을 짓어야 한다고 본다."
지출에 … 보험료 값 10,900원

〈1992년 9월 1일 화요일 낢씨 흐림〉
오전에는 바시네이 밭에 참깨 뿌리 뽑는 일을 하여쓰며 참깨 뿌리을 안전이 뽑고 나니 무엇을 갈라쓰며 하는 욕망이 생기며 작년에는 참깨 뒤지류에 가락배추을 갈라서 시장에 매일 갈 수도 업는 위치며 그기에다 일당이나 돼두록 갑이나 비싸며 시간을 억찌로 내서라도 판다고 하지만 갑이 싸서 일당도 돼지 않코 하니 가락배추 갈라서 업세는데도 생외을 먹어다. 그래서 참깨 뿌리을 뽑고 터을 놀리려니 아쉬운 감이 들어가는구나.
"오후에는 말리논에 들어가는 들어가는 입구 농로 부역을 한다면서 나오라고 해서 같든이 록강과 세멘을 준비을 하여쓰며 이것은 미리 부역을 할려고 준비을 하여 두어더라. 그리고 세멘일을 할려고 봉산 넷까에 모래 실어로 같더니 20대 절먼 아들이 6, 7명이 봉고차로 와서 솟까지 준비을 하여서 고가까지 삶마 먹어면서 넷바닥에서 오락을 절기고 잇스며 그기에는 가장 사람들이 왕래가 만은 위치에서 옺까지 다들 벗어놓고 마음것 질기고 잇드라. 그기에다 우리들 부역꾼은 모래 실련다고 비지땀을 흙리면서 일을 하는데 아랑곳 하지 않고 놀고 잇는 모섭 자신 보기에도 보기 실어며 우리 농민들은 더 꼴볼견이면 세상살리가 불공편하다는 것 느켜쓰며 매스큼에 농촌 주위의 관광지에는 인가을 불편을 준다고 이야기가 심심찬깨 나오는 것을 여사로 들어쓰며 우리들은 강 건너 불보드시 관심이 업시 지내와는데 오늘 절민 사람들이 우리 농민들은 일한다고 비지땀을 흙리면서 경운기에 모래 실고 잇는데 아랑곳 업시 노는데만 절기고 잇는데 그 모섭 보노라니 관광지의 불편한 점 위해 하며 관광지의 주위 농촌사람들 고충 백번 위해하며 꼴본견들의 모섭을 보며 마음의 안정도 힘들 줄 알고 잇따. 그 심적의 고통의 어느 누구도 당하지 않는 사람들은 아무도 모른다."
"우리나라가 부강하자면 꼴볼견의 숫짜가 적어야 부강 할 수가 잇따고 우리나라는 그 꼴불견이 더 만아저고 잇쓰니 한심한 일들이다."

〈1992년 9월 2일 수요일 낢씨 비〉
배추밭을 한밖기 돌라보니 배추 벌레는 약을 살포을 하여도 죽지 않아서 배추와 무는 먹찌 묫할정도 벌레들이 먹어 치우며 체소을 볼 때 마다 속이 상하고 잇다. 그래서 당장 김천 농약방에 가서 배추 청벌레 죽는 약을 달라고 하니 지오랙스 담배 나방 약을 주며 분제 2봉과 유제 1병을 싸와쓰며 당장 내일 회장에 가서 배추 청벌레을 몰살을 시키야 자신의 마음속이 후련 하게다.
"오늘은 처어머님이 업쓰서 고추 널어놓고 들레 같뜬이 그간 비가 내리서 당장 처어머님 업쓰서 피해을 보앗쓰며 노인내들이 집베개시며 여르모 편한점들이 만늘끈데 요줌 사람들은 남아니들을 실어 하는 이유을 몰겟다. 그리 처어머님이 집배 어쓰니 허전한 너킴이며 이이들이 더 허전함을 너키고 잇다."

지출에 … 지오랙스 유제 500cc 3,400원, 지오랙스 분제 2봉에 4,600원, 차비 620원, 아들과자 600원, 계 9,220원

"채소밭에 청벌레 죽이는 약을 개발을 하며 만원 돈을 벌 것으로 본다. 배추벌래는 여르가지의 살충제을 다들 살포을 해도 여전이 배추 잎을 깔가먹어서 얼기을 만들고 잇쓰니 무라고 표현을 해야 할찌 감을 잡지 못하게드라."

지출에 … 처어머님 13日 모시는데 100,000만원 들어같다.

〈1992년 9월 3일 목요일 낡씨 흐림〉

오전에는 채소밭에 제일 잘 덧는 약, 지오랙스 약 분재와 유제약을 채소와 무지파에 살포을 하며 두어쓰며 현재로 바스는 청벌레 죽이는 약은 지오랙스 유제와 분재 밖에 업따고 하니 살포을 하며 두어는데 효력이 월마만큼이나 날련지 몰겟꾸나.

"오후에는 형수 자랄 때 같이 크뜬 친구 개한다고 집사람 그들어 준다고 가니 자신은 따라서 정심 한그릇 어더먹고는 개니 골목에서 스승대다가 친구들을 만나서 길거리에서 놀라쓰며 남들은 재각키 바파서 길거리가 왔다 같다 분주하게 날띠고 잇는데 자신은 할 일 업는 사람모양 친구 삼명과 상점 물앞패서 놀고 잇쓰스며 남들이 자신이 놀고 잇쓸 때 이상하게 생각을 할 것이라고 생각을 한다. 외냐하며 자신도 매일 바픈 사람으로 인식이 돼어 잇쓰서 오늘은 우연이 길거에서 시간을 보내게 된 것을 휴예을 하고 잇다. 사실 자신도 할 일 두고 길거리에 서승이고 잇쓰니 속마음 사실 편찌 않터라."

"우리 나이 또래가 건강을 주위 하여야겟드라. 오늘 서울 사는 정남이가 혈압가 허벅지에 동맥에 피순환이 안 대어서 수술을 하는데 고충은 말할 것도 업고 치료기간이 두달이나 걸리따니 경비도 만이 낫쓰며 몸으로 벌어 먹는 사람이 두 달동안 벌지 않고 낭비만 했따니 그 고충은 알라줄마나며 사람이 건강을 50십대의 나이에 몸갈리을 잘 하여야 하며 자신도 음식에 신경을 만이 쓰서 짭고 매운 것을 갈리며 건강에 더 신경을 쓰야 한다는 것을 너켜쓰며 자신은 오늘 놀란 것이 자신의 건강을 지키는데 큰 도움을 어더쓰며 정남의 병원생활과 고충 이야기을 덧고는 자신이 건강 갈리을 내 나람돼로 하고는 잇찌만 여때것 한 것은 기초에 지나치쓰며 앞푸로 기초을 벗쓰나서 삶매 생활이라는 것은 건강을 지키는 일을 소월이 해서는 안대다고 생각을 너켜쓰며 오늘은 자신이 보석을 어든것이나 다름이 업따는 것을 너켜쓰며 앞푸로 건강을 지키는데 피나는 노력을 해야 한다는 것을 너켜다."

〈1992년 9월 4일 금요일 낡씨 맑음〉

오전에는 굼도량 수초작업을 하여쓰며 요줌은 부역하며 걸을 내지 하면서 불참을 하고 잇다. 작년만 해도 녹뜰 전역 도량에 수초작업을 다 할때가 잇쓰는데 요줌은 사람들의 수짜 적어서 그른지 도량반도 수초작업을 못하고 잇다.

오후에는 아버지 산소와 웃대 산소에 형님과 둘리서 벌포을 하여쓰며 벌초도 예치기로 하여쓰며 수라게 할끈데 예치기 날이 다들 따라서 작업이 안대고 잇쓰서 그만 낯으로 벌초을 하는데 면적이 넘어나 크서 둘리가 저물두록 하여쓰며 억찌로 다들 한 셈이다.
앞푸론 벌초도 자기 부모만 할끄란 생각이 든다. 외냐하며 묵은 산소는 벌초 한 것과 모섭만 바도 단번 알 수가 잇쓰며 다 같은 조상이라도 묵은 산소는 벌포을 하여도 대강 하는 버릇이 잇쓰며 오늘 자신도 아버지, 어머님 산소는 풀깍까도 정성이 다 들어가두록 일을 하여쓰며 잡초 한 개로 정성으로 일을 하는데 웃대 산소에는 날도 저물고 해서 대충 하는 식으로 벌초을 하여두고 마랐다.
우리 운이가 구미 직업 훌련소에 다닌다고 면접을 보고 오늘이 이뜰째 다니쓰며 앞푸로 끝까지 다닐란지는 몰라도 의욕이라도 잇쓰니 고맙다. 그리고 직업 훌련소에 야관이며 오후 5시 30분부터 오후 10시에 맡친다고 하니 부모마음은 학교 다닐라네 직업 훌련소 다닐라네 하며 채력이 딸리서 몿할 것 같트며 내 마음은 2학년 말부터 다니쓰며 하는 생각인데 운이가 할려고 하니까 말리지 몿하고 두고 보는 중이며 부모 입장에서는 아이만 예을 먹이고 마는 것이 아닐까 하는 극정이 앞쓰고 잇다.
만약에 운이가 도중하차 하지 않고 꾸준하게 다니게 되며 우리 부부는 우리 운이 채력에 전 신경을 쓰야 하며 농사일보다 우선이 돼어야 한다고 생각을 한다.

〈1992년 9월 5일 토요일 낡씨 맑음〉

오전에는 순달 장모 장지까지 따라 같쓰며 이것도 여기는 바랑지을 지내고 외쳐 손님을 볼 사람 보라고 알리주는데 대신 사람들은 볼 사람이 잇따고 이야기을 하여도 그만 다들 치우고 말더라. 그래서 일적 올라고 햇든 것이 그만 장지까지 따라가는 바람에 자신의 생각에 따르지 몿하고 마랐다. 그래서 정심까지 어더먹고 오고 마랐다.
오후에는 알방 구들장을 디비는데 독가루을 만이 발라서 한번 벗키는데 힘이 만이 들어쓰며 오래동안 방울따지 않은것이라 구세가 아주 만터라. 자신은 굴떡에 한풍기을 달라고 할려다 이것도 알방, 큰방 두게을 하게 돼며 44,000원 들어 가며 이것도 만약 집을 짓개돼며 낭비라는 픗에서 포기을 하고 오늘 알방을 따는데 힘이 만이 들어다. 사람 편키 살려고 해도 돈이라는 것 때문에 고충을 주는구나.
지출에 … 순달이 장모 별세 부주
20,000원

〈1992년 9월 6일 일요일 낡씨 맑음〉

금일은 우리 운이 용접 자격 시험보로 간다고 대구까지 같쓰며 운이는 학격보다 응시만 한다는 뜻으로 시험을 본다고 하는데 아빠로서는 좋은 일이며 운이가 자격 시험이라도 볼라고 마음을 먹는것만도 이 아빠는 성공했따고 생각을 하며 우리 운이가 오락에 미쳐 잇쓸때는 아빠가 가진 예을 다 쓰도 속수 무책이더니 이재는 공부는 디전칯고도 자격 시험을 쳐 볼라는 마음의 자세가 만족하다고 생각을 한다.
우리 운이 오후 너깨 들어와서 운아 시험이 어떠며 아는 문재가 나와떠나 하니까 시험이 만이 어룹따고만 말을 하고 말더라.
금일은 종일동안 알방을 따서 세멘 작업까

지 하여쓰며 부역에 부뗘막에 세멘 일까지 하여다. 앞푸론 부엌에는 부더러운 세멘일을 더 하여야 망우리가 됀다.

그리고 대구 사는 종구가 요전압시 트랙터로 차폐주어따고 수고 했따면서 고기라고 사먹으라면서 20,000만을 가지고 왔드라. 그 돈을 밭지 않고 돌려 보내쓰며 종구는 너무 미안 하다면서 고맡게 생각을 하드라.

지출에 … 화장지, 비누 5,060원, 우리
운이 자격시험 원세와
시험보는데 30,000원,
計 35,060원

〈1992년 9월 7일 월요일 낡씨 비〉

오전에는 웃뜰래 엿마지기에 잡초와 피살리을 하여쓰며 재때에 김매기을 하지 않아서 이재 논자리에 군대 군대에 피가 웃떡셔잇쓰며 이것이 외관상 보기가 아주 실어서 보뚝을 안전이 깍고는 오전내에 피살리을 하면서 남들 보기에 거리킴 업시 하여낱다.

"자신은 아직까지 논자리에 잡초가 자라서 남들 보기에 실투록은 하기 실어며 논자리을 깨끗하게 만들고 십픈 심정이다. 들판에 어떤 필찌는 잡초가 만이 잇쓰서 남들이 욕을 할정인돼도 아무려치도 않는지 그대두고 잇는 것을 보며 여사로 안 보인다."

"오늘 낡씨가 가랑비가 내리는 것이 벼 쓰려저기 알맡두록 비가 내리고 잇쓰며 이 비가 만이 내리지 않는것만도 큰 다행으로 생각을 해야 하는지 그려치 않으며 낡씨가 불필요한 비가 내린다고 너무하다고 말을 해야 하는지 알수가 업꾸나. 그리고 올해 병충에 방재을 소월이 한 사람들은 수학에 피참하다는 것을 너킬 필지들이 자신이 보기에 아주 만타고 생각을 한다."

"올 장마에도 우리들의 가슴을 아푸게 하지는 않아는데 요줌은 맑은 낡씨을 보여 주지 않는단 말이냐. 우리 농민 여름네 구슬땀 비지땀 흙리서 지어논 오곡들이 금빛을 내는 가정에 하늘은 무심하게 비가 옌말이냐. 하늘아 비을 주며 우리 농민들의 가슴에 몾을 밖는것이나 다름이 업노라. 하늘아 그 밝고 맑은 하늘을 보여서 오곡이 누러 익어 금빛 내두록 밝은 빛만 보여다오. 네 너을 존경하노라."

〈1992년 9월 8일 화요일 낡씨 비〉

둘리서 오전네 부엌에 세멘일을 하여쓰며 사람이 조금만 힘을 드리니 보기에도 예브고 일한 대까가 잇따는 너킴을 주며 작업을 안전희 끝을 낸 후 그것을 바라볼때는 좀 더 잘했쓰며 하는 아쉬움원 잇쓰나 그거분 밝기 그지 업다.

그리고 알방을 따고서 오늘부터 바르기 위해서 불을 지피보니 정말 잘도 더 가드라. 자신도 방을 잘 따는구나 하는 너킴이 들며 꿀떡에서 한연기가 기차 꿀떡쳐름 쑈사서 뭉계구름이 대어 하눌높이 낡라가는 모섭 한송이 꽃을 바라보는 너킴이다. 자신이 방을 여르번 따보앗찌만 오늘 갇이 케적함을 너켜보지 몾했따고 말을 하고 십꾸나.

"집사람과 두리서 오후에는 알방에 벽지 바르는 일을 하여쓰며 벽지을 잘 바를라고 해도 벽들이 고루지 몾해서 벽지까지 똑바로 부치지 몾하게드라. 이것을 바르게 부치 볼려고 노력을 할수록 더 응망이 돼는 너킴이며 정말 잘안드라. 그래서 운수가 좋으며 집을 짓을란지 모르니까 벽지을 아뭍타나 부치자고 집사람에 이야기을 하니 집짓키도 힘드는데 이대로 살자면서 벽찌을 습세하게 부치고 잇드라. 그래도 자신의 꿈은 곳 집을 짓어쓰며 하는 마음이 살라저지 않는다."

"우리 운이가 학교공부 4시정도 맡치며 직업훌련소 간다고 바프게 낡띠는 모섭을 볼때에 채력이 딸리서 했네끼나 하는 외심밖에 업쓰며 이것도 집배 들어오는 시간 밤 11시가 넘어야 들어오니 어린 아이들이 해내기는 너무나 벗차는 일이라고 말을 하고 십프며 부모로서 자식대하기가 그리 힘들고 잇다. 부모마음 같따서는 두관만 하는 공부도 지칠지경인돼 야관까지 하는 모섭을 바라 볼때에 너무나 외쳐러어 다들 치우고 학교 공부나 하여쓰며 하는 심정이다."

"그리고 자신은 자식들 보고 열심희 한다고 말들을 자주 하여왔다. 요줌은 열심이 한다고 말을 할 수가 업꾸나. 외냐 우리 혜영이는 학교 공부을 하고 도서관으로 곳바로 가서 밤새두록 공부을 하고 아침에 집배와서 밤만 제발 먹고 자리에 안저 보지 못하고 책보따리 짊어지고는 차시간 업따면서 종종 거름을 차고 잇쓰며 마치 낡띠는 모섭을 보기에 너무나 힘들며 부모가 안절 부절 할 정도로 민망하구나. 나 자신은 너위들 시간과 싸우는 가정을 볼 때 자신은 일과 싸우는 것이 아니라 가지고 논다고 표현을 해야 될 것 같꾸나. 자신이 너이들쳐름 시간과 싸우왔따며 벌서 부자가 돼어쓰리라고 장담을 하고도 남음이 충분하다고 생각을 하여본다."

"우리딸 밤잠을 딱딱한 의자에서 반은 잔다고 볼 때에 자신은 온돌방에서 잠자리에 요까지 피어서 두다리 쭉피어서 잠을 자고 잇따는 생각을 할 때에 자신은 삶매 싸음도 아니고 그저 인간이 밥을 먹고 살기 때문에 사는것이구나 하고 말을 하고 십꾸나. 앞푸론 삶매 길을 알차게 할려며 시간가 더 싸어야 하게꾸나."

"인간의 노력은 이처름 끝이 업고 무한정으로 길다는 너킴을 바다쓰며 정말 무진장으로 길다는 것을 세삼 알라쓰며 인간의 힘도 조금한 체구에서 음청난 힘이 잇따는 것을 너켜다."

〈1992년 9월 9일 수요일 낡씨 비〉

요줌 낡씨가 너무하다고 생각을 한다. 비오는 모섭을 볼 때에 우리들의 가슴을 아푸게 하고 잇다. 요줌 비는 아무 도엄도 주지 못하고 피해만 주는 비라서 짜증나는 낡씨에 불만을 가지고 잇따고 말을 하고 십다. 오늘은 종일동안 가랑비로 아무 일도 못하고 하로 해을 휴식으로 보내고 마랐다.

"금년 벼농사는 정부에서는 풍년이라고 예보을 하고 잇찌만 실찌 벼농사는 결투로는 풍년이라고 할련지는 몰라도 실찌 벼 포기을 해쳐보며 낡씨 관계로 약살포을 소월이 한 사람은 문고 병이 무성해서 심한 것은 벼이삭까지 올라 잇쓰서 벼가 그대로 말라가고 잇쓰며 들판을 돌라보며 여로 필지라서 예방을 여사로 한 사람들은 큰 숭년이 돼리라고 생각을 한다. 그리고 병충 외방을 철쳐하게 한 사람들은 올가을 추수는 풍년을 마지 할 뿐 아니라 우섬을 가질 수 잇는 수학을 할 것이라고 생각을 한다."

지출에 … 이발비 값 3,500원

〈1992년 9월 10일 목요일 낡씨 맑음〉

오늘은 추석 맡지 대청소을 마을 전채가 하여쓰며 이재는 추석 맡이 청소도 형식에 지나지 않으며 앞푸로는 추석도 별의미가 업쓰질 것 같다. 그리고 이번 추석은 분주한 너킴이 들하며 추석 너킴이 들한 기분이 마을 전채에 나타나는구나.
"금년에는 추석이라 해야 자신부터 옻 한벌 안 싸고 아들까지 추석이라고 산 적이 업쓰니 추석 기분이 줄어던다는 것은 사실이다. 그리고 이번 추석 일적해서 농촌에도 바푼 것이 업쓰니 추석을 편하개 마지 할 수가 잇다."
"오늘 추석이라고 돼지을 한바리 잡아서 나누어 주는데 돈이 따리는 것이라 힘적 고통이 따라더라. 사람이라는 것은 앞쓰지 않고 뒤따라 가는사람이 힘적 부담이 업고 편하게 살라가는 질리며 그 사람이 현명한 사람이라고 생각을 하여본다."
지출에 … 돼지고기 2,500g 7,000원

〈1992년 9월 11일 금요일 낡씨 맑음〉

오늘은 추석 한가위며 오늘은 너무나 맑은 낡씨을 보여서 성모격[성묘객]들이 땀을 함박 흙리쓰며 추석하며 대다수가 흐리거나 비오는 낡이 만은데 오늘은 너무나 하창해서 여름이라고 착각을 할 정도로 낡씨 좋아다고 말을 하고 십다.
"올해도 우리 형제들은 불참하는 사람업시 다들 참석을 다하였다. 그리고 내년에도 불참하는 가정이 업두록 기원 하게노라."
"우리나라도 추석 명절 하며 두 번식은 고향으로 대인파가 이동을 할때는 차량 때문에 고향길에는 큰욕을 치라야 하니 이 고충 때문에 고향에 오고 집비도 오지 못하는 사람들이 수도 업쓸거으로 본다. 그리고 이것은 우리 국민이 집중으로 서울로 빌리키 때문에 연중 행사쳐름 곤욕을 치루고 잇따고 보며 아푸론 우리나라도 발전을 고루게 발전을 시키서 인구가 분산이 돼두록 발전을 한다고 본다. 앞푸론 서울 인구 집중은 꼭 막아야 한다고 본다."

〈1992년 9월 12일 토요일 낡씨 비〉

둘리서 배추밭을 한밖기 돌라 보았쓰며 금년 배추는 밭에서도 제일 좋으며 남들은 아직까지 배추 행세도 못하고 잇는데 우리 배추는 아주 좋으며 남들이 보며 배추 좋다고 입을 다시곤한다. 요줌 무원 씨앗시든지 엔날에 갈던 때보다 좋금식 일적 갈라야 적기라고 생각을 하며 무선 식물이든지 가만이 간찰을 하여보며 일적 가란 것을 못따라가고 잇따. 그래서 자신은 메년 남들보다 일주일정도 일적 하는 편이다.
"그리고 무우, 배추을 만이 하여와서 동생들 나우주고[나눠주고] 구미는 전화을 해서 배추을 가지고 가두록 하였다. 동생들을 줄라고 하니 매년 배추 농사을 만이 짓어도 남들 모양 채소로 돈을 못하고 잇다."
"푸른하늘은 우리들의 소리도 덧찌도 못하나바. 한 두명 모여도 낡씨 넘하다고 욕들하고 잇쓰며 우리들의 이마에 구슬같은 땀을 흙리면서 짓어논 벼농사 망친다고 아우성을 쳐고 잇쓰며 푸른 하늘 우리들 다 지어논 벼농사 망칠까바. 푸른하늘아 비가 오며 우리들은 벼농사 망친다고 숨도 마음대로 쉬지 못하고 잇는 심정을 의미 무르고 잇쓸까. 우리 농민은 맑은 낡씨을 보이며 우리 농민도 마음과집이 밝아지노라. 푸른하늘은 천지을 덥고도 남월 가슴을 가지고도 인간의 쫍번 가슴을 덥프주지 못하고 원성의 소리가 나오두록 하고 잇는 것이 안스렵꾸나."

"이번 추석은 다른 때보다 하로가 드간대도 골목길에 사람들은 업쓰며 조용한 거리을 볼 수가 잇쓰며 편소때는 골목 어기에는 사람들이 모여 잇는데 오늘은 더업는 너킴이며 추석 한가이가 식어가서 그른지 알 수가 업쓰며 너무나 조용하니 마음의 한구석엔 습한 마음이 들어 가는구나."

〈1992년 9월 13일 일요일 낡씨 비〉

비오는 모섭을 보고 잇쓰니 기가 찬다. 무선 비가 오전네 비가 내리고 잇쓰며 이 날이 누구을 죽길라고 묵묵희 비만 내린단 말이냐. 비는 이만 질리고 잇쓰니 재발 비좀 내리지 않아쓰며 하는 심정이다.

오늘 오전에는 비가 내리서 아무 일도 하지 않고 휴식을 하여쓰며 오후에는 누님이 조금 뻔찬아 하는데 한번 가보자 하고 참두유 1통을 들고 누니집배 같더니 누님은 놀로 같드라. 이것을 보고 마음을 노와다. 자신은 누님이 놀로도 못하고 잇는 줄 알고 같쓴는데 누님이 놀로 가고 업쓰니 큰 다행이다. 자신의 마음속으로 생각을 하여쓰며 자형이 전화로 누님을 불어서 집배 오시는데 얼굴에 축도 나지 않코 잇쓰며 외관상은 별로 포가 업드라. 그리고 누님 얼굴을 보고 또 한번 마음을 노앗다.

누님도 살라가는 과정이 신경을 쓰이계 돼서 잇쓰며 자형은 얼굴이 부어 잇는 상태예 그리고 다리 아파서 침을 맏는 사람이 동장본다 합십고 술만 절가지 상환이는 장사을 그만두고 아직 직장도 업시 놀고 잇찌 여로가지로 마음의 극정을 하게 돼서 잇드라. 그리고 누님은 성격이 상끔한 성격이라 신경성으로 곤욕을 치루고 잇는 모양이다.

"인간이라는 것은 돈이 업쓰며 불안이 일게 돼어 잇다. 돈이 무엇시기에 돈이 인간을 불성실하게 만든단 말이냐. 인간의 성실도 돈이라는 말이냐."

지출에 … 누님집에 문안에 참두유 5,500원, 운이과자 1,100원, 계 6,600원

〈1992년 9월 14일 월요일 낡씨 맑음〉

오늘로서 보뚝과 두릅에 풀을 안전이 깍는 작업을 하여다. 풀깍는 작업도 일년내 5, 6섯번은 깍까따고 생각이 들어지는구나. 그리고 금년에는 풍년이라고 정부에서 떠들고 잇찌만 실찌 벼는 풍년이 아니라고 생각을 한다. 오늘 피살리을 하여보니 벼농사가 시원찬타고 생각을 하며 우리 벼는 우선 보기에는 아주 잘돼어 따고 생각을 하는 것이 실찌 벼는 속을 보니 가슴이 철렁하는 너킴을 바다쓰며 벼수학에 큰 차질이 올 것이라는 생각이 든다. 정부에서 풍년이라고 테례전에서 자주 풍년이라고 큰 소리을 쳐는데 실찌는 평작이라고 말을 하고 싶다.

우리 농민은 매년 풍작을 해야 생활에 쬬달림을 들밭는다고 본다. 우리 농민은 한 해 숭년을 보게돼며 삼년까지 숭년의 영향이 오리라고 생각을 하며 우리로 바서는 풍년만 들어야 한다.

〈1992년 9월 15일 화요일 낡씨 맑음〉

금일은 추석 전에 큰 방을 딸라고 개핵을 했든 것이 오늘 작업을 하여쓰며 큰 방은 구둘이 세멘으로 만든 것이라 방을 딱기가 알방보다 더 수라게 일을 하여쓰며 오늘 하로만에 작업을 끝을 냇다. 금년에 알방과 부엌, 큰방 셋곳을 세멘 6포로 다들하여다고 본다. 헌집라도 세멘으로 손대고 보니

보기에도 좀 편하구나.
"이 일들을 추석 전에 할려고 개핵을 세어 쓰며 이것을 실천을 못한 것은 부역과 생각지도 못한 일들이 삼일이 나와키 때문에 자신의 개핵을 문어 떠리고 마랐다. 무엇뜬지 시간을 초박하게 잡어며 생각지도 못한 일 때문에 개핵을 세운 것이 무너저니 시간 여유을 가지고 계핵대로 실천을 하여야 한다고 본다."

〈1992년 9월 16일 수요일 낡씨 맑음〉
집사람과 둘리서 말리 사과나무 밑에 알타리 무우, 무우, 배추, 시금치, 파, 상치, 삼동추, 나물 종류을 여릇가지 갈라 낮쓰며 이것을 둘리서 김매기와 살충재 약을 살포하는 일을 하여쓰며 앞푸론 무선 나물이든지 마음대로 먹을수가 잇따고 본다.
오후에는 벼논에 섬진벼 말고는 다들 물꼬에 물을 안전이 파낮쓰며 자신은 벼논에 멸구약[78]을 살포을 하고 물꼬을 파놀라고 생각을 하여는데 오늘 지도소에 멸구약을 원재 살포해야 적기인가 물어더니 금년에는 멸구가 업따면서 약을 살포 할 필요가 업따고 이야기을 하면서 기분이 좋드라. 사실 자신도 약살포 하기가 급이 난다. 그래서 약살포는 포기을 하고는 물꼬에 오나락만 물을 파낮다.
"자신이 돌라다니면서 물꼬에 물을 전부 피노코 보니 시절이 다들 돼어꾸나 하는 생각과 벌서 금년 회는 다들 갇꾸나 하는 아쉬운 마음이 들드구나."
"우리 운이가 아직까지는 지급훌련소에 아무말업시 잘다니며 자신은 삼일이나 다니겟나 그것도 밤 11시가 넘어야지 집배오는데 힘든다고 못할줄 알라는데 아직까지는 아무련 말도 하지 않코 잘다니는 것을 보고 신기 하기 짝이 업쓰며 우리 운이가 장래을 생각을 하여서 자격증이라도 따볼라고 야관에 직업훌련소 다니는 것을 보고는 자신의 마음이 든든하며 우리 운이 중학교 다닐 때에 저의 아빠 세상살리가 고달푸두록 하드니 이재는 이 아빠 극정을 안해도 잘 자랄수가 잇따고 학식을 하며 운아, 이 아빠는 큰 욕심 가지지 말고 그저 성실한 이간 생활만 해달라고 말을 하고 십다. 이래돼고 보니 운이 오락에서 못해 날 때에 이 아빠가 못할말 고라서 다한 것이 정말 미안하고 이 아빠가 옹졸하여따는 것과 마음이 늙찌 못했따는 것이 이재야 머리에 떠오르고 잇따. 외 진작 나의 가슴이 늙찌 못한 것 깨달지 못했는가 이 아빠의 마음 가짐을 꾸중을 하고 잇따. 정말 미안타고 말을 하리라. (아빠가.)"
"오늘 우리 운이가 자신의 가슴을 밝게 하여다. 자신이 경운기 몰고 들래가고 잇는데 마을 친구들은 다들 너깨야 때을 짓어서 우리 운이도 그 한쌈에 들어서 학교을 가곤 하여는데 오늘은 친구들도 나오지 않아는데 운이와 둘리서 쁘스 성강장에서 버스를 기다리고 잇는 것을 보니 우리 운이가 학교을 남 먼저 갈려고 하는 모섭이 이 아빠 보기에 이재는 대따 하는 느킴이 들며 오늘 아침은 정말 좋은 너킴을 바다 따고 말을 하고 십노라."

---

78) 갈색 멸구라고도 하며 볏대 아랫부분의 즙액을 빨아먹어 벼가 쉽게 쓰러지며 잘 자라지 않고 심하면 말라죽게 하는 벼멸구를 방지하는 약이다.

〈1992년 9월 17일 목요일 낡씨 맑음〉

오전에는 경운기로 거름을 실어내고 오면서 아들 밴도 반찬 할려고 좀 캐어 왔쓰며 오후에는 참깨을 마지막 터는데 그것도 둘리서 오후네 털어도 참깨가 두 대 정도밖에 안나오며 참깨도 마지막 다 털어서 정리을 하여쓰며 참깨 푸리가 작년보다 아주 적더라. 자신은 면적이 만이 갈리서 만는줄 알라떠니 안전 정리을 하여보니 작년보다 깨죠바리가 아주 적떠는구나.

〈1992년 9월 18일 금요일 낡씨 맑음〉

작과밭에 잡초가 너무나 무성해서 오늘 잡초약을 살포을 하여쓰며 이것을 풀이 적개 잘라서 잡초약을 살포 했드라면 약도 적개 들뿐 아니라 사람도 흙신 수래 쓸끈대 약을 일적 살포을 못한 것이 정말 아쉽꾸나.

당산밭에 잡초약은 25말 들어가고 앞밭에는 10말약을 살포을 하니 충분이 쳤개더라.

오후에는 벽지을 비르는 작업을 하여쓰며 벽지도 풀이 적어서 다시 시장에 가서 사와서 벽지 부치는 작업을 하여떠니 두리서 벽지 부치는 일도 끝도 내지 못하고 오후 시간을 다 보내고 마라쓰며 내일 오전까지 해야 끝을 낼 것 같꾸나. 이 일들을 추석 전에 다 할려고 개햑을 한 것이 오늘까지도 다 못한 것은 음청난 차질이라고 바야 한다.

〈1992년 9월 19일 토요일 낡씨 맑음〉

오늘로 방에 벽지을 안전희 바르고 아들 책과 책상 할 것 업시 재정리을 하는데 오늘 토요일이라서 아들이 그들어도 종일 걸린 셈이다. 그리고 숙모님이 보시든이 남들 집 짓는 기분보다 좋깨다고 이야기을 하시는데 사실 방마다 세 벽지을 바르고 재 정리을 하고 보니 마음도 사실 좋으며 집사람보고 우리 아직 십년은 집 안 짓어도 돼겟따고 이야기까지 하여쓰며 사실 벽지와 장판까지 세겻으로 단장을 하니 신부 방쳐름 보이며 정말 마음이 상캐 하드라.

"우리 운이가 직업훌련소 다니는 것이 육체적으로 무리가 돼는가. 오늘은 후이가 아주 고단희 보이며 이 아빠가 보기에 고단해서 몸부림을 쳐고 잇드라. 그래 운아 고단하거든 좀 자라고 하여쓰며 그 모섭을 볼 때에 외쳐려며 딱한 모섭을 보기에 이 아빠 힘이 드는구나."

"그리고 저의 엄마가 일부로 닭죽을 해서 운이 줄라고 크린 것을 닭죽에 인삼이 들어서 닭죽이 달드라. 운이가 한번 먹어보드니 달다고 두 섯너번 먹든이 안 먹을라고 하길에 일부로 운이 줄라고 일부로 닭죽을 한 것인돼 먹으라고 건유을 해도 수저을 들지 않아서 그리 마음이 아푸며 운이가 음식을 푹푹 먹는 성격이 아니라서 늙 국정을 하면서도 마음적으로 채력 보강을 해야 됀다면서 부인보고 신경을 쓰달라고 자주 부탁을 하곤 한다. 그리고 오늘은 일부로 삼을 너어서 닭죽을 한 것을 입배 돼지 않고 마는 모섭을 볼 때 아빠의 속이 상하며 맡이 업드라도 영향 보충을 하기 위해서는 먹어 두야 한다면서 건유을 하여도 안 먹드라."

"우리 혜지는 무엇신든지 잘 먹고 하니 신경이 안쓰이는데 혜영이와 운이는 밥 먹는 것이 비상 먹는 것 쳐름 먹고 잇쓰니 의이살이 부털수가 잇쓰며 남들 쳐름 건강해 보일수가 잇캐나. 이 아빠가 볼때는 공부보다 채력이 더 중요시 하는데 너의 체력이 저 모양이 극정을 아니 할 수가 잇나. 너의 체력을 생각만 하여도 이 아빠 신경쓰이니 이 아빠 속이 시원하두록 밥 한 그릇식 희딱 희딱 비어다오. 이것이 원이로다."

〈1992년 9월 20일 일요일 낡씨 비〉

체소밭을 한밖기 돌라쓰며 채소가 좋은데 아띤가 몰래 채소가 깨끗한 맡이 들한 맡이 잇는 것 같더라. 집사람과 두리서 채소 밭 무지파 벼논 한밖기 돌라쓰며 무지파는 금년에 큰 숭년이라고 말을 하고 십꾸나. 우리 마을 전체가 다 따지어도 무지파가 좋은 사람이 업고 다들 무지파가 땅속으로 크는지 무지파가 다들 망하고 잇다. 자신도 매년 무지파을 하고 잇찌만 무지파에 약살포 회수도 만들뿐 아니라 무지파 자꾸만 망하고만 잇다. 금년 같이 무지파에 힘이 들어가면 무지파 농사을 몿짓는다고 바야 한다. "오후에는 김천 순달이가 토기 잡아 줄라면서 온다고 하길에 오후 일은 휴식을 하여쓰며 자신이 토기을 잡아도 을마든지 잡찌만 먼저 번에도 순달이가 토기만 잡아주고 바푼 일 때문에 가버리서 우리까지만 잘먹고 마라서 마음에 걸리서 이번에는 시간이 잇쓰며 같이 먹을라고 잡는다하면서 오늘까지 두어쓰쓰며 오늘은 일요일이고 하니 순달이가 올라고 하니 둘리 잡아서 소주잔이라도 나누며 좋깨따는 생각에 순달이와 둘리서 토기 두바리을 잡아서 형님과 순달이 셋시가 소주 1병을 나누면서 잘 먹어다. 이것이 고기에 의미가 잇는 것이 아니라 형제의 의미가 잇쓰며 한자리에 안저서 말 한마디가 떳잇쓰며 정이 나누어 저는 것이다."

지출에 … 소주 800원, 과자 900원,
계 1,700원

〈1992년 9월 21일 월요일 낡씨 맑음〉

말리 사과밭 만든다고 폭크렌으로 도구 떤 자리에 모래을 실어너서 배수가 잘돼게 할려고 개령 냇까 모래을 오전에 실어너어 보앗뜬이 그 일도 수란 일이 아니구나. 그것도 앞도로에 차량이 넘어 만아서 이험성 때문에 경운기로 모래 실넌다는 것은 바람직지 몿한 일이라고 생각을 하기 때문에 신경이 더 쓰는 맡 때문에 일이 힘이 더는구나. "오후에는 배추거름을 하여쓰며 배추거름도 좀 일적 두어야 될 것 같다. 외냐하면 배추가 넘어 좋으니 거름하기 아주 그북하며 배추 거름이란 배추 고량이 허날 때 거름도 주어야 하겟따는 생각이며 올해따라 배추가 너무 좋다고 배추 거름을 너깨 하여떠니 배추 이파리가 너무나 좋으니 비료하기가 그북해서 이재는 비료 거름을 일적 스들어야 하겟다."

그리고 오늘 말리사과 나뭇가지을 꼴잡기 위해서 말목을 이용하여서 노끈으로 다들 묵끄서 가지을 잡아 주는 작업을 하여쓰며 이것을 진작 잡아 주야 하는데 가지 잡아 주는 작업도 너저따고 생각을 한다. 그리고 주위에서 보기에는 사과 밭이 재법 어울리며 우선 사과밭이 어울리는 모섭을 볼때마다 기분이 좋으며 자신이 심어서 나무들이 싱싱하게 자라고 잇는 모섭을 볼 때마다 마음이 허무하구나.

"내일이 부인 생일이다. 그전 같떠며 집사람 생일이라고 돼지고기 한근이라도 준비을 하는데 오늘은 어재 토기고기가 만이 남아 잇따고 해서 고기 준비을 하지 않아쓰며 자신이 고기가 잇따고 해서 고기 준비을 하지 않아는대 서운하게 생각을 하지 말라. 수일내로 부인 생일대신 고기을 사줄라고 이야기을 하여쓰며 이번 토기고기을 다 먹어며 돼지고기라도 사줄 마음이다 부인은 돼지고기가 아니라 쇠고기을 한, 두근이 아니라 다리 정도을 해도 시원찬어며 다들 부인은 좋따고 하게찌만 자신은 정말 좋은사람을 만낮따고 생각을 하며 하잘 것 업는 남편을 공손이 대접을 하는 그 모섭 무어라 말을 다 할 수가 업쓰며 여때것 살라 오면서 두 얼굴이 업고 언재나 받뜨는 그 성실을 생각을 할때마다 부인은 사람이 아니고 신이라고 생각을 하며 사람이라면 남편에깨 그처름 변함이 업시 선길수가 업쓸뿐 수십번이라도 성화을 냇쓸건대 하는 생각이 들때가 만타. 그른대 의이해서 따듯하고 하로도 빠짐업시 솜이불 쳐름 포근하고 따뜻한 마음만 준단말이냐 정말 부인은 속이 하늘과 바다 둘다 합쳐도 부인 가슴속보다 늙찌 몿하리라. 내 보잘 것 업는 자신이 당신을 만나서 따뜻한 솜이불속에서 살라간다니 나의 인생 생활이 절급이 한이 업다. 자신은 늙 고마움을 가지고 하로 생활을 살라간다고 말을 하고 십다."

〈1992년 9월 22일 화요일 낡씨 맑음〉

금일은 종일동안 경운기로 사과밭에 모래 실어 넌는작업을 하여쓰며 종일 실어바야 겨우 7곱리밖에 몿실어쓰며 해가 저두록 실어며 8들리는 실을 수 잇따고 보는데 그것도 쉬셈이 업고 혼자 실월라니 욕심이 업쓰서 일적 작업을 마치고 마랐다.

금일이 부인의 생일인돼 고기준비도 하지 않아쓰며 아무련 일업시 평일이나 다름이 업시 지나오는데 아침이야 혜지가 엄마의 생일 선물이라면서 화장품을 주는데 그것도 화장품을 사는데 선물을 준다면서 음치 만드라. 집사람은 화장품 선물에다 화장품에 따라오는 선물래다. 오늘 선물은 푸짐한 선물이 돼어쓰며 그래도 큰놈이 재일 낮꾸나. 혜영이, 운이는 생일인지도 모르고 잇는데 혜지는 그래도 저의 엄마 생일을 기억을 하고 선물까지 한다니 정말 고맙다. 우리 집사람은 자기 생일따이는 기억조차도 하지 않는 사람이라고 자신은 알고 잇는데 집사람은 마음속으로는 생일 선물을 바라고 잇는 줄은 모르지만 여하튼 혜지가 아빠의 목씨까지 다들하여 따고 생각을 하며 혜지에깨 고맙따고 이야기을 하였다.

"금년에는 부인 생일에 고기 준비 업시 지내온돼 미안함을 가지는 바이다."

〈1992년 9월 23일 수요일 낡씨 흐림〉

금일도 모래 실는 작업을 하여쓰며 오늘 종일 실어면서도 7 곱바리 밖에 몿일어쓰며 어재보다 한바리 적개 실은 이유는 오후에는 휴식을 할려고 하다 너깨야 모래 실려로 같키 때문에 해가 저물어서 땅거미가 지두록 모래 실는 작업을 했찌만 한바리을 적개 실은 이유다.

"기상대에서 태풍이 이번에는 우리나라을 강타한다고 예보을 하는 것을 볼때에 우리 농민들의 땀의 대까가 이번 태풍으로 무산이 돼는 것이 아닌가 불안해서 무선일에 집풍을 하지 몿하게꾸나. 재발 우리들의 땀이 헛대지 않아쓰며 하는 마음뿐이다. 이번 태풍만 피해 간다면 우리 땀이 어너해보다 갑진 해가 될 것으로 학신을 하고 십픈데 이번 태풍이 이 마음을 불안하게 만들고 잇꾸나."[79][80]

〈1992년 9월 24일 목요일 낡씨 비〉

이번 태풍 캐티가 우리나라로 집적 강타한다고 기상대에서 발포을 하여는데 다행이 우리지역은 바람도 업고 비만 조금 내리는 것으로 끝이 낫쓰며 이번 태풍이 우리지역을 피해을 주지 않코 지나같따는 것은 정말 행운이라고 말을 하고 십다. 이번 태풍은 바람보다 비을 만이 몰고 오는 태풍이라고 하여는 우리지역은 비만 조금 내리고 순조렵게 지나같따는 것은 정말 행운이라고 말을 하고 십꾸나.

"우리나라로 태풍이 온다고 기상대에서 예보을 하는 바람에 휴식을 하면서도 마음이 조마 조마한 마음으로 오늘 해을 보내고 마랐다."

"이재는 우리 땀을 허때개 할 불청객은 다들 지나 같따고 생각을 하며 이재는 이마에 주름을 피어서 가을 추수하는 길만 남아따고 생각을 한다."

〈1992년 9월 25일 금요일 낡씨 맑음〉

금일은 집사람은 상가집에 가고 자신 혼자 고속도로 밑 임숙네 논 벼가 쓰레저쓰며 다른 곳은 다들 벼가 그대로 쓰잇는데 이곳만 뒤도구 쪽으로 벼음치 쓰러져쓰며 자신은 벼 쓰러저는 것을 극정을 해서 거름질을 신경을 쓰서 하여는데 임숙네 근에 벼가 오전내 자신 혼자 세우고 오후에는 집사람 그들어서 일적 세우찌만 혼자 세울라면 종일 세울량이라고 생각을 한다. 다른 태풍 다들 비키 가는데 이번 태풍이 피해을 주는구나. 그른대 이번 태풍이 씨급이고 비만 몰고 와서 피해량도 적을뿐 아니라 우리지역은 태풍이라고 말을 할수도 업쓸뿐 소낙이 피해정도도 안댄다고 보고잇다. 그른대 이번 태풍이 우리지역을 비키가서 큰 다행이며 비바람이나 불고 했쓰며 쓰러저는 상당이 만을 것으로 보는데 이만해서 자신뿐 아니라 우리 지역의 농민들은 긴 안도의 숨을 쉬쓰려고 본다. 정말 큰 다행이다.

"사람이란 때론 집배일도 버리고 살라가는 것이 인간의 생활이라고 보는데 우리 집사람은 집배 일을 잊찌 않코 살라가는 사람이라고 말을 하고 십다. 상가집에서 종일 일을 하여 줄라고 생각을 하여는데 남편은 벼 쓰러진 것을 세운다는 것을 생각을 하니 잊쓸수가 업쓰서 오후에는 그만 주위 사람에깨 양해을 구하곤 자신의 일을 도와 줄라고 왔따고 이야기을 하드라. 자신은 부인은 바라지 않코 자신 혼자 다 세운다고 생각을 하고 오늘 오후는 좀 들시고 들레 간다는 가고을 가지고 잇는데 부인와서 나도 벼 쓰러진 것을 세우로 간다고 해서 자신 혼자 새와도 다 세울수 잇따면 부인 할 일 하라고 하니 나도 그든다고 해서 둘리 세우니 일적 세우갯드라. 그래서 채소 밭을 들리서 채소을 조금 해오는 것으로 오늘 일과을 맡치다.

"벼 쓰러지는 것은 정말 우예일이며 이 일은 남들보기에도 챙피하는 일이다. 내일을 하면서도 남들 의식을 하는 일이라서 더욱 일하기가 힘이 들며 비가 만이 와서 벼가 만이 쓰려젓쓰며 어떠게 할 뿐 햇나 정말 아찔하는 마음뿐이구나."

79) '현재로 모리실은 것이 10바리 실어너어씀'이라고 일기 지면 상단에 따로 기록되어 있다.

80) '모래실은량 6섯바리'라고 9월 23일 일기 상단에 따로 기록되어 있다.

〈1992년 9월 26일 토요일 낡씨 맑음〉

금일은 상가집에 일 거들어 주로 주로 같쓰며 현재로 우리 나이는 둥치기 또래이며 상가집에 가도 별로 일도 하지 않고 채면상가는 입장이라고 할까 때론 아무일도 하지 않고 상주 보기에 미안 할때도 잇쓰며 오늘도 별로 거들지 않고 일가을 보내쓰며 그리고 운학이 어른이 집배일 들래일은 깔끔하게 하는 사람이 자기 갈때는 아무련 준비도 하지 않아는 것이 미숙한 사람이라고 생각을 할까 그저 바보라고 말을 부치야겟나. 자신이 이르게 생각을 하는 것은 아들이 다들 자기주장 미느리는 미느리 주장 재각키 주장이라서 사흘이 머다하고 큰소리을 내는 과정에서 운학이 어른 갈 때을 준비을 하지 않코 그냥 둔 것이 이상하며 우리 생각을 할 때는 조금 부족한 사람이라고 생각을 하고 십꾸나.

"운학이 어른이 정신이 업쓰서 돌라 다니서 그르치 걸력은 아주 좋은 사람인돼 정신이 나가서 자주 길거리을 다니곤 하드니 그만 용신촌 거들목 뫃가서 열차에 부디쳐 다리가 절단이 돼는 죽음을 하고 마라쓰니 이것은 가정에서도 실성한 사람을 무책임하게 둔재라고 할까. 어른 나이로 바서는 80십 노인라서 죽을때도 돼어찌만 죽음이 예석하게 죽어서 상주들은 마음이 더 걸리겟꾸나."

"사람은 인정을 가지고 살라야 한다고 본다. 상가집에 형제들은 삼형제라고 하지만 행세들 바서는 일 바주는 사람이 만이 왔따고 본다만 사람이 업쓰서 여자들 할 일이 응망이 돼어따고 생각을 한다. 사람이 평소때는 그 가정에 안정이 잇나 업나을 잘모르지만 큰일이 터지며 단번에 그 집의 인심을 알 수가 잇다. 인간의 생활에 돼에서는 정이 업씨는 살라가는데 힘이 든다고 보며 인간으로서 인정을 나누어면서 살라가야지. 인정을 나누지 뫃하고 살라가는 자는 인간의 본질이 죽어가는구나 다름이 업다."

지출에 … 운학이 어른 출상 부주
10,000원

〈1992년 9월 27일 일요일 낡씨 맑음〉

오늘같이 좋은 날이 개속이 돼어서 알알리 연결어 가는곡석 낮토리까지 익어서 풍성한 가을이 돼두록 좋은 낡씨 지속대어 농민들의 마음을 푸짐 하게 만들어 주길 바랄뿐이다. 우리들이 모닥빛에서 비지땀을 흙린것도 오늘의 가을 추수에 탐스렵게 연결은 곡석을 거두기 위하여 흙린 땀의 대까가 갑진 보석이 돼어 돌라오두록 기원하는바이다.

"금일도 개령 냇가 모래을 실어쓰며 요줌은 실은 모래 등으리가 소복이 싸여 큰 등치가 돼고 보니 마음도 푸짐한 너킴이 들며 수북이 싸이는 것이 좋아서 자꾸만 모래을 밀고 십꾸나."

"사람이란 하기 실은 일도 개속하게 돼며 일도 재미는 따라오는 것이구나 하는 생각을 너켜다."

"참댄사람은 나쁜것부터 먼저 먹어야 하며 남이 실은 것을 만이 하는 사람 일수록 인간의 참댐을 먼저 승치 한다고 생각을 한다."[81)]

---

81) '모래 6섯바리'라고 일기 지면 상단에 따로 기록되어 있다.

〈1992년 9월 28일 월요일 낡씨 흐림〉

기상대서 비 온다고 예보을 하지만 우선 바서는 맑은 하늘 보이고 잇쓰며 비 온다는 너킴을 오후 너깨까지 너키지 못했쓰며 만약에 비가 만이 온다면 앞전에 태풍보다 벼 피해는 크리라고 생각을 하며 외이른지 불안한 예감이 살라저지 않으며 금년 가을은 순탄하두록 낡씨가 만들지 않을것이란 생각이 머리에서 살러지지 않는구나. 이른 생각이 머리에 잡재 돼어 잇는 것은 여름네 비가 오지 않아서 그 비가 가을에 오게 돼어 잇키 대문에 불안한 마음이 쉬게 머리에서 떠나지 않나바.

"오늘은 우리들이 어릴 적에 고향을 떠나서 서울서 산다고만 이야기을 들어찌 우리는 누군지 좋차도 모르는데 서울에서 죽어서 고향땅에 무칠라고 오늘 영구차로 와서 고향땅에 안장을 하는데 마을에 절먼 사람이 만이 나와서 일을 그들어 쉽게 안장을 하였다."

"고향땅을 지키고 잇는 분들이 흉사을 당하며 다들 그들어 주는 것은 인간의 정으로 하여야 하게찌만 이것을 사람으로 생각을 할 때에 도리에 이건난다고 생각을 한다. 외냐 절밀 때는 고향을 버리고 한번도 고향에 어른들 한번 차저 보지 않코는 일을 당하며 일을 도와 달라고 아우성을 부릴 때는 귀가 찰일이며 그리고 고향분들의 도움으로 장래식을 다하고는 수고 했다고 돈멧푼 주고 힉 떠나며 그만이며 이것을 볼때는 사람의 노릇을 다들 못하고 잇는 사람이 만타는 것을 너켜 볼수가 잇다."

"고향을 떠난 사람들도 고향산천에 산이 잇는 사람은 고향땅에 무칠라고 도라오고 잇꾸나. 인간은 알몸으로 태어나서 알몸으로 돌라가는 것이 인간의 술리인가바."

"인간이 알몸의어로 태어나서 알몸의로 돌라가야 하는데 무엇을 가지겟따고 보닥빛에서 구슬 같은 땀을 흙리면서 살매 생할을 해야 하나 어재도 오늘도 두 생명이 푹어서 땅속으로 들어 가는 가정을 지키 볼 때에 허전하기 그지 업쓰며 동물들은 죽어며 사람의 피라도 만들고 잇찌만 사람은 아무른 도움 헌적도 업시 살라 저는 것을 볼때에 허무함만 너켜본다."

〈1992년 9월 29일 화요일 낡씨 비〉

저녁네 비가 내리는 소리에 우리벼 다 쓰려진다고 극정을 하여쓰며 그리고 이 비는 만은 량의 비는 아니라도 어재 밤부터 오늘 오전까지 내리서 벼들 만이 쓰려젓따고 생각을 하고서 정심을 먹고 곳바로 들로 나와는데 우리 벼가 굳것하게 그대로 쓰잇는 모섭을 보니 정말 반갑드라. 어재 저녁에 비오는 소리에 이재는 벼을 다 쓰려저개 하는구나. 결국은 벼을 쓰려저개 하는구나 하고 마음가짐을 표기을 하고 잠자리에 들어쓰는데 이려깨 넘넘하게 벼가 쓰잇따니 이재는 다행이다하고 자신도 몰래 입이 버르지고 나도 몰래 웃섬을 가지보앗다.

"그길로 논자리마다 물꼬가 맥키지 않아나 하고 학인 작업을 하여쓰며 논자리마다 물꼬을 학인을 할려니 논자리을 한밖기 돌라야 하니 그것만도 오후네가 걸리더라. 이재는 벼 쓰려지게 하는 장해물은 업쓸 것으로 내다보고 잇다."

지출에 … 강아지사료 17,000원, 돼지고기 6,000원, 차비 640원, 보험료값 10,900원,
계 34,540원

〈1992년 9월 30일 수요일 낡씨 맑음〉

오늘 같은날은 벼알이 연결어 가는데 좋은 낡씨을 한다는 생각을 가저보며 자신의 욕심 같다서는 맑은 낡씨을 하여서 벼알이 알차게 연결어 주어쓰며 하는 소망뿐이다.

"오전에는 둘리서 참파밭과 가랑파 밭을 김매기을 하여쓰며 오후에는 정미소에서 정미하는 것으로 하로 일가을 보내고 마랐다."

"우리 운이 직업훌련소에 다닌다고 할 때는 조금 다니다 힘든다고 중단을 할 줄 알라는데 아직까지 힘든다고 말 한마디 업시 잘다니고 잇다. 이것을 본 아빠는 운이가 대견스렵고 무엇시라도 해달라는 것이 잇따면 다들 들어주게따는 생각이 더는구나. 아무것도 모르는 아들이 힘더는 것을 참을 줄을 알고 직업훌련소에 다니는 것이 고맡기 짝이 업꾸나."

지출에 … 라면, 슈세미, 슈프타이
12,640원

〈1992년 10월 1일 목요일 낡씨 맑음〉

오늘은 갑문에서 군체육대회 한다고 하면서 벌서부터 어른들은 마음이 들떠 잇쓰며 자신도 기분이 안정이 돼지 않는 기분이더라. 그래서 일부 사람은 수골 못에 낚시 가자고 해서 낚시 두 대를 가지고 형님과 재선이 둘리 가는데 따랏같다. 이곳에서 숫골못이 아주 멀드라. 그리고 못도 다락 같이 부터 잇는데 못이 아주 크며 잘생기드라. 낡씨을 하는데 오전 8시 같든 사람들이 12시가 돼두록 자신이 붕어 두바리을 먼저 잡고 오후 1시정도 돼어서 형님 붕어 셋바리을 잡고 마랏쓰며 오늘은 낚시 하로 온 사람들이 다들 낚시 안땐다고 아우성이며 대전에 잇는 사람들도 낚시 잘댄다고 소문을 덧고 잇곳까지 왔따고 하면서 낡씨가 하도 안대어서 메뚜기 잡우로 다니고 잇더라. 그래서 우리는 오후 2시경에 철수을 해서 나올라고 하니 그곳은 차길이 업고 차가 왕래 차가 업더라. 우리는 오후 5시에 태로 올라고 약속을 해서 그때까지 발이 묶켜 잇쓸 것을 생각을 하니 기가 찬다. 그려자 새우 잡우로 온사람이 1톤짜리 차가 잇쓰며 그 차을 이용을 할려고 이야기을 하니까 술값만 주며 도로까지 실어다 줄라고 해서 그르자면서 그 차을 이용하는데 갑문 중학교에서 체육대회 하는데 까지 사정을 하여서 타고 나와스 큰 다행이며 잘타고 나왔다. 그래서 자신이 술값으로 5,000원 줄라고 한 것이 마침 4,000원만 나와서 4,000원 주니 좋다고 하드라. 그래서 우리도 돈은 들어찌만 아주 잘했다.

우리도 허기전배을 먼저 채우기 위해서 식당으로 들어 같쓰며 식당에 삼명이 고기와 밥을 먹는데 6,500원 달라고 하드라. 6,500원 식사가 고기와 밥을 주는데 힐타는 너킴이 들어다. 식사을 하고 난 뒤는 갑문 중학교 운동 구경을 같더니 운동회는 벌서 파장이 다들 돼어쓰며 절먼 사람들 멧잇더라. 그기에서 술을 어더먹고 거곳은 다들 술먹고 흥청거린대 쳐름 다들 술키가 만은 사람들이다. 그리고 정부에서는 각종 운동회 하는데 찬조을 바더며 책임자 문책을 할 것이며 원벌을 준다고 발표을 하여도 찬조을 현장에서 밭지 않코 마을단위로 찬조 금액을 할당을 식카서 찬조을 거출하고 잇쓰니 정부는 입부로는 각종 찬조는 밭는 일이 절 때 업따고 큰소리을 했는데 말단에서는 정부는 정부고 우리는 우리돼로 한다는 식으로 찬조을 교묘하게 배다서 낭비을 하고 잇다. 이것은 우리나라 정치가 중앙에서 발표을 하며 말단까지 시행을 잘하고 잇는지을 학인 정치가 돼어야 하는데 현 정치가 정부에는 하달만 할뿐 말딴 부하 직원들은 저 만음대로 놀고 잇쓰며 서로들 따로 생활을 한다고 볼때에 우리 국민이 누구을 밑고 따라 간다는 말이냐 생각을 할수록 기가 찰 노릇이다.

이번 일도 정부가 발표을 했쓰며 군 체육대회도 간소이 할 것이 낭비도 들 댈뿐 아니라 음격이 해더라면 군 체육대회을 포기을 할수도 잇쓰따고 자신은 생각을 한다. 오늘 체육대회을 각 마을에 찬조을 바다서 운동회을 하는 모섭을 보니 단합이 아니고 낭비대회 처름 보이고 잇다.

우리나라가 원제 책개가 잡피서 정부와 말단 직원이 한둥으리가 와야만 우리 국민 잘 살라 갈것으로 내다 보고 잇다. 이번 군 체육대회 하는데 우리 마을에서 동네돈으로 찬조을 하는데 300,000만원 하는데도 마을이 큰대에서 적은 돈이라 고개을 들지 못하게따는 말을 동장이 하고 잇더라. 고리고 찬조 명단이 면에 들어가서 이것은 찬조을 어거지 찬조을 면회에서 동장을 통해서 밭고 잇따고 말을 하고 십다.

지출에 … 차비 4,000원

수입에 … 집사람이 여름 배추, 구미시장에서 팔안 것이 27,000원

〈1992년 10월 2일 금요일 낡씨 맑음〉

오전에는 봉희씨 둘째 아들 결혼을 앞두고 동네 술 대접한다고 해서 좀 거들어 주고 오후에는 콩타작을 하여쓰며 먼저 번에 말리 밭에 모래 실어면서 먼저 익은것만 골라서 조금 뽑아 온 것을 타작을 하여보니 생각보다 콩알이 좋으며 생각보다 생산이 만이 돼드라.

금년에는 통일벼가 업쓰서 그른지 말을 할 수 업시 징하며 이르게 편한 적은 자신이 알기론 처음이라고 생각을 가저보며 앞푸로 통일벼가 업쓰서 매년 요만때가 징할련지는 몰라도 금년 처름 이르게 편한 여유시간을 가지고 지내는 것은 처음이라고 말을 하고 십다.

〈1992년 10월 3일 토요일 낡씨 흐림〉

금일은 윤봉희씨의 둘째 아들 결혼식을 자유예식장에서 식을 올리서 참석을 하여쓰며 오늘일은 손님 첩대을 하는데 순서가 잘 못 돼어따고 생각을 한다. 외냐 하면 예식이 오후 1시라서 손님들은 예식장에 참석을 하지 않고 곳바로 식당으로 바로 와서 식당에는 손님 바들 준비을 밑차 못했는데 손님이 식당으로 몰려 들어서 식당에서 일손이 모자라서 큰 홀란을 이류어쓰며 식당에 질서는 응망이라고 말을 하고 십다. 윤봉희씨가 빈텀이 업시 일을 하는 사람인돼 오늘 일은 약싹바른 봉희가 실수을 했따고 생각을 한다.

지출에 … 윤봉희씨의 둘째 아들예식에 부주 10,000원, 운이 과자와 혜지 활명수 1,000원, 계 11,000원

〈1992년 10월 4일 일요일 낡씨 비〉

이 낡씨가 우리들의 가슴에 멍을 들게하고 잇꾸나. 만은량의 비는 아니라서 안도의 숨은 실수는 잇따고는 하지만 이 가랑비만도 우리들의 농민 가슴에는 멍을 들게 할 수

잇는 비라고 말을 하고 십프며 가랑비가 벼을 쓰려저기 하기는 알맏전 비라고 말을 하고 십꾸나. 낡씨가 요돼로만 가을 추수을 하두록 둔다면 금년 가을 낡씨는 백점짜리는 못돼나 70점 짜리는 충분 하리라고 생각을 하는데 오늘도 비가 오지 않을 것 같더니 가랑비로 시작을 하여서 비방울이 시간이 갈수록 굴거저고 잇는 것을 볼 때는 올 추수는 편하게 하두록 두지 않을 것 같터며 올추수눈 고통을 만이 주는 추수가 돼지 않을까 하고 마음의 가고을 새우는 것이 오희려 편할줄 모른다. 금년 낡씨는 우리가 원하지 않는것만 골라서 하며 인간예깨 심술을 너무 만이 부리고 잇따고 생각을 한다.

금일 김재수씨 작년 회갑인돼 동민예깨 술대접을 못했따고 오늘 진갑에 동민들예깨 술대접 한다고 해서 음식 만치는데 조금 그 들어 주는 것 만으로 하로 해을 보내고 마랐다.

김재수씨로 바서는 돼지 2바리 잡은데서 조금만 더 보태며 충분이 집배서 손님을 바들수가 잇따고 보는데 그만 동네로 술을 내는 것이 잘못이 아닌가 한다. 그리고 자신은 부주을 안 받는다고 해도 위웃이지 부주을 할려고 들다 그만 모려는치 하고 그만 부주을 하지 않아다. 자신으로 바서는 자신이 한 부주을 차절라면 가마득 하며 아직 자신으로 바서는 다들 참석을 한다는 것이 무리라고 생각을 한다. 그리고 우리 일 때 가면 이른 잔치도 업쓸란지도 모르고 부주라는 것이 상업의식이 잇쓰서 이것은 업는 것이 원칙이다.

"인간이 손님을 접대 할려면 공손한 마음으로 접대을 해야 하는데 손님을 절거운 자리에 초청을 해서 돈을 받고 그 돈에서 조금 갈리서 접대는 하고 돌리 보네는 것은 바람직한 짓은 아니라고 생각을 한다. 요줌 사람들 고개을 들고 다니는 사람들은 일요일 올까바 큰 극정을 한다고 하며 어떤 일요일은 청첩장이 5, 6장 올때가 만타고 하니 이것은 올치 않는 일들이라고 생각을 한다. 그리고 이것은 초청을 하는 사람들이 잘못이라고 생각을 한다."

지출에 … 자신 대장약과 목아픈약
5,200원

〈1992년 10월 5일 월요일 낡씨 흐림〉

우리는 채소밭을 가도 둘리서 오트바이로 가며 그리고 자신은 집사람을 걸어서 둘레 보내지을 않는다. 자신이 꼭 오트바이로 태어다 주곤 하지 그르니까 인재라도 둘리서 일을 하며 오늘도 별일 업시 두리서 채소밭과 들판을 한밖기 돌라보는 일가가 돼고 마랐다.

"내일이 설악산 구경 간다고 마음이 조금 술래이는 기분이다. 내일 구경만 아니며 오늘 일과가 조금한 일을 하면서 오늘 일과을 보낼킨돼 내일을 준비을 하는 뜻에서 휴식으로 금일 해을 마지 하여따고 본다."

〈1992년 10월 6일 화요일 낡씨 맑음〉

오늘 오전 7시에는 설악산 관광길을 금아관광차로 길을 낫쓰서며 처음 시작은 1박 2일 코스로 설악산 구경을 하기로 하고 길을 낫쓴는데 이것이 사람이 만이 모이니 궁중힘으로 1박 2일은 시간이 너무 촉박 하다면서 2박 3일로 추풍령 가면서 결정을 하여다. 이 결정이 처음부터 대어야 하는데 관광을 가면서 변경을 해서 용일이가 저의 엄마 칠순이 8日 날이기 때문에 도중에 포기을 하고 그만 집부로 돌라가는 불상사 낮고 마랐다. 이것은 처음이 잘못 돼어서 주체성 잘못 했따고 생각을 한다. 오늘은 한계령 가는 고개길이 그 험난한 고개길 만들은 것을 생각을 하니 기가 차며 그 길 만드는데 군장병들이 마는 희생자가 만이쓰며 그 유령비에 세겨진 희생자의 명단을 볼때에 어딘가 모르게 머리가 수거려 지는구나. 당신들이 업쓰더라면 이길로 우리 관광객들 다닐수가 업쓰절것이 아닌가 정말 외만이 먹어따고 생각을 한다. 한계령을 구경을 하고 설악산 설림모털에 여장을 풀어쓰며 이곳을 오후 5시경에 도착을 해서 시간 여유을 만이 가질수가 잇쓰다. 우리가 처음부터 2박 3일로 관광길 낮쓰스며 요시간을 이용할 수가 잇따고 보는데 이것은 처음이 잘못돼어서 기사에깨 당하고 잇는 중이다. 이 설악산 설립모텔에서 여장을 풀어서 휴식을 하는데 다들 피료해서 금일밤은 조용희 지내쓰며 별소란 업시 오늘밤은 잘지냇따고 생각을 한다.

〈1992년 10월 7일 수요일 낡씨 맑음〉

숙소에서 아침식사을 7시해서 통일일 전망대로 출발 했쓰며 전망대 구경을 하기전에 안전 교육을 군대의 지휘 아래 약 20분 받고 전망대로 올라 같쓰며 전망대 올라가니 그늘번 대지가 아쉽따는 것이 먼저 머리에 떠오려며 이넓번 대지가 옥토로 변할것이며 우리 국민들이 편하게 아직 땅이 늙따는 자부심을 가지고 살라 갈것인돼 정말 아갑다. 정말 우리땅에서 침울한 땅이 무이게하게 흘려가고 잇따는 것이 가슴 아푼 일이구나 하는 생각이 머리에서 쉽게 떠나지 않코 잇꾸나.

통일 전망대 구경을 다하고 설악산 식당에 와서 정심 식사을 하고 설악산 울산 바위 구경을 같쓰며 우리 일행이 울산바위 구경을 할려고 절벽에 그여 잇는 개단을 올라가는데 너무나 힘들고 급이 나니까 어지려운 감이 들며 그 개단을 올라가면서도 머리에서는 시작을 잘못했다는 생각 밖에 안들며 다들 잘들 올라가는데 자신은 뒤로가는 너킴이 들며 죽어도 못 올라가지 하는 너킴밖에 사실 업더라. 포기 하자는 마음이 들 때마다 정상을 정복을 하고 내리오는 분들이 나이 만은 분이며 자신이 생각을 할 때는 몿 할 분이 같다온다는 생각을 할 때마다 용기가 살라나며 떨리는 다리 어지려운 정신을 차려서 사질 전력을 솟아쓰며 실수만 안해야지 하는 전력으로 정복을 하여다. 정상에 정복을 하여도 남들 처름 바로 스서 사방을 돌라보지 몿하고 복판에 가만이 안저스 정신을 다스리는데 힘이 들어쓰며 한참동안 마음의 안정을 찾고 등반대에서 나와서 구조반이라고 하며 안전 교육을 하는 사람이다. 이 사람의 안전 교육은 사실 귀에 들어오도 안으며 이 낭떠려지의 개단을 어떠게 내리갈까 이려다 안죽깨나 하는 극정밖에 업더라. 그래서 가만이 정신을 차려서 설악산 정복 매달에다 기념으로 자신의 이름과 부인의 이름을 세긴 메달을 8,000원 주고는 그 매달만 지고 개단을 동행들보다 일적 내리오는데 시작을 해 한 개단 한 개단 전력을 다해서 내리오는데 올라가는 것보다 내리오는 것이 좀 수라더라. 중간쭘 내리오니 죽찌는 안캐꾸나. 하는 힘이 생기며 그때부터는 마음 여유을 가질수 잇는 너킴이 오며 그위 다니리오니 이재는 살아다는 안도의 숨을 실수가 잇쓰다. 그리고 바닥에 내리오니 이재는 내 세상 갈떠며 이재는 어느 누구에깨 뒤져지 안캐따는 힘과 마음이 솟더라. 헌들바위와 울산바위 구경을 다하고 내리와서 캐불까을 탈려고 매표소 가니 이미 다들 매진이 다돼어따면서 표을 팔지 않코 잇떠라. 그래서 구경도 하지 뫃하고 내리오고 마랐다.

"통일전망대 구경을 하고 내리오면서 오늘 저녁에 잘 놀라 볼려고 버스 안에서 자신의 주선으로 자신이 사회을 보고 노래 자랑하면서 마이크 잡는 사람은 5,000원 이상 찬조을 바드면서 노래자랑을 하면서 설악산까지 올 동안만 하여는데 285,000원 거치며 이 돈으로 회관에 갈려고 하여는데 절먼축에서 1박 2일로 했따가 2박 3일로 하니까 경비 부담이 너무 만아서 경비을 줄리기 위해스는 이 돈을 내일 식사부담으로 쓰야 하게따면서 상희을 하여서 좋다고 성락을 하고 마랐다."

"요시간까지는 잘 앗찌만 오늘 저녁을 별료 좋은 일을 뫃하고 마랐다. 외냐 하면 동장이 우리 개인당 10,000 식 매서 속초가서 술도 한잔 하고 회도 한사라 먹자고 건유을 하는 바람에 거절도 뫃하고 성낙을 하여쓰며 35명 다들 숙소에서 조용히 보내는데 우리 6명이 택시 두 대에 나누타고 속초 술집부로 같쓰며 술집배을 가는데 난희 집부로 가드라. 그래서 둘러 스면서부터 잘못앗따는 생각이 더는데 아가씨 둘리가 나오더니 인사 즉짐 했쓰며 그때부터 흘리이 시작. 온같 아양을 다뜰며 안내을 하드라. 방을 잡아서 술상이 들어오는데 주머니 사정이 먼저 개산이 돼며 염려가 사실 돼드라. 술상을 바다서 술을 먹는데 아가씨 둘리가 술가 안주을 먹는데 매달을 불먼 사람모양 부어라 마쉬라 하는데 엽패서 보기가 급이 날정도며 정말 잘먹는다 하는 생각밖에 업드라. 아가씨 딱 들어오더니 처음부터 내 부렵에 가대 안드니 가진 예교을 다부리고 잇쓰며 가진 외을 쓰고 잇쓰니 나 자신 돈 때문에 놀지 못하는 내가 마음이 부끌어저고 잇드라. 그러저 부라자만 두고 옷을 다 벗드라. 그래서 자신이 이왕이며 유씨을 한쪽만 부라자을 벗키고 젖을 만치니 좋다면서 아가씨 젓꼭에 돼면서 맥주을 한자 따루면서 먹으라고 건유을 하는데 자신도 그때는 기분이 좋아서 조금 마쉬고는 하여쓰며 자신은 술집에 자주는 안가지만 갈 때마다 술집아가씨가 따리곤한다. 오늘 저녁도 역시 아가씨가 무렵에 안저서 별짓을 다하며 알몸에다 부라자만 딱 걸치고 잇쓰니 생각보다 숭해보이며 그만 작난이 안대며 그만 급이나며 오희려 삼각빤스 입고 잇는 것보다 분이가 업쓰며 자신으로서는 처음 이른 꼴을 보니 오희려 재미도 업는 너킴을 받고 마랐다. 자신이 아가씨 술잔을 바들 때 아가씨 젓꼭찌에 돼고 젖짜는 식으로 맥주 한잔 따루고는 팁 달라고 하길레 술한잔 주고 팁달라는 돼가 어대 잇쓰며 안준다고 하며 자리을 온기니까 그르며 팁 안 밭게따면서 원자리에 오라해서 그 자리에서 절급게 노라쓰며 다들 돈을 평소 때는 궁색하게 쓰든 사람들 아가씨 술잔에는 만원짜리가 기본이며 만원짜리 한 장 나오는데 순식간에 나오며 돈이라는 것은 술집 아가씨 한태는 추풍낙엽보다 수랄정도며 생각을 할수록 신기하다. 우리가 약 3시간 놀고 팁까지 계산을 한다면 250,000원 들어 같쓰며 팁이란 아가시 몸에 손만 가면 최하 10,000원 돼니 잘못하다가는 술집에서 살아야 할판도 나올 우래도 잇따고 생각까지 가져본다. 자신도 놀기는 좋아는 하고 잇찌만 오늘 같은 날은 과정 지키고 잇는 과장으로 할 일이 안돼며 이것은 한쪽에서 멍들고 잇다고 바야한다. 남자가 외이 여자 몸을 실어 할 사람은 아무도 업따고 바야하며 사람이란 예이을 가지고 살아가야 가정도 바로 돼고 삶매 생활 윤택하여 저며 부부생활도 절거어 저며 서로가 소중이 일생일 살라가지 그리치 않으며 삶매 생활이 바로 될수가 업따고 본다. 내 알몸의 여자을 가지고 하로밤을 절급게 노라찌만 이것은 하로만 절급찌 그 이상은 절거운 일 못댄다고 본다. 내 자신 저녁에 생각을 하여찌만 과정의 한구석에 불씨을 떠려뜨린것이나 다름이 업는 일이라서 아푸론 절때 이른 술집배는 가지 않캐다."

지출에 … 30,000원

〈1992년 10월 8일 금요일 낡씨 맑음〉

금일은 캐불카을 타기위해서 아침식사을 7시도 못돼어서 식사을 하고 설악산으로 다시 올라가서 캐불카을 타고 정상까지 올라 같스며 우리가 캐불카 안에서 설악산 전경을 볼 때에 산계곡마다 다른모섭이 정말 아름다어며 이것이 단풍잎이 체들기도 전에 우리가 와서 좀 아쉬운 남이 만이 잇따. 재각키 다른 계곡들이 단풍이 절정을 하여쓸 때 와더라며 정말 좋은 노리가 돼어쓰리라고 본다. 캐불카 타고 정상에 올라서 전경을 볼 때는 울산바위보다 더 아름답고 자신도 몰래 정말 아름답따는 말이 절로 나며 설악산에서는 제일 좋은 자리라고 말을 하고 십다.

그리고 이곳을 안전이 구경을 하는데 약 두 시간 소요돼더라. 이곳을 구경을 안전이 내리오는데 오전 9시 30분 경돼며 여기서 곳바로 성류, 귤 까지 달려 왔쓰며 성류 굴은 입구을 볼 때는 볼잘 것 업시 보이는데 들어가서 내부을 볼 때는 다른 동굴보다 더 신비스려어며 어떠게 하여서 이른 귤이 생기 쓸까 하는 생각에 장기계 대는구나. 정말로 감탐스려어며 신기하기 ㅉ가이 업꾸나.

"성류 귤을 구경을 다하고 포항 경주로 돌리서 집부로 왔쓰며 그리고 운전수가 그리 사람이 좋으며 오늘구경은 절민 사람의 주선으로 구경을 아주 잘했따. 이번 구경은 갑어치 잇는 구경을 했따고 생각을 하며 만족한 관광길이며 따고 생각을 한다."

"이번 구경을 하면서 자신의 실력을 과쉬했따고 생각을 하여본다. 남들이 너무나 조용한 사람이라고 생각을 한 사람이 많아 쓸끈데 이번 관광을 하면서 나의 잠재력을 발희했따고 생각을 한다. 외냐 사회보고 노래까지 다들 잘한다면서 나의 목소리을 불버하는 사람이 잇쓰니 자신은 이번에 가쉬 했따고 생각을 한다."

〈1992년 10월 9일 금요일 낡씨 맑음〉

금일은 자형 회갑이 10月 11日 날이라서 오늘은 집사람은 회갑 준비 한다고 형수와 둘리서 묵끄리는 작업을 하고 자신은 누님이 적크리 배추[겉절이 배추]가 업따고 하여서 적크리 배추와 무지파을 뽑아 와서 갈따주어 쓰며 경운기로 업치돼더라. 자신은 갈따만 주고 집사람과 형수는 회갑준비 하는데 거들어 주는 것 보고 자신은 그만 집부로 오고 마랐다.

그리고 오후에 절먼사람들의 결산 보고 한다고 해서 그 자리에 참석을 하여쓰며 사람이란 모이며 낭비된이 벌어 저는 것이 인간의 술리인가바. 이번 관광하면서 총지출 내역을 보고하는데 한사람당 70,000만원 돌라가는데 나이 만은 측에는 50,000만원 달라고 하더라. 그래서 우리가 경비는 같이 하여야 한다고 하니까 동우회 기금이 만타면서 대접을 할려고 들어 따고 이야기을 하면서 50,000원 달라고 하드라. 그래서 남만은 사람, 11명은 경비을 50,000만원 드리고 구경을 잘하여 따고 본다.
자신이 이번 구경 같다오면서 총지출은 120,000원 지출을 내고 마랐다.
"자신이 생각업시 지출을 냇따고 생각을 하여본다."
총지출내역 120,000원

〈1992년 10월 10일 토요일 낡씨 맑음〉
집사람은 누님 회갑준비 하는데 그들어 주로 같쓰며 자신은 당산에 콩수학을 하여쓰며 처음에 콩 간다니까 다들 흙도단는 대는 콩이 안 댄다고 하면서 갈지 마라고 하여서 설마 안 대까바 하고 갈라더니 한참 자랄 때는 정말 콩이 안 댈 것 같다서 극정을 만이 하여다. 그른대 요줌 바서는 콩알이 생기서 조금이라도 수학을 할 콩이 잇쓰서 큰 다행이라고 생각을 하면 안전이 포기을 한 콩이 콩수학을 할 것이 잇쓰니 다행이라고 생각을 한다.
"오늘 콩수학은 경운기로 한발리 수학을 한 셈이다."
"우리 운이 시험본다고 책상머리에 안저 잇는 모섭 대견스렵다. 그전에는 공부하라고 당부을 하여도 형식으로만 하든 아이가 스스로 책상에 안저서 책을 보고 하니 자신으로서는 마음을 놀수가 잇따고 보며 운이가 이재라도 공부을 해야 댄다는 것을 너키고 공부을 한다면 아직 너찌 않타고 생각을 한다."
"집사람이 누님집배 일거들어 주로 같다오드니 봉산은 여기모양 음식을 소비을 하는 것이 다르다면서 큰 극정을 하더라. 무선 음식이 불티 강산이라고 말을 하면서 생각을 잘못했따고 말을 하며 을래 우리들 마을에는 탁주 먹을 때 봉산 여자들은 맥주 마시따고 하며 자신이 누님집 일거들어 주로 같쓸 때 보니까 모내기 할 때 술채서 논자리에 주저 않는 여자가 잇뜬대 그때부터 그른 동네가 나무 사정 바주겟나. 업는 사람이 회갑을 한다고 하니 극정은 댄다."

〈1992년 10월 11일 일요일 낡씨 맑음〉
금일은 자형 회갑이며 기상대는 흐린다는 낡씨가 너무나 맑은 하늘 따뜻한 빛 낡씨는 정말 좋은 날이어다. 그리고 회갑준비 한다고 김천지수와 형수, 집사람은 삼일동안 준비에 수고을 만이 한 사람이다. 봉산 아주마들이 다들 이래 거들어 주니 그리 좋다고 이야기들을 하니 자신의 기분이 좋드라. 그리고 오늘은 오동시 오형제들 다들 참석을 하여쓰며 우리 형제로서는 회갑잔치을 처음 치루는 날이라고 바야 한다. 외냐 하며 어머님은 회갑 전에 돌라가쉬고 아버지는 우리가 못 사라서 회갑을 몿 했쓰니 사실 우리로서는 이 좋은 날을 처음까지 한셈이며 이 좋은 날래 춤을 못추는 솜씨지만 누님 손을 잡고 춤을 쳐고 사실 끌비라이 같이 잘안 종석이와 손을 잡고 춤을 주어쓰며 이좋은 날래 눈에는 눈물이 고이곤 해서 참는데 힘이 들어쓰며 나중에는 종석이가 눈물을 흙리고 좋으며 우리들로 정말 너무 좋은 날이며 더욱더 누님이 자주 아파서 회갑이라도 지내겟나 하는 마음도 들으쓴는데 이것을 극복하고 회갑이란 이 축복속에 한몸이 돼어 캥가리 장단에 등실 대는 모섭은 자신에깨는 정말 좋은 날이다. 다들 노는 모섭을 볼 때에 춤을 넘어나 모르고 살아따는 것이 정말 아쉽다.
"자신에깨는 너무나 좋은 날이다. 이 좋은 날을 영혼이 간직하고 십다."
지출에 … 자형회갑에 100,000원,
장구채에 부주 10,000원,
계 110,000원

〈1992년 10월 12일 월요일 낡씨 맑음〉
금일은 당산밭과 말리밭에 콩수학을 하는데 콩이 고루잔깨 익어서 이미 콩알이 땅바닥에 떨려진 것이 만으다. 오늘 하로는 콩수학 하는데 바푼 일과엿다. 금년에는 당산에 흙 바든 곳은 다들 콩이 안 대고 벌콩이라고 보는 사람들이 다들 이야기을 해서 자신도 콩씨만 너어찌 별료 간심을 쓰지 않아떠니 콩덤불이 넘어 적어서 콩 꼬투리가 적개 달리서 그르치 달려 잇는 콩 꼬투리는 알도 좋고 신경을 쓰서 짓어더라면 콩농사을 잘 짓을뿐 했는데 정말 아쉬운 감이 떠나지 않는구나. 오늘은 콩수학을 익은것만 골라서 뽑는 작업을 하였다.
지출에 … 전화비가 7,360원, 휘발유값
5,300원, 운이 감기약 1,800원,
계 14,460원

〈1992년 10월 13일 화요일 낡씨 맑음〉
오늘은 먼저 수학한 콩은 도리깨로 콩타작을 하는데 힘이 들어서 겨우 하여쓰며 오늘은 자신의 몸이 안전 무개 저는 너킴이 들며 그래도 남들은 벼탈곡을 하는데 자신은 아직 콩타작이 안대어서 벼탈곡을 못하고 잇쓰서 마음 조급한 나머지 오늘 콩타작은 육식은 말을 덧지 않는데 마음으로 콩타작을 다 한 셈이다. 콩타작을 다하고 세수을 하고 조금 씻고 들어오는데 자신의 몸에 한정이 들어오는데 참을 수가 업드라. 집사람 보고 꿀물달라고 해서 먹으도 그때뿐이고 방에 불을 만이 넘어서 방이 터시도 몸은 한정이 들오고 몸은 불등으리 갈떠며 몸은 한정이 들어와서 밤세두록 죽을 고통을 다 행다. 자신이 아침에 돼니 정신을 차릴수가 잇쓰며 자신이 생각을 하기에는 감기 몸살보다 입발아푼 것이 어재 저녁에 한정을 들개 한 것이 아닌가 하는 생각이 들어서 오늘 아침을 조금 먹고 김천에 김동인 치과을 갈떠니 입빨을 빼야 한다고 해서 빼라 하여쓰며 입빨을 빼고 나서 약을 2일분을 주길래 감기 약도 같이 먹으도 돼는냐고 무려니 그름 감기 약을 먼저 먹고 복용을 하라고 해서 감기 약은 포기 하고 마랐다.
지출에 … 치과에 3,100원, 강아지 회충약
4,500원, 차비 640원,
계 8,240원

〈1992년 10월 14일 수요일 낡씨 흐림〉
금일은 종일동안 골방에서 시간을 보내고 자신이 몸살로 곰짝을 못하고 누어 잇쓰니 집사람이 내일까지 하여야 하며 자신은 집사람도 피료가 싸여잇는 사람인돼 집사람마저 방에 누게 돼며 안 댄다는 생각에 부인 혼자 부인이 기계 훌련 작업을 하여서 내일 나하고 같이 하자면서 모다을 끄고 마랏다. 만약 너까지 자리에 누어며 단일이라면서 솜취어서 내일 하자고 하면서 일을 못

하계 하여다.
"자신이 자리에 누어 잇쓰니 말업시 일만 하는 부인 아갑고 미안하고 마음 예착이 더가며 내 인생보다 부인의 인생이 더 소중하다는 마음이 머리에 잠식 돼고 잇다. 부인은 콩타작을 기계로 훌키 때문에 살살 하며 다 할수 잇따고 하면서 할려고 들어서 부인끔도 지칠 저전이며 오늘 푹시어서 내일 하자면서 억찌로 건유을 해서 오늘 시계 하였다."
"이재는 이것도 나이리라고 옛날모양 밀고 나가면 그냥 넘어 가는데 요줌은 한번 몸살이 오며 꼭 당하고 마니 이재는 자신의 건강도 만이 약하돼어따고 생각을 할 뿐 아니라 이재는 체력 달련을 우선으로 생각을 해서 체력에 집중을 해야 하겟다."

〈1992년 10월 15일 목요일 낢씨 맑음〉
금일은 피곤한몸을 이려키서 콩꼬두리을 탈곡기로 훌넌 작업을 하여쓰며 콩훌련 작업을 하는데만 해 오후 1시까지 작업을 하여쓰며 풍구질 하는데 콩알 수학도 올마 돼지도 않는데 시간은 만이 지연돼고 잇더라. 콩타작도 시간이 만이 걸일뿐 아니라 벼수학에 걸림돌이 돼어서 콩수학은 피하는 것이 좋게따는 생각이 앞쓰는구나.
"오늘은 후들거린 몸으로 억지로 콩 탈곡을 하여따고 본다. 앞푸론 체력 달련을 열심이 하여야 한다고 본다."
수입에 … 트랙터 갑 45,000원

〈1992년 10월 16일 금요일 낢씨 흐림〉
금일은 땅콩수학과 들깨 수학을 하여쓰며 땅콩은 연결지 뫃한 땅콩이 넘어 만이 달리서 땅콩은 풍년이 돼지 뫃하고 숭년이 아닌가 하고 생각을 한다. 언재라도 땅콩은 수학량이 널어 나는셈인돼 금년에 연결지 뫃한 꼬투리가 만아서 땅콩은 평작이 만들것으로 본다.
그리고 들깨는 대풍작이라고 생각을 한다. 외냐하며 자신이 들깨 나무라 해야 두람 돼는데서 들깨가 6돼 이상 낮따고 부인 이야기 할 때에 깜짝 놀라쓰며 부인의 말이 들깨 농사을 처음 만이 수학을 했따고 좋아하더라. 이것을 볼 때에 들깨을 한단지 갈라볼까 하는 생각이 더는구나.
"우리는 아직 벼 탈곡을 뫃하고 잇는데 남들은 벼 탈곡을 하는 사람들이 만아서 오늘 오후에는 성급한 마음으로 들판에 나가보니 수학을 할 필찌는 여려자리가 돼어도 벼때가 심심하게 쓰잇는 모섭을 보니 조급한 마음이 수거려어지며 아직은 벼수학에 너찌 않는구나 하는 마음 여유가 생기며 천천이 수학을 히야 하게따고 마음을 먹으니 마음이 아주 편하구나."
"자신도 콤바이가 시간이 돼며 벼 탈곡을 할 욕심으로 두단 갇을 돌리 두어다."
지출에 … 전화요금 7,600원

〈1992년 10월 17일 토요일 낢씨 비〉
에제 저녁에도 비방울이 떨어저 밤잠을 쓸치게 하더니 오늘도 비가 쇼다 저는구나. 와당초 가을거지에는 낢씨가 외울 먹일 줄은 생각을 하여찌만 이르게 벼수학을 처음 꺼시을 하면서 비을 만난은 것은 불쾌하기 짝이 업꾸나.
오늘은 오전은 비방울 비가 떠려저더니 겨우 낢씨가 참아주어서 벼탈곡을 할 수가 잇쓰찌만 사실 자신은 벼탈곡을 미라쓰며 하는데 남들도 다들 벼탈곡을 하지 또미라스

좋은 점이 잇캐나 생각을 할때에 자신도 벼 수학을 할 자리가 만아서 할 수 업시 재일 나중에 벼 탈곡을 2단지 하고 마랐쓰며 벼 탈곡을 다 하고 나니 비가 오기 시작을 하더라. 비 시작을 하면서 만은 비가 내러더라. 이번 비가 요앞전에 벼탈곡을 한 사람들은 비가 큰 낭패을 주어따고 생각을 한다. 여하든 금년 가을거지에는 힘이 만이 들어 갈 것으로 내다 본다.
"금일은 벼탈곡을 하는데 영권이가 거들어서 탈곡한 푸대 만치는데 집사람이 도움을 받아따고 생각을 한다."
지출에 … 세값 2,600원

〈1992년 10월 18일 일요일 낡씨 비〉
오늘 낡씨가 짓뜬 구름이 자주 밀려 왔다 밀려 가는 회수가 자주대는 바람에 탈곡한 벼을 마당에 놀자을 못하게더라. 기상대는 곳에 따라 한 두차례 온다고 예보을 하지 하늘에는 뭉게 구름이 몰려 다니는 것을 보고 벼을 널수가 업쓰서 온전 내 하늘만 쳐다보다 오전 해을 보내고 마랐다.
"오후에는 맑은 하늘을 보여서 벼가 만이을 흙르서 남외 마당까지 빌리서 두 곳에서 벼을 말리겟따고 상방으로 늙어 노앗떠니 맑은 낡씨는 잠쉬 뿐이드라. 어디선가 뭉게 구름이 몰려 오는데 저구름에서 소낙비가 쏘다저면 손도 쓰지 못하고 벼는 그대로 소낙비을 맡고 말태지 생각을 할때에 사람의 마음은 불안만 연속이며 저 구름에서 꼭 비가 온다고 하며 힘이 들어도 벼을 다시 담아서 치운다고 하지만 저 뭉게 구름이 그냥 지나 간다면 치우는 헛수고을 어떠게 하나 생각을 할때에 이러지도 저러지도 못할 형편이라서 우리부부는 하늘에 뭉게 구름만 몰려 오며 마음을 조리고 뭉게구름이 지나 가면 한도의 숨을 쉬고 이것을 오후네 한 셈이다. 이재는 기상대에서 밤외는 비올 학률이 30%라고 해서 이재는 넘어 같다고 하며 비 온다는 생각지도 전연 하지 않고 벼알은 대충 모다서 비누류는 덥는 정도 하고 저녁 먹을 준비을 하고 잇는데 부인 비온다고 소리을 쳐드라. 그려자 비는 그만 쏘다저드라. 그때는 손도 쓰지도 못하고 다시 벼알을 만칠 수가 업쓰서 그냥 갑파로 덥프두는 정도밖에 못하게드라. 부인은 치울라고 몸부림을 쳐고 잇찌만 자신은 그만 낡에한태 반밖박에 들지 않으며 비가 올라면 우박으로 내리 안전 사거리 다들 조지라는 말을 하며 이 비는 적다 더 만이 내리라. 너한태는 저지 않캐다. 올라면 올마든지 내리라. 더 치우면 않캐다 하면서 그만 방우로 들어오고 마랐다. 방에서 들으온지 올마 안대어서 비오는 소리가 들리지 않드라. 하늘도 넘어 했따는 니우침이 잇는 덧이 비는 내리지 않코 흐린 밤하늘만 돼어 잇쓰서 우리도 안도의 숨을 모라 쉬며 다행이다 하는 생각이 앞쓰고 잇다."
지출에 … 사촌동서 대신 1동 김상현씨
둘째딸 결혼식 부주 30,000원

〈1992년 10월 19일 월요일 낡씨 흐림〉
오전에는 추진 벼을 말룬다고 양지 쪽으로 모루고 조금이라도 더 말루겟따고 벼을 한번식 덥비는 작업을 하고 오늘벼는 전신경을 벼알 말루는데 전력을 다하여따고 본다. 그른데 오후 2시경에 돼어 벼탈곡을 할려고 들려갈려고 오트바이을 몰고 가니 등뒤에는 소낙이 구름이 몰려 들고 잇쓰서 저구름이 벼을 다들 적수고 말겟다는 생각에 들래가는 일은 포기 하고 집배 와서 부인에깨 소낙이 구름이 몰려 오니 벼알이 조금 들말라도 담아서 치우자고 하면서 그길로 벼을 담아 치우는데 저녁 때까지 치아쓰며 그래 치우지 않아떠라면 벼가마니도 다들 치우지 못할뿐 했따고 본다. 낡시만 좋아따면 벼을 안전이 말라서 정리을 하여 더라면 기분도 좋을끈대 들말린 벼을 담아서 정리을 하여서 마음 상당이 걸린다만 다음 일을 바서 정리을 하고 마랐다. 부인은 저녁 밥을 짓어면서 밤하늘에 별만 초롱 초롱 하다면서 둘말리 벼가만이을 정리을 하여 둔 것이 마음에 걸리서 저 맑은 밤하늘을 보라고 자주 이야기을 하드라.

"오늘은 어재 비한태 외을 먹으서 오늘은 머리 급을 먹고 벼을 거두어서 정리을 한 것이 판단 미숙이라 할까. 안전 실수라고 말을 하고 십다."

〈1992년 10월 20일 화요일 낡씨 맑음〉

금일은 정말 가을 낡씨의 전경을 보여주더라. 오늘뿐 아니라 앞푸로 가을 하늘을 보여주어야 우리 농민들의 이마에 주름살을 피면서 가을 거지에 전력을 다할 수가 잇따고 본다.

"오늘 임숙네 6마지기 일품벼 탈곡을 하였다. 자신이 생각한 수학량이 적게 수학이 돼어따고 생각을 한다. 오늘 벼수학한 콤바이 풋대수는 118개 수학을 함."

"그리고 우리 운이가 시험이라고 범너깨 공부한다고 책상 머리에서 공부을 하고 잇쓰서 자신이 넘어나 좋아 운이 이재 다 잘랐다. 우리가 이려깨 변할 줄 알라더라면 운이 오락에 미쳐 잇쓸때에 꾸중을 주지 않을끈대. 이 아빠가 운이 꾸중 준 것이 미안꾸나. 여하든 고맙다. 이 아빠가 제 아무리 잘자라 달라고 예원을 해도 잘자라 주는 것이 아니라는 것을 우리 운이 보고 미리 전부터 알라노라. 부모가 한가지 일에 열풍을 가지고 살라가두록 만드는 것은 자식이 잘자라 주는 것 밖에 업다. 이 아빠는 운이가 캐우쳐서 공부을 할려고 더는 모섭 정말 고맡노라. 이 아빠 운이 보고 웃고 살라 가는 날이 요줌은 자주 잇따고 생각을 한다. 정말 고맙다."[82)]

지출에 … 연탄 500장 115,000원

〈1992년 10월 21일 수요일 낡씨 맑음〉

결국은 집사람이 몸살을 하고 마는구나. 이 사람은 자신의 일을 넘어 도와줄라고 가진 예을 다쓰니 부인 몸이 남아 나지을 않는다. 자신은 건강하니 부인이 넘어 도와줄라고 가진 예을 쓰는 것을 보여 자신이 신경이 쓰여저서 오희려 자신이 더 뛰다고 이야기을 해도 그말은 간 곳업다. 오늘도 세집배 웃뜰 두단지 벼탈곡을 하는데 넘어 열심이 도와 주더니 그만 춥다고 하면서 몸살을 하는 것 같다. 그래서 집배 가만이 정리을 하는 것은 아들 돼리고 46가마니을 정리을 하여쓰며 이것들이 올해는 더달안 요가 벼가마니 만치는 것을 보고 알수가 잇꾸나. 올해는 벼가만이 만치는데 도움을 바들수가 잇따고 생각을 한다.

"부인이 감기 몸살로 자리에 누어며 이거 큰일데 극정이 돼는구나. 2일정도 휴식을 하는 것은 별료 지장 업따고 보는데 만약

82) '임숙네 6마지기 118풋대'라고 일기 지면 상단에 따로 기록되어 있다.

집사람이 일을 못한다면 집안 일은 응망이 돼고 말 것이며 자신은 부인 아풀까바 염려가 만이 돼며 부인이 건강해야 자신은 따라서 건강해 전다고 생각을 하기 때문에 우리 집배서 부인 건강이 재일이라고 생각을 하며 오늘 부인 개려어 하는 모섭을 보니 자신이 신경이 부적 쓰이는구나."

"앞푸로 남의 농사도 표기을 해야 하게꾸나. 외냐하며 부인의 체력이 딸리는 모섭을 보니 빨리 표기을 해야 부인을 도의는 일이 아니겟나 하는 생각이 던다. 부인 돈업는 남편 만나서 늙 일만 하는 부인 잠쉬라도 미안함을 아저 본적이 업소. 그 고마움을 보답 해드리라. 정말 미안하오."

〈1992년 10월 22일 목요일 낡씨 흐림〉

부인은 옘만하며 병원에 가는 성질이 아닌데 자신이 병원에 같다 오라고 하니 응해주는 것을 볼때에 자신이 생각한것보다 고통을 만이 당해나바. 자신이 부부이지만 내 몸보다 아품을 들가지는 것이 사실인가 몸살이 나도 아주 만이 낱나바 오늘 오전에 병원에 같다 오더니 좋금 낱따고 하면서 벼 가마니 담는데 그들어 쓰며 오늘은 힘 더는 일은 전연 못하게 하고 운이와 둘리서 40개 가마니을 다들 정리을 하였다. 운이도 시험 천다고 공부 하는 것을 얼쩔 수가 업쓰서 도움을 받아다 부인이 성환사람이며 운이가 도와줄라고 해도 공부하라고 하지 도움을 받지 않깨는데 오늘과 어재 아빠 도와 주는데 힘이 만이 들어 따고 생각을 하며 너이 들이 일을 도와주니 마음의 부담이 업꾸나.

"그리고 운이나 혜지나 너의 엄마가 감기 몸살이라니 너의 엄마 날때까지만 일좀 도와 달라고 부탁을 하니 잘도와주며 혜지는 허전에서 너깨 와서 설거지 까지 다하여주니 고맙고 자식들이 성숙이 돼니 저의 엄마 고충을 해아릴줄 알고 잇는 것을 볼때에 부모로서 마음이 기쁘구나."

"부모가 자식에깨만 배풀면서 살라가는 줄 알라더니 자식도 부모에깨 배풀면서 살라 간다는 것을 한번 너켜본다."[83]

〈1992년 10월 23일 금요일 낡씨 흐림〉

기상대는 오늘 한 두차래 소낙이 온다고 예보을 해서 어재벼는 미차 마르지도 않는 벼을 다들 담아서 치와는데 비은 오지 않아스서 채마르지 않는 벼을 담아치안 것이 마음에 걸리는구나.

그리고 오후에 우리 복판논에 벼탈곡을 하는데 콤바이가 빠지서 생외을 먹어다. 콤바가 빠지니 탈곡은 반 탈곡 밖에 안돼며 빠지는 논 일수록 벼단을 썰지 않으야 한다. 외냐하면 벼단을 쓸게하며 탈곡이 돼지 않는 벼알이 그냥 나오니까 필리 파지는 논은 벼단을 쓸지 않으야 한다. 자신은 논이 파지기는 하여찌만 벼 탈곡이 응망이라서 가슴 아푸구나.

"우리 혜영이는 공부을 하는지 도서관에서 잠만 자고 잇는지 알 수가 업꾸나. 외냐하며 학교 같다 밤은 도서관에서 새우고 집배서 밤만 먹으로 오기 때문에 혜영이가 공부을 하는지 별로 공부도 돼지도 않으며 건강에 무리만 가는 것이 아닌가 하는 생각이 들어 가는구나."

---

83) '가마니 총수 123개'라고 일기 지면 상단에 따로 기록되어 있다.

〈1992년 10월 24일 토요일 낡씨 맑음〉

오전에는 임기준씨 둘째 아들 예식을 내일 오라는데 오늘 동네 술대접 한다고 해서 거들어 주로 갇든이 돼지 잡을 사람 업따면서 돼지을 고기 집배서 잡아서 가지고 와서 여기서는 별료 할 일도 업쓰며 간편한 점이 잇드라. 요줌은 남의 손으로 돼지을 잡을라고 들며 힘이 들어서 못하며 그리고 돼지을 힘든다고 잡을라고 하지을 안을라고 하니 힘이 만이 든다. 그전에는 돼지 잡아 달라고 하며 서로 할라고 들며 자기 부려지 않는다고 아우성 철 때가 어거재 같든돼 세상이 변해서 이재는 안 알라고 들며 흑설 때가 잇쓰서 돼지 잡는 사람을 쓸라면 사전에 이야기을 하여야 할뿐 아니라 상전 모시다 시피 해야 오지 그로치 않으며 해줄 사람이 업쓰니 세상은 만이 변하고 잇따는 것은 사실이다.

"한국사람은 예날에는 정말 성실하고 부지련 사람이라고 하는데 요줌 절먼 사람들은 편하게 살라 갈려고 하는 습성 때문에 큰 발전은 업따고 보며 지하자원 업는 나라에서 성실하고 부지련해야 나라가 부강하여저지 다들 수라게 살려고만 한다면 현시대는 편하게 살련지는 몰라도 후세에는 고생이 오게 마련이다."

"우리나라가 발전을 할려면 종교단채가 반성을 해서는 결국은 나라 힘이 죽어저며 종교단채는 나라의 좀이라고 생각을 하며 인간이 단채을 구성을 해서 그 밑키로 편하게 살려고 앞다투어 번성을 하고 잇쓰니 지하자원 업는 나라에서 인간의 성실과 부지련함을 가지고 살라가야 하는데 밝은 세상에 다 버리고 자기만이라도 천당 간다고 아우성 쳐는 모섭을 볼 때에 한심스렵키 짝이 업는 노렷이다."

"오후에는 봉희 동서는 6마지기 벼탈곡을 하여쓰며 이 땅이 야타서 매년 수학량이 떨어지는 것을 알고서 시식을 하여쓰며 봉희씨가 만이 생산 돼어따고 이야기을 해서 기분은 좋드라. 자신이 생각한겄보다 수학량이 떨어지지만 체면 유지는 했따고 생각을 한다."

지출에 … 세값

〈1992년 10월 25일 일요일 낡씨 맑음〉

정말 오랜만에 가을 하늘을 보여 주며 바람에 낙엽을 휘날이며 낙엽들이 휘모라 쳐는 모섭을 볼 때 오늘은 가을 바람이 부는구나. 오른 낡씨들 맷칠만 더 보인다면 벼 말루는돼는 안성 맡춤이 될뿐아니라 추수도 막빠지라 다들 수라게 수학을 끝을 낼 수가 잇따고 본다.

"집사람은 진원이 결혼식에 식당에 일 볼 사람이 업따고 하면서 혼주댁에서 가자고 해서 예식장에 가고 자신은 집배서 벼 말룬다고 가지도 못하고 집배서 벼 말루는데만 전염하여다. 자신도 세마당 늘어논 벼만 말루며 큰 고비는 다들 넘어 갈따고 생각을 한다."

"오늘은 두집 마당에 벼는 담아서 정리을 하였다. 우리 운이가 가마니 정리하는데 아빠을 도와주니 저의 엄마가 한결 편하구나. 자신은 부인이 좀 편하고 하니 자신은 마음적으로 더 편한 마음을 가질수가 잇쓰서 좋꾸나."84)

지출에 … 임기준씨 차남 결혼에 부주 10,000원

84) '콤바이 9 풋대 97미 수학함'이라고 일기 지면 상단에 따로 기록되어 있다.

〈1992년 10월 26일 월요일 낡씨 맑음〉

금일은 세집배 서양바실래 95호 벼씨을 처음 해받든이 섬진벼 보다는 학실이 만이 생산돼는구나. 그리고 작년보다 3푸대가 더 수학이 됀셈이다. 작년에는 62푸대 생산돼어는데 올해는 65푸대 수학이 돼어다.

"금년에는 벼수학이 풍작이라고 말을 하고 십다. 자신은 작년보다 벼수학이 만이 정산돼어따고 생각을 한다. 이 기쁨은 정부에서 수매량을 만이 바다 주어서 마은 기쁨을 우리 농민들래깨 돌려 주어쓰며 힘드는 농촌일을 보람을 가지고 살라 가두록 하여 주어쓰며 하는 바람밖에 업다."

〈1992년 10월 27일 화요일 낡씨 맑음〉

어재와 오늘 양일간 첫실리가[첫 서리가] 내리쓰며 이것도 눈처름 하야게 내리서 땅위에 식물들이 다들 살마버린것처름 대는 것을 볼 때에 만물들이 때가 대며 다들 시들어 버리는 술리인가봐. 이것을 두고 생각을 하여 볼 때 자연의 신비에 감탄을 아니할 수가 업꾸나. 오늘은 우리 부부가 콩수학을 하다 남은 것을 안전이 뽑아서 무더기로 만들어 낯쓰며 이것을 벼탈곡을 다해야 콩타작을 할 시간이 나을 것 같꾸나. 앞푸론 콩농사을 피해야 하겟꾸나. 외냐하며 콩이 무렸돼니 벼수학과 만물리서 일손이 바파서 될 수 잇는데로 피하는 것이 좋다고 생각을 한다. 그리고 수학 대금도 제일 적다고 생각을 한다.

〈1992년 10월 28일 수요일 낡씨 맑음〉

벼들이 늙 싱싱한 벼들이 설리을 두셋번 마저니 그 싱싱한 자태을 순식간에 다 버리고 요줌은 아주 흉한 모섭들을 보여 주고 잇는 모섭 우리들이 보기에도 사랑한 맡이 하나도 업쓰며 흉한 모섭이 우리의 손길을 받푸게 하고 잇꾸나.

"오늘은 웃뜰래 금논을 콤바이 탈곡을 하여쓰며 이곳도 작녁 수학보다 올해 수학이 흙신 더 증산이 돼며 올해도 작년보다 올해 수학이 콤바이 푸대로 6.5가 드 생산이 돼고 보니 올해는 필지마다 다들 작년보다 드등산이 돼니 자신으로는 금년 수학의 기쁨이 듬벅 가질 수가 잇는 한 해라고 생각을 한다."

〈1992년 10월 29일 목요일 낡씨 맑음〉

오늘은 둘리서 고구마 수학을 하는데 고무마도 안 달린 곳이 만드라. 이것은 여름에 너무나 가뭄이 심해서 고구마 심을 때가 가뭄이 심해서 심지 못하고 때을 노치서 고구마울 심어서 고구마 수학은 아주 적은 량의 수학을 할 수밖에 업쓰다. 무선 작물이든지 적기을 노치며 수학을 기대을 할 수가 업쓰며 적기 노친 작물은 피해야 한다고 본다. 오늘은 고구마 수학을 종일하고 이것도 집배오니 낡이 어더어서 무선 일을 할려고 해도 의욕이 생기지을 안아서 마당에 벼 말룬다고 마당으로 늘어논 벼을 끌어 모다만 놓고만 마라뜬이 밤 10시경에는 난대업는 소낙비가 내리서 벼 말린 것을 다들 적시고 마라쓰며 기상대에서 비가 온다고 예보을 하여 떠라면 저 아무리 피곤하드라도 다말린 벼을 푸대에 담아 치울끈대 기상대에서 맑따는 말래 비온다는 생각을 전연 안했키 때문에 다 말린 벼을 소낙이을 마자쓰니 정말 아쉬운 감을 감추지 못하겟다. 다 말린 벼을 생각을 할 수록 아쉽꾸나.

지출에 … 보험료값 10,900원

〈1992년 10월 30일 금요일 낡씨 맑음〉

금일은 마지막으로 벼탈곡을 하기 위해서 갈둘리는 작업을 하여쓰며 고속도로 밑은 콤바이가 빠지지 않을까 하는 생각이 만이 들며 자신의 생각에는 빠지지 하는 생각이 앞쓰는구나.

"그리고 형님 콤바위 탈곡을 하는데 트랙터로 실어 주로 같쓰며 다들 수학량이 그진 같다고 바야 한다. 그 중 아주 잘 짓은 사람들은 3픗대 정도 드 증산 댄다고 보지만 그 나머지는 다들 수학량이 같다고 보고십다."

"자신도 내일만 콤바위 탈곡을 하며 금년도 벼수학은 끝이라고 보며 금년 한 해는 또 넘어 가는 식이 돼는구나. 한 해라는 시간이 길다고 보는데 자신에깨는 눈깜짝 할 사이에 넘어 가는 한 해라고 말을 하고 십다."

〈1992년 10월 31일 토요일 낡씨 맑음〉

오늘로서 벼농사 콤바이 탈곡을 안전이 하여쓰며 오늘을 위하여 우리 부부가 여름네 비지땀을 흙리쓰며 이것이 부인의 땀의 대까라고 생각을 하며 네 부인 정말 예만이 먹어다. 42마지기 농사일을 다 따라 했쓰며 하로도 파짐 업시 하로도 실은 기색 업시 남편 일에만 도와 주는 부인 정말 예만이 먹어쓰며 정말 자신예깨는 나의 삶등리보다 더 기중한 사람이라고 생각을 하오. 여보 마당에 280개라는 벼 가만이가 싸여 잇는 저 모섭을 볼 때 싸여 잇는 피료가 다 풀리는 기쁨이 잇쓰며 저것들이 부인의 땀의 대가라고 생각을 하고 잇남. 부인 무선 말로 해야 부인 고마움을 다하리까. 자신은 말로서는 그 고마움을 다 할 수가 업따고 생각을 하오. 여보 자신의 생각 같다서는 잘 정리 돼서 잇는 벼 가마니을 평생동안 손대지 말고 그대로 두고 부인 고마움을 가슴 깊이 간직하고 십픈 마음이나 결국은 저 가마니을 손을 대야 됀다는 것이 아쉽구려.

"이재는 부인의 시간 여유가 잇따는 생각을 할 때에 그리 내 마음이 삶매 보람을 찾는 것 처름 마음이 편하오. 우리 여보 예만이 먹어는데 누령이 잡아서 보신이라도 시키야지 하는 생각 밖에 업소이다."

지출에 … 포장류 2,700원, 탁주 500원,
음료수 1,000원, 빵 1,000원,
칼치 1,000원, 콩나물 500원,
닭알 2,300원, 두부 500원,
계 9,000원[85)]

〈1992년 11월 1일 일요일 낡씨 맑음〉

금일 오전에는 자신 혼자 땅콩을 시시랑으로[시렁으로] 땅콩 꼬투리까지 뽑아만 두어 따가 오후에는 집사람과 둘리가서 집사람은 땅콩 이삭을 줏는 일을 하고 자신은 시시랑으로 뽑아 논 땅콩 깍지와 던불을 흙만 터려서 경운기로 실어 오는 작업을 하여다. 땅콩 수학이 자신의 벼수학에 밀리서 이재 땅콩 수학을 하니 땅콩 꼬투리사 떨어저 땅콩 캐기가 그리 힘이 더는구나.

"오늘 일과는 싸인 피료을 풀어 가면서 할려니 자연적 오전에나 오후나 넞스들고 하니 작업 시간이 그만춤 일이 들돼고 잇는 것이 사실이다. 수학에 긴장을 풀고 작업을 할려니 일도 의욕 업는 일이 돼어 버리고 만다."

"이번에 정부에서 추곡 수매량을 발포을 하

85) 실제 계산은 9,500원이나 9,000원으로 잘못 기록하였다.

는것을 볼 때에 귀가 찬다. 추곡 인상을 5% 올리고 수매량을 850만섬 바다 드린다고 발포을 농림부 장관이 발포을 하는데 때리 죽일 놈이라고 생각이 들며 정부는 말로만 생각을 한다고 선거철 때만도 우리 농민을 속이고 정부는 우리 농민을 노고지리 개시키더시 사탕 발릿는 소리만 햇찌 농민을 위한 정치는 않해쓰며 노태우 정치는 농민만 죽이는 정치만 하여찌 정치을 햇따고 보지는 않는다. 이분은 5년간 자리만 지키왔따고 생각을 한다. 국가 대통령이 자리만 지킬바에야 그 자리를 빨리 절민 세대에깨 물리어 주어서 나라 발전을 시키는것이 대통령의 의무라고 생각을 한다. 자신은 노태우 대통령은 민주화을 시키따고 부르짓고 잇찌만 이 양반은 국정을 5년간 이끌어 오면서 국정으로 도엄을 못주어따고 생각을 하며 이 양반은 개울까에 물어 그냥두어도 흙으러드시 우리 국가을 무이미하게 5년간 흙려가게 한 채임을 저야 할 사람이다. 역대 대통령 중 자신은 제일 무능한 사람이라고 생각을 한다."

〈1992년 11월 2일 월요일 낡씨 맑음〉

어재 땅콩 등굴채 뽑아온 땅콩을 따는데 오후네 걸리쓰며 굴건 팥을 따는데 이것만도 종일 글리쓰며 이른 일들이 바풀 때 걸리며 사람의 마음이 조급해서 못 할 일들이라고 생각을 하여 본다. 땅콩 꼬투리 따는 작업을 생각 같아서는 수라게 할 것 같다도 작업을 하여보니 일들이 쉽게 잘안돼며 그리고 안자서 하는 일들이라 수란 일들이 아니라는 것을 생각을 하여도 거리고 이것도 내일 오전 할 일이 남이 잇따.

"그리고 오늘로 벼 탈곡한 벼는 한번식 다들 말라쓰며 오늘로서 벼말루는 작업은 안전이 끝이 낫쓰며 앞푸로 매상을 한다면 내전한 것을 다시 말라야지 매상을 될 수가 잇찌 안나 하는 생각이 들며. 미전한 벼가 만이가 잇쓰도 일단 금년 벼는 안전이 말라서 정리을 하여주어서 사실 가을거지는 오늘로서 끝냇따고 바도 됀다."

"우리 농민들이 여름네 비지땀을 흙리면서 풍년 농사을 짓어노니 정부가 주매량 발포을 850만섬에 5% 올린 가격으로 수매을 한다고 발포을 한다는 말레 기가 찬다. 여름에 장비를 투입해서 그리고 온 식구가 메달려 지어논 벼을 가격을 친다면 여자가 공장에 가서 버는 돈도 안대고 잇쓰니 귀가 찰 일들이다. 이래도 정부에서는 농민을 도운다고 말로만 벗저시 하고 잇는 정부 의이 업는 본우점만 나온다. 이것도 힘업는 농민 대결도 못하는 썬우섬이니 이것보다 더개려운 일이 어디 잇깨나."

〈1992년 11월 3일 화요일 낡씨 비〉

오늘은 아침부터 뭄게 구름이 몰려 들어서 소낙비라도 금새 쇼다질뜻 하여서 집사람과 둘리서 스들어 밭곡석 남은 것 굴건콩, 팥, 힌콩, 콩나물콩 이것들을 벼 수학 한다고 못한 것을 오늘 다 거두어 드리쓰며. 이것을 경운기로 실어 더리는데 한밭리 째는 비을 맡지 않코서 집부로 드리 와찌만 한발리는 비을 마지면서 실어 드리다.

"그리고 오후에는 땅콩 깍지 따는데 둘리서 보슬비을 마지면서 작업을 하여 오후에 작업을 한것에 망우리 작업까지 하였다. 농촌 일들이 다들 수란 일이 업더시 땅콩 따는 것도 역시 수란 일이 아니라서 만이 갈려면 좀만이 생각을 해서 갈 작물이라고 생각을 한다. 이른 작물은 집배서 조금식 먹는 것 위에는 피하는 작물이라고 생각을 한다."

"우리 운이기 직업훌려소에 다니지가 2달이 돼어나 본는데 오늘은 가기가 실타고 이야기을 하는것을 볼 때에 부모로서 불안 하구나. 처음부터 안단이 쓰며 몰라도 고생을 다하다시피 하여서 이재와 가기 실타니 부모로서 가슴 아푼 일이다. 이것을 덧고 후아 무선 일이 든지 실정이 한번식 오게 돼어 잇쓰며 그 고비을 넘길 줄 알라야 한다. 이제 와서 포기을 한다면 여때 것 고생한것이 헛때며 그라고 고등학교만 하고 사회 진출을 하며 거만춤 고달프니 그래도 자격증을 하나따서 전문대학이라도 해야지 앞푸로 살아가는데 편하다. 고등학교는 사회에 진출을 해야 남의 심부름이나 하기 때문에 운이는 자격증을 따서 전문 대학을 하여야 한다고 달례어 보앗다. 우리 운이가 직업훌련소에는 도중 하차 하는 일이 업시 다녀주어 쓰며 하는 바람이다. 만약 도중 하차 하며 학교 공부도 거관 못햇키 때문에 운이 손실은 음청난 손실을 보기 때문에 부란한 감이 사실 더는구나."

〈1992년 11월 4일 수요일 낡씨 맑음〉

금일은 콩타작을 하는데 종일동안 하여서 땅검이가 저두록 하여도 콩타작을 안결무결하게 하지 못하고 대충 알곡만 빼는 식으로만 콩타작을 하고 마랐다. 오늘 일은 경운기로 2바리안돼 그리고 셋가지 콩이라서 이것을 따로 불류해서 타작을 할려니 시간이 만이 걸리따고 생각을 한다. 오늘은 휴식도 하지 않코 작업을 하여는데도 시간이 만이 걸리서 지루한 작업이 돼어따고 생각을 한다.

〈1992년 11월 5일 목요일 낡씨 맑음〉

금일은 강아지을 팔로 김천 시장을 갈더니 강아지 갑이 업따고 하니 상인들은 그저 먹을라고 들드라. 그리고 자신이 바도 강아지 살려고 일반인은 업쓰며 강아지 살려고 하는 사람들은 다들 상인 들밖에 업쓰니 우리 농촌에서 팔로 간 강아지 값이 올라 갈 수가 업따고 보며 자신이 생각을 해도 강아지 값이 너무 헐타고 생각을 하며 자신도 강아지 6섯마리 가지고 가서 한 마리 10,000원 밭아쓰며 강아지 6섯마리에 60,000만원 밭고 팔고 마라쓰며 강아지에 정이 들어서 너무 헐캐 팔라서 서운함이 더하며 강아지는 자신이 팔라쓰며 집사람은 시장에 와서 너무 헐캐 파라따고 입을 자주 다시며 자신은 먼저번에는 처음 값예 팔지 않고 더만이 바들라고 하다 30,000원 짜리 강아지을 끝까지 가지고 잇따가 결국은 15,000원 죽고 맏고 팔라서 이번에는 너무 일적 팔라서 조금 손예을 본 것이 아닌가 하고 너킴이 서원한 감이 십게 살라지지 않는구나.

"그리고 부인이 우리 강아지을 한번 보고 가자고 하면서 우리 강아지을 찾저보니 반대쪽에 우리 강아지 6섯마리 두고 팔려고 자리을 잡고 잇드라. 부인 강아지 앞패 가기 전에 강아지가 먼저 보고 좋아 하는 모섭을 보니 인간의 정이 들은것은 정을 띠기는 힘이 더는구나. 그정으로 부인이 만저주고 스다덤어 주고 손을 헌들어서 정의 답을 보내드리니라고 손을 헌들며 해여 지고 마랐다."

"강아지 한 마리는 숙모님 더리고 6섯마리만 시장에 가서 팔라서 이것을 너무 헐캐 팔라서 서운함 검치 못하게다."

수입에 … 강아지 6섯마리 값 60,000원

지출에 … 개수정값으로 담배값 7,000원

〈1992년 11월 6일 금요일 낡씨 맑음〉

금일은 집사람과 둘리서 땅콩 캔 자리에 땅콩 이삭을 줏는 것으로 오전 일과을 보내쓰며 이것은 사실 둘리가 이삭을 줏는다고 해도 힘만 둘지 일당도 안 대는 일이다. 그른데 이것을 일당 안 댄다고 땅콩 꼬타리 떨어전 것을 그냥 둘 수도 업는 문제 그래서 둘리서 주워떠니 두 번 삶마 먹을 수가 잇두록 줏어다.

"오후에는 장해수 엄마가 배추 한발리을 실어 달라고 해서 같든이 배추가 너무 만아서 두발리 실을라다 한발리로 잘 시려서 다 실어다만 이것을 실련다고 차곡차곡 싸는데 아무래도 여로번 만치는것이 돼며 배추을 소매로 파는 사람인돼 배추 포기가 손실댄 것이 만아찌 않나 하는생각이 더는구나. 오늘 배추 포기수는 400포기는 될 것 같더라."

"그리고 자신은 금년에 1무지파 농사는 숭년 농사라고 말을 하고 십다. 금년에는 무지파가 처음부터 한번 캐치 보지도 않고 벌래 병치리을 하든이 이것을 자신은 잡아 볼려고 약살포도 여로번 하고 신경을 만이 쓴는데도 벌레와 병을 잡지 못하고 마라쓰며. 오늘 해수 엄마 배추 실어 주로 가면서 파밭을 들리떠니 먼저번에 보다 파가 못하드라. 자신이 이때것 파농사을 하지만 금년이 제일 못한 파농사을 짓어따는 생각이 든다."

"금년도는 다들 수학이 작년보다 증산이 돼어는데 파농사만 증산을 못한 농사가 돼어따는 것이 아쉬움을 주는구나."

〈1992년 11월 7일 토요일 낡씨 맑음〉

오늘로서 팥 미물은 다들거두어 더리쓰며 그리고 산돼지 잇따고 이야기을 듯기론 강원도 산골짝에 산돼지가 나타나서 옥수수 밭을 망치 놋는다고 이야기을 들어는데 이재는 우리마을도 산밑에 밭은 피해을 산돼지가 주고 잇쓰며. 오늘 우리 메밀밭도 돼지놀란 헌적이 잇쓰며 돼지 발자욱도 큰돼지 발자욱이며 돼지 발자욱을 보고나니 마음이 서늘해지는 너킴이 들며 앞푸론 돼지 피해을 만이 보리라고 생각을 하며 우리 마을래도 돼지 피해는 올해부터 주고 잇다. 그래도 돼지들이 사과 피해을 주지 않는것만도 천만다행이다. 과손들만다 땅미닥에 떠보다서 색낸다고 다들 무더기로 잇는데 피해을 준다면 과손가지고 잇는 사람들의 신경을 곤도세울끈대 그남아 다행이라고 생각을 하고 잇다!

"오늘은 지수들이 큰집배 사과 따주로 다들 왔서 도와주고는 하는것을 볼 때는 남들보기에도 좋으며 자신의 일은 안 도와 주도 큰집배 일을 도와 주는 마음의 지채가 좋은 것이다."

"오후에는 말리 사과밭에 모래 일어넌는 작업을 하여쓰며 모래을 실어너니 우선 물교여 잇따가 물키가 안보이니 마음이 한결 좋으며 모래실어다. 논 것만 다들 실어너며 아쉬운대로 밭이 될 것 같다. 그리고 자신은 사과나무 심어서 돈 맡도 보기도 전에 올해는 사과들이 너무나 히로서 파라먹을 때가 업따고 말들을 할 뿐 아니라 사과 과손 잇는 사람들이 큰 탈기을 하고 잇는것을 볼 때에 자신의 마음도 상캐 하지는 않는구나. 자신은 어른 것들이 정부 정책 이숙이라고 생각을 한다. 외냐 하며 농민들을 안정을 시키야 하는데 정부가 농민을 불안 하게 하고 잇기때문에 농민들은 다들 앞다투어서 몽답 논들이 다들 밭을 만들어서 사과나무, 포도나무, 당감나무 이른 품종을 심어서 기와 급수로 늙어나며 결국은 5年 후에는 이것이 과잉 생산이 돼어서 팔로가 업쓸 뿐 아니라 농민들의 마음을 허탈을 주며 지금부터 이것이 실찌 사과는 나타나고 잇다. 정부가 백년수고 생각을 해서 정치을 한다면 농민들이 우왕 좌왕 하지 않는다고 보며 이재는 벼농사는 생산비도 안 대개 하고 잇쓰니 우리농민들은 몸부림 쳐는것이 봉답논 밭을 만들어서 다들 사과, 배, 포도 심는다고 너도 나도 하는 것을 볼 때 귀가 차며 자신이 생각을 할 때 피을 토할 일들이다. 이것이 정부가 벼 수매 안 밭아주며 인상가격을 5%로 선으로 올려 주는 정책을 하며 정부는 5年 앞도 내다보지 않는 정치을 하고 잇쓰니 힘업는 백성이 볼 때에 외통터저 가슴만 치고 잇는 객이 돼며 정부는 울리 농민들이 무엇을 하고 잇는줄도 모르고 잇다. 와냐 우리 농민들이 봉답논이 밭으로 둥갑을 한다면 이것이 5年 후는 논우로 둥갑을 해야 하는 짓을 만드는 정부. 정말 너무하다고 생각을 한다."

"발전업이 한세상 가는 책임은 누가 진단 말인가. 정치인 하며 생명을 걸고 국가 위해서 몸을 받치야 하는데 요줌 정치인은 자리 탐만 내고 자리 싸음만 하고 잇쓰니 나라가 어디로 가든 말든 흙으가고 잇는 모섭만 지키 보려니 얼굴에 푸름만[시름만] 생길 지경이다."

〈1992년 11월 8일 일요일 낢씨 비〉

금일은 뭉개구름이 몰려 오며 기상대도 비가 한 두차례 온다는 예보가 잇쓰며 낢씨을 바도 비가 올겻 같다서 채소밭에 가서 나물 좀 해와서는 마당으로 늙여 잇는 작곡들을 다들 치우고 오늘 하로는 비 온다고 해서 널려 잇는 것들을 다들 치아서 비 온다는 대비을 하는 것만으로 오늘 일가을 보내고 마랐다.

"오늘은 부인이 아주 죄금 해모이서 방에서 좀 시라고 떠밀어 너어쓰며 부인은 앰만해서는 피료하다 아푸다는 소리을 하지 않코 일만 하는 부인 오늘은 자신이 보기에 피료해 보이서 좀 쉬라고 방으로 떠밀어 너어도 한참 잇따가는 잠도 오지 않는다면서 나와서 일을 팔려고 들더라. 자신은 좀 쉬라고 성화을 내도 그 말은 들어주지 않으며 아빠와 일만 할려고 더는 모섭을 볼 때 자신으로 이해을 할려고 하여도 이해가 안 대고 잇다."

"오늘은 피료한 부인 일을 도어는 의미에서 종일 동안 부인의 일만 도와 주어쓰며 여태것 잔존질 갈 것이 밀려 잇는 터라 저녁해 절물어 지두록 해서 매우 끝을 냇다."

"네 부인은 자신과 똑같은 일을 늙하고 나며 부인 일은 그대로 남와잇다. 이것을 매일 반복이 돼니 부인 육체는 두 목을 하고 잇키때문에 부인몸이야 말로 몸이 쇠등으리라 해도 부스질 지경이며 자신은 늙 미안타 하는마음은 간직을 하고 살지만 부인의 육체적인 고통의 속깊이는 모르고 잇는것이 사실이며. 이것을 알두록 노력을 하는 남편이 돼리라. 부인의 고통은 알지만 그래도 자식들 공부할 때까지만 참아서 노력을 하여 보자는 말을 조용히 부인에깨 하고 십소. 이 미한 마음은 변함이 업쑈이다."

〈1992년 11월 9일 월요일 낡씨 비〉

오늘은 겨울의 문특에 들어서는 차거운 낡씨을 보여주며 우리들의 가슴에 차거움 주는 것이 겨울이 오고 잇따는 신호을 하는것처름 평소 때보다 훍신 차거운 너킴을 주며 모기에다 비까지 오락 가락 한 낡씨라서 겨울이 문특에 들어서 잇따는 너킴이 더는구나. 오늘같은 날은 바푼 사람들은 일을 할수가 잇는 날이라고 생각을 한다. 자신은 그만 종일 휴식을 하여쓰며 자신도 할 일은 가득잇는데 다들 뒤로 미루고 오늘 하로는 휴식을 하여쓰며 휴식을 종일동안 하면서 마음적으로는 휴식이 안 대고 잇쓰따는 말을 하고 싑다. 사람은 육신과 마음과 일체하는 휴식을 해야 피료가 풀어 지는데 육신만은 휴식을 해야 아무 소용이 업는 일들이라고 말을 하고 싑다.

"우리 혜영이가 오늘은 집배 오는길에 버스안에서 잠이 들어서 봉산까지 가서 걸어 왔따면서 오늘따라 비가 내리서 혜영이가 우장을 햇찌만 들어오는 모섭을 볼 때 후질그리운 모섭이며 버스에서 사촌 경숙이와 둘리오면서도 둘리다 잠을 자서 봉산까지 가서 걸어 와따고 하는데 자신의 마음이 아푸며 공부가 무엇신데 아이들 밥을 제대로 못먹개 하며 잠까지 몿자게 한단말이냐. 이것들이 정시와도 밥 한그릇 먹을 시간도 업쓰서 삼분지 일도 몿먹고 시간 업따면서 책가방만 깨고 가는 모섭 안스러으며 자신의 보기가 민망할 때가 만은데 오늘은 봉산에서 내리서 걸어 왔쓰니 집배서 수저 들 시간도 업쓰며 곳바로 책만 교환해서 가는 모섭을 바라보니 공부가 저르깨 힘드는 일이며 나 자신은 제아무리 고댄 일을 하여도 혜영이 앞패서는 힘든다는 말도 해쓰는 안 댄다고 생각을 하며. 이 아빠로서는 우리딸 건강이나 상할까바 극정이 너무 크구나. 아빠의 살매 경쟁과 혜영이 공부의 세계 견쟁은 하늘과 땅차이 보다 더 난다고 말을 하고 싑다. 공부 세계는 잠 잘시간도 재대로 업쓸뿐 아니라 밤까지 여유을 가지고 먹을 시간도 업시 뛰어야 하며 이래 해도 살라가기가 힘이 들며 경쟁에서 쉶아 남키가 힘이 더는대 우리들의 세계는 너무 시간이 많으며 우리들의 쉶매 세계는 너무나 시간이 만은 쉶매 경쟁을 하고 잇따는 너킴을 가질수 잇쓰며 공부의 세계 경쟁바서는 우리들의 쉶매 경쟁은 경쟁이라 할수도 업고 바람에 작엽끌며 다니는것 쳐름 무이미한 경쟁이라고 말을 할까 여때것 너위들에깨 이아빠 힘드는 일한다고 너위들은 공부을 해서 이 생의 살매 길을 수라게 살라가라고 입버릇 처름 하는데 이제는 이 아빠 힘드는 일한다고 하는 말은 빼내고 공부을 해야 사회 생활이 편해지는 법이다 하는 당부의 말을 해야 하겟다."

〈1992년 11월 10월 화요일 낡씨 비〉

금일은 당산논을 밭을 만들어서 양살구 나무을 심어떤 것이 삼분지 일택 죽어서 양살구나무 적지가 아닌가 하고 포도나무로 갱신을 할려고 포도나무 지주 세울 때 구덩이 파로 가서 일도 하지 몿하고 비가 내리서 일을 할 수가 업쓰서 그만 집부로 돌라오고 마랐다. 작업을 하로 갈때부터 하늘은 금세라도 소낙비가 올떳한데 너무나 휴식을 만이 한디라서 오늘은 낡씨가 좀 허리 더라도 일좀 해야 하게따는 생각으로 들로 같든이 비만 만나서 옻만 바리고 마랐다. 오늘도 일기 불순으로 종일동 휴식을 하고 마랐다.

요즘은 휴식을 해도 피료는 여전한 너킴이 들며 마음적으로는 일을 해야 한다는 욕망이 생기는구나.

"우리 농민들이 윤택하게 살라면 벼농사을 미련을 두지 말고 빨리 탈피을 하는자만이 삶매 회복을 빨리 차절 수 잇따고 생각을 한다. 우리을 이르게 만든자는 정치인들의 실책으로 우리 농민들이 수난을 만나고 잇따고 생각을 하며 이것들이 정부 실책이 아니여떠라면 정부가 일적 암시 수난의 상처을 감수 할수 잇는 일들인데 무책임 정치로 농민들의 수난의 상처을 어떠게 해소을 한단 말이냐."

"우리나라 국회원 자실[자질]은 아주 미진하다고 생각을 하며 국회원의 신본으로 국민을 위해서 일하는 모섭들이 업고 자기네들의 자리싸음만 하다 4年의 임기을 마치는 국회원 다들 자격 미달이라고 생각을 하며 현국회원 자질로 바서는 오희려 나라발전에 저홰대는 일들 밖에 안 댄다고 생각을 한다."

〈1992년 11월 11일 수요일 낡씨 맑음〉

금일은 부인과 둘리서 마늘 파종을 하여쓰며 마늘 닷섯집을 나섯며 금년에는 필희 마늘 소득을 해서 마늘 파종을 할려고 들어는데 마늘 파종하기가 급패서 그만 올해도 그만 마늘 파종을 그대로 하고 마랐다. 자신은 마늘 파종자리가 적으서 마늘 닷섯접을 까뜨니 마늘이 모자라서 내일 두접을 더까서 마늘 파종을 하여야 하겟다. 매년 마늘 6섯을 놋는데 이것이 잘못돼며 시장에 가서 사먹찌만 엔만하면 우리는 충분이 마늘을 먹을 수 잇두록 농사을 짓는다. 그리고 마늘 농사을 짓어 보면 마음대로 안댄다. 그리고 자신의 농사 중 마늘 농사가 재일 안대고 잇따는 생각이 든다.

"우리 운이가 티을 살려고 저의 엄마에깨 돈 만 원 가지고 간지가 한 달도 더 돼어따고 보는데오늘 옻사입을라면서 저의 엄마에깨 돈 만 원 달라고 하드라. 그래서 우리 운이가 그 돈이 잇쓰며 내 손에 장을 지진다고 말을 하니까 시시 우쓰면서 보겟터에서 만 원을 내드니 여기잇네 하드라. 그래서 우리 운이는 십 원 잇쓰도 다 쓰야 섭성이 풀리는 아이가 그든이 이때 것 남아 잇따니 정말 귀적이다면서 웃고 마랐다. 자신으로 바서는 돈을 쌔비쓰라도 마구 쓰는 아이가 돈을 주머니에서 한 달이 넘뚜록 가지고 잇쓰따는 것이 아빠의 마음을 놀라게 하여쓰며 자신은 재일 기쁜 날이라고 기억을 하고 십픈 날이라 말을 하고 십다."

"오늘은 저의 엄마에깨 옻산다면서 만 원을 더 가지고 가서 상위 독꼬루 싸추을 19,000원 주어따고 하면서 사와는데 내가 바서는 옻이 좋아보이지 않트라 요즘 아들은 옻을 싸도 자기가 싸 입을라고 하며 메이크가 잇는 물건들 사입을하고 하는것을 볼 때에 새상은 엄청나게 변한것은 사실이다. 우리들 자랄 때는 옻을 자기가 산다는 것은 꿈에도 생각지 못했쓰며 부모가 시장에서 사다주며 무족끈 좋아 하면서 입버야 햇든 세상에서 요즘 아들은 자기가 다들 하는 세상이며 그리고 요즘 아들은 용돈까지 말들을 하고 잇쓰니 복도 만타고 해야 한다, 우리들 자랄때는 부모에깨 용돈이란 말을 부치 보지도 못햇쓰며 궁급질[군것질]을 하는 아이들은 부모 몰래 곡석을 내서 곡상에깨 주며 그 돈으로 궁급질을 하고 햇찌 그르지 않는 아이들은 궁급질도 못하는 세상의 삶리을 살라 왔다. 그때을 생각을 하며 요즘 아들은 날개가 업쓰서 하늘을 못날어지 정말 좋은 세상이라고 말을 하고 십다."

〈1992년 11월 12일 목요일 낡씨 맑음〉

마늘파종을 어재 남원 것을 오늘 오전내가서 부인과 둘리서 다들놓고 오후에는 무우 수학을 하여쓰며 기상대 예보덧고는 아직 낡씨들이 회복을 한다기에 아직 무우 수학을 안을라고 하다 남들이 무우 수학을 하길래 그만 자신도 밭에 가보앗든이 이미 무우 수학은 다들 하고 남은 사람도 업드라. 자신은 그래도 일적다고 보앗든이 무우 수학이 너전 편이더라. 낡씨가 좋을때 무우 수학을 하니 만치기가 아주 좋드라. 추월 때 무우 수학을 하며 사람의 마음이 움추려 저서 작업하기가 그북 스려운데 낡씨 좋을 때 하니 일하기가 그리 좋꾸나. 매년 수학기을 당기서 수학을 해야 하겟다. 오늘무우도 안전이 정리을 다하고 보니 간편한 너킴이 들뿐아니라 재때 정리을 다하고 보니 상캐한 너킴이 든다.

"그리고 올해는 무우가 매끈하지 못하고 무우들이 탁한 감이 만아서 무들이 사랑스럽지 못하고 무우농사을 잘 못짓어따는 생각밖에 업다."

〈1992년 11월 13일 금요일 낡씨 맑음〉

양살구 심은것이 올 가뭄때문에 나무들이 3분지 1은 다들 고사해서 이땅은 양살구 나무가 적지가 아닌것 같다서 그만 양살구 나무는 포기을 하고 포도 나무을 심을라고 포도 주지 세울곳에 구둥이 파는 작업을 하여쓰며 구등이는 생각보다 수라드라. 이것은 작년에 흙을 바다키 때문에 자신이 개핵한것에 비예서 하로동안 앞당일수 잇는 일이 돼고 잇다.

"포도값도 여때것 쭉아찌만 올해는 포도값이 제일좋은 해라고 말을하고 십다. 그래서 금년에는 포도 나무 심월 사람들이 수도 업따고 보며 요즘 포도 나무을 심는 사람들은 가잉 생산때문에 값하락으로 고통을 당알것 같뜬데 이것이 꼭올것이며 이것을 생각을 하면서도 포도을 심을라고 더는 자신이 기분은 좋찌 안는것은 사실이다. 그래서 자신은 벼농사보다는 포도 수학이 낱찌 않깨나 하는 생각에 양살구 나무을 포기을 하고 포도 나무을 심을라고 구등이을 파는데 사실 어장 하는것이 힘이 들어서 극정이 크다."

〈1992년 11월 14일 토요일 낡씨 맑음〉

금일은 포도 주지을 철도 센멘 침목으로 할 결심으로 대신 설로반 추장에깨 차저 가서 포도 주지 세우구로 센멘 침목을 부탁을 하니까 잇따고 하면서 감사을 지내야지 댄다고 하면서 습득허락을 하지 않트라. 자신이 실어주는데 일당을 줄라고 해도 12月 초순깨 보자고 하드라. 그래서 자신도 이것을 세울 수가 잇쓸까 하는 의문이 들기 때문에 실험적으로 세어 보구로 두셋개만 실어 줄 수 잇는가 무러보니 실어 줄라고 해니 트랙터을 몰고 가서 센멘 침목 셋개을 실어왔서 세어보니 혼자도 수라개 세우겟드라. 그래서 설로반에서 침목만 준다면 포도 주지 세우는대 돈도 적개 드리고 할부도 잇따고 보는대 이것이 승립이 될련지 몰겟다.

〈1992년 11월 15일 일요일 낡씨 흐림〉

오늘은 벼짐은 묵끄서 작과밭에 실어 노일

작정을 하여는데 벼집을 혼자 묵끄보니 힘이 드는것 갈다서 그만 벼집을 묵찌 않코 벼집 그대로 실어서 작과 밭에 세발리 실어 더리는 것으로 하로 일과을 보냇다.

"오늘 벼집을 묵끄보니 힘이 더는 것 같고 그전에는 벼집을 어떠깨 다들 묵끄뜬가 꿈 같은 일들이다. 한 해에 이처름 변하는것인가 생각을 할 때에 인생이 넒어서 그른것인지 그르치 않으며 농사 일에 재미가 업쓰서 그른지 그저 편하게만 할려고 드는 섭성이라서 그른지 편하게만 할려고 더는 기질을 다들 버리야 하는데 국가나 가정이나 다들 한구석에는 멍이 들고 잇는데 이것을 치료해야지 그르치 않코 이대로 올래 간다면 가정도 피개 될 것이며 국가도 망하게 돼어 잇다."

"노동력의 수짜로 본다면 일력이 남아 돌아가는데 공장에는 일 할 사람이 업따는 것은 첫째 정치가 잘못 돼어 가고 잇따는것. 둘째는 교육이 잘못돼어 잇쓰며 셋째는 국민의 자세가 성실찌 못한것이다. 이것을 곤치야 우리 국민도 잘 살 수 잇다."

"우리 정치가 여때것 몇일회 일을 해서 잘 삿려고 하는지는 다들 죽이는 정치을 햇따고 생각을 하며 앞푸론 땀을 흙리면서 일을 하는지는 반다시 잘 살두록 하는 정치가 필요하다."

"우리 운이가 아빠와 거리가 죠바지고 잇따는것을 오늘 절시리 너켜다. 외냐 하며 오늘 친구들과 명화 구경을 같따 올라고 이야기을 할때 이 아빠로서는 마음 속의 기분은 아주 좋드라. 외냐 하면 우리운이 일하는 것이 아무 말도 업시 세어버리는것을 수차운아 아무말도 업시 세버리는것. 제일 나쁜 버릇이니 어떠한 일이라도 이 아빠와 상이을 한다면 다들어 준다고 예원을 해도 안들어주는 운이가 영화 구경을 같따올라고 이아빠에깨 이야기을 하다니. 정말 고마운 일이다. 그리고 학생이 영화을 보는것은 가이 좋은 일은 못돼나 이아빠와 처음 상이을 하는 것이라서 성락을 하여 주어다. 그른대 영화비도 자신에깨 달라고 하면 좋아 쓸 것이며 돈도 저의 엄마보다 만이 줄끈데 돈은 저의 엄마에깨 부엌에 가서 영화비을 타 가드라라."

〈1992년 11월 16일 월요일 낡씨 맑음〉

금일도 벼집실어서 작과밭에 실어 놋는 일을 하여쓰며 아직까지는 벼집을 만치는 사람도 업쓰며 아직까지 들판에는 벼집들이 그대로 늘어저 잇드라. 오후에는 집사람을 대리고 벼 실어로 같든이 벼집을 묵끄서 실어며 아주 만이 실련돼 벼집 그대로 실어니 둘리 실어도 량은 별료 차이가 나지을 안아서 두발리 째는 자신 혼자 실어오고 마랐다. 앞푸로 부인도 피료하다고 하는데 일을 식키기도 미안하고 내일부터는 온자 실어드리야 하게다.

"벼집도 섬진벼 농사을 짓어며 벼집도 만은데 일품벼나 95호 벼는 벼집이 섬진벼 반도 못돼고 잇쓰서 벼집 거드어 드리는 데는 수라다고 본다."

"이재는 대학교 원서 낼때가 오니 자신의 마음이 불안감이 디는구나. 요줌은 여자들도 하다못해 전문대학이라도 시키주야 하는데 전문대학도 반대로 못드가고 잇쓰니 자신으로서는 극정이 크다. 우리 혜지는 재수생이라서 더극정이 돼며. 불안하기 짝이 업다. 혜지는 이번에 들어가지 않는다면 대학은 포기을 할 판이니 더신경이 쓰이고 잇따. 이아빠는 대학관판이라도 따우로 제일 따라지 가라고 건유을 하고 잊띠만 이것이 쉽찌 않꾸나. 우리 혜영이는 전기 대학교에는 성적이 못돼어서 원서을 낼 때가 업따고 발 굴리지만 크개 마음도 쓰여 저지 않으며 우리 혜지는 이번에 전문대학교라도 가야 한다. 그르지 않으며 이아빠의 삶매 보람을 저희 하는 요인이 됀다고 본다."

"대학이 못 잊길에 아들의 피을 말루게 하는 줄 몰겟다. 하고 십픈 일들 다들 버리고 공부을 해도 대학교을 가기가 힘이들고 잊쓰니 무엇신가 교육 방침이 달라저야 하지 않나 하고 자신은 생각을 한다."

〈1992년 11월 17일 화요일 낡씨 맑음〉

금일은 군지도소에서 포도 교육이 잊따고 동장이 엠프로 방송을 하드라. 그래서 동사에 가서 포도 교육을 갈사람 있는냐고 무르니 아무도 갈라고 하는 사람이 업드라. 그래서 주위에 잊는 사람과 포도 교육을 바다두어서 손에 갈 일은 업쓰니 가자고 건유을 하니까 형님 또래 두명이 응답을 하드라. 그래서 삼명이 포도 교육을 바들라고 지도소 교육장에 가니 포도 2000평을 짓는 독농가가 교육을 식키는데 별로 도엄이 업쓰며 갈 때의 생각보다 교육이 시들래서 이곳까지 온 것이 휴에가 돼고 잊드라. 그른 포도 교육을 바드로 은분이 타지역은 여자들이 아주 만드라. 앞푸론 농사 일은 여자가 해야 돼는것이 아닌가 하는 생각이 들며. 앞푸론 여자들이 소독작물 교육을 바다서 띠어 드려야 한다고 본다.

"우리 군의 지도소는 수도작에 기술만 교육을 하고 잊는데 이것은 타지역보다 디 떨어되며 타군보다 앞쓰는 군이 됄라면 지도소의 직원이 특수 작목의 기술을 알라야 우리 군의 농민이 타군보다 앞쓰는 군이 됀다고 보며 그리고 자도소 하면 농촌을 동면서 특수 작목을 집적 지도 하는것이 농업의 발전을 먼저 할수 잊는데 교육이라 해야 수도작 교육 이른 교육은 옛날 교육이며 이른 교육은 농민을 실망을 주는 교육들이다."

"오늘 교육은 별로 득이 업쓰따고 생각을 하며 오늘 교육에 습득한 것은 두가지는 습득을 하여따고 생각을 한다. 그리고 교육을 바두로 온 분들 식사 재공을 다들 식키드라. 이것은 좋은 일이라고 생각을 한다."

지출 … 갈 때는 마을 봉고차로 이용을 하여쓰며 올 때는 자신이 차비 부담을 하여다. 960원.

오늘 오후에 벼집 한발이 실어 드리쓰며 평소 때보다 오늘은 더 필요한 감이 들며 교육장에서 교육 밭는 것이 벼집 실어드리는 일보다 피료을 더 주는 너킴을 받다따.

〈1992년 11월 18일 수요일 낡씨 맑음〉

오전에는 벼집 실어 드리고 오후내는 부인과 둘리서 큰집에 사과 실어더리는데 그들어 주어쓰며. 자신이 생각을 하여도 그들어 줄놈 업고 자신이나 부인나 그들어 줄 때가 어이 그리만은지 생각을 하며 속상할 때가 만타. 둘리중 부인라도 일이 적으쓰며 한데 부인도 오희려 자신보다 더 만타고 생각을 하며. 나이가 만아질수록 일이 적으야 하는데 앞푸론 마음에 걸리는 한이 잊쓰도 상가 하는 쪽으로 할 계핵이다.

"다들 자기 일도 힘 더는데 남희일 한번식 하며 건강에 무리가 됀다는 너킴이 잠을 자보며 단번에 안다."

"요줌 국회원들 정말 한심한 일들을 스심업

시 하고 잇다. 외냐 요줌 대선을 앞두고 서로들 할당을 해서 신당을 창설하는 사람 할당을 해서 이당, 저당 온겨 다니는 국회원이 그리 만은지 정말 국회원들 국민을 생각을 한번 생각을 한다면 그리 십게 당적을 온기지 몿할 것이다. 그리고 국민이 선택을 할 때에 사람의 얼굴보다 당을 보고 한포을 준 것이 만은데 이것을 묵살하고 자기만돼로 당적을 온기 간다는 것은 지식구의 국민을 배반하는 짓이며. 이것은 법으로 막아주야 한다. 그러치 않으며 국민이 궐리 행사을 해도 그것은 궐리 행사가 아니며 국민의 소중한 한포가 갑어치가 업다고 보며 이것은 법을 개정해서라도 빨리 막아주야 한다. 국회원 당적을 만돼로 온기두록 허용을 한다면 여당을 유리하게 만들어 논 법이라고 말을 하고 십다."

"우리 국민의 수준이 아직끝 정치인들의 바동순위로 대통령이 선출 됀다는 것은 우리 국민 수준을 생각을 한다면 한심스렵키 짝이 업다."

"김복동씨 민자당을 할당을 해서 국민당으로 입당 할려고 지구당에 내리와서 기자 회견을 한다고 대구로 들어오는데 고속도로 톨겟터 지점 오는데 경찰차와 검은 성용차가 돼기 김복동씨을 서울로 납칩 햇따는 것을 들을 때 아직까지 자유당 때의 모땐 정치을 하고 잇따는 생각이 들며 또는 김복동씨의 탈당 번복을 하는것을 볼 때에 귀가 찬다. 외냐 하며 친척 건유로 민자당에서 눌려 안저서 자신의 일을 소심껏 하겟다 하는 말을 들을 때에 김복동씨도 대통령 인물이 못 돼는구나 하는 생각이 앞쓴다. 그래도 우리가 알기론 김복동씨가 대통령 인물이라고 생각을 하여 왔는데 김복동씨의 행동을 볼 때에 국회원 자리도 크다고 생각을 한다."

〈1992년 11월 19일 목요일 낡씨 비〉

금일도 형님 사과 실어더리서 저장고에 싸논 작업을 도와주어쓰며 저장고 팔단으로 싸는데 힘들더라. 자신의 일도 넘어 만은데 남의 일로 몸살 나두록 해야 하니 자신의 건강에 무리가 만이 온다고 생각을 한다. 형님은 성격이 우리와 다루다고 생각을 하며 자신이 기계가 업쓸 때 기계한번 설라고 하며 잘응답을 하지 않는 사람이며 자기건밖에 모르는 사람이라서 쌔가 빠지두록해 주어도 이성위을 모르고 잇는 사람이라서 일을 그들어 주다 생각을 해도 별로 좋은 기분이 아니라는 것이 너켜 지기 때문에 일에 필요가 빨리 온다는 너킴이 든다.

"우리 부부 큰집에 일하여 준 것을 생각을 하며 이재는 것터도 안바도 됀다고 생각을 한다."

지출에 … 형님 생일 10,000원

〈1992년 11월 20일 금요일 낡씨 흐림〉

금일은 배추 수학을 하여쓰며 금년 배추는 병들은 포기가 들어 잇쓰서 그르치 배추 포기는 제일 알통이 만이 안나쓰며 자신이 배추 농사 짓고는 배추통이 제일 큰농사여따고 생각을 한다. 그리고 배추을 남들보다 일적 갈안것이 알통을 크게 한 원인이라고 생각을 한다. 그리고 구미 민정이 엄마가 총각무우와 무우 50단 돼두록 팔려고 쌀가지고 가면서 실어 간는데 다팔수 잇쓸까 하고 극정이 됀다. 이것들이 잇쓰며 부인 골탕감이라고 해도 무리 돼는 말은 아니다. 외냐 하며 총각무 갈든 것은 무게가 잇키때문에 팔로 가는데 힘드는 감도 안 댄다고 보는데 그것은 부인 너고 팔로 간다면 여관 힘이 아니라고 보는데 오늘 구미 TKf가지고 가면서 잘 가지고 갈따고 생각을 한다.
"금일은 배달부 편으로 운이 성적표가 날라왔더라. 자신은 사실 운이가 직업 훌련소 다닌다고 공부라는 디다도 보지 않는다고 생각을 하여키 때문에 성적은 재일 뒤라고 생각을 하여는데 저의 반에서 22등 하여더라. 요앞패는 20등 하여는데 이번에는 성적이 22등으로 내리 가기는 하여찌만 자신의 생각보다는 아주 성정이 좋아서 기분이 좋드라. 부모는 다들 일등을 하면 좋찌만 그것은 다들 욕심이고 우리 운이 직업 훌련소을 다닌다고 얼굴에 축이 나잇쓰며 시간적으로 바서는 공부 할 시간이 업다. 아침에 나가면 밤 11시에 들려오는 아이한태 공부 하라고 할수도 업쓸 뿐 어른들이라도 힘드는 과정을 운이가 현재 하고 잇따는것이 대견스렵고 정말 고맡다. 우리 운이 한참 부모 예먹일 때 생각을 하며 요줌은 매일 업버줄 정도로 이아빠 기분이 좋꾸나."
"그리고 우리 운이가 아빠와 거리가 보이지 않을 정도로 멀개 잇쓰따고 생각을 하는데 요줌은 우리 운이가 쇠부치가 자석에 끌어오드시 운이가 아빠 젓투로 오고 잇따는것이 제일 큰 기쁨이며 이아빠 손으로 잡을수 잇뚜록 가까이 와다오. 이아빠는 몸과 마음을 같이 하고 십꾸나."
지출에 … 운이 용돈 78,000원

〈1992년 11월 21일 토요일 낡씨 맑음〉

금일은 사실 휴식을 한 것이나 다름이 업다. 금일은 두엄 두발리 실어 내는 것으로 하로 일과을 맏치쓰니 안전 휴식을 한 날이라고 말을 하고 십다.
"우리 혜영이가 독서실에서 공부을 하고 오면서 쓰레바을 신고 오면서 신발을 누가 가지고 가고 업다고 하길래 요줌도 신발을 훔치는 아이가 잊나 남의 신발을 훔쳐서 어떠게 신고 다니며 저와 부모에깨는 무어라 할끄며 정말 한심하기 짝이 업는 아이구나. 우리 혜영이 신발이 겨울 신발이라 따뜻하게 댕기쓰며 혜영이도 한해 겨울만 신으서 아직은 아주 세신발인돼 그리고 우리 혜영이 아키든 신발인돼 혜영이로서는 정말 서운한 끝을 본셈이다. 혜영이는 쌔일 신발이라 그진 40,000원 짜리 신발들 잊저쓰니 혜영이로서는 마음의 타격이 오래가지않을까 염려다."
"인간으로 생기서 남의 것을 훔치는 양심을 가진자는 이해가 안 대며 그 훔친 일들은 평생 동안 머리에서 살라저지 않는 복잡한 머리와 남의 것 훔친 재책감을 평생 동안 안고 살라가야 하는 불운을 가지야 한단 말이냐."

〈1992년 11월 22일 일요일 낡씨 맑음〉

오후에 임숙네 배추 봅은 것을 경운기로 할려니 두바리가 더 될 것 같다서 트랙터로 한발리 실어주고
"자신도 부인을 돼리고 가서 무지파을 봅아쓰며 자신은 무지파 수학으로 금년 수학은 마지막으로 다들 한 셈이다. 한 해의 수학을 끝을 넷따는 생각을 가지 볼 때에 허전함이 있다. 한 해의 뒤을 돌아볼 때에 길게 왔따는 것은 조금도 생각을 못하고 그저 씨뿌린 것이 어재깨 같은 너킴 밖에 들지 않는데 한 해의 마지막 수학을 끝을 냇따는 것이 실감이 나지을 않는구나."

〈1992년 11월 23일 월요일 낡씨 맑음〉

콩매상 댈 준비 하는데 수란 일들이 아니구나. 콩아크 가리 낼라고 아미로 한번식 다쳐야 하지 그것을 기영아는 다들 가리네야 하니 그것도 수란 일들이 아니구나. 처음 시작을 할 때는 일도 아닌 것 같드니 종일동안 가리네는 일을 하는데 몸부림을 쳐겟더라. 둘리서 종일 가리따는것이 콩셋가마 밖에 몾가리 쓰니 앞푸로 하로 드갈릴 것이 잇는데 콩매상이 벼 매상보다 더 힘더는 있구나. "정기 대학교에 원서 접수 한다고 텔래비전에서 이야기을 하는것을 들을 때 여짓것 우리 딸은 공부을 하는줄 알라는데 수만은 대학교 중에 갈 때가 업따고 하면서 제일 약한 곳에 원서을 너을라고 하는 것을 볼 때는 습섭 한마음이 검할길 업쓰며 이르타고 공부 좀 하라고 노래을 불려도 공부을 안터니 성적 미달로 갈 때가 업따는 것이 가슴 아푸면서도 여자들은 대학간판이지 들어 갈 때 원서을 너보라고 이야기을 하여찌만 자식 농사는 부모 만대로 안 댄다는 것을 절시리 너켰다. 자식들이 공부을 잘했서 가고 십픈 대학교 가는 부모들은 정말 복만은 부모들이다. 자신은 공부을 몾한 대신 자식들은 어떠한 일이 잇쓰도 대학을 씨킨다고 내 나람돼로는 정말 열심이 살아 앗는데 이것이 열매도 메저 보지 몾하고 시들어야 한단 말이냐. 이것도 큰소리 한번 몾쳐고 나의 인생길을 걸어야 한단 말이냐. 나는 내 꿈을 달성한다고 밝게 살아왔는데 그 밝은 것이 빛을 내지 몾하고 죽어야 한다는 것이 정말 아쉽다."

〈1992년 11월 24일 화요일 낡씨 맑음〉

오늘은 낡씨가 봄날이나 다름이 업시 이마에 땀방울 흐려두록 따거운 빛살을 보여되며 이 따거운 빛살 아래서 매상준비을 하는데 너무나 더어서 일이 재돼로 안돼고 잇드라. 자신이 오늘 매상준비을 85개을 하여쓰며 실찌 량은 40개 돌라 올란지 몰겟꾸나. "정부는 농민들 잘 살개 하여준다고 입부로만 하고 잇따고 본다. 자신이 생각을 할때는 우리농민은 생각조차도 하지 않는다고 본다. 외냐하면 이번 매상도 그릇다. 매상량을 조금 주면서 4차로 매상을 바다주다고 하며 내년 1월달까지 밭다 준다고 할때에 우리농민은 매상이라 해도 정부에서 품돈을 만드는것이나 다름이 업따고 본다."

〈1992년 11월 25일 수요일 낡씨 맑음〉

우리 혜영이 안동대학교에 원서을 너을라고 집에서 8시 출발을 해서 김천주창에서 직행 안동가는것 9시 28분차을 타고 가는데 운전수가 그리 날리며 사람 카분다고 옛어른들의 말씀을 하여도 그저 여사로 들어떠니 오늘 가사을 보니 정말 카부는데 눈뗘고는 몾보개드라. 그리고 예이 업는 것은 버스 안에서 손님들 담배 피우는것을 몾피우게 하고선 을마간 가드니 자기는 담배을 피우는데 그놈 예이는 업따고 보며 차가 자주 잇따면 내리쓰며 하는 심정이며. 안동까지 가는데 불안마음을 가지고 갇다. 안동주차장에 도착을 하니 오후 1시 15분 돼드라. 그곳에서 안동대학교 정문까지 택시을 이용하여쓰며 택시 요금은 합승을 하여서 3,000원 달라고 해서 주고 마라쓰며. 안동대학교 정문을 들어쓰니 시설물들이 고등학교와는 아주 다르며 늚번 초원 같은 너킴이 들드라. 그리고 자신의 마음속으로 이른 학교을 시키바야 하는데 하는 너킴이 들며 우리가 원서을 접수을 할 때는 한산하기 짝이 업쓰며 우리가 한군대 방을 예약을 할려고 갈따가 독방으로 2일밤에 150,000원 달라고 하드라. 집배서 갈때는 50,000원이라고 알고 같쓰며 티부이도 50,000원 한다고 하는데 150,000원 달라고 하는것은 너무 만이 달라고 한다면서 그 집을 나오고 말라쓰며 다른 곳을 어둘라고 학교로 나와떠니 원서 접수 할려고 줄을 쓰잊는데 한줄로 쓰며 끝도 안보일 정도가 돼며 학과별로 줄을 쓰잊 는것을 보니 자신이 불안감이 드는구나. 우리 혜영이는 하양 지원이 아니라 상향 지원을 하여는돼 이르깨 마는 학생이 접수을 하로 왔쓰니 마음속으로 불안한 감이 드는구나. 사실 내마음이 불안한돼 우리 혜영이 보고 혜영아 틀지마래이 하면서 부탁을 하곤 하여따만 대학교가 이처름 힘드는 줄 정말 몰랏다. 그리고 이르다가는 민박도 몿어캐다하는 마음이 들며 마음이 비파저드라. 정문에 그진 다 나올 무름에 아주마가 방이 잊따고 다른 사람들에깨 이야기을 하는데 자신이 자신은 독방원한다면서 이야기을 해서 보자고 하여쓰며 그 아주마을 따라서 방을 보니 방들이 재발 학생들 둘리서 잘 정도의 밭이며 하로밤에 월마을 달라고 하는가 무르떠니 50,000원 해서 이틀동안 100,000만원 달라고 하여서 우선 선금으로 50,000만원 주고 밤 예약을 하고서는 돌라오는데 기사가 운전도 잘하며 사람이 그리 좋드라. 김천 주차장에서 내리면서 수고 했씀이다 하고 내리는데 잘가라고 인사을 하드라.

"김천에서 안동까지 3시간 걸리며 왕복에 6시간 걸리며 소요돼는 시간은 11시간 됀다고 바야 하며 정말 지루한 시간 여따고 본다."

"그리고 오늘 접수 비율이 3, 7, 1 이라고 하는데 정말 대학은 하늘에 별따기보다 더 힘드는 일이구나. 이려다가는 정기대학교 뫁시키는 것이 아니냐 하는 안타가운 마음 뿐이구나. 이려타고 공부하라고 당부을 하며 알라서 한다고 성질들 부리떠니 이재와서 무어라 말도 몿하고 자신의 마음 속만 아푸구나."

지출에 … 혜영이 안동대학교 원서
접수비와 경비 108,000원

〈1992년 11월 26일 목요일 낡씨 맑음〉

우리 혜영이 안동대학교 갈 때에는 좀 약한 곳에 지원한다고 안동대학을 선택을 하여는데 오히려 안동 대학으로 지원자가 쳐밀리고 잊쓰며 현재로 7대 1일이라고 뉴스에서 발포을 하는 것을 볼 때에 내일까지 마감 내일 가면 10대 1일은 갈 것을 생각을 하니 접수을 잘몿했따는 생각이 돼며 오늘 생각에는 막판 눈치 작전을 했드라면 좋아쓸끈데 처음 접수 할 때부터 잘몿했따는 생각이 들며 자신은 처음 격는 일이라서 잘 몰라서 이른 페단이 나와따고 생각을 한다. 우리혜영이 성적으로는 불안한 감을 검치 몿하게다.

〈1992년 11월 27일 금요일 낡씨 맑음〉

김영삼씨 김천 초등학교에 오후 1시에 유세한다고 각동에서 풍물놀이 할 사람을 선정을 해서 돼리고 가며 우리 마을에서는 나만은 활마씨들이 동원이 돼어서 같쓰며 민자당에서 불법은 더하면서 공명선거 깨끗한 선거 하자고 다른 당보다 더부르짓고 잊쓰며 민자당 운동자는 공공연하게 차돼기 시키서 사람들을 동원 시키면서 야당에서는 차을 재공했니 선거 공약에 입만이라면서 고발을 하고 국민들레깨는 공명선거을 하는데 큰 기여을 하는것쳐름 내색을 부리고 잇는것이 얄미다고 말을 하고 십다.

"우리 국민들의 마음 자세가 이처름 나약한지 한심스렵다. 외 속과 다른 행동을 해야하나 외 두얼굴을 가지고 살라가야 한단말이냐. 우리 국민들이 두 얼굴이 하나돼지 않으며 우리 국민은 밝게 살수 업다. 두 얼굴 가진 자들이 가슴에 손을 돼고 반성을 하여바라. 그리고 남들은 김영삼이 유세 구경간다고 가지만 자신은 가지 않코 집배서 휴식을 하여다. 자식은 장기 직권에 농민들만 잡아찌 국가 발전은 못했따고 생각을 하며 그리고 농업기반을 뿌리채 헌들리게 한 민자당 정치 자신은 바라지 않키 때문에 참석을 하지 않아다."

"우리 혜영이 원서 접수을 하고 안동 대학교에 접수 마감에 하로 전에 안동대하기 7대 1이라고 뉴스에 나와서 우리 혜영이 10대 1은 될 것으로 생각을 해서 입이 다들 벌어저는 현상을 일으키는데 접수 마감을 하여서 체종 비률 발포하는데 혜영이 접수한 국문과 6대 1이라고 발포을 해서 생각보다는 비률이 나지서 안도의 숨은 쉬쓰나 그래도 6대 일라는 비률은 혜영이로서는 별따는 힘이라고 생각을 할 때에 불안 떨어지지 않는구나."

"자신의 마음은 시간이 갈수록 대학교라는 것 정말 어러곳이구나. 자신은 대학교을 여사로 생각을 하고 살라온 자신이 요줌은 대학이 하늘로 보여지고 잇다. 정말 대학 힘드는 곳이구나."

〈1992년 11월 28일 토요일 낡씨 맑음〉

금일은 콩매상 준비을 다 한 셈이다. 올해콩은 좋은 셈이인돼 콩아코 콩이 만아서 가리네는데 힘이 들드라. 그리고 그 남어지는 휴식을 한 셈이며 자신은 요줌 할 일들은 만은데 오른쪽 어깨가 아파서 일부로 휴식을 하고 잇쓰며 마음적으로는 할 일들이 만아서 마음은 사실 바푼 이치에 잇다.

"우리 운이가 목욕탕에 갈다오드니 3kg 줄어따고 이야기을 할 때에 가슴이 턱금하드라. 외냐 하면 우리 운이는 살이라고는 업고 뼈만 잇따고 해도 가연이 아닌데 먼저번에 모욕을 할 때보다 3kg 줄어따니 이것은 음청난 수치라고 본다. 자신이 생각을 하기에도 건강이 극정을 하여왔띠만 그만은 수치로 줄어 들줄 몰랐쓰며 앞푸론 신경을 쓰서 체중은 유지을 시키주야 한다고 본다. 그리 우리 운이로서는 이무것이나 잘먹는 체질이 아니라서 극정이 더돼고 잇다."

"우리나라 교육이 하로빨리 개정이 돼어서 입시 경쟁을 업쌔야 하며 아이들 튼튼하게 잘랄나이예 다들 신체균형을 이루지 못하고 자라고 잇따는것은 국가의 장래에 큰손실이 돼며 국가가 국민을 좀 먹게 만들고 잇는것이나 다름이 업다. 요줌 아들은 초등학교만 들어 가며 시계가 하로종일 돌라가더시 국민 학교때부터 시간 여유가 업시 학원으로 시간을 다빼앗 지루한 삶매길을 걸두록 만들고 잇는 교육 재도가 빨리 밖꾸어 잘라나는 아이들을 입시 경쟁을 다들 업세 버리야 한다."

"우리나라 교육제도가 바키지 않코 계속 업시 경쟁을 한다면 입시 경쟁을 치루고 잇는 학생보다 부모가 입시병에 시달림을 바다서 마음의 한 곳에 자리을 잡아서 크간다면 이것은 엄청난 손실이 돼며. 이것은 어느 누구도 상쳐의 자리을 치우할수 업따고 본다."

〈1992년 11월 29일 일요일 낡씨 맑음〉

우리 마을 매상이 30日 1300가마 12月 2日 200가마 매상을 준다고 하니 다들 매상을 조금식 주면서 일 드렵게 한다고 불평들을 하니까 매상은 내일 다하나 돈원 2차 매상은 12月 2日 날 돈원 준다고 이야기을 하드라. 정부에서도 일처리는 응망으로 하고 잇는것은 사실이다. 우리같은 큰마을에 200가 2차 공판에 준다고 하는 것은 한 집에 맷가니식 주어서 무월하란 말이냐. 정말 답답다.

"정부에서도 일처리을 질랄같이 우리농민들 갈피을 못잡고 매상준비을 한번에 다 할 것을 두 번식 하구로 만들고 잇다. 이것도 하나의 피료업는 일들을 정부 시책이 주간이 업쓰서 불필요한 일을 더시키고 잇다."

"금일은 큰집과 대집에 매상준비로 하로을 보내쓰며 세집배는 9가마로 풍구질 두 번식 하구로 만드는 행정. 정말 함심한 일들이다."

〈1992년 11월 30일 월요일 낡씨 맑음〉

오늘은 우리마을에 첯공판이다. 우리 농민들 너무 마음들이 좋다. 외냐 매상 조금식 주어도 불평 한마디 업시 서로들 매상 뙬라고 벌역사 하는것쳐름 바푸게 매상가마니들 실어 낸다고 법석을 부리는 구나. 우리 농민들은 누가 농민을 죽이고 잇는 것도 모르고 살아 가고 잇따고 생각을 하며. 정부에서 우리 농민들 죽이고는 재 아무리 수출국이라고 소리 친들 나라가 발핀을 할 수가 업쓰며 집을 짓어며 기초가 튼튼하게 짓어야 그집이 오래가며 모진 바람이 부르와도 견딜 수가 잇터시 우리농민들 농촌 기반 허들어 나바야 국가 발전을 할 수업쓰며 정부는 시책이 기초 업는 집을 짓어서 속업는 거치례만 하는 정치을 한다고 생각을 한다. 이른 정치는 지탱을 할 수 업쓰며. 계핵업는 정치라고 본다. 우리나라가 발전을 할려면 농업을 이쳐름 헌대 햇쓰는 안대며. 정부발전을 할려면 농업기반을 단단이 세우서 다져 가야지 앞푸로 선진국가와 싸울수가 잇따고 생각을 한다.

"정부 정치 잘못으로 우리 농산물이 버림을 받는 것은 일시적으로 보며 십년후만 가도 우리국민 쌀도 모자라서 아우성을 칠근데 잠시 수입쌀이 월마안돼 하며 대조을 해서는 안댄다. 정부는 정치을 할려며 100년 200년 뒤을 보고 정치을 하여야 하는데 코알 정치을 하고 잇는것이 한탄스럽키 짝이 업다."

"금일 매상을 66가마니 가지고 가서 62개 1등. 4가마니는 2등을 맡고 마랐다."

〈1992년 12월 1일 화요일 낡씨 맑음〉

집사람 동시들 봉달이 봉다리 싸서 쨍기 주는것을 보고 자신은 마음속으로 시오마이라도 농사짓엇는데로 봉다리 봉다리 만들려서 싸는 것을 볼 때 고맏드라. 오늘도 동시들 참깨, 무지파, 무우, 총각무, 당근, 감자, 배추 이것을 다들 싸는 것을 여사로 안 보인다. 어떤 집들은 부모가 살라 있쓰도 미느리 눈치바서 못준다고 하는 집들도 만은데 집사람은 매년 쨍기 주는 것을 보며 여사로 안 보인다.

동생들은 저의 형수 땀흙려서 짓은 것을 매

년 주는 고마음을 별료 생각을 하지 않는것이 아니냐 하는 생각도 든다. 자신은 매년 무우, 배추 셋집 농사을 짓을라면 여사 힘이 아니며 배추, 한포기 짓는대 땀이라고 해도 가연이 아니며 때로은 자신의 일을 도와 줄 놈은 업쓰면서 내가 일을 할 때는 수도 업고 풀 때도 만타는 궁색을 뜰 때가 더로 있는데 부인은 전연 불평이 업쓰며 매년 주어도 불평을 들어보지 못했다.
"부인은 정말 속은 늙번 사람이며 훌릉한 사람이라고 말을 하고 십다. 말을 한마디을 해도 좋은 말만 하고 낮번 말은 입밖으로 나오는 일이 업쓰며 자신은 부인에깨 말을 하며 낮번 말이 가끔식 나오는데 이것을 억재을 할려고 노력을 해도 실천이 안대고 말이 티어나오는데 이것은 자신이 훌릉한 사람이 못때어서 그르따. 아니 배우지 못했서 그르타 하는 생각을 가지면서 노력을 해도 안대고 있따는것이 안타까운 일들이다."
"오전에는 부인 김장준비 하는데 마늘까는 작업을 거들어주고 오후에는 벼집 한발리 실오는 작업으로 시간을 보냇다."
"오늘이 마지막 달을 마지 하는구나. 92年도 마지막 12月이니 세월이 너무 빨라서 가는 세월 잡아두어쓰며 하는 바람이다. 가는 세월 잡아 두어서 내 청춘 늙찌 않투록 하여 절먼 인생으로 부인과 오래 오래 살고 십픈데 가는 세월 막찌 못해서 물구려미 바라보노라."

〈1992년 12월 2일 수요일 낡씨 맑음〉

금일은 2차 매상한것 22가마 돈을 찾아쓰며 오늘은 매상가마니 인상분을 주드라. 일차 매상한것은 인상분을 주지 않코 5%부로 주어드니 이것은 매상이 들어가기 전에 정부에서 6% 푸로 학정을 했키때문에 전부 6% 부로 부어야 한다고 본다. 남으지 1%로을 받는다고 그만원 사람들이 동원해야 하며 조합에 행정도 그만춤 힘이 들 것은 사실이다.
"오후에는 벼집을 일부 묶끄서 한발리 실어서 세집배 사과 과손에 실어다 주는 것으로 하로 일과을 보내고 마랏다. 그리고 일은 너무 아난다고 생각을 하는데 육체의 피료는 풀리지 않코 있쓰며 몸이 항상 무거은 편이다."
"오늘같은 날은 봄이 온것이 아니냐 하는 착각을 할정도로 따뜻하며 이마에 땀방울이 매쳐서 흙로 내일정도며 요매칠은 아주 좋은 낡씨을 하고 있다."
"우리 혜영이 집배서 잠한잠 안자고 독서실례에서 잠을 자고 집배 와서는 밥만 먹고 가며 대학이 무엇인돼 따뜻한 아래목 방을 두고 잠자리 불편한 독서실례서 보네야 한단 말이냐. 생각을 할수록 뼈아품 더해간다."

〈내지〉

(터랙트 가을가리 값)[86]
김원태 8.5 3.15
김상진 4.5 가리 37,000
박종서 6 50,000
정선재 노타리값 40,000
운천희 3
김상한 노타리 1단지(갈리) 50,000
이재봉 3 손종기 노타리 30,000

86) 이하 내용 가운데 줄 그어져 있다.

권순성 6 20,000원 윤학대 노타리 4마지
3.12 윤재선 2 노타리 20,000원 이재꽁
갈리 서양바실에 뒤뚝으로 갈라씀
11 이재봉 3.5 노타리 65,000 (정회국) 갈
리 방천쪽으로 갈라씀
3.15 김경칠 4.5 가리 90,000

1992年 2月 15日 (외상구입함)[87]
윤재원 경기화학 원예비료 25kg 11포 가
지고 옴.
윤대근 생노라티 4 80,000원
윤상주 논갈리 역둘 3마지기 뒤뚝으로 갈
라씀 120,000
김상진 넉둘 복판에 3마지기 뒤뚝으로 갈
라씀 25,000
윤학대 넉둘 경화내 위에논 3마지기 앞뚝
으로 갈라씀 계 687,000 25,000

윤천희 복판 3
백운학 3
*박종서 3
정상원 굼3 가리
*이진일 2 가리
이재봉 봉답 30,000 만원 노타리
백운학 정희논 5마지기 갈리
윤혁희 생토나리 3
윤창희 5.5가리
박종서 3단지 노타리
이금동 생노타리 5
윤상주 노타리 3
김영권 생노타리 3
이광태 노타리 3
박종서 노타리 6마지기
운학이 배다리 생노타리 3
혁희 노타리 2

윤혁희 윤시 종답 2마지기 뒤쪽으로 갈라씀
윤달리 7대회논 종희논 밀태것 뒤쪽으로 갈라씀 102,000

백운학 방천밑 2마지기 방천쪽으로 갈라씀
권용만 봉답에 생노타리
윤상주 안질까 생노타리
윤재근 한질까 생노타리
손용수 6마지기 방천밑 2마지기 (계 8마지
기 노타리함)
*박종서 수뜰 말리 벼을함
윤상주 간터 갈리함
*이금동 굼에 3마지기 갈리
권용만 3마지기 갈리
이광태 2마지 갈리
이광태 수들 4마지기

달희 노타리 3
이근수 노타리 3
손용수 생노타리 7자미
백운학 노타리 5마지
정정수 노타리 4마
김원태 노타리 8.5
손용수 생노타리 3
종고 노타리 8
중기 생노타리 4.5

4月7日 종일동안 갯돌보을 함
4月8日 종일동안 갯돌보을 함

87) 이하 내용 가운데 줄 그어져 있다. *표시 외에는 아무런 표시가 없다.

4月16日웃들보아구지 갯돌작업과 궁도량 작업함
4月17日굼도량작업함 종일
5月4日 물막아넌는 작업

〈내지 2〉
대신 三동 589번지
권순덕用

〈내지 3〉
(허약할 때 보신약) (장어죽)
① 장어(류수)
② 밤 3개
③ 수삼 2푸리
④ 찹쌀 1컵 일인분
⑤ 은행(알)
⑥ 대추 8,7개
⑦ 생강 적당량
⑧ 마늘 3쪽 (일주일 복용하며 아주 좋다)

(만병통치약) (포도)
빈 속에서 포도만 먹어면 40일 복용하며 좋다고 한다.
고혈압 당뇨병에도 좋다고 한다.
구미 52-425(丁)
(밤식품)
밤은 영양갇이가 5대의 영양갇이가 들어잇쓰서 좋다.

〈내지 4〉[88]
기본료 2,600
부가사용료 5,100
시내통화료 650
시외통화료 10,250원

하교성적 65%
내신성적 35%
(성인병, 고혈압, 당뇨, 뇌졸정)
식초복용. 식초 20cc에 물을 삼분지 2을 넘어서 복용함 20日 효염.
토크마리 충용증에 효능에 좋음
토크마리 열매나 줄기. 잎 다들 효능에 좋으며 이것을 잘 말려서 어른 한 줌을 해서 물 한 거릇을 주전자에 부어서 갈러며 반춤 줄뚜룩 따려서 식후에 마쉬며 이것이 하로 분량이라고 한다. 복용 후에 3주 지나며 효능이 온다고 한다.

(중풍에 약)
백화수 10g
우슬 5g
두충
2개월, 3개월 복용

〈내지 1〉[89]

1등 45,540원
2등 43,510원

93年 매상가격
인상가격 1등 47,820
2등 45,690

우리마을 매상 총 필지 837마지기

88) 내지 4까지 1992.2.9~1992.12.2까지의 일기에 수록된 내용이다.
89) 본 내용은 1992.12.3~1993.12.31까지 기록한 일기에 수록된 내용이다.

대신3동 권순덕

박정서 스레트지붕 재목
15×15 = 6자 두다발, 30개
2치×2치 = 10자 28개
1.5×2치 = 9자 85/64개
못 6인찌 = 12mm 7kg 함
박공 송판 고성 6자 4개
송판 열번것 4개

"박화잎을 조금따서 따라먹으며 혈압도 내리고 이장, 심장 다들 좋다고 한다."
동상예방약 → 전복겁찔 파아서 참기름에 썩어서 한부에 부친다 2주 사용.

93年 3月 26日
"트랙터 오일, 기어오일 일체 갈라너어씀
엔진오일 4리터짜리 1통반
기와오일 80-90십짜리 4통
앞대우 축 1통반
유압오일은 말짜리로 그냥 너어서 량을 학실리 모름

"자신이 오일줌비는 기와오일 1팍스 6통
유압오일(말통)
엔진오일은 3통 준비을 해서
"오일 남어지가 엔진오일 1통반 남고
기어오일은 반통정도 남엄

"가베넷타실은 지름폼프로 1개 만들어가고
펌프실은 기름 펌프로 1개 들어가드라."

Year Planner(1/4)

1 January		2 February		3 March	
1	92年11月3日 말리논에 사과나무 보식을 한 나무을 당산밭에 15포을 정식으로 이식을 함(3년생)	1		1	
2		2	오늘로서 앞밭에 작과나무 전정을 끝을 냇다.	2	
3		3		3	
4		4		4	오늘로서 작과밭에는 벼집을 다들 깔라씀
5	92年12月9日 오늘은 작과나무 전정을 함	5		5	
6		6		6	
7		7		7	오늘은 마늘밭에 벼집깔란것을 안전이 벗키주어다. 마늘끗이 올라오고 있씀
8		8		8	
9		9		9	
10		10		10	오늘로서 벼집까는 작업을 말리사과나무로부터 안전 끝을 냇다
11		11		11	
12		12	오늘로서 작과나무 전정을 긑을 냄	12	
13	김원태 사과나무 4년생을 토시장 한다고 자신이 사과나무 당산 작과나무을 업세고 사과 나무로 대치을 할려고 약 50포기 정도을 이식을 하였났다.	13		13	
14		14		14	
15		15		15	
16		16		16	
17		17		17	
18		18		18	
19		19		19	
20		20	작과나무에 복합비료 함	20	감자씨 파종함
21		21	당산, 세집에밭 1.5포	21	씨감자 3관 파종
22		22	우리밭에는 8.5포	22	

1 January		2 February		3 March	
23		23	앞밭에 4포	23	
24		24	계 14포 함	24	
25		25		25	
26		26		26	
27		27	알리사과밭에 복합비료 3포함	27	작과와 사과나무에 약살포
28		28		28	당산밭 50말
29				29	말리사과에 9말
30				30	앞밭에 15말
131				31	

3月29日 땅콩 씨푸림을 함[90)]

포도 노균병약은 - 톱신과 다코닐 25용을 15말로 살포하니 아주 좋다고 한다.[91)]

Year Planner(2/4)

4 April		5 May		6 June	
1		1		1	
2		2		2	
3		3		3	
4		4		4	
5	웃뜰갈리 압뚝으로 하여씀 그리고 직	5		5	
6	파 할자리에 제초제 약살포함	6		6	
7		7		7	
8		8		8	
9		9		9	
10		10		10	
11		11		11	
12		12		12	
13		13		13	
14	벼씨 친종 1단지에 15kg	14		14	
15	금년에는 침종하는데 떠는	15	경유 1드람 36,120원	15	
16	벼씨 충당을 하지 않코	16		16	
17	그대로 둠	17		17	
18	소독약 12명을 우리벼씨	18		18	
19	침종에 다들 들어감	19		19	
~~20~~	4月14日 상토흙담음	20		20	
21		21		21	
22		22		22	

90) 이 내용은 일기 지면 하단에 따로 기록되어 있다.

91) 이 내용은 일기 지면 상단에 따로 기록되어 있다.

4 April		5 May		6 June	
23		23		23	
24		24		24	
25		25		25	
26		26		26	
27		27		27	
28		28		28	
29		29		29	
30		30		30	
		31			

Year Planner(3/4)

7 July		8 August		9 September	
1		1		1	
2		2		2	
3		3		3	
4		4		4	
5		5		5	
6		6		6	
7		7		7	9月25日
8		8		8	수군한대만 벼논에 물꼬을 파놈
9		9		9	
10		10		10	
11		11		11	
12		12		12	
13		13		13	
14		14		14	
15		15		15	
16		16		16	
17		17		17	
18		18		18	(약살포)
19		19		19	당산사과밭 약량 9말사용함
20		20		20	충분함
21		21		21	당산포도밭은 약량이
22		22		22	13말하니 충분하드라
23		23		23	오늘밭은 스미치온 정량래배
24		24		24	회석해서 한말래 40cc혼용
25		25		25	해서 살포함.
26		26		26	21日 말리사과나무약량
27		27		27	20말 약살포함
28		28		28	내년에 봄에 약살포하는데는
29		29		29	20말 약량으로 사용해도
30		30		30	돼게드라.
		31			

(Year Planner(4/4)는 내용 없음)

〈1992년 12월 3일 목요일 낡씨 맑음〉

금일은 말리 논에 심을라고 보시을 했논것을 말리 논에는 작년에 정식으로 다들 심고 남은것을 오늘 당산밭에 자두나무을 폐목을 할 욕심으로 나무 사이에 사과나무 이식을 95포기을 하였다. 자신이 나무 갱신을 한다고 하면서 밀어와서 나무 갱신이 너젓따고 생각을 한다.

"자신이 나무 갱신을 할려고 하여도 맏당치 않아서 생각끝에 현재로는 사거나무가 멸시을 받고 있찌만 자신이 심은 사과나무는 수입을 볼려며 7년 이상 가면 수입시기가 돼며 그때는 사과 나무가 수입이 될 것으로 내다보고 사과나무을 심고 있는데 사실 렴려도 됀다. 자신이 당산밭에도 사과나무로 갱신을 다한다면 사과밭이 6말 5돼지가 돼며 이것도 자신은 마는 량이라고 생각을 한다."

〈1992년 12월 4일 금요일 낡씨 맑음〉

금년에는 벼집을 실어 더리는데 집사람 손을 벌리지 않코 다들 실어 드리쓰며 자신이 실어 더리는 량은 소을 먹이지 않아서 을마 안대지만 자신의 혼자 다들 실어 드리서 마음적으로 편하다. 외냐 하면 무선 일을 하여도 집사람 손을 벌리야 대는데 자신의 손우로만 벼집을 실어서 작과밭과 사과 밭에 깔 집을 다들 실어 따는것이 그만춤 집사람을 편하게 만들은 것이 자신의 마음이 그리 편하구나.

지출에 라면 6,000원 식초 200원
계 6,200원

〈1992년 12월 5일 토요일 낡씨 맑음〉

오늘 양살구 심은것을 포기을 하고서는 오늘은 포도나무 지주을 세우는데 센멘 침목을 대신 솔로반에서 개당 2,500원식주고 터랙터로 실어와서 오전에는 부인과 둘리 세우고 오후에는 형님과 운이가 도와서 수라더라. 남들은 세멘 침목으로 지주 할려고 한다고 하니 힘들어서 몾한다고 이야기을 하드라만 실찌 작업을 하여 보니 생각보다 수라게 돼드라.

수입에 … 터랙터 갈리값 200,000원

〈1992년 12월 6일 일요일 낡씨 비〉

금일은 형님 쳣같집 동네로 포도 나무 사로 가서 캄벨 나무 모목 사료 같쓰며 이곳은 포도 하는 사람이 업찌만 그곳은 대다수 포도밭이며 포도 나무들도 정리가 잘돼어 있쓰며 포도나무 집단이라고 말을 하고 십꾸나. 자신도 포도 나무을 심을라고 들지만 머지 않아서 대량물량으로 불창이 올줄 알면서도 벼농사 보다 수학이 드대리라고 생각을 하고 포도 나무을 심을 개핵으로 포도나무 610주 사왔다.

지출에 포도나무 캄벨모목 포기당
250원(610주) 차비 160,000원
정상원 동생 결혼에 10,000원
윤혁희씨 딸결혼에 10,000원
계 180,000원

〈1992년 12월 7일 월요일 낡씨 비〉

금일은 어머님 재사날이며 오늘도 재사 준비에 불참하는 사람이 업쓰며 올해는 눈님 아들 상환이도 재사에 참석을 하여쓰며 매년 어머님 재사나 아버지 재사에 참석을 빠짐 업시 다들 참석을 하여 주는데 무엇 보다 감사 하며 앞푸로도 빠지는 사람이 업두록 기원을 한다.

"무엇보다 우리 형재관에 우정을 가지고 살라 간다는것이 정말 고맙다. 무엇보다 우정을 버리가 제일 쉬운 자리인돼 아직은 별일 업시 서로가 우정을 가지고 살라가며 남들도 우정 만타고 들 하고 있쓰니 이거 더좋은 일이 업다. 그리고 앞푸로도 우정을 버리지 말고 살라가고 십노라."
지출에 … 보돈 232,000원

〈1992년 12월 8일 화요일 낡씨 맑음〉
당산논자리에 흙바시 양살구 심은 밭 밑태 사람이 우리 밭 바다 높이로 도두고 있다. 이것을 법정으로 허용됀것이 자신은 50센치 밖에 못도두기 돼어 있따고 생각을 하는데 그래서 오늘 오전에 찾자가서 내바닥보다 20센치 정도 낮차서 흙을 바다 달라고 요구을 했떠니 그래 흙을 바둘라고 하드니 오후에 가니까 내 바닥하고 그진 같드라. 그래서 조금 나추어 달라고 하니까 내 땅 내가 모둔다고 해서 자신도 은성을 높피서 말다툼을 하고 마랐다. 그래서 면에 전화을 걸어서 객토 담당 직원 누구가 무르니 직원이 업따고 이야기을 하드라. 만약 내일 면 담당 차저가서 법에 이반 돼는 일을 하여따며 법돼로 할것이다.
지출에 … 벼씨갋(96로라든가) 15kg에 18,000원

〈1992년 12월 9일 수요일 낡씨 맑음〉
금일은 내 논 밑태서 적도로 자신의 밭바닥처름 도다서 법적으로는 50전인인돼 80센치는 더 모두고 있쓰서 말르는 안만 싸와도 돼지 않을것 같고 해서 부민장을 찾저 같든이 50센치 더도 두구든 고발하라고 하드라. 이것을 고발을 할려니 말도 만을것 같고 고발을 안알라고 하니 자신만 바보가 돼고 말것을 생각을 하니 마음 갈등이 생기며 법부로 한다면 50센치 이상은 다들 거더내야 한다니 일이 이래돼며 자신을 욕을 만이 하는 쪽이 돼지 않캐나 하는 생각 때문에 참고 있다.
"요줌 인간들은 법을 어기는 자가 오히려 큰소리을 하면 사라가고 있쓰니 기가 찰 노릇이다."
지출에 차비 220원
수입에 … 배추 20,000원 참깨 55,000원 계 75,000원

〈1992년 12월 10일 목요일 낡씨 비〉
오전은 작과 나무 전정을 조금 하여쓰며 오후에는 덕삼이 부인 상점 개업을 해서 창길와 둘리서 슈퍼타이 을 들고 개업한돼 방문을 하여쓰며 우리마을도 상점 하나로 할때는 수입이 돼리라고 보는데 요줌 세상점이 생기서 수입이 적을줄 안다.
"그리고 당산 밭 밑태 사람이 자신의 바닥 만춤 도디서 논쟁이 돼어서 말다툼을 할때 바서는 50센치 이상은 법적으로 이반 돼는 일이라서 자신이 꼭 싸온다면 30센치는 그 더 내야 하는데 그만 끝내 싸오지 못하고 자신의 속만 썩고 마랐다."
지출에 친구부인 상점개업 슈퍼타이 3,500원 전정가위 4,000원 계 2,500원

〈1992년 12월 11일 금요일 낡씨 맑음〉
금일은 갑짝이 추어서 오전에는 휴식을 하여쓰며 오후에는 낡씨 차거어도 작과 나무 전정을 하여쓰며 그리고 집사람은 구미장에 마늘과 간장 팔로 같쓰며 여자들은 거저

돈이라도 장만 랄려고 가진 예을 다쓰고 있쓰며 오늘도 낢씨 추어서 장에가지 말라고 하니 구미 장터에서 팔려고 가만이 서있쓰니 춥다고 하드라. 이른것들을 볼때에 여자들이 생활역이 강하다고 바야 한다.

지출에 … 전기가위 좋은 것으로
교안하는데 10,000원

수입 … 빨간무우, 퐡, 검은콩, 마늘두접
31,000원

〈1992년 12월 12일 토요일 낢씨 흐림〉

오늘은 동생 친구 삼명과 어울려서 전기 용접기을 싸와쓰며 이것을 조립을 하여서 용접을 하여보니 이것은 진작해야 할 물건이라고 생각을 하여 보앗다.

"그리고 오후에는 작과나무 전정을 하여쓰며 이것을 시간이 만아서 여유을 가지고 할때나 시간이 업쓰서 두시간 작업을 하는데 정신업시 일을 하니까 오후네 작업량 만춤 한다는것을 너켜다."

"무선일을 하여도 적극성을 가지고 열심희 한다면 작업이라는것은 매곱절을 할수 있따고 생각을 한다."

"우리 혜영이 시험 일자가 이재는 일주일 밖에 남지 않아 쓰며 일주일로 다가오니 마음이 불안 하며 극정이 돼는 감이 머리에 쓰쳐 갈때에 자신은 이르다가는 전기 대학교 한번 시키지 못하는것 아닌가 하고 허탈을 할때가 만다."

"오늘 민자당에서 대구에서 유세을 하는데 이곳에서 운동자가 골라서 말이 업는 사람들을 모아서 아포 역전에 집결해서 민자당 유세장에 참석을 할려고 차을 동원해서 유세장까지 합세하는 가정의 경비는 어대서 부담 하며 정당에서 불병을 하여도 저지을 밭찌 않고 야당에서는 움직이는데 차을 재공 하며 선거법에 저축이 됀다고 고발을 하고 입권을 하고 이른 짓을 하면서 공명선거 한다고 말로만 큰소리 쳐는것을 볼 때에 개탄을 아니할 수 업다. 가거 선거 때는 여기서 대구 유세장에까지 합세을 한다는것은 생각지 못했는데 이번 선거는 실찌 운영을 하고 있는것을 볼때에 적극적으로 다들 한다고 볼 때에 보통사람으로는 생각지 못할 운동을 하고 있다.

"생각을 할수록 우리국민 수준이 이것밖에 안대며 여때것 수준이 요것밖에 안댄다는 말이냐. 아무 힘업는 국민으로서는 한숨밖에 실수가 업단 말이냐. 정말 기가 찬다."

〈1992년 12월 13일 일요일 낢씨 비〉

오늘 낢씨는 그센 바람과 비가 내리는데 정신을 차릴수가 업드라. 바람소리 요란하니까 사람들이 마음을 종잡을수가 업꾸나. 여기 저기서 우당탕 하지 모든것이 그냥 있찌 못하고 위날리는 소리 정말 종잡을 수 업는 하로 해라고 말을 하고 십꾸나.

"오늘은 일기 불순으로 종일동안 휴식을 하고 마랏따. 그리고 오늘 용숙이 예인이 생기따는 소리을 들어다. 용숙와 같이 근무하는 직원인돼 이사람은 병리과에서 일을하고 있따고 한다. 요앞전에 용숙을 만나자고 하든이 결혼하자고 실토을 한다고 하며 벌써부터 용숙이가 마음에 있쓰도 실토을 못하고 여때것 미루어 왔나바 이 남자가 32살이며 결혼하자고 보채고 있는 모양이다. 이래 쉽게 돼는데 집배서는 결혼주정을 만이 하고 있쓰쓰니 다들 헛극정을 하여따고 생각을 한다. 그라고 부모쪽에서는 당사자을 한번도 본일이 업쓰서 당사자을 한번바야지 결혼 결과가 나오리라고 본다. 자신이 생각을 할때는 90% 돼어따고 생각을 가지 본다.

〈1992년 12월 14일 월요일 낡씨 맑음〉

금일은 방목을 하는데 사람도 적개 나와쓸 뿐 아니라 나무도 제일적개 하여쓰며 오늘 나무을 적게 한 이유는 동장이 현장에 업고 세가지고 오는데 신경을 쓰서 현장에는 책임자가 업고 그대로 두어 키때문에 일을 재돼로 않해쓰며 둘째는 갈수록 공동일은 안알라고 드는 습성때문에 작업이 안돼고 있다. 그리고 매년 방목을 하는데 정심을 국수로 때우면서 매년 행사 처름 해왔는데 있재는 다들 기름 보일라로 타동에는 사용을 하고 있따는데 우리 마을도 보일라을 사용을 해야지 사람이 매년 동원 해서 아까시와 한다고 했쓰는 안댄다고 본다.

"우리나라가 정말 큰일 났다. 외냐 하며 우리 마을 주위만도 15톤 추력들이 논들을 무와서 밭으로 전안 할려고 쓸거라는 곳만도 셋곳이나 돼는데 이려다가는 논은 업고 전국토가 밭될까 극정이구나. 만약에 십년 뒤에는 쌀이 업다 하며 그때는 어떠게 하는냐. 그때는 밭을 논으로 전안을 한단 말이냐. 이것을 생각을 할때는 정부에서 정치을 잘못했키 때문에 이른 폐단이 온것이며 그때는 책임을 누가 전단 말이냐. 생각을 할수록 가슴 아푼 일들이다."

"우리 농민을 굼주리게 하여서는 국가 잘 살 수 업쓰며 우리 농업기반을 뿌리채 헌들어 놋고 무언 정치을 한단 말이냐. 정치 잘못 시인하고 처음부터 정책을 다시 해야 한다."

수입 콩값 30,000

〈1992년 12월 15일 화요일 낡씨 맑음〉

금일은 방이칸에 비찐는 일만하여 쓰며 오늘 정미을 일품벼 17가마, 찹쌀 2가마 계 14가마을 정미을 하여쓰며 금년도 벼가 좋은것이 못돼는가 방아을 찌며 쌀들이 다들 파이며 미질이 좋지 않는것 같떠며 쌀수학이 아주 떨어지드라.

"우리 혜영이가 독서실을 끝을 내고 보따리을 안전이 싸들고 왔쓰며 자신도 독서실례서 세우잠을 자니 집배서 따뜻하게 자면서 공부을 하는것이 좋을것 같더라. 우리혜영이는 주사이는 다들 떤저저 있는것이나 다름이 업쓰며 이재는 우리 혜영이 하는데로만 바라보고 있쓸뿐이다."

〈1992년 12월 16일 수요일 낡씨 비〉

금일은 아포조합에서 콩매상을 받는데 면전체 다못다고 을마 돼지 안드라. 그리고 콩매상 검사가 어떠끔 까다러운지 벼매상보다 드힘들게 하드라. 그리고 자신이 콩을 같다 놀 때 한 사람 콩을 2등을 주드라. 그래서 우리농민들 바주는 것이 무엇시며 등급 잘주는것이 우리농민들을 바주는것 아니냐고 하면서 엔만하거는 일등을 주라고 건유을 했떠니 단번에는 주지 않떠니 나중에야 1등을 주드라. 실찌 매상 가격보다 시중에 콩을 내면 덕이 돼는데 미리 몰라서 오늘 매상을 6개 돼어다.

그리고 혜영이가 안동대학교에 시험 쳐료 가는날 혹시나 직행 차표가 업쓰서 소집일 시간에 차질이 올까바 정류장에 올라가서 무르니 자석 재도가 업쓰서 지날와서 차표을 끈어도 됀다고 해서 그냥 올라고 하다 그때는 아무레도 손님이 만어서 차표 타는 데도 시간이 지체 할것 같다서 표두장을 끈어 왔다.
그리고 남들은 하양지원을 하여는데 우리 혜영이는 상향지원이 아닌가 하고 시간이 갈수록 조급한 마음을 바로 잡을 수가 업꾸나.
지출에 … 안동가는 직행뻐스 5,640원
김천가는 뻐스값 탄사람 차표값
자신이 부담 1,280원
콩매상돼는데 운님 가마니당
500원식해서 3,000원
돼지고기 표장류 2,300원
계 12,220원

〈1992년 12월 17일 목요일 낢씨 맑음〉

오늘은 곡상에깨 근당 500원식 해서 6425근을 냇쓰며 이것을 매상을 돼어따면 1,000,000만원 더 수입이 돼어 쓸끈데 이것을 정부에서 매상을 바다주지 않아서 상인들에깨 내야 하는 가슴아푼 일을 격켜야 하니 이 아품은 농민이 아니고서는 아무도 모른다고 말을 하고 십프며 정부에서 중간 상인을 업세야 하는데 정부에서 중간 상인을 만들고 있쓰니 정부가 오른 청치을 못하고 있키 때문에 이른 폐단이 생긴다고 생각을 한다. 그리고 우리 정부가 잘 살려면 우리농민들을 따뜻한 손길을 주지 않코는 우리 국민이 잘 살 수 업쓰며 우리 후세들에깨 잘사는 국가을 물려 줄려며 정부에서 처음부터 다시 시작을 해서 순서을 지키서 발전을 해야지 그르치 않코는 발전이 업쓰며 발전을 한들 문어저기 일수며 불안을 면치 못한다.
"자신은 우리 국민들 잘 살 수 있는 것을 정부 정치 잘못으로 우리 농민들의 농정 기반이 뿌리채 헌들이고 정부는 경제가 흔들리고 있는 것른 정치인들의 고리 싸음 때문에 이른 지경이 돼어다고 생각을 하며 이것을 정부가 책임을 저야 한다. 그리고 책임 전과 한다면 노정권은 정치을 5年관 하면서 무엇을 했따고 말을 할련지는 몰라도 노정권이 우리 농민들뿐 아니라 정부 경제가 땅바닥에 뜰려저게 한 장본이라고 말을 하고 십다."
"그리고 오늘 우리 동네는 민자당에서 돼지 한마리을 잡아서 온동네 잔치을 벌리고 있쓰며 민자당은 선거법을 어기도 잡아가는 사람이 업쓸뿐 아니라 이래도 공명 선거라는 말인가. 아직까지 술주는 사람을 우리국민은 표을 주고 있따는 것이 피을 토할 일들이다. 선거법이 야당에깨는 법이 어마고 여당은 법이 업쓰며 불법을 마구자비로 이반을 해도 말을 하는 사람이 업쓰니 우리 국민이 잘살려면 아직 가마득한 세월이 흙으야 한다고 볼때에 한심스렵게 여려지는구나."
지출에 용접기 25,000 사진기 2,000원
이발로값 4,000원
계 31,000원
수입에 … 매상 인상분 18,800원
"제 14대 대통령은 출마자 8명인돼 그중 1명이 기권을 하고 7명이 경쟁을 하고 있쓰며 내일이면 6명은 한숨을 쉬고 선거 폐배의 아품을 가지야 하니 그 아품은 우리국민의 수준이 아직도 바닥에 떨어저 있따는 것 원망을 할 것이다. 낙선자여 우리국민의 수준을 생각을 한다면 아직까지 미개인 수준이라는것 생각을 할 때에 낙선자는 개탄하지 말라. 이 책임은 국민 전채의 책임 있따고 생각을 하여야 한다."

〈1992년 12월 18일 금요일 낡씨 맑음〉

오늘은 나라 대통령 선출하는 14 대통령 투표날이며 자신이 생각을 할 때 정부가 우리 농민을 죽이고 있는데도 그래도 좋다고 표을 주고 있는 모섭을 볼 때 기가 찰노릇이다. 우리 농민들은 아직까지 어떠한 사람이 대통령 돼서도 다 같다면서 술주고 고기만 주면 좋다고 법석을 부리는 모섭 정말 안타갑다.

"이번에 정권을 바꾸어서 부정으로 돈벗른 사람 부정자을 가리서 부정으로 돈을 벗른 사람들은 다들 국가로 회수하고 깨끗한 정치을 해야 나라가 발전을 해야 국가 안전을 잡아가면서 대국으로 나아갈끈데 부정을 영혼이 무더버리는 격이 돼어쓰며 그리고 김영삼이가 재아무리 깨끗한 정치을 한다고 밀어 달라고 아우성을 쳐고 있지만 부정부페가 멧십년이 묵어 있는 때둘리서 어떠게 맑은 정치을 한단 말이냐. 안타갑키 짝이 업꾸나."

"자신은 표을 안 댈 줄 알면서 야당에깨 표을 주어다. 한국사람들은 출마자보다 그밑태 사람들의 운동자 때문에 나라 발전이 업따고 본다. 외냐 이사람들은 무족권 좋든 말든 건유을 하고 있키때문에 돈정치가 돼어 버리고 만다. 자신은 이른 사람들이 돈을 을마나 먹고 있는데 선거 철만 돼며 할개을 쳐고 있는것을 보며 우리로서는 이회가 될수가 업더라."

그리고 순달이가 닭 셋바리을 싸와서 큰집에서 형제관키리 돌부리을 하여쓰며 순달식구가 다들 내리와서 한자리에 안저서 고기을 먹는 절거움이 좋으며 자신도 형제키리 이른 자리을 말들고 십픈 성격이라 이른 자리가 아주 좋다. 그리고 순달이가 혜영이 시험 천다고 20,000만원을 주고 간다고 집사람이 이야기을 하길레 돈밭아따고 꾸중을 주니 자꾸 준다고 하며 할 수 업시 돈을 밭아따고 이야기을 하드라.

"순달이는 살기가 좋아서 그른지는 몰라도 구미동생들보다 자기 인사을 다들 하고 있다. 순달이가 자주 들리서 자기 인사하는데 피해가 돼지도 않을 뿐 만약에 피해가 간다해도 자기 인사는 할줄 알라야 한다. 언재라도 인사을 밭는 쪽이 더 인사와 손실이 만이 가는것이 사실이다."

"오늘도 집사람은 시어니 행세을 하여따고 본다. 외냐 순달이 준다고 그제깨 찹쌀바찌원 것을 우리는 개시도 하지도 않아는데 자신이 볼때는 찹쌀 두돼 참깨 한대는 준다고 봉다리을 만들어서 주는 모섭을 볼 때 이것은 동시가 아니고 시어니 행세을 한다고 생각을 한다. 이것은 자신을 편하게 하며 하나에서 열까지을 다 편하게 한다고 볼 때 정말 고마운 사람이다."

〈1992년 12월 19일 토요일 낡씨 흐림〉

오전에는 요압전에 곡상에 달려냇는것을 오늘 오전에 그돈을 다 바다쓰며 큰푸대로 34개 매상푸대로 40가마 도합 74가마을 달려 냇쓰며 이벼가마을 매상을 대어더라면 1,000,000만원 드 소득이 될 건돼 곡상에깨 달려내서 1,000,000만원 손예가 돼어따는것이 가슴 아푼 일들이다. 이 뼈아품을 정부에서 좀 알라 주야지 아품을 세월이 흙르갈수록 치우을 할 수 있는 정치을 정말 바라고 십다.

"오후에는 포도 지주목을 베어쓰며 포도 심는 것도 지주목 때문에 힘이 들어서 포도 심는 것을 고루해서 심어야 한다고 본다. 자신은 돈을 적개 드릴라고 노력을 할려니 더 힘이 들어간다고 본다."
"금일은 용숙이가 좋아하는 사람이 있따고 하여서 오늘 양가 어른들이 한자리에 만나서 선을 보기 위해서 만나자고 하며 대구까지 가서 선을 보고 와쓰는 형님, 형수는 사위 될 사람이 넘어나 마음에 업쓰며 큰 실망을 하고 있쓰며 형님도 큰실망을 하면서도 만약 그절을 하여서 이다음에 선보는데 문재가 따려며 책임을 어떠게 하나 하는 극정때문에 저 좋따면 해야지 하는 소리을 하고 있는데 극정이 돼는구나. 자신도 부인과 저녁을 먹고 큰집에 내려가서 사위 될 사람이 어떠한 사람인가 궁금해서 그 이야기을 들어로 같뜬이 실망돼 말을 들어니 나 자신도 무선 말을 할수도 업쓸뿐 이른 폐단이 용숙이 나이가 27세가 돼두록 두어따는 것이 원인이 아닌가 하는 생각이 됀다. 여자는 나이가 차두록 두며 좋은 자리가 멀어저는 것은 사실이라고 본다."
오늘은 김영삼이 씨가 대통령 당선이 돼어쓰며 자신은 표차이가 매우 건소한 차이로 받는데 김영삼씨을 전국적으로 득표을 고루게 어더쓰며 국민은 좋용한 것을 바라기 때문에 김영삼씨을 국민이 고루게 표을 주어따고 생각을 하며 그리고 김영삼씨는 중산층이 표을 주어서 대통령 당선이 돼어따고 해도 가연이 아니라고 본다.
"자신은 대통령에깨 말을 한다면 중앙에서 지쉬을 하면 대통령이 집적 학인 정치을 하여 주어쓰며 한다."
수입에 곡상에깨 벼달려낸것, 74가마
3,206,000원

〈1992년 12월 20일 일요일 낡씨 비〉

때 아닌 비가 봄비처름 내리고 있꾸나. 오늘은 휴식을 하다 비내리는것을 피해서 어제 포도 지주목을 베논것을 운이와 둘리서 실어 오는것으로 오늘 일과을 보내고 마랐다.
"내일은 우리 혜영이 예비 소집일이라 내일 준비을 차분이 기다리는 기분으로 오늘 일과을 차분한 마음으로 보내고 마라따고 말을 하고 십다."
수입에 … 아주까리 콩 12,800원

〈1992년 12월 21일 월요일 낡씨 비〉

금일은 우리 혜영이 예비 소집일라서 미통길이 막킬까바 집배서 6시 15분에 출발을 해서 버스 탈려고 앞도로 가니 버스는 지나가드라. 김천서 안동가는 직행이 7시 20분에 출발하는 차을 탈려고 개핵을 세우고 낳선 것이 버스을 노치는 바람에 디차을 기다리는데 시간은 임박하지 마음이 조급해저고 버스는 오지 않치 그때는 마음이 바파서 차만 가면 손을 들어 바도 세어주지 않코 그냥 달리고 하드라. 그르지 택시가 한 대 오는데 손을 들어니 차을 세어 주드라. 그때는 가격을 무르볼결을도 업시 택시에 타고 밧다. 택시는 낡이 밝지 안아서 길은 어더운데도 찬공기을 가로 지루는 소리을 요란하게 내면서 잘도 가드라. 주차장에 도착을 해서 전번에 차표을 싸나서 개찰국으로 곳바로 차을 대기을 시키서 출발을 할려고 준비 중이드라. 그래서 차안에 몸을 실고 보니 마음이 노여저드라. 이재는 예비 소집일이 오후 2시까지 안동대학교까지 왔야 댄다고 하는데 이재는 그 시간 안에 갈수 있따는 생각에 마음이 편안해저드라. 안동 버스터미날에 도착을 해서 그기서 중형택시을 잡아서 숙소까지 오는데 매타론 2,300원 나오는데 돈원 4,000원 달라고 하여서 기분은 좋찌 않으면서 달라고 하니 주자 하는식으로 4,000원을 주고도 오히려 우리가 고맙따고 하고선 인사을 했쓰니 기가 찰 노릇이다. 숙소에 도착을 하니 12시가 돼드라. 그기에서 좀쉬어서 학교에 들어스니 학생 학부형 같이 몰려 더는데 그만은 사람 처음 밭쓰며 중공사람이 인해 전술을 쓰따는것이 생각이 나며 학생 학부형 들이 고개을 넘어 오는데 전시라도 저만은 사람이 파도 밀리 오드시 계속 넘어오는 모섭을 보니 여기서 총쏴아도 총알이 모자라서 안 댈 너킴을 바다서며 그만은 사람 정말 놀랏다.

학생들을 학과별로 모집을 하드니 관단안 주위 사황을 말을 하드니 다들 고사장을 학인을 하고 내일 8. 10분까지 고사장에 들어왔야 한다면서 고사장을 확인을 하고 집부로 돌라가라고 하드라. 우리 혜영이 7고사장이며 제일 먼곳에 배치가 돼어쓰며 현장답사을 할려고 도료에 나오니 그만은 사람들이 한크번에 쇼다저 나오니 도로는 순식간에 교통이 마비가 돼며 교통순경이 교통안내을 하여도 교통은 마비가 돼고 학부모들은 그때부터 차타기 경쟁이 벌어지고 있다. 서로 먼저 탈려고 우앙 좌앙 마구 띠어다니며 먼저 가개따고 온갈 수단을 다부리고 있다. 자신도 그에 한사람이 돼어서 딸 손을 잡고 이리띠고 저리띠고 교통문제는 부모책임이다 하고 가진 에을 닷쓰쓰며 자신은 승용차을 이용했쓰며 이분은 고사장에 가는 분이 아니고 시내 볼일 보로 가는 분이며 시내까지만 태어다 줄라고 해서 정말 고맙드라. 시내까지만 나와도 차잡키가 수라지 않캐나 하는 생각 밖에 업드라. 자신은 시내만이라도 태어다 주어서 너무나 고마어서 담배라도 싸라고 2,000원 차안에 떤지떠니 으름보 업드라. 그래서 돈도 주지도 않코 그저 고맏따는 인사로 해어지고 마랐다. 시내 나와도 택시는 하늘에 별타기고 이재는 택시 잡는것은 포기을 하고 버스 탈 욕심으로 버스 승강장에 기다리쓰며 버스가 아주 손십게 버스을 타서는 경안 여자 상업고등학교을 들어 와보니 학교가 세건물이며 짓은지 1년 대어 보이는 건물이며 학교가 종교 단체의 건물이라 아주 학교가 좋드라. 고사장 안은 개방을 시키지 않아서 교실은 학인을 하지 않코 교실만 알고 돌아서쓰며 운동장에 나오니 택시가 손님을 내루고 있쓰서 택시 안동대학까지 을마요 하니까 7,000원 달라고 하드라. 그래서 너무 만이 달라고 한다면서 이야기을 하면서 택시을 이용을 하여다. 택시 기사는 만이 밭는 이유을 해명을 하드라. 그 이유는 자신에깨 귀에 들어오지 않트라. 자신은 숙소에 들어오니 내 집처름 그르게 편할수가 업드라. 방에 불을 만이 너어서 방이 떠그울 정도며 방이 따뜻하니 피료가 단번에 풀리는 너킴이며 아주 좋은 기분을 가질수가 있쓰다. 혜영아 오늘은 잠을 푹자두는것이 좋다면서 푹자라고 건유을 하였다. 우리 혜영이는 극정을 뒤로 하고 잘도 자는데 자신은 이 밤을 뜬눈으로 꼬박 세우고 마랐다.

지출에 … 버스비 5,600원 택시비 8,600원
택시비 고사장 가는데 8,000 치약, 치솔, 빵, 우유 3,200원
계 24,900[92)]

92) 실제 계산은 25,400원이나 24,900원으로 잘못 기록하였다.

〈1992년 12월 22일 화요일 낡씨 맑음〉

오늘은 여때것 공부을 한 것을 다 쇼다 노아야 하며 실력을 발리 해야 하며 오늘 마지하기 위하여 가진 고난을 격크왔떤 것이며 오늘을 보기 이해 살라따고 해도 가연이 아니라고 말을 하고 십다. 오늘은 차분한 마음으로 일적 서들어서 나와서 택시 잡는데 별어르눈 일업시 택시을 이용을 하여쓰며 고사장 오는 길목은 복잡해서 거북이 거름을 하여 왔찌만 고사장까지 무리 업시 도착을 하여쓰며 시험장에 혜영이 자리까지 학인을 하고 혜영이가 자리에 안저서 시험 준비을 하는것을 보고 교실을 났앗다.

"자신은 교실을 나오면서 여기의 지루한 시간을 보내니 숙소 같다고 정심시간이 돼어서 올라고 생각을 하다가 혜영이는 시험천다고 고생을 하는데 자신은 하로고생을 피할려고 더는 것은 잘못이 아니냐 하는 생각에 자신이 숙소 가는것을 치소하고 자신은 운동장에서 조용이 시험 치는 과정을 보고 기다리겠따는 생각을 하고 오전 시험을 기다리고 마지막 정심시간의 종이 울러서 개단 복도을 남들보다 더 빨리 올라가서 혜영이을 빨리 대리고 와서 식당에 혜영이을 자리부터 먼저 잡아 놓고 국밥을 싸와서 둘리서 정심을 먹고나서 다시 혜영이을 교실에 자리에 앉는것을 보고 교실을 나와서 따뜻한 곳에서 시험시간 종이 울리두록 조용이 기달일뿐이다. 자신은 양지 쪽에서 온갈 생각이 머리에서는 스쳐 갈다. 스쳐오는 시간들이 반복이 돼고 처음 시험 시간에 들어갈 때부터 떨지말고 가감하게 학교 시험 쳐드시 소심끝 보라고 당부을 하여찌만 우리 혜영이 마음은 부란할 것이 아닌가 하고 염려도 돼곤 한다."

그리고 자신은 대학이 이처름 힘이 더는것을 꿈에도 생각을 하지 않아쓰며 자신은 돈만 벌며 대학은 저절로 오는줄 알란 것이 어리석은 짓을 했따는 것이 원망이 돼곤한다. 대학 정말 힘든다. 이처름 힘이 더는것인가 여르번 생각을 하면서 오늘 시간을 보내고 마지막 시간 40분전에는 시험을 치루고 나오는 학생이 하나둘식 나오더니 30분전에는 아주 만이 나와서 이른 아들은 공부을 을마나 잘해서 마는 시간이 남아 있는데 나올까 하고 개단에 내리오는 아이들이 부렵키 짝이 업드라. 우리 혜영이는 차분한 아이라서 마지막 1분도 다 쓸 아이라는것을 생각을 하면서 한편으로는 우리 혜영이도 저 개단을 발고 내리오는 모섭을 밭쓰며 하는 생각으로 눈이 빠지두록 기다고 있쓰서며 마지막 시간을 다들 기다리도 우리 혜영이는 내리오지 않으며 마지막 시간 종이 울리서 개단을 올라가서 혜영이 자리을 창문 사이로 보니 시험지을 거두면서 웃고 있드라. 그래서 자신은 우리 혜영이가 시험은 잘 밭꾸나 하는 너킴을 바다쓰며 혜영이가 교실나올 때에 수고 했따는 말을 할 수 밖에 업쓰다. 학교을 나와서 너것한 마음으로 이재는 오늘밤 내로 숙소만 가면 돼니까 느것한 마음으로 버스을 이용을 하였다. 버스을 이용하며 6,000원 이상 소득이 돼고 있다. 이 소득으로 우리 혜영이 고생을 만이 했는데 고기을 사줄라고 생각을 하고 식당으로 들어가서 혜영이 제일 좋은것을 신청을 하라고 하니 좋은것을 사절을 하며 고작 해야 비빕밥을 신청을 하드라.

자신은 오늘 우리 혜영이가 시험을 잘밭따는 너킴을 바다서 기분이 아주 좋드라. 그리고 오늘은 밤을 부담업시 잠을 잘잣따고 생각을 한다.

지출에 … 택시비값 10,000원 정심식사값 4,000원 저녁값 4,400
버스비값 500원 버스비값 380
계 19,260원[93)]

〈1992년 12월 23일 수요일 낡씨 맑음〉

오늘은 안동대학교에서 각 과별로 면접을 9시에 본다고 해서 숙소에서 느것한 마음으로 20분전에 갈쓰며 오늘은 어재 저녁도 푹잘찌 상캐한 기분으로 면접일까지 하였다. 우리 혜영이 면접은 오전 11시경에 끝을 냇다. 자신은 면접시간이 너절줄 알라는데 오전에 끝을 냇쓰니 따지방에서 온 분들은 교통길을 아주 크게 들어 줏어따고 생각을 한다.

그리고 우리는 정심도 먹지 않코 김천오는 직행타고 김천도착을 하니 오후 3시드라. 김천을 오니 내 집배 디 온 기분이드라. 우리 혜영이 마싯는 것을 마음것 사줄라고 하니 혜영이가 멀미을 해서 좋은 것도 사주지 못하고 혜영이 때문에 자신도 정심을 글머쓰며 그대로 집에 오면서 포장류 3개 귤 2,000원, 동태 2,000원, 빵 600 사들고는 곳바로 오고 마랐다.

"자신은 요번에 우리 혜영이는 입시 전쟁을 치라찌만 자신은 교통 전쟁을 잘 치라따고 생각을 하며 자신은 교통 전쟁은 학격선으로 했따고 생각을 하는데 우리 혜영이는 전쟁을 어떠게 치라는지 궁금해서 12달이 밝리 갈쓰며 하는 심정이다."

지출에 … 포장류 돼지고 3개 7,050원 귤 2,000 빵 600원 명태 2,000원
버스비값 470원 직행 6,000원
안동 대학에서 역전까지 500원
숙박료값 50,000원
계 68,620

〈1992년 12월 24일 목요일 낡씨 맑음〉

금일은 낡씨 추어서 휴식을 하여쓰며 낡씨는 아주 추은것은 아닌대 휴식을 하고 있는 사람들이 만쿠나.

"그리고 오늘은 절먼 사람들이 팔순 생일 잔치 음식을 동네로 내서 잘 어더 먹어다. 절먼 사람이 팔순 어른 생신 음식을 먹는 것도 쉬운 일이 아니며 자신은 처음으로 음식을 먹어따고 생각을 한다."

"이분은 딸들만 여르 형제 돼고 아들은 놓치 않코 어린 아들을 데리고 와서 키운 것이 그 집 부모을 달마쓰며 다른 사람이 말만 하지 않는다면 그집 아들이 틀림이 업따고 다들 인정을 할정도로 얼굴이 달맡다."

"임절식씨 어른은 절멀 때는 아주 천하게 자라따고 하며 우리가 알기로도 아주 가난하게 살라쓰며 시방도 업시 살고 있는분이 우리들 부모비예서는 수명이 월마나 긴지 그리고 이분들이야 복이 만은 분이라고 자신은 말을 하고 십다. 아직까지 팔순이 돼는 분이 지게 지고 나무 한짐식 해오는것을 볼 때에 장수라고 해야 하며 우리 부모님은 일적 도라가쉬고 나니 동네 어른 중 오래 사신 분들이 제일 부렵드라. 우리 부모님도 저르깨 오래 살라 주어드라면 월마나 좋을까 하는 마음은 늙 머리속에 밖혀 있는 한이 있다."

93) 실제 계산은 19,280원이나 19,260원으로 잘못 기록하였다.

〈1992년 12월 25일 금요일 낡씨 맑음〉

낡씨 춥다고 오전내 휴식을 하고 오후에는 세집배 매상준비을 활당 양은 23가마인돼 혹 4차 매상이 있쓸 것으로 보고 후과로 20가마 여유을 두고 풍구질을 하여 두어다.

"정부에서도 우리 농민들을 원성을 하게 만들고 있다. 외냐 하며 매상주는 것을 바라한 집배 23가마 이른 식으로 주며 어떠게 돈을 쓰라는지 알수가 업쓰며 이른식으로 매상을 준다면 우리 농민들을 빗도 못갑고 오희려 낭비을 부채질하는것이나 다름이 업다. 정부하는 짓들을 본다면 우리 농민들의 속실정을 모르고 정치을 하고 있따고 말을 하고 십다."

"이재는 김영삼씨 대통령 정치을 한다면 우리 농민을 알고 정치을 할련지는 몰라도 이분도 김영삼씨는 하얀 정치을 할려고 들겟찌만 그밑태 사람들이 다들 검은 정치 인들이라 염려을 아니할수가 업쓰며 좀두고 바야 하게쓰며 우리 농민 더죽이며 우리 농정기반 문어지며 우리나라 망한다. 재발 국민을 위한 정치을 하여주기 바란다."

〈1992년 12월 26일 토요일 낡씨 맑음〉

금일은 매상준비에 종일을 보내쓰며 오늘 매상준비을 큰집배 43개 준비을 하고 자신도 43개 준비을 하여 두어쓰며 43개 일등을 다맡는다고 하여도 돈이 을마돼지 않으며 콤바이 갔주고 나며 을마남찌 않을것으로 내다본다.

그리고 저녁을 먹고는 대신 현수 병문안 덕삼, 재옥 셋시가 저녁에 병문안을 가서 친구을 보니 별로 한자 같이 보이지 않으며 소문 덕기에는 직장 암이라서 4개월 더 못산다고 소문이 났서 사람이 축이 만이 났는 줄 알라떠니 우선 바서는 별한자 처름 보이지 않드라.

그리고 착실한 놈이 암으로 생명을 다한다는 이야기을 들을 때 한심한 생각이 더는구나. 한참 살나이에 인생이 끄저 간다는것은 본인으로서는 피참하기 짝이 업는 일이라고 본다.

지출에 … 대신 현수 병문안 4,000원

〈1992년 12월 27일 일요일 낡씨 비〉

한겨울에 비가 내린다는 것은 정말 이상한 날이라고 말을 하고 십다. 기상대에서는 올겨울에는 제일 추번 해가 될끄라고 장기 예보을 하여 왔는데 춥따는것은 뒤로 하고 때아닌 봄비 모양 조금식 얼은 대지을 녹이는 비가 술 술 내리는 하로가 돼어다.

"우리 혜영이 시험발포 나는 날을 기달릴라니 하로 해가 외 이래 답답하기 짝이 업다. 우리 혜영이가 7.1이란 경쟁을 해서 부틸까 하는 조바심으로 하로 하로을 보내는 심정 정말 힘드는구나. 오늘은 답답함을 몾참아서 학교 전화을 해서 작년에 안동대학교 커트라이 점수가 월마나 대어는가 무르보라고 하니 오늘이 일요일라서 아무도 업따고 이야기을 하면서 전화을 안 알라고 하는데 이 아빠 답답해서 몾참깨다 하면서 전화을 하라고 해서 전화을 걸어는데 전화을 아무도 안 밭드라. 그래서 저의반에서 같이 국문과 시험천 친구에깨 전화을 걸어서 시험을 어떠게 밭나 알라 보라고 하니 이 친구도 학교에서는 혜영이 보다 잘했따고 하는데 시험을 별료로 밭는 모양이다.

시험 발표시간이 외이래 지루한 시간을 가지야 하는지 자신도 몰겟다. 오늘은 더욱더 지루한 시간이 돼며 우리 혜영이 시험이 월요일날 전화 문위로 합격 여부을 알수 있따고 하는데 그날까지 기달릴 생각을 하니 너무나 긴 날이라고 생각을 하며 자신은 발표날 이전에는 마음의 정리을 몿해서 자신의 일이 손에 걸리지 않을것 같꾸나.

"우리 농민들은 중국 때문에 몾살고 우리나라는 중국 때문에 망하고 있다. 우리나라는 자신 알기론 벌서부터 적은 이북이 아니고 일본이라고 부르짓어쓰며 이재와서는 우리 적 또 하나 생기서 일본은 2위로 밀리나고 이재는 제 1위가 중국이 돼어쓰니 인간만은 중국이 우리의 숨통을 조금식 조이 들어오고 있는데 정치인들아 재발 자리싸음 하지 말고 하로 국회원을 해도 국가 위하고 백성을 위한 정치 해달라. 백성을 위한 정치에 여 야 어디있나. 새해는 백성을 이한 정치을 바란다."

〈1992년 12월 28일 월요일 낡씨 비〉

금일은 집사람은 참기름 짜료 오전부터 같쓰며 콩매상대며 을마을 하든지 전액을 부인 옺사는데 다쓸라고 작정을 하여는데 부인이 옺을 안산다고 거절을 하는 바람에 그만 그 돈을 다 저금을 하고 나니 저금한 돈을 빼서 부인 옺을 살려니 사실 돈이 아까어 힘이 들드라. 그래서 오늘 부인 기름 짜료 간다고 하길에 우리 부인은 간이 작아서 50,000원 이상짜리는 몾산다고 생각을 해서 자신이 정심을 먹고 기름 집부로 간다고 약속을 하고 김천 참기름 집부로 올라가니 오후 1시가 돼어서 밥을 먹어는가 무르니 아직 안 먹어 따고 이야기을 하여서 중국 음식점에 대리고 가서 짬뽕 1,200원짜리 사주고 자신은 집배서 정심을 먹고 간듸라 부인 한그릇만 시키서 부인이 잘먹어따고 이야기하드라. 이재는 평화 시장으로 부인 옺을 살려고 가는데 비가 엄치 왔서 택시로 갈려고 택시 잡을라고 살피고 있쓰니 둘리서 대이터 하는겸 걸어서 가자고 하드라. 그래서 부인 하자는데로 둘리서 비을 마저면서 그것도 우산도 업시 둘리서 비을 마저면서 평화 시장까지 걸어가는데 지루함 업시 시장까지 도착을 하여쓰며 옺을 살려고 상점마다 다들 더터도 값싸고 좋은 옺을 살려니 옺이 있나. 평화 시장을 다 돌라바도 옺을 몾사고 말라서 부인 옺사구로두며 오늘 못사며 이재는 어떠한 옺을 사드례도 입도 벙것 하지 말라고 하고서는 날따라 오라면서 부인을 돼리고 아까번에 정장으로 한벌 210,000원 달라는것이 자신에깨는 마음이 들어서 그집으로 돼리고 가서 무족근 살라고 부인을 대리고 가서 그옺을 입피보니 아까는 마음에 들고 옺도 좋아보이더니 이재 입피보니 옺이 적고 마음이 아주 안들드라. 그래서 부인도 실타고 하지만 자신이 더 그절을 하여다. 그래서 다른곳은 가지 몾하고 여기서 부인옺을 싸야 됀다는 떳으로 옺을 차저니 정장이 아닌 웃옺만 싸는데 138,600원 주고 사고 마랐다. 부인은 돈을 만이 주고 삿따고 생야단이다. 그래도 내가 생각을 한 것보다 돈을 적깨 쓰따면서 아무 말도 몾하구로 하엿다. 부인은 야문 사람이라서 자기옺은 꼭 자신이 들으야지 해결을 하곤한다. 그리고 옺을 사들고 나오는데 비가 더 만이 왔서 택시을 탈라고 하니 버스로 가자고 손을 잡고 끌어서 부인한태 끌리서 그만 버스로 아래 장터까지 오고 마랐다. 부인가 같이 가며 돈을 쓸례야 쓸수가 업다. 흑부인 고기 한근이라도 꾸어먹을라고 하며 식구들 극정을 해서 둘리 먹는 것으로 온 식구가 먹는다면서 둘리의 오붓한 늙 깨지고 만다.

지출에 … 참기름 짜는데 8,000원 밀감, 우유 2,500 설탕 750 오징어 1짝 16,000 짬뽕 1,700원 차비 1,700원 옷 136,500원
계 167,150원

수입 … 참깨 4돼 42,000

〈1992년 12월 29일 화요일 낡씨 맑음〉

금일은 우리마을 공판이며 자신은 43개 가지고 가서 다들 1등을 마자쓰며 이번 공판은 검사 과정이 아주 수라더라. 오늘 매상은 동민 전체 철도 이등짜리가 월마 돼지 않트라.

수입 … 43가마 1등 1,958,220원

지출에 … 콤바이 싹이 736,000원
농민신문지 갑 10,000원
계 746,000원

〈1992년 12월 30일 수요일 낡씨 흐림〉

금일은 낡씨로 바서는 일을 할수가 있쓰는데 몸이 피료해서 휴식을 하여다. 자신이 어재 매상댄다고 만은 벼 가마을 만치찌 또 당산밭에 도구, 배수관 뭇는다고 오후내 작업을 하였찌 자신은 한번 하며 몸에 무리가 오두록 작업을 하기 때문에 피료가 싸인다고 본다.

"오늘은 경숙이가 경상대 한문과 발표 날이라 경숙이는 학교가 따라지라서 합격을 할줄 알라는데 오늘 발표에 떨어 젓따고 하는데 큰집배도 4년재 대학을 한번 뫃시키고 마는구나 하는 생각이 들며 전기대 대학교에 합격을 하는 아이들은 타고난 아들이라고 생각을 하고 십다. 구미 동생 딸 미정이는 재수한 바람이 있꾸나. 영남대학교에 식품영양과 합격을 하였따는 것이 큰 다행이다. 그리고 우리 혜영이도 경숙이 짝이 안대는가 몰겟다. 자신이 생각으로는 체력장 말고 200점이 돼어야 합격을 할수가 있타고 보는데 우리 혜영이는 체력장을 합산을 해서 206계 정도밖에 안돼고 있쓰니 기대가 힘이 들고 있따고 바야 한다. 만약에 떨어 젓쓰며 1月 4日이 영영 돌라오지 않아쓰며 한다. 외냐 하며 기대을 하는쪽보다 떨어젓쓰며 그 허망한 마음은 어떠개 표현을 할 수가 업는 일이다."

지출에 … 동장, 동서기, 수곡으로 현금 39,600원

〈1992년 12월 31일 목요일 낡씨 맑음〉

오후에는 작과나무 전정을 하여쓰며 오늘은 오전에는 조합에 돈을 찾저 오는 것과 오늘일은 작과나무 전정을 4포기 전정으로 종일을 보냄 셈이다.

금일은 나의 인생 헛살라 왔따는 허탈감을 맡보앗다. 외냐 자신은 공부 뫃한 것이 한이 돼어 자식들래깨 공부를 신킨다고 열심이 살라왔쓰며 자신은 돈만 벌며 학교을 시킨다고 생각을 하고 내나람돼로 헛돈 한품 안쓰고 열심희 살라왔는데 오늘 혜영이가 떨어저따는 열락을 덧고 보니 헛탈한 마음 무어라 말을 할수가 업꾸나. 자신 자라올 때는 돈만 있쓰며 학교을 하여는데 이재는 세상이 달라서 돈으로는 학교 갈 수가 업따는 인정을 식키쓰며 이재는 시험에 학격을 해야만 학교에 가기가 돼어쓰니 새상은 엄청나게 변한 것은 사실이다. 그리고 자신은 혜영이는 정기대학교에 들어갈것으로 미드왔는데 이것마저 떨어저니 자신은 아들자

식 정기 대학교 한번 못식키고 삶매 인생을 살라야 한단말이냐. 생각을 할수록 서글프지는구나. 자신의 삶매 가치을 헛살라 간다고 생각을 한다. 그리고 부모의 한을 풀지 못하고 만다는것이 가슴 아푼 일들이다.

지출에 … 퐁퐁, 피존, 사이다(大) 4,350원
보험료 10,900원 동장수곡
39,600원 약값, 풋돼값
186,300원 집사람계하는데
돼지고기 10,000원 쇠고기
9,000원 약 4,000 반찬값
9,000원 마른반찬 5,000 밀감
2,000원 마요네저 1,500원
검포도 1,500원 꽁치 2,000원
차비 320원
계 285,370원[94)]

수입 … 참깨값 50,000

94) 실제 계산은 285,470원이나 285,370원으로 잘못 기록하였다.

▌1993년▐

〈1993년 1월 1일 금요일 날씨 맑음〉

오전에는 대신역 전에 최만덕 씨 집부로 포도 지주 엔골을 개당 1,000원식 80개 80,000원 주고 사와쓰다.

"오후에는 집사람 계 한다고 오후 내 뒷일을 그들어 주고 여자들이 술을 먹는 것을 보니 남자들보다 술을 만이 하고 잇쓰며 여자들이 오는 것을 좋아하며 우리집배서 6명이 맥주 10병, 소주을 먹고 오후 놀라는데도 시원찬아서 저녁에 대구 동촌 회관에 놀료 갈려고 전화로 개약을 하여서 차을 몰고 오라고 하는 것을 볼 때에 여자들이 회관에 가서 노는 것을 좋아하고 잇다. 농촌에서도 여자들이 회관을 찾는 것을 볼 때에 여자들의 시대라고 말을 하고 십다. 그리고 여자들이 회관을 간 것이 3번재라고 생각을 하며 부인은 한 번도 가지 않아쓰며 오늘도 불참을 하여쓰며 오늘은 어깨 아푼 관계로 불참을 하여따고 보지만 부인은 춤 쳐고 노는 것을 좋아하지 않는 사람이라고 생각을 한다."

"그리고 오늘은 노는 것을 가만히 볼 때 남자들이 여자을 좋아하는 것 보다 여자들이 남외 남자 손잡고 춤 쳐기을 좋아하고 잇쓰며 남외 남자와 노는 것을 좋아하는 표가 단번에 나며 남자들보다 색을 좋아하고 잇쓰며 남외 남자을 좋아하고 잇는 것은 남자들이 생각을 만이 하여야 할 것 같다."

"93年도는 우리 딸들 전문대학교에 입학을 할 수 잇두록 하여주고 부인이 자주 아푸다고 하는데 93年도 부인의 건강을 회복하는 해가 돼고 93年도 밝은 우숨을 짓고 사라가게 돼두록 두 손을 모아 음숙한 마음으로 기원을 바란다. 내 가정에 행복이 잇쓰야 93年을 밝게 살라갈 수 잇따고 본다.
새회는 부인 건강을 축원을 하며 새해는 우리 가정에 행복이 깃들기을 기원을 하면서 93年도 종용한 마음가짐으로 마지한다."

지출에 … 부인계에 맥주 10병 10,000원
포도 지주값 80,000원 당방 차값 3,000원
계 93,000원

〈1993년 1월 2일 토요일 날씨 맑음〉

부인은 육촌 형수 병문안 간다고 자신은 오전은 휴식을 하고 오후는 점심을 먹고 숫갈지우는 적시 앞밭에 작과나무 전정을 하는 것으로 오늘 일과을 보내다.

작과나무 전정을 하면서도 일적 나와서 작업을 하나 너깨 나와서 작과나무 전정을 하여도 전정나무 수는 다들 같드라.

"요줌 세대는 전문대학 들어가가도 그전에 정이 대학 들어가는 힘들 것으로 생각을 할 때마다 자식들을 전묵대학교[전문대학교]라도 식키야 하는데 정말 극정이 돼는구나."

지출에 … 김원태 둘째 아들 결혼식에 참석을 하지 않코 부주을 부치떠니 답래품으로 3,000원 돌려주어서 부주는 2,000원 한 셈이다. 병문안 9,500원 민정이 집 3,000원
계 19,500원

<1993년 1월 3일 일요일 날씨 맑음>

오전에는 부인의 어깨가 아푸다고 몸부림을 쳐는 것을 보고서 오늘은 서둘어서 김천 영빈 예식장 엽페에서 쳐디가한의원에서 침을 잘 놋는다고 해서 부인을 돼리고 갈든이 정기 휴일이라 문을 닫아 노앗드라. 그 길로 지좌동[지좌동] 돌파리 침쟁이한태 돼리고 가서 침을 맏는데 이 분은 옌날부터 돌파리 침쟁이로 명이 난 분이다. 그리고 우리 마을에 여르 번 오신 분이다. 그래서 부인의 어깨 아푼 것을 막키고 마랐쓰며 그전에는 침 한 번 마저며 2,000원 달라고 하드니 이재는 4,000원 달라고 하드라. 그래서 자신도 큰 손가락 다음 것이 얼어서 낡씨가 차가어며 그곳이 시렵따고 하니 침을 마저야 한다면서 이야기을 하길래 침을 맏아보앗다. 그리고 부인 어깨는 이 침을 맏고 오늘 저녁에는 잘 자야하는데 부인의 고통소리에 자신을 부란하게 한다. 오늘 저녁에는 통징이 업씨 잘 잣쓰며 하는 바람이다.

지출에 … 침값 8,000원 약값 5,000원 귤,
우유 2,200원 차비 2,230원
전기세값 6,090원
計 23,620원

<1993년 1월 4일 월요일 날씨 맑음>

금일은 육촌 형님이 돈 1,000,000만 원 부탁을 해서 조합에서 돈을 빼서 돈을 주고 친구네 집배서 처음 고수돕을 하여서 고수돕을 할 줄을 모르는니까 마음이 바푸며 생각을 재돼로 안돼고 잇쓰서 돈을 만이 일을 줄 알라떠니 별 거 아니드라. 자신은 1,200원 일어찌만 제일 만이 일은 사람은 2,000원까지 일어쓰니 이것도 짤번 시간에 비와며 만원 돈이라고 말을 하고 십다.

그리고 오후에는 친구가 쇠똥 가지고 가라고 해서 경운기로 6섯 바리을 멀리 사과밭에 실어낫다.

자신은 벼집 한 단지끄리밖에 안돼는데 지[제] 양은 다들 가지고 왓따고 본다. 창길이는 소을 먹이도 벼집값이 들어가지 않키 때문에 그것만도 큰 수입이라고 말을 하고 십다.

"오늘 서울대학교 시험 합격자 발표을 하는데 게시판에 수만원 사람이 몰려와 합격 명단을 보는데 그기에서 합격을 한 아이들은 좋아서 몸부리을 다 혀고 있는 모섭 너무나 좋아서 땅에 딩굴고 잇는 그 모섭 그 기쁨 나외깨는 외 업는가. 내 자식에깨 외 기쁨을 볼 수가 업단 말이냐. 그 모섭을 볼 때에 나외 허전함은 말을 할 수도 업꾸나. 인간이 한 세상을 살라가면서 기쁨에 만킹[만끽]을 할 때가 업시 살라한다는 것은 살매 갑어치가 업다고 말을 하고 십다."

"오늘은 부인이 밤을 잘 자는 모섭을 볼 때에 어깨 아푼 것이 잘 때 침을 맏고 회복이 만이 돼어쓰며 진작 침으로 치료을 할 끈돼 하는 아쉬움이 생기며 침으로 부인의 통정을 업세고 아주 회복이 돼어쓰니 자신은 신기할 노릇이다. 우선 차도 바서는 한 번만 더 마저면 안전이 회복이 될 것으로 본다."

지출이 … 고수돕에 1,200원

<1993년 1월 5일 화요일 날씨 맑음>

오늘은 갈때에 침 맏는 날이라서 둘리가 침을 마자쓰며 이 분은 침의 역사는 올래 대어찌만 우선 침 갈리하는 것을 볼 때 불결하게 치급을 하고 잇다. 그래서 침 맏키가 좀 거북한 감이 잇쓰면서 할 수 업시 맏는다고 말을 하고 싶다.

"오후에는 친구들 놀고 잇는데 자신은 작과

나무 전정을 할려고 집부로 오고 마랐는데 올해는 설이 팔라서 봄의 일이 팔라저기 때문에 자신으로 바서 작과나무 전정을 설 아래 한 곳에는 망우리을 해야 한다고 본다. 그래서 휴식을 하고 십프다 {하는 마음을} 억재을 하면서 일을 스듣고 잇다."

지출에 … 침값 8,000원 1,240원
계 9,240원

〈1993년 1월 6일 수요일 날씨 흐림〉

오늘은 우리 운이 보약을 짓어 먹일라고 대구 약전 골목으로 갈려고 아침 통근 열차로 가는데 영권 엄마도 보약 짓을라면서 따라 가자고 하면서 돼리고 같다. 약전 골목에 태시로 이용을 하여서 약전골목에 영일당 한약방에 도착을 하여서 한약방 안에 들어가니 스톱부에 가스로 날로을 피우는데 눈이 시금시름하드니 눈물이 나고 눈알이 찌려는 너킴이 들며 자신이 생각을 하여도 여사 일이 아니구나, 큰 일 날 것 같은 너킴이 들며 참다 참다 못 참아서 대구 송안과을 차저같든니 정심 시간이라서 접수을 해도 오후 1시 30분 돼어야 치료을 할 수 잇따고 이야기을 하여서 그 시간 돼며 집배 갈 시간이 됄 것 같다서 병원을 거만 나와서 약방에 안약과 안대을 사들고 한약방에서 안약을 눈에 너어도 아무련 효력도 업고 눈물이 가냥 쇼다지드라. 자신이 참을라고 가진 예을 다 쓰도 참찌 못하고 운이와 영권 엄마을 뒤에 오라고 하면서 약방을 나올 때가 약을 따라서 나올 시간이 한 시간 전이여쓰며 그진 다 참아쓴는데 여기서 참으며 김천 도립병원에 질료을 바들 수가 업쓸 것 같다서 그만 택시로 이용 북부 주차에 가서 직행버스을 타고 구미 주차에 도착을 해서 전화로 자신이 눈에 눈물이 나서 김천 도립병원에 갈려고하니 보험카터[보험카드]을 주막으로 가지고 나오라 하고 바로 버스로 김천으로 출발을 하여쓰며 우리 마을에 도착을 하는데 부인 나와 잇쓰서 카드을 달라고 하여서 김천으로 바로 같쓰며 도립병원 접수실을 가니 4시 30분 접수 마감하면서 유리 창문에 종이쪽찌을 부쳐 낮는데 자신의 시계는 4시 50분이드라. 그래서 유리 창문을 열고서 사정을 하여쓰며 사정을 하기에도 힘이 들드라. 자꾸만 사정을 하니까 주위에 잇는 사람이 접수을 하여주드라. 접수 종이을 들고 안과을 달려가니 손님은 한분도 업쓰서 자신은 곳바로 치료을 바들라고 하니 눈이 어때서 왔느냐고 하길래 눈에 무엇이 들어같는가 눈을 찌려고 눈물이 쏘다전다고 하니 눈을 보더니 눈에 티가 들어 같다면서 금새 티을 빼내고선 다 돼어따고 하면서 가라고 하드라. 자신은 눈에 눈물이 쏘다서 큰 이상이 난 것이 아닐까 하고 병원에 달려왔는데 큰 다행이라고 생각을 한다. 병원에 오니 이르깨 시운대 하는 말을 하곤 하여다.

그리고 병원 문을 나와서 오트바이 푸락구을 사들고 집부로 오는대 자신은 버스로 내리오고 운이와 영권 엄마는 올라오는 버스로 같이 내리고 마랐다. 자신은 우리 운이가 잘 오겟나 하고 극정을 하면서 버스을 내렷는데 집배 도착을 같이 하여쓰니 기분이 아주 좋드라.

지출에 … 운이 보약이 80,000원 자신이 안과 병원에 6,500원 오트바이 푸락구 2,000원 기타 차비값 1,090원
계 98,600원

"자신이 눈에 티가 들어가서 도립병원에 3번 찾아같쓰며 안관 선생님 눈에 티가 잘 드려간다고 하길래 1연에 한 번씩 선생님 찾는다고 하니 웃고 말며 자신이 꼭 3번째라고 생각을 한다. 자신은 눈에 티가 잘 드려가는 재칠인가바. 들어가면 꼭 의사 선생님을 찾저야하니 보통 문제가 아니라고 본다."

〈1993년 1월 7일 목요일 날씨 진눈깨비〉

갈때 침 맏는 날인돼 자신은 포기을 하고 부인만 마저로 같쓰며 부인도 그만 마절라고 하는 것을 자신이 한 번만 더 마저라고 건유을 하여서 부인만 침을 맡고 왔쓰며.

"그리고 오늘은 파보한다고 임사가 대신 역전 총감 집우로 모여달라고 부탁을 하는데 낢씨가 진눈깨비로 쇼다저는데 아무도 갈 수가 업쓰서 그만 고기만 나누어서 가지고 왔쓰 마을회관에서 술과 고기안주을 나누어 먹어다."

"그리고 부인 요줌 어깨가 아파서 부엌에 불 때기가 그북스렵다고 해서 자신이 사월동안 아침밥하기 전에 불을 땔라니 낢은 어덥지 낢씨는 차가어 온 몸으로 바람은 술술 드려오니 이것보다 더 스겁픈 것이 업쓰며 농촌 주부들은 다들 이른 고충이 잇따는 것을 새삼 알라쓰며 우리 부인도 도시로 시집을 갇드라면 입식 부엌을 이용을 하며 몸에 참바람 들어올 일도 업고 편하기 그지 업쓸끈데 촌으로 아서 육체가 정신적인 고통을 다 당하면 살라야 하는 고충 말로 다 표현을 할 수 업쓰며 자신이 부엌에 불때기 전도 부인의 고충이 만타는 것을 알라찌만 이번에 부인이 어깨 아푸다고 해서 좀 도와줄라고 부인 앞패 자신 물을 대우는데 어깨에 찬바람은 어대서 들어오는데 그 고충과 처음 시작이 서거품과 모든 것이 남자들은 참고 일을 한다는 것이 다들 어로운 일들이라고 생각을 하였다."

"이른 고충을 바서는 우리 농민들을 주택공급을 만이 하여서 우리 농촌 주부의 일손을 들어주야 한다고 생각을 한다. 외냐 농촌 주부는 아침 저녁으로 늙 밤중이나 돼어서 부엌에 들어가야하니 모든 족끈이 악족끈이며 그 고충은 다들 넘어나 힘이 드는 것이라 맑을 하고 십다."

"농촌 남편들은 부인한태 백 번 천 번 해도 그 고마움을 다 할 수가 업따고 말을 하고 싶다."

"오늘은 종일동안 일기불순으로 휴식을 하고 마랐다."

〈1993년 1월 8일 금요일 날씨 맑음〉

금일은 대신 국민학교에서 사과재배 교육이 잇따고 하여서 교육을 바다볼려고 교육장에 같든니 매년 강위 수준은 변함이 업고 교육에 큰 도엄이 못돼는 것 같다. 그리고 자신이 사과나무 유목 전정법을 알리달라고 질문을 하니 나중에 강위을 할려고 하드니 응뚱한 교육만 하드니 시간이 다 돼어따면서 별도로 둘리 만나자고 하드라. 그래서 정심 시간이고 또 준비을 하지 않아따는 너킴으로 만나보지 않코 그대로 정심 시간이라 도시락을 한 개식 나누어주드라. 그래서 도시락만 들고 집부로 오고 마랐다.

그리고 오늘 강위는 교육에 별 도엄을 주지 못하고 경비만 냇따고 생각을 한다. 매년 우리 농민들을 농한기에 교육은 하지만 교육을 잘 받아다 하는 교관이 업쓰며 지도소에서는 한 가지라도 안전 기술을 가지고 우리 농민들레깨[농민들에게] 수업을 해야 하는데 안전 기술도 습득도 업시 우리 농민들의 교육을 할려고 하는 것은 우리 농민들도 덕이 업쓸 뿐 {아니라} 지도소에서도 매년 낭비만 하고 잇따고 생각을 한다.
"그리고 교관 한 분은 꿈같은 소리만 계속 하고 잇쓰서 지루한 시간이 돼어쓰며 이것은 정부 피알하로 왔는 너킴이 들드라. 피알도 우리 농민들을 다 죽여놓고 피알을 하는 모습을 덧고 잇도라니 마음들만 상하고 잇드라."
"오후에는 친구들은 교육도 참석을 하지 않고 오전부터 놀고 잇는 친구와 오후에는 자신도 합세을 하여서 화토노리을 하여는데 오늘은 돈내기을 적개 하여서 오늘 오후네 화토노리을 하여도 지출은 적은 돈이라 부담이 업씨 오후 시간을 잘 보넷따고 생각을 한다."
지출에 … 화토노리에 … 430원

〈1993년 1월 9일 토요일 날씨 비〉
금일은 우리 마을 총회하는 날이며 동장을 할 사람이 업쓰서 유임을 하여쓰며 이진일 동장도 이재는 오래 바기 때문에 동민들도 실정을 하면서도 동장을 출마하는 사람이 업키 때문에 할 수 업시 유임을 하게 돼어다.
"겨울 날씨에 봄비쳐름 내리고 잇쓰며 겨울 날씨에 눈이 오지 않고 비가 내리고 잇는 것은 걸맡지 않는 날씨가 자주 하고 잇다."
"부인은 오늘은 병원에 물리치료을 바두로 같쓰며 앞푸로도 어깨가 회복이 됄 때까지는 물리치료을 받두록 할 작정이다."

〈1993년 1월 10일 일요일 날씨 맑음〉
금일은 우리 형제키리 큰집배 개을 잡아먹을라고 개을 울 집으로 대리고 왓쓰 개을 잡아볼려고 준비을 하는데 외로점이 만아다. 이것은 집에 닭을 잡을라고 해도 급이 나는데 자신이 개을 잡다니 이것은 음청난 일들이며 순달이가 개을 잡는데 준비가 돼돼며 또 미전하고 준비을 다하고 나며 미전한 감이 들어서 개 잡는데 오전 시간이 다 들 같쓰며 남외 손을 빌리면 개다리 하나 달라고 해서 개 잡는데 건처도 몿간 사람들이 개을 잡는데 정말 힘이 들어다.
"그리고 형님은 개고기을 안 자시기 때문에 동생들이 형님 개을 잡아먹키가 힘이 들며 이것을 맷 달 전부터 개을 잡아먹는다 하면서 미류어오든 중 오늘은 순달이가 스들어서 동생들 다들 참석을 하여서 개을 잘 잡아먹으쓰며 구미 동생 둘리는 고기값을 20,000원 씩 내서 오희려 벌금을 한 것 같더며 돌라갈 때는 그 마음이 자신의 마음을 치는 것 같다서 마음이 아푸구나. 부친 국물[전과 국물]과 고기 일부을 찜통 싸주어도 마음에 걸리서 이른 직도 몿하게따는 생각이 드는구나."
"오늘은 개고기을 오 형제가 다들 한자리에 모여서 고기을 먹으며 기분이 좋깨는데 형님이 고기을 안 자시기 때문에 형님이 한자리에 업쓰서 마음에 걸리드라."
"오늘 개 값을 형님이 안 받들라고 하지만 형제 4명이 20,000원씩 내어서 80,000원 줄라고 하는데 어떠게 생각을 할련지 몰겟꾸나.
지출에 … 큰 집배 개 값 80,000
소주 2,500원
계 22,500원

〈1993년 1월 11일 월요일 날씨 맑음〉
오전은 동장이 기계단지 조성을 하며 기계

을 50% 보조을 받고 폘[해 볼] 수가 잇따고 하여서 기계단지 보조로 폣까[해 볼까] 하고 면사모소에 알라보로 둘리서 같든이 우리들예깨는 회당이 돼지 않드라. 외냐 자기 답이 25마지기 이상 돼어야 족끈이 됀다고 하며 우리로 바서는 회당이 돼지 않드라. 그리고 동장은 기계단지 족끈이 알지도 못하고 이야기을 하여쓰며 이 사람은 동장 일을 재돼로 보지 않으면서 동장을 할려고 들며 동민들도 다들 실어하는 것도 모르고 그래도 동장을 할려고 드는 것을 볼 때에 우리는 마음에 들지 않는다. 오늘 일은 동장 실수로 우리는 무이미한 시간을 보내고 마랏다.

"오후에는 김원태 씨가 사과나무 4년짜리 나무을 적토하는데 땅을 파네고 밭을 나추기 때문에 사과밭을 버리게 돼어쓰니 유목나무을 버린다고 해서 그 나무을 자신이 같다 심을라고 이야기을 하여서 오늘은 당산밭에 사과 나무을 심을 자리을 구등이을 일부 파나낫다.

"요줌 사과 과잉 생산이 돼어서 사과 팔라 먹을 때가 업따고 아우성을 벌리는 판에 자신은 사과나무을 심을라고 {하}더니 남들은 웃설 일이다. 자신의 생각에는 5년 이상돼면 사과 값이 회복이 될 것 같다서 자신은 심을 생각을 하고 잇다."

〈1993년 1월 12일 화요일 날씨 맑음〉

오늘은 당산 작과밭을 사과밭으로 대치할 욕심으로 오늘은 운이와 둘리서 사과 모목을 캐는 것은 터랙트로 뽑고 하니 사람이 수라드라. 오전에는 뽑는 일만 하고 오후에는 실어다 심는 것 일만 하여쓰며 오후에 심는 것만 해도 35포기 이상 심어쓰며 묘목이 4년생이라서 자신이 2년만 수고한다면 수학을 조금식 할 것으로 보며 자신은 요줌 사과 값이 하락시세라서 파라먹을 때가 업는데 사과을 심는다고 욕을 할련지는 몰라도 자신은 3년 후만 가면 사과 값이 회복이 될 것을 생각을 하고 사과밭으로 대치을 하는데 자신의 생각이 맞아 떨으질란지 몰겟다."

"사과나무 이식을 내일만 한다면 다 할 수 잇따고 보는데 이 일은 내일 날씨에 달려따고 생각을 한다."

〈1993년 1월 13일 수요일 날씨 눈〉

오늘은 오전부터 눈이나 비가 금새 쇼다질 떳한 낡씨을 보여서 운이와 돌리서 사과나무 이식을 하기 위해서 서둘러쓰며 오전에 뽑는 작업은 오전 일적 하여서 경운기로 뽑은 사과나무을 한 발리 실어낮다. 그리고 오후에는 사과나무을 한 발이 실어가서 심는 작업만 하여쓰며 심는 일도 낡씨가 불안해서 휴식도 업시 일을 하여쓰며 운이가 도와주지 않어며 자신 혼자 할려면 삼 일 정도는 갈 것인돼 운이가 그들어 주어서 자신이 수랄 뿐 아니라 운이가 만이 잘라따는 생각을 할 수가 잇쓰며 가끔 아빠의 일이 힘든다고 이야기을 할 때에 정말 고맙드라. 오늘은 자신은 운이가 아직 어리다는 생각으로 일을 해도 마음적으로는 운이 일을 하여서 몸살이라도 할까바 염려가 더 돼고 잇다.

"그리고 오늘 일은 개핵대로 작업을 할 수가 잇쓰서 마음적으로 여유가 잇따. 오늘 일은 자신이 일을 하두록 낡씨가 참아주고 잇쓰며 사과나무을 이식을 하면서 생각을 할 때에 땅도 얼지 않아찌, 사과 모목도 우리 밭에 꼭 맡두록 모목수도 어느리 업시 맡는 것을 볼 때 김원태가 묘목을 날 줄라고 우리 밭에 맡차서 심어낯따는 생각이 더는구나. 그리고 낡씨마저 따뜻해서 얼은 땅들이 다들 녹아서 나무 심는데 아무 어르운 일도 업시 심을 수가 잇두록 낡씨도 도와주어따고 생각을 한다.

"오늘은 나무을 심어면서 자식을 더 사랑하고 잇따는 나의 마음 볼 수가 잇쓰다. 외냐 운이가 직업훌련소에 4시 30분에 가도 됀다면 일을 그 시간까지 일을 그들어 줄라고 하는 것을 자신이 3시 반에 어찌로 보낸 샘이다. 외냐 운이가 힘드는 일을 안아다[안하다가] 일을 하여서 집배 가서 좀 누어따가라고 하면서 운이을 보내고 마랐다."

"그리고 사과나무을 마지막 한 포기을 심을라고 더는돼 눈이 내리더라. 이 낡씨가 자신이 나무을 다 심두록 참아주어따는 생각을 하면서 재빠르게 마지막 한 포기을 심고 오늘 일과을 맡치고 집배 오니 부인이 어깨을 주물어 주면서 {운이가} 아빠 오거든 어깨도 주물어주고 돼지고기 남은 것 아빠 해주라고 이야기을 하며 운이는 보약 때문에 고기을 폿 먹짜아[못 먹잖아] 하니 안 먹어도 됀다면서 아빠 일이 너무나 힘든다면서 어깨 주물어주고 고기을 하여주라고 저의 엄마에깨 당부을 한다기웨 눈에 눈물이 고여지두록 고맏드라. 우리 운이가 그처름 아빠을 생각을 하고 잇따는 것을 꿈에도 생각을 폿했다."

지출에 … 처삼촌 상문 부이 30,000원

〈1993년 1월 14일 목요일 날씨 눈〉

대구 기상대는 19年만에 처음 눈이 만이 와따고 예보을 하여쓰며 이번 눈이 천지을 하야게 만들어 논 것을 볼 때에 인간의 마음을 푸짐하게 만들어 노와쓰며 그리고 이 눈이 진작 와주어쓰며 하는 바람잇어다. 자신은 눈이 수복이 싸여잇는 모섭을 볼 때에 사과나무 이식을 한 것을 생각을 할 때에 꿈같은 일을 하여따고 생각을 하며 이 날씨가 나월 도와줄라고 여때것 따뜻하여따고 말을 하고 십꾸나.

"우리 혜영이 오늘 상주산업대학교 지원서 너어는데 이번에는 우리 혜영이 상쳐을 주지 말고 부터쓰며 하는 바람이다. 자신도 자식들 4年재 대학을 시키야지 자신의 마음 상쳐을 다소나마 꿈의 상쳐을 벗설수가 잇따고 생각을 하여본다."

"오늘은 안전 휴식을 하여쓰며."

수입에 … 화토노리에 2,000원

〈1993년 1월 15일 금요일 날씨 흐림〉

오늘도 눈빨리 쇼다질 몃 하는 날씨을 보여찌만 눈은 조금 내리는 정도여쓰며 기상대는 우리 지역에 대설주의보가 내리찌만 눈은 오지 않은 셈이다. 마음같다서는 눈이 수북이 와주어쓰며하는 바람인돼 눈이 오지 않아서 아쉬운 마음이 들어간다.

그리고 우리 혜영이 지원한 면섬유과 비율이 3대 6이라고 발표을 하는데 이것이 체종집계인지 학실이 모르게쓰며 이번에도 쳐밀린 셈이다. 이재는 어느 누구 업시 학교나 들고나 보자 식이니 정말 학교 식키기가 힘이 더는구나.

자신은 우리 딸 학교 식킨다는 것이 하늘에 별따기보다 더 힘드는 줄 알며 이재는 자신마저 줄고 잇는 형편이다.

"그리고 오늘은 다들 눈 때문에 아무 일도 폿하고 하니 동사로 놀로와서 방이 비잡두록 만이 나와쓰며 자신은 정심도 먹찌도 않코 화토노리을 하는데 천 원식 무더놓고 빼다 먹키하다 지루하면 뻥을 하다 화토노리을 변경을 하면서 종일 놀라쓰며 우리들은 화토노리을 하여도 부담 돼구로는 놀지 않치만 자신이 오늘 11,000원 수입을 밭찌만 일은 사람은 마음이 좋찌 않는 것은 사실이다. 이 놀리도 종일 하니 술값 떨어저지 하니 총 지출은 만타고 생각을 하여 본다."[95)]
수입에 … 화토노리 11,000원

〈1993년 1월 16일 토요일 날씨 맑음〉
오늘은 생각지도 않아뜬 벼을 곡상에깨 달려냇쓰며 오늘 벼가마니을 정부에서 매상을 바다주어떠라면 돈이 엄청나게 만을끈데 곡상에 달려내니 돈이 을마 돼지 않아서 가슴 아푼 일이다. 정부에서 준관 상인을 주리야 하는데 오히려 정부에서 오히려 준간상인 만들고 잇쓰니 정부에서는 유통계단을 줄이야지 농민이 살라남는다고 부르짓고 잇는 것은 정부는 아무 의미업는 일들이라고 생각을 한다.
"우리나라가 살려면 김영삼 대통령이 부정을 뿌리채 뽑아야 한다. 그리고 노태우 대통령처름 부리죽쳐름 정책을 한다면 우리나라는 명혼이 일어날 수 업는 나라의 존재가 될 것이며 국민들이 무엇을 원하는가, 국민을 위한 정치을 하여서 우리나라 잘 살 수 잇두록 강한 정치을 바란다. 우리 국민들의 마음가짐이 다들 썩으빠지고 잇다. 잇 것을 치우하지 않으며 인간 세계에서 살라남을 수가 업다고 본다."
오늘 곡상에깨 벼가마니 달려낸 것이 2,839斤. 근당 500원식 총금액 1420,000원

〈1993년 1월 17 일요일 날씨 맑음〉
오늘은 맑은 낢씨라서 지붕 위에 잇는 눈들이 녹아서 마당으{로} 떨어저는 소리가 요란한데도 눈이 넘어나 만이 싸여 잇쓰서 다들 녹꾸지는 못하고 잇다. 눈들이 채 녹지 않아서 다른 일을 못하고 잇쓰며 눈 때문에 할 일을 못하고 잇쓰니 답답함 때문에 하로 해가 더 지루하다.
"요줌은 혜영이도 혜지와 둘리서 독서실례 가서 공부한다고 둘리 다니는 것을 보니 아빠 보기에 넘어나 힘드는구나. 이 추은 낢씨에 공부하로 간다고 나서는 모섭과 저녁 너깨 들어오는 모섭을 볼라니 너무나 힘이 더는구나. 혜영이는 상주산업대 원서 너어 낫쓰니 혜영이는 이번 합격을 하고 우리 혜지는 전문대 갈려고하니 전문대 합격을 한다면 더 이상의 행운을 바라지 않을 뿐. 금년 소원은 아무 것도 마라지 않코 내 딸 대학교 들으가는 소원밖에 업다."
"요줌 세상에는 자식들이 효도 하는 일은 자식들이 공부을 잘해서 원하는 대학교에 들어가는 것이 효자잇다."
"인간 세상에서 이려깨 변하고 잇는 것이 안타가울 일들이다."

〈1993년 1월 18일 월요일 날씨 맑음〉
금일은 날씨가 차가운 바람이 불어서 체감 온도가 아주 차며 그리고 일을 할 띠고 하여도 눈이 녹지 않코 잇쓰서 작과나무 전정은 못하고 잇쓰서 다들 봄에 할 일들이 만아서 손길이 다들 바푸리라고 생각을 하고 잇다.

95) 이 내용은 일기 지면 상단에 따로 기록되어 있다. '교무실 3학년 434-1773'이라고 기록하였다.

"그리고 우리 농민들은 차기 대통령 김영삼 씨에깨 기대가 크다고 보는데 김영삼 씨가 찹고 매운 대을 어떠게 처리을 하나 그리고 국민을 위한 정치인가 자신은 우리나라가 발전을 하나 그쳐지 않으며 쳐 스지도 않코 그대로 주저앉고 마나 길로에 스잇는데 김영삼 씨가 이것을 책임을 져야하는 막중 책임이 잇는데 우리 국민은 김영삼 씨 대통령이 구원을 하나 그르치 않으며 죽이너냐 두 길 밖에 업따고 본다. 그리고 요줌 강력하게 밀고가는 모섭을 바서는 김영삼 씨을 미드도 어섬치 않캐는데 더 두고바야 하게다."
"그리고 이번 설은 부인이 피료하다 하고 아푸다고 해서 올 설은 강정도 하지 말라고 하여서 올래는 가래떡 7돼, 티밥 2돼만 티고 마랐다. 올해는 부인이 피료하다고 해서 아무 일도 씩키고 십지 않쿠나."
지출에 … 화이타이 5,100원
화토노리 4,000원
계 91,000원

〈1993년 1월 19일 화요일 날씨 맑음〉

오전에는 날씨 차가어서 휴식을 하고 오후에는 매상준비 한다고 벼 풍구질을 하여쓰며 이번 매상은 13가마이며 정부에서는 농민들 바준다고 입부로만 터들지 실찌 하는 행동 보며 기가 찬다. 외냐 3마지기 1가마 돌라왔쓰니 이것을 매상을 하여서 술 값 하라고 이른 정치을 하는지 생각을 할수록 열이 오르며 형분이 돼는 일이며 우리 마을 전체량이 130가마 인돼 이것은 정부가 우리 농민을 생각을 한다며 2차 매상 때 부치스도 할 수 잇는 문제라고 본다.
"정치하는 짓들 보며 한 놈도 업시 다들 가라치우야 한다고 본다."
"자신이 볼 때에 자격미들이라고 본다."
지출에 … 중앙일보 신문값 3,000원

〈1993년 1월 20일 수요일 날씨 맑음〉

오늘은 우리마을에 매상 날이며 자신은 17가마지 대면서 종일 해을 보내쓰며 자신 푼 아니라 다들 10개 미만 가지고 매상 댄다고 종일 해을 보내고 다들 매상 대어서 남외 돈 몾 갑개따고 이야기을 하며 다들 품돈밖에 안 댄다고 다들 입방아을 찟고 잇다. 자신도 정부시책이 우리 농민들을 등한시하는 것이 가슴 아푼 일 뿐이다.
"자신은 오늘 17가마니을 가지고 가서 다들 1등을 맡자쓰며 오늘 전체 쳐고도 2등이 11가마이며 그 나머지는 다들 1등을 마자쓰며 등급을 좀 잘 준다고 생각을 하여본다.
수입에 … 17가마 774,180원

〈1993년 1월 21일 목요일 날씨 맑음〉

다들 눈 때문에 다들 잘들 놀고 잇다. 요줌은 동네방으로 한 방식 모여 안저서 화토노리로 시간 가는 줄을 모르고 놀고 잇는 실정이다. 요줌 싸인 눈만 아니며 다들 일들을 하고 있쓸끈데 싸인 눈이 녹지 않아서 다들 휴식 시간을 보내고 잇다.
"요줌 우리 운이만 직업훌련소에 가고 잇다. 경용이는 외 안가는냐 하니까 훌련소에 가도 매일 반복돼는 일만 하고 다들 안 나온다고 하며 첫째 쇠부치라서 손가락이 얼려버린다고 하면서 가바야 일도 하지 않고 날로에 불만 찌다오고 만다고 하면서 요줌 안 간다고 이야기을 하드라. 오늘도 우리 운이는 직업 훌련소 같쓰며 경용이 말을 들어니 자신도 보내기가 않스렵다. 자신도 운이가 실타고 하며 자신도 건유을 하지 않으라고 생각을 가저본다."
지출에 … 화토노리 4,000원 라면,
쬬크바, 슈세미 9,760원
계 13,760원

〈1993년 1월 22일 금요일 날씨 맑음〉

우리 가정에서도 설 준비에 분주한 하로의 날이 돼어쓰며 금년에도 우리 가정에서는 오 형제 매느리들이 한 사람도 빠지는 사람 업시 다들 참석을 하여쓰며 오늘로서 묵은 해을 맑끔이 씨셔보내고 새해는 우리 가정에 행운이 함깨 하며 세해는 밝은 우섬이 함깨 할 수 잇는 한 해가 돼두록 음숙한 마음으로 기원한다.

지출에 … 돼지고기 4斤 100g 6,000
화토노리 2,000원
계 8,000원

〈1993년 1월 23일 토요일 날씨 맑음〉

자신으로 바서는 51세 설을 마지하였다. 자신에깨는 세월 가는 것이 아쉽꾸나. 자신이 벌써 51세라니 정말 입이 벌어지는구나. 자신이 살라오면서 뭇을 할딴 말이냐[무엇을 했단 말이냐]. 자신의 디을 볼 때에 이것이다 하고 남외깨 했따는 것 업시 세월을 흙으가게 하여따는 것이 가슴 아푼 일이라고 말을 하고 십다.

"이번 설레도 우리 형제들은 다들 파지는 사람 업시 차레에 참석을 다 하였쓰며 다들 건강한 못섭으로 한자리에 참석을 한 것이 뭉서보다 떳깊은 일이다. 그리고 내년에도 한 사람 낙오업시 다들 참석을 하여주어쓰며 한다."

"그리고 올 설은 눈님 아들, 매닐, 딸, 사오, 그기따리[거기에다가] 아이들 다들 승용차 두 대로 나누어 타고 왔쓰며 이것들이 삼촌에깨 세배 올린다고 법석을 부리니 마당으로 하나돼며 우리 부모님, 우리 육 남매에서 손 부련 것이 현재로 39명이나 벌어쓰니 이것은 이것은 우들의 세력이 그만춤 크따는 증원이며 우리 부모님이 바라볼수만 잇따면 을마나 좋으련만 보지 뫃하고 묵묵이 우리 주위에만 맴돌고 잇따는 것이 정말 가슴 아푼 일이며 복 만은 노인이라면 이것을 충분이 보고도 남을 일인돼 못 보고 돌라가쉬따는 것이 숨통을 질 일이다."

지출에 … 세배돈 40,000원

"그리고 올해 윷노리는 친구들 때문에 자신이 파지게 돼어쓰며 형님도 올해는 윷노리에 파짓따고 하며 그 나머지만 윷노리에 참석을 했따는 것이 마음에 걸리며 내년에는 이른 불상사 업두록 노력하겠다."

〈1993년 1월 24일 일요일 날씨 맑음〉

이번 설은 폭설로 다들 잘들 놀고 잇따고 본다. 아직 눈 때문에 아무 일도 뫃하두록 싸여잇쓰며 보름 이전에는 일하기가 불편할 것 같다. 자신도 오늘 동네방에서 종일 동안 놀라쓰며 그리고 오늘 화토도 한번 만치보지도 뫃하고 지방으로 8,000원 손에[손해]을 본 셈이다. 자신도 요는데는[이런데는] 머리을 쓰는 펜인데 끌려드려같쓰며 자신이 화토을 만치면서 돈 8,000원을 일어따면 들 앞깝깨는데 오늘은 돈의 예착이 자신의 머리에서 쉽게 살라저지 않는다.

지출에 … 화토노리 8,000원

〈1993년 1월 25일 월요일 날씨 맑음〉

오늘은 봄날같이 따뜻하여서 처마에는 눈녹아내리는 소리가 귀전을 울리고 눈이 다 녹아내릴 것 같은 낢씨에도 아무 일도 못하고 답답함을 풀기 위하여 들판을 한 박키 돌라보는 일과가 돼어쓰며 아직까지 눈 녹은 땅이 질어서 아직은 오래동안 일을 못하게드라.
그리고 요줌은 동네방에 비족두록 사람이 놀고 잇쓰며 그전에는 꾸삐[굽비]을 하지 않떠니 요줌은 3일간 하고 잇쓰며 이것만 하며 크게 다치는 사람이 잇쓰며 이 화토는 그전보다는 들하고 잇찌만 늙 만치는 사람만 하고 잇다.
"그리고 오늘은 부인이 첫가 가자고 하길래 자신은 안갈라고 하면서 같따오라고 하면서 부인만 보내고 마라는데 부인을 보내고 나서는 자신도 쳣가에 가서 쳐어머님을 배옵고 새배을 드리야 하는데 그려지 못한 자신이 부끄렵다."
지출에 … 화토노리 8,000원

〈1993년 1월 26일 화요일 날씨 맑음〉
오늘도 종일 동안 휴식을 하여쓰며 오늘은 꾸삐 하는데 대라돈으로 어재와 오늘 양일간 돼지고기 돌부리을 충분 하여쓰며 요줌은 매일 고기로 정심 때을 위우고 잇다.
"오후에는 친구 경운기 물통 가라주는 일을 하여쓰며 이른 일들은 자신의 일도 실어하는데 친구의 사정으로 일을 하여주엇다."
"오늘부터 금리 인하을 하여쓰며 이것은 중소기업을 살린다고 금리 인하을 한다고 하지만 이것은 우리 농민을 또 죽이는 것이나 다름이 업다. 외냐하며 우리들의 삶매 길을 막는 것이나 다름이 업다. 외냐 우리 농민들이 어러운 가운데 한 품 두 품을 모아서 예금을 하여서 미래의 꿈을 가지고 살라왓는데 금리 인하로 우리 서민만 죽이고 잇다. 우리 서민을 위한 정치는 없단 말이냐. 우리 농민 죽이고는 정부가 잘 댈 수 업다."

〈1993년 1월 27일 수요일 날씨 맑음〉
오늘도 동네방으로 한방 모여완저[모여앉아] 놀라쓰며 화토노리도 종일 하고나며 양무렵이 아푸며 이것이 사람을 아주 피료하게 만들어서 화토노리을 피하고 잇다. 사실이 노래을 피하며 돈 안 쓸라고 한다는 인식을 주위 사람이 할련지는 몰라도 돈보다 육체적인 피료가 아쓰기 때문에 될 수 잇는데로 피하고 잇다.
"그리고 우리 혜영이가 내일이며 상주산업대학교에 소집일인돼 이번에는 합격을 하여야 하는데 이번에 합격을 해야 한 가지 극정은 들고 전문대학교 들어갈 혜지 극정을 하지 자신은 올해 두 딸 대학교 들어간다면 자신의 소원은 이라따고 생각을 하겟다. 이 소원은 어떠한 일이 잇쓰도 이라져야 자신의 삶매 보람을 가지고 살라갈 수가 잇따고 생각을 한다."
수입에 화토노리 뒤빵 2,000원

〈1993년 1월 28일 목요일 날씨 맑음〉
오늘은 충분이 일을 할 수 잇따고 보는데 다들 놀기 좋아서 일을 못하고 잇쓰며 다들 놀기 좋아서 모여 앉저서 낭비들을 하고 잇다. 오늘은 자신은 장기로 시간을 보내고 잇다. 동네방에서 장기을 떠며 일류 편이다.
"그리고 우리 혜영이가 상주산업대 시험을 쳐기 위해서 김천에 사는 형님 쳐형집배 가서 오늘 저녁을 자고 경숙이와 둘리서 시험을 보기 위에서 저녁에 출발을 하였다. 이번에도 {과} 선택을 잘못하여는가 생각이 돼며 자신은 섬유과가 요줌 불경이라서 지원자가 들할 것 같드니 혜영이가 소집일 날 가보니 그이 남자들이며 아즈들은 맷 명 안 댄다고 이야기을 하길래 깜짝 놀라서 마랏다. 외냐하면 남자들이 여자들보다 성적이 낮따고 볼 때에 이 아빠 극정이 돼는구나."

〈1993년 1월 29일 금요일 날씨 맑음〉

금일은 우리 혜영이 시험 쳐는 날인돼 그것도 아침에 소주 중독자에깨 돈을 빌라주는데 대외서 부인이 생각 업시 행하는 것을 볼 때 속이 상하드라. 옛날에는 시험 보는 아침은 돈 빌리주는 것은 건물인돼 부인은 그것도 생각을 하지 않코 행동을 하는 것을 보고 아주 불캐하게 여기쓰며 집배서 재수 업는 일을 골라서 하는데 아이가 잘 볼 수가 잇나 하고 소리을 질렷다.

오늘은 종일동{안} 기분이 상하며 그에 따라서 혜영이가 시험을 못밧따고 하는데 속이 상하며 혜영이가 시험을 못밭따고 할 때에 부인 더 미덥라[밉더라]. 이 기분을 내표[내포]을 다 했쓰며 정말 오늘 하로는 속이 상한 날이 대고 말랐다.

수입 … 트랙터 값 50,000원

〈1993년 1월 30일 토요일 날씨 맑음〉

남들은 놀라도 자신은 겨울에 모다논 두엄을 경운기로 실어내고 오후에는 독까루 침목을 포도 주지할려고 철로 비알[96]에 잇는 것을 운이와 둘리서 경운기로 끌고 오는 작업을 하여쓰며 자신은 두 개라고 알라는데 현장에 가니까 4개더라.

"남들은 어떠게 생각을 할련지는 몰라도 돈을 안드리고 포도 지주을 할려고 하니 힘이 더는구나. 이재는 포도 지주을 다들 준비가 돼어따고 생각을 한다."

"그리고 우리 혜영이가 면접을 보고 왔쓰며 이번에도 시험을 잘못바타는 너킴이 들든데 또 극정이 대는구나. 이려다가는 전문대도 못 시키는 것이 아닌가 하는 염려가 더 돼며 요줌은 학교 극정밖에 업꾸나."

지출에 … 보험료 값이 인상댄다고 말도 업시 1,200원 올라 (12,6000원 이드라.)

"농산물은 한 자리 숫짜로 올리고 다른 물짜는 두 자리 숫짜로 올라가니 기가 찰 노릇이다."

〈1993년 1월 31일 일요일 날씨 맑음〉

오늘이 93年 1月 마자막 날이구나. 93年도을 마지한 것이 이거재[엊그제] 같은데 오늘이 마지막 날이라니 인생의 길이 이처름 빨리 가고 잇따는 것이 좋은 일은 아니구나. 나의 마음 같아서는 우리 부부 영혼희이 절멈을 간직하고 십픈데 자신도 모르게 인생길이 자꾸만 가고 잇따는 것이 서운하기 짝이 업다. 인생의 길을 갑지게 살라갈라면 너무나 짤번 인생길이라고 말을 하고 십다.

"오늘은 작과나무 전정을 하여쓰며 오늘은 바람은 조금 부는 날이라고는 하여찌만 오늘은 봄 날씨라 다름이 업는 날이라 오늘부터 작업을 시작을 한 사람이 만아따고 생각을 한다."

〈1993년 2월 1일 월요일 날씨 맑음〉

오늘은 몸씨 차거운 바람이 불어서 작업하

96) '비탈'의 방언.

기가 그북하두록 매서운 바람이 불어서 작과나무 전정을 하기가 불편해서 오후에는 작업을 일적 마치고 마랏다.

"오늘은 앞밭에 작과나무 전정은 해가 저두록 한다면 전정을 다 할 수 잇쓴는데 지루한 감 때문에 내일 작업량을 두고 오늘 일과을 맡치고 마랐다."

오늘 꿈을 꿋어는데 자신이 제일 큰 돼지꿈을 꿋어쓰며 이 꿈을 이용하여서 복권을 살려고 운이깨 식키떠니 운이가 대답만 하고 실천을 하지 않아서 무산돼고 마랐다. 이 복권 꿈을 실천 못한 이유는 자신의 성격이 복권을 사는 성질이 아니기 때문에 복권의 꿈이 무산이 돼어서 아쉬운 하로의 날이라고 본다.

〈1993년 2월 2일 화요일 날씨 맑음〉

오늘 오후부터 당산 작과나무 전정을 하여쓰며 올해는 전정 작업이 너저며 올해 따라 전정 작업이 지루하기 짝이 업쓰며 넘어나 할 일들이 넘어 만은 것 같으며 마음이 바푸고 잇쓰니 일에 재미을 가질 수가 업꾸나.

"앞푸로는 가을에 전정을 좀 해야할 것 같으며 반드시 한 곳은 꼭 망우리을 해야 한다고 본다."

〈1993년 2월 3일 수요일 날씨 맑음〉

오늘 날씨 바서는 봄이 우리 주위에 다가왓따는 너킴이 더는 날씨라고 말을 하고 십꾸나. 봄이 돼며 우리들의 손길이 바파야 돼는 것이 자신의 마음적으로 실어며 겨울철이 오래동안 지속이 돼어쓰며 하는 바람인돼 겨울 한 철은 후탁 가버리고 이재는 봄이 우리 피부에 다가왔쓰니 화기 실은 일들을 다 해야 할 생각을 하니 두렵키 짝이 업꾸나.

"오늘도 작과나무 전정으로 하로의 시간을 보내쓰며 아직도 나무 전정 할 나무들이 너무 만아서 마음부터 질리버리서 일의 의욕이 줄어들고 잇쓰며 하로의 지루함을 참키가 힘이 더는구나."

"우리 혜영이 후기대 시험 발포을 전화 문이을 하며 학격[합격] 여부을 알 수 잇는 날이 내일로 다갓았쓰며 혜영이는 후기대 시험을 못 밭따면서 독서실로 공부하로 다니는 것을 볼 때 가슴 아푼 일이다. 혜영이는 잘하는 줄 알라떠니 이것도 아빠의 생각가는 너무나 멀다는 것을 생각을 할 때에 실망이 너무나 크다.

"이것들을 전문대학이라도 씩키야 하는데 하고 생각을 할 때는 자신의 머리가 너무나 복잡해저며 참키가 힘이 들 정도며 복잡은 생각을 다 풀기도 전에 다른 생각을 해야 하는 허전함, 이것을 대쳐할 길이 업쓰니 내 마음이 아푸구나."

"오늘은 벼 직파기계 보조로 나온다기에 공동으로 구입을 할려고 서류 작성을 하는데 이것도 땅지번을 빼서 150마지기 올리라는 서류을 작성을 하여서 동장을 주어는데 어떠게 뗄련지 몰갯꾸나."

〈1993년 2월 4일 목요일 날씨 맑음〉

우기대에 경숙이는 들고 혜영이는 떨어젓따는 소리을 들을 때에 아무런 생각도 들찌 않떠라. 그래도 이번에는 시험을 잘못받따고 해도 들어가지 않캐나 하는 생각을 하여쓰며 그것은 자신의 혼자 생각이 돼어버리쓰며 이재는 전문대 밖에 업는데 이것들이 전문대라도 들어야 하는데 정말 극정이 태산같다. 그리고 혜영이가 전기대학, 후기대다 떨으저는 것은 자신에깨도 책임이 잇따고 생각이 더는구나. 외냐하면 늙 공부만 하라고 당부만 하여찌 공부하는 것을 확인도 않해쓰며 요줌 가스는 자신도 아들 공부하는데 한자리에서 지키라도 보앗쓰며 이른 고통은 모면은 할 수 잇는 일이라고 생각을 하는데 정말 가슴 아픈 일이다.
부모가 돼며 아들딸 공부 잘하고 수라게 잘라는 것을 보고 살라간다고 생각을 하는데 자신은 인생살리을 끄꿀로 살라가는 너킴이다. 외냐 자식들이 수라지 않코 잇는 것을 보며 자신의 삶매 길이 잘못돼어 잇따고 생각을 하며 부모가 힘이 생기는 것은 아들의 크는 과정에서 힘이 생기고 삶매 생활이 윤택이 나는데 우리 혜영이 후기대 떨어젓따는 소리을 덧고는 아무련 의미가 업꾸나.
"혜영이도 오늘 독서실에 갈따오면서 눈에 눈물이 흙려내리는 것 보니 시험은 잘못받아따고 해찌만 후기대는 기대을 한 눈치인데 학인 전화을 하고는 큰 실망을 한 태도더라. 그래서 혜영아 전문대학이 출세가 빠르다고 하면서 마음을 달래주어쓰며 대학이 뭇엇신데 아이들과 부모들을 고통을 주고 잇나. 그리고 부정입시 저지련은 학부님의 심정을 백 번 알마나며 이것의 책임은 부정을 저지련은 학부모에깨만 책임이 잇따고 바서는 아니 댄다고 본다."
"이재는 두 딸을 전문대만 귀대을 해야하며 우리 딸들 재일 뒤라도 좋으니 전문대학교라도 합격을 하며 소원이 업깨쓰며 자신은 더 욕심을 부리지 않캐다. 이번에는 조용히 기원을 한다. 이번에 둘리 다 전문대학교 들어간다면 자신은 하늘이라도 날라갈 정도로 마음의 기쁨을 가질 수 잇따고 생각을 하는데 이번은 소원을 푸려쓰며 한다.

(오늘도 작과나무 전정을 함.)

수입 … 참쌀 15,000 팥 6,000원 콩나물 값 4,000원, 무지파 4,600원
계 29,600원

지출에 … 차비 1,000 밀감, 오이 2,000원
계 3,000원

〈1993년 2월 5일 금요일 날씨 맑음〉

오늘은 아지랑이가 조금 피어오른 날씨며 정말 따거은 날씨여쓰며 오늘은 안전이 봄이라는 착각 속에 일을 하곤 한 셈이다. 날씨가 너무 좋아서 비가 올라고 이르나 하고 극정이 앞쓰는 예척을 한 셈이다.
내 부인 이 세상에서 제일 부인이며 매일 보는 부인이지만 볼 때마다 처음 보는 행동이며 정말 저르게 실랑이 좋을까 하는 생각이 들며 내 부인은 말이 업쓰면서도 덤직하게 부인이 좋다. 엔말에 부인 사랑하며 부족한 사람이라고 한다지만 나는 부인이 너무 좋아서 하늘 날고 십픈 절거음으로 살라간다고 말을 하고 십다.
오늘 윤천희 딸 결혼을 앞두고 동네 술대접을 하여쓰며 술대접을 정심 시간을 마치서 술대접을 하여쓰며 화토만 치는 사람이 기다리따는 것 같이 술상을 밀치고는 꾸삐판이 벌어저고 말라쓰며 그 판만 벌어지며 손님은 방우로 비족두록 몰리며 손님이 떠날 줄 모르고 구경을 하며 다들 일을 할려고 생각도 하지 않코 잇쓰며 자신도 구경을 하다 이르다가는 나무 전정을 개핵대로 뫃하게다 하고 그 자리을 나와서 나무 전정하로 가고 마랐다. 자신이 놀란 대까로 열심희 하니 계핵대로 작업을 할 수 잇드라. 작업을 끝을 내니 저녀 노을이 지고 잇는데 아직까지 화토노리을 하는가 궁금해서 들어

다 보앗뜬이 아직까지 하고 잇드라. 그래서 자신도 뒤방 넛타 손에을 바서 그만 화토을 잡아떠니 본전을 찾고도 14,000원 수입을 받드라. 그래서 그만 저녁 먹으로 오고 마랐다.

"화토는 만지면 손예다. 화토 만지고 득은 업다."

수입에 … 화토노리 14,000원

지출에 … 부주값 10,000원

"그리고 요줌 꾸삐는 아주 질이 나푸다고 생각을 한다. 외냐하며 판돈은 을마 돼지 않치만 돈을 딴 사람이 빌리주고는 타고 이른 식으로 계속돼니 돈 일어 몸 달며 엄천난 돈을 일코 만다. 엔날에는 빌리주는 일이 업쓰서 능력업는 사람은 돈 업쓰서 돈을 적게 일코 마는데 요줌은 돈을 빌리주고 돈을 따먹고 잇쓰니 이 행동이야말로 비열하기 짝이 업는 일이다. 외 요줌 세상은 외 나쁜 짓들만 골라서 살라가야 한단 말이냐. 인간이 인간탈을 벗는다며 아주 추악한 동물이라고 말을 하고 십다."

〈1993년 2월 6일 토요일 날씨 맑음〉

오늘은 안전 봄이라고 말을 하고 십다. 오늘은 일을 하면서 비지땀을 흙리면서 일을 하여쓰며 오늘은 너무나 탁 풀리는 낡이 돼고 보니 몸이 너무나 나련해저서 일에 지장을 주는 날이라고 말을 하고 십프며 오늘은 부인까지 나와서 전정목을 줏는 작업을 하였왔다. 부인은 처음 나와서 일을 하는 날이 돼고 마랏다.

〈1993년 2월 7일 일요일 날씨 맑음〉

남들은 날씨가 바람이 모질게 부르서 남들은 노는데 자신은 작과나무 전정을 하로 가서 오전 내 하고 오니 친구가 오후에는 놀자고 하여서 약속을 하고서는 오후에는 놀로같쓰며 상점에 가니 꾸삐가 벌어저잇드라. 그 간경을 지키보니 별로 마음의 흥미을 가질 수가 업쓰서 갈소이 우리는 제철래 집배 가자고 건유을 해서 재철래 집에 가니 우리 십 원짜리 돈 따먹기 하자고 하여서 자신이 우리 고기돌부리 내기해서 부인도 한 자리에 모여서 돌부리 하자고 하니 다들 좋다고 해서 화토판이 벌어저서 자신이 삼 명 중에 제일 적개 절머젓는데 친구와 자신이 둘리 가서 고기을 사면서 그만 삼 명이 똑같이 10,000원식을 내서 3명이 30,000원치의 돼지고기, 오징어, 상치 해서 30,000원에서 한 품도 빼지 않코 다들 사와다.

지출에 … 부인과 3쌍이 돌부리하는 데 10,000원

"오늘 오후에는 부인과 셋 쌍이 화토노리와 돌부리하는 절거음, 아킴 업는 웃섬, 정말 좋은 날이여쓰며 이 절거운 날을 자주 가지야하겟꾸나."

〈1993년 2월 8일 월요일 날씨 맑음〉

오늘까지 쌍쌍이 종일동 잘 노라쓰며 그래도 부인들과 안자리[한자리] 안저 노니 웃쓸 일이 마으며[많으며] 아주 절거운 시간을 보낼 수가 잇쓰따고 생각을 한다.

부인들과 십 원짜리 화토을 하는데 부인과 둘리 할 때는 수입을 만이 받는데 부인이 저녁 하로 간 디는[간 뒤에는] 수입이 계속 줄어서 결국은 500원 정도 일코 마랐다.

그리고 오늘도 날씨는 좋아서 일을 할 수 잇쓴는데 오늘 친구가 오늘만 놀고 내일은 우리 일을 하두록 하자고 하여서 오늘 낡씨가 좋아도 휴일을 하고 마랐다.
지출에 … 화토노리 … 500원

〈1993년 2월 9일 화요일 날씨 맑음〉

우리 혜영이가 간호전문대 전산정보처리과에 지원을 햇따고 하는데 정보쳐리과라서 지원자가 만이 몰리지 않을까 하는구나. 집배서는 식품영향과 지원한다고 하드니 원서 내로 가서 선생님이 전산정보처리과 가라고 한다고 지원을 하고 왔드라. 자신은 영향식품과는 주료 여자들이라서 안전권에 들어가지 않나 하고 생각을 하였는데 우리 혜영이 과 선택을 잘못하지 않아나 하는 염려가 됀다.
그리고 혜지는 내일 원서을 낼라고 하는데 이번에는 둘리와 합격을 해야 삶매 기분을 가지고 살라갈 것 같다. 자신은 4년재 대학을 시킨다고 살라왔는데 전문대도 못들어 간다면 마음의 상쳐는 딸들보다 자신이 더 크다고 생각을 한다. 이번에는 시험을 잘 바서 부터만다오. 조용희 기다리겟노라. (이 아빠가.)
"오늘도 작과나무 전정을 종일 하는 것으로 하로 해을 보내고 마랐다."

〈1993년 2월 10일 수요일 날씨 맑음〉

오늘은 작과나무 전정을 하는데 오후에는 계핵대로 한다고 정신 업시 작업을 하여떠니 오후 너깨는 팔래 힘이 업쓰서 톱질을 못하게드라. 힘이 들어서 그르치 시간 여유가 잇는데 그만 작업을 마치고 마랐다.
그리고 혜지도 김천전문대 영향식품에 지원을 햇따고 하는데 올해는 꼭 들어가야하는데 하는 심정 뿐이다.

〈1993년 2월 11일 목요일 날씨 흐림〉

금일은 작과나무 전정을 하는데 비가 곳바로 내일 것 갈터면서도 오전 내 날씨가 참 아주어서 오전 일을 다 할 수가 잇쓰며 오후에는 비가 조금 올 것 같타서 연장들을 다들 가지고 들어왔다. 오후에는 비가 올 것 같타서 좀 실라고 들다보니 낢씨가 맑은 날씨돼어서 갑짝스레 부인과 둘리서 일터에 가고 보니 연장을 두고 가서 나무 전정을 못하고 전정한 나무을 두리서 줏는 일을 하여쓰며 이 일은 생각찌도 않는 일을 하고 마랐다.
"정부에서는 이번에 광원대 부정입시을 들추든이 이것을 처음 바서는 정국 대학을 부정입시을 재검을 할려고 하든이 광원대와 3개 대학만 부정 입학을 하여따고 {하}며 이것을 신나게 부정을 들추며 그만 시들하게 만들고 부정의 뿌리는 뽑찌 않코 무선 일이든지 반만 들추고 말며 정부 수사기간[수사기관]은 부정이 넘어 만이 싸여잇따고 생각을 한다. 외냐하며 자신의 부정이 잇는 사람은 남의 부정을 말을 못하는 법이니 국민이 생각을 할 때에 수사기간에는 부정의 쇼지을 만이 안고 잇따고 본다. 자신이 볼 때에 큼직한 사건일수록 송사리만 잡는 이유을 뭇고 십다."

〈1993년 2월 12일 금요일 날씨 맑음〉

오늘은 혜영이 졸업식한다고 같다오라고 하고서는 전정목을 주어로 같든이 곳바로 부인이 따라 나와드라. 외 졸업식에 안간는냐고 하니 오후 2시 한다고 하면서 오전에 일하고 오후에 갈라고 하드라. 그래서 오전 내 둘리서 전정목을 줏는데 이 일도 수란 일이 아니드라.

그리고 오늘 낮참은 사지도 않코 운이 공낙금 넛코 휴지 산다고 조합에 들리고 하여든이 낮참은 간 곳이 업시 들래 나오고 마랐다.
당산 밭에는 전정을 들한 것이 5포기 남은 것을 하고 잇쓰니 화장을 싹 한 얼굴로 나와드라. 외 안 같쓰 하니 큰 집배 내리와보니 형수가 가고 업드라고 하면서 그만 포기하고 일하로 나와따기에 형수는 같이 가자고 하고서는 혼자 가버리느냐 하고 마랐다. 우리 혜영이는 대학교도 떨어젓는 주재애 졸업식에 멀 와 하지만 마음속으로는 저의 엄마가 졸업식장에 나타나지 않으며 서운할 것이 아닌가. 오늘 일은 부인 잘못했다. 외냐 졸업식에 참석을 해서 꽃 한 송이라도 선물을 했드라면 서운함을 막길 수가 앗쓴는데 아주 잘못댄 일이 돼고 마랏다. 그리고 형수라도 꽃 한 송이 선물을 햇따고 하니 아주 서운감은 업쓰리라고 밑는다.
"오늘 오후로서 작과나무 전정을 안전이 끝을 냇쓰며 계속 전정 작업을 하니 사실 질리두록 한 셈이다."
지출에 … 전화요금 5,670원 휴지 3,600
운이 공낙금 80,300원, 혜지
감기약 2,000
계 91,570원

〈1993년 2월 13일 토요일 날씨 맑음〉
오늘도 부인과 둘리서 전지목을 줏는 것으로 오늘 일과을 보내고 마랏다. 전정목을 줏는 것은 힘은 들어도 나무 전정하는 것보다는 아주 수란 일이라고 생각을 한다. 앞푸로 오 일만 전정목을 주워며 다들 줄 수가 잇따고 본다.
"우리 혜지가 대학갈려고 저녁 10시가 돼어야 집배 들어오는 것을 볼 때에 이 추운데 고생을 하는 것을 볼 때에 안스려어 죽겟다. 정말 이번에는 전문대학을 가야하는데 하는 생각밖에 업다."

〈1993년 2월 14일 일요일 날씨 맑음〉
오늘 오전으로서 전정목을 앞밭에는 다들 주워쓰며 당산도 내일이며 안전이 끝을 낼 것 같다. 올해는 전정을 아주 만이 하여서 나무도 아주 만으리라고 생각을 한다.
"우리 혜지는 감기가 들어서 고전을 하면서도 공부을 한다고 학원과 독서실을 다니곤 하는데 이 노력 대가가 잇쓰야 하는데 이번에야 꼭 들어가야 하는데 자신은 혜지와 혜영이를 두고 볼 때에 혜영이 별료인돼 혜지는 꼭 들어가야 하는데 하는 마음 때문에 가슴이 쪼이는 너킴으로 하로의 시간을 보낸다고 해도 무리돼는 말은 아니다."

〈1993년 2월 15일 월요일 날씨 맑음〉
오늘은 전정목을 안전희 묵끄서 경운기로 두 바리을 실어더리는 작업까지 하여다. 그 지루한 작업을 끝을 냇서 마음이 편하며 이재는 일을 다 한 기분이 너킴이다.
"요줌 날씨가 좋아서 일들이 개핵돼로 잘 대고 잇다. 봄 날씨가 무려익은 날씨쳐름 회말은[해맑은] 날씨라거 모든 일이 잘돼고 잇다."
"큰집에 용숙이가 결혼 대상자를 만나서 쓰니 형님도 한 가지 극정은 들 수가 잇쓰서 좋깨꾸나."

〈1993년 2월 16일 화요일 날씨 비〉
오늘은 기상대에서 비가 만이 온다는 예보가 아침 식사을 하고나니 금세라도 비가 쏴다질 떳 하는 날씨라고 부인에깨 우리 비가 오기 전에 전정목 나무단을 한 발리 실자고 하면서 일적 스들어서 경운기에 그진 한 발리 다 실어니 비방울이 내리기 시작을 하드라. 나무을 실고 와서 밤비까리까지 잴 때까지만도 일을 할 수 잇두록 오드니 다들 정리을 하고 집안일까지 비설거지을 다 하고나니 비가 본격적으로 내리는데 만은 비가 내리더라.
오늘 일은 부인이 부억 설거지을 했드라도 아무 일도 못하고 공휴일이 돼어쓸 건대 부인이 부엌 설거지 덥프두고 나무단 실련 일을 했키 때문에 경운기로 한 발리의 일을 하여따고 본다.
"오늘 저녁에 자신이 살모시 잠이 들어는데 부인 나의 손목을 보드니 상쳐투성이라면서 깜짝 놀라더라. 손목이 나무단에 끌키서 상쳐투성이라면서 약 발라주고 하는 모섭을 잠길례 그 소리을 다 들어쓰며 자신의 나의 손목에 끌킨 자욱은 전정할 때부터 그래쓰니 여때것 나무단을 만치서 자욱은 조금 잇찌만 자신은 여사로 여기왔는데 부인이 보고 아푸겟다면서 자저라저는 부인 정말 고맙드라. 내 몸을 자기 살등으리 아푼 것보다 더 소중하게 여겨주는 부인 그 고마움을 평생을 갑파도 다 못할 것 같떠며 늙 고마움을 자신보다 부인이 더 하고 잇쓰니 그 고마움을 갑지 못하고 잇쑈."
"내 오늘날까지 살라오면서 화잘[하잘] 것 업는 나을 그 소중하게 여겨주는 마음과 몸, 정말 고맙쑈. 내 복이 만아서 부인을 만낫따고 생각을 하며 자신은 부인을 하늘이라고 생각을 하고 이 세상을 살라가리다."
"변화지 않는 당신의 그 모섭 평생동안 간직하고 십쇼."

지출에 … 화토노리 (200원)

〈1993년 2월 17일 수요일 날씨 흐림〉
오전에는 톱만 가지고 둥치기 나무 썰로 가다 친구 집배 들리떠니 갈쇼이는 벌서 족치고 놀고잇드라. 그래서 이 사람들이 일하로 안가고 정신 업는 사람이라고 하니 도로 일만 하며 사느냐고 반박을 하면서 놀자고 해서 자신도 그만 놀고 마라쓰며 오후에는 부인 친구들과 십 원짜리 화토노리을 하여쓰며 내 부인은 잠세 놀 세가 업는데 주막에 잇는 부인 친구들은 자주들 놀고 잇는 것을 볼 때에 부인 일이 만타는 것을 생각을 하며 친구 부인들이 혜지 엄마는 놀 줄 모루고 일만 한다고 슝을 만이 보고 잇쓰며 노는 데는 열외로 생각을 한다.
"부인 친구가 혼자 댄 사람이 5명이며 친구 전채서 반이 과부가 돼어잇쓰며 그 나머지는 일부 대화산업 걸로자며[근로자며] 그 중 두 사람은 농사가 업쓰서 시간 여유가 잇쓰며 이 사람들은 일요일 돼며 시간여유가 잇키 때문에 어울리는 시간이 집사람보다 만으며 그리고 실찌 부인은 노는 데도 별료 치미가 업는 사람이라서 더 참석을 못하고 잇다. 자신이 그 대까을 친구 부인들에깨 다 받고 잇는 실정이다."
"오늘 오후에 부인 친구 분과 10원 짜리 화토노리로 20원 수입을 받다. 이 노리도 일은 사람은 1,500원까지 일터라."

〈1993년 2월 18일 목요일 날씨 맑음〉
오늘은 우리 딸 두리 다 예비 소집일이라 다들 참석을 하여쓰며 내일은 전문대학교에 시험일이며 이번에는 혜지, 혜영이를 다들 꼭 부터야 한다. 본인들은 이 아빠의 마음보다 더 타게찌만 이번에는 정말 가슴이 띠는 너킴이며 이번에는 꼭 부터다오.

"사촌 미숙이가 둘리다 부터라고 찹쌀모찌을 사주고 하는데 그리고 주위의 마음 쓰주는 것 바스도 이번에는 꼭 부터야한다."

"오늘로 나무단을 다들 경운기로 실어왔서 나무비칼리을 다들 재는 작업을 끝을 냇쓰며 올해는 전정목이 제일 만은 해라고 본다."

지출에 … 작과비료 복합 15포 68,700원
소금 8,000원
계 76,200원

〈1993년 2월 19일 금요일 날씨 맑음〉

"오늘은 우리 딸들 시험 칯는 날이며 오늘은 시험을 잘바야 하는데 하는 생각을 할 때에 그만 밥맡이 다 떨어지는구나. 밥맡이 업는데도 아무런 말을 하지 않코 평소 양보다는 적개 먹어쓰며 자신이 이처름 예타는데 본인들은 오직이나 하게나. 이번에는 잘바야 하는데 하는 마음속의 기도며, 오늘은 두리 나쓰는 것을 보고 시험 잘 바라 하는 말밖에 못하여쓰며 두리 나가는 모섭을 볼 때 학격을 해서 학교 가는 길이며 을마나 조어련만 외 시험이 잇쓰서 나의 마음을 아푸게 하느냐 정말 가슴 아푼 일이며 대학이란 곳이 이쳐름 힘 드는 것인 줄 정말 몰라쓰며 자신이 못배운 재로 자식은 갈치 보겟따고 열심이 살라왔는데 혜영이는 시험을 본 눈치가 잘 반 너킴을 주고 혜지는 기대을 하지 말라는 눈치을 보일 때 정말 마음이 타며 젓것을 어떠게 할까 하는 생각이 앞쓰는구나. 자신은 두 딸만 전문대학이라도 들어간다며 일이 업깨는데 정말 마음대로 안돼는구나."

"운이는 오늘 직업훌련소에서 3급보 시험을 본 것을 합격했따고 기분이 좋은 기색이드라. 자신은 3급에 합격보다 이 추은 겨울에 6개월 동안 저녁에 다니따는 것이 더 갑지며 자신은 운이가 직업훌련소 간다고 원서을 너어로 갈 때에 도중에 포기을 할 줄 알라는데 육 개월 슈료식을 26日날 한다기에 아빠가 생각하는 것 보다는 어른이란 생각이 들어서 오늘 기분도 좋아하는 자식과 악수을 하면서 기쁨을 같이 하였다."

"오늘은 나무둥치 실오는 작업과 작과나무에서 비료거름 할려고 나무들마다 다들 끌려내는 작업을 하여쓰며 오늘도 개핵대로 다 하여쓰며 자신이 계핵대로 하다보며 부인이 늘 무리돼는 작업이 돼기 때문에 앞푸론 개핵을 세우지 말고 부인 말돼로 오늘 못하며 내일하고 이른 식으로 하라고 부인늘 말을 하곤 하지만 잘 안돼고 잇는 실정이다."

〈1993년 2월 20일 토요일 날씨 비〉

오늘은 기상대에서 비 온다는 예보을 덧고 작과밭에 기름을 하느라고 바픈 일과을 보내쓰며 오늘 거름은 당산과 앞밭에 거름을 안전히 하여두어다. 그리고 올해는 작년보다 비료거름을 조금식 다 한 셈이다. 올해는 복합 17, 23, 17을 하여다. (수도작 비료). 작년에는 경기 화학 비료 하여씀.

"오늘 처 어머님이 첫가집배 집 짓는다고 잇쓸 곳이 맡당치 않아서 울집부로 왓따고 하드라. 처 어머님이 오신 것은 좋으나 80십 노인을 울집에서 계속 잇쓸라면 상당희 답답할 것을 생각을 하니 극정이 돼며 이것도 멧칠이 아니라 3개월 이상은 걸린다고 생각을 할 때 나{이} 마는 사람이라서 극정이 크다. 자신 갈터며 본동에서 계시계 하며 노인들은 살든 곳에서 답답하며 골목에 안저서 오고가는 사람 구경도 하고, 시간을 보내야 하는데 자신이 생각을 할 때 잘못이라고 생각을 한다. 그래도 울집에서는 골목에 간다고 해도 손님이라는 너킴 때문에 어머님이 조심을 할 것 갈터며 우리가 재아무리 편하게 하여준들 답답함은 푸려드리지 묫할 것 같다. 그리고 우리 딸들에깨 너의 진할머니라고[친할머니라고] 생각을 하고 잘해드리야 한다고 부탁을 하여 두어다.
"오늘 이봉림 형님이 쌀 두 말 달라고 하는 것을 안 줄 수도 업고 해서 49kg 주어쓰며 두 말이 서 말이 돼고 마라다."
수입에 … 쌀 49kg에 67,000원

〈1993년 2월 21일 일요일 날씨 비〉
오늘은 비가 넘어 만이 오며 어재 저녁과 오늘 비가 온 것만 해도 봄 해갈은 안전히 해소을 했따고 본다. 이번 비야말로 작과나무 바서는 아주 잘 온 비라고 생각을 하지만 작과나무에 비료거름을 한 것이 다 떠내려가두록 만은 비가 아닌가 하고 극정이 돼두록 비가 와쓰며 비줄기에 극정에 만이 한 셈이다.
"큰집에 용숙이가 약혼과 결혼 날자을 다들 잡아쓰며 형님은 용숙이 때문에 극정을 만이 하여왔는데 결혼날을 잡아난 뒤라 극정을 잊절 수가 잇쓰며 형님으로서는 극정은 면하는 대신 사오가 마음에 속 들지 않아서 가슴을 학 피우지 묫하며 이것은 인간의 욕심이 아닌가 하고 십다."
"오늘은 김천 순달이 식구들이 다들 내리와서 용숙이 결혼 문재 때문에 서로들 형재관키리 극정을 하는 일과가 돼어다."
"혜영이는 아는 사람의 아름으로 학격을 알라바쓰며 전화 열락으로 3분도 안 대어서 합격을 알 수가 잇쓰서며 혜영이가 합격했따고 열락이 오는데 정말 반갑드라. 너무 기쁘서 혜영이와 악수로 기쁨을 나누어쓰며 이 기쁨이야말로 말로서 표현을 다 할 수가 잇쓰리까. 정말 좋은 날이라고 생각을 한다.
"이재는 혜지만 합격을 한다면 만사가 편하리라고 생각을 한다."

〈1993년 2월 22일 월요일 날씨 흐림〉
오늘 날씨는 진눈깨비 바람이 불며 날씨가 눈바람 쳐고 아주 더신 바람이 불어서 오전에는 고추 말목 준비을 집배서 하여쓰며 오후에는 당산에 사과나무 이식한 것 전정을 하다 하도 춥버서 일적 작업을 마치고 마랐다.
"자신은 봄비가 내리서 그대로 봄이 됄려나 했떤이 오늘 날씨는 겨울 날씨라고 말을 하고 십다."
"혜지는 시험에 떨어젓따면서 알라보지 말라고 성화을 내는 것을 볼 때가 귀가 찬다. 아빠로서 성질을 안 낼라고 화다 참찌 묫하고 성질을 부리고 마랐다. 사람이 부터떤지 떨어젓든지 결국은 알라바야 하지 않나 하고 성질을 부리떤이 본인은 실은 기색으로 저의 방으로 힉 가버리더라. 이른 것을 볼 때 속이 떠진다. 외냐 부모는 저위들 학교 시키볼려고 안간힘을 다 쓰고 잇는 것을 보며 저들이 부모 보기에 미안함을 가지야 하는데 정말 귀가 찬다. 요즘 세대는 부모가 자식 눈치을 바야한다니 머라고 말을 해야 하겠다."
"인간이 만이 배운다고 삶매 행복이 잇캐

나. 뫃 배와도 저위들이 복이 잇쓰며 삶매 복이란 것은 오게 돼어잇쓰니 어떠개 할 수도 업고 술리돼로 하는 수밖에 업다."
"부모가 자식에깨 너무 희생하는 것은 잘뫃하는 노릇이다. 자식과 어느 정도 거리만 유지을 하면서 부모의 삶매 보람을 가질 수 잇두록 하는 것이 현{명한} 부모들이라고 생각을 한다."

〈1993년 2월 23일 화요일 날씨 맑음〉
오늘은 자신이 제일 만은 쓰라림을 가진 날이라고 말을 하고 십꾸나. 결국 우리 혜지가 떨어저고 마라쓰니 우리 집은 눈물을 흙리야 하는 아픔을 가지쓰며 우리 혜영이는 그리 눈물을 많이 흙리며 혜영이는 전기대 후기에 다 떨어젓도 눈까에 눈물을 조금 흘리떠니 저의 언니 떨어젓따고 눈물을 흘리는 것을 보니 마음이 더욱 더 아푸구나. 내 마음은 혜영이가 떨어저고 혜지가부터 따면 을마나 좋으련만 그 떳도 못 이루고 마라쓰며 그리고 오늘 이 아픔은 들 하다고 생각을 한다. 외냐 혜영이는 대학을 간다고 학교을 가는데 혜지는 공장에 가야하는 그 심정을 볼 때 오늘 아픔은 뒤로 하여야 한다는 것을 생각을 할 때 가슴이 내리안는 너킴이며 그 아픔은 참아가기가 힘이 들 것으로 본다.
"나의 생을 다 할 때까지 오늘 같은 아품은 절때 잇쓰서는 아니대며 나의 절거움은 뒤로 하나 우리 딸들을 기픔을 가지고 생을 살라갇쓰며 하는 바람 뿐이다."
"내 아품이 이처름 아푼데 우리 혜지 가슴에는 그 아품을 무엇으로 다 하다가 오늘 아품을 이 아빠로서는 이로의 말을 뫃하게꾸나. 혜지야 내년에 또 도전을 하여보자. 이 아빠는 94년도에는 학교을 갈 수 잇따고 본다. 그때는 학생 수가 적키 때문에 갈 수가 잇따고 본다. 이 아빠 우리 혜지 전문 대학교 졸업장 지고 시집을 보낼 작정이다."

〈1993년 2월 24일 수요일 날씨 맑음〉
오늘은 너무나 추어서 휴식을 오전만 하고 오후에는 사과나무 전정을 당산 것만 안전이 함.
"자신이 들래 갇다오니 부인 하는 말이 혜지가 금성사 원서 마감이 오늘이라면서 원서 너로 같따고 하길래 한편으로 서운하고 한편으로 고맙드라. 외냐하면 대학 실페만 생각을 잇따면 부모로서는 그 고충은 말을 할 수가 업쓸끈데 다 뜰고 우선 공단에 가서 6개월만 벌고 내년에 도전을 할려고 하는 마음이 좋더라. 자신도 시집을 갈 때까지 전문대 졸업장은 짓어주고 십다."
"우리 뭇을 하든 말든 자기 일만 열심이 한다면 원잰가는 영광이 온다고 생각을 한다. 혜지야 실패는 다들 뜰어버리고 내년에 다시 도전을 하여보자."
지출에 … 풍사 4봉지 2kg짜리 4,000원

〈1993년 2월 25일 목요일 날씨 맑음〉
오전에 사과나무 전정한 곳에 약 바르는 작업을 당산과 밭은 끝을 냇다. 오후에는 말리 사과나무 전정을 다 할려고 부지련이 하였는데 결국은 다 못하고 마랐다. 부인은 큰집에 사과 낼라고 사과 담는 일을 거들어주로 갇쓰며 오늘은 종일 동안 자신 혼자만 일을 하였다.
우리 혜지가 금성사에 면접을 본다면서 오늘 오라고 해서 가면서 불평을 만이 하드라. 공순하는데 면접이 무어야, 공순이도 면접을 보느냐 하면서 불평을 아주 만이 하고 잇드라. 우리 혜지는 면접 보로는 겨우 갈찌만 회사을 다닐 수가 잇깨나 하는 극정이 업쓰며 우리 혜지가 회사 생각을 할 수 잇쓸까 하는 염려박에 돼지 않는구나.

〈1993년 2월 26일 금요일 날씨 맑음〉

금일은 말리 사과나무 전정을 안전희 하고 전정목까지 안전이 주워쓰며 전정목은 닷섯 단 밖에 안돼드라.

"오후에는 혜영이 등록금과 책 값, 학교 내는 값 셋 가지을 농협 중앙 김천 서지점에 등록금 내고 조흥은행에서 책 값가 잡부금 내는 것으로 오늘 하로 해을 보내고 마랐다."

"한국 행정이 하나에서 열까지가 책외가 잡피지 않고 한마디로 말을 해서 주민들 편하게 행정이 이루어저야 하는데 기간 편한대로 행정이 돼어 잇쓰서 주민들은 불편은 뒤로 하고라도 복잡은 시가지을 드 불편하개 만들고 잇는 것이 행정 기간이다. 오늘 자신도 농협중앙 김천 서대리점에서 돈을 다 받아드리며 고 길로 간편할끈대 이 쪽 저 쪽을 다니개 해서 불편을 만드는 것을 보며 행정이란 것이 책외가 업고 아직 모려따는 생각과 어느 한 곳을 욕을 해야 할 일들이라고 말을 하고 십다."

그리고 우리 혜지가 신체검사 한다고 회사에 오라고 한다드니 오늘은 순천향 병원에서 피 검사, 눈 검{사} 다들 하고 나드니 3月 2日 오라고 한다고 이야기을 해도 우리 혜지가 가연 회사 생할 할련지 의심서려어며 한편으로 생각을 하며 학교로 가야 할 놈이 회사로 가는 꼴을 생각을 하니 가슴이 아푸며 요줌은 혜지 행동에서는 어떠개 해야 오른 일들인지 분별을 할 수가 업고 어떼{어떻게} 아빠가 생각을 해야 오른 일인지 알 수가 업두록 머리가 상캐하지 않는 시간을 보내고 잇따고 말을 하고 십다.

"그리고 오늘은 우리 성운이 직업훌련소에 졸업하는 날이며 6개월 과정의 수료증을 바다오는 날이며 우리 운이가 그 어르운 가정을 할 수 잇깨나 하는 생각가 매칠로 끌을 낸다고 본 운이 6개월 가정을 맡치쓰니 정말 대견스렵꾸나. 그리고 우리 운이 집배오거든 박수로 마지하라고 하여뜬니 저의 누나들이 박수로 마지하였다. 정말 고맙다 순아."

부인은 큰 집배 혼수감과 외물하는데 따라가서 용숙이 결혼하며 한복이 업다고 한 벌 맡추는데 160,000{원} 주고 맞추고 왔따고 하드라. 집배서 갈 때는 100,000만 원 안쪽으로 할려고 하드니 160,000원 주고 맡차따고 이야기을 하길례 처어머님 앞패서 실랑 팔아먹으라 하고 한마뒤 하고 마랐찌만 모든 물가가 하로가 다르게 올라가고 잇쓰니 귀가 찬다.

지출에 … 사과나무 비료복합 11포에
18,320 포도주지 말목 7개
10,500원 등록금 1,265,000원
잡부금 10,000원 책 값이
93,300원 차비 800원
계 1,397,920원

〈1993년 2월 17일 토요일 날씨 맑음〉

"금일은 작과나무에 풍사을 주는 일과 사과밭에 두엄 까는 작업을 하여쓰며 부인은 봄나물에 거름 주는 일가 봄나물을 하는 일가을 보내고 마랐다."

"사과 거름을 하는데 말리사과는 복합비료 3포을 주워다. 말리사과밭은 앞푸로 비료

거름을 더 줄 작정이다."
지출에 … 감자씨 3관 7,800원

〈1993년 2월 28일 일요일 날씨 흐림〉

금일은 선둘 동서 둘째 아들 결혼식을 영빈 예식장에서 예식을 올리는데 우리 부부는 막 도착을 하고보니 식이 이미 끝이 나고 폐백실에서 절을 하고 잇드라. 그래서 부주만 전하고 자신은 올라고 하다 주위의 건유에 선둘까지 가게 돼어쓰며 집배서는 음식을 장만하여더라. 우리 부부는 잘 먹어다. 그리고 형님은 사오들을 다들 잘 보앗따고 생각을 하며 사오들이 다들 마음이 좋은 것 같드라.

"집부로 올 때는 첫남 차로 집배까지 잘 왓다. 첫남은 이번에 집을 짓는데 현장을 들리봐떠니 이곳에 집 짓는 것을 보니 이곳에 집을 짓는 것보다 지대을 잘하며 가와 부치는 작업을 보니 이곳 업자들보다 잘하고 잇드라."

지출에 … 차비 값 2,000원 부주 40,000원
계 42,000원

〈1993년 3월 1일 월요일 날씨 눈〉

오늘이야말로 만물이 소생하는 삼 월 정말 좋은 달이며 우리 농민들도 손길이 바파지는 달이라고 말을 하고 십프며 일 년 12달 중 제일 좋은 달이라고 생각을 한다.

"오늘 오전에는 부인, 운이, 혜지 다들 대리고 가서 포도 지주 할려고 철도 센멘 침목을 주워다 논 것이 4개 잇쓰서 오늘 세우지 않으며 내일부터 아들이 계학을 하기 때문에 눈빨리 휘날리는데 아들을 대리고 가서 세우는데 날씨가 차가어서 어른도 참키가 힘이 들 정도며 벼단에 불을 낳도 춥기는 매일 맡참가지드라. 그래도 오늘 세우지 안으며 안 댄다는 생각에 침드는 것을 참고 다들 세우고 마랐다. 오늘 오전 일은 무리한 일이라고 생각을 한다.

"그리고 오후에 눈빨리 휘날리고 아주더신 눈빨인돼 금성대리점에서 노타리축 갈라줄라고 왔드라. 그래서 이 추은데 갈로 왔따고 미안예 여기니 기사들이 오늘같은 날은 손님이 업쓰서 노는 것이 배가 아푸다고 생각을 하여서 보낸다고 이야기을 하드라. 재아무리 직공이지만 낡씨을 바서 일을 씩키야지 이것은 자신의 마음속으로 대리점 사장이 잘못 생각을 한 것이라고 생각을 한다."

지출 … 기사들 수고 했따고 술값으로
10,000원 주엇다.
지출 10,000원

〈1993년 3월 2일 화요일 날씨 눈〉

오늘 우리 혜지가 기숙사 들어간다고 첯 출근을 하여는데 해낼련지 의문이며 오늘도 어찌로 아침밥을 먹고 같는데 공장 생활을 할련지 그리 마음이 불안하다.

"혜지가 실타고 한다면 삼수을 해바야지 별 도리가 업다. 삼수라도 됀다고 보장을 한다면 공단을 보내지 않캐는데 이 시점에서 어떠게 해야 할 줄을 몰겟다."

"우리 혜지가 기숙사에 들어갈 사람은 간단하게 보따리을 가지고 오라고 하드니 교통이 먼 대 사람만 입주을 하고 그리가 가까운 곳에 잊는 아이들은 출태근 하라고 한다면서 밤 10시에 들어오드라. 힘업시 들어오는 혜지을 보니 한편으로는 웃섭고 한편으로는 가슴이 아푸구나. 학교에 들어같쓰며 저른 꼴은 업쓸끈대 정말 안스렵다. 나 자신은 부인보도 더 좋은데 세상에 냇 딸보다 더 구운 사람은 업따고 보는데 정말 사랑했는데 그 사랑이 학교로 가지 못하고 공단으로 가야 하는 혜지 정말 내 가슴 아푸고나."

"우리 혜지 보따리는 내리놓고 공순이 하는데 률동과 노래가 뭇엇시 피료잇쓰며[필요있으며] 픗념이 늘어젓드라. 그리고 아빠 내일은 안 가여 하는데 가라 소리도 못하게 꼬 니 마음대로 해라 {했다.} 인간의 생활이 그리 쉽찌 않다. 갈수록 산이라더니 정말 가슴을 태우고 잇다."

오늘은 일기불순으로 오전은 휴식을 하고 오후에는 앞밭에 벼집을 갈라주는 작업을 하였다. 그리고 앞밭에 노타리을 안 일리고 벼 집을 다들 갈라서 두어는데 오히려 피해가 돼지 않을까 한다.

"금년도 사과 시세는 작년도 반갑으로 사과을 내고 잇쓰니 사과가 저장고 잇는 사람들은 큰 극정을 하고 잇따고 바야한다. 앞푸로 사과 푼 아니라 농산물은 다들 갑 폭락이 될 것이며 우리 농민들 살라남키가 힘이 더는구나."

〈1993년 3월 3일 수요일 날씨 맑음〉

우리 혜지가 겨우 출근을 하여따고 본다. 쳊 출근을 하면서 가기 실어하길래 하기 실거든 가지 말라고 했다. 그래도 겨우 출근을 하는 것을 볼 때에 저위들이 잘못한 것을 부모가 잘못해서 그른 량 성질을 내는 것을 보며 한바탕 성질을 내고 십포도 처어머님이 계시고 해서 성질도 만대로 못내고 잇는 실정이다.

"오늘 오전은 벼직파기 온다고 해서 일도 재돼로 안대고 마음만 떠 잇쓰며 오후에는 트랙터 노타리에 로면 골려는 것 할려고 용접하로 김천 올라갇쓰며 조흥베아링에 가니까 직파기는 아직 오지 않아쓰며 친구와 둘리서 볼일을 보고 잇쓰니까 파종기가 왔따고 구경을 하라고 하여서 보앗든이 정말 파종기는 좋드라. 가연 이 파종기가 앞푸로 인키을 어드서 이양기처름 퇼련지 궁금점이 더는구나. 한편으로 기계 투자만 하는 것이 아닌가 하고 염려도 됀다. 그리고 오늘 친구 차에 포도 어장할 것 철사을 다들 사와쓰며 한 단지 포도 어망 철사가 8번선 두뭉티(가른선 두뭉티가)든다고 하는데 우선 3뭉치만 사왔다."

지출에 … 트랙터 노타리축과 발 교환에
170,000 용접에 3,000 포도
어망 철사 7,500원 우동 5,000
계 253,000원

〈1993년 3월 4일 목요일 날씨 맑음〉

건답 직파기 들어온다고 오전 내 서성거리쓰며 그진 정심시간이 돼어서 직파기가 들어왔쓰며 자신은 직파기가 금성회사에서 만들어서 우리 동양트랙터에 맡찌 않는다고 이야기 설이 잇쓰서 극정을 만이 하여왔는데 실찌 맞차보니 탁 맡드라. 직파기가 돼니 안 돼니 하다 자신의 차체에 탁 맡어지[맞으니] 기분이 좋드라. 직파기을 50% 푸로 융자로 태성와 둘리 하였다.

"작과밭에 벼집 까는 일은 오늘도 끝을 냇다. 올해는 노타리도 하지 않코 다들 벼집을 다들 깔라서 우선은 수라고 잇다."

"우리 혜지가 재발 회사에 다니고 잇쓰며 회사외쓰도[회사에서도] 아들을 예을 먹이고 잇나바. 저녁 8시가 돼니 혜지가 전화로 주막까지 오트바이로 맡집 나오라고 하면서 오늘은 넘어나 만이 걸어서 다리가 아푸다면서 나와달라고 하드라. 그래서 주막까지 자신이 마집을 같쓰며 정말 자식 키우기도 힘들고 눈치까지 바야하니 아빠 노릇 힘이 든다.”

〈1993년 3월 5일 금요일 날씨 맑음〉

당산 논에 양살구[97] 심은 것을 뽑아서 보식을 하고 포도나무 심을 준비 하여쓰며 요줌 포도나무을 심어쓰며 하는데 땅이 추지서 작업을 만돼로 못해서 작업이 지연이 돼고 잇다.

우리 혜지가 연수는 끝을 내고 오늘로 보직을 받아따고 하는데 내일 가야 무선 일인지 알 수가 잇쓰며 직원들이 보직을 잘 받아따고는 하드란돼 가서 작업을 해바야 안다. 그리고 주관만 하는 데라 좀 나리라고 본다.

“그리고 오늘 조합에서 나락을 내는데 일반보다 근 당 5원 씩 적개 받고 냇쓰며 가을 추수할 때나 요줌이나 가격이 갈터니 자신은 오늘날까지 두어서 갈이 받아따는 것은 음청난 손실이다.

벼 값 근당 510원에 2,066斤에 105,4000원 수입에 105,4000원”

“앞푸론 가을추수 끝내면 벼을 달라내야하겟다.”

〈1993년 3월 6일 토요일 날씨 비〉

기상대 예보에 비온다고 해서 당산 논에 포도 심을라고 트랙터로 갈고 트랙터로 노타리 비오기 전에 다 할려고 부지련희 하여는데 도구을 낼라고 두 번 떠는데 그만 비가 쇼다저드라. 그래서 결국은 다들 못하고 말라쓰며 이 비가 오후 3시까지만 참아 줏어드라면 충분이 망우리 할 수가 잇쓴{는}데 정말 아쉽다.

“우리 혜지가 자기 부수에서 일을 처음 하고 오는데 일이 힘드는 일이 아니냐고 무르니 할마나다고[할 만하다고] 이야기을 하여서 당행이다 생각을 한다.”

〈1993년 3월 7일 일요일 날씨 비〉

오늘은 이봉림 씨 아들 금식이 결혼을 상주 귀빈예식장에서 식을 올리는데 참석을 하여쓰며 예식장이 세 건물이라서 아주 산뜻한 맡이 잇쓰며 아주 좋드라. 그리고 금식이가 안부모을 일적 일고 아버지한태 자라서 오늘 식을 올리는데 신부가 그리 좋아보이며 신부 보모들도 아주 좋으며 금식이가 장가는 잘 간다는 생각이 들더라.

“금식이가 저의 아버지는 술을 먹고 해도 금식이는 아이가 차근하며 자기 일만 착실희 하는 아이며 아주 성실한 아이라고 본다. 금식이가 승실하기 때문에 좋은 배필을 만나서 결혼을 한다고 본다.”

지출에 … 금식이 결혼 부주 20,000

〈1993년 3월 8일 월요일 날씨 맑음〉

포도나무 심을 때에 배수로 쳐는 작업과 포도 주지에 독을 달라서 고정하는 돌 뭇는 작업을 하여왔쓰며 이 일을 내야 해야 다할 것 같꾸나.

그리고 봄비가 자주 오는 바람에 자신의 일이 개핵돼로 안 돼고 잇쓰며 포도나무도 봄비가 자주 오는 바람에 포도나무을 심지 못하고 잇쓰며 포도나무을 심두록 될라면 날씨가 일주일은 좋아야 나무을 심을 것 같다.

지출에 … 신문대 값 … 3,000

---

97) 양살구는 유럽종으로 단맛보다는 신맛이 강하다.

〈1993년 3월 9일 화요일 날씨 맑음〉

오전으로서 포도 주지에 독 다라맬 것을 구둥이을 파서 철사까지 달라놋는 작업만 하여두어다. 그리고 오후에는 말리와 당산 작과밭 도구 쳐는 작업을 하는 것으로 오늘 일가을 맡치다.

"우리 혜지가 단부제[98]로 일을 하는데 요즘은 일끄리가 넘어 만아서 오전 8시에 들어가서 오후 10시에 맡친다고 하면서 집에 들어오며 밤 11시가 됀다. 이것을 보며 마음이 안타값다. 집배서 아무 것도 하지 않뜬 혜지가 갑짝이 매인 몸으로 12시간 일을 한다는 것은 너무나 무리한 일이며 자신이 생각을 하기에는 배기내지을 못할 것 같다. 그리고 오늘은 혜지가 집에 와서 저의 엄마에깨 뚱명하게 말을 해서 혜지 회사가기 실끄든 가지 말라고 소리을 질어다."

"옛날 부모들도 아들 눈치을 보면서 자식을 키어왔떤가. 때로는 속이 상할 때는 내가 외 자식을 낳떤가 하는 생각이 들 때도 잇다. 옛날 어른들이 하는 말리 무자식 상팔자라든이 그 말이 맡는가바."

〈1993년 3월 10일 수요일 날씨 맑음〉

오늘로서 사과나무 벼집 깔라주는 작업을 안전희 하여쓰며 그리고 포도 심을 때에 노타리을 다시 하여쓰며 이것은 땅이 추지서 두 벌 일들을 하고 잇다. 아푸로도 사람의 손길이 {얼마나} 들어갈련지 해아릴 수도 업꾸나.

"우리 혜영이는 입학을 하여서 새 옻에 새 가방에 실바람 나는 기색이드라. 그것도 대학생이라고 오전 10시에 학교 오라고 한다고 시간을 너것하게 이용을 하고 잇는 것을 보니 보기에 좋으나 혜지는 불투명한 얼굴로 회사 가는 모섭 그리 힘이 든다."

〈1993년 3월 11일 금요일[99] 날씨 맑음〉

오늘 오전에는 형님 갈리기로 포도 고량 타는 작업을 하여쓰며 땅이 추지서 마음먹은 것 쳐름 안대고 잇쓰며 일도 제대로 안대서 형님이 오전 내 외을 먹어다.

"오후에는 오후 2시경을 이용해서 직파교육을 장깐 밭아쓰며 직파 교육이라고 직파에 돼한 잡초 제거 요령을 교육을 한 셈이다."

"오후에는 부인과 둘리서 포도 이랑을 갈리기로 추지서 못한데 사람이 도구을 쳐는데 그리 힘이 들고 내일까지 하여야 다 할 것 같다. 포도 심는 일도 그리 힘이 들고 잇다."

"우리 혜지가 오늘부터 기숙사에 들어갇쓰며 기숙사가 시간 여유는 잇쓸 것 같다서 좋으나 그래도 부모 곁을 떠나잇따고 생각을 하니 마음이 그리 좋지는 않꾸나. 그래도 곁에 잇쓰며 성낼 때 보다 옷을 때가 만은데 키어노니 부모 곁을 떠나고 잇따는 감을 암시하고 잇꾸나."

지출에 세 값 1,000원

〈1993년 3월 12일 금요일 날씨 맑음〉

금일은 포도 주지에 갇철사[강철사] 두 번 돌리놋는 것으로 오늘 일가을 보낸 셈이다. 포도 어장이 그리 힘들면 포도 농사는 어장만 하며 다들 한다고 해도 어징이 그리 힘이 들어서 나만은 사람은 할 것이 못댄다고

98) 단부제(單部制)는 공장이나 사무소 등에서, 오전 · 오후, 주간 · 야간 따위로 나누지 아니하고 모든 직원이 동일한 시간대에 근무하는 제도를 뜻한다.

99) '목요일'을 금요일로 잘못 기록하였다.

본다. 자신이 포도 어장을 하면서도 포도는 물 쓸 것을 생각을 하니 포도 의욕이 줄어들며 정국에 농민들은 자신과 같이 봉답 땅들을 다들 밭으로 만들어서 포도나무 심는다고 몸부림을 쳣고 잇쓸끈데 생각만 해도 검직한 노릇이다.

"우리 농민들 앞푸로 살라가기가 여관 어렵지 않을 것이며 이래 힘쓸리다가는 안대는 것만 따라서 하게 돼며 우리 농민 앞푸로 살라기가기 허막하구나."

"정부가 우리 농민들 넘어나 방치하여서 이재는 물쓰는 쪽으로 따라다니면서 고통을 받는 우리 농민 국가각 책임을 저야한다. 농민의 고통은 정부에서 정치 잘못으로 온 것이라고 보며 이것은 책임을 저야한다고 본다."

지출에 라면 6,000 보험료 13,200원

〈1993년 3월 13일 토요일 날씨 맑음〉

오늘 오전으로서 포도 어장 철사을 굴건 것만 대충 쳣고 포도 모목 심는 것이 우선이다 생각을 하고 오후에는 운이을 대리고 모목을 심는데 땅이 추질 때 장만을 한 것이 심을 자리가 불편해서 오후 네 심은 것이 두 판 밖에 심찌몾했다.

"아직도 할 일들이 넘어 만타고 생각을 하는데 일의 진도가 업쓰서 상당한 시간이 걸일 것으로 내다본다."

〈1993년 3월 14일 일요일 날씨 흐림〉

오늘은 포도나무 심는다고 동생들을 다들 소리을 하여던이 한 사람도 빠지는 사람 업시 다들 올라와서 포도나무을 심어주는데 고맙드라. 다들 회사다니면서 일요일은 다들 푹시야 할땐돼 포다나무을 심는데 그들어 주어서 정말 고맙드라. 그리고 오후에는 형님도 포도나무 심는데 그들어쓰며 순달이는 누렁이을 잡아서 형제키리 보신할려고 잡아서 솟태 삶는 일까지 책임을 지고 각 분야 나누어서 오후는 일을 하여쓰며 오늘은 동생들 때문에 우리 부부가 삼 일 해야 될 일을 오늘 하로만에 다들 심어쓰며 그리고 다들 심어노니까 비방울 떨어지는데 오늘 일 한 것을 생각을 할수록 잘했따는 너킴이 드는구나.

"우리 형제가 누렁이 한 마리을 그진 다 먹은 셈이다. 그리고 형님은 개 고기을 안 먹어서 참석도 하지 않아는데 4명이 개도 적은 개는 아닌데 다들 했치우니 다들 잘 먹드라. 오늘은 정말 하나에서 열까지가 자신을 도와준 날이라고 말을 하고 십다."

〈1993년 3월 15일 월요일 날씨 비〉

오늘은 비가 와도 만은 량의 비가 왔쓰며 이 비가 자신의 포도나무 달리는 비라고 말을 하고 십다. 어재 포도나무 심어면서 땅이 찰땅이라서 등으리가 만아서 비가 오지 않으며 물이라도 주어야 돼지 않을까 하는 생각 끝에 이 비가 내 마음쳐름 비가 내리고 잇쓰니 그리 기분이 좋드라. 이 비는 자신에깨는 항금을[황금을] 준비라고 해도 가연이 {아}니라고 생각을 하여본다.

오늘은 종일 동안 휴식을 하여다.

"그리고 오늘 저녁을 먹고는 마을 친구와 봉산 (사오)[사위]하고 대신 1동에 사는 김현수 상문. 암우로 고생을 하다 결국은 죽고 마라쓰니 정말 예석하구나. 이 친구도 헛땐 인간이 아니고 착실하게 살라온 놈인돼 한 번 쓰보지 못하고 이재 삶마나자[살만하자] 인생의 종말을 짓어니 이것은 피을 토할 일이다. 인간이 어느 정도 살라주어야 하는데 생예 할 일을 다 못하고 사랑하는 부인, 자신[자식] 다들 버리고 간다니 찌지리도 복이 업는 놈이다고 말을 하고 십다."
"오늘 저녁은 동기생들을 초등학교 졸업하고 처음 만난 친구가 오 명이나 대며 이 친{구}들 정말 만이 변해더라. 이 친구들 술자리에서 누구라고 이야기을 해서 알지 그려치 않으며 전연 모르두록 얼굴들 변한 모섭들이다."
이 친구드로가 옛 추억을 더듬어며 이 밤이 세두록 술잔으로 이 밤을 지세왔다. 정말 얼굴들 변한 모섭들이구나.
지출에 부위 20,000원

〈1993년 3월 16일 화요일 날씨 맑음〉

오늘은 자신의 전정목으로 땔감이 모자라서 부인 친구 사과 전정목을 땔감할려고 묶끄오는 일을 하여쓰며 오후에는 한발이 실고 (원정운이) 노지참외 할려고 노타리 해달라고 해서 트랙터 노타리 하는 일로 오늘 일가을 맡치다.

〈1993년 3월 17일 수요일 날씨 맑음〉

"금일 오전은 땔감할려고 사과나무 둥치기을 두 바리 실어왔쓰며 오후에는 포도 어장 밭침을 세우는 작업을 하여스며 밧침목을 아직 일부만 세어는데도 포{도}밭처름 어울리게 보인다. 포도 어장하기가 일손이 넘어가며 아직까지 일손이 반도 안 드려같따고 생각을 한다."
"우리 혜지가 기숙사 들어간 후 전화 한 통아 하지 않코 돈 번다고 온 정신을 다 쓰고 잇나바. 이 아빠는 혜지가 잘 지내고 잇쓰며 불편한 곳은 없는지 궁금하구나. 우리 혜지가 전문대학을 하고 공단에 돈을 벌고 잇쓰며 이 아빠 부담이 업깨는데 고등학교만 하고 돈 벌로 같따는 것이 마음이 아푸구나."

〈1993년 3월 18일 목요일 날씨 맑음〉

어재 저녁에 부인이 가슴 아푸다고 하여서 극정을 만이 하였다. 부인이 아푸다는 돼가 가슴이이리 이곳은 중요 부이인돼 하는 생각이 머리에 십게 떠나지 않는구나. 그래서 아침 서들어서 병원에 같다오라고 하고서는 자신은 들판으로 가서 일을 할려니 일이 십게 돼지 않는구나. 마음은 병원에 간 부인에깨 잊고 일을 할려고 하니 일이 제돼로 안돼어서 이것저것 여르 곳을 다니면서 일을 하는 것으로 오늘 일을 맡치다.
"오늘은 포정 어장 지주목을 세우다 대신 분소에 가서 경우 1드람 띠고 유난류 4리터짜리 6개 띠고 왔쓰며 그 길로 아포면에 가서 신원보증, 인감 두 통 띠고 조합에 가서 유압 오일 1말짜리 띠고 마지막에는 사과나무 전지목을 땔감 할려고 경운기로 실어오는 작업을 하여쓰며 여르 곳을 다니면서 일을 하여도 마음은 병원에 간 부인 뭇엇 때문에 가슴이 아파쓸까 하는 궁금증은 오늘 하로 동안 가쉬지 않코 잇드라."
"부인이 오후 5시에 왔따고 하면서 집배 잇쓰서 무엇 때문에 그릇타고 하느냐고 무르니 위개양 시초라고 하면서 약을 복욕하고 삼 일 뒤에 다시 한 번 진찰을 밭아보라고 한다기에 마음이 편하지 않터라."
지출에 … 경유 1드람 35,980원 오일 4리터짜리 6통 24,900 인감, 인지대 값 1,600원 유압오일 1말 14,500원 차비 500원
계 77,480원

〈1993년 3월 19일 금요일 날씨 맑음〉

오전에는 벼집 실을라고 들판에 가서 논자리에 경운기가 들어갈려니 땅이 추지서 벼집 실기가 거북할 것 같아서 포도순 키우는데 지주목을 일본 아까시와 져는데 오전 시간을 보네고 자신은 이지목을 준비하는데 멧칠이 걸일 줄 알란는데 오늘 오전으로서 600개와 지주목을 다 준비을 하여서 부인과 둘리서 포기마다 다 꼽아쓰며 이 일이 십게 잘했따고 생각을 한다.

"오후에는 원정운이 노지참외 갈 때 트랙터 노타리 하는 것으로 오늘 일가을 보내고 마랐다."

수입 … 벼집 값 40,000, 트랙터 노타리 값 70,000
계 110,000원

〈1993년 3월 20일 토요일 날씨 맑음〉

포도 어장할려면 아직도 멧날 매칠이 더 걸일 것으로 본다. 포도 어장을 안전무결하게 못하고 일손이 바빠서 오늘로서 포도 어장은 끝을 내야 하게다. 오늘로서 포도 어장을 끝을 낼라고 우리 부부가 잠쉬 실 사이 업시 오늘 일과을 바푼 일손으로 끝을 낸 셈이다.

"우리 혜영이는 요즘 실바람 난다. 외냐하며 (석꿀), (단압대[단합대회]), (한영대회[환영대회]) 요줌은 매일 모임이며 이재는 노는 것도 실타고 이야기가 나올 정도니 대학이란 곳이 시간 여유도 만은가바. 우리 혜지는 이른 절거움도 가지지 못하고 기숙사 생활로 밤 10시까지 일을 해서 돈을 벌고 잇는 것을 생각을 할 때에 이 아빠의 마음이 걸리는구나."

"우리 혜지가 내일은 노는 날이라고 집배온다고 해서 부인에깨 혜지가 요줌 돈 번다고 외을 먹는데 맡잇는 것 좀 하라고 하니 겨우 혜영이을 씩키서 돼지고기 2근을 싸와서 복아주는 것으로 끝을 냇쓰며 혜지을 본 이 아빠는 전문대학을 못 들어가서 고생을 하는구나 하는 예석한 마음뿐이구나."

〈1993년 3월 21일 일요일 날씨 맑음〉

오늘 오전에는 감자씨 파종하여쓰며 올해는 3관 놋고 집배 갑자씨을 조금 더 낫다. 실찌 감자는 반찬도 안댈 뿐 아니라 시장가치도 업다. 그른데 매년 씨을 파종하는 이유는 봄 씨갑씨 갈 곳이 맡당치 안와서 갈고 잇다.

"우리 혜지가 오늘은 노는 날이라고 집배오늘 놀면서 저의 엄마와 옷 산다고 시간을 받쓰며 요줌 딸 두리가 돈 쓰는 것이 물 쓰더시 쓰고 잇다. 요줌 같으며 돈을 끌어모다도 적을 정도로 지출을 만이 하고 잇다."

"오후에는 트랙터 노타리 해달라고 하여서 유실기 논을 폭크레이로 한 벌 파더번 곳을 한 번만 노타리 해달라고 하여서 한 번식 쳐주어다. 이것은 경운기로 할 수가 업는 일이라서 트랙터로 해달라고 하니 자신으로서도 기계는 무리가 만이 가는데 실찌 돈 받기는 그북하며 한 번 쳐고 돈을 재돼로 받기가 그북해서 실찌 손에다. 이것을 처음부터 한 번 쳐달라고 했쓰며 거부하고 말일이다."

"오늘 오후에 시간이 잇쓰서 트랙터 리대나가 셋스 갈라녓는데 힘이 들더라. 처음 갈라너어면서 학실이 모르니까 갈라찌우는데[갈아 끼우는데] 힘이 들 뿐 아니라 정말 생탐떠더다[생땀 나더라]."

〈1993년 3월 22일 월요일 날씨 맑음〉

"오늘 부인과 둘리서 상토흙 쳐는 작업을 하여는데 흙이 색비리라서 상토흙이 마나 푸며 상토흙을 조금 구할 때만 잇따면 삼분지 일 정도 찰흙을 썩크스며 한다. 요즘은 이앙기 모네기는 상토흙이 업쓰서도 기계이앙은 갈수록 힘이 들 것으로 본다."

"오늘 부인과 두리서 상토흙 준비한 것이 상토흙을 천 것으로 소복희 경운기로 7곱리을 준비을 하였다."

"요즘 처어머님이 계시니까 부인이 일을 만이 하는데 마음적으로 신경이 더 쓰인다. 왜냐하면 처어머님이 볼 때에 내 딸이 일을 넘어 만이 한다고 생각을 할 것이 아닌가. 내 딸 고생한다고 생각이나 하지 않을까 하고 자신의 마음적으로는 신경이 조금 쓰이는 것이 사실이다."

"요즘은 처어머님이 계시도 특별한 음식을 대접을 하지 않코 우리 먹는 거대로 대접을 하고 잇는데 마음적으로 서운하게 생각을 가질련지 몰렛다. 내가 생각을 할 때는 우리 혜영이가 잘하고 잇따고 보는데 처어머님은 어떠게 생각을 하고 잇는지 마음들이 쓰이고 잇는 것은 사실이다."

지출에 이발료 값 4,000원

〈1993년 3월 23일 화요일 날씨 맑음〉

포도밭에 앙지을 포기마다 한 번식 깔라 주어쓰며 포기마다 까는데도 경운기로 6섯바리 들어가드라. 이것도 우리가 앙지을 쓸라고 하니 그리 쓸 사람이 만터라. 인간들은 남이 할려고 하며 셈을 네서 할려고 하는 그 섭성을 버리야 하는데 그리 좋지 않은 것을 꼭 가지고 살라가고 잇쓰니 무엇시라고 해야 할찌 몰겟다. 그리고 양지을 삼는데 부인 담고 자신은 실어다 포기마다 부어놋는 작엄만 하여도 오전 네 꼴 걸리더라.

"오늘은 용숙이 선체 날이며 날밭이 떡이 왔는데 좀 간소하게 온 것 같드라. 그리고 사오 될 사람을 처음 받는데 용숙이만 못하며 엣날부터 소 볼 놈 말 볼 놈 잇따고 하드니 제 눈에 안경이라든이 자신의 눈으로는 마음에 들지 않는 인물이더라. 용숙이가 선본다고 상당이 여르 곳을 보드니 겨우 이르구나 하는 마음이 드는구나."

지출에 트랙터 기아오일 값 1통에 4,100원
6통에
(계 25,000원)

〈1993년 3월 24일 수요일 날씨 비〉

요즘은 비가 한번 오면 만이들 온다. 오늘도 비가 종일 내리고 잇다. 이번 비는 자신의 비라고 말을 하고 십다. 포도나무에 앙지을 포기마다 한 번실 깔고 나니 오늘 때마차서 비가 내리곤 했쓰니 이것은 사람이 할려고 해도 힘드는 일이라고 보는데 오늘 종일 비 온 것은 자신에깨는 큰 도움을 준 것이라고 생각을 한다.

"이번에 김영삼 대통령 재산 공개 후로 곽부 장관, 국회원 재산 공개을 하는데 국회원들이 다들 평균 25억 원 돌라간다니 치가 뜰린다. 이 국회원들이 아들에깨 재산을 다 못주어서 손자 앞푸로까지 맥 억이 돼고 하니 국회원들이 아니라 다들 도둑놈들이다. 이놈들이 국민을 위하여 정치한다고 발락을 쳤쓰니 더 분통 터질 일이며 이른 것들을 볼 때에 김대중이가 이번 대통령이 돼어서 부정 부패을 가리서 정부로 다들 회수을 식키야 한다고 보는데 김대중 시가 대통령이 안 댄 것이 한이 됀다.
그리고 이번 국회원들이 재산 공개을 하면서 누락을 시키고 신고을 일부만 하고 심지어 고시 가격을 반으로 쳐고 공개을 했따니 국회원 놈들이 도득 중에 상도득이며 김영삼 대통령이 국민들이 납득이 갈 수 잇두록 수사을 해서 보고하라고 하지만 어느 선까지 갈련지 두고 바야 하겟다."
"김영삼 대통령이 이번 국회원들 부동산, 동산 다들 불법으로 재산으로 모원 것은 다들 떨지 못하고 덥프둔다면 국민을 위한 정치을 못한다고 본다만 앞푸로 김영삼 대통령을 주시해서 바라볼 것이다."

〈1993년 3월 25일 목요일 날씨 맑음〉
"오전에는 동생 친구들과 김천 농약방에 작가와 사과 약을 사로 갇든이 무선 볼 일들이 만튼지 오전 내 걸리더라. 이 친구들은 바푼 것이 업드라. 우리들은 볼 일만 보며 지체하는 시간이 업는데 절먼 친구들은 시간을 느것하게 쓰고 잇드라."
"오후에는 땔감 준비한 것을 마지막으로 다들 경운기로 실어오고 시간이 남아서 경운기 재래나드[제네레이터]을 갈라쓰며 이것은 벌서 가라너어야 하는데 물이 세는 것을 보고 시간이 업쓰서 미루어왔는 것이다. 이것을 시간이 조금 남아서 시작을 했떠니 저녁 어덥두록 하여도 안전이 못하고 마랐다."
"그리고 오늘 신흥농약방에서 외상으로 사과와 작과 약을 구입을 하여쓰며 금액은 100말 내기에 56,000원 ((운학) 재선, 용만 같이 외상 구입함.)"[100)]
(지출에) 사과, 작과 약 100말 약 량
56,000, 물통으로 쌀통할려고
8말 짜리 9,500, 경운기
재래내의 30,000원
계 95,500원
수입에 … 트랙터 노타리값 30,000원

〈1993년 3월 26일 금요일 날씨 맑음〉
오늘은 오전에 트랙터 오일 교환을 씩킴. 오후에는 상토흙을 쳐고 남은 것을 말리 밭으로 온기는 작업을 하여쓰며 12통 트력으로 흙 한바리 밭은 것이 그리 만터라. 현재 경운기로 실은 량이 13바리 볼 속 실은는데 현재 남은 흙이 5섯 바리는 대리라고 본다. 흙도 남의 땅에 밭아노니 불편한 점이 만쿠나.

〈1993년 3월 27일 토요일 날씨 맑음〉
오늘은 작가와 사과에 약 살포을 하여쓰며 작과 꽃망울이 더 빠른 감이 더는구나. 올해는 작과 꽃이 날씨가 좋아서 좀 빨리 피리라고 본다.
"우리 혜지가 첫 봉급 15일 분 288,000원 밭아따고 동생들 옷, 저의 아빠, 엄마 런닝구을 싸와쓰며 혜영이는 저의 언니가 대학생이라고 대학생이라고 쪽팔린다고 좋은 것을 싸와따고 하며 한 벌 옷이 우리 보기에 좋드라. 혜영이 좋아서 춤을 천다. 우리 혜지가 쳊 봉급을 바다서 저의 외할머니 속옷을 사온 것을 보고 정말 고맙드라. 철 업시 할머니만 속 빠지며 이 아빠가 미안을끈데 우리 혜지가 인사는 다 아는 바람에 이 아빠도 우리 혜지가 만이 크따는 것을 인정을 하여주야겟다."

---

100) 이 내용은 일기 지면 상단에 따로 기록되어 있다. '(작과약 외상구입. 신흥농약방)'이라고 기록하였다.

"그리고 오늘은 우리 혜지 봉급을 타와서 통닭과 선물꾸리로[선물꾸러미로] 온 식구가 절거운 시간을 가질 수가 잇쑤다. 우리 혜지가 전문대학을 하고 이른 절거움을 가짓드라면 이 아빠의 미안한 점을 안가지도 돼는데 하는 아쉬움이 든다."
"당산에 작과와 사과에 약 량이 50말
말리 사과나무에 10말
앞밭에 25말"

〈1993년 3월 28일 일요일 날씨 맑음〉
오전에는 세집에 작과나무와 사과밭 약 살포을 하여주어쓰며 오늘따라 바람이 너무나 세찬 바람이 불어서 약 살포에 힘이 들며 마음적으로는 약이 다른 곳으로 다들 날라가는 느킴 때문에 약 살포에 더 힘이 들어다.
"우리 혜지가 일요일날이라고 쉬더니 안 갈라 소리 하지 않코 일터로 돌라가는 것을 보니 우리 혜지가 온실례서만 자라지는 않아따는 생각이 든다. 저의 친구는 힘든다고 탄 직장을 구해서 같는데 우리 혜지는 힘든다고 하면서도 직장을 온긴다는 말은 업다. 직장도 마음에 들지 않으며 한 번식 온기는 것도 좋따고 보지만 직장이란 것은 온길수록 손에가 더 만이 따린다고 바야 한다."
"처남은 부모을 자신에깨 막키고 전화 한 통아도 업꾸나. 자기 부모가 떨어져잇쓰며 궁금하고 혹 불편한 데나 업는가 {궁금할텐데} 팔십 노인이 떨어저잇는데 의이 무심하게 그리 보낸단 말이냐. 그래도 하느님 밑고 천당 갈라고 하는 심보가 가스렵꾸나. 처남도 외동으로 잘라서 그른지 마음 쓰는 것이 좋은 평을 주고 십찌 않꾸나. 처남이 자신보다 한 살 적찌만 부모의 정이라고 너무나 먼 사람이란 것을 생각을 할 때 자신은 마음에 들지 않는다."

〈1993년 3월 29일 월요일 날씨 맑음〉
"오늘은 부인과 둘리서 보밭에 땅콩 씨푸림 했쓰며 큰집에 잔치가 잇키 때문에 미리 스들어서 씨푸림을 하였다. 그리고 오후에는 큰집에 상토흙 쳐는데 그들어주어쓰며 오후에는 일 거들어 주는 사람이 만아서 장칸 하고 마랐다. 그래서 들판에 가서 가리할 준비한다고 벼집을 태우는 작업을 하였다."
"김영삼 씨가 국회원 재산 공개 비리을 가감하게 시작을 하드니 부동산 투기을 국회원 전원이 다들 가담을 하였쓰며 각부 장관할 것 업시 요직에 안전 사람은 부정한 방법으로 재산을 모아쓰며 김영삼 대통령도 강력한 힘이 줄고 잇쓰며 국민을 본다면 국회원 전원 회직을 식키야 하는데 다 쳐별을 할려니 나라가 말이 안 대갯고 쳐기는 쳐야 하는데 어돼까지 쳐야하나 하고 고심 중인 것 같다."
우리나라가 한심하기 짝이 업다. 서민들은 법을 어기며 그 대까을 다들 치루고 요직원, 국회원, 국민을 지도할 사람들은 (비리), (부정) 다들 해도 무더두는 나라는 세계 어느 나라도 업고 우리나라가 잇따는 것을 생각을 할 때에 가슴에 못을 박월 일이다.
"우리 국민성이 이래서는 안 댄다. 나라가 내일 망하드래도 부정을 파했쳐서 국민의 신판을 바다야 하는데 정부가 무더주어서 설랑한 국민을 다스린다고 재인이 제 업는 백성을 다스린다고 {하니} 땅이 웃쓸 일들이다. 우리 국민은 깨끗한 지도자을 선택을 해서 그 뒤을 따라가리다."

〈1993년 3월 30일 화요일 날씨 맑음〉

오늘 오전원 세집에 사과밭 노타리을 오전이 지두록 이것도 실 참도 업시 부지련이 하여서 다 했따고 생각을 한다. 앞푸로는 일적 스들어서 해야 정심시간을 재시간에 이용을 할 것 같다.

"오후에는 웃뜰레 논갈리 준비한다고 벼집 남은 것 실어오고 벼집 쓸런 것은 불에 태우는 작업을 하여쓰며 웃뜰 사람은 갈리을 만이 하고 잇는데 아래뜰 사람들은 아직 가리을 하는 사람이 업쓰며 우리마을 사람들은 서들지을 않코 잇다."

"용숙이 결혼식이 다가오는구나. 처음 날을 받아쓸 때는 너무나 멀리 잡아따고 생각을 했뜬이 벌서 한 달이란 세월이 다들 가버리고 결혼식이 코 앞에 다가와쓰니 흙르가는 세월은 어이 빨리도 가는가. 세월라 좀 지업두록 흙르다오. 세월이 흐르며 내 절멈이 쉬가는 것이 안타까어 내 절멈 한이 댄다."

"내 절멈을 뒤도라 볼 때에 한 것은 업고 인생만 늙어가고 잇따는 것이 한이 돼며 남들은 그냥 잇는데 내 인생만 가는 너킴이며 인생을 절급게 오래오래 간직을 하두록 가는 세월 멈추어 갈 수는 업쓸까. 가는 세월 원망만 하고 십노라."

지출에 … 보험료 값 12,600원 가루 한 포 7,400원
계 20,000원

〈1993년 3월 31일 수요일 날씨 흐림〉

오전에는 임숙네 벼질 실어주는 일을 오후 3시까지 하여쓰며 그 나머지는 우영부영 시간을 보내고 마랐다.

"부인은 처어머님이 내일 생신이라서 음식 준비한다고 시장에 갈쓰며 처 어{머}님은 생신을 울집에서 마지하게 돼는 것을 아주 미안하게 생각을 하며 사오집이라고 편하지 뫃한 것을 우리 보기에 표가 날 정도며 나 자신은 아무른 생각 업시 우리 지내는 데로 그대로 대접을 하고 잇쓰며 나 자신은 부인이 하늘보다 더 좋은 분이라고 생각을 하기 때문에 처어머님 불편하다 이런 생각이 업시 지내고 잇따. 그리고 처어머님이 미안해 여기니 자신이 공손이 뫃 모시서 그른지 자신이 마{음}적으로 더 신경이 더 쓰인다."

"오늘 밤 9시가 돼어서 처남과 처남우댁과 둘리서 통닭과 반착[반찬] 일부을 가지고 왔드라. 그리고 내일은 스라부 천다고 내일 뫃 온다고 오늘 왔따면서 저녁 너깨 들리떠라."

"부모을 계속 모시고 살며 부모님에깨 자신이 잘뫃하는 것을 생각을 뫃하나바. 처남도 부모님에깨 지내고 잇는 것을 보며 잔정이라고는 업쓰며 그간 전화로나마 안부도 뭍고 집 짓는데 궁금하게 생각을 하고 잇는 부모님에깨 좀 알리주고 하며 좋지만 그간 말 하마디[한마디] 업시 오늘 불숙 차저오는 것으로 인사을 다하고 잇쓰니 자신으로서는 달갑지 않드라."

"우리 혜영이가 저의 반 여자들 중 제일 인키라면서 저의 엄마에깨 자랑을 하면서 학교 생활이 그리 좋은 것 같뜨며 때로는 문뜩 어니는 좋은 생각도 너켜보지 뫃하고 공장생활을 하고 잇는 것이 가슴 아푸다고 말을 할 때에 자신의 가슴에 와닷는 너킴을 바다쓰니 자신도 대학 생활도 하지 뫃하고 회사 생활 하는 것이 마음에 걸리곤 한다."

〈1993년 4월 1일 목요일 날씨 맑음〉

금일은 처 어머님 생신을 자신의 집배서

마지하여쓰며 처 어머님을 정식 초대을 해서 정신을 마지한 것은 아니지만 처가에 집 짓는다고 잇쓸 곳이 마당치 않아서 울 집부로 와서 자신이 생신을 치루게 돼어쓰며 어머님 생신을 거창하게 치루지 몿하고는 했찌만 딸들이 생신에 참석을 해서 조금식 보태니까 푸짐한 생신이 돼드라. 그리고 서둘에 이번에 결혼한 이손지가[외손주가] 세타하며[스웨터하며] 캑을[케익을] 사와쓰며 어머님은 생신 기분을 가진는지는 몰라도 다들 참석을 하여준 {것에} 돼해서 고맏드라. 이번 생신에 포항 처제만 참석을 몿하고 다들 참석을 하여서 처어머님의 생신날을 한번 더 기억하는 날이 돼어따고 생각을 한다.

"이번 처 어머님의 생신을 생각지도 않은 생신을 하고 보니 자신의 생각이 짤바따고 생각을 한다. 외냐 처 어머님을 정식으로 초대을 해서 생신을 몿해드린 것이 마음에 걸리는구나. 여하든 어거지 생신이라도 자신이 처어머님 생신을 해드리서 마음의 반은 해소돼는 기분의 날이라고 말을 하고 십다."

오늘 오전은 진일농장 노지참외 갈라고 노타리 해달라고 해서 오전 내 노타리 하여주어쓰며 오후에는 큰집에 묵하는데 그들어주는 것으로 오늘 일과을 보내고 마랐다.

〈1993년 4월 2일 금요일 날씨 맑음〉

"형님 잔치 준비하는데 낡씨가 넘어나 더어서 일하는 분들이 땀을 다들 흙곤 하여쓰며 기상대에서 23도 기온이 올라같따고 하니 일 거드는 분들이 땀을 다들 흙리곤 하여서며 이 날씨가 이르게 하다 안전 음식 만칠 때 흐릴라고 하는 것이 아닐까 하는 염려도 돼드라. 그리고 다들 만이 와서 그들어주는데 고맏드라. 오늘 사람들이 만나서 준비하는 데와 돼지 잡는데 수라게들 하여따고 본다."

지출에 … 전기세 값 3,200원

〈1993년 4월 3일 토요일 날씨 맑음〉

금일은 잔치 준비에 아주 바픈 날이라고 바야 하게다. 요줌은 처 어머님이 정심을 자시는지 어떠개 하는지 학인을 할 수도 업는 시간을 가지고 잇다. 평소 때는 한자리에서 식사을 하기 때문에 알 수가 잇는데 요줌 몟칠은 떨어저서 식사을 하기 때문에 식사을 제대로 하고 잇는지 모르고 잇는 자신이 잘몿을 하고 잇다. 처 어머님으로서 사위가 잘몿한다고 생각을 할련지 몰겟쓰며 그저 이해해 주어쓰며 하는 바람이다. 내일까지만 식사을 따로 하며 그 다음에는 식사을 같이 하기 때문에 그때는 식사을 재돼로 하고 잇는지 보리다. 그리고 서울 쳐제가 잇쓰서 식사 간심을 들 쓰고 잇는 것은 사실{이}며 부인 다들 챙기주리다 하고 안심을 하는 편이다.

"우리 혜지가 봉급을 저금 통장에 들은 것은 이자가 업따고 용돈 주금 두고는 다들 페왔쓰며 아푸론 혜지 돈을 자신이 갈리을 할 할 것이다. 그리고 혜지 돈은 정말 소중한 돈이라고 생각을 하며 혜지 봉급은 이 아빠의 돈보다 더 소중하다는 생각을 이 돈은 일전 한 푼 축네지 않을 것이{며} 이 돈은 앞푸로 적금을 너어줄 것이다."

〈1993년 4월 4일 일요일 날씨 비〉

오늘은 예식장에 초만원이며 예식장에 발드리 놀 때가 업드라. 큰 집배 용숙이도 오늘 12시 30분에 자유예식장에서 식을 올리쓰며 용숙이 시집은 천동 오 씨네 집이며 오늘을 위하여 40일 이상 극정을 하여왔쓰며 딸 가진 부모님은 표현을 다 할 수 업는 고통을 격는다고 말을 해야 한다고 본다.
"오늘 형님으로 바서 청접도 월마 하지 않아서 손님도 적따고 잡아는데 의예로[의외로] 손님이 넘어 만아서 손님 접대에 분주함은 말할 것도 업고 두서도 업쓰리라고 생각을 한다."
그리고 예식에 친족들도 다들 참석을 하여 주어거 고맙드라.
지출에 … 용숙 결혼에 용숙이 신혼여행 5,000, 부주 150,000
계 200,000

〈1993년 4월 5일 월요일 날씨 맑음〉
오전에는 웃뜰에 갈리을 하여쓰며 올해도 앞뚝으로 갈라쓰며 오늘은 메칠관 용숙 결혼 문제로 일을 못했키 때문에 만이라도 할려고 마음적으로는 바파쓰는데 오희려 일은 더 안돼드라. 외냐 오전에 트랙터로 논 갈리 하로 가는 바파서 준비을 올캐 못했서 쟁기 부착하는데 삔을 찡구지 않코 논 갈로 가서 오희려 사고만 낮서 3단지 갈려고 개핵을 한 것이 2단지박에 갈지 못했다. 엔말이 바풀수록 도라카라는 말이 꼭 맡따는 생각이 자신의 머리에 쓰쳐간다.
"오늘 오후에는 건답직파 면적에 제초제 크라목손 100cc에 물 1말 희석을 해서 한 단지 10말 살포을 하니까 충분하다고 본다. 오늘 자신의 면적 10마지기 이재봉 씨 3.5대지기 약 살포을 하여주고 앞밭에 작과나무에 제초제"
지출에 … 신문대 값 3,000원

〈1993년 4월 6일 화요일 날씨 맑음〉
금일은 종일 동안 트랙터 논갈리을 하여씀. 금년에는 갈리가 조금 너따고 바야 한다.
"그리고 자형이 간경화로 대구 파티마병원에서 진단 결과가 오래 몿산다고 판정이 낮따고 하는데 자신의 일 바푸다고 병문안도 못가보고 태원한다는 소리가 잇쓰서 눈님 보기에 미안하기 짝이 업깨 돼어쓰며 이재는 집배 온 다음에 병문안을 가바야 하겟다."
눈님은 자신이 생각을 할 때는 복이 업는 사람이라고 말을 하고 십프며 이것도 찌지리도 눈님은 복이 업는 사람이다. 이것은 일평생을 살라오면서 토깨이 시아버지와 시어머니에 수난, 고통을 밭드면서 살라와쓰며 실랑이라 해도 일꾼도 아니고 등꾼도 아니고 눈님 외만 먹이쓰며 이재는 겨우 풍파을 겨울 막고 보니 자형이 인생의 마지막 길을 부축하는 길박에 업따니 정말 개탄스려기 짝이 업는 일이구나.
"자형도 상환이라도 장가을 드라고 생을 다해도 조금 낮깨는데 장가 갈 나이도 너전 자식을 두고 가면 그 감당을 가진 것 업는 눈님이 어떠게 하란 말인가. 생각을 할수록 숨막힐 일들이구나."

〈1993년 4월 7일 수요일 날씨 맑음〉
오늘은 갯돌작업을 굼도량부터 쳐기 시작을 하는데 오늘따라 바람이 세차게 부르서 눈도 몿 떨 정도며 그래도 바람부는 날씨에 출력을 만이들 했쓰며 낡씨가 매서어 휴식을 하라고 하여도 바람이 매스어서 휴식을 몿하고 오희려 일하는 것이 좋다면서 일하는 실정이라 오늘은 사람의 수 바서는 일을 상당이 만이 하여따고 생각을 한다. 오후에는 갯돌보하는데 세 준비에 닭 사라가는데 따라가서 자신의 일을 조금 본 셈이다. 일하는 것 보다 세 준비을 하는 것은 조금 편타고는 하지만 별 도음이 안 대고 잇쓰며 이것도 술잔이나 조금식 하는 사람들은 좋아하리라고 생각을 한다.

"오늘은 용숙이 신혼여행 갈다와서 집안키리 적녁 한때을 같이 나나스며 그 준비 가정이 그리 힘들어 보인다."

지출에 … 쟁기빛 개당 2,500원 4개에 10,000 오트바이 푸락구 3,000 계 103,000[101]

〈1993년 4월 8일 목요일 날씨 맑음〉

요줌 날씨는 꽃샘 추위 쳐고도 날씨가 넘어나 추어며 바람 때문에 바로 서잇찌 못할 정도의 날씨며 자신이 생각하기에 4月달에 이려깨 매서운 날씨는 처음이라고 생각을 한다.

"오늘 오전에는 갯돌보을 하고 오후에는 산각을 하기 때문에 3시까지 갯들보을 하고 4시 경에 형님과 동생 셋시가 산각을 같쓰며 산각도 아버지가 갈 때가 어거재[엇그제] 같은데 벌서 자신이 조카딸 산각을 가서 음식을 한상 밭고 보니 좋다는 것을 생각지 못하고 그저 덤덤한 기분이라 할까. 깊은 생각 업시 한자리에서 정담을 나누고 형님은 딸 가진 부모로서 잘 바달라는 소리밖에 할 수 업는 자리가 돼어쓰며 자신은 내 족카라고 해서가 아니라 결혼 대상이 바독[바둑]이라고 생각을 한다면 맷 수가 낮은 편이라고 생각을 한다. 이재는 저들이 서로 사랑하고 아켜주면서 살매 생활을 하여주기 바랄 뿐이다."

"그리고 술자석을 다들 치우고 저녁밭을 밭고부터는 형님의 행동이 달라지든이 밥상을 물리고 나서는 본격적으로 눈물을 흙리기 시작을 하드라. 그려자 용숙이도 눈물을 흙리면서 절을 하고 잇쓸 때에 눈시울이 떠거어지며 눈에서 눈물이 나올라고 하는 것을 억찌로 참아쓰며 눈물 참키도 정말 힘들어쓰며 자신은 내 딸이 아니고 조카인돼 눈시울이 떠거운돼 형님은 그렬 마음도 하다고 생각을 한다. 자신은 내 딸은 산각을 가지 못할 것 같다."

〈1993년 4월 9일 금요일 날씨 맑음〉

오늘 오전에는 갯돌 작업을 하여쓰며 오늘도 날씨 차가어서 다들 열심이 하드라. 금년에는 임사을 하는데 사람들이 협조을 만이 하여서 일하기가 조금 수라리라고 생각을 한다.

자신은 오전만 갯돌 작업을 하여주고 오후에는 건답직파 교육을 군지도소에서 하는데 참석을 하여는데 교육을 밭는데 별 도엄이 안 대어따고 생각을 한다. 이론 강위을 밭고 현장 교육을 하는데 트랙터에 부착을 하여서 논에 직파을 하여보니 본체에 따라나온 기계 노타리는 파종이 안대고 잇드라. 외냐 노타리가 경운기 노타리 밭이라서 노타리도 부드렵게 돼지 않코 등어리 때문에 안 대고 잇쓰며 현장 교육은 제료여따고 생각을 하며 지도소예서도 처음 나온 기계라서 아무것도 모르고 본사에서 기사가 나와서 시운전을 해도 본채로만 파종이 불가능이라고 생각을 한다. 한국사람은 기계을 개

101) 실제 계산은 13,000원이나 103,000원으로 잘못 기록하였다.

발을 하며 본채만으로도 가능할 수 잇두록 만들어야 하며 겨우 한두 필찌로 가능을 하며 특허을 주는 경향이 잇는 것 같다. 오늘 파종기도 본채로만 파종을 할 수 잇는 곳은 밭은 돼겟드라.

“오늘 교육에 참석을 한 사람의 수을 볼 때에 이 사람들이 수입은 뒤로하고 다들 수라게 살려고 하는 사람들이구나 할 때에 우리 농민들도 수라게 살려고 하는 것은 좀 자재을 하여야 한다고 생각을 하여본다.”

지출에 … 트렉터 라돼나[102] 2개 6,000원
구리스 1통에 2,000 택시비 값 1,000 버스비 800원 가위 500원
계 10,300원

〈1993년 4월 10일 토요일 날씨 흐림〉

기상대예서 비 온다는 외보가 잇쓰서 오늘 논 가는데 그들어서 갈라쓰며 이재는 추진 땅은 다들 갈라서 극정이 업다. 이재는 작과나무을 바스라도 비 좀 와주어쓰며 한다.

“우리 혜영이는 서클이다 하면서 살도로 놀고 잇다. 대학이란 곳이 이른 낭비가 잇쓰서 돈이 만이 들어간다는 것을 알라쓰며 우리 혜영이 들어가는 돈만도 불티 강산이라고 말을 하고 십다.”

“우리 혜지는 산업전선에서 돈 번다고 정신이 업는데 우리 혜영이는 모임에 참석을 해서 노는데 정신이 업따면 이 차이는 음청난 차이라고 말을 할 수 잇는데 이간이 두 길을 두고 가라고 하면 정신업시 노는 길로 선택을 다 할 것으로 본다. 사람 생활이 천치 만가지라든이 자신도 두 길 중 어느 것이 좋다는 말을 할 수가 업따고 본다.”

〈1993년 4월 11일 일요일 날씨 맑음〉

오전에는 상토흙에다 다찌예스 분제약과 비료 상토흙 전용거름을 썩는 작업을 하여쓰며 금년도에는 상토흙 전용 비료 3포와 다찌에스약 13봉을 다들 썩어두어다. 그리고 오늘 오전으로서 자신의 갈리는 끝을 냇다. 그리고 오후에는 말리논에 모래 피는 작업을 부인과 둘리 하여쓰며 모래을 전부 깔라노니 이제 밭 같드라. 오늘 모래 피는 작업은 아주 잘한 일이라고 생각을 한다.

“금년도 상토흙은 건답직파을 10마지기 하기 때문에 상토흙을 들 준비을 한 셈이다. 오늘 장토흙 경운기로 볼족 6섯 바리에다 상토흙 전용 비료 3포와 다찌에스 분제약 13봉을 상토흙에다 썩으주어다.”

“그리고 오늘은 자신의 생일이다. 금년 생일은 아무것도 하지 않코 그냥 넘어갈려고 생각을 하여는데 부인이 생일 준비을 정식으로 하지 않아는데 오늘 밥상을 보니 푸짐하게 준비을 하여쓰며 준비한 것이 찌짐이[부침개] 업쓰서스 그르치 다른 음식은 다들 준비을 하여다. 매년 자신의 생일은 밥을 나누어 먹는데 금년에는 처 어머님이 계시고 해서 불편한 자리가 될 것 같다서 그만 다들 업세고 우리 식꾸키리만 먹을라고 생각을 하여는{데} 동생과 형이 고기을 사는 바람에 음식 준비가 크저따고 생각을 한다. 자신의 생일 준비는 간소하다 하지만 혜지에깨 큰 선물을 밭아다. 우리 혜지 15일 벌은 것을 선물과 자기 휴대용 산다고 다 쓰버리깨꾸나.”

---

102) 라디에이터를 뜻한다.

〈1993년 4월 12일 월요일 날씨 맑음〉

항시마[항상] 때기밭에 크라이묵손 잡초약 살포을 하고 김매기 작업을 하여쓰며 그리고 작과밭을 볼 때에 양지쪽으로는 꽃이 만발이 돼어쓰며 거늘진 곳은 아직 말발될라면 이뜰 후에야 만발이 될 것 같다. 그리고 금년에는 자두꽃이 4일 정도 일적 피지 않아나 하는 생각이 든다.

"오제[어제] 오늘은 자신도 항가한 시간을 가진다고 본다."

지출에 전화세 값 7,060원

〈1993년 4월 13일 화요일 날씨 맑음〉

오늘은 건답직파 할 벼씨을 자신의 주선으로 마을 전채 것을 거두어서 군지도소에 가서 벼씨 가락 재거한다고 차로 실고 가서 기계 장치도 안전이 돼지 않아쓰며 자락 재거을 24가마 하는데 삼 명이 오전 내 하여쓰며 그리고 삼 명이 문지을[먼지를] 다 접어쓰서 사람 꼴이 아니드라. 고생을 자신 때문에 한다고 불평은 하지, 자신은 동민들에깨 필리을 바줄라고 하다 큰 고충을 받을 뿐 아니라 돈까지 손에을 바가면서 희생한다는 것은 말도 안댄다. 외냐하며 오늘 벼씨 가지고 간 사람들은 다들 운님으로 정심을 사먹어따고 생각을 하지 누가 내 돈으로 정심을 먹어따고 할 사람이 업쓸 뿐 아니라 자신이 정심값 6,000을 쓰면서 벼씨 가락 재거을 했주어따는 것은 어리석은 짓시어따고 생각을 하며 앞푸론 이른 짓은 절 때 하지 않을 작정이다.

지출에 … 띠부이 안대나 전폭기[티브이 안테나 증폭기] 7,500원
건답직파, 제초제 약, 마셋트 유지 15병 30,000만 원[103]
정심값 6,000원
계 43,500원

〈1993년 4월 14일 수요일 날씨 맑음〉

요즘 날씨가 매일같이 건조주위보 내리지 앞전에는 날씨가 추어서 작과 꽃 수정에 피해가 잇쓸 것으로 보는데 요즘은 건조한 날씨가 지속대는 바람에 가뭄 피해까지 겹처저서 작과일 수학은 어렵찌 않나 하는 생각이 든다.

"오늘은 벼씨침을 하고 상토흙 담는 것으로 오늘 일과을 보냇다."

지출에 … 벼씨 침종 할려고 벼 가만이 들다 엽꾸리 담 마치서 약 1,500원

〈1993년 4월 15일 목요일 날씨 맑음〉

오늘 오전에는 물 막아넌는 작업을 하여쓰며 금년에는 물 막아넌는 작업을 반나잘만에 다 하여쓰니 금년에는 삼 분지 일 밖에 안대고 잇다. 금년 일은 수라게 돌라가고 잇다.

오늘 오전에 보을 끝을 내고 오면서 경운기로 모래 한 발리 실어왔쓰며 앞푸로도 보을 할 때에는 꼭 모래을 한 발리식 실어올 것이다.

"오후에는 금년도 비료 거름을 띠는데 복합이 62푸대, 요소가 38푸대, 밑거름과 웃거름이 100푸대을 트랙터에 한 발리로 다들 실어왔다. 그 나머지 시간에 윤혁화 씨 밭을 생노타리 쳐주는 것으로 오늘 일과을 맡

103) '30,000원'을 30,000 만 원으로 잘못 기록하였다.

치다. 오늘 일과도 바푼 하로라고 말을 하고 십다.”

지출에 복합 283,340원, 요소 158,460원,
모판용 비누류 10,860
계 452,660원

〈1993년 4월 16일 금요일 날씨 맑음〉

오늘은 건답직파 할려고 열 마지기 밑거름 16포 반을 헌치쓰며 거름을 해도 말은 자리에서 거름을 쉽기는 쉽더라. 올해에 건답직파가 잘 돼면 내년에는 상당이 학산이 돼리라고 본다.

“오후에는 영남이 직파 할 자리 15마지기을 오후에 노타리을 다 하였다. 직파 벌리가 됀다고는 하지만 기계 무리도 만타고 본다.”

〈1993년 4월 17일 토요일 날씨 맑음〉

건답직파 파종기로 오늘 처음 김영남이 파종을 하는데 파종기가 말을 안 들어 바종기가 돼지 않트라. 그래서 오늘은 기사을 불어도 토요일이라서 기사도 대리점에 업따고 하면서 보내주지 않치 대신경운기센타도 기사가 없지 남의 논에 파종을 하다 말리서 전 신경을 다 쓰도 할 도리가 업쓰며 하다하다 안돼어서 처음 기게을 줄 때 보리 파종할 때 쓴다는 흙바치로 그때는 파종이 제대로 대드라. 그때부터는 시간이 어쓰서 땅검이가 저고 을마 하지 몿하고 말라다.

〈1993년 4월 18일 일요일 날씨 맑음〉

오늘 오전으로서 김영남이 15마지기 논에 파종을 끝을 냇다. 오늘 같으며 파종이 잘 대며 할마나드라[할 만 하더라]. 오후에는 노타리을 하는데 23마지기 파종 노타리을 함. 이것도 트랙터 기름이 업쓰서 더 몿쳐고 마랐다.

〈1993년 4월 19일 월요일 날씨 맑음〉

처 어머님이 이때까지 개시다 집부로 가시서 좀 서운한 감이 들며 돼리고 개실 때에 좀 잘해드릴 끈대 하는 마음이 앞쓰며 처 어머님이 자신에깨 넘어나 고맡따고 이야기을 할 때에 잘해드리지 몿해서 미안어며 그리고 들례 같다오면 허리가 꼬버려진 할마시가 무엇을 한다고 스성대는 할마시가 업쓰니 집이 빈집 같드라. 그리고 자신은 우리 어머님이 일적 돌라가쉬서 처 어머님이라도 어머니처름 모실라고 해도 육체적인 행동이 따라가지 않는구나. 처 어머님이 자신에깨 서운한 점이나 업쓴는지 염려가 돼는구나.

그리고 봄비가 오지 않아서 다들 물 준다고 날리을 쳐고 잇다. 이 낡씨가 가물어도 넘어나 만이 가물고 잇따. 이 상태로 간다면 우리 농민들만 죽어난다.

오늘도 직파할 자리에 노타리 작업을 하는 것으로 하로 일과을 보내고 마랐다. 사람이 보기에는 다들 사람이라도 속은 사람이 몿돼는 사람들이 넘어 만이 잇따는 것을 알라다. 자신이 트랙터로 남의 일을 만이 하여 보지만 그저 형식적으로 밥 먹으로 가자고 인사을 하는 사람이 넘어 만으며 자신은 성격이 남의 음식을 잘 안먹는 성격이라서 그저 거절하고 집배 와서 밥을 먹고 마는돼 오늘은 최종환 씨는 자기 집에 밥 먹으로 가자고 트랙터에 매달리서 할 수 업시 따라가서 정심을 어더먹어다. 자신은 겉보기보다 마음가짐이 사람이라고 생각을 하였다. 인간이 속이 사람이어야 한다고 말을 하고 십다.
수입에 트랙터 노타리 값 20,000원

〈1993년 4월 20일 화요일 날씨 맑음〉

자신이 알기론 이려깨 매말라서 논바닥에 트랙터가 지나가면 비포장도로에 차 지나가는 것 쳐름 문지가 쇼다저는 해는 자신이 처음 바다고 생각을 한다. 그리고 오늘은 트랙터 고장 간계로 파종 면적을 생각보다 두 단지 적게 한 셈이다. 실지 돈도 좋지만 흙문지 먹어가면서 매말란 땅에 노타리 안 대지, 기계 무리 때문에 사실 돈 버는 것도 실타.
(최종 면적 7단지 한 셈이다.)
오늘로서 자신은 올해 처음 10마지기파종을 하여두어는데 수학이 재대로 돼어야 하는데 극정이 됀다.
"자형이 병원에 이번을 하고 병환에 잇는데 자신의 바푼 핑계로 한 번 병문안도 못하고 누님은 을마나 마음속으로 서운하게 생각을 하겟나. 평소에는 누님예깨 자신은 잘했따고 생각을 하는데 이번 병문에 돼해서는 재로라고 생각을 하여본다. 칯재가 병문이 먼저이여는데 건답직파 한다고 정신 업시 날띠다보니 자신의 할 일을 못하고 마라쓰며 정말 누님예깨 무선 말로 인사을 할찌 정말 미안타."
"오늘은 자형이 구미순천향병원에 입법을 햇따고 하니 어떠한 일이 잇쓰도 부인과 둘리서 가바야 하겟다."

〈1993년 4월 21일 수요일 날씨 맑음〉

오늘도 파종을 하는데 생각보다 더 잘대는 너킴이 잇드라. 고리고 오늘은 자신은 건답직파을 하고 잇는데 어른들이 우리 논 직파한 자리 지섬 안 나는 자리에 잡초약을 천다고 잇는데 자신이 건답직파을 해도 어른들의 미안함 때문에 계속 할 수가 업쓰서 거만 직파을 오후로 미루고 우리 논자리는 자신이 약 살포을 하여다. 약은 마세트유제약을 300cc짜리 6섯병 약 량으로 4마지기 살포을 적으서 나중에는 약이 적으서 대충 살포을 하고 마랏다.
그리고 오늘은 자신의 시간을 내서 구미순천향병원에 이번한 자형 병문안을 부인과 둘리서 가밧쓰며 자형은 대구파티마병원에서 진단 결과 간암이라고 판단이 낯쓰며 이것도 아주 신한 것으로 판정이 낮쓰며 이재는 죽음의 준비을 해야 하는 인간의 생명이라니 마음속으로 자형보다 누님이 더 처량해저는 너킴이며 누님은 거 가문에 가서 피어보도 못하고 죽어만 가는 남편의 모섭을 지켜바야 돼는 신세가 돼고 마라쓰니 그 피통함은 누가 다 아리까. 오늘도 병문안을 머을래서 만이 와드라만 그것들이 다들 가슴만 아푸게 하는 일들이다.
"사람이 일생을 살다 하나의 죽음을 지키야 하는 심정은 나의 죽음보다 드 계려운[더 괴로운] 뼈의 아픔이라고 본다."
지출에 … 자형 병문안 8,000 누님 조카
다들 밥 한 키에 12,500원 차비
1,000원
계 22,500원

〈1993년 4월 22일 목요일 날씨 비〉

오늘은 영권네 파종을 하고 오후에는 모재리 노타리 하는 것으로 오늘 일과을 맡치다. 사람이 요줌 정신업시 바푸며 사람이 어지간이 바파야 하는데 자신은 너무 바파서 정신이 업쓸 정도로 시간을 보내고 잇다.

지출에 … 트랙터 노타리발 9,000원
차비 800원
계 9,800원

〈1993년 4월 23일 금요일 날씨 맑음〉

어재 저녁에 천동을 쳐면서 비 오는 소리에 다들 놀라따고 하며 우리 부부는 내위 바람으로 소낙이 설거지 한다고 빨래거리만 소복이 내나쓰며 어재 저녁에 바서는 오늘 파종은 비 때문에 극정을 만이 하여는데 아침에 일어나서 보니 낡씨가 해말거며 어재 난동을 직인 날씨가 아무려치 안는 낡씨을 보여주는데 나로서는 천만다행이다.
"오늘은 자신의 파종을 하는데 낡씨가 넘어 좋으며 낡씨가 나을 도와주는 너킴을 바들 뿐 아니라 오늘 일도 생각지 않아뜬 사람들이 두 사람이나 와서 파종도 수라게 한 셈이다. 자신은 종일 잡은 것이 그진 오전에 다 한 셈이 돼니 빨리 한 셈이다. 오후에는 웃뜰 모재리을 겨우 다 한 셈이다."
"그리고 우리 일 할 때는 술도 만이 채우고 잇는 것 같떠며 자신이 생각을 할 때는 탁주 3병으로 충분할 줄 알라는데 탁주 10병 상점에서도 캄짝 놀라드라. 오늘 술꾼 해야 3 사람인돼 술을 만이 채아따고 생각을 한다."
"지출에 오늘 파종하는데 셋 값이 22,000원"

〈1993년 4월 24일 토요일 날씨 맑음〉

금일은 달희 파종하는 날인데 파종이 바푸다고 내 대신에 달희 집배 파종하로 가고 자신은 이점수 건답직파 할 자리에 노타리 하로 같쓰며 비 온 뒤라서 수건한 대는 땅들이 조금식 추진 편이드라. 오늘은 노타리을 해도 마음적으로 기계 무리가 들 간다는 생각이 들어 아주 편한 감으로 일을 하였다. 오늘은 자신의 모재리도 남이 쓰레질을 할 정도로 편하드라.
"금년도에 파종기을 구입을 해서 돈원 번다고 들지만 정신이 업쓸 정도로 바푸며 사실엽 도로볼[돌아볼] 시간도 업쓰며 자신이 바푸며 집사람의 일이 늘어나기 때문에 부인의 건강에 염려가 돼며 자신은 일에 무리가 가도 돼지만 부인 일에 무리가 가면 절때 안 댄다고 생각을 하며 여때것 일하는 것도 자신위 살기 위해서 일을 열심이 하여 왔찌만 부인의 일이 만은데 늙 안스려어며 미안한 마음이 떠나지 않아뜬 사람이다."
"부인은 남편을 위하여 자기 몸을 태우고 살라간다고 말을 하고 십다. 부인은 변함이 업시 늙 거[늘 그] 마음 남편을 위하여 살라가는 사람이라고 생각을 한다. 이 고마움 마음을 자신의 평생 같는다고 해도 늙 반은 남아잇쓰리라고 생각을 하오. 정말 고맡소(부인)."

〈1993년 4월 25일 일요일 날씨 맑음〉

오늘로서 모판을 안전이 하여쓰며 모판을 일적 해서 구차야 하는데 오늘 모판을 해서 육마상자[육모상자] 본 논에 낼 때에 문제가 만을 것 같으며 건답직파 때문에 자신의 일 망칠 것 같다. 자신은 남외 일보다 내 일을 먼저야 하는데 자신의 속마음은 남에 일이 먼저가 되니 이것은 음격이 따지며 바보 짓이라고 생각을 한다. 자신은 실찌 내 일을 먼저 하고 남외 일을 해야 잘하는 짓인돼 이것을 실천을 몿하고 잇쓰서 자신은 때로는 손예가 따릴 때가 만타.
"오늘 오후에도 건답직파 파종을 하여주어 쓰며 12시 나가서 실 참도 업시 오후 7시까지 일을 하였다. 사람이 바풀 때는 만이 한여야 한다고는 하지만 요줌은 매일 무리 대는 일들을 계속하고 잇다."

〈1993년 4월 26일 월요일 날씨 맑음〉

오늘은 영권내 육모사장을 본답에 내고 시간이 여유가 잇쓰서 웃뜰 논에만 육모상자을 내고 마랐다. 한 가지 일을 들어서 내일 이른 좀 편하리라고 생각을 한다. 오늘 오후에 두환이 건답직파을 하여주고 노타리 작업을 계속 하였다.

"건답직파로 돈을 벌라고 들며 이양기 모판을 줄우고 건답직파을 해야 남의 일을 할 시간이 만타고 보며 내년에는 건답직파 생산량을 보고 다들 건답직파로 달라들어야 할 것 같다."

"(금일은 노타리 작업 4단지 함)"

〈1993년 4월 27일 화요일 날씨 맑음〉

오늘로서 육모상자을 본답에 다들 넷쓰며 앞푸론 내 시간을 낼 수가 잇쓰며 육모상자일 때문에 건답직파로 돈 벌리을 뫃해서 손에가 아주 만아다. 내년에는 시간을 할용을 잘 해야 수입이 더 됀다고 본다.

"작년만도 작과 꽃이 저며 열매가 왓나 하고 궁금해서 수십 번은 가바쓸 끈데 올해는 작과 열매 보로 갈 시간이 업꾸나. 엔말래 살라갈수록 시집살리가 고대다고 하든이 살라갈수록 시간 여유가 업시 바푸구나."

"집사람을 살라갈수록 편하게 만들어 주야 하는데 자신이 돈 벌리 한다고 띠어다니니 부인 약통을 메고 풀약을 쳐고 잇는 것이 미안꾸나. 그려치 않아도 부인의 일이 넘어 만은 것을 알고 잇는 자신이 더 일끄리을 만들고 잇따는 것이 미안하기 짝이 업다."

"노타리을 8마지기 쳐는데 해가 저서 어더어저록[어두어지도록] 트랙터 노타리 작업을 하여쓰며 오늘 시간은 재철네가 개핵에 업는 일을 하는 바람에 자신의 노타리 개핵이 무너저고 말란 셈이다."

〈1993년 4월 28일 수요일 날씨 비〉

오늘 비는 건답직파 할 사람들 바서는 큰 낭패의 비라고 보지만 그 나머지 분들은 이번 비야말로 단비라고 본다. 매마른 대지에 반 해갈을 면하두록 내려쓰니 그 고마움이야 말로 말 표현할 수가 잇쓸까 한다.

"오늘 비로 인하여 종일 동안 푹 시고 종일 동안 잠밖에 안 잣따고 생각을 한다. 그리고 우리 혜지가 전화로 요즘 바푸지 하고 극정을 하여주는 것을 볼 때 갑짝이 어른댄 기분이 들며 아직까지 아들이라고만 생각을 하고 잇는데 아빠의 극정까지 하여주는 딸의 목소리가 그리 좋꾸나. 그리고 혜지가 아들이 돼어쓰며 을마나 좋아쓸까 하는 생각이 든다."

"오늘 해 절 무름에 앞밭 작과에 열매가 월마나 왔나 하고 극정이 돼어 가보니 아직은 학실이 열매가 불별이[분별이] 안돼고 잇찌만 띠어띠엄 과일이 보이고 잇드라. 금년 기온 바서는 열매가 업쓸 것 같은데 다행이라고 생각을 한다."

지출에 트랙터 엔진 오일 3통에 12,600원

〈1993년 4월 29일 목요일 날씨 비〉

건답직파 할 사람들은 비가 자주 오기 때문에 극정이 만이 돼개꾸나. 건답직파는 늙 불안을 안고 잇캐쓰며 대량으로는 할 것이 뫃 댄다고 본다. 외냐하며 우리 농사 짓는 주기로 본다면 건답직파는 봄 날씨에 달려 잇키 때문에 봄비 자주 오는 해는 건답직파는 낭패가 돼니 10년에 한 두 해는 일기 간게로 직파을 못한다고 볼 때에 별로 건장할 것은 못 됀다고 본다.
"오늘은 부인가 둘리서 참깨 갈려고 망 짓는 작업을 하여쓰며 비가 바로 온 뒤라서 땅이 추지기 때문에 망 짓는데 힘이 만이 들어다. 땅이 좀마른 후 할려고 더니 조금 더 잇쓰며 자신이 바파저기 때문에 오늘 같은 날씨에 하지 않으며 다들 부인 목씨가 돼기 때문에 부인의 일을 도와주는 셈으로 오늘 추진 땅을 고려는데 힘이 많이 들어다."

〈1993년 4월 30일 금요일 날씨 흐림〉

오늘은 웃들 모판에 종이을 벗키고 아래뜰 모판은 아직 색깔이 돌라오지 않아서 내일 벗킬 욕심으로 그냥 두고 마랐다. 금년에는 모판이 마음에 들지 않은 너킴이 들며 좋아 보이지 않는구나. 그리고 상토흙이 마음에 들지 않아서 그 마음이 살라저지 않코 머리에 잠적이 돼어잇쓰서 그리 마음적으로 편치 않는다.
"오후에는 트랙터 노타리 작업을 조금 하고 부인이 땅콩, 참깨 비누류 씨우는 작{업}을 하는데 도와주는 것으로 하로 일가을 보내고 마랐다.
그리고 남들은 자신을 일을 넘어 만이 한다고 하는데 이것도 한두 사람이 말을 하는 것이 아니라 보는 사람들마다 그진 다가 일 만이 한다고 입을 모우고 잇다. 자신은 이 말들이 실지는 안치만 자신의 생할이 좀 더 육택하여 진다면 부인과 둘리서 손잡고 편하게 살라보리라."

〈1993년 5월 1일 토요일 날씨 비〉

직파 할려고 노타리 쳐는 곳이 잇는데 요즘은 계속 비가 오고 잇쓰니 직파을 못하는 것이 아닌가 하고 극정이 돼며 이것은 일기가 못하게 하여찌만 음격이 타진다면 우리들이 잘못 때문에 직파을 못했따고 볼 때 미안한 점 말할 수 업꾸나.
"자신으로 바서 책임감 때문에 정말 미안한 감 잇찌을 못하게쓰며 자신한태 직파 부탁을 하고서 파종을 못넌 사람이 두 사람인데 이 사람에깨는 정말 미안한 감 말을 할 수가 업꾸나."
"오전에는 모판에 종이 벗키는 작업을 하여쓰며 아래들 모판도 역시 색이 들 도라왔쓰며 올해 모들이 마음에 들지 않으며 사랑한 맏이 업꾸나."
"오후에는 보뚝을 깍는 작업과 물 돼는 일로 오늘 일과을 맡치쓰며 오늘 물 돼는 논은 5마지기 밖에 돼지 못했다."

〈1993년 5월 2일 일요일 날씨 비〉

오늘은 비을 마저면서 물 돼면서 두룸 노타리을 하면서 두룸 보뚝을 하느라고 오전 일과가 정신 업시 보넨 것 같다.
"오후에는 넘어나 고댄 것 같아서 푹 실라고 생각을 하고 푹 신다고 신 것이 오후 3시드라. 그래서 더 쉬지도 않코 그 길로 모재리 한 밖기 돌라보고 보뚝과 두룸 한 단지 멘손으로 바르고 작과 밭을 한 박기 돌라보니 어더지며 금년에는 작과일이 작년보다 좀 만이 달린 것 같드라."

〈1993년 5월 3일 월요일 날씨 맑음〉

금일은 아래들 두룸 노타리을 돌라다니면서 전부 쳐고 고속도로 임숙네 논은 생노타리을 쳐고 마랐다. 생노타리을 쳐니까 갈리보다 수라면 잡초에도 노타리가 좋게드라.

그리고 늑들래서 두 번째로 일 진도가 빠르다고 생각을 한다. 윤봉희 씨는 안전 노타리까지 하여두어쓰며 남들은 아직 논에 물도 돼지 않는데 봉희 씨는 노타리까지 하여주어쓰니 이것은 일 진도가 음청난 빠른 진도라고 말을 하고 십프며 자신도 그 디을 따라서 일부 두름까지 하여주어쓰며 자신은 물을 다 잡아난 상태다. 올해는 일적 스들어서 이앙을 일적 해야 하게다.

"우리 혜지가 봉급을 490,000원 바다따고 하면서 돈을 가지고 왔드라. 아빠가 혜지 봉급 만이 받아따고 하니 특권을 빠지서 남들은 500,000 이상 받아는데 돈이 적따고 말을 하드라. 이 상태로 계속 번다면 아빠보다 돈을 만이 벌게따고 말을 했쓰며 우리 혜지 예 만이 먹으다. 우리 혜지가 돈을 벌고 잇따는 것이 실감이 나지 않으며 이것도 저의 부모 밑을 떠나서 기숙사 생할을 하면서 돈을 벌고 잇따는 것이 기득하기 짝이 업꾸나. 이 아빠가 너의 돈원 축을 내지 않코 다들 저축을 하여서 주마. 혜지야 정말 고맡꾸나."

"인간이 열심이 살라가는 것이 제일 절거운 것이란다. 우리 열심이 삶라보자구나[살아보자꾸나]."

〈1993년 5월 4일 화요일 날씨 맑음〉

금일은 건답직파을 을마 하지 몿하고 하로해을 보내고 마랐다. 오늘은 건답직파을 8마지기 하면서 종일 시간을 보낸 것은 자신으로 바서는 적자 생활을 한 것이나 다름이 업다. 오늘 일로 바서는 열심이 하여는데 일이 안대어서 을마 한 것이 아쉽구나.

"그리고 자신이 건답직파 할려고 노타리만 하여 둔 곳이 극정이 돼며 자신의 잭임을 진 것은 안수하여줄라고 내 나람대로 극정이 돼어 논 자리을 두 번식이나 들리쓰나 역시 땅이 마루지 않코 그대로 잇쓰서 몿네 아쉬운 감으로 돌라쓰고 마랐다. 앞푸로 3일만 맑은 낡씨을 보여준다면 건답직파 망우리을 할 수 잇따고 보는데 기상대는 7日, 8日 두 차례 비 온다고 하니 이 마음을 아푸게 하는구나."

"요줌 비가 올라고 하니 자주 오며 이것도 마은 량의 비가 내리고 잇쓰니 마음 타는 것은 자신의 뿐이라고 생각을 한다."

〈1993년 5월 5일 수요일 날씨 맑음〉

오늘은 어린{이} 날이다. 옛날 같으며 아이들 데리고 바람이라도 쇼이고 아이들 등살에 야외에 갈쓸 끈데 요줌은 아들이 크고 하니 어린이 날이라는 자도 내지 안으며 오희려 어데 가는 것을 실어할 정도다. 사람이 자라가는 가정이 한 번식 지나가야 돼는 과정이 잇따는 것을 한 번 더 너켜다.

"오전에는 두 단지 두룸과 보뚝을 하는데 이것도 12시가 꼭 대드라. 두 단지 두룸만 꼭 하여더라면 좀 일적 할 수가 잇쓸끈데 일하다 낡씨가 넘어나 화창해서 모란 통풍 씩킨다고 아래우들 돌라다니다보니 두 단지 두룸을 ×. 오전 네 하였다."

오후에는 건답직파을 2마지기을 7日, 8日날 비온다고 기상대에서 외보을 하여서 주인도 업는 직파을 하여주엇다. 건답직파할려고 따라다니도 잘 몿했는데 이제는 자신이 더 극정이 돼어서 주인 업는 직파을 하여주고 마랐다. 오후에는 2마지기 직파하고 한 단지 두룸하는 것으로 오늘 일과을 맡치다.

"오늘은 5月 5日 어린이 날이다. 오늘같은

좋은 날래 야외 갈 정도의 나이라면 내 을마나 좋으리만 이재는 야외 가자고 보체는 자식 업고 이제는 축이 넘어따는 생각을 가질 때에 절멈이 부렵꾸나."

〈1993년 5월 6일 목요일 날씨 비〉

오늘은 아침부터 비가 쇼다질 떳한 날씨라서 직파할 사람이 비온다고 몸이 달라서 외을 쓰기 때문에 자신도 서들어서 파종기을 몰고 들로 나쓰셔며 논자리에 몰고 들어쓰니 발통이 푹 내리가드라. 그래서 주인 보고 이래도 파종을 할려고 하느냐 하니까 비가 오면 안전 직파는 몿한다고 하면서 직파을 해달라고 해서 파종을 하는데 그 따라 비방울이 떠러저고 잇쓰며 자신은 오늘이라도 참아주어며 파종을 다 할 수 잇는데 하는 마음 때문에 오늘만 재발 비 좀 오지 않으며 좋게따는 생각은 간절하지만 비는 참아주지 않코 비방울이 굴거저기 시작을 하드라. 한 자리에 파종을 겨우 다 하니까 안전 비가 내리드라. 그래도 파종을 할려고 해서 자신도 포기을 하라고 계속 하도 몿하고 그 비을 다 마저면서 파종을 하여주어는데 자신도 진역여저는[짓이겨지는] 것을 보고는 미안하기 짝이 업드라. 파종을 하여달라고는 하여찌만 나중에는 자신을 원망을 하는 것이 아닌가 하는 염려가 크다.

"오늘 오후에는 부인은 자형 병문 가고 자신은 웃뜰 논에 노타리을 안전이 하고는 굼논에는 두룸을 안전이 하여쓰며 오늘 노타리는 생각지도 않아뜬 일을 하였다."

"그리고 부인 병문안을 갈다와쓰는 갈이 가자고 할 때에 가바쓰며 잘하는데 병원에서 삼 일 정도 몿 산다고 이야기을 하드라고 하길에 몸이 피곤하지만 갈이 가바쓰며 하는 후해가 돼는구나. 그려자 밤 10시 30분에 태원한다고 연락이 와쓰 형님과 둘리서 오트바이로 누님 집에 갈든이 밤 11시 정도에 병원차로 한자가 왔드라. 자형은 내가 죽는다는 생각을 전원 가지지 않으며 병원에서 모른다고만 할 때에 외석한 점이 잇꾸나. 사람이 병원에서 칙업[작업]을 하는 것만 바도 자신이 중한자라는 것을 알끈데 전연 그른 것을 모르고 잇는 것을 볼 때에 사람이 둔하다고 할까, 그르치 않으며 아무라도 중병이 들며 다들 자형 처름 생각을 저르깨 가질까, 여화뜬 죽엄을 눈앞에 두고 잇는 누님의 속은 다 타도라 갈 것이며 그 심정을 누가 알라주며 자식들도 그 속을 모르고 잇쓰며 죽어가는 남편을 보고 잇노라며 피통활 일이다."

"인간의 생명이 외 길고 짧번 생명을 가지고 태어난다는 말이냐. 인간은 이 세상에 태어날 때는 다들 길게 태어나서 자기 할 일들을 다 하고 자기 책임은 다들 하고 죽어간다면 을마나 좋을까. 그리 한심하게 살라 죽는 인생들이 그리 만타나."

〈1993년 5월 7일 금요일 날씨 맑음〉

오전에는 웃들래 두룸하는 일 모판에 한기시키는 일들을 하고 정심 시간을 이용하여 자형 병문안 갈려고 생각을 하고 일적 들어왓쓰보니 오전 11시 50분이 돼어서 병문안 갈려고 준비을 하고 잇는데 형님깨서 전화가 왔서 바다보니 오전 11시경에 별세하여따고 이야기을 하드라. 사람이 죽을라니 그리 십계 떨어저나. 어이 사람의 생명이 그리 허망하다는 말인가. 사람 생명이 그처름 허무하게 간다는 말인가. 정말 할 말이 업꾸나. 자신은 그래도 좀 더 살지 않캐나 하는 생각을 가진는데 정말 인간의 운명이 허망하게 갈 줄은 정말 몰랐다.
자형이 처자식을 두고 갈 때야 그 마음은 무어라 말을 할 수 업시 마음과 가슴이 찌저지{는} 그 마음을 누가 알까마는 처자식은 넘어나 냉정하리라고 생각을 한다. 누님도 상환이만 결혼을 식키고 자형이 돌라가쉬따면 아픔의 일붕르 들어갈 수가 잇따고 보는데 여하뜬 예석하기 짝이 업다.
"누님의 살라온 감정을 해아리 본다면 뼈의 아픔의 연속으로 오늘까지 살라왔따고 보며 사람이 한 번은 편할 일들이 잇는데 어이 그른 일들은 업고 곡절로만 살라왔딴 말이냐. 이재 숨을 돌리고 잇는 중 이른 상쳐을 본단 말인가. 다들 팔짜 소간으로 돌리는 수밖에 업단 말인가. 누님은 정말 볼상한 사람이라고 말을 하고 십다."

〈1993년 5월 8일 토요일 날씨 맑음〉

모판에 고은 장해인지 모 끝에 반점이 잇쓰서 오늘은 모판에 비누류을 안전희 벗키고 마라쓰며 오늘따라 바람이 부르서 오린 모에 피해나 돼지 않을까 하는 극정을 하였다. 그리고 저녁에는 비누류을 덥프두어다. 그리고 오늘은 우리 마을래 경로 잔치을 하여쓰며 올해따라 경로 잔치에 외지에 잇는 사람들이 찬조을 만이들 하고 잇드라. 그전에는 외지에 잇는 사람들이 찬조라고는 하지 않아는데 올해따라 찬조을 만이들 하고 잇쓰서 옛 인심이 돼살라나는 기분이 드는구나.
그리고 올해는 음식이라든지 모든 것이 푸짐한 잔치여따고 말을 하고 십다. 자신과 형님은 오전까지만 경로잔치에 잇쓰서며 오후에는 누님 집에 가서 일은 하지 않찌만 누님 집에서 시간을 보내쓰며 아직까지 궐력이 세도하고 잇꾸나. 왜냐하면 자형 장지 문제로 말성이 대두돼어 잇쓰며, 왜냐하며 자형 장지가 마을 뒤산인돼 장지 밑에 잇는 집주인들이 집 위에 선다고 반대을 하고 잇쓰며 이 문제로 2일 간 합이을 했도 결정이 안돼며 자형으로 바서는 장지가 다른 곳은 업고 그리고 장지와 가옥은 150매다 내지 200매다 떨어진 곳이다.
그른돼도 두 노인과 아들이 고집을 부리고 안 댄다고 벗타고[버티고] 잇쓰며 누님 쪽에는 갈 때가 업쓰서 가야한다 밭부디치고 잇쓰며 이것을 출상할 때에 서로의 불상사을 맡기 위해 사전 합이을 하는데 뫃한다는 사람이 김천 전문대 서무게[서무계]이며 이쪽 대표는 동생 순달이하고 자형 사촌과 합이 가정에서 한두 사람 모이다 동민, 동장 만은 사람이 순식간에 모여들어서 사람이 만아젔다. 그 가운데서 동생이 말을 하는데 조리잇깨 정말 잘하며 똑똑한 동생을 두어꾸나 하는 생각이 들며 어느 누구에깨 디저지 않캐드라. 상대방은 무족끈 자기 집 뒤라서 안 댄다고 이야기을 하며 이것은 어거지 소리만 하고 잇쓰서 귀가 찬다. 한편으로 상주 쪽을 무시해서 그른 태도가 나오는지 상주하고 한번 싸어보자고 하는 소리인지 정말 답답다. 이것이 해결이 돼지 않아서 내일 출상을 할 때에 큰 마찰이 될 것 같떠며 내일은 단단한 가고을 가지고 갈 작정이다.
지출에 … 자형 집에 탁주 준비하는 데 7,500원

〈1993년 5월 9일 일요일 날씨 비〉

오늘은 자형 출상하는 날인돼 장지 문제을

해결을 보지 않은 상태라서 극정을 하면서 누님 집부로 같든이 운상꾼들이 길거리에 만이들 나와서 잇킬래 극정이 조금 누거려 저는 기분으로 도착을 하였다. 막 도착을 하니 동생이 폭크랜 잇는데 가자고 하길래 같든이 폭크랜은 장지와 다른 곳에 잇쓰서 폭크랜을 장지로 가는 가정에서 할마씨가 안댄다고 하면서 폭크랜 앞을 막으며 폭크랜 바가지을 잡고 잇쓰니 종말이 동생이 장비을 외 막어며 당신 실타고 하는데 안 쓰며 됄 것 아니요 하면서 할마시을 잡고 미려내드라. 그래서 자신이 뒤따라가면서 동생 보고 손도 잡지 말라고 소리쳤쓰며 그려자 날 보고 이야기을 하드라. 사람의 마지막 길을 가로막으며 뫁한다고 하면서 소란을 부리며 돼겟씀이까 하고 사정을 하여쓰며 그르자 폭크랜은 장지 도착을 하고 어재는 둘리더니 오늘은 외톨이로 방해을 하고 잇드라. 그래서 자신이 생각한 것 보도 아주 적은 일들이다 하는 너킴이 들며 잇재는 별 노란 업시 별 일 업시 안장을 할 수가 잇따고 생각을 했쓰며 동생들도 일복을 입고 잇다 다들 정복으로 갈라입어쓰며 우리 형제들은 오늘 우리가 한단은[하겠다는] 가고을 했쓰는데 동민들이 협조을 하여주어서 정말 고맡고 그리고 그 날 비을 마저면서 일을 다 하여준 돼 돼에서 정말 머리 숙여 인사을 드릴 정도로 고맡드라. (정말 고맡다.)

지출에 … 운상꾼들이 달고하는 데 10,000원

〈1993년 5월 10일 월요일 날씨 맑음〉

금일은 작과나무와 사과나무에 살충제 약을 살포을 하여쓰며 살충제 약을 100말 끄리 약을 살포을 다 하고 고추 모종 200포기 중 100포기만 심을 시간이 나오지 않드라. 그래서 100포기는 내일도 미루고 오늘 하로을 보내고 집배 돌라와보니 편지가 보낸 사람의 주소가 업시 자신의 이름으로 편지가 왔잇드라. 누가 자신에깨 편지을 했쓸까 하고 그 편지을 부인과 둘리서 떠드보니 아빠, 엄마, 혜영, 운이 식구 수돼로 안부 편지을 한 장식 다들 잇드라. 그 편지을 다 일어갈련니 눈시울이 떠거지며 편지을 다 일키는 넘어나 힘들어다.

그 편지 내용원 아빠와 엄마에깨 넘어나 기대에 뫁 미치는 자식이 돼어쓰며 너머나 재송하다는 니우침의 내용이 아빠와 엄마가 자식들에깨 너무나 희생을 하고 잇따는 고마음 모든 것을 니우치고 이재는 삶매 길을 착실희 살라갈 결심 또 동생들 공부을 열심희 하라는 당부와 부모 뜻을 저버리지 말라는 내용이드라. 이 편지을 다 일키는 너무나 힘들어다.

혜지아 너의 편지을 보고는 정말 고맡다고 생각을 한다. 그래도 맡딸이 무엇시 달라도 다르구나. 너의 편지을 보고 내 마음이 넘어나 든든한 감을 너켜다.

"혜지아 정말 고맡다. 우리 혜지 꼭 전문대학을 꼭 시키고 말겟다."

지출에 … 건답직파기계 값 535,000원

〈1993년 5월 11일 화요일 날씨 맑음〉

오전에는 세집배 작과나무 약을 살포을 하고 오후에는 자형 사모날이라서 가바쓰며 다들 사모날까지 일들을 잘 바주서 고맙드라. 그리고 오늘같은 날은 종일 동안 놀다 오며 좋찌만 너무나 바픈 철이라서 누님과 이야기도 별로 하지 않코 그만 일적 오고 마랐다. 누님 집에서 곳바로 바서 당산 작과나무 빌과 논 머리에 잡초약을 살포을 하는 것으로 오늘 일과을 보내고 마랐다.
"지출에 … 자형 부이금으로 100,000만 원"

〈1993년 5월 12일 수요일 날씨 맑음〉
오늘은 남외 논 생노타리로 오늘 해을 보낸 셈이{다}. 생노타리을 하다 기계가 열이 만은 것 같다서 좀 역 식꾸느라고 좀 쉬면서 모판 비누루을 안전이 벗키고 모판 거름까지 하여쓰며 거름이 유안으로 할려고 생각을 하여는데 유안 적으서 요소 비료을 좀 하여다. 자신의 {생}각보다 거름을 만이 하여는데 해가 돼지 않을까 하는 염려도 됀다.
"트랙터 벌이는 욕심을 부리서 그르치 기계 열 나는 것을 보며 앞푸로 남고 뒤로 밑가는 것이 아닌가 하는 {생}각도 사실 들며 별로 탐스렵지 않타 사실."
수입에 … 트랙터 논갈리 값 25,000원

〈1993년 5월 13일 목요일 날씨 비〉
오늘은 천동을 치면서 비가 내리며 비방울 굴걸 때는 불안할 정도로 비가 내리며 남외 논 생노타리을 하면서도 청동 때문에 불안하드라. 비가 넘어 와서 다음 할려고 들다 한 번 들어오기가 쉽지 않아서 일을 하는 짐에 다들 망우리을 다하고 끝을 냇다.
"오후에는 노타리을 할려고 개핵을 세어는데 날씨가 넘어나 험살구저서 그만 오후 작업은 포기을 하고 마랐다. 오후에 안전 휴식을 하여쓰며 요줌 때로 바서는 비 온다고 휴식할 때가 아닌데 비 때문에 휴식을 하고 마랐다."
"우리 혜지가 기숙사 생활을 하다 기숙사에서는 공부을 할 수가 업따면서 집에서 다닐라면서 집우로 오고 마랐는데 집에서 출태근을 할려고 들며 저의 엄마 힘든다고 기숙사 생활을 좀 더 하다 하반기에 회사 생활을 치우고 공부을 하여보라고 근유을 해도 들어주지 않으면 집배서 출근을 하게 돼며 차멀미에 더 시달릴 탠데 극정이 대는구나."
"김영삼 씨의 대통령은 국회원 재산 공개로 다들 부정으로 돈을 벌어쓰며 이것도 부동산 투기로 다들 벌어쓰며 이것을 다들 처벌을 할려고 하니 국회원 다들 처벌을 할려니 국회가 마비가 될 것 같떠며 이것을 극정이 돼어서 그른지 근물급만[거물급만] 처벌을 하고 이것도 한두 사람 우리 국민으로 바서는 부정으로 재산을 증식을 한 것은 다들 처벌을 하여야 하는데 이것은 국민의 마음에 차지 않는 일들이라고 생각을 한다."

〈1993년 5월 14일 금요일 날씨 맑음〉
어재 저녁 비가 상당이 만이 온 비여더라. 오늘 들판에 나가보니 천지가 하얀 너킴이며 모판 건답직파자리 할 것 업시 물바다로 장관을 이라쓰니 이것은 우리 농민들의 큰 피해며 봄비 쳐고는 자신의 알기로도 처음이 아닌가 한다.
"우선 바서는 근답직파 한 사람은 극정이 크게드라. 천지가 물천지가 돼어 잇는 것을 보며 다들 농사가 됀다고 생각을 하는 사람들은 업따고 볼 때에 이것은 극정을 안 알 수가 업다. 만약 실패을 한다면 큰 손실이 따리기 때문에 문재라고 생각을 한다."
"그리고 금년에 건답직파가 됀다면 내년에는 넉둘에 전부 직파할려고 들 뿐 아니라 한 필지도 직파 못 할 자리가 업따고 본다. 직파 면적은 올해로서 육성이 돼나 실패가 돼나 하는 갈림길이라고 생각을 한다."

"오늘은 노타리와 두룸하는 것으로 오늘 일가을 보내고 마랐다."

〈1993년 5월 15일 토요일 날씨 맑음〉

오늘은 노타리 하면서 모내기 할려고 두룸 깍는 일.

정말 한 몸으로 여릇 것을 할려고 하니 사실 기계는 짬짬이 쉬는 시간은 잇찌만 자신은 종일 동안 한 번 실 사이 업시 일을 한다고 본다.

"사실 자신 일도 만은데 그 중 돈을 벌라고 더니 건강에 무리가 만타고 생각을 한다. 자신의 성격으로 바서는 남이 해달라고 하며 거절을 못하고 다 들어줄라니 자신의 몸에만 무리가 간다고 본다."

"혜지가 오늘로 기숙사 생활을 정리을 하고 오늘 집부로 와버릿다. 혜지가 무선 생각으로 집부로 왔는지 모르나 자신은 기숙사 생할 좀 하다 회가 생할 취우고 공부을 하는 것이 낮찌 않캐나 하는 이야기을 하니 그 말은 들어주지 않코 짐보따리 싸왓드라. 혜지가 집에서 다닌다면 저의 엄마가 힘들계 돼어 잇다. 집사람은 한 가지 더 일끄리가 생기는 샘이며 자신은 이것이 불만이다."

지출에 … 경유 드람에 36,120원
크라목손[104] 500L짜리
5,200원 (병에 2,600원식 함)
계 43,200원

〈1993년 5월 16일 일요일 날씨 맑음〉

오늘 오전에는 생노타리 하는 것으로 시간을 보내고 이 시간도 잠쉬 시간을 내서 일을 하는 것이다. 요줌 같으며 3인분의 일을 해야 재대로 할 꺼 같꾸나.

"오후에는 자신의 모내기 할 준비을 본격적으로 들어같쓰며 부인과 둘리 하여도 6마지기 거름을 헌치서 다 장만하는데 오후 시간을 다 걸리고 3마지기는 거름만 같다 놓고 손대[손도] 대지 못하고 마라다. 오늘 개핵은 9마지기는 모내기을 할 수 잇두록 준비을 다 할려고 개핵을 세어는데 한 단지가 개핵에 차질이 잇다. 오늘 못 다한 개핵을 내일 이것을 충당을 하기 위해서는 내일은 정심밥을 가지고 가야지 다 할 수 잇따고 본다."

〈1993년 5월 17일 월요일 날씨 비〉

비가 너무 자주 올라고 하는구나. 이번에 비가 너무 만이 오며 건답직파한 곳에 물천지 이루며 건답직파 가정에는 외간장 다 탄다. 재발 비 좀 그만 왔쓰며 한다.

"오늘은 자신의 모내기 준비한다고 시간 여유가 업쓰서 오늘은 해장에 가서 생노타리을 4마지기 쳐니까 2시간 반이나 소유대드라. 자신은 해장 일을 해야 자신의 일이 연장 업시 재대로 될 것 같타서 오늘은 오전 5시 못돼어서 일하로 같쓰다."

"요줌 모내기 할 시기가 꼭 대어따고 보는데 아직 모내기을 할려고 하지 않으며 요줌 사람들이 알들이 할려고 하지 않으며 이것은 정부에서 우리 농민들을 등한시하였키 때문에 우리 농민 일에 의욕에 업쓰며 그나마 성격도 다 버리따고 생각을 한다. 정부에서는 우리 국민위 성실이 살라가는 마음

104) 국내에는 그라목손(Gramoxone)이라는 이름으로 널리 알려져 있으며 이에 대한 오기인 것으로 보인다. 정식명칭은 파라콰트(paraquat)이며 제초제의 일종이다.

과 의지을 우리 국민에깨 주입을 해야 우리 나라가 잘 살라가리라고 생각을 한다."
"모내기 논을 장만하는데 11마지기 밖에 장만 못했다. 생각보다 일에 진도가 업따고 본다."

〈1993년 5월 18일 화요일 날씨 맑음〉
오늘로서 아래들에는 모내기을 할 수 잇두록 다들 장만을 하여쓰며 금년으로 바서는 자신의 모가 키가 적은 감이 잇쓰나 자신의 일 들라고 서둘러서 논장만을 하여다.
그리고 오늘도 트랙터 돈 번다고 새벽에 가서 생노타리을 하여쓰며 자신의 채력은 을마든지 할 수 잇따고 보는데 이재는 트랙터 벌리도 오늘 10마지기 하여서 이재는 주문받은 것은 한 자리만 남은 셈이다. 사람이 돈 버는 일은 건강을 상하게 하는 요인이기 때문에 욕심을 조금 버리고 살라가는 것도 아주 좋은 방법이다.

〈1993년 5월 19일 수요일 날씨 맑음〉
오전에는 부인은 복숭 적과을 하고 자신은 사과나무 이식한 것이 사과가 만이 달리서 자신은 나무을 키우기 위해서 다들 따내는 작업을 하여쓰며 작과나무에 매년 열매을 기다리다 벌서 맨년시[몇년이] 돼어쓰며 올해도 역시 과일이 업쓰며 이것을 볼 때에 사과나무로 돼치한[대체한] 것이 정말 잘했따는 생각이 돼며 올해 작과일 업는 것은 별 신경에 쓰이지 않는다. 외냐 작과 돼신 내년에는 사과가 달릴 것이니 벌서부터 마음이 품짐한 너킴이다.
"오후에는 21日, 22日 양일 간 모내기 할 자리에 부인과 둘리서 모판 따다놋는 작업을 하여쓰며 오늘 오후는 개핵보다 5마지기나 일을 더 하여따고 생각을 한다. 사람이 개핵대로만 하여도 만족한 감으로 일을 맡치야 하는데 여기서 욕심을 부리서 더 하는데 건강에 무리을 주는 것이다."
"개핵대로만 일을 한다면 건강에 별 무리 업시 일을 할 수 잇쓰며 내일 일을 절거운 마음로 할 수 잇따고 본다."

〈1993년 5월 20일 목요일 날씨 맑음〉
오늘 개핵은 오늘 종일 동안 모판을 띠서 자리마다 갇다놋는 작업을 한다는 개핵을 세우고 일을 하는데 일이 수라게 잘 돼어서 욕심을 내서 오전에 모판 티는 작업을 다 할려고 우리 부부가 세참도 업시 부지련희 하여서 오전 내에 모판 쓰레 작업까지 마치고 마라쓰며 오늘 일에 욕심을 내서 오전 너깨까지 다 맡치고 오후에는 내일 이앙기 모내기 할려고 하는 것을 압당겨 보게따고 열심희 한 것이 혀사여다. 외냐하며 내일 일을 수라게 할려고 하루 정때을 압당겨 본다는 욕심으로 모내기 한다고 이양기을 몰고 본답에 가서 모내기을 하여보니 이양기 고장으로 모 심어저는 것이 응망이드라. 그리고 기계가 스로[105]가 안 대어서 도저희 이앙을 할 수가 업쓰서 조합에 경운기 센타로 몰고 같뜬이 내일 10시에 오라고 하여서 마음 속으로 기가 차서 시방 일꾼들이 놀고 잇따면서 사정을 하여서 재발 수리을 하여서 시운전까지 하여보니 우선 잘 댈 뿐 아니라 자신의 마음적으로 기계 잘 곤치따고 생각을 하는 바이다.

105) 쓰로틀 밸브(throttle valve). 공기와 연료의 혼합량을 조절하는 장치.

지출에 … 이앙기 휘발류 5,300원
야외까스 1,600원
계 6,900원

〈1993년 5월 21일 금요일 날씨 비〉

첯 모내기를 하면서 비오는 날이 선택이 돼어서 일하는데 지장을 줄 뿐 아니라 이앙기을 바로 갈 수가 업쓰며 모내기가 어망이 돼어 보이며 마음에 들지 않는 모내기라고 말을 하고 십프며 종일 동안 모내기을 하여도 4단지 밖에 못한 셈이다. 이것도 실 참업시 일을 한 것이다.

"오늘 일을 하여보니 일을 해서는 안 댄다는 너김을 받아쓰며 이재는 남외 농사을 주리야 될 것 같다. 앞푸로 이른 식으로 하다가는 부인과 자신의 건강에 무리가 갈 뿐이라고 생각을 할 때에 머지않아서 줄라야 한다."

〈1993년 5월 22일 토요일 날씨 비〉

오늘 오전에는 우장을 집배서 입고 가야 {할} 입장이라 우정을 다들 입고 비을 마저면서 경운기에 모 머들일 사람을 실고 들로 가는데 정말 스그프며 자신이 이처름 스거픈데 남들은오죽하게나. 이것도 요줌은 남외 일은 안 알라고 하는 세상인데 이것도 사정을 해서 품을 어든 품이며 이것도 면을 바서 온 사람들인돼 날마자 비가 내리고 잊쓰니 자신으로 미안하기 짝이 업꾸나.

"그리고 오늘은 혜영이을 데리고 같쓰며 혜영이는 아빠 이양기로 모내기 하는데 모판 들어주는데 그드려달라고 하여떠니 잘 거들어주며 올해는 이앙기로 품을 데어서 모내기을 했는데 어재는 부인과 둘리 하고 오늘은 혜영이하고 둘리 해서 품을 대지 않코 이앙기 모네기을 아래들은 끝을 내고 마랐다. 그리고 모머들이는 사람들은 다 하여준다고 저물두록 하여는데도 7곱 단지 중 6단지는 다들 머들리쓰며 남으지 한 단지는 내일 부인 목시로 남꼐 돼어다."

"우리 운이는 3박 4일 동안 설악산 수학여행을 갈다 왔는데 구경을 잘해는지 도무지 표정이 업쓰며 저의 엄마 하로 한 번식 집부로 전화을 하라고 당부을 해도 전화 한 통아 주지 않코 정말 너무 생각이 업는 아이라서 극정이 크다."

"그리고 누님이 형수 아푸다는 소리을 덧고 밤의 큰 집배 왔다고 큰 수박을 경숙이 편으로 보네더라. 누님이 큰집까지 오시따는데 당장 뛰어서 가바야 하는데 자신이 오늘은 저녁을 먹고 나니 정말 움직이기도 실더라. 그래서 전화로 누님에깨 꼼짝끄리기가 실어서 누님에깨 못 가게따고 이야기을 했쓰며 누님은 내가 왔는데 한번 와보지 않는다고 서운하게 생각이나 하지 완아쓸란지 몰겠다."

오늘 저녁은 우리 부부가 지쳐서 움직이기 실투록 지쳐 잊쓰며 이투록 지쳐서 맥을 못쓴 날은 업는데 오늘은 둘리가 이재는 농사로 못찌개따고 품을 떨어쓰며 자신도 논농사로 돈을 벌다가는 부인 죽이게따는 생각이 들어쓰며 갈수록 힘은 줄기 때문에 부치기 마련이며 자신의 마음은 아직 이십대의 그 마음인돼 나의 육체는 그려치 않타는 것을 오늘 절시키 너켜다.

〈1993년 5월 23일 일요일 날씨 맑음〉

금일은 웃들래 스레작업을 하는데 두룸 깍는 일을 믿차 못해서 오늘 스레작업을 하면서 두룸을 깍는 작업을 할려니 일이 안 대고 잇쓰며 오늘 웃들 셋 단지을 밑거름 헌치가면서 쓰레잡을 끝을 내는데 오후 6시까지 걸리며이거솓 실 참 업시 일을 한 셈이며 정심도 그 자리에서 숫갈 지우면서 일을 해도 오후 6시까{지} 하여서 끝을 냇다. 작업을 알로하고 나니 기진맥지 하게드라. 금년에는 자신 힘이 만이 들어가는 너킴이드라.

〈1993년 5월 24일 월요일 날씨 맑음〉

금일은 모내기 한 곳에 물 돼는 작업을 하여쓰며 모내기을 일적 하니 물돼는 일이 수라며 윤봉희 씨가 남 먼저 이앙을 하는 이유을 알 수가 잇꾸나. 이앙 후 물 돼는 작업이 큰 일이라고 해도 가연이 아닌돼 이앙을 남들보다 먼저 하고 나니 물 돼는 작업을 만돼로 할 수가 잇쓰서 좋꾸나.

"사람들이 모내기 하는 것도 반짝 하는 것이 업고 분비지도 안꼬 아주 시간 여유을 가지고 다들 일하는 것 같다."

"김영삼 대통령이 국회원 재산 공개에서 부정으로 재산 증식한 것을 다들 법도로 처벌을 하지 못하고 이 삼 명만 처벌을 하고 말라서 마음에 들지 않으니 요줌은 부정 미리 처벌하는데 태풍이 모라쳐는 것 쳐름 가감하게 철벌을 하고 잇는 것이 마음에 꼭 들며 역대 대통령이 못한 것을 김영삼 대통령이 하고 잇따는 것이 제일 훌륭한 대통령이라고 말을 하고 십다."

"앞푸로는 공무원이 부정이란 해서는 안 댄다는 것을 인식이 머리에 박화두록 하여주어쓰며 한다."

〈1993년 5월 25일 화요일 날씨 맑음〉

오늘은 영남이 직파한 곳이 씨가 쓰지 않아서 다시 노타리을 하여서 이앙기 파종할려고 다시 노타리 쳐는 자신의 마음이 좋찌 않는데 당사자는 마음이 오죽 아푸겟나. 자신이 파종을 한 자신이 씨가 잘 서며 을마나 좋으르만 이앙기 파종을 할려고 자신이 문꺼버리고 잇는 자신이 가슴 아푼 일들이다. 앞푸론 직파 문제도 늙 씨 문제로 말성이 될 것 같더며 기계을 가지고 잇는 입장에서 파종하는데 잇쓰서 힘이 다 들어가는데 씨가 잘 서며 돈을 다 받고 씨가 쓰지 않아서 다시 갈개 돼며 그 돈을 일부만 받는다는 것이 일계을 가지고 잇는 입장에서 불만이라고 본다.

아래뜰래는 이앙기 모내기 한 곳은 제초제 약을 다들 헌치는 일가로 하로 해을 보내고 마랐다.

〈1993년 5월 26일 수요일 날씨 맑음〉

금년도에 모내기는 오늘로 끝을 냇다. 한 해가 하늘에 그림 지나가드시 가버리고 잇쓰니 인간의 인생이 이처름 늙어간다는 것인데 생각을 할수록 한스렵고 가슴 아푼 일들이다.

"자신도 모내기을 일적 한다고 하여는데 금년 모내기는 다들 한 고비도 업시 들판에 사람들이 북적그리지도 않코서 논자리는 어린 모들로 자리을 매꾸어 가는 것을 볼 때 다들 제 목이 잇기 때문에 다들 잘한다."

〈1993년 5월 27일 목요일 날씨 맑음〉

오늘로서 논 잡초약을 다들 살포을 하여쓰며 그리고 금년에는 모머드리는 작업을 웃들은 놉도 하지 않코 부인과 둘리 하는데 부인은 두룸 빨 부치고 자신은 중간 중간 결주가 낮는데만 머드리고 마란 셈이다. 요

좀 알드리[알뜰이] 생산을 하는 시대는 다들 지난나바. 자신도 남들이 대는데로 농사을 짓는 것을 보고 마음속으로 저래서는 안대는데 하고 마음속으로 숭을 본 사람인돼 자신이 숭을 본 사람의 일로 따라가고 잇따는 생각이 들어가고 잇다. 자신은 올해는 알들이 할 시간 여유가 업쓰며 부인 역시 시간 여유라고 조금 업는 시간을 연속 보내며 우리 부부의 일은 일 년 12월 다 바뿐 시간으로 보내고 잇따고 말을 하고 십다.
"이재는 논에 일이 끝이 낫쓰니 부인이라도 시간 여유가 잇는 날을 보내쓰며 하는 마음이다. 요줌 둘리가 너무 디다는 말이 넘어나 허나게 나오며 너무나 지친 몸이라고 생각을 한다. 이재는 50대의 몸이란 것을 좀 생각을 해야 하겟다. 그리고 부인의 건강을 좀 더 생각을 해야 한다. 부인 몸이 건강해야 자신의 몸은 따라서 건강하는 쪽으로 가는 법이다."

〈1993년 5월 28일 금요일 날씨 맑음〉

금일은 포도밭이 김매기을 바푼 핑계로 못해서 밭이 지섬 등으리라고 말을 하고 십프며 지섬 때문에 어떠게 할 주망을 몰겟쓰며 갱이로 김매기을 하여보니 도저이 화결을 할 수가 업깨더라. 그래서 울러매는 푼무기로 제초제 약을 살포을 하는데 15말 살포을 하고나니 어깨가 다들 벗키지는 느킴이 들며 은신도 못하게드라. 자신은 종일 동안 해결을 할려고 들어는데 결국은 해결을 못하고 내일 오전 일을 난겨두고.
"김영삼 대통령이 역대 대통령은 손도 대지 못한 일ㄷ르을 하고 잇다. 부정부패 전부 사거리 정리을 하고 잇쓰며 자신이 생각을 할 때에 넘어나 비리을 만이 처벌을 하다보면 적이 만이 생기는 법. 처벌을 해도 야금야금 정리을 해쓰며 한다. 이르다가는 김영삼 씨 대통령 임기도 못 채우는 일이라도 벌어절까바 극정이 된다."

〈1993년 5월 29일 토요일 날씨 맑음〉

어재 포도밭에 울리 매고 처는 푼무기로 잡초약을 살포을 하는데 거것도 여르 통을 쳐니까 압축이 돼지 않아서 오늘은 푼무기을 곤치고 셋 것을 하나 사왔다. 이재는 잡초약 쳐는 푼무기, 살충제 쳐는 푼무기 이재두 개라서 약 쳐는 돼는 별 지장이 업쓸 것 갈다.
"그리고 구미 순서 동생이 외국에서 들어온 기계 팍스라면서 썰 수가 잇는 나무라면서 8톤 차로 한 차 가지고 왔드라. 자신이 볼 때에 나무을 시중에서 살려고 하면 음청난 돈이개드라. 이것을 다들 정리을 할려고 하면 힘이 만이 들어갈 것 같트며 이것을 운이와 발라시을 하여보니 엄두도 안나며 보통 힘으로는 못도 빼지 못하게쓰며 이것도 다들 보도로 조립을 하여서 더 힘이 들고 잇다.
그른돼 이것을 정리을 할려고 하며 겨울에 일이 업쓸 때 가지고 왔쓰며 시간 여유을 가지고 치아쓰며 돼겟는데 내난 바뿐 철이라서 정리가 할 수가 업쓰서 운이와 둘리 하든 작업을 그만 다음으로 미루고 마랐다.
"오후에는 벼논에 물 돼는 작업을 하는데 물 돼는 사람이 업쓰서 오늘 7곱 단지 물을 다 돼어쓰며 이것도 오후에 나가서 다들 돼어쓰니 이것은 자신으로 바서는 삼 일 일은 했따고 생각을 한다."
지출에 … 구미 동생 나무 가지고 오는데 세 값 5,100원, 푼무개, 푼무기,

압축기 32,000원 차비 400원
계 37,200원

〈1993년 5월 30일 일요일 날씨 맑음〉

우리 마을에서 물 막아 넌는 작업 보을 하여쓰며 아직까지는 냇물이 엄치 내리가드라. 냇물 바서는 이직보에 돼외서는 극정을 하지 않아도 될 것 같다.

"오후에는 트랙터 노타리 하여로 같쓰서며 내일도 너무 만아서 어든 것부터 해야 퇠란지 할 정도로 밀려잊는데 돈 버는 일이라고 노타리 하여주로 같쓰며 기계로 돈 별라고 들면 자신의 일은 여과치기로 해야 퇠 형편이다."

"노타리을 끝을 내고 나니 시간 여유가 잇쓰서 부인이 콩씨 너을 때에 김매기 하로 같는데 도와줄라고 같든이 잡초가 무성이 자라서 이것을 어떠게 해야 하나 극정이 앞쓰는구나. 그래도 해야 할 일이기에 달라들어서 김매기을 하여 보니 생각보다 수라게 줄어들더라. 김매기 하는 것이 하도 잘 주려더는 이랑을 보니 보기도 좋고 잘 주러드는 기분이 좋아서 너깨까지 하여서 김매기 작업을 끝을 내고 마랐다."

〈1993년 5월 31일 월요일 날씨 맑음〉

힌 콩씨 너을 곳에 노타리 작업을 하여쓰며 그간 가뭄이 심해서 노타리 쳐는데 문지 투성이드라. 아직 콩씨 부림을 뫃하게드라. 외냐 땅들이 너무 매말라서 씨부림을 하여도 낮지 않캐드라. 그리고 오후에는 보밭에 참깨 속음질과 무지파 씨 할 곳과 땅콩밭 김매기 하는데 땅거미가 저두록 해서 작업을 마치고 집부로 돌라왔다.

"오늘 저녁에 자신은 부인을 넘어나 생각을 하다 큰 싸음이 돼고 마랐다. 외냐하며 자신은 저녁밥을 먹고 검새 잠이 들어서 일어나 양치질 할려고 문을 열고 나가니 부인 당파씨 뽑아다 논 것을 한 다발 엮끄서 같다 놋터니 또 엮끌라고 들길래 힘든다고 하지 말라고 여르 번 이야기을 해도 말을 들어주지 않아서 당파씨 못 쓰게할려고 물을 박아지로 덮프씨어터니 그물이 부인도 덥프쓰뜬 모양이드라. 그려자 부인의 말이 성질이 지알것다고 들고 돼들더라. 그말이 자신의 귀에 거슬리며 자신은 요줌 부인의 일이 넘어나 뒤서 그리고 저녁마다 잠자리에 허리 아푸다는 말이 미안하고 자신은 늙 안스려 늙 미안하게 생각을 해서 낮재 일하고 밤에 일하는 것을 뫃하게 할려고 하는 것이 자신의 마음과 부인 마음 차이점 때문에 불씨가 돼어서 이재는 부인도 목청을 높이서 자신에깨 돼들고 잇다. 나 죽는 꼴 볼라고 하느냐고 돼들고 잇쓰며 오늘은 자신의 성질대로 했쓰며 주먹으로 때리죽이고 십픈 마음이며 자신이 손을 두 차래 때리찌만 여자 목소리가 울 넘어가며 그 직구석 다 대어따고 하는데 우리 직구석도 여자 소리가 위웃 담을 넘어같쓰니 직구석은 다들 돼어따고 본다. 오늘 이웃만 아니며 대판 싸와서 죽묵으로 때리죽이고 십픈데 성질돼로 뫃해서 하병으로 죽을 뻔 했쓰며 이 여자 사랑을 넘어 주다 남편 죽이고도 남을 여자라는 생각이 들며 옛날부터 여자 공구며 남자 발고 일어선다더니 그 말이 떨림이 업쓰며 이 여자도 다름이 업쓰며 앞푸론 미안해 여길 필요도 업고 여자 선기다는 남자 죽는다. 이 여자도 남자 죽이고 남을 여자라고 생각을 한다."

"여자 껌직이 생각하다 밤새두록 뜬 눈으로

새아쓰며 이 여자도 처음부터 자신과는 맡이 않는 여자라고 너킴이 밭은 것이 오늘 뿐 아니라 여 앞패스도 발탁이 돼어쓰며 오늘 보니까 마음에 들지 않으며 여때것 떠공가 왔는 것이 후해돼는구나."

〈1993년 6월 1일 화요일 날씨 맑음〉

어재의 추라벌로 오늘은 부인이 미어서 일하로 가면서도 오트바이에 태어주지 않코 그냥 걸어가게 하여쓰며 자신은 부인과 거리을 두고 살라야게따는 생각을 하여다. 외냐하면 부인을 넘어 사랑하며 남편에깨 대더는 것은 기정사실로 안다. 이것을 방제할려고 거리을 두고 생할을 할려고 마음을 먹고 오전을 먹게 해서 생할을 하니 무이미한 생할을 하는 것쳐름 지루한 너킴 때문에 건강을 더 상하게 돼는 것 같다서 참기가 더 힘들어 부인을 거늘 밑투로 불어서 좀 쉬게 하여다. 서로가 맡안저서 이야기을 하여보며 잘못도 자신외께 더 만은 것 같다. 이것을 생각을 하여 볼 때에 자신의 마음에 꼭 맡두록 따라주기 바라는 마음에서 서로의 음성이 높아저는 것 같다. 이것을 서로가 요꾸의 만족을 100%부로는[100프로는] 가지고 살려고 하며 무리한 짓이라고 보며 인간은 70%부로 가지고 살라가야 서로의 음성이 줄어들지 않나 하는 생각도 하여본다.
-----삭제

"오늘은 말리 사과밭에 콩씨을 갈라쓰며 둘리서 종일 하여는데도 일족끈이 좋지 않아서 콩씨부림을 다 하지 못하고 말라도 그리고 참깨와 고추, 진디물 약을 살포을 하여다."

지출에 … 휘발유 1말래 5,400원 크리목손 참초약 500cc짜리 3병 9,000원 라쑈잡초약 5병 300cc 8,600원
계 23,000원

〈1993년 6월 2일 수요일 날씨 비〉

금일은 비가 내린는데 우리 지역은 아주 적은 비가 내리쓰며 이번 비가 남부 지방으로는 비가 아주 만이 왔쓰며 남부 지방으로는 태풍이 지나간 것 처름 피해가 만아따고 한다. 우리 지방은 (비 피해) 태풍 피해는 아주 적은 피해가 대는 지방이 우리 지방이라고 말을 하고 십다.

"오전에는 비 때문에 휴식을 하고 오후에는 가랑비을 마저면서 포도나무 거름을 요소 1포 조금 더 한 셈이다. 그리고 포도 순을 묶는 작업과 배수 작업을 저물도록 하여다."

"우리 혜지가 회사에서 돈 벌은 것이 1,000,000만 원 인대 아직까지 혜지 통장을 만들어준다고 하면서도 자신의 바픈 핀계로 여때것 통장을 미류어왔따가 이번에 700,000만 원만 통장을 만들어쓰며 나머지 300,000만 원 아빠 통장에서 빼서 혜지 통장으로 입금을 하니 아빠가 건답직파 한 것 돈을 받으며 300,000원 입금을 시키주게따고 혜지에깨 사전 이야기을 하여쓰며 우리 혜지 돈은 한 푼도 축을 내지 않코 통장에 입금을 시키주게다."

"오늘 저녁에 잠자리에 들어서기 전에 부인이 잘못 했따면서 앞푸론 아빠 속 석이는 일을 하지 않캐따면서 우리가 앞푸로 살며 을마나 산다고 싸우면서 살 필요가 업따고 하면서 우리가 우서면서 살자고 하드라. 이 말을 들을 때에 자신이 부인을 극진이 사랑하기 때문에 싸음이 발탁이 돼어찌만 자신도 잘못이 더 크다고 생각을 하여쓰며 앞푸

론 부인에깨 말을 마구 하는 버릇을 곤치가면서 살라가야 하겠다."

〈1993년 6월 3일 목요일 날씨 흐림〉

대구 파티마 병원에서 오후 2시 경에 형수 자궁 수술을 한다고 해서 부인과 둘리서 갈 개핵으로 오전에 콩씨부림을 하는데 시간이 바빠스며 콩씨부림을 하면서 시간이 너무 걸려서 약속 시간이 미숙이와 구미역에서 11시 30분에 마나자고 약속을 해서 시간 여유가 업쓰서 택시을 이용해서 시간 약속을 지킬 수가 잇쓰다.

파티마 병원에 가니 형수는 수술실례 갈 준비을 하고 잇드라. 병원 쪽에서는 간단한 수술이라고 이야기을 하지만 부란한 감이 들며 자신이 초초한 감 잇는데 형님은 자신보다 마음이 더 타는 심정이야말로 말로 표현을 할 수가 잇쓰리. 간호부들이 수술실로 리아까을 밀고 가는 모섭이 더 마음을 부란하게 만들며 수술실 앞패서 3시간만에 나오는데 이 3시간은 정말 지루한 시간이여쓰며 사람은 이변을 모르고 살라야 하는데 하는 마음 뿐이다.

지출에 … 형수 수술 한다기에 부인과 둘리서 같뜬 경비 택시 3,000 4명의 식사가 6,600원 열차비 4명이 10,000원 計 19,600원

〈1993년 6월 4일 금요일 날씨 맑음〉

금일은 작과나무와 사과나무에 탄저병[106] 약과 살충제, 진디물약을 살포을 하여쓰며 이것도 종일 동안 살포을 하여쓰며 오늘 일 아주 빡빡한 일정이라고 말을 하고 십꾸나. 그리고 콩씨부림을 하여는데 풀 안 나는 라쏘약을 살포을 했찌 오늘은 자신이 생각을 하여도 일 만이 했따고 생각을 한다.

"오늘은 작과 약을 살포을 하면서도 별 재미 업시 약 살포을 하여따고 마을 하고 십프며 외냐하며 과일이 만이 달려잇쓰야지 약 살포하는데도 재미가 잇찌 자신은 과일이 풍작 한번 안 돼는구나."

〈1993년 6월 5일 토요일 날씨 맑음〉

"오전에는 세집에 작과나무에 약 살포을 하여주고 정미소에 7가마 방아을 찌어다놋고 오후에는 벼논에 웃거름 하는데 날씨가 너무 보닥빛이라서 진땀은 말을 할 수도 업시 흙르내리고 입이 저절로 버러저며 이러다가는 사람 죽겟따는 생각이 들며 오늘은 웃거름이 삼 일 전에 해야 정상인돼 자신의 일이 넘어나 바파스 웃거름 시기가 너저서 오늘 오후에 일적 웃거름 하로 같든이 더어서 혼이 낮는 날이라고 말을 하고 십다."

〈1993년 6월 6일 일요일 날씨 맑음〉

오늘은 종일 동안 벼논에 웃거름을 하여쓰며 거름 하는 것도 넘어나 힘이 들며 힘 드는 것을 이재는 주리가는 방법을 치해야[취해야] 하는데 일도 나이에 따라서 해야 하는데 하는 마음이 부적 들어쓰며 앞푸로 아직 맨 년은 해야 됀다고 보는데 이재는 일도 급이 나는구나.

"오늘은 부인이 포도밭에 김매기을 하여서

106) 탄저병은 통상 작물, 야채, 화초, 과수, 수목 등 유용식물의 잎, 가지, 과실, 종자 등에 발생하는 병으로 잎과 과실 등에 병반을 만들며 후에 병반에 점질물이 생성된다.

콩씨 갈려고 보닥빛에 일을 하고 잇는데 아직은 해가 절라면 머르는데 부인을 집배 가자고 하니 일 좀 더 하고 간다고 아빠가 가라고 하는데 억찌로 부인을 대리고 집에 왔떠니 혜영이가 오늘은 너깨 들어온다고 해서 아직 밥도 아난치따고 큰 탈기을 하드라."

"부인은 아직 해가 머려는데 하면서 일 못 하는 것을 큰 탈기을 하며 오늘은 일요일이 라서 해가 저물두록 해도 됀다고 해서 오늘 못하며 내일 하고 내일 못하며 모래 하고 그래 해야지 그려치 안고 다 할려고 들며 부인의 건강만 상하는 줄 알면서 자신이 보고 잇쓸 수가 잇나. 무선 일이든지 수란 방법으로 하고 한쪽에 묵전이 돼어서 버리는 한이 잇쓰도 건강 상하두록 하지 말자."

"인간이 너무 살려고 악착같이 하는 것도 오르지[오로지] 좋은 일은 아닌 것 같다. 인간은 큰 욕심 부리지 말고 그저 숭실이 살라가야 가정에 이득이 잇따고 본다."

〈1993년 6월 7일 월요일 날씨 맑음〉

부인과 둘리서 건답직파논에 김매기 작업을 하여쓰며 자신은 모내기하며 시간 여유가 잇쓸 줄 {알}라는데 갈수록 시간은 더 업는 너킴이 들며 오늘은 건답직파논에 둘리서 김매기을 하는데 보통 고통이 아니며 무릅이 아파서 김매기는 더 힘이 들고 자신의 일 중에 직파논에 김매기가 재일 힘이 드는구나 하는 생각이 들며 오늘 종일 김매기 하고는 오늘 몸살이나 하지 않을까 하는 염려도 돼는구나.

"옛말레 시집살 리가 갈수록 힘든다고 하드니 자신이 갈수록 시간이 업쓰며 고통이 더 따리는구나."

"자신이 건답직파 기계을 가지고 잇찌만 건답직파는 성공을 못한다고 본다. 외냐하며 건답직파 한 사람들은 김매기에 불평을 다 들 하며 아푸로는 건답직파가 줄어들 것 같다. 자신이 볼 때에 건답직파는 실패작이라고 본다."

"오늘 김매기을 종일 하여보니 부인은 매일 김매기을 하면서 꽁씨부림을 하는 고충을 알라주마나며 그 고충을 참아가면서 아빠 일까지 그들어줄라는 부인에깨 더 미안함을 가지며 부적 부인을 도와주야 하겟다는 생각이 용소섬 쳐는구나."

〈1993년 6월 8일 화요일 날씨 흐림〉

건답직파논에 김매기 작업을 둘리서 하여쓰며 직파논에 김매기 작업은 우예 일 같으며 그리고 힘들어서 못하게드라. 김매기 작업은 대충 큰 지섬만 뽑고 마랐다.

오후에는 포도밭에 간작으로 흰콩씨을 넌는데 너무나 매달라서 콩씨부림을 하는데 호미로 힘을 주어야 땅을 팔 수가 잇쓰며 콩씨부림도 비가 오지 않으며 콩씨부림도 못하게드라.

"비가 올 떳 하면서 비가 와주지 않으니 인간의 마음을 타게 하고 잇다. 이번에 비가 폭 아준다면 일을 만이 들어주는데 비가 오지 않아서 농민들의 마음을 안타갑게 하고 잇꾸나."

〈1993년 6월 9일 수요일 날씨 흐림〉

오늘은 소낙비라도 쇼다질 떳 하면서 비는 내리지 않으며 오늘은 비 바라다 직파논에 거름 시기 너절까 오늘은 세벽 2시에 물 돼로 가는데 몸이 말을 덧찌 않은 몸을 이려키서 어드운 밤길을 가야 하는 몸 정말 힘들며 다들 물 돼는데 신경을 쓰고 잇키 때문에 물 돼기는 정말 힘드는 일이며 이 때에 소낙이가 풀 아서 힘드는 고비을 넌겨준다면 을마나 좋으리만 정말 외만 타고 잇다.
"오늘 오전은 직파논 6마지기에 옷거름 요소 2포을 하여쓰며 오후에는 직파 갈란 논 4마지기 물을 저물두록 대는 작업을 하였다."
"직파논자리에 모머드리는 작업을 할려니 힘은 들고 그냥 두고 볼란이 마음의 한 쪽에 찜찜함을 참는데도 보통 일이 나니구나."

〈1993년 6월 10일 목요일 날씨 흐림〉
오늘 오전으로서 직파논에 옷거름을 마지막으로 한 셈이며 직파논에는 거름을 더 해야 하는데 거름 헌치는 량이 이앙기 모내기 한 곳과 같이 현재 거름을 하여다.
현재로 모내기 한 곳은 다들 요소 2포을 돌리쓰며 한 단지 량이 너머 만치 않나 하고 생각이 더는구나.
그리고 오후에는 동장 이진일 모내기 할려고 노타리 쳐달라고 하여서 트랙터 노타리 하여쓰며 그리고 남는 시간을 이용하여서 사과나무 도장지 따는 작업을 하여다. 그리고 자신도 트랙터 노타리는 동장이 우리 마을로 바서도 마지막이니 자신도 노타리 작업은 금년으로서는 마지막이 돼는구나.
"인간은 다들 다급하며 무선 일이든지 하게 돼어잇다. 동장 이진일이도 2년 전만 해도 일도 하지 않코 사람이 머어려다고[꺼어려다고] 할까, 아주 어정제비여는데 이재는 아들 학교 시킨다고 열심이 하며 돈에 쬬달리니까 아주 열심희 하고 잇다. 오늘도 두룸 할라네 거름 헌칠라네 땀을 뻘뻘 흙리면서 일을 하는 것을 볼 때 사람은 180도로 달라젓따는 것을 엿볼 수가 잇다."
"금년에는 자신의 일이 처밀리면서 일을 하고 잇쓰며 일이 끝이 업쓰니 일에 지칠 지경이다. 올해는 일이 더 만은 너킴으로 하로 일들을 하고 잇다."

〈1993년 6월 11일 금요일 날씨 맑음〉
금일은 사과나무 도장지 따내는 작업을 종일 하여쓰며 사과나무 도장지는 사과나무가 바람에 흔들리서 사과나무가 넘어가서 이것을 방지하기 위해서 도장지와 불필요한 가지는 다 잘라내는 작업을 하여서 바람에 흔들림이 줄어들련지 몰겟다.
사과나무 쓰러저는 것을 방지을 할려며 말목을 준비을 해서 끝으로 다들 묵끄야 하는데 아직 할 시간이 업쓰며 시간을 낼라고 해도 낼 수 업는 시간을 보내고 잇다.
수입에 (직파) 46,000원

〈1993년 6월 12일 토요일 날씨 흐림〉
기상대는 오늘부터 내일까지 비 온다고 예보을 하여는데 오늘은 비가 금새라도 쇼다질 뜻 하면서 비는 오지 않코 잇쓰며 우리 농민들은 외타게 비을 일주일 전부터 기다리왔따고 바야 할 때에 우리 농민의 마음을 타게 했따는 것이 가슴 아푼 일들이며 비가 하로 빨리 와야 하는데 왜 타는 이 마음은 몰라주는 것이 무심한 일이다.
"오늘은 작과밭에 작과나무 포장지 빼내는 작업을 하여쓰며 이 도장지는 벌서 빼어내어야 과일에 빛이 잘 들어가서 과일이 잘 익는데 이재야 빼어내서 과일에 효력이 잇캐나 하는 마음이 들며 이것을 진작 해야하는데 하는 마음이 들며 이것이 자의 일량이 넘어 만아서 시간 여유가 업쓰며 이 작업이 밀리나와따고 할 때에 자신도 이재는 작업량을 주리야 하는데 하는 마음이 든다. 오늘 도장자도 앞밭에 나무도 하로 정도 해야 다 할 수 잇캐쓰며 당산 작과나무까지 하여야 하는데 자신의 일이 산터미쳐름 싸여 잇는 것을 생각을 할 때에 숨이 갑파저는 너킴 때문에 나의 일을 생각을 하고 십지 않꾸나."
수입에 직파 노타리 값 215,000원

〈1993년 6월 13일 일요일 날씨 비〉
부인과 둘리서 임칠성이 모친 병문안 같쓰며 병문안을 병원에 개실 때 가본다는 것이 자신이 바빠서 몾 가보고 오늘 병원에서 안댄다고 집부로 대리고 가라고 한다고 집부로 어재 모시고 왔따고 해서 오늘 부인과 둘리서 병문안을 같든이 아직 사람도 알라보지 몾하고 잇쓰며 병원 생활을 4개월이 돼어따고 해도 별 차도 업따고 하며 우리들이 볼 때도 희망이 업쓰 보이며 주위에 간호하는 사람만 고생을 하게드라. 사람이 살다가 저런 변이 업쓰야 하는데 남자는 살다 여자가 먼저 죽어며 그것은 고통은 말할 것도 업고 당하고 잇는 분은 앞푸로 살라갈 길을 생각을 한다면 그 허전함을 누가 알라준다는 말이냐.
오늘 오전에 부인과 둘리서 건답직파 한 곳에 머드리는 일을 하여쓰며 일부 머드리는 작업을 하면서 또 너무 씨가 단 곳을 뽑아야 하는 입장이라서 큰 문재가 돼며 양머리로 뽑아내지 않으며 농사 피롱할 정도로 돼어잇쓰서 큰 극정이며 이것을 보고서 바푼 순서돼로 한다고 뒤로 미루고 잇다.
"오후에는 부인이 콩씨을 여르 날 너어니까 안 아푼 돼가 업다고 하면서 콩씨 넌는데 같이 하자고 해서 오늘 오후에는 부인과 둘리서 콩씨 넌는 작업을 하였다."
지출에 … 칠성이 모친 병문안 4,000원
품값 12,500원
계 16,500원

〈1993년 6월 14일 월요일 날씨 맑음〉
앞밭에 작과나무 도장지 빼내는 작업은 오전으로서 다들 했쓰며 오후에는 당산작과나무 도장지 빼내는 일을 하여쓰며 앞푸로도 삼 일은 해야 다 할 수 잇따고 본다.
오후에는 도장지 빼내는 작업을 하여쓰며 생각보다 일이 안대고 잇쓰며 정식으로 도장지 재거 한다면 시간을 상당이 요구하는데 대충 일을 하여도 시간이 음치 걸일 것 같다.
"만사 일을 다들 재치놓고 도장지 빼내는 작업을 하고 잇쓰니 성급한 마음 말 할 수가 업꾸나."
"오늘 혜지 저금통장에 300,000만 원을 입금을 시키주어쓰며 이재 혜지가 벌은 전액을 1,000,000만 원 입금을 시키주어다."
지출에 … 농협에 부채값 이자만
174,000원, 작과 상자값 20개
63,000원
계 237,000원
수입에 … 건답직파 값 330,000원

〈1993년 6월 15일 화요일 날씨 흐림〉
오전에는 콩나물 콩씨 갈 준비한다고 경운기 노타리을 하여쓰며 이곳은 콩씨을 너어야 밑거름과 콩씨값도 매년 몾하며 자신 것이라면 콩씨도 갈지 않캐쓰며 요줌 이득이 잇쓰도 실어하는 실정인돼 숙모 밭이라서 비어두며 욕을 할 것 같고 갈자니 나무 밑이라서 수학은 업고 바푼 자신이 이른데 일손이 빼앗키서 자신의 신경만 쓰이고 잇꾸나.

내년에는 부인 보고 어떤 핑계를 돼어드라도 씨값씨 넌는 작업은 하지 말라고 당부을 하였다. 이 밭을 한 번도 씨값씨 갈라서 수학을 정상으로 한 적이 업다. 그래서 씨푸림을 하기가 실어저는구나.

"오후에는 부인과 둘리서 할 일들이 넘어 만아서 이것을 반이라도 할려고 부인과 둘리서 낮참도 제돼로 시지도 않코 콩씨 갈려고 부인과 둘리서 일터로 가는데 절먼 부인들이 모여 안저서 화토노리을 하고 잇는 모섭을 볼 때에 정말 팔자 좋은 사람이구나. 우리는 둘리서 눈 떠며 일을 하여도 일들이 쳐밀려잇는 실정인돼 팔라 좋게 거늘에 앉저서 화토노리하는 것을 보고는 부인은 어떠게 생각을 하여는지 몰겟다. 부인은 사실 죽두록 해도 못 다하는데 저 여자들은 한가한 시간을 보네는 팔자 좋은 여자들 보고는 불버하지나 않아나 하는 생각이 더는구나. 그리고 죽두록 해도 끝이 업는 부인이 늙 미안한 감이 잊저지지 않는데 팔자 좋은 여자 보고 부인을 생각을 할 때에 넘어 미안한 감이 넘어 크쿠나."

지출에 … 사과나무 약 10,800원

〈1993년 6월 16일 수요일 날씨 흐림〉

금일은 말리 사과나무와 당산에 사과나무에 떠물약과 살충제 약을 살포을 하고 콩나물 콩갈리는데 제초약까지 살포을 하여쓰며 오늘 오전에는 일적 서들어서 생각보다 일을 만이 하여따고 보며 오후에는 트랙터 세차을 하여쓰며 봄네[봄에] 잘 쓰서며 자신에깨는 트랙터가 을마나 고마운 일을 하여주며 자신은 트랙터 업씨는 일을 할 수 업쓸 정도로 나와깨 소중한 기계라고 생각을 한다. 그때만도 트랙터 살 때에 윈만은 사람은 생각지도 못한 일인돼 자신이 트랙터 생각을 했따는 것이 여관 일이 아니라고 생각을 하며 정말 그때 트랙터을 잘했따고 생각을 한다. 트랙터 세차하는데 3시간이 걸리쓰며 트랙터을 잘 부리먹으쓰니 구석구석 흙 무든 것을 재거을 하고 안전 세차을 하고 보니 세 거 것드라. 그리고 금년에는 트랙터을 다들 쓴 셈이며 내년을 대비을 하여서 보관을 잘해야지.

"그리고 세차을 끝ㅇ르 내고 포도나무에 살충제 약을 운이와 둘리서 살포을 하여쓰며 포도순이 잘라서 올라가는 모섭을 볼 때에 친건감이 가며 이재는 포도나무에 사랑이 덤벅 가고 잇따."

"오늘 복숭 수학. 첯 수학에 2짝."

〈1993년 6월 17일 목요일 날씨 맑음〉

오전에는 참깨가 넘어 좋아서 쓰려저는 것을 방제을 하기 위해서 말목 준비을 하여쓰며 말목 준비 하는 것도 수란 일이 아니며 날씨 더어서 비지땀을 흙리면서 말목 준비 한다고 산마루에 오려내리이야 하는 일도 쉬운 일은 아니라고 보며 미리부터 질급을 먹고 말목 준비하는 그 힘 정말 힘겨우라.

"오후에는 포도순 묵끄주는 일을 하여쓰며 이것도 일일이 숨을 묵끄줄라니 일이 시간을 만이 요하며 자신이 순 묵끄주는 일을 일적 한다는 계산을 하여는데 실제 작업을 하여보니 시간이 만이 걸리며 자신이 오후에 일을 하여서 끝을 냇다. 이것도 나중에 시간이 업쓰서 대충 하는데도 오후 내 일을 하여다."

〈1993년 6월 18일 금요일 날씨 맑음〉

오전에는 웃들 3단지 물 돼면서 보뚝에 풀

깍는 작업을 하여쓰며 이 풀은 돌보지도 안는데 외 이래 잘 자라나. 너위들의 일거리을 안 주어도 일들이 넘어 만아서 어떤 것부터 해야 될주망도 모를 판군에 잡초 제거하는데 시간 다들 뺏앗키는구나.
사실 곡석 될 작물들이 잡초 모양 아무도 돌보지 않코 방치을 하여도 저르게 잘 자라준다면 을마나 좋으리까.
오후에는 보뚝에 풀 깍는 작업을 하는데 날씨 넘어 더어서 비지땀이 을마나 흙리는지 자신의 생각으로는 처음 땀을 만이 흙르따고 생각을 하며 낡씨 넘 어드어서 좀 쉬고 할려고 해도 실 곳이 업쓰서 참고 보뚝 풀 까는 작업을 하는데 땀을 다들 넘어 만이 흙리니까 나중에 힘이 한 게도 업드라.
"우리들이 편하게 농사을 지을라면 수로와 도로가 다들 세멘으로 포상이 돼어야 불필요한 시간을 빼앗키지 않는데 보뚝과 두룸에 잡초 제거 시간을 따진다면 농사일에 삼분지 일은 빼앗킨다고 생각을 한다. 우리 농민들이 잘 살게 될려며 농사일에 불필요한 시간을 줄어저야 한다고 본다."
수입에 … 건답직파 값 20,000, 벼씨 값 15kg에 13,000

〈1993년 6월 19일 토요일 날씨 맑음〉

오전에는 넉들 전역에 수초 작업을 하여쓰며 오늘 수초 작업을 하는데 목이 말라서 억찌로 오전 일을 하여따고 본다. 오늘 일은 오전 11시 돼니 목 말라서 일을 못할 정도로 허전하다 할까 무어라 말을 할 수도 업쓸 정도로 몸이 풀린 상태가 돼어따고 본다.
"그리고 오후에는 낮참을 쉬는데 친구가 오봉 저수지에서 새우 잡부로 가자고 하여서 시간이 업따고 하니 시간을 내라고 하여서 할 수 업쓰서 친구 4명이 석삼이 개인 택시을 타고 오봉 수리에 가니까 성용차가 주차대어 잇는 것을 보니 팔자 좋은 사람들 여기다 잇꾸나. 이 사람들은 돈이 을마나 만이 잇킬래 이래 편한 생활을 하고 잇쓸까. 한편으로는 부르운 감이 들면서도 한편으로 불평도 돼고 잇드라. 그리고 오늘 새우 잡으로 가서는 거늘나무 밑태서 오후 내 음료수 마쉬가면서 이야기을 하면서 새우 잡는 데는 사실 신경이 업쓰며 그늘 밑태서 휴식을 하여쓰며 늙 비지땀을 흙리다 야외 온 기분으로 모든 잡염 다 버리고 옛 이야기로 오후 시간을 절긴 셈이다. 오늘 새우 잠은 것은 술 안주 정도밖에 잡찌 못하였다."
"그리고 부인은 친정에 세집을 짓고 집떠리한다고 정심 시간을 이용하여 친정을 같쓰며 친정에 가니까 다들 부인을 말리따고 이야기을 한다고 할 때 사실 너무 미안한 점이 마느며 자신은 부인이 퉁퉁하게 살 한번 찌어받쓰며 하는 바람이며 소원이라고 하여도 가연이 아니다."
지출에 …술 값 5,000원

〈1993년 6월 20일 일요일 날씨 맑음〉

오전에는 작과나누에[작과나무에] 과일 착색약을 2차로 오늘 오전에 살포을 하여쓰며 자신은 과일 착색약을 남들보다 뒤너저 과일 수학도 아직 못하고 잇쓰며 남들은 일적 살포을 한다고 하는데 자신은 과일이 색깔도 나지 않코 새파란 열매에 약을 살포을 할려고 해도 자신의 마음이 허락이 안돼어서 남들보다 착색약을 너깨 살포을 하여서 과일 수학은 만이 넞따고 생각을 한다.
"남들은 착색약을 살포을 하여서 수학을 하고 잇다. 그리고 금년도 과일값은 업따고 말들을 하고 잇다. 우리 농촌에는 작과일로 수입을 바라고 잇는데 이것마저 금년에 가격이 흘타고들 하고 잇쓰니 우리 농민들 정말 돈 댄다는 작목이 업쓰니 생각을 할수록 기가 찬다."

"요즘은 다들 물 댄다고 법석을 부리고 잇찌만 물이 내리오지 않아서 하늘만 바라보고 기상대의 예보에 귀을 기울이며 이 날씨가 너무나 가뭄다고 생각을 한다. 자신도 물 때문에 전 신경을 다들 쓴다고 생각을 한다."

수입에 직파 값 105,000원

〈1993년 6월 21일 월요일 날씨 맑음〉

오늘 오전에 물 돼는 작업과 이차 거름 하는 것으로 오전을 보네쓰며 이차 거름은 댈 수 잇는 데로 안 알라고 생각을 하여는데 복판논과 경화네, 임숙네 3필지는 이차 거름을 반 포식 돌리고 마랐다.

"오늘로서 벼논에 이화명충 약[107]을 살포하기 위해서 물 돼는 작업을 오늘 밤 9시까지 물 돼는 작업을 끝냇다."

"오늘로서 대석 수학을 하여쓰며 착색약을 살포을 하여는데도 수학기가 너저저는 감이 잇다. 자두약을 살포을 하며 착색이 잘 돼는데 올해는 자두 색깔이 고루지 뫃한 과일이 돼고 잇다."

오늘 대석 2짝 수학함.

〈1993년 6월 22일 화요일 날씨 비〉

오전에는 임숙네 6마지기, 3마지기에 경화네 3마지기 이차로 웃거름을 하여쓰며 이번에 거름을 합파면 한 단지에 요소 거름이 2포 반이 꼭 들어간 셈이다. 이차 거름을 하면서도 벼가 너무 좋아저서 쓰레질까바 극정이 크다. 만약에 욕심을 부리다 도복이라도 됀다면 욕심을 부리다 안전 실패을 보게 돼며 자신이 이차 거름을 하면서 도복에 염려가 크다. 그리고 매년 거름을 만이 하는 사람들이 수학은 만이들 하고 잇다. 올해는 일기분이 만이 댈 것 같다.

"오후에는 방울비가 내리서 자신은 푹 시어볼라고 시고 잇쓰며 비가 오는 것이 하도 시원찬아서 우장을 입고 포도순 따는 일, 죽은 포도나무 대치하는 작업을 하여쓰며 오늘 대치한 포도나무 수는 15포기을 하여쓰며 이것은 아주 죽은 것과 시원찬은 것 다들 대치을 하여서 15포기 수짜라고 한다."

"이번 비가 푹 아야 하는데 비 오는 것 볼 때에 비가 푹 오는 것은 틀릿따는 생각이 들며 이 비야말로 우리 농민들은 비을 푹 오길을 바라고 잇쓴는지는 오래 전인데 비가 푹 오지 안아서 예 따는 모섭을 말로 다 할 수가 업다."

〈1993년 6월 23일 수요일 날씨 맑음〉

오늘은 이화명충약 입제을 살포을 하고 웃거름 이차로 0.5포 식을 한 단지 주고 잇다. 벼의 웃거름을 하기가 그북하다. 외냐하면 벼 도복이 돼어서 벼 농사에 실페가 돼지나 않을까 하는 염려에서 거름 하기가 아주 힘드는 일이라고 생각을 한다.

"올해는 벼논에 일차 거름을 작년에는 1포 반을 하고 이차로 반 포 식을 하는 식으로 벼농사을 짓어왔는데 자신의 벼농사의 생각돼로 수학이 안 돼고 조금식 떨어저는 너

107) 이화명충약은 벼의 큰 해충인 이화명나방의 유층을 없애는 약이다.

킴이 잇쓰서 올해는 단번에 거름량을 만이 하고 나중에 이삭거름으로 농사을 짓어볼라고 올해는 첫 거름을 만이 하여밭든이 그 기법도 별로 신통치 않꾸나."
"들판을 돌라볼 때에 다들 벼들이 거름키가 적은 너킴이 잇쓰서 이차 거름을 하고 십픈 충동이 일어나는구나."
수입에 작과 값 132,000원

〈1993년 6월 24일 목요일 날씨 맑음〉
오전에는 부인과 둘리서 자두 따는데 11짝 밖에 못 따쓰며 올해는 착색약을 만이 살포하고도 작년에 오늘은 16짝 수학을 하여는데 금년에는 겨우 11짝 밖에 못해쓰니 과일이 업쓰서 수학량이 적은지 일기 간개로 과일이 익어주지 않아서 그른지 분관을 할 수 업꾸나.
"오후에는 웃뜰굼논에 벼가 조금 빠지는 것 같아서 요소거름 0.6포 정도로 이차 거름을 하였다. 이 논은 나중에 거름 소암이 나는데 거름을 하면서도 극정이 대는구나. 웃들굼은 웃거름이 2포 0.6이 들어같다."
"요줌 부인이 자신이 보기에 몸이 아주 피로해 보이며 본인은 아무 일 업따고는 하지만 자신위 보기에는 아주 피료해 보이며 앞푸로 작과일 딸라면 육체적인 노동이 산재잇는데 부인위 이것들을 다 해야하는데 하는 생각을 할 때에 부인이 안스려 보기가 민망해 보이는구나.
부인 작과일 다 따고나며 속우 한번 시키주야지 늙 영양과 잇는 것은 남편 줄라네, 아들 줄라네 부인 목시는 늙 궁물밖에 못 먹는 부인 정말 미안하며 이 분은 성격이 남편을 위하여 살라가는 것 같다. 남편이 행복할려며 부인의 건강이 좋아야 남편이 복이 만은 사람이라면서 고기라도 근하며 절때 사양이다. 늙 찌지거리만 먹는 부인 요줌 피료해 보이는 얼굴을 볼 때에 민망해 어떠게 할 줄 몰겟쑈."
6月 24日
수입에 작과 값 96,950원[108)]

〈1993년 6월 25일 금요일 날씨 맑음〉
금일은 작과 딴다고 정심을 먹지도 않코 오후 3시까지 작과일을 따는 일들을 하여쓰며 이것은 곳바로 돈이기 때문에 정심을 굴머가면서 오후 3시까지 일을 하였다. 오늘은 오후 3시까지 작과일을 따는 수학을 한 것이 20짝이며 오늘로 체고 수학을 만이 한 날이다.
"작과일이 만이 온 사람들은 을마나 좋게나. 자신은 매년 작과일이 오지 않아서 내년에 만이 오게찌 하는 기대만 기다리는 회수가 그덥돼고 잇다."
작과일 수학 20짝
수입 … 작과일 205,650원

〈1993년 6월 26일 토요일 날씨 맑음〉
오늘은 대전천과조합은 공휴일이라고 해서 오늘 작과일 11짝 따서 오후 2시에 김천원예조합에 같든이 정말 놀랄 정도로 과일이 만이 낫쓰며 과일 생산돼는 것이 한 해가 옛날이라는 생각이 든다. 그전에는 과일이 만타고는 했도 이처름 만아찌는 안해는돼 오

---

108) 6월 24일의 수입은 지면이 모자라 6월 23일 일기 아래에 기록하였다. 문맥상 24일 일기 마지막으로 옮겨 적는다.

늘은 장소가 비좁아서 장소을 학장을 하여는데도 비좁아 과일 노일 자리가 맡당치 않아서 마당으로도 과일이 나와야 한다. 이것을 본 자신은 오늘 과일 값은 업따는 예감이 먼저 가며 개니 왔따는 생각이 들드라.

"과일을 같다놓고 한참 잇쓰니 가일 입찰 보는데 다들 고미로 보고 잇드라. 이것은 과일이 만타는 정거가 아니겟는가. 이래 돼며 생산자는 손에가 자연적 돼며 상인들 이주로 조합에서도 한다고 본다. 외냐 상담아 입찰 가격으로 중담아, 하담아는 따라가는 격이 돼니까 우리 생산자는 아주 손에가 됀다고 본다."

"과일이 넘어 만아서 미리 질급을 먹고 잇는데 입찰 가격이 대전보다 조금 낮따는 입찰 가격이라서 안도의 숨을 실 수가 잇쓰따. 마음적으로는 좀 더 밭아쓰며 하는 아쉬운 감이 떠나지 않는구나."

수입에 … 작과일 김천원예조합 11짝
206,750원

〈1993년 6월 27일 일요일 날씨 흐림〉

금년에는 작과일 수학을 을마 몾하게쓰며 작년에 이 맘 때는 20짝 이상을 수학을 하는데 올해는 30짝을 넘찌 몾하게쓰며 올해는 해장을 이용해서 수학을 해도 마음에 찬 과일 수학을 몾하게쓰며 금년에는 수학량이 상당이 적을 것으로 내다본다.

"기상대는 화曜日부터 장마라고 하는데 올해는 과일 수학도 다 몾해서 장마을 마지하게쓰며 작과일은 장마에도 수학을 해야 하는 생물 과일이라서 만이 짓을 것은 아니라고 말을 하고 십다."

"부인 지친 몸으로 자두 수학을 하는 모섭 안스려어며 부인은 365日 하로도 휴식을 취하지 몾하는 부인 정말 미안하며 자두 수학을 다 하고 나며 누렁이 잡아서 보신을 시키드리야지 이것만 해드려서는 마음의 일부분만 생각하는 것 밖에 안 댄다고 생각을 한다."

자두 수학 … 28짝

〈1993년 6월 28일 월요일 날씨 비〉

비가 내리는데 우장을 입고 작과일 따로 가는 심정은 편치 않꾸나. 우리로 바서는 오늘과 내일만 비가 오지 않는다면 당산밭 과일은 다 탈 수가 잇쓰며 앞밭에는 장마비을 마저면서 과일 따는 한이 잇쓰도 한결 관편한 일인돼 오늘부터 장마비가 오게 돼니 정말 아쉬운 일들이다.

"요줌은 오전, 오후 번갈라가면서 과일을 따고 잇찌만 수량이 적으서 수입금은 별 도엄이 업따고 본다."

"오늘 비을 마저가면서 과일 수학을 하는데 과일 값이 폭락이 돼어따면서 과일 따지마라는 열락을 받으니 그만 힘이 쏙 빠지드라. 자신은 과일을 48짝을 따준 것이 잇는데 값 폭락이라는 열락을 받으니 여때것 과일을 준 것을 망치게 돼며 자신은 과일 값은 기대할 수가 업따고 본다."

수입 … 로타리 값 75,000원
오늘 작과일 짝 수 28짝

〈1993년 6월 29일 화요일 날씨 비〉

날비을 다 마저가면서 과일 따다 부친 것이 반 값으로 뚝 떨어저서 계산한 것과 반으로 뚝 떨어져 오늘은 비가 내리서 과일 값이 너무 떨어저 마음이 너무 허전해서 오늘은 우리 과일 따지 마자고 하니 부인 허러도 과일은 따야지 그냥 버리겟쑈 하면서 건유을 해서 할 수 업시 부인과 둘리서 과일 따로 같쓰며 오늘은 유독 비가 만이 와서 밥을 싸서 가며 참밥이라고 하면서 빵과 우유을 사가지고 하면서 오늘은 빵우로 정심을 이우고 그 날비는 우장 속으로 기어들어서 부인과 자신의 옻을 다 바리게 하여쓰며 나중은 추어서 한참 외을 먹으다.
과일을 따놓고 보니 부인 말을 잘 들어따고 생각을 한다. 자신은 하로 안 따도 한 상자 더 버리겠나, 부인 피료한 몸을 풀어주는 것이 더 낫찌 않깨나 하는 생각으로 과일 따는 것을 그절했떠니 과일을 따놓고 보니 잘했따는 생각이 들며 작과일은 생물이키 때문에 우박이 와도 따야 한다는 생각이 들어다.
작과일 수학 17짝
수입에 … 과일 값 702,000원

〈1993년 6월 30일 수요일 날씨 비〉
오늘도 비는 끈질기개 내리고 잇꾸나. 이 비을 다 마저가면서 과일 딸 일을 생각을 하니 이재는 급이 난다.
우리 부부는 아침밥을 서들어 먹고 과일을 한 개라도 더 딸 욕심으로 우장을 차려 입고 집을 나스곤 했다. 우장을 입버도 과일을 따면 옻 바리는 것은 별 다름 없다. 외냐 하면 쳐다보고 작업을 하기때문에 옻은 다 들 버리며 이것도 집부로 정심을 먹으로 들어오며 하루 두 벌을 배리고 정심을 들래서 먹으며 추진 옷을 그대로 입고 잊키 때문에 하로 한 벌로 전지게 됀다. 이 고충으로 과일을 대전으로 부치며 값은 반 갑 밖에 주지 않으며 때로는 허전하기 일수다.
"부인은 몸부림을 쳐지 않는다. 자신은 몸부림을 너무 쳐는 것 같다. 자신보다 부인이 일외 무리가 더 될끈데 피료한 몸을 참아 몸부림을 쳐지 않는다. 자신은 참찌 못하고 몸살을 쳐곤 한다. 부인은 돈 하는데 몸살 천다고 이야기을 할 때에 요줌 같떠며 돈도 실타 하는 식으로 답은 하지만 부인 보기에 미안타."
오늘 자두 수학 24짝
지출에 … 라면 5,900원 보리차 600원
계 6,500원
수입에 … 작과일 값 288,500원

〈1993년 7월 1일 목요일 날씨 맑음〉
오늘 과일 따는데 우장을 벗고 딸 수가 잇쓰서며 그 불편함을 말로 다 할 수 잇쓸까. 오늘은 맑아저는 날씨에 과일을 따니 일이 만이 돼며 오늘 대전을 23개 주고도 남은 과일이 15짝은 돼리라고 생각을 한다. 그리고 오늘은 당산 작과일은 그진 다 따다십피 하고 잇다.
"그리고 모두들 잘들 하고 잇다. 우리 마을래서만도 과일 수학대는 것만도 수도 업다. 다들 과일 업따고 해도 어대서 그리 만이 나오는지 그저 쇼다전다고 말을 하고 십다."
"우리 혜영이 저의 반에서 10등 하며 곰피터 사줄라고 하면서 혜영이가 콤피터 사고 십프해도 공부을 잘해야지 사준다고 하면서 이때것 미루어 왔는데 혜영이가 야문 아이라서 그르치 그려치 않으며 벌서 콤피터을 사주어쓰야 할 일들이라고 생각을 하여 다만 이 아빠의 돈 욕심 때문에 이때껏 미려어 왔따고 해도 무리돼는 말은 아니다. 요줌은 혜영이 동태을 보니 콤피터가 업쓰서 학교 콤피터로 연습한다고 콤피터실에서 가라고 할 때까지 콤피터을 치고 잇쓰며 곰피터 때문에 학교에도 빨리 가서 연습해야지 말은 하지 않아도 콤피터 때문에 시달림을 받는 것 같다서 이 아빠가 콤피터 사주기로 결심을 했다. 콤피터는 용학이가 이번 토요일날 가지고 올 것이다."
수입 … 트랙터 직파 값 250,000원

〈1993년 7월 2일 금요일 날씨 맑음〉
오전에는 어재 당산밭에서 과일 탄 것이 물어서 자신의 경운기로 21짝을 실고 김천원예공판장으로 갈든이 오늘이 과일이 절정이라고 정말 만이 나왔드라. 오늘 나온 생산자들의 말이 이재 과일은 전부 훌터따고 하며 오늘 과일이 최고로 나와따고 한다.
"자신은 올라가면서 상인 둘이가 몰미려서 13,000원 줄라고 하는 것을 짝 당 15,000원 달라고 하다 금이 맡찌 완아서 원예공판장으로 갈쓰며 과일이 산터미 갈이 싸여잇는 것을 볼 때에 오다 13,000원 받고 팔라버린 것이 좋아찌 않나 하고 후해가 돼고 잇드라. 입찰 전까지는 마음이 졸리오드니 입찰을 보는데 상담아 26,000원 하고 소리을 지렬 때 안도의 숨을 실 수가 잇쓰다. 과일 경매는 가을에 매상 등급 볼 때보다 마음이 더 타고 잇다. 그리고 출납계서 자신의 이름을 부르드니 오늘 최고 시세 받아따고 이야기을 하는데 기분이 좋드라."
오늘 과일 수학 47짝
수입 … 과일 값 665,280원

〈1993년 7월 3일 토요일 날씨 맑음〉
오늘은 혜영이가 콤피터를 가지쓰며 하는데 자신이 반에서 10등 완으로 들어가면 당장 콤피터을 사줄라고 약속을 하고 여때것 미루어 왔쓰다. 그려다 오늘 혜영이 몰래 용학이 하고 약속을 해서 오늘 콤피터를 가지고 왔다. 자신도 말로만 콤피터를 들어찌만 오늘 처음 학실이 알랐다. 우리 혜영이가 좋아서 뫃전지며 좋아서 콤피터을 작동을 하는데 잘하드라. 콤피터 배운다고 학교에서 콤피터 천다고 한 지가 어재 같은데 콤피터 처는 모섭을 보니 남 몰래 고생을 했따고 생각을 하며 열심희 하여따는 생각이 더는구나. 우리 혜영이 콤피터을 진작 사다주어쓰며 더 만이 배와쓸끈데 좀 아쉬운 감이 더는구나.
"그리고 오늘은 과실을 다 흘터쓰며 내일은 서울 천과상회가 휴일이라서 과일 만이 따면 손에라고들 하는데 우리는 오늘은 안전이 흙터버리고 마랐다."
그리고 오늘까지는 과일 값을 잘 밭아따고는 하지 뫃하지만 그른돼로 밭아따고 생각을 하는데 오늘 과일 값만 재대로 밭으며 금년 과일 장사는 잘 했따고 생각을 하는데 오늘 과일은 상회로 부치고도 마음이 깨운치 않코 잇다.
과일 수학 25짝

〈1993년 7월 4일 일요일 날씨 맑음〉
오늘로서 작과일 대석은 마지막 수학을 하여쓰며 마지막 수학은 일에 의욕이 업쓰며 몸이 탁 풀리는 너킴이며 오전은 수학만 하고 과일 선별 작업은 하지 않코 휴식을 하여쓰며 이재는 선물 할 과일밖에 업쓰며 그리고 오늘은 동생들 마지막 과일 탄다고 다들 와서 과일 좀 가지고 가라고 열락을 하여는데 순달이밖에 안와떠라. 그래서 순달이만 라면 팍스로 주고 나머지는 상회로 부치고 마랐다. 오늘은 일요일이라서 아들 보네서 과일을 가지고 가면 아들은 좋아들 할끈데 외 오지 않나.

"그리고 금년도 과일 수학을 하여보니 작년과 별 다름 업쓰며 돈은 작년보다 조금 적지 않을까 하는 생각이다."
"부인 정말 외 만이 먹어다. 금년에는 밭이 만아서 김매기 작업 때문에 일 년 내 바파쓰며 조금도 실 텀 업시 일을 하여서 늙 피료가 풀릴 날 업시 일을 하여쓰며 그르든 중 과일 따는 작업은 돈이 따리는 일이기 때문에 욕심으로 열심희 하여왔찌만 부인 정말 외 먹으다. 부인 이재 밭에 김매기 하로 오라고 밭마다 여보 손을 기다리고 잇찌만 부인이 살라야 자신이 사니까 내 말 덧고 묵전이 돼 곡석을 못 먹는 한이 잇쓰도 부인만은 휴식을 하면서 일 좀 하여주어쓰며 하오. 우리 밭 묵전 대어 곡석 못 먹으도 우리 욕 할 사람 업쓰며 부인 내 말 덧찌 않으며 부인 몸 지탱할 수 업소. 부인 내 말 좀 들어다오."
수입에 … 트랙터 값 155,000원[109]

〈1993년 7월 5일 월요일 날씨 맑음〉
금일은 포도나무 바로 서두록 묵끄주는 작업을 하여쓰며 이것도 엽순 따주야지 시간이 제법 걸리며 오전 내 휴식을 하여도 반도 못하고 마랐다. 오후에는 순 묵끄주는 일을 종일 동안 하며 일을 다 할 수가 잇따고 보는데 그만 일을 포기을 하고 누님 집에 과일 차반을 할려고 과일 한 상자와 돼지고기 포장류을 가지고 누님 집에 같든이 누님이 업드라. 그래서 같다놓고 돌라오고 말랐다.
"오늘 포도나무 순 묵끄주는 일을 하면서 포도나무 키우는데 일손은 만이 가도 포도순이 하로가 다루게 쑥쑥 자라고 잇는 모섭을 볼 때 그리 마음이 편하구나."
"요즘 실찌 포도나무 자라는 것과 사과나무 자라가는 모섭 보고 살라간다고 해도 무리돼는 말은 아니다."
지출에 … 콤피터 삼보 486 1,490,000원

〈1993년 7월 6일 화요일 날씨 맑음〉
오전은 포도순 묵끄주는 작업을 하고 오후에는 보뚝과 두룸에 풀 피는 작업을 하여는데 가는 데마다 잡초가 무성하며 가는 데마다 손길을 바라고 있쓰니 잠시 짬을 낼 시간이 업꾸나. 올해는 유독 일손이 딸리며 우리 부부가 정신이 업시 하여도 어든 것부터 손을 대야하나 할 정도로 밀려잇쓰니 보통 일이 아니구나.
"우리 혜지가 3달 만에 2,000,000만 원 벌어쓰니 정말 만이 벌어다. 우리 혜지가 무엇을 한다고 이처럼 돈을 만이 주는지 신기한 일이라고 생각을 한다. 글로자들 돈 주는 것도 한정도 업깨쓰며 기업에서 을마나 버는데 글로자들 돈 주는 것을 볼 때에 회사도 음청나게 벌어야 하게꾸나."
"금년에 자신이 건답직파한 것이 한 자리는 그대로 대어따고 보는데 한 재리 6마지기는 농사 피롱하지 않아나 하는 생각이 들며 벼가 고루잔아서 갈 때마다 속이 상하고 잇다."
지출에 … 크라이목손약 500cc 5병
13,000원

109) 7월 4일 일기를 기록한 지면 상단에 기록한 내용이나 정확히 어느 날짜의 수입인지는 불명확하여 4일 일기의 마지막에 적는다.

〈1993년 7월 7일 수요일 날씨 맑음〉

오늘은 포도밭에 잡초약을 종일 동안 쳤쓰며 약을 10시간은 살포을 했따고 생각을 한다. 오늘 일은 포도 밑에 콩을 갈라서 약 살포에 어르움이 잇쓰고 그리고 잡포을 무성하고 키아서 힘이 들어다. 오늘 일 정말 지루하여다.

그리고 오늘 회장에 봉희 동서는 직파 자리에 거름이 너무 적으서 두 단지에 거름을 반도 못돼개 헌치다. 마음은 조금 더 하고 십프나 나중에 도복에 극정이 돼어서 색만 돌린다는 뜻으로 살짝 헌치두어다.

"그리고 다들 직파 한 사람들은 잡초 때문에 못하게따고 야단을 쳐는 것을 볼 때에 앞푸로 건장이 업렵따고 생각을 한다."

〈1993년 7월 8일 목요일 날씨 흐림〉

오전에는 감자 수학을 마지막 다 하여쓰며 감자씨 3관 나서 엄청나게 수학을 만이 하여쓰며 오늘 감자 수학을 하면서 사람이 감자씨갑씨는 음청나게 부라주는데 못살고 잇꾸나 하는 생각을 하여쓰며 감자씨 한 쪽이 주먹만 한 것이 소복이 들어잇는 것을 보고는 그 포근함을 너켜쓰며 오늘 씨갑씨 만족감을 맡받따고 말을 하고 십다.

그리고 오늘 오전은 감자만 캔다고 생각을 하여는데 생각지도 않은 사람이 그들어주어서 무지파까지 하게 돼어쓰며 그들어주는 사람 때문에 정심 시간이 넘두록 미안해서 할 수가 업쓰서 정심 시간 조금 넘두록 하고 오후에 할 작정을 하고 들어왔다. 오늘 오전 일은 생각지도 않은 사람이 두 사람이나 그들어주어서 풀 속에 들어잇는 파씨을 가리내서 무지을 하는데 큰 힘이 들어다.

"우리 부부가 무지을 다 하곤 땅콩밭, 울콩밭 김매기을 너두록 하여쓰며 가는 데마다 잡초 투성이며 오늘 김매기는 너무 음청나게 만아서 울고 십픈 심정이다."

"이놈의 일들이 언재 끝이 날련지. 해도 해도 끝이 업쓰니 마음까지 지쳐버리겟다."

수입 … 복숭 1짝 5,290원

〈1993년 7월 9일 금요일 날씨 비〉

오늘 비는 우리 일손을 들어준 비라고 생각을 한다. 외냐하며 어재 무지파가 어리서 오늘 비가 오지 않는다면 물을 준다고 생각을 무지을 하여쓰며 이번 비는 아주 잘 온 비라고 생각을 한다.

그리고 오늘은 고구마 순을 잘라서 노았는데 넘어 너저서 고구마나 달릴란지 몰겟다. 남들은 순이 아주 좋다고들 하고 잇는데 자신은 고구마 놀 시간이 업쓰서 이재 순을 띠어낮는데 고구마나 열려줄란지 몰겟다.

오후에는 경운기 기름 탱크을 갈고 그리고 김천농약방에 작과 외상값 97,000원 값고 가요방 한다고 스피카 선을 사로 갈다가 오후 내 술자석이 어울려 시간 여유을 가지고 마랐다.

"그리고 부인 일 만이 할려고 해서 큰 극정이다. 자신이 볼 때에 피료가 싸여서 외관상 보기에도 극정이 돼는데 해가 저도 일을 할려고 해서 들레서 보리을 소리을 쳤다. 매일 하는 일 몸이 지치두록 할 필요도 업쓰며 일 하다 못 다하며 묵카 빠지두록 두라고 늙 이야기을 하며 늙 부인 일하는 데 가서 오트바이로 실어오곤 하는데 그러지 않으며 일에 지쳐서 넘어갈쓸란지 모른다. 부인은 일그리가 만은데 일을 하지 마라고 한다고 빈잔그리서 오늘은 밤새두록 하라고 오트바이스 내리라고 하니 내리지 않트

라. 사람이 피료해서 밤으로 못전지하며 무엇을 할려고 하나. 나는 일을 무리하게 하는데 극정이 더 댄다. 사람이 일을 하며 끝이 있쓰야 하는데 끝이 업는 일 묵전이 돼어도 하지 말라고 생각을 한다. 자신이 일을 하다 하다 못하며 그냥 두지 부인 일 만이 하는 것은 아주 실타."

수입에 … 트랙터 노타리 값과 파종기 값 360,000원

지출에 … 가요방 선 2,000 응애약[110] 15,300원 오트바이 푸락구 2,000, 차비 800원 작과 농약 값 97,000원
계 117,200원

〈1993년 7월 10일 토요일 날씨 비〉

오늘은 직파논에 김매기을 하여쓰며 김매기도 넘어나 만아서 알더리 못하고 대충 하여도 하로 한 단지 김매기밖에 못하게드라. 논들이 자신 푼 아니라 다들 논들이 천대을 받아서 잡초들이 만은 논들 그냥 방치가 돼고 잇는 실정이며 정부에서 매상이라도 받아준다면 논에 잡초 제거에 품갑이 다들 나오는데 이재는 매상이 업쓰니 쌀농사는 방치가 자연적으로 돼며 오늘도 큰들래 사람이 업쓰며 이래쓰야 안 대는데 우리들의 옥토가 잡초로 변하고 잇는 것은 우리나라가 좀 먹어가고 잇따는 정거가 아니겠는가. 우리 후대에서는 옥토는 물리주지 못하고 무성한 잡초논을 물리주야 하는 것을 강 건너 불 보더시 헌하게 보인다. 이것은 시대의 흐름이 아니라 정치인들의 정치가 잘못돼어서 우리 농민들을 못살게 돼고 나가서는 나라가 좀 먹개 하였다 본다.

〈1993년 7월 11일 일요일 날씨 비〉

오늘은 직파 한 자리에 김매기을 하는데 한 군대 다 매고 시간이 일적으서 논을 돌라본지가 오래 돼어서 구경을 보로 갇든이 역시 그 곳도 끌피가 자신의 손을 기다리고 잇드라. 가는 곳마다 일손을 기다리고 잇쓰니 마음과 몸과 다들 바푸구나. 오늘 김매기는 지루하기 짝이 업고 11시 50분 돼니 죽어도 일 못하게드라. 그래서 일손 머추고 마라쓰며 오늘은 정말 일에 지칠 직전이 돼어따고 생각을 한다.

"그리고 오늘은 저임시간이 그진 다 돼어서 부인 일하는데 가지 말고 집부로 막 바로 올라고 하다 부인도 일에 지치서 집부로 걸어서 올라면 을마나 힘이 들겟나 하고 부인 일하는 데 같든이 그때까지 일을 하고 잇드라. 일을 오래 한다고 꾸중을 주어떠니 오늘은 아빠가 오래 일을 하여따고 도로 반문을 하드라. 나는 너무 일태로[일터로] 온다고 꾸중을 주어서 오늘 일부로 너깨 왔따고 이야기을 하고 마라찌만 부인과 자신이 너무 일들이 만타는 것을 새삼 너켜쓰며 내 부인 동네에서도 일 만이 하기로 두 번째 가라며 스러울 정도니 자신도 부인 몸을 생각을 하여서도 내녀에는 일손을 줄이야 하며 내년에는 포도밭 뒤거루을 갈지 안을 것이며 그리고 세집배 밭도 내년에는 김매기 때문에 포기을 해야 하겟다."

"오늘 오후에는 비가 와서 휴식을 하다 비

110) 응애는 거미강 진드기목 가운데 후기문아목(Metastigmata)을 제외한 거미류의 총칭으로 응애라는 말은 본래 평안도에서 전라남도 순천에 이르는 사과 재배지대의 사과나무에 기생하는 사과응애를 뜻한다.

가 그치는 뜸을 타서 운이와 고추나무가 너무나 키가 크스 가지가 찌저지고곤 하여서 말목을 박아서 줄로 동여매는 작업을 하여쓰며 이 일을 일적 하여더라면 고추가 지찌저저지 않아서 손에는 가지 않아쓸끈데 오늘 가지 찌저전 가지가 만아서 손에가 만아다."

〈1993년 7월 12일 월요일 날씨 비〉

오전에는 친구들이 콤피터 가요방 구경을 온다고 와서 오전 내 휴식을 하여다. 우리 마을에서도 노래방은 처음이며 앞푸론 콤피터 가요방이 만이 늙어날 것으로 내다본다. 그리고 절먼 세대로 바서는 콤피터가 필수품이라고 바야 한다. 외냐하며 모든 일들이 콤피터가 하고 있쓰니 콤피터는 있쓰야 한다고 본다. 우리 혜영이도 진작 사주어쓰며 하는 생각이 이재야 너켜저드라.

"오후에는 비가 내리는데 휴식을 할려니 일들이 넘어나 만이 싸여있쓰서 휴식도 편치 않아서 우장을 입고 포도순 묵끄주는 일을 할려고 포도밭에 가서 일을 하여다. 오늘 밭 다 하고 십픈 일들은 넘어나 만은데 시간이 업쓰서 다 못하고 나머지는 다음으로 미루고 돌아았다."

"요줌은 부인도 비 따이는 아랑곳 하지 않코 우장을 입고 일터로 나가는 실정이며 남들은 우산을 밭처들고 길목마다 때을 이루어 놀고 잇는데 우리는 일이 넘어 만아서 비가와도 해야 하니 생각을 하며 안타가운 일이다."

지출 … 라면 6,100원 농약 값 58,600원
계 64,700원

수입에 … 직파 값 50,000원

〈1993년 7월 13일 화요일 날씨 비〉

기상대에서 장마라고 하지만 이곳은 비가 곱게 온다고 생각을 하여떠니 오늘 비가 그만 재을 저질고 마는구나. 오늘은 재방들이 물이 넘어서 두 군대나 재방이 유실이 돼어서 비가 조금만 더 왔드라면 재방이 터지고 말라쓸 끈데 천만 다행으로 비가 그치서 재방 칼등처름 남아서 분개 이험은 모면하여다. 하늘에서도 이것을 아는지 아질아질하게 두고 비가 그치따는 것은 무엇이라고 표현을 해야 될지 몰겠다.

"오늘 일은 재방 분계 댄다고 부역 나온 사람들이 현장을 보고는 입만 벌리고 잇는 실정이다. 이곳도 두 곳 다 어질하게 만들어 낳쓰니 정말 천만다행이라고 입을 모어고 잇다. 그리고 사람 힘으로는 손도 쓰지 몾하고 임시 앞가림만 하고 마랐다."

"자신도 도랑에 수초 때문에 도로로 넘처서 포도밭으로 흙어들어서 자신도 도랑 쳐는데 땀으로 옺 한 벌을 안전이 바리고 마랐다. 다들 재방이 분계돼는 이유가 도랑에 풀 때문에 물이 넘쳐서 재방이 분계 돼고 잇다. 이것은 우리 농민들을 정부에서 이려깨 만들어따고 본다. 외냐 우리 동네에스도 쇠을 80십 마리 먹이고 할 때는 도랑에 잡풀이 자랄 텀이 업쓰는데 정부에서 소 수입을 하는 바람에 우리 농민들은 소을 다들 버리게 만들어서 이재는 우리 마을 3바리 정도밖에 업쓰니 가는 곳마다 잡초가 무성해서 재방들이 잡초 구등이가 돼고 잇다. 앞푸로 우리 농민들이 살려면 소가 우리 농민들에깨 뒤도라오고 우리 쌀이 땀 흙리는 대가가 돌아와야 우리 농토들이 살라간다고 본다. 그려치 않코는 우리 농민들의 물건은 하나둘식 버리게 돼며 이것을 다 버리고 나면 그때는 정부도 설 곳이 업쓰저고 만다. 정부는 우리 농민을 버리는 정치는 국력에 좀을 키우는 것이 어떠한 일이 잇쓰다 농민들은 살리야 한다."

〈1993년 7월 14일 수요일 날씨 맑음〉

오전에는 배수장에 물이 내리오지 않는다면서 수초 작업 하로 나오라고 하여서 수초 작업을 하로 같든이 양수가 3대중 한 대로 물을 퍼올리는데 그것도 양수기 3분지 일만 펀다고 하는데 굼도량에 물이 밑차 내리오지 않아서 공회전하는 정도며 한 대로 삼분지 일만 펀다는데 냇물 내리가는 것쳐름 물 량이 음청나며 만약 3대을 전부 가동한다면 들판에 전부 물이라고 해도 극정 업쓸것 같다. 우리 마을로 바서는 배수장 때문에 우리들이 살라따고 보며 그리고 굼통에 연중 2, 3회 물 치는 것이 공식인돼 이재는 배수장 때문에 물 치는 것이 업쓰절 끄시며 꿈통 뿐 아니라 우리들로 바서는 꼭 필요한 배수장이며 볼수록 신기한 물건이란 생각이 든다.

"오늘 부인은 후모사 따고 자신은 사과나무 김매기을 하여서 요소 1포을 다하여쓰며 이번이 두 번째이며 두 표 들어간 셈이다. 그리고 포도나무에서도 요소 1포을 한 주먹으로 한 포기식 주니가 한 포가 다 들어가며 이것도 만이 흡콤을 진다면 비료가 모자란다. 포도나무에는 3회 째 거름을 하여스며 현재 요소거름 3포에 들어같다. 앞푸론 포도나무 적은 것만 가리서 그름을 한 번 더 해야 할 것 같다."111)

후모자 수학 6짝 함.

〈1993년 7월 15일 목요일 날씨 흐림〉

오늘은 이 늚번 들판에 도사리 줏는 사람은 자신 푼이며 다들 뭇엇을 하는데 이 들판에 일 하는 사람은 나 푼인가. 다들 논바닥은 대다수가 올미 투성인데 김매기는 하지 않코 방치하며 둔단은 말인가. 우리 조상들은 풀 한 포기 업시 농사을 짓어는데 이재는 잡초가 너무 만아서 벼 키보다 더 웃뚝 선 논들이 만은데 벼농사 재미 업따고 대는돼로 짓깨따는 것이 어위 업는 일들만 벌어저고 잇다.

"우리 농민들은 뭇엇을 해야 한단 말인가. 사과도 안 대지, 작과일도 안 돼지, 우리 농촌에는 무엇을 해서 살라갈 것이 업따. 우리 농촌에는 땀 흙린 대까는 잇따고 했는데 이재는 땀을 흙리도 대까는 업고 건강만 상하고 잇쓰니 우리 농민은 강 건더 불 보더시 대책 업시 사가라저는 모섭만 지키바야만 한단 말인가. 귀가 찬다."

"남들은 길목에서 때을 짓어서 놀고 잇는데 우리 부부는 일을 하고 그때사 집부로 돌라오는데 다른 사람들은 정말 할 일들이 업쓰서 놀고 잇는지 할 일들 두고서 놀고 잇는지 자신은 감을 잡을 수가 업꾸나. 그리고 부인은 저른 사람을 보고 어떠게 생각을 하고 잇는지 부인 보기에 넘어나 미안하고 넘어나 고마어서 내 몸이 일에 지치서 재 아무리 피곤해도 부인 일 하는 데 가서 부인을 오트바이로 태어오는 일은 하로도 빠짐 업시 하고 잇다."

〈1993년 7월 16일 금요일 날씨 비〉

오전은 후모사 수학을 하여쓰며 후모사 가

111) 이 내용은 일기 지면 상단에 따로 기록되어 있다. '포도나무 거름 3회 3포 함'이라고 기록하였다.

격이 업따니 후모사 수학에 별 의미가 업다. 우리 농민이 살라갈라면 과일값이라도 잇쓰야 우리 농민이 지탱을 할 수가 잇는데 우리 농민은 뭇엇을 보고 살라간단 말인가."
"오후에는 비을 마저면서 논에 도살리을 주워쓰며 도살리을 안전이 줏찌 못하고 대충 형식적으로 줏는 셈이다. 알들이 줄라면 음청난 시간이 필요하게쓰며 이재는 사람의 힘으로 도살이을 해결을 할 수가 업쓰며 올해는 대충 하고 내년에는 약으로 해결을 할 작정이다."
"우리 혜지가 이재는 회사 가기가 실은 모양이다. 외냐하며 내년엔 학교 준비을 할련이 학교에 들어간다는 보장도 업고 혜지 자신도 갈등만 싸이고 잇는 모양이다. 자신은 회사 가기 실크든 사표내고 학교 준비을 하라고 해도 학교 준비도 하지 않코 요줌 혜지가 밝지 않는 얼굴로 회사 다니는 모섭을 보고 잇쓸라니 그리 힘이 들고 잇다."
"오늘은 부인이 몸살이 나쓰며 이것을 방지할려고 자신은 신경을 무진장 쓴는데 결국은 몸살하게 돼어쓰니 한편으로는 내 말을 덧찌 않코 죽키 살기로 일만 하는 부인이 얄미운 감도 잇다. 여하튼 몸살이 난 부인 보기에 미안하고나."
후모사 수학 5짝

〈1993년 7월 17일 토요일 날씨 비〉
오늘은 서양바실 도량에 수초작업을 하는데 6명 밖에 나오지 않아드라. 이재는 공동일에는 다들 무관심할 뿐 아니라 글전을 내라고 하며 주지 하는 식이며 그리고 양심상 글전 받는 일이 업쓰니 부역에 참여을 하지 않코 잇다. 사람들이 살기가 좋을수록 공동에 참여을 하지 않코 개인주위가 돼고 잇다.
"정부 하는 짓들이 우리 농민만 죽이고 이는 일만 골라서 한다. 털레비전에 어느 농부의 말과 같이 정부에서 화혜단지 조성하라고 융자까지 주어서 건장을 하여놓고 일년도 안 대어서 정부가 꽃 보내는 일들은 다들 낭비며 국회원, 공무원들은 화원 안 보내기 운동을 하니까 하훼단지가 불항이 올 뿐 아니라 좋은 꽃들을 마구 배어서 버리는 것을 보니까 귀가 찬다. 그 사람들은 음청난 투자을 드리서 돈 한 푼 건지지도 못하고 그리고 정부가 수입 자유화면 꽃단지가 살라남는다고 건장을 하드니 그 사람들을 망하게 하는 정부 여때것 정부가 하라고 하면 꼭 망하게 하는 정치을 하여왔다. 국민원 정부을 보고 살라야 하는데 우리나라는 정부 시킨돼로 하면 망하고 마니 우리 나라가 바로 갈 수가 잇다. 피을 토할 일들이다."
"자신이 볼 때는 심중이 생각을 해야 하는데 그러치 않코 코 앞만 생각을 하는 정치 정말 불만이다. 심각성 업는 정치에 국민의 뼈 아품이 을마나 만은지 생각이나 하고 입을 벌리는지 알 수가 업꾸나."

〈1993년 7월 18일 일요일 날씨 흐림〉
당산에 작과 나무에 응애약과 살충제을 살포을 하여쓰며 약 량을 50말 해도 푸건하지 않는구나. 작과나무 사이에서 사과나무가 잘라고 잇쓰니 금년도 작과일에는 별 감심이 업쓰저며 나무 사이에서 사과나무가 자라고 잇는 모섭이 신기하기 짝이 업꾸나. 자신은 사과값이 별 감심도 업쓰며 사과나무 자라는 것이 마을 제일 푸건하고 잇다.
"오후에는 부인이 몸살로 푹 시라고 해도 자신 따라 포도순 따는 일과 순 묶끄주는 일을 할려고 포도밭에 나와서 작업을 하여 쓰며 포도순은 잘도 자란다. 이 모섭을 볼 때가 자신 마음을 편하게 하며 요즘은 포도순이 잘 자라고 사과나무 키우는 재미로 살라간다고 해도 가연이 아니다."
수입에 … 트랙터 노타리 값 50,000원

〈1993년 7월 19일 월요일 날씨 맑음〉
오전에는 사과나무 약 살포을 하고 일적으서 포도순 달라주는 일과 배수로 칯는 작업을 하여쓰며 오후에는 벼논에 문고병[112], 도열병[113] 살충제 약을 살포을 하여쓰며 오늘 오후에 약 살포한 면적이 21마지기 하여쓰며 해가 엄치 남아는데 해로 바스는 1단지는 수라게 살포 시간은 돼는데 그만 내일로 미루고 집부로 들어오고 마랐다.
오늘 일은 운이가 도와서 부인이 조금 수레따고 본다. 요즘 방학이라서 운이가 잘 도와주니 일이 아주 편하다.
우리 혜지가 요즘 회사 다니는 것을 억찌로 다니고 잊는 너킴이 들며 혜지도 대학능력시험은 한 달 밖에 남지 않아따고 텔레비전에서 이야기을 하지, 회사을 그만 두고 할려고 해도 공부에 자신이 업쓰서 그른지 혜지가 발지 않아서 혜지야 회사을 그만 두고 공부을 하여보라고 이야기을 해도 말도 덧지 않코 밝은 표정이 아니라서 이 아빠가 부적 마음이 쓰이는구나.
"우리 혜지가 공부을 해야 하며 전문대학이라도 해야 돼는데 정말 마음돼로 안 대는 것이 안타까운 일들이다."

〈1993년 7월 20일 화요일 날씨 맑음〉
오늘 오전으로서 벼논에 살충제을 아래들은 한 번식 다 살포하여다. 요즘은 벼논에 살충제 살포하는 것을 등안시하고 잊는 것은 사실이다. 작년만 하여도 살충제을 두 번 이상은 살포하여따고 보는데 올해는 겨우 한 번 살포을 하여쓰니 벼 수입이 가치가 업쓰니 외면하는 것은 사실이다.
오후에는 벼 이삭거름을 하여쓰며 이삭거름을 아주 약한 것만 조금식만 하고 마라쓰며 직파 자리는 반 포식해서 한 단에 헌친셈이다. 올해는 이삭거름을 적키한 셈이며 작년에 이삭거름 하여서 손예을 밭키 때문에 올해는 이삭거름을 거짓콜로 하여따고 본다.
"우리 혜지가 공부을 할려고 회사을 그만 두는 것은 좋으나 실력도 업쓰며 비율 높픈 데을 갈려고 하니 성질이 낮서 음성을 높피 다만 재발 비율이 나전 대 가서 전문대 졸업장이나 가지라고 하니 실타고 눈물을 흙리고 잇는 것을 볼 때에 속이 터지는구나. 두 번이나 실페을 하고도 좋은 데 갈라고만 하고 잇쓰니 부모로서 두고 볼라니 속이 상하는구나."
그리고 운이도 중간을 넘어하다 오늘 성적표을 보니 하이로 밀려난 것을 보고 의이가 업쓰며 이 아빠는 자신이 공부을 몾해서 자식만은 공부을 시키본다고 정말 열심이 살라따고 생각을 하는데 다들 꿈으로 돌라가고 마라쓰니 자신의 꿈이 이처름 문어저고 보니 이재는 할 수도 업고 이재는 부인만 사랑하고 살라나는 것 밖에 업따고 본다.

---

112) 문고병은 잎집무늬마름병이라고도 하며 주로 잎집에 담자균류가 기생하여 회색의 얼룩무늬가 생기고 차츰 잿빛을 띤 흰색으로 변하여 시들어 죽는 병이다.

113) 도열병은 벼가 잘 자란 뒤에 잎과 줄기에 박테리아가 생겨 잎줄기 등을 해치는 병이다.

지출 … 비료 이삭거름 5포,
살충제 3병 33,250원

〈1993년 7월 21일 수요일 날씨 맑음〉
오늘은 돌리 줏는돼 벼가 너무 좋아서 도살리 줏키가 힘이 더는구나. 외냐하며 벼 끝이 눈 찌렬까바 신경을 만이 쓰야 한다. 이것도 때가 잇쓰서 때 아닌 도살리을 줏을라니 힘이 들며 우리는 벼 키보다 도살 리가 더 키가 크잇는 것을 두고 볼 수가 업꾸나. 남들은 남외 농사을 짓어면서 도살리을 줏찌 않아서 논자리가 엉망인데 그대{로} 두고 잇는 사람들은 마음이 우리와는 아주 다른 사람이라고 본다. 앞푸론 남외 농사을 지어도 뱃장이 잇쓰야 한다.

〈1993년 7월 22일 목요일 날씨 맑음〉
오전에는 웃들논에 도살리을 주워쓰며 도살리을 작년에 설 줏고 마랏떠니 올해는 온논에 올미가 한정도 업쓰며 이러다가는 3년만 도살리 줏찌 않으며 도살리 때문에 벼농사도 안 될 것 같다.
"오늘 정심시간을 이용을 하여서 김상환 씨가 면장으로 승진이 돼어서 동내 어른들에께 술대접을 하여쓰며 이른 술은 을마든지 내도 아깝지 않을 것으로 본다. 김상환 씨는 부친이 면장 출마을 해서 낙선 돼고 면직원만 하다가 인생을 끝을 냇는데 김상환 씨는 부모에깨 효도을 했따고 말을 하고 십다."
"오늘 오후에 누님이 벼논에 약 살포을 하여달라고 해서 오늘 오후에 5섯 단지 약을 살포을 하여주엇다."
"내 일도 한정도 업는데 자신의 손이 필요한 사람이 그리 만아서 자신이 힘이 더는구나."

〈1993년 7월 23일 금요일 날씨 맑음〉
오전에는 부인은 후모사 따는 작업을 하고 자신은 콩 골을 갱이로 타서 김매기을 하여쓰며 김매기을 오전에 다 못하고 말라다. 오후에는 포항 동서가 식구 전원이 다 왔서 한자리에서 놀다 오후 너깨사 참깨 약 살포할려고 푼무기을 가지고 바람이 쇼인다면서 경운기에 동서 아들과 동서 셋 시가 경운기을 타고 들을 한 밖기 돌라다.
"자신은 동서 때문에 일을 못하고 그려지는 않은 셈이다. 자신은 오늘 개핵대로 동서을 대리고 김매기와 약처는 일 다하여쓰며 부인은 처재을 돼리고 콩밭 김매기 작업을 하여서 손님 때문에 일은 지연돼지 완아다."
지출에 … 동서 아들 용돈 10,000원

〈1993년 7월 24일 토요일 날씨 맑음〉
포항 동서가 자신을 일 못한다고 아침 식사하고 곳바로 집배 간다고 처가 집부로 같쓰며 자신이 제 아무리 바파도 좀 놀라주어쓰며 하는 마음이 가고 나서 생각이 더는구나. 그리고 동서는 장로라서 술도 하지 않치, 자신은 을래 술을 안하는 사람이라서 시간 보내는 데는 재미가 업는 사람이라고 생각을 먼저 가저본다.
"동서도 회사 생활을 하면서 학교 공부 시킬라면 힘이 더는 것 같으며 그중 장로가 돼어서 교회 일을 적극적으로 돌바야지, 생활에는 여유가 업는 모양인데 그중 봉고차을 세차을 뺏더라. 이것을 볼 때는 동서도 사치가 잇는 것 같꾸나. 업는 사람이 하고 십픈 것 다 가진다면 가정의 한 곳은 시달림이 잇깨 마른다."
"오늘은 부인도 벼논에 도살리 줏는데 같이 가서 김매기을 하여쓰며 금년에는 도살리 줏는 데는 부인은 처음이며 작년만 해도 부인과 같이 벼논에 도살리을 같이 주워는데 금년에는 부인이 도살 줏는데 그들지 않으니 자신의 일이 처밀리며 자신의 에 지시가 만이 든다. 그르치만 부인을 대리고 가서 벼논에 도살리 주워로 대라고 가고 십지 않타. 외냐하며 부인의 할 일도 만은데 힘 더는 일을 시키고 십지 않아서 마음은 대리고 가고 십찌 않은데 오늘은 도와준다고 따라나스서 처음 벼논에 도살리 줏는 데 그들어다."
"오후에는 가랑비가 와서 일도 하기 실은 중 휴식을 하고 마랐다. 오늘 휴식을 하면서도 집배 할 일들 만이 하여서 들판에 일을 안 해서 그려치 실찌 일은 평일가 같이 했따고 생각을 한다."

〈1993년 7월 25일 일요일 날씨 흐림〉
기상대는 장바미가 어재 오늘 개속 온다고 예보을 한 날인돼 비는 오지 않코 농촌 사람들 일 하기 좋은 날만 지속대는구나. 그리고 올해는 장마라 해도 비도 곱게 앗쓸 뿐 아니라 비의 량도 아주 적은 해라고 말을 하고 십다.
"오늘도 벼논에 도살리을 주워쓰며 오늘도 부인이 도살리을 줏는데 벼논에 넘어나 지서서 이랑을 잡아서 나가며 뽑은 지섬이 넘어 만아서 도중에 자신이 한아람 안아서 버리고 아야 할 정도로 지섬이 만으며 이것을 안전희 김매기는 도저이 못하며 실찌 벼는 키보다 더 크서 외관상 보기 실은 것만 뽑아도 한 아람식 대니 이것은 말을 할 수가 업는 일들이다. 이른 논을 부인과 두리 김매기 작업을 할려니 실찌 내 마음이 더 고충이 만타고 생각을 하며 이 큰 들판에 우리만 김매기을 하고 잇쓰니 부인 보기에 미안하며 이재는 사람이 도살리을 줏는 세대는 지낮따고 생각을 하며 내년에는 약 갑이 제아무리 들어가는 한이 잇쓰도 약으로 해결을 해야 한다고 생각을 하며 그르개 실천을 해야 한다."
"그리고 구미 동생이 일요일이라고 놀로 와서 과일이 잇쓸 때에 왔쓰며 과일이라도 한 상자 주어쓰며 좋아쓸 끈데 감자만 한 상자 주고 마랐다."

〈1993년 7월 26일 월요일 날씨 비〉
부인과 둘리서 파무지을 일적으서 포도순 묵끄주는 일을 하여쓰며 포도는 매일 하도 할 일이 있따고 생각을 한다. 그리고 포도는 일손이 너무 만이 간다고 생각을 하며 포도농사는 적개 가지고 전문적으로 농사을 짓어야 하게꾸나.
"우리 혜지가 오늘 봉급을 590,000원 받아 왔더라. 우리 혜지가 벌어오는 것을 보며 엄청난 돈이라고 생각을 한다. 고졸로서 힘은 던다고 하지만 봉급도 만타고 생각을 한다. 우리 혜지는 한달래 500,000만 원 꼭 저축을 하여다. 이 금액만 계속 댄다면 아빠 벌리보다 실속은 더 잇따고 생각을 한다."
"우리 혜지가 회사 가기가 힘들어 하길래 회사 그만 두고 공부을 하라고 하여도 회사을 그만 두지 않으며면서 동새들한태 성질을 자주 부리고 잇다. 동생들도 눈치을 바서 행동을 하며 들하게는데 이것들은 눈치도 업는 것 같다. 외냐하며 혜지는 전문대학을 떨어저 서려운대다가 동생들은 세상 모르게 잠을 자고 잇는데 혜지는 돈 벌로 간다고 가야 하는 입장이니 아들로서 성질도 나게 돼어 잇따고 생각을 하지만 이 아빠가 볼 때는 불만족한 감이 잇꾸나."

"오늘은 가랑비을 마저면서 포도밭 김매기을 하여다."
"오늘로서 우리 혜지가 벌은 돈이 2,600,000만 원 돼는구나. 정말 수고하여다."

〈1993년 7월 27일 화요일 날씨 흐림〉

금년 들어서 태풍이 4호, 6호 둘 다 우리나라을 비키가고 태풍 피해을 이번 태풍이 우리나라로 왔따면 참깨 농사 다들 망치고 마는데 태풍이 비키가서 다행으로 생각을 한다.
오전에는 포도밭 김매기을 하고 오후에는 태풍을 대비해서 참깨밭에 말목을 밖아서 끝으로 줄 처는 작업을 하여다. 이 작업은 태풍이 오며 별 도엄도 안 대지만 그래도 조금이라도 낮찌 않캐나 하는 새악으로 줄을 쳐두어다.
그리고 올 배추 갈려고 밑거름을 미리 헌치두는 일을 하여쓰며 우선 땅이 매말라서 씨 갑씨는 현제로 너치 뫃하게드라.
"남들은 시간 여유가 잇는데 우리는 아직 일이 넘어 만아서 눈코 틀 세도 업는 형편이다."
"우리 혜지 예금한 돈이 2,600,000만 원이다. 요줌 세대 아이들은 정말 좋은 세상이다. 우리 자랄 때만도 돈벌이 할 때가 어디 잇쓰며 부모님이 십 원이라도 주며 만치보지 그르치 않코서는 돈 구경을 뫃하고 살라왔다. 요줌 아들은 자기 손으로 돈을 만대로 만치고 살라가니 정말 좋은 세상이다."
지출에 … 채소 밑거름 12,200원

〈1993년 7월 28일 수요일 날씨 비〉

포도 밑태에 콩 갈란 것을 거름을 하면서 포도 거름이 가두록 하는데 이삭거름 2포반이 들어같쓰며 하고 나니 거름 량이 너무 만아찌 안아나 하는 생각이 더는구나.
"요줌 날씨는 비가 온다고 하여도 가랑비로만 그치고 마는 날씨로 끝이 난다. 기상대는 장마라고 하지만 밭작물은 가뭄이 들고 있다. 우리 농민으로 바스는 벼논에 바스는 비가 와야 한다."
"우리 농민들 벼논을 넘어 천대하고 있다. 벼논들은 다들 잡초가 무성한 논들이 만은데 이것을 뽑는 사람이 업쓰며 그대로 방치하여두는데 이대로 매년 흙르간다면 수학량이 떨어절 뿐 아니라 잡초 때문에 방치을 하여 폐논도 널어날 것으로 내다본다."
정부에서 우리 농민들을 뒤전으로 미루며 우리 농토가 먼저 죽고 만다. 우리 농민은 죽이는 한이 잇쓰도 우리 조상들이 옥토을 만들갯따고 손발이 다 딸두록 노력을 해서 옥토을 만들어 우리들래깨 물리주어는데 우리들이 천대을 해서 묵적으로 만들으 후손에깨 밀리준다는 것은 말이 돼지 않는다고 본다.
수입에 … 트랙터 20,000원

〈1993년 7월 29일 목요일 날씨 비〉

기상대에서 6호 태풍이 우리나라 직접 영향을 주겟따고 예보을 하여서 자신은 극정이 돼고 잇다. 외냐하면 사과나무가 태풍이 온다면 다 쓰려질 것 같다서 극정이 크며 6포 태풍이 우리나라을 비켜가야 하는 바람밖에 업다. 올해는 태풍이 꼬리을 물고 발생을 하고 잇꾸나.
"오늘 숙모님이 전화로 몸이 상하다고 하면서 전화을 해서 부인과 둘리 차저가보앗떠니 숙모님이 토하며 그때 바서는 이려다가는 죽지 않캐나 하는 생각까지 들어서 덕삼이 태기로 구미순천향병원 원급실로 같떠니 응급실에 모시다노니 집배서보다 주위에 보기에 헐신 낮드라. 아무도 업씨 혼자 사는 사람은 아무도 모르게 죽는 사람이 숙모님을 바서는 만타고 생각을 한다. 숙모님을 병원에서 수속을 발바서 내 자신을 찍고 아무련 이상도 업따고 하며 그려자 순범이 와서 머리에 특수 촬영을 하여보고 대구로 모시고 갈려고 하여 우리는 올라오고 마랐다."
지출에 택시 10,000원 찰영비 60,050원,
접수비 5,400원 차비, 화장지
32,800원
계 78,250원

〈1993년 7월 30일 금요일 날씨 흐림〉

기상대서 6호 태풍 퍼시가 우리나라로 와서 피해가 만타고 기상대서 부산을 떨어는데 다행이 울령도 쪽으로 비키가서 우리나라는 태풍 피해가 업따고 말들을 하드라. 기상대서 부산을 떨어면지 말든지 피해업시 지나간 것만도 천만다행이다.
그른데 약삭빠른 사람들은 기상대서 6호 태풍 온다고 날리을 직이는 바람에 와오리 사과을 미리 딴 사람들이 만으며 우리 마을 바스도 약싹바른 사람들은 사과을 비 마저 가면서 딴는데 피해는 이 사람들이 만아따고 생각을 한다.
"오전에는 들판을 한 박키 돌라보는 것으로 오전을 보네쓰며 오후에는 부인과 둘리서 배추씨 푸림을 하여다. 배추을 미리 갈라노니 나물 기갈을 면할 수가 잇쓰서 오늘은 배추밭을 갈라서 바로 씨푸림을 하느라고 마음이 바파다."
"우리 부부는 언재줌 가면 바푼 일손이 징하게 시간을 보낼련지 그 날이 우리 부부에께 잇꺼나 하는 생각도 더는구나. 무선 일들이 눈 떠며 둘리가 해가 모자라두록 하는데 일 끝이 업꾸나."
"우리 혜지가 휴가을 일주일 받아따고 휴가을 보네는데 혜지도 저의 엄마을 달마서 사치도 모러고 야물기을 말로 표현 다 할 수 업시 야무지기 한이 업꾸나."

〈1993년 7월 31일 토요일 날씨 맑음〉

포도주지나무을 배어다 껍질을 벗기서 세우둔 것이 좀이 먹어서 나무 주위에 가루 헌치둔 것 같다. 자신은 처음 할 때는 잘한다고 껍질을 벗키서 세어둔 것이 오희려 좀을 먹개 만들어주어다. 껍질을 벗키지 않코 그대로 세어둔 것은 좀이 뫃 먹는데 일삼아 껍질을 벗킨이 다들 좀을 먹고 잇다. 그래서 폐유로 한 번식 기름칠을 하여두어는데 효력이 잇쓸련 몰겟다.
"오후에는 날씨가 구름에 가리는 시간이 만아서 좀 일적 두름에 풀 깍꾸로 같든이 더어서 땀으로 옻 한 벌 다 바리고 마라쓰며 여때것 저온 현상으로 잘 지내는데 오늘은 장마도 끝이 낮따고 하지 본격적으로 더이가 시작을 할련지 오늘은 땀으로 오후 시간을 보내따고 말을 하고 십꾸나."
"금년에는 날씨가 저온 날씨가 한 달이 진행이 돼어서 벼 성장에 큰 지장이 돼어찌 않나 하고 내다본다."

〈1993년 8월 1일 일요일 날씨 비〉

기상대는 장마가 끝이 낮다고 하는데 날씨는 비가 오는 량이 더 만깨 내리고 잇다.
"오늘 오전은 비을 마저면서 두룸에 풀 베는 작업을 하여쓰며 이 비을 마저면서 일을 하면서도 그만 두고 올라고 해도 마음이 흐락이 돼지을 안아서 마무리 작업을 하느라 고 시간이 지연이 돼고 마랐다."

"금년에는 해빛 쬬이는 시간이 적으서 벼 작항은 좋지 않으리라고 본다. 금년에 날씨 족권이 풍년은 이루지 못할 너킴이 들 때가 만꾸나."

〈1993년 8월 2일 월요일 날씨 비〉

요즘 비가 장마 때 비보다 더 비줄기가 세 차게 내리고 잇다. 이번 비가 내리는 모섭을 볼 때에 어딘가 피해을 줄 두러엄이 더는구나. 우리 농작물 바서 밝은 햇살이 피료한데 계속 구전 날씨만 한다면 우리 농작물이 제대로 성숙이 될 수가 업다고 본다. 우리 얼굴에 주름을 필 수 잇는 날씨을 보여주어스며 하는 바람이다.

"오늘은 우리 부부가 종일 동안 휴식을 하였다. 휴식을 하게 만들어준 것은 우천의 날씨 때문에 종일 동안 휴식을 시키주어서 나중 일은 어떠게 돌라가는 한이 잇쓰도 우선 부인이 휴식을 하게 돼어서 마음은 편하구나."

"정부에서는 과일 값이 하락돼니까 물가 안정이 돼어간다고 발표을 하는 것을 볼 때에 한마디로 해서 한심한 일이다. 우리 농작물은 정부에서도 하락에 부채질을 하고 잇고 공산품들은 다락같이 올라가도 강 건너 불 보드시 보고 잇는 실정이며 현제로 부인이 시장 한번 가면 60,000만 원 이상 지출을 내는 것을 볼 때는 돈이 갑어치가 업따는 것을 절시리 알 수가 잇다."

〈1993년 8월 3일 화요일 날씨 비〉

오전은 비 때문에 휴식을 안전이 하여쓰며 오후에는 지도소에서 장마 끝에 벼논 갈리에 대해서 교육을 마을에서 했쓰며 요즘 교육은 사람을 동원해서 하는 것이 아니라 교육에 참여하는 사람들만 교육을 시키고 잇다. 그리고 교육을 밭는 사람이나 교육을 갈치는 사람이나 열성은 업는 것이 사실이다.

"정부에서도 우리 농민들을 등안시 한다면 5年 내 잡초 논들이 널어날 것으로 내다본다."

"오늘 교육을 밭고 나서 친구들과 어울리서 상점에 모여서 술빵치기로 오후 네 보네쓰며 시간은 잘 보네쓰며 그 대신 돈을 6,000원 지출을 내고 마랐다."

지출에 … 술빵치기 6,000원

〈1993년 8월 4일 수요일 날씨 맑음〉

벼논에 보기 실은 도살리만 주어쓰며 올해는 자신의 논들이 다들 지섬들이 넘어 만아서 도살리을 주워도 끝이 업꾸나. 오늘은 보뚝에 풀 깍꾸면서 벼논에 도살리 줏는 것으로 시간을 보냇다. 그리고 올해는 저온 관계로 그른지 벼논들 짓던 논들은 문고병으로 썩으가고 잇다. 올해는 벼논에 약세 살포을 소월이 다루며 소출이 아주 감소될 것으로 자신은 내다보고 잇다.

그리고 오늘 낮참을 이용해서 창환 과일 팔로 따라가서 포토밭에 사용할 철사을 가는 선 두 뭉티와 반생을 70,000원 주고 사와쓰며 이 철사가 작년 봄에는 25,000원 한 것이 오늘 30,000운 하니 이것은 음청나게 올라다. 그래도 정부에서는 물가 상정을 0.4%로 잡는다고 법석을 부리고 잇쓰며 그리고 수박이 물가 인상 요인이라고 벌소리을 떠벌리고 잇는 것을 볼 때 우리 농민으로서는 힘도 업고 지식이 업는 농민들은 어이없는 소리을 들을 때마다 성질만 날 뿐이구나.
"오늘은 정말 기쁜 날을 마지하여따고 생각을 한다. 외냐 우리 혜영이가 120명 중 공동 3위가 3명인돼 공동 3위에 들어같다니 이것은 나로서는 정말 기쁨이며 너무나 좋아서 술 한잔 해쓰며 하는 마음이며 우리 혜영이가 이 아빠가 자식들 4년재 학교을 몿시킨 것을 한이 돼고 잇는데 이 기쁨으로 4년재 한을 우리 혜영이가 풀어주어꾸나 하는 생각을 한다. 오늘 정말 기분이 좋다."
(혜영아 정말 외 먹으다. 정말 고맡다.)
지출에 포도망 철사 70,000원 부인 약
2,400원 라면, 슈프타이 10,900원
농약 17,800원 운님 5,000원
계 106,900원

〈1993년 8월 5일 목요일 날씨 흐림〉

낡씨가 매일 흐린 낡씨라서 그른지 벼논에는 문고병이 심해서 벼들이 숲이 존 대는[진 데는] 그대로 썩고 잇다. 그래서 자신은 금새라도 비가 쇼다질 떳한 날씨인데 선산 기상대는 흐린다고만 말을 해서 일적 약 살포 준비을 하여서 부인과 둘리서 약 살포을 한 필지 하는데 아주 적은 가랑비가 시작을 하는데 이 비야 별 손에 갈 것 업다 하고 닷섯 단지 한 마지기 약을 살포을 하고 오전 일가을 맡치다.
"오후에는 당산밭으로 상수도 관이 무치는 공사을 한다고 좀 나와달라고 해서 같든이 처음 측량한 곳에서 4매다 더 드러간다고 하드라. 자신은 처음 열락을 밭고 갈 때는 우리 밭 복판으로 통과 한다고 해서 어떠게 하나 하고 극정을 만이 하고 같스다. 자신이 처음 측량한 곳으로 하지 외 변경이 돼어는냐고 무르니 철도청에서 이험성 때문에 반대을 하여서 변경이 돼어따고 하드라. 자신은 처음대로 한다면 짝뚜리 땅이 내지을 않는데 이번에는 짝두리 땅이 50평은 난다고 해서 자신은 짝투리 땅은 당신네들이 다들 사야지 그러치 않코 짝투리을 두고 공사을 한다면 일에 방해을 하게다, 상수도 쪽에서 도로을 4마일을 낸다면서 짝두리 땅을 두고 공사을 한다면 당신네들이 잘몿이라고 본다, 이것은 자신 뷴 아니라 다들 말성 소재을 만들 것이니까 알아서 하라고 하였다. 그런데 측량하는 사람들이나 지목조사을 하는 사람들이나 다들 지주 편에서 일을 하고 있따는 느킴이 들두록 하고 있쓰고맡드라.

〈1993년 8월 6일 금요일 날씨 흐림〉

금일은 벼논에 문고병과 도열병, 살충제을 살포하는데 남을 돼리고 살포하여다. 부인은 몸살로 거른지 사람이 힘이 업따고 하며 자신 보기에도 사람이 힘이 업쓰보이며 사람이 아주 피료한 기색이라서 휴식을 하여 보라고 하고서는 남을 돼리고 오전 내 약 살포을 하였다. 부인이 일에 지치서 피료가 사이서 힘이 업따면 별 극정은 아닌데 몸외 이상이 생기서 저러깨 피료하다면 큰 극정이다. 몸이 어떠게 돼어서 피료한지 병원에 가라고 해도 병원도 가지 않코 밥만 잘 먹는데 하고서는 미른만[미련만] 돼고 잇다.
"오후에는 아들을 돼리고 약 살포을 할려고 생각을 하여는데 날씨가 바람이 너무나 세게 부르서 약 살포는 포기하고 고추와 참깨 약 살포하는 것으로 오늘 망우리을 짓어다."
그리고 오늘 곰피터을 안전이 교환하여며 용학이도 콤피터 갈리는 하고 잇찌만 우리 생각을 하는 것 처름 쉽지 않을 것으로 생각을 한다. 이번에 용학이도 삼촌 콤피터 같다주고 안전 교환하는 데 외 만이 먹으다고 생각을 한다. 자신은 전자제품이 아다리가 잘 안돼고 잇쓰며 잔자제품 아다리가 잘 안대니 수명도 짤번 푼 아니라 손실도 크더라. 우리 혜영이 약 한 달 만에 콤피터을 교환을 마음이 좋깨꾸나.

93年 8月 6日

(분답지파기계수리비 할려고 예금한 것이 96,500원 입금)

"우리 혜지가 학교에 도전을 한 번 더 한다면서 사포을 냇는데 회사에서 15日을 근무을 해야 됀다면서 출근하라고 해서 출근을 하고 잇다. 우리 혜지가 이번에는 전문대학교 들어가야 하는데 극정이 크다. 자신 보기에도 동생은 학교 간다고 가지, 한 놈은 공단에 돈 벌로 간다고 하는 모셥이 그리 편치 않더라. 이번에 혜지가 전문대학이라 꼭 부터서 대학의 생활을 거쳐서 사회인 돼어쓰며 하는 바람이다. 그간 회사 생활 고충이 만아따고 이 아빠는 생각을 하고 잇다."

지출에 … 건답직파기계 고장수리 한다고
마지기당 500원 식 하여서
자신이 43,000원 벼논에 약
19,600원
계 62,600

〈1993년 8월 7일 토요일 날씨 비〉

기상대 예보에 한차리 비가 온다고 해서 오늘도 비가 오지 않을 것으로 보고 벼논에 혜영이을 돼리고 약 살포하여는데 벼논에 약이 마루기도 전에 비가 내리고 잇쓰니 안타가운 마음 참을 수가 업구나. 그것도 부인이 곤하게 여기서 병원에 보네고 혜영이을 돼리고 4단지나 살포을 하여는데 비가 온다는 것이 엔 말인가, 아십구나.

"오후에는 도포밭에 일을 하로 같다가 일을 조금하고 잇쓰니 비가 내리고 해서 일을 그만두고 마랐다. 그리고 마음 같다서는 쑥쑥 자라서 마음에 들두록 자라주어쓰며 하는 심정이다."

"부인은 피곤한 것이 감기 때문이라고 한다면서 감기약 4일 분 주더라고 한다. 사람이 감기 몸살로 몸이 곤하다고 하며 그건은 극정이 안대지만 아무튼 아무련 일이 업따니 큰 다행이라고 생각을 한다."

〈1993년 8월 8일 일요일 날씨 비〉

요줌 비의 량이 장마 때보다 만으며 구전 날씨가 너무 오래 대어서 농작물 피해가 만을 것이며 췇재 우리 농민들이 먼저 지치고 잇는 실정이다. 이런 구전 날씨가 하로 속이 들어주지 않으며 인간들의 건강도 상쳐을 줄 일들이라고 생각을 한다.

"오늘은 비의 량이 만아서 포도밭의 피해가 잇나, 업나 하고 한번 돌라보는 정도로 오늘 일과을 보네고 마랐다. 금년은 더위 한번 업시 올 여름 다 가고 잇쓰며 일기 변하가 철 따라 오지 않코 게절이 분별 업시 차저오는데 우리 농민들을 개로피고 잇다."

우리 농촌도 집 짓는데 품이 일고 잇쓰며 우리 마을도 조립식집과 벽돌집들이 반반 늙고 잇쓰며 이른 식으로 세 집들이 늙어난다면 빠른 속도로 무건 집들이 사라절 것으로 내다보고 잇다.

"정부에서도 농촌 주택 자금을 좀 만이 풀어준다면 우리 농민들이 세 집 짓는 데 큰 도음이 대리라고 본다."

〈1993년 8월 9일 월요일 날씨 비〉
오전에는 포도순 묵끄주는 일을 하여쓰며 포도 예벌레약을 살포을 하여주야 하겟다. 외냐하면 예벌레가 포도순을 파먹고 잇다. 이 예벌레 바서 5일 전에 포도나무 약을 살포을 해야한다고 본다.
"오후에는 비 오는 것이 태풍 7호 로빈 때문에 비가 만은 량의 비가 온다고 하며 이번 태풍도 우리나라의 피해가 업쓰야 하는데 우리 농민들은 죽으라 해도 풍년이 돼어야지 만약 숭년이 저며 우리 농민은 타격이 크다고 네다본다."
"우리나라의 날씨가 장마 들어서고 계속 저온 날씨와 구전 비로 벼 뿐 아니라 밭작물도 수학을 기대을 할 수가 업두록 사그라저는 작물을 볼 때마다 가슴만 아푸구나."

〈1993년 8월 10일 화요일 날씨 비〉
기상대서 7호 태풍 예이급 태풍이라고 법석을 부리찌만 우리 지방은 소낙비 내리는 것 보다도 더 조용희 보네쓰며 태풍마다 다들 우리나라 비키가고 마라서 큰 다행이다. 들판을 한 박키 돌라보니 벼들이 웃자라서 다들 넘칠 것 같터며 빛을 보지 않코 자란 벼라서 자신들 보기에도 아주 부들어 보인다. 이것들이 나중에 비바람을 이겨낼 수가 잇쓸란지 의문이 가는구나. 그리고 진흥원에서는 벼 감수[감소]가 200만 섬이 넘을 것으로 본다고 발포을 하여서 올해는 냉해 피해로 큰 숭년이 대지 않을까 두려운 감이 앞쓰고 잇다.
"그리고 밭작물에 참깨 농사는 70% 감소가 될 것으로 내다본다. 참깨 농사을 볼 때에 벼농사도 감소돼는 것은 사실이지만 앞푸로의 날씨가 좋아서 감소의 량을 줄라주어 쓰며 한다."

〈1993년 8월 10일[114] 수요일 날씨 맑음〉
오늘은 정말 한여름의 날씨 보닥빛이 낮쓰다. 이 보닥빛을 벼들은 을마나 학수고대하여깨나. 사람의 마음이 이처름 좋은데 식물들 을마나 좋아할까. 이른 날씨가 앞푸로 지속이 됀다면 벼 수학도 증수가 될 것이고 다들 인간을 살찌게 하는 먹이 돼는데 이 날씨가 순식간에 변하는 날씨라서 사람들을 불안이 가쉬지 않는다.
"오늘 날씨가 좋으니 다들 약 살포에 정신이 업꾸나. 모처름 좋은 날씨가 돼니 인간의 손길이 매우 바파저는구나. 자신도 포도밭에 살충제 약 살포을 하여쓰며 오후에는 채소 갈 때에 밑거름 언치두고 논 물키 단속하는데 한 박키 돌아다니다. 필지마다 우선 바서는 벼들이 싱싱해 보이는데 이상 기온으로 벼에깨 을마나 피해을 주어나 두고 바야 하게꾸나. 그리고 아직 벼이삭이 만삭이 돼지 않코 잇쓰며 벼알이 가락처름 둥글개 돼어 잇쓰야 하는데 그러치 못한 것을 바서 아직 벼 출수는 지연이 돼어야 할 것 같다."
"우리 혜영이 비급 장학생 돼어따고 이야기을 할 때 정말 고맙고 대견스렵더라. 혜영이는 장학생 한번 할려고 남 몰래 고충이 만아쓰리라고 밑는다. 우리 혜영이가 장학생이라니 미더저지 않는구나. 혜영한태 공부 소원 다 풀어따고 이 아빠는 생각을 한다. 정말 고맙다."

---

114) '11일'이나 10일로 잘못 기록하였다.

〈1993년 8월 12일 목요일 날씨 비〉

오늘은 상가집배서 종일 동안 놀라쓰며 우리는 상가집에 가도 별 일들이 업키 때문에 가기가 좀 거북한 맡이 잇다.

"이 날씨가 장마가 지나가면 가끔이라도 빛이 나야 하는데 장마 때보다 비가 더 잘오고 잇쓰며 구전 날씨에 사람이 질일 정도다. 이 날씨가 무선 일로 비만 온단 말인가. 예쳐렵다. 하늘은 우리들의 마음을 너무나 몰라주고 잇다."

"우리 혜영이 성적이 우편으로 날라왔다. 권혜영 비급 장학생이란 글자를 볼 때에 정말 고맡드라. 자신은 성적은 보지 않코 장학생이란 글자만 바라보앗쓰며 이재는 장학생이구나 하는 마음과 자신은 자식들 공부하는데 4년재 대학은 못시키찌만 공부에 소원을 풀어따고 생각을 한다. 우리 혜영이 정말 예 먹어다. 정말 고맙다."

〈1993년 8월 13일 금요일 날씨 비〉

정한수 부친 운상하로 갈쓰며 자신은 산소에 띠 입필라고 자신과 3명이 띠을 떠는데 오전 내 걸리쓰며 앞푸론 띠가 업쓰서도 산소 한 번 더릴라면 띠도 돈 주고 사와야 될 일이며 세대가 흙르갈수록 돈으로 막꾸야 할 판이며 옛날 모양 돈 드리지 않코 어더지는 일이 업꾸나.

"오늘부로 우리 혜지가 회사을 그만 두고 학교 준비을 할려고 한다. 이번에는 학교에 가야 하는데 전문대학도 들어가기가 힘이 더는 세상이라서 이 아빠는 극정이 된다. 올해는 학교에 가서 대학 생활이 이른 것이구나 하는 마음과 학창 생활을 만킹하여 학교 생활에 후해가 업는 절먼 생활을 누리보게 따라지 학교라도 들어가야 하는데 극정이 크다."

"인간이 살라가는데 업다고 편하게 살지 못한다고 생각을 하는 사람이 만을 것으로 보지만 업쓰도 변하게 살라가는 사람이 잇따는 정인을 보여준 정한수 부친이 고인이 돼어찌만 이 분은 업쓰도 자기 평생 편하게 한 세상을 보내고 이 세상을 끝을 냇찌만 이 분과 같이 업는 사람이 인간 생활을 편깨 보내는 일은 정말 힘든다고 본다."

지출에 … 포장 어장, 철사 조어는 것 갑부로[갑으로] 사는 데 10,000원, 정한수 부친 부위 10,000원
계 20,000원

〈1993년 8월 14일 토요일 날씨 맑음〉

바시내이 고추는 양 엽푸로 줄을 한 쳐터니 비가 올 때마다 고추가지가 찌저서 오늘은 만사 일을 재쳐노코 부인과 둘리서 말목을 밖고 줄 쳐는 작업을 하여다. 그리고 일적으서 형님 포도을 공장용 포도을 따서 그들어주어쓰며 포도가 원인도 모르게 포도송이가 골고 포도잎이 약해 밭은 것쳐름 밑태잎들이 마르고 잇드라. 이것을 그냥 두게 돼며 포도알이 그대로 흙르고 만다고 한다. 포도 농사을 짓다가 이른 변을 당하게 돼며 정말 난감하게다. 형님은 금년 포도는 공장용으로밖에 내지 못하니 수입 면외스도 큰 따격을 밭게드라.

포도 농사가 비가 오래동안 지속이 돼어서 포도가 잎이 마른다고 하지만 자신이 생각을 할 때에 전적 비 때문에 그른 것이 아니라고 본다. 포도 농사가 쉽고도 어렵따드니 자신으로서는 포도을 심는 사람으로 극정이 앞쓰고 잇꾸나.

"오늘 오후에는 배추을 갈라쓰며 오늘 배추을 가란 사람이 서느 집 됀다고 본다."

〈1993년 8월 15일 일요일 날씨 비〉

금년에는 하늘에는 비밖에 업나바. 비가 와도 이처름 만이 오고 끈질게 비가 내리고 잇쓰니 모든 작물이 연약하게 자라서 참깨는 견디다 못해서 다들 쓰러지고 올해는 큰 숭년을 기록할 것 같다.

"오늘은 이철수 씨 모친 별세을 해서 일 좀 거둘어주로 같쓰며 이 분은 어재 잘 지내시고 밤세 죽어쓰니 이것은 다들 죽음복이 잇따고 하는데 우리가 생각을 해도 81세라고 하니 잘 도라가시따고 생각을 하며 씨 다른 인간 생활을 하면서 살라왔찌만 이 분도 편한 생활로 한 세상 보내따고 생각을 한다."

"그리고 오늘 상가집에는 아들이 업고 모자관에 살라온 집이라 일을 할 사람이 넘어나 업쓰서 일 하는데 힘이 들어쓰며 특희 집안이 업쓰서 더 힘이 들어따고 본다. 그리고 오늘 돼지 잡는데 사람이 업쓰서 자신과 3명이 돼지을 다들 잡아쓰니 살마들이 업따는 것을 증명이 될 일이다."

수입에 … 화토노리 6,000원

〈1993년 8월 16일 월요일 날씨 비〉

오늘 이철수 씨 모친 출상하는데 그들어주어쓰며 업시 살라도 손이 만아서 상주들은 만터라. 그리고 우리 마을로 바서 내 나이까지 운상을 해야 할 판이며 앞푸로도 절먼 사람이 줄어들기 때문에 운상하는데 빠저나오지 못할 판이며 흉사가 오면 운상을 안 알라고 자신은 상당이 신경을 쓰고 잇다. 오늘도 운상은 않해찌만 이른 일 돌라올까바 극정이다.

"정말 구전 날씨 지속대는데 정말 급이 나는구나. 이 날씨가 작물 피해을 주다 시원찬아서 이재는 사람까지 피해을 줄라고 작정을 한 것처름 날씨가 해도 해도 넘어 하다는 생각이 드는구나. 하늘로 인간의 마음을 넘어나 몰라주고 잇는 것 같꾸나."

"이재는 좋은 날씨가 돼어서 씨 푸린 것을 조금이라도 거두어드리두록 맑은 날씨을 보여주며 월마나 좋깨쓰며 이재 날씨 든다고 해도 참깨 농사는 그두어드릴 것도 업따고 본다. 이 날씨가 큰 숭년은 만들어찌만 그래도 날씨가 풀어서 남은 것이나 그두어드릴 욕심이 남아잇꾸나. 옛 어른들은 땀 흙린 대까을 꼭 준다고 생각을 하면서 살라와는데 요줌은 땀 흙린 대까도 어찌 못하고 살라가는 것이 우리 농민들이다."

우리 농민들을 죽이고는 우리나라 경제을 선진국에 올려놋는다고 정부는 법석을 부리고 잇는데 경제가 선진국에 들어간들 우리 농민 죽이고는 유지할 수가 업쓰며 엔말래 어떠개 가든 서울만 가면 됀다고 하지만 이재는 그 말도 옛말이다. 인공위성이 하늘을 날고 잇는 이 세대는 처음부터 순서을 지키고 하나에서 오라갈 수가 잇찌 그르치 않코는 지구상에 살라남키가 어렵다고 보며 우리나라 정치인은 기초는 무시하고 올라만 갈라고 법석을 부리는데 이것은 정치인 욕심이다. 정치인들의 개인 욕심을 버리고 처음부터 다시 올라가도 늦찌 않타고 본다.

정치인들아 나무을 자세이 보아라. 나무가 제 아무리 싱싱하게 입과 줄기가 잘라도 뿌리가 시원찬으며 결국은 쓰려지고 말드시 우리 농민 죽어며 소도시 죽고 소도시 죽어면 대도시 잘살 것 같다. 우리는 결국 다 죽고 만다고 본다. 자신은 우리나라 정치인들이 마음에 들지 않는 것이 외 나라 발전을 뒤로 하고 개인주위로 정치을 하는 것이 가슴 아푸게 생각을 한다.

〈1993년 8월 17일 화요일 날씨 맑음〉

오늘은 모처름 맑은 날씨가 돼니까 약 살포하는 사람, 비 때문에 밑차 못한 사람들은 분주이 날띠고 잇는 것이 영역희 포가 나고 잇꾸나. 자신도 두룸에 풀 깍는 일과 포도밭에 김매기을 하는 것으로 오늘의 일과을 보냇다.

그리고 부인은 혜영이와 친정에 부모님 보로 가고 우리 혜영이는 저의 할머니와 외가집에 한번 간다고 약속을 해서 시간은 업는데 오늘 간다고 이야기을 할 때에 생각을 하는 것을 볼 때에 때로는 어른 같다.

〈1993년 8월 18일 수요일 날씨 비〉

오늘은 부인과 두리서 보밭에 참깨을 쳐는데 다들 연결어저기도 전에 참깨가 다들 말라버리서 수학도 할 수가 업따고 보며 참깨 농사을 짓어도 이처름 허무한 적은 업는데 올해는 지루하게 내린 키 때문에 큰 숭년을 당하고 잇따고 본다.

올해는 어느 누구 업시 참깨 농사는 다들 허무하다고 본다. 농산물이 가치가 업쓸수록 풍년이 돼어야 하는데 숭년을 보게 돼며 농민의 고통이 그만침 크다고 자신은 생각을 한다.

"오후에는 기상대도 흐린 날씨만 됀다고 외보을 했는데 생각지도 않아든 비가 서리서 아무 것 모하고 참깨 쳐온 것을 손질하는 것으로 오늘 일가을 끝을 냇쓰며 비가 와도 와도 넘어나 만이 오며 이재는 사람까지 떠고 잇다고 말을 하고 십꾸나. 정말 지루한 날씨 지속이 돼고 잇다. 이재는 본격적인 가을 하는 맑은 날씨 좀 보여줄 때도 돼어는데 맑은 날씨는 보여주지 않코 매일 우중충한 날씨만 보여준단 말인가. 너무나 원망스렵꾸나."

〈1993년 8월 19일 목요일 날씨 맑음〉

오늘은 맑은 날씨을 보여쓰며 맑은 날씨가 돼니 사람의 마음이 캐알해저는구나. 오늘 말리 사과나무 밑에 가람참깨을 쳣는데 정말 허무하기 짝이 업드라. 이것은 보밭에 참깨보다 어 허무하며 이것은 씨갑씨도 안 댈 것 같으며 이것은 안전 적자가 돼고 마랐다. 밭작물은 이미 숭년을 당해다 해도 벼 농사는 이른 꼴이 돼어서는 아니 돼며 벼 농사는 풍년 소리는 못 들어도 그른대로 잘 돼어다고 해야 한다. 만약에 벼 농사도 숭년을 만난다면 우리 농민은 음청난 타격이 온다고 본다.

"우리 혜지가 이때것 회사 다닌다고 공부도 한 개도 하지 않코 내일이 대학능력시험 천다고 구미 동생한태 같는데 자신은 그래도 대학능력시험 천다고 마음가짐이 고맡꾸나. 전문대학을 시키기도 이래 힘들고 잇쓰니 부모로서는 마음의 상쳐가 크구나. 이재와서는 올해도 혜지 회사에 보내지 말고 공부나 하라고 할끈데 하는 아쉬움이 크구나. 우리 혜지 전묵대학이 이번이 마지막 도전이라고 생각을 할 때에 자신이 잘못 생각을 했따는 느킴이 더는구나."

"내일이 대학능력시험을 처음 시작을 하는 날이며 내일 시험은 잘 보라는 말은 못하게 다만 12월 달래 한번 더 바서 체종시험을 바서 점수가 좋은 것으로 대학을 간다고 하니 다음 시험은 잘 바서 이번에는 전문대학이라도 들어가야 하는데 하는 마음 뿐이다."

〈1993년 8월 20일 금요일 날씨 맑음〉
금일은 창호 어른 지붕에 스레트 인다고 나무 사는데 가자고 하여서 따라같쓰며 나무 값이 상당이 비싸며 오늘 물건 값이 약 80,000만 원치 물건을 하여쓰며 자신이 물건 값을 볼 때 한 가지도 흘타하는 것이 업따고 본다. 그리고 도시 거리을 걸어가보며 다들 상점들을 정축을 하고 잊쓰며 다들 우리 농민들 돈 떠더낼라고 개업을 하는 일 정말 무섭두록 개점을 하고 잊는데 우리 농민들 눈 똑바로 살라가야 하겟다.
오후에는 참깨 쳐냇는데 김매기 작업을 하고 부인은 당파와 총각무우 가는 일로 오늘 하로의 시간을 보내쓰며 그리고 오늘 우리 혜지가 대학 수학능력시험을 보고 밤 10시가 돼어도 오지을 않아서 극정이 만이 돼며 한 곳을 들린다고 전화을 주어도 밤 시간이 너무 저니까 극정이 돼며 평소 때는 밥만 먹으며 잠 때문에 자는데 오늘은 혜지가 오지 않으니 잠이 오지 않터라. 그른데 혜지가 들어오는데 발근 얼굴로 들어와서 극정한 것은 다 살라저고 이 아빠의 마음도 좋드라. 혜지야 시험을 잘 밭나 하니까 공부도 하지 않아는데 실력이 나오겟쓰 하며 말고리을 끈터라. 이번에는 우리 혜지가 들어가야 하는데 하는 마음밖에 업다.
지출에 … 포도밭에 배수로 관 1개 8,000
3개에 24,000원

〈1993년 8월 21일 토요일 날씨 비〉
오늘은 비가 오는데 이른 날은 공쳐는 날인돼 일 좀 들어볼러고 운이을 돼리고 포도밭 배수관 문는 작업을 하여쓰며 배수관을 안전이 무더노니 극정만 하든 일을 안전무결하게 하여쓰며 이재는 세암물까지 배수관으로 나오두록 돼어잊쓰니 오늘 일은 아주 큰 일을 하여따는 생각을 하며 이재는 배수관이 200cm라서 재아무리 만은 물리라도 충분히 배수가 될 수 잊따고 생각을 한다. 오늘 일은 다들 비 온다고 공쳐고 잊는데 자신만은 큰일을 하여쓰며 오늘 일은 너무나 큰 공사라서 일을 시작을 몿하고 극정만 하든 일을 안전하게 해결을 하여쓰니 오늘 일은 정말 잘한 일이다.
"무선 비가 장마비보다 만이 올 뿐 아니라 요즘 비가 이재민을 만이 낼 뿐 아니라 인명 피해도 만이 내고 잊다. 그리고 벼이삭이 맡머리 올라오고 잊는데 때 아닌 비가 만이 왔다. 말을 할 수 업씨 비 피해가 만타고 생각을 한다."
"우리 농민 정부가 죽이고 이재는 날씨까지 우리 농민을 죽이고 잊꾸나. 이재는 지탱을 할래야 할 수도 업쓸 뿐 아니라 이재는 아무련 의미가 업는 허공만 바라보는 인생살리 생활을 해야 됀단 말인가."

〈1993년 8월 22일 일요일 날씨 맑음〉
참깨 뒤거류에 배추와 무을 부인과 둘리서 갈라쓰며 오늘은 참깨 수학을 하고 배추와 무간다고 비지땀을 흙리고 잊드라. 우리들의 보밭 전체을 볼 때에 참깨 뒤거류도 체소 가는 사람이 전체의 면적 반은 돼리라고 본다.
"자신이 배추와 무를 갈라도 별 소득이 업시 매년 지냇왔는데 올해는 배추, 무 면적이 더 만타. 자신이 여태것 배추 농사을 짓어왔찌만 배추 값 올캐한 적이 업다."
"혜지가 대구에서 공부을 할려고 해서 집배

서 다니면서 김천 학원이나 구미 학원이나 가라고 건유도 몿하게드라. 본인이 용학오빠한태 잊쓰면서 대구에 잊는 학원을 다닐라고 하는데 대구 가지 말고 김천에 잊는 학원에 가라고 하지는 몿하게쓰며 내가 생각을 할 때는 집배서 다니면 사람 수라지, 교통이 시달림도 들 대지 흙신 편할 것으로 보는데 대구에서 할려고 하는 것을 몿하게 하여서 나중에 문제가 잊따면 원망 돌라올까바 할려고 하는 데로 그냥 두고 지키만 볼 작정이다."

〈1993년 8월 23일 월요일 날씨 맑음〉

보뚝에 풀 깍는 작업을 하여쓰며 이 풀은 외 이래 잘 자라는지 사람의 손길을 자주 빼앗고 잊다. 만약 곡석 대는 것이 이처름 잘 자라준다면 인간의 삶매 일은 극정을 하지 않아도 될 것 같다. 우리 농민들이 보뚝에 풀 깍는 일도 시간으로 천다면 음청난 시간이 소유됀다고 본다.

"오후에는 넉들 전역에 배수에 수초 작업을 하여쓰며 어대 업시 우리 농민들이 소을 먹이지 않으니 가는 데마다 풀이 사람의 키로 한 질식 자라잊다. 이것을 볼 때에 정부에서 소 값 폭락시키는 바람에 우리 농민들은 견디다 몿해서 소을 다 팔고 이재는 우리 농민은 소을 먹이지 않코 돈 만은 사람들 기업으로 먹이고 잊쓰니 우리 농민들의 들길은 잡초만 무성하게 자라서 인간의 발길을 막아서 가지 몿할 정도로 잡초는 자라잊다. 이러다가는 전 국토에 잡풀 때문에 곡석이 아니 될 것 같다. 들길에 잡초을 업세는 길은 농민의 소가 농민예깨 뒤도라와야 국토에 잡초가 업쓸 뿐 아니라 우리 땅들이 지력이 도다절 뿐 아니라 땅과 우리 농민이 살 수가 잊다."

"오늘 조합에서 예금한 돈 200,000만 원 차저와서 지출 그진 다 하여쓰니 자신 생각을 해도 음청난 지출이라고 생각을 한다."

지출 혜지 학원비 120,000원 운이 공낙금
84,000원, 혜영이 공낙금 369,000원
혜지 30,000원, 병원비 2,200원
차비 800원
계 638,000원

〈1993년 8월 24일 화요일 날씨 흐림〉

오늘은 목지 좋지 않아서 경북 이미뉴과[이비인후과]에 질료을 바들라고 가서 전문위말이 별 이야기도 업고 일주일 치료을 바드라고만 말만 하드라. 질료 받는데 기다리는 시간이 업쓰서 좋드라. 병원마다 다들 기다리는 시간 업시 접수만 하면 곳바로 질료을 바드며 을마나 좋캐나.

"포도밭에 부인과 둘리서 김매기을 하는데 잡초가 무성하게 잘라서 김매기에 엄두가 {안}나며 이 김매기는 끝을 내지 몿할 것 같떠며 이 긴 고랑에 무성하게 자라잊는 모섭만 바도 질리겟드라."

"이재는 김매기는 잡초약으로도 해결을 해야 하는데 이것이 돈이 들어가기 때문에 십계 실천이 돼지 않는구나."

〈1993년 8월 25일 수요일 날씨 비〉

오늘은 아침부터 낡씨가 잔뜩 지프린 날씨을 보이고 잊다. 금년 날씨는 우리 지역으로 바서는 만원 량의 비는 쇼다저지 않치만 하늘에는 무선 비가 그리 마는지 우리 농민들이 원하는 날씨는 보여주지 않코 흐린 날씨 아니면 구전 비가 내리고 잊쓰니 불캐하기 짝이 업꾸나. 금년에는 다 짓어논 벼농사가 숭년 될까바 불안한 감 안정을 식킬 여유가 업꾸나.
"어재 병원에 오전에 가니 오전 일은 손도 돼지 못하고 시간이 다 가버리서 오늘은 오전 내 김매기을 하고 낮참을 이용을 해서 병원예을 갈는데 오늘은 경북 이비누과을 가지 않코 목감기 같다서 이주원내과에 가서 치료을 하였다. 이주원내과는 미리 접수을 하지 않으며 검진받키가 힘이 들며 이곳은 오전 내 기다리는 것은 보통이라고 알고 잇쓰서 오늘 자신은 혜영이 학교길래 접수을 하여두어서 가는 돼로 치료을 받고 왔다."
"병원 이용을 낮참을 이용하니까 일 하는데 시간은 빼앗키지 않는데 오늘은 비가 오기 때문에 김매기 작업을 조금 하다가 마랐다."
"우리 혜지가 공부한다고 대구에 갈는데 공부가 될련지 몰겟다. 내가 생각을 할 때에 집배서 저의 엄마 해주는 밥을 먹고 편하게 김천 학원이나 구미 학원에 다니며 그리 펜할 것으로 생각을 하는데 구지 대구에 가서 공부을 할려고 하는 것을 몰게쓰며 저의 오빠 밑태서 학원을 다닌다고 하지만 고생만 하고 공부도 제돼로 안 댈 것으로 생각을 한다."
지출에 … 혜지 용돈 150,000원

〈1993년 8월 26일 목요일 날씨 비〉
금년 날씨가 해도 해도 넘어한다고 생각을 한다. 무선 날씨가 비 안오며 흐린 날씨을 보이지 올 여름 내 구전 날씨로 여름 한철을 다 보네쓰니 작물들이 연약하게만 잘라서 올 수학기는 음청난 수학량이 떨어진다고 본다.
"김영삼 대통령이 문민정치을 내세우면서 정치을 잘한다고 금륭 실명제을 하고 정부에서는 경제가 회복이 됀다고 법석을 부리고 잇찌만 우리 국민은 경제 회복돼는 줄도 모려깨꼬 물까만 상승이 돼어 더 부란하다. 정부에서 농산물로 물까을 안정을 시킬라고 하는데 우리 농산물은 시장박운니[시장바구니]에는 별 영향을 주지 않는다고 생각을 한다."
"공산품은 한 해에 을마나 오려는지 입이 벌어지두록 상승을 하고 잇는데 정부에서는 농산물만 잡을라고 드는 이유을 몰겟다."

〈1993년 8월 27일 금요일 날씨 맑음〉
오늘은 박종서 씨 댁에 개와 지붕에 개와가 다들 날가서 스레트 지붕으로 만들라고 일을 하는데 사람들도 만이들 와드라. 일부는 개와장을 내루고 자신은 목수일을 하여쓰며 사실상 목수는 둘리지만 지붕 위에서는 혼자 목수일을 다 하여다. 지붕을 박공으로 만드는데 석가래을 걸리서 종일 동안 일을 하는데 스레트 25장 위는 작업까지 하여쓰니 남들이 일을 만이들 하여따고 이야기들 하드라. 그래도 자신 생각을 한 것 보다 일이 적기 했따고 생각을 한다.
"몸체 개와집을 스테르 집부로 만드는데 제목 값가 용바람 노세와 마루와 다 갈라서 자제 값이 750,000원 들어가드라. 이중 노임을 개산 한다면 목수 노이만 천다고 해도 목수 일당이 60,000원 잡으면 다섯 대가라 잡고 300,000원, 몸체 개와집을 스레트 지붕으로 만드는데 자재값, 노임 해서 1,100,000원 들어간다고 본다."

〈1993년 8월 28일 토요일 날씨 맑음〉
오늘도 박종서 씨 댁에 스레트 위는 작업을 하는데 넘어나 더어서 일 하는데 넘어나 힘이 들어쓰며 힘드는 중에 지붕 위에서 떨어질까바 전 신경을 발끝에 쓰니까 허벅지, 다리가 안 아푼 곳이 업드라. 그리고 우리는 높은 곳을 다니면 급이 만아서 일하는 것을 아주 실어하는데 박종서 씨는 나와는 사람이 좋아서 서로 정을 나누이며 살가는 형편이다. 그래서 띠어 놀 형편이 아니다. 그래서 이험을 무렵쓰고 어재, 오늘 양일간 스테트 위는 작업을 하였다.
"이재는 지붕에서 일하는 것은 힘이 들어서 못하게드라. 신경을 쓰는 일이라서 밤에 잠이 오지 않트라. 그리고 오늘 일하는 것은 책임을 가지고 일을 하여서 오늘까지 신경을 만이 쓰이따고 생각을 한다."
"오늘 일은 좀 일적 끝을 냇다."

〈1993년 8월 29일 일요일 날씨 맑음〉
채소밭 무지파 약살포을 하고 참깨 수학을 마지막 하여는데 한심하기 짝이 업드라. 외냐하면 참깨을 자신이 갈란 면적은 만타고 생각을 하는데 올해는 참기름 우리들 먹을 것도 못 대게따고 부인이 말을 하는데 참깨 농사는 자신으로서 바서 씨 값과 밑천 더관[들어간] 값도 안 대고 잇쓰니 귀가찬다.
오후에는 몸이 피료해서 고추밭에 약 살포만 할려고 넛것하게 시작을 해서 약만 한 통 살포을 하고 오후 6시 경에 김천 농약방에 가서 콩밭에 잡초약을 사와서 포도밭에 간작으로 갈란 콩밭에 잡초약을 사료 갈더니 오늘이 일요일이라서 다들 문을 닫고 말라드라. 농약방은 일요일은 다들 휴일이라고는 들어찌만 그래도 문을 조금식 널어놓고 약을 파는데 오늘은 전연 그런 집이 업쓰서 그만 허탕을 하고 말랐다.
요줌은 사람들이 돈도 다들 실어며 시장에도 일요일은 그진 문을 닫고 잇는 데가 만타. 이것은 그만춤 살기 좋아젓따는 정거다.
"한국 사람의 인간성이 외이래 변하고 잇는지 몰겟다. 절먼 사람이나 나이가 들은 사람이나 편하게만 살자고만 하니 우리 국토가 자원이 업는 나라외서 과연 편하게 대대로 살라갈 수 잇따고 보는지 한심수렵다."

〈1993년 8월 30일 월요일 날씨 맑음〉
벼논에 약 살포하는 사람들이 들어잇쓰서 약 살포을 해야 하나 극정이 돼어서 벼논을 한 밖기 돌라밭트니 벼들이 다들 깨끗해서 자신은 이번 약은 포기을 할 작정이다.
오늘은 종일 동안 포도밭에 김매기 작업을 하여쓰며 포도밭 김매기 작업은 호미로는 해결을 할 수가 업깨쓰며 내일 잡초약으로도 해결을 할 작정이다.
포도밭 김매기 작업에 일손에 을마나 빼앗키는지 포도밭 아니면 일에 지시가 안 드는데 올해 포도밭 때문에 부인과 둘리서 정신이 업쓸 정도로 분주희 여름이 같따고 생각을 한다.
지출에 라면 6,300원 농약 3,500원
옥수차 550원 보험료 값 12,600원
텔레비전 수리 9,600원
계 32,550원

〈1993년 8월 31일 화요일 날씨 맑음〉
요줌 낢씨 정말 잘한다. 여때것 저온으로 농작물 피해준 것을 보상이라도 해주더시 정말 날씨 잘하고 잇쓰며 우리 농민들의 욕심대로 한다면 들판에 벼이삭이 안전희 연걸어서 수학을 할 때까지 이 하창한 날씨을 보여주어쓰며 하는 바람이다.

"우리 혜지가 혼자 떨어저서 공부을 한다고 대구에 잇는데 공부나 머리에 들어가는지 몰겟다. 금년에는 전문대학이라도 꼭 들어가야 하는데 마음대로 안 대는 것이 공부인가바. 혜지야 이번에 꼭 부꾸로[붙게끔] 열심희 회다오. 아빠 부탁한다."
"오늘은 부인과 둘리서 포도나무에 살충제약 살포하고 시간이 일적으서 잡초밭 김매기에 지쳐서 그만 잡초약으로 회결을 하여서 잡초약으로 회결을 하는데 포도나무 사이에 콩이 잇쓰서 약 살{포}하는데 힘은 들어도 부인과 김매기하는 것보다 흘신 수라드라. 오늘 포도밭의 김매기을 해결을 하니 속이 시원하드라."
"오늘 포도밭 잡초 해결을 하는데 울러매는 품무기로 제초제 살포하는데 14통으로 해결을 하였다."
지출에 … 제초제약 5,050원

〈1993년 9월 1일 수요일 날씨 맑음〉
오전에는 동호관에 보일아 너을라고 4반만 모래 실련 작업을 하여쓰며 우선 방목하기가 실어서 기름 보일라 너을라고 하지만 동회관에는 관리가 일반 가정과 달라서 기름 소비는 만이 됀다고 본다.
오늘 오후에는 체소밭 김매기을 부인과 둘리서 하고 들판을 한 밖기 돌라받다. 벼이삭들이 출수을 하는데 그리 더디며 보기에도 맑은 키가 업고 보기가 시원찬은 너킴이 들며 올해 벼이삭 출수하는 것이 마음에 들지 안아서 부인과 둘리서 벼논을 한 밖키 돌라바도 마음이 깨온치 않터라. 우리 농민들이 여름 네 땀 흙리면서 고생을 해도 벼이삭이 굴개 출수을 한 벼이삭만 보며 여름 네 땀 흙린 고생이 다들 살라저고 얼굴에는 밝은 우섬이 절로 나는 맡으로 산다고 보는데 올해는 영 마음에 들지 않는 벼 출수을 하는 것을 보니 허탈한 마음이꾸나.

〈1993년 9월 2일 목요일 날씨 맑음〉
오늘은 포도주지 세우는 작업을 하여쓰며 오늘 포도주지 세우는데 반 조금 더 세우다. 주지 세우는 일이 포도 간작물로 콩을 갈라서 주지 세우는데 장해물이 돼어서 주지 세우는 일에 장해물이라서 콩 수학을 해서 득을 보는 것보다 장해물 힘드는 것이 더 손에가 돼지 않을까 하는 생각도 든다. 우리 농민들은 9月 하며 들판에 한금물결이 념실거리는 들판을 보며 만향 절거운 때라고 보는데 우리 농민들은 절거움보다 두리움이 마음속에 칵 차잇따고 본다. 금년도 벼 출수는 신통치 않아서 늙 마음 불안감으로 날을 보네고 잇다.
"요줌 국가는 문민정치라고 전 대통령들이 대통령으로 직무을 할 때에 잘못이 잇따고 이재와서 추궁을 할려고 하는 것은 인간의 도리가 아니라고 본다. 외냐하면 전두환 대통령이나 노태우 대통령이나 이 두 분도 우리 국민들을 잘 살개 하게따고 다들 노력을 한 사람이며 이 분들도 정치을 하는데 잘잘못이 잇는 것은 사람이라면 다들 잇따고 볼 때 잘못을 이재와서 추궁을 한다는 것은 바람직한 일은 아니라고 본다. 이재는 우리나라도 정치 보복은 업쓰야 하며 이재는 앞을 보고 정치을 해야지 가거 잘못을 들추는 정치는 업쓰야 한다고 본다."

〈1993년 9월 3일 금요일 날씨 맑음〉
부인과 둘리서 포도 밭갓 지주 세우는데 힘이 모자라서 주저하고 잇는데 박명섭이가 그들어주어서 포도 밭갓 지주 세우는 일을 할 수가 잇쓰다. 부인과 둘리서는 철도 침목을 가지고 들어가서 세우는 일은 무리한 일이여는데 박명섭이 거들어주어서 잘했다고 생각을 한다.
그리고 오늘 오전 일은 오후 1시가 넘두록 하여서 그른지 오후 일은 하로 가기가 실터라. 외냐하면 오전 피료 때문에 휴식을 한 셈이다.
"그리고 오후에는 부인이 자신의 이발을 하여쓰며 부인이 솜씨가 잇쓰서 이발관에 가서 이발을 하는 것보다 더 예쁘게 하곤 해서 자신은 부인한태 이발을 자주 한다. 자신은 연중 이발간에 가서 이발을 하는 것은 두 번 정도 하고 그 나머지는 부인한태 이발을 한다."

〈1993년 9월 4일 토요일 날씨 맑음〉
오전에는 참깨 가란데 비누류을 벗키쓰며 비누류 벗키는데 참깨을 쳐낸 뒤 곳바로 비누류 카란 것을 벗키는 일을 해야찌 수라지 여때것 두어다가 오늘 비누류 벗키는 작업을 하여보니 비누류가 힘이 업쓰서 갈기갈기 찌저저서 벗키는데 힘이 만이 들어가드라. 앞푸론 비누류 벗키는 작업을 제때 해야 노력 절감을 할 수가 잇따고 본다.
오후에는 들판도 한 밖기 돌라볼라고 경운기을 따고 벼들이 잘들 잘라고 잇는지 구경을 할려고 돌라밭떠니 서양바실이 뒤 도구쪽으로 거름키가 만은 곳은 벼수학을 할 것도 업두록 다들 죽어더라. 자신은 앞쪽으로만 늙 밭든이 남들은 벼삭이 죽언 것이 만이 들 보이고 자신은 죽은 벼가 업쓰서 그른데 벼농사는 잘 짓어따고 생각을 했떠니 오늘 필찌마다 한 밖키 돌라보았든이 서양바실에 뒤 독우 쪽으로 다들 죽어서 가슴 아푸드라. 벼농사는 일 년을 두고 농사짓는 것이라 한 번 실패을 본다면 내년에 모내기 할 때까지 마음에 돼세기전다. 올해 서양바실 농사는 넘어나 만이 죽어서 자신의 마음을 꾸짓고 잇다. 외 거름을 조절을 못해서 벼농사을 망쳐다말인가. 정말 가슴 아푸구나.
"우리 혜지가 공부한다고 혼자 떨어저잇는 것을 보며 신기한 일이다. 어른도 집을 떠나서 무선 일을 하라면 어러운 일인데 우리 혜지가 떨어저 공부을 하고 잇따는 것이 고만다. 그리고 아빠의 안부까지 극정을 다하고 잇쓰니 대견스렵다. 꿈재리만 이상해도 아빠에깨 전화을 주는 혜지 올해는 목포을 달성을 해야 하는데 하는 마음밖에 업다."
수입에 … 박종서 씨 집배 일한 것 품으로 120,000원 주는데 40,000원 돌려보네고 80,000원 밭아다.[115)]

〈1993년 9월 5일 일요일 날씨 맑음〉
오늘 포도 갈기둥을 더문 돼 보광할려고[보강하려고] 센멘 4포로 11개을 만들어쓰며 이것도 부인은 대구 혜지 반찬거리와 이불을 가지고 운이와 둘리서 혜지한태 가고 자신 혼자 포도 기둥 빼는데 혼자서는 일이 제돼로 돼지 않아서 외로가 만앗다.
자신은 기둥 빼는데 포도 어장하는데 8번선 철사을 7곱 가닥을 넛코 빼는데 기둥이 힘이나 쓸란지 몰게꾸나.
"자신은 포도 갓기둥은 안전이 해결이 돼어

115) 수입은 일기를 기록한 지면 상단에 써있으나 내용상 일기 아래로 옮겨 적는다.

따고 생각을 하는데 앞푸로 포도 수학을 하여보고서 기둥 보광을 하는데 투자을 해야 하겠다."

"오늘 날씨도 벼알 연거는데 아주 좋은 날씨을 했따고 생각을 하며 앞푸로도 이 좋은 날씨만 보여다오. 이 해맑은 날씨을 벼 수학할 때까지 해주어도 날씨로 인하여 피해 보상은 아주 적원 수치라고 생각을 하고 잇다."

지출에 … 센멘 4포 11,200원, 포도 철사 28,000원 차비 800원
計 46,000원

〈1993년 9월 6일 월요일 날씨 맑음〉

오늘은 부인과 둘리서 체소 거름하고 약 살포하고 김매기하고 오전 일과 빠듯하게 일을 하여쓰며 그리고 요줌 체소가 업쓰서 반찬이 문재이드니 오늘은 셋 군데서 나물 쏙은 것이 넘어 만으며 오늘로서 체소가 넘어 품짐하드라. 부인은 넘어 나물이 만타면서 시장에서 우리 마을 아주가 채소 장사하는데 갈따주어서 팔게 할려고 두 봇따리을 만들어서 구미 시장에서 같다주로 같쓰며 시장에서는 무지파가 비싸다고 말을 한다고 무지파 말리 사과밭에 우리 먹을라고 조금 한 것을 다들 뽑아다. 이것이 돈이 돼며 내년에는 무지파을 여름파을 일적 해서 시장에 내야 하게다. 만약 이것이 시장성이 좋으며 돈을 만이 드리서 무리파을 할 필요가 업따고 본다.

"우선 바서는 체소금이 아주 좋은데 가을 김장 배추금은 어떠게 변할란지 몰라도 요줌 같이만 한다면 배추 만이 갈란 사람들 큰 돈 할 것 같다."

〈1993년 9월 7일 화요일 날씨 맑음〉

요줌 날씨 정말 잘하고 잇다. 냉해 피해을 보답을 하는 뜻이 해맑은 날씨을 보여주어서 다소나마 벼수학의 증산을 할 수 잇는 날씨을 개속하고 잇쓰서 큰 다행으로 안다. 오전에는 동사무소 보일라에 물 땡기는 부역을 하여쓰며 오늘이 우리 4반이 두 번째로 부역을 하고 잇는데 일이 진도 업고 다들 시간만 보내고 잇쓰며 그리고 동장도 그르타. 동민이 일을 하든 말든 그대로 두고 잇쓰며 자신이 동장 일 식키는 것이 외돌바서 동장이 일을 지시을 하고 일을 안 하고 잇쓰며 꾸중도 주고 해야 하는데 술만 좋아하고 잇쓰며 동장도 여르 해 보아서 일 추진도 업고 넝구리[116]가 돼어서 일에는 간심이 업는 사람이다. 그리고 우리 동네 마서는[바서는] 맨 년 전에 세 동장을 세우야 하는데 현재로 동장할 사랍이 업다.

"오후에는 형님이 종간 세암물을 동사무소에 보일라 물 때문에 중간 세암물 땡기는데 형님도 이갈리에[가뭄에] 식수물을 할려고 파이프 뭇는 작업을 하는데 그들어 주어쓰며 다들 센멘 바닥을 파는데 힘이 너무 만이 들드라. 형님은 식수 세암 때문에 이번이 세 번째로 세암을 파는 셈이다. 사람이 살라가는데 식수 문제가 제일 크다는 것을 너켜쓰며 식수 좋은 것도 큰 복이라고 생각을 한다."

〈1993년 9월 8일 수요일 날씨 맑음〉

오전에는 부인이 채소 뽑아서 구미 시장에서 노점을 보고 잇는 해수 엄마 같다줄라고 해서 오늘 오전은 배추 일적 가라서 배추가

116) '능구렁이'의 방언.

알찰라고 오마 싸고 잇는 배추을 정식 거리을 두고 다들 쏙아서 배추만 가지고 가며 적따고 하면서 감자을 반 팍서[박스] 보태서 구미 시장에 갈다주고 왔며 이것을 부인이 팔개 대며 저녁 너깨까지 팔라야 하니 시간 여유도 업고 해서 부인은 갈다주고 만다. 개인 판매을 하며 수입은 더 돼다고 보지만 사람이 시간이 업쓸 뿐 아니라 수입은 적으도 갈다만 주고 오니 부인이 그만춤 수라다. 오늘도 짐보타리가 자신이 들어보니 무급드라. 그래서 감자는 다음 갈다주라고 하니 차비가 1,000원 들어간다면서 자주 가며 손에라고 한 번에 다들 가지고 같쓰며 부인은 내가 생각을 할 때에 힘 든다고 하지 말라고 해도 말을 덧지 않코 잇다. 자신 같떠며 남편이 힘든다고 하지 말라고 하며 좋아할 끈데 부인은 힘 드는 일 마다하지 않코 도맡타서 하는 편이다.

"자신은 늙 부인이 일을 자신보다 만이 하고 잇다. 이것을 아는 자신이 부인이 지칠까바 항상 염려을 하는 편이며 부인이 일을 만이 하며 자신이 마음이 편찌 않다. 늙 내 몸을 지치서 곤드레 만드레가 돼어도 부인만은 편하게 가정생활을 하두록 하고 십다. 자신은 늙 마음적으로는 업고 다니고 십픈 심정이다."

"그른데 요줌 시간 여유가 생기니까 배추돈 한다고 또 바푼 생활을 하고 잇는 것이 마음에 걸리고 잇다."

수입에 배추 9,000원 무지파 12,000
계 21,000원

〈1993년 9월 9일 목요일 날씨 맑음〉

오전에는 외성 보을 하여쓰며 이번 보가 벼 출수을 한 것 바서는 상당이 너저따고 생각을 한다. 논에 물 희픈 논들은 논바닥이 금이 다 나 잇쓰며 벼 출수할 때는 물이 필요한데 물이 업쓰서 넉들 전역에 물이 업쓰서 눈에 표가 나지 않아서 그르치 실질적으로 손에가 만아따고 생각을 한다. 그리고 오늘은 대신과 본동에 어른들은 대전 엑스포 구경들을 가서 오늘 보꾼은 아주 적으다.

"오늘 오후에 논 필지마다 두룸에 피살리을 하면서 전체 논들을 한 밖기 돌라보니 권순덕이가 금년 농사을 잘뫃 지어꾸나 하는 허망한 마음이 들어가서 아주 서운했다. 외냐 하면 먼저번에 벼논을 돌라볼 때는 남들은 벼들이 죽은 벼가 만코 자신의 벼는 죽은 것이 업쓰서 마음속으로 금년도 농사는 잘 짓어꾸나 하는 마음을 가지쓴는데 오늘 돌라보니 벼 이삭이 죽은 것이 아주 만이 보이드라. 이것을 볼 때에 벼논에 거름을 만이 하여꾸나, 또 실패했꾸나 하는 안타가운 마음이 씨쓸 수가 업쓰며 외 벼농사을 만대로 뫃 짓나 하는 마음의 원망을 오늘 만이 했다. 정부에서는 벼 감수을 250만 섬 감수댄다고 발표을 하고 잇찌만 실재로 피해가 배는 감수가 됀다고 보며 금년에는 밭작물 하며 큰 숭년이라고 본다."

〈1993년 9월 10일 금요일 날씨 맑음〉

요줌 날씨 넘어 잘하고 잇쓰며 밭작물은 가뭄이 들고 잇는데 벼알 연결고 잇는 것 바서는 채소 따이는 뫃 먹어도 돼니까 가을 추수할 때까지 맑은 날씨을 보여주어쓰며 하는 바람뿐이다.

"오늘 부인이 김천으로 참기름 짜로 가면서 자신의 정심상을 딱 차려놓고 같드라. 늙 부인은 남편을 하늘같이 대회주며 자신이 미안할 정도로 배풀어주며 돈도 업는 남편에깨 넘어 잘하여서 자신은 마음이 따뜻하며 행복하다는 마음가짐이 늙 넘친다고 생각을 하고 잇다. 내 부인 남편을 극진이 생각을 하고 아들 다루더시 소중희 가만희 살거머니 대해주는 부인 정말 고맡게 생각을 한다."

부인은 자신업시 살란지 몰라도 자신은 부인 업씨는 뫃 살 것 같꾸나. 정말 고개 숙여저는 부인을 간직하고 잇따는 것이 자신은 행복한 사람이라고 말을 하고 십다.

"오전에는 동네 부역을 3번째로 부역을 하여쓰며 이번에 동사무소 기름보일라 설치하는 것과 도색 작업하는 데 동원댄 사람의 수자 개산을 한다면 음청난 수짜며 이것을 돈으로 개산을 한다면 이번 공사가 음청난 공사여따고 본다."

"오후에는 당산 밭 작과 밑태에 풀 깍는 작업을 하여쓰며 풀이 넘어 좋아서 우리 소먹일 때 생각이 난다. 이 풀 바서는 소을 한번 더 먹이쓰며 하는 생각이다. 그리고 풀 깍는 작업을 한나절 더 해야 다 할 것 같다."

〈1993년 9월 11일 토요일 날씨 맑음〉

오늘 오전에는 부인은 채소 벌레 잡는 일을 하고 자신은 내년도에 고추 지주목을 준비을 하여쓰며 고추 지주목도 준비을 하지 않으니까 고추 지주목이 불량해서 고추나무가 피해가 만드라. 금년에는 지주목이 업쓰서 한해 쓴 것을 다시 지주목을 하니 고추 수학 전에 뿔라저서 고추 피해가 만아서 올해는 고추 지주목을 큰 마음 먹고 지주목 장만하여다.

"오후에는 작과나무 밑에 풀 깍는 작업을 하여쓰며 오늘로 풀 깍는 작업을 다 하여쓰며 이것도 진작 했쓰며 풀씨가 생기기 전에 해쓰며 김매기 한 번은 들을 수가 잇따고 보는데 이재야 풀을 베어야 씨가 다들 생기거 내년에 엄청나게 날 것을 생각을 하니 마음 쑥스렵꾸나."

〈1993년 9월 12일 일요일 날씨 흐림〉

오늘은 아침 일적부터 하늘래 구름이 잔득 키어잇쓰며 금새라도 비가 쇼다질 뜻 하여는데 종일 동안 비방울은 비가 온다는 시늉만 하고 말라스며 밭작물 바서는 비가 시급한데 벼알 연결어가는 모섭을 볼 때 바서는 비가 오며 안 댄다. 앞푸로도 좋은 날씨을 개속 보이야 한다.

"당산 작과밭에 사과나무 심는다고 작과나무 동친 것을 오늘로서 나무단으로 묶는 일로 오늘 일가을 보네고 마라다."

"오늘 일기는 기상대에서 예보을 하기을 우리 지방에는 비가 5cm 내리온다고 하드니 기상대도 억시 안다는 너킴이 든다. 자신은 날씨을 바서는 만은 비가 오지 않캐나 하는 마음을 가진는데 기상대 말대로 비는 오지 않아다."

"우리 혜지가 이번 주일은 집배 오리라고 생각을 하여는데 공부한다고 집배도 오지 않코 공부한다고 잇는 것을 보며 끈기 바서는 고맡고 한편으로는 집배 와서 공일을 보네쓰며 하는 마음이 무산돼고 보니 마음이 썩 좋찌는 않꾸나."

〈1993년 9월 13일 월요일 날씨 맑음〉

오전에는 어재 기상대에서 비 온다고 하여서 벼논에 물돼기을 하지 아니하여쓰며 이것이 기상대에서 주간 일기예보 때부터 12일은 비 온다고 하여서 기다리떠니 비가 오지 않아서 오늘은 일적부터 논에 물 대는 일을 할려고 서들어서 15마지기 7물을 돼쓰며 이것을 진작 돼어주어야 하는데 비가 오지 하는 마음 때문에 오늘까지 기다린 셈이다.
"오늘 저녁은 아버지 제삿날이며 매느리들이 음식 장만을 하느라고 아침부터 바빠쓰며 매느리들도 제삿날에는 어김 업씨 참석을 하여주는데 고맡드라."
오늘 오후에는 동생들 줄라고 양밭에 채소을 속음질도 하지 않코 오늘 동생들이 오며 줄라고 깍찌어논 배추와 무, 나물을 푸짐하게 하여서 동생 셋시가 노나서 가지가게 하여쓰며 부인은 좀 들 주고 시장에 가지고 갈 마음이 잇는 것을 자신이 생각을 할 때에 시장에 가지고 가며 수입은 조금 돼나 부인 수고가 더 만을 것을 생각을 하니 채소을 시장에 몿 가지고 가게 하여야 하게따는 생각에 동생들 셋 시을 돈 할려고 조금식 주며 시원찬아서 안 댄다면서 한번이라 푸짐하게 김치을 담아야지 하면서 양밭 채소을 다 뽑게 하여다. 자신도 이 마은 배추와 무, 나물이 음청나게 만아서 시장을 바도 충분하다는 생각은 들지만 부인이 힘뜰까바 시장을 일부로 몿하게 만들어다.
지출에 전화비 값 5,440원

〈1993년 9월 14일 화요일 날씨 맑음〉

배추와 무지파에 물 주는데 2시간 이상은 물을 주어따고 생각을 한다. 자신 경운기로 물을 주면서 생각을 해도 경운기 열로 값이라도 더 할 수가 잇쓸까, 노력의 대가도 안 나오리라고 생각마저 들드라. 다들 채소에는 가뭄이 신각하드라. 그래서 다들 물 준다고 일손들이 바푸고 잇다.
오후에는 채소밭에 살충재 약 살하는 것으로 오늘 일과을 맡치다. 사실 채소에 약 살포을 돼두록 사용을 안해야 하는데 벌레가 속을 먹으서 배추을 몿 쓰게 만들고 잇쓰서 약 살포을 하는데 우리 농민들도 표가 나지 않아서 그르치 실질적으로는 농약을 만이 먹고 잇따고 본다. 우리 인간들이 살충제을 만이 쳐는 것을 골라서 절기계 돼며 만이들 먹고 잇다.
"김영삼이 대통령은 금륭실명제을 정말 잘 했다. 요즘 공무원들 추풍낙엽이라. 검원 돈을 가지고 잇는 공원들은 목을 막 날리고 잇쓰며 어떤 공무원 질급을 하고 공무원 사퇴을 먼저들 하고 잇쓰며 김영삼 대통령은 현직에 잇는 사람을 그냥 미러내지 몿하고 비리로 다들 사퇴을 하게 만들고 비리가 잇는 공무원부터 있쓸레야 잇쓸 수가 업게 만들고 잇쓰며 현재로 맑은 공무원으로 대치을 다 한다고 바야 한다. 그리고 정치인 하며 쵳재, 마음이 깨끗한 사람들이 해야 한다. 그래야지 정부을 밑고 살라가지 현재로 바스는 전부가 도독놈이니 도독놈이 도독을 잡고 도독을 다스리고 잇쓰니 이것이 바로 될 수가 잇나. 이 도독을 현 정부가 만이들 바주고 잇는데 이 도독을 삼 분지 일만 추리고 잇는데 이것을 다 추리서 부정한 돈은 국가로 회수해서 나라 발전하는 데 쓰야 한다고 본다. 이 돈은 여때것 나라 발전을 몿하게 만들은 돈이라고 바야하기 때문에 국가로 회수을 해서 나라 발전에 쓰여저쓰며 한다."

〈1993년 9월 15일 수요일 날씨 맑음〉

오전에는 채소밭에 물주는 일을 하여쓰며 배추가 가물이 들어서 낮지로는 배추잎파리들리 간치논 것 같다서 오늘 배추밭에 물

주는 일을 하여쓰며 기상대외서 곳 비 온다고 예보을 하여서 기상대 외보돼로 비가 온다면 자신은 배추밭에 물 주는 일은 신경을 안 쓰도 돼지만 수일 내로 비가 오지 않으며 채소밭에 물 주는 일을 해야 한다.
부인은 내일 대전 엑스포 구경간다고 준비한다고 분주했쓰며 어른도 여행을 가는 전날은 마음이 들떠잇는 기분을 가지고 있는 것 같드라. 대전 엑스포 입장객이 50,000만 명 돌파했따고 하며 다들 살기가 조금 좋아지니까 다들 장비하는 쪽으로 가고 잇다. 인간이 윤택하여저며 향락을 절기고 십픈 것이 인간인가바.
요줌 벼알 연결러저는 데는 날씨가 안성맡춤이라고 생각을 하며 냉해 피해을 보상이라도 하여주더시 요줌 캐창한 날씨을 개속 보여주는데 정말 고맏따고 생각을 한다. 앞푸로 개속 좋은 날씨을 보여다오.

〈1993년 9월 16일 목요일 날씨 흐림〉

오늘은 부인이 액스포 구경 같는데 날씨가 다 망치는 것이 아닌가 하고 극정이 돼드니 이 날씨가 꼬박꼬박 참아서 오후 8시 이후에 비가 와서 부인이 구경하는 데는 지장을 주지 않아쓰리라고 생각을 한다. 내일도 부인이 구경하는데 좋은 날씨 보여다오. 내일 비가 올 것을 온르 저녁에 다 내리고 내일은 맑은 날씨 보여다오.
"부인을 구경을 보네고 말리 사과나무 뒤도구에 잡풀이 무성이 잘라잇는 것을 보고 부인은 늙 극정만 하든 일, 사실 이 일은 부인만 극정을 한 것이 아니라 자신도 했쓴는데 시간 여유가 나지질을 않아쓰며 부인은 자신이 시간 여유가 업는 남편에깨 하라 소리는 몿하고 극정만 하고 잇쓰다. 그래서 오늘은 부인을 대전 액스포 구경을 보네고 곳바로 배수로 잡풀을 빼로 같쓰며 이 작업을 오전 네 하여쓰며 일을 넘어나 미루어 왔는 일이라 작업 시간이 마이 걸리쓰며 수고을 몽땅 한 셈이다."
"오후에는 당산 작과밭 둥치기 한 발리 실어오는 일로 오늘 하로 시간을 보네다 그래도 오전크리 일이 남은 셈이다."
"오늘 아침에 부인이 구경가는데 자신이 더 좋으며 자신은 부인 옻을 매만치 주고 십고 우리 부인 에쁜가 다시 보고 십고 오늘 아침에 부인 구경간다고 분주이 날띠고 잇는 부인 보고 내 마음 을마나 마음이 좋은지 나는 안전 소녀가 됀 기분이며 부인가 살라 갈수록 부인가 가까개 잇고 십프며 내 마음은 부인이 갈수록 정말 좋소. 부인 구경 잘 하고 와요. (남편)"

〈1993년 9월 17일 금요일 날씨 비〉

오늘은 맑은 날씨가 돼어야지 부인이 구경을 잘하는데 이 날씨가 아침부터 비가 쇼다저고 잇쓰니 부인 구경은 다들 망치는구나 하는 생각과 해필 비오는 날을 바다서 구경은 다 망치고 버스 안에서 시간을 다 보네고 잇따는 생각을 하여쓰며 이 날씨가 오늘만 맑은 날씨을 보여주어쓰며 하는데 이 마음 아랑곳 하지 않코 비가 줄줄 내리고 잇쓰서 원망스렵꾸나.
오전에는 비 때문에 아무 일도 몿하고 휴식을 하여쓰며 오후에는 비가 그친 텀을 타서 혜지 반찬 해줄라고 도라지을 캐오는 것으로 오늘 일가을 보네고 마랐다.
오늘은 부인이 구경을 하고 오는 날이라 밤 10시가 돼두록 잠이 오지 않터라. 평소 때는 밤 9시도 몿 대어서 잠을 자는 네가 오늘은 부인이 온다는 설레임 때문에 그른지 부인 집에 올 때까지 잠이 오지 않터라. 자신은 비가 대전은 100cm가 넘는 비가 와서 구경은 못한다고 극정을 하여는데 부인은 구경을 잘했따고 하며 우위을 사 입고 세치기로 구경을 한 두고 말고 구경을 다 했따고 하며 정말 잘했낮따면서 아빠도 빨리 가보라고 하드라. 부인은 약싹바른 사람이라고 생각을 한다. 부인이 새치기는 잘몾하는 일이지만 공동생활을 할 때에 움직이는 것을 보며 행동들이 날엽하다는 것을 알 수가 잇다. 자신은 비가 쑈다저서 부인 구경 망치고 잇따고 집배서 개니 극정일 했따는 생각이 든다. 아무든 부인 구경 잘했따니 고맡구나.

지출에 … 돼지고기 포장류 값 2,800원

〈1993년 9월 18일 토요일 날씨 맑음〉

요번 비가 우리 지역 바서는 아주 알맡게 왔쎠며 채소한태는 이번 비가 거름이라고 해도 우리돼는 말은 아닌 것 같다. 이번 비가 채소 푼 아니라 벼논에도 알마전 비가 돼어쓰며 이번 비가 곱게곱게 내리서 벼논에도 피해 업시 아주 잘 았따고 생각을 한다.

오늘은 들판을 한 밖기 돌라보니 벼알 연결어 가는 정은 마음에 들지 않으니 이번 비가 곱게 내리주어서 벼논들이 피해가 업개 돼어서 마음이 좋드라. 우리 마을로서는 윤문회 씨 벼가 이번 비에 좀 쓰레졌다. 그 나머지는 다들 까탁 업시 쓰잇드라.

오늘 오후로서 배추 거름을 두 군데는 마지막 거름을 하여는데 한 곳은 거름을 할려고 가지고 갈는데 배추 이파리가 골드라. 그래서 마지막 거름을 몾하고 말랐다.

"오늘은 혜지가 학원비 가지고 오라고 하는데 공부도 시어가면서 해야 됀다면서 집부로 와서 돈을 가지고 가라고 하였다. 혜지가 집에 오니 우리 식구가 한자리에 안캐대며 혜지가 오니 우리 식구가 아주 만은 너킴이며 꽃처름 가족이 한자리에 모이니 기분이 좋꾸나."

〈1993년 9월 19일 일요일 날씨 맑음〉

오전에는 운이와 둘리서 당산 사과나무에 살충제 약 살포함.

오늘 약 살포하는데 약량은 9말 타니까 조금 남드라. 당산 사과나무에 진작 약 살포을 하여주어야 하는데 넘어나 너전 감이 든다.

"오후에는 작과나무 전정을 할려고 갈쓴데 나무 전정을 할려고 보니 팔 소매가 짤번옻이라서 전정 하기가 그북서르어서 전정은 포기하고 포도나무 지주목을 아까시와 나무을 베어쓰며 오늘 일은 생각지도 않아뜬 일을 한 셈이다."

"우리 혜지가 대구 공부하로 가는 것을 몾바서 미안타. 들레 갈 때는 우리 혜지가 6시 차로 갈 때는 온다고 생각을 하고 들레 갈쓴는데 일을 하다보니 망우리을 몾해서 망우리을 다하고 올라니 혜지가 타고 갈 차가 내리오더라. 우리 혜지가 저 차로 내리가는구나 하고 열차만 한참동안 쳐다보았다."

"요줌은 오트바이가 고장이 나서 않타고 다니는 적이 오래 돼어다. 오트바이가 업쓰니 자신이 불편하지만 부인도 걸어서 들래을 다니까 부인의 고충이 그만춤 탈깨 마른이다. 오트바이 고장이 나기 전에는 오트바이로 꼭 다니고 했는데 요줌 둘리가 고충이 만타고 생각을 한다."

"종말이 동생이 회사 일로 외국에 씨디오피[사우디아라비아]라는 나라에 간다고 하는데 회사일로 외국에 가지만 외국하며 언어 가 통아지 아니해서 큰 고충이 따려지 않을 까 염려가 돼는구나."

〈1993년 9월 20일 월요일 날씨 맑음〉

벼알 연결어가는 데는 안성맡춤으로 날씨 가 잘한다고 생각을 하며 정말 잘한다는 생 각이다.

오늘 오전에는 형님과 산소에 벌초하로 같는데 어재 형님 혼자 벌초을 하여쓰며 벌초 을 할 때는 소리을 하라고 해도 그냥 가서 형님이 그진 다해서 오늘 오전에는 벌초하 데 조금 그들고 말라 쌤이며[거들고 만 셈 이며] 형님 혼자 수고했따고 생각을 한다. 오후에는 말리 사과나무의 당산 포도밭 살 포을 하여쓰며 자신은 두 군데 약 살포을 해 일적다고 개산을 한 것이 포도밭 약 살 포가 시간이 걸리서 오후 너깨까지 약 살포 을 하여쓰며 앞푸론 약 살포을 할려면 종일 서들어서 약 살포을 해야 돼겟다.

약량은 말리가 사과나무 20말

당산 포도밭 13말 계 33말 살포함.

요줌 정부 요직 공무원들 다들 사표 수리가 다 돼며 김영삼 대통령이 부정공무원들 정 말 잘 추리냇다. 요줌은 법관 공무원들 머 리부터 그냥 도태을 막 시키며 이른 사람들 벌서 추리니야 할 인물들이다. 정말 김영삼 씨 대통령 박정희 대통령보다 더 정치을 잘 하며 앞푸로도 각 부서마다 차곡차곡 부정 공무원들 추리네서 공무원 하며 속이 맑다 하고 국민들이 인정을 할 수 잇는 국가을 만들어달라는 부탁을 음숙이 부탁을 드리고 십소. 정말 정치을 잘하오. 네 여때것 국 가을 부정적으로 보고 살라온 사람이며 늙 자신은 야당을 지지을 했쓰며 늙 불만을 한 사람인돼 이번 일은 손벽을 첫고 십픈 심정 이오.

지출에 … 서미치온 약[117] 500cc 2병 7,000 / 식용유 0.5 9,500 〉 계 16,500원

〈1993년 9월 21일 화요일 날씨 맑음〉

오전에는 포도 지주목 아까시와로 베쓰며 이것도 꿀건 나무을 할려니 힘드는구나. 오 늘 지주목을 40개 정도 준비을 하여쓰며 돈 안드리고 할려니 힘이 만이 들어간다. 힘이 만이 들어가는 것을 볼 때 바서는 돈 을 드리야 하게다 하는 생각이 절로 난다. "오늘 날참을 이용을 해서 이앙기 결산을 하는 데 어울리서 놀다보니 오후 4시가 넘 두록 놀라쓰며 오늘 개핵은 지주목을 실어 다 포도밭에 새울 자리에 배열할려고 개핵 을 했는데 개핵대로 못할 것 같다서 불이야 불이야 해서 지주목을 실어와서 재자리에 배열하는데 저물두록 해도 결국은 개핵대 로 못하고 마랐다."

"우리 혜영이가 어더[워드] 시험 필기는 합 격을 했따고 말을 하드라. 이재는 실기 시 험만 합격을 한다면 어더 자격증을 가지게 돼며 우리 혜영이가 열심희 한다는 것은 안 정이 돼며 이 아빠 생각하는 것 보다 더 훌 령한 학생인 것만은 학실하다고 생각을 한 다. 그리고 이 아빠가 혜영이 노력하는 것 보다 이 아빠의 뒤바라지가 못따라가고 잇 따는 것을 생각하고 잇다. 이 아빠도 뒤바

117) 스미치온은 유기인계 살충제로 주로 과수류 해충의 구제에 쓰이며, 벼의 이화명충, 멸구, 채소나 과수의 애벌래나 진딧물에도 쓰인다.

라지에 노력을 더 할 것이며 혜영이도 노력을 더 하여서 인정을 밭는 아이로 잘라다오. 혜영아 정말 고맙다."
지출에 … 이앙기 결산하는 데 80,000원

〈1993년 9월 22일 수요일 날씨 맑음〉

오전에는 포도 주지목과 작과나무 전정을 시작하여 보앗다. 작과나무 전정을 이때 해도 나무에는 지장이 잇는지 업는지도 모르고 시간 여유가 잇쓰서 시작을 하여보앗다. 오후에는 방앗간 아주마가 돌라가쉬서 일좀 거들어주로 갇쓰며 방아관 사장이 우리 마을 살로온 지가 20년도 더 돼어쓰며 김한경 씨가 직업이 마을 상대하는 직업으라 그래서 아니라 사람이 좋은 사람이라고 생각을 한다. 이 분은 몸이 개가 와서 남외 일도 잘해주고 우리 마을래 신임을 밭고 살고 잇다.
그리고 부인 여기 올 때부터 당뇨 한자라고 몸 거동이 불편하여다. 처음 바서는 여때것 살라준 것만도 영감 덕이라고 생각을 하여 본다. 김한경 씨가 부인한태는 아주 잘한 사람이라고 생각을 한다.
인간은 태어나면 한 번은 죽는 것이 인간이라고 하지만 길거리에 다니는 사람이 밤 사이에 죽어가니 인생살리 허막하기 짝이 업따는 생각이 들며 이른 것을 볼 때에 인생살리을 악짝같이 살 필요도 업따고 본다. 사람이 평생을 살라가는 가정에서 한 쪽에서 일적 죽어간다면 한 쪽의 인생살리을 생각을 해볼 때에 기가 찰 일이다. 인간의 생명은 마음돼로 할 수는 업찌만 부부로 짝을 이룰 때는 기울지 안투록 건강에 힘을 쓰야 한다고 본다.
"오늘 상가집에도 김한경 씨가 잘했찌만 오늘 일을 당하고 보니 일 할 사람은 업고 일 못할 사람은 만은 것을 보니 타관이란 표가 난다고 바야 하게꾸나."

〈1993년 9월 23일 목요일 날씨 맑음〉

오늘 오전은 상갓집에 같떠니 일 할 사람은 삼 명밖에 업쓰며 그 나머지는 술만 자실 분이며 이분들도 멧 명밖에 안돼며 실찌 우리들도 종일 잇쓰야 할 일도 업시 놀라서 정심 어더먹기가 미안함을 가지는데 정심 때가 돼니까 자기 할 일들 다 하고 술가 정심 먹으로 입만 가지고 오는 것을 볼 때에 놀랐다. 입만 가지고 오는 사람들은 여사로 생각을 할련지는 몰라도 당한 사람한태는 손에가 크다고 생각을 한다. 입만 가지고 드는 사람 다들 술을 하는 사람들이며 이분들은 자기 일 죽두록 하고 와서 술잔을 기우는 것을 보며 술병을 여르 게 비우고 잇쓰며 그리고 이분들이 채울 것 다 쳐우고는 다들 슬거머니 살라저고 업따. 그리고 저녁 때가 돼며 때을 이우고 술잔 기울고 밤 너깨야 집에 간다. 이 분들은 나중에 부위 10,000원 하는 것으로 그 집 일을 끝을 내곤 한다. 실찌 당한 사람은 부위을 10,000원 밭아도 오희려 손예을 보는 것이다. 자신이 볼 때에 절먼 사람이나 나이 만은 사람이나 다들 생각을 한 번식 해야 한다고 본다.
"자신도 상가집에 잇쓰도 장지가 김해 공원 묘지로 가기 때문에 여기에서는 할 일이 업다. 그래서 자신도 오후에는 부인과 둘리서 채로 하로 가고 마랐다."

〈1993년 9월 24일 금요일 날씨 맑음〉

오전에는 임숙네 가닥 달라내는데 일하여

쓰며 요즘은 사오들이 그들어주며 이 집뿐 아니라 사오들이 일을 도와주는 사람들이 우리 동네만 쳐도 드로[더러] 만타고 본다. 오후에는 작과나무 전정을 하여쓰며 오후에 전정을 한 것이 4포기밖에 몿하여쓰며 나무 전정을 하는데 시간이 만이 걸리는구나. 그리고 집배 오면서 봉답으로 포도밭으로 거쳐서 오는데 별로 모내기도 넞찌 않아따고 생각을 하는데 벼가 출수을 재발해서 절시을 몿하고 그냥 잇는 벼을 보니 가슴이 뭉끌하는 너킴이 오며 이 벼들 연결지 몿하고 그냥 잇쓰며 농민들이 여름 네 비지땀을 흙리면서 노력을 한 것은 무엇이 돼며 농민의 마음을 허전하게 만든 것이 원망스러어 그 상쳐 치우하는 데 일 년이 흙여야 됀단 말인가. 우리 농민들을 개로피는 장해물이 넘어나 만아서 원망스렵꾸나.

"정부에서 벼 수학은 을마 감수 돼어따고 해도 정부가 책정하는 배는 돼어따고 생각을 한다. 현재 우리 마을에 이처름 피해가 큰대 산악지돼 하며 골짝이 할 것 업시 평야지대 말고는 벼들이 출수만 하고 그대로 서잇는 곳이 수도 업따고 보며 금년에 큰 숭년이라고 생각을 한다."

지출에 … 김한경 씨 부인 출상 부위 10,000원

〈1993년 9월 25일 토요일 날씨 맑음〉

금일은 벼논이 수 군데는 물꼬을 안전희 파낫쓰며 이재는 물을 띠야 할 때가 돼어따고 본다. 그리고 작과나무 전정을 하여쓰며 작과나무을 전정하는데 매달려 잇쓰니 몸이 만이 피료한 것 같다서 전정하는데 자신의 건강을 뺏앗키며 가을거지에 지장이 잇쓸까바 전정하는 데는 뗄 수 잇는데로힘을 들드리서 힘을 저축을 하여다가 가을거지에 저장한 힘을 쓸 욕심으로 작과 나무 전정은 노라가면서 전정을 할 욕심이다.

오후에는 포도 갓기둥을 세울라고 부인과 운이 셋시가 운반하는데 힘이 너무 만이 들어같쓰며 기둥 한 개에 셋 사람 힘으로 부족한데 그것을 억찌로 기둥 세우는데 힘이 너무 만이 들어서 생외을 먹어쓰며 집에 오니 몸이 탁 풀어저드라. 아직 6개 기둥이 남아잇는데 이것을 세울라고 생각을 하니 극정이 돼고 잇다.

"포도나무 지주 세우는 일을 안전이 할려면 내년까지 해야지 부주지까지 세울 수가 잇따고 보는데 포도 하기도 쉬운 일은 나니라는 것을 절시리 느킬 수가 잇꾸나."

〈1993년 9월 26일 일요일 날씨 맑음〉

오늘도 포도주지을 부인과 둘리서 세와쓰며 오후에는 운이와 훈희 친구와 달희, 부인과 자신이 포도 갇기둥을 운반하는데 5명이 하니 어재 3명이 생외을 먹어는데 오늘은 도엄을 2명이나 청해서 포도 갇기둥 운반하는데 그들어달라고 해서 수라게 하여다. 이래 두고 혼자는 몿산다는 이유가 잇다. 적은 일들도 공동으로 해야 건강에 도음을 줄 수 잇고 엔만하며 돈이 들어가야 한다고 본다.

"오늘 운이 친구 원호는 친구들과 노는 것을 불려서 일 좀 도와달라고 하니 아무 소리 업시 따라오는데 고맏드라."

"우리 운이는 공부는 하지도 않으면서 자격시험은 한 가지도 빠저지 않코 시험을 쳐는 것을 보며 이상할 정도다. 공부는 건방에도 가지 않코 시험은 어디든 시험을 보는 성위는 좋찌만 시험 공부을 하고 시험을 받쓰며 한다. 이 아빠는 공부는 했끈 말끈 시험을 보는 너의 마음은 너무 좋다고 생각을 한다면 볼 때마다 다 떨어지며 그 상쳐도 치우하기가 힘이 더니 시험공부 좀 하고 시험을 쳐다오. 오늘 시험은 좀 십다고 운이가 말을 하는 것은 좋으나 기대는 하지 않는다. 그 만은 시험을 바도 시험 잘 밭나 하며 몰라가 우리 운이 답이여는데 오늘 오전에 선반 시험이 십어따고 말을 하는 운이을 보고 우섬이 다 나오드라. 우리 운이 몰라가 대답인돼 이재는 좀 십어쓰요 발키쓰니 이 아빠로서는 좀 허뭇했다."

〈1993년 9월 27일 월요일 날씨 맑음〉

오전에는 부인과 둘리서 포도나무 주지 세우는 일을 하여쓰며 오후에는 벼논에 물 따로 갇쓰며 이재는 필지마다 물꼬을 안전희 파낟쓰며 이재는 한 해가 다 같다고 생각을 한다. 금년 한 해는 정신업시 띠어다니따고 생각을 하며 그 어느 때보다 더 열심희 살라는데 그 결과가 숭년이라니 정말 서운하기 짝이 업꾸나. 올해 숭년을 더 만난 사람들은 이삭 거름을 만이 한 사람과 너깨 모내기 한 사람들은 안전희 숭년을 당했따고 생각을 한다. 자신도 이삭거름을 적개 한다고 한 것이 실찌 거름이 만아나바. 자신도 실패가 좀 만타고 생각을 한다.

"내년에는 이앙기로 모내기을 5月 23日 안으로 모내기을 끝을 낼 작정이다. 그리고 이삭거름을 안 해야 하겟다. 자신은 올해 이삭거름 2포 반 때문에 벼농사 실패 밭따고 생각을 한다."

지출에 … 경우 한 드람 36,120원, 보험료 값 12,600원
계 58,720원

〈1993년 9월 28일 화요일 날씨 맑음〉

오늘은 부인이 추석 대목 장 볼려고 쪽파와 무지파을 가지고 간다고 해장 일적 장크리 한다고 부인과 둘리서 스들어서 경운기로 같쓰며 부인은 자신이 예 먹는다고 장을 가지 말라고 해도 반찬거리 산다면서 간다고 혼자 분주위 날띠고 잇는데 그냥 두고 볼려니 부인이 모든 것을 다 할려면 힘들 뿐 아니라 장끄리을 해오는데 힘이 들기 때문에 그냥 볼 수가 업쓰서 디바라지을 다 해주야 한다.

"오늘로서 포도지주 세우는 일은 안전희는 못했찌만 지주 세우는 일은 그만 해도 포도을 수학을 할 수가 잇따고 본다. 이재는 포도 어장하는 데 철사줄만 쳐며 어장은 끝이 나며 앞푸로 하로만 어장하며 포도을 수학을 할 수 잇따고 본다."

"오후에는 방앗간에 정미하는 것으로 오늘 하로을 접어쓰며 오늘 오후는 몸이 고단하여서 휴식을 하여야 하겟따고 생각을 하여뜬 중 정미소에서 쌀방아 찟는 일을 잘했다고 생각을 한다. 쌀방아을 찌지 않아따면 자신은 휴식을 못하고 작과나무 전정하로 같쓸 것을 생각을 하니 오늘 오후 일은 쌀방아 찟는 일은 잘 했따고 생각을 한다."

"오늘 부인이 대목 장보로 간다고 무지파와 쪽파을 조금 가지고 가서 밤 너깨 올 줄 알라는데 정심시간 조금 지나서 부인이 집에 오드라. 생각지도 않아뜬 부인이 와서 어쩐 일이냐 하니까 오늘은 쪽파가 아주 잘 팔린다면서 그저 좋아하는 모섭 그리 밝은 모섭이 자신은 그리 좋드라. 쪽파와 무지파 조금 가지고 가서 22,000원 했따고 돈을 내노어면서 돈을 세어보라고 야단이 이며 그때는 아들처럼 좋아하는 모섭 그리 좋드라."

수입 … 쪽파와 무지파 값 22,000원
수입 … 직파 값 140,0000원
계 167,000원[118)]

〈1993년 9월 29일 수요일 날씨 맑음〉

오늘은 추석 차례 준비한다고 우리 가정이 분주했쓰며 우리는 형제들이 만아서 차례 준비하는데도 다른 사람들 잔치 준비하는 것 해야 한다. 오늘도 오 동시가 종일 동안 추석 차례 지낼 음식 장만을 하는데 분주한 하로 해가 돼어다.

화토 하는 사람들 속이 끔따고 할까 욕심이 넘어 만아서 남외 돈을 먹을라고 드는지을 몰겟다. 내일 차례예 쓸라고 돼지을 잡고 나서 허드례 고기로 돌부리을 하는데 이철수 곱사 돈 따먹을라고 서로가 몸부림을 쳐며 여룻시가 곱사 돈을 11만 원을 결국 털고말드라. 이 사람은 돈도 업쓸 뿐 아니라 아주 불상한 사람이다. 이 돈을 서로들 돈 따먹으라고 술자석만 이라저며 그 사람을 욕을 보이곤 한다. 물론 화토을 하는 사람이 나푸다고는 하지만 부터서 어루는 사람이 아주 나픈 사람이다. 그리고 이철수 씨가 돈 일은 것이 내가 아는 돈만도 40십만 원이 넘는데 실찌 그 사람은 화토로 돈을 일은 것은 상당이 만은 돈이라고 생각을 하며 이철수 씨는 두 단지 농사 냉해 피해로 수학도 업쓸 것이며 화토 손실 냉해 손실 다 따지며 가슴만 아플 것을 생각을 하니 더 불상하게 보이드라.

순복이가 회사 일로 외국에 가기 때문에 추석 시로 몿 온다고 말을 하드니 다행히 일이 잘 돼어서 오늘 집우로 추석 시로 오게 돼어서 다행이다.

수입 … 노타리 값 40,000원
지출에 … 이발비 값 4,000원[119)]

〈1993년 9월 30일 목요일 날씨 맑음〉

오늘 아침은 뭄게구름이 이곳 저곳 떠잇쓰는데 시간이 갈수록 뭄게구름은 어디론지 사라저고 맑은 날씨을 보이더니 오전도 밑차 가기 전에 해맑은 날씨을 보이는데 이것은 여름 보닥빛처름 따가운 했살을 보이드라. 올 한가위는 다들 불경기라고 하지만 공휴일이 만아서 고향길을 만이 차전 한가위라고 생각을 한다.

"추석, 설 명절 돼며 자신은 귀가 죽는 너킴이 꼭 한 번식 너킨다. 차례 올리로 가면 집집마다 승용차가 마당으로 주차 잇는 모섭 마음의 한 구석을 아푸게 하고 잇다. 외냐 우리 형제는 승용차 한 대도 업는데 다들 승용차가 마당으로 비좁두록 서잇는 모섭 때론 내 가슴을 울리게 하고 잇다."

"추석이 하로이틀 다가오드니 오늘로서 93年 추석을 접게 돼어꾸나. 93年 추석은 우리 농민들의 비지땀을 허대게 만든 추석으로 오점을 남기고 넘어간따고 생각을 한다."

"내일이며 10월 날 이 달은 우리 가슴을 아푸게 할련지 미리부터 급이 먼저 나고 잇꾸나. 외냐하면 여름 네 비지땀으로 지어논 벼을 탈곡을 해야 하는데 이 벼알이 연결지도 몿한 벼을 수학을 하며 우섬을 가질 수 잇는 필지가 가연 멧 자리나 됀단 말인가. 벼 탈곡에 허전함을 뭇어로 매꾼단 맑인가.

---

118) 수입은 일기를 기록한 지면이 모자라 상단에 써있다. 내용상 아래로 옮겨 적는다.
119) 지출은 일기를 기록한 지면이 모자라 상단에 써있다. 내용상 아래로 옮겨 적는다.

생각을 할수록 머리가 무거어지는구나."

〈1993년 10월 1일 금요일 날씨 맑음〉

오늘은 마을 전체가 윷노리 한다고 부인과 두리서 스드러서 동생들 채소 해줄라고 경운기로 채소밭에 가서 그진 경운기로 하나 뽑아왔쓰며 채소을 동생들 줄라고 속음질을 하지 않{고} 그대로 곽찌아[꽉채워] 주어더니 배추가 균형을 잡지 못해서 자신으로 바서 큰 피해을 본 것 같다.

"오늘 윷노리을 하는데 처음은 반 대항을 하고 반 대항은 우리 반이 2등을 하여쓰며 개인전은 반 대항이 끝나고 개인전을 부쳐는데 형님은 처음에 탈락돼고 동생과 두리는 본선까지 올라같쓰며 4강전에서 순달이와 두리 붓게 돼어쓰며 이것은 선물이 하나일개 대는 것이며 이기서 저면 4등, 5등 둘중에 하나가 돼고 여기서 이기면 1등, 2등대는 경기라서 이 경기는 손에 땀을 지는 경기며 마을 어른들이 다 동생이 양보을 해야 한다고 해도 동생은 양보을 하지 않코 윷깥이을 떤지고 잇쓰며 성부는 끝까지 하여야 한다면서 계속 했쓰며 그리고 동민들다가 형이 이기따고 해는데 마지막 종점에서 잡피고 마라쓰니 결국 내가 페을 보고 마랏다. 그리고 자신은 2등 너보다 실페을 했쓰며 여기서 허전 몸으로 4등, 5등을 뽑 윷노리는 힘이 업쓰서 하고 십찌도 않코 할의욕이 업쓰서 무이미하게 윷노리로 그만 5등을 하고 마랐다. 자신은 윷노리을 최고 잘하는 사람들을 4명이나 물리치고 결승까지 올라왔는데 결승 문특에서 동생한태 그것도 종점에서 페을 했쓰니 그 마음 정말 허전하드라. 결국 순달이는 2등, 자신은 5등을 하고 마랐쓰며 상품은 순달이는 공구, 깔까리, 자신은 삽을 상품으로 받았다. 오늘 윷노리는 허전 밤, 기쁨 반으로 흧놀이가 끝이 낮따고 생각을 한다."

지출에 … 윷노리 실립금 1,000원, 윷노리 뒤판에 5,000원
계 6,000원

〈1993년 10월 2일 토요일 날씨 맑음〉

오늘은 자신이 동장에깨 끌적그리서 놀개 만드려쓰며 외야하며 오늘 놀가니까 사람들이 아무도 업드라. 그래서 동장에깨 엠프로 절먼 사람들 친선 모임을 하자고 하면서 엠프로 방송을 하라고 보채니까 그름 좋다, 오늘도 졸개 하자 하면서 동장이 어재 노라뜬 장소로 나오시며 피료 해복제 한 병을 준다니까 사람들이 그진 다 나와드라. 사람이 모이며 놀 리가 돼고 돈이 딸개 돼며 윷판 노름이 돼어서 나중은 일은 사람들 600,000만 원 이상을 손에을 본 셈이며 오늘 윷판은 상당이 만원 돈이라고 생각을 하며 오늘 놀리는 좋아찌만 넘어나 큰 돈이 오고 가서 좀 미안은 점이다.

"오늘 놀리 재공을 자신이 만들어따고 보며 윷판 노름 때문에 자신이 마음에 걸린다."

지출에 … 윷판놀리 6,000원

〈1993년 10월 3일 일요일 날씨 맑음〉

오전은 말리 사과에 콩 가란 것을 익은 것만 수학을 하여쓰며 부인과 두리서 오전 내 일을 하여쓰며 금년 콩도 안전희 연결지 안는 꼬타리들이 만트라. 이것을 볼 때에 금수학은 다들 떠러져고 잇쓰며 우리 농민들 가을 수학을 다 하여보며 허전하기 짝이 업쓸 것 같다.

"우리 혜지가 이번에는 학교에 들어가야 하

는데 그리고 혜지가 이번에는 마음가짐이 작년과 다른 자세을 가지는 것 같떠며 이번에 혜지로서 마짐가 시험인돼 꼭 합격을 하여야 한다. 그리고 이 아빠도 아버지, 어머님 성묘가서 이번에는 우리 혜지 합격하두록 도와달라고 음숙한 마음으로 성묘를 하여다."

"우리 혜지 합격을 해야 하며 혜지 전문대학교라도 합격을 한다면 나의 소원은 더 바라지 않캐다."

"오후에는 배추 물을 주로 같떠니 배추는 가뭄이 심해서 같잎은 다들 퍼들어저서 땅에 누어잇쓰며 이돼로 간다면 배추도 수학이 상당이 떨어질 것 같꾸나. 오늘 배추 물을 주는데 셋 군데 주니까 해가 저물드라."

〈1993년 10월 4일 월요일 날씨 맑음〉

오늘은 땅콩 수학을 하여쓰며 남들은 땅콩이 만이 달리따곤 하지만 자신은 땅콩이 만이 달리따고는 생각지 않는다. 자신이 땅콩 씨푸림을 할 적에는 우리 마을 쳐고는 땅콩 제일 {일}적 가라따고 생각을 한다. 금년 땅콩은 일적 가라서 그른지 땅콩들이 야물드라.

"오후에는 사다리, 대문 팽키칠을 하여쓰며 뼁키는 우리 마을 아주머니가 구미 일하로 다니는 사람이 가지고 온 것을 조금 어더와서 작과 사다리, 대문 칠을 잘 하여쓰며 그리고 당산 작과나무 전정을 하여다. 작과나무 전정은 3포기 네지 4포기 정도밖에 뫃하게드라."

"우리 혜영이 장학생을 지속 뫃하고 2학년에는 밀리지 않을까 하고 염려가 넘어나 돼며 내 마음이 장학생이 댄 후 다른 학생이 따라오지 하고 두려운 마음이 잠쉬도 살라저지 않는다고 해도 무리안 말은 아닌데 우리 혜영이는 이 아빠보다 더 신경을 쓰고 잇쓸 것을 생각을 하니 그 고충 짐작이 돼며 혜영이만 보면 장학생 밀린다, 열심이 하라고 당부을 하고 잇는데 이 말이 우리 혜영이한데 두러움을 증가씨키는 일이 아닌가 하면서 그 마음은 잠쉬 뿐이고 혜영아 열심희 하여 보자고 당부 말만 하고 잇다."

〈1993년 10월 5일 수요일[120] 날씨 맑음〉

오전에는 세집 밭에 갈란 콩을 뽑아 아서 오후는 콩타작을 하여다. 다들 콩수학도 작년만 뫃하다고 이야기들 하는데 자신은 콩타작을 하면서도 콩이 적개 나는지 분관도 뫃하게드라. 자신도 작년 콩 면적만춤 올해도 갈리따고 생각을 하는데 올 콩 수학을 다 해바야 알 것 같다.

"정부는 벌서부터 벼 숭년이라고 쌀 수입을 할려고 들먹거리고 잇쓰니 농민들은 생각을 할수록 분통만 떠지는구나. 정부는 외힘 업는 농민만 죽일라고 들고 잇쓰니 우리 농민은 좋은 것 업시 축 늘어저있쓰며 정부보고 늙 불평만 하고 잇쓸 뿐 그 위에 아무것도 업따고 말을 하고 십다."

"정부는 재 아무리 잘한다고 해도 우리 농민 죽이곤 살라갈 수가 업쓸 뿐 아니라 우리 농민들 가슴에 멍드릴 때는 좋다고는 할련지 몰라도 결국은 너의 가슴에도 멍들게 마른이며 우리나라는 농민들이 살라야지 정부도 살고 순탄한 나라가 돼지 그르지 않코는 늙 부란한 나라가 됀다고 말을 하고

---

120) 화요일이나 수요일로 잘못 기재하였다.

십다."

"때는 벼 수학의 달이 왔는데 벼는 승숙이 돼지 않코 벼알은 업고 벼집만 쓰잇는 벼을 그두어드릴 생각을 하니 마음이 담담해저며 밝은 가을 추수가 못 대고 잇는 농민의 가슴 이 허전함을 어대서 매꾼단 말인가. 이 허전 가슴을 밝개 할려면 정부가 금년 매상을 전량 바다주어서 이 {허}전한 마음을 풀어주어서 내년 농사에 힘을 가지고 내년 농사을 짓게 만들어 주어쓰며 한다."

〈1993년 10월 6일 목요일[121] 날씨 맑음〉

오늘 부인과 둘리서 채소 하로 같쓰며 동생들 줄라고 배추을 속찌을 않아서 오늘 배추 속음질 한 배추만도 경운기 추래라에 가득 대며 이것을 보고 부인이 구미 시장 갈라고 해서 요줌 배추금이 싸서 팔지도 못한다면서 동생들 하고 김천 처형 아들, 쳐형 다들 나누어 먹자고 하니 김천 순달이 동생 목시만 남겨 놋떠니 구미 시장 갈라고 보따리을 만들더라. 그래서 그냥 두고 마랐쓰며 시장 보따리도 땅콩 조금 하고 만트라. 이것을 그냥 두고 볼라니 부인이 도로까지 가지고 가는 데도 힘이 들 것 같다서 정심을 11시 30분에 먹고 장보따리 실고 도로까지 같다 주어쓰며 장보따리 아니며 오후 3시까지 집배서 휴식을 하는데 오늘은 부인 장보따리 때문에 휴식도 못하고 그 길로 들판에 나와서 고논에 도구을 삽부로 안전희 쳐고 채소 약 살포을 마짐가으로 한다고 세 군대다 살포했쓰며 오늘 일은 휴식 업시 작업을 해서 한나잘 일은 더 했따고 생각을 한다.

"자신은 부인이 허난 배추 팔로 가서 생외을 먹찌 하고 들래 같다오니 부인이 집에 잇더라. 부인 하는 말이 오전에 배추 가지고 간 사람도 그냥 잇쓰서 그냥 해수 엄마 막키고 마라따고 해서 잘했다. 사람이 남편 말을 들어야지 외 말을 안 들어 하고 말라쓰며 부인은 남편 말말 들어면 조금 더 편할땐되 때로는 말을 안 덧고 잇쓰며 부인 생각에 자기 친구들은 노가다 가서 돈 벌찌 일부는 대한산업에 공장가서 돈을 벌지 하니까 찬거리라도 장만 할려고 힘은 들어도 갈려고 노력을 하고 잇따."

〈1993년 10월 7일 금요일[122] 날씨 맑음〉

오전에는 들깨 그더어드리는 작업을 하여쓰며 오늘 들깨 그더어드리는 일은 경운기 기름 값도 안 대는 일을 하여쓰며 이것은 처음부터 손에 데는 일이란 것을 알면서 어더게 할 수도 업는 일이라 일을 한 것으로 바야 한다.

"오후에는 작과나무 전정을 하여쓰며 남들은 나무 전정하로 간다고 징하다고 이야기을 하고 잇찌만 사실 자신도 나무 전정할 시간은 업는데 실찌 시간을 내서 작업을 하고 잇다."

"우리 혜영이도 다음 주부터는 시험이라면서 극정을 만이 하고 잇다. 이것은 장학생 밀리날까 바 아빠처름 극정을 하고 잇쓰며 장학생 자리가 이처름 힘드는 일이란 것은 격끄보지 않코는 이 고충을 모른다고 말을 하고 십프며 이 고충은 부모와 둘리 하고 잇쓰니 장학생 자리가 그리 힘드는구나."

---

121) 수요일이나 목요일로 잘못 기재하였다.

122) 목요일이나 금요일로 잘못 기재하였다.

"요줌은 들판 길을 더나들면서도 논자리을 가비조 않코 잇다. 그전 같떠며 부인과 두리서 살도도 갈끈데 요줌은 벼 이삭이 탐스렵지 않아서 그 두룸 때문에 논자리을 피하고 잇는 실정이다. 이 고충은 우리 농민만 가지야 하며 여름 네 비지땀이 가을의 풍요름이 못 되고 허전한 땀이 돼고 마라쓰니 이 허전함을 어이 달래라는 말이냐."
수입에 … 채소 값 8,000

〈1993년 10월 8일 금요일 날씨 맑음〉
오전에는 콩나물 콩 수학을 하여쓰며 콩나물 콩이 가뭄 때문에 그냥 말라버린 것 같드라. 이것도 을마 돼지 않는데다 푸린 것을 좀 남겨두고 뽑아왔다.
"그리고 오후에는 작과나무 전정을 하는데 풀 쎄기 때문에 거른지 자신의 목이 건지러어서 걸그드니 목이 불키서 이 일도 몿하게 드라. 자신은 시간이 있는데로 나무 전정을 하여 노며 가을에 전정하는 시간을 어들 수가 잇쓰서 요즘 뜸뜸이 작과나무 전정을 하는데 풀써기 송충이 때문에 낙엽이 다들 저고 전정을 하여야 하겟꾸나. 사람이 다들 때에 따라서 움직이야 한다고 한번 느켜다."
"정부에서는 쌀 수입을 말을 하고 잇쓰며 우리 농민들은 숭년이 저며 쌀 값이 좀 올라가서 벼 숭년이 좀 캄뿌라지[컴플리지] 돼어서 실찌적인 숭년을 감수을 할 수 잇따고 보는데 정부에서 쌀 수입을 한다면 우리 농민은 그대로 숭년을 다 마지하여야 하며 정부는 우리 농산물은 시세가 땅바닥까지 떨어저도 내 몰라라 하고 잇쓰면서도 농산물이 한 번 올라가면 수입을 해서 엊개을 하는 정부 정말 분통 떠진다."
지출에 … 전기세 값 8,000원, 연탄 값 500장 115,000원

〈1993년 10월 9일 토요일 날씨 맑음〉
오늘은 땅콩 수학한 자리에 시금치 씨뿌림을 하여쓰며 시금치가 안 대는 곳은 잘 안 되든데 시금치 씨을 처음 갈라는데 잘 댈련지 몰게꾸나.
"그리고 형수가 대구에 간다기에 혜지 줄라고 땅콩을 캐쓰며 땅콩은 집배 일적 캐논 것이 잇는데 이것은 금세 캔 땅콩보다 맡이 업따고 오늘 금세 캐와서 혜지 한 살마 먹으라고 이 아빠가 캐왔다."
"오후에는 콩나물콩 타작을 하여쓰며 이것도 을마 돼지 않는 것이 오후에 내 일을 하여쓰며 이것은 별 득이 돼지 않으며 앞푸론 적자 돼는 일은 가감하게 버리야 한다고 생각을 하며 앞푸론 소득은 적은 것은 처음부터 도태을 해야 한다고 본다."
"우리 마을에도 곳 콤바이 탈곡을 한다고 이야기들이 나오며 숭년 가을추을 할려니 두려운 밖에 업꾸나. 가을 추수을 할려며 기분이 좋아야 하는데 선덧 가을 추수을 해야지 하는 생각이 업꾸나."

〈1993년 10월 10일 일요일 날씨 맑음〉
오전에는 포도밭에 간작으로 콩 갈란 것을 익은 콩만 뽑아왔다. 콩들이 익을 때가 다들 되어는데 아직 푸린 콩들이 더 만으며 이것들은 콩들이 연결지 몿 할 콩들이라고 본다. 이 콩들이 자신의 가을 손만 바푸게 만들 것으로 본다.
"오후에는 바시내이밭 콩은 푸린 것 할 것 업시 가을 일손만 바푸게 할 것 같다서 푸린 것 할 것 업시 다들 뽑아 버리고 마랐다. 바시내이 콩은 충실이 잘 댄 콩이라고 말을

하고 십다. 그리고 금년도 콩은 아코라는 콩이 전연 업꾸나. 이른 것을 볼 때에 사람이 농사을 짓는 것이 아니라 날씨가 농사을 짓는다는 생각이 드는구나."

"우리 혜지는 전화로 아빠, 엄마 생일이 내일인돼 선물 준비을 하여는가 무르며 고기 준비을 했는가 물어 보는데 선물은 준비을 못했고 고기는 엄마을 장해 보내다. 내가 오트바이가 잇따면 고기을 사오지만 오트바이가 업쓰서 엄마을 사정을 해서 아들도 고기을 한번 먹이자면서 시장을 보내따고 이야기을 하니까 엄마 생일을 엄마가 어떠게 챙기냐고 하면서 아빠가 해주어야지 아빠 노무했다 하드라. 그래서 혜지야 아무튼 고맙다, 공부만 열심희 해라 하고 전화를 노왔다. 이것들은 미리 저의 엄마 생일선물로 화장품을 사나드라. 아직까지 어리광만 부릴 나이라고 이 아빠는 생각을 하고 잇는데 엄마의 고마움을 알고 잇는 딸들 정말 고맙다."

"부인 내일 생일에 남편이 고기 준비는 해야 하는데 오트바이 핑계로 부인이 고기준을 한 돼 대해서 정말 미안화오. 이 남편은 부인을 하늘 같이 생각을 하고 잇소. 부인, 내일 생일을 등한시 생각을 한다고 서운하게 생각은 하지 마라요. 정말 사랑함이다."

〈1993년 10월 11일 월요일 날씨 맑음〉

말리 콩은 아주 푸린 것만 두고 그진 다 뽑아다. 그리고 말리밭에 수근한 데 모래 세 바리을 실어너어쓰며 시간이 허락 대며 모래을 좀 실어너어쓰며 좋을끈데 하고 아쉬운 감이 더는구나.

"오늘은 부인 생일이며 부인 생일이라고 해도 평소 때와 다름이 업시 하로을 보네쓰며 그지[굳이] 다른 것이라면 국끄리가 잇쓰따는 것이 달라따고 말을 하고 십다."

우리 마을에 콤바이 탈곡을 시작을 하여쓰며 우리 마을에는 벼 탈곡을 봉답논부터 시작을 하고 잇다. 벼 탈곡을 하는데 생산은 만이 나는지 궁금하구나.

"우리 운이 시험이라고 공부을 하는데 자신도 한문 공부을 같이 하면 우리 운이가 잠을 일적 안자게찌 하고 운이 공부 좀 더 하라고 같이 시간을 보네는데 시간 보네는 데 힘이 무척 들며 자신은 밤 10시까지 몸부림을 쳣따고 생각을 하며 도저이 자신이 생각한 밤 10시까지 운이와 같이 시간을 보네지 못하고 그만 자신은 운이와 공부 좀 더 하다 자라고 말만 하고 마랐다."

〈1993년 10월 12일 화요일 날씨 맑음〉

오늘은 부인과 둘리서 콩 타작을 하여쓰며 자신은 이번 콩이 처음 한 것보다 조금 더 댈 줄 아라는데 오히려 좀 적드라. 오늘 콩 타작도 종일 걸린 셈이며 일거리가 만튼 적든 문치며 하로 해을 다 잡아먹곤 한다.

"오늘은 백운기 부친 첯 제사라고 동네로 술을 내는데 소문 덧기는 서울 딸이 제사 비용은 전부 한다고 소문에는 그창하게 나드니 동네로 술 네는 것은 조용희 술 네는 것 보다 못하드라. 엔말레 소문난 잔치가 먹을 것이 업따고 하드니 그 말들이 꼭 맡따고 생각을 한다."

"우리 혜영이 학교에 도서실례서 시험 공부을 하고 오는 모섭을 볼 때 안스려오며 한참 자랄 나이에 저 큰 고충을 주어서 어전단 말인가. 정국에 학생들이 이 고충을 다들 격고 잇쓰니 무어라 말을 할 수가 업꾸나. 다들 공부 싸음을 언재까지 하여야 한단 말인가.

이 절먼 세대들의 이 고충은 들어줄 수는 업는가. 부모로서 그리 힘이 던다."

"현제로서 벼 탈곡을 할 때가 꼭 대어따고 생각을 한다. 외냐하며 올캐 된 것은 고개을 너무나 만이들 숙이서 벼장잎에 싸여들어갈 정도가 돼어 잇는 것을 보며 벼 탈곡이 넛따고 말을 하고 십꾸나."

〈1993년 10월 13일 수요일 날씨 맑음〉

작과나무 전정을 하고 오후에는 경운기 추래라가 싹아서 도저이 그냥은 올 가을거지 실어더리지 못할 것 같다. 김천 한승공업사 하며 경운기 대리점으로 경운기 추래라을 갈라볼라고 돌라보니 추래 값도 좋은 것은 260,000원 달라고 하고 금성대리점은 추래만 가지고 가는데 120,000원 달라고 하는데 120,000원 달라고 하는 것도 경운기 쎈타에서 갈라넌는다면 200,000만 원 들어갈 것으로 본다. 이른 것을 보며 260,000만 원 달라는 추레라는 실하게 잘 만들어서 이것도 실지 자신에 덕이 돼는 것이 아닌가 하고 생각도 든다.

"오늘 금성대리점에서 추레라을 실어줄 시간이 업따고 해서 그냥 내리오고 마랐다. 오늘 금성대리점에서 실어다줄 차만 됀다고 했쓰며 추래라을 실어오는 것인돼 차가 업따고 해서 그냥 오고 마란 것이 잘하여는지도 모른다. 외냐 가을거지만 재발 하고 나면 시간 여유가 만아서 자신이 고물상에 재로을 사와서 만들며 득이 돼지 않을까 하는 생각도 가저본다."

"오늘 지도소장이 금년도 벼농사가 작년보다 20% 이상 적개 난다고 이야기을 하드라. 이른 소리을 들을 때에 콤바이 탈곡하기가 두렵키 짝이 업꾸나."

〈1993년 10월 14일 목요일 날씨 흐림〉

오전에는 경운기 추래라 용접을 하여쓰며 오전에 자신이 추래라을 올 가을거지만 하고 갈 욕심으로 내리 안전 부분만 자신이 용접을 하여쓰며 용접을 하고 아쉬운 돼로 쓸 수가 있따고 본다.

부인과 둘리서 콤바이 탈곡을 할 수가 잇나 하고 돌라밭더니 벼 탈곡이 너저따고 생각을 하며 올해 벼알들이 알차게 연결지 못해서 갈수록 농민의 가슴을 아푸게 하는구나. 자신도 부인과 벼논마다 돌라보면서 아무 말도 하지 않아찌만 마음속은 피참함을 참을 수가 업쓰며 내 잇때것 농사을 짓고 살라와찌만 벼농사가 이려게 피참하게 만든 적은 업쓰며 피참함이 벼 탈곡을 하지 않코 그냥 두고 보는데도 아푼 마음 달래기 힘드는데 실찌 콤바이 탈곡을 하며 그 허탈한 마음 달래기가 그리 힘들 것 같다.

"우리 부부가 정신 업시 일을 한 것의 대까가 이 허전 마음이란 말인가. 여름 네 비지 땀으로 농사을 짓은 것이 이 탈한 마음이란 말이냐. 이것은 생각지도 않아든 일. 이 마음의 상쳐는 영혼이 짓어저지 않을 것 같다."

"내일 제일 못 댄 것 서양바실과 봉희 동서 논은 콤바이 탈곡을 오후에 할 작정이다."

〈1993년 10월 15일 금요일 날씨 맑음〉

오늘 오후는 서양바실래 콤바이 탈곡을 하는데 한두 밖기 콤바이가 돌라는데 벼알 나오지 않아쓰며 겨우 콤바이 자루로 4자루 나오는데 기가 차드라. 이 허전함은 누가 알 리가 업쓰며 이 허전함을 자신의 마음속으로 다들 사기서 내야 한단 말인가. 현재의 마음 같아서는 치우가 안댈 것 같다.

"오늘 콤바이 탈곡을 하면서 느킨점은 도저이 수도 작물로서는 살라갈 수가 업따는 것을 절시리 느켜쓰며 그르며 무엇을 해야 하나 하고 여르 개의 구상을 머리에 떠올리서 곰곰희 생각을 해도 가닥이 잡피지 않코 잇드라. 그리고 자신의 머리에는 콤바이 탈곡하는 것을 생각을 하지 않코 잇쓰니 나의 육체는 적극적인 행동은 나오지 않코 마지못해서 움직이고 잇뜨고 해도 무리돼는 말은 아니다."
"콤바이 탈곡을 다 하고나니 콤바이 풋돼로 49개 낮드라. 작년도 생산량은 65풋대 생산이 돼어는데 이것은 음청난 수자가 감수가 돼어쓰니 이것은 가슴을 찌저지는 아품이다. 자신은 여름 내 비지땀으로 농사을 짓은 것이 남아도 멋할 판에 적자라는 것을 생각을 할 때에 이것도 부인과 두리가 했따는 것을 생각을 할 때에 농사을 다 버리고 말까 하는 생각이 머리에 떠올리게 돼는구나. 정말 너무 허전한 콤바이 탈곡이라고 말을 하고 십다."
"오늘은 잠자리에 누어서도 이재는 농사로 살 수가 업깨따고 하면서 서로가 이야기을 주고 밭고 했찌만 우리는 참외 농사도 작과 나무가 만아서 참외농사가 힘들 것 같고 무엇을 할려고 해도 마당한 작목이 업쓰니 마음만 조급하여저고 마는구나. 사람이 무엇을 할려고 하며 돼책이 잇쓰야 하는데 대책이 업쓰니 우리 농민 어디로 갈 곡이 업꾸나. 이곳저곳 다 갈 때가 업쓰니 이 계로움은 가슴에 품고 살라가야 한단 말인가."
"그리고 봉희동서 논은 처음에는 벼가 다 들고 실어서 탈곡이 시급해서 갑자기 시작을 했떠니 콤바이 탈곡을 매 밭키 돌고 보니 벼알이 푸른빛이 만아서 콤바이 탈곡을 중단을 하고서 봉희 씨도 벼알을 보이고 해도 만대로 해도 만대로 하라고 하고 어른을 보여떠니 푸리다고 하면서 손에 간다고 해서 그만 콤바이 탈곡을 중단하고 마랐다. 봉희동서는 6마지기 중 2.5마지기 콤바이 탈곡은 했다고 본다. 그름 오늘 콤바이 탈곡은 6.5대지기 한 셈이다."
지출에 … 세 값 2,600원

〈1993년 10월 16일 토요일 날씨 맑음〉
금일은 세집에 마당에 켜 건조할려고 너려난 것을 말루기 위해서 자주 젛는 일로 오늘 하로을 보냇다. 오늘은 실찌 다른 일을 할려고 하여도 몸이 피료해서 다름 작업을 할려고 생각을 할 수도 업드라. 그래서 오늘 종일은 몸의 피료을 필기 위해서 벼 말루는 데 일을 하여다. 이재는 몸의 피료을 풀어가면서 넛것하게 일을 추진해야 할 것 같다.

〈1993년 10월 17일 일요일 날씨 맑음〉
오늘은 벼 말류는 돼만 시간을 다 보낸 셈이며 일부 벼을 말린 것은 떨고 세집에 서양바실 벼는 12가마 정도는 들 말리서 내일 하로 빛을 씨야 돼며 요줌은 별로 하는 일도 업는데 피료가 싸이는 너킴이며 저녁 잠자리에 들며 녹초가 돼다시피 돼고 잇쓰니 내 몸이 외 이래 가을추수을 처음하고 몸이 말을 잘 안드려 극정이 돼는구나.
"김천 지수가 와서 배추을 줄라고 채소밭에 가서 배추을 해와쓰며 부인은 세집에서 벼 말린 것 떨고 자신이 배추을 주는데 너무나 적개 준 것 같다. 자신은 김천 지수씨가 김치가 잇따고 이야기을 하길에 좀 적개 주어떠니 부인이 나중 와서 배추을 넘어 적게 주어따고 이야기을 하길래 미안한 점이 들드라. 김치 잊따는 것은 매번 가지고 가기가 미안해서 안 가지고 갈려는 생각인 줄 모르고 자신은 거것도 모르고 적개 주어쓰니 속으로 서운했쓸 것으로 생각을 하며 자신도 일을 하고 나니 아주 서툴게 하여쓰며 늙 부인이 파든 일을 오늘따라 자신이 해서 탈이 낮따고 생각을 한다."

〈1993년 10월 18일 월요일 날씨 맑음〉

요즘 날씨가 가을 날씨가 무려익은 날씨을 보이고 일꾸나. 참바람에 낙엽이 휘날리고 벼알 건조하는 데는 안성맡춤이다. 자신도 오늘로서 벼 탈곡을 한 것은 안전이 말류고 정리까지 하여쓰며 그리고 서양바실래 벼 말린 가마니 수는 19개밖에 안돼드라. 이것은 자신이 미천 드린 것 다 뺀다면 적자 농사라고 본다. 이것 뿐 아니라 여르 필지가 적자 농사라고 볼 때에 93年 해라는 것은 자신의 가슴에 상쳐을 준 해라고 말을 하고 십다.

우리 혜영이 내일 제주도 여행 간다고 분주한 시간을 보네는데 우리 혜지는 전문대학교 갈려고 공부을 한다는 것을 생각을 할 때 우리 혜지는 저른 좋은 실절도 맡을 못보는 것이 아닌가 하고 생각을 할 때에 이 아빠로서 동정이 가는구나. 저 좋은 대학시절 너켜보지 못한다면 우리 혜지 어쩐단 말인가. 이번에는 꼭 부터서 대학생활을 만킹하고 시집이라도 가야 하는데 이 아빠 정말 극정됀다. 우리 혜지는 아빠가 제일 정이 만이 들은 딸인돼 그리고 아빠로서는 좋은 것 다 하여주고 십픈데 혜지가 공부가 안대고 잊쓸까. 이 아빠의 마음을 조리고 잊꾸나. 혜지야 이번에는 제일 따라지 학교라도 좋으니 부터만 다오.

〈1993년 10월 19일 화요일 날씨 맑음〉

오전에는 봉희 씨 동서 논 콤바이 탈곡을 하다 남은 것을 오늘 오전으로 탈곡을 끝을 냇다. 오늘 콤바이 탈곡은 수학량이 아주 적을 줄 알라는데 콤바이 탈곡을 하고 보니 생각보다 아주 만은 수학이 돼어따고 생각을 하며 자신은 작년보다 수학량이 콤바이 풋대로 3푸대 차이로 생산됀 것이 떡박의 일이며 자신은 3분지 2원 수학이 더 떨어절 것으로 본 것이 다행으로 작년 생산량의 수와 비슷하게 수학이 댄 것만으로 천만다행이라고 생각을 하며 자신은 콤바이 탈곡을 하고 수학량이 만아서 기분이 아주 좋아다. 자신은 안전이 실패했따고 생각을 한 것이 떡밖의 수학이 만이 생산돼어서 정말 기분이 좋은 하로의 일가라고 말을 하고 십다.

오후에는 형님 콤바이 탈곡을 하는데 그들어 주어쓰며 형님은 금년도 벼농사는 안전 실페라고 말을 하고 십다. 오늘 형님은 한 단지에 콤바이 풋대로 32풋대, 30풋대 이른 식으로 수학이 돼고 잊쓰니 안전희 벼농사는 실패라고 말을 하고 잊다.

지출에 … 세 값 2,500원

〈1993년 10월 20일 수요일 날씨 맑음〉

오늘 오후에 콤바이 탈곡한 것은 마음에 협쪽하드라. 외냐하면 작년보다 수학량이 만코 그리고 올 농사에 다들 숭년 농사을 짓어는데 자신은 오늘 임숙네 5마지기에 풍년 농사을 짓어쓰며 임숙 2마지기에 작년 농사보다 콤바이 풋대로 6섯 풋대나 더 쏘사쓰며 오늘 콤바이 탈곡은 안전 풍년 농사을 탈곡을 한 것 처름 푸짐한 수학을 해서 기분이 그리 좋꾸나.
"자신은 콤바이가 벼논에 들어가기 전에는 적개 수학이 댈까바 극정을 하여다. 막상 탈곡을 하고 보니 수학이 떡밖으로 만이 나오며 논 주인도 좋아하드라. 그리고 자신도 두리어하다[두려워하다] 수학이 작년보다 증수가 돼니 기분이 아주 좋드라."
"올해 벼품종을 잘못한 사람들은 안전 숭년이며 그리고 거름을 만이 한 사람도 금년 농사에 살패 원이며 또 하나는 이앙을 넛캐 한 사람도 큰 숭년을 만나쓰며 그 나머지는 평작은 댄다고 본다."
올해 벼씨 선택을 미량 95호 시엄재이[시험재배] 이 품종은 숭년을 바따고 말을 하고 십다. 그 나머지는 비료거름이 만아서 숭년을 당해따고 본다.123)
지출에 … 세 값 3,700원

〈1993년 10월 21일 목요일 날씨 비〉
오전에는 웃들 같 돌리로 갈떠니 콤바이가 우리 논 엽패서 탈곡을 하려고 준비을 하고 잇드라. 그래서 콤바이 탈곡을 해줄란가 무르니 해줄라고 해서 자신은 95호 벼라서 우선 보기가 고실고 잇쓰서 자신은 빨리 콤바이 탈곡을 하여야 하는데 극정을 하고 잇는 중인돼 탈곡을 해줄라고 해서 고맙드라. 그래서 같을 다 돌리자 기계가 곳바로 들어오자 잠쉬 실 사이 업시 콤바이 탈곡이 시작돼어다. 그리고 올해는 96호 한 사람들은 숭년을 만난는데 이것도 소출이 적으며 어떠게 하나 하고 두려운 마음으로 탈곡하는 것을 지키보아쓰며 탈곡을 다 하고보니 작년 수학량은 몿대고 잊지만 금년 수학량으로 바서는 마음에 찬 수학이라고 말을 하고 십다. 그리고 이것이 천만다행이라고 생각을 한다.
오후에는 콤바이 탈곡을 한 것을 풋대 같다 줄라고 풋대을 부인과 둘리서 벼알을 비우고 잇쓰니까 어디선가 소낙이 구름이 몰려들며 금새라도 소낙비가 쇼다질 것 같다서 풋대 비우는 작업을 중단하고 그만 마당에 벼을 모두는 작업을 하여스며 큰 마당에 그냥 잊는 것이라서 치우는 도중에 소낙비를 다 만나고 마랐다. 다들 우리 뿐 아니라 농촌 사람들은 다들 당해따고 생각을 하며 자신도 나중에는 손도 될 수가 업고 그대로 비을 다 맡고 마랐다.
여때것 그 좋은 날씨가 심술을 부리고 만단 말인가. 오늘 비만 아니라면 내일은 다 말라서 정리을 할려고 작정한 것이 오늘 비로 이뜰 더 말라도 안전한 건조가 안 될 것 같다. 이 비는 우리 부부을 생각지도 않아뜬 일을 주어쓰며 이것도 아주 만은 량의 일을 주어따고 생각을 하며 그리고 가을거지 일을 3일은 지원을 씨키따고 생각을 한다.
"오늘 부인이 잠자리에 들어서는데 장단지을 보니까 아주 가늘다는 생각이 들어서 만치보니 몰랑한 살이 탄탄감이 업쓰며 물렁살이며 이 연약 몸으로 남편 일을 다 도우고 때로는 남편 일을 도와줄라고 더는 모섭을 볼 때 고맙고 예쁘고 오늘은 부인의 다리을 만치보고는 더 미안한 감이 더 들며 정말 고맙따는 너킴이 너겨쓰며 자신은 정말 부인은 잘 어드쓰며 자신이 어대가 복이

123) 이 내용은 일기 지면 상단에 따로 기록되어 있다. '임숙네 복판에 콤바이 풋대수 49개, 임숙네 2마지기 4개 수학함.'이라고 기록하였다.

잇쓰서 저 좋은 부인을 어든는가 하고 마음 속으로는 늙 간직하고 잇다."
오늘 웃들 콤바이 탈곡한 풋대수 41개

〈1993년 10월 22일 금요일 날씨 비〉
어재 비로 인하여 벼 물마리한[추수한] 것을 이웃마당으로 오전 내 늘어쓰며 비 온 뒤라서 마당들이 들 말린 상태에서 벼을 말류니 습기가 올라와서 벼가 건조가 들 돼는 너킴이 들드라. 오늘 오후는 경화내 논 갈돌리쓰며 그리고 우리 마당에 벼는 안전 건조가 돼지 않아는데 내일 콤바이 탈곡을 2단지 할 욕심으로 거두어버리고 마랐다.
"그리고 혜영이가 제주도 2박 3일 수학여행을 무사이 집배 도착을 하여쓰며 구경도 잘했다고 이야기을 하드라. 그리고 먹을 것도 풋심하게 사왔드라. 자식을 키우보니 남자, 여자가 안전이 표가 난다. 외냐하면 여행 보타리을 풀어보며 여자는 구질구질한 것이 만이 들고 자신이 생각을 할 때 아무 미료도 업는 선물을 사오는 것을 보며 여자와 남자는 행동, 물건 사는 것까지 선별이 돼고 잇다."
"오늘도 저녁 무름에 설 때 업는 비가 와서 사람을 바푸게 하여쓰며 오늘도 그저 비가 조금 내리서 그르치 만은 비가 왔드라면 농민들의 피료가 전가댈 끈데[증가될 건데] 조금 와서 다행이다."

〈1993년 10월 23일 토요일 날씨 맑음〉
금일은 이웃지로 너러논 벼을 말루기 위해서 자주 갈라주는 일만 하여쓰며 오전은 별로 일하는 시간도 업쓰며 오전 시간은 훗딱 가버리고 만다.
"오후에는 육촌 형님 논에 콤바이 탈곡을 하여쓰며 오늘 논은 도로 주변에는 다들 죽어서 논자리에 가기가 실은 논인돼 오늘 탈곡을 하여보니 작년 수학량이 나오드라. 그래서 자신의 속으로 기분이 월마나 좋은지 부인이 올 농사 다 바리따고 들래만 가면 속 아파하드니 오늘 수학량을 보고는 권순덕 씨 올 농사 잘 지어따고 하면서 좋아하드라. 자신은 오늘 두 단지는 수학이 아주 떨어절 줄 알란는데 수학이 작년 수학을 했따는 것은 자신이 큰 행운이라고 바야 한다. 이재는 남은 필지는 다들 농사가 잘 돼어서 자신은 극정 업다. 그리고 자신은 숭년을 피하고 역으로 풍년 농사을 짓어다. 이것은 벼씨 선정을 잘해서 큰 행운을 만난해라고 말을 하고 십다."
오늘 두 단지 콤바이 풋대수 103개
지출에 … 세 값 3,500원[124)]

〈1993년 10월 24일 일요일 날씨 맑음〉
오늘 오전은 팥가 제비콩 뽑는 일을 하여쓰며 요줌은 벼 탈곡을 하지 않아도 잠쉬 실 시간이 업꾸나. 그리고 들판에는 벼 탈곡한 논들이 늘어만 가고 잇꾸나. 앞푸로 푸른 빛이 다들 살라저가게찌. 일 년이라는 세월이 빨리도 가고 잇꾸나. 자신이 생각을 할 때에 한 해라는 것이 순식간에 가버리며 세월이 갈수록 아쉬움만 더해가는구나.
우리 혜지는 아직까지 방에 불도 넝찌 않코 전기요을 이용한다니 공부를 하는 것이 아니라 고생만 시키는 것이 아닌가 하고 극정이 돼고 잇쓰며 요줌 날씨가 차거어저니 혜

124) 수학량과 지출은 지면이 모자라 24일 일기를 기록한 지면 상단에 기록하였다.

지가 안스려어며 부적 혜지 생각이 자신의 머리에서 살라저지 않코 잇다. 우리 혜지 이번에는 고생이 알찬 열매가 돼어야 한다. 이 아빠 혜지만 전문대학교라도 들어간다면 극정이 업깨구나.

"오늘은 첬 설 리가 오면서 아주 만이 온 설리며 아주 디내기 설이다. 이제는 모든 작물이 마지막이라고 말을 할 수 잇쓰며 이재는 다들 수학을 해야 돼며 찬 설리는 마절수록 덕은 업쓰니 우리들의 손길을 바푸게 움직을 때라고 본다."

〈1993년 10월 25일 월요일 날씨 맑음〉

오전에는 웃들 두 단지 콤바이 탈곡을 할려고 같 돌리고 잇는데 대신 사람이 지나가면서 올 농사 첬코 아주 잘 돼어따고 친찬을 하는데 내일 콤바이 탈곡을 하여보면 안다. 그리고 자신도 재일 잘 됀 필지라고 생각을 하며 자신은 42마지기 중 재일 잘 돼어따고 보는데 결과는 콤바이 탈곡을 하여바야 한다.

오후에는 콤바이 탈곡을 3단지 하는데 자신의 피료 바서는 그들어주기가 실은데 콤바이 탈곡을 3단지가 하는데 좀 거들어주지 안는다고 할까바 오늘 오후는 그들어주로 같드라. 자신은 형님 일이라면 정말 만이 하여서는돼 형님은 내 일이라면 마지 뫃해 거들어주는 너킴이다. 이것을 볼 때에 자신은 영 마음에 맡지 않는다.

"자신은 남외 일이 넘어 만타. 그 반면에 자신의 일을 도와줄 사람은 업다."

"온 저녁은 활머니 제삿날이며 활머니 재사을 아버지가 모실 때는 해곡으로 재사 준비한다고 늙 벼알도 연결지 않는 벼을 베서 찐쌀로 재사을 모시고 했는데 이재는 시대가 달라서 해곡따이는 신경을 안 쓰며 그리고 이재는 벼들이 다들 연결로 콤바이 탈곡까지 할 수 잇는 날짜로 변해다."

"인간 생활이 안 세대 차이에 엄청나게 변해왔다고 생각을 한다."

〈1993년 10월 26일 화요일 날씨 맑음〉

오전은 콤바이 탈곡을 할려고 같 돌리는 일을 하고 오후에는 웃들 두 단지 콤바이 탈곡을 하는데 작년 수학량은 나와쓰며 자신이 생각을 할 때는 잘 돼어서 수학량이 마늘 줄 알라는데 작년 수준밖에 안 돼고 잇드라. 그리고 복판 논에는 96호 벼를 했는데 대기는 정말 잘 돼고 보는 사람마다 탐을 냇는데 실지 콤바이 탈곡을 하고 보니 일품벼보다 적게 수학이 돼고 잇쓰며 금년 쳐고도 일품벼 올해야 증수가 돼지 다른 품종을 해서는 수학을 증수을 할 수가 업따고 본다. 복판 논에는 콤바 푸대로 63개 먹으는데 금년에는 품종 선택을 잘못하여서 14푯대나 수학이 줄어쓰니 이것은 600평에 14푯대 줄어따는 것은 음청난 수자라고 바야 한다.

"앞푸로 자신이 콤바이 탈곡을 할 벼가 섬진벼 9마지기가 잇는데 이것은 을래 수학이 떨어저는 벼라서 수학을 아주 만이는 바라지 않는데 그래도 욕심을 부린다면 600평에 45푯대는 수학이 돼어야 한다. 자신도 남은 벼가 만이 수학이 돼어야지 숭년을 면할 수 잇따고 본다."

"내년에는 벼씨 도태할 벼는 (시음재이) (섬진) (95호) 벼씨는 미련 어씨[없이] 버리야 한다고 본다."

〈1993년 10월 27일 수요일 날씨 맑음〉

오늘은 벼 건조하는 데만 시간을 보네는데

자신의 몸은 더 무거운 너킴을 받아쓰며 오늘은 자신의 피료가 겹쳐잇따는 것을 알 수가 잇쓰며 자신이 생각을 해도 자신이 일이 만타고 생각을 하며 자신의 몸이 이처름 진치고 잇는데 부인 몸은 더 피료가 싸이고 잇따는 생각을 할 때에 농사 일은 만이 하여서는 안 댄다고 생각을 하며 부인의 건강을 생각을 하여서도 농사일을 줄리야 한다고 본다.

"요즘 자신의 몸이 넘어 진친 몸이며 피료가 싸여서 몸부림을 치고 잇다. 인간이 살라가는 데 피료가 싸이두록 살라가서는 안 댄다고 말을 하고 십다."

지출에 … 보험료 12,600원 참두유 3,530원, 매상풋대 값 24,000원 두부 1,800원 계 41,930원

〈1993년 10월 28일 목요일 날씨 맑음〉

오늘도 벼 건조 씩키는 데만 열중을 하여와쓰며 금년에는 일거리가 마늘라고 하니 숙모님이 감 타다 넘어가서 숙모 벼까지 말라주야지, 재주야지 일손이 넘어나 딸리는구나. 그리고 오늘로서 숙모님 벼 농 짓는 것은 다들 벼을 말라서 안전이 정리까지 하여주어서 일단 끝이 낫따고 본다.

"자신도 벼을 건조 씩킬 벼는 잇찌만 기상대에서 내일 정국적으로 비가 온다고 예보을 하여서 마당에 널어논 벼는 다들 담아서 정리을 안전희 하여두어다. 그리고 금년에는 운이가 가만이 재는 데는 그들어주어서 아빠가 아주 수란 너킴 가지고 잇쓰며 큰 도음이 댄다."

"금년도 벼 수학도 막바지에 들어가고 잇다. 콤바이 풋대가 마을로 들어오는 것이 영 보이지 않으며 경운기 소리가 마을 진동을 시키는 것이 줄어더는 것만 바도 벼 수학은 막바지 잇따는 것을 알 수가 잇다."

〈1993년 10월 29일 금요일 날씨 비〉

오늘 비는 벼 베기에는 아주 불청객이라고 하지만 김장배추에깨는 목 마를 때에 물 한 목음 엇는 것처름 기중한 비라고 말을 하고 십다. 김장배추는 2달 도안 감움 때문에 배추들은 시들어 죽어가고 잇는 판국에 비가 내리쓰니 배추에깨는 생명을 구한 비라고 말을 하고 십다.

"오늘은 비 때문에 안전 휴식을 한 날이며 오전 내 방에서 딩글어도 피료한 몸은 풀리지 않코 버근한 몸은 좀처름 풀리는 기색이 업쓰며 몸은 무지력한 몸이 돼어 잇쓰며 지루한 시간이 돼어서 오후에는 우산을 받쳐 들고 사과밭으로 포도밭으로 한 밖기 돌라 받쓰며 이 비가 생각보다 만이 와서 사과나무에도 해갈을 면할 수가 잇따고 본다."

"오늘 비는 일련 것보다 얻는 것이 더 만타고 생각을 하며 이번 비야말로 갑진 비라고 말을 하고 십다."

오늘은 부인이 남편이 31日날 대전액스포 구경 간다고 옷 사로 김천 시장으로 같쓰며 시장에서 사온 잠바와 티을 90,000원 주고 사와는데 자신은 색깔은 마음에 들지 않아도 부인의 성위 때문에 좋다고 하면서 입깨 따고 결정을 하여다.

지출에 … 아빠 옷 90,000원

〈1993년 10월 30일 토요일 날씨 비〉

오늘도 간간이 비가 내리곤 하여쓰며 오늘은 적은 비라고 하지만 아주 거칠게 비가 내리고 했다. 오늘 비는 인간을 급을 준 비

이며 그리고 아주 한겨울처럼 차거운 감을 주어쓰며 그더신[그대신] 바람 때문에 사람을 을신도 못한 날이라고 말을 하고 십다. 그리고 자신이 잠쉬 비가 그친 텀을 타서 벼 탈곡을 하지 않는 논에 물이나 고여 잇찌 않나 하고 한 밖키 돌라보는데 추어서 혼이 낮따.

그리고 벼들이 고개을 숙이다 못해 이재는 안전이 꺽킨 상태며 벼이삭이 그처름 흉안 모셥을 처음 받쓰며 콤바이 탈곡이 시급하며 자신은 이 비만 잠쉬 그쳐준다면 콤바이 탈곡을 하고 십픈 심정이며 내일은 대전 액스포 구경가고 해서 콤바이 탈곡을 지연될 것을 생각을 하니 구경을 가지 말고 내일 콤바이 탈곡이나 하고 말까 하는 심정이다. 나 자신 벼이삭이 그처름 흉안 모셥을 두 번 다시 보기가 힘이 들 정도로 초라한 그 모셥 쉬 잇찌 못하리라."

"우리 혜영이가 어더 시험 실기가 내일인 돼 우리 혜영이는 어더 시험을 잘 바야하는데 이 아빠는 혜영이는 무엇시든지 해내리라고 생각을 한다만 이번 시험을 학격을 해야 다음 학과 공부을 정상적으로 할 수가 잇따고 볼 때에 이번 시험은 정말 중요한 시험이라서 이 아빠 염려가 크다. 혜영아 이번 시험 잘 바서 자격증 치득을 하여다오."

〈1993년 10월 31일 일요일 날씨 흐림〉

오늘은 대전 액스포 구경가는 날이며 오늘 구경은 원봉희 동생 둘리가 버스을 대여하고 술 안주까지 준비을 해서 우리 마을 어른들, 부인회원들 전부을 대전 액스포 구경을 하게 돼어쓰며 오늘 일들은 아주 좋은 일을 하여따고 생각을 한다. 이 좋은 일은 돈을 만이 가진 사람들도 십계 할 수 업는 일이라고 생각을 한다. 오늘 봉희 씨 동생 둘리가 좋은 일을 해서 고맡드라.

"그리고 오늘 구경은 사람들이 넘어 만아서 인키잇는 데는 3시간 줄을 서스 기다리야 구경을 할 수 잇쓰며 자신과 친구 둘리는 전기에너지관과 중국관, 캐불카 지상으로 다니는 차 4가지 구경밖에 못했쓰며 구경도 지러을 지키지 않코 세치기로 구경을 한다면 하로에 여르 자리을 구경을 한다면 여르 곳을 할 수 잇쓰나 정식으로 차래을 기다리서 구경을 한다면 만이 해야 셋 곳 밖에 못 한다고 바야 한다."

"그리고 액스포 갈리 요원들이 부족해서 그른지 몰라도 세치기 하는 사람들이 반이 돼지 않나 보고 잇다. 이것을 볼 때에 우리 국민들이 재각키 생각을 하여야 하며 자신도 세치기 한 번 해서 구경을 하여쓸 때는 그 나람돼로 빨리 구경을 하고 나니 기분이 좋아는데 자신이 줄을 쓰잇는데 남들이 세치기을 하는 것을 보니 정말 열불나며 속이 상하드라. 속이 상한 마음을 참고 구경을 하여쓰며 한 곳은 열차을 타는 데는 자기네들 수입만 보면 댄다 하는 식으로 매포소에서 표만 팔고 잇드라. 그래서 자신이 세치기 못하두록 질서 잡아달라고 부탁을 하니까 재송하다면서 질서을 잡아주곤 하드라. 이것도 자신이 저차 한번 타겟따고 2시간 반이나 기다리쓰며 세치기 때문에 어이 타게녀야고 목성을 울리더니 그때는 질서을 잡아주는 요원들이나 우리 국민 질서 업는 비양심 어느 것 하나 탓할 일이 업따고 본다."

"자신이 볼 때에 우리 국민들의 질서 교육을 식킬라면 가는 곳마다 줄을 쓰야만 구경을 할 수 잇는 자리가 돼어야 한다고 본다. 우리 국민 이번 액스포 바람에 실서의식 만이들 배어타고 생각을 하며 다음에 이른 자리가 마른이 됀다면 세치기 하는 사람들이 아주 만이 줄어들 것으로 본다."

"오늘 구경은 가는 곳마다 맷 시간식 기다리는데 진친 관광이여쓰며 그리고 집에 오면서 버스 안에서 절먼 사람, 여자, 남자 할 것 업시 어울리 춤 처며 정말 절급게 잘 노랐다."

지출에 … 액스포 구경 입장료 9,000
놀기구 타는데 6,000, 커피 2,000원
계 17,000원

〈1993년 11월 1일 월요일 날씨 맑음〉

오전에는 벼가 고실다 뫃해 고사리 손이 다 됀 콤바이 탈곡을 하려고 같을 돌리는데 부인은 마른 자리논에 같돌리로 가고 자신은 빠지는 논에 콤바이 탈곡을 할려고 같을 돌리쓰며 빠지논이라 같을 만이 돌리쓰며 금년으로 바서는 논이 한 번도 말루지 뫃하고 일년 내내 물이 가득 차잇는 논이라 콤바이가 빠질까 미리부터 급이 나며 불안한 감이 쉬 살라저지 않는구나.

"오늘 오후에 임숙네 6마지기부터 콤바이 탈곡을 먼저 하여쓰며 작년에 이 논에 일품벼을 해서 118개을 콤바이 푸돼 생산이 돼어는데 금년에는 섬진벼을 해서 90푸대을 수학을 하여쓰며 이것은 작년 수학량보다 28픗대나 적개 수학이 돼어서 마음이 아주 서운한 마음 검을 길 업쓰며 해자 갈수록 소득이 줄어들고 잇쓰니 그 마음은 허전하기 짝이 업다."

이것은 정부에서 우리 농민들 일예 의욕이 이두록 매상 가격을 좀 올리서 우리 농민들 의욕을 가지두록 정부에서 만들어주야 한다고 본다. 정부에서 우리 농민 농사일에 의욕을 가지고 살라가두록 해주야 한다고 본다. 이번에도 여사로 여긴다면 우리 농민들은 해여나기가 힘이 든다고 본다.

지출에 … 종합 소득세 17,880원[125)]

〈1993년 11월 2일 화요일 날씨 맑음〉

오늘은 태성이 모친 장래식에 부인과 둘리서 가서 일 좀 도와주로 같쓰며 자신은 일도 거들지 않고 호상군 노릇했다고 본다. 외냐하며 태성이 형제들이 만아서 4형제 친구들이 객지에서 다들 와서 장래식에 거들고 잇쓰서 자신은 그만 일하는 것 구경만 하고 마라도 자신은 친구와 놀면서도 마음 속은 편하지 않으며 마음적으로 고통을 당해따고 생각을 한다. 앞푸론 이른 일은 착실희 하여주어야 한다고 생각을 하여쓰며 앞푸론 이른 농땡이는 칯지 않캐다.

"오늘은 다들 상가집부로 일적으 저녁먹으로 가는데 자신은 미안해서 저녁먹으로 가지 않코 자신은 집부로 오고 마랐다. 그리고 부인은 저녁 무름에 오드니 아빠는 저녁먹으로 외 안아는가 하고 무르서 일을 거들지 않아서 미안해서 가지 않아따고 했쓰며 그리고 부인이라도 종일 동안 그들어주어서 당행이라고 말을 하고 마랐다."

지출에 … 부주 10,000원

125) 이 내용은 날짜 없이 10월 31일자 일기와 11월 2일자 일기 사이의 빈 지면에 기록되어 있으나 흐름상 11월 1일자 일기로 보고 날짜를 함께 적었다.

〈1993년 11월 3일 수요일 날씨 맑음〉

사람이 살다가 별일도 만꾸나. 우리 부부는 벼에 깜배기가 만아도 그리 마는 것 처음 받쓰며 둘리가 오전 내 깜배기 쓰레내는 작업을 하여스며 쓰레낸 깜배기가 비료 풋대로 두 푸대 반이나 돼드라. 오후에는 고속도로 밑 임숙네 논 콤바이 탈곡을 원정훈가 할려고 해도 흙 자체 밀리서 예만 먹고 마란 것을 대신 재수 콤파이로 그것도 대형이라서 탈곡을 쉽게 하여다. 아푸로 이른 논들은 두통거리다. 내년에 이 논을 가다리만 다 하여주고 주인에깨 부치라고 하였다. 자신은 이재 고 논이 업끼 때문에 콤바이 문재는 업쓰진다.

〈1993년 11월 4일 목요일 날씨 맑음〉

오늘은 부인과 둘리서 말룬 벼를 시중에 낼 것을 큰 풋대로 42가마 담아서 재두어쓰며 탈곡은 하지 않아도 바푼 일손은 마찬가지라고 생각을 한다. 그리고 벼 탈곡을 하여서 건조을 씨키지 몿하고 그대로 둔 것을 오늘 반만 열어서 건조을 씩키다.

"자신도 내일만 날이 좋아서 벼 건조 씩킨다면 다들 한다. 벼만 다 말루고 나며 시간 여가 이쓰리라고 본다."

"그리고 우리 혜지가 올 때가 다 대어가니 빨리 왔쓰며 한다. 약 두 달이 그리 먼 것 같트며 우리 혜지 공부한다고 큰 고생을 하며 사촌 오빠하고 둘리 잇지만 때마다 올캐 먹는지 정말 예 타는 시간을 보내왔쓰며 이재는 일주일 정도 남아는데 그만 일주일이 후탁 가버리쓰며 한다. 그리고 우리 혜지가 나이 어른 것이 가진 고생을 다 하고 잇는 것이 이 아빠는 안타가어 새기기가 힘이 더는구나."

〈1993년 11월 5일 금요일 날씨 맑음〉

오늘로 벼 견조씩키는 일은 안전이 하여다. 이재는 93年도 농사 일은 그이 끝이 낮따고 해도 무리대는 말은 아닌 것 같다. 앞푸로 남은 일들은 내년 봄까지 시간을 두고 해도 돼는 일들이라서 마음적으로 편한 너킴을 가지고 잇다.

요줌 남들은 사과 따로 간다고 분주이 날띠고 이는 모섭을 볼 때 나는 원재 저른 기분을 낼까 하는 마음이 들며 자신도 사과나무 키우는데 전신경을 쓰야할 것 같다. 그리고 자신도 말리 사과 따는 기분을 맡보앗다. 오늘 말리 사과나무에서 부사 한 박운이 따쓰며 그름 말리 사과, 여름 사과 딴 것 처며 한 상자 수입을 밭따고 본다. 내년에 무력무력 자라서 만은 열매가 달려주어쓰며 하는 바람이다.

"그리고 금년도 농사는 다들 큰 숭년이라고 한탄을 하고 잇는데 자신은 벼 품종을 찰해서 큰 숭년을 만나지 않코 작년보다 300평 소출은 떨어젓따고 생각을 하며 이것은 숭년이라고 생각을 하지 않으며 자신은 맷십 년에 한 번 차저오는 숭년을 피해따니 자신은 큰 행운이라고 생각을 한다. 하늘이 준 냉해을 피해따는 것은 나의 복이라고 생각한다."

"정부 하는 짓끄리 보며 기가 찬다. 작년도 사과 농사짓는 사람들 사과 같이 흙으서 그냥 버리따고 해도 가연이 아닌돼 올해 사과 값이 오르니 사과 수출 중단, 고추, 양파, 소금 긴급 수입한다고 날리을 직이는 것을 보며 한심하기 짝이 업다. 정부에서 제 아무리 우리 농민들 죽이며 나라도 살라남찌 몿하며 우리 농민들 소이 업따고 눌리도 우리가 죽지 아니할 것이며 우리 농정이 흔들리며 선진국 문특에도 가지 못하고 자절하고 만다. 자신이 볼 때는 정부 정치 잘못으로 나라 전체의 불항을 주고 잇다. 외냐 정부는 술리돼로 정치을 해야 하는데 어거지로 힘으로 눌리서 정치을 하고 잇쓰니 우리 농민들은 벼농사는 안 댄다 하고 봉답은 다들 적토하는 데 낭비을 하고 이것을 과수원 해서 다들 불항을 당하고 이재는 수입이 됀다 하며 전국에 농민들이 다들 몰리서 대는 것도 다들 망하고 잇는 실정이니 우리나라가 정치인들이 정치을 하는 것이 아니라 사욕만 차리고 사 년 후에 어떠개 하면 또 당선이 돼나 하고 그 위에는 아무 것도 생각을 하지 안는 정치인들이라고 생각을 한다."

"자신은 우리나라가 발전을 못하고 잇는 이유가 정치인들이 정치을 잘못해서 재자리 거름을 하고 잇따고 본다."

〈1993년 11월 6일 토요일 날씨 비〉

오늘은 만은 량의 비는 아니라도 비가 내리고 잇쓰서 한가한 시간을 보네쓰며 이 비가 벼 탈곡을 끝을 낸 사람에깨는 아주 좋은 비가 돼겟찌만 벼 탈곡을 못한 사람들은 아주 나픈 비가 돼고 잇다. 금년도 콤바이 탈곡이 우리 마을에서 너깨 시작을 해서 오늘 비을 마지했따고 보며 올해로 바서 가을 추수을 서들지 않아서 눈에 보이지 않는 피해을 만이 밭따고 생각을 한다.

그리고 동장이 방송으로 대신분소 직원이 결혼을 앞두고 음식을 동민 여르분에 대집한다고 동회관으로 나오라고 해서 같든이 음식은 조금 주고 부주 할 사람 하라고 하니 이것은 예이가 아니라고 생각을 한다. 부주을 받을라고 한다면 정식으로 대접을 하고 부주을 받아야지 그르치 않코 부주을 받는다는 것은 자신은 잘못하는 일이라고 생각을 갇저따. 그리고 그 만은 사람 중 부주을 한 사람이 4명밖에 업다. 자신도 별료하고 십픈 마음은 업쓰나 대신분소을 자주 이용을 하는 편이라서 부주을 하고 마랐다. 오늘 일은 온 동민들래깨 분소 직원이 대접한다고 했노코 부이 말을 하는 것은 아주 잘못댄 일이다. 그리고 부주을 4명밖에 하지 않아는데 이것은 본인들이 볼 때도 큰 실수라고 인식을 할 것이다. 오늘 일은 대신서 음식이 올 때까지는 좋아는데 끝망우리가 아주 나쁜 결과가 돼어따고 생각을 한다.

지출에 대신분소 직원 결혼식 부주 10,000원

〈1993년 11월 7일 일요일 날씨 비〉

설 태 업는 비가 내리고 잇쓰서 추수을 다하지 못한 가정은 극정이 크게꾸나. 추수가 너저서 피해가 만은데 그기에서 비까지 합세을 하여서 피해을 가중식키고 잇쓰니 당하는 사람들은 상쳐가 크리라고 본다.

"우리 혜지가 올 날이 일주일 남은 것이 그리 지업꾸나. 이 아빠는 빨리 바스며 하는 마음 밖에 업다. 이 아빠는 혜지가 아직 어린 것이 가진 고생을 다 하고 잇따는 생각 때문에 마음에 걸리고 잇다. 우리 혜지, 이번 고생이 알찬 보람이 돼어주어쓰며 하는 바람 뿐이다."

〈1993년 11월 8일 월요일 날씨 흐림〉

오늘 오전은 가을 거름 하면 좋다고 하여서 작과나무 거름 할려고 나무 밑을 끌어내는 작업을 하여쓰며 오후에는 대신분소에 가서 복합비료을 사와서 당산 포도 거름에 3포 쓰고 앞밭에 작과나무에 4포을 하여다. 자신도 가을 거름이 좋다는 말만 덧고 거름을 하고 잇쓰며 실찌 자신이 좋은지 체염을 하여보지 않코 가을 거름을 사용을 하고 잇다.
"그리고 자신이 볼 때에 작과나무 단풍이 안전희 물리 들은 상태며 가연 거름 양분을 빠라드릴 수가 잇쓸까 하는 생각이 들며 만약 거름 양분을 봄에 가서 나무들이 빠라드린다면 거름 손실만 돼고 잇쓰니 이것은 큰 손에다."
그리고 부인과 둘리서 마늘 파종을 하여쓰며 마늘 파종도 반 정도 하여쓰며 나머지는 채소밭에 파종을 하여야 하기 때문에 시간이 걸리야 할 것 같다.
지출에 복합 7포에 31,990원, 복합 포 당 4,570원

〈1993년 11월 9일 화요일 날씨 흐림〉
오늘로서 마지막으로 콩타작을 하여쓰며 이것도 조금식 셋 가지 일을 부인과 둘리서 탈곡기로 훌터노키만 하고 마랐다. 외냐 우리 마을 매상이 갑짝이 11月 11日이라고 하는 바람에 콩타작은 반다바지 하여놓고 오후에는 자신 것을 매상될라고 풍구질을 하여쓰며 학실한 숫짜가 업쓰서 여유가 돼두록 66푯대을 담아낳다.
"정부에서 정치을 하는 짓거리을 보면 쓴우섬이 절로 난다. 외냐하면 매년 매상 가격을 결정을 못하고 수량도 을마 밭게따는 결정도 못한 상태에서 수매을 실시을 하고 잇쓰며 이것은 전국적으로 행정요원들 불편도 말을 할 수가 업쓰며 우리 농민들도 불편한 것은 매 맡찬가지도 그리고 두 번식 지불하는데 낭비도 수도 업쓸 것을 생각을 할 대에 우리나라 정친들이 이른 식으로 정치을 해스는 우리나라가 선진국에 문특도 갈 수가 업따고 생각을 한다."
"우리 농민도 매상가격도 발표돼지도 않는 상태에서 수매에 응하는 농민들이나 정치인들 정치을 하는 짓거리나 누구을 탓할 수가 업따고 보고 십다."

〈1993년 11월 10일 수요일 날씨 비〉
오늘은 보설비가 내리는데 매상 준비을 하여쓰며 형님은 비가 오기 전에 매상 준비을 다 하여쓰며 세집에는 가랑비을 마저면서 매상 준비을 하여쓰며 자신은 어재 충분하게 매상 준비을 하여준다고 자신 나람대로 준비을 한 것이 20푸대 정도가 모자라서 오늘 오후에 가랑비을 마저면서 모자라는 매상가마니을 재풍구질을 하여쓰며 자신이 매상준비하는 데는 가랑비가 아니라 정식으로 비가 내리드라. 그러저 정신 업는 그 등을 보았쓰며 활당량을 다 준비하고 나서 천만다행으로 끝을 냇따고 생각을 한다.
"자신은 매상 준비을 하면서도 건조 불량이 돼지 않을까 하는 염려 때문에 마음이 안전이 밭찌 못하다."
"그리고 오늘 저녁에 우리 마을에 매상 할당량이 2,500가마니 우리 마을 전체 분배을 하는데 그리 힘이 들드라. 매년 동장이 시달리는 것이 매상 간개 때문에 당하고 잇쓰니 이재는 개발위원들래깨 떠는기고 마랐다. 실찌 매상 할당을 준배을 하여보니 여유분이 남깨 마른이다. 이것 때문에 부정이 따르게 돼어 잇따는 것을 실찌 느켜다."
"우리 마을에 매상 활당량이 마지기 당 3.03 돌라가드라."

〈1993년 11월 11일 목요일 날씨 비〉
오늘이 우리 마을 매상 날인돼 보슬비로 그만 연기가 돼고 마랐다. 불필요한 비가 매상

연기는 우리 마을로 바서는 큰 피해을 준 셈이다. 오늘 비만 아니라면 매상을 다 돼고 다음에 일에 신경을 쓰고 할끈데 매상이 연기돼니까 사람이 무이미한 너킴이 됀다.
"자신이 생각을 할 때 정국적으로 큰 숭년이 들어서 정부에서 조금 생각을 한다면 매상을 다 될 수가 잇따고 보는데 정부는 예산이 업따고 하면서 우리 농민을 외면하고 잇쓰니 정부는 농민의 속도 몰라주고 잇는 것이 넘어나 답답해서 지쳐 농민도 간이 배밖에 나와잇따고 생각을 할까 이재는 바람이 부르가는데 살라간다는 것 밖에 업다. 우리 농민은 역대로 내려오면서 늙 당하고 살라왔쓰며 우리 농민들 다 죽는다 해도 강건너 불 보드시 그저 바라만 보는 정부 정말 한스렵다."
"우리 혜지 올 날이 이제는 모래는 오는구나. 그간 고생을 한 것을 생각을 할 때에 이 아빠의 마음이 타는구나. 우리 혜지가 학원에서 공부을 을마나 만이 하여는지는 몰라도 이 아빠의 품 안에서 떨어저 공부을 한다는 것이 부모로서 그리 힘드는 일이다."
"그리고 오후에 건느 방에 보일라 교환을 하여쓰며 남을 식키서 제일 허른 것 사오라고 하여드니 보일화 설치을 하는데 그리 힘들고 보일라가 넘어 응성해서 한 해도 갈 것 같지 않으며 그르따면 실찌 가격은 비싸게 쳐저며 그리고 내 일은 내가 해야 됀다는 것을 너켜다."
지출에 … 보일라 갚 30,000원

〈1993년 11월 12일 금요일 날씨 비〉

오늘 오전에는 전화 요금 줄라고 동장 찾다 친구 술집까지 갈쓰며 자신이 갈 때는 동태찌기을 하여서 술자석이 이루어젓 잇쓰며 친구 부인은 우리들 때문에 우리 실랑 돈 벌로 뫃 간다고 아우성이며 이재는 덕삼이가 소주을 먹어서 운전을 뫃한다고 부척이며 덕심이 부인은 돈 벌로 안간다고 성질이 시간이 갈수록 더 오르며 나중에는 음성이 높파저며 우리가 잇키가 그북할 정도라서 자리을 온기자고 하니까 동장 하는 말이 좀 달래노고 가자고 하길래 좀 더 잇쓰니까 덕삼이나 잠이 들어서 자는지 그르치 않으며 채면을 세우기 위해서 그저 자는 치 하는지 몰라도 그려자 덕삼이 부인은 성질이 나서 그릇을 깨고 잇드라. 그러자 우리는 그 자리을 나오고 마랐다.
자신은 그 간경을 지켜보면서 우리 부인은 효인이다, 저른 여자을 대리고 살자면 속이 을마나 타겟나, 남편이 하로 돈 벌로 안 간다고 저른 성질을 부리다 뫃해 그릇을 캐고 잇는 여자와는 우리는 뫃 살개따는 생각이 들 뿐 아니라 자신은 너무 좋은 사람을 돼리고 사는구나, 빨리 집에 가서 부인을 끌어안아주어야지, 안아서 터지두록 안아주어야지 하는 생각이 들드라.
"자신은 부인 문재로 싸어본 적이 업쓰며 문재가 잇따면 나 자신한태 잇쓰며 나의 부인은 살라갈수록 좋은 사람이라는 것을 너키며 정말 부인은 좋은 사람이며 자신은 복이 만은 남자라고 생각하고 산다."
그리고 오후에는 부인과 둘리서 형님 사과을 담아서 저장고 같다놓는 일을 도와주어다. 그리고 우리 부부는 일복이 만은 사람이라고 생각을 한다.
지출에 전화요금 4,700원

〈1993년 11월 13일 토요일 날씨 비〉

오늘 비는 안전 소낙비로 내리쓰며 오늘 비

는 인간이 급이 나며 이 날씨가 무선 일을 저질 것 같은 너킴으로 오늘 하로을 보내고 마랐다. 이번 비가 매상 연기을 무기한 연기로 만들어버리쓰니 아주 안타가운 날이 돼어따고 본다.

"오늘 오후는 우리 혜지가 학원을 끝을 내고 돌라오는 날이며 우리 혜지가 어린 몸으로 밥을 해먹으가면서 두 달 동안 고생을 하고 집에 오는 날이며 우리 혜지가 오는 날인돼 시간이 지루한 너킴으로 하로을 보내고 마랐다."

우리 혜지가 밤 8시 경에 집에 들어오는데 아빠의 생각은 혜지가 핼쭉할 것으로 생각을 하여는데 그려치 않코 오히려 인물이 나는 너킴으로 혜지을 마지하여다. 여화든 우리 혜지 공부한다고 외 먹으다. 고생이 많아다.

〈1993년 11월 14일 일요일 날씨 흐림〉

오전은 부인과 둘리서 큰집에 사과 저장하는데 그들어 주어쓰며 큰집에 사과 상자 수는 약 300상자는 돼겟드라. 금년에는 벼농사 뿐 아니라 금년 사과도 승년이라고 한다. 그리고 남들도 사과 상자 수가 만이들 줄어따고들 한다.

"오후에는 콩깍지을 풍구질을 하고 나니 해가 저물어저는 것을 보고 추가 매상 준비을 하여쓰며 오늘은 16풋대을 겨우 준비을 하여쓰며 자신은 내일이 공판 일자인돼 연기돼어따는 것을 알면서도 혹시나 하고 매상 가마니을 여유분을 둘 욕심으로 오늘 시간이 업는데도 16풋대을 만들어 두어다."

우리 농민들 큰 승년인돼 정부에서 가격은 동결한다고 해도 전량을 받아주어야 한다고 보는데 정부에서는 아직 추곡 수매 가격도 결정도 못하고 날짜만 보네고 잇쓰니 기가 찬다.

정부에서는 농민들 동태만 바라보고 잇는 것 같으며 정부가 외 눈치을 보고만 잇나. 눈치을 보기 전에 농촌 일을 가만해서 신속이 철리을 못하고 잇는 것은 정친인들이나 정부나 자기목을 다 못하고 잇다. 우리나라가 발전이 안대는 이유는 정치인들 때문이며 여때것 부정선거로 당선돼 것이나 다름이 업다. 외냐 여당은 돈 푸리고 야당들은 돈 푸리지 못하게 만들고 잇쓰니까 우리 국민 수준이 낮전돼 선거로서 여당을 이길 수가 잇나. 우리 국민들 생각을 할수록 뼈아품만 더하는구나. 우리 농민 선거하며 공짜 좋아하다 요 묘양 요 꼴이인돼 누구을 욕을 하나. 아직까지 우리 농민 더 꼴탕을 먹어야 한다고 생각을 한다.

〈1993년 11월 15일 월요일 날씨 맑음〉

오늘 오전은 작과나무 거름한 것을 낙엽 두엄으로 다시 덥프두는 일을 하여쓰며 이번 비로 비료 거름이 다 떠내려간 것이 아닌가, 이번 비가 가을비가 아니라 여름비 쳐고도 만이 온 비라서 작과나무와 포도 거름한 것이 다들 허사가 아닌가 하고 염려가 돼고 잇다.

오후에는 당산밭에 작과나무 전정을 하여쓰며 이상하게 머리에 잡음만 들고 일이 안돼고 잇드라. 사실 나무 전정이 아니라 휴식을 하는 오후라고 하는 것이 더 좋을란지 몰겟다.

우리 혜지가 대학수학능력시험이 내일인돼 오늘은 예비소집 일자라서 내일 시험 철 학교에 소집일라서 오늘 갈쓰며 우리 혜지는 마지막 시험인돼 정말 잘 바야 하는데 극정이 돼는구나. 우리 혜지가 대학교에서 절먼 시절을 보내고 대학의 절멈이 이른 것이구나 하는 체험을 하고 사회 생활을 해야 하는데 이번에는 들어가서 이 아빠 예 타는 심정을 들어주어야 하는데 극정돼는구나. "혜지가 소집 일을 맡치고 곳바로 구미 동생 집우로 갈쓰며 내일은 혜지에깨 조원 날이 돼어주어쓰며 하는 바람이다."

〈1993년 11월 16일 화요일 날씨 맑음〉

오늘은 우리 혜지가 마지막 수학능력시험 날이며 온종일 우리 혜지가 시험을 잘 바야 하는데 생각이 머리에 떠나지 않으며 그리고 오늘은 자신도 조용희 보낼라고 노력을 한 날이라고 말을 하고 십프며 그리고 우리 혜지가 시험을 잘 보는 날이 돼어야 하는데 정말 예 타는 날이다.

그리고 우리 혜지가 집배 돌라오는데 얼굴이 밝게 보이며 우리 혜지 시험 잘 받나 하고 무르니까 내가 시험을 잘 볼 택이 잇쓰 하며 웃는 얼굴이라서 아빠의 마음은 좋드라. 이 아빠는 우리 혜지가 밝은 얼굴이 아니라면 가슴이 몸씨 아플 끈데 다행이도 밝은 얼굴을 보여주어서 고맡다.

〈1993년 11월 17일 수요일 날씨 흐림〉

오늘은 우리 마을이 공판일이라서 더어움도 가기도 전에 매상 가마니을 등급을 맡키 위해서 창고 압에 다들 싸는다고 서로들 좋은 자리에 같다놀라고 총 칼 업는 전쟁이라고 말을 하고 십다. 자신도 오전 4시에 일어나서 매상 가마니을 등급을 맡키 위해서 97가마니을 어더움이 가기 전에 다들 같다 노와쓰며 그리고 아침밥을 먹고 오늘 다들 일 등을 맡아야 하는데 하는 염려을 하면서 공판장에 도달하여쓰며 공판장에서 검사원을 기다리쓰며 검사원은 출근시간이 너깨야 도착을 하드니 우리들의 등급을 밭기 위해서 재어둔 사이에 벼알 떨어저며 밭을 갑파가[비옷이] 업따고 하면서 가지고 오라고 이야기을 하면서 하는 동태가 마음에 들지 않으며 그때부터 검사원이 마음에 들지 않는데 그중 가마니마다 수분 검사 한다고 가마니마다 세때로 벼알을 빼서 검사하는 태도나 모든 것이 기분에 걸리며 우리 마으로서 큰 손에가 될 것 같다는 인심이 들며 자신의 기분은 들 좋아다. 그른돼 등급을 주는데 이 등짜리가 수두록 하며 대신은 다들 일 등이란돼 하는 {생}각이 들며 대신은 98%로 이고 수분 불량이 좀 잇따고 하는데 우리 마을은 이 등이 아주 만터라. 그리고 자신은 윤학대 씨 건조 불량 마전 것대로 같다 너라고 해서 11가마니을 대기 위해서 가지로 온 사{이}에 등급을 97개 중 이 등을 48개나 때리노왔다. 그것을 보고 아무 말도 못하고 몸에 열만 오르며 자신은 불캐하기 짝이 업드라. 그려자 재일 마지막에 거조 불량 마전 것 대용으로 같다논 형님 11개, 숙모님 4개, 내 것이 11개 총 계가 26개 싸둔 것을 신간을 하며 검사원 동태을 보니까 한 박키 그냥 돌면서 검불짜리을 어프논 것이라고 가마니 사이을 재키 보고 해서 그때는 속이 더 타고 잇드라. 그르자 검사원이 2등을 다 때리고 일 등은 3가마 정도 돼드라. 그르자 자신은 참을 수가 업쓰서 성질이 폭발하드라. 검사원에 달라들면서 이 나락이 어며 올해같은 날에 전국적으로 50%푸로 감소 돼어따고 하는데 이 날이 어든데 108개 중 이 등짜리 60개 넘는단 말이냐, 우리 농민은 검불짜리 업프놓고 식키는 업쓰며 하면서 난동을 직이다. 자신의 마음으로 손이 곳 올라가는데 억찌로 참키는 참아스며 자신의 불캐함을 마지막에 폭발하고 마랐다. 그리고 검사 도중에 날리을 쳤드라면 나중에 등급을 잘못 밭으면 자신예깨 원망을 할련지는 몰라도 마지막 검사을 하고 난동을 부리서 자신은 오늘 검사에는 자신에깨 불만을 줄 수가 업따고 보며 그리고 그 자리에 잇는 사람들은 다들 잘했따고 하드라. 이른 소리는 자신은 실찌 좋은 소리가 아니라는 것을 안다. 요줌 세상에는 남을 떠들라고 하는 습성이 잇키 때문에 늘 불리한 족끈이다. 그르니 그저 평단하게 그전 중간을 따라서 가는 것이 회자가 업따고 본다.

"자신이 막판에 날리을 부리는 바람에 26개는 다들 일 등을 주어더라."

"자신이 여때것 농사을 짓어도 이르게 피참하게 등급을 마전 적은 처음이며 자신은 아주 불캐한 하로여따고 생각을 한다."

오늘 매상 수 108개 일 등이 60개 이 등이 48개 계 108개[126]

〈1993년 11월 18일 목요일 날씨 흐림〉

오전에는 우리 마을 아주머니가 구미 노전 상점을 보는데 대파와 배추을 갈다줄라고 부인과 둘리서 뽑고 잇쓰니까 본식이가 차을 몰고 와서 경운기로 구미 시장까지 갈라고 하며 힘든다고 하며서 내 차로 장깐 갈다줄라고 하면서 본식이 엄마하고 둘리 나와서 뽑는데 거들어주고 해서 상당이 미안하드라. 경운기로 구미 갈라면 사실 나도 급이 난다. 외냐하면 요줌은 옛날과 달라서 차량이 넘어 만아서 급이 나는 중에 본식이가 갈다줄라고 할 때 그 마움 말을 할 수가 업드라.

"그래서 차비는 줄래야 줄 수가 업쓰서 대파을 크게 3단 주고 나중에 배추 수학을 갈다 줄라고 하여쓰며 본식이 엄마도 본식이가 서울 가면 혼자서 배추 수학을 할려면 외로가 잇쓰니까 서로가 잘 댄 일이라고 생각을 한다."

"오늘은 부인이 신경이 더 쓸땐돼 부인 극정을 들게 돼어쓰며 부인은 대파 50단, 배추 80포기 정도 차에 실고 해수 엄마 갈다 주고 오는데 차로 하니까 금새 갈다 오드라."

"오후에는 무 수학을 하여다. 금년에 무가 잔 기 업고 다들 굴거서 불량이 아주 만터라. 자신이 무를 적개 간다는 것이 올해 무가 잘 돼어서 작년보다 무가 만터라. 금년에 다들 숭년인데 무는 대풍작이다."

"그리고 우리는 밤 10시가 돼어서 우리는 곤희 자는데 대문을 투들리서 잠을 캐어보니 해수 엄마드라. 배추가 넘어 흐러서 헐깨 팔라서 그냥 둘 수가 업쓰서 말이라도 해야 한다면서 너저도 왔다고 하면서 이야기을 하는데 한 포기에 300원 식 팔라따고 하드라. 자신은 시세가 그른데 할 수 업따고 하면서 말은 하여찌만 우리 농민 앞푸로 살라가기가 여간 힘이 안 들개쓰며 정부는 농산물이 시세가 올라가면 수입을 해서 가격을 떨어떠리고 올해처름 허르며 아무 대책 업고 정부는 강 건너 불 보더시 바라보고만 잇쓰니 농민 살이가 기가 찬다. 우리 농민의 아품을 아무도 알라주지 않으니 큰 문제이며 이재는 우리 농민도 소리을 크게

---

126) 11월 17일 일기는 두 쪽에 걸쳐서 기록되어 있으며 매상 수는 두 번째 쪽 상단에 따로 기록되어 있다.

해야 살라갈 수가 업쓰며 우리가 잘 살지 몾하며 소도시가 먼저 죽게 됀다. 우리 농민도 단압이 돼어 물건을 재 갑을 바두록 투쟁을 해야 살라갈 수가 잇따고 본다."
지출에 내년도 벼 씨 40kg에 일 등 가격 45,600원

〈1993년 11월 19일 금요일 날씨 흐림〉
오늘 오전은 육촌 형님네 사과 저장하는데 그들어돌라고 해서 같든이 놉을 둘리 하여드라. 사과 저장을 하는데 3명이 하는데 자신이 볼 때에 700백 상자 정도 돼게드라. 이것을 삼 명이 창고에 같다넌는데 오후 2시까지 일을 하여스며 오늘 작업량은 3명이 하기에는 너무나 만은 량이며 오늘 자신도 사과 상자을 7단을 싸는데 나중에는 손이 잘 올라가지 않드라. 오늘은 자신이 제일 실허하는 일을 하여다.
오후에는 피료해서 아무 일도 하지 않코 휴식을 하고 마랐다.

〈1993년 11월 20일 토요일 날씨 비〉
오늘은 총각무 수학을 하여쓰며 이재는 하나식 하나식 수학을 해가며 이재는 배추와 무지파만 수학을 한다면 가을거지는 끝이 나게 됀다. 이재는 겨울이 코앞에 왔잇따는 너킴이 주는구나. 오늘은 가랑비가 오면서 낡씨가 차거어서 할동을 움처리게 하는구나. 자신도 종일 동안 총각무 수학을 하고서 그 나머지는 휴식을 한 셈이다.
"그리고 오늘은 용학이 약혼식을 한다고 선물 교환한다고 대구로 형님과 형수 둘리 같쓰며 형님도 아들이 하나기 때문에 약혼 선물을 하는 것은 처음이고 마지막이 돼는 날이기도 하다. 올해 따라 숭년이라서 결혼식을 하게 돼며 부담이 더 돼리라고 생각을 한다."

〈1993년 11월 21일 일요일 날씨 흐림〉
오늘은 일기가 불순해서 종일 동안 휴식을 하여쓰며 자신은 일기불순만 아니며 김천 평화동에 경북농민대회 한다고 해서 그곳에 참석을 할려고 작정을 하는데 그만 일기불순으로 참석을 몾하여쓰며 실지 농민대회는 재 아무리 일기불순이드라도 이곳은 참석을 해야 하는데 참석을 몾한 것은 농민의 단압심이 업따고 바야 하며 농민의 한 사람으로 미안한 감이 든다.
"그리고 부인은 서울 정님이 딸 결혼에 참석을 하기 위하여 우리 집안 식구들이 다들 참석을 하로 같쓰며."
수입에 … 무지파, 감자 값 35,000원
지출에 … 부주 30,000원

〈1993년 11월 22일 월요일 날씨 흐림〉
갑짝스럽게 기온이 내려가서 차그은 너킴이 들어서 일을 할려고 해도 큰 어욕이 업쓰서 골목에서 오전 일과을 보내고 마랐다.
오후에는 부인과 둘리서 배추 수학을 한 곳은 안전이 하고 금년에는 배추과 뿌리 다음에 다들 썩고 잇쓰며 배추을 그냥 둔다고 해도 배추들이 만이 상할 것 같떠며 올해는 갈무리도 힘들 것으로 내다 본다.
요 앞전에 김천 항금동에서 경북농민대회 하는데 김영삼 대통령이 농림부 장관 사태하라고 야단이 낮따고 하는데 지방 방송에도 이러타는 방송 하나 보도돼지 않으며 요줌은 농민들이 집단 행동하는 것을 전연 보여주지 않으며 그리고 김영삼 야당 생활할 때 농민들 잘 사라야 한다, 농정 기반 뿌리

체 헌들린다고 목청을 올린 사람이 대통령이 돼니까 우리 농민 살리야 한다고 소리 천 사람이 그새 다들 이전 모양이구나. 옛말래 물 깊이 알라도 사람의 속은 모른다고 하드니 김영삼 대통령도 야당 생활을 할 때에 농민을 살리야 한다는 말은 다들 그짓이며 일개 대통령이 것 다려고 속 다른 사람은 대통령 자격이 업따고 본다. 사람이 것 다루고 속 다른 사람은 피해가는 데는 수랄란지는 몰라도 득망이 업다. 인간 중에 이중 성격을 가진 자가 재일 드렵따고 생각을 한다.

"정부가 경기 회복 국가을 선진국에 올리논는다고 정치인들은 법석을 부린다고 아우성을 쳐고 잇찌만 우리 농민들이 설 곳이 업쓰서 우왕좌왕 하는데 경제가 안정이 돼며 우리 농민을 이쳐름 죽이고 잇는데 경제 회복이 됀단 말이냐. 정부가 우리 농민들 숨통 지고 잇쓰며 정부가 농촌 총각 홀아비 만들고 잇다. 우리 농민들 정부에서 잡찌 말고 그냥 두라. 농촌 총각 홀아비 면하두록 그냥 두어라. 정부는 입부로 농민 생각한다고 지랄 말고 그냥 두는 것이 더 잘산다. 우리 농민 부채가 눈등이처름 너르나는 것은 정치인 나라을 생각하고 정치을 했드라면 우리 농촌 부채 느려나지 않코 도시 쳐녀 농촌 총각에깨 시집 올 사람 넘어 만타. 그리고 우리가 몿 사는 이유가 정치인 사욕과 차기에 당선 대는 이 두가지을 놋고 우리 동민들에 사기만 쳐는 정치을 해왔다. 자신은 음격이 따짓는다면 나라 발전을 몿한 이유는 정치인들이 책임을 저야 한다고 생각을 한다."

〈1993년 11월 23일 화요일 날씨 눈〉

오늘은 쳧눈이 내리쓰며 이것도 진눈깨비가 내리쓰며 오는 돼로 녹아버리서 그르치이 눈이 오는 돼로 싸여따면 만은 눈이 돼어쓸 끈돼 아쉬운 감도 잇다. 오늘 눈 한겨울에 눈 빨리 펑펑 올 때 그 모섭 들이며 한참 내릴 때는 금이 다 나드라. 쳣는 쳐고 만이 온 눈이다.

오후에는 기상대가 내일은 더 춥다고 해서 남외 배추 뽑아줄라고 이야기을 해서 이 추위에 배추 실어주로 갈쓰며 자신은 남외 일을 수라게 동정을 주고 잇다. 오늘도 아무 말도 하지 않아쓰며 이 추원데 구둘목에서 따뜻하게 지낼 수가 잇는데 오늘 배추을 실어면서 손가락이 실어서 불을 두 번식이 째고 했쓰며 나 자신을 생각을 할 때에 어리석은 감이 잇따. 이것도 자청해서고생을 하고 잇쓰니 좋찌 않꾸나. 오늘도 날씨만 춥찌 않아따면 그저 좋은 일 했다 하고 말끈 돼 어낙 고생을 해서 이재는 자신의 마음을 억재을 해야 하겟다는 생각을 가저 밭다.

"오늘 일은 아주 추원 간개로 좋은 일을 하고도 마음의 한구석은 후해을 했따는 날이라고 말을 하고 십다."

〈1993년 11월 24일 수요일 날씨 흐림〉

요줌 날씨가 차거운데 아침 일적 밥 하로 간다고 참바람을 마저면서 부엌문을 열로 가는 그 모섭을 볼 때에 미안하기 짝이 업꾸나. 자신이 돈을 일적 벌어따면 세집을 짓어서 참바람 업는 입식 부엌에서 밥을 짓는다면 을마나 좋으리만 그러치 않코 아침마다 참바람 속에서 밥을 짓는 부인예깨 미안하며 한해라도 빨리 집을 지어야 하겟다. 부인 말 업시 불평 업시 우리 가족을 위하여 넘어나 희생하는 부인을 생각을 할 때마다 가슴이 아푸두록 내 마음 속에 차잇소.

이것을 풀지 못한 이 내 몸 아타가어며 한해라도 빨리 참바람 업는 입식 무억에서 발을 짓두록 하리다.
"오늘은 임숙네 쌀방아크리을 경운기로 실어다주는 일로 오늘 오후 시간을 보냇다."
"요줌은 날씨 변득으로 별로 알찬 일은 못하는 나날을 보내고 잇다."
수입에 콩 값 40,000원

〈1993년 11월 25일 목요일 날씨 흐림〉
오전에는 마늘 파종할려고 마늘 까는 작업을 하여다. 올해 마늘 파종할 씨는 5접 정도을 씨푸림을 한 셈이다. 오늘은 부인 마늘 파종을 하여쓰며 자신은 갈림하는 집에 배추 수학을 하여쓰며 갈림하는 배추 수학을 다 하고나서 시간이 남아서 본식네 배추 수학을 극정을 하여서 경운기로 두 발리 뽑아주어다.
"오늘 일은 남외 일로 정신 업는 시간을 보네따고 생각을 한다."
지출에 … 운이 공낙금 84,000원 보험료 값 12,600원
계 96,600원

〈1993년 11월 26일 금요일 날씨 흐림〉
오늘 오후에는 숙모님 배추 수학을 하여 주어쓰며 숙모님이 오늘 대구에서 배추 뽑아주로 온다고 하드니 오지 않는다고 하면서 배추을 뽑아서 실어달라고 하드라. 자신 오후에는 사과나무 죽은 것을 뽑아내고 다시 보식을 할려고 개핵을 세운 것이 그만 실천을 못하고 생각지도 않아뜬 일로 오늘 시간을 보내고 잇다.
"요줌은 매일 오전은 휴식을 하는 셈이다."

〈1993년 11월 27일 토요일 날씨 맑음〉
금일은 형님과 둘리서 눈님 방에 보일라 나주로 같쓰며 자형이라도 살라계시며 보일라 극정도 하지 않치만 눈님 혼자 살면서 연탄 보일아 고장으로 냉방에서 잔다는 소리을 덧고 형님과 둘리서 보일라 나주로 가서 일을 한참 해도 보일라 가지고 오는 사람이 오지을 안아드라. 자신으로는 보일라 나줄라면 진작 준비을 하여두지 않코 지날 이래 극정을 하두록 만들고 잇나 하고 예돌떠라. 연탄 보일라는 두리서 놋는데 하로에 좀 일적 노캐드라. 방 하나에 셈멘은 4포 들어간 셈이다. 보일라을 놋고 보니 아주 잘 돼어따고 보는데 나중에 불이 잘 들어갈련지는 몰라도 우선 보기에는 좋드라.
그리고 누님 집에서 바로 와서 큰집에 들어가서 조금 안저잇따가 부인이 아직 동생들 줄 배추 손질하는가 해서 전화을 하여 보니 혜지가 전화을 받드라. 혜지가 엄마 배추 손질한다고 해서 좀 놀라고 하다 곳바로 집부로 오니 방에서 혜지가 전화 받고 방문 열다 그대로 넘어같따고 하면서 야단낫드라. 그르자 용학이가 집배 잇는 것을 보고 왔키 때문에 곳바로 띠어 내리가서 용학이 차을 몰고 와서 김천 이주원내과로 같드니 원장이 업따고 하면서 한자을 안 받을라고 하드라. 그래서 곳바로 택시을 타고 김천 의료원으로 같쓰다. 응급실에서 간탄은 소변 검사을 하고 주사 멧 대 맏고 학실한 원인을 몰개쓰니 월요일날 내과로 한번 진찰을 받아보라고 하드라. 그래서 택시로 집부로 오고 마랐다.
"밤 느깨야 운이 성적표을 보여주드라. 이변에는 성적이 14등이 올라서 반에서 20등을 하여더라. 자신은 20등이 마음에 들지

는 않치만 14등급이 올라쓰니 이것은 성적이 상당이 올라따고 생각을 하며 큰 수학이라고 생각을 한다. 이 아빠는 성적이 올라간다는 것만도 큰 만족이라고 생각을 한다. 그래서 훈 성적을 울리기 위해서 운이 공부 잘했따고 돈 만 원을 주어다. 그리고 밤 10시가 돼어는데 상점으로 가서 과자을 사다 주는 일을 하여쓰며 우리 운이가 공부을 하면 부모의 마음 좋따는 느킴을 운이가 가지두록 하여따고 생각을 한다."

지출에 … 질료비 값 12,600원 의료원료
가는 데 택시비 값 800원,
집부로 오는 데 택시비 값
5,000원 활명수 600원, 과자
1,400원
계 19,400원

〈1993년 11월 28일 일요일 날씨 맑음〉

혜지가 넘어가면서 얼굴에 상쳐가 좀 생기서 혜지만 보면 마음이 아푸구나. 고운 얼굴에 상쳐가 좀 나잇는 것이 그리 마음에 걸리며 안스러 죽깨꾸나.

"오늘 오후에는 포도밭 뒤도구 쳐는 일로 오늘 일을 마감했쓰며 오늘 일은 손이 불키두록 일을 하였다. 이것도 좀 일 나가서 일을 해드라면 손이 불키두록 하지는 않아쓸끈데 테례비전을 보다 너깨 나가서 한 단지 배수로을 다 철라고 하니 시간이 업쓰서 무리하게 다 할려고 하는 바람에 손에 물집이 생기두록 하여쓰며 오늘 일은 어거지로 다 한 셈이다."

"오늘 부인이 구미 동생 둘리깨 배추, 무, 파, 빨간 무, 내가 농사을 짓은 데로 봉다리을 해서 주는 모섭, 거것도 다들 손질을 해서 주는 모섭 정말 고맏드라. 그것도 자신이 여때것 체소 농사 짓는 데로 다들 주어쓰며 자신이 볼 때도 어르운 일이라고 생각을 한다. 오늘 동생들 시장 푯대 큰 것으로 순서는 3푯대, 동생은 2푯대, 김장배추는 푯짐 하두록 주어쓰니 내가 볼 때에 미안하드라. 내 일도 넘어 만으며 도시사람들은 아무것도 하지 않는 데가 그것도 손질을 해서 밭치는 식이니 내가 볼 때도 부당하며 여름 네 땀을 흙리서 농사을 짓어논 것을 아무른 대까 업시 매년 간다는 것은 나 자신도 생각을 하여볼 점이 잇다. 예냐하면 내 동생이라서 그르치만 부인으로 볼 때에 김천에 사는 부인 언니가 잊따. 부인 언니는 동생들 주고 남어면 주고 그르치 않으면 주지 못한다. 그리고 부인 언니에깨는 배추 값을 원과돼로 밭지는 않치만 그래도 그이 제 값을 다 밭고 잇다. 그른데 동생 셋 시에깨는 그저 그냥 넘어가는 편이다. 이것도 자신이 배추 농사 짓고는 계속돼어 왔쓰니 동생들은 그저 농촌에서 농사을 짓은 것이라고 생각을 할련지는 몰라도 부인의 손길은 음청나게 들어간 것이라고 생각을 한다. 아무튼 부인에깨 넘어 미안타고 말 밖에 업따."

"자신은 배추농사을 산더미 같이 농사을 짓어나도 돈을 할 수가 업쓰며 이재는 부인 바서 배추 농사을 줄이야 하겟다."

〈1993년 11월 29일 월요일 날씨 흐림〉

오늘은 정자못 작자예깨 정부 간정 6 구등이 파주고 전기모타 다들 설치을 하여주고 정자못을 미아서 동사무소을 짓는다고 합이들 바서 오늘 관정 파로 와서 오전에는 혁희 밭에 하나 파고 오후 너깨 자신의 관정을 파로 와서 오늘 망우리을 하지 못하고 내일 오전에 가야 망우리을 할 것 같다. 그른돼 처음 개약은 3인치로 하고 파기는 1인치로 파드라. 그래서 경작자을 모치 놓고 처음과 다르다는 이야기을 할려고 하다 자신은 바른 소리을 만이 하여보니 동장이 실어하드라. 이것을 볼 때에 개인 소득도 업쓰며 눈총을 바들 필요가 업따고 하고서 그저 참고 잇쓰다.
그른데 자신은 포도밭이라서 물량이 적으도 별 다름이 업쓰며 수도작을 하는 사람들은 이것으로는 물 해결이 어렵따고 본다.

〈1993년 11월 30일 화요일 날씨 비〉
오늘은 대신 범수 논과 자신의 논 경계에 관정을 파는데 처음부터 관정을 파는 사람의 말이 시원찬아 여기드라. 그래도 자신은 좀 내려가면 물이 날 줄 알라는데 이 땅이 육십 자까지 내리가도 물 바능이 업따고 하면서 철수을 결국은 하고 마랐다.
"그르자 다음 자리을 놓고 자신과 범수와 둘리서 추라벌이 생기고 마랐다. 자신은 우리에 논 경계에 관정 팔라고 하거 범수는 자기 논 아래 경게로 가지고 갈려고 하고 서로 좋은 이치에 가지갈려고 약간의 은정이 생기쓰며 자신은 저 위에 물이 잘 나고 잇쓰니까가 위로 가야 한다고 주장을 하여쓰며 아래깨 관정을 판 것은 물이 잘 나고 잇쓰니 가까운 대로 가면 잘 날 것이 아니냐 주장을 하는데 다들 좀 날 학률이 만타고 응하는 사람이 만으며 동장도 이것로 가는 것이 좋다고 하여 자신은 위에 필지 경계라서 자신은 관정에 변경은 자리만 온긴 것 밖에 업다. 그리고 사실 자신의 이치는 온긴 자리가 낮따고 생각을 한다. 그리고 이곳은 물이 나야 하는데 하는 생각 밖에 업다."
"오늘 오후에는 귀가 물이 나서 경북 이비누과에 가서 치료을 하여찌만 진작 병원에 가야 하는데 오늘은 귀에서 물이 만이 나고 잇드라. 처음 귀에 물이 비칠 때 갈쓰며 수라게 나술 수가 잇쓸썰 땐돼 하고 후예가 크다. 그리고 병원 처음부터 못 간 것이 관정 일 때문에 못가고 마랐다."
지출에 차비 800원
병원 치료비 값 2,700원
계 3,500원

〈1993년 12월 1일 수요일 날씨 맑음〉
날씨가 신기하기 짝이 업다. 어재 비오는 모섭을 바서는 오늘 날씨는 차거운 날씨가 될 줄 알라는데 그르치 않코 낢씨가 생캐한 날씨에 아주 포근한 날씨을 보이며 날씨가 넘어나 포근해서 신기할 정도다. 관정을 오전 내 파내려가는 것을 보고 자신은 오후에는 부인을 자신의 대신으로 부인을 보내고 자신은 정심 먹고 곳바로 병원으로 귀 치료을 하로 갈쓰며 귀 치료는 손님이 떰하기 때문에 귀 치료 시간은 만이 걸리지 않서 벗떡 갈다올 수가 잇쓰며 오늘 관정도 시원차아 여기고 잇는 모섭을 볼 때에 자신의 기분이 좋지 않으며 이곳에 물이 나지 않으며 자신으로서는 정자못 대까로 관정 대가을 하나도 도음이 업쓰며 자신으로서는 정자못만 버리는 격이 돼고 마랐다. 오늘도 관정 파는데 관정 파는 사람은 8봉을 너어면서 철수을 할려고 하는데 자신이 사정을 하여서 마지막 9봉을 다 너어보고 물이 나지 않으며 포기을 하자고 사정을 하여는데 결국은 세암 파는 사람 말과 같이 물이 물이 업더라. 기거을 볼 때에 자신이 관정 복이 업는 셈이다.

"자신은 처음에는 정자꽃을 매어서 동회관을 짓두록 하고 우리 경작자는 관정을 6구등이 파준다고 해서 마음속으로는 찬성을 한 셈인돼 이것이 숲으로 돌라가고 마랐쓰며 이번 관정이 자기 논 필지에 관정이 밖히지 않으며 갈수록 남의 물건이 돼기 때문에 실소득이 업쓰저 간다고 본다."

지출에 … 차비 800원 진료비 값 2,700원
계 3,500원

〈1993년 12월 2일 목요일 날씨 맑음〉

오늘은 귀 치료을 일적 하고 오트바이 살 욕심으로 대림혼다대리점과 효성스즈끼대리점을 가보아더니 대림은 신형이 업고 다 자연이[디자인이] 옛날이나 지금이 똑갈터며 효성은 디자연이 변화을 주어드라. 그래서 대림 살려고 마음 먹으서나 오트바이 디자연이 요성이 나어서 다시 차저가서 효성 스즈끼 오트바이을 사고 마랐다. 오트바이 가격은 장식품 달고 핼멧 두 개와 겨울 토시을 키어서 1,050,000 주어다.

국회에서 매년 기습 통과을 하는 여당을 볼 때에 농민의 한 사람으로 뼈아품이 더하며 현 정부는 오늘날까지 선거 때만 돼며 우리 농민을 살리야 한다고 소리을 쳐서 표을 어더가면 그때는 농민을 외면하는 현 정부, 현 정부는 두 얼굴로 우리 농민을 속여왔쓰며 오늘날까지 우리 농민들의 부채을 가중시키따고 말을 하고 십프며 나 자신은 우리 정부가 정치 잘못으로 우리 농민 부체을 눈덩이처름 부풀게 만들어따고 말을 하고 십다.

지출에 … 질료비 값 2,700원 차비 400원,
오트바이 값 1,050,000원
휘발유 값 5,300원
계 1,058,400원

〈1993년 12월 3일 금요일 날씨 맑음〉

요줌은 하로의 일과가 병원에 치료하로 다니는 일로 하로의 일과가 돼는구나. 귀 치료한 적이 4일 째가 돼는 것 같든돼 생각보다 치료 시간이 길어진다고 생각을 한다.

"요줌 정부 돌라는 것이 농민단채의 반발의 요지을 주고 잇쓰며 그리고 야당의원들은 추곡 수매의 문재을 지고 농민 단체와 합세을 해서 시희을 할 개핵을 세우고 잇쓰며 이 바람이 농민들의 가슴 속에 들어와 농민들도 합세을 한다고 보며 정부는 이 바람을 잡키가 쉽지 안타고 본다. 오늘날까지 정부가 농민을 죽이는 정치을 해서 농민들도 부노을 폭발할 때가 돼어따고 생각을 한다. 하물며 땅 속의 군뱅이도 발부며 꿈틀하는데 우리 농민들 죽두록 발피고 잇는데 이재는 소리가 날 때가 돼어따고 생각을 한다."

"현 정부가 나가는 것을 볼 때에 우리 어릴 때에 총노리하는 식으로 정치을 하고 잇다. 외 이래 정치을 해야 하는가 생각을 할 때에 정부가 어디로 가든 농민이 다들 죽든 말든 나는 이 자리만 대통령은 5년, 국회원 4년 이 자리을 지킬라고 잇키 때문에 어린 아들 총노리 행정을 하고 잇다. 나 자신은 외 정치인들이 바른 일들은 올타고 표을 주고 실은 것은 곤치는 의지 목섬을 걸고라도 남자의 의지을 보여주지 않는데 그 안타까움 무어라 말을 할 수가 업꾸나."

지출에 … 진료비 2,700원 차비 값 800원,
귤 값 2,000
계 5,500원[127]

〈1993년 12월 4일 토요일 날씨 맑음〉

오늘 오전은 정미소에서 12가마을 방아을 찌어쓰며 금년 벼농사가 우선 보기에는 벼알이 좋은 것 같더니 정미소에서 방아을 찌어보니니 쌀알이 작년보다 적은 것을 넉킬 수가 잇다. 금년도 벼 일조량이 적은 것이 벼농사에 지명적인 타격을 주어따고 생각을 한다.

오후에는 병원에 치료하로 갇다오는데 시간을 다 보네쓰며 병원에는 옌만하면 오지 말라고 하는 소리을 잘 안아니 한자 입장에서 갈등을 가지게 돼는구나. 자신도 현재로 귀에서 기물이[귀물이] 낮지 않는데도 오늘 시간을 내어서 치료을 하여다.

지출에 … 동장과 둘리서 술 값 2,600원
진료비 2,700원 차비 800원
계 6,100원

〈1993년 12월 5일 일요일 날씨 맑음〉

정부는 우리 농민들 속이온 것이 이재야 밝혀젓다. 외냐 오늘 쌀 개방이 학정이 돼어따고 하니 정부 하는 짓거리 정말 기가 찬다. 정부에서 한다는 소리가 쌀 개방은 우리 농민 생종권이 걸려잇키 때문에 대통령이말한 것이 다들 거짓으로 국민을 속여왔다. 정부에서는 이미 다들 알란 것 아니냐. 그른돼 오늘 개방 직전까지 속인 이유는 무야 정부는 국민들을 우섭게 생각을 하고 잇꾸나. 우리 정부는 국민이 국가을 불신하두록 만더는 것이 정부요 그리고 불가피 쌀 개방이 돼다면 사전에 국민예깨 알리서 정부와 국민과 서로가 대치 방법을 연구하는 것이 정부 할 일인돼 오늘 쌀 개방이 학정이 돼어는데 어재까지도 정부는 쌀 개방은 어떠한 일이 잇쓰도 쌀 개방은 막태따고 법석을 부리고 잇쓰따는 것이 한심하기 짝이 업다. 김영삼이 대통령도 대통령 자격이 업는 사람이며 내가 대통령이 돼어쓰니 나의 임기 동안 자리만이 지키야 하게따는 사람 밖에 볼 수가 업따.

"정부 하는 짓거리 정말 기가 찬다. 갑짝이 쌀 개방은 돼어고 우리 농민들은 쌀 개방이 갑짝이 됀다는 생각은 조금 못했쓰며 우리 농민들은 아무련 준비도 하지 않은 상태서 개방이 밀리 왔쓰니 어떠게 방지을 하란 말인가. 정부도 한심한 정치 그만하고 다들 사태하라 .너이들 사태 다 해도 아갑따 하는 사람 한 사람도 어따고 본다."

"우리 부부도 뉴스에 쌀 개방이 학정이 돼어쓰니 이재는 쌀 농사을 그만 짓어야 하는데 앞푸로 무엇을 해야 하나 하고 극정을 둘리가 하여 바도 아무 대책도 세우지 못하고 자고 말랐다."

〈1993년 12월 6일 월요일 날씨 맑음〉

오전에는 오트바이 남바 찾는데 실지 가격은 2,000원 든다고 하는데 미리 선금을 10,000원 주어는데 담당 직원이 업따고 해서 남바만 찾아오고 마랐다. 그리고 경운기 뒤발통 뻥거[펑크] 가서[나서] 주부만 가라널 욕심으로 주부만 사와다. 주부 가격이 조합이 일반 센타보다 500원 더 받고 잇드라.

오후에는 말리 사과나무 시원찬은 것을 뽑아버리고 대치 나무을 두 포기을 온기 심는 일을 하여다.

'이번 쌀 개방 문제로 우리 농민의 목소리

---

127) 지출 내역은 일기를 기록한 지면이 부족하여 상단에 기록되어 있으나 내용상 아래에 옮겨 적는다.

가 곳곳마다 매아리쳐며 이 소리는 처음 잇는 소리며 나 자신이 이처름 속이 상하는데 농업에 열 리가 잇는 사람은 국가의 정책을 하고 잇는 것을 보며 이 울라통이 어이 안 터지고 잇쓸 수가 업따고 보며 이 관경을 두고 보고만 잇따면 우리 농민들 눈만 떠고 잇는 사람이지 속은 다들 썩은 농민이라고 말을 하고 십다. 정부에서 농민 집회는 강력하게 저지한다고 하지만 이번 집회는 정부에서도 신중이 생각을 해야 한다. 그려치 않코는 우리 정부가 아주 곤경에 빠지고 만다고 본다.'

지출에 차비 500원 경운기 두발통 주부
3,500원, 오트바이 남바 값
10,000
계 14,000

〈1993년 12월 7일 화요일 날씨 맑음〉

오늘은 누님 집에 배추, 무, 파, 당근, 자신이 농사 했는데로 조금식 해서 경운기로 실어다 주어다. 누님도 자형이 돌라가쉬고 난 뒤에는 일의 욕도 업쓰며 남편 업는 일을 할려고 하니 힘이 넘어나 만이 들어가는 것 같다.

오후에는 귀 치료하로 갇쓰며 자신이 어재 치료을 해야 하는데 귀에서 귀물이 안나는 것 같다서 치료하는 것을 하로 건너떠니 귀에서 귀물이 비치는 것 같드라. 그래서 오늘은 치료하로 갇쓰다.

"그리고 귀 치료하는 데 시간이 아주 만이 걸리며 생각보다 치료 시간이 아주 만이 걸리더라."

지출에 … 진료비 값 2,700원 차비 800원
경운기 크라치 4,000
계 7,500원

〈1993년 12월 8일 수요일 날씨 맑음〉

오전은 귀 질료하는 것으로 보네고 귀 치료가 잘 안돼고 잇는지 병원에서 약을 좋은 약을 안 쓰고 잇는지 알 수가 업쓰며 다들 오는 사람도 매일 거 사람이며 한 번 치료하며 여르 날 치료을 하는 것 같다.

오후에는 지루한 시간을 보내기가 힘이 들어서 작과나무 전정을 하로 같쓰며 나무 전정을 해도 일예 능률이 업는 시간을 보낸 셈이다.

"오늘이 형님 생일이 56회을 마지하면서 딸, 사오[사위], 용학이 약혼자 다들 참석을 하여쓰며 아들, 딸이 만으니까 좋은 점이 더 만은 것 같다."

지출에 질료비 2,700원 차비 800원, 형님
생일에 10,000원
계 13,500원

〈1993년 12월 9일 목요일 날씨 맑음〉

"오전에는 길거리에서 동민들과 같이 놀라쓰며 요줌은 하오서 하는 사람들은 아주 분주한 나날을 보내지만 그 나머지는 다들 한가한 시간들을 보내고 잇다. 나 역시 휴식을 하면서도 참외 하는 사람처름 부지련희 해야 하는데 하는 생각이 늙 머릿속에 차잇다."

오후에는 작과나무 전정을 하여쓰며 요줌 전정은 그저 노는 식으로 전정을 하고 잇다. 그러니 일의 진도가 업따.

"그리고 요줌 쌀 개방이 학정이 돼고 잇쓰니 우리 농민은 대책 작목업이 쌀 개방이 돼니 우리로서는 대채할 능력도 업고 그저 당하고 말라야 하니 그 아픔과 원망을 어디에 하소연을 해야 반응이 업쓰니 우리 농민만 뼈아픔이 돼고 마는구나."

"요줌은 무엇을 해야 살라갈 수가 잇쓸까 하고 생각을 골머리 아푸게 짜네도 대책의 길이 나오지 않코 잇다."
"자신은 늙 정치인들이 정치을 잘못해서 우리나라의 경제가 발전이 돼지 않코 태보을 하여따고 생각을 하는 사람이며 일개 대통령이 대통령직을 걸고라도 쌀 개방을 맡깨따고 약속을 한 사람이 아이들 거짓말 하드시 여사로 하고 잇쓰며 김영삼이 대통령도 오늘 담하문에서 쌀 개방을 막지 못했따는 사가문을 발포했쓰며 이것도 국민과 약속을 한 것이 한 달도 안 대어서 번벅대는 말을 하고 잇쓰니 우리나라 정치는 코앞 정치을 하고 잇따고 말을 하고 십다."

〈1993년 12월 10일 금요일 날씨 비〉
낡씨가 눈이 올 때라고 보는데 비가 처랑하게 내리고 잇쓰며 때 아닌 비가 오고 잇쓰니 사람의 마음까지 밝지 못하고 우중중 낡씨라고 말을 하고 십다. 오늘 눈이 내리따면 인간의 마음을 밝게 할끈데 그만 때 아닌 비가 내리서 밝지 못한 날씨라고 말을 하고 십다.
"우리 마을도 비 오는 날도 뭇엇을 하는지 다들 놀라고 들지 않으며 그리고 집배서 뭇엇을 하는지 밭같에 나오지을 안는 실정이며 옛날 같떠며 모아서 논다고 법석을 부리고 잇쓸 끈데 이재는 세상이 하로가 다르게 변하고 잇다."
이재는 우리 농민들도 정부을 미들 것도 업고 이재는 기대는 습성을 버리고 앞푸론 자신들이 개척을 해서 살라가야 하며 이재는 자기 능력 업씨는 살라남지 못한다. 그리고 가감한 결단을 내리야 할 시기라고 말을 하고 십다.

〈1993년 12월 11일 토요일 날씨 흐림〉
요줌은 매일 같이 무이미한 오전 일과을 보네고 잇쓰며 자신 품만 아니라 남들도 대다수가 나와 같은 시간을 보네고 잇다.
오후에는 작과나무 전정을 하는데 전정을 한 나뭇가지가 눈을 때리서 오늘 오후에는 전정도 을마 하지 못하고 눈물만 흙리쓰며 자신은 전정만 하며 눈을 피해을 만이 주어서 사실 나무 전정은 급이 난다. 오늘 전정도 못하고 눈물만 흙린 오후라고 말을 하고 십다.
"오늘 부인은 오후에 잡곡을 가지고 구미 시장에 내로 같쓰며 남들은 구미 공사판에 가서 돈 벌로 가는데 나는 이른 것으로 돈을 벌어야 한다면서 오후에 잡곡을 가지고 가드니 30,000원 했왔드라. 그리고 당파는 떡가래 팔로 온 사람이 물물교한으로 당파와 떡가래떡을 가지고 왔드라. 농촌에서 시장으로 무엇시든지 가지고 가며 다들 팔고 오니 득은 돼고 잇다. 이재는 무선 일이라도 득이 됀다면 무선 일이든 해야 한다고 본다."
수입에 잡곡 30,000원

〈1993년 12월 12일 일요일 날씨 흐림〉
우리 마을에 12月 26日날이 공판이라고 해서 오늘은 매상 준비을 하여쓰며 오늘은 일요일이라서 온 식구가 매상 준비하는 데 거들어주어쓰며 이번 매상은 을마나 줄란지 몰라도 100개을 준비을 하여두어다.
"우리 농민도 쌀꺼이 됀다면 매상도 업쓸 끈대 벼농사는 올해로 종말이라고 해도 무리한 말이 아니며 정부에서는 수출 수입금으로 농정로 뒤돌려주는 정책을 한다고 김영삼 대통령이 발표을 하여서 우리 농민들은 실오락이 같은 기대을 하고 잇는 편이다.”

〈1993년 12월 13일 월요일 날씨 흐림〉

오늘 날씨는 금새라도 비가 쇼다질 떳한 날씨가 종일 하여다. 날씨도 때 아닌 비가 내리서 벼집은 만저볼 결도 업시 다들 썩으만 가고 금년에는 비로 냉해로 끝을 내고 만다.

“오늘 부인이 잠자리에 들어오는데 내위가 다 떨어저서 꾸맨 자욱이 앞이라서 한밭탕 우섯다. 부인 꾸맨 작욱이 더 예쁘다고 하면서 둘리가 한바탕 우서쓰며 그 위면에는 부인 보기에 미안하고 요즘 세상에 내위을 꾸매서 입을 여자가 어디 잇쓰며 정말 고마운 사람이라고 생각을 하며 우리 여보 나무[남의] 집을 잘뫃 살라서 내위 한 벌 뫃 입버꾸나 하고 어실어저두록 안아주고 했쓰며 우리 여보 안 마나쓰며 자신은 이래 뫃 살라따고 생각을 한다. 자신 땅 한 단지 타고 나서 여부가 야문 사람이라서 이처름 부자가 돼어따고 생각을 하며 그리고 나 자신 마음적으로는 이 세상에서 제일 편한 사람이라고 생각을 한다. 자신은 부인한태 하늘 같은 대우을 받고 내 부인 처음이나 똑같은 마음, 내 부인은 정말 양반이라고 생각을 한다.”

“부인 늙 고맙게 살아주고 잇는 부인 하로에 고맙따고 입이 다 딸투록 하여도 그 고마움을 다 하지 뫃한다고 생각을 하오. 내 영혼희 당신애 사랑을 간직하리라. (여보)”

오늘 용학이 주택 입주금 준다고 5,000,000만 원 빼주어다.[128)]

〈1993년 12월 14일 화요일 날씨 맑음〉

금일은 형님과 세집에 매상 준비을 하는 데 오늘 하로 해을 보낸 셈이다. 매상일이 가까이 오니 마음이 불안하다. 외냐하면 챛 공판 때에 검사에 등급이 불만이라 검사하는 분과 한바탕 싸와서 이번 공판에도 그 감정으로 등급을 잘 밭키는 어렵따는 생각이 돼며 마음이 사실 좋찌는 않쿠나.

“자신이 챛 공판에 검사님에깨 말을 했더시 올해 냉해로 우리 농민들의 공통을 생각을 해서도 바주야지 원래 바줄라고 검사님에깨 벼알을 흔트면서 돼들어찌만 올해 농민들 어르운 고비을 생각을 해서 좀 바주야 한다고 생각을 하는데 검사는 원칙으로 한다고 검사을 철쳐희 하는데 그이 이 등이 나는데 어이 열이 안 오를 수가 잇나. 이번에는 정말 좋은 등급을 주어쓰며 한다.”

〈1993년 12월 15일 수요일 날씨 맑음〉

오전에는 친구와 동회관에서 친구와 오락으로 시간을 보네쓰며 동네 절먼 사람들은 12月 1日날 아포농협 조합장 선거일이라서 선거 운동하로 다들 나가쓰며 이 운동이 처음부터 선거바람을 잡아주야 하는데 막바지 와서 선거폼 일어킨다. 동네 절먼 사람들이 다들 운동한다고 나들이을 하지만 이재는 재각키 자리을 잡아는데 이재와서 선거 바람을 이르킬라고 작전을 쓰서 움직이고 잇찌만 이 운동이 너무나 너전감이 잇찌 않나 하고 재 나람돼로 생각을 한다.

이번 조합장 선거에서 출마을 한사람은 김일운, 신둘래, 김춘효 삼 명이 출마을 하여는데 이 치 족끝은 우리 마을에 김춘효가

---

128) 이 문장은 지면이 부족하여 12월 14일자 일기를 기록한 지면 상단에 기록하였다.

제일 좋다고 생각을 한다. 예야하며 대신 1, 2, 3동, 봉산 1, 2, 3동 다들 오리 족끈이다 그른돼 이번 선거가 아주 칠열하다고 본다.
오후에는 콩 매상 할려고 준비을 하고 잇는 부인을 도와주는 일을 하여쓰며 금년도 콩 매상은 4가마정도 돼드라. 그런돼 콩 갈란 면적은 작년보다 만은돼 실 수학은 2가마나 적다고 볼 때에 자신은 콩 수학에 큰 숭년이라고 말을 하고 십다.

〈1993년 12월 16일 목요일 날씨 맑음〉
오늘은 우리 마을래 둘째 공판날이며 자신은 87가마을 출하을 하면서도 쳇 공판에서 검사원과 한바탕 싸와서 이번에도 등급을 불안하게 생각을 하여쓰며 소문에는 우리 마을에서 추라벌을 당하고 재석에서도 자신보다 더 지나치게 싸우고 나서는 아포면 전체와 검사원 갈라야 한다고 목소리가 높파저고 검사원도 자재을 하게따고 다짐을 받아따고 한다. 자신은 이른 말들을 동장에깨 들어도 자신은 등급에 불익이 오지 않을까 하면서 매상 가마니을 87개을 공판장에 내다 보왔다. 이것을 등급을 밭기 위해서 고리포을 달고 잇쓰니까 검사원이 오드라. 그래서 별로 내키지 않는 사과을 하기 위해서 검사원을 차저가서 쳇 공판에서 무리을 일으키서 미안하다고 사가을 하니 검사원 하는 말이 그을 때도 잇따고 하면서 그무려치도 않는 표정 보이드라.
그르자 검사을 하는데 2등 짜리가 만이 나고 잇쓰며 오늘도 신통치 않타는 생각을 가지고 검사을 하고 잇는데 건방에도 가지 않아쓰며 먼발치에서 구경만 했쓰며 남들이 내 끄 검사한다고 가보라고 해도 가지 않아쓰며 오늘은 어튼 등급을 주어도 마음속으로 새기개따는 생각을 했키 때문에 관심이 업쓰다고 본다. 그리고 검사을 다 하고 나서 자신의 등급을 파악하로 같뜬이 등급을 생각보자 아주 잘 말자다. 1등이 80개, 2등기 7개 이른 등급을 주어드라. 자신은 이번 등급에 기분이 좋드라. 그리고 조합에 영농자금, 기계자금 부채정리을 하고 잇쓰니 검사원이 전화을 하고 잇쓰서 캉통맥주 3개와 안주을 싸서 검사원에깨 미안타고 사과을 했쓰며 검사원이 여기까지 아서 한다고 고맙따는 표정이드라.
지출 … 검사원 술 값 3,000원

〈1993년 12월 17일 금요일 날씨 맑음〉
오늘은 우리 조합장 선거날이며 오늘 우리 마을 차는 다들 동원이 돼어서 한 포라도 더 어들라고 총칼 업는 전쟁이며 지방 선거가 너무 치열하며 그리고 낭비 선거라고 말을 하고 십다. 정부에서는 돈 안쓰는 선거을 하라고 말을 하고 잇찌만 실찌 당사자들은 돈을 뿌리지 않으며 안 대고 잇쓰니 후보자들마다 40,000,000만 원 이상을 쓰고 잇쓰니 이것은 조원 선거라고 볼 수가 업다. 이번 선거는 우리 마을 김춘효가 유리하다고 이야기을 하드니 투컹을 열고 보니 김춘효가 365포로 재일 적드라. 자신의 마음 속으로 이른 표을 가지고 본인원 성리을 다 했따고 이야기을 운동 기관에 하길래 이상하게 생각은 했찌만 그래도 어느 정도 미드떠니 결과가 김춘효 300표, 신둔래 500표, 현 조합장 김일운 600포 순이로 나와쓰며 자신이 생각을 할 때에 재일 적갑한 사람이 돼어따고 생각을 한다. 자신이 볼 때에는 김춘효와 신둘래는 실찌 자격 미달이라고 생각을 한다. 외냐하면 김춘효는 안전 도박꾼이며 실둘래는 유부녀 성폭행자며 이 두리는 나의 마음속으로는 자격 미달자라고 생각을 하고 잇쓰다. 이번 선거에 김춘효 씨가 작전 미달, 기본금이 업따는 것과 말이 업는 것이 이번 패배의 원인이라고 말을 하고 십다.

〈1993년 12월 18일 토요일 날씨 맑음〉

오늘은 선거 휴우증으로 다들 차분한 분이기며 선거 전날의 에피소드 때문에 만이들 웃고 마랐다. 이번 선거는 요 앞에는 쇠고기로 선거 전 날 집집마다 돌리서 선거에 당선이 돼어꼬 이번에 봉투로 삼일 전에 다들 뿌리서 이번에도 당선이 돼어따고 유원비연지 그 말이 나돌고 잇쓰며 우리 마을래서는 그것도 모르고 이틀 밤을 보초을 서는 일을 하여쓰니 일운 쪽에서는 웃는 일을 보여따고 생각을 하며 이 사람들은 대낮에 작전을 세이서 처리을 했쓰니 다들 당하고 말라따고 생각을 한다. 이번 선거야말로 머리싸움부터 젓따고 생각을 하여 본다. 우리 마을에서는 선거 경험이 업쓰서며 선거 작전이 미비했쓰며 하나에서 열까지가 미숙했따고 생각을 한다.

"요줌은 매일 휴식을 하는 편이며 자신은 요줌원 매일 논다고 자신의 마음속을 재칙질을 하고 잇쓰며 때로는 이르다가는 부인도 몿 미기 살리개따고 자주 중월거리는 편이 만타. 내일부터라도 일을 해야 한다고 마음의 다짐을 받는다."

〈1993년 12월 19일 일요일 날씨 맑음〉

오전에는 휴식을 하여쓰며 오후에는 벼집을 경운기로 실어서 작과나무 밑에 칼라두는 작업을 하여쓰며 벼집을 실로 들판을 가보니 벼집들은 다들 땅바닥에 부터서 반 썩으가고 잇쓰며 그리고 다들 벼집을 치우지 몾하여 들판에 벼집들이 그대로 잇쓰며 벼집 만치는데 시간이 만이 걸일 것으로 내다보고 잇다.

"우리 농민들은 이재 자네들 대학을 가려치기가 점점 어르어진다고 본다. 학자금은 하늘 높픈지 모르게 올라가지 수입 개방으로 우리 농민 수입은 줄어들지 이르다가는 우리 어릴 때에 대학생이 한두 명 밖에 업는 마을이댄 그 시절이 오지 않을까 하고 염려가 됀다. 이재는 농민의 수입으로는 대학을 식킬 수 업는 그 시절이 온다는 것은 눈에 선하구나."

〈1993년 12월 20일 월요일 날씨 흐림〉

금년도 저물어가는 해을 볼 때에 별 소득이 업는 것을 생각을 할 때에 한 해을 보네는 마음 아쉬어 한 해가 외 이래 빨리도 가는냐 하며 대세기는 말을 자주 하고 잇다.

"한 해을 비지땀으로 소득을 올린 대까가 한 해을 살며 나머지 업는 생활을 할 때 허전함을 달래기 힘이 더는구나."

"오늘 오후에 벼집을 경운기로 두 발리 설어더리는 일을 하여쓰며 요줌 일은 고작 벼집 두 바리 실어더리는 일을 하로 일과로 볼 때에 뭇엇신가 하로 일과가 미전하다고 본다."

지출에 … 콤바이 탈곡 값 용수 90,000원

〈1993년 12월 21일 화요일 날씨 맑음〉

오늘은 매서원 날씨 때문에 아무 일도 몾하고 공쳐는 날이 돼어쓰며 오늘 같은 날은 매스운 바람 때문에 일을 할 수가 업따고 생각을 한다.

오늘은 콤바이 싹 값을 주기 위해서 조합에서 80십만 원을 수령을 하여서 일부 콤바 싹을 주고 이재 대신 경호만 주며 콤바이 싹을 다 주는 셈이며 자신 콤바 값으로 지출대는 것이 80십오만 원이나 돼고 잇쓰니 농사비용도 넘어나 만이 든다. 한 해 살고 나며 그저 허전한 마음이 가슴 깊이 한 자리을 차지하는 너킴이 잇다.

"오늘 부인은 이 추운데 잡곡을 가지고 구미 시장을 갈려고 하는데 자신이 추어서 가지 말라고 하니가 동지 앞패 가야지 콩을 낼 수가 잇따면서 갈라고 하길래 그냥 두어떠니 콩 내는데 추어서 생외을 먹어따고 하며 집배서 콩을 내고 오라면 아무도 날씨 춥다고 아니 할 끈데 부인이 좋아서 하는 일이라 이 추운 것을 참아따는 생각을 한다. 부인 오늘 추어서 생외을 먹으따고 이야기을 하길래 남편 말을 들어며 떡이 생기는 법이라고 말을 하여다."

수입에 … 63,000원
지출에 … 대신 재수 57,000원 원정훈 470,000원, 라면 6,300원
계 533,300원

〈1993년 12월 23일 수요일 날씨 눈〉

아침에 일나서 보니 하얀 눈이 내리고 잇쓰며 이미 내린 눈이 싸여잇쓰며 오래만 하얀 논을 보니 기분이 좋을 뿐 아니라 이 눈이 만이 싸여서 사람들 만대로 다닐 수가 업두록 눈이 왔쓰며 좋겟다.

오늘은 날씨가 차가어서 을신도 못하두록 매서어 아무 일도 못하게 만들어쓰며 이번 날씨는 기상대에서는 기온이 내리가지 않는다고 예보을 하여는데 기온이 갑짝이 내리가서 인간들은 당항했따고 말을 하고 십다.

"우리나라 정부는 무선 일만 생기며 내각들을 물가리을 했치우며 오늘도 각 부 장관 14명을 물가리을 하여쓰며 이번 장관들은 개핵을 세우다 밀리나고 마랐쓰니 이것은 아주 잘못된 일아라고 본다. 이번 내각들은 쌀 개방 문재로 국민들 여론 안정을 씨키기 위하여 내각들 다들 바꾸어치기 한 것으로 자신은 생각을 하고 십다. 그리고 우리나라 정치는 장관 교차가 너무나 십계 교차을 하는데 이것은 정치인들이 소신 업는 정치을 하기 때문에 발생을 하며 이것들이 나라 발전에 걸림돌이 돼고 잇따고 본다."

"아침마다 밥을 짓키 위하여 참바람을 씨면서 나가는 부인 모섭을 볼 때에 미안하고 안스려어며 그 고통은 무라고 표현을 해야 할지 몰겟다. 우리 가족을 위하여 아침 바람을 매일 씨는 부인 생각할수록 미안타. 내 부인도 입식 부엌에서 참바람 업는 밥을 짓게 해야 하는데 하는 마음을 머리에서 떠나지 않으나 아들 교육 문재을 생각을 할 때에 아직 집 생각을 못하고 잇쓰서 마음속으로만 부인에 민안함을 가지고 잇다."

지출에 … 술빵치기 1,500원

〈1993년 12월 23일 목요일 날씨 맑음〉

한 해가 다르게 모여서 노는 일이 눈에 표나게 나타나며 동네 쳐고도 술을 만이 하는 사람은 닷섯 손가락으로 세일 수가 잇쓰며 다들 여유가 업쓰서 그른지는 몰라도 낭비을 하는 사람이 크게 줄어쓰며 이른 현상은 해가 갈수록 주려들며 이른 현상은 아주 좋은 일들이라고 생각을 한다.

오늘은 일기 불순으로 아무 일도 못하고 부인이 매주 쓰는 데 일을 도와주어쓰며 올해

는 콩 9대을 가지고 매주을 쓰따고 이야기을 하드라.

"올해는 냉해로 농민의 가슴을 아푸게 만든 93年도라고 생각을 하며 금년도 벼씨 선정을 잘 한 사람은 숭년 당하지 않아찌만 벼씨 선정을 잘못한 사람 음청난 타격을 본 해라고 말을 하고 십다."

〈1993년 12월 24일 금요일 날씨 흐림〉

오늘은 동장이 콩 매상을 감문농협에서 매상이 잇따고 콩매상을 준비을 한 사람은 동회관으로 가지고 오라고 해서 자신은 이란으로 2가마는 내고 2가마을 가지고 같든이 이미 매상가마니만 내다놓고 다들 가버리고 말라쓰며 자신은 2가마라서 딸라간다는 것은 조금도 생각을 하지 않아는데 동장도 면회 볼 일 잇따면서 빠지고 지도사도 콩만 같다노고 치과 간다고 빠지고 다들 콩 36가마 같다노고 다들 평계로 다들 빠지서 할 수 업는 입장으로 콩 2가마로 남외 일을 하게 돼어쓰며 이것도 동장 무관심으로 우리 면에서 콩 매상을 못하고 타 면으로 매상돼로 가는 불편과 하로 종일 남외 일을 내가 해야 됀다는 기분 때문에 마음이 불편하여쓰며 오늘 일은 콩 매상을 만이 돼는 사람이 수고해야 하는데 오히려 재일 적은 사람이 그 대신을 하게 돼어쓰니 가이 마음이 편하지 않는 일이 돼고 마랐다.

"그른돼 오늘 조합 기사가 감문 이 부장과 면담을 식키면서 자신이 권 부장 형이라고 인상을 씩키서 이 부장이라는 사람이 처음부터 끝까지 잘 해주어서 불편한 점 업시 콩 매상을 잘 돼어쓰며 그것도 다들 일 등이라서 망우리 기분은 좋아따고 생각을 한다."

"오늘 경비는 가마 당 600원 거출해서 재복과 둘리의 경비을 쓰고 마랐다."

수입에 … 콩 값 매상 2가마에 114,400원

〈1993년 12월 25일 토요일 날씨 맑음〉

오전에는 작과나무에 벼집 까는 일을 하여쓰며 앞밭에 벼집을 깔라보니 한 단지 벼집 다 들어가야지 앞밭 작과나무 믿에 다 깔 수가 잇깨드라. 앞푸로 두 발리만 실어올리면 다 할 수가 잇따고 본다.

오후에는 논에 벼집을 실어로 갈려고 하니 부인이 좀 쉬라고 하면서 못 가게 하드라. 나 자신은 요줌 매일 밥 갑도 못 해서 이려다가는 부인도 못 미기 살리겟따면서 일을 할려고 하니 일 다 했는데 이재는 푹 시도 됀다면서 시라고 한삿고 말리서 오늘 오후에는 안전희 시고 마랐쓰며 부인이 볼 때에 내가 일하는 모섭을 볼 때에 아치려운 감이 잇는지 늙 시라는 말을 자주 한다. 나 자신이 부인 조금 힘드는 일을 하며 안스려어서 오희려 내가 더 힘드는 너킴과 정신적인 고통이 따리는 것쳐름 부인도 내가 일하는 것을 보며 그저 도와줄라고 외을 쓰는 것을 보며 더 고맡고 더 사랑이 학인 돼며 그저 그림의 한 쪽이 돼어서 보고만 십픈 심정이다. 나 자신은 다 버리리고 업드라도 부인만 잇따면 나는 따뜻한 가슴으로 쌔싹을 티을 수가 잇따고 생각을 한다.

"한 인간이 남남으로 만나서 이러게 따뜻한 체온을 같이 한다는 것은 인간의 힘이 아니라 나 자신은 하나의 신으로 음청난 체온을 발산하다고 본다. 자신이 생각을 해도 우리 부부는 남들이 가지지 못한 아주 따뜻한 체온을 가지고 살라간다고 나는 말을 하고 십다."

〈1993년 12월 26일 일요일 날씨 맑음〉

오늘은 어머님 재사날이며 늙 오늘은 오 형제가 한자리에서 어머님 재사 준비을 하고 오늘만큼은 집안이 적은 사람들 비하며 우리는 큰 잔치 처는 것쳐름 분주한 날이 됀다. 오 동시, 오 형제, 누님까지 오시스니 더 박작스려운 제사 준비였다고 생각을 한다.

그리고 오늘 오후 2시에 오성예식장에서 순서 대신 동서 김종한 씨 딸 예식에 형님과 마을 사람과 참석을 한다고 같쓰며 집배서는 예식장에 가면 식사 대접을 할 줄 알고 정심도 먹지 않코 그냥 같떠니 답례로 봉투에 5,000원 너어서 뒤돌려 보네고 말드라. 이것은 나 자신도 좀 서운감이 들더라. 사람이 초대을 하며 적은 대접을 해야 하는데 그저 번거러운 것만 쳐고 답례로 봉투에 돈을 주고 돌려보내는 일은 하지 않으야 한다고 본다.

그리고 예식을 맡치고 올 때는 원두희 씨 승용차로 형님 친구와 넷시가 오면서 배신에 고기 먹으로 가자고 해서 따라같쓰며 자신 오늘로서 두 번째인돼 이곳은 고기집은 재일 잘한다고 소문이 낯스 인근 주위에 구미, 김천, 대구 손님까지 이곳에 고기 먹으로 온다고 하며 자신이 고기을 먹을 때에 별 다른 점 업는데 손님이 쳐밀리고 잇쓰니 장사 운이 떠지따고 생각을 한다.

지출에 … 부주 20,000원 크피 값 2,000
고기 값 4,000
계 26,000원

지출에 … 동장 문거비 값 41,200원
계 67,200

〈1993년 12월 27일 월요일 날씨 맑음〉

오전은 마을회관에서 여르 사람이 노라도 화토노리을 할려고 하는 사람이 업드라. 그 전 같으며 화토노리에 절정을 이률 끈데 이재는 낭비는 그야말로 줄은 것이 학실하다.

"명절로 사촌, 조카들 집배만 가면 승용차가 마당으로 이는데 우리 형제들만 승용차가 업드니 이재는 순달이가 승용차을 임시 남바 달고 처음 집배 왔쓸 때 기분이 자신이 산 것처름 좋드라. 이재는 우리도 명절이 돼며 승용차가 잇쓸때니 마의 한 자리에 허전함을 면할 수가 잇따고 생각을 한다."

"오후에는 작과나무 전정을 하로 가면서 운이을 대리고 같다. 운이을 대리고 간 것은 운이을 일을 식키기 위해서가 아니라 이 아빠와 조금 더 가깝게 하기 위해서 오트바이로 바람을 실 겸 작과밭에 돼리고 나와다. 작과나무 전정을 한 나무 하는데 운이가 춥버 보이서 그만 돼리고 들어오고 마랐다."

"오늘 형수가 옻 사 입프라고 돈 300,000만 원 주드라. 이 돈은 매느리 보는데 예물돈 5,000,000만 원 준다면서 목시가 잇따고 하면서 돈을 주는데 형수 답답한다. 쓰라고 하여도 끝내 부인을 주 보넷드라. 자신도 이 돈은 조심이 만은 돈이라고 생각을 하고 그절을 하여다. 이것도 형제들다 할려고 하며 만은 돈이라고 생각을 하며 어느 쪽의 돈이든 이 돈은 좋심스러운 돈인 것은 사실이다."

〈1993년 12월 28일 화요일 날씨 맑음〉

오늘은 칯 공판 때 매상됀 것을 0.5푸로 올란 차액 돌려주 그 금액을 240,000만 원 받아쓰며 오늘 차액을 받아들은 사람들은 다들 공돈처름 생각을 하고 잇는 너킴을 가지는 것 같드라. 자신도 이 돈으로 농약 값을 지불을 하여야 하겟다.

오늘 오후에는 벼집을 경운기로 실어서 작과밭에 실어다 두는 작업을 하여는데 벌서 해가 길어전 너킴이 들며 오늘 셋 바리나 실어올리다. 늙 두 바리 하다 오늘은 셋 바리을 처음 하니 일이 아주 만이 한 너킴이로 오늘 일을 맡치다.
지출에 … 보험료 값 12,600원

〈1993년 12월 29일 수요일 날씨 맑음〉
오전에는 부인과 둘리서 벼집 실어더리는 일을 하여쓰며 금년에는 벼집이 비에 저저서 벼집 만치가 불편하기 짝 업쓰며 금년에는 벼집을 다들 방치을 하여두어서 벼집은 다들 썩으가고 잇쓰서 문제다.
"조카 며느리 예물 돈으로 기생복 정장을 큰집에 미숙이와 혜지와 셋시가 같떠니 옻들은 마는데 자신에 마음에 더는 옻이 업드라. 그래서 옻 고르는 데 시간이 만이 걸리쓰며 자신 마음에 더는 색깔은 옻이 팔뚝에 우라가 잘못 돼어서 그른지는 몰라도 옻이 울고 잇쓰서 사지 못하고 마음에 들 더는 색깔로 정장을 한 벌 사들고 온 셈이며 혜지도 옻을 사는데 도빠을 싸왔쓰며 옻들이 마음에 들지 않아서 옻 사는데 가장 힘이 드는구나. 자신은 옻을 한 번도 마음에 꼭 더는 옻은 못 싸따고 말을 하고 십다."
지출에 … 자신 옻 정장 값 252,000원
혜지 옻 138,600원 (아이사쓰)
넥타이 값 3,600원 차비
2,500원
계 429,100원

〈1993년 12월 30일 목요일 날씨 흐림〉
오전은 작과나무 전정을 하고 오후에는 벼집을 부인과 둘리서 실어더리는 일을 하여쓰며 오늘은 벼집 실어드리는 사람들이 만꾸나.
"금년도 이재 하로 남아꾸나. 이 한 해가 눈깜작할 사이에 다 가버리고 이 한 해을 넌길려니 무엇보다 아쉬운 감이 더 만꾸나."
"올 한 해는 소득이 지출보다 적은 해라고 말을 하고 십꾸나. 나 자신은 허돈 한 번 안 쓰도 우리 부부가 열심희 살라왔는데 그 대까 적자 생활이라니 그 허전함을 말로 다 할 수가 업꾸나."
지출 … 농약 대금 148,250원 석회 값
2,500 시청료 값 27,500
계 183,250원

〈1993년 12월 31일 금요일 날씨 비〉
오늘은 감기로 종일 동안 밭갈 바람 씨지 않코 방에서만 93年도 한 해을 보내따고 생각을 하며 오늘 이 해을 보네는 마당에서 감기로 방에서 이 해을 보내고 잇따는 것이 마음에 걸리곤 잇꾸나. 93年도의 한 해을 우리 가족은 다들 건강하게 지나왔따는 것이 고맙고 93도는 자신의 가족은 다들 밝은 해라고 말을 하고 십꾸나.
이재는 새해을 마지해야 하는데 이 세해는 우리 가족이 건강하게 더 밝게 살라가두록 기원을 기도하고 십다. 그리고 우리 혜지 전문대학교 들어가두록 기도을 드리고 십프며 나 자신이 성원이 잇따면 우리 혜지 대학 들어가는 일만 이루어진다면 나 자신은 더 좋은 일은 업쓸 것으로 본다.
"93도여 우리 농민들을 힘들게 한 93년도여 미련 업시 잘가라고 손을 헌들어 보네니라."
"94년도는 우리 가족이 맹랑하게 살라가두록 노력을 하고 십프며 특희 부인에깨 거친 말은 하지 않을 껏이며 나 자신이 말을 벌로 하는 벗릇을 곤칠라고 생각을 해도 십게 실천이 안 돼고 잇는데 94년도 꼭 실천을 해서 아주 점잔안 사람이 돼두록 노력을 하고 십프며 꼭 실천을 하는 한 해가 돼어쓰며 한다."

지출에 … 감기약 3,000원

〈내지 1〉[129)]

이광태	수들 4	생노타리 함.
박종서	넉들에 3	생노타리 함.
정두환	〃 3	생노타리 함.
전정수	〃 2	갈리노타리함.
김종욱	4.5	생노타리 함.
윤재근	6마지기	생노타리 함.
역권애(영조)	6마지기	갈리노타리 함.
V 정석윤	1마지기	10,000원 바듬.
이을준	2.5마지기	생노타리 함.
이준일	생노타리	

〈내지2〉[130)]

(트랙터 수입 금액)

	V 윤창희	노타리	30,000	
93年 3月 25日	V 원정훈	〃	70,000	계 100,000원
4月 1日	V 이진일	노타리	60,000	〃 160,000 〃
4月 6日	(김상진)	(방천 밑)		
4月 17日	김영남	15마지기 노타리 파종		330,000
4月 18日	윤정희	노타리 5마지기 파종함.		
	윤재목	노타리 1.5마지기파종함		
	이재봉	노타리 3마지기 파종함.		
역전에 수들 논 갈리함.				
4月 19日	최종환	11.5돼지기 노타리 파종함.		
	박종서	6마지기 노타리 파종함.		
	정두환	2.5마지기 노타리 파종함.		

129) 각각의 문장에 가운데 줄을 그었다.

130) 각각의 문장에 가운데 줄을 그었다.

	V	윤혁회	노타리 값	20,000
4月 24日		이점수	3.5 노타리함. 파종함.	
		김형자	1.5 노타리함. 파종함.	
		형님	2.5 노타리함. 파종함.	
		김영태	2 노타리함. 파종함.	
		이광태	2 노타리함. 파종함.	
		김양태	3 노타리함. 파종함.	
		정두환	3 노타리함. 파종함.	
		이철수	3 노타리함. 파종함.	
4月 26日		이철수	3 노타리함. 파종함.	
	V	~~손용수~~	7. 5 노타리함.	
4月 27日	V	~~손용수~~	3 노타리함.	
		이을준	5 노타리함. 파종함.	
4月 30日		정순상	5 노타리함. 파종함.	
5月 3日		박종서	봉답 3 노타리 파종함.	
5月 12日		박종서	생노타리 수들과 봉답	
5月 12日		이금동	생노타리 고속도로 밑	

〈내지 3〉[131)]
(외상 구입함)
93年 3月 25日 신흥농약방 (작과, 사과) (100말 량 약) 56,000원

〈내지 4〉
(포도 숙기가 빨라점.)
꽃이 90% 피어쓸 때 분무기로 25피피엠 지버령 25×10×15일 2차로 분무기 살표하든지 컵으로 단갇가다[담궜다가] 내면 포도씨가 업쓰진다고 한다.
(경북 도청 잠법가에서 개발함.)[132)]

(다찌가린 약을 500백배
해서 살포을 하여주며 벼삭이 연걸어
전다고 한다.)

---

131) 문장에 가운데 줄을 그었다.

132) 위 문장 전체에 동그라미를 그어 구분해두었다.

작과상자

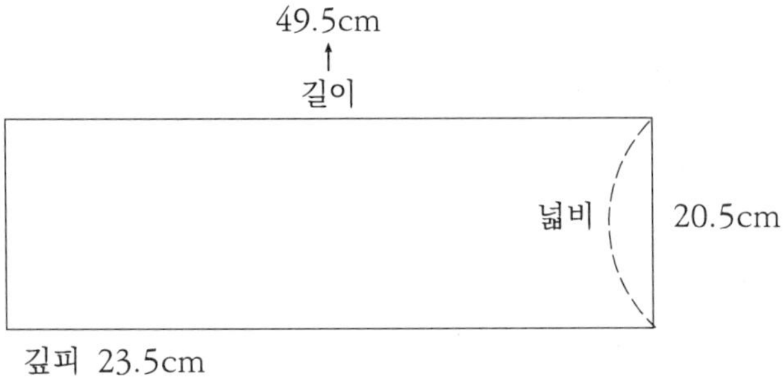

9月 19日
(당산 사과밭 약량은 9말 사용함.)

〈내지 5〉

선인장

5月 20日

이앙기 수리비 값			
조합에 수리비 22,000원			
음료수	5,000		휘발유 1말 5,000원
엔진오일	5,000		
덕삼 집에	1,100	계	33,100 계 38,400원

4월 24日 쪽빨 고무 4쪽에 8,000원
5月 26日 이앙기 양쪽 배 도매하는 것 풋라티식 5,000
음료수 2,400원 계 7,400원
트랙터 기와 오일은 80-90

(대장약)
백편수 30g, 차전차 30g, 멥쌀 30g 살짝 뽁아서
빠어서 하로 공복에 3번식 한번에 6g식 복용, 15일 복용하면 좋다.

금릉군 아포면 대신 3동 589번지
권순덕

10月 21日

현재 수학량 {()}9개 부족)

〈내지 6〉

(29도 희생자 냇다.)

285명

90,000
10,000
1,265,000

(은행차)
대화중에 은행에 연시을 너어서
차로 따려 먹으면 좋다고 한다.

1994년

〈1994년 1월 1일 토요일 날씨 맑음〉

오늘은 새해다. 새해 아침에 일나 보니 찬서리 소복이 내린 맑은 아침이며 오늘은 유난이 드 맑은 아침 해살로 시작이 돼고 잇꾸나. 올 새해는 우리 혜지 전문대학교 들어가는 좋은 해가 돼어 주십사 하고 머리 숙여 절을 하고 십다. 우리 혜지 올해는 꼭 들어가야 한다. 그려치 아니 하며 이 아빠 정신적, 육체적인 고통이 따를 것 같떠며 내 94년을 영혼희 기억 대는 해가 돼어 주십사 하고 두손 모아 감사을 드리고 십노라.

"큰집에는 용학이 날바지 준비한다고 오 동시가 다들 분주하기 움직이고 잇쓰며 옛말레 밭아논 날은 장관이라드니 그 긴 날이 벌서 코앞에 와서 준비에 바푸도록 다가왔다. 큰집에 아들은 별 어르움 업시 다들 대고 잇다."

올해도 우리 가정에 화목과 건강하게 지내두록 신예깨 성원 드리고 십다. 지나간 해처름 우리 가정이 하목하고 건강을 일치 않는 해가 돼어 주십사 하고 머리 숙여 절을 올리고 십소. 94年은 우리 가정에 우섬이 잇는 가정이 돼어 주십사 하고 머리 숙인미다.

"그리고 94년도는 우리 농민들 얼굴을 찌푸린 일이 업게끔 맑은 낡씨와 풍년을 약속을 할 수 있는 해가 돼어달라는 부탁을 하고 십다."

〈1994년 1월 2일 일요일 날씨 맑음〉

오늘은 용학이 날바지 가는 날인돼 오 동시가 3일 준비을 한 것을 그것도 정성을 다해서 만든 음식을 푸짐하게 가지고 같쓰며 나는 딸 가진 사람만 예을 먹는 줄 알라는데 남자 쪽에서도 힘이 만이 들어가는구나.

오늘은 자신이 감기가 아니드라도 용학이 날바지 가는 날이라도 일은 뫁하지만 나 자신이 정초부터 감기로 몸살 하다니 이것은 말도 안 대는 말이라고 생각을 하며 아직 마음적으로는 절믐이 솟고 잇따고 말을 하고 십픈데 감기로 고통을 당하고 잇쓰니 자신의 건강 문제을 소을 했따고 말을 하고 십다.

지출에 … 자신의 감기약 2일분 4,000원

〈1994년 1월 3일 월요일 날씨 맑음〉

오늘같이 좋은 날에 감기몸살로 일을 뫁하고 골방 신세을 지고 잇따는 것이 나의 마음은 편지 않코 잇다. 감기몸살로 여기지 뫁하는 것은 몸이 약해젓따는 정거며 하다 뫁해 콤끄리라도 사와서 부인과 둘리 꼬야 먹어야 할 것 같다.

오늘은 몸이 말을 잘 안들어서 그려치 마음적으로는 적은 일부터 할려고 마음을 먹어 밭는데 몸이 말을 덧찌 않아서 오늘도 밭같바람 한번 씨지 않코 오늘 일과을 보네고 마랐다.

〈1994년 1월 4일 화요일 날씨 맑음〉

감기몸살로 방 신세만 저고 잇쓰니까 몸은 더 갈라저고 노곤한 몸을 잡을 수가 업쓰서 오후에는 이러다가는 큰일 나게다고 생각이 들어서 오후에는 일을 해야 하게다. 차라리 감기 기온이 오래가는 한이 잊쓰도 적은 일을 차저서 해야 하게따는 생각을 가지고 트랙터 앞발통 리돼나 갈라너는 작업을 하는데돼 운이을 돼리고 하여다. 운이을 대리고 한 것은 기계 내부가 어떠개 연결이 돼어 잊나 보고 생각을 하라고 운이을 돼리고 하여쓰며 리돼나을 갈라늘라고 보니 스푸링이 떨어저 나가서 다시 김천 대진 철물사에 가서 사와서 안전이 갈라넣어다.

"오늘 간단안 일을 하고 보니 몸의 피료가 들한 너킴이 더는구나. 사람이란 피료을 넘어 푸러도 건강에 득이 돼지 않는 것을 너켜보와다."

지출에 … 트렉터 리돼나 값 1,000
차비 800원
계 1,800원

〈1994년 1월 5일 수요일 날씨 맑음〉

"오늘 큰집에 음식 준비하는데 그들어주어쓰며 자신은 감기가 그진 떨어저서 할동을 하고 잊찌만 부인이 감기가 들어서 일 거더는 데 고충이 따리는 것 같떠며 병원을 한번 같다온돼도 감기가 떨어지지 않코 감기가 더한 너킴이 들어서 오늘은 묵 하는 데일 거들어주로 온 사람들이 만으니까 부인은 병원을 한번 같다오라고 근유을 하니까 응답이 업꼬 하드니 남들도 병원을 가는 것이 좋다고 하니까 병원을 같다 왔쓰며 이번 감기로 우리 부부가 큰 곤욕을 치루고 잊쓰며 부인은 했필 고부시에 감기로 고통을 받고 잊쓰며 잔치 준비는 해야 하고 부인의 고충이 가중될 것을 생각을 하니 안스렵다. 오늘 잠자고 나면 감기 뚝 떨어저면 내 마음이 더 편하게꾸나."

〈1994년 1월 6일 목요일 날씨 흐림〉

잔치 준비하는데 날씨가 밝지 못해서 눈이라도 올라나 하고 극정을 하여뜬이 다행이 눈은 오지 않코 흐린 날씨로 종일을 참아았다. 그리고 오늘은 사람들이 좀 징해서 일 도와줄 사람들은 만아쓰며 앞푸론 이른 일도 간단하게 치루고 말라야 한다고 본다. 오늘은 부인이 감기로 큰 고충을 당알 것으로 밭는데 오희려 감기 기운이 들한 것 같뜨며 오희려 오늘은 부인은 일을 못하지 하는 생각을 해는데 오희려 밝은 얼굴로 일을 하고 잊는 것을 보니 내 마음이 좋꾸나. 부인은 잔치 준비 품만 아니라 원잴라도 일을 만이 하는 사람이며 부인은 무선 일, 누구일 다들 내 일 같이 하고 잊쓰니 몸은 만이 상하고 잊다.

"올해는 우리 가족들에깨 연하게 사냥하게 어젓한 가장이 돼두록 노력을 할 것이며 특희 거친 말은 하지 않투록 노력을 할 것이다."

〈1994년 1월 7일 금요일 날씨 맑음〉

오늘은 음식 준비하는데 날씨가 흐리든지 바람이 불든지 하며 큰 불편을 주는데 오늘은 음식 준비하는데 아주 큰 보템을 하여쓰며 오늘 같은 날도 더문 날이라고 생각을 한다.

그리고 음식 준비하는데 만은 사람들이 와 도와주어서 고맙드라. 형님으로서는 오늘이 제일 극정을 하는 날이 좋아서 이번 잔치는 잘 치룬 셈이나 별 다름 업다. 내일은 크게 날씨에는 영향이 업따고 생각을 하며 이번 잔치는 잘 한 것이나 다름이 업다.

지출에 이발료 값 4,000원

〈1994년 1월 8일 토요일 날씨 맑음〉

오늘은 용학이 결혼 날인돼 날씨가 겨울답지 않케 아주 좋은 날이며 날씨 봄 날씨 처름 따스한 날씨라서 정말 좋구나. 오늘 예식은 대구 명성웨딩에서 오후 2시에 식을 올리는데 관광버스 두 대을 불여서 두 개가 손님이 만은 대어쓰며 우리들은 자리가 상당이 만이 남을 줄 알라는데 생각보다 손님이 만아서 고맏드라.

예식을 올리기 위해서 예식장에 도착을 하니까 정말 우람한 건물에 입이 벌어지며 여때것 구미 김천 예식장만 구경을 하다 대구 바닥의 예식장을 보니 김천 구미 예식장은 다들 창고나 다름이 업는 예식장이며 오늘 명성예식장은 정말 감탄을 하여쓰며 누가 설계을 하여쓰며 입이 저절로 버르지는 예식장을 구경을 하여다.

그리고 오늘 식당에는 우리가 마직 손님이라서 시간 여유을 가질 수가 잇쓰서 손님들에깨 여유 잇는 시간을 가질 수가 잇깨 대어서 혼주 편에서 미안한 마음을 들을 수가 잇쓰서 다행으로 생각을 한다. 그리고 청첩장을 50장 냇는데 210명이란 손님이 들어서 상당이 만원 손님이라고 생각을 한다.

지출에 … 용학이 여행비 50,000원
며느리 절돈 100,000원
계 150,000원

〈1994년 1월 9일 일요일 날씨 맑음〉

날씨가 갈수록 좋은 날씨을 보이고 잇꾸나. 오늘은 동기들이 다들 귀그릇 정리을 하고 설거지 하는 날이 돼고 마랐다. 잔치 한 번 치루는데 시작부터 마지막 정리하는 날까지 다 천다면 일주일은 걸린다고 바야 한다. 이른 것들을 바서는 잔치 쳐는 일은 될수록 상가하는 편이 좋다고 생각을 한다.

"오늘은 아무 일도 하는 것 업시 뒤닌을[뒷일을] 정리을 하는 것으로 오늘 일가을 보내고 마랐다."

지출에 부주 400,000원

〈1994년 1월 10일 월요일 날씨 맑음〉

오늘은 동네 총회날이며 오늘은 동장 출마자가 업쓰서 고심 끝에 용만을 선출을 하여쓰며 (조카 용만도) 일손이 부족한돼 동민들 건유로 장장일을 보게 돼어쓰며 앞푸로 동장 일을 볼라고 드는 사람이 업쓰니 앞푸로 공동일은 시간이 갈수록 문재점이 잇따고 생각을 한다.

"오늘날까지는 하로 생활이 늙 휴식에 별다름이 업쓰서며 내일부터 갑업치 잇는 일을 해야 하며 적은 일부터 해야 됀다고 생각을 하며 이재는 일을 하나 하나 시작을 할 작정이다."

지출에 … 송문 이모 가시는 데 10,000
매상 푸대 갑 50개 12,000
화토노리 4,000원
계 15,000원[133)]

〈1994년 1월 11일 화요일 날씨 맑음〉

오늘은 창길이 벼집을 두 단지 주고 쇠똥 달라고 준 것을 똥 실어가라고 하여서 경운기로 오전 내 실어내는데 일곱 바리 실어서 말리 사과밭에 실어다 노와쓰며 이것을 더 실을 수가 잇는데 오늘 12시에 세손 온다고 하여서 그만 실고 손님 밭을 준비을 하

---

133) 실제 계산은 26,000원이나 15,000원으로 잘못 기록하였다.

여쓰며 자신 저녁 무룸에나 올 것으로 생각을 하여떠니 일적도 오드라. 오늘 세손으로 온 사람은 용학이 잰염감 신부 여동생, 남동생 해서 4명이 왔더라. 그리고 신부 아버지는 맡딸 티어놋고 눈물도 보이지 않코 그대로 가는 것을 볼 때에 보통 사람이 넘드라. 형님은 상각을 가서 딸 띠어놋코 우는데 주이 사람까지 눈물을 나게 만들어는데 이번 사돈은 맡딸을 두고 가는 모섭을 볼 때에 당찬 사람이라고 말을 하고 십다.

"이번 잔치에 부인 고생이 만아쓰며 오늘로서 잔치 고생은 사실 끝이 낮다. 부인 처음 잔치 준비하는데 감기로 괴려어 하는 모섭 보기가 그리 힘이 들더니 오늘로서 모든 일이 끝이 낮쓰니 정말 고생이 만아다."

"오늘 저녁에는 대신 명세 부친 상문 같쓰며 대신 아들은 일을 당하며 동기생들이 다들 참석을 하는 것을 보며 보통 성위가 아니라는 것을 알 수가 잇다. 그리고 봉산 친구와는 오랜 시간을 보네지 않코 일적 오고 마랐다."

지출에 … 운이 자동차 정비 자격증 딸라고 학원비가 270,000원 대신 명세 부친 별세 부주 20,000원
계 290,000원

〈1994년 1월 12일 수요일 날씨 맑음〉

오늘은 사과 재배 기술 교육이라고 아포면 사모소 회이실래서 강사을 초청을 해서 교육을 2시간 하는데 우리가 원하고 잇는 교육이 안대고 잇쓰며 오늘 교육은 별 효가 업따고 본다. 차라리 오늘 교육은 교재만 받아들고 집부로 돌라왔드라면 덕이 돼어 쓸 끈데 오늘 교육은 후예대는 교육 시간을 보내쓰며 그리고 오늘 사과 교육을 배우고 하는 사람들이 상당이 만튼데 이 사람들이 다들 하나같이 오늘 교육장에 온 것을 후예하고 잇드라.

"오후에는 큰집에서 시간을 보내는 일로 오늘 일과을 보내고 마랐다."

지출에 … 트렉터 리돼나 값 5,000원

〈1994년 1월 13일 목요일 날씨 맑음〉

오늘은 벼집을 실어더리는 작업을 하여쓰며 오늘은 사과밭에 실어다놋는 작업을 하여쓰며 오후에는 부인이 피료하다고 마을 덧고는 벼집을 실어줄라고 따라나오는데 자신은 좀 쉬라고 하고 경운기을 빨리 몰고서 다 라나고 말라다. 부인은 가만이 볼 때에 부인의 건강은 생각을 하지 않코 자신의 일만 도와줄라고 생각을 하는 것을 볼 때에 너무나 고맙다.

"오늘은 벼집을 실어드리는 일을 저녁 노월이 지두록 하고서 집에 오니 부인이 수고하여따고 하면서 아빠가 푹 시계 하여서 오늘 오후에는 억찌로 잠을 자고 나니 몸이 깨운하다고 하면서 매달리면서 미안해 여기더라. 나 자신은 부인의 몸이 깨운하다니 무엇보다 자신의 마음이 좋드라."

그리고 나 자신은 당신의 몸을 하늘보다 드기중하게 생각을 할 뿐 아니라 당신의 꾸김업는 그 모섭을 영혼히 바라만 보고 십소. 부인 내 일 따이는 그들어 줄 생각은 하지 말고 부인의 건강을 지켜주는 것이 나의 행복이라고 생각을 한다.

〈1994년 1월 14일 금요일 날씨 맑음〉

김영삼 대통령 들어서고 나서는 큼직한 일들이 너무나 만이 터지며 하늘에서는 여객기가 추락한 큰 사고와 바다에서 페리호 친

몰로 엄청난 선객이 배 침몰로 다 죽고 구포에서 열차 사근, 수돗물 악치 사근 생각을 할수록 큰 일들만 발생하고 잇쓰며 이번 낙동강 수원수가 바람물질이 4배나 더 잇따고 이야기을 하며 이것들을 원인도 모른체 10日이나 흘르고 잇쓰니 정부는 무엇을 하고 잇는지 분통 떠지고 잇다. 도대체 정부는 무엇을 하고 잇는지 알 수가 업쓰며 자신은 정부에서 입부로 정치 하지 말고 실지 행동으로 정치을 하여주기 바란다. 현 정치인들은 가슴에 손을 돼고 가연 국민에 대해서 정치 생활을 하고 잇는지 반성을 하여 보아라.

"오늘은 부인과 둘리서 벼집 실어드리는 일을 하여쓰며 벼집을 두리서 실어니 만이 실개드라. 앞푸로 4단지 벼집을 실어드리야 한다. 금년에는 벼집이 좀 만타고 생각을 한다."

"오늘 저녁에 순달이가 가마솥을 깻끗이 씨어노라고 해서 개다리을 가지고 와서 형제관끼리 돌부리 정도 할 줄 알라는데 쇠머리와 소량을 가지고 와서 형님 내외가 곰을 까아서 먹어라고 할 때에 넘어나 고맡드라. 순달이는 돈 이자을 들 바다서 그 보답으로 가지고 왔따고 하지만 자신으로서는 이번 일은 넘어나 고맙다. 이번 픈만 아니라 순달이는 나에깨는 너무나 잘하여 주어서 그 보답을 늙 몿한다고 생각을 하고 잇쓰며 김천 지수씨에깨는 고맡따는 인사을 해야 하는데 하면서 나의 인사을 다 몿하고 잇따.

"순달이가 생각을 할 때는 우리 부부가 보신은 뒤로 하고 일만 죽두록 한다고 극정을 만이 하여주는데 정말 고맙다. 너위들이 이키에[있기에] 내가 일을 열심이 하고 잇따고 생각을 하며 너의 보답을 잊찌 안으리라."

〈1994년 1월 15일 토요일 날씨 맑음〉

오늘은 매상 준비을 하여쓰며 오늘 매상 준비하는데 아들이 다 거들어쓰며 그리고 오늘 매상을 될 벼는 수분이 0.3% 더 나가서 마음속으로 극정이 돼고 잇다. 이번이 매상이 마지막인돼 수분으로 매상을 몿한다면 큰 타격을 보는데 이번 매상은 자신이 간큰 장사을 시도하고 잇는데 마음의 한쪽에는 염려가 돼어서 극정이 크다.

그리고 오늘 매상 준비한 것은 86가마을 준비을 하여는데 다 될수가 잇쓸까 염려 중이다.

그리고 오늘 저녁 무렵에 김천원예조합에서 현 조합장이 사람을 모아달라는 부탁을 밭고 사람을 모아주어쓰며 우리 마을에서 15명이 조합원인돼 이중 14명을 모집을 하여쓰며 이 사람을 모집하는데도 저녁 시간도 모르고 띠어 다니쓰며 선거운동 하는 사람은 선거라 하며 눈독을 드리는 것을 볼때에 보통 예성이 아니라고 생각을 한다. 자신은 오늘하고서 다음에는 남을 시키라고 이야기을 하여서 오늘 동원돼 14명을 봉고, 승용차 두 대을 가지고 모시로 왔드라. 그래서 심천 식당을 정해서 간달안 저녁식사라고 돼접을 할 줄 알라는데 그것이 아니드라. 김천을 지나서 자꾸만 가드니 지례 시장을 가드니 간판도 업는 집부로 가는데 음식점이라고 아주 우람하드라. 자신은 이른 곳은 처음 왔쓰며 손님들도 아주 만드라. 그리고 우리 손님 바들 준비을 하여낮는데 우리들이 큰 손님이라는 생각이 들두록 푸짐한 음식이 준비돼어잇다. 14명이 불고기에 질리드록 먹어쓰니 이 건은 매상 금액도 상당이 만을 것으로 생각을 한다. 우리는 음식을 배에 다 채우고 다들 자리을 멀춤하게 앚저 잇쓰니까 현 조합장과 부인이 오드니 고맙따는 인사와 이번 선거에 미려달라고 부탁의 인사을 하드라. 그리고 술 한잔을 건하든이 바푸다면서 살라저드라. 그래서 우리도 자리을 일어쓰니까 봉고차로 집까지 모시드라. 이것은 우리가 안 해야 돼는 일을 우리가 하고 잇꾸나 하는 생각이 들면서도 버리지 못한 섭섭을 만이들 꾸짓어주야 한다고 생각을 가저본다.
"순달이가 소머리와 량은 120,000원 이상 한다고 하는데 순달이가 우리 부부에깨 신경을 만이 쓰따고 생각을 한다. 우리는 보신을 해야 한다면서 보신도 못하고 한 해을 그냥 넘어갈련지도 모르는데 순달이 때문에 부인 곰을 먹을 수가 잇깨 돼어서 더 좋꾸나. 부인 이번 곰을 남김 업시 다 먹고 뽀등뽀등 살만 져다오, 여보."

〈1994년 1월 16일 일요일 날씨 흐림〉
오늘은 신양평이 장녀 결혼식에 참석을 하여쓰며 예식장은 구미 오성예식장이 오늘 처음 하기 때문에 손님들은 맡더라. 그른데 음식은 별로이더라.
그리고 예식을 1시에 올리는데 정심을 먹고 곳바로 올라와서 윤두희 씨의 적토했는데 노타리 해달라고 해서 갇든이 등으리가 만으며 노타리 힘 드는 량 바서 품 값은 아주 적은 결과가 돼며 사실 노타리 망가저는 값도 안 될 것 같다서 안 댄다고 하면서 집우로 들어오고 마랐다.
지출에 … 신양평 장녀 결혼식에 부주
20,000원 차비 1,000원
계 21,000원

〈1994년 1월 17일 월요일 날씨 비〉
오늘은 때 아닌 비가 내리며 이것도 종일 배가 내리고는 하여쓰며 인간의 마음으로 바서는 눈이 펑펑 쇼다졌며 하는 바람인데 구전 비가 내리고 잇쓰서 마음이 그리 편찌 않꾸나. 그리고 오늘 저녁 초대는 김천원예 조합장 출마한 정복용 씨가 배신네 불고집에서 초대을 한다기에 13명이 갇더니 이번에 좀 미려달라고 부탁을 하며 부인과 아들을 돼리고 다니면서 부탁을 하면 이야기을 하는데 현 조합장보다 말을 잘하며 장로라고 그른지 말은 잘하고 호감이 가드라. 이재는 한 분만 더 들어며 출마한 셋 분의 말씀을 다 들어본다. 그리고 오늘은 정복용 씨 초대로 가서는 실찌 술값은 아포조합장으로 출마한 박기동 씨가 부탁한다면서 100,000만 원 준 돈으로 오늘 술값, 밥값은 지불하여쓰며 정식으로 초대을 한 돈은 다음에 이른 자리을 만들어서 먹키로 하고 저축을 한 셈이다.
"아포 조합도 부정으로 재선거을 하면서도 이번 선거가 무효가 돼지 않을까 염려하는 사람이 만터구나. 외냐하면 김일승 씨가 재선에 출마을 해서 법적으로 안 댄다고 하고 당선이 돼어도 벌금 350,000원 이상 하게 돼며 당선 박탈이 됀다고 소리들이 그리 만터라."
"요줌은 선거하면 우리 형제들은 선거술은 어드먹은 적이 업쓰며 우리 형제는 늙 야당 편에 잇쓰니까 술대접은 바들 수가 업쓰며 선거하며 뒤전으로 밀리는 실정인데 이번 원예조합 선거는 아주 술대접을 잘 받고 잇다. 사실 육권자을 돈으로 득을 볼라고 하면 외면을 해야 하는데 출마자보다 육권자가 마음 개심을 먼저 해야 한다고 본다."
"앞푸로 돈원으로 권력을 살려고 하는 일은 안 해야 우리나라가 살고 나가서는 자신이 살고 영혼희 국력이 살라가지 이재는 돈의 세도는 살라저야 한다."

〈1994년 1월 18일 화요일 날씨 흐림〉
오늘은 우리 마을 매상날이며 오늘 매상 배정량은 약 200가마이며 금년에는 매상을 전량을 다 바다주니 농민으로서는 대행운이라고 생각을 한다. 자신으로 바서 작년도는 104가마 매상밖에 못 돼고 올해는 전량 280가마을 다 돼어쓰니 올해에는 냉해 피해을 적개 바든 사람들은 대풍년을 마지하여쓰며 자신으로 바서도 작년에 비와면 큰 수학을 했따고 보며 그리고 금년에는 한 가마디도 상인들 주지 않코 매상을 다 돼어쓰니 큰 소득을 받따고 생각을 한다.
"자신이 오늘 매상을 80개 중 1등이 83개, 2등이 3개 총수 86개을 매상을 돼어쓰며 오늘 매상은 마음이 깨운하다는 생각이 들며 금년같이만 했준다면 우리 농민 웃서면서 농사을 짓을 수가 잇따고 생각을 한다."
수입에 … 직파 값 50,000원 매상 값 1등 83, 2등 3개 86개에
4,106,130원
계 4,156,130원

〈1994년 1월 19일 수요일 날씨 맑음〉
오늘은 외성보의 감사바들 자료을 뽑는데 그들어주는 일을 하여쓰며 자신이 외성보 임사을 본 적이 잇찌만 이번 일은 일이 더 만은 너킴이 들며 오늘 종일 자로 뽑는 데 시간을 다 보냇다. 그래도 내일 종일은 해야 돼지 않을까 하는 생각이 든다.
"오늘은 원예조합장 후보자의 닭티김을 한 바리식 선물을 받아서 잘 먹으다. 그리고 아포조합장 후보 박기동의 닭티김과 술대접을 받아다."
"아포조합은 재선거라서 그른지 술돼접이 업는 것이 다름이 업찌만 원예조합 선거는 안전희 돈으로 표을 사는 것이나 다름이 업다."

〈1994년 1월 20일 목요일 날씨 맑음〉
오늘은 아포보건소에서 혈압, 당뇨 검사을 해보라고 간호원이 좀 나와달라고 언재부터 전화을 하는데 바푼 핑계로 가지 않아쓰며 자신의 건강을 점검하라고 질료소에서 예을 쓰고 잇는 것이 고맡드라. 그 고마움이 마음속에서 잠식을 하고 잇찌만 실찌 행동은 하지 못하고 오늘은 큰마음 먹고 아포보건소을 들리떠니 서류작성을 하여서 1月 28日날 군 보건소에서 무료질료을 하게끔 서류을 하여주드라.
"아포질료에서 일을 하는 것을 볼 때에 아주 잘하고 잇따고 생각을 한다. 예냐하면 자신을 질료소로 끌어내는 일이 일 년이 걸리따고 생각을 하며 질료소의 끈질긴 노력으로 자신이 젓따고 생각을 할 때 이것은 마음의 온정으로 질료소의 문을 노코을 하여따고 생각을 하며 남외 건강을 생각을 하여주는데 그 고마음을 말할 수가 업다."
"오늘 포도 교육을 면회이실래서 포도 교육을 하는데 오늘 교육은 잘 받아따고 생각을 한다. 그리고 오늘 교육은 군 지도소의 직원이며 또 실무라자라고 한드라. 오늘 교육은 갑어치가 잇쓰다고 생각을 하며 우리가 실천을 할 수가 잇깨끔 교육을 받아따는 것

은 강사가 좋아따고 생각을 한다."
"그리고 우리 조합이 재선거에 들어같씀에 불구하고 오늘 오후에는 술, 닭티김, 돼지 족발, 맥주 할 것 업시 음식들이 희거려젔드라. 자신이 이 엄식을 먹으면서도 이것은 잘못이라고 생각을 하면서도 근절을 못하고 잇쓰며 그리고 이것을 좋아들 하고 잇는 사람이 더 만으니 정말 한심서르운 감 검치 못하며 우리 국민의 수준을 다 도라볼 때에 한심서러어 피통함 검치 못할 일다."
지출에 … 포도 교육 차비 값 500원

〈1994년 1월 21일 금요일 날씨 맑음〉
오늘은 김천원예조합장 선거일이며 우리 아포조합장선거일이며 서로을 유권자을 돼리고 갈려고 아우성을 쳐는 것을 볼 때에 정말 피나는 경쟁이며 지방자치제가 돼어야 한다고 하지만 마을마다 갈림이 돼고 서로들 인심공객 이른 것들을 볼 때에 단압댄[단합된] 마을을 둘로 셋수로 갈라놋는 일들을 볼 때에 다들 좋다고 말을 하고 십찌 않꾸나.
"오늘 선거는 김천원예조합장 선거부터 먼저 하고 배신네 불고기 집에서 정심을 하고 아포조합장 선거는 오후 시경에 했따고 본다. 그리고 우리 마을은 유난이 선거 하면 단압이 안 돼고 다들 헛떠지는 습관이 전사[전에]부터 내리오고 잇쓰며 우리 지역에서는 지방장 선거 해서 익인 적이 업쓰며 옛말에 사촌이 땅을 사면 배 아푸다는 말이 틀림업따고 본다."
"쳧 선거에서 김춘효 씨가 나와서 실패하여쓰며 재선거에 출마한 득게 김정일 씨 후보로 나와찌만 우리 마을래서 한 사람도 미려주자는 말 한마디 업쓰니 이 지역에 사람들 다들 속원 좋지 안타고 생각을 하며 옌말로 까마기도 고향 까마기가 좋다고 했는데 우리 마을 사람을 마음 상쳐을 곤치지 않코는 우리 마을 발전을 기대을 할 수가 업따고 본다."

〈1994년 1월 22일 토요일 날씨 눈〉
오늘 낡씨는 추어서 다들 휴식을 하느라고 동회관에 터저갈 것 같이 사람이 만이들 모여쓰며 여태것 날씨가 좋은 바람에 놀지을 못해서 그른지 오늘은 회관이 비좁아서 놀 수가 업두록 모여노란다.
그리고 이번 조합장 선거는 김일웅 씨가 압도적으로 당선이 돼어쓰며 김일웅 씨가 쳧 선거 때보다 득표을 200표을 더 어더쓰니 이것은 김일웅 씨을 조합원이 다들 일을 잘 했따고 생각을 하고 재선거에 동정표을 떤저주어따고 생각을 하고 특희 구속 중에 압도적으로 당선이 돈 것을 볼 때에 큰 인물은 뜰림이 업따고 생각을 한다.
"부인 감기몸살로 몸부림을 쳐고 잇는 것을 볼 때에 극정이 마음속으로는 만이 하여는데 오늘은 부인이 얼굴에 할기가 돌고 잇는 너킴이 올 때에 내 마음은 아주 발은 너킴을 너켜쓰며 부인의 활기가 곳바로 나의 기쁨이며 나의 가슴에 힘을 주고 마음의 힘을 넘치게 만드는 것을 볼 때에 부인의 힘이 엄청나게 크다는 것을 다시 너켜볼 수가 잇꾸나."
지출에 … 오징어 돌부리 1,000원

〈1994년 1월 23일 일요일 날씨 눈〉
오늘은 눈 온다고 예측을 하지 못해는데 눈이 하야게 내려잇는 것을 보고는 어느 누구도 실어하지 않아따고 생각을 하여본다. 내 마음 갈더며 눈이 우리 허리 정도 소복이 내리주어쓰며 하는 마음이다.
그리고 전문대학 특차 원서 낼 때가 돼어는데 이번에는 들어가야 하는데 혜지만 해결이 됀다면 나로서는 더 바랄 행운이 업따고 생각을 하며 금년에는 1, 2차에는 꼭 들어가야 한다고 생각을 한다.
"우리나라의 정치가 어디로 몰고 가는지 알 수가 업쓰며 우리 국토가 변모돼어가며 이것도 잡이 전으로 변하고 우리 마을를 본다면 논이 밭으로 변하고 잇는 필지만 수십 마지기가 돼고 잇쓰니 이것을 전국적으로 본다면 엄청난 수짜로 볼 때에 바람직한 일은 아니라고 생각을 하여본다. 원잿가는 식량 전쟁이 잇따고 볼 때에 정치인들은 나라의 판도을 어떠게 보고 잇는지 그리고 우리 정치인 국민이 밑고 따를 수가 잇두록 국민을 위한 정치을 바라고 십다."
"오늘은 종일 동안 휴식을 하여쓰며 어제 오늘은 화토노리을 하는데 꾸피[굽비][134]을 하고 잇쓰며 아주 큰 판은 아니지만 조금식 하고 잇는데 자신은 화토을 만치지 않코도 십구만 원을 수입을 받쓰며 자신은 남의 돈을 오늘처럼 만이 따 본 적이 업쓰며 자신의 돈 4,000원로 190,000원 따쓰니 이것은 엄청난 돈이며 이른 짓을 안 해야 한다고 생각을 하며 이것은 어딘게 모르게 감정을 가지게 돼는 일이며 앞푸론 상가해야 할 것 같다. 자신이 190,000원 중 십만 원은 일언 사람 빌리달라고 해서 주어쓰며 이것은 내 돈이라고 생각지 않으며 이것은 주면 받고 안 주면 그만 잇다고 생각을 한다. 자신이 가지고 온 90,000원은 내 돈이라고 생각을 한다."
수입에 … 90,000원

〈1994년 1월 24일 월요일 날씨 맑음〉

오늘은 내가 살든 집이 두 필지라서 합필을 할려고 법원예 같쓰며 아직까지 민원실래 손님들을 대하는 직원들이 불성실하며 우리가 선진국으로 갈려면 관직에 직원들이 민원 행정에 성실함을 보여주어야 한다고 본다. 오늘 민원 업무를 보는데 속을 태우는 일을 참아주는데 힘들은 날이라고 말을 하고 십다.
"오늘은 합필하는데 도장을 가지고 가지 안아서 안전 망우리을 하지 뫃하고 내리오고 마랐다. 그리고 오늘은 자신의 땅이 자신 앞푸로 등기가 다들 돼어잇는지 등기 등본을 띠어볼라고 신청을 너어떠니 시간이 업쓰서 내일 오라고 해서 그만 학인도 뫃하고 내리오고 마랐다."
"오늘 동회관에 놀로 가니 어재 화토로 수입을 바따고 돈 만 원 달라고 보채서 10,000원 주어떠니 어재 대라돈과 40,000원으로 회끄리을 싸와서 정말 잘 먹으다. 만약에 어재 돈을 일은 사람이 이 자리에 잇따면 을마나 속이 아푸겟나 하고 생각을 하여 볼 때에 노름은 하지 않아야지 하는 생각이 드는구나."
"어재 돈을 일은 김춘효가 700,000만 원 일으다고 할 때에 이 사람은 늘 하토을 해서 남외 돈을 자주 따는 사람이지만 이번에는 손에을 바서 그 아픔은 어느 누구도 알 수 업쓰며 이 아픔은 본인밖에 모른다."
지출에 … 회감 돌부리 하는 데 10,000원

134) 화토놀이의 한 종류.

등기열람비 5,400원
합필하는데 2,800원
계 18,200원

〈1994년 1월 25일 화요일 날씨 맑음〉

오늘은 자신의 대지가 두 필지을 합필을 안전희 하여쓰며 자신의 토지도 열람을 하여더니 자신의 앞푸로 등기가 다 돼어잇드라. 자신이 등기는 대어잇는 줄은 알지만 이번이 특별조치법이 두 번재이며 유월 달이 마지막이라서 학실시 않는 토지는 이번 특별조치법에 정리을 할려고 등기 열람을 하여떠니 다들 등기가 내 앞부로 돼어 잇드라. "오늘 등기 열람 하로 가는데 형님, 상원 셋시가 같쓰며 정심은 분식점에 들어가서 칼국수을 먹는데 이것도 한 그릇에 1,500원, 3개에 4,500원 주어다. 그리고 자신의 일은 오전에 일적 끝이 낱는데 형님과 상원 필지 여르 게라서 종일이나 글리고 마랐다."
그리고 오늘 같은 좋은 날에 군 민원실에서 기다리고 잇는데 마음은 답답드라. 외냐하면 여때것 추어서 아무 일도 못하고 오늘 같은 날은 엄지에 싸인 눈들이 녹아서 땅을 질게 하고 잇쓰며 이 좋은 날 민원실에서 시간을 보내고 잇따는 것이 답답한 하로 날씨가 돼어따고 말을 하고 십다.
지출에 … 등기 열람 하로 가서 정심 값
4,500원 보험료가 15,000원
운이 과자 1,000 계 20,500원

〈1994년 1월 26일 수요일 날씨 맑음〉

오늘은 작과나무 전정목을 줏는 일을 하여쓰며 이 일을 할려고 따라갈려고 하는 부인을 아직까지 감기몸살 피료가 눈가에 싸여 잇따면서 부인은 내 말만 들어며 딸이 업쓰니까 아직까지 푹 시고 내가 일 하로 가자고 할 때에 부인은 따라가면 대니까 오늘은 미안함감 버리고 푹 시라고 당부을 한 셈이다. "오늘 오후에 일을 맡치고 보니 어더움이 질 무름에 집에 들어오니 운이가 정비학원에 갈려고 도로 주변까지 나오는데 잠바가 자꾸가 늙여잇쓰서 춥번돼 짜크을 닫드라고 하니까 아빠 추원대 일적 들어오지 하길에 그 말이 넘어나 좋아서 눈물이 나올 지경이드라. 우리 운이 오락으로 이 아빠을 골탕을 먹일 때 바서는 인간이 됀다고는 전연 생각을 못해쓰며 인간 돼어달라고 이 아빠 무수이 매와 손을 댄 것이 분통터지두록 미안하며 외 손을 대쓸까 이재와서 미안함을 어떠게 다 하리까. 우리 운이가 아빠의 건강을 극정을 하여주면서 넘어나 잘 자라주는데 이 아빠가 운이 사춘기 한때을 참아주지 못하고 그 날리을 직인 것이 넘어나 미안꾸나."
"운아 이 아빠의 잘못은 자식의 욕심에서 순간적으로 이성을 일어서 운이깨 매와 손을 댄 것을 마음속으로는 잇저본 적이 업쓰며 그 미안함 잇전 적이 업쓰다. 이 아빠가 너을 볼 때마다 떠오려고 잇따. 그때마다 잘못을 니우치고 잇딴다. 운이는 아빠을 볼 때마다 무수이 매와 손우로 두딜게 맏자따는 생각을 하고 잇는지 이 아빠는 급이 나는구나. 운아 과거 일사는 우리 다 잇뚜록 노력을 하고 우리 친구 대어서 서로 순김업는 대화아 운이 곁대서 인간 생활하고 살라가고 십다. 운아 앞푸론 서로가 얼굴 불키는 일이 잇쓰서는 아니됀다. 운아 오늘 이 아빠는 너의 말 한마디가 보석을 어든 것보다 더 기쁨이 크며 오늘 피료는 순식간에 사라저고 나의 기쁨은 크기고 재어본다면 이 세상에 따라올 수 업는 큰 기쁨이란 다. 운아 정말 고맏다."

〈1994년 1월 27일 목요일 날씨 맑음〉

오늘은 전문대학교 우선 전형으로 식품영양과에 8명 뽑는데 우리 혜지가 원서을 혜영이가 넛는데 혜지 수험번호가 300번이 넘개 접수을 하여따고 하며 원서 마감이 내일 마감이라고 하는데 내일 접수을 한다고 볼 때 적으도 100명이 접수을 한다고 볼 때에 전문대 들어가는 것만도 하늘래 별따기보다 더 힘드는 일이니 극정이 아닐 할 수가 업꾸나. 올해는 우리 혜지가 금년에는 들어가야 하며 혜지로 바서는 금년이 마지막 기회라고 생각을 한다.

"오늘은 전정목을 묵는 작업을 종일 하여쓰며 자신으로 바서는 봄에 할 일들이 넘어나 만이 밀리잇따는 생각을 가질 때에 마음이 조급해저는구나."

"어머님 혜지가 전문대학교에 들어가지 못해서 내 마음이 다 타고 잇씀이다. 어머님 혜지가 올해 전문대학교에 들어가지 못하며 혜지는 전문대학교가 어떤 곳인지 알지도 못한 체 학교을 포기을 해야 할 고비라고 말을 하고 십씁니다. 이번에는 어머님이 도와주야 하게씀이다. 어머님 나의 소원이라고 말씀드리고 십씁니다. 우리 혜지 이번에는 학교에 들어갈 수 잇두록 도와주십시오."

〈1994년 1월 28일 금요일 날씨 맑음〉

오늘은 군 보건소에서 무료검진 한다고 해서 자신은 금릉군 전체에서 무료검진 한다고 해서 사람이 넘어 만을 것으로 생각을 해서 집배서 일적 서들어 같든이 이미 내 앞에 사람들이 만이들 와이드라. 나중에 간호원이 와서 순번을 부르는데 35번이드라. 이것만도 다행이드라. 이 번호순서대로 검사을 한다고 자기 차례을 기다리고 잇쓰니 질서을 지키서 검진을 하는데 진행이 잘 돼며 생각보다 빨리 돼고 잇드라. 이번 검진은 혈압과 당뇨, 감염, 심장, 피검사 여르가지을 검진을 하는 것 같드라.

자신은 일적 가서 검진을 일적 하고 우리 마을에서 5명이 같는데 윤재건, 윤정희 형님은 나보다 조금 뒤라서 자신이 기다리다가 같이 집부로 왔쓰며 오늘 자신은 당뇨가 조금 잇따고 생각을 하고 검진을 하로 같는데 당뇨가 업따고 하여서 자신은 마음속으로 그리 좋트라. 그리고 이번 검사을 병원에서 한다면 만원 돈을 쓰야할 끈데 아포보건소 간호원 득택으로 무료로 검진을 잘 했쓰며 집부로 도라오면서 간호원 득택으로 잘했따고 인사을 하고 집부로 왔다.

"오늘 검진은 다음에 알지만 결과는 뒤로 하고도 오늘 검진은 잘 했따고 생각을 한다."

오늘은 작과나무 전정을 하여쓰며 봄은 다 가버린 너킴이며 앞푸로 할 일들은 넘어나 만이 싸여잇는데 이 일들을 생각하니 마음과 육체가 다 바푸고 잇다.

그리고 전정을 하고 집배 돌라오니 부인 하는 말이 혜영이 장학생일 유지하여따고 이야기을 하는데 기분이 좋더라. 우리 혜영이 이번에는 시험을 잘 못바서 장학생 밀리나게 돼어서 아빠 미안타고 이야기을 하든 혜영이가 그대로 장학생을 유지하게 돼어따니 너무나 고마어서 혜영이와 악수을 하면서 혜영아 정말 고맏다, 네 4년제 못씩킨 분푸리 다 하고 잇다, 정말 예 먹어다고 머리을 쓰다듬어 주어쓰며 형영이가 효자 노릇하고 잇따면서 고마어하여다. 이 아빠 우리 혜영이 실력을 인정을 하여주어야 하겟다. 1반 2반 중 120명에 3등 하고 저의 반에서 2등 하여따니 이것은 보통 노력으로는 할 수 업는 등급이다. 우리 혜영이 정말 고생했다. 앞푸로 더 노력을 하여서 이 아빠 절거움을 혜영이 졸업할 때까지 간직을 하두록 해다오, 혜영아. 이 아빠가.

지출에 … 군보건소에 검진하로 가는 데 차비 값 1,550

〈1994년 1월 29일 토요일 날씨 맑음〉

오늘 오전원에는 마을 주변으로 청소을 하여쓰며 마을일 청소는 자주 해야 하는데 다들 바푼 핑계로 실어하는 습성이 잇다. 오늘 마을길 청소을 하고 나서 마을길을 다닐 때에 마음들이 말거며 누구 업씨 깨끗한 길을 걸을 때는 발길이 가벼저는 너킴을 받아쓸 것으로 내다본다.

그리고 구본식 막내 동생 결혼식을 앞두고 동네로 술돼접을 하는돼 다들 정심시간이라서 다들 잘 먹으쓰리라 생각을 한다. 동네로 술돼접하는 것도 좋찌만 이것은 본인들은 잔치을 두 번 치루게 됀다. 이 분들 내일 에 식장까지 따라가서 음식을 먹게 돼고 잔치을 두 번 치루게 대며 이것이 다들 자기 일들이라고 생각을 할 때에 이중돼는 일들은 시정을 해야 됄 일이라고 생각을 한다.

"오늘 오후에는 포도나무 전정을 하여쓰며 포도나무는 일 년 생이라서 전정을 할 끄도 업드라."

지출에 … 본식이 막네 동생 결혼식 부주 10,000원

〈1994년 1월 31일 월요일 날씨 흐림〉

오늘은 부인이 감기몸살로 개러어 하길래 오늘 병원에 갇다오라면서 작과나무 전정을 하로 가면서 오트바이로 도로까지 태어다 주어쓰며 이번에는 부인이 감기몸살로 괴로어 하며 이번 감기는 다들 힘들어하드라.

그리고 자신이 전정을 하고 오니 참기름 짤 끄와 티밥끄리을 운이에깨 가지고 오라 해서 다들 가지고 같드라. 그래서 자신이 그만 성질이 나드라. 자신 예당초 오늘은 부인의 몸이 정상이 아니니까 오늘은 다른 일하지 말고 병원만 갇다오라고 했는데 내 말은 덧찌 않코 응뚱한 일만 하고 잇쓰서 성질이 나며 부인은 내 말만 들어며 아무른 무리 업시 생활을 할 수 잇는데 그리고 나는 부인의 눈빛만 바도 건강에 무리을 알 수가 잇는데 외 내 말을 안 들을까 정말 이상한 사람이다. 오늘도 병원에 가니까 사람들이 만아서 오후에 오라고 하니까 그 시간에 기름과 티밥을 떨 수가 잇따는 생각에 건강은 뒤로 하고 운이한태 전화로 가지고 오라고 해서 일을 만들은 것은 무러보나 마나다.

자신은 부인의 몸을 내 몸보다 더 귀중하게 생각을 하고 잇는 줄도 모르고 잇는 것이 분통 터지며 이것이 나의 생각과 똑같이 마저떨어저스며 내 말 안 덧고 응뚱한 짓 한다고 호대게 꾸중을 줄라고 했는데 막상 만나서 소리을 철라고 하니 질료 시간이 오후 2시에 오라고 해서 다음에 하로 시간을 잡아먹을 것 같다서 그래따고 하면서 미안하다고 하는데 어더게 할 수 업드라.

"부인은 내 마음을 몰라주고 잇다. 나는 오늘 정심시간이 돼어서 부인은 내일 죽는다 해도 정심을 사먹을 사람이 아니라서 혜지을 김천 기름집부로 올리보네서 너의 엄마는 여때것 감기몸살로 피료한 몸이라서 오

늘 정심도 굴어며 너의 엄마 죽어니까 혜지가 올라서 정심을 사주두록 해라, 정심을 안 먹을라고 하거든 끌고 가서라도 정심을 사주어라 하고 올리보네쓰며 이르깨 신경을 다 쓰는데 나의 신경 반이라도 생각을 하여준다면 남편의 말을 들을 것이 아닌가. 앞푸론 나의 마음을 따라준다면 건강의 무리 업시 생활을 할 수 잇따고 본다."

〈1994년 2월 1일 화요일 날씨 눈〉

94년을 마지한 적이 어거재 같은데 벌서 이월 달을 마지하여쓰며 자신은 세월이 넘어나 빨리 가는데 늙 불만이란다. 일 년 세월이 좀 지루한 시간이 돼두록 세월의 시간이 천천희 가주어쓰며 한다.

오늘은 밤새 내리는 눈이 준간 준간 비가 내리서 길거리만 위험성이 따리두록 만들고 마랐다. 금년에는 눈 한 번 재대로 오지 않는 해라고 말을 하고 십다. 겨울하면 눈이 때에 따라서 소복이 싸이두록 와야 겨울 가뭄이 해결이 돼는돼 올해는 눈이 오지 않아서 겨울 가뭄이 심하다고 생각을 한다.

"부인이 이번 병원에 갇다오고는 얼굴에 생기가 도는 얼굴이며 할동에 가벼움을 알 수가 잇다. 부인의 건강이 빨리 해복이 돼야 자신의 얼굴래도 할기을 가지게 된다."

"오늘도 종일 동안 동회관에 여르 사람들이 묘여 놀면서도 서로들 이야기로 종일 해을 보내쓰며 학실이 하토놀리는 줄어들은 것만은 하실하다고 말을 하고 십다."

〈1994년 2월 2일 수요일 날씨 맑음〉

오늘 같은 날은 바람밭이에는 일 하기가 거북한 날이라고 본다. 왜냐하며 바람이 넘어나 세차게 부르서 일 하기에는 불편한 날이다. 오늘도 남들은 노는데 자신은 봄와 할 일들이 만아서 오늘 전정하는 데 시간을 다 보네다.

"그리고 혜지가 우선 전형으로 김천전문대 영양학과 8명 모집에 30명 이상 지원을 했따고 하는데 전문대학도 이재는 넘어나 힘드는 학교가 대어쓰며 우리 혜지가 내일 발표가 나는데 마음이 불안하다. 등급이 3등급이라면 자신을 하는데 4등급이라서 이번에 우선 전형은 급이 나며 다음 이차에는 합격을 한다면 별일 업깨다. 자신은 이번 기회에 들어가야 하며 혜지는 금년에 전문대학교 들어가야 하는데 올해 뫃 들어가며 이 아빠 가슴 아푼 일이 생긴다. 외냐하면 한 놈은 대학교로 한 놈은 회사로 출근하는 그 모섭이 부모로서는 가슴 아푼 일들이다. 그 아품을 올해는 업세주어야 하는데 자신으로 염려가 크다고 생각을 한다."

〈1994년 2월 3일 목요일 날씨 맑음〉

오늘 전문대학교에 우선 전형 발표날이며 우리 혜지는 처음부터 불안하드니 지원자가 만터니 결국은 밀리나고 마라쓰니 대학교 이처름 힘이 드는지 몰개쓰며 전문대학 시키기도 외 이래 힘이 들며 오준[요즘] 아들 하는 말이 줄을 잘 서야 출세한다고 하드니 이번에도 비서 행정은 1명 지원 했더란데 안타갑키 짝이 업다. 우리 혜지 이차에 들어간다는 보장도 업고 난감하기 짝이 업꾸나. 혜지가 이차 들어간다면 이 아품은 다들 아물 수가 잇따고 보지만 이 일도 십지는 않타고 볼 때에 앞푸로 질료의 길이 서잇찌 않으며 이 아펌은 어느 누구도 모른다고 생각을 한다.

"오늘로서 당산 작과나무는 오늘로서 전정

을 끝을 냇다. 전정에 질리두록 전정을 하여다고 본다.”

〈1994년 2월 4일 금요일 날씨 맑음〉

오늘은 당산 작과나무 사이에 심원 사과나무 전정을 하고 약까지 다 발리쓰며 사과나무들이 다들 탐스렵게 크따는 생각이 더는 나무들이 업다. 그리고 죽은 나무가 17포기는 원둥치을 잘라서 세 순을 바들라고 생각을 하고 잇는데 이것이 모목보다 더 빨리 땔란지 몰게쓰며 이것을 일 년을 키아서 사왕을 보고서 처분을 할 작정이다.

“요즘 수입품이 시장에서 국산품으로 둔갑을 해서 마구잡이로 팔리고 잇쓰따고 사인들이 이야기을 하며 정부에서 원산지을 표을 하라고 이야기는 하고 잊찌만 실찌 시장 상인들은 전부가 원산지 표시 업시 마구들 팔고 잇따고 할 때에 우리 농민들은 생각보다 더 타격이 클 껏으로 보며 수입품들이 정식으로 수입이 돼며 음청난 타격이 댈 것으로 보고 잇다. 정부에서는 무엇을 하고 잇는지 농산물, 수산물 할 것 업시 마구재비료로 들어오는 것을 막지 못하고 잇는 이유는 뭇엇신지 알 수가 업쓰며 이것들이 밀수도 조금 잇따고 하지만 대다수가 부정으로 들어온다고 생각을 하고 잇다.”

〈1994년 2월 5일 토요일 날씨 맑음〉

오늘은 말리 사과나무 전정을 하여쓰며 생각보다 작업이 빠르며 사과나무 전정하기가 수라드라. 앞푸로 내일 오전 전정만 하며 다 할 것 {같}다.

앞밭에는 설을 시고 전정에 들어가야 할 것 같다. 작과나무 전정은 작년보다 작업 진도가 너저저는 감이 잇꾸나.

〈1994년 2월 6일 일요일 날씨 맑음〉

오늘은 봄이 왔따는 실감을 가질 수가 잇쓰다. 외냐하며 엄지에 싸인 얼엄 눈이 녹아서 땅을 질개 하여쓰며 앞들 도랑에 물소리을 내면서 흐르고 잇는 가정을 볼 때에 봄이 왔따는 것을 인간의 감을 가질 수 잇는 날이여따고 말을 하고 십다.

그리고 오늘로서 말리 사과나무 전정을 다하고 약칠까{지} 끝을 냇다. 한 곳에서 일이 지연이 안 돼고 짤번 시간으로 작업이 끝이 나니 일들이 더 잘 대는 너킴이 가질 수가 잇쓰다.

그리고 자신이 설 이전까지 오늘 일 한 곳에만 작업을 끝을 낸다고 개핵을 세어는데 자신이 개핵을 세운 것을 작업 일수로 본다면 현재로 이틀 앞당긴 셈이며 이대로 진행한다면 자신도 봄일이 늦따고만 생각지 않는다.

〈1994년 2월 7일 월요일 날씨 맑음〉

오늘은 앞밭에 작과나무 전정을 하는데 하로 량의 개핵을 만이 세아서 다 할려고 종일 동안 정신 업시 하여떠니 나중에는 어깨가 아파서 팔을 마음대로 움직이지 못하게드라. 이것도 이틀 동안 열심희 하며 설이라서 충분한 휴식을 한다고 이틀은 열심희 하여서 봄에 할 일들을 줄라볼라고 오늘 부리한 개핵을 세와서 다 한다고 열심이 한 것이 나의 건강만 상하게 하고 마라다. 사람이 바풀수록 도라가라는 말이 잇떠시 할 일이 마늘수록 작업량을 줄라서 건강에 무리가 업두록 개핵을 세아서 차근차근 일을 해야 한다.

그리고 오늘 너킨 것이 아직은 자신이 일하는 것은 아들 일을 하고 잇따는 생각을 하여 보앗다. 자신도 이재는 성숙한 어른 일을 해야 하는데 마음을 대세겨 보앗다.
그리고 요즘 아빠와 전정목을 주어로 갈려고 따라나서곤 하는데 아직은 부인의 건강이 안전이 해복이 안 대어서 대리고 가지 못하니 설 시고 대리고 갈 것이며 설 시며 부인 안 갈라고 해도 대리고 갈 것이니 그때까지 휴가로 알고 잠자고 잇쓰라면서 나 혼자만 작과나무 전정과 사과나무 약칠과 혼자 다들 하고 잇다. 이것을 본 부인은 나면 일 못 도와준다고 그저 미안해 여기며 요줌은 우리 부인 남편에깨 예교[애교]가 만점이며 요줌 예교 부리는 것을 보며 웃섬이 더 만아저는 날이 계속 대고 잇따고 말을 하고 십다.

〈1994년 2월 8일 화요일 날씨 흐림〉
오늘도 앞밭에 작과나무 전정을 하여쓰며 작과나무도 높이을 줄라야지 나무들이 높퍼니[높으니] 전정하는 데도 힘이 들 뿐 아니라 과일 수학을 할 때도 불편이 따르고 나무들 높이가 크며 하나에서 열가지가 다들 불편이 따러기 마른다.
“무선 과일나무든지 나무들을 짤깨 키어서 작업일이 손십두록 하여야 하며 이재는 일하는 데 불편을 주어서는 안 댄다고 본다.”
“또 한 살을 먹어야 하는구나. 이 한 살이 십개 먹어가고 잇는 것이 안타가우며 이 한 살이 더해가는 것이 나로서는 재일 실어하는 것이 사실이며 내 나이 50세가 돼는데 오늘까지 걸어온 뒤을 도라볼 때 내가 무엇을 했딴 말인가 생각을 할수록 안따가움만 더하며 그저 원망스렵기 짝이 업꾸나.”

〈1994년 2월 9일 수요일 날씨 눈〉
오늘은 한참 대목에 눈, 빌 내리서 고향길을 망쳐노고 마는구나. 귀성길래 눈 때문에 도로변에서 밤을 세우는 고향길 이 날씨가 너{무} 했따는 생각이 들며 해필 오늘 고향길을 안전희 망쳐놓는 격이 돼고 마랐쓰니 이 날씨가 원망스렵따고 하는 사람들이 넘어 만으리라고 본다.
“오늘은 설 준비하는데 날씨가 너무 행습잔아서[좋지 않아서] 방에서 음식 준비을 하곤 하여다. 그리고 올해는 세 식구가 불어쓰며 형님은 딸은 주고 조카 메느리가 들어왔쓰니 식구 수는 같다고 하지만 명절로 음식 만치는 사람은 불은 결과가 돼는구나.”
“오늘도 날씨만 좋아따면 작과나무 전정을 할끈데 이 날씨가 나을 쉬게 하고 잇꾸나. 나을 시계 하는 것은 한편으로 좋으나 한편으로 일을 못해서 서운감도 잇꾸나.”
지출에 … 이발료 값 4,000

〈1994년 2월 10일 목요일 날씨 맑음〉
올 설도 우리 형제들은 다들 참석을 하여쓰며 그리고 집안 다 쳐도 한 사람만 눈길 때문에 고향이 오지 못하는 불상사 나와쓰며 그리고 우리 마을로 바서는 고향에 못 온 사람들이 넘어나 만아따고 생각을 하며 올해는 험살구전 날씨가 돼어서 마을 길목에 차들이 한산으며 올해는 고향에 온 사람들이 상당이 줄어따고 생각을 한다.
“오늘 설이라고 조카들이 세배을 할려고 집부로 올라왔드라. 그래서 세배돈을 주는데 큰 놈은 10,000원, 3,000원, 2,000원 순서돼로 주어쓰며 자시은 적은 조카들은 만원짜리을 주며 별로 좋은 일이 아니라고 생각을 하고 큰 돈을 안 주어쓰며 구미 조카들에깨 20,000원으로 세배돈을 정리을 하여쓰며 김천 조카들은 너깨 오는 바람에 세배돈을 주지 못했다. 그른돼 동생들이 우리 아들이 세배을 하는데 만 원짜리로 주는데 나는 천 원짜리로 세배돈을 주어따고 하면서 적은 돈으로 주라고 해도 그 말을 덧찌않코 큰 돈을 주어서 나 자신은 적은 돈을 주어서 미안감이 들드라.

지출에 … 친구 술 값 10,000원
조카 세배돈 20,000원
계 30,000원

〈1994년 2월 11일 금요일 날씨 눈〉

오늘은 부인이 온 식구을 데리고 외할머니 택에 대리고 갈려고 안간심을 다 쓰며 올해는 유독 남편을 데리고 갈려고 마음에 들은 사양을 다 부리며 오늘은 사실 날씨가 흐리며 곳 눈빨리 내릴 것 같다서 다음에 같쓰며 하는데 부인이 넘어나 바짝 스들어서 끌려간 셈이다. 내 식구 5명이 처어머님에깨 새배을 드리쓰며 처어머님은 변함 업는 얼굴이며 건강한 모섭이 엽보이며 그 모섭이 나로서는 좋드라. 자신어로 볼 때에 건강한 모섭으로 오래 사라계시야 한다.

그리고 어머님과 이야기을 하고 놀고 잇는데 그 사이에 눈이 소복이 내리서 다니니가 힘들두록 만들어 나서 우리는 서들어서 처어머님 곁을 떠나왔쓰며 처남의 차로 도로변까지 나오는데 눈 때문에 힘이 들어쓰며 도로는 비판이 돼어서 차들이 거북이 걸음으로 다니고 잇쓰며 용전 입구에서 우리 마을까지 오는 시간이 1시간이나 소유대고 말라쓰며 정말 불안 마음으로 집배 도착을 한 것이 사실이다.

그리고 가족이 다들 처어머님에깨 인사 올린 적이 금년에 처음이라고 생각을 한다. 이 일들이 부인의 생각이 아니드라면 실천을 못할 것이며 자신이 할 일을 부인이 돼신 하여따는 너킴과 자신이 할 일들을 부인 가리키주어따고 생각을 한다.

지출에 … 부인이 쓴 것, 천정가는 데
쇠고기 10,000원 쥬스 3,900원
차비 600원 처어머님 10,000원
자신이 쓴 것, 차비 1,800원
계 26,300원

〈1994년 2월 12일 토요일 날씨 맑음〉

어재부터부터 눈이 내리기 시작을 하여서 밤 사이에 내린 눈이 25cm 내리서 기상대는 13년 만에 처음 만이 내리따고 발표을 하여쓰며 이 눈은 자신이 기다리고 기다린 눈이라고 말을 하고 십프며 자신이 몌칠 전부터 원업시 힌눈이 내리서 내 한 키 와주어쓰며 하는 마음이여쓰며 자신은 자주 중을거린 눈이 천지을 하야게 만들어쓰며 이 배경을 사진기로 찍어두어쓰며 해도 사진기가 업는 바람에 실천을 못하는 아쉬움이 잇쓰탄다. 그리고 자신은 어재 저녁에 눈 내리는 모섭을 볼라고 셋 번식이나 방문을 열어보곤 하였다. 정말 이번 눈은 나의 마음을 사로잡아따고 생각을 하며 한편으로는 나의 마음을 어린 시절로 도라가게 하여따고 한다.

그리고 오늘은 윤봉희 씨 한갑이라고 부주을 안 받고 집부로 모시서 술 돼접을 한다고 하여서 우리 절먼 쪽에서는 부주을 안 밭키 때문에 집부로 갈 수가 업따고 생각을 하며 이 놀란이 한참 대두가 돼어쓰며 만약에 집부로 간다면 선물을 사들고 가야 한다고 생각들 하고 잇는 반면에 또 한쪽에서는 다들 선물을 할 것도 업씨 대표로 한 사람이 들고 가두록 천 원 지출을 하여서

13,000원치 화이타이을 들고 한갑집을 갇쓰며 자신은 큰 실수을 하고 잇따면서 뒤따라가기가 그리 힘이 들어다. 절만 사람이 나이 만은 회갑 음식을 대접을 밭는 것이 그리 미안한 자리여따고 생각을 하며 나의 머리에서는 잘하고 잇는지 실수을 하고 잇는지을 분별도 뫃하고 잇는데 나의 자리에는 음식이 나와서 한상이 돼며 나는 그의 음식을 먹게 돼어쓰며 음식은 푸짐한데 신부름꾼들이 두서업는 음식 분배을 하고 잇드라. 그리고 윤봉희 씨가 악착같이 벌어서 다들 회갑을 하면서 다들 부주을 밭고 하는데 윤봉희 씨만 부주을 안 밭고 술 돼접을 집부로 모시서 한다는 것은 보통 마음로 치루지 뫃한다고 본다. 자신이 볼 때에 정말 잘하는 짓잇라고 본다. 인간이 바풀 때는 그 시기가 잇따고 생각을 하며 사람이 늙배풀 수는 업는 길. 어렵게 벌어서 꼭 배풀 자리에 배풀어주는 윤봉희 씨라고 말을 부치고 십다. 이른 돈은 제 아무리 쓰도 아깝지 않은 돈이라고 생각을 한다.
지출에 회갑 선물 공동투자 1,000원
수입에 … 화토노리 값 70,000원

〈1994년 2월 13일 일요일 날씨 맑음〉
오늘은 친구가 꽃밭에서 논다고 놀로 오라고 하여서 부인과 둘리서 놀로 갇쓰며 우리들이 오는 것과 같드라. 화토노리로 막처기 하여서 띠에 10원식 하고 잇따가 나중에는 돼지족발내기 화토을 하여쓰며 5개 띰 중 제일 뒤에서 둘째을 하고 마랐쓰며 오늘 화토는 부인도 안 돼고 자신도 화토가 안 대고 잇드라. 오늘 화토처기 한 돈은 44,000원을 만들어쓰며 이 돈으로 왕족발을 씩키서 먹고 마랐쓰며 다들 오늘은 잘 노라따면서 내일은 회을 먹자고 하고서 밤 11시에 희여저고 마랐다. 다들 부인과 처음 놀라서 다들 좋은 눈치드라. 그리고 남편이 업는 사람이 잇쓰서 별로 좋은 자리라고 말을 하고 십찌는 안타고 본다. 오늘 일은 부인과 한 쌍이 같이 놀란 사람은 다들 좋다고 할련지는 몰라도 남편이 업는 사람의 가슴에는 우리 마음처름 밝찌 뫃할 것 같드라.
지출에 부인과 둘리서 화토노리에
12,000원 전화요금 5,310원
계 17,310원

〈1994년 2월 14일 월요일 날씨 맑음〉
오늘도 부인과 둘리서 놀로 갇쓰며 부부간에 어울리서 하로 종일 놀라쓰며 이 시간이 자주 잇쓰야 하지만 경비가 좀 만이 아는 것이 부담의 악밖을[압박을] 받는 너킴이 사실 든다.
오늘도 어재보다 더 절거운 생활을 하여쓰며 그리고 화토도 잘 돼어서 자신이 재일 적개 부담을 하여쓰며 그리고 오늘은 돼지 족발고기 6斤을 사와서 푸짐한 고기을 잘 먹으다. 그리고 오늘은 농담으로 웃섬을 만이 가진 날이라고 말을 하고 십다.
지출 … 돌부리 값 1,500원
아들 고기 줄라고 6,500원
계 8,000원

〈1994년 2월 15일 화요일 날씨 흐림〉
오늘은 무이한 하로 일과을 보네쓰며 오늘 같아서는 일을 할 수가 잇쓰서 일을 할려고 하니 좋은 날에 하여도 충분이 할 수 잇따고 하면서 극정을 하지 말고 푹 시라고 이야기 하는 바람에 오늘은 종일 동안 휴식을 하고 마랐다.

우리 혜지가 전문대학교에 원서을 너야 하며 내일이 원서 마감이란돼 마음이 부란하며 어떠게 해야 잘하는지 판단이 서지 않코 생각을 할수록 마음이 복잡하여지는구나. 우리 혜지는 이번에는 꼭 들어야 한다. 그리고 자신이 성원을 한다면 우리 혜지 전문대학교 가는 길밖에 업따고 본다.

〈1994년 2월 16일 수요일 날씨 맑음〉

오늘은 친구들이 놀며 같이 놀고 그러치 않으며 당산에 작과나무 전정을 한 것을 주어서 묵끌라고 노끈과 낮을 가지고 같쓰며 친구 집에 들어가니 한 사람밖에 놀로 온 사람이 업쓰며 그래서 아직 일적어서 아직 손님이 완 아따고[안 왔다고] 생각을 하고 오전에는 친구와 같이 놀라쓰며 요줌은 재철이 엄마가 구미 돈 벌로 가니까 여자들이 놀로 오지 않아서 노는 데 별로 흥미도 업쓰며 무이미한 시간만 보내 잇다. 그래서 오후에는 일을 할려고 생각을 하여는데 친구가 낮을 감차서 일을 못하게 만들어서 그만 내일을 망치고 마랐다. 자신의 일을 망치고 나서 저녁 무름에 낮을 돌려주는 바람에 나의 오후 개핵은 망치고 마랐다.

그리고 오늘 마을 엠프을 1,500,000만 원 주워따면서 오늘 동원회원에서 엠프 시설한다고 분주이 날띠고 잇드라. 이재는 엠프가 좋은 것이라 방송이 잘 돼리라고 본다. 그리고 오늘 우리 혜지 전문대학교에 원서 접수날이며 혜지가 김천 전문대학교 원서 접수하는데 이번에는 혜영이가 따라같쓰며 올해는 제발 제일 나전 과에 접수을 하라고 사정을 하여쓰며 이재는 우리 혜지가 졸업장만 가지는 것이 나의 목표이다. 재발 금년에는 들어가야 하는데 자신으로서는 극정대는 날이며 우리 혜지가 큰 행운을 바랄 뿐이다.

〈1994년 2월 17일 목요일 날씨 맑음〉

오전에는 전지목을 주어서 묵는 일을 하여쓰며 눈 녹은 뒤라서 땅들이 질어서 일 하는데 불편을 주드라. 그리고 혼자 일을 하니 일이 줄어들지 않으며 내일은 날씨가 좋으며 부인을 돼리고 가서 같이 일을 해야 하겟다.

"오후에는 전기공사에서 전주 세운다고 열락이 왔서 전주을 세우는데 자신이 생각을 하는데 전주을 세와서 도란서 다는 데는 앞푸로 극정을 들을 수가 잇따고 본다. 일이 십계 돼는데 자신은 내리 극정을 한 것이며 무선 일이든지 그 날 일은 그 날 극정을 해야 할 것 같다."

〈1994년 2월 18일 금요일 날씨 맑음〉

오전은에는 부인과 둘리서 전지목을 줏는 일을 하여쓰며 부인은 좀 쉬계 할려고 자신 혼자 일하로 나왔는데 부인이 나중에 뒤따라 나와쓰며 부인은 정말 오래만에 들래 나와따고 생각을 한다.

이재는 엄달에는 하얀 눈들이 싸여잇찌만 양지 쪽에는 눈이 낙아서 땅들이 질어서 번벅이 돼곤 하며 어디선가 봄소리가 귀전을 울리는 덧 하며 인간의 너김에 봄이라는 생각을 하고 잇다.

"오후에는 부인과 둘리서 일터에 갈려고 준비을 하고 잇는데 손 만원 친구가 자신보다 3살이나 더 먹은 친구가 오늘 오후에 우리 모여서 술빵치기 한번 하면서 놀자고 하는데 그절을 할 수가 업드라. 사실 같이 매일 노는 명섭이나 달희나 이른 사람들이 놀자고 하여쓰며 안 댄다고 하면서 일 하로 갈려고 할끈데 신추이가 한번 놀자고 하는데 그 절을 할 수가 업드라. 그래서 모든 것을 포기을 하고 박명섭이 집에 가니 놀라고 3명이 기다리고 잇드라. 그래서 술빵치기을 하여쓰며 오늘은 유난히 화토가 안 돼드라."
"그리고 오늘은 우리 혜지 김천전문대 비서행정 면접 보는 날이며 이 아빠 씩키는 데로 작년도 비서행정 너어쓰며 들어같쓸 껏이며 이른 고생을 하지 않아도 돼는돼 아빠 말을 덧지 않는 바람에 요줌 김천전문대 내신으로만 한다고 전국에서 김천전문대 쳐 밀리고 잇는 것을 볼 때에 4등급으로 마음이 불안하기 짝이 업꾸나. 이번에도 4대 1일이라고 하는데 마음이 불안하기 짝이 업꾸나."

지출에 … 술빵치기 4,000
보돈 주는 것 포함 224,000원
계 228,000원

〈1994년 2월 19일 토요일 날씨 맑음〉

자신은 앞밭에 작과나무 전정을 하고 부인은 전정목을 줏는 일을 하여쓰며 부인은 일을 하는데 힘들어하는 모섭이드라. 부인은 일하는 것을 극정이 돼는기바. 자신이 바도 부인이 아직 건강이 해복[회복]이 안 대잇는 것이 사실이다.
"오늘은 종일 동안 부인과 둘리서 전정목을 줏는 일과 전정을 하는 것으로 오늘 일과로 말을 하고 십다."
"우리 운이가 정비학원에을 끈질게 다니고 잇쓰며 이 아빠가 볼 때에 운이는 무선 일을 하여도 무엇신가 끝을 보는 아이라고 말을 하고 십다. 내가 볼 때에 진염을 가지고 꾸준이 하고 잇는 것이 마음이 든다."
"오늘 저녁에는 조합장 선거운동원이 준 돈 70,000만 원 오늘 저녁에 배신내 불고기 집부로 가서 우리 김천원예조합원 15명이 저녁과 고기을 먹어는데 오늘은 적은 돈으로 량 차게 만이들 먹어다."

〈1994년 2월 20일 일요일 날씨 맑음〉

오늘로서 작과나무 전정을 끝을 내쓰며 전정은 생각보다 아주 빨리 끝을 냇따고 생각을 한다. 그리고 오늘 부인이 전지목을 줏는데 오늘 다 못 줏는다고 아들을 대리고 갈려고 하니 다들 안간다드니 딸 두리가 너깨서 저 어마 일 도와줄라고 나와드라. 딸들을 가만이 생각을 할 때에 혜지와 혜영이는 한 살 터울이지만 생각을 하는 것은 혜지가 아주 푹 늙번 생각을 하며 혜지는 집안일을 만이 생각을 하는 너킴을 밭는 때가 만타.
"올해는 전정을 하는데 올해는 지루한 너킴을 가지두록 일을 하여쓰며 일도 지루한 감을 가질 때는 일예 능률도 업쓸 뿐 아니라 건강을 아주 상하게 할 뿐이다."

〈1994년 2월 21일 월요일 날씨 맑음〉

오늘 오전에는 눈에 까시가 들어가서 경북이비누과에 가서 빼쓰며 자신은 매년 작과나무 전정을 하며 매년 눈에 까시가 들어가서 병원을 꼭 들리게 돼어서 금년에는 눈에 까시가 들어가는 것을 방지하는 데 노력을 만이 하여서 금년에는 전정하는 도중에 눈에 까시 들어가서 병원 가는 일 업쓰서 오늘 작과 전정을 하고 오면서는 금년에 까시 들어가는 것을 방지을 했노라고 절거운 마음로 집부로 왔는데 그 기분은 잠쉬 뿐이여다. 저녁을 먹키 전에 세수을 하니 눈초리가 눈을 찔러는 뎃 하드니 눈이 까칠거리서 안약을 넛고 잠을 자고 나서 눈을 보니 까만 동자 엽패 조금한 눈에 부터잇쓰서 집배서 뺄라고 노력을 하여도 뺄 수가 업쓰서 할 수 업시 이비누과 들리서 빼내어다. 자신은 매년 한 번식은 병원을 들리곤 한다. 나 자신은 눈이 남들보다 좀 다른가 눈에 티가 들어가면 꼭 병원을 가야한다.

"오늘 오후에는 부인과 둘리서 전지목을 묵는 일을 하여다. 당산에 작과나무 묵는 일은 다 하여다. 그리고 금년에는 전정목이 작년 비에서 만이 적은 감이 잇다."

지출에 … 경북 이비누과에 3,500원
차비 800원
계 4,300원

〈1994년 2월 22일 화요일 날씨 맑음〉

오절은 부인과 둘리서 사과나무 전정목을 주워 묵는 일을 하여쓰며 오후에는 둘리서 경운기로 작과나무단을 실어드리는 일을 하여쓰며 올해는 전정목이 경운기로 3바리가 돼드라. 그리고 사과나무 전정목도 8단 정도 돼드라. 올해는 작과나무 둥치기와 전정목 다들 작년보다 적다고 본다.

"우리 혜지가 내일 오전이며 발표가 나는 날이며 비서행정에 5대 1이라고 하는데 오늘까지 마음이 조려왔쓰며 우리 혜지는 4등급이라고 하지만 불안한 마음 감출 수가 업꾸나. 이번에 혜지가 들어가야지 내 마음과 혜지 마음이 편하지 그려치 않으며 우리 혜지는 마음의 상쳐가 십게 아물지 않을 것 같다. 자신의 행운이 잇따고 하며 위 혜지 이번에 전문대학교 들어가는 길 밖에 업따고 본다. 우리 혜지가 전문대학 가계따고 3년 세월 동안 노력을 한 것이나 다름이 아닌돼 그리고 김천전문대학교가 바다드리지 않는 그 상쳐가 말로 표현을 할 수가 업쓸 것 같다."

〈1994년 2월 23일 수요일 날씨 맑음〉

오늘은 우리 혜지 전문대학교 발포날이다. 오늘까지 불안한 마음으로 기다리왔쓰며 오늘은 오전 10시에 발포가 나는 날이며 우리 혜지 발포가 나는 것을 보고 일하로 갈라고 하다 그만 일터로 가서 일을 하다 오전 일적 들어오며 뒌다는 생각에 작과나무 거름을 하기 위하여 나무 밑을 끌어내는 일을 하는데 머리에서 만약에 떨어젔쓰며 어떠게 하나 하는 생각에 머리가 뒤숭숭하게 머리는 복잡하고 일도 제대로 안 대며 오늘 일은 제대로 대돼는 오전 일과라고 말을 하고 십다. 오늘은 혜지가 합격을 했나 불안한 마음으로 오늘은 집부로 오는데 오트바이로 상당이 빨리 왔다. 집부로 막 들어오니 부인이 빨래을 열면서 박수을 막 쳐드라. 그래서 자신도 불안한 마음이 풀리며 이재는 혜지가 합격을 하여꾸나, 이재는 내할 일은 다 했따는 생각이 들며 오래동안 골물했든 것이 오늘로서 다들 해소가 돼는 날이여쓰며 나의 아품이 다 풀린 날이며 우리 혜지 행운을 잡은 날이다.

"오늘은 부인도 마음이 불안한 마음이여따고 말을 하며 부인도 집배서 오전 10시가 돼어서 학인 전화을 할려고 해도 혜지 이름은 업씀이다 하는 말이 나올까바 마음이 틀리서 전화을 못해서 우리 혜영이가 전화로 합격 여부을 알라보니 혜지가 합격했따면서 합격증을 바다가라고 한다고 이야기을 듯고는 부인은 넘어 좋아서 그른지 눈물을 흙리따고 이야기을 하드라. 우리 혜지 전문대학교 갈려고 삼수까지 했따는 것은 이것은 하나의 집념이 잇써서 전문대학교에도 갈 수가 잇쓰따고 생각을 한다.

"오늘은 혜지가 합격을 했다고 해도 마음의 한구석은 미드저지 않으며 그래서 혜영이을 불어서 전화로 합격을 학인을 하라고 해서 내 압패서 전화을 끌어쓰며 내가 보는데 전화 통화로 합격을 학인을 하여쓰며 그래도 꼭 부터꾸나 하는 생각이 들 더는 예감이 잇써서 혜지 보고 합격증을 받다와야지 혜지가 합격이다면서 오늘 오후에는 합격증을 바다오라고 이야기을 하여다. 그리고 자신은 일 하로 같쓰며 오늘 일을 좀 일적 맡치고 집배 와보니 혜지가 오지 않아다. 그래서 기다리는 시간이 지루한 감 말을 할 수 업쓰며 그 기다림을 꾹 참고 잇는데 혜지가 들어오드라. 자신은 다른 말은 다 두고 합격증을 보자고 하니 혜지가 합격증을 주드라. 이 합격증을 지고는 우리 혜지 정말 합격을 하여따면서 우리 혜지 머리을 쓰담아주어쓰며 정말 예 먹으다. 우리 가정은 밝은 하로의 날이 돼어쓰며 오늘 보기 위하여 삼 년의 고통을 당해왔따고 해도 가연이 아니며 온 식구가 그 고충을 다 풀어쓰니 94년은 우리 가정이 행운을 잡은 날이라고 말을 하고 십다."

〈1994년 2월 24일 목요일 날씨 맑음〉

오늘은 혜지 등록금과 혜영이 등록금을 주기 위하여 대신분소에서 3,000,000만 원 차저와서 국민은행과 서김천지점으로 아들 등록금을 냇쓰며 등록금이 4년재 대학 등록금이나 전문대학이나 별 다른 차이도 업따는 것이 좀 이상할 정도다.

그리고 오늘은 정월대보름이라서 오늘은 다들 모여서 놀라쓰며 우리 또래는 모여 놀면 도박이 시작이 돼며 오늘 큰 도박은 아니지만 오늘 일은 사람은 150,000원 이상은 됀다고 본다. 자신은 3,000원 정도 손예을 본 셈이다.

지출에 … 택시 값 1,000원
버스비 값 800원

〈1994년 2월 25일 금요일 날씨 맑음〉

오늘은 작과나무와 사과나무에 밑거름 하는 것으로 하로 일과을 보내쓰며 금년에는 작과 거름을 만이들 하여따고 생각을 한다. 작과나무에 거름을 적개 하니 나무들이 죽는 가지가 만은 것 같떠며 나무들이 방치는 감이 잇는 것 같아서 올해는 두 포 이상은 더 했따고 생각을 한다.

"오늘은 사과나무에 거름을 하다 친구 사과나무 둥치기 나무껍질 드실드실한 끌런돼 놀로 같쓰며 두리가 잠쉬 시는데 이 친구도 가정이 녹녹지 않아서 건축 목수로 돈을 벌어먹으며 이 친구 말이 늑투리을 하는데 부인 불만을 만이 하는데 여자가 억시고 못때스서 뭇엇을 식키지 뫃하며 농사일은 죽어도 뫃한다고 말을 하면서 친구가 농사일을 할려니 이것저것 다들 안 댄다고 하면서 두통거리라고 말을 하며 여자의 불만을 상당이 만이들 하고 잇쓰며 자신은 친구 비아며 부인을 업고 다니야 할 정도며 나 자신은 부인 때문에 속을 썩이는 일이 업쓰며 내 부인은 남편에깨 너무나 희생을 하는 편이며 남편에 너무 희생을 하고 살라가는 부인에깨 미안함을 늙 가지고 살라간다."

지출에 … 작과나무 사과나무 밑거름 복합 27포 염아가리 3포 (계 30포)
복합 123,390원 염아가리

8,010원
계 131,400원

〈1994년 2월 26일 토요일 날씨 맑음〉

오늘은 안전희 봄이라는 것을 생각을 하여쓰며 오늘은 하창한 날씨을 바서는 봄이 익어도 한참 익은 봄이라고 착각을 할 정도로 날씨나 너무 하창한 날씨라고 말을 하고 십다.

오늘은 포도나무 밑거름 하는 것으로 봄비료 하는 것은 그의 끝이 냇따고 생각을 한다. 오늘 포도 거름은 복합비료 거름을 2포 할려고 예정을 한 것이 4포나 하여다. 이것은 생각보다 넘어 만이 들어같쓸 뿐 아니라 포도나무 거름을 만이 하여서 포도나무 망치는 것이 아닌가 하고 극정이 돼는구나. 그리고 오늘은 작과나무 전지목을 안전이 정리을 하여쓰며 부인은 부녀회원들 윷노리대회 간다고 가고 오늘 오후에는 나의 혼자 나무단을 만치느라고 힘이 만이 들어다. 그리고 오늘은 이곳저곳에서 여자들이 노는 소리가 매아리을 쳐며 이재는 남자들은 조용이 노고 요줌은 여자들이 소리을 내며 놀라가는 세상이 돼고 마랐다.

〈1994년 2월 27일 일요일 날씨 맑음〉

오늘은 부인과 둘리서 당산 작과나무 밑김매기을 하여쓰며 김매기을 하면서 날씨가 너무 좋아서 옺을 벗고 일을 하는 날씨가 돼어쓰며 요줌은 날씨가 봄의 영상을 할 정도며 이재는 안전 봄이라고 말을 하고 십다.

"그리고 이월의 달도 하로밖에 업쓰며 시간의 허름은 너무나 빨라서 자선으로서는 제일 아쉬운 감을 가지고 잇쓰며 자신으로서는 이 빠른 시간을 10년 동안 잡아두어쓰며 하는 마음 뿐이다. 나로서는 세월의 빠름이 내 마음을 허전만 주고 잇따고 말을 하고 십다."

〈1994년 2월 28일 월요일 날씨 맑음〉

오늘로서 2月이란 달이 오늘로서 접어두어야 하며 이월달은 봄이 오는 달이며 우리 농민들의 가슴에 힘을 불어넌는 달이며 일년 중 이월이 제일 좋은 달이라고 생각을 하고 십다.

오늘은 부인과 둘리서 웃들 벼집을 실어서 당산 작과밭에 실어다놋는 일을 하여쓰며 오늘 종일 경운기로 실어올린 것이 5섯 바리 실어올리쓰며 부인은 실어주고 나서 벼단을 묵는 일을 하여서 부인은 결과적으로 종일 동안 계속 했따고 본다. 자신은 부인 종일 동안 실어주고 경운기을 보내고 또 벼단을 묵는 일을 하여서 부인 몸살이나 하지 않을까 하고 염려가 돼어서 휴식을 하면서 하라고 이야기는 했찌만 부인은 이 말을 들어줄 사람이 아니라서 자신이 휴식을 하라 말은 부인예깨는 말을 하나만아가 돼고 만다.

"사실 무선 일을 하여도 부인이 일을 만이 하여서 몸살이나 할까바 내 마음 늙 신경이 쓰여저서 자신은 육체적인 고통보다 마음의 고통이 좀 따리는 것이 사실이라고 말을 하고 십다."

〈1994년 3월 1일 화요일 날씨 맑음〉

오늘은 차거운 날씨 때문에 집에 거름 실어내고 오늘은 벼집 썩은 것 실내는 작업을 하여다.

"부인은 친정에 오촌 족카 딸 치우는 데 김천 자유예식장에서 결혼식을 올리는데 같다왔쓰며 부인은 오늘로 바서는 휴식을 한 셈인돼 오늘 부인이 몸이 무그어 보이며 피곤해 하는 모섭을 보니 부인이 몸이 회복이 안 대쓰며 올 농사을 짓얼라면 신경을 만이 쓰야 할 것 같다."

"오늘 부인이 예식장에 같다오드니 포도농사을 오래 지은 사람들의 말을 덧고 우리는 아직 어린 나무인돼 거름을 만이 하여따고 한다. 포도 거름이 만으며 포도순이 자라지 못하고 오희려 말라 죽는다고 한다. 자신이 생각을 해도 가을래 복합 3포예다 이번에 4포을 하여쓰니 이것은 만은 거름의 량이라고 본다."

"순달이가 올 때마다 고기을 사들고 와서 미안꾸나. 고기을 꼭 돌고 올라면 부담이 될 뿐 아니라 두 번 올 것을 한 번으로 줄어들기 때문에 나로서는 빈손으로 자주 오는 것이 좋다고 생각을 하며 자신으로 바서는 순달이가 자주 온들 큰집에 일만 도와주니까 나로서는 별 도음은 안대고 잇찌만 인정상 자주 오는 것이 좋다고 생각을 한다."

"우리 혜영이는 내일이 개학이며 우리 혜지는 5일부터 학교을 가니 이재는 한 놈은 학교로 한 놈은 돈 벌로 간다고 가는 그 모섭이 자신으로서는 마음의 한구석에는 남 몰래 아빠다[아팠다]. 그 아품은 다 풀게 돼어쓰며 이재는 5일날 아침은 두 딸이 학교 간다고 나라니 걸어가는 그 모섭이 눈에 선화게 미리 보이고 잇꾸나. 이재는 나의 할 일은 다들 했따고 생각을 한다."

지출에 … 부주 30,000 버쓰비 920원
계 30,920원

〈1994년 3월 2일 수요일 날씨 맑음〉

오늘로서 우뜰 벼집은 다들 실어서 작과밭에 두어쓰며 자신은 내일까지 실어야 다 실을 것으로 생각을 하여는데 벼집을 부인과 둘리서 실어보니 했푸드라. 내일 모래는 전국적으로 비 온다고 해서 비 오기 전에 벼집을 다들 실어둘라고 내 나람대로 일을 서드려다.

"우리 혜영이가 오늘부터 개학이라서 학교 가고 업쓰니 집이 빈집처름 조용한 감이 잇꾸나."

"삼월달이 돼니 봄나물 뗏는 아낙네들이 양지바른 곳으로 다니고 잇는 모섭을 보니 이재는 봄이라는 것을 인정이 돼며 봄을 더해주고 잇는 아낙네들의 발길이다고 말을 하고 십다."

〈1994년 3월 3일 목요일 날씨 맑음〉

오늘로서 부인과 둘리서 벼집 실어올리는 일을 오늘로서 안전이 끝을 냇다. 극정을 하든 벼집만 다 실어올리니 봄에 할 일들은 다 한 것 같은 너킴이다.

"그리고 부인과 둘리서 보밭에 우엉 캐로 같든이 땅이 얼어서 우엉을 캘 수가 업드라. 아낙네들이 봄나물 캐로 다니지만 얼은 땅은 다들 녹지 않코 잇드라."

"우리 혜지가 옷 사입을라고 두 번식이나 가서 옷을 못사고 마랐다. 이것도 혜영이와 둘리서 가도 옷을 못사고 오늘도 그냥 오고 마랐다. 우리 혜지가 옷을 못사는 이유가 돈이 만은 것은 돈이 아까어서 못사고 돈이 적은 옷은 마음에 들지 않아서 못사입고 우리 혜지는 그리 옷 사기가 힘이 들고 잇다. 우리 혜지가 무선 물건을 사는 것을 보며 아주 세심하고 내가 볼 때에 아주 옌날 사람 물건 사드시 세짐하기 짝이 업쓰며 아들 때는 벌로 사는 수도 드로 잇쓰야 하는데 혜지는 넘어나 세심한 아이라서 한편으로 염려도 대는구나."
지출에 … 라면, 화장지 값 9,000원

〈1994년 3월 4일 금요일 날씨 비〉

오늘 외성보에 파보을 하여쓰며 요줌은 파보하는데 사람의 수가 갈수록 줄어들며 갈수록 시들레저는 느킴이 들며 이재는 단체가 운영 면에서 해가 갈수록 어르어저는 것이 단체라고 말을 하고 십다.
"오늘은 아침부터 하늘에 구름은 금세라도 비가 쇼다질 뗫 하는 낡씨을 보여주든이 오후 너깨야 비가 조금식 내리떠니 저녁을 먹고 잇쓰니 비가 쇼다저는 소리가 그리 뗫키가 좋으며 오늘의 비소리을 사실 일적 더 기다리고 잇쓰다. 오늘 비는 작과나무에 거름이 그대로 잇뜬 것이 오늘 비로 인하여 녹아서 나무들의 생력을 이르킬 것을 생각하니 오늘 비는 자신의 뜻대로 한다면 이 비가 죽 내리주어쓰며 하는 마음이다."

〈1994년 3월 5일 토요일 날씨 맑음〉

우리 혜지가 입학식을 하여쓰며 우리 혜지가 전문대학교 갈려고 삼 년을 도전을 하여쓰며 이 곳을 갈려고 그처름 예을 태어단 말인가. 그 원한을 오늘로서 풀어쓰니 혜지보다 자신이 더 좋은 너킴으로 요즘은 우리 혜지가 빨리 학교 가는 모섭을 보고 십단다.
"오늘은 당산 작과나무 밑에 벼집을 깔라주는 작업을 하여쓰며 그리고 어재 비는 봄 해갈을 면하는 데는 아주 적은 비라고 말을 하고 십다. 인간의 마음 같아서는 이번 비가 푹 아서 봄 해갈을 안전이 해갈을 하두록 와주어쓰며 하는 마음이다."

〈1994년 3월 6일 일요일 날씨 맑음〉

금일은 작과밭에 벼집 까는 일을 부인과 둘리 하여쓰며 부인과 둘리 일을 하면서도 부인이 요줌은 피료한 기색이 보여서 일을 대리고 하면서 부인이 아치려어저며[애처로워지며] 일 도우는 것이 마음이 자신으로 편지 않는 것이 사실{이}다.
"오늘 오후에는 말리 사과나무 밑에 쇠똥을 나무마다 거름으로 주는 일을 하여쓰며 이 일은 아주 힘이 들며 오후 네 경운기로 7곱마리 실어논 것을 나무마다 분배을 하는 일이 오후 내 시간이 걸리고 마랐다."
"올해는 부인 하는 말이 사과꽃는 만타고 하는 말이 자신의 귀에는 아주 절거운 소리로 들리고 잇꾸나. 여때것 사과 따는 재미는 업고 사과나무 키우는 일, 알 쳐는 일, 아무 소득이 업는 일을 하여와키 때문에 사과나무는 사실 무이미하게 시간을 보내따고 말을 하고 십다."
"그리고 당산 작과밭으로 상수도 난다고 측량까지 하여쓰며 그 당시 바서는 금새 공사을 시작을 할 줄 알라는데 아직까지 일을 시작도 안 알 뿐 아니라 이 일이 산업도로 개핵 때문에 일이 중{단}대어 잇따고 이야기을 하고 잇는데 자신으로 바서는 빨리 상수도 일을 하여밧쓰며 한다. 외냐 땅의 보상도 보상이지만 빨리 산업도로 나고 해야지 자신의 개핵도 다시 세울 수 잇키 때문에 하로 빨리 낫쓰며 한다. 만약에 자신의 생각대로 산업도로 난다면 자신은 상과집을 짓캐다. 이 문재로 빨리 낮바쓰며 하는 바람이다."
"자신이 이 땅을 살 때부터 우리 마을 앞도로과 우리 밭 쪽으로 나지 않을까 하는 풍문이 잇쓰다. 그래서 자신이 생각을 할 때에 지형적인 위치을 바서 자신의 밭은 별 손실이 업쓸 것 같아서 자신은 그 밑키로 이 밭을 산 것이 사실이다."

"자신이 볼 때는 나의 생각대로 마저가고 잊는데 재일 중료한 산업도로가 어느 쪽으로 날련지 궁금하기 짝이 업꾸나. 자신은 당산 밭에 일하로 가면 나의 머리는 하나의 공상 때문에 일이 들 돼고 잊다."

〈1994년 3월 7일 월요일 날씨 비〉

오늘은 윤석희 장례식 하는 날인돼 오전부터 비가 내고 잊쓰서 그북하기 짝이 업쓰며 오늘같은 날은 가지 않으며 운상하는 데 사람이 적으서 불편하기 짝이 업쓰며 이 일은 평소 때도 사람 수가 모자라서 말성이 만은 일이다. 그래서 비가 내리서 서그프기 짝이 업찌만 할 수 업시 우장을 갈라 입고 운상을 하기 위하여 상가집부로 같든이 일부 사람들이 나와 잊드라. 자신 광전 구등이 파로 가자고 하여서 따라같찌만 이 곳은 사실 자신은 실어하는 일이다. 이 일은 폭크랜이 다 하고 사람 일은 별로 업쓰도 이 일은 별로 좋아하지 않으며 이 일은 나의 재량으로 남외 감정을 상하지 않는 범위 내에서 빠지는 편이다.

그리고 우리 나이로 바서는 운상도 빠져야 하는데 세대의 허름 바서는 평생 동안 상가집 일은 빠저나올 수가 업는 형편이며 내 또래가 4, 5명 돼는돼 참석을 하지 않는 사람이 2명, 꼭 참석을 하는 사람은 3명인돼 이 사람은 꼭 들어가야 인원이 마저들어간다. 그러기 때문에 후배는 업쓰니 이거 보통 일이 아니다.

"오늘 오후에는 비가 오는 바람에 안전 휴식을 하고 저녁 무릅에 친구와 둘리서 재옥이가 오트바이 사고로 김천의료원에 입원했다고 병문안을 같쓰며 소문에는 조금 다치따고 이야기을 하드니 얼굴에만 주로 다쳐쓰며 이것은 만이 다쳐따고 본다. 이번 사고는 술을 넘어 만이 먹으서 어떠게 다쳐는 줄도 모르고 사고 지점도 모르고 잊드라. 술을 좋아하는 사람들은 오트바이 타는 것이 제일 이험하다고 본다. 오늘 병문안 가서 한자 보기에 더 미안하드라. 외냐하면 친구 부인이 혜지 아빠 같은 사람 보라고 술을 하나, 담배을 하나 자기 할 일 알라서 하는 사람이라며 남편에깨 바가지을 끌고 잊쓰며 그 소리을 아무 대답 업시 다 덧고 잊는 친구가 오희려 미안하드라."

지출에 … 병문안 5,000 부주 10,000원
계 15,000원

〈1994년 3월 8일 화요일 날씨 흐림〉

오늘은 동네 임시총회을 오전에 하여쓰며 오늘 총회 안근은 동회관을 정자못터에 짓두록 추진하는 문재을 두고 임시총회을 하여쓰며 이 문재는 부군수가 우리 마을 김가지 씨가 5천만 원 지원을 하여줄라고 해서 추진을 하고 잊는데 이 일이 쉽지 않을 것으로 내다본다.

"오늘은 비 온 후라서 땅들이 질어서 일 하기 불편을 할 것 같아서 오후에는 친구들 노는데 차저가서 오후 내 놀라다. 오후에는 친구 4명이 놀면서 그냥 잡담으로 오늘 오후을 보내고 마랐다."

"우리 혜지가 학교을 같다오드니 공부을 어떠게 할까 하고 극정이 압쓰며 우리 혜지가 선생님들이 학점을 몿따면 졸업을 안 식킨다면서 급을 주고 잊쓰니 우리 혜지는 얼굴색깔이 변하두록 질려잊쓰서 선생님 말씀다 그진말이며 우리 혜지가 낙재하며 학생 반 이상이 낙재을 해야 하는데 그 만은 사람을 낙재을 식킬 수가 업쓸 뿐 다들 거짓이니 극정을 하지 말고 공부을 하여 보라고 이야기을 하여쓰며."

"우리 혜지가 대학교 가면 만향 좋은 것으로만 알라뜬가 요줌 매칠 학교을 갇다오드니 결국은 대학교가 좋은 것만 아니라는 것을 학교을 실정을 내고 잇는 것을 너킬 수가 잇다."

〈1994년 3월 9일 수요일 날씨 흐림〉

오전은 당산 뒤도구 쳐는 일을 하여쓰며 오늘은 꽃셈추이을 하고 잇쓰며 그 중 바람이 불고 잇쓰서 채감온도는 더 차거운 너킴이 들고 잇다. 오늘 같은 날은 동회관에 모여 노는 사람이 더르 만터라.

오후에는 부인과 둘리서 벼집을 깔다가 바람도 참고 쇠똥도 일부 나무만 너코 일부 나무는 밑거름 준 상태라서 쇠똥을 한 벌식 주고 벼집을 깔라고 쇠똥 준 것만 벼집을 깔고 마랐다.

"오늘 같은 날은 날씨가 넘어 차거어서 부인은 좀 쉬게 할려고 해도 부인은 둘리 다 쉬며 실 수가 잇찌만 내가 일 하로 가면 한사코 간다고 따라낫쓰는 사람이며 남편이 무선 일을 해도 같이 할려고 하는 예성, 정말 고맙다. 내 부인은 누가 바도 잘생기따라는 사람도 업따고 보며 내가 볼 대도 좋다고는 하지 않는데 내 부인은 마음 속이 그리 맑은 사람이며 마음이야 말로 정한수 물보다 더 깨끗하고 더 맑은 사람이라고 생각을 하며 내 자신이 생각을 할 때도 부인 가슴에 무쳐서 해여나오지 못하고 잇따는 생각이 들며 나 자신은 부인을 볼수록 마음이 아름답고 볼수록 품안으로 드리고 십고 그야말로 부인 업씨는 단 하로도 업씨는 못 할 것 같은 심정이라고 말을 하고 십다."

〈1994년 3월 10일 목요일 날씨 맑음〉

오늘도 꽃샘추위는 여전하구나. 오늘은 다른 일을 할려고 했도 맡당한 일이 업쓰서 모래 한 바리을 경운기로 실련돼 바람 때문에 눈에 눈물이 나와서 일을 할례야 할 수가 업쓰서 한 바리만 실고 마랐다.

오후에는 날씨는 꽃샘추이라서 차거운 바람 때문에 일을 하기가 그북한 날이지만 그래도 방에서 휴식을 할려니 답답할 것 같아서 바람이나 씔 욕심으로 작과밭에 갇다 올 정도로 생각을 하고 자신이 들래 갈려고 낫쓰니 부인이 나도 간다면서 따라낫쓰고 해서 돼리고 같쓰며 오늘 일은 자신은 친구가 찾아와서 자신은 친구와 둘리 휴식을 긴 시간을 하여쓰며 부인은 그동안 작과나무 밑 김매기을 개속 하여쓰며 오늘 부인은 일을 만이 하여다. 자신은 부인과 둘리서 데이트 하는 식으로 생각을 하고 부인을 돼리고 같는데 일이 묘하게 변하고 마라쓰며 그 반면으로 부인은 일을 만이 하는 한 날이 돼고 마라쓰며 오희려 자신이 미안한 날이 돼고 마랐다.

"그리고 오늘 아침에는 혜지와 혜영이가 학교 간다고 둘리가 똑같이 걸어서 대문을 낫쓰는 모섭을 보니 정말 좋드라. 내 딸을 더 좋고 더 예쁘게 할려면 돈을 드려서 똑같은 옷을 입펴서 똑같이 걸어가는 그 모섭을 볼 때 내 마음 더 좋으리만 절약을 해서 집을 짓을 욕심으로 하고 십픈 일을 몿해서 안타갑키 짝이 업꾸나."

〈1994년 3월 11일 금요일 날씨 맑음〉

오늘은 친구가 젓소을 먹이는데 벼집주고 똥을 어들라고 벼 두 단지을 주고 오늘은 그 대까로 똥을 경운기로 종일 실어쓰며 오전은 실어주어서 십게 실어찌만 오후에는 자신이 삽으로 닷섯 바리 실련돼 힘이 만이 들어다. 쇠똥이 거름에 좋은 것은 알찌만 삽부로 실어서 거름한다는 것은 현시대로 바서는 어러운 일들이라고 생각을 한다.

"오늘은 쇠똥을 종일 동안 실어는데 이 거름은 정말 좋은 거름이라고 생각을 하며 이 거름이야 말로 땅에 약이라고 말을 하고 십다."

〈1994년 3월 12일 토요일 날씨 비〉

오늘은 동기회 한다고 직지사 일직 식당에서 모임을 가지는데 36年만에 모임을 가지는데 다들 몰라보게 변하여쓰며 정말 오래만에 만나쓰며 이 친구들이 다들 정국으로 분포대어서 살며 시골의 본토백으로 살라가는 사람은 김창길, 김사오, 권순덕 이 셋 사람 말고는 다들 도시에서 생할을 하고 잇는 것이 사실 부릅더라. 요줌 세상은 때 업시 사는 사람 업쓰며 다들 도시에서 무엇을 하든 가정을 꾸려가고 잇쓰니 다들 용하다고 본다. 그리고 동기회 하는데 인원이 36명 참석을 하여쓰며 못하는 사람도 잇찌만 오늘 참석 인원이 36명 참석을 하여쓰며 이 중 여자가 3명 참석을 하여쓰며 이것은 여자들은 모임에는 그래도 남편 이주로 살라가기 때문에 여자는 참석률이 낮따고 생각을 하여 본다. 그리고 오늘 식당에서 일차로 하고 이차로 회관에서 노는데 다들 잘 놀고 잇다. 오늘 모임에는 별 다른 일 업시 무사하게 잘 노라쓰며 오늘 모임은 만족한 모임이라고 말을 하고 십다.

오늘 모임에 경비로 개인당 20,000원 식출물을 해서 잘 놀랐다.

지출에 … 경비 20,000원
전화요금 5,310원
계 25,310원

〈1994년 3월 13일 일요일 날씨 맑음〉

요줌은 꽃샘추위 때문에 무선 일 열성으로 돼지 않코 그저 날짜만 채우는 식이 돼고 만다. 자신도 오전 너깨야 일터로 가서 쇠똥 사과나무 밑에 깔라주는 일을 하고 마랐다. 오후에는 벼집 깔라주는 일을 할려고 개핵을 새와는데 부인이 오늘 날씨도 찹고 날씨 좋은 날 두리 해도 충분이 다 할수 잇따고 하면서 다래[다랭이][135] 매이면서 휴식을 하자고 하여서 그만 오후는 티부이 백두장사 씨름대회 하는 것을 구경을 하여쓰며 오늘 오후에는 온 식구가 한자리에서 휴식을 잘 한 셈이다.

"우리 혜지가 3년간 공부을 접어두어따가 이재 할려고 하니 머리에 들어가지는 안치 짜증만 나고 잇는 모양이며 혜지을 볼 때에 학교에 가는 것도 만족한 마음이 아니고 그저 덤덤한 너킴으로 다니고 잇는 것 같다. 우리 혜지가 학교 한번 가꺼따고 3년을 도전을 하여서 들어간 학교가 혜지가 생각을 하고 간 것이 혜지 생각가는 넘어나 동떨어진 학교의 생활인 것 같다."

135) 다랑어의 방언(경북).

〈1994년 3월 14일 월요일 날씨 맑음〉

오늘로서 말리 사과밭에 벼집을 다들 깔라주어쓰며 금년으로서 벼집 깔라주는 일을 안전이 맡치쓰며 그리고 올해는 벼집을 넘어 만이 같다나서 벼집 처치 골란을 당해다. 그리고 금년으로 바서는 작과나무, 사과나무에 거름을 만이들 하여따고 생각을 한다. 나무들에 거름을 만이들 하고나니 마음이 든든한 감이 든다.

오후에는 건답직파 교육을 우리 마을회관에서 군지도소에서 나와서 교육을 하는데 작년과 벼다른 교육은 업고 작년과 비섯한 교육으로 끝이 낫쓰며 올해는 건답직파 가정이 올해는 줄어들 것 같다. 그 위우는 작년에 냉해로 피해을 크게 받키 때무에 금년 직파 가정이 줄어들어따고 생각을 한다.

〈1994년 3월 15일 화요일 날씨 맑음〉

오늘은 농촌지능청[농촌진흥청]에서 주체이며 후원에서는 캐이옛츠에서 하는 경북도 내에 사과 교육을 김천복지회관에서 하는데 총인원은 300명이라고 하며 우리 마을에서 3명이 교육 바드로 갈쓰다. 오늘 광위는 약 4시 3분과 실찌 과수원에 가서 실섭 교육 1시간 전정 요령에 교육을 받아다. 오늘 교육은 훌륭한 강사가 오시서 교육을 하여는데 너무나 교과서 교육을 하는 것 같으며 자신의 생각으로 사과나무에 실째 병이 만이 오는 것, 실째 방재가 어르는 것, 부람병 이른 것을 중점으로 교육을 하여서 병예 돼채을 하두록 하여주어쓰며 한다.

"그리고 이른 교육도 인원을 재안하지 말고 만은 사람이 교육을 바들 수가 이두록 농한기에 하여서 교육을 받는 자도 마음이 편안한 자세로 교육을 바들 수 잇두록 신경을 쓰주어쓰며 한다. 오늘 같은 날은 다들 봄일로 한참 바풀 때라고 본다."

〈1994년 3월 16 수요일 날씨 맑음〉

오늘 오전은 세집배 전정목 경운기로 실어자두는 일을 하여쓰며 올해는 전정목이 경운기로 셋 바리나 돼드라. 그리고 오후에는 마늘밭 벼집 벗키내는 일을 하여쓰며 벼집을 만이 깔라주어떠니 마늘촉이 길게 나잇쓰며 마늘촉을 바서는 좀 일적 벗키주어쓰며 더 좋을 뿐 했다.

우리 딸들이 아빠는 아직 청춘으로 생각을 하고 일을 한다고 꾸중을 주어도 여사로 알고 일을 해왔는데 요즘 일을 하고 나며 일을 힘들게 하여나 좀 편하게 하여나 하고 잠을 자보며 바로 알 수가 잇다. 그 날 일이 좀 힘더는 일을 하여쓰며 잠자리에서 표가 나게 됀다. 외냐 나도 몰로 알코 잇쓰니 이재는 우리 혜지 말과 같이 아빠는 청춘이 아니라는 것을 생각을 할 수가 잇쓰며 부인도 나와 똑같이 하기 때문에 몸의 피료는 자신보다 더 하다고 바야 한다.

"사람의 욕심이 끝이 잇깨나. 욕심대로 다 할려면 건강이 먼저 상하게꼬 이재는 나이도 욕심을 버리고 살 때라고 본다. 앞프로 욕심을 버리면서 살라가야 하게쓰며 우리 부부가 천 년 사는 것도 아니고 부인의 손을 잡고 사는 시간 여유을 가지고 살라가야 하겟다."

〈1994년 3월 17일 목요일 날씨 맑음〉

서울 사는 윤정남이가 병환으로 고생을 한다더니 결국은 죽어꾸나. 이것을 산다고 장사한다고 행상으로 전국을 다니고 잇떠니 그것도 끝까지 하지 못하고 53세 나이로 끝을 내고 마라꾸나. 나 자신은 장래 치류는 데 갈려고 마음을 먹고 잇쓴는데 장지가 아버지 산소와는 조금 멀다고 하지만 아버지 산소 위라서 참석을 하지 않아다. 남들은 참석을 꼭 하는 사람이 이상하다고 생각을 할련지 몰라도 자신의 마음속으로는 사실 좋찌는 않키 때문에 남들은 욕을 할 것으로 생각은 하지만 내 어떠한 일이 잇쓰도 아버지 위로 장지가 선택이 돼는 운상은 하지 않을 것이다.

"오늘은 운상을 피하기 위하여 목골 묘목집에 오트바이로 사과나무 모목을 사로 같쓰며 부사 10.6으로 30주 사와쓰며 티부이로 사과나무 모목은 배로 올라따고 아우성을 쳐드니 실지 가격은 그르치 않드라. 오늘 모목을 사와서 당산에 사과나무 불암병으로 시들한 것은 다들 둥치 내고 보식으로 30포기 심어낫다. 자신이 사과나무을 심어면서도 별로 득이 안 뗄 것으로 생각을 하고 잇키 때문에 별로 상캐하지 않는구나."

"우리 농민은 살라남을 것이 업쓰며 우리 농민은 살라남을 수 잇는 길은 정부 정책에 달려잇다. 우리 농민으로는 정부에 의지밖에 업쓰며 그리고 우리 농민은 정부에 의존을 하고 잇쓸 뿐이다."

지출에 … 사과나무 묘목 값 30주에
포기 당 2,000
계 60,000원

〈1994년 3월 18일 금요일 날씨 맑음〉

오늘 임숙네 벼집을 실어주는 일을 하여쓰며 트랙터로 벼집을 실어니 만이 실어서 경운기로 여르 바리 실어며 그만춤 일손이 만아저는데 트랙터로 실어니 6마지기 벼집을 셋 바리로 다들 실을 수가 잇쓰니 그만춤 수란 셈이다.

오후에는 부인과 둘리서 포도밭 김매기을 하여쓰며 포도밭에 잡초약을 두 망을 안 쳐고 그냥 둔 것은 독세가 벌서 마이 잘라서 김매기가 힘이 들고 잇드라. 앞푸론 잡초약도 뿌리까지 다들 죽는 것을 쳐야 덕이 돼다고 생각을 하여다.

잡초약을 쳐는데 크라이목손 약[136]은 약갑이 우선 헐타고 사용을 하고 잇찌만 실찌약 값이 비싸도 건사미 같은 약을 쓰야지 득이 됀다는 것을 생각을 하여다. 앞푸론 건사미 약을 사용을 할 것을 다짐한다.

〈1994년 3월 19일 토요일 날씨 맑음〉

오늘은 포도밭 철사줄 쳐는 일을 아들의 도음을 바다 철사줄을 쳐는데 철사가 다 쳐고 나니 복판에 두 줄이 철사가 모자라드라. 이 두 줄은 도구 위 쳐는 줄이라서 포도농사을 짓어보고 나중에 필요하면 줄을 쳐야 할 것 같다. 사실상 포도 어장하는 일은 오늘로 끝을 내따고 바야 한다.

"그리고 작과 열매도 보지도 않코 작과상자을 450개을 구입을 하여쓰며 금년 작과 상자가 작년보다 조금 적드라. 그리고 상자 당 900원에 구입을 하여다."

〈1994년 3월 20일 일요일 날씨 맑음〉

오늘 오전은 부인과 둘리서 상토흙을 쳐는데 상토흙이 작년도 쓰고 남은 것을 철라고

136) 국내에는 그라목손(Gramoxone)이라는 이름으로 널리 알려져 있으며 이에 대한 오기인 것으로 보인다. 정식명칭은 파라콰트(paraquat)이며 제초제의 일종이다.

흙을 쳐보니 흙이 추지서 아미[137]에 부터 서 흙이 아미에서 나오지 않아서 오전에 두 바리 쳐고 흙을 말라서 철 작정을 하고 잇는데 박종서 氏가 흙을 15톤 차로 한 발이 밭아나서 흙을 다 쓰는가 무르니 입식 부엌하며 무우는 것 한다고 하길래 나 쓰는 것 만춤 모래을 실어줄라면서 좀 달라고 하니 줄라고 해서 오늘 오후에는 부인과 둘리 철라고더니 박종서 氏도 거들로 해서 흙이 말은 것이라 트랙터 노타리을 하니까 아미에 그냥 나오드라. 자신은 오늘 오후에 경운기로 4바리 쳐고 내일은 박종서 氏씨 경운기로 두 바리 하며 됀다고 해서 내일 두 바리 철라고 작정을 한 것이 오늘 두 집에 다 쳐도 해가 만이 남드라. 자신은 박종서 氏는 못 할 줄 알라는데 박종서 氏는 다 한다고 계싼을 했따고 해서 나마는 사람이 계산이 발따고 말을 하여쓰며 그리고 자신은 흙도 추지지 그리고 흙도 산도가 맡찌 않아서 마음속으로는 펜지 않아는데 오늘도 흙도 좋을 뿐 아니라 오늘 흙을 금년도 상토흙을 준비을 다 했쓰니 정말 잘한 일이라고 생각을 한다.

그리고 오늘 일은 부인을 살린 날날이라고 말을 하고 십다. 오늘 흙을 쳐는데 박종서 氏가 그들지 않아따면 부인이 그만춤 일을 만이 해야 하기 때문에 부인의 수고가 클 꺼으로 보는데 부인은 그래도 좀 수래따고 볼 때에 자신의 마음이 그리 좋아따고 생각을 {한}다. 그려치 않으며 부인과 둘리서 상토흙을 경운기로 6섯 바리을 다 쳐야 할 일인돼 그 고충을 부인이 다 한다고 볼 때 그 아치려운 마음이 나외깨는 정신적으로 고충을 줄 수 있는 일인돼 여하튼 부인이 좀 수래따는 것 나의 마음을 상캐하여따고 말을 하고 십다.

지출에 … 노줄 갈라는 데 부품 값 10,000

〈1994년 3월 21일 월요일 날씨 맑음〉

오늘은 기상대에서 내일 전국적으로 비 온다고 해서 포도밭에 석회을 20포을 가지고 한 벌 헌치쓰며 이것을 뭇키 위해서 갈리고 고랑을 타서 석회을 붓는데 부인과 둘리서 생외을 먹어쓰며 그리고 자신은 난생 처음 갈리기로 일을 하여쓰며 처음 하니 그리 힘이 만이 들며 포도 도구 쳤는데 양 어깨에 힘이 들어가서 다시는 덧정 업드라.[138] 그리고 부인도 도구을 갱이로 다들 끌어올리는 일이 힘이 들며 부인이나 자신이나 요줌 계속 힘드는 일을 하여서 힘이라고는 하나도 업는 상태라고 말을 하고 십프며 몸이 다들 지친 상태라서 부인도 이재는 대충하자고 할 때에 그 말은 안전희 지쳐잇따는 말과 다름이 업다. 그리고 나 역시 일에 지쳐서 대는 데로 해야 됀다는 것을 너켜다. "오늘 밤은 잠자리에 입원 거대로 자는 모섭을 볼 때에 부인이 월마나 일이 디서 잠자리에 일복 그대로 잔단 말인가. 내가 부인을 지치게 만들고 잇는 것이나 다름이 업꾸나. 내일은 비가 온다면 억찌로나 품 안에 않코 휴식을 시키주야 할 것 같다. 내가 이처름 고달프서 알련다고 잠도 이루지 못하고 잇는데 부인은 오직하게나. 부인 미안하오. 내가 부인을 하늘보다 더 소중하게

137) 그물을 지칭하는 말.

138) 너무 질려서 다시 생각하고 싶지 않다는 뜻.

여기면서 부인의 육채적인 노동을 너무나 만이 씩키고 잊는 자신이 부끄려지며 머리을 숙여 내 마음을 비우는 일로 정리을 해야겟쏘. 우리가 뭇엇을 더 가질라고 육적인 고통을 준단 말이요. 황상 부인의 고마음을 어이 다 갑파줄까 하고 염려을 하고 잇쏘. 부인 정말 고맙소."

〈1994년 3월 22일 화요일 날씨 비〉

오늘은 트랙터 노타리을 하여줄라고 약속을 하여서 몸살 직전인돼도 약속을 했키 때문에 할 수 업시 효식이 집에 노타리을 하로 같든이 사과밭을 사과나무는 다들 뽑아 버리고 맥밭[맨밭]으로 잇는데 땅도 크고 잇치도 아주 좋으며 앞푸로 돈등거리며 땅의 이치을 바서 을마 안 가서 큰 돈이 될 것 같드라. 그리고 자신이 일을 하면서도 이 땅은 정말 불더라.

그리고 노타리을 하고 오는데 부인이 포도밭에 일을 하고 잇쓰서 그만 가자고 부르니까 가라고 하고서는 일을 하고 잇드라. 그때는 오전 11시며 자신이 요줌 무리하게 일을 하여쓰며 나 자신이 죽을 지경인돼 부인은 오직이나 하게나. 부인은 욕심으로 일을 한다고 본다. 그래서 오트바이로 부인을 돼리로 같쓰며 부인을 돼리고 와서 억찌로 쉬게 하여쓰며.

"그리고 오후에는 두리서 쉬는데 온 뼈마디가 다들 부쓰지며 몸살이 이르게 아플 수가 업쓰며 자신이 여때것 이처름 몸살 크게 아픈 적이 업쓰며 저녁에는 한기가 들어서 죽을 뻔 했다. 오늘 아품은 정말 힘들어쓰며 자신이 요줌은 일한 것을 생각을 하여 볼 때에 자신의 건강을 생각을 하지 않코 일을 했따는 것이 어리석은 일을 하여따고 본다."

"이재는 청춘이 아니라는 것을 나의 몸이 말을 하여주는구나. 이재는 건강이 따라주지 않코 꼭 표을 내고 잇다."

수입에 … 트랙터 노타리 값 40,000원

〈1994년 3월 23일 수요일 날씨 맑음〉

오늘은 어재의 몸살로 오늘은 밭같 구경을 하지 않아쓰며 방에서 안전 휴식을 하여다. 오늘은 휴식을 하면서 이재는 무리한 일은 상가 해야며 이재는 자신의 몸도 늙어따는 생각이 들며 마음은 아직 절먼 마음이 아직은 남아잇찌만 실찌 육체는 늙어잇따는 증거이며 자신도 청춘이 이재는 아니다라는 절시리 너켜다.

"오늘은 안전 휴식을 한 날이다."

지출 … 오트바이 치득세 값 25,080원

〈1994년 3월 24일 목요일 날씨 눈〉

때 아닌 진눈깨비가 내리서 일도 못했따고 바야 한다. 오늘 오전은 포도밭에 김매기 하로 같다가 그친 눈 때문에 그만 두고 집부로 급피 오는 소등을 벌리쓰며 그리고 집에 와서 보며 날씨가 언재 그래떠시 맑은 날씨가 돼며 이것을 보고 들레 가서 일을 하다 보며 금세 눈보라가 희모라쳤서 작업을 준단하고 들어아야 돼며 오늘 날씨가 인간을 변득을 주어쓰며 오늘같은 날은 정말 더문 해라고 말을 하고 십다.

"오후에는 형님과 둘리서 종일 동안 휴식을 하여다."

지출에 … 엔진오일, 복합비료 2포
21,700원

〈1994년 3월 25일 금요일 날씨 눈〉

요줌 날씨가 원망스렵다. 외냐 바람이 너무

강한 바람이 불어서 체감온도는 더 내리가고 그기다 눈빨까지 보태쓰니 일들을 할려고 더는 사람이 업쓸 뿐 아니라 3月 말에 눈이 오는 것은 처음 받따면서 불평만 늙어놋떠라.

"오늘은 날씨가 변득을 지기도 말로 표현을 다 할 수가 업뚜록 부리고 잇드라. 오늘 날씨가 영화 장면처름 왔다 같다 하는 날씨라고 말을 부치고 십다."

"요줌 날씨가 일하기 싫은 사람들은 푸군하게 놀 수가 잇따고 생각을 하며 그 반면 봄일이 터져잇는 사람들은 따라올 수 잇는 시간을 만들어준다고 볼 수가 잇다."

"오늘은 낡씨 변득으로 동회관에서 멧치가 모여 놀랐다. 이것은 날씨가 눈빨로 변득을 부리기 때문에 회관에 놀 수가 잇쓰따고 생각을 한다. 오늘 종일 동안 휴식을 하고 마랐다."

〈1994년 3월 26일 토요일 날씨 맑음〉

트랙터 앞밖키 리돼나 갈라널라고 부품을 사와서 교환을 하는데 형님과 둘리서 고전을 하는데 난돼 업는 연탄 배달꾼이 와서 수라게 교환을 할 수가 잇쓰며 이 연탄 배달꾼은 기계 다루는 것이 좀 알고 잇드라. 나 자신도 처음 교환하는 것이 두리번거리쓰며 이재는 앞 밖키 리돼나는 수라개 교한을 할 수가 잇따고 보며 모든 일들이 알고 보며 그리 수랄 수가 업다.

오늘은 트랙터 리돼나을 사는데 동양대리점 사모실래서 언픈 분이 380 동양트랙터라며서 그 부품은 자신이 자주 갈라너어서 잘 안다고 하면서 부품을 내다주는데 자신은 동양대리점 기사들래깨 무르보지 않코 그대로 가지고 왔떠니 부품이 맏지 않아서 다시 교환을 하로 같쓰며 이것은 나의 침착성이 업쓰서 두 불 일을 하여따고 생각을 하며 자신의 마음을 꾸짓어 본 하로의 일가라고 말을 하고 십다."

"사람은 원재나 학인을 하는 습관가 마음의 침착성을 가지는 사람이야 남외깨 미듬을 바들 수가 잇따고 생각을 한다."

내일은 우리 혜영이 기사 2급 기능사 자격시험을 대구에서 내일은 필기만 본다고 하는데 혜영이가 부터야 하는데 시험을 본다고 하며 마음이 불안한 감이 앞쓰고 잇다. 우리 혜영이는 자신한다고 생각을 한다. 이것은 내 딸이라고 하는 것이 아니라 혜영이는 아주 열심이 하는 아이며 이것은 성질도 아주 강화며 어디 가서라도 디저지는 안는 아이라고 본다. 그리고 나 자신은 우리 혜영이예깨 공부 원푸리을 하고 십꾸나.

지출에 … 트랙터 앞 밖키 리돼나 2개 10,000 경운기 벨트와 쟁기빛 보도 10개 12,000 엿 2,500원 트랙터 카시겟트 2장 1,400원 버쓰비 값 1,840원 수미 과자 1,100원 그리서 2통 2,000
계 30,840원

〈1994년 3월 27일 일요일 날씨 맑음〉

감자 갈 때에 트랙터 노타리 작업을 하여쓰며 오늘은 남외 밭 노타리을 만이 하여쓰며 나로 바서는 일레 지원이 만이 돼고 잇는데 밭 엽폐 잇는데 그냥 둘라고 하니 예숙하고 다 해줄라니 나로서는 힘이 들어간다. 그래도 올해는 남와 밭을 만이 하여준 셈이다. 우리 혜영이가 오늘 2급 기사 자격증 따기가 힘이 든다고 할 때에 오늘은 시험이 좁 어렵따고 하여서 극정이 돼는구나. 우리 혜영이로 바서는 이번 기사 자격증을 따야 재대로 공부를 할 수가 잇는데 극정이 돼는구나.

〈1994년 3월 28일 월요일 날씨 맑음〉

오늘은 늑들 농로 부역을 하는데 실어주는 것은 폭크랜으로 실어주니까 다들 자기 일처름 일을 하며 오늘 일은 정말 만이들 하여쓰며 길 보수도 잘 돼어따고 생각을 한다. "오늘 농로 부주 작업에 40대는 동원이 돼어따고 본다."

〈1994년 3월 29일 화요일 날씨 맑음〉

금년 들어 처음 트랙터 갈리을 하여쓰며 금년은 갈리가 잘 돼는 감이 들며 논 전면을 갈라놋고 보며 경운기로 갈라 논 것 같이 보이며 을래 트랙터로 갈리한 것은 단번에 표가 나는데 금년 갈리을 자세이 바야지 식별을 할 수가 잇따고 본다.
오늘 오전은 남에 논 갈리하는 것으로 일가을 다 보네고 오후에는 당산 포도 약 살포와 말리 사과나무 약 살포, 상토흙에 유황 썩는 일을 할려고 개핵을 세왔는데 포도밭에 약 살포을 할려고 경운기 시동이 안 대어서 둘리서 가진 예을 다 쓰도 시동이 안 돼며 나중에는 서닷킹으로 경운기 대가리을 내리쳐기까지 하여도 그리고 성질돼로 하여쓰며 다 때리부수고 말라쓰며 하는 생각이 다 들드라. 그래서 오늘 개핵은 내일로 미루고 아포 농협센타로 경운기 수리하로 갇쓰며 기사 보고 노줄을 갈라야 한다고 해서 갈라달라고 하니 부품이 업따고 이야기을 하드라. 그러면 어떠게 하느냐고 무르니 우선 손만 바주고 다음 곤칠라고 하드라. 자신으로 바서는 안전희 수리을 해서 시동 좀 잘 걸리두록 하여주며 제일 좋겟다 그른돼 기사가 경운기 손을 조금 보니까 시동이 잘 걸리드라. 우선 기계가 달라서 잘 걸리는지 실찌 기사가 부란자 조정을 잘 해서 시동이 잘 걸리는지 알 수가 업꾸나. 이놈의 경운기 센타에서는 시동이 넘어 잘 걸리고 잇쓰니 기사 말이 아직까지 개안타고 말을 하고 잇드라. 그래서 경운기는 그저 손만 보고 가지고 올라왔다. 오늘 일은 경운기 때문에 낭패을 다 하고 말라따면서 포도밭에 약이 살포을 해야지 내일 일이 수라다면서 포도밭에 약 량을 7말 타쓰며 물 한말에 네아소진약[139]은 100cc, 살충제 스미치온약[140]은 80cc 희석을 하여서 살포을 하여다. 그른돼 약 7말 량은 적으며 다음에는 10말 하면 푹 철 것 같드라. 오늘 개핵을 한 것은 한 가지 주라쓰며 이재는 상토흙에 유황 썩는 일을 할려고드니 몸이 허전하고 해서 세밥을 먹고 나니 저녁 노월은 지나서 어드어저고 잇드라. 그래서 이려다가는 다 못하게다 하고 큰집에 가서 손저울을 가지고 유황을 달라야지 하고 큰집에 가니까 순달이 갈라고 차을 돌리고 잇드라. 오늘 잘 만낫다, 부역 좀 하고 가라고 하니 바푸다면서 대답을 하드라. 그래서 유황을 상토흙에 썩는 일을 하여쓰며 동생이 아니여드라면 부인이 생외을 먹을 끈돼 동생 때문에 큰 고충을 들을 수가 잇쓰며 순달이가 아니며 혜지까지 동원이 돼어서 생외을 먹

139) 네아소진은 벼문고병약(벼 잎집무늬마름병)에 사용되는 약이다.

140) 스미치온은 유기인계 살충제로 주로 과수류 해충의 구제에 쓰이며, 벼의 이화명충, 멸구, 채소나 과수의 애벌래나 진딧물에도 쓰인다.

을끈돼 오늘 상토흙에 유황 썩는 일은 정말 잘 한 일이다. 결국은 오늘 개핵을 서운 것 중 말리 사과나무 약 살포을 못하고 말라다. 그래도 오늘 개핵은 안전 무산이 대는 것으로 알라는돼 삼 분지 2는 하여쓰니 오늘 일은 만족하다고 바야 한다.

지출에 … 살충제 약 스미치온 500cc 2병 7,000 사과약 톱신약 4봉 14,800원
계 21,800원

〈1994년 3월 30일 수요일 날씨 맑음〉

오늘 오전은 말리 사과밭에 약 살포을 하여쓰며 작과나무에 네아소진약과 톱신약141)을 살포을 할려고 하니 우리 마을에는 네야소진약을 작과에 살포을 한 사람이 업쓰서 쳐면 해가 될 끄라고 하여서 십계 약 살포을 못하게드라. 자신은 이 약을 천다고 해서 사와찌만 막상 살포을 할려고 하니 작과에는 사용을 한 사람이 업쓰서 자신도 작과에는 포기을 하고 당산에 약 철 물 준비을 하는 것으로 오전 일가을 보넷다.

“오후에는 논 갈리을 하여쓰며 오후에 일적 갈리을 하니 14너 마지기 갈 꺼드라.”

“그리고 웃들 3단지는 앞 쪽으로 갈라씀.”

〈1994년 3월 31일 목요일 날씨 맑음〉

오늘은 종일 동안 작과나무에 약 살포을 하여쓰며 작과나무에 약 살포하는 일도 아주 중노동에 들어가는가바. 사람이 일을 하면서도 피곤함을 너키는 것을 보며 중노동이란 것을 알 수가 잇다.

오늘로서 3月달이 마지막 넘어가는구나. 이재는 안전 봄. 봄도 성숙이 돼 봄이라고 말을 하고 십다. 이재는 내일이며 4月 우리 농민들의 손길을 바푸게 할 것이며 이마에 땀방울을 흙리게 할 것을 생각을 하니 숨결이 바픈 너킴마저 더는구나.

〈1994년 4월 1일 금요일 날씨 맑음〉

오늘은 종일 동안 논갈리을 하여쓰며 오늘은 개핵대로 쟁기빛 고장으로 못했쓰며 일하다 고장으로 인하여 못하고 들어아야 하는 그 심정은 무어라고 할 수가 업다.

〈1994년 4월 2일 토요일 날씨 맑음〉

부인과 둘리서 감자씨 파종을 하여쓰며 올해는 감자 파종이 작년보다 조금 넛따고 생각을 한다.

“그리고 운이가 제도는 자격증을 딸 수가 업따고 하면서 운이가 선생님을 차저가서 바까달라고 부탁을 하라고 하여서 오늘 기술 선생님을 차저 같서 사실 부탁을 드리떠니 오 월달부터 해줄라고 하드라. 자신의 생각보다 십게 성락을 하여주어서 고맡드라. 우리 운이을 원대로 정비과 보내준다면 선물이라도 나중에 하여야 하겟다.”

그리고 오늘로서 논갈리을 다 하여쓰며 올해는 갈리을 할 때에 복판 논은 땅이 추지서 흙 가리하는 데 생외을 먹곤 하는데 올해는 제대로 갈리을 하여쓰니 봄 가뭄이 아주 심해따고 생각을 한다. 낢씨 가뭄 때문에 다들 갈리는 십계들 한다고 본다.

“그리고 오늘 저녁은 순달이 집에서 용학기 네외을 초대을 하여서 저녁밥을 한다고 우리 부부까지 초대을 하는데 우리는 안 갈라

141) 톱신페스트는 병균의 감염을 막고 물기에 젖어 부패되는 것을 방지하는, 살균작용의 효과가 있다.

고 하여떤이 일부로 대리고 왔드라. 그래서 가기 실은 것을 저녁 초대로 같쓰다."
"오늘 저녁 초대는 가기 실은 것은 자신이 먼저 해야 할 일이며 먼저 할 일을 못한 이유는 용학이가 결혼한 지가 오래 땐는데 늙바푼 핑계로 우리 집에 한번 와보지도 않으며 자신이 생각을 할 때에 형님 내외가 잘 못한다고 생각을 한다. 만약 나라면 삼촌도 부모인돼 용학이 부부가 처음 올 때에 한번 차저 인사 하여라 하고 할건돼 매주 올라오면서 인사 한번 하지 않드라. 나돼로는 요줌 아들이 교육을 고등교육을 다 받은 놈들이 인사할 줄도 모르는 놈이 무엇을 하게 쓰며 나대로는 토라전 것은 사실이다. 그리고 용숙이 네외는 일 년이 다 돼어가는돼도 한번 인사하로 오지 않는다. 이것을 보니 다들 인간생이 좋다고 말을 하고 십찌 않다. 이른 불만으로 밥 한 키 초대을 부인이 할려고 하는 것을 못하두록 하여쓰며 이재 와서 순달이가 저녁 초대을 하는데 나로서는 의미도 업찌만 부인이 마음에 걸린다고 말을 하지만 나로서는 마음적으로는 조금은 걸린다고 생각은 잇찌만 크게 미안타 하는 마음은 업다."
동생들 다 저녁 초대한다고 해도 나는 하지 않캐다.

〈1994년 4월 3일 일요일 날씨 맑음〉

오늘은 건답직파 갈 때에 재초제을 살포하여쓰며 이재봉 씨가 제초제 살포할 때에 같이 하자고 미리부터 이야기을 하여서 오늘 살포을 할려고 이야기을 했뜬이 작과나무에 남을 식키서 어떠게 하나 극정을 하여서 원재 쳐는데 하고 무려니 재철래 작과나무 쳐고 천다고 하길래 그러며 재화네 가듬질로 제초제을 쳐고 가면 됀다고 하면서 가자고 해서 재화네을 먼저 약 살포을 하여주고 나는 뒤에 약 살포을 했든이 오전 10시 경돼니까 바람이 불더라. 그래서 약이란 것은 오전 일적 쳐야 하는데 자신이 밑차 생각을 못했꾸나. 남외 사정을 봐주다 내 것이 손예 가는구나 하는 너킴을 밭아쓰며 사람이 원재라도 생각을 해서 말과 행동을 치해야 한다. 오늘 운이을 돼리고 10마지기 재초제 약 살포함.
"오늘 오후는 별료 할 일도 업쓰며 포도밭에서 오후 시간을 다 보냇다."[142)]
지출에 … 감기 약 2,000원 라면 6,300원
계 8,300원
부주 … 장호 형수 봉산 아들 결혼하는 데 20,000원
계 28,300원

〈1994년 3월[143)] 4일 월요일 날씨 맑음〉

감기로 방에만 잇쓸라니 답답해서 사과나무 밑태 김매기 할려고 같떠니 힘이 업쓰서 그만들어오고 마랐다. 자신이 감기로 두 번째로 골방 신세을 젗쓰며 오늘 오후에는 참을 수가 업쓰서 김천 이두원내과병원 치료을 바드로 같쓰며 병원에 치료하기 위해서 접수을 하고나서 2시간 반을 기다리서 치료을 하여쓰니 치료 시간보다 기다리는 시간 때문에 답답함을 검치 못하게다.
3月 4日 이주원내과병원 질료비 2,700원

142) '건답직파 제초제 약 살포. 건사미 약 900cc, 물 10말 사용.' 지면 상단에 따로 기록되어 있다. 이때의 건사미는 근사미의 잘못 기록된 표현으로 제초제의 일종이다.

143) '4월'을 3월로 잘못 기록하였다.

차비 940원
계 3,640원[144)]

〈1994년 3월[145)] 5일 화요일 날씨 맑음〉

오전은 트랙터 앞밖키 리돼나 갈라너어쓰며 앞밖기 리대나 갈라널 때는 처음에는 망치로 때리찌만 망치로 때리지 않아도 다 할 수가 잇두록 돼어잇드라. 오늘은 앞밖기 라대나 갈라너어면서 망치는 대지 않코 터려서 빼는 것으로 다 빼서 리돼니을 가라너어다.

"오후에는 트랙터 갈리을 두 단지만 하고 감기 때문에 좀 실라고 오후 너깨 갈리하로 같뜬이 두 단지 다 갈고 나니 상원가 5마지기 경운기로 갈라보니 못 갈래따고 하면서 갈라달라고 부탁을 하는 바람에 좀 실라고 생각을 한 것이 못 시계 돼어쓰며 해가 거진 다 지두록 갈랐다."

〈1994년 4월 6일 수요일 날씨 맑음〉

오전에는 건답직파 거름 사고 트랙터 경유 2도람우 사고 오늘 오전은 사실 건답직파 할 준비만 한 셈이다.

오후에는 처어머님이 어지렵따고 자리에 누어잇따고 하면서 처남우 댁이가 토기을 이야기을 하여서 암논 두 바리는 쌔기가 따리서 살이 업쓰서 쑥[수컷] 토기을 가지고 부이노가 둘리서 오트바이로 같든이 처어머님이 우리들 왔따고 일어나는데 눈이 숙들어같드라. 처어머님이 아직까지 걸력이 좋은 편인돼 아직은 더 살라계시야 하는데 이려다가는 나 집 짓는 것도 못보는 것이 아니요 하니까 웃드라. 처어머님은 언재나 평준한 사람이라고 말을 하고 십프며 사람이 좋다고 야단서렵게 깔깔대는 사람이 아니고 원재나 무든한 사람이다.

"처어머님이 아푸다는 소리을 듯고는 나 바푸다고 배옵찌 않으며 인사가 돼지 않을 것 같고 그래서 부인과 둘리 같다온 것이 아주 잘했따는 생각이 들드라."

지출 … 비료복합 16포 경유 2도람
이발료 5,000원
계

〈1994년 4월 7일 목요일 날씨 비〉

오늘 기상대는 비가 오지 않는다고 해서 오늘 직파할 자리에 노타리 하로 가서 오전은 계우 쳐고 나니 오후에 갈려고 준비을 하고 잇쓰니 이것은 안전 소낙비가 내리더라. 이려고 보니 나의 일을 지연이 식킬 뿐 아니라 직파할 사람은 극정이 돼게 만들고 잇다.

"오후에는 비오는 바람에 안전 휴식을 하여다."

〈1994년 4월 8일 금요일 날씨 맑음〉

오늘은 작동에서 파종할 자리에 노타리 하는 것으로 오늘 일과을 보네쓰며 그리고 자신이 여기까지 왔서 누님 집에 들리따가 가야 하게따는 생각에 누님 가니까 누님이 계시는데 얼굴이 아주 좋아젔잇쓰며 그른돼 몸은 더 아푸다고 이야기을 하고 잇드라. 누님은 잠쉬 편활 자리가 업꾸나.

144) 4일과 5일의 일기를 같은 지면에 기록하였고, 4일의 지출 내역은 지면 맨 하단(5일 일기)에 기록하였으나 내용상 4일 일기의 마지막으로 옮겨 적는다.

145) '4월'을 3월로 잘못 기록하였다.

〈1994년 4월 9일 토요일 날씨 맑음〉

오늘 작동에 건답직파을 하여주어쓰며 금년에는 노타리도 잘 댈 뿐 아니라 파종도 잘 돼고 잇드라. 금년에는 파종대는 것 바서는 벼씨도 잘 쓰리라고 본다.

그리고 오늘 후황 벨{트}가 간 중 모르고 개속 기계을 돌리서 큰일 날 뿐 했다. 자신도 기계에 너무나 몰라쓰며 오늘 기계을 안전이 망칠 뿐 했다. 그래서 오트바이로 후황 벨트을 살려고 기천 동양대리점으로 가서 벨트을 사오는데 오트바이 면회증도 업찌 불안한 마음으로 김천을 무사이 같다 와서 벨터을 갈라서 겨우 계핵대로 파종을 다 하기는 하여다.

지출에 … 터랙터 후황 벨터 2개 4,000원

〈1994년 4월 10일 일요일 날씨 맑음〉

"오늘은 우리 마을 외성보에서 곗돌 부역을 하여쓰며 계돌 부역을 어재부터 시작을 하여다. 오늘은 자신이 계을 부역을 종일 하여다."

〈1994년 4월 11일 월요일 날씨 맑음〉

오늘부터 태성이와 둘리서 같이 하니까 노타리 하는 적시에 파종이 들어가는 것 바서는 좋은돼 일을 만이 할 수가 업더구나.

"그리고 작년에 따로 하니까 마음은 편한돼 파종할 사람이 짓때 못하고 잇쓰니까 불평을 만이 해서 올해는 자신이 같이 하자고 해서 같이 하는데 이것도 마음이 똑같지 않아서 편하지 못하게드라."

〈1994년 4월 12일 화요일 날씨 비〉

이번 비가 적기 와서 직파 가정 바서는 천만다행이다. 만약에 이 비가 만이 왔드라면 직파할 사람은 문재가 돼는데 이 비가 문지 않 날만아개 내리쓰니 천만다행이다.

"그리고 오늘은 작과나무 수정이 안 대어서 안 달리는지 올해는 다른 과수밭에서 꽃가지을 4단 정도 둥치 와서 우리 과수나무에 걸치어 두어쓰며 그리고 꽃가루 날리두록 떨기도 하여보앗다. 가연 이것이 효력이 잇쓸련지 모르겟다."

올해는 작과나무 꽃은 어느 누구 집 업씨 꽃들이 곱게 맑개 할짝 핀 해라고 말을 하고 십다. 자신으로 바서도 작과 꽃이 아주 맑게 핀 해는 금년이 처음이 아닌가 하고 생각을 한다.

지출 … 차비 940원 번개탄 1,500원
계 2,440원

〈1994년 4월 13일 수요일 날씨 맑음〉

오늘 오전을 파종을 할려고 작동을 같든이 비가 온 디라서 땅이 추지서 파종이 안 대고 잇드라. 그래서 포기을 하고 노타리 작업만 하여쓰며 파종이 잘 대두록 할려면 일단 노타리을 해서 하로 이상 마른 상태에서 파종을 해야 파종이 잘 대드라.

"인간이 간사한 것이 재일 나푼 것이며 사람이 너무 이해타산이 만으며 자연적 간사하여저기 마른다."

"오늘은 태성이와 둘리서 한 논자리에서 노타리을 하여쓰며 둘리서 같이 노타리을 하니까 부담이 적으적어저드라."

〈1994년 4월 14일 목요일 날씨 맑음〉

오늘은 직파을 하는데 작동까지 하로 같쓰며 오늘은 논들을 미리 노타리을 쳧나서 파종이 잘 대드라. 작동을 가지 않코 우리 들래서 파종만 한다면 10단지는 파종을 하게드라. 오늘 파종 면적은 9단지 하여쓰며 오늘 파종은 대채적으로 파종이 잘 돼어따고 본다.

"그리고 자신이 파종을 하여보니 잇는 사람보다 업는 사람들이 새월[새참을] 더 챙기며 더 정이 만트라. 잇는 사람들은 남을 주는 것에 대해서 아주 인색하며 인간이 외 마음 좋고 인정이 만은 사람들이 더 못 살고 잇다. 인간일수록 인정이 만코 양심을 가지고 살라가는 사람이 잘 살라야하는데 더 못 살고 잇쓰니 가슴 아픈 일이다."

〈1994년 4월 15일 금요일 날씨 맑음〉

오늘 우리 마을에서 건답직파 경시대회 한다고 금릉군 일때에 건답직파 할 사람과 트랙터 잇는 사람들은 다들 모여따고 생각을 하며 외쳐에 온 손님만도 200명이 됀다고 하니 이것은 만은 손님이라고 생각을 한다.

"건답직파을 보급을 하기 위해서는 경시대회도 해야 하지만 이번 경시대회로 인하여 금년도 수학이 떨어전다고 생각을 하며 금릉군 전체에 벼 수학이 음청나게 떨어전다고 보며 지도소가 수학을 증산을 하두록 해야 하는데 내가 볼 때는 건답직파는 노동력이 전연 업고 농사을 그래라도 안 짓는다면 버리게 돼는 논은 건답직파로 하여서 벼 수학을 하면 득이 돼지 오늘 경시대회을 해서 일 하기 실은 사람들은 다들 건답직파을 한다고 볼 때에 음청난 손실이다. 이 손실은 누가 책임을 전단 말인가. 아직은 건답직파는 건장에 열을 올리서 안 댄다고 본다."

올해는 오전은 건답직파 할 자리에 복합거름을 헌치는 일을 하여쓰며 한 단지에 복합거름 5포을 하여쓰며 오늘 10마지기에 복합거름 16포을 헌치다.

"오후에는 건답직파 할 논 노타리을 6단지 쳐니까 해가 저고 잇드라."

〈1994년 4월 16일 토요일 날씨 맑음〉

오늘도 종일 동안 파종을 하여쓰며 금년도 땅들리 매말라서 그른지 파종이 잘 돼드라. 그리고 금년에는 일기가 직파가 잘 돼개 좋은 날씨을 했따고 생각을 한다.

"오늘도 직파 면적이 9단지 한 셈이다."

"부인과 둘리서 어재 포도밭에 살충제을 살포을 하여는데 살충재을 진작 한 번 더 살포을 했쓰며 좋을 뿐 했다. 부인이 포도밭에 일을 하면서 포도눈을 보니까 이미 포도눈을 다 깔가먹은 것이 만타고 하드라. 그리고 포도눈들이 꿀찍하게 나오는 것을 볼 때에 마음이 푸군하며 마음이 안정이 돼는 너킴을 받아쓰며 포도눈을 볼 때에 그리 마음 편하드라."

"오늘 살{충}재 약 량은 물 한 말에 스미치온약 66cc 희석을 해서 약 량 10말로 살포을 하여다."

〈1994년 4월 17일 일요일 날씨 맑음〉

오늘은 상토흙 거름을 준비을 하지 않아서 일요일이라서 모판용 거름을 살 수도 업쓰며 일요일날 하지 않으며 부인과 둘리서 해야 하기 때문에 오늘 꼭 해야 하는데 하는 생각에 염채 불구하고 농업 직원 집배 전화을 해서 비료 준비을 못해서 상토흙에 거름을 썩찌 못한다면서 장관 좀 나와서 비료 좀 달라고 부탁을 하니까 대신분소에는 1포밖에 업쓰서 본소 가서 2포을 가지고 와서 3포을 줄라고 해서 고맙드라. 아는 직원이라서 일요일날 나와서 주지 그르치 않으며 오늘 일은 생각도 못한다고 본다.

"오늘 일은 아는 직원 때문에 일이 수라게 풀리같따고 생각을 한다. 오늘 오전에는 운이와 상토흙에 비료 2포 반과 다찌에스약 11봉을 모판상자 800개에 다들 썩끄다. 오늘 상토흙에 거름 썩는 일을 하며 땀을 한번식 흙리는돼 올해는 운이가 도와주니 땀도 흙리지 않코 다들 한 셈이다."

"오늘 오후에는 태성이가 서양바실 4마지기 노타리 한 것이 입자가 크다면서 한 번 더 쳐서 파종을 해야 하게따고 해서 봉희 6마지기 노타리 다 하고 가밭뜬이 노타리 한 것이 입자가 조금 크지만 파종을 해도 할 수가 잇개드라만 시간 여유가 잇쓰서 다시 한번 노타리을 하여다."

지출에 모판 비료 3포에 7,300원

〈1994년 4월 18일 월요일 날씨 비〉

오늘은 종일 동안 건답직파 파종을 하여쓰며 오늘은 방울비가 오면서도 그저 보슬비가 돼어서 일은 계속 할 수가 잇쓰다.

"오늘 나는 탈망을 하지 않코 파종을 하여떠니 벼 씨가 넘어 만이 남아서 극정이 크다. 착오가 생길라고 하니까 이상하게 흘라가는구나. 직파 할려고 일품벼 씨을 탈망을 해서 준비을 하여두어는데 그만 벼씨을 갑짝이 바꾸는 바람에 탈망을 하지 않아서 벼씨가 고로 떨어저지 않아서 벼농사을 망치따고 본다."

건답직파는 벼 씨가 고로 서야 농사가 잘 돼는데 벼씨가 넘어 만이 남아쓰니 이것은 농사을 피롱해따고 본다. 이재는 이래지도 못하고 저라지도 못하고 마음만 아푸구나.[146]

지출에 … 들쥐 발라서 예방접조 부인과 둘리 14,600

오늘 직파 면적 9단지 반 정도 함.

〈1994년 4월 19일 화요일 날씨 맑음〉

오늘은 득계 직파 할 자리에 노타리 함. 노타리을 바로 쳐서 파종을 할려니 땅들이 다들 추지드라. 이것을 볼 때는 하로 전날 노타리을 하여 두어다가 파종을 해야 정상이라고 본다.

오늘 노타리 8단지 1마지기을 한 셈이다.

〈1994년 4월 20일 수요일 날씨 맑음〉

오늘은 처어머님 생신이다. 부인은 같이 갈려고 작정을 한 모양인돼 요줌 직파 한다고 바푸게 날띠고 잇쓰니 가자고 입도 띠지 뫃하고 그냥 가버리찌만 자신도 오늘 일거리 바서는 부지련희 하면 처어머님 생신에 너깨라도 참석을 할 수가 잇따는 생각을 가지고 일하로 같쓰며 자신의 생각돼로 부지련희 하여서 오후 4시 30분에 일을 맡치고 불이야 불이야 스들어서 처과집을 같쓰며 동서들은 아무도 오지 않코 딸들만 5명이 참석을 했드라. 그래도 다들 생신이라고 참석을 하여 주어서 고맡드라. 그리고 다들 참석을 하며 할 말들이 만을 것 같아도 실찌 만나고 보며 별료 할 말이 업는 것 같드라. 서로들 이야기을 주고 받고 하다 우리는 저녁만 어드 먹고 온 셈이다.

"인간 생활이 눈 깜짝할 사이에 인생이 다 가버리고 인간의 씨가 자라고 잇쓸 때는 생의 기분을 망킹하며 살라간다고 하지만 나의 씨가 성숙이 돼며 인관으로서는 거 허망

146) '(자신파종)'이라고 일기 지면 왼쪽에 따로 기록되어 있다.

은 말을 할 수 업시 한수려어며 그 한탄을 말로서 의이 다 하리. 인간의 인생 너무나 짤번 생이라고 말을 하고 십다."
"우리 혜영이 장학금 772,000원 바다왔드라. 이 장학금은 나로서는 제일 귀중한 돈이며 이 돈은 공부을 잘해서 주는 돈 부모로서는 정말 고마운 돈이다. 우리 혜영이가 효녀을 한 셈이며 이 돈은 뼈 아푼 노력의 돈이며 이 돈은 나의 평송 동안 쓰지 않코 또 만치고 또 만치고 또 세리도 실정이 나지 않는 돈이라고 생각을 하고 십다."
"우리 혜영이 이 아빠는 공부 원푸리는 혜영이 때문에 다 하여따고 생각을 한다. 혜영아 이 아빠 공부 원푸리는 다 하여쓰니 이재는 우리 혜영이 재일 뒤라도 서운하다고 하지 않을 껏이며 이재는 건강하게만 잘 라다오. 혜영와 그간 수고 만아다."

〈1994년 4월 21일 목요일 날씨 맑음〉

기계 이앙기 모판 할려고 노타리 작업을 하여쓰며 올해는 인숙네 6마지기 논에 모재리을 할려고 하니 바싹 말란 말란 논에 물 대는돼 그진 종일 들어가드라. 오늘은 물 돼면서 보뚝과 두룸밖에 못하여다. 자신은 모판 줄까지 철라고 계산을 잡아는돼 오늘 일은 계핵대로 못하여다.
내년에는 건답직파 면적을 늘리야 하게다. 기계 이앙기 모네기을 할려니 손이 넘어 만이 들어가는구나. 기계 이아기는 자신 푼 아니라 부인 손이 넘어 들어간다. 이것을 볼 때에 수학보다 일손 적은 것을 우선으로 해야 한다고 본다.

〈1994년 4월 22일 금요일 날씨 비〉

오늘은 남들은 비가 와서 공 쳐는 날인돼 자신은 포장 속에서 상토흙을 담아서며 종일 동안 상토흙 담는 데 시간을 다 보네쓰며 오늘 비오는 바람에 부인이 좀 수레따고 본다. 만약에 비가 오지 않아따면 부인 혼자 상토흙을 담아서 정리을 다 해야 하니까 부인의 고충이 많아쓸 것을 생각을 하니 오늘 비는 내 부인을 도우는 비라고 말을 하고 십다.
"내 부인은 자신이 일이 만으니 부인은 따라서 일이 만아저고 잇다. 내 부인은 일에 지쳐서 쓰러질 직전이라고 해도 불평 한 마디 않 알 사람이며 그래도 남편 일 만이 한다고 극정밖에 모르는 부인 정말 고마운 사람이며 내 부인 자랑이 아니라 사람으로서는 할 수 업는 행동을 하며 성실하고 거짓 업고 화잘 것 업는 남편에깨 한평생을 밭치겟따는 뜻으로 이 땅에 태어난 사람인 것 같다. 오늘날까지 살라오면서 변함 업고 시집올 때 그 마음으로 살라가며 사람이 어이 변함이 업고 인간이 살라가면 때로는 욕도 하고 사는데 내 부인은 욕하는 것 업쓰며 자신이 부인의 행동을 배울라고 해도 그것도 잘 안 돼고 잇다. 인간의 등급을 본다고 하면 부인은 하늘이고 나는 땅이다. 인간의 댐댐[됨됨이]도 천춤만춤이며[천차만별이며] 내 부인은 정말 양반이다."
지출에 … 석회 감자 값 11,720원? 경유 값 한 드람 33,024원
계 44,744원

〈1994년 4월 23일 토요일 날씨 비〉

오늘은 웃뜰 모재리 한다고 노타리을 하여두고 보뚝과 두룸만 재발 하여두어다. 그리고 오늘 저녁 무름에 침종한 벼 씨을 건저서 촉 띠우기 작업에 들어같다.

오늘 오후에는 영권내 파종을 하여서 파종하는데 탈망을 하지 않아서 벼 씨가 파종하기에 내리오지 않아서 생외을 먹으다. 영권내 파종을 6시에 마치고 포도 약 살포을 할려니 마음이 그리 바푸드라. 일을 하지 않으며 시간 여유가 업쓰서 오늘 혜지을 대리고 가서 약 살포을 하고나니 어더어서 밤이 돼고 마랐다.
오늘 약 량은 물 100말로 살포을 하여쓰며 오늘 약은 살충제 세빈약[147]과 영양재, 콤팡이약을 희석을 해서 살포을 함.

〈1994년 4월 24일 일요일 날씨 맑음〉
오늘로서 모재리 준비을 안전희 하여쓰며 오늘 모재리 끝내는데 힘이 넘어 만이 들어다. 힘도 대충 들어야지 너무 지치두록 일이 쳐밀리니 허망한 마음이 때로 더는구나. "오늘은 재일 기쁜 소식을 들어다. 우리 혜영이가 기사 2급 필기시험을 합격을 했따고 열락을 밭고 보니 정말 기분이 좋드라. 이번 필기시험을 저의 학교에서 4명 밖에 합격을 했따고 하니 이 시험이 정말 어렵따고 생각이 더는구나. 그 만원 응시자 중 우리 혜영이가 포함이 돼어잇따는 것이 정말 대견스렵다. 우리 혜영이 여사로 밭든이 오늘부터는 하늘 높이 쳐다바야 할 것 같꾸나."

〈1994년 4월 25일 월요일 날씨 맑음〉
오늘로서 파종을 하여쓰며 나의 생각에 오후 2시까지는 해야 하지 않캐나 하는 생각을 가지는데 오늘 생각 위예로 파종 속도가 빨리 한 셈이다. 오늘 파종은 정심시간 조금 지나서 파종을 끝을 냇다.
오늘 복토흙이 안전이 마저떨어젓쓰며 사람 요러깨 딱 맡출라면 맡지 않을 것으로 생각을 한다. 오늘 파종 상자 수는 840개 인돼 상토흙 준비는 경운기로 6섯 바리 하니 무구리만 조금 남아찌 실찌 흙 량은 꼭 맡는 샘이다.

〈1994년 4월 26일 화요일 날씨 맑음〉
오전에는 재철네 파종을 마지막으로 다 하고 오후에는 대신 가서 건답직파 파종을 하고 작동 가서 건답직파도 마지막으로 파종을 하여주어다. 돈 버는 일들이 수란 것이 업따고 하드니 건답직파 때문에 내 일들을 전부 처밀리서 짬짬이 일을 해야 하며 잠쉬 실 여가가 업꾸나. 오늘로 건답직파을 마지막으로 끝을 내서 이재는 시간 여유을 가지고 할 일을 할 수 잇쓸 것 같다.
지출에 … 건답직파 제초재 값 500cc 병 2,000 5섯 병에 35,000원

〈1994년 4월 27일 수요일 날씨 맑음〉
오전은 영권내 모판 내는 작업을 하여쓰며 요줌은 온상을 하지 않코 그대로 모판을 싸두어따가 모판에 나가는 날짜와 온상을 만들어서 촉을 내는 시간이 다들 같더며 이재는 온상을 짓찌 않코 그대로 하는 사람들이 기아급수로 늙어가고 잇는 실정이다.
오후에는 새집에 사과과손에 노타리을 하는데 흙문지 때문에 고충이 만아다. 앞푸론 봄에 해야지 노타리도 편하지 때 아닌 노타리을 하니까 지섬은 자랄 때로 자라서 노타리을 해도 뽄치도 업드라[148]. 그리고 노타

147) 세빈수화제는 살충제 중 하나이다.

리 시간도 배나 걸린다고 생각을 한다.
오늘 노타리을 오후 내 쳤고 마랐다.

〈1994년 4월 27일 수요일 날씨 맑음〉149)

오늘은 큰집에 육모 상자 모판에 나가는데 그들어주어쓰며 큰집 조는 사람들이 만아서 일하는 데는 좀 수라드라. 그리고 형님도 800상자 대면서 오상도 만들지 않코 땅바닥에 그대로 싸서 보온덥계로 덥프둔 것이 싹은 고로 잘 낫드라. 앞푸론 온상을 짓을 필요가 업드구나. 다들 온상 업씨 촉 티우는 일은 다들 같드라. 나도 내년에는 온상을 만들지 않아야 하게다.

"오후에는 부인과 둘리서 말리논에 수군한돼 일반 찬나락[찰벼]인돼 밭에 갈라도 됀다고 해서 오늘은 부인과 두리서 찬나락을 갈라본다. 자신도 찬나락을 갈고 잊찌만 잘 됀다고는 생각을 하지 않는다."

"그리고 오늘 둘리서 작과일 밭에 과일이 올해는 만이 달린나 하고 부인과 돌라보니 아직은 일적으서 잘 모르겟드라. 자두가 큰 것은 녹두알만 아드라. 내가 볼 때는 작년보다 만이 달리지 않아나 하는돼 자신도 학실희 모르겟드라. 농촌에서는 작과일이 풍년이 돼어야 살기가 수라다고 본다. 자신은 작과일 흉년 만난 지가 벌서 오래 돼어따고 본다."

〈1994년 4월 28일 목요일 날씨 맑음〉

오늘 오전은 세집배 사과밭 노타리을 하여쓰며 노타리도 봄에 일적 해야지 이재 하니 지섬은 자랄 때로 다들 자라서 노타리 하는데 힘이 만이 들 뿐 아니라 노타리도 재돼로 돼지 않트라. 그리고 노타리 시간도 배는 더 글린다고 바야 한다.

"노타리는 봄에 일적 해야 땅이 올쏙이서 노타리 하기가 편하다고 본다. 앞푸론 봄에 노타리을 할 것."

〈1994년 4월 29일 금요일 날씨 맑음〉

육모상자을 본답에 냇쓰며 자신은 올해 육모상자는 갈리 부족으로 제일 위에 상자는 온상 속에서 비누류 한 번 덥고 갑파을 그 위에 덥프둔 것이 온도 상승으로 다들 쌀마버리고 마랐쓰니 나로서는 육모상자에 모키우는 일은 안전 실패작으로 생각을 한다. 자신이 매년 육상자 온상 갈리을 금년과 똑같이 하여왔는 금년만 실패 밭찌 지나간 해는 다들 온상 갈리에 실패는 하지 않아는데 금년에는 안전 실패을 보앗다.

"앞푸론 온상을 짓찌 않코 땅바닥에 그대로 싸서 육모상자 갈리을 할 작정이다."

지출에 … 보험료 15,000원 휘발유 1말에 4,564원
계 19,564원

〈1994년 4월 30일 토요일 날씨 맑음〉

오늘로서 52세의 생일을 마지했쓰며 금년 생일은 넘어나 바빠서 그냥 지내고 말라고 작정을 했는데 동생들이 형 생일이라고 고기을 사주고 해서 바푼 것은 뒤로 하고 부인이 떡을 준비을 해서 체면을 면할 수가 잇쓰다. 외냐하면 동생들이 형 생일이라고 어재 순달와 지수씨는 국이라도 크리 먹으

148) 표도 나지 않는다는 뜻.

149) 4월 27일 수요일 일기는 두 번 기록하였다.

라면서 쇠고리을 싸와쓰며 둘리가 차저보는 것만도 고마운 일이며 그른 떡이라도 안했쓰며 그냥 돌리보내야 하는데 떡 준비을 하여두어서 적은 떡이나마 조금식 싸주어서 채면을 새울 수가 잇쓰다. 만약 자신 바푸다고 아무련 준비도 안해드라면 부인 채면이 쓰지 않아쓸 것으로 본다.

아무련 준비 업씨도 집안 식구 매치는 음식을 나누어 먹어쓰며 아침 한 때을 같이 하여쓰니 그른 돼로 생일을 한 셈이다. 내 마음 같트며 아무것도 하지 않코 그냥 지나같쓰며 하는데 거래도 부인이 준비을 해서 그른대로 음식 한 키라도 나누어 먹으서 잘했다고 생각을 한다.

오늘은 우리 조에서 마지막으로 달희가 육모상자을 냇쓰며 그리고 우리 조가 우리 마을에서 제일 너따고 바야 한다.

"오후에는 고추골 짓는 일로 오후 일가을 보네고 마랐다."

〈1994년 5월 1일 일요일 날씨 맑음〉

건답직파 논에 잡초약을 살포을 하여쓰며 잡초약 길자비약을 살포을 하여는데 약 량이 한 단지에 물 10말 량으로 한 단지을 살포을 할려니 약 량이 적으서 살포을 알드리 몾하고 잇다. 잡초약을 알드리 철라고 들며 약량을 15말 해야 충분한 약량이 됀다고 본다.

"우리들이 사용법을 본다면 길자비약 한 단지에 1,000cc 살포을 하라고 용법에 명시돼어 잇쓰서 다들 용법돼로 살포을 하고 잇쓰며 이 약 량은 우리가 볼 때는 적은 량이다."

"오후에는 포도밭에 순 다라매는 일손을 주리기위해서 철사 14번 선 한 막키에 30,000만 원 주고 사와서 철사줄을 한 번 더 쳐두니까 곳바로 순을 잡을 수가 잇쓰서 일손을 줄류는돼 30,000만 원 가치 이상으로 득이 돼리라고 본다. 오늘 일을 하고 보니 아주 갑어치 잇는 일을 하여다고 자신은 힘주어 말을 하고 십다."

"요줌 부인이 일이 넘어 만아서 피료가 싸이고 잇따고 생각을 한다. 이것을 자신이 잘 알면서도 부인의 피료을 마음적으로는 푸려주야 하는데 하면서도 실재적으로 푸르갈 수가 업꾸나. 자신은 한 쪽이 무거나는 한이 잇쓰도 몸살 직전까지 왔쓰니 부인은 일을 적개 하라고 노래을 해도 실찌 효과가 업다. 나의 마음대로 부인이 따라주지 않아서 안타값다."

지출에 포도나무에 철사 30,000원
차비 900원
계 30,900원

〈1994년 5월 2일 월요일 날씨 맑음〉

오전에는 정구내 노타리을 하여쓰며 이 땅이 너무나 찰땅이라서 노타리 하는데 힘이 만이 들어다.

오후에는 모판에 종이 벗키는 일을 하여쓰며 올해는 어린 모들이 기온이 높파서 잘 자라고 잇다. 작년만 해도 종이 벗키는 날은 어린 모들이 재발 색깔만 변하는 정도인돼 금년에 어린 모가 쑥 자라잇쓰며 모판에 모가 수북하게 자라잇드라.

그리고 오늘 정심시간을 이용하여 조합에서 외상으로 작과밭에 철 약과 잡초약 제초제, 유제약을 160,000원치 예상으로 가지왔다.

〈1994년 5월 3일 화요일 날씨 비〉

오늘 비가 시원찬아 예 타는구나. 이 비가

소낙이로 시원하게 내리주어쓰며 하는 마음인돼 안개비만 내리고 잇쓰니 안타갑키 짝이 업꾸나. 밭작물은 가뭄 때문에 신각한돼 간질난 비가 내리고 잇쓰니 짜증나는 비다.

이 비가 한 번 장때비로 쇼다저며 인간들 뿐 아니라 만물들이 좋아할 끈돼 너무나 아쉬운 비가 오고 마랐다. 오늘 비는 비라고 하면 안 될 말이며 이슬이 가낭 만이 왔따고 하면 될 말이다.

"오늘은 참깨 갈려고 이랑을 만들어 두어쓰며 참깨 갈 자리가 업쓰서 사과나무 사위에 이랑을 만들어 두어다."

"오후에는 비 온다고 실라고 들라 비 오는 것이 넘어나 간질나서 말리 도랑 쳐는 일을 하여쓰며 이 일은 진작 해두어야 하는데 할 시간이 업쓰서 오늘이야 하고 마랐다."

〈1994년 5월 4일 수요일 날씨 흐림〉

오늘 포도밭, 작과밭, 사과밭 제초제을 쳐는돼 바람이 부르서 약 살포하는데 힘이 만이 들어다. 오늘 셋 군돼 재초제 살포하는데 오후 4시가 돼드라. 그리고 고추 비누류 씨우는 작업을 하여쓰며 내일은 고추을 심을 개핵으로 고추 모종을 사로 갈더니 고추모 좋은 것은 다들 나가고 어린 고추모밖에 업드라. 이것을 잘 알면서도 경운기에 잡초약물이 실려잇쓰서 고추모 사는데 서들지 몾해서 금년 고추 농사 피롱했다고 생각을 한다. 윈제라도 고추모는 선착 순위에 들어가야만 좋은 모을 어들 수가 잇다.

자신으로 바서는 고추모을 좋은 것을 엇찌 몾해서 실질적으로 음청난 손에을 밭따고 생각을 한다.

〈1994년 5월 5일 목요일 날씨 맑음〉

오늘은 논에 물 돼는 일을 하여쓰며 이재 한 자리만 물 잡으며 다들 물을 잡는 셈이다. 올해는 논들이 다들 넘어 말라서 물 만 들어가니 땅들이 그대로 풀리고 잇꾸나. 금년에는 땅들이 말을 때로 말라서 금년 농사는 잘 될 것으로 생각을 한다.

"금년에 들어서고는 비다운 비가 한 번 오지 않코 개속 가뭄만 돼고 잇쓰며 그래도 채소로나 밭작물이 자라고 잇쓰니 신기하기 짝이 업꾸나."

"나 자신의 성격이 내가 새악을 했도 좋다고는 생각을 하지 않는다. 성질이 나며 부인한태 말을 한부로 하며 욕이 돼는 말을 만이 하며 자신이 생각을 해도 넘어 심한 말을 만이들 하고 잊는돼 이 버릇을 곤치볼라고 생각을 해도 잘 안돼고 잇다. 사람이 욕을 하는 사람고 욕을 덧는 사람의 입장을 생각을 해야 하는돼 나는 욕을 덧는 사람의 입장을 생각을 하지 않코 행동을 하는 사람이다."

"자신의 나쁜 버릇은 곤치야 한다. 우선 집에서 어진 사람이 돼어야 나가서 실래을 바들 수가 잇다."

〈1994년 5월 6일 금요일 날씨 맑음〉

오늘 오전은 포도밭, 작과밭, 사과밭 약 살포을 하여쓰며 오늘 약 살포을 개핵돼로 할려고 앞밭에는 회장부터 시작을 해서 약 살포을 해도 셋 군돼 약 살포하는데 오전 내글리다. 올해는 잠쉬 시간 여유가 업시 손길이 바푸구나. 자신이 생각을 해도 잠쉬실 여유가 업꾸나. 그리고 나 뿐 아니라 부인도 시간 여유 업쓰며 부인은 자신보다 더 바푼 것 같다.

"오후에도 계속 약 살포을 해서 자신의 것은 약 살포을 끝을 낼라고 생각을 한 것이 오후에는 바람이 아주 강풍이드라. 그래서 약물 준비만 하여두고 부인 포도밭에 순 다라매는 일 도와주는 것으로 오늘 일과을 맡치다."

지출에 … 비료 빌린 것 복합 1포와 라면 11,440원

〈1994년 5월 7일 토요일 날씨 맑음〉

오늘은 두룸을 하다가 우리 마을 경로잔치을 하는데 우리 마을은 경로잔치날은 온 동민 희초날이다. 그래서 정심 때 돼어서 잔치에 가니까 아주 바푼 사람 말고는 그진 다들 왔드라. 우리 마을은 경로잔치 하며 온 동민이 다들 놀고 찬조로 밥값을 대신하고 한다. 오늘도 다른 해와 다들 같이 우리 또래는 10,000원식을 찬조로 그 자리을 나오고 마랐다.

오후에는 서원에 고추모가 잇따고 해서 가보니 고추모가 아주 좋드라. 고추모 값이 여기보다 30십 원식 포기당 흘더라. 자신은 고추모가 좋아서 마음에 속 들드라.

지출에 … 고추모 값이 포기당 120원
200포기에
계 24,000원

〈1994년 5월 8일 일요일 날씨 맑음〉

오늘은 고추모종을 본답에 이식을 하여쓰며 고추모 이식을 하는돼 혜지와 운이가 도와서 오전 일적 끝을 냇쓰며 금년도 고추모가 재일 좋은 모라고 말을 하고 십다.

오후에는 선태 노타리와 박종서 노타리을 하고 형님 두룸 노타리을 하여주어다. 그려고 보니 내일은 남들 일 마치고 집부로 가는 시간에 나는 두룸을 하고 물을 돼고 자신의 일은 늙 참 시간에 하게 돼는 날이 만타. "요줌은 부인이나 자신이나 다들 밤 너깨까지 일들을 하고 잇다. 요줌은 해장일도 하고 잇쓰며 부지련희 움직이고 잇는 샘이다."

〈1994년 5월 9일 월요일 날씨 맑음〉

오늘은 포도나무에 관정물을 도구에만 가득 주는 일을 하여쓰며 땅들이 너무 매말라서 물이 들어가니 마음적으로 김이 나는 너킴이 들고 잇다. 일기가 대지을 너무 매마르게 하며 금년 들어서 비가 오지 완아따고 해도 무리돼는 말은 아닌 것 {같}다. 사람의 마음 갈타서는 비가 100cm 이상 와주어쓰며 한다. 하늘래서 비을 주지 않으니 인간의 힘이 너무 만이 지칠 지경이다. 오늘도 비가 조금만 와주어도 오늘 포도밭에 묵 프는 일은 안 해도 돼 일을 하고 잇다. 이것도 시간이 잇쓰서 하는 일이 아니라 부득희 하는 일이며 요줌은 넘어나 손길이 바파서 어느 것부터 해야 하나 하고 생각을 하면서 행동을 해야 한다.

오늘 처음 간정물 퍼보니 가뭄 해갈은 물이 넘어나 적으서 힘들 것 갈터며 간정물이라고 하지만 약물은 마음돼로 할 수 잇따고 보면 뗄 것 같다.

이번 정자못을 희사하고 간정 6개 어더찌만 우리 경작자로서는 큰 손에을 보앗다. 그리고 과수는 별 손예가 업따고 하지만 수도작은 외로점이 만타고 생각을 한다.

그리고 부인은 포도밭에 산다고 바야 한다. 포도 일손이 만이 들어간다고 말은 들어찌만 이처름 만이 들어가는 줄은 몰랐다. 순 딸라내 포도 만이 달린 것 따내야 포도 육손 따네지 포{도}순 묵는 일 해야지 일이 끝

이 업깨드라.

〈1994년 5월 10일 화요일 날씨 맑음〉

오늘은 논에 노타리을 하면서 보뚝 두룸을 하여쓰며 내일부트 노타리 작업을 해야 할 것 같다. 대신 사람들은 모을 일적 했찌만 노타 작업을 한 사람들이 아주 만타고 바야 한다. 우리 마을에서는 대신보다 일주일은 모판이 넛따고 바야 한다.

"자신도 내일부터는 노타리 작업을 할려고 두룸 깍는 일을 웃들 셋 단지는 하여 두어다."

〈1994년 5월 11일 수요일 날씨 비〉

포도나무에 물 준 것이 오희려 화자[화근]가 돼어다. 기상대에서 당분간 비가 업따고 해서 포도나무에 물 돼는 작업을 서들어서 그것도 시간이 업는 것을 억찌로 시간을 내서 포나무에 물 됀 것이 이번 비로 인하여 포나무에 손예을 주어따고 생각을 한다. 포도밭이 여때것 매마른 땅에 물이 들어가서 안전 범벅이 돼어서 포도나무에 득은 돼지 않는다고 본다.

자신으로 바서는 그대로 두어쓰며 이번 비가 안전희 해갈을 식키며 자신의 밭도 갈리가 수랄 것이 포도나무에도 적당한 수분으로 아주 좋아젓쓸 것으로 내다본다.

"자신은 오늘로서 노타리 작업을 하여따고 본다. 자신은 우리 마을로 바서는 노타리 작업을 선두로 하고 잇찌만 내년에는 더 일적 노타리 작업을 하여두어야지 벼집 쌀라넌 것이 좀 썩찌 곳바로 노타리 해서 이앙을 하니까 어린 모들이 갱신이 더딘 것 같다."

오늘은 비가 오는데 노타리 작업을 하는 사람은 형님과 두리밖에 업쓰며 남들은 두룸을 하고 잇쓰며 웃들은 노타리을 한 사람이 만은데 아래들은 들 서들고 잇다."

〈1994년 5월 12일 목요일 날씨 맑음〉

오늘은 종일 동안 노타리을 하여쓰며 트랙터 노타리가 잘 돼며 노타리에서 자신이 붓틀 뿐 아니라 노타리을 하여노며 쓰레로 골라논 것 처름 매스렵게 됀다. 이것을 본 자신은 기분이 그리 좋다. 하로의 피료가 자신의 일한 것이 매스렵게 돼어 잇쓸 때는 기분을 만킹한다고 생각을 한다. 일이란 것이 때로는 생각의 밖에 일이 잘 돼고 어뜰 때는 일한 것이 만족을 못하고 서운할 때가 드러잇다. 자신은 작년보다 일을 잘하고 잇따고 생각을 한다.

〈1994년 5월 13일 금요일 날씨 맑음〉

올해는 임숙네 고속도로 밑 논은 올해는 자신이 농사을 안하고 올해부터 주인이 하니까 일은 자신이 다 하여주지만 마음적으로 편하구나. 올늘 노타리을 안전이 쳤주어다. 그리고 낮참을 이용하여서 복합비료을 53포, 요소 1포, 엔진오일 2통 대신본소에 사오는데 이양이 계산을 하여서 주는 데로 가지고 왔서 계산을 하여보니 영수증에는 계산을 맡게 하여는데 돈원 92,300원이나 더 따라왔드라. 이것을 곳바로 같다주어다. 이양 이래 개산하다 큰일 난다면서 잘하라고 하면서 부탁말을 하여다.

분소 이양이 아이는 좋은데 차근하지 못한 것 같다. 요 앞패도 돈을 뒤돌려주어쓰며 그때는 적은 돈이지만 자신한태 두 번이나 돼며 이것은 전체로 본다면 만원 실책이라고 바야 한다.

그리고 오후에는 모판 비누류을 오늘 철수을 하여쓰며 남들은 다들 하여는데 자신은 이재 철수을 하여쓰니 올해는 손길이 바푸다는 것이 인정이 돼고 잇다. 자신은 무선 일이든지 앞쓰가는데 이번 비누류 철수는 재일 너저따고 생각을 한다.

지출에 … 복합 245,678원 (53포) 요소 4,170원 (1포)
계 246,380원[150)]

〈1994년 5월 14일 토요일 날씨 비〉

오늘은 웃들 모내기 할려고 논에 쓰레질을 하는데 종일 동안 비가 내리며 비가 와도 그리 만이 오고 잇쓰며 우리 부부는 정심을 싸와서 일을 하는데 그 날비을 종일 동안 다 마저면서 일을 하여쓰며 비 오는 바람에 종일 동안 휴식 업시 일을 하여서 빨리 일은 끝을 냇다. 올해는 밑거름을 작년보다 1포 더 느어서 금년은 한 단지에 5포식 하고 쓰레질을 하여다. 웃들 셋 단지에 복합 21-17-17을 15포을 하여다.

〈1994년 5월 15일 일요일 날씨 흐림〉

오늘은 모내기 준비을 하여쓰며 쓰레작업을 생각보다 만이 하여쓰며 오늘 일은 계핵보다 5마지기 동쓰레질 더 하여따고 본다. 그리고 오늘 이양기 수리할려고 내어보니 오늘따라 일요일이라서 수리센타가 다들 놀고 잇따고 하여서 수리하는 데는 포기을 하고 마라다. 우리 조가 매년 코 밑태 와서 이양기 수리을 하는데 앞푸론 미리 수리을 해야 하겟다.

〈1994년 5월 16일 월요일 날씨 맑음〉

오늘도 논 쓰레질을 하여쓰며 다들 이양기로 모내기 할 준비한다고 날리가 나는 것쳐름 다들 바피 날띠는 그 모섭 다들 할기차 보이며 다들 잘들 하고 잇드라. 인간이 살라가는 것이 다들 경쟁심으로 살라간다고 본다. 우리 농촌도 안전이 경쟁으로 살라가고 잇따고 말을 하고 십다.

〈1994년 5월 17일 화요일 날씨 맑음〉

오늘도 종일 동안 쓰례작업을 하여쓰며 그리고 오늘로서 논 쓰례작업을 안전희 맡치다. 자신은 오늘도 남외 논 터랙트

〈1994년 5월 18일 월요일[151)] 날씨 맑음〉

오늘은 웃들에 모내기 할 논에 모판을 띠어서 갇다놀 시간이 업쓰서 해장에 모판 띠다 논 너어라 우리 부부가 세벽 일적부터 아주 분주하게 움직어따고 본다. 사람이 대충 바파야 하는데 우리 부부는 넘어나 바푼 사람이라고 말을 하고 십꾸나.

오늘은 웃들 셋 단지 모내기을 하는데 바람이 태풍처름 부르서 상자는 상자돼로 날라가고 모내기을 하는데 어뜩계 할 수도 업고 그저 울고만 십드라. 외 농사을 짓어는가 그저 한탄만 하게드라.

오늘 이앙기는 잘 도라가서 그른돼로 일적 작업을 맡칠 수가 잇쓰다.

그리고 올해는 이앙기로 모을 심어노어며 여자들이 골고리 잡아서 다들 머드리고 하는데 올해는 다들 약속이나 한드시 다들 머리만 머드리고 마는구나.

---

150) 실제 계산은 249,848원이나 246,380원으로 잘못 기록하였다.

151) '수요일'을 월요일로 잘못 기록하였다.

우리 조상들은 모패기 한 포기을 소중희 여기왔는데 우리 세대 와서는 이처름 모포기을 천대하는 세대가 돼어버리쓰니 이것은 바람직한 일은 아니라고 생각을 한다. 앞푸로 살라가면서 쌀 농사을 천대해서는 우리 국민이 편하게 살 수가 업따고 보며 우리가 쌀 농사을 내평계 쳐지만 4년 안에 다시 소중하게 여기야 할 쌀 농사라고 생각을 한다.

〈1994년 5월 19일 화요일[152] 날씨 맑음〉
오늘은 쓰례 작업을 하여쓰며 이재는 쓰례 작업을 하는데 한방구[한꺼번에]라고 생각을 한다. 다들 쓰례작업에 분주하게 움직이는 모섭들 보는 것만다 마음 자채가 바파저는구나.
오늘은 거름을 헌치가면서 쓰례작을 한 것은 3단지 동쓰례질만 한 것이 5마지기 오늘은 개핵보다 5마지기을 더 한 셈이다.

〈1994년 5월 17일 수요일[153] 날씨 맑음〉
오늘로서 금년도 모내기 활 논에 쓰례작업을 안전희 맡치다. 요줌은 세참 먹을 시간도 업시 일을 하고 잇다. 자신은 무선 일을 하며 좀 쉬어서 일을 하며 건강도 좋을건돼 그르치 안코 무리하게 일을 하는데 나 자신도 이점을 곤치야 하며 우리 딸들이 청춘이 아니라고 자주 말을 하드시 이재는 일을 하고 집에 들어오면 곳바로 쓰러진다고 말을 하고 십구나. 자신도 금년은 피료가 더하다는 너킴을 가지고 잇다.

〈1994년 5월 21일 목요일[154] 날씨 맑음〉
오늘은 부인가 둘리서 모판 따다논는 일을 하여쓰며 올해는 모판이 좀 수라게 떨어지는 편이드라. 그래서 8단지 모판을 다 띠다 놋고 모재리 쓰례작업 안전희 맡치다.

〈1994년 5월 20일 금요일[155] 날씨 맑음〉
오늘부터 아래들 모내기을 하여쓰며 올해는 이양기 모는 사람을 돼어서 둘리가 번갈라가면서 이앙기을 보니 수라드라. 이앙기도 종일 동안 혼자 몰면 지루하고 힘이 만이 더는데 올해는 선태와 두리서 이앙기 모니 자신이 수라드라. 선태도 자신이 갈리값, 노타리 값 다 줄라면 60,000원 인돼 이것을 이앙기 하로 모는 돼가로 품아시가 돼니 선태는 잘했따고 생각을 한다.
그리고 올해는 모판 수가 아주 만이 들어가고 잇다. 작년만 해도 한 단지에 75판 하면 푸근하게 쓰고 했는돼 올해는 75판 가지고 겨우 쓰따고 생각을 한다. 내년에는 한 단지에 80판 돌리야 하겟다.
오늘 모내기 한 면적은 6단지 됀다고 본다.

〈1994년 5월 21일 토요일 날씨 맑음〉
오늘로서 모내기을 오늘 오전으로 끝맡치다. 오늘 모내기는 두 자리로서 모내기을 끝을 맡치쓰며 오후에는 포도순 다라매는 일을 하여쓰며 부인이 모내기 들어쓰기 전에 한 번식 손을 본 것이 원재 손을 받는 식으로 일손을 바라고 잇드라.

---

152) '목요일'을 화요일로 잘못 기록하였다.
153) '20일 금요일'을 21일 목요일로 잘못 기록하였다.
154) 순서상 21일 토요일이며 실제 달력과 비교하였을 때 1994년 5월 21일은 토요일이다.
155) 1994년 5월20일은 금요일이 맞다. 그러나 앞서 기록된 일기를 보면 기록에 착오가 있었던 것 같다.

오늘로서 부인 모내기을 끝을 냇쓰며 그간 모내기 한다고 부인 수고가 만아다.
부인은 생각을 할수록 고마운 사람이다. 외냐 업는 남편 만나 불평 한마디 하지 않코 남편 말은 어느 때라도 순정을 하며 그전 일만 하는 부인 그저 남편 일이라면 그저 도와줄라고 대드는 그 성위 의이 말로서 고마음을 다 할 수 잇쓰리. 내 비록 돈은 업쓰도 마음과 행복은 나 마니 가지고 살라간다고 생각을 한다. 부인 이 고마움을 의이 다 갑프리까.

〈1994년 5월 22일 일요일 날씨 맑음〉

오늘은 윤상주 씨 갈리 노타리을 하여쓰며 노타리을 하여 노어며 쓰례작업을 해줄 사람이 잇느냐 무르니 아무도 업따고 하여서 노타리 작업을 정미리 하여서 나중에는 쇄 파이프을 달라서 끝고 다니면서 논을 골라 주어다.
그리고 노타리 작업을 하고 나서 자신의 논에 모내기 한 논에 물을 전부 대는 일을 하여쓰며 자신이 이리저리 물 됀다고 뛰어다니는돼 자신의 너킴으로 자신의 몸이 휘청거리며 나의 몸을 중심을 잡을 수가 업두록 피료가 싸여다고 생각이 들며 자신이 생각을 해도 금년에는 피료가 더한 너킴이 들고 잇다.

〈1994년 5월 23일 월요일 날씨 맑음〉

오늘 오전은 웃들 셋 단지을 부인은 모을 머들리는 작업을 하고 자신은 잡초약을 푸리는 일을 하여다. 이것도 물을 돼어가면서 3단지 잡초약 푸리는돼 오전 내 글릿다.
그리고 귀에 귀물이 나서 낮참을 이용하여서 경북 이비후과에 가니까 가니까 원장 하는 말씀이 술을 만이 자시는냐고 물더라.
그래서 술은 입배도 안 댄다고 하니까 몸이 피료해도 그르따고 말을 하드라.
자신의 몸을 바서는 종일 동안 푹 자고 피료을 푸려쓰며 하는돼 자신의 일손을 바라고 잇는 돼가 너무나 만아서 잠쉬 실 수가 업다. 요줌은 텀만 잇쓰며 포도밭에 일을 하며 포도밭의 일은 힘은 들지 않아서 그른지 포도송이가 송월송월 달려 잇쓰며 하로가 다르게 변하는 모섭 때문인 포도밭태는 자꾸만 일을 하고 십다. 그리고 부인은 요줌 포도밭에 아주 산다고 말을 하고 십다.[156)]

〈1994년 5월 24일 화요일 날씨 맑음〉

오늘은 아래들 잡초약 푸릴 날짜인돼 기상대에서 오늘 저녁부테 내일까지 비가 만이 온다고 해서 그리고 만이 오는 곳은 80cm 이상 온다고 해서 잡초약 푸리는 일을 포기을 하고 포도밭에 일하는 것으로 개핵을 돌리고 말랐다.
오늘도 낮참을 이용해서 병원을 들리다.
오후에는 김종옥 4.5 돼지 생노타리을 하여다.
지출에 병원에 2,700원 차비 920원
계 3,620원

〈1994년 5월 25일 수요일 날씨 비〉

기상대에서 오늘 비가 만이 온다고 해서 잡초약 헌칠라고 해서 포기을 하고 포도순 다라매는 일을 하여다. 기상대 때문에 나의 일을 망치다고 본다. 외냐하며 어재 잡초약

156) '지출 … 병원비 2,700원 차비 920원 포도순다라매는 기계'라고 일기 지면 상단에 따로 기록되어 있다.

을 푸리도 일적은 날짜는 아닌돼 기상대 비 온다고 해서 포기을 하여뜬이 오늘 비오는 것이 관질나게 비가 오며 이 비라고 했따면 어재 잡초약을 푸리는 것이 아주 좋아쓸 끈돼 비 온다기에 잡초약 푸리는 일을 포기한 것이 나로서 후예가 막심하다.
오늘은 트랙터 노타리 작업을 하여쓰며 오늘로서 트랙터 노타리 버리도 오늘로서 마지막이라고 생각을 한다. 오늘 노타리 8마지기 정도 됀다고 본다.
지출에 … 운이 육성회비 35,200원

〈1994년 5월 26일 목요일 날씨 맑음〉
오늘로서 모내기 한 논에 잡초약을 안전이 뿌리쓰며 금년에는 잡초약을 한 단계 도다서 상미섬 잡초약을 반을 하고 흐른 마세터 약을 반을 살포을 하여다. 현재 논들을 바서는 좋은 잡초약을 사용해야 하는데 돈이 배도 더 돼고 잇쓰니 잡초약을 좋은 것은 돈 때문에 반을 좋은 약을 사용하고 반은 나픈 것을 사용을 한 셈이다.
금년도 기계 이앙한 모들이 할짝이 빠른 너킴이 들며 자신의 모가 안전 할짝이 돼 쌔파란 벼을 볼 때에 자신의 마음을 발개 하고 잇드라. 자신이 모내기 한 논을 바라볼 때에 자신이 이앙기 몰 때에 그 고충이 이 순간에 살라저고 잇따는 너킴이며 이 기분 이야말로 정말 마음의 기쁨이다 하고 생각을 한다.
포도밭에 일손은 정말 만타고 생각을 하며 일손 만이 들어가는 것은 참외 일처름 손이 만이 들어간다고 생각을 한다. 요줌 포도밭 일 때문에 탄 일은 마비가 돼어 잇따고 본다.

〈1994년 5월 27일 금요일 날씨 맑음〉
오늘은 직파 재배한 것 씨가 잘 서지 않아서 부인과 둘리서 모판 20개 머들이는돼 정말 힘들어고 너무나 직파한 것이 씨가 업쓰서 머들이야 할 심정 정말 울고 십드라. 자신이 오늘날까지 농사을 짓어오면서 울고 십픈 심정이 똑 두 번 잇쓰서며 마음이 울고 십펄 때는 농사을 포기을 하고 십픈 심정이드라. 자신이 농사을 정성 끝 다들 하고 잇는데 자신은 외면하는 너킴이 더는구나.
오늘 직파한 것이 씨가 너무나 써지 않아서 부인과 둘리서 두 단지 모을 다들 머들이는데 너무나 힘이 들어쓰며 이것은 자신이 실수을 해서 부인을 외을 먹이고 잇다는 생각이 들며 이것이 처음 시작을 할 때에 일품벼 씨을 직파을 할려고 탈망까지 하여놋고 하로만에 벼 씨을 바까서 96호로 벼 씨을 탈망도 하지 않코 직파기에 너어서 파종을 하여키에 씨가 고로 떨어저지 않아서 씨가 고루서지 않아서 다들 머들이야 할 입장이 이것은 다들 자신이 심중하지 않아서 부인까지 고통을 주고 잇다.
"자신의 마음을 꾸짓고 잇다."
"오늘은 작과약과 사과약을 외상으로 구입을 하여왔다."

〈1994년 5월 28일 토요일 날씨 맑음〉
오늘 오전은 작과밭에 사과밭에 살충재 약 살포함.
말리 사과밭은 약물리 25말 타야 충분이 살포할 것 같다. 앞전에 약살포을 할 때는 20말 량으로 충분이 살포을 했는데 이번에는 20말이 적개드라. 자신은 당산 사과나무에까지 다 살포을 할려고 약물 25말 타서 약 살포을 했는데 당산 사과나무에 갈 약이 2말 정도밖에 남지 않아서 일만 더뒤게 하고 마랐다.
오후에는 직파 자리에 도사리을 주워쓰며 금년에는 서양바실 4마지기는 논바닥이 마당쳐름 깨끗하드라.

〈1994년 5월 29일 일요일 날씨 비〉
오늘 오전은 당산 작과나무에 약 량이 50말 량으로 약 살포을 하여는 어재 사과나무는 2줄 약 살포을 해서 그려치 그러지 않아트라면 약 량이 적을 뿐 했다. 이것도 사실 적은 량인돼 겨우 50말 량으로 살포을 하여둔 셈이다.
오후에는 부인과 둘리서 서양바실 4마지기 직파 자리에 머드릴라고 최종환 씨 벼 씨 촉 띠안 것이 잇따고 해서 그 벼 씨을 가지고 씨가 쓰지 않는 빈 자리에 호미로 골을 타서 벼 씨을 헌치서 무드보니 이것은 생각보다 실찌 하여보니 시간이 만이 걸일 뿐 아니라 도저희 안 땔 것 같드라. 그래서 태모가 이앙기로 모내기을 하는데 모판 좀 남는냐고 하니까 만이 남는다고 하여서 그 모판을 18판을 가지고 왔다. 이것을 물을 돼어서 머들릴라고 벼 씨로 머드리는 일은 포기을 하고 보밭에 김매기 하로 부인과 둘리서 가서 김매기 일로 돌리고 마랐다.

〈1994년 5월 30일 월요일 날씨 맑음〉
세집에 골태 작과밭에 약 살포을 하여주어쓰며 숙모가 80십 노인이 생각을 하는 것은 보통이 넘는다고 본다. 외냐하면 오늘 약을 싸온 것을 보며 500cc짜리 유제약을 싸와서 약 살포을 해야 실찌 돈은 월마 돼지 않는다고 본다. 자신은 주는 데로 가지고 왔키 때문에 다들 분재을 사키 때문에 다들 약 갑이 비싸기 때문에 다 같은 약 량으로 아주 비싼 약을 살포을 하는 셈이다. 실찌 과일이 업는 것을 볼 때에 허른 약을 사용을 해야 득이 돼는데 하는 아쉬운이 잇다.
"오후에는 웃들 웃거름 할려고 물 대는 일을 하였다. 이재 물을 돼며 그진 농사을 반은 다들 짓어따고 본다."
지출에 비료 요소 18포 이삭거름용 비료
3포 보험료 값
계 104,040원

〈1994년 5월 31일 화요일 날씨 맑음〉
오늘 웃들 세 단지 웃거름을 하여쓰며 올해는 웃거름 한 단지에 요소 1표 3대 정도로 웃거름을 하여쓰며 올해는 밑거름을 한 단지에 복합 4포식 하다 금년에는 한 단지에 5포식 하고 웃거름을 한 포로 줄아서 웃거름을 한 단에 1포 3대 정도로 웃들 셋 단지에 거름을 하였다.
"오늘 오후에는 웃거름을 하기 위하여 논자리마다 물을 다 돼엇다. 오늘은 자신이 논자리마다 물을 다 됀 것을 생각을 할 때에 신기한 맡고 잇다. 오늘 논자리 7곱 군돼나 물을 다 돼어쓰니 오늘 물 돼는 성가는 정말 좋아따고 생각을 한다."

〈1994년 6월 1일 수요일 날씨 맑음〉
오늘 오전에는 휴식 업씨 웃거름을 하여쓰며 오전 11시 30분 돼니까 몸을 바로 곤우지을 못하게쓰며 일에 지친 몸이 돼어서 일을 더 할려고 하여도 힘이 업쓰서 못하게드라. 자신은 처음 개핵은 웃거름을 전부 다 할려고 개핵을 세와는데 개핵돼로 못하고

5마지기는 오후로 미루고 마랐다. 자신은 개핵돼로는 엔만하면 다 하는데 오늘은 개핵돼로 못했쓸 뿐 아니라 무리하게 개핵대로 하여쓰며 몸살이라도 하게 될 것이며 지금 이 시간에 생각을 하니까 오후로 미룬 것이 아주 잘했따고 생각을 한다.
오후에는 물 막아넌는 보을 하여쓰며 오늘 보는 자신이 더 우리 아래들 물 해결을 할려며 물을 만이 너어야 한다면서 장구을 돼면서 폭폭돼어서 우리 가래는 일을 아주 만이 하여다. 오늘 보는 물을 만이 너어서 지금치 했따고 생각을 한다.
어재 오늘 물 됀다고 밤잠을 못 잣쓰며 재일 하발치[157]에 건답직파을 10마지기 하여 나서 물 돼는돼 밤우로 몰을 돼야 하는 형편이니 모내기 한다고 몸이 지쳐잇는데 밤잠을 물 댄다고 슬치니 몸이 피로하기 짝이 업꾸나.

〈1994년 6월 2일 목요일 날씨 맑음〉

요즘 비가 한번 와야 하는데 논이나 밭이나 가뭄 때문에 아무것도 안대겟다. 금년 들어서 비가 재돼로 온 적이 업쓰며 강수량이 넘어나 적개 와서 밭작물은 수학에도 큰 차질이 잇쓸 것 같다.
"오늘 건답직파 자리에 물을 돼고 거름을 해서며 거름량은 요소을 한 단지 1.5포을 하여쓰며 나중에 조금 더 해야 돼지 않을까 한다. 그리고 재초제 약 만드리 약을 거름하고 나서 꽂바로 헌치고 마랐다."
오후에는 서양바실래 두룸에 풀을 깍고 각 두룸마다 풀 제거을 할려고 하다 피곤하고 해서 포기을 하고 부인 참깨 속는 작업을 하는데 그들어주는 일로 오늘 일과을 맡치다.
오늘 오후에는 포도 농사을 짓는 밭마다 구경을 하여쓰며 다들 포도 달린 것이 자신이 보기에는 시원찬아 보이드라.
"자신은 유목에다 너무 만이 달라노아따는 생각이 들드라. 남들은 월례 줄기 하나에 포도 하나식 나와따고 하든데 우리는 꼭 두 게식 나와서 포도 만이 달리따고 생각을 한다."
지출에 … 요소 비료 5포 62,250원 잡초 약 만드리 7봉 42,000원
계 63,080원[158]

〈1994년 6월 3일 금요일 날씨 맑음〉

오늘은 직파 논에 물을 돼어서 웃거름을 하는데 올해는 비료량을 줄이서 한 단지에 1.5포을 하여쓰며 어재 저녁 밤을 자지 못하고 물 돼는 작업을 하여서 오늘 웃거름과 잡초 약을 안전이 끝을 내고 보니 마음이 상캐하구나.

〈1994년 6월 4일 토요일 날씨 맑음〉

서양바실래 물 돼기 위하여 밤잠을 설치가면서 물을 됀 것이 남외 논만 밤새두록 대어주어쓰며 이것을 보다 날이 새면 하발치라서 물을 될 수가 업쓸 것 같다.
4시 경에 양수기을 가지고 관정물을 프기 위하여 양수기 일체를 가지고 가서 양수 작업을 4시간 하니까 논에 가득 물을 펄 수가 잇드라. 양수기 작업은 돈이 들어가는 일이지 자신의 마음이 편한 것을 너켜다.

---

157) 아랫쪽에 라는 뜻.

158) 실제 계산은 104,250원이나 63,080원으로 잘못 기록하였다.

"그리고 자신이 물돼기 위하여 도량에 수초 작업을 하자고 임사에깨 이야기을 한 것이 임사가 잊저서 오늘 도랑 수초 작업을 하여서 자신의 계핵돼로 안 돼고 자신의 물 돼는 작업을 하고서 수초 작업을 하여서 자신의 사욕돼로 안 돼고 마랐다."

"오늘 서양바실 4마지기 비료 량 요소 3포을 하여다. 거로 곳바로 제초제 약까지 다들 살포을 하여서 다들 망우리 작업을 한 셈이다."

〈1994년 6월 5일 일요일 날씨 맑음〉

요즘 가뭄이 너무 심각하다. 과수 뿐 아니라 전곡들이 가물이 들어서 자라지 뫃하고 잊는 모섭을 볼 때에 인간의 가슴이 더 타는구나. 이재 인간의 예관장을 그맨 태우고 비가 올 때가 돼어는데 바라는 비는 오지 않코 맑은 하늘만 보이는데 가슴 답답하구나. 이재 비가 푹 온다면 만사가 다 좋을끈돼 날씨도 넘어하고 잊다. 금년 들어서는 비다운 비가 한 번 내리지 않아쓰니 인간의 가슴을 을마나 때아는지 짐작할 수가 잊따고 본다.

"오늘은 말리 사과나무에 굴나방 약 살포하고 포도나무 약 살포을 하여쓰며 일을 해도 끝이 업꾸나."

지출에 포도나무 물 주는 호수 91매다
27,000 북싱 2,000 차비 940원
계 29,940원

〈1994년 6월 6일 월요일 날씨 맑음〉

기상대는 목, 금 양일간 비다운 비가 내린다는 기상 예보을 하고 잊찌만 우리 포도나무가 물 달라고 아우성을 쳐고 잊는 것 같다서 비오두록 기다리고 잊쓸 수가 업쓰서 어재 오늘 양일간 포도 물 주는 일을 하여쓰며 논들은 다들 말라찌만 목, 금 이 날은 비 온다고 해서 비 오는 날을 기다리고 잊다. 나 자신 뿐 아니라 벼 농사을 짓고 잊는 사람들은 자신의 마음과 갈따고 생각을 한다.

요즘은 나 자신은 포도송이예 나의 마음은 다 솔리고 잊따고 말을 하고 십다. 요즘은 부인보다 포도송이에 더 정이 가고 잊다. 육체적인 노동이 포도나무에 시달리도 포도송이 자라고 잊는 것을 보며 나의 마음 밝아저고 잊다. 이 포도가 나중에 돈이 돼든 안 돼든 요즘 포도나무에 매달리서 하로 해가 어떠게 가는 줄도 모르고 하로 생활을 보내고 잊따고 말을 하고 십다.

〈1994년 6월 7일 화요일 날씨 맑음〉

비가 올 떳 올 뜻 하면서 비는 오지 않코 잊쓰니 인간은 외간장을 다 태우고 잊꾸나. 요즘은 포도밭에 물주는 일로 하로 일과을 보내고 잊다. 오늘은 사과나무 밑태 노타리을 오전 내 하고 오후에는 포도밭에 물 주는 일을 하여쓰며 오늘은 사실 논에 물 돼는 일을 할려고 하여는데 실찌 실소득을 본다면 논보다 포도에 물 주는 일이 자신에깨 소득이 더 될 것 같다서 포도 물 주는 일로 망우리을 하여다.

〈1994년 6월 8일 수요일 날씨 흐림〉

오늘은 회장부터 포도 물 주는 일을 하여쓰며 오늘은 기상대는 비가 온다고 예보을 하여는돼 이재는 기상대는 믿지 않코 오늘 포도 물을 주어다.

그리고 오늘 날씨는 금새라도 비가 쏘다질 떳 하는 날씨가 셋 번은 뭉게구름이 어덥두록 몰려들어는데 그래도 비가 오지 않는 것을 볼 때에 비가 십게 오지 않캐꾸나. 나 자신 뿐 아니라 비을 학수고대하고 잇는데 비는 오지 않코 사람의 간장을 다 태우고 잇다.

들판에 논들은 다들 마른 상태며 비 온다는 기상대 외보 때문에 다들 논물을 퇠라고 더는 사람이 업다. 사람들이 물 대기가 수라면 기상대 예보을 상관하지 않코 논에 물을 퇘곤 할끈퇘 물 퇘는 힘이 더니까 다들 기상대에 의지하고 잇다. 만약에 기상대 외보가 빗나간다면 다들 물 대는퇘 호탁불이 날 것 같다.

기상대 외보와 같이 내일까지 비가 온다고 하니 이 비가 협죽하게 비가 내리준다면 인간의 일손을 상당이 만이 들어준다고 생각을 한다.

"오늘 말리 사과나무 사위에 콩씨 갈려고 이랑을 짓어놋는 일을 하여다. 이 일을 노타리와 이랑을 짓어논는 일을 하는 퇘 종일이 걸리다고 본다. 그리고 자신도 오늘로서 자신의 일을 다들 추냇따고 본다. 이재는 시간 여유을 가질 수가 잇쓸란지 몰개꾸나."

〈1994년 6월 9일 목요일 날씨 흐림〉

오늘은 기상대에서 비 온다고 에보을 하여서 다들 기상대 비 온다는 예보 때문에 다들 논들이 다들 말라 잇는데 오늘 비 온다는 소리에 우리 농민들은 다들 논에 물 퇘는 일을 오늘로 미루어왔다. 오늘 비 온다는 예보가 빛나가서 비가 업따고 기상대가 예보을 하자 다들 물 퇜다고 야단법석이다. 기상대만 아니여더라면 물 기갈 업시 순조렵게 논 물을 퇠 수가 잇쓸땐퇘 기상대에서 우리 농민들을 생외을 먹이고 잇다.

"자신도 종일 동안 물 퇘는 일을 하여쓰며 종일 대어도 못해서 밤샘이 해서 물을 안전이 다 퇘어쓰며 논에 물을 다 퇘고 나니 기분이 넘어나 좋아서 날라갈 뜻한 기쁨이다. 이재는 비가 재아무리 안아도 자신은 물 해결을 다 하여다."

"이재는 포도나무에 물 주는 일만 열심희 하면 다 퇜다."

지출에 … 사과나무 터물 약 메타 5,800원
바닥보 품 댄 것 40,000원
계 45,800원

수입에 … 터랙트 노타리 값 80,000원

〈1994년 6월 10일 금요일 날씨 흐림〉

요즘 날씨가 비가 올 뜻 하면서도 오지 않으니 인간의 간장을 다 태우는구{나}. 요즘은 하늘만 쳐다보는 시간이 만타고 본다. 이놈의 비가 좀 아달라고 예원을 해도 비는 오지 않으며 사람의 외관장을 다 태우고 잇다.

금년도 작과일이 제아무리 만이 달리따고 해도 물을 주지 않는 밭들은 다들 상품 같치가 업키 팔로 큰 문제점이 따리지 않을 수 업따고 본다.

오늘 사과나무에 떠물약 탄저병 약159)을 살포을 하고 콩 갈란 퇘 (라쇼) 유제 물 7말 용으로 충분이 살포을 하게드라.

"그리고 말리 사과밭도 약 량 25말 해야 약

159) 탄저병은 통상 작물, 야채, 화초, 과수, 수목 등 유용식물의 잎, 가지, 과실, 종자 등에 발생하는 병으로 잎과 과실 등에 병반을 만들며 후에 병반에 점질물이 생성된다.

살포을 하게드라."

〈1994년 6월 11일 토요일 날씨 맑음〉

오전은 작과 밭 뚝 잡초 제거와 오이 어장을 하여쓰며 오후에는 들 한 밖기 돌라보고 참깨 녹음병 약을 살포을 하고서 그 이후는 휴식을 하고 말라다.

"오늘은 휴식을 한 날이라고 생각을 한다. 자신도 휴식을 할 때가 잇꾸나 하는 생각도 하여 받다."

"이재는 만사 일을 뒤로 하고 비가 한번 와야 하는데 비는 아예 생각지도 않는 날씨 원망쓰렵꾸나. 그쳐름 비을 기다리고 잇는데 무심하게 비는 오지 않는 낡씨 원망과 욕까지 하고 십픈 심이다. 이 심정을 하늘도 몰라 줄 것이다."

〈1994년 6월 12일 일요일 날씨 흐림〉

오늘 날씨도 한두 차례 비가 올 떳 하드니 비는 내리지 않코 그만 개인 날씨가 돼고 마는구나. 정말 날씨가 원망이 돼는구나. 다들 모이며 날씨가 원먕스렵따고 이야기을 하고 잇다.

"오늘은 작과나무에 도장지 따내는 것을 하여쓰며 이것을 해도 별 재미가 업다. 외냐하면 과일이 업는 나무에 도장지 빼내는 작업을 할려니 마음은 좋찌 않코 잇다. 이 일을 안 알라고 해도 벼농사에 도살리 줏는 일보다 실소득이 더 됀다고 보고 도장이 빼는 일을 하여다."

"우리 혜영이가 어더 시험을 쳐고 와서 이번에는 부틀 것 같다면서 좋아하고 잇드라. 이번에는 합격을 해야 기사 2급 실기을 대비을 하지 우리 혜영이가 어드와 기사 2급 합격증을 따야 한다. 그래야지 치직을 할 수가 잇따고 본다."

〈1994년 6월 13일 월요일 날씨 맑음〉

오늘 오전은 포도 물 주는 일을 하여쓰며 자신은 처음 포도나무을 심어서 포도송이가 초롱초롱 달려잇는 그 모섭을 볼 때 자신의 마음 풋짐한 마음이다. 자신은 송이송이 달린 포도을 조용이 기대을 하고 잇따고 말을 하고 잇다.

"자신은 요줌 포도에깨 마음을 덤벅 숒고[듬뿍 쏟고] 잇다. 마음을 듬벅 숏고 잇는 만큼 돈도 만이 하여쓰며 한다."

지출에 … 전화세 값 10,320원

〈1994년 6월 14일 화요일 날씨 맑음〉

오늘은 늑들 수로에 수초 작업을 하여쓰며 수초 작업을 장오전에만 하고 마는데 올해는 굼짝자들이 외 굼도랑은 외 안 쳐느냐고 반발이 심해서 올해는 수초 작업을 종일하게 돼어다.

"이재는 공동 일을 하는데 잇는 사람의 발은끈 이야기는 공동 일에서 살라저고 이재는 원칙을 준수하면서 공동단체가 형성을 하고 잇다. 엔날을 더듬어 본다면 잇는 사람들의 득이 돼는 방향으로 흙르같는돼 이재는 업는 사람들의 발은끈이라 할까 공평한 분배로 공동채가 움직이고 잇따고 한다."

올해 포도농사을 잘 짓을 수가 잇쓰는데 자신이 몰라서 포도 농사을 망치따고 생각을 한다. 외냐하면 포도 꽃 필 때에 물을 도구에 돼어드라. 금년 포도 농사을 일 등 농사을 짓을 수가 잇쓴는데 자신이 몰라서 포도송이을 바리을 다 만들어쓰니 요줌 생각을 할수록 가슴 아푸다.

지출에 … 혜영이 졸업사진 찍는다고 정장

150,000원 숭녀화 50,000원
계 200,000원

〈1994년 6월 15일 수요일 날씨 맑음〉

오늘 오전은 당산 사과나무와 포도나무 약 살포하는데 오전 시간을 나 보네다. 이재는 포도 약 살포도 12말은 적드라. 앞푸로 약량이 15말은 해야 한다고 본다.

오후에는 봉희 동서 논 직파 자리에 웃거름을 1.5포 하여듣이 현재로 바서 거름키가 적으서 요소 한 포로 두 단지 거름을 하여다. 봉희 동서 논에 웃거름 들어간 것이 한 단지 2포 식을 한 셈이다. 이재는 거름을 더 하지는 않캐다.

"오늘로서 부인은 복숭 수학을 하고 자신 작과밭에 잡초가 무성하게 자라잇는 것을 큰 것만 낮으로 잘라내고 내일 크라목손약 살포 준비을 하여다. 오늘 복숭 수학을 개우 2개 짝 수학을 하여다."

〈1994년 6월 16일 목요일 날씨 맑음〉

오늘은 당산밭에 제초제 약 살포함. 잡초가 너무 무성해서 약 량도 만이 들어가드라. 잡초 약 량을 23말 량으로 세집 밭까지 다 살포하여다. 잡초을 들 자라서 약을 살포하면 사람 수라고 약 절개 들고 일 수라고 할끈돼 오늘 약 살포을 11시 30분까지 하여다.

"오후에는 경운기 푼무기 제초재 약 살포한 호수 가신다고 트랙터 세차을 하여다. 이것도 호수 가시며 그냥 가지 못하고 자신이 시간와 낭비을 조금이라도 줄이기 위해서 트랙터 세차을 시작을 하여다."

"그리고 오늘 물을 돼면서 논에 도살리을 주어보니 상머섬 제초재 약도 약 효과도 업고 논에 도살 리가 그대로 나잇쓰며 미올미는 작년보다 더 만이 나잇드라."

"아직은 제초제 개발이 이려깨 너져서 무엇하게나. 제초제 약 살포을 하여도 여전희 논에는 그대로 도살리가 하늘 치들고 나오고 잇쓰니 기가 찬다. 우리 농민은 제초제 약을 매년 좋은 것 사바야 효력은 업고 우리 농민들 지출만 가중돼고 잇다."

〈1994년 6월 17일 금요일 날씨 맑음〉

오늘은 종일 동안 직파 논 자리에 김매기와 벼 포기 머드리는 작업을 겸사로 하여다. 금년에는 직파 모와 이앙기 모와 별 다름이 업시 자라고 잇다. 올해는 직파 자리가 씨가 잘 쓰지 안아서 그르치 벼 생육 자채는 동일하다고 본다.

"자신이 이재는 시간 여유가 잇쓸 것으로 생각을 하여는데 그르치 않코 시간 여유가 업꾸나. 자신이나 부인이나 시간 여유 업는 것은 맡찬가지다. 일을 열심희 하면 일이 줄어드야 하는데 끝이 업시 일끄리는 밀리고 잇쓰니 사실 짜증스러운 감이 든다."

"자신은 가뭄 때문에 밭에 잡초들이 죽어가고 잇는 것을 처음 밭다. 이것을 보고는 날씨가 넘어하다는 생각을 할 수가 잇쓰며 잡초가 가뭄 때문에 죽어가고 잇는떼 곡석들은 그 목마른을 누가 알라준단 말인가. 그리고 농민의 가슴을 너무나 아푸게 하여따는 것을 짐작을 할 수가 잇따고 본다."

복숭 수학 1짝

〈1994년 6월 18일 토요일 날씨 비〉

오늘 기상대에서 곳에 따라 소낙비 온다더니 가랑비가 내리고 마는구나. 그처름 목마른 비을 기다리는돼 가랑비로 보답을 하다니 이것은 너무하다고 생각을 한다. 날씨도 만물이 비을 예원할 때는 속 시원이 비을 내리주어쓰며 월마나 좋으리만 정말 날씨 원망스렵꾸나.
오늘 서양바실 4마지기에 직파한 것이 양 머리는 씨가 너무 달라서 다들 속는 일을 하여쓰며 이곳은 부인이 씨가 업따고 종일 동안 어린 모을 가지고 와서 머드리쓰며 이재는 뽑아내는 일을 해야 한다는 것이 엔 말이냐. 오늘 오후에는 단 곳은 다들 속아 버리고 마라다.
"어재 복숭을 대전청과에 부치떠니 1상자 1,000원 나와드라. 이것을 운님은 안 띠도 상해 수수료 띠니까 750원이드라. 이것을 운님을 주야 하는데 운님이 상자 당 700원 인돼 이것을 주며 50원 남는다. 자신이 상자 살 때에 900원 주어는돼 자신은 복숭을 한 상자 주고 850원을 도로 무려너야 돼니 정말 기가 찬다. 자신은 이른 일이 잇꾸나 하는 생각은 꿈에도 생각을 하여보지 않아다. 정말 의이 업는 일이구나."

〈1994년 6월 19일 일요일 날씨 흐림〉

어재 비가 시작을 한 짐에 더 와야 하는데 비가 적으서 념어나 아쉬운 감 검할 길 업꾸나. 이번 비가 물 천지가 한번 돼어야 모든 것이 해갈을 면하는돼 그투록 바라뜬 비가 도로에 문지 안 날 정도의 비가 돼고 마라쓰니 정말 아쉽다.
'"오늘은 마늘 수학한 것 손질하고 보밭에 김매기을 하여쓰며 오늘 김매기는 처음에는 급이 나서 손을 뙐 수가 업드라. 무지파 씨 부어낮는돼 파 씨는 보이지 않코 지섬만 수북하게 싸여잇다시피 땅이 안 보이니 자신은 처음 급이 나드라. 이것을 부인이 하두록 둘라고 하다 부인은 바파서 이곳에 올 여가가 업쓰며 부인이 하두록 둘라니 무지파 씨가 안 뙐 것 같다서 김매기을 시작을 하여다. 오늘 김매기 한 지섬은 사람이 저도 두 짐 이상은 뙐 것으로 본다. 그리고 오늘은 일은 무지파 씨 잘라는돼 고추밭, 우엉밭 김매기는 정말 값으치 잊는 김매기을 하여따고 본다."
"엔말래 시집살이가 갈수록 더 디다더니 자신이 갈수록 일이 만으며 시간이 일이 만으니 부인은 따라서 일이 만아저고 잇다. 우리 농촌 일이 일하는 만춤 수입이 업쓰며 육체의 고충이 오고 잇쓰니까 우리 농업을 외면하고 잇다."
"우리 농촌에 사는 부인들 아켜주어야 한다. 외냐하면 농촌으로 시집을 오지 않아따면 다들 수라게 한 세상을 살라갈 끈돼 농촌으로 시집을 와서 오유 월 보닥빛에 비지 땀을 흙리면서 농사일을 해야 소득은 업고 농업에 부채만 늙어가고 잇는 실정이니 부인의 육체적인 고통의 대까는 어띠서 찬는단 말인가. 그 보답은 남편들이 그 고마음을 한 번식이라도 생각을 하면서 살아가야 한다고 생각을 한다."

〈1994년 6월 20일 월요일 날씨 맑음〉

오늘은 아래들에 이화명충약[160] 입제을 살포함. 매년 이때 즘 돼며 벼잎에 부터서 벼입 깔가먹는 똥벌레가 잊는돼 올해는 업는 것 같드라.
"그리고 논 잡초약 마세트는 사용을 하지 않아야 하게드라. 마세트 헌친 곳은."

160) 이화명충약은 벼의 큰 해충인 이화명나방의 유충을 없애는 약이다.

작과일 수학 3개짝

〈1994년 6월 21일 화요일 날씨 맑음〉

오늘 오전으로서 이화명충약 입제을 다들 살포을 하여쓰며 그른돼 논에 물이 만은 곳도 잇는데 그대로 약을 헌치고 마라는돼 약 효력이 어떠게 될련지 모르게꾸나.

오늘 오후에 작과일 수학을 하여쓰며 남들은 착색 약을 미리 살포을 하여서 만이 수학을 하고 잇는돼 자신은 부인 착색 약을 살포을 해서 적은 량이라서 과일이 익찌 않아서 수학을 만이 할 수가 업꾸나.

수학량 9짝

지출에 … 경인기 피스톤 35,000
차비 900원
계 35,900원

〈1994년 6월 22일 수요일 날씨 흐림〉

오늘은 종일 동안 자두 수학을 하여는돼 과일이 익찌 않아서 수학을 만이 할 수가 업꾸나. 오늘 당산에서 7곱 짝 수학하고 앞밭티에서 4개짝 수학해서 계 11짝을 수학을 하여다.

〈1994년 6월 23일 목요일 날씨 흐림〉

사실 오늘은 비 온다고 극정을 만이 하여다. 어재 저녁에는 보슬비로 비가 저녁 내오지 기상대는 오늘부터 장마라고 하지 과일은 그대로 잇찌 정말 비가 줄줄 내리고 잇쓰며 과일 시세는 바닥 시세로 떨어절 것은 사실이고 자신의 고충은 따라서 오기 마른이고 정말 극정을 만이 하여다. 그른돼 잠을 자고 방문을 열고 하늘을 볼 때에 개인 날씨가 돼고 잇는 하늘을 볼 때에 다행이다 하는 마음이 앞쓰는구나.

“오늘은 재방 복구공사을 한다고 봇는 10마지기 이상 대는 사람들만 부역을 했쓰며 이것도 자신 할 때부터 그대로 방치하여뜬 것이며 매년 푯대로 응급조치만 하여서 내리오고 잇는돼 이것은 매년 경비만 내고 잇다 이번 응급조치 하라고 1,000,000만원 나와따고 하는돼 다들 낭비들만 하고 잇다.”

“오후에는 자두 수학을 하는데 자두가 익지 않아서 부인이 오전 내 수학을 해야 7곱 짝 이것을 수학을 하는데 홀롱개로 그진 딴다고 해도 그연이 아니다. 우리는 과일도 업쓸 뿐 아니라 과일이 익어주지 않아서 만이 따지 못하고 잇다.”

오늘 자두 수학 10짝, 용만 7짝, 진수 3짝 = 10짝

〈1994년 6월 24일 금요일 날씨 맑음〉

오늘도 부인과 둘리서 자두 수학을 하여쓰며 자두 수학을 하여도 재미가 업꾸나. 외냐하면 자두 금은 하로하로 떨어저고 잇쓰니 수학을 해도 별 자미도 업씨 부인과 둘리서 비지땀을 흙리고 잇다.

세상 살라는 것이 인간의 진미을 가지고 살라가는 사람은 못살개 하고 잇쓰며 이 세상에 인간의 진심으로 살라가면 살라남을 수가 업다. 인간은 남을 속이고 악득을 부리야만 잘 살라갈 수가 잇쓰며 우리 따는 자두만 바도 그릇따. 과일도 연결기 전에 착색 약을 셋 번식 살포을 해서 과일 맡도 업는 것은 짝 땅 40,000원 식들 사먹고 이재와서 약 살포도 하지 않코 그대로 과일이 연걸어서 시장출라돼는 것은 가격도 하락이 될 뿐 아니라 과일이 천돼을 밭고 잇쓰니 말을 어떠게 표현을 해야 될 줄 몰갯다.

세상이 원제 인간의 찬미을 가지고 살라가는 사람을 인정 밭고 사랑 밭고 살라가는 세상이 올련지 그 세상은 인간의 세앙은 업지 않을까 하는 생각도 가저본다.
"오늘 자주 수학 진수 6개, 용만 15개, 계 21짝 수학함."
그리고 오늘은 우리 조합장 셋 번째 선거날이며 이번에는 부정이 업쓸란지 조합장 선거을 부정으로 셋 번 선거한 곳도 전국적으로 업따고 본다. 이번 선거는 부정이 업씨 선거을 치라쓰며 한다. 자신은 박기동 씨가 돼지 않을 생각을 하여는데 처음 나온 임영수 씨가 40포 차이로 조합장 당선이 돼어따고 하는구나. 나 자신은 박기동 씨는 두 번째 출마을 해서 차점으로 떨어진 사람이라서 이번 선거는 상당이 유리하다고 생각을 하고 자신도 박기동 씨을 미려는돼 뚜껑을 열고 보니 임영수 씨가 40포란 차이로 당선이 돼어따고 볼 때에 박기동 씨는 이번은 꼭 됀다고 자만을 하여따고 본다. 선거는 뚜껑을 열어바야 한다고 하드니 정말 옛말이 맡꾸나. 이번에는 부정이 업씨 선거 분이니가 잘 넘어가야 한다. 이 앞전에는 부정선거라고 티부이로 부정선거라고 방송이 돼고 전국을 떠들개 하여왔쓰며 아포 조합이 몸살을 했따고 보는데 그 이미지을 이번 선거로 인하여 싹 씨쓰며 하는 바람이다.

〈1994년 6월 25일 토요일 날씨 맑음〉

오늘은 부인과 둘리서 자두을 수학을 하여쓰며 자신은 돈원 뒤로 하고 과일이 팔리 처분하여쓰며 하는 마음 뿐인돼 부인은 한 짝이라도 더 수학을 하여서 돈을 더 해야지 돈 하는 재미로 지쳐보이지 않으며 부인은 과일이 만이 달리서 조금이라도 돈을 더 하여쓰며 하는 마음으로 일을 하고 잇는데 자신은 돈에는 신경을 쓰지 않코 빨리 과일이 업쓰며 하는 마음이니 부인과는 너무나 긴 차이점을 가지고 일을 하고 잇따. 사실 내 마음이 부인 마음과 같이 이 과일을 하로라도 빨리 수학을 하여서 돈을 더 해야지 하는 마음을 가지고 일을 해야 하는돼 그려치 않으니 생활력이 부인보다 약한 사람이라고 생각을 한다.
그리고 요즘은 과일 수학을 하는 아침 해장부터 과일 따로 나선다. 그리고 올해는 유득 해장일을 만이 한다고 생각을 한다.
오늘 과일 수학 … 15개 수학함.

〈1994년 6월 26일 일요일 날씨 맑음〉

오늘은 운이도 과일 따는 돼 도와주어쓰며 자신이 볼 때는 아무것 하지 않코 잇는 것 같다도 우리들이 일한 것 보며 운이가 도와주는 것이 큰 보탬이 돼는 것 가꾸나.
(오늘 자두 수학한 것이 47개. 재일 만이 한 셈이다.)

〈1994년 6월 27일 월요일 날씨 비〉

오늘 아침에는 맑은 날씨을 보이더니 아침이 지나서야 안전 소낙비가 쇼다저드라. 이 비을 다 마저면서 부인과 둘리서 자두 수학을 하여쓰며 오전 내 자두을 대충 따고 오후에는 선별 작업을 해서 대전 가는 용만 다 주어다. 오늘은 비가 와서 그른지 다들 작과일을 다 따서 그른지 과일이 서울이나 대전이나 다들 멧 짝식 밖에 안 대고 잇드라. 자신은 18짝을 따쓰며 이것을 서울과 대전을 나누어주어쓰며 하는 후예가 됀다.
수입에 트랙터 노타리 값 170,000원
자두 수학 18짝 수학함.

〈1994년 6월 28일 화요일 날씨 맑음〉

오늘은 자두 수학을 하여쓰며 오늘은 당산 밭은 안전이 따쓰며 작년보다 수학량이 아주 적으며 수입으로 본다면 면적에 비에서 제일 적개 한다고 보며 자두 농사는 매년 내년이나 만이 달릴려나 하고 기대을 하면서 살라왔따고 바야 한다. 업는 사람을 내년을 보고 산다더니 작과도 내년에는 만이 오께지 하고 살라와따.

그리고 작과는 돈원 제일 적개 돼면서 육체적인 고통을 제일 만이 주는 것이 작과 농사며 이 농사을 일적 버리는 것이 잘하는 사람이라고 생각을 한다.

"기상대가 장마라고 하는데 오늘까지 날씨는 그른돼로 우리한태는 잘하고 잇다. 자신은 작과일 수학이 시자긴돼 기상대는 장마끈에 들어쓰따고 하니 처음에는 과일 다 버리는 것이 아닌가 하고 극정을 하여는돼 날씨과 우리 과일 따라고 꼬박꼬박 참아주어서 과일 잘 땃다고 생각을 하며 날씨과 내일만 참아준다면 자신도 과일 수학은 그진다 하지 않을까 한다. 내일도 좋은 날씨 보여다오."

자두 수학 … 20짝

〈1994년 6월 29일 수요일 날씨 흐림〉

날씨가 장마라고 예보하고도 날씨가 상당히 만이 참아주어다. 우리를 바서 참아주어따고 나는 생각을 하고 십다. 이 날씨가 우리 자두 수학을 한참 수학을 하는돼 기상대는 장마라고 하며 그리고 비가 만이 온다고 하여서 금년 작과 농사는 안전 숭년이라고 생각까지 하여다. 외냐 과일이 서리 피해로 과일이 업는데 그 중 장마로 가격까지 떨어저곤 하면 과일값은 잘 받는다고는 생각지 않아는돼 집안이 돼느라고 날씨도 꼬박꼬박 참아준 돼 돼예서 정말 고맙고 우리을 살리따고 말을 하고 십다. 그리고 오늘도 자신의 원돼로 날씨가 참아준 돼 돼에서 무어라고 고마움을 표현 할련지 모르게꾸나.

"오늘은 자두 수학을 하는돼 형수가 거들어 주어서 시간 여유을 가지고 과일 부치는 과정까지 마음의 여유을 가지따고 생각을 한다. 자신도 이재는 양 밭에 이삭 정도 남아쓰며 이젠 일을 다 했쓰며 이재는 우박이 온다고 해도 극정을 하지 않을례."

오늘은 자두 수학 28짝.

〈1994년 6월 30일 목요일 날씨 비〉

이 비가 내일까지만 참아주어도 자신의 과일 값은 잘 바들 수가 잇쓰며 금년도 과일 농사는 거른 대로 잘 짓어따고 볼 수가 잇는돼 이 비 때문에 어재 28짝 부친 것 다 망치는 것이 아니냐. 마음이 그리 부란하다. 생물이라서 그날따라 비가 온다면 반절로 내리는 것은 보통이라고 생각을 하니 이것은 과일농사도 잘 짓을 뿐 아니라 팔로을 잘해야 한다.

"오늘 오전은 부인은 당산 작과일 마지막 이삭 줏고 자신은 포도밭에 도구 처는 일을 오전 내 하여다. 그리고 오후에는 자신도 자두 이삭 줏는 데 그들어쓰며 안전이 이삭을 준 것이 12짝이 돼드라."

"과일 마지막이라서 과일 한 상자와 감자을 조금 가지고 누님 같다 더리쓰며."

지출에 … 상자 대금 1상자 873원 250개
195,750원

〈1994년 7월 1일 금요일 날씨 비〉

오늘은 소낙비를 마저면서 앞밭에 자두 수

학을 하여쓰며 이른 비을 마저면서 자두 수학을 해서 출하을 하며 가격이라도 잘 받으며 좋찌만 어재 과일 값은 반값으로 내리쓰니 자신이 맥이 다 빠지며 부인의 힘 업는 얼굴을 볼 때에 부인이 안서려 과일 값은 디전으로 가고 잇꾸나. 부인을 돈을 좀 더 하게따고 열심희 하여는데 그 대까 업는 것이 나의 마음을 더 아푸게 하고 잇다.
금년도에 작과일 착색 약 살포을 하지 않는 가정은 다들 과일 값 폭락으로 돈을 다들 몾 하고 잇다. 세상에 선한 사람이 해가 돌라는 것이 생각을 할수록 가슴을 칠 일이다.
"내년에는 어떠한 일이 잇쓰도 착색 약을 살포을 하여서 일적 내야 하게다."
"오늘 두리서 그 날비을 다들 마저면서 자두 수학을 끝을 냇다. 그리고 오늘 동생들을 자두 1짝식 선물을 하여다."
"부인이 안서려운 얼굴이 마음 아푸지 과일 값은 뒤로 하고 과일을 다들 수학을 해서 과일이 업따는 것이 속이 시원하구나."
오늘 자두 수학 13짝

〈1994년 7월 2일 토요일 날씨 비〉

이번 비로 출하한 자두을 다들 버리따고 말을 하고 십프며 그것도 운님을 주어서 버리고 말라쓰니 귀가 찬다. 한 짝에 1,000원이 돈으로 소비자가 먹으따면 아깝지 않캐다. 이것은 비 온다 합시고 상인들이 다들 쨍기고 마라쓰니 우리 생산자들은 허탈하기 짝이 업꾸나. 우리 생산자들이 잘 살려면 중간상인의 행패을 업쓰야 하며 하로 빨리 중간상인을 업세야 한다.
오전은 비 때문에 휴식을 하고 오후에는 포도나무와 사과나무 두 군돼는 약 살포을 하여다. 이것도 비가 올 떳 올 떳 한돼 내일도 용학이 아파트 입주하지 약 철 시간도 업쓸 뿐 아니라 약 살포을 한 지도 27日이나 돼어서 간 크게 약 살을 하여뜬니 날씨가 잘 참아주드라.
"말리 사과나무는 약 량이 25말, 당산 포도 밭은 약 량이 15말을 살포을 하여다."

〈1994년 7월 3일 일요일 날씨 흐림〉

오늘은 용학이 아파트 15층에 입주을 하는 날이라서 부인과 구미 동생 지수씨와 여르시가 용학이 집에 갇쓰다. 집에서 갈 때는 15층이라고 여사로 여기고 갇쓰는데 이사 짐을 다 나르고 15층이라서 앞푸로 전망도 좋고 방에 잇쓰니까 15층이라는 느킴이 업쓰며 우리들 방에 안저잇는 너킴이며 집은 잘 장만하여따고 생각을 한다. 용학이가 처음 주택을 할 때는 돈 한 품도 업쓰는돼 시작을 하는데 다들 희결을 할 수가 잇꾸나 하는 너킴을 용학이을 바서 너켜다.
"도시 사람들은 아파트가 도시 사람에깨는 안성맡춤이라고 생각을 한다. 아파트는 도시 사람을 위하여 설계돼어따고 본다. 촌사람들도 아파트 주택을 가지고 살라쓰며 한다.
"부인은 남편과 둘리서 출타하는 것을 아주 좋아한다고 본다. 외관상 보기에 남편과 둘리서 걸어며 얼굴에는 주름 업는 얼굴이며 늙 아빠보다 리더을 하고 잇다. 내 부인 이처름 좋아하는데 이것을 원을 몾 풀어주고 잇다."
앞푸론 손을 잡고 나드리 시간을 좀 내야 하게다. 부인의 밝은 모섭을 볼 때에 남편 그리도 좋은가. 자신은 돈도 적은 남편인돼 무엇시 좋은가 생각을 할수록 고마운 사람이다. 부인 우리 조금만 참고 비지땀을 좀 더 흙리고 두 손을 꼭 잡고 대길을 부인과 둘리서 걸어서 우리가 살라온 그 가정을 머리로 손으로 거리면서 한 업시 걸어보리라. 부인 조금 더 노력을 합시다. 이 마음은 언재나 부인을 사랑하고 언재나 고마움을 잊저본 적이 업소, 여보.
지출에 … 용학이 아파트 입주한다고
100,000원

〈1994년 7월 4일 월요일 날씨 맑음〉
오늘은 포도 손질과 순 묵는 일을 하여쓰며 포도송이가 그간 보지 않아다 오늘 순 묵는 일을 할려고 포도밭을 볼 때에 포도송이가 몰라보게 잘라더라. 우선 보기에는 포도송이가 아무련 일 업시 잘 자라고 잇다. 앞푸로도 잘 자라서 포도 값이 좋아서며 하는 마음 뿐이다.

〈1994년 7월 5일 화요일 날씨 비〉
오늘은 작과나무에 살충재와 응애 약[161]을 살포을 하여다. 이번 약 살포는 응애 약은 내년 봄에 살포을 하고 이번은 살충재만 작과나무에 살포을 할 끈돼 오늘 약 살포는 좀 잘못돼어따고 생각을 한다. 오늘은 약 살포을 지나가는 소낙이 비 때문에 약 살포을 지연을 시키고 마랐다. 두 군돼 약 살포을 종일 동안 시간이 걸리고 마랐다.
수입에 트랙터 노타리 값 100,000원
직파 값 700,000원
계 800,000원

〈1994년 7월 6일 수요일 날씨 맑음〉
요줌은 매일 35도 이상 기온이 유지을 하고 잇쓰니 사람들이 말이 아니다. 그래도 세집을 짓은 사람들은 찜통 더위을 피하는데 큰 도음이 돼고 잇찌만 우리 같은 사람들은 밤잠을 더위이 때문에 설치곤 한다. 밤잠을 설치고 낮재 일을 할려고 하며 피료감이 빨리 오고 한다. 정말 찜통 더이에 참을 길이 업꾸나.
오늘 오전에 포도밭에 잡초 약을 살포을 하는데 숨이 막힐 정도며 이 찜통 더위에 마스크 쓰고 약 살포한다는 것이 생각만 해도 입이 벌어절 정도며 자신이 약 살포을 하며 자신이 다 살포을 하고 마는데 오늘은 부인보고 교대 좀 할려고 했쓰며 자신은 부인을 약대을 외 먹는다고 들리지 않는데 오늘은 더위에 참을 길 업쓰서 부인과 한참 동안 교대로 약 살포을 하여다. 오늘 잡초 약을 그진 12시까지 약 살포을 하여다.
오후에는 문친는 짐에 잡초 약을 더 철라고 말리 사과나무에 잡초 약은 찜통 더위 때문에 오후 5시에 잡초 약을 살포을 하는데 어덥두록 일을 하여다.
수입 … 직파 값 350,000원

〈1994년 7월 8일 금요일 날씨 맑음〉
오늘 오전은 외성보에서 15마지기 이상은 경운기로 모래 실어달라고 해서 한 발리식 실어주는 부역을 하여다.
"그리고 낮참에는 직파 파종한 것을 수금하로 다니쓰며 파종을 하여주는 것보다 수금을 하는 것이 더 힘이 더는구나. 이 찜통의 더위에 수금은 재돼로 안 대고 잊꾸나."
"자신은 수금을 하는 것을 맡치고 오후 5시

161) 응애는 거미강 진드기목 가운데 후기문아목(Metastigmata)을 제외한 거미류의 총칭으로 응애라는 말은 본래 평안도에서 전라남도 순천에 이르는 사과 재배지대의 사과나무에 기생하는 사과응애를 뜻한다.

가 돼는 것을 보고 보뚝을 깍는 일을 하는데 더어서 숨을 재돼로 실 수가 업쓰며 금년 더위는 유득 더 더어며 계속 36도가 넘는 더위만 계속돼서 생활에 힘이 더는구나. 오늘 보뚝을 3단지 깍는데 옻 한 벌을 땀으로 다들 저저서 물이 나두록 땀을 흙리따는 것이 그 고충은 우리 농민 밖에 모르고 잇따고 생각을 한다."

오늘 수금한 돈 920,000원 수금을 해서 두리서 나누니 460,000원 식 가지다. 수금한 돈 460,000원

〈1994년 7월 9일 토요일 날씨 맑음〉

오늘은 정미소에 바끄리 갈다노로 가니까 왕지가[왕겨가] 가득 차잇쓰서 이 왕지을 실어서 거름을 하며 좋깨따는 생각이 들어서 방아깐 시장에깨 왕지 좀 실어가자고 하니 재발 좀 실어가라고 하드라. 그래서 경운기로 6섯 바리을 실어쓰며 이것을 실련는데 비지땀으로 옻을 한 벌 다 버리쓰며 자신이 이 왕지을 실어면서 이 비지땀을 흙리는 돼까가 될련지 하는 생각도 하여 보왔따.

"그리고 방앗간이 고장이 나는 바람에 12시가 넘어서 쌀을 찌어다. 그리고 자신은 방아관에 정미하는 것이 재일 실어하는 편이라고 말을 하고 십다."

오늘 오후는 날씨가 넘어 더어서 오후 5시가 대는 것을 보고 두룸에 풀 깍는 작업을 할려고 들판에 갈드니 그 늘번 들판에 사람이라고는 자신 밖에 업드라. 요줌 찜통 드위 때문에 오후 일을 피하고 잇다. 요줌은 일을 하며 비지땀으로 옻을 한 벌식 바리고 만다.

자두 2짝, 복숭 1짝, 계 3짝.

〈1994년 7월 10일 일요일 날씨 맑음〉

포도밭에 약 살포을 함. 이것도 회장을 이용을 하여서 약 살포을 하여다. 요줌은 아침 먹고는 일을 할려고 하며 찜통 더위 때문에 일을 뫃하고 잇다. 그래서 해장으로 일을 하고 잇는 실정이다. 오늘 포도밭에 약 살포한다고 세벽 4시 경에 준비을 하여다. 이번에는 포도밭 약 량을 10말로 살포을 하여다. 약 살포도 약대의 입자을 아주 적개 분사 돼두록 해서 약을 살포을 하니 10말로 충분이 약을 살포을 할 수가 잇더라.

오후에는 보뚝에 풀 깍는 일을 하여쓰며 오후에는 일을 하고 십프도 더위 때문에 할 수가 업꾸나. 그리고 올해는 장마라고 법석을 부리고 잇찌만 장마라 해도 비다운 비가 내리지 않코 금년 장마 다 가는 것이 아닌가 십다. 이재는 장마라 해도 만은 량의 비는 업따고 본다.

올해는 찜통 더위로 기성을 부리고 잇다. 연중 장마라 하며 비로 기성을 부리서 막대한 피해을 주는데 금년은 찜통 더위로 기성을 부리고 잇쓰니 인간의 고충이 크다고 생각을 한다.

〈1994년 7월 11일 월요일 날씨 맑음〉

오늘도 무더이는 계속 돼고 잇쓰며 요줌은 무선 일이든지 중단을 해야 될 날씨가 개속돼고 잇다. 기상대는 장마라고 하지만 밭작물은 가뭄이 들고 잇쓰며 장마 기간에 비가 오지 않는 해는 금년이 처음이라고 생각을 한다.

오늘도 보뚝에 풀 깍는 일을 하여다. 이 일이 날씨가 찜통 드위라서 작업시간이 짤키 때문에 일이 십계 줄지 않는구나.

수입에 노타리 값 110,000원

〈1994년 7월 12일 화요일 날씨 맑음〉

오늘도 두룸에 풀 깍는 일을 하여쓰며 오늘 풀 깍는 일을 개핵돼로 할려고 하다 넘어나 비지땀을 만이 흙리 쓸 뿐 아니라 아주 지루한 일을 하여쓰며 자신도 일을 이래 하며 안돼는돼 하는 예감이 들두록 하여다. 앞푸론 찜통 더위에는 계핵을 세우서 일을 하는 것은 건물이다.

"오늘 낮참에 직파한 것 수금을 한다고 작동 득계로 한 박이 돌아서 1,680,000원 정도 수금을 하여다."

"오후에는 일을 하는 것은 건성이라고 말을 하고 십다. 외냐하면 오후 6시 돼는 것 보고 일을 시작을 할 뿐 아니라 그저 양념으로 한다고 바야 하는데 오늘은 포도밭에 가물이 들어서 양수기로 도구에 풀 퍼는 일을 하여쓰며 오늘 포도밭에 물 돼는 일은 갑어치 잇는 일을 하여따고 생각을 한다. 오늘 오후 일은 자신이 생각을 해도 아주 잘 했따는 생각이 던다."[162)]

수입에 직파 값 830,000원 노타리 값
40,000원
계 870,000원

〈1994년 7월 13일 수요일 날씨 맑음〉

오늘로서 두룸 풀 재거는 끝을 냇다고 본다. 옛날부터 답답한 사람이 새암 판다고 하드니 두룸에 풀 재거을 안 하고 잇는 사람이 잇는데 이것을 자신이 하는 데가 두군돼 돼는돼 이른 사람들은 생각을 할수록 이상한 사람이다.

오후에는 참깨 약 살포을 하는 것으로 오늘 일가을 보내고 바랐다.

오늘으 초복인돼 날씨가 복땜을 하고 잇다. 이재 날씨가 갈수록 최고 기록을 갱신을 하고 잇쓰니 견디가 힘이 든다.

"요즘 날씨 하는 짓이 급이 난다. 외냐 사람이 움직이며 땀이 쇼다저고 잇쓰며 그저 입이 저절로 벌어저고 잇쓰며 이 날씨가 순조렵계 지나갈 날씨가 아닌 것 같다. 금년은 숭년 한 번 지우고 말개따는 예감이 든다."

〈1994년 7월 14일 목요일 날씨 맑음〉

오늘은 벼논에 문고병 약[163)]과 도열병[164)] 살충재을 살포을 하여다. 벼논에 약 살포을 오전 5시부터 9시까지 약 살포을 하고 오후에는 5시 30분에 시작을 해서 약 3시간 약살포을 하곤 한다.

오늘 약 살포 면적은 10단지 약 살포을 하여다.

〈1994년 7월 15일 금요일 날씨 맑음〉

오늘 회장에 가서 벼논에 약 살포을 하여다. 아침 5시에 가서 3단지 약 살포을 일적 하게드라.

그리고 오전에는 사과나무 약 살포을 하여쓰며 이번에는 25말 하니까 약 량이 넘어 만아서 살포하는데 지루한 감을 가지다. 앞푸로 20말 해도 약 충분이 살포을 할 수 잇게드라.

"오후에는 논에 물 됀다고 뒤어다니도 물을 못 돼고 저녁에 물을 돼어쓰며 밤새두록 물

---

162) '790,000+50,000'이라고 지면 상단에 따로 기록되어 있다.

163) 문고병은 잎집무늬마름병이라고도 하며 주로 잎집에 담자균류가 기생하여 회색의 얼룩무늬가 생기고 차츰 잿빛을 띤 흰색으로 변하여 시들어 죽는 병이다.

164) 도열병은 벼가 잘 자란 뒤에 잎과 줄기에 박테리아가 생겨 잎줄기 등을 해치는 병이다.

돼는돼 5섯 단지 밖에 몿 돼어다. 이른 일들이 하늘래서 소낙비라도 내리서 돼지만 적시준다 해도 이른 고통은 업쓸 것이며 만사 일이 다들 도라갈 끈돼 하늘도 원망스렵꾸나."

"날씨도 너무한다고 생각을 하며 이미 밭작물 참깨, 통은 다들 결실이 안 될 것 같떠며 앞푸로 일주일 만에 비가 오지 않는다면 밭작물은 다들 고사할 것으로 내다본다."

〈1994년 7월 16일 토요일 날씨 비〉

오늘로서 이삭 거름을 하는데 벼가 거름이 제일 적은 곳 두 필지만 이삭 거름 한 포로 조금 난구고 다들 헌치두어다. 자신으로 바서는 이삭 거름이 꼭 필요한 논이라고 생각을 하고 이삭 거름을 작년보다 4일 앞당기서 하여두어는데 수학이 어떠게 될련지 몰겟다.

그리고 포도나무에 물을 주어쓰며 물을 조류식으로 물을 주니 돌라서니 물 준 헌적이 업드라. 그래서 오후에는 고랑에 물을 돼고 잇는돼 하늘은 천동을 쳐면서 곳 소낙비가 쇼다질 것 같터며 비방울이 한두 방울이 떨어저는 것 보고 이재야 비가 온다 생각을 하고 전원을 패고서 양수 작업을 중단하고 집배 오는데 비가 아주 굴건 비방울이 떨어저서 옻을 반 정도 배리기까지 하여는데 집에 와서 비에 줒전 옷을 벗어서 정리하는데 하늘은 맑은 날씨을 보이며 바람만 부러서 시원한 감만 주고 잇꾸나. 이것을 볼 때에 하늘도 무심하구나. 푸짐한 비 한번 내리준다면 만사가 해결을 대는데 그 아쉬음을 풀어주지 않는 것이 원망스렵꾸나.

"오늘 부인이 후모사 2짝을 따면서 피곤해서 한 밖운이 따고 휴식을 하고 한 박운이 따고 휴식을 했따면서 오늘은 두통도 오고 피곤해서 자두 두 짝을 개우 따타고 이야기을 들을 때에 내 가슴에 와다며 자신은 나재라도 휴식을 하고 잇찌만 부인은 낯참도 업시 일을 하며 늙 무리로 한다고 생각을 하여왔찌 부인이 아푸다고 이야기을 하지 않아쓰며 이번은 을마나 피곤하며 을마나 두통이 왔쓰며 남편예깨 이야기을 했는가. 모든 것이 다 부족했따는 생각이 들며 부인의 건강을 이 남편이 조금도 생각을 몿했따는 미안한 감이 쑈다지는구나. 당장이라도 누령이 잡아줄라고 하니 한사코 반대을 하고 잇쓰니 그것도 십개 자신의 할 일 이루어저지 않는구나."

〈1994년 7월 17일 일요일 날씨 맑음〉

어재 비 온 것이 문지 안 날 정도며 호미로 김매는 돼 그 깊이도 물이 들어가지 않아서니 정말 기가 찬다. 비을 학수고대해도 비 한 번 오지 않는 하늘 원망도 이재는 짓치따고 본다. 이재는 을마든지 가물어보아라. 죽어도 다 죽지 혼자 죽깨나 하는 막말이 나오는구나.

오늘은 부인과 둘리서 무지파을 비 오면 한다고 미루어오다 이재 비을 그것이 비라고 무지파 모종을 하여는돼 무지파나 살련지 몰겟다. 비 오고 난 뒤 한다고 미루어왔는데 비 바라도 무지파 모종만 너꼬 마랐다. 오늘 무지파 모종한 것이 재돼로 살라갈련지 몰개꾸나. 무지을 하면서 부인과 둘리서 외만 먹은 것이 아니냐 하면서 모종을 하여다.

수입 … 1. 노타리 한 것 5,000원

〈1994년 7월 18일 월요일 날씨 맑음〉

오늘은 포도나무가 가뭄이 들고 한낮에 가

면 포도 잎이 탁 접어저두록 가뭄이 심해서 장상 서릅드라. 그래서 조류식으로 망에다 물을 주어도 돌라서면 물 줄 헌적이 업쓰며 물을 준다고 해도 하로 가뭄 해소도 안 대고 잇다. 그래도 포도나무에 물 주는 것이 득이 됀다고 다른 일들은 접버두고 포도 물 주는 일을 하여다.
오후에는 조류식으로 망에다 주는 것은 잠시 해갈을 면할 수가 잇찌만 노력에 비와서 소득이 업따고 보고 오후에는 도구에 물을 돼는 식으로 도구에만 물을 가득 채우는 일을 하여쓰며 이것을 밤 11시까지 하여다.

〈1994년 7월 19일 화요일 날씨 맑음〉
오늘도 포도나무에 물 돼는 일을 하다 운이가 공장에 실습 간다고 운이 담임 선생님이 학부형을 오라고 한다기에 운이 담임인돼 그냥 갈 수도 업고 무엇을 들고 갈려니 아들 보기에 그러코 해서 학교 앞패서 한참 동안 망스리다 그래도 자신의 담임인돼 처음 보는데 조금한 선물이라도 들고 가야 예이가 아니껬나 하고 슈프에 가서 6,500원 짜리 쥬수을 {사}고 운이 담임을 만나다. 자신이 생각을 하기에는 보통 그른 사람이라고 생각을 하고 갇는돼 생각보다 아주 다른 좋은 선생님이라는 너킴이 나의 가슴에 와 다아다. 선생님이 아주 절먼 선생님이며 외관상 아주 좋은 선생님이라고 나 자신은 말을 하고 십다.
오후에는 부인 자두 수학을 한 것을 오트바이로 실어다노코 포도밭에 물 돼는 일 개속하여다.
"우리 운이가 실습 간다고 해도 자신은 우리 운이가 힘드는 일을 할 수가 잇쓸까 하는 생각이 더는구나. 나의 마음은 실습을 가지 말고 자격증 준비을 하는 것이 좋을끈돼 그래서 운이한태 공부을 해야 한다고 건유을 하여도 한삭코 실습을 간다고 해서 오늘 동이[동의] 하여찌만 우리 운이가 해낼 수가 잇쓸까 하는 생각이 머리에서 떠나지 않는구나."
자두 수학 3짝

〈1994년 7월 20일 수요일 날씨 맑음〉
오늘 해장에는 포도 약 살포을 하는돼 탄자병 약 다코닐[165], 데시스[166] 살충재 약을 15말 해서 잎사기와 줄기, 포도송이 다들 폭 살포을 하여다.
그리고 오전에는 서양바실 도랑 수초 작업을 하여쓰며 다들 수초 때문에 물을 뫃 댄다고 아우성을 하면서도 부역은 나오지 않코 잇다. 이른 것을 볼 때는 다들 거냥 두어야 한다고 생각도 가저본다.
우리 운이가 오늘부터 실습을 한다고 쵳 출권을 하여는데 운이을 공장에 쵳 출근을 보내노코는 자신의 마음도 그리 밝지 않는구나. 외냐하면 운이가 돈 번다고 같는데 했낼 수가 잇쓸까. 돈 벌기가 수란 일이 아닌돼 우리 운이 도전을 했따니 한편으로는 대견서렵고 한편으로 화로까에 옂 나둔 것처

165) 정식 명칭은 클로로탈로닐로 브라보 또는 다코닐이라 부르며 살균제의 일종이다. 채소나 각종 작물에 발생하는 병해에 대하여 광범위한 방제효과를 보인다.

166) 정식 명칭은 델타메트린으로 데시스라고도 불리며 작물과 해충에 대한 살충효과가 있는 약이다. 우리나라에서는 사과의 잎말이나방・진딧물, 뽕나무의 잎말이나방, 플라타너스의 흰불나방의 방제약제로 등록되어 있다.

름 이 아빠의 마음이 편하지 않코 잇다. 오늘도 우리 때문에 이 아빠의 마음은 운이 곁에 잇쓰따고 말을 하고 십다.
우리 운이 종일 동안 포장하는돼 다리가 아푸다면서 이야기을 할 때는 아빠로서는 마음이 아푸다. 이 아빠의 마음은 운이을 가만이 안저놋고 이 아빠만 부지련이 일을 하여서 운이 목까지 다 하고 십찌만 운이 앞푸로 살라가기 위해서는 땀도 흙리바야 한다는 생각에 그만 두라고 말은 하지 않아다.
"그른돼 실습은 학교 가정에서 배운 것을 실습을 해야 하는돼 그러치 않코 아주 배운 것과는 무간한 것, 밖스 포장을 하고 잇쓰니 나 자신으로서는 달갑지 않코 잇다."
"오후에는 고추 물 주는 일을 하여쓰며 고추나무가 물 주기 전에는 고추 잎이 탁 접어저두록 가뭄이 심해는데 물을 주니까 고추 잎이 안전 피저며 잎의 윤키가 곳바로 나타나며 고추 잎을 볼 때에 신기하드라. 오늘 고추 물 주는 일은 갑어치 잇는 일을 하여따고 생각을 한다."
이 날씨가 좀처름 비가 올라고 생각지 않코 잇꾸나. 불빛 더위가 하로 연장돼는데 밭곡석은 수십만 석이 줄어든다고 볼 때에 하늘도 넘어 무심하구나. 우리 농민 피, 땀으로 짓어논 것을 가뭄으로 다 죽개 하는 것은 농민의 가슴에 몿을 밖는 것 보다 아품을 더 주고 잇다. 천한 농직을 넘어나 짓누리는 것이 만꾸나. 우리 농민의 힘은 언재 힘 쓸 날이 올란지 정말 한스렵꾸나.

<1994년 7월 21일 목요일 날씨 맑음>

불빛 더위 계속대는데 사람도 견디가 이재는 힘이 더는구나. 참다 몿해서 봉답 벼는 이미 빛에 따죽고 잇쓰니 그 모습을 지켜보는 농민의 가슴은 무라고 표현을 해야 좋은란지 모르게꾸나. 이재는 벼 뿐만 아니라 밭작물, 참깨, 콩, 고추 할 것 업시 재발 수명만 부터잇따고 말을 하고 십다. 금년에는 지나가는 소낙이 비도 업쓰니 농민의 가슴은 더 타고 잇다.
"포도 알 속는 일을 해야 한다고 해서 포도 알 속는 일을 하여 보니 수란 일은 아니더라. 포도송이가 익어가는 모습을 볼 때에 내 마음도 풋짐한 감이 더나 한쪽의 마음은 포도는 수학을 해서 돈을 지야 돈 노릇을 한다고 해서 한쪽의 마음은 포도송이가 다 익어줄란가 유목에다 너무 만이 달리서 안 익어줄란가 하는 부란감이 나의 마음 반쪽이 깍 차잇다."
"포도송이 익어가는 그 모섭을 볼 때마다 그 신기한 맡 어디다 견주할 곳은 업쓰며 우리 농민들위 살라가는데 힘들고 구설땀으로 살라가고 잇찌만 내 손으로 뿌리서 그것이 자라서 열매가 돼고 모든 것이 연결어 가고 잇는 모섭을 지키보고 잇쓸 때는 정말 사라가는 짐미을 가질 수가 잇다."

<1994년 7월 22일 금요일 날씨 맑음>

오늘은 서양바실에 물 돼는데 밤잠을 설치가면서 물을 데는돼 깜짝 놀라두록 물이 들어가며 물꼬에 물은 만이 들어가는데 논 바닥에 퍼지는 물은 업쓰며 이처름 물이 들어가는 적은 자신이 농사을 짓은 이후 처음이며 자신도 이처름 만이 들어가는 것은 그만춤 가물어따는 것이다. 오늘 종일 물 돼는돼 두 단지 량 밖에 몿 돼어쓰며 오늘 밤새두록 물을 돼야지 10마지기 직파한 논 물을 다 될 것 갈다. 이것도 하발치라서 재일 마지막으로 믈을 돼고 잇다.

"오늘은 물 돼면서 벼논에 도살리을 줏는 일을 하여쓰며 무선 일이든지 때가 잇떠시 이재는 도살리도 몿 주깨더라."

"요줌은 부인을 일을 하며 피료하다는 말을 자주 하고 잇다. 이것은 부인이 일에 지쳐 잇다는 신호라고 바야 하며 자신이 부인의 건강을 쟁기주야 하는데 그러지 몿해서 피료하다는 말이 나오두록 아니 육체적인 피료가 오두록 만들어따는 것이 미안하다."

"내 부인 정말로 띠 업는 사람이며 사람으로 할 수 업는 일들을 내 부인은 하고 잇따고 생각을 하며 내 부인이라고 하는 것이 아니라 하늘에 공자라고 생각을 한다. 자신은 부인이 내 속을 썩인 적은 업쓰며 의이 처음 만날 그 때와 오늘이나 다름이 업쓰며 내 자칭 마음속으로는 복 만은 사람이라고 생각을 하고 살라가고 잇다. 부인 피료 해복이 돼두록 손을 쓰보리라. 여보 늙 미안고 안쓰려어 화로가에 옟둔 너킴어로 살라가고 잇쑈."

〈1994년 7월 23일 토요일 날씨 맑음〉

타 지방은 소낙비가 내리서 땅이라도 적시곤 한다는데 우리 지방은 일시적인 소낙비도 업단 말인가. 하늘은 목 매이게 비을 바라고 잇는 밭작물은 보이지도 않나바. 비을 바라도 몿해 죽어가고 잇는 전곡들을 보고 무심하다 말인가. 해도 해도 넘어 하다고 생각을 한다.

그리고 우리 운이 공장 실습을 3일 채다. 우리 운이을 볼 때에 공장 실습이 팍스 포장이라서 마음에도 들지 않을 뿐 아니라 힘도 만이 들어가는 일이라서 히이 부탁키는 모양이다. 운이가 집배 오며 곳바라도 잠을 자곤 하는 모섭을 볼 때에 내 마음이 더 안대꾸나. 고등학교을 해서 사회 간다면 제일 밑태서 일을 해야 하는데 그 고충을 생각을 하니 이 아빠가 그리 힘이 더는구나. 우리 운이가 공장에 가서 힘드는 것 빨리 너켜서 인간 사회라는 곳은 공부을 해야 됀다는 것 빨리 너켜서 공부을 해야 하게따는 말을 들어쓰며 이 아빠는 제일 좋게다.

오늘은 물 막아너는 일을 하여다. 오늘 일은 새 값도 안 돼게 일을 한 셈이며 오늘 일은 한 곳이 터진 곳만 막고 왔다.

"오후에는 부인과 두리서 들판을 돌라보아쓰며 우리 벼들이 을마나 잘 자라고 잇나 하고 부인과 논자리마다 다 돌라보았다."

"그리고 부인이 고추을 따면서 여때것 고추을 타도 오늘처름 만이 타보지 몿해따면서 고추 따는돼 아주 좋아하며 고추도 한끄번에 익키도 만이 익어드라."

〈1994년 7월 24일 일요일 날씨 맑음〉

오전은 고추 물 주는 일을 하여쓰며 가뭄에 시드려나는 것을 자신이 물 주는 일로 시들어가는 고추가 할짝 펴지는 것을 볼 때는 나의 고충은 이저버리곤 한다. 목 마른 자에깨 물을 주는 일은 돈으로 계산을 할 수 업는 기쁨을 가질 수가 잇다.

오후에는 기상대에서 25日날은 정국적으로 비다운 비가 온다고 해서 포도 물주는 일을 그만두고 다른 일을 하고 잇는데 오늘 오후 기상대 예보가 우리나라로 오는 태풍이 일본에서 갑짝이 돌라가서 우리나라는 비가 올 학률이 업따면서 이번 다른 비을 기대할 수가 업따고 해서 낮참도 쉬지 않코 양수기을 들고 포도 물 주는 작업을 할려고 이 불빛 더위에 비지땀을 흙리면서 설치을 하여서 양수 작업을 하여다.

"요줌은 기상대 예보가 자주 빛나가고 잇다. 기상대 예보에 우리 농민은 다들 귀울기울리는데 이것이 빛나가면 우리 농민은 큰 실망을 하고 잇다."
"오늘 오후는 김천 동생과 둘리서 누렁이 잡는데 정말 미안터라. 자신이 키운 누렁이을 내가 잡다니 양심이 찔리는 감 때문에 누렁이 잡는데 마음의 고충이 심해쓰며 앞푸로 이른 일을 죽어도 안 해야 하며 이것은 사람이 할 수 업는 일이라고 너켜다."
"오늘 누렁이 잡는 일은 온 가족이 반대을 하고 잇찌만 부인의 건강을 위해서 자신이 갑짝이 스들어서 잡아다. 이 누렁이을 우리 형재키리 만나서 돌부리 할려고 생각을 한 것이 형재보다 부인이 먼저라는 것을 너켜쓰며 자신이 부인의 건강을 지켜 줄 의무라고 말을 하고 십다."
수입에 트랙터 직파 값 200,000만 원

〈1994년 7월 25일 월요일 날씨 맑음〉

오늘도 포도밭 도구에 물주는 일을 하여쓰며 이른 일들은 하늘에서 비만 내리준다면 안 해도 될 일들을 이 불빛 더위에 비지땀으로 디범벅이 돼두록 양수기 작업을 해야 하니 그 고충은 무어라 말을 할 수가 업꾸나.
"오늘은 동생들을 다들 불어서 누렁이 고기을 저녁 한때을 주는 것을 볼 때는 자신으로는 한편 고맙고 한편으로는 부인 건강을 위하여서 몸보신 시켜줄라고 잡은 누렁이을 다들 나누 먹는 것이 마음의 한구석은 반대을 하고 십다. 나의 심정은 다 자신도 고기 한 점 않 먹고 부인만이 누렁이 고기을 다 먹어쓰며 하는 심정인돼 자기 건강은 생각지 않코 나누어 먹고 하니 한편으로 섭섭하면서도 한편으로 동생들이 다들 먹고 가니 잘 했따는 너킴도 들더라."
"여보 우리는 촌에서 살면서 비지땀으로 살라가지만 동생들은 우리보다 땀도 들 흙일 끄시며 우리보다 고기을 자주 먹고 살라간다고 바야 하며 형제간에 우예도 좋찌만 부인은 자기 살등으리을 띠어가면서 형제간에 정을 나눈다고 바야 하며 이것은 음격이 따지고 보며 아주 좋은 일만은 아닌 것 갈쑈. 앞푸론 부인의 쌀 띠어서 동생을 주는 것은 이 남편은 바라지 않쑈. 앞푸론 부인 건강을 앞세우고 욕심을 가지고 살라가면 좋겟다. 여하든 이 남편이 볼 때에 시어머니쳐름 챙기주는 모섭은 좋으나 우선은 내가 살고 바야 한다. 부인 너무나 몸을 희상을 하는 것을 보며 이 남편 성질까지 나는 구려. 이 남편 당신과 한 몸이 돼어 영혼희 살라가고 십쇼, 여보."
지출에 … 운이 육성회비, 엘범돼[앨범비], 학교 들어가는 비용은 전액을 다들 냇쓰며 이재는 졸업만 하면 됀다. 138,000원
보험료 15,000원
계 153,000원

〈1994년 7월 26일 화요일 날씨 비〉

오늘 오전에 보뚝에 풀 깍는 일을 하는데 사람이 모이다보니 4명이 모여다. 이 사 명이 금년도 벼농사 이야기을 하다가 비방울이 떨어저니 다들 이재 비가 온다고 소리을 쳊고 했쓰며 이번 비야말로 식물에 생명을 건저주는 일이며 목 타는 대지을 적시주는 일이며 이번 비는 정말 고마운 비라고 말을 하고 십프며 오늘 비도 우리 농민들 비 온다고 좋아했찌만 너무나 적은 가랑비라서 실망을 식키고 마라다. 다른 지방은 가뭄이

해갈이 돼두록 비가 왔는데 우리 지방은 간질난 비만 오고 말 때에 그 허전함은 무라고 할 수가 업꾸나.
“우리 운이가 회사 같다오는데 아주 지친 모섭이라서 운아 일이 고대고 힘이 들거든 가지 말라고 했쓰며 운이 일 매칠 한 것 아깝따고 억찌로 가지 말고 그만 두고 자격증 공부 한 자 하는 것이 낮다, 만약 운이가 일 한 것이 아캅따고 억지로 간다면 한 달 몾 채우고 중간에 만다면 더 손애가 만으니까 가지 말라고 오늘은 말리는데 한 달 치우고 만다면서 출근을 하여는데 극정이 돼며 포장하는 것은 이것은 막노동이며 운이로 바서는 아무른 득이 업는 일이며 이 아빠는 그만 두고 공부을 한 자 했쓰며 한다. 우리 운이 실습을 가도 아주 잘몾 같따는 생각이 더는구나.
“비가 오기 실어도 이처름 비가 오지 않는 것은 인간으로 본다면 하나에 용심을 부리고 잇따고 바야 한다. 외따는 농민의 심정을 조금이라도 생각을 한다면 밭 곡석이라도 돼두록 비가 내리쓰며 하는 심정인데 날씨 넘어하다는 생각이 든다.”

〈1994년 7월 27일 수요일 날씨 맑음〉

오늘 오전은 두룸과 보뚝에 풀 깍는 일을 하는데 무더운 날씨에 비지땀으로 일을 할 수가 업드라. 그래서 오전 10시가 몾 돼어서 작업을 마치고 만다. 요줌은 하로 일 하는 시간은 을마 돼지 않으며 일이 줄어들지 않는다.
“오후에는 자신이 소아가 잘 안돼는 너킴이며 속이 불안하며 가슴이 때로는 절리는 너킴이 가끔 잇쓰서 자신이 병원에 가야지 하면서 오늘까지 미루어왔다. 자신이 속이 그북한 지가 약 일주일 됀 것 같다. 그래서 오늘은 병원을 김천의료원에 내과을 찾저같쓰다. 자신은 이장 검사을 할려고 왔는데 옛쓰례이 사진을 찍고 심장 검사을 하며 자신이 생각을 할 때는 보험료 부담을 만이 식키는 너킴이 든다. 그리고 오늘 찾아간 병원에 가서 내과 선생님 말씀이 별 다른 것 업는 것 같떠며 일주일 약을 주어서 이 약을 다 들고 나서도 속이 쓰리면 내시경을 한번 하자고 하드라. 자신은 병원을 차저갈 때는 내시경을 먼저 하여볼까 하는 생각으로 차저같쓴는돼 생각지 않은 병 검사을 한 셈이다.”

지출에 … 병원비 값 26,000원
차비 값 920원
계 26,920원

〈1994년 7월 28일 목요일 날씨 비〉

포도 약 살포을 함. 오늘 포도 약은 부인이 눈금을 잘몾 바서 10말 용을 15말로 약 희석을 하여서 오늘 포도는 헌 약을 살포을 하여쓰며 이것도 약 살포을 그진 다 하니 이야기을 하드라. 그래서 성화을 냇쓰며 부인은 이미 다 살포을 했는데 눈금을 잘 몾 바서 그른 것을 어떠게 하느냐고 하길에 더 성질을 부리다 부인은 잘몾하며 꼭 핑게을 데는 것이 자신은 아주 실꾸나. 사람이 잘몾이 잇쓰며 시인을 하고 앞푸로의 잘몾을 하지 안투록 노력을 보여주어야 상대방의 마음의 안정을 시킬수가 있다고 본다.
정말 비오는 것이 마음에 들지 안으며 비가 그러깨도 오기 실은 모양이다. 온 국민이 단비을 바라고 잇는데 그 소원 들어주지 몾한 하늘이 원망스렵다.
오늘도 보설비로 끝치고 마는구나. 그래서

의이 비가 그리 오기 실은가 하며 들로 두룸에 풀 깍끄로 갈쓰며 그리고 기상대에서는 매일 소낙비 한 차례 온다고 해서 논에 물 돼는 일을 소월이 하고 잇다.

〈1994년 7월 29일 금요일 날씨 맑음〉

오늘 육촌 형님 대구 파티마병원에 입원했따고 해서 형님과 마을 사람들 8명이 병문안을 가는데 경비을 쓰기 위하여 한 사람에 5,000원 내서 병문안 가는돼 선물 사는 데와 경비을 쓰고 집배 돌라오는 차비을 자신의 돈으로 돼쓰며 자신의 돈을 3,600원을 차비로 돼찌만 다들 우리 동네 어른들이라서 버스비을 됀 것이 마음이 편하드라.

"오늘 육촌 형님 윤정희 씨 면회을 하고 돌라오는데 족카 (말원)이가 차비하라고 20,000원 주더라. 이 돈을 안 밭을라고 하니 결국은 주드라. 그래서 올라오면서 구미에서 족발고기 먹는 돼 보태쓰고 마랐다."

"병문안 가서 차비을 바다오는 것은 아주 잘못이라고 생각을 한다. 앞푸론 이른 일은 업쓰야 한다고 본다."

오후에는 두룸 풀 깍는 일로 오늘 일과을 보내고 마랐다.

지출에 … 병문 가는돼 8,600원
성운이 … 줄라고 인삼 24,000원
닭 3,000원
계 32,600원[167)]

〈1994년 7월 30일 토요일 날씨 맑음〉

오늘은 부인과 둘리서 벼논에 약 살표 하여쓰며 자신은 벼잎이 짓뜬 돼만 문고병 약과 도열병 약 살충재을 살표을 할려고 개핵을 했뜬 것이 그만 문친 짐에 벼논에 다 약을 살포을 하게 돼어다. 오늘 오전은 5섯 단지 약 살포을 하여다.

오후에는 운이와 둘리서 웃들 셋 단지 약 살포을 하고 마랐다.

"오늘 오후에는 부인은 포도 익는 약 (예쓰레이와) 초산 칼슘을 포도에 2차로 살포을 하여두어다. 약 살포을 해서 득이 돼는지 손에가 돼는지도 모르고 약 살포을 하여두어서 마음의 한구석에는 불안한 감이 들고 잊는 실정이다."

〈1994년 7월 31일 일요일 날씨 맑음〉

오늘은 세벽부터 부인과 둘리서 벼논에 약 살포하로 갈쓰며 어더움을 해쳐서 벼논에 약 살포하로 가니 공기 맑고 비지땀을 흙리지 않아서 좋다. 이것은 더위을 피하기 위하여 세벽부터 약 살포을 하는데 이것도 건강을 생각을 해야 한다. 외냐 아침을 먹지 않코 허전한 몸으로 살충재을 쳐기 때문에 몸조심도 해야 한다. 그리고 오늘 오전으로서 벼논에 약 살포을 안전이 하여다.

오후는 부인을 오트바이 태어서 남외 포도밭을 견학을 한 셈이며 오늘은 부인과 둘리서 오후 내 오트바이 드라버 한 셈이다.

"부인은 남편과 둘리서 다니는 것을 아주 좋아하는데 이것을 마음대로 하지 몾하는 자신의 심정을 육체적으로 실행이 안 대고 잊는 것이 부인에 미안함을 무라 말을 할 수가 업꾸나. 내 부인 외모는 보잘 것 업는 사람인돼 자신은 부인 업시는 몾 살 것 같터며 하로도 업쓰며 몾 살 것 같은 심정이며 부인은 무엇으로 자신을 이러깨 푹 빠지

167) 실제 계산은 35,600원이나 32,600원으로 잘못 기록하였다.

는 정이 나오는지 자신도 모르게 이 남편은 끌러가고 잊다. 부인 인간의 짤번 생을 살라가는데 앞푸로 더 사랑하고 더 아겨주고 더 광적으로 살라가고 십쇼."

〈1994년 8월 1일 월요일 날씨 비〉

오늘은 태풍이 몰고 온 비가 된 비가 돼어따고 생각을 한다. 우리 농민은 태풍을 제일 실어하는데 이 태풍을 좋아하고 잊쓰니 가뭄이 을마나 신각했따는 것을 알 수가 잊따. 모든 것이 타돌라가는 그 안타까운 심정을 짐작을 할 수가 잊다. 사람 눈으로 보기가 힘들어뜬 것을 해소할려고 태풍을 바라고 오기을 바라뜬 농민의 심정 누가 알라줄리까. 그 예절한 마음이 태풍도 다 풀지 몾하고 비가 조금 오는 것으로 다하고 마라쓰니 비는 정말 오기 실은 모양이다. 우리 농민은 이재는 이 태풍으로 가뭄을 해쇼할 줄 알라는데 이것도 땅 속에 물도 들어가지 않는 비가 대어쓰니 우리 농민의 마음을 실망을 안겨 준 셈이다.

오늘은 오전은 비 때문에 안전 휴식을 하고 오후에는 포도 탈 준비물 사로 김천을 같쓰며 경인저울 200kg짜리 99,000원, 포도탈(구루마) 45,000원 주고 사왔다.

지출에 … 운님 10,000원 저울 99,000
손구루마 45,000원
계 154,000원

〈1994년 8월 2일 화요일 날씨 맑음〉

날짜로 바서도 좀 시원활 때가 돼어찌 안나 하고 생각을 하여보며 그리고 태풍이 몰고 온 비가 돼지을 안전히는 식꾸지 몾해따 해도 좀 쉬원 할 때가 돼어따고 보는데 금년 날씨는 비 온 디나 태풍이 지나간 뒤나 찜통 더위는 수거려들지 않으며 하로 일과 보내기가 그리 힘이 드는구나.

"오늘 포도 첫 수학하는 날이다. 포도나무을 작년에 심어서 남들은 자기 집에 먹을 정도인돼 자신은 시장까지 출하하두록 만이 달리서 이 기쁨은 말을 다 할 수 업시 기쁘구나. 부인과 훈와 둘리는 포도 수학을 하고 자신은 같다라녀는[가져다 나르는] 일만 해도 포도 수학을 하는 기 기쁨 정말 좋드라."

"오늘 우리 운이가 처음 포도밭에 오서 포도 익은 것을 수학을 하는 것을 볼 때에 나자인의 생망이[색맹이] 월마나 큰 병신이라는 것 너켜쓰며 우리들은 색깔을 구벨을 몾하고 잊는돼 운이는 처음 와서 포도 익은 것을 골라서 수학을 하는 것을 볼 때에 정말 한심스렵다."

우리 운이가 처음부터 포장하는 돼는 힘든다고 그만 두라고 하니 한 달은 다 치운다고 하드니 요줌은 회사을 그만 두고 집에 일을 도우고 잊다. 오늘도 포도 일하는 돼 운이가 아주 큰 일을 하여따고 생각을 한다.

"내 부인은 골고루 예을 먹는다고 생각을 하여 본다. 자신이 색망이 아니라면 두리서 작업을 한다면 부인이 조금 수랄탠돼 부인이 전부 다 해야 하니 정말 미안꾸나. 자두는 두리 할 수가 잊는돼 포도는 손을 도저희 몾 돼고 잊는 실정이니 부인 정말 미안꾸나."

포도 수학 … 15짝

〈1994년 8월 3일 수요일 날씨 맑음〉

오늘도 포도 수학을 하여쓰며 오늘은 포도가 채 익어주지 않아서 적은 량의 포도 수학을 하여다. 오늘도 아들이 거들어주어서 일은 수하게 끝을 낼 수가 잇쓰며 작년에 포도나무을 심어서 올해 포도 수학을 보는 기쁨 정말 신기하다.
그리고 요줌은 찜통 드위보다 더한 날씨에 포도 수학을 한다고 비지땀을 흙리도 포도 따는 기쁨이 크기 때문에 개로운 점을 익고 잇다.
포도 수학 … 5짝

〈1994년 8월 4일 목요일 날씨 맑음〉
오늘은 포도 딸 것이 적다고 준비을 적개 하여서 포도 수학량이 생각 위에로 량이 만아서 집부로 가지고 오는 것이 4번이 돼어 따고 본다. 오트바이로 분주이 뛰어다는 것도 실치 않트라. 오늘도 포도수학을 오전에 하여놓고 오후에는 보밭 김매기을 하여쓰며 오후에는 낢씨가 더어서 일하는 시간이 업다고 본다.
"오늘도 포도 수학하는데 혜지와 운이가 그 들어쓰며 자신은 샛망이라도 포도따는데 구경만 하고 잇쓰니 그 실망은 말할 것도 업쓰며 식구들래예깨 미안꾸나. 자신이 색망만 아니라면 이 복더위에 딸, 아들 식키지 않코 내 혼자 할끈돼 그려지 꽃해서 미안하기 짝이 업꾸나."
포도 수학 … 26개

〈1994년 8월 5일 금요일 날씨 맑음〉
오늘은 포도 수학을 하는데 생각보다 아주 만이 하여다. 남들은 우리 포도 만이 딴다고 다들 부러운 말을 하고 잇드라. 자신도 나와 같이 포도나무을 같이 심은 사람들이 6섯 집이 다들 포도 수학을 꽃하고 잇는데 자신만이 수학을 하고 잇쓰니 신기하기 짝이 업꾸나.

오늘 포도 수학을 오후 3시까지 작업을 하는데 이 더위에 그 고충은 말을 할 수가 업다고 본다. 오늘도 혜지, 운이가 도와주어서 32짝을 수학을 하여다.
오후에는 부인은 고추 수학을 하고 자신은 고추나무에 살충제 약 살포하는 것으로 오늘 해을 보냇다.
포도 수학 32짝

〈1994년 8월 6일 토요일 날씨 맑음〉
오늘은 포도 수학을 하는데 매일 수학을 한 것이라서 포도가 밑차 익어주지 않아서 오늘은 포도을 반쪽만 수학을 하고 마랐다. 오후는 날씨가 너무 더어서 오후 일은 할 수가 업쓰서 사과나무 약 살포을 하는 것을 포기을 하고 오후 내 휴식을 하고 마랐다.
포도 수학 16짝 계 23,700원
지출 … 낮 3자루에 3,000원 화드 1,200원
슈프타위 7,000원 옥산내
집터리에 슈프타이 적은 것
55,000원 살충제 약 7,000원

〈1994년 8월 7일 일요일 날씨 맑음〉
오늘 오전도 포도 수학을 하여쓰며 오늘도 16개 수학을 하여쓰며 포도 수학은 지루한 감은 업쓰며 자두 수학하는 절거움 보다 포도 수학하는 절거움이 더 좋꾸나.
오늘 낮참을 쉬면서 부인이 아주 피료해 보이는 부인의 얼굴을 볼 때에 안스러어며 내 부인을 어떼게 해야 피료감 업시 일을 할 수 잇쓸까 한참 고심을 하여다. 내 부인 건강을 해복을 하두록 자신이 노력을 해야할 것 같다. 부인의 건강을 뒤찾는 일은 꼭 실천을 할 것이다.
오후에는 부인과 둘리서 사과나무 살충재

약을 살포을 하여쓰며 오늘 사과나무 약 살포는 포도 수학에 밀리서 사과 약 살포가 만이 너저쓰며 이 일은 진작 할 일을 오늘 약 살포을 하여다.
"요즘 일과는 빛이 넘어 따거어서 일을 할 수가 업쓰서 오후 6시가 돼어도 일 하기가 거북하다고 말을 하고 십다." 하로 일과 중 일하는 시간이 넘어나 짤바서 일예 능률이 업키 때문에 밀린 일들이 줄어들지 않코 잇다.
포도 수학 16짝

〈1994년 8월 8일 월요일 날씨 맑음〉

매일 같이 회장부터 포도 수학하느 일 하여쓰며 자신은 색맹이라서 부인이 수학한 포도 같다 날려는 일만 하니까 작업 능률이 업쓰며 자신이 생각을 해도 자신 딱하며 한스렵다. 눈도 색을 모러고 잇쓰니 이것은 문명이 발달을 할수록 큰 병이다.
오늘은 부인과 아들은 포도수학을 하라고 하고서는 자신은 김천의료원에 이장약을 더 먹기 위해서 내과에 차저같쓰며 이번에는 위장약을 한 가지 더 주더라.
"오후에는 날씨도 기상대에서 80년만 처음 더위라고 하며 실찌 일을 하고 십프도 땀이 흙려서 일을 할 수가 업쓰며 오늘은 오후 7시도 일을 할려고 하니 땀 때문에 할 수가 업드라. 그리고 기상대에서 태풍 온다고 해서 들판을 한 밖기 돌라보니 두 필지 논은 안전희 출수을 해서 이번 태풍에 큰 피해을 보지 십프구나. 그리고 자신 푼 아니라 들판을 돌라볼 때에 출수한 벼가 상당이 여르자리 돼드라. 이것은 다들 피해가 크다고 생각을 한다."
올해는 태풍으로 비가 오고 잇다. 요 앞 태풍은 아무런 피해도 주지 않코 비만 내리주어서 효자 태풍이란 별명까지 붓곤 하여쓰며 이번 태풍도 비만 내라주고 마라쓰며 하는 심정이다.
지출에 … 병원비 값 9,000 경운기 기름 탱그 20,000 경운기 카스겟트 2,500원 차비 920원 음료수 350원
계 32,770원

〈1994년 8월 19일 화요일 날씨 흐림〉

오늘은 늑둘 수료에 수초 작업을 하는데 오전 10시까지도 못해는데 땀으로 뒤범벅이 돼고 나중은 숨 쉬기도 그북할 정도이드라. 요즘 더위 너무 급이 나는구나.
오후에는 당산 작과에 풀이 너무들 만이 자라고 너무 만아서 음두도 못내개쓰며 이것을 부인과 둘리서 낮으로 풀 베기을 하여쓰며 이 풀을 그냥 두고 잡초 약을 살포하며 약이 만이 들어갈 푼 아니라 힘이 만이 들어갈 것 같다서 낮으로 풀 베기을 일단 하고 나중에 잡초 약을 살포을 할 작정이다.
"당산 작과밭 나무는 벌레가 나무 속을 먹는 벌레 때문에 나무는 다들 죽어가며 이러다가는 2, 3년 안에 다들 죽어갈 것 같터며 앞푸론 벌레 때문에 작과 농사도 못 짓게드라."

〈1994년 8월 10일 수요일 날씨 비〉

이번 태풍 (더거)가 오며 바람과 비가 만이 온다고 기상대는 법석을 부리고 잇쓰며 이번 푼 아니라 셋 번이나 법석을 부리고 했는데 태풍은 다들 수라게 지나가고 마라쓰며 이곳은 태풍이란 너킴도 업시 지나가고 마랐다.

"오늘은 늑둘에 수로에 수초 작업을 하여쓰며 오늘 오전으로서 수초 작업을 끝을 냇다. 그리고 태풍 더그가 가까이 온 기 때문에 하늘은 잔뜩 흐린 날씨을 부여주고 잇다."
기상대 예보처름 비만 만이 내리주어쓰며 하는 마음이다.
오늘 오후는 경운기 보링을 처음 하여쓰며 이것을 보지도 않코 보링을 하여보니 센타에 갇다줄 끈돼 지출을 적개 할려고 시작을 하여뜬이 그리 힘이 드는구나. 이것도 오후에 시작을 해서 안전이 끝을 내지 몿하고 내일로 미루어두어다.
"우리 운이가 공장에 일 한 것 10일 일 한 것 오늘 돈을 밭아 아드라. 우리 운이가 손수 돈을 벌은 것이 처음 돈을 받든 돈이 100,000원 중 25,000원 지출을 내쓰며 그래도 봉급을 받아따고 돼지고기 2斤을 사왔쓰며 우리 운이가 야물개 성숙을 하고 잇따는 너킴을 주고 잇다."

〈1994년 8월 11일 목요일 날씨 비〉

기상대는 태풍 더그가 우리나라을 큰 피해을 줄 끄라고 예보을 하여는데 큰 피해을 준다고 한 것이 조용희 지나가고 우리 지역은 땅에 문지 안 날 정도로 비가 내리쓰니 태풍이란 너킴조차도 업쓰다.
우리 지역은 밭작물 해갈은 면하지 몿하고 잇쓰니 우리 지역은 왜 이래 목 타두록 비을 바라고 잇는돼 예석하게도 협족한 비 한 번 오지 않으니 이 간장만 다 타고 잇꾸나.
오늘 경운기 보링을 하나 남은 것을 오늘이야 다 곤치고 경운기을 돌리보니 연하게 도라가는 모섭을 보니 신통하기도 하구나. 그리고 오늘 우리 운이 벌어온 돈 60,000원을 예금을 하여 주어다.

"오늘 부인이 포도 8짝을 수학을 하여는데 용만 물건 업따고 대전을 안 갈라고 해서 부득희 김천을 가다 팔라야 하게꾸나. 김천을 간다면 여르 쪽을 수학을 해서 가야 하는돼 량이 적으서 김천가기가 그북하는구나.
"그리고 용만이도 자신이 아침에 대전 가느냐고 물어서 간다고 해서 자신이 포도 수학을 하여는데 물건 업따고 안갈라고 하는 것은 아주 잘몿이다. 자신은 조카라서 아무 말도 하지 않아다. 이것은 아주 잘몿하고 잇는 줄 아는지 몰겟꾸나."

〈1994년 8월 12일 금요일 날씨 맑음〉

오늘은 어재 대전청과에 간다고 포도 10짝을 수학을 했뜬이 다들 비 온다고 과일 수학을 안해서 대전을 안 갈라고 하드라. 그래서 오늘은 8시 대는 것을 보고 김천원예천과에 가면서 길거리 상인들례깨 팔려고 같든이 칯 상인은 자신은 상자 당 23,000원 달라 하고 상인은 22,000원 줄라고 하는 것을 그만 23,000원 받을라고 팔지 않코 올라같다. 두 번째는 23,000원 하니까 비싸다고 하면서 안 살라고 하드라. 셋 번째는 상자 당 21,500원 하자면서 사정을 하길례 자신도 빨리 가서 무우, 배추 갈라야 하기 때문에 처음보다 5,000원 손예가고 팔고 마랐다.
오늘은 배추을 갈려고 트랙터 노타리 할려고 트랙터 시동을 거르보니 트랙터 시동이 걸리지을 않트라. 그래서 형님 갈리기로 노타리을 해서 오후에는 배추, 무우 씨을 다 갈고 마랐다.
남들은 거름을 밑차 헌치두지 않아서 배추 씨갑씨을 갈지 않는지 배추, 무우 씨을 가는 사람이 업는데 자신만이 무우, 배추 씨을 갈라는돼 땅들이 비 한 방울 안 마전 것 같뜬 돼 씨갑씨가 날란지 사실 급이 나고 잇다.
수입에 포도 10짝 215,000원
“오늘 들래 같다 오니 권정훈 앞푸로 왕족발이 집에 왔잇드라. 그래서 우리한태 왕족발을 부칠 사람이 업는돼 왕족발이 오다니 이것은 분명희 잘못 됀 배달이다 하고 우리 밑태 사람이 원정운이라서 잘못 왔따고 해서 그 집에 무르보니 왕족발 시킨 일이 업따면서 내가 형님 집을 갈치 주어따고 도로 이야기을 하드라. 그르며 우리 동네는 성운이라고 이름을 가진 자가 업는돼 이상하다 생각을 하여쓰며 운이는 먹고 나중에 잘못돼어쓰며 돈 주며 대지 억찌 고기 먹자고 하면서 보채길래 우리 먹고 돈 주자 하고 보타리을 푸르서 고기을 먹고 반은 아직 학교에서 오지 않아는 혜영이 목시만 두고 먹고 나서 저녁을 먹고 잇는 배달이 잘못 돼어따고 하면서 찾저왔드라. 한바탕 우서쓰며 우리가 고기을 잘 먹으는돼 씩키 집에 한 바리 더 해주고 돈으로 바다가세요 하니까 이미 다시 배달을 하여따고 이야기을 하드라. 고기 값은 12,000원 10,000원 달라고 하드라. 우리는 12,000원 줄라고 하니 대따면서 그만 가드라.”
(오늘은 남외 왕족발로 잘 먹으따고 생각을 한다.)

〈1994년 8월 13일 토요일 날씨 맑음〉

오늘 오전은 포도 약 살포을 하여쓰며 오늘 약 살포는 데시스 500cc짜리 한 병으로 22말 정도 희석을 하여서 포도나무에 약 살포을 하여는데 풍족하게 약 살포량이 못 돼드라. 마음의 만족을 하두록 약 살포을 할려며 40말은 살포을 해야 충분하리라고 본다.
오후는 두룸과 보뚝에 풀 깍는 일을 하여쓰며 그리고 벼는 안전 절시는 하지 않아찌만 화성벼는 절시 직전이라고 생각을 하며 요즘 들판에는 화성벼가 벼 이삭들이 골로 올라와서 절시을 그진 다들 고개을 숙이고 잇쓰서 보기에 탐스러 보기가 그리 좋꾸나.
그리고 기상대는 태풍이 우리나라로 올라온다고 외보을 해서 극정이 돼는구나. 지나간 태풍들은 손에보다 득을 만이 주고 지나같는돼 이번 태풍은 벼에 지장을 주지 않을까 하고 염려가 돼고 잇다.
오늘은 혜영이 생일이다. 오늘 혜영이 생일이라고 반 친구들이 장학생이지 어더 시험에 합격했따고 반 친구들이 한턱 내라고 한다고 저의 엄마에깨 100,000만 원 가지고 같따고 해서 저의 엄마에깨 학생을 십만 원식이나 준다고 간도 크다고 꾸중을 주어다. 저의 엄마 여때것 장학생이라도 친구들이 한턱 내라고 하여도 안 내따면서 이번은 꼭 내야 한다면서 100,000만 원 달라고 때을 쓰서 주어따고 하드라. 그래서 생일이라고 떠들라고 들며 거것은 이미 친구가 아니라고 보며 생일을 축하하여 주저야지 췾 기본이 안 돼어따면서 혜영이가 50,000원 더 쓰며 꾸중을 주야 하겟따고 생각을 하고 잇는돼 혜영이가 들어오드라. 그래서 혜영이 오늘 을마 쓰느냐 물어니 40,000원 쓰따고 이야기을 해서 두 말 하지 않코 마랐다.

〈1994년 8월 14일 일요일 날씨 맑음〉

오늘은 배추, 무우 갈란 곳에 물 주는 일을 하여 물을 주어도 마음은 펜찌 않꾸나. 물을 주게 돼며 계속 물을 주야 하기 때문에 실찌 달갑지 않코 잇다.
남들은 배추, 무우을 갈지 않아서 물 극정을 하지 않코 잇는데 자신은 남 먼저 배추, 무우을 갈라서 남들이 고생을 하지 않는 일을 자신은 하고 잇다.
"오후에는 물 돼는 일을 하여쓰며 이재는 벼 이삭이 한참 패쓰고 잇는도 논에 물 돼는 일들이 시급하다."

〈1994년 8월 15일 월요일 날씨 맑음〉
오늘은 벼 논에 물 돼기 위하여 노력을 한 것 비에 논 물 돼는 면적은 적어따고 생각을 한다. 오늘 물 돼 면적은 15마지기 물을 돼어다. 논 물 돼다고 뛰어다니다보니 휴식도 익고 물 돼는 일만 몰두하여다.
"오늘은 부인 동기회 한다고 출타을 하여다. 부인 동기회는 여자들이 더 만이 왔따고 하드라. 세대가 갈수록 여자가 활동이 만타고 생각을 한다."
오늘은 우리 혜영이 생일다. 혜영이 생일만은 쇠고기가 업따고 저의 엄마에깨 내 생일은 왜 고기을 안해준다 성화을 부리며 외 차별을 하는냐고 티극끄리며 저의 엄마을 보채서 생외을 먹으따고 한다. 자신은 잘못을 부인에깨 잘못을 다 떠넘기다. 혜영아 나는 너의 엄마예깨 쇠고기 한 근이라도 사오라고 했는돼 너의 엄마가 시장에 안가서 그려니 혜영아 나외깨는 불만을 가지면 안댄다고 부탁을 하여다."
"사실은 우리 혜영이 생일은 바빠서 등한시한 것만은 시실이다. 그른돼 혜영이 생일은 여사로 넘어갈 줄 알라는돼 그려치 않코 차별을 한다고 아우성을 부리는 것을 자식은 똑같이 키어가야 할 것 가다. 그리고 자식들의 일이지만 앞푸론 자식의 일이라도 상위을 해서 모든 일을 해결을 하여야 하겟다."

〈1994년 8월 16일 화요일 날씨 맑음〉
벼가 올 돼는 것은 이미 절시을 해서 고개을 다들 숙이고 무럿돼는 일품도 출수을 하고 잇다. 벼을 바서는 비가 오지 않아야며 사실 비을 바랄 때는 아닌돼 어난 비가 오지 않으니 비을 바라는 실정이다.
그리고 오늘로서 포도 수학을 안전이 한 셈이다. 수학을 처음 한 날짜을 바서는 포도 마지막 수학이 넞따고 생각을 한다.
자신은 처음 포도을 심어서 첳수학을 하여쓰며 남들은 돈을 몾하고 잇는데 자신만이 포도 수학을 해서 돈을 하니 동민들 다들 우리 포도 돈 만이 한다고 인사가 자자첫다.
"오늘 체소밭을 부인과 둘리서 돌라보니 배추, 무우 갈란 것이 구둘장같이 떠덜어 잇쓰며 무우, 배추가 땅 위로 올라오는 것이 아주 힘이 들어 보이서 만사 일을 뒤로 하고 물 주는 일을 해야 돼겟따는 생각에 집부로 뛰어 와서 물 줄 준비을 해서 빨리 서들어쓰며 사실 시간으로 바서는 물 줄 시간이 업쓰다. 그래도 무우, 배추는 물을 바라고 잇다. 자신은 가뭄이 심해서 마음속으로 포기을 하고 채소밭에 같쓰다. 그른돼 물을 한 번 준 것이라 떠들고 일어날려고 잇는돼 어이 물을 안 줄 수가 잇나 하고 물 주는 일을 하여다."
"오늘은 물 주는 일은 생각지도 않아는돼 물을 양 군돼 주고 보니 오늘 일 아주 잘했따는 너킴을 밭아다. 그리고 오늘은 어거지 일이 큰 일이 돼어따고 생각을 한다.
"오늘로서 자신의 포도 수학을 마지막으로 11짝을 하여쓰며 현재로 총 수학량 147짝을 수학을 하여씀."

〈1994년 8월 17일 수요일 날씨 비〉

오늘 오전은 병원을 들리서 이번에는 15일 분을 약을 타왔쓰며 김천의료원 병원비가 다른 곳보다 흙신 만타고 생각을 한다. 그리고 병원 일을 다 보고 국민은행에 가서 혜지 등록금을 지불하고 왔쓰며 김천전문대 등록금 마감일 오늘이 마지막이라서 등록금 낼 사람들이 밀려 잇드라.

오늘 오후에는 당산 작과나무 밑태에 풀 깍는 일을 하는돼 갑짝이 검은 구름이 몰려들더니 생각지도 않아뜬 소낙비가 쇼다저는돼 정말 고마어며 어데서 이래 비가 오는가 신기하드라. 오늘 비야말로 고마운 비라고 말을 하고 십다. 오늘 비는 농민들이 학수고대 한 비라고 말을 하고 십다. 그리고 오늘 비는 돈으로 따진다면 엄청난 큰 돈이라고 생각을 한다.

"오늘 비는 정말 고마운 비여따고 말을 하고 십다."

"그리고 이번에 울릉도 관광은 자신의 주선으로 가는돼 이재 열기가 오르고 잇다. 처음 시작을 할려니 서로의 생각 차이 때문에 앞서스 서들기가 힘이 더는구나."

"자신이 마지막 포도 돈을 생각보다 적지만 금년도 총수입이 147짝에 2,700,000원 이상 하여쓰니 자신은 협쪽하다[흡족하다]. 자신은 처음에는 올해 500,000만 원 잡고 내년 4,000,000백 잡아는돼 생각 외에로 돈을 만이 하여서 내 마음은 기쁘다. 포도나무을 진작 심어쓰며 하는 아쉬움이 머리에서 터나지 않는구나. 내 과일나무 심어서 이르깨 좋은 기쁨을 처음 만킹하여다[만끽하였다]. (정말 기분이 좋아다.)"

지출에 병원비 15,460원 택시비 값
1,050원 버스비 920원 혜지
등록금 1,020,000원
계 1,037,430원

〈1994년 8월 18일 목요일 날씨 맑음〉

오늘 오전은 고추밭에 시퍼른 벌레가 약 살포을 해도 죽지 않아서 이번에는 슈피더라이 약을 50cc에 물 1말 너어서 살포을 하여는돼 이재 죽으란지 모르게꾸나. 그리고 배추, 무우 갈란 곳에 씨는 잘 쓰는데 가끔 빠진 자리에 머드리는 일을 하여쓰며 우리는 무우, 배추 갈고 두 차래 물은 주어찌만 이재 와서 보니 남들은 오늘 무우, 배추을 한다고 보밭에 사람이 하얀 것을 보니 우리는 일적 잘 갈라따는 생각이 든다.

"이번 비가 배추 갈어라고 비가 내리따고 해도 가연이 아니다. 오늘 우리 동네 사람들은 무우, 배추을 다들 갈랐다."

"오후에는 서양바실 4마지기에 물 돼는 일을 하면서 두룸에 풀 베는 일을 하여쓰며 두룸에 풀같이만 자라준다면 인간 살기가 수랄 땐돼 곡석은 키울라고 하며 외 정성이 들어가야 하는지 몰겟꾸나."

우리 운이가 만이 변화고 잇따는 것을 알 수가 잇다. 외냐하면 내년 집을 짓는다고 하니 돈을 만이 쓸라고 하면 내년에 집을 짓어야지 하면서 돈을 뫁쓰게 하는 것을 볼 때에 돈예 기중함을 좀 아는 것 같뜨며 운이는 보겟트에 십 원이라도 잇쓰며 무거어서 돈을 쓰는 아이가 돈을 뫁 쓰게 하는 것을 볼 때에 이 아빠로서 상당이 고맙다.

〈1994년 8월 19일 금요일 날씨 맑음〉

오전은 참깨 수학을 하는데 스러진 것만 수학을 하여다. 참깨 갈 때는 거름을 아주 적은 량의 거름을 해야 할 것 같다. 자신은 거름을 만이 하여서 참깨 농사을 피롱했다고 본다.
오후는 구 동장과 둘리서 울릉도 예약을 하로 갈쓰며 에약을 하는돼 가격은 남추지 몿하고 달라는 돈을 다 주고 좀 잘해달라고만 하고 마랐다. 울릉도 2박 3일에 일 인 당 130,000원 예약을 하여다. 이번에 앞쓰서 일하는돼 후예가 돼며 소득 업는 일예 자신의 돈만 지출을 하고 잇다.
"금아관광에 예약금 200,000만 원 함."
지출에 차비 920원 술 값,
돼지고 값 8,500원
계 9,420원

〈1994년 8월 20일 토요일 날씨 맑음〉
오늘은 무우, 배추, 대파에 지오랙서 분재 약을 살포을 하여쓰며 금년에는 배추 푸른 벌레가 넘어나 번식이 만이 돼어서 업는 돼가 업다. 요줌 만이 먹고 잇는 것이 팥잎, 고추, 콩, 대파 업는 돼가 업다. 이 벌레 잡는 약이 현제로 업다. 보통 살충재는 60cc 희석을 해도 죽지 않코 여전이 먹고 잇는 것을 볼 때 농민으로 가슴 아푼 일이다. 오늘 자신도 지오랙서 분제을 무우, 배추, 대파에 약을 살포을 살포을 하고는 했찌만 벌래가 죽지 않코 잇쓰서 오늘 낮참에 농약방에 가서 배추 푸른 벌레 죽이는 약을 달라고 하니 별 다른 약이 업고 사과 과손에 응애약과 나방약, 두 가지 약을 주면서 25말 용인돼 10말 용으로 살포을 하라고 하드라. 그른돼 자신은 오늘 약 살포을 하는돼 3말을 살포을 하고 나니 살충제 나방약은 그진 다 쓰고 마라서 약해나 오지 않을까 하고 극정이 돼는구나. 배추 부른 벌래 때문에 골치가 아푸다. 외냐 이 벌레을 잡는 약도 별도로 업쓸 뿐 이 약이 비싸기 때문에 다 잡을라고 들며 너무나 만은 돈이 들어가기 됀다. 자신은 오늘 약 살포을 하는돼 약 량 4말 량이 12,000원 들어갈쓰니 이 약은 배보다 배꼽이 큰 현상이 돼기 때문에 문재가 따리며 앞푸로 이 벌레는 기와 급수로 늙어난다고 볼 때에 농민의 한 사람으로 가슴 아푼 일이라고 생각을 하여본다.
"그리고 우리 혜영이 자기 생일은 쇠고기 안 해준다고 저의 엄마에깨 볼 때마다 나는 쇠고기 안 해준다고 말을 할 뿐 아니라 자식을 차별한다고 하며 저의 엄마을 몿살게 한다면서 부인이 오늘 김천 가쉬그든 쇠고기 사오라고 당부을 하드라. 그래서 오늘은 쇠고기 11,000원 주고 쇠고기을 사왔다. 보통 아들이 생일을 잘몿해도 지나가면 그만인돼 우리 혜영이는 다 지나가도 저의 엄마깨에 운이 생일이며 만사 일을 다 재쳐두고 쇠고기 사로 갈쓸끄라면서 부정돼고 잇쓰며 우리 혜영이는 좀 맹랑한 아이라고 생각을 한다."
"우리 혜영이 쇠고기을 사와서 이재 저의 엄마에깨 부정거리는 일이 업깨찌."
지출에 … 우리 혜영이 생일날 돼신 쇠고기 값 11,000원 배추 푸른 벌레약 12,000원 차비 920원
계 23,920원

〈1994년 8월 21일 일요일 날씨 맑음〉
"작과 밭에 풀 깍는 일을 하여쓰며 곡석이 풀같이 잘돼며 인간들 편하게 잘 살수가 잇찌만 의이 해서 사람이 먹고 살려고 하는 식물들은 정승을 드리야 하나. 정승을 드리는 것이 아니라 전 신경을 다 쏘다야 하나. 인간 살라가기가 힘이 더는구나."

"이 아빠는 공부을 해서 전문대학교 가라고 해도 공부는 하지 않코 돈 벌로만 간다고 생각을 부리고 잇쓰니 나중에 휴예을 할 끈돼 하고 극정이 됀다."
"앞푸론 전문대학교라도 해야 결혼문재도 잇고 사회 생활을 할려면 전문대학이라도 해야 하는데 아들 하나을 고등학교만 하고 만다는 것이 이 아빠의 책임을 다 못하고 잇따는 생각이 더는구나."

〈1994년 8월 22일 월요일 날씨 맑음〉
오늘은 말리 사과나무에 약 살포을 하고 콩에도 벌래 때문에 (엘산) 살충재 약을 물 1말래 90cc 희석을 해서 살포을 하여다. 앞푸로 푸른 벌래 때문에 바작물 농사을 짓키가 힘이 들이라고 생각을 한다.
오후에는 두룸에 풀 깍꾸로 좀 일적 같드니 날씨가 너무 더어서 도저희 일을 할 수가 업드라. 그래서 일부로 그늘로 쉬로 와서 푹 쉬고 다시 이랗로 가서 작업을 시작을 하여쓰며 요줌은 아침, 저녁은 날씨가 스늘한 맡이 잇찌만 낮 기온 여전하다.
"우리 운이가 친구들의 소리에 귀가 너무 열다고 본다. 우리 운이 이번에 회사을 온기계 돼며 3번째가 돼는돼 가는 곳마다 남이 하지 않는 일, 남이 실어하는 일 이른 것만 아다리가 돼고 하니까 운이가 회사에 신부을 하지 못하고 친구 말만 뜻고 자주 온기는 일을 하고 잇다. 사람이 꾸준희 하는 성격이 인간 사회에서 필요한돼 귀가 열 번 사람들은 무선 일을 해도 실정이 나니까 사회 생활이 힘이 든다."

그리고 오늘 김천농협 김천서지점에 혜영이 등록금을 너어쓰며 혜영이는 등록금이 혜지보다 아주 비싸드라.
오늘 등록금이 1,160,000원 옐범돼가
95,000원 회비 10,000원
계 1,265,000원

〈1994년 8월 23일 화요일 날씨 맑음〉
당산 작과 밭 풀 베는 일로 하로 시간을 보냇다. 그리고 작과 나무에 벨러가 만아서 나무들이 죽어가고 잇쓰며 나무에 벨레을 잡을라고 해도 벨레가 너무 만아서 손을 될 수가 업꾸나.
"자신의 생각같다서는 나무 개량을 하로 빨리 하고 싶프도 자신의 밭으로 산업도로가 난다고 하며 이미 상수도 사업은 측량까지 끝낸 상태라서 십계 개량을 할 수가 업꾸나. 자신도 하로 빨리 결정을 학정이 돼며 자신의 계핵을 세울 수가 잇는데 뜬 소문만 나고 잇쓰니까 자신도 마음 결정을 할 수가 업꾸나."
수입 … 노타리 값 30,000원

〈내지[168]〉
우탕, 요령 밤 5개, 삼 두 뿌리, 대추 5개씩 쇠고기 살마서 넛고 찹쌀 너어서 20분 끄리면 됀다. 반찬으로는 여르가지가 나오드라. 이 음식은 무등산, 광주

〈내지 1[169]〉
4月 10日 쌍구룸도량 돌 치우는 작업
74,500

168) 본 내용은 1994년 8월 23일까지 기록한 일기에 담긴 내용이다.
169) 본 내용은 1994년 8월 24일 이후부터 기록한 일기에 담긴 내용이다.

4月 20 폭크레이 60,960원
6月 12日 쌍구앞 석축공사 92,700
9月 4日 쌍구굼 도량 수초작업 75,000
계 303,160원
92,760
계 303,160원

쌍구름 룸 도량 수초작업 계 303,160원
원 7,500

임금 1,382,500원
5,900
86,410

총면적 710 두락 6탈보 참외밭 6
보출력 210
무는 것 489×3,000
427,000 427,000
412,600 412,000
임금 421,500
530,000
942,500

〈내지 2〉
김 경 환
한 번의 꽃에 다른 곳에 가야 한다.
달라 피고. 환 한 한

9자 1.5×1.5=4개
9자 1.5×2=64〃
9자 2〃2=26〃
스레트 6자 90장
박공 송판 6자 고성 4
6〃 열 번 것4

김종한	김을수	권순덕	윤달희
1승	패	2승	탈락
	탈락	페	페

〈내지 3〉
93年 1등 47,820원
45,690원

94年(8月24日부터)

(가래에는-소부날약)
원정훈 화리철근 10각닥들어일드라 하리는
90전 기초 50전 9바리 레미콤차로

담에좋다 오미자(화자) 도라지 대추
(벤렌트 405 물 1말에 희석 24시간 담금
마늘씨 소득함)

(장에 운동)
(섬유소)
(지방질과)

(94년 12月27日발포)
"전립식암은 양배추을 만이 먹는 것 암의
예방이라고 말을 한다"

〈내지 4〉
출수 10日전 도열병 살포
일진마촌병 벼멸구 약 살포
흑병나방, 이화나방 8月20日 약 살포

〈내지 5〉
이우철 자원봉사자 기부금 거리

〈1994년 8월 24일 수요일 날씨 맑음〉
오늘은 포도나무에 약 살포을 하여다. 포도나무에 약 살포을 하는데 약 봉다리을 가지고 가서 요 약을 사서 약 살포을 할라고 하면서 우리 약봉다리을 가지고 가는 사람이 잇쓰며 어뜬 사람은 일부로 와서 포도나무에 무선 약을 살포했너냐 하면서 약 이름을 적으달라고 하지 남들은 포도에 기술이 잇는 줄 알고 잇다. 사실 포도에 경험이 업쓰서 교육을 받은 대로 실천을 하고 잇는데 남들은 포도 기술자로 알고 잇다.
남들이 나을 생각을 할 때에 작년도에 그만은 사람들이 갈리 부족으로 나무을 다들 죽이고 유일하게 나만이 실패을 하지 않코 수학을 해쓰며 남들은 우리 포도 돈을 3,000,000만 원 더 했따고 소문이 나고 잇쓰니 이재는 우리 약 쳐는돼로 따라할려고 하는 사람도 잇다. 작년에 자신은 약 살포가 마자떨어전 모양이다. 우리가 밭이 부든 사람은 벌래가 먹으서 다들 죽어서 세순을 전부 밭아따고 해도 가연이 아닌돼 자신은 죽인 나무 5포기 미만이니 이것은 자신이 바도 대성공이라고 말을 한다.
오늘로서 울릉도 여행할 사람들의 돈을 전부 밭아다. 처음 돈을 밭을 때는 자신을 두고 할 일 업는 사람이다, 일 손 바푼돼 할 일 업는 사람 모양 구경갈 돈을 밭다니 내 마음을 꾸중을 만이 하여다. 그른돼 돈을 다 밭고 보니 절거운 마음이 생기는구나. 이재는 자신의 주선으로 울릉도 구경을 가는구나 하는 마음이 들 때에 그리 마음이 편하구나.

〈1994년 8월 25일 목요일 날씨 흐림〉
오늘 오전은 고추와 무우 밭에 물을 주는 일로 오전을 보내쓰며 고추, 무우도 비가 와야 하지 물 주는 일은 해결을 할 수가 업따고 본다. 다들 무우, 배추에 물 준다고 날리을 지기고 잇찌만 이른 일들이 수일 내로 비가 오지 않으며 만사가 허사로 도라갈 꺼 갈다. 요즘 날씨가 원망스렵꾸나. 인간이 목 타게 비을 기다리고 잇끄만 비는 오지 않코 따거운 날씨만 계속돼고 잇쓰니 하늘이 원망스렵다.
오늘 오후에는 물 업는 논에 물이나 돼어볼까 하고 들판에 나갈떠니 도량마다 매말라 잇쓰서 논 필지마도 구경만 하고 온 셈이다. 요즘 논에는 물이 필요한돼 물을 못돼고 잇는 이 심정 다 타고 잇다.
오늘 오후는 두엄을 경운기로 한 발리 실어 내고 딸들하고 집안에 잡초 뽑는 일로 오후 시간을 보내다.

〈1994년 8월 26일 금요일 날씨 맑음〉
오늘은 하늘에 구름 바서는 꼭 비가 올 줄 알라는데 올 뜻 올 뜻 하면서 비는 오지 않코 하늘에 구름은 다들 살라저고 마는구나. 인간의 목이 타두록 비을 기다리는데 비는 올라고 들지 않으며 인간의 외간장을 다들 태우는구나.
오늘은 내일 울릉도 구경 간다고 자신도 모르게 마음이 들떠잇는 느킴이 더는구{나}.
오늘은 체소밭에 물주는 일, 약 살포을 하는 일, 구경 간다고 토키 풀 떳는 일 여르가지 하여다.
"오늘 자신이 재수가 업는 날이라고 생각을 한다. 채소밭에 경운 푼무기로 물을 다 주고나니 엽패 밭패서 나도 물을 주며 좋게따면서 부탁을 하는데 거절을 할 수도 업고 물을 줄라고 작동을 하다 나의 부주위로 성급희 주고 내일 할려다가 고앞 푼무기을 터주고 말라다. 자신으로는 큰 손실을 본 셈이다. 푼무기 부품을 갈라널라면 돈이 만이 들어갈 것 같다. 오늘 좋은 일 할려다가 큰 손에을 보게 돼어다."

"내일이며 울릉도 관광을 22명이 자신의 주선으로 관광길에 오르게 됀다. 이번 여행 조은 여행이 돼어야 하는 한편으로 극정이 돼고 잇다."

〈1994년 8월 27일 토요일 날씨 맑음〉

오늘은 울릉도 관광길에 올라서며 오늘 오전 7시에 출발을 해서 포항 선착선에서 오전 10시 바로 울릉도로 출발을 하여쓰며 오늘은 바다가 아주 잔잔하며 바다가 오늘처름 잔잔한 적은 아주 더물다고 생각을 하며 오늘 바다과 호수처름 잔잔하며 이 날씨가 우리을 도와주는 것으로 자신을 생각을 한다. 그리고 포항에서 울릉도까지 도착 시간이 3시간 40분이 돼드라. 오늘 울릉도 도착을 해서 부두가로 다니면서 부두 구경을 우리 일행은 하여쓰며 갇다온 사람들이 울릉도는 볼끄리가 업따고 하여서 갈 때는 실망을 한 상태로 울릉도을 같는돼 도착을 해서 부두 구경을 하여보니 한 번은 아볼만 아다 하고 생각이 들며 자신의 머리에서는 실망감이 풀리는 감을 너킬 수가 잇다. 아직은 울릉도가 개발이 들 돼어서 숙소, 식당, 음식은 아주 미비하다고 생각을 한다.
"오늘 저녁은 여자들이 회관에 가서 몸을 풀자고 하여서 우리 일행은 회관에서 흥겨운 춤으로 오늘 망우리을 한 셈이다. 이번에 나의 주선으로 여행을 온 것이 자신이 신경을 더 쓰이고 잇쓰며 자신도 절거운 여행이 돼두록 아주 신명을 보고 잇다."
회관비가 4 태일불에[테이블에] 80,000원 지불함.
음악 1곡에 3,000원
오늘은 자신이 3곡을 부르는돼 노래가 응망이 돼고 마라다. 평소 때는 잘 부른다고 하는돼 오늘은 응망이 돼고 마라다. 이것도 나 혼자만이 불어쓰니 나로서는 아무른 부담도 업다.
지출에 노래 3곡 9,000원

〈1994년 8월 28일 일요일 날씨 비〉

울릉도 날씨는 흐리고 잇는돼 집배 전화을 하여보니 어재 비가 만이 왔따고 해서 가뭄이 해소하게다 하고 마음이 아주 좋아다.
오늘은 유람선으로 울릉도을 한 밖기 돌면서 구경을 하는돼 2시간 더 걸리며 이 구경이 아주 좋아다. 이번 구경으로 130,000원 여행비을 준 것이 하나도 압갑지 않을 정도로 삼천이 좋드라. 자신은 이번 구경이 갑어치 잇는 구경이라고 생각을 하여쓰며 그리고 폭포 구경도 아주 전경이 좋으며 울릉도에 이른 폭포가 잇쓰며 이 조은 전경이 잇따는 것이 신비스르운 일이라고 생각을 한다. 그리고 우리 일행들도 130,000원 갑어치을 다 했따고 하며 좋아하는 모섭을 볼 때에 자신의 기분이 더 좋드라.
그리고 저녁을 먹고 부두에 나와서 오징어 배을 구경을 하여쓰며 우리는 돈을 수 업시 번다 해도 적은 배로 바다에 가서 오징어 잡이을 한다는 것은 꿈에도 할 수도 업따고 보며 배 사람은 심장이 우리와 다르지 않을까 하고 상상도 하여밧다. 고기배 구경을 하다 보니 오징어 배가 아주 발은 불 켜어서 소리을 요란하게 부두로 오고 잇드라. 관광객은 다들 고기배 들어오는 것을 마중을 하드시 일체이 모여들드라.

그르자 고기배는 선착선에 바줄 묵드니 두 사람이 배에서 내리드라. 그르자 부인 나와서 고기을 만이 잡아느냐고 무르니 힘이 업시 말도 잘하지 않드라. 그르자 부인 배에 오르드니 쪽대질을 하면서 고기가 업따고 하니 4바리 잡아따고 하드라. 그른돼 4마리 잡은 고기가 한 바리는 도망을 가고 3마리밖에 업쓰니 우리가 볼 때에 귀가 차드라. 이것도 24시간 잡은 고기가 4마리밖에 뫃잡아쓰니 본인은 을마나 허탈할까. 우리가 더 허탈하구나. 그르자 배가 한 척이 들어오드라. 이 배는 만이 잡아쓸까 하고 궁금해저는데 이 배는 아주 절먼 사람이 내리드라. 이것은 한 바리도 뫃잡아쓰니 이것은 피을 토활 일들이다. 우리는 농사 일하는돼 힘든다고 입도 벙것하며 안 댄다고 생각을 하여쓰며 우리는 어부들보다 아주 좋은 직업이라고 생각을 하여보앗다.

자신은 오징어 배을 보고는 큰 실망을 하고 잠자리에 들라고 몸을 씻고는 잠자리에 더는돼 형수 또래는 방에서 화토노리을 하고 부인 또래는 회관에 가서 논다고 다들 갈는돼 부인은 치미가 업따면서 뒤로 빠지고 잇쓰서 다들 가는데 혼자 빠지며 어떠게 하나 하고 가라고 해도 가지 않코 형수 또래와 방에 주저 않드라. 그래서 잠자리에 들라고 하다 그만 옻을 입고 부인을 불어서 두리서 부두까로 대이터을 하여서 기분을 전환하여다. 부인은 춤과는 아주 먼 사람이다. 자신은 부인이 친구와 춤으로 어울리지 뫃해도 자신은 실지 않트라. 오늘 부인과가 두리서 대이터을 부두가로 하여쓰며 나중에는 두리가 나라니 앉자서 옛 이야기 하느라고 밤 11시까지 하여쓰며 부인은 회관에 가는 것보다 남편과 두리서 시간을 보내고 잇쓰니 기분이 아주 좋아따고 이야기을 하드라. 자신도 부인과 두리서 손을 꼭 잡고 밤 부두을 거닐 때에 기분도 아주 좋아다.

"남들은 대이트하고 왔따고 술 내라고 아우성이드라."

지출에 부인과 두리서 콘 1,000원

〈1994년 8월 29일 월요일 날씨 맑음〉

오늘은 아침을 7시에 먹고 8시 배로 후포 나와쓰며 기상이 좋으며 2시 30분 걸린다고 하는돼 오늘 파도 때문에 3시간 4분이 걸리다.

우리는 큰 배라서 배멀미 업시 잘 앗는돼 일부는 배멀리을 하여쓰며 자신은 부인 차멀미을 만이 하는 사람이라서 갈 때는 극정도 만이 하여는돼 부인은 갈 때 올 때 멀미을 하지 않코 무사하게 여행을 맡치쓰니 아주 좋은 일이다.

〈1994년 8월 30일 수요일[170] 날씨 맑음〉

배추와 무우, 대파 김매기을 하고 물주는 일을 하여쓰며 울릉도 잇쓸 때에 전화로 안부 전화을 할 때에 비가 왔따고 이야기을 할 때에 자신은 무우, 배추는 안전 해결을 했쓸 것으로 생각을 하여는돼 오늘 보니 무우, 배추 해결도 뫃 돼어따고 볼 때 원망이 돼는구나.

"어재 상주 입구 들어쓸 때에 버스 문 창으

170) '화요일'을 수요일로 잘못 기록하였다.

로 쓰려진 벼을 세우는 것을 보고는 우리 마을도 쓰려진 벼가 잊는 것이 아닌가 하고 극정을 하여는돼 우리 지역은 비가 오지 않아서 그른지 쓰려진 벼 논은 업쓰서 큰 다행이다."
지출에 … 흑명나방약 6봉 23,400원

〈1994년 8월 31일 목요일[171] 날씨 맑음〉
배추벌레 잡는 일을 하고 배추벌래는 살충재을 살포을 해도 벌래는 죽지 않코 번식만 수업시 하고 잊는 것을 볼 때에 정부을 원망을 하고 싶다. 배추벌래 죽는 약을 개발을 못하고 잊는 것이 원망을 하고 싶다. 오늘은 낮참을 이용을 해서 고압푼무기을 배추 물 주다 앞축하는 곳이 터지서 교환을 할려고 푼무기 집부로 갇뜬이 생각보다 싸드라. 자신이 생각을 할 때는 30,000원 생각을 하고 같는데 10,000원 달라고 하드라. 그래서 기분 좋은 한숨을 실 수가 잊쓰다.
지출에 … 호수 이음세 2,000원 푼무기 부품 갑 10,000원 차비 갑 920원 올림픽 배추씨 4,000원
계 12,920원
4,000
계 16,920원

〈1994년 9월 1일 목요일 날씨 맑음〉
오늘은 벼논에 흑명나방이 벼 끝을 다 먹고 잊쓰며 벼논을 보니 하로가 시급하드라. 그래서 오늘은 부인과 둘리서 벼논에 약 살포을 종일 하여쓰며 벼들이 길가에서 볼 때는 아주 좋은 것 같다도 벼논에 일단 들어가서 볼 때는 벼가 좋다는 생각이 업다. 벼 농사을 마음에 속 들어오두록 한번 못짓게드라. 마음 갈다서는 윈업시 잘 짓어밭쓰며 한다. 하늘에서 비가 내리지 않으니 채소류가 안전 숭년이 대는구나. 자신은 무우, 배추가 일적 갈라서 좋은 것도 빛이 너무나 따거운 날씨가 연속 돼니 배추가 말라죽어가고 잊다. 무우, 배추을 인력으로 물을 주어서는 배추 키우기가 힘이 들 것 같다.
지출에 라면 6,400원 벼논에 살충재 파단수용제
3,900원
계 10,300원

〈1994년 9월 2일 금요일 날씨 맑음〉
채소에 물 준다고 다들 날리을 직이고 잊는데 하늘에서는 비가 올라고 들지 않으니 인간의 간장을 다 태우고 잊다. 이른 일들을 비만 푹 한 번 와준다면 해결이 다 됄끈돼 너무나 외돌꾸나.
"오늘 오전으로서 벼논에 약 살포을 안전이 하여쓰며 금년 농사는 오늘 약 살포로 끝을 내따고 바야 한다. 그리고 오늘 약 살포는 흑명나방 약만 살포을 한 셈이다. 이 나방약은 10일 앞당기서 살포을 했쓰며 벼 피해도 주릴 수가 잊따고 보는데 시기적으로 너저서 피해을 다 보고 약 살포을 한 셈이다."
"오늘이 아버지 제삿날이며 오늘은 아버지 제사 준비을 하는돼 조카 머느리가 더 불어쓰며 식구가 둘이나 불어다. 조카 사오와 조카 며느리 식구가 아버지 제삿날에 둘이나 불언 상태에서 아버지 재사을 마지하게 돼어씀이다. 아버지 이재는 아버지 손이 늙

171) '수요일'을 목요일로 잘못 기록하였다.

어나고 잇쇼. 이 손들을 돌바서 인간의 끝을 평판하게 걸어가두록 보살펴주십요."

〈1994년 9월 3일 토요일 날씨 맑음〉

오늘 오전은 무우, 배추에 물주는 일을 하여쓰며 물을 주어도 배추, 무우가 할짝이 안 돼고 땅 속으로 기어들어가며 물주어서는 배출 해결을 할 수가 업깨드라. 그리고 오늘은 배추 물주는 사람이 넘어 만나서 경운기 쓸거리는 것이 날리가 난 것쳐름 야단들이며 이것이 날리라고 말을 하고 십다.
"정말 비가 너무 안 오며 이려다가는 밭 곡석은 다들 수학을 할 수가 업깨끔 만들 끄시며 요즘 하료하료가 가을 수학에 엄청난 수짜가 손질이 될 것이며 앞푸로 수일 내가 비가 오지 않을 때는 봉답 벼는 수학을 기대할 수가 업따고 본다."
(갈반병[172], 노균병[173] 약제을 살포을 해야 한다. 9月 달래()}
"배추벌래가 약 살포을 해도 죽지 않아서 오늘 약 살포는 약 량을 20cc 희석을 하여야 하는데 이번에는 40cc 이상 희석을 해서 살포을 하여다."[174]

〈1994년 9월 4일 일요일 날씨 맑음〉

오늘 오전은 박명섭이 세집 짓어따고 집터리 한다고 동네로 술을 내는돼 품짐하게 잘 하여드라. 자신은 돼지 잡는데 그들어주는 것으로 박명섭이 집뜰리 준비을 다 한 셈이다. 박명섭이가 오봉 골짝에서 우리 동네로 올 때는 빈 몸으로 와서 남외 집 살리로 우리 동네 정착을 해서 살게 됀 셈이다. 우리 마을에서 아들 대학을 다 식킨 셈이며 재산은 업쓰도 이재는 다들 할 일을 다 했따고 생각을 한다. 박명섭은 골짝에서 출세을 한 셈이라고 본다.
"밭작물 땅콩은 하로가 다르게 다 죽어가고 잇쓰며 이것을 볼 때는 농민의 가슴에 멍을 드리고 잇다. 이재 수학을 앞두고 작물들이 타돌라고 잇쓰니 이 아품은 무어라고 말을 해야 하게나."
오늘 오후는 배추벌레을 잡아쓰며 이 벌래는 약에도 죽찌 않코 배추을 망하게 하고 잇쓰니 속을 태우고 잇다. 그리고 보밭에 배추을 볼 때에 손만원 배추와 자신의 배추는 될 것 같터나 다른 사람들은 배추가 보기가 스급프다. 올해 배추는 숭년이 될 것 같다.

〈1994년 9월 5일 월요일 날씨 비〉

오늘은 기상대에서 만은 비가 온다고 주간 일기예보 할 때부터 비 만이 온다고 한 것이 그리 시원찬은 비가 돼어쓰며 기상대는 어재만도 만은 비 온다고 예보을 했는데 도로 문지 않날 정도로 못 돼고 마니 우리의 가슴을 아푸게 하고 잇다. 기상대에서 비가 만이 온다고 큰 기대을 하여는데 비 온 것이 방울비가 돼고 마니 한심하기 짝이 업다.
"오늘은 운이가 예판은예[예판원의] 책을 억찌로 바다서 온 것 같다. 운이 말을 들어 볼 때에 처음에는 공짜로 준다고 돼리고 가드니 종이을 주드니 여론조사 한다면서 부

172) 갈색점무늬병으로 잎, 줄기, 열매 등에 발생하는 진균에 의한 식물병이다.
173) 노균병은 조균류 노균병과의 사상균의 기생으로 일어나는 식물병이다. 오이, 파, 무, 시금치, 포도, 장미 등 많은 작물이 병에 걸리며 주로 잎에 발생한다.
174) '정정수 2,000,000원 (줌)'이라고 일기 지면 상단에 기록되어 있다.

르는돼로 적으라고 하드니 다 적고 나니 10회 분환이라고 돈을 27,0000원 내면 돌려서 볼 수가 잇따고 하면서 가지고 가라고 한다면서 어리석계 가지고 왔뜨라. 그래서 꾸중을 주고 오늘 포기을 한다면서 그 책을 다 가지고 우체국에 가서 부쳐주어다. 장사을 해도 정당하지 못하고 어리석은 아들만 잡고 사기을 쳐서 장사을 할려고 하는 것을 볼 때 분통 터지는 세상이다."

〈1994년 9월 6일 화요일 날씨 맑음〉

논 물 돼는데 종일 시간을 보내쓰며 이른 시간은 이번에 비만 푹 왔따면 논 물 돼는 시간에 허비을 하지 않아도 될 땐돼 요줌은 논물 돼는데 시간을 허비을 만이 할 뿐 아니라 그에 따린 고통이 상당이 만이 따리게 됀다.

"그리고 오늘은 지도소에서 농기계 수리 순회을 왔서 경운기 푼무기와 트랙터 키빡서을 교환하여다. 트랙터 키빡쓰 교환하는데 집부로 왔서 교환을 하는데 그냥 둘려 보낼 수가 업쓰서 수고비로 만 원을 주어다."

"금년도에는 수리 시설이 잘 돼이는 곳은 벼농사는 대풍년이라고 생각을 한다. 우리 마을도 늑들에는 벼농사가 대풍년인돼 봉답은 벼논들이 가뭄 때문에 수학을 포기을 한 사람도 앞푸로 수일 내로 비가 온다면 벼수학을 기대할 수가 조금은 잇따고 보지만 그러지 않으며 봉답 벼 수학은 큰 숭년을 당하게 됀다고 바야 한다."

지출에 … 경운기 푼무기 수리 12,000원
트랙터 키빡스 교환 10,000
키박스 교환하는 데 고맙따는 정표로 10,000
계 32,000원

〈1994년 9월 7일 수요일 날씨 맑음〉

오늘은 포도나무에 물 주는 일을 하여쓰며 포도 물을 주는데 땅이 너무나 매말라서 관정물을 주는돼 종일 프도 고량에 겨우 찰 정도며 그전 갈트며 벌서 이량에는 다 주고 말라쓸 끈돼 아직 하로는 더 주어야 겨우 물을 줄 수 잇따고 본다. 이재는 물주는 일도 땅이 습기가 조금 잇쓰야 물주는 일도 십지 습기가 업는 요줌 땅은 물주는 일도 아주 힘드는 일이다. 그리고 무한정으로 드려가는 물도 충당하기가 십지 않다.

"오늘 오후에는 포도 약 살포을 하여다. 오늘 약 량은 한 말에 70cc 희석을 하여다. 물 량은 22말을 살포을 하여다."

(포도 약 스미치온)

지출에 … 포도 약 스미치온 500cc짜리 3병에 10,800원

〈1994년 9월 8일 목요일 날씨 맑음〉

오전은 사과나무 약을 살포을 하여쓰며 사과나무에 과일이 월마 달리지 않아서 살충제 약만 살포을 하여다. 사과나무는 과일 잇든 말든 약 살포는 정식으로 하여야 한다고 본다.

오후에는 포도나무에 양수 작업을 하는 것으로 오늘 하로을 보내쓰며 포도나무에 양수 작업은 하로만 하며 충분하게 포도나무에 양수 작업을 다 할 수가 잇는돼 이번은 3일 동안 양수 작업을 해도 겨우 촉러 돌리는 정도 양수 작업을 하여쓰니 이것은 가뭄이 월마만끔 가뭄이 심해따는 것을 인정을 하여야 한다고 본다.

"자신은 가뭄을 여사로 알라는데 가뭄이 이쳐름 가뭄의 피해을 엄청나게 준다는 것을 미차 몰라다. 가뭄이 인간의 입을 벌어지게

만들고 잇다. 가뭄이 지속된다면 인간도 죽어간다고 본다. 이 가뭄 정말 심각하다고 본다.:

〈1994년 9월 9일 금요일 날씨 흐림〉

형님과 둘리서 아버지 산소와 선조 산소을 벌초을 하여쓰며 이 가뭄에도 아버지 산소에 띠가 잘 자라잇드라. 아버지 산소에는 띠가 죽어서 한 도막 예을 먹으쓴는데 이번에 벌초을 하로 가서 보니 띠가 가뭄도 들지 않코 띠가 잘 살라잇쓰서 그리 기분이 좋드라.

오후에는 배추와 무지파에 물을 주로 가서 이웃 밭에서 물 좀 주자고 하여서 여르 자리을 주어쓰며 이른 일도 좋은 일은 하나 자신으로 바서는 손실이 따린다. 먼저번에는 좋은 일 할려고 하다 고압픈무기가 터저서 손실을 보앗다.

오늘은 부인은 배추 모종을 하고 자신은 물 주는 일을 하여다. 모종하는 일은 비가 온다면 모종의 표가 잇쓰도 비가 오지 않는다면 수고만 하고 말 것으로 내다보고 잇다. 그리고 오늘은 우리 혜영이 장학금을 772,000원을 바다왔드라. 이 돈은 정말 자신에깨는 기쁜 돈이며 귀중한 돈이다. 이 돈은 영혼희 간직을 하여서 영혼이 보고 싶픈 돈이다. 혜영아 정말 고맙다.

이 돈은 우리 혜영이 용돈으로 다 주고 십픈 마음은 잇쓰나 이 아빠의 마음은 우리 혜영이가 더 잘 자라달라고 이 아빠가 한 푼 주지 않코 이 아빠가 간직을 하고 잇다. 이 아빠가 다 가진다고 원망을 하지 말고 이해해다오. 우리 혜영이가 하고 십픈 것, 옺도 사 입고 십풀 끄고 반지, 목거리, 귀거리 다들 하고 십픈 마음 잇따고 본다. 이것이 인간의 본능이라고 말을 하고 십프며 이것을 억재을 할 수 잇는 인내도 잇쓰야 인생길을 갑지게 살아갈 수 잇따는 생각에 혜영이 돈을 이 아빠가 회수을 하고 잇다. 이해해다오. 혜영아, 정말 고맙다.

지출에 전화요금 6,140원

〈1994년 9월 10일 토요일 날씨 흐림〉

오늘 기상대에서 전국적으로 비가 온다고 이야기을 하여와는데 날씨만 잔득 지프린 날씨만 하드니 비 한 방울 오지 않코 맑은 날씨로 변하고 마는구나. 이 날씨가 비가 오기 실은가. 인간이 예원을 하고 잇는데 목 타게 기다리고 잇는데 비 올 행세만 하고 만단 말인가. 정말 원망스렵다. 요즘 추세로 본다면 마은 비는 바라지 않코 채소만 해갈을 하두록 비을 내리주어쓰며 하는 소망인돼 해도 해도 너무들 하고 잇다.

오늘 대신 정정수 종말리 딸 결혼식을 대구 진흥교육원 광당에서 식을 오후 2시 30분에 올리는데 참석을 하여다. 오늘 식장에서 식을 올리는 것을 볼 때에 직원들은 예식장 가지 않코 이 자리을 이용을 만이들 하고 잇는 것 같다. 다들 식축건물이라서 깨끝하드라.

지출에 … 부주 정정수 딸 결혼식에
20,000원

"오늘 부인은 우리 혜영이 장학금 타오면 혜지, 혜영이 반지을 하여준다고 약속을 하여서 그 약속을 부인이 대신 지키기 위해서 혜영이을 돼리고 반지 맞추로 금은방에 가서 맡차노코 왔다고 하드라."

〈1994년 9월 11일 일요일 날씨 맑음〉

오늘은 김천하나관광에서 우리 마을로 관

광차을 무료로 차을 2대을 주어서 우리 마을 잔치 마을이 댄 셈이며 오늘은 노소 할 것 업시 마이산과 남원, 지리산을 구경을 하여쓰며 마이산과 지리산은 정말 좋은 곳이며 오늘 공짜 구경을 하지만 오늘 구경을 안아따면 어떠게 할 뿐 햇나 하는 아쉬움이 남어며 오늘 구경은 갑진 관광길이 돼어쓰며 지리산 산봉까지 버스로 올라오는데 소름기치며 이른 곳을 어떠게 길을 만드라쓰며 정말 치가 떨린다.

오늘 여행은 집안 사람이 만이 같쓰며 집안 사람들 인사을 다 할려며 돈이 들어갈 뿐 아니라 글리는 사람들이 만아서 집안 사람들래깨 인사을 몾드리다. 자신이 인사을 꼭 해야 하는데 내 인사을 몾 드리다. 자신이 인사을 한다고 해도 10,000원만 쓰며 자신의 인사을 다 할 수가 잇쓰따고 볼 때 아쉬움도 좀 남는구나. 앞푸로는 인사을 다 해야 돼겟따는 생각을 가지본다.

오늘 부인과 둘리 같쓰며 내 친구는 다들 떨어저고 부인과 둘리서 처음 관광버스 오를 때는 두 번식이나 낭비을 해서 돼겟나 하는 아쉬움으로 여행길에 올라는돼 사실 지리산, 마이산, 남원 민속촌 구경을 하면서는 정말 잘앗다. 오늘은 버스 대여 업시도 한 번은 꼭 올 자리며 부인과 두리서 이 좋은 곳을 구경을 하게 된 것이 마음 부듯하구나.

지출에 … 간식비 값 10,000원 집부로
전화하는데 100원
계 10,100원

〈1994년 9월 12일 월요일 날씨 맑음〉

오늘은 배추벌레 잡는 일과 대파와 배추에 약 살포을 하는 것으로 오늘 일과을 맡치따고 바야 한다.

그리고 무우, 배추가 가뭄이 들어서 잎이 시들어서 땅바닥에 갈려잇는 모섭을 볼 때에 날씨가 원망스렵고 때로 바서는 배추가 알이 안을 때라고 보는돼 아직까지 배추가 죽어서 씨부림을 하고 잇는 사람들도 만타. 이른 일들이 일기 불순으로 인간을 힘들게 하고 잇다.

〈1994년 9월 13일 화요일 날씨 맑음〉

고추와 무우에 약 살포을 하고 부인은 고추 수학을 하여다. 금년도 고추 수학은 가뭄에도 불구하고 고추 수학을 만이 한 셈이다. 오후에는 벼논에 피살리을 하고 물 돼는 일을 하여다. 오늘 피살리을 해도 해가 일적으서 배추 모종한 곳에 물을 주어다. 금년도에 배추 물을 계속 주어도 비가 오지 않으니 배추가 잘라지을 몾하고 잇쓰며 금년 배추는 알배기 배추가 드믈 것으로 내다보고 잇다.

"그리고 운이가 도서 구입을 한 것을 자신이 일방적으로 해약했따고 도서 파계돼어따면서 21,000원 부쳐달라고 엽서가 날라왔드라. 행세을 바서는 돈을 부쳐주고 십픈 마음 업쓰나 내 자식도 속은 제로 그리고 소양머리 바서는 개심하기 짝이 업찌만 더러어서 21,000 부쳐주어다. 이번 운이 돋서 구입을 하는 바람에 책 부치는데 15,000원, 책 마모비 값으로 21,000원, 수수료 값 600원 계 36,000원 손에을 본 셈이다."

지출에 … 21,600원

〈1994년 9월 14일 수요일 날씨 맑음〉

요줌 채소밭에 물 준다고 모두들 날리다. 물을 매일 주는 사람도 잇는데 이른 분도 채소는 활짝이 안 돼고 오그라더는 감이 잊쓰며 이것들이 웃바도 마자야 하는구나 하는 너킴이 든다. 그리고 땅콩, 대파, 고추는 수일 내로 비가 오지 않으며 수학을 기대할 수가 업따고 본다. 금년 가뭄으로 해서 과수나무와 자두나무는 내년 봄에는 잎이 나지 않코 죽월 나무들이 수도 업쓸 것으로 내다 볼 때 금년 가뭄이 우리 농민을 음청난 손실을 주어따고 생각을 한다.
"그리고 우리도 종일 동안 줄 주는 하로 일가여쓰며 오늘 물 준 것이 고추, 무우, 배추, 대파에 물을 주어다."

〈1994년 9월 15일 목요일 날씨 맑음〉
오늘은 부인이 딸 반지 둘을 찾아 와서 딸의 손가락에 키어보니 조금 적은 너킴은 잊쓰도 반지을 키우니 보기가 아주 예쁘더라. 인간은 옻이 날개라드니 치장을 하고 보니 인간이 드 보이고 잊꾸나. 우리 딸 반지을 진작하여줄 끈돼 하는 마음이 앞쓰고 잊다. 오늘 정미소에서 정미을 하여쓰며 이것을 진작 할려고 생각을 하여왔찌만 이 일을 계속 밀리 오다 오늘은 큰 마음 먹고 한 셈이다.
"작과 밭을 볼 때 나무 벌레들이 만아서 작과나무도 앞푸론 벌레 때문에 작과 농사을 지을 수가 힘이 들 뿐 아니라 여때것 작과 농사을 잘 지어왔는데 이재는 벌레 때문에 작과 농사는 한물이 갈따고 본다. 앞푸로는 과일농사 이주로 가야 하는데 과실나무 선택도 하기가 어렵다. 정부에서 무농해을 부려짓고 실찌 농가에서는 벌레가 농사을 망치고 잊는데 그리고 벌레 죽이는 약이 개발이 돼지 않코 볼 때에 우리 농민들이 살라남키가 더 힘이 들고 잊다."

수입에 … 트랙터 노타리 값 140,000워

〈1994년 9월 16일 금요일 날씨 맑음〉
오늘은 부인과 둘리서 채소밭을 한 박이 돌라보는 일과 정도며 드리고 대파을 13단을 구미 시장에서 해수 엄마가 소매을 하는데 갈다주어쓰며 이것은 잘못하는 일이다. 부인이 소매을 하며 1단에 2,500원을 수라게 팔린다고 볼 때에 부인이 소매을 하며 수입이 만이 될탠돼 이탁을 해서 우리 수입은 을마 돼지 않는다고 본다. 앞푸론 부인이 소매을 하두록 해야하게다.
"오후에는 작고밭에 풀 깍는 일을 하여쓰며 요줌은 갑진 일도 못한다고 생각을 하며 사실 밥값도 안 돼두록 일을 하고 잊다."
"그리고 당산 작과나무는 금년 가뭄 때문에 나무들이 만이 죽어가며 내년 봄이 돼며 상당한 나무들이 죽을 것으로 내다본다. 자신이 하로 빨리 대치을 할려고 해도 당산으로 상수도 난다고 하지, 도로까지 난다고 소문이 떠들고 잊쓰니 십계 대치을 할 수가 업꾸나."
수입에 … 대파 값 13단 18,000원

〈1994년 9월 17일 토요일 날씨 비〉
낡씨 이재는 급이 난다. 비가 올 몃 올 몃 하면서도 비는 오지 않코 비가 와도 간질난 비가 오고 마니 이재는 비을 기대하는 것보다 이재 날씨가 급이 난다.
"오늘은 우리 혜지가 상가에 아라바트 한다고 오늘 대구에 같쓰며 우리 혜지가 인생 공부을 한다고 같는데 요즘 아들은 옛날 아들과는 그 차이점이 음청난 차이가 난다는 생각을 가지본다. 우리 혜지는 부모예깨 만향 어리광을 부릴 나이인돼 그려치 않코 돈을 한 품이라도 벌라고 드는 그 마음이 고맏다. 사람이 돈을 벌라고 하다 돈을 더 쓰는 한이 잇쓰도 마음가짐이 중요하다."

"그리고 우리 운이가 회사 생활을 화다 이번 추석이라고 오늘 오는데 얼굴이 집배 잇쓸 때보다 얼굴이 아주 좋으며 집배보다 잘 먹는다는 것이 얼굴에서 표가 나는구나. 이 아빠의 마음은 너의 얼굴을 보고는 내 마음 그리 밝아저드라. 부모의 마음이야 너의 얼굴 좋은 것이 돈보다 더 좋다는 마음의 너킴과 마음속으로는 밝은 마음이라고 말을 하고 십다."

우리 운이가 회사 들어간 지가 을마 돼지 않아서 선물만 바다오는돼 그 선물도 만트라. 회사에서도 만은 직원을 뽀나스로 돈을 주야지, 선물을 주야지 그 돈만도 음청난 돈이라고 생각을 본다.

〈1994년 9월 18일 일요일 날씨 맑음〉

오늘 오전은 배추 쏙금을 가지고 부인이 구미 시장에 팔로 갇쓰며 속음 배추가 4사람을 주어도 배추가 만아서 시장에서 소매을 해서 22,000원 했따고 하드라. 오늘 부인이 남들을 주지 않코 다들 타라따면 돈을 만이 할끈돼 하는 아쉬움도 가지는 것 같드라.

"오늘 오후에는 시금치 씨뿌림을 하여쓰며 이 씨뿌림이 가뭄 때문에 물키가 업쓰서 씨가 제돼로 잘 날린지 모르겟다."

오늘 혜지가 피복점에 아라바트 한다고 가서 일을 하여보니 힘이 드는지 집부로 전화가 왔드라. 그래서 전화을 밖카서 혜지야 어서오십요 하여느냐고 무르니 했따고 하면서 웃드라. 그래서 힘들지 하니까 종일 동안 서스 일을 하니 다리가 아푸다고 이야기을 하드라. 그래서 힘들거든 때리치우고 올라오지 하니까 아빠 태두리에서 벗서나서 일도 해바야 한다면서 이야기을 하는데 내가 생각을 하고 잇는 어린니가 아니드라. 우리 혜지가 말을 하고 잇는 것을 볼 때에 어른이란 느킴을 밭아쓰며 저의 아빠 생각을 하여주는데 고맙드라. 이 아빠는 너위들이 밝게 살라주는 맡으로 아빠 하로 생활을 절급게 살라간다고 말을 하고 십다.

수입에 … 속음 배추 값 22,000원

〈1994년 9월 19일 월요일 날씨 맑음〉

기상대에서는 오늘 흐리서 내일 추석에는 비 온다고 하든 날씨가 다들 할짝 개인 날씨가 돼어서 매우 화창한 날씨가 돼고 잇꾸나. 비는 밭 작물 바서는 단 일 초가 급한 시절인돼 기상대는 빛나간 예보만 매일 반복을 하고 잇찌 이재는 날씨 원망도 인간들이 지치고 잇뜨고 본다.

"오늘은 (팔 월 보름) 추석 준비한다고 분주한 하로 일가가 돼어쓰며 고향 떠난 사람들은 고향 차저온다고 법석을 부리고 인간의 마음들은 어느 누구 업시 들뜬 마음을 가진 하로가 아닌가 십다. 그리고 추석 쳐고 금년쳐름 징한 적은 업따고 보며 이번 추석은 촌에서도 그두어드릴 것이 업다. 아직 콩도 수학을 몿하고 잇쓰서 이번 추석은 자신이 알기로도 이처름 징한 적은 업따고 본다."

그리고 이번 추석은 시기적으로는 아주 한가한돼 객찌 잇는 사람들이 고향 찿저오는 사람의 수가 좀 줄어들지 않아나 하는 생각이 든다.

"우리 형제들의 자식이 이번 추석 시로 온 것을 볼 때에 만이들 잘라잇꾸나. 자식들 잘라는 것 보다 부모들의 늙은 모섭은 들해 보인다. 인간이 밑태서 잘라는 만큼 어른들도 그만춤 마음과 몸이 늙고 잇따고 볼 때에 마음의 한구석에는 서글프지는 느킴이 싸이고 잇따고 본다."
지출에 … 내일 추석이라고 돼지고고기 값
3kg 9,600원

〈1994년 9월 20일 화요일 날씨 맑음〉
오늘이 추석이다. 이번 추석이야말로 한가한 추석이다. 농촌에서 재일 징할 때이며 십계 생각을 한다면 휴식을 하고 잇따고 바도 가연이 아니다.
우리 형제들은 올 추석도 별 다름이 업시 다들 참석을 하여서 고맙게 생각을 한다. 명절에는 다들 가족들을 한자리에서 만날 수가 잇쓰서 좋다고는 하지만 한편으로는 서운할 때가 잇따는 너킴도 잇다. 외냐하면 추석을 시로 올 때는 다들 좋은 기분이지만 갈 때는 어디가 서운감이 잇는데 부모님들은 이 아품이 클 것으로 생각을 하며 이 상쳐가 오래동안 갈 것으로 본다.
"우리 혜지 아라바이트 해서 돈 벌은 것을 20,000원 벌은 것 같드라. 이 돈은 혜지로 본다면 3일 동안 서스 돈을 벌으따고 볼 때에 그 고충은 알라주야 한다. 사람이 사람 상대로 일을 한다는 것은 어르운 일들이다. 우리 혜지가 3일 동안 인생 공부을 했따고 볼 때에 앞푸로의 인생길에 큰 보탬이 대리라고 생각을 한다."

〈1994년 9월 21일 수요일 날씨 맑음〉
오늘은 김영태 씨 아들이 라디오 방송 작과상을 받아따고 동네로 돈 300,000만 원식 내나서 돼지고기와 술로 동내 잔치을 벌리쓰며 다들 명절 끝이라서 그른지 고기을 등한시 하는 감이 잇드라. 오늘 대상 밭아따고 300,000만 원을 동네로 주는 돈원 정말 갑진 돈이며 이른 돈은 낼수록 좋은 일들이며 부모돼는 사람의 기분은 하늘을 날라갈 기분이라고 생각을 하여본다.
"오늘 오후에는 어른들과 윷판으로 오후 시간을 보내쓰며 오늘 윷노리을 오후 내 해도 본전을 하여쓰니 이것은 아누 좋은 성적이라고 본다."
오늘은 부인은 친정 부모님을 만나로 같쓰며 처어머님은 안녕하다고 하며 부인은 1년에 한두 번은 부모을 볼 수가 잇쓰니 이것은 큰 행복이라고 본다. 나 자신은 부모을 볼래야 볼 수 업는 인생 생활을 하고 잇다. 아품은 부모을 일어보지 못한 사람들은 이 아품을 모르고 살라간다. 이간이 이 아품이 업시 살라가는 사람이 재일 복이 만은 사람이라고 생각을 하여본다.

〈1994년 9월 22일 목요일 날씨 맑음〉
오늘은 고추와 배추, 무우, 대파 다들 물 주는데 하로 시간을 다 냇다. 요즘 시간이 한가하기 때문에 종일동안 물푸는 시간이 나오지 그러치 않으며 무우, 배추, 못 먹는 한이 잇쓰도 시간이 업쓰서도 포기을 벌서 할 일들이라고 생각을 한다. 금년 고추, 무, 배추, 이것들을 노력은 접어두고 경운기 마모비와 기름값을 천다면 안전적자라고 생각을 한다. 이것뿐 아니라 농촌에서는 저작돼는 일들이 만타고 생각을 한다.
"이 날씨가 내년까지 비가 오지 않으며 어떠게 하나하고 극정이 앞쓰는구나. 내 여때것 가뭄, 가뭄 다 해도 이려깨 목끄대기 가뭄 것은 처음 밭쓰며 이 날씨가 사람가지 다들 죽이는 것이 아닌가 하고 치가 떨리는구나"

〈1994년 9월 23일 금요일 날씨 맑음〉

서양바실래 양수집을 하여쓰며 기상대에서 비 온다고 해서 오늘이나 내일이나 하고 기다리다 결국 약수 작업을 하여쓰며 4마지기 벼 논에 오전 7시부터 오후 5시까지 양수작업을 하는돼 이것도 재발 품길 정로 하여둔 셈이다. 자신도 이재 벼알이 연결어서 익어간다고 그냥 둘라고 생각을 하면서도 서양바실에 물이 업쓰서 벼이삭이 안전 익찌못하고 잇쓰며 어떠게 하나 하고 매일 머리 속에는 극정이 떠나지 않아서 오늘은 사실 극정을 잇절라고 아침 일적부터 양수작업을 하게 돼어다.

"우리딸 두리다 야물기로는 소문이 낮찌만 그래도 더 야문 것을 하로 뽑는다며 혜영이가 더 야물다. 혜지는 그른돼로 자기 할 일을 하고 잇쓰며 우리 혜영이는 돈이 아까어서 자기가 물건을 잘 못사고 잇다. 이 아빠도 옺이 날개라고 세옺, 좋은 옺 사주고 십픈 마음이야 잇찌만 그래도 이 아빠는 순수하게 무든하게 평범 것을 좋아하고 잇다. 그래서 딸들 옺에는 신경을 안 쓴다고 본다.

"그리고 부인도 나와 같뜬 마음을 가지고 잇키 때문에 딸들의 옺가지는 별 신경을 안 쓰고 잇다."

〈1994년 9월 24일 토요일 날씨 맑음〉

오늘은 포도밭에 관정물을 펴는 일을 하여쓰며 이재는 관정물도 나오지을 안으며 앞푸로 더 가뭄다면 밭작물은 큰 피해가 잇쓸 것으로 내다보며 자신이 생각을 하여도 이재는 가뭄에 급이 난다.

"오늘 오후에는 성운이가 내일 정비자격 시험인돼 주민등록증이 회사 잇쓰서 회사 일로 주민등록증을 가지고 올 수가 업개 돼어서 한참 바파스며 오늘이 해필 토요일 오후라서 면직원도 다들 태근을 하여서 주민등록 등본을 몿 뗄 줄 알라는데 전화로 문이을 하니까 해줄라고 해서 고맙드라. 그래서 성운이을 돼리고 면사무소에 가서 주민등록증 등본을 이무른 일 업시 잘 띠어왔다."

지출에 … 등본 티는돼 60원 버스비 값
12,000원
계 1,260원

〈1994년 9월 25일 일요일 날씨 맑음〉

오늘은 포도나무에 양수 작업을 정자몿 물을 경운기로 양수 작업 종일 동안 한 셈이다. 만약에 관정물을 펀다면 3일 이상을 프도 오늘 경운기로 양수 작업 한 물보다 아주 적은 량으로 맏칠쓸 끈돼 오늘 몿 물로 잘 이용을 하여따고 본다. 오늘 포도나무에 물 프는 것도 마지막으로 본다.

"그리고 우리 마을도 콤바이 탈곡을 일부 시작을 한 사람도 잇쓰며 이재는 가을 추수 시절이라고 볼 때애 또 한 해가 다 돼어따고 볼 때에 썩 마음 편치 않는 가을라는 기분도 마음의 한구석은 밝지 않는구나. 이 한 해가 눈 감짝할 사이에 다 간다는 것이 아쉬운 세월이라고 본다."

"우리 부부가 여름 내 비지땀을 흙린 대까의 소득을 그두어더리는 개절이이다. 우리 부부가 금년은 유난이 비지땀을 더 만이 흙리는데 그 대까가 나올란지 궁금하구나. 우리 부부가 살기 위해 남들 보다 비지땀을 더 만이 흙리고 잇는데 이 비땀은 뼈을 깍는 땀이라고 볼 때에 사랑하는 부인 건강을 생각을 염두해야 한다고 본다. 내 부인 내가 관리을 하지 않으며 다들 망가지고 말끄시며 자신이 건강괄리을 잘 해서 노후 생활을 절급게 살라가야 하는데 자신의 책임이 막중하며 자신의 결단에 노후의 생활이 결정됐다고 본다고 해도 무리돼는 말은 아니라고 본다."

〈1994년 9월 26일 월요일 날씨 맑음〉

금년에는 기상대 외보가 우리 지역은 늙 빗나가고 말며 오늘도 기상대에서 (월) (화) 양일간 전국적으로 비 온다고 예보을 하여는데 오늘 날씨만 좋꾸나.

인간이 가뭄에 지쳐서 날씨에 반발이 생기며 날씨에 간심이 들 한다고 보고 잇다.

"부인과 둘리서 콩 수학을 하는데 가뭄 때문에 반은 쭉정이 콩을 부인과 둘리서 수학을 하여쓰며 이 콩들이 그간 한 번이라도 비가 왔쓰며 풍년의 콩이 돼어쓸 끈돼 정말 이 콩을 수학을 하면서 날씨가 원망이 돼드구나. 이간의 땀을 날씨가 아무른 의미 업시 만들어버린 것이 원통서릅꾸나."

"부인은 참기름 짜로 같쓰며 자신은 당산밭으로 길이 난다고 소문들이 낮쓰 자신은 길이 어디로 날란지 자신의 생각돼로 날란지 자신을 힘들게 하고 잇다. 자신은 오늘 오후에는 길 문제로 공상을 가진 오후라고 말을 하고 십다."

〈1994년 9월 27일 화요일 날씨 맑음〉

오늘은 땅콩 수학을 하여보니 땅콩이 섬만 짓어 놋고 알이 업는 것이 만터라. 우리 땅콩이 던불이 가뭄에 비에서 너무 좋더니 땅콩은 업드라. 땅콩도 던불이 좋으며 알이 업는지 그러치 않으며 가뭄 때문에 알이 업는지 분간을 할 수가 업꾸나.

지출에 … 오트바이 기름 휘발유 2말
9,440원 경운 기름, 경유 1드람
36,000원
계 45,440원

〈1994년 9월 28일 수요일 날씨 맑음〉

오늘은 건답직파 평가대회 한다고 음식 준비을 하여쓰며 오늘 30백명 손님을 중식과 고기, 술 대접한다고 우리 마을 사람들이 수고을 만이 하여따고 본다. 일부 지도소에서 음식 값이 나오지만 그 돈으로는 적자가 됐다고 본다.

"우리과 볼 때는 농촌지도소가 우리 농촌에 득이 돼는 것은 소수이며 중앙에서 생각하는 것은 농촌에 대들포 노릇을 한다고 볼련지는 몰라도 실지적으로는 면 단이로 3명 정도로 이간을 하여서 농촌을 지도해도 됐다고 본다. 군지도소는 별 일도 업쓰며 만은 직원을 두고 운영을 하는 것은 국고의 낭비라고 보고 잇다."

〈1994년 9월 29일 목요일 날씨 맑음〉

오늘은 고추와 배추, 무우 다들 물주는 일을 하여쓰며 배추 물 주는 힘 더는 대까가 나올찌 몰게꾸나. 금년 배추 값이 포기당 10,000원 해도 배추 가꾸는데 힘들은 것을 생각을 한다면 비싸다고는 생각지 않는다. 올해 배추 물 주는데 경운기 기름 값도 개산을 한다면 상당이 만이 들어같쓸 것으로 내다본다.

그리고 오늘 택시 운전사 유부녀 살해범을 오늘 우리 마을 고속도로 굴 입구에 시채을 버리는 현장 검사을 하는데 그저 형식적으로 하고 말드라. 운전사가 시체을 버리는데 그냥 떠미는 것으로 시채 버리는 현장 검사을 끝을 냇쓰며 이것 때문에 기자들과 현장 검사을 이래 하는 것이 어디 잇쓰며 정식으로 하라고 하면서 한참 동안 실랑이 버린 적이 잇다. 자신이 생각을 해도 형식으로 햇따는 것이 절시리 느키며 정부 돈 낭비을 만이 식키는구나. 오늘 일만 바다 사린범을 현장 검사하는데 마느킹을 한 번 떠미는 것으 현장 검사을 끝을 내고 마니 그따이 현장 검사할려고 서울서 범인과 그디 따린 장비와 경비원 수만원 사람을 돼리고 왔따는 것이 쓴 우섬이 나올 정도라고 말을 하고 십다.
오늘 오후에는 임창한 마당에 세멘을 하는 돼 레미콘 한 돼로 마당을 하는데 경운기 3대 정도 모재리는 마당을 하여다. 레미콘 2대만 가진다면 마당이 큰 마당도 세멘을 다 할 수 잇따고 본다.

〈1994년 9월 30일 금요일 날씨 맑음〉
오늘은 당산 작과에 여름 둥치기 나무 정리을 하여쓰며 금년 가뭄으로 작과나무들이 만이 죽어잇는데 이 나무들이 내년 봄 돼면 상당 수가 죽을 것으로 볼 때에 대치나무가 극정이 돼는구나.
그리고 오늘 운이 쵳 봉급을 타와드라. 운이가 오늘 이하여 고생을 만이 하여따고 보며 우리 운이가 회사을 자주 온길 때 바서는 회사 생활을 못할 줄 알라는돼 이번에 꼭 부터잇쓰며 봉급을 밭아왔쓰니 우리 운이 철들어꾸나. 우리 운이 정말 수고 만아다. 이 아빠는 쵳 봉급을 밭아아치만 운이가 공부을 더 해해서 자격증이라도 치득을 하여서 군대를 안 가고 방위 산업체로 같쓰며 하는 바람이다.
(우리 운이 쵳 봉급으로 644,000원 밭아드라. 운이가 오늘을 위하여 꾸준한 노력을 하여쓰며 운이로 바서는 살을 깍은 돈이라고 생각을 하고 십다.)

〈1994년 10월 1일 토요일 날씨 맑음〉
오늘은 일적함시 서들어서 김천의료원에 가서 혈압약을 타로 같쓰며 김천의료원은 약만 타와도 오전 내 걸리며 약 타는 시간이 넘어 만이 걸린다. 그리고 김천의료원은 내과는 오전 10시가 돼어야 한자을 보게 돼니 병원에 소요대는 시간이 만이 걸린다고 본다.
오후에는 큰집에 콤바이 탈곡을 하는데 그 들어주로 같쓰며 올해는 벼가 만이들 난다고 한다. 큰집도 1단지에 48개 콤바이 푸대로 낮드라.
지출에 … 김천의료원 5,260원 트랙터
밧태리 값 60,000원
계 65,260원
"금년도는 부인 생일을 전원 몰라는데 딸드리 엄{마}생일 알리주어서 사실 아라다. 그른돼 딸들이 고기 준{비}와 선물 준비을 다 들 개핵을 했따고 하며 그것도 쇠고기로 하여쓰니 이 아빠보다 수준 높픈 준비을 하고 잇쓰서 고맙드라."

〈1994년 10월 2일 일요일 날씨 맑음〉
오늘 오전은 주섭이 모친 장래식에 같는데 운상꾼들이 넘어 만아서 우리 또래는 안전이 빠지고 마라다. 주섭이 모친이 두 번째로 와서 갑진 일을 만이 하여쓰며 그 대까로 자식들래깨 대집을 밭고 살라왔따고 본다. 오늘 장래식을 볼 때에 두 번째로 들어온 사람 쳐고 복이 만는 분이라고 생각을 한다.
"오늘 오후에는 밭 찬나락 기계 타작을 하여쓰며 을마 안 대는 참나락을 모타 탈곡을 하여보니 우리가 옛날래는 벼 탈곡하는데 고생이 만아따는 것을 재삼 너켜받다."
금년 벼 탈곡을 더로 하고 잇다. 자신이 볼 때에 좀 푸린 감이 잇는데 벼 탈곡을 하고 잇꾸나. 그리고 우리 마을에는 평년작이 됀다고 본다.
지출에 … 주섭이 모친상 부주 10,000원

〈1994년 10월 3일 월요일 날씨 맑음〉
오전은 마당비 매는 일을 하여쓰며 이것도 진작 매쓰며 하는데 이래 막바지 마당비을 준비을 할려니 마음이 바푸구나. 자신도 내일 콤바이 탈곡을 할려고 같을 부인과 둘리서 돌리낯쓰며 자신이 벼농사을 짓어도 어떠게 보며 잘 댓는 것 같고 어떠게 보며 좀 빠지는 너킴이 더는데 내일 탈곡을 해바야 할 것 같다.
"우리 혜영이가 기사 2급 자격시험 쳐고 왔쓰는 소수점을 안 찍어서 시험 다 바리따고 걱정을 만이 하여서 이 아빠는 또 실수을 하여꾸나, 시험이란 운도 따리야 하는구나, 소수점은 실력이 아니라 이른 것은 잠관 실수라고 바야 하기 때문 시험이라 운도 따리야 한다는 것 너켜는데 오늘 발포날이라면서 혜영이가 시험 합격을 했다고 할 때에 정말 좋드라. 나는 혜영이 말만 덧고 기대을 하지 않아는데 합격을 해따고 할 때에 정말 기쁘드라. 우리 혜영이는 정말 노력을 하는 아이며 내 딸이라고 하는 것이 아니라 정말 똑똑한 아이라고 생각을 한다. 이재는 우리 혜영이는 전문대로서 자격증을 체고로 치득을 하여쓰니 이재는 취업만 하며 됀다."
"우리 혜영이 정말 고맏다."

〈1994년 10월 4일 화요일 날씨 맑음〉
오늘 오전은 무우에 물주는 일을 하여쓰며 이번에는 고추와 무우, 두 군돼에 100말을 주어는데 이번에 고추는 수학은 끝낯따고 보고 무우에만 100말을 주니 떠분하두록 준 셈이다.
오후에는 대신 재수에게 콤바이 탈곡을 하는데 너무나 마구재비로 콤바이 탈곡을 하며 남의 벼알은 한 토라도 아켜주야 하는데 그리치 않코 너무 마구재비로 콤바이 탈곡을 해서 마음에 아주 안 들드라. 앞푸론 재수 콤바이는 사용을 금지해야 하게꾸나. 오늘 웃들 2단지에 콤바이 푸대로 91개 수학을 하여서 작년봐 수학이 적드라. 수학량이 오나락을 해서 수학략이 떨어저지 않아나 하고 생각을 하고 잇다.
수학량 91푸대

〈1994년 10월 5일 수요일 날씨 맑음〉
오늘은 형님 콤바이 탈곡을 하는데 화영벼가 수학이 만으며 한 단지에 콤파이 푸대로 50개 수학을 했쓰니 이것은 일품벼 만춤 수학을 하여쓰니 앞푸론 일품벼을 버리야 할 것 같꾸나. 형님은 작년도에 냉히 피해 다 복구돼지 않나 하고 내다보고 잇다. 오늘은 형님 콤바이 탈곡하는데 그들어주고 보밭에 배추 물주는 일로 오늘 하로을 보냇다.

〈1994년 10월 6일 목요일 날씨 맑음〉
날씨 가뭄 때문에 작과나무와 사과나무에 물을 주지 않는 나무들은 고사 직전이라고 본다. 이 나무들 바서 비가 한 번 아야 하는데 수일 네로 비가 오지 않으며 다들 나무들이 죽어갈 것으로 내다보고 잇다. 날씨 가뭄에 여사로 생각을 한 자신이 이재는 날씨 가뭄에 치가 떨린다.
"부인과 둘리서 벼 탈곡을 해도 됄련지 벼논

을 한 밖기 돌라보앗떠니 아직 푸린 낮알이 잇는 것 같아서 내일 콤바이 탈곡을 할까 생각을 한 것을 포기을 해야 해야 하게다."

오후에는 말리 사과나무에 물 주는 일을 하여는데 물이 적으서 삼 분지 일밖에 주지 못했다. 나무에 물을 주고 십프도 줄 물이 업쓰서 실천을 못하고 잇는 실정이다.

"김영삼 대통령 정치을 하는 것을 볼 때에 처음에는 부정 부패을 재거을 한다고 법석을 부리더니 소리보다 실속은 업따고 보고 요줌은 정부가 정치을 하고 잇는지 정부가 법이 업는 무법 전치 난장판이라고 말을 하고 십다. 현 사회가 살린범이 할개을 치고 사람 죽이는 것을 자랑으로 알고 잇는 범재인들이 넘어나 만으며 한마디로 말을 해서 부란 때문에 사회 생활을 할 수 업는 새상이라고 말을 하고 십다."

김 대통령 정치가 질서가 업다는 말을 하고 십프며 김대통령 들어서고는 범재인 더 만으며 특희 살인범이 더 만으며 역대 대통령 중 불안한 정치을 하고 잇따는 말을 하고 십프며 노태우 대통령을 물태우라고 하드니 이것은 정치 안정이 더 안돼고 잇는 느킴을 주고 잇다. 정치가 안정이 뙬라면 국민이 사회 생활을 불안 업시 마음 놋고 해야 정부가 안정을 할 수가 잇찌 국민은 강도, 살린범 때문에 불안에 떨고 잇는데 정부 정치가 바로 갈 수가 잇나.

〈1994년 10월 7일 금요일 날씨 흐림〉

포도 고랑에 물주는 일을 하여쓰며 포도 고랑에만 주어도 양수기로 오후 2시까지 작업을 하여다. 이려깨 양수 작업을 하여도 삼 일이 안 가고 잇쓰며 금년도 양수 작업 하는 데 경비도 만이 들어따고 본다.

오후에는 콩 타작을 일부만 한 셈이다. 콩 타작을 알갱이만 떠는 일을 하여쓰며 콩도 얼마 돼지 않는 것이 사람만 기찬개 하고 잇쓰며 이것도 여가치기로 할려니 힘이 더는 것 같다.

"우리 당산 밭으로 군 도로 난다고 측량을 하고 잇는데 추수만 끝이 나며 작업을 시작을 할련지 모르게쓰며 이것이 재정 문제로 몟 년이 흝려갈련지 미지수다."

〈1994년 10월 8일 토요일 날씨 맑음〉

오늘은 서양바실래 콤바이 탈곡을 하여쓰며 자신은 서양바실에는 벼 끝치리을 못하고 늙 벼알이 죽어서 올해는 거름을 적개 하여서 논자리만 가면 거름이 적으서 벼 키도 적을 뿐 아니라 보기에 금년 농사는 거름이 적으서 다 바리따고 생각을 하여는데 오늘 콤바이 탈곡을 하여보니 생각보다 아주 만이 수학이 돼어쓰며 자신이 농사 짓고는 처음 수학량이 제일 만아따고 생각을 한다. 서양바실은 4마지기라고 하지만 늙 3마지기 량 밖에 수학이 돼지 않는다.

"올해는 콤바이 푸대로 65푸대 수학을 하여다."

〈1994년 10월 9일 일요일 날씨 맑음〉

오늘 오전은 이정호 동기생 상문을 같쓰며 대신 친구가 5명이나 죽어따니 이것은 아주 만원 수짜며 우리들의 나이로 바서는 죽어갈 나이는 아닌돼 이처름 만은 수짜가 죽어따는 것이 안스렵꾸나.

오늘 오후에는 형님 콤바이 탈곡하는데 그들어주어쓰며 오늘 배달이 5마지기 탈곡을 하는데 생각보다 적개 수학이 돼어따고 본다.

우리 운이가 아빠 일 도와줄라고 토요일부터 와서 도와주는데 고맡드라. 실찌 일은 별료 도와주지 않는다지만 운이 말한 디가 아빠 일 도와줄라고 왔따는 말이 고맡고 운이로 바서 저의 아빠가 바푸다는 것 아는 것만도 자신으로 정말 기쁘다. 요줌 아들이 저의 부모 힘드는 것을 안중에도 업는 아이들이 만타고 볼 때에 운이가 마음을 쓰는 것만도 자신의 마음은 힘이 솟고 잇따고 말을 하고 십다.
지출에 친구 문상 (이정호) 20,000원

〈1994년 10월 10일 월요일 날씨 흐림〉
오늘 오전은 경운기 빵구가 나서 고무풀과 트랙터 (리다나)을 사료 김천을 갇쓰며 고무풀은 3,000원 달라고 하는돼 입이 다 벌어저드라. 농산물은 매년 물가안정이라고 값씨 올라가는 것을 억재을 하고 잇는데 고무풀은 자신이 볼 때는 200원 대는 가치의 물건을 가지고 3,000원 마구자비로 가격을 올려받아도 저지을 하지 않코 그냥 두고 잇쓰며 우리 농산물의 가격을 잡아두는 것이 불만이 너무 만으며 정부 정책을 부정적으로 보고 잇다.
"오늘 오후에는 가랑비 떨어저는 바람에 탈곡한 벼 그두어드리는 일 하느라고 정말 비지땀을 흙리다. 오늘은 날씨가 흐린돼도 벼알을 좀 더 건조을 식킬라고 하다 정말 바쁜 일을 당하고 마랐다."
지출에 … 매상 푸대 200개 48,000원
경운기 빵구 풀 3,000원 트랙터 (리돼나) 2개 6,000원
차비 920원
계 57,920원

〈1994년 10월 11일 화요일 날씨 비〉
오늘은 29호 태풍 세스가 북상으로 인하여 종일 동안 가랑비가 내리는 날이라고 본다. 오늘 비야말로 항금의 비라고 말을 하고 십다. 이 비가 한 달 빨리 왔따면 우리 가슴을 아푸게 하지 않아쓸 끈돼 곡석을 다들 접고 이재야 항금의 비가 온단 말인가. 이 비가 인간예깨 도엄을 준다고 생각을 하고는 잇찌만 이 비가 한 달 빨리 왔드라면 인간에 큰 사랑을 받들끈돼 이재 와도 인간이 다행이라고는 하지만 때로는 달갑지 않는 사람도 잇따고 본다.
이번 태풍이 남부 지방으로 간통한다고 기상대에서 발표을 하여서 득보다 손실이 만으며 오히려 비가 오지 않는 것이 좋다. 이번 태풍이 곱게 지나가지 않으며 수학 직전에 잇는 사과와 벼, 이것들은 큰 피해가 날 수도 잇따고 볼 때에 마음을 조리어본다. 여화뜬 큰 피해 업시 비만 내리달라고 부탁을 하고 십고 십픈 심정이다.
오늘은 종일 동안 태풍 세스가 북상하는 바람에 오늘 종일 가랑비로 내리고 잇쓰서 오늘은 종일 동안 휴식을 하여다.

〈1994년 10월 12일 수요일 날씨 비〉
오늘 29호 태풍은 기상대 말과 같이 효자 태풍이 돼어따고 본다. 이번 태풍은 바람도 업시 비만 적절하게 내리주어쓰며 태풍 쳐고는 아주 조용하게 지나같쓰며 가뭄 해갈은 안전희 해결을 몾하고 지나같지만 농민들의 안도의 숨을 실 수가 잇쓰다. 이번 태풍이 (속초) 300cm 이상 폭우가 왔따고 하지만 전국적으로 보아도 아주 좋은 단비가 종일 동안 내리다.
"오늘 태풍이 지나간 들판을 부인과 둘리서

한박기 돌라보니 비가 만이 온 헌적을 볼 수가 잇쓰며 일부 벼가 쓰려진 것들이 잇찌만 천만다행이다. 이번 태풍이 거칠게 지나 갈쓰며 수학을 하지 않는 벼는 다들 쓰러절 것을 생각을 하니 이번 태풍이 지나간 것이 큰 행운이라고 말을 하고 십다."

오늘 오후에는 풋고추 수학을 하여다. 자신은 고추에 물을 자주 준 대까로 고추가 좋으며 물을 자주 준 대까로 고추가 좋으며 풋고추을 수학을 할 수가 잇따고 본다.

〈1994년 10월 13일 목요일 날씨 맑음〉

오전은 상가집에서 시간을 보내고 오후에는 깨 푸리 뽑는 일을 하느 것으로 시간을 다 보내고 잇쓰다. 농촌에서는 가을그지을 하다 비가 온 디는 아무 할 일이 업는 것처름 아주 한가한 시간을 가질 수가 잇꾸나. 우리 마을은 아주 나이가 고령은 죽을라고 생각지도 않는돼 절먼 사람이 죽어가고 잇다. 인간이 순이돼로 가야 원칙인돼 조금 더 살라주야 할 사람이 죽어가고 잇쓰니 안스렵꾸나.

운이가 이번 주는 전화 한 통화을 주지 않으니 이 아빠가 하로 생활이 답답한 적이 잇꾸나. 이 아빠의 가슴은 내 품에서 키우고 십프나 인간 생활을 그르치 않으며 자식의 삶매 길을 열러줄라면 아빠의 아쉬움, 그리움 이것들을 참아가야지 이것도 부모의 할 일이라고 너켜지는구나.

우리 혜영이 학교로 취업 신청이 드로온다고 하며 이 아빠는 취업을 요구을 하니 혜영이는 시려한 기색이며 이 아빠는 나중에는 취업이 들어오지 않으며 어떠게 하나 하는 극정으로 취업을 요구을 하여뜬이 혜영이도 갈피을 잡지을 몿하고 잇는 모양이다. 앞푸론 취업 문재는 혜영예깨 막겨두어야 할 것 같다.

〈1994년 10월 14일 금요일 날씨 맑음〉

오늘 오전은 성구 모친 상문을 갈쓰며 자신이 한 일은 성구 모친 화장 자리을 파는 일을 5명이 작업을 하여쓰며 자신은 오늘 같은 일을 자주 하는 편이다. 자신은 이른 일을 하게 돼며 상 당활 때는 꼭 공식으로 하기 때문에 이 일은 피할라고 노력으 하는 편이다.

"그리고 활머니 귀지사가 앞패라서 참석을 피할라고 하다 형님이 활머니 재사 때문에 빠절라고 해서 두리 다 빠지면 욕이나 할까바 자신은 상문에 참석을 하여다. 예날 사람같뜨며 재사 앞패는 절 때 상문을 하지 않을끈돼 이재는 새대가 만이 변해서 상문에도 참석을 하고 잇다. 때로는 상문을 가리지 않는 사람도 만이들 잇다."

그리고 오늘 상당한 집에 아들이 3명이며 딸이 2명, 둘째 아들이 구미 택시을 하고 잇쓰서 택시 계에서 운상일을 만이 도와주는 바람에 우리 마을 운상꾼들이 아주 편한 생활을 하여따고 말을 하고 십다.

"운이가 오늘은 전화을 줄줄 알라는데 오늘도 전화을 주지 않코 잇꾸나. 요 놈이 전화을 꼭 하라고 하면 전화을 하고 그르치 않으며 전화을 잘 하지 않는 편이다. 운이가 한번 오며 꼭 전화하는 날을 정해주야 하게꾸나. 이번 주는 운이 전화을 만이 기다리저는 일주일이라고 말을 하고 십다."

부인은 풋고추와 성류 이것을 구미시장에 가지고 가서 소매을 하여서 31,000원 해와드라. 이것을 벌어온다고 정심을 굴머가면서 소매로 31,000원 벌어왔드라.

수입에 … 풋고추, 성류 값 31,000원
지출에 … 성구 모친 상문 부주 10,000원

〈1994년 10월 15일 토요일 날씨 흐림〉
오늘은 형님 콤바이 탈곡하는돼 그들어주어쓰며 수학량이 만드라. 금년도 벼농사는 봉답이 업는 사람들은 안전 풍년을 마지하여따고 생각을 한다. 그리고 자신도 임숙네 6마지기 콤바이 탈곡을 하는돼 자신이 농사을 지원 후 처음 수학량이 맡타고 생각을 하며 정말 만이 먹어따고 생각을 한다. 오늘 수학량이 콤바이 풋대로 125개 수학을 하여다.
"오늘 오후 너깨야 운이가 전화 한 통화 업시 집에 왔드라. 그래서 운이는 외 전화을 주지 않나 하고 무르는 카드을 분실을 해서 뫃해따고 이야기을 하드라."
"오늘 콤바이 탈곡을 하는데 용학이가 와서 도와주는 바람에 자신이 만이 수레따고 생각을 한다. 오늘 콤바이 탈곡을 하면서 비방울이 한두 번 떨러지곤 해서 콤바이 탈곡하는 데 신경이 만이 쓴 하로다."
지출에 세 값 4,100원

〈1994년 10월 16일 일요일 날씨 비〉
오늘은 가랑비가 종일 동안 내리고 하여서 밭 작물은 해갈은 댄다고 보지만 아직 벼 탈곡을 뫃한 벼는 앞푸로 벼 탈곡에 외로가 마늘 것으로 내다본다. 그리고 오늘 비가 종일 내리는 것을 보고 잊쓸 때에 어재 콤바이 탈곡을 한 것이 아주 잘했따는 생각이 머리에서 떠나지 않는구나.
"오늘 종일 동안 일기 불순으로 휴식을 하는데 나의 몸은 더 피료가 싸이는 것 같떠며 휴식을 하는데 몸부림을 쳐게더라. 인간이 피료가 조금식은 돼두록 노력을 해야 하지만 피료가 가다하게 싸이두록은 피해서 인간이 살라가야 한다고 본다."
"요줌 날씨가 가을 수학하는데 걸림돌이 될 것으로 본다. 앞푸론 날씨가 가을추수하는데 생외을 먹일 것이란 예감이 더는구나."
수입에 … 공장용 사과 1짝 6,500원

〈1994년 10월 17일 월요일 날씨 비〉
오늘은 기상대에서는 비가 오지 않는다고 하지만 하늘래 날씨는 온통 문개구름이 몰려일고 금세라도 비가 쑈다질 뜻한 날씨며 콤바이 탈곡한 벼는 풋대에서 열이 나고 이것을 보고만 잊쓰야 하는 심정 무어라 말을 할 수가 업꾸나.
오전은 하늘만 쳐다보다 오전 시간을 다 보내고 마랐다. 오후에는 벼는 콤바이 풋대에서 변질이 될 것 같고 기상대 외보만 밑고 하늘은 금새 쇼다질 뜻한 날씨인돼 이래 배리나 저래 배리나 다들 맡찬가지라면서 골목으로 분산을 해서 마구 열어떠니 다들 따라서 벼을 열고 하드라. 자신은 콤바이 풋대 벼을 열어쓰며 간이 적은 사람은 그냥 두어쓰며 오늘 간이 큰 사람들은 잘 했다고 본다. 외냐 하늘은 기상대 말과 같이 비는 오지 않아서 오늘 오후 일은 아주 잘했따고 생각을 한다.
"금년도 수학을 일적한 사람들은 벼 수학을 해서 건조 씩키는돼 날씨가 좋아서 불편 업시 다들 잘 했쓰며 이재 와서 벼 수학을 한 사람들은 일기 불순 때문에 수학한 벼 건조 씩키는돼 그리 힘이 더는구나."

〈1994년 10월 18일 화요일 날씨 흐림〉
오늘은 벼을 말류기 위하여 남외 마당을 빌

리서 사방으로 늘어논 것이 낡씨가 흐리서 마음을 태우고 잇꾸나. 우리 부부가 오전 내 사방으로 벼을 열어난는데 하늘은 문개 구룸이 잔떡 키어잇쓰서 오늘은 벼을 건조하기는 다 틀리따는 생각이 더는구나. 오늘 만이라도 맑은 날씨가 좋아야지 벼알을 말류는데 내일은 기상대에서 비 온다고 하는데 오늘만이라도 맑은 낡씨가 좋아야 하는데 정말 안타가운 날씨을 보이고 잇꾸나.
"오늘은 종일 동안 맑은 낡씨는 보이지 않코 잔득 찌푸린 날씨가 종일 동 지속대는 날씨가 원망서렵꾸나."

〈1994년 10월 19일 수요일 날씨 비〉
오늘은 잠이 깨기도 전에 보설비가 내리서 마당 나가보니 비가 엄치 내리서 마당에 벼는 손도 쓰지 못하고 하늘만 원망을 하고 잇쓰서며 비 오는 모섭을 바라보고 잇쓰니 가슴 다 타는 너킴이다. 벼을 말류기 위해서 세 군대나 나누어서 열어낳는데 이 만은 것을 물마리하며 어떠게 하나 하고 생각을 할 때에 무어라 말을 할 수가 업쓰며 오늘 비는 오전 5시부터 시작을 해서 장간 비가 그치드라. 그래서 이때다 하고 우리 부부는 밥 하는 것은 뒤로 하고 벼을 풋대에 담는 일을 하여쓰며 벼도 아직 건조가 돼는 않는 것을 풋대 담는 일을 하여다. 이것을 다음에 다시 말류는 한이 잇쓰도 다들 담아치우는 일을 하여다. 오늘 벼을 다 담어니 오전 8시가 넘어드라. 이것은 오늘 날씨가 좋아따면 우예 일을 하지 않는데 오늘 일은 무이미한 일로 우리 부부는 생땀을 흙리다. 그른돼 우리 부부는 다들 치우고 아침밥을 9시가 넘어서 먹고 잇는돼 아침 해가 문살 밝게 하여서 바운을 열어보니 밝은 해살이 나와서 낡씨가 원망이 대드라 부인이 다시 벼을 말루자고 하길래 그냥 두자고 하고 다들 썩는 한이 잇쓰도 그냥 두자고 해쓰며 무선 날씨가 사람 죽일 잇나 이른 날씨가 잇나 하고 해빛을 보고도 원망을 하고 십드라.
"부인은 그대로 두며 색깔 변한다면서 힘이 들어도 다들 열어야지 어떠게 하개소 하는돼 말은 오른 말이지만 이재 힘이 업쓰서 벼을 다시 열고 십지 않드라. 그른돼 부인이 자꾸만 열자고 조라돼는데 할 수 업쓰서 경운기로 한 발리 실어서 골목으로 나가서 벼을 다시 열어두는 일을 하여다. 남들은 감문중학교에서 군 체육대회 하는데 구경을 가고 우리 부부는 벼 말루는 일을 하는 것으로 오늘 일가을 보냇다."
"그리고 오후 너깨야 내일 콤바이 탈곡을 하기 위하여 오늘 두 단지 갇 돌리는 일을 하여다."
내 부인은 그 만은 일을 해도 실은 얼굴 업쓰며 그저 남편 일 도와줄라고 예을 쓰는 것을 보며 정말 고맏드라. 자신은 때로는 짜증을 내고는 하는돼 부인은 그 짜증내는 얼굴은 내 이날까지 한 번 못 밭쓰니 그 고은 마음 존경을 해야 하는돼 그 대가을 못하고 잇다. 부인예 고마음을 알면서도 그 대까을 못해주고 잇는 자신이 미안함을 말로 다 할 수가 업꾸나."

〈1994년 10월 20일 목요일 날씨 비〉
오늘 오전은 그리 맑은 날씨을 보여쓰며 우리 농민들은 날씨 좋다고 다들 한두 번 식입을 다시곤 했쓸끈돼 그 좋은 날씨는 순식관에 검은 구름으로 밖키고 오후부터 비가 그냥 줄줄 내리고 말랐다. 자신은 한 단지는 콤바이 탈곡을 비가 오기 전에 탈곡을 끝을 냇쓰며 한 단지는 반 쯤 탈곡을 하는데 그때는 비가 너무 만이 내리서 작업을 중단하고 마랐다. 내 욕심 갈다서는 이 비가 30분만 디에 왔다면 탈곡을 끝을 낼 수가 잇는데 이놈의 날이 원망스렵꾸나. 인간에깨 무선 원한이 잇는데 여름 가뭄으로 곡석 다 접고 여름 내 골탕을 먹이고 그것도 부족해 가을거지하는데 비로 골탕을 먹일라고 하느냐. 한 업시 원먕스렵꾸나.

"무심한 하늘 의이하여서 인간이 실려하는 짓 다들 가지고 잇따고 말을 하고 십노라. (변득 마원 하늘) (용심 만원 하늘) 인간이 실어하는 짓 다들 골라서 인간예깨 용심 다 부리고 잇꾸나. 인간은 너만은 밑고 살라가는데 하늘은 인간을 외면하는 짓 원망스렵고 너 밑고 살려다 인간이 지쳐서 일어쓰지 뫃하게다. 이재는 너예깨 지쳐서 무선 말도 뫃하게쓰며 이 몸 막키낮쓰니 너의 마음대로 막켜둘 수밖에 업꾸나."

지출에 … 콤바이 탈곡하는데 세 값
5,600원

〈1994년 10월 21일 금요일 날씨 비〉

오늘은 쓸 때 업는 비가 계속 내리고 오늘 날씨는 원망서러운 일이다. 벼 탈곡한 풋대는 마당으로 싸여잇는데 비는 거칠 줄 모르고 종일 내리고 잇쓰니 저 벼는 다들 떠는 것이 아닌가. 이 안타가운 심정은 외 모른단 말인가. 너무나 원망서러운 날이다. 오늘은 윈 종일 휴식을 하여다.

"올해는 탈곡을 서들지 않아는 사람들은 고루지 뫃한 날씨에 큰 고전을 당하고 잇다. 자신의 외감으로도 올해는 벼 수학에 예을 먹일 것으로 생각을 하여왔다."

"농민들은 날씨에 대한 원망 소리 높다고 생각을 한다. 이 원망 소리에도 아랑곳하지 않코 우리 농민들을 골탕을 먹이고 잇꾸나."

〈1994년 10월 22일 토요일 날씨 맑음〉

오늘은 아침부터 아주 맑은은 날씨을 보이며 그 변득이 만은 날씨가 어디로 가고 오늘 날씨는 정상적인 가을 날씨라고 말을 하고 십꾸나. 오늘 날씨는 어재 비가 온 디라서 마당들 마루지 않는 상태라서 벼을 말류지 뫃하고 잇다. 그 안타까운 마음 말로 다 할 수 업꾸나. 오늘 오전은 우리 부부가 마당 말루는 데 열성을 다 보냇다.

"오늘 오후에는 비 때문에 콤바이 탈곡을 하다 중단한 벼 탈곡을 하여다. 오저 경화내 논 밑태 논은 콤바이 풋대로 47풋대, 위에 논은 53푸대 수학을 함."

((2단지) 100풋대 수학.)

〈1994년 10월 23일 일요일 날씨 맑음〉

오늘 오전은 벼 말루는데 우리 부부는 아침 동이 떠기 전부터 일손이 바빠서며 벼을 남외 마당으로 벼을 열어낮쓰며 벼 말루는 일을 대충하여 놋고서 부인과 둘리는 이봉용씨 70순 잔치에 참석을 하여다. 오늘 잔치는 회갑을 하지 않코 70순을 하기 때문에 음식도 풍부하며 동내 술 돼접하는 것도 아주 푸짐한 잔치라고 말을 하고 십다.

오늘 오후에는 콤바이 탈곡을 5마지기을 하는데 너무나 저문 벼 탈곡을 하여쓰며 오늘 벼 탈곡은 운이가 도와주어서 상당이 도음이 돼어쓰며 우리 운이가 학교 다닐 때는 아빠 일 좀 도와달라고 하며 실따고 하여는 돼 요줌은 아무른 말을 하지 않아도 스수로 도와줄라고 하는 모섭 그리 고맡꾸나.
오늘은 벼 탈곡을 하는데 다 그들어주어쓰며 그리고 어재 벼 말룬 것을 다들 정리을 하여주어쓰며 오늘 일은 무리한 일 량이라고 하며 자신이 이처름 피곤한대 운이는 을마나 피로할까. 내색을 하지 않치만 일도 하지 않는 자식이 오늘 일을 갑짝이 만은 일을 하여서 이 아빠는 그리 아치렵꾸나.
(운아 오늘 정말 고맙다.)
오늘 수학량 콤푸대 82개
지출에 … 세 값 1,200원

〈1994년 10월 24일 월요일 날씨 흐림〉

농민의 마음 같아서는 맑은 날씨을 보여주어쓰며 하는 간절한 마음을 외면하고 흐린 날씨을 보여주고 잇는 것이 안타갑다. 오늘도 흐린 날씨로 벼 말루는 일은 하지만 벼 말루는 데 시간만 흙르가고 마랐다.
오후에는 범식내 콩 뽑은 것을 경운기로 두 발리 실어주고 형님 콤바이 탈곡한 것 트랙터로 한 발리 실어주는 것으로 오늘 하로 일과을 보내고 마랐다.
"자신은 나 자신이 생각을 해도 남들보다 일 복이 많은 사람이라고 말을 하고 십다."
"김영삼 대통령 드려서고는 큼직한 사건이 너무 만이 터지고 사건들이 저은 사건들이 아니라 대형 사건만 터지고 이것도 골구로 터지고 잇쓰며 김영삼 대통령은 국운이 업는 사람이라고 나 자신은 생각을 한다. 오늘도 유람선 화재 사건이 발생을 하여서 여르 생명을 왔사같쓰며 이것도 안전사고 생명을 수십 명이 죽어같쓰니 이것은 정부 정책이 문재 있따고 생각을 한다."
김영삼 대통령 들어서고 안전사고로 수십 명이나 죽어같다. 우선 걸래 사고만도 구포 열차 사고, 항공 사고, 성주교 사고로 32명을 아사같쓰며 청주 유람선 사고로 현재 7명 죽어쓰며 실종 14명, 다들 큼직한 사고만 쳐도 수도 업쓰며 그리고 사회는 흉악범 지존파는 사람들 죽이서 꾸어먹는 놈이 업나, 정부는 무엇을 하고 잇는지 대통령은 국민이 다들 살인범에 죽어, 열차 안 사고에 죽어, 비행기 추락으로 다들 죽어, 서해 페리호 침몰로 죽어, 청주 유람선으로 죽어, 성주대교가 내리앉저서 죽어, 국민이 이래 죽다가는 김영삼 임기 전에 국민 다 죽어가게다.
우리나라가 정치가 구호에만 그치고 마는가. 아직까지 원시시대의 정치 태두리 밖에 안 대고 잇쓰며 현 시대의 정치가 안 대고 잇는 것이 땅을 치고 통곡을 할 지경이며 정치인은 무엇을 하고 잇는지 정말 한심스럽다.
우리나라가 바로 될라면 법이 엄중해야 하며 대통령이 구석구석 띠어다며 살피바야 하며 대통령이 명령을 하면 말단까지 실천이 돼는가 학인도 하고 무능한 공무원 추방하고 박정희 대통령 때에 새마을 바람 일려키드시 공무원 정신 자세부터 떠드곤치야 하며 무능한 공무원 다들 추리내야 한다고 본다. 설 때 업는 수짜만 만아서 할 일은 업고 생각한다는 것이 부정만 생각을 하고 잇쓰니 나라발전을 바랄 수가 잇나.
"김영삼이도 국가 안전사고 더 난나면 대통령 직을 그만 두어야 한다고 본다. 외냐 국가 대형사고들이 지휘청에서 무능하기 때문에 다들 발생을 하는 것이라 본다. 김영삼 대통령 치임 2년만에 수만원 인명 사고로 그것도 안전사고로 죽어같쓰니 김영삼이도 대통령직 박탈 소재는 충분하다고 본다."

〈1994년 10월 25일 화요일 날씨 맑음〉

오늘 벼 말류는 데만 시간을 다 보냇다. 오늘도 흐린 날씨로 오전을 다 보내서 벼 말류는 데는 별 도음을 주지 못했다.

오후는 내일 콤바이 탈곡을 할려고 갇 돌리는 일을 하여다. 그리고 오늘도 말룬 벼 가마니을 정리을 하는데 부인과 둘리서 힘이 들어쓰며 자신은 벼 가만이 만치는데 사실 급이 나는데 부인은 아무른 내색이 업다. 이른 것을 보며 아주 성실한 사람은 털림이 업는 사람이다. 자신의 건강 문재도 생각을 해야 돼며 특희 부인의 건강을 바서도 남의 농사는 그만할 때도 돼어따고 본다.

"청주 관광유람선 화재로 사망 현재 25명, 실종 4명 이 만원 수짜을 안전사고로 희생을 식키따는 것은 의이 말로 다 할 수가 잇쓰리까."

지출에 … 밀가류 1,500원

〈1994년 10월 26일 수요일 날씨 맑음〉

오늘은 봉희 동서 논에 콤바이 탈곡을 하여쓰며 오늘 탈곡은 작년보다 수학이 만을 줄 알라는데 실찌 수학을 하여보니 작년보다 수학량이 콤바이 풋대로 5풋대가 적개 수학이 돼어쓰며 실찌 푸대 수는 적으나 알곡이 근대로 본다면 작년 수준이 돼지 않을까 생각을 가저본다.

자신이 오늘 벼 탈곡한 자리는 벼 씨 선택을 잘뫃해서 수학이 적다고 보며 자신이 96호 벼 씨 선택을 잘뫃해서 수학이 적으따고 생각을 해서 앞푸로는 96호 벼 씨는 버리야 돼겟다.

봉희 동서 논에 콤바이 풋대로 88풋대 수학.

〈1994년 10월 27일 목요일 날씨 맑음〉

오늘은 벼 말류는돼 시간을 다 보내쓰며 오늘은 날씨가 너무 좋아서 하로만에 벼을 다 말라쓰며 매상을 바로 댈 수는 업찌만 앞푸로 콤바이 탈곡을 하기 위하여 푸대에 담아서 정리을 하여다. 앞푸로 두 단지 탈곡을 하며 금년도 콤바이 탈곡을 끝을 내는 셈이다.

"우리 혜영이 치직을 사촌 동생 순범한태 부탁을 하여뜬이 이상하게 동생 순서 직장에 이야기을 하여드라. 이른 자리가 잇는 줄도 모르고 잇는 동생이 마음이 걸리며 한편으로 혜영이가 동생 회사로 입사을 만약하게 돼며 순서 동생이 불편한 점이 업쓸까 하고 극정이 돼는구나. 만약에 동생이 불편한 점이 잇따면 혜영이가 안 가는 것이 좋은데 염려가 돼는구나."

〈1994년 10월 28일 금요일 날씨 맑음〉

오늘은 자신의 논에 콤바이 탈곡을 하여쓰며 오늘 수학도 작년보다 수학량이 적다고 본다. 눈으로 보기는 아주 잘 돼다고 보는데 실찌 수학을 하여보니 콤바이 푸대로 57푸돼가 수학을 함.

우리 혜영이가 갑짝이 내일로 화사 입사 면담을 한다고 변경을 해서 (정장과) 콘택랜저 한다고 돈이 적다고 해서 자신이 은행에 돈을 빼어와서 미안당으로 돈을 가지고 같쓰며 혜영이가 회사 입사한다고 160,000원 지출을 냇쓰니 이것은 옛날 사람으로 본다면 낭비라고 말을 할 것이며 요줌 아들은 기본이라고 말을 할련지 몰라도 자신도 낭비라고 말을 하고 십다. 옺이란 깨끗한 옺만 입으면 돼지 꼭 정장을 해야 하니 이 옺 갑이 300,000원식 하고 잇쓰니 정말 기가 찬다.

지출에 … 콘택랜저 160,000원 정장에
300,000원 차비 1,480원
혜영이 주민등록등본 60원
혜영이 병원비 값 4,000원
계 465,540원

〈1994년 10월 29일 토요일 날씨 맑음〉

우리 혜영이가 회사 입사하는 데 면접을 보는 날이라서 이 아빠가 회사까지만 데리다 줄라고 같치 구미 태평양 주식회사 수위실까지 같치 가서 혜영이는 면접을 보기 위해서 간단한 서류을 가지고 회사 안으로 들어같쓰며 혜영이가 들어간 지 한참 위쓰니까 수위실로 전화가 와서 휴양실 오라는 열락이 와서 들어가보앗뜬이 면접을 보는데 사실 경리 의무는 상고생만으로 충분하다고 말을 하면서 정공과목이 아니라서 음무에 실정으로 회사을 그만 두면 회사도 손실이고 본인도 손일이라면서 생각을 잘 하라는 부탁을 하드라. 이 아빠는 공장 규모도 크고 정공가목이 아니드라 이 아빠는 근무을 해서 결혼 대상자 찾는 데 좋을 것 같다서 입사 하여쓰며 하는데 우리 혜영이는 정공가목의 음무가 아니라서 망스리고 잇쓰며 자기가 공부을 한 것에 비에서 허탈하는 마음이 잇쓰며 이 아빠의 건유가 아니면 회사에 입사을 않을 것 같다 보이서 건유을 해도 응답을 하지 않터라. 그리고 회사에서 월요일까지 가불을 알리달라고 하드라.

"면담을 하고 나오면서 동생 순서을 만나보고 회사의 음무을 간단하게 나누고 집부로 돌라왔다."

지출에 … 택시비 값 3,500원 2,600원
계 7,100원

〈1994년 10월 30일 일요일 날씨 맑음〉

오늘로서 금년도 벼 수학을 끝을 냇다. 자신이 모내기 한 적이 어재 같든돼 벌서 벼 수학을 끝을 내쓰니 세월이 빠르다는 너킴이 다시 한번 느킬 수가 잇꾸나.

운이가 어재 토요일이며 봉급을 바다왔쓰며 그리고 오늘 저녁에 갈라고 해서 내일 아침에 가면 안 대나 하고 무르떠니 내일 아침에 갈려고 하며 서급프다고 하면서 오늘 저녁에 갈려고 하는 것을 볼 때 이 아빠 생각하는 것보다 더 성숙이 돼어따고 생각을 한다. 만약 운이가 가기가 실어서 조금이라도 집에 더 잇쓸라고 하며 이 아빠가 안스러울 땐돼 일적 갈라고 하는 자세가 이 아빠의 마음이 편한 너킴을 주어다.

"그리고 우리 운이가 공부을 해야 돼겟따는 절실한 마음의 변화을 주어쓰며 한다. 딸들은 전문대학을 식키고 아들 하나을 고등학교로 끝을 낸다는 것이 가슴 아픈 일이다."

오늘 웃들 굼논 콤바이 탈곡 수 48푸대 수학

오늘 운이 봉급 540,000원 바다왔드라.

"그리고 운이 봉급은 일체 손을 돼지 않코 운이 통장에 입금을 해줄 작증이다."

〈1994년 10월 31일 월요일 날씨 맑음〉

오늘은 우리 혜영이 면접하는 날인돼 혜영이가 성적이 우수해서 면접은 극정이 안돼는데 근무 시간이 만타고 하며 오후 8시까지 하는 날이 만타고 해서 우리 혜영이가 입사 회사 배기낼련지 극정이 돼는구나. 자신도 우리 혜영이을 치엽에 일적 가는 것이 좋은지 나중에 학교 추천으로 가는 것이 좋은지 그것을 알 수가 업쓰며 우리 혜영이도 갈피을 잡지 몾하고 아빠의 건유로 따르고만 잇따고 바야 한다.

"그른돼 오늘 면담을 하로 같는데 과장이 업쓰서 면담을 못하고 내일로 미루고 마랐다고 한다."

〈1994년 11월 1일 화요일 날씨 맑음〉

오늘은 미전한 벼을 다시 말류는 일을 하여쓰며 이것을 다시 말류는 일을 할려니 힘이 더는구나. 내일도 미전한 벼을 말류는 일을 해야 하게다.
"오늘 혜영이 면접을 보는데 이사진에서 전산원 뽑는 것이 아니라 회계원 구하며 이사진에서 상고생 뽑는다면서 카터을 한다고 말을 하길래 열이 나드라. 처음부터 상고생을 구하면 처음부터 상고생을 고루지 그리치 않코 오라이 가라 하면서 서류 요구을 하면서 이틀 동안 시간 낭비을 하두록 하며 수업까지 빠지두록 하여놓고 그따이 소리을 하는데 한번 싸부치지 그냥 두어나 하니까 처음 만난 두 분이 하도 잘해주어서 그 사람 때문에 싸부치지 못하고 말라따고 이야기하드라.
"아빠의 마음은 실찌 혜영이가 입사을 해도 일이 만타고 해서 마음의 한구석은 극정을 하여다. 이래 돼고 보니 잘 돼어따고 생각을 하며 이번 일로 우리 혜영가 자기 전공과목으로 차저갈련지 모르니 더 잘댄 일로 생각을 하게다."
수입에 … 풋고, 고추 값 12,000원

〈1994년 11월 2일 수요일 날씨 맑음〉

오늘 오전은 포도 심을 자리에 가을가리을 처는 일을 하여쓰며 금년도에 포도 면적이 상당이 만이 늙어나며 한 해 면적이 이처름 기아속도 늙어나며 포도 값 하락은 하락은 강 건너 불 보드시 헌한돼 요즘 농촌은 포도 심는 것이 유행이 돼고 잇다. 정부 정책이 우리 농민을 못살게 하고 잇따고 말을 하고 십다.
"우리 농민들 십 년 완 쪽에 포도나무 깨내는데 비지땀을 흙리야 한다고 본다."
"정국에 봉답은 다들 포도나무을 심는다고 날리을 직이고 잇쓰니 귀가 찬다."
오늘로서 벼 건조는 다들 끝을 냇다. 이재는 매상을 될 준비을 다 하여다. 우리들의 희망은 매상량을 만이 주는 것만 남아잇다.
오늘 가을가리 7.5돼지기

〈1994년 11월 3일 목요일 날씨 맑음〉

가을 추도 한두 자리 남아잇쓰며 그 나머지는 가을거지을 다들 하여쓰며 들 전체가 항금물결을 쳐드시 벼 이삭이 물결 쳐드시 일렁거리고 잇쓸 때가 어재 같든돼 들래는 추수을 다들 하고 벼집만 논바닥에 노여잇꾸나.
"오늘은 벼집을 묵는 일을 하여쓰며 혼자 일로 월마 묵지 못하게드라."
"앞 도로가 당산 밭으로 난다기에 어재까지 만도 장사집을 짓을라고 꿈을 꾸어왔는돼 처음 측량할 때는 우리 밭 끝에서 조금 들어같는돼 이번에 밭 복판으로 길이 난다고 포말이 곱펴잇드라. 이것을 본 자신은 나의 꿈이 숲푸로 돌라가고 마는구나. 나의 밭이 위치가 넘어 좋아서 장사집을 짓어서 전세 노을라고 작정을 하여왔는데 다들 허사로 돌라가고 자신의 밭은 두동강이 나고 마라쓰니 자신으로 바서는 폐가망신이다."

〈1994년 11월 4일 금요일 날씨 맑음〉

오늘 오전은 참외 갈 때에 가리을 하여주어쓰며 요줌 갈리는 포도 심을 때와 참외 자리에만 가리을 하고 잇쓰며 옛날에는 벼 수학을 더 하기 위하여 가을가리을 만이들 하고 잇는데 요줌 벼 수학을 더 할려고는 가리을 하지 않는다.
오후에는 벼집을 먹는 일을 하여다.

〈1994년 11월 5일 토요일 날씨 맑음〉
웃들에 벼집을 부인과 둘리서 것고 잇쓰니까 소먹이 할려고 벼집 사로 다니서 우리 집도 사가라고 하니까 살라고 해서 한 단지 인돼 반은 쓸고 해서 1.5돼지기 돼니 이것을 다들 묵끄줄라고 하니 40,000원 주드라. 우리도 묵는 일당을 다 쳐며 적은 돈이 될련지 몰라도 잘했따고 생각을 한다. 금년도는 벼집 살려고 하는 사람들이 만꾸나. 그전에야 벼집 살려는 사람이 업떠니 요줌은 벼 살려고 하는 것을 볼 때에 소만 먹이는 것이 아니라 벼집 쓰는 용도가 또 잇는 것 같꾸나.
오후에는 포도나무 심을 곳에 노타리을 하여두어다.
지출에 … 이발료 값 5,000원
수입 … 벼집 값 40,000원

〈1994년 11월 6일 일요일 날씨 맑음〉
우리 운이가 일요일 다들 휴식을 찾아먹고 잇꾸나. 아직원 공장 생활에 익숙지 못해서 일요일은 쉬어서 회사 생활하는 것도 아주 좋을 뜻 하구나. 이 아빠도 일요일은 집배와서 휴식을 하고 잇는 것을 보니 마음이 편하구나.
오늘 오전은 포도나무 심을 때에 노타리을 하여주어쓰며 물가리 노타리는 한 번만 가면 돼는데 마른 가리는 한 번 노타리는 안돼고 두 번을 꼭 쳐야하니 기계 자체로는 배는 상하고 잇는데 돈은 더 바들 수가 업고 볼 때에 자신은 돈 버는 것이 아니라 오히려 적자가 됀다고 본다. 앞푸로 하로 더 노타리을 해야 하는데 문재가 만꾸나.
"오후에는 부인과 둘리서 세집배 사과 수학을 해서 실어드리는 일을 하여다. 금년도 사과을 쵳고 세집 사과는 아주 좋은 편이다. 그른돼 수학을 처음 하면서 마지막 사과 수학이다. 외냐하면 내년에 포도나무로 갱신을 할려고 하기 때문에 올해 사과 수학으로 끝이 나버린다."
"아들 학교보다 취직이 문제라고 하드니 그 말들이 귀전에도 들지 않떠니 이재는 그 소리가 나의 머리에 더오르고 잇꾸나. 우리 혜영이가 공부을 잘해서 학교 추천으로 월마든지 간다고 생각을 해는돼 그러치 않코 취직이 힘이 들고 잇꾸나. 우리 혜영이는 취직이 돼지 하면서도 마음의 한쪽은 불안한 감도 잇다."

〈1994년 11월 7일 월요일 날씨 맑음〉
오늘도 벼집 묵는 일을 하여쓰며 벼집도 일적 콤바이 탈곡을 한 사람들은 벼집이 다들 썩어서 파라먹을 수도 업꾸나. 금년도는 벼집 살려고 하는 사람들이 만아서 벼집 팔기가 그리 수라다고 본다.
"정부 정책 너무들 한다고 본다. 외냐하면 다른 물가는 다들 올리고 추곡 수매 값만 작년도 가격으로 동격을 하고 그것도 970만 섬만 바다드린다고 할 때에 정부을 너무 한다고 하며 금년도 그 한 발에 우리 농민들 벼 한 톨이라도 수학을 더 할려고 비지땀으로 살라쓰며 금년도는 농사 밑천이 더 들은 것은 사실인돼 수매가 동결은 정말 너무하다고 생각을 한다. 정부는 물가 안정하면서 우리 농민만 잡는 정책을 하여왔다."
"나라가 발전을 할려고 하면 야당도 정치을 해야 한다. 우리 농민 사기저화 정치 물어가고 우리 농민 주름을 펼 수 잇는 정치 마지해야 하겟다."
수입에 … 트랙터 노타리 값 55,000원

〈1994년 11월 8일 화요일 날씨 맑음〉

오늘 오전은 김천 의료원에서 혈압약을 타오는 것으로 오전을 보내쓰며 김천의료원 한 번 가면 기다리는 시간이 너무 만이 걸리며 우리같든 사람은 약만 타오는 데도 오전 시간이 다 걸리며 약도 명칭도 업고 약을 독점을 해서 팔 뿐 아니라 의사의 비밀약들이라고 말을 하고 십다. 약이란 명칭이 잇쓰야 소비자도 약 값을 싸게 살 수가 잇는데 병원예 약들은 다들 비밀이다.
오후에는 벼집 실어더리는 일을 하여쓰며 오늘 벼집을 부인과 둘리서 경운기로 실어드리는데 3바리을 실어드리는 정도로 끝을 냇다.
지출에 … 트랙터 바닥쇄 3개 9,000원
쟁기날 3개 9,000원 노타리 발 20개 36,000원 차비 값, 버스 값 920원 혈압약 7,360원
계 52,280원[175]
(오늘은 혈압약을 (1달치) 타왔다.)

〈1994년 11월 9일 수요일 날씨 맑음〉

오전은 벼집 실어더리는 일을 하여쓰며 금년도는 자신이 가을거지 일이 남들보다 더 빠르다고 생각을 하며 남들보다 벼집 더리는 일르고 보니 일에 여유을 가지고 작업을 하고 잇다.
오후는 연일과 같이 벼집 무끄더리는 일을 하여다. 오늘 벼집 묵는 자리는 벼집을 두단지는 빨라고 생각을 하고 잇는데 만약에 빨지 못하며 올해 벼집이 너무 만아서 벼집 드리는데 우리 부부는 힘이 너무 만이 소요될 것 같다.
"우리 운이가 회사 생활한다고 기숙사 생활로 돈 번다고 부모 곁을 더나서 살라간다는 것이 나의 한쪽은 허전함이 잇는 너킴이 잇다. 우리 집은 운이가 업쓸 때에 한쪽이 비어잇는 너킴이으로 살라가고 잇다."
그리고 우리 혜지가 제주도 수학여행을 같는데 갈 때는 밤새두록 배로 간다고 해서 배멀미을 하면 어떠게 하나 하고 극정을 하여는데 혜지가 배멀미도 별로 하지 않코 제주도 도착을 잘 했따고 전화가 왔드라. 혜지가 김천 가는데도 멀미을 하는 아이가 밤새두록 가는 배길래 멀미가 업시 잘 같다는 것이 이 아빠가 미드더지 않는구나. 여화튼 큰 다행이라고 생각을 한다.
우리 혜지가 대학을 못 갇드라면 우리 혜지가 수학여행이란 것은 생각지도 못 할 거시며 대학 생활이란 것은 꿈에도 생각지 못하고 대학 생활의 망킹과 그 절멈의 불태움도 모르고 공장생활을 개속 하여타면 어떠게 할 뿐 했나. 생각을 할수록 이 아빠는 아찔하여저는구나.

〈1994년 11월 10일 목요일 날씨 맑음〉

오늘 오전은 용만 참외 할 때에 노타리을 하여달라고 하여서 같든이 생노타리는 벼집 살란 것이 만아서 노타리을 하여도 벼집

175) 실제 계산은 62,280원이나 52,280원으로 잘못 기록하였다.

이 땅속으로 들어가지 않코 다들 땅 위로 떠드라. 그래서 노타리을 하지 않코 그냥 두고 마라다. 오전은 선희내 1마지기 노타리 하는 것으로 오전 일과을 다 보내쓰며 선화내 1마지기는 실찌 노타리을 하여주어도 득이 업고 손해라고 생각을 한다.

오후에는 오전에는 무이미하게 시간을 보내서 오후에는 부인도 병원과 머리 손질한다고 김천을 가서 오후에는 정심을 먹고 곳바로 들고 가서 벼집이 추지서 4마지기 덥비는 일을 하여쓰며 벼집을 묵는 일을 할려고 하다 세집에 숙모가 사과나무을 태울라고 기름을 정미소에 부탁을 하는 것을 보고 안 가볼 수가 업쓰서 밭에 갇든이 나무도 태우지 못하고 그냥 잇드라. 자신도 4마지기 사과나무을 배어낳는데 저것을 다 태우야 한다는 것을 생각을 하니 엄두도 못하게 쓰며 기름을 이용해도 추진 나무가 탈 수가 잇쓸까 극정이 돼며 급이 먼저 나며 도저희 자신이 업드라. 그래도 나무는 가지고 갈 사람이 업키 때문에 어자피 나무 재거을 해야지 포도나무을 심을 수가 잇키 때문에 자신이 기름 준비와 나무단을 경운기에 실고 가서 나무 태우는 일을 시작을 하여쓰며 나무단을 놋고 사과나무 가지을 싸두고 불을 질어떠니 생각보다 잘 타드라. 불이 잘 붓는 것을 보고는 힘이 생기드라. 그래서 그 힘을 이용해서 사과나무을 다 태우기 위해서 숙모님과 둘리서 사과나무 가지을 갇다 논는 일을 열시이 하여서 오후 너깨야 지작을 했는돼 사과나무을 그딘 다들 태우는 일을 하여다.

"오늘 오후 사과나무 태우는 일은 급예 실린 일을 해치어서 아주 큰 일을 하여다고 생각을 한다. 자신은 난생 처음 일에 급예 질린 일을 처음 시작과 망우리을 한 날이라고 생각을 하여다."

"우리 혜지가 3박 4일 수학여행을 잘 하고 잇는지 내일로 여행이 끝이 나는돼 보람잇는 여행을 하고 잇는 몰겟꾸나."

〈1994년 11월 11일 금요일 날씨 맑음〉

오늘 오전은 갈리을 하고 부인과 벼집 더비는 일을 하여다. 오후에는 사과 수학을 하여다. 자신 처음 사과나무을 심어서 챃 수학이나 다름이 업다. 오늘 사과 수학의 량은 적찌만 남들 맷 백 작 수학하는 것보다 자신이 처음 수학을 하는 기쁨도 말로 다 할 수 잇쓰리. 올해는 10짝 수학을 하여찌만 내년에는 좀 만이 수학을 할 수 잇두록 기원을 하고 십다.

"우리 혜지가 3박 4日 제주도 수학 여행을 무사이 마치고 잘 도라왔드라. 우리 혜지가 별 무리 업시 무사이 돌라와서 기분이 좋아쓰며 우리 혜지가 대학수학여행을 하고 왔따는 것이 꿈만 같꾸나."

"우리 혜지 여행 갇다오는돼 이 아빠가 혜지 마중을 가서 추위에 뜰면서 45분 기다리쓰며 마을 어기에서 버스 3대을 그냥 보내고 4대체 혜지을 실은 버스을 마지하여다. 우리 혜지을 보는 순간 안내을 보는 것보다 더 반가운 감을 가질 수가 잇쓰다."

〈1994년 11월 12일 토요일 날씨 맑음〉

세집에 사과나무에 수입도 보지도 않코 사과나무 재미 업따고 다들 동쳐버리고 그 자리에 포도나무 심을라고 동친 나뭇가지를 다들 태어버리고 마라쓰며 사과나무 둥친 것 태우는 데는 페타이어가 제일 좋드라. 페다이어만 두 개만 잇따면 여관 큰 과손도 태우는 데는 충분하다고 본다. 오늘 세집에 도 사과나무 가지을 안전이 태우고 마랐다. "우리 마을에는 요즘 사과나무 둥치고 그 자리에 포도나무 심는 열풍이라고 말을 하고 십다. 정부에서 금년도에 추곡 수매 동결이란 정부 방침을 발포을 하고서는 수입이 만은 곳으로 대책 작물 더 찾고 잇쓰며 그 중 포도나무을 선우도로 심고 잇다. 우리 마을도 금년도 포도 면적 늙어나는 면적이 수도 업쓰며 자신이 생각을 해도 포도나무을 심는 면적이 만아서 5년 안쪽으로 포도나무 가잉으로 다들 캐내는 소동이 난다고 본다."

"한마디도 말을 해서 우리 농민들 앞길이 막막하며 을마 남찌 않아따는 생각이 앞서며 정부에서 우리 농민들 너무 방치을 해서는 안 댄다는 원망을 한업시 하고 십꾸나."

"언잿가는 우리 농민들 죽인 정치 규명을 해야 한다고 보며 우리 농민 죽인 정치가 나가서는 국가 좀이이라고 바야 한다."

〈1994년 11월 13일 일요일 날씨 맑음〉

우리 동기생이 서울 낙원예식장에서 딸 결혼식이라고 우리 촌 아들예깨 청접을 하여서 우리 마을서 창길, 자신, 봉산에서 상대, 사호, 대신 1동에서 명세 다섯 사람이 김천 출발 9시 30분 동일호 차을 타고 양동포역에 내리서 전철 타서 버스로 무르무르 부천 낙원예식장을 찾는데 고통이 만아다.

오늘 일은 혼주가 손님을 마지하는 안내자을 새와야 하는데 하는 원망이 마음 한구석에 차잇는 너킴이 들드라. 오늘 일사는 초대을 해서며 초대 손님의 불편이 업쓰야 한다고 보며 오늘 일사는 혼주도 우리들래깨 신경을 쓸 여유가 업따고는 보지만 어딘가 모르게 불평을 하고 십다.

오늘 혼주 김소웅은 동기생 중 아들 출가가 빠르구나. 오늘 예식장에 가니 서울에 사는 동기생들은 그진 다 참석을 하여따고 보며 한자리에서 술잔을 기울리는데 시간가는 줄 무르게쓰며 우리들은 6시 20분 영동포 출발 차표을 시간 여유가 업쓰서 포기을 하고 다음 차로 가기로 하여쓰며 우리들이 예정 시간에 올라고 마음을 먹으떠라면 충분한 시간인돼 서울 친구들이 부천 회집에 가서 술 한잔 하고 가라고 붓잡는데 그 성위을 푸리칠 수가 업쓰서다. 오늘 부천 선착선에서 회고기 먹은 것은 하나의 낭비라고 말을 하고 십다. 한 자라가 50,000원돼 이 고기을 숫갈로 모다서 셋 숫갈이나 될려나 이것을 좋다고 먹고 잇는 사람들 생각을 해바야 한다고 본다. 이 자리에서 350,000워 이 돈은 한 사람이 부담을 했쓰니 물론 여유가 잇쓰서 친구 대접을 하여찌만 이 돈원 친구들 다들 보내고 나서 영수증을 들어다 볼 때는 큰 돈이라고 생각을 하지 않캐나 할 때는 친구가 친구의 가슴에 상처을 주어서는 안댄다고 본다. 오늘 일은 시골 친구들이 서울 친구들 술 산다고 할 때 푸리쳐고 내리와쓰며 아주 잘하는 일이여는데 잔깐 실수을 했따고 말을 부치고 십다.

"오늘 혼주가 서울 친구, 시골 친구 다들 술 한잔 하라고 100,000만 원을 준 것을 시골 친구 내리가는 데 차비하라고 주어는지는 몰라도 이 돈을 시골 친구들이 쓰게 돼어쓰며 어떤 돈인 줄은 몰라도 성위을 표한 돈이 돼어따고 생각을 하며 이 돈 때문에 시골 친구들은 부주돈만 쓰여젓따고 본다."

"우리 동기생들이 처음 결혼식장에 참석을 계시을 하여는데 앞푸로의 처세가 문재가 만타고 생각을 한다. 서로들 지출을 만이들 해서도 안 돼고 돈이 따라디는 것은 어리가 상하기가 더 십다고 바야 하기 때문에 앞푸로 문재라고 본다."

지출에 … 부주 30,000원 전화비 300원
껌 200원
계 30,500원

〈1994년 11월 14일 월요일 날씨 비〉

오늘 아침에 일어나니 날씨는 잔득 흐려잇쓰며 기상대는 오후 너깨 비가 조금 온다는 예보을 덧고는 트랙터 노타리을 몿다 한 곳을 오늘 오전에 노타리을 하고 잇는데 방울비가 내리고 잇쓰며 자신은 만은 비가 오기 전에 다할려고 마음이 바파다. 날씨는 자신이 노타리을 다 하두록 꾹 참아주어쓰며 자신이 노타리을 다 하고 나오는데 비가 만이 오고 잇쓰며 날씨는 자신이 노타리을 다 하두록 참아준 것쳐름 쇼다저고 잇드라.

"오늘 오후는 우리 부부가 오래만에 휴식을 하여쓰며 몿쳐름 낮잠을 푹 자는 오후라고 말을 하고 십다."

"오늘 비는 충분하게 내리야 하며 갑진 비가 돼어주어쓰며 한다."

〈1994년 11월 15일 화요일 날씨 비〉

오늘은 군 지도소에서 포도 교육을 한다고 해서 포도 교육을 받으로 같든이 교육 바드로 온 사람들이 수도 업쓰며 그 큰 강당에 사람이 비족두록 깍 차잇쓰며 자신이 교육을 자주 받는다고 생각을 하는데 오늘처름 사람이 만은 것은 처음이라고 말을 하고 십다. 오늘 교육을 받드로 온 것을 보며 여사로 보이지 않으며 이 만은 사람들이 포도나무을 심을라고 생각들을 할 끄시며 이 자리에 몿 온 사람들도 포도나무을 심을 개핵을 가지고 잇는 사람도 수도 업쓸 것을 생각을 할 때에 포도 가잉생산은 강 거너 불 보드시 번한 것 생각을 할 때 기가 찬다. 이른 일들을 정부에서 만들고 잇쓰니 정부는 국민들을 몿 살개 만들고 잇는 책임은 누가 전단 말인가. 정치인들은 국민이 죽든 말든 자기 사욕으로만 속을 채우고 잇는 것이 한이 됀다.

우리가 생각을 할 때에 우리 쌀들이 5年 안에 바닥을 날 것으로 보고 잇는데 우리 농민들을 방치을 하고 잇는 정치인들의 속마음을 알고 십다.

"오늘은 트랙터 노타리 날이 자신과 말이 마전 것이 업쓰서 두 번이나 김천 가는 소등을 벌리쓰며 오늘 동양대리점에서 바꾸어서 가지고 온 것이 맡찌 않아서 오트바이로 교환을 할려고 같든이 자신 노타리 밭이 맡는 것이 업쓰서 각 대리점으로 도라다니도 맡는 것이 업드라. 그래서 해가 저서 어더움이 절 무름에 내일로 미루고 올라왔다. 오늘 오트바이로 간 것은 면회증이 업는 사람으로서 무리한 짓을 하여따고 생각을 하며 오늘 일은 경솔하게 움직이따고 생각을 한다. 앞푸론 오트바이로 김천가는 것을 자재을 해야 할 것 같다."

"오늘 교육은 토양갈리 교육이며 오늘 강사는 초등학교 학생예깨 대학교육을 갈치는 식이라고 말을 하고 십다. 오늘 교육은 교재는 포도 제목인돼 실지 강이는 토양갈리 교육이며 이른 교육을 한다고 하며 처음부터 토양 교육이라면 오지 않을 사람이 만타고 보며 처음부터 지도소에서 잘몿했따고 본다. 교육은 교재와 일치을 해야 하는돼 그르치 않아서 지도소에서 큰 잘몿을 했따고 본다."
"오늘 교육은 큰 도엄도 주지 뭊하고 낭비 교육이라고 말을 하고 십프며 지도소에서도 사람의 수자가 너무 만아서 도시락 지출도 상당이 만아쓸 것으로 본다."
지출에 … 포도 교육 가는데 버스 값
460원

〈1994년 11월 16일 수요일 날씨 맑음〉
오늘 오전은 트랙터 노타리 날을 김천 대리점에 다니도 어븐데 오늘 아래 장터에 잇는 국제대리점에 가니까 노타리 날이 자신의 것과 똑같은 날이 잇는데 그것도 한 박스 20개밖에 업드라. 한 박서 다 가지고 왔다. 국재대리점이 규모가 상당이 크드라. 자신은 노타리 날 때문에 김천을 세 번째 가서 해결을 하여쓰며 우리나라는 무선 제품이 든지 계속 부품을 만들어내는 곳이 업다. 자신의 노타리도 겨우 1년 반 정도밖에 돼지 않아는데 부품이 업쓰며 구하기가 이래 힘이 드니 나라가 부강하기가 힘이 든다고 본다.
"오늘 오후에는 무우 수학을 하여다. 무우를 적개 간다고 했는 것이 수학을 하고 보니 토 만트라. 무우 수학을 만이 해야 갈무리을 잘뭊해서 다들 봄에 가면 다들 썩고 만다."
그리고 용석 엄마가 돈 벌로 간다고 무우 수학을 해달라고 부탁을 해서 무우 수학을 하는데 너무 만으며 이 만은 것을 무우가 조금 밖에 안 댄다면서 낡씨을 바가면서 뽑아달라고 하길래 오늘 우리 무우 수학을 하고 용석이네 무우밭을 갈든이 무우가 상당이 만트라. 이것을 보고는 사람이 상하다. 돈도 좋고 하지만 이 만원 것을 뽑아서 실어달라고 하는 사람 처음 받쓰며 생각을 할수록 이해가 안 댄다. 우리 갇트며 생각도 뭊 할 일이라고 생각을 가지받다.
"오늘 용석네 무도 부인과 둘리서 뽑아서 경운기 실오는 작업을 같치 하여쓰며 이 일도 자신이 하여주겟따고 대답을 한 것인돼 부인을 수고을 하게 하여서 조금 미안터라. 우리 일도 만아서 힘이 더는데 남의 일을 만들어서 부인의 수고가 만아저는데도 불평 한마디 하지 않코 자신의 불평을 감싸주고 잇는 것을 보며 부인의 가슴은 하늘보다 더 늛다고 생각을 하여받쓰며 자신은 부인의 가슴 반쪽이나 돼어쓰며 하는 마음이 들 때가 자주 생각들고는 한다."
지출에 … 버스비 값 920원

〈1994년 11월 17일 목요일 날씨 비〉
오늘 오전에는 세집에 포도 심을 자리에 노타리을 하여쓰며 이것도 오전 내 노타리을 하여쓰며 노타리을 하기도 볼편하드라. 외냐하면 땅을 폭크랜으로 땅을 한 벌 더비서 노타리을 해도 땅이 골라저지 않드라. 그래서 세 번 노타리로 땅을 골라다. 이것을 자신이 농사을 짓키 때문에 땅 고루는데 신경을 만이 쓰타고 본다.
오후에는 마늘 갈 때에 노타리을 하고 포도나무 거름을 하는 것으로 오늘 일과을 보냇다. 올해 포도나무 거름은 작년보다 10일 정도 넛따고 본다. 이것은 자신이 거름을 실지 하여보니 낙엽 때문에 거름 손실이 만을 것으로 본다. 앞푸론 낙엽이 떨어저기 전이 가을 거름을 할 것 같다.
오늘 포도거름 량 3포, 8부 정도 함. (포도 전용 비료)
지출에 … 포도 전용 비료 4포 = 20,000원

〈1994년 11월 18일 금요일 날씨 비〉

오늘 비는 때 너전 비라고는 하지만 이 비가 과일 나무에는 큰 도엄이 됀다고 생각을 한다. 이 비가 푹 아서 겨울 가뭄을 막아주어쓰며 한다.

"오늘은 이점수 딸 치는데 음식 준비하는데 그들로 갈든이 돼지도 식육점에서 잡아아서 집배서는 아무 할 일도 업드라."

"이점수 친구가 처음 마지하는 잔치라서 차분한 감이 업고 우리가 볼 때에도 너무 모른다 하는 생각이 들두록 일을 하고 잇드라."

〈1994년 11월 19일 토요일 날씨 맑음〉

오전은 이점수 딸 결혼을 앞두고 동네로 음식을 재공하는데 그들어주어쓰며 오늘은 동내 손님이 적드라. 오늘따라 한수 동생 결혼 때문에 다들 결혼식장에 가서 동내 손님은 오늘 양 집이라서 손님이 적드라. 그래서 음식은 풍부하드라.

오후에는 말리 사과나무에 거름할려고 나무 밑에 벼집 끄러내는 일을 오후 내 하여다. 우선 바서 사과나무가 시원찬아서 일을 하여도 별 재미도 업시 일을 하여다.

"우리 운이 아빠와 상이 업시 무선 일을 결정을 하고 잇쓰서 이 아빠 신경이 쓰여저고 잇꾸나. 운이가 이번에 삐삐을 신청을 하여쓰며 삐삐하는데 현금으로 30,000원 주고 매달 8,600원 주야 한다고 하는데 이 아빠 할 말은 업쓰서 운이 무선 일이든지 이 아빠와 상이을 해서 실천하라고 당부을 하여다. 요줌 아들 벌로 행동하는데 부모로서 급이 나는구나."

지출에 … 정한수 동생 결혼식 부주 20,000원

〈1994년 11월 20일 일요일 날씨 맑음〉

오늘 오전은 사과나무 전용 비료 10포을 말리 사과나무에 하는데 한 나무에 9홉 호콤 하니까 10포 량으로 충분이 돌라가드라. 말리 사과나무에 비료 량은 전룡 비료 20kg 푸대로 10포 사용을 하여다. 그리고 처음 전용 비료을 사용을 하는데 비료 효과가 을마나 날련지 몰게꾸나.

오후에는 이점수 결혼식을 김천 자유예식장에서 예식을 올리는데 참석을 하여쓰며 마을 사람들은 참석을 하는 사람이 적드라. 이른 것을 보며 평소 때도 남의 결혼식을 만이 참석을 해야지 오는 손님도 만타고 본다. 한편으로는 조용한 것이 좋다고도 본다.

지출에 … 이점수 딸 결혼 부주 20,000원

〈1994년 11월 21일 월요일 날씨 맑음〉

부인과 둘리서 마늘 파종을 하여쓰며 마늘 파종도 안전이 다 하지는 않코 일부만 말리 사과나무 사이에 파종을 조금 한 셈이다.

오후에는 원정훈 참외 활 때에 가리을 하여주어쓰며 요줌은 별료 하는 일 없이 하로 일과가 다들 가곤 하는구나. 갈리 노타리 일들이 벌 갈라서 조금식 잊쓰니까 자신은 돈 버는 것도 좋지만 자신한태는 키찮은 머가 더 만타고 본다. 남들은 돈 번다고 할련지는 몰라도 실찌 자신은 기게 마모비 천다면 별 소득은 업따고 보기 때문에 아주 달갑지 않타.

"우리 농민들은 대책작물이 업쓰니 농민이 살라남키가 어르울 뿐 아니라 앞푸로 살길이 업쓰며 농민들이 앞푸로 살길이 막막한 돼 정부 국회는 과거을 들추고 공전이 계속 될 뿐 아니라 안전 마비 상태며 매일 여야는 국민을 진정 생각을 한다면 서로들 싸울

필요가 어디 잇쓰며 국회원 하는 짓거리는 국민을 위한 정치는 뒤로 하고 자기들의 자리 싸음만 계속 할 뿐 나라에 득은 업는 존재이며 이른 것을 볼 때에 앞푸론 국회원 무임금 월급을 받지 않코 국가에 발전을 위한 봉사 정신으로 자기의 임기을 맡치두록 한다면 자기 싸음 업쓰리라고 본다. 앞푸론 국회원 자질 문재을 생각을 해서 선택을 하여주어쓰며 한다."

"독일같은 돼는 우리나라가 선진국인돼도 국회원이 자전거로 출태근을 한다고 하는데 우리나라 국회원들은 당사에 임직원 몟명 돼지 (비서), 운전수 다들 천다면 이것은 국회원 봉급으로는 운영은 생각지 못하며 이르고 볼 때에 국회원 생활이 부정이 잇따는 정거다. 이 부정을 발켜낼 사람이 업쓰니 어이 국가 바로 갈 수 잇캐나. 생각을 할수록 숨결만 갑파질 뿐이다. 자신은 늙 나라 정치을 부정적으로 안 볼라고 해도 정부 하는 짓거리가 하나에서 열까지가 마음 들두록 하는 것이 업쓰니 힘 업는 농민의 한 사람으로 피을 토할 일들이다."

수입에 노타리 값 25,000원

〈1994년 11월 22일 화요일 날씨 맑음〉

우리 운이가 내일 대학수능시험이라 오늘은 임시소집이라고 오늘 운이가 상주고등학교로 같쓰며 우리 운이가 공부는 아예 뒤전이며 여때까지 회사 일만 하다 오늘 소집일이라 참석을 한다고 같쓰며 우리 운이가 그래도 수능시험을 본다고는 성이가 좋으며 앞푸로 공부을 해야 한다는 결심만 쓰주어며 한다. 우리 운이가 전문대학이라도 나와야 사회 생활을 할 수 잇다. 그리고 앞푸로 전문대학이라도 나와야 결혼 문재도 해결이 조금 십다고 본다. 그려치 않으며 결혼 문재가 갈수록 업렵따는 것이 이 아빠의 마음에 걸린다.

"우리 운이는 수능시험에 응시는 참석을 의이가 잇따고 우리 운이가 이번 수능시험으로 인하여 이재는 공부을 해야 한다는 깨다름이 이따면 이 아빠는 더 바라지 않캐다."

오늘 오전은 창길이 쇠똥 실어서 과손에 거름 할려고 다섯 바리 실어쓰며 이것을 엇키 위해서 벼집을 석으주고 소 인분을 가지고 오는 것이다. 창길이는 젖소 인분도 돈이 다 쳐저고 잊키 때문에 젓소 사육을 하는 사람들은 다들 수입이 좋을 것으로 본다. 그리고 우리 마을 사람들은 벼집을 주고 똥을 가지고 오는돼 벼집 가치보다 적개들 가지고 온다고 본다.

오후에는 무이무한 시간을 보내다 너무 지루해서 작과나무 전정을 하로 가서 조금 전정으로 시간을 보내고 마랐다.

"우리 당산 밭투로 산업도로 난다고 측량 말목이 자신의 밭으로 그것도 복판으로 난다고 말복이 밖혀잇다. 이것을 본 자신은 반 한쪽으로 끝이 난다면 좋을 것이 아닌가 이것이 두동강이 난다면 자신의 밭은 다들 망치는 것이 아닌가 하고 마음의 상쳐가 크지는 너킴이다. 이 상쳐가 오래 가지 않투록 산업도로 빨리 나바쓰며[났으면] 한다. 이것이 말뚝만 밖아놋고 오랜 세월만 간다면 자신으로는 마음의 상쳐 뿐 아니라 대책 작목이 그만춤 지연대기 때문 큰 손실이 따린다."

〈1994년 11월 23일 수요일 날씨 맑음〉

오늘은 김치끄리 배추 해오는 일로 오전을 보내쓰며 오후에는 작과나무 전정하로 가다 친구들에깨 잡피서 오후 내 어울리서 오후 내 휴식을 하고 마랐다.

"오늘은 자신이 무이미한 하로 생활을 하여따고 본다."

오늘은 우리 운이 대학수학능력시험을 보고 왔쓰며 운이가 시험을 잘 밭따고는 생각지 않는다. 외냐 남들은 오늘을 위하여 밤잠을 설치가면서 공부을 했는데 우리 운이는 실습한다고 회사 다니면서 야간까지 하여왔쓰며 책이라고 아에 접어두어쓰니 의이 시험을 잘 밭깨나 하는 생각이 앞쓰며 운이는 부모가 시험에 신경을 들 쓴다고 원망을 하지나 않을란가 몰겟다. 사실 운이 오늘 시험에 별 의미를 가지지 완코 잇다. 자신은 이번 기회로 공부을 해야 하겟다 하는 너킴이 들어준다면 이 아빠는 더 바라지 않캐다.

"우리 운이 시험 보로 가는데 저의 엄마가 자고 온다고 80,000원 주어따고 하는데 30,000원 지출을 하고 나머지는 그대로 가지고 왔따고 한다. 이것을 볼 때에 운이가 돈 갈리을 좀 하고 잇따고 생각한다. 그전에는 돈이라고 보며 다들 쓰는 아이인돼 이재는 돈을 알고 잇따고 본다."

〈1994년 11월 24일 목요일 날씨 비〉

오늘 경화내 사과을 저장하는데 일을 하여쓰며 매년 경화내 형님 사과 저장을 하는데 개단을 타고 내리가는데 힘이 들며 이것을 오전 내 사과 상자을 만치는데 힘이 들며 자신한태는 무리한 일들이며 매년 사과 저장에 힘이 들어서 경화내 형님 논을 그만 부치야 하겟따고 마음을 먹어찌만 십게 뫃하고 잇쓰서 매년 사과 저장에 육체의 무리가 됀다고 생각을 한다.

오후에는 시과 저장에 지쳐잇는 몸이라 푹 실라고 들어는데 날씨가 비가 곳 쑈다질 것 같다서 참외 할 때에 갈리 좀 해달라고 부탁을 해서 이것도 비가 오며 참외 할 때에 지장이 잇쓸까 아주 피료한 몸을 일으키서 참외 할 때에 가리을 하여주로 같쓰며 오늘 하로는 피료한 몸으로 피료도 풀지 뫃하고 하로 생활을 했따고 본다.

"우리 마을도 사과밭을 포도밭으로 둔갑을 하는 밭이 13마지기가 돼고 잇쓰며 그리고 벼논이 둔갑한 것이 수도 업쓰니 생각을 할수록 가숨 아푼 일들이다. 자신이 포도밭을 가지고 잇찌만 불안한 감 버릴 수가 업꾸나."

〈1994년 11월 25일 금요일 날씨 맑음〉

어재 사과 저장하는데 피료가 싸여서 싸인 피료을 풀기 위해서 오늘 오전은 휴식을 하여다. 오후에는 휴식을 할려고 들다 마음의 답답함이 더해서 사과나무 밑에 벼집 깔라주는 일을 할려고 사과밭으로 달라곤 하여다. 오늘 오후에 일적 서들어서 같쓰며 벼집 갈라주는 일을 다 할 수가 잇는데 그만 일을 다 하지 뫃하고 내일 오전 일을 남겨두고 끝을 내고 마랐다.

"우리 혜영이는 치업이 일적 됄 줄 알라는데 치업이 잘 돼지 않으며 우리 혜영이가 저의 반에서 1, 2등 하고 잇쓰서 치업은 십계 됄 줄 알라는데 그러치 않아서 극정이 돼는구나."

〈1994년 11월 26일 토요일 날씨 맑음〉

오늘 오전으로 사과나무에 벼집 까는 일을 안전이 맡치다. 사과나무에 가을 거름 한 적은 금년이 처음이다. 올해는 과일나무 세력을 관찰을 하여다가 좋은 점이 잇쓰며 매년 사과나무 전용 비료을 할 작정이다.
"오후에는 사과나무 전정을 하여쓰며 나무 전정을 하면서도 산업도로가 내 밭 복판으로 난다고 말뚝이 밖혀잇쓰서 자신의 머리는 상가집을 짓을 구상을 하고 잇는데 이 구상 때문이 자신 일이 재돼로 안 대고 잇쓰며 현제 말뚝대로 도로가 난다면 상가집을 양쪽으로 짓을 수가 잇따고 보는데 이 길이 날라면 하로 빨리 낮쓰며 한다."
"우리 운이 회사에 실습으로 생활을 하고 잇찌만 우리 운이가 득이 될라면 군대 가기 전에 자격증을 따서 방위 산업체 가는 것이 돈을 버는 것이라 생각을 해서 회사 그만 두고 자격증 따구로 학원에 가라고 건유을 해서 이번 달만 다니기로 결정을 밭다. 우리 운이가 어리석으서 군대을 가지 않코 방위산업체 가야 하는돼 극정이 크구나."
지출에 … 식용류 2,850원

〈1994년 11월 27일 일요일 날씨 맑음〉
형님 생일이 오늘이라서 아침을 집안 식구들과 아침식사을 같이 하여쓰며 형님도 며느리을 본 후 첯 생일을 마지한 날이다. 그리고 우리 형제도 성용차가 한 더 드 늘어쓰며 순복이는 색망이라서 지수씨가 면허정을 가지고 운전을 하고 잇드라.
"오늘 오후에는 선태 포도 심을 때에 노타리을 하여쓰며 선태 노타리을 빨리 하고 우리 배추 뽑을라고 오늘 노타리는 휴식 업시 정신 업시 하여도 배추 뽑을 시간은 해가 질 무름에야 시간이 나드라. 이 짤번 시간에 배추 수학한다고 우리 부부는 바파다. 그래도 배추 수학을 다 몾하고 내일 한 발리 더 해야 한다."

지출에 … 트랙터 부동액 10,000원

〈1994년 11월 28일 월요일 날씨 맑음〉
오늘로서 배추 수학을 안전이 하여쓰며 금년 배추는 속이 썩은 것이 만으며 금년 배추는 같은 멀정하나 속이 썩은 것이 만아서 실지 배추 실량은 적은 것 같꾸나.
오늘 배추 수학을 곳바로 하고 마늘 파종을 하여쓰며 오늘로서 마늘 파종을 끝을 냇다.
"오후에는 감기 몸살로 휴식을 하고 마랐다."
"정부는 세무비리가 정국적으로 터저나고 잇쓰며 국민의 세금을 공무원들 나누어 착복을 하여쓰며 공무원 비리는 말단 면사모소까지 세금 비리는 다들 잇따고 본다. 오늘날까지 감사야 해왔찌만 세금을 나누어가진 자들이 감사을 하는데 그 비리가 발혀질 수가 잇나. 정부는 세금비리 뿐 아니라 하나에서 10까지 다 비리며 이것을 밝킬라면 정치을 바꺄야 비리는 발혀진다고 본다. 다음 정권은 무족끈 정권 갈라야 한다. 우리 국민이 살라갈 수 잇는 길은 정권 교차다."

〈1994년 11월 29일 화요일 날씨 맑음〉
오늘은 감기 몸살로 종일 동안 구들을 지고 잇쓰며 종일 동안 휴식을 하는데 지루한 마음은 말로 다 할 수 업꾸나. 오늘 따라 전국 효자, 효부 시상 잔치을 하는데 눈시울이 떠그어다고 본다. 시상자들은 다들 부모을 공손이 모신 회수가 다들 10년 이상이 다 돼며 오늘 잔치을 보고는 눈물을 한두 번식은 흙리따고 본다. 오늘 과정을 절먼 아들이 만이 바야 하는돼 방송 시간이 다들 학교 교육 시간이라서 만이 아쉬운 마음이 든다.
"오늘 효부 잔치을 보고는 우리 어머님 살

라계드라면 우리 부인도 상을 충분이 타고 도 남을 사람인돼 자신의 부인이 아니라 나의 부인도 성격을 바서도 충분한 효부감이라고 생각을 한다."

〈1994년 11월 30일 수요일 날씨 맑음〉

오늘 오전은 세집에 포도 지주 세우로 온다고 해서 나가보앗든이 윤봉희 씨 지주을 세우드라. 지지 세우는 데 구경을 하여쓰며 부부간 두리서 지수 세우는 일을 하는돼 수라게 세우고 잇쓰며 포도 어망을 안전 하여주는데 2마지기에 600,000원 한다고 하드라. 이것을 보니 수입은 좋게드라. 오늘 오전은 남외 포도 지주 세우는 데 구경을 하다 오전 시간 다 보냇다.

"오후에는 세집에 배추 경운기로 한 발리 실어주고 작과 전정을 하는 것으로 오늘 일과을 보냇다."

"오늘 부로 우리 운이가 회사을 거만 두고 마랐따. 훈가 회사을 그만 둔 것은 자격증을 취득을 할려고 회사을 그만 두게 돼어는데 자격증을 군대 영장이 나오기 전에 취득을 해야 방위 산업체 가서 근무을 하지 그러치 않으며 군대을 가면 운이 군 생할은 힘들 것을 생각을 하니 꼭 자격증을 취득을 해야 하는 바람밖에 업꾸나."

"열심희 하여서 자격증을 꼭 취득을 하여주기 바란다."

수입에 운이 봉금 563,430원

지출에 … 보험료 비 15,000원

〈1994년 12월 1일 목요일 날씨 흐림〉

올 한 해도 마지막 달을 마지하여쓰며 금년도 1달을 남겨 놋고 자신이 올해 무엇 해나 할 때에 똑부라제 무엇을 했따고 답을 할 말이 업는 것 같다. 자신이 생각 할 때는 금년 한 해을 열심희 해따고 생각을 하고 잇는돼 이 마지막 달을 마지하면서 뒤을 도라볼 때에 허전하기 짝이 업꾸나. 내가 일 년 동안 뭇엇을 했단 말인가. 하나도 남는 것이 업꾸나 하고 볼 때에 남는 것이 잇쓰야 재미가 잇따고 보는돼 자신은 이 시간에 생각할 때에 남아잇따고 하는 것이 아무것도 업꾸나.

"오늘은 종일 동안 작과 전정을 하는데 작과나무가 고목이라서 상당이 만이 죽어서 가슴 아푸구나. 이것을 다 뽑아내고 대책작목을 할려고 해도 산업도로 난다고 말뚝이 박혀잇쓰서 십게 대책작목을 할 수가 업꾸나. 나로 바서는 한 해가 급판돼 길이 언재 날란지 답답하기 짝이 업꾸나."

〈1994년 12월 2일 금요일 날씨 맑음〉

오늘 오전은 백운기 참외 갈 때에 노타리을 하여쓰며 우리 마을도 참외 면적이 늘어낫쓰며 이재는 참외 수입이 만아서 우리가 갈 곳은 참외 쪽이라고 본다. 오후는 추위에 휴식을 하여다.

그리고 추곡 수매량 배정을 할려고 동장이 오라고 하여서 갈든이 수매 활당이 적다면서 극정을 하고 잇드라. 수매량을 가구 면적돼로 푸는데 해가 갈수록 수매량은 줄어들고 잇는 것을 보고 자신의 마음도 풀어저며 수도작을 찌어서는 살라갈 수가 업따는 것을 알랐다.

오늘 수매량은 1마지기에 2가마니 2부로 돌라가드라.

"정부 국회가 불법으로 국회안을 30초만에 안권들을 처리을 하고 잇는 간경을 텔레비전으로 볼 때에 다들 죽일 놈이라고 생각을 하여보며 국회장은 10년 전이나 오늘이나 다들 갈터니 우리가 발전을 할 수가 잇나 치만 틀릴 뿐이다."

"우리 국민은 다음 국회원 선출에 신경을 쓰지 않으며 우리 잘 살 수 업다고 본다."

〈1994년 12월 3일 토요일 날씨 맑음〉

오늘은 종일 동안 수매 준비을 하여쓰며 정부에서 농민들을 생각을 한다면 수매량을 좀 만이 배당이 돌라가두록 회서 조합 빚도 한 번에 갑두록 주며 월마나 조으리만 3차로 나누어서 조금식 주며 우리 농민들 술 값 하라고 주는지 생각을 할 수가 업꾸나. 정부에서는 우리 농민들이 조합에 부체을 알고나 잇는지 의문서렵다.

"오늘 매상 준비한 것이 자신이 62개, 세집에 40개 준비을 하여두어다."

이번에 매상준비을 하면서 이재는 수도작을 외면활 때가 돼어따고 생각을 가저받쓰며 사실 작년도만 해도 외국물자 물 밀드시 더르온다고 해도 별 문재시 하지 완아는돼 금년 들으와서 수매 값 동결에다 수매량 30만 섬 주리고 잇는데 그만 손발을 들고 마랐다.

정부에서 조금이라도 우리 농민들 올 여름 한발에 온 국민이 비지땀으로 싸와와는돼 그 대까을 정부가 모르고 잇는돼 어이 해서 우리 농토을 가꾸라 말인가. 우리 농민들이 잘 살라면 농토을 버리야 한다. 우리 조상이 농토을 버리면 죽는 줄 알고 손발이 다 탈투록 가꾸어온 우리 땅을 정부에서 버리야만 우리 농민이 산단 말인가. 생각을 할수록 뒤도라보이며 한스렵키 짝이 업다.

〈1994년 12월 4일 일요일 날씨 맑음〉

오늘은 형님 매상 준비을 하여쓰며 금년에는 매상 준비하는데 풍구질도 화지 않코 그대로 근대 수만 맞추어서 달라내따고들 하여서 우리도 50가마는 풍구지을 하고 그나머지는 25개는 그대로 묵끄서 근대 수만 달라낫다. 매상 준비하는데 풍구질을 하지 않코 근대수만 달라내니 아주 수라며 신기하드라.

"형님도 풍구질 하지 않코 그대로 매상 출하해서 1등을 마저며 다음에는 다들 풍구질을 하지 않을라고 할 것 같다."

〈1994년 12월 5일 월요일 날씨 눈〉

오늘은 아침 일적 매상 가마니을 공판장에 냇다놀라고 하니 눈이 밤새 조금 아잇쓰며 눈빨도 조금식 내리고 잇드라. 우리 마을에는 공판만 한다면 꼭 날씨가 구전 날씨을 보이드라. 오늘 자신은 트랙터 한 발리에 65개을 실고 공판장에 출하을 했쓰며 그리고 자신은 작년도에 검사원과 싸어서 장 거[그] 사람이 올까바 마음속으로 극정을 조금 한 것은 사실이나 공판장에 등급을 맡기 위하여 하낭에 가니까 김 검사원이며 이 분은 92年에 우리 마을에서 매상 등급을 아주 잘 주어서 다들 좋은 사람이라고 우리 마을에서 평가을 하고 잇다. 그래서 검사원이 좋은 분이라서 큰 다행이라고 생각을 하여다. 자신은 벼알도 좋을 뿐 아니라 등급에 극정을 하지 않아쓰며 등급을 주는데 먼 발치에서 구경만 하다 자신 끄을 다 하고 검사원이 돌라서는 것 보고 내 공판 가마니 등급을 보니 다들 1등, 65개 다 일 등이드라. 오늘 1등은 처음부터 생각을 한 것이라서 그른지 별 의미가 업드라.

"오늘 공판장에서 2등급 마전 사람들도 들어 만트라."
"우리 운이 봉급을 2달치을 이 아빠가 다 쓰고 마라꾸나. 오늘 운이 앞푸로 300,000만원 저금할려 했든 것이 오늘 매상 금액을 예금을 했뜬 아직 임력이 안 대어따고 해서 운이 봉급으로 조합빗을 일부 갑파다."
지출에 … 조합 부채 309,080원

〈1994년 12월 6일 화요일 날씨 맑음〉
오전은 작과나무 전정을 하여쓰며 나무 전정을 하여도 나무들이 다들 죽어서 아무른 재미가 업꾸나.
"오후에는 마늘 파종한 곳에 벼집으로 덥프두는 일을 하여쓰며 오늘 일은 휴식이나 다름이 업는 하로 일과다."
"자신은 당산 밭에 작과 전정하로 가면 산업 도로 문제로 신경이 아주 만이 쓰이며 도로가 복판으로 나고 양쪽으로 상가집이 나올 수가 잇나 하는 생각으로 전정 일이 아주 안 대고 잇다. 자신으로 바서는 아주 큰 문재라고 보고 잇쓰며 이 일래 신경을 다 쓰고 잇따고 해도 무리한 말은 아니다."
"우리 운이가 회사을 거만 두고 이재 자동차 학원을 다니는데 면회증을 딸란지 몰게꾸나. 이 아빠로 바서는 자동차 학원은 뒤로 하고 자동차 정비 자격증이 급파다고 보는데 운이는 여사로 알고 잇쓰니 이 아빠로서 신경이 쓰이고 잇는데 아빠 말을 들어주어쓰며 하는데 대답만 하고 실찌 행동을 하지 않코 잇쓰서 마음만 쓰이며 자신이라도 내 마음대로 돼지 않코 마음만 쓰이고 잇다."
"운이가 하고 십픈 것은 만은데 아직은 성사하는 것이 업꾸나."

〈1994년 12월 7일 수요일 날씨 맑음〉
오늘도 작과나무 전정을 하여쓰며 오늘도 역시 도로가 어디로 날란지 염려가 돼며 자신도 도로 날 위치에서 자신의 생각으로 묵묵한 시간을 반을 다 보내따고 생각을 하며 이것들 때문에 자신의 일이 반 정도 밖에 몾하고 잇다.
"오후에는 부인이 김장 준비하는데 바푸다고 하여서 김장 준비하는돼 생강, 마늘 준비하는데 거들어주는 일 때문에 자신의 일을 몾하고 마랐다."
"부인도 자신이 집을 짓을라고 하며 돈 극정을 하며 그대로 살라고 하드니 이재는 부인도 내년에 집을 짓을라고 마음을 굳친 것 같터며 마음의 준비을 하고 잇다. 자신도 내년에는 집을 짓어야지 하고는 만사 일을 뒤로 하고 내년이 빨리 왔쓰며 하는 생각 밖에 업다고 말을 하고 십다."
"부산 유단살에는 때 아닌 개나리가 꽃을 활짝 피고 잇는 것을 보니 요줌 날씨가 너무 따뜻하여서 나무들이 봄으로 착각을 하고 꽃이 만발하여는지 날씨도 갈수록 희기하구나."
지출에 … 트렉터 원금 1,000,000원
이자 119,800원
계 1,119,800원

〈1994년 12월 8일 목요일 날씨 흐림〉
오늘 나무 전정을 하는데 안전히 죽은 나무가 만으며 작과 나무로 바서 하로가 십급한돼 대책작목을 심을라고 해도 산업도로 난다고 말뚝이 밖혀잇쓰서 나무 선정을 몾할 뿐 아니라 마음의 결정을 할 수가 업꾸나. 자신으로 바서 하로 빨리 결정이 돼어쓰며 한다.

"오늘로서 부인은 할 일을 다 한 셈이다. 형수와 둘리서 김장을 했쓰니 부인은 금년 일은 다 한 셈이 돼며 내 부인 매일 할 일이 그리 만터니 이재는 휴식 시간이 좀 나올 것 같다서 자신의 마음이 편하구나."

"우리 혜영이 공부을 잘 하여서 졸업 전에 취직이 될 줄 알라는데 취직이 십지 않으며 그것도 전문대학교 수준에 맞추어서 취직하기에는 하늘래 별따기 만춤 힘든다고 본다."

"아연동 가스 폭발 사고도 현재 사망 5명, 실종자 9명, 가옥이 40채 불타고 상가 20채가 불에 타서 안전희 전소 대어따고 하며 이것이 안전 사고라서 하며 도시까스가 유출이 댄 지 45분간 방치하여 두어따니 정말 어저구니 업는 일이며 정부는 무엇을 하고 잇쓰며 이래도 여당, 야당 자리 싸음만 하고 잇따는 것이 숨통을 지게 하고 잇꾸나. 이번 사고 현장을 시체 발굴 작업을 한다면 사망자가 더 나올 것이며 이 엄청난 사근들이 외 김영삼 대통령 임기에 떠저나오는지 김영삼 대통령이 국운이 업는지 김대통령이 국운을 막킬 인재가 몿 대는 것이 아닌가. 옛날 사람과떠며 김영삼 대통령 재수 업는 사람이라고 물려나야 한다고 아우성을 천다고 바야 한다."

"김영삼의 임기 중에 대형 사권들이 너무 터지며 이것들이 안전사고라고 볼 때에 김영삼 정치가 문재 잇따고 바야 한다."

〈1994년 12월 9일 금요일 날씨 맑음〉

오늘 오전은 윤종희 씨 종말이 딸 결혼식을 앞두고 손님 접대할려고 돼지 잡는데 그들어주어쓰며 오늘 일은 사람들이 만아서 돼지 두 바리 잡는데 수라게 잡아쓰며 일 할 사람이 만아서 좋드라.

"그리고 웃들 보밭을 팔랏다. 자신은 웃들 보밭을 경계 즉량한다고 해서 한 필지에 70,000원 내야지 등기 내며 돈 들지 이래 저래 따지며 별 득이 업쓸 것 같다서 운학이 한태 팔고 마랐다. 운학이는 재복이 두 필이 자신 껏이 1필지, 3필지를 평당 10,000원 주고 싸쓰니 잘 하여다. 자신은 아래 밭과 교환을 할려고 생각을 하고 팔라떠니 대투도 몿하고 자신은 보밭만 팔라먹는 것이 아닌가 하고 휴예가 돼는구나."

"자신은 보밭이 두 필지라서 한 군대는 업쌔도 별 영향은 업다고 생각을 하고서 팔어떠니 오늘은 마음이 서운하드라. 그 밭은 처음부터 지어온 밤이라서 서운함이 크드라."

보밭을 팔고 나니 오후 해가 월마 남지 않는 것을 보고 작과 전정하로 같든이 도로 난다는 표시 말목이 철로 쪽으로 아주 딴기 낮드라. 이곳을 본 자신은 천만다행이다. 먼저 말목은 양쪽으로 갈라낮찌만 이번에는 머리에 기리바시[176]로 조금 남찌만 한 쪽을 안전이 살라서 자신은 천만다행이라고 생각을 한다. 자신은 이재 안전 만족은 안대지만 자신으로 바서 그만하면 만족한 일이라고 본다.

오늘 밭 값 33평 330,000원

〈1994년 12월 10일 토요일 날씨 맑음〉

윤종희 씨 딸 결혼식을 앞두고 동내로 음식 대접을 하는데 사람들이 갈수록 음식 소비는 줄어더는 것이 눈에 포가 나두록 음식이

176) 자르고 남은 토막. 자투리를 뜻하는 일본말.

남아가드라. 요즘 사람들은 음식에 욕심을 부리는 사람이 업쓰며 옛날과는 정말 만이 변하여다고 본다.
오전을 음식을 잘 어드먹고 오후에는 작과 밭에 같든이 도로 난다는 말뚝이 우리 밭에 약쪽으로 밖혀잇드라. 이것을 본 자신은 또 힘이 빠지는 느킴을 받아다. 이 길이 어디로 날라고 측량을 여르 번 하고 잇는지 마음에 갈피을 잡을 수가 업꾸나.
"산업도로가 측량만이라도 학정이 돼어쓰며 한다. 외냐하며 길이 학정이 안 돼니 자신도 계핵이 업다. 그리고 무이미하게 자꾸만 시간만 보낼 수가 업다."
수입에 … 트렉터 값 40,000원

〈1994년 12월 11일 일요일 날씨 흐림〉
오늘은 세집배 포도나무을 심어쓰며 오늘 포도나무을 숙모님과 처음 심을 때는 엄두도 안 나며 이 만은 포도나무을 이것도 700주나 대는돼 다 심어야 활 생각을 하니 급부터 나드라. 오전에 심은 것 바서는 내일까지 심어야 다 심을 것 같떠며 포도나무 심는 것도 수란 것이 아니라는 것을 알라다. 오후에는 정심을 먹고 일적 서들어쓰며 오후에는 순길가 와서 도와서 만이 심어다. 오늘 포도나무 심은 것이 520주 심어다. 자신은 오전에 심은 포도나무을 바서는 내일 뷘과 둘리서 종일 심어야 다 심을 것이 아니냐 극정한 것이 오늘 생각 위에 만이 심어다.
"포도나무 심을 면적 바서 포도나무가 너무 만이 남깨꾸나. 현재로 바서는 100주가 남을 것으로 보는돼 숙모님은 돈 밖에 모르는데 100주가 남어며 책망을 만이 하리라고 생각을 한다. 자신은 자신의 포도나무 들어가는 것을 보고 700백 주 신청을 하라고 하여뜬이 너무 만이 남는구나. 남는 100주나 팔라야 하는데 팔 때나 잇쓸란지 몰겟꾸나."
"부인은 윤종희 씨 종말리 딸 결혼식에 가쓰며 만약에 부인 잇쓰떠라면 포도나무 심는돼 고추이 만아쓸 끈돼 예식 바람에 부인은 잘 피해따고 생각한다."
지출에 윤종희 딸 예식 부주 20,000원

〈1994년 12월 12일 월요일 날씨 흐림〉
오늘로서 세집에 포도나무을 부인과 둘리서 다들 심어다. 오늘 심은 것은 80주 심어쓰며 전체 포도나무 심은 것은 580주 심어쓰며 남은 것이 120주 남아다. 오늘 오전으로 포도나무을 안전이 다 심어다. 포도나무을 봄에 심어면 자신이 봄 일이 바풀 탠돼 요줌 한가할 때에 포도나무을 잘 심어다.
오후에는 보에서 매기탕 공사을 한다고 임사가 일 좀 해달라고 해서 가서 실지 공사을 하여보니 자재가 상당이 만이 들드라. 오늘 일은 자재가 적으서 일에 지장이 잇쓰다. 오늘 공사가 일을 시작을 하여보니 공사가 적은 것이 아니드라. 오늘 일을 3명이 하여는데 앞푸로도 하로는 더 해야 다 할 것 같다.
지출에 화장지 3,600원 원정운이 집터리
간다고 수프타이 7,600원
계 11,200원

〈1994년 12월 13일 화요일 날씨 맑음〉
올 겨울 쳐고 제일 추언 날이구나. 오날따라 바람이 부니까 채감 온도는 더 내리가는 것 같꾸나. 오늘 오전은 일기가 차거어서 휴식을 하고 마랐다.
오후에는 매기탕 한다고 해서 일을 하여쓰

며 이것도 자신이 책임저고 해줄라고 한 것이라서 망우리을 해주야 한다. 이 일도 처음 생각에는 하판 쪽가리 맷 장만 돼며 됀다고 생각한 것이 자재만도 1톤 차로 한 차가 더 드려가고 잇다. 오늘도 자신과 3명을 쓴는데 일은 내일 해야 다 할 것 같다. 이번 공사는 업자을 뒤어 내어준다면 음청난 지출을 해야 할 일이구나.

서울 아연동 폭발물 화재로 7명의 사채가 불에 타서 발굴이 돼어따니 정말 기가 찬다. 전국적으로 세금 비리, 서울 한가운돼서 캉패 새력 다뚬 이것도 대나재 발생을 하여쓰며 이것도 두 명을 보복 살해사권 온통 석은 정치을 하고 잇쓰니 이른 정치 물어가고 전두환 정치 한 번 더 드려서서 10년만 기강을 잡아주어쓰며 우리나라가 선진국에 가며 튼튼한 나라가 뙬 것으로 확신을 한다.

"국민이 부란하게 살라가야 하는 것은 정치인들이 정치을 못하기 때문에 국민이 부란하다."

〈1994년 12월 14일 수요일 날씨 눈〉

"날씨을 바서는 눈이 조금 올 것 같은 날씨을 보이든이 바람만 보질게 불며 눈빨만 휘날리더니 날씨는 개이고 말드라. 내 마음 같다서는 힌 눈이 푹 아서 좀 싸여나 바서마 하는 마음인돼 하늘은 내 마음을 들어주지 않코 개인 날씨가 돼고 마라서 서운하드라."

"오늘은 일기 불순으로 휴식을 하고 마라다."

〈1994년 12월 15일 목요일 날씨 맑음〉

오늘은 우리 마을 매상 일자가 12月 17日일이 매상이라고 하여서 오늘 매상 준비을 셋집에 다 하느라고 수고을 만이 한 셈이다. 매상 일자가 이래 임밖하게 주는 것을 보고는 자신은 불평을 하고 십다. 아직까지 행정이 채개가 잡피지 않코 주묵국식으로 행정을 하고 잇는 것이 농민의 한 사람으로 경악을 검치 몿하게쓰며 이놈의 행정이 하나에서 열까지가 잘한다는 것이 업쓰며 현시대가 하로가 다르게 변하고 잇는 실정인돼 행정은 아직 미개인들이 하로 생할을 하드시 돼는돼로 가고 잇는 것이 정말 한스렵꾸나.

오늘 셋집에 매상 준비한 것이 115개, 형님이 45개, 세집에 34개, 계 124개을 한 셈이다.

"그른돼 오늘 매상 활당이 마지기 당 1.4꼴로 돌라간다고 자신은 36개 배당이 돌라왔드라. 정부에서 이른 식으로 매상 분배을 해서 농민들 일 년 술 값 주라고 조금식 매상을 주는지 정말 한심서렵다. 외냐 농민들은 조합 부체가 산더미같이 싸여잇는데 조금식 조금식 떡 나누더시 하면 농협 부체는 어떠게 갑푸라 말인가. 생각을 할수록 개심하며 다들 죽일 놈이다."

〈1994년 12월 16일 금요일 날씨 맑음〉

우리 마을에는 정미소가 업쓰전다고 우리 마을은 현미 기계 산다고 야단이며 자신도 숙모님과 둘리서 정미 기계 750,000원 하는 것을 12月달래 400,000만 원 주고 나머지는 여름에 작과을 수학을 하여서 주기로 하고 기계을 디리낮쓰며 정미 기계로 현미을 하여보니 신기하기 백미가 돼어서 잘 나오드라. 우리 마을이 정미 기계가 들어온 것이 9대나 돼고 앞푸로 만이 들어올 것 같다.

"오늘은 어머님 재사 준비을 하여쓰며 재

사 준비하는데 오 형제 미느리더리 다 와서 어머님 재사 준비을 하여서 마음이 푸근하드라."

"오늘 동생들 배추을 마지막으로 준다고 바야 한다. 외냐하면 자신의 채소밭을 두 곳 인돼 한 곳은 파라서 이재는 주고 십푸도 주지 몿한다. 자신도 배추 농사을 짓어서 주기도 힘이 들더라."

지출에 … 어머님 재사 준비하는데
30,000원

〈1994년 12월 17일 토요일 날씨 맑음〉

오늘은 우리 마을에 매상날이며 오늘 매상 출하는데 날씨가 차거어서 힘이 들어쓰며 이번 매상량은 42개을 출하하여쓰며 오늘도 다들 1등을 마저쓰며 보편적으로 등급을 잘 주드라.

"오늘 42개 매상을 돼는데 다들 1등을 마저도 기분은 아주 좋은 편은 아니며 남는 것은 정부에 불신 밖에 업다. 외냐하며 조금식 매상량을 줄 바예야 한 목에 주어서 조합 빗시라도 한 번 갑플 정도로 주야 하는데 이것도 저것도 돼지 않투록 매상을 주니 이재는 정부 불신과 수도작을 버리야만 됀다는 불신 밖에 업다."

수입에 매상 42개 출하하여서
2,008,840원

〈1994년 12월 18일 일요일 날씨 맑음〉

오늘은 사실 일기 불순으로 휴식을 하여다. 오늘은 이재봉 씨 세집을 구경 삼아서 놀로 가서 집 구경을 하여쓰며 자신은 세집이 좋은 너킴을 밭아서며 지하가 180cm 위에서 주택을 지어서 그른지 집이 밝아서 마음이 더 좋드라. 이재봉 씨도 오목살리에 살다 세집을 짓어서 살며 정말 좋게드라.

"오후에는 작과나무 전정을 하로 가다 친구들에깨 잡피서 휴식을 하게 돼어쓰며 오늘 친구 집에 놀라도 별 의미가 업는 놀리가 돼어따고 생각을 한다."

"오눌 부인은 서울 육촌 형님 딸에 자식 결혼식에 같쓰며 오늘따라 날씨가 차거어서 힘이 만이 들어따고 하며 부인을 보내고 나서 이번 결혼식은 부주만 부쳐줄끈돼 개니 부인을 보내따고 생각을 한다."

지출에 … 결혼 부주 30,000원
차비 2,000원
계 32,000원

〈1994년 12월 19일 월요일 날씨 맑음〉

오늘은 콤바이 탈곡한 것 줄라고 예금한 것 차저왔쓰며 자신은 콤바이 탈곡한 것이 800,000원 이상이 돼니 음청난 돈이며 매상을 돼바야 조합 빗 갑고 줄 돈 다들 챙기니 남는 것은 업고 일 년 동안 부인과 둘리서 비지땀으로 살라온 것이 남는 것이 업쓰니 허탈하기 짝이 업쓰며 생각을 할수록 허탈한 마음을 잡을 수가 업꾸나.

"이 허탈한 마음을 잡을 길을 차저바도 대책이 업쓰며 이재 와서 벼농사을 버리고 딴 것을 차절라고 오늘 곰곰이 생각을 하여도 대책이 업쓰며 허탈 마음만 지속돼는구나."

"정부는 우리 농민들의 가슴 아품을 몰라주는 것이 한스러어며 우리 농민들 다 죽이고 정부가 살라남는가 두고 볼 것이다."

오후에는 포도 전정을 하여쓰며 오늘 오후내 전정을 해도 한 골 반 밖에 정정을 못해다. 자신의 생각으로는 포도 전정을 만이 할 줄 알라는돼 실찌 전정을 하여보니 십지 안드라.

지출에 … 영농 자금 1,033,000원

〈1994년 12월 20일 화요일 날씨 맑음〉

오늘은 당산 밭 산업도로 나는데 짝두리 땅을 도로로 협수하라고 건위을 하여쓰며 자신은 밭이 두동강이 나기 때문에 자신으로 바서는 음청난 큰 손실이다. 자신은 한쪽으로 도로가 난다면 자신으로는 한영할 일인돼 이번에 자신은 아주 손실이 만타고 생각을 한다.

"오늘 면사무소에 총무계 가니까 도로부지가 안전이 학정이 돼어 잇드라."

"오후에는 포도나무 전정을 하로 같다가 바람이 부르서 일 하기가 그북하며 손가락이 실어서 그만 일을 조금 하다 집부로 들어오고 마랐다. 요줌은 작업 시간이 아주 적은 시간이라일래 능률이 업쓰며 요줌 일들이 휴식이나 별 다름이 업다."

"우리 혜지가 방학이라고 아라바이트 구한다고 구미을 가드니 내일부터 식당에 간다고 이야기을 하드라. 이 아빠는 식당에는 가지 말라고 하니까 친구와 둘리 한다고 하며 그리고 아라바트 일은 다들 갈다며 내일부터 갈라고 하며 우리 혜지가 아라바트 일을 하는 것은 좋찌만 식당일이라서 이 아빠는 실타고 본다. 우리 혜지가 방학을 한 뒤에 화로 시고서 돈을 벌라고 하는 것을 볼 때에 요줌 아들은 옛날 아들과는 생각지 못활 생각가 일을 하고 잇다. 우리 혜지가 식당 일을 오전 10시부터 오후 4시까지라고 해서 허락을 하여따고 본다."

지출에 … 벼 씨 값 일품 낙천벼 0.5포
계 122,050원 콤바이 탈곡 싹
계 240,000원
계 363,050원

〈1994년 12월 21일 수요일 날씨 맑음〉

오늘은 김천의료원에 혈합약을 타로 같쓰며 김천의료원도 약 타는 시간과 정기적으로 약 타는 사람들은 별도로 취급을 하여서 시간 단축을 하여주어쓰며 한다. 자신은 약만 가지고 오는돼도 오전이 훍신 넘어며 우리는 질료받는 사람과 시간 걸리는 것 똑같다.

"오늘 오후에는 조합에서 매상량을 풋대로 묵끄서 상인들 금액으로 사들린다고 해서 오는 오후는 온 식구들이 60십 가마을 준비을 하여다. 한 풋대에 차이가 11,820원 이나 차이가 나고 잇쓰니 이재는 쌀농사을 버리야 한다고 본다. 올해는 한 해을 는기면서 정부가 매상량을 줄리서 우리 농민들은 한 해을 는기면서 허전하기 짝이 업는 해라고 자신은 말을 하고 십다."

"우리 혜지가 식당에 아라바이트 간다고 가드니 하로 하는돼 식당 주인이 처음 말과 달라서 오늘 하로만에 그만 두고 마라따고 하드라. 혜지는 갈치 간 4명이 다들 치아따고 하며 식당 주인이 주방 일을 빠짐업시 다들 식키며 처음은 주방 일은 안 씩킨다고 하여는돼 주방 일 때문에 그만 두고 마랐따고 하드라. 자신은 그만 둘 바에야 준간에 그만 두지 오늘 하로 시간을 다 했느냐 하며 불만을 이야기을 하여다."

지출에 … 김천 의료원 접수하는돼
2,600원 약 타는 돼 4,900원
계 7,500원

〈1994년 12월 22일 목요일 날씨 맑음〉

오늘은 조합에서 상인가격으로 수매값 보다 가마 당 11,000원 적은 가격으로 오늘 자신은 68가마 달라서 냇다. 자신은 오늘 65가마 매상을 했드라면 660,00{0}이란 큰 금액이 더 수입이 돼어쓸 끈대 하고 생각을 할 때에 더 가슴 아푸며 우리 마을에서 총 600가마 이상 냇다고 볼 때 우리 농민들의 땀이 갑지지 못하고 희미한 대가로 가버리는 것을 볼 때에 나의 가슴은 허탈하며 저만은 추곡이 매상으로 팔려간다면 농민의 얼굴에 한안 빛이 날 끈돼 그 반대의 얼굴이 돼고 마라쓰니 무라고 할 말이 업꾸나.

"오늘 오후에는 집배서 물 디어서 모욕을 하여쓰며 자신은 장가갈 때에 모욕탕 가서 모욕을 하여찌 그 위에는 집배서 모욕을 하여다. 자신으로 바서는 군 생활 때 목욕 말고는 모욕탕에 돈 준 것은 단 1번이라고 생각을 한다. 이래 살라도 우리 농민은 별료 잘 사는 사람이 소수라고 본다. 이것이 처음 길이 낮빠다고 생각을 한다. 만약 농사 길로 들어쓰지 않코 다른 길로 같드라면 음청난 부자는 돼어따고 자신은 장담을 하고 십꾸나."

수입 금액 65가마(40kg)에 2,372,500원

지출에 … 콤바이 싹 값 36,000원

〈1994년 12월 23일 금요일 날씨 맑음〉

오늘은 포도나무 전정을 하여쓰며 오늘은 날씨가 학 풀리서 봄 날씨을 연상게 하여쓰며 금년 한 해도 매수원 날씨는 업시 해가 넘어갈 것 같꾸나. 추위 업는 겨울은 좋으나 눈 업는 겨울은 실꾸나. 내일이라도 힌 눈이 소복이 내리서 인간의 마음을 푸짐하게 만든 한 해가 돼어주어쓰며 한다.

"오늘은 종일 동안 포도 전정을 하는 것으로 오늘 하로을 보내다."

"우리 혜영이가 학교로도 취업 신청이 들어오지 않코 자기 스서로 취업 문재을 해결을 해야 하는데 이것도 허락지 않코 잇쓰니 혜영이 취업이 힘들고 잇쓰며 부모의 입장으로 볼 때에 자식이 대학 들어가는 것보다 취업 문재가 신경이 더 쓰인다고 말을 하고 십꾸나."

수입에 트랙터 노타리 값 30,000원

〈1994년 12월 24일 토요일 날씨 맑음〉

오늘은 포도나무 전정을 하면서 에벌래을 만이 잡아다. 벌레가 포도나무 속질에 박혀 잇드라. 이것을 본 자신은 금년도에 살충제약 살포을 소월이 한 것이 아닌가 하고 극정돼드라. 포도나무에 약 살포는 소월이 하며 음청난 손실이 따라오게 됀다."

오후에는 매기탕 공사하는데 일을 하여쓰며 오늘 부역은 사람들이 조금 만아서 일하는 기분이나드라. 아직까지 가와을 들 부친 셈이다. 오늘 일은 실찌 가다학구 일은 다 했따고 생각한 것이 도랑가 논바닥을 물 반을 보니까 매기탕 상단가 논바닥과 같이 돼드라. 그래서 가와을 드 부치서 40센치는 도다야 매기탕이 될 것 같다서 앞푸로 하로 더 해야 할 것 같다.

"부인은 오늘 김천 어니내 아들 결혼식이 내일이라서 오늘은 음식이라도 한다고 그 들어주로 간다고 해서 자신은 애일도 죽두록 하고 무엇 하는데 힘들두록 가서 일을 하여줄라고 해서 나 도와줄 놈은 업는데 부인 힘드는데 오후에 가라고 했뜬이 남외 일 바주로 가도 아침 일적 가는데 언니내 일 가면서 너깨 가면 안 댄다고 아침 일적 갈라고고 하든 부인이 이것 저것 다 보든니 미차 스들지 못해서 그진 정심시간 가까어 질 때에 집배서 나스게 돼어쓰며 그때사 아빠가 너개 가라고 해서 이래 돼어따고 원망을 해서 자신은 잘 같따오라고 하고서는 들래 일 하로 같쓰다."
"사실 자신은 부인이 내 일도 힘들게 하고서 남외 일하는 것은 재일 실어하는 편이다. 남편이 부인이 남외 일하는 것 좋아하는 남편은 업깨찌만 나 자신은 남들보다 부인이 남외 일하는 것은 아주 실어한다. 외냐 자신의 일이 넘어 만아서 부인의 고충이 너무 크다고 생각을 하고 잇쓰니까. 남들은 돈 버는 일은 좋아서 일들을 하고 잇찌만 자신은 부인이 힘으로 돈 버는 일은 다들 실어하는 편이다. 나 자신은 부인이 하늘 같고 때론 나의 부모처름 너켜질 때도 잇쓰며 요줌 같떠며 부인을 하로만 뜰어지서 살라가라고 한다면 죽어도 못할 것 같다. 마음 하나는 내 부인 따라 올 사람 업따고 생각을 하며 나 자신은 하로하로 생활들이 행복에 푹 저서 하로하로 살라가면 세월 가는 것이 원통하다고 말을 하고 십다."
지출에 … 농업용 전기 값 1,680원 보험료 값 15,000
계 1,680원[177)]

〈1994년 12월 25일 일요일 날씨 맑음〉
오늘은 김천 동서 아들 결혼식을 봉화 영빈 예식장에서 식을 올리는데 김천서 금천관광버스로 가는데 3시간이 걸리며 예식장 가는 시간이 지류하기 짝이 업쓰며 오늘 부인은 차멀미을 조금 하여쓰며 자신도 아주 지류한 시간이 돼어따고 본다.
"김천 동서는 딸 5섯이 다들 결혼을 하여서 아들 가진 것과 딸들이 다들 잘 살고 잇쓰서 오늘 보기에도 좋아 보이드라. 김천 동서는 아직 미혼이 2 둘이나 잇쓰서 극정은 돼게찌만 이미 결혼식을 올린 자식들은 잘들 살고 잇쓰니 그 기쁨을 만킹할 수 잇따고 보며 자식 만은 것도 키울 때 힘드는 고통보다 다 치루고 난 뒤에 자식들이 짝을 지어서 잘 살라는 그 가정을 보고 잇는 기기쁨이 더 좋을이라고 본다."
"오늘 부인은 정골가든에서 정심식사을 하는데 자신을 너무 선기는데 주위 보기에 미안한 점이드라. 그것도 내 주위에는 처남과 선둘 처영이 잇는데 좋은 음식을 자신한태 건하여서 미안한 감이 들며 부인은 평소 때와 똑같이 남편을 선기지만 오늘 자석에서는 남들 보기에 더한 너킴이 들어서 주위에 보기에 미안하드라."
"오늘 부주을 선둘 동서가 적개 할려고 들어서 자신이 부주을 더 하기에도 멋하여서 선둘 동서 하는 돼로 50,000워 하여다."
지출에 … 택시비 값 4,000원
부주 50,000원
계 54,000원

〈1994년 12월 26일 월요일 날씨 흐림〉
오늘 지질 때문에 아무 일도 못하고 휴식을 하고 마랐다. 금년 들어서 처음 일을 못하게 발생을 하여쓰며 그 전사는 지질이 발생을 하여도 일을 할 수가 잇쓰는데 이번 발생한 지질 때문에 일을 못하고 종일 동안 휴식을 하여다.
"김천원예조합에서 처음으로 한원 사업으로 요소 비료 2포식 주드라. 우리 마을에 15명원 작과나무을 남들보다 만이 가진 득으로 한 품도 투자도 하지 않코 득을 보고

177) 실제 계산은 16,680원이나 1,680원으로 잘못 기록하였다.

잇쓰며 조합장 선거 때만 돼며 대접을 잘 받고는 하며 원예조합원이 된 것이 마음에 허무한 감을 가지게 돼는구나."

〈1994년 12월 27일 화요일 날씨 맑음〉

오늘은 육촌 형님네 트랙터 노타리을 하기 위하여 노타리 날을 갈라너는 작업을 하여쓰며 오후는 노타리을 하여쓰며 노타리을 하는데 밭이라서 노타리는 수라더라.

"오늘은 내년에 집을 짓을 준비을 하기 위하여 부인은 설 모 업는 물건들을 가리내서 쓰레기로 버리는 일을 하여다. 아직도 쓰레기로 버릴 물건들이 아주 만이 잇따고 본다."

〈1994년 12월 28일 수요일 날씨 맑음〉

오늘은 산업도로 학포장하는데 심위원으로 아포면사모소 회위실로 오라고 해서 갈든이 동 대표와 학포장에 들어가는 지주들이 관개 장급들이 참석을 하여서며 회위 가정에서 군청 직원이 보상 문재 이야기가 나오는돼 보사을 적개 책증을 할려고 드는 너킴과 보상에 대해 해피을 할려고 해서 자신이 열을 올리쓰며 자신은 심위원으로 발탁이 댄 사람이 협조는 하지 않코 오희려 헌들어논 회이장이 돼어따고 본다. 자신은 주장한 것이 기존 도로을 따라서 학포장이 돼다면 보상 문재는 별로 삼지 않캐찌만 기존 도로을 따라서 내개 돼면 공사비 만이 들어간다는 명목으로 원도로을 이탈 해서 도로을 낼 때는 응당한 보상가을 지불해야 한다고 주장을 하여다.

"오늘 심위원을 오라고 할 때는 감정원들이 감정을 하여서 보상 당가을 결정을 하여낮따고 보는돼 오늘 심위이원들의 생각가 평가 기준 금액이 너무 차이가 나니까 공개을 하지 않코 그냥 말드라."

"이번 도로 부지로 들어가는 사람만 손에을 본다고 보며 도로 부지로 들어가는 사람 중 농사을 표기하는 사람들은 좋을란지 몰라도 자신으로 바서 농사을 짓을 사람은 땅을 대투로 할 자리가 업쓸 뿐 아니라 낭비돼는 수가 만을 것으로 볼 때에 득보다 손실이 만을 것으로 본다."

〈1994년 12월 29일 목요일 날씨 맑음〉

오늘은 우리 집 대청소 날이라고 말을 해도 가연이 아니다. 부인은 95年 1月 1日부터 쓰레기 종량재을 실시을 하면 쓰레기 량만큼 돈을 낸다고 오늘도 쓰레기 내는데 부인은 시간을 다 쓰따고 말을 하고 십다. 자신은 내년에 세집을 짓키 위하여 경운기 가닥달란 것을 떠드버리쓰며 시간이 모자라서 쓰레트만 떳든 일만 하여다.

오늘 오후에는 늑둘래 매기탕 공사는 오늘 오후로 가와 부치는 공사일은 끝을 냇다. 이 공사는 업자에깨 하청을 주어쓰며 메 백만 원 공사는 됀다고 생각을 한다.

"94年는 우리 농민들을 허탈하게 만들어쓰며 우리 농민들은 올해보다 비지땀을 만이 흙린 해가 업쓰며 94年도라고 볼 때 우리 농민은 가슴 아푼 해라고 말을 하고 십다. 외냐하면 정부에서는 매상량을 줄라쓰며 그기 따라 매상 가격도 동결을 하여서 우리 농민들을 수도작을 짓는데 밑천은 들어가고 매상 가격은 작년도 가격이니 이것은 우리 농민들의 가슴에 못을 밖는 것이나 다름이 업다. 그리고 우리 농민들 집집마다 벼가마니는 마당으로 싸여잇쓰며 이것들이 흙개 상인들에깨 내야 하는 심정을 누가 알라준단 말인가. 이 아품은 우리 농민들은 영혼히 살라저지 않으라고 본다."

〈1994년 12월 30일 금요일 날씨 맑음〉

오늘로서 매기탕 공사는 공구리을 폭크렌으로 칯쓰며 오늘 공구리 작업과 쌍구로 빠지는 구름에 물 막이 하는돼 철문을 돼고 공구리 작업을 하는돼 가와 부치는 일들을 하는데 힘이 들어쓰며 이것을 안전희 맡치고 보니 오후 4시경이 돼드라.

오늘 일들은 아래들로 바서는 아주 큰 공사 일이다. 아래들을 가지고 잇는 사람들은 오늘 공사로 물 돼는 일은 아주 그만이라고 본다. 특희 자신이 물 돼다고 밤잠을 안자고 설치는 일은 앞푸로 업쓸 것 같다.

"오늘도 하로 해가 조금 남은 시간을 집 치는 일을 하여쓰며 집 치우는데 무선 물건들이 외 거래 만은지 한이 업다고 본다."

"오늘 저녁을 먹을 직전에 을술이 형수가 정기적금 한 것을 빼어달라고 이야기을 하는데 난감하기 짝이 업드라. 자신이 돈 장래을 나와서 속을 썩키지 않은 적이 업쓰며 돈을 주고 결국은 얼굴을 불키는 일곡 대곤 하여서 이재는 은행에 적금으로 돈 회전을 해야 한다고 결심을 하여다. 사체는 실지 돈도 불구지도 못하고 돈 바들 때는 마음의 상쳐을 주어서 이재는 사체노리는 하지 않캐다는 결심을 하여는돼 을술리 형수가 돈을 달라고 하는데 적금이라서 안 댄다고 이야기 하는데 힘이 들어쓰며 을술이 형수가 가면서 아주 실어하는 것을 볼 때에 자신의 가슴이 아푸다. 외냐 자신이 돈이 만아서 공동으로 줄 수 잇는 능력이 잇따면 을마나 좋으리만 그려치 않코 오늘 당하고 마는 자신이 참키가 힘이 더는 날이 돼고 마랐다."

"오늘 을술이 형수는 빛이 만은 사람며 이분은 빚은 마은 사람이지만 사람의 본심은 아주 조흔 사람이다. 그른돼 돈 거리는 힘이 더는 분이라서 돈을 이용하여 주지 않아다."

〈1994년 12월 31일 토요일 날씨 맑음〉

94年도가 오늘로서 저물어가는구나. 금년 한 해는 어느 해보다 분주하게 보낸 해라고 말을 하고 십다. 분주하게 보낸 해가 결과가 농민의 가슴에 못을 밖아따고 말을 하고 십다. 외냐 정부가 매상량 줄리고 수매값 동결로 우리 농민들 여름 네 한발로 싸온 대까가 허사로 돌라가고 같쓰며 우리 농민들은 쌀농사을 외면해야 하며 농민들은 여름 내 땀 흙린 대까가 업쓰서 큰 실망을 하는 해가 돼고 마랐다.

우리 조상들은 땅을 버리면 다들 죽는 줄 알고 땅을 자기 몸보다 더 악키고 더 사랑한 땅이 이재 와서 외면해야 하며 땅을 버리고 다들 일을 해야 돼니 이것은 흐르는 세월 탓이 아니라 정부 정치인들의 실수로 이런 뼈아품이 농민들의 가슴에 밖혀야 했딴 말인가. 이 책임은 정치인 저야 한다고 본다.

"그리고 94년도는 우리 부부가 열심희 일을 해와따고 생각을 하며 내 부인은 남편 선길라네 바픈 시간에 이마에 땀을 딱을 시간도 업시 그저 흐르는 이마의 땀을 소매자락으로 무지러버리는 부인의 모섭들이 94년도을 뒤로 할 때에 그 모섭들이 자신의 머리 떠오르고 잊꾸나. 내 부인은 남편을 위하여 이 세상을 살라가는 사람괕다. 그리고 자신은 부인을 하늘 같이 바들어주어야 하는데 늙 몸이 따라주지 못해따고 보며 늙 연말이 돼며 내 부인에께 부족하여따고 생각을 한다. 새해는 내 부인 내가 아켜주지 않으며 누가 한단 말인가. 새해부터는 부인을 사랑하고 아키주고 몸과 마음이 다 함게 여서 새해는 나의 신조로 걸고 아켜주며 사랑할 끄다."

"95년도 우리 가족의 건강을 빌며 우리 가족 소원들이 다들 이루지는 95년도가 돼두록 고개 숙여 소망을 마란다."

"새해는 부인을 더 사랑하고 다 아켜주는 해가 돼두록 이 남편 노력하는 95년도을 만들겟다."

지출에 이앙기 결산하는데 80,000원

수입에 … 운이 회사 근무 때 봉금 미수금 130,000원

1995년

〈1995년 1월 1일 일요일 날씨 맑음〉
새해는 우리가정에 할려는 일들 다들 이루어지고 우리 식구들 건강하며 95년도 아주 밝은 해가 돼두록 기온을 하고 십다. 그리고 올해는 우리 농민들 가섬에도 밝은 우섬을 가질 수 잇는 돼어 주어며 하는 바람이다.
"올해는 부인을 존경을 하는 해가 돼두록 노력하게다. 자신은 내주위로 살라 왔따고 보며 새해는 부인 말과 뜻을 존중하여서 실천을 할 것이다."
"오늘은 부인은 동시들과 같이 용학이 부인이 병원에서 옥동자을 분만 했따고 병원으로 아이 보로 간다고 같쓰며 자신은 오전내 휴식을 하고 오후에는 포도나무 전정을 좀 하여다.
"그리고 오늘로서 배추농사을 짓은 것을 김천 처형주는 것으로 끝을 냇다. 자신은 배추, 무우, 농사을 짓는다고 힘은 들어도 주는 사람이 여롯이라서 조금식 나누어주며 받는 사람들은 올마돼지 않아서 별고마움도 업시 마지하게 돼며 주는사람 육채적인 고통이 따리고 잇따고 본다. 자신도 이재는 채소밭을 한곳은 파라서 이재는 채소 농사을 짓어서 줄것이 업쓰며 팔때는 서운하드니 이재와서 부인의 수고 줄어 들것을 생각을 하니 잘돼어따고 생각이 더는구나.

〈1995년 1월 2일 월요일 날씨 맑음〉
오늘 오전은 티부이 방송에서 아버지 위치자리 주제로 아침 마당 방송에서 아버지 자리을 두고 이야기을 하는 자식들 이야기을 하는 것을 보고 눈시울 떠거어다. 자신도 부모님을 일은 적이 자식의 한사람이 이 방송 청치 할 때 눈물을 흙리다. 부모을 일어버리지 못한 자식은 부모의 깊픈 속을 알수가 업다. 부모을 가진 자식들은 다들 복이 잇는 사람이라고 말을 하고 십다.
오후에는 포도나무 전정을 하여쓰며 오늘은 봄날씨 처름 포근함을 너키며 오늘은 봄이 오지 않아는가 하는 착각이 드는구나. 올해는 이상기온이 밝생을 하고 잇는데 새해는 정상기온을 유지을 하여서 우리 농민들 가슴에 멍들지 않투록 하여주어쓰며 한다.
"자신이 볼 때에 전문대학 나온 아들이 취업이 잘 댄다고 이야기을 하고 잇는데 나 자신은 그르치 않타고 본다. 전문대학 학생들은 정기대학생들래깨 눌리고 믿투론 상과 고등학교 학생들에 눌리고 잇쓰니 이것은 취업문이 아주 좁따고 생각을 한다."

〈1995년 1월 3일 화요일 날씨 눈〉
오늘 오전으로서 포도나무 전정을 하여쓰며 요줌 전정은 시간이 나는돼로 전정을 하여서 일수가 만이 지연 돼어따고 생각을 한다. 자신은 음력 설동안 작과나무 전정만 한다는 계핵을 새우서 작업을 하고 잇다.
"오늘 오후에는 눈빨리 휘날리면 눈 오는 모섭이 만이 올 것 같은 날씨라서 자신이 새집을 짓키 위하여 쓰레기을 태우기 위하여 산무드기 쳐름 싸두어 뜬 것을 눈, 비가 오면 불태어 버릴 욕심으로 오늘 기다리따고 본다. 오늘 이것을 태우는 자신은 상당이 놀랐다. 외냐하면 불길이 하늘 높이 솟꾸치는데 정말 놀라다. 사람이 이러다가 불을 낸다는 너킴을 받아다."
"오늘은 집탑씨이 태우는돼 하늘 높이 불기둥 때문에 가슴이 벌렁이두록 놀란 하로라고 말을 하고 십꾸나."
"우리 운이가 운전면회증을 따기위하여 학원을 빠짐업시 다니고 잇는돼 이 아빠는 실기는 운이 충분이 하고 남음이 잇따고 생각을 하고 잇는데 필기가 학격을 할 수 잇쓸까 극정이 만이 돼고 잇다."
"우리 운이가 자랄수록 미듬이 가는 너킴을 이 아빠가 가지두록 운이가 자라주어서 정말 고맏다."
"이 아빠는 운이가 자라는 가쟁들이 애건남이 업시 간다면 큰 욕심을 부리지 않으리라."
"오늘 눈빨은 금새라도 소복이 싸일 수 잇는 눈빨리 내리는데 기온이 따뜻해서 오는 눈이 싸이지 않코 다들 녹아버리는 것을 보고 이노라니 이 마음이 안스렵꾸나. 저 눈이 녹지 않코 소복이 싸여준다면 내 마음 편하게녓는되 오는 돼로 다들 녹아버리서 물이 돼고 마니 마음이 우울하여진다고 말을 하고 십꾸나"

〈1995년 1월 4일 수요일 날씨 눈〉

이재 눈빨로 오늘 기온이 내리가서 아무 일도 몾 하두록 거북한 날씨여따고 생각을 한다. 일기불순으로 오늘 동사무소에 놀로 온 사람들이 만터라. 오늘도 날씨가 변득이 심해쓰며 오늘도 눈빨리 조금 위날리는 날씨을 보여다.
"내 부인은 남편을 위하여 살라오는 사람처름 남편에 따뜻하게 대회주는 부인 늙고 말고 새해들어 더욱 더 따뜻함을 대해주며 남편의 한사람으로 늙 부인에 대회 부족함을 가지고 잇다. 자신도 새해부터는 부인을 위하여 살라가는 남편이 대개노라."

〈1995년 1월 5일 목요일 날씨 눈〉

오늘은 우리 마을 정기 총회을 하여서 그리고 우리 마을은 동소임을 오늘날까지 쓰와쓰며 올해는 동소임 희망을 하는 사람이 업키 때문에 금년에는 소임업시 동장 한사람으로 동네일을 보기로 하여쓰며 그대신 소임주는 문거비을 가구당 10斤식 올리주기로 하여서 동장문거비가 종전에 35斤에서 내년부터는 45斤으로 올랐다.
"우리 혜영이 취업문재가 갈수록 극정이 더 돼고 잇꾸나. 고등학교 나온 아들은 공장결로자로 올마든지 갈수가 잇는돼 전문대학이라도 하여따고 경리직으로 갈려고 하니 취업자리가 업꾸나. 고학년일수록 취업이 어러지고 잇꾸나."

〈1995년 1월 6일 금요일 날씨 맑음〉

오늘은 벼가마니을 상인예깨 내는돼 한번 저울질을 하는데 셋가마니식 다는돼 200g, 300g 더 나가는 것은 때어내며 그리고 풋대 근수도 300g쳐고 잇쓰니 이것은 상인들 마음대로 벼가마니을 떠는 편이며 자신은 큰 푸대로 56개, 적은 풋대가 4가마, 총 가마니수가 60개을 상인에깨 달라냇쓰니 이것은 매상 가격을 친다면 750,000원 이상 손예을 본 것으로 안다. 이것을 생각하며 정부을 욕을 하고 금년처름 허전한 년말의 심정을 농민이 아니고서는 어느 누구도 알리가 업따고 본다.
우리마을은 요즘 상인들에깨 벼가마니을

앞다투어서 달라내고 잇다. 이것을 (근당) 550원식 달라내고 잇다.

"요줌은 벼가마니 돈을 해도 기분이 좋다는 기분이 업쓰며 이래도 수도작 농사을 짓어야 한단 말인가. 그래도 살기위하여 농사을 농사을 짓어야 하나. 정부에서도 우리 농민을 천대해도 농사를 짓어야 하나. 이것들을 생각을 할 때에 이 허전함을 가지고 내년 농사을 준비해야 됀단 말인가. 이 아품을 아는 정치인이 업단 말인가. 하늘도 무심하구나.

수입에 … 벼가마니 60개을 상인예깨 달린 것이 근당 550원 철고 총 근수 5610근×550원 = 계 3,085,500원.

지출에 … 소포장 가루 1,350원

〈1995년 1월 7일 토요일 날씨 맑음〉

오늘 오전은 형님 벼가마니을 상인에깨 달라 내는 일을 하여쓰며 오리농민들은 올해처름 벼가마니 달라내고 돈이 안 돼는 허전함을 다들 너켜본 적이 잇따고 생각을 한다. 오늘 형님도 35푯대을 상인에깨 달라냈다.

"오후에는 경운기로 쓰레기 태운 것을 실어 내고 두바리 두움 실고서 땔감 두바리 실어 드린 일을 하여쓰며, 오늘 오후는 밥값을 했따는 느킴이 든다. 요줌은 매일 휴식하는 것과 다름이 업는돼 오늘 오후는 조금 갑어치의 일을 하여따고 생각을 한다."

이번 겨울은 눈이라도 소복이 내리서 겨울 가뭄을 해결이 돼어야 하눈돼 겨울드려 쓰면서도 눈, 비가 오지 않아서 과수 피해가 봄이 다가오는 따스한 봄에는 피해가 나타날 것을 생각을 하니 여름내 가뭄 때문에 시달림을 밭아 왔는돼 그것도 부족해서 겨울 한철도 가뭄에 시달리게 하는 날씨가 원망스럽꾸나"

"대구직할시의 관판을 내리고 대구시가 금년부터는 대구광역시로 관판을 내걸어쓰며 95년부터는 대구광역시로 부르게 돼어다."

"정부는 기업인과 다름이 업시 을련하며 이름을 바꾸는 일들을 잘 하는돼 이것은 좋은 일보다 단점이 더 만타고 본다. 인간이 이름이 명예저면 평생을 가지고 살라가는돼 정부나 기업이나 이름 바꾸는 일들이 그리 술해 바꾼다 말인가. 우리 기업들은 기계부품을 4년 넘어면 그 부품을 만들지 않코 다른 부품을 만든다고 볼 때에 의이해서 나라 발전을 기대할 수가 잇단 말인가. 우리 정부도 한심스렵고 기업도 한심스러운 일들만 지속돼고 잇는 것이 불만이다."

〈1995년 1월 8일 일요일 날씨 맑음〉

"당산에 산업도로가 난다면 자신만은 장사집을 짓을 생각을 하고 잇는 줄 알라떠니 사촌 형님도 산이 들어가며 주유소를 할려고 꿈을 꾸고 잇드라. 당산은 길만나게 돼며 상가들어쓸 것 같꾸나. 다들 자신마음과 같은 사람들이 만꾸나."

"오늘 사촌 형님이 자신이 작과 전정을 하고 잇는데 도로나는 위치을 학인하로 왔드라. 그래서 둘리서 도로 이치을 한밝키 돌라 보았쓰며 그 가정에서 주유소 한다는 이야기를 하고 잇드라. 자신도 주유소 위치는 좋을 것으로 내다보고 잇다."

지출에 … 김경수 콤바이 탈곡비값 120,000원 (태성이 객토현장에서 줌)

〈1995년 1월 9일 월요일 날씨 맑음〉

오늘은 성운이 운전면회 시험처는 날이며 면회 시험을 대구가서 본다고 하며 운이가 공부을 하는 것을 보고 필기 시험을 극정을 하여쓰며 결국은 필기시험에 한문재 때문에 떨어젓따고 하드라. 우리 운이가 공부하는 것을 보며 적극성이 업쓰며 아직 미숙하다고 생각을 한다.

"우리 운이가 이번에 면회 시험에 합격을 했드라면 운이 생활이 십계 풀리 갈 것으로 보는돼 이번 시험에 실패해서 푸러가는데 힘이 들것으로 본다."

〈1995년 1월 10일 화요일 날씨 맑음〉

오늘 오전은 혜영이 주민등록 등본 3통을 띠어 왔다. 등본을 갑짝이 이력서 재출하는데 슬라고 시간이 바빠다. 오늘은 혜영이는 학교로 성적표 띠는일 이 아빠는 면사모소로 시간이 바푼 일가라고 본다.

오후는 날씨가 차거어서 다른 일을 하지 못하고 새집 지을 준비하는데 집 치우는 일을 하여쓰며 시간이 나는돼로 집 치우는 일을 하여도 아직 치울 물건이 넘어나 만꾸나.

"요줌 날씨가 가뭄이 심해서 극정이 너무 크구나. 이 가뭄이 여름부터 가을위어 겨울 가뭄까지 더하여 과수 피해는 말을 할끄도 업는 일이며 내년 농사까지 지장이 클 것 같다. 자신의 생각도 겨울 가뭄까지 겹쳐서 이 문제가 여사로 넘어갈 문재가 아닌 것 같꾸나."

"오늘 혜영이가 중소기업체에 이력서을 재출 하여는데 이번에는 입사을 해야 하는데 경리뽑는돼 면접을 두 번식이나 해야지 합격 여부을 알수가 잇따니 (이중) (빽,) 줄, 다 따지면 빽업는 사람들은 다들 들놀리만 하는 것이 아닌가 할 때에 그 마음 아품이야 말로 다 할 수 업꾸나.

지출에 … 등본값 3통 180원 버스비값
1,580원.

〈1995년 1월 11일 수요일 날씨 맑음〉

오늘은 부인과 둘리서 대구 사촌 누님 남편이 경대 병원에서 간암으로 이번했따고 하여서 그리고 살매 회생은 업따고 해서 부인과 두리서 시간을 내서 면회을 같든이 사람은 고생을 만이 하여서 살이라고는 업쓰며 이미 김은 기울어젓따고 생각이 들드라. 이분이야말로 국민학교 교편을 40년 동안 해서 태직금은 상당이 만은 사람이며 결국 돈만 벌어찌 돈 한 푼 쓰보지 못하고 살매 길을 정리을 하고 잇는 것을 볼 때에 정말 건강을 한번 더 생각을 하는 기회 들고는 하는구나. 인간의 생명은 만돼로 하지는 못하지만 인간은 어느정도 살라주야 하는돼 그러치 못 하고 안타가운 생을 살고 잇는 사람이 만은 것을 볼 때에 가슴 아푼 일들이 만꾸나.

지출에 … 버스값 2,380원 택시비값
1,100 열차비값 12,000원
병문안 6,000원 정심 4,600원
계 26,080원
오징어 3,000원
밀감 빵 3,000원
계 6,000원
총계 32,080원

〈1995년 1월 12일 목요일 날씨 맑음〉

이태옥씨 방 내부 됀조 하여달라고 해서 매상준비을 할려고 계핵을 세운 것이 태옥의 형님 건유에 못 익여 매상준비 하는 것은 부인에깨 미루고 자신은 남의 일하로 가고 마랐다.
"남의 일을 종일동안 하고 나니 힘이 만이 더는구나."

〈1995년 1월 13일 금요일 날씨 맑음〉
오늘 오전은 우리 마을에 공판날짜이며 오늘 수매량은 264가마이며 이것을 돼기 위하여 온농민이 수매을 하기 위하여 만은 일력들이 동원이 돼며 오늘 수매량은 한 집에 다주어도 시원찬은 수매량을 온 농민 두부 나누더시 다들 돼니 최고 만이 돌라가는 사람이 11개 보통 5가마 수매 할당을 준 정부. 입부론 농민들을 생각한다 법석을 부리고 잇쓰며 하나에서 10가지가 다 기욱질 나는 정치을 하고 잇다. 외냐 오늘도 매상량을 본다면 술집에 술갑주라고 평균 3가마도 못 돼게 준 것이라고 말을 하고 십다. 정부에서 농민을 조금이라도 생각을 했따면 2차 공판돼 부치서 다들 주어쓰야 한다고 본다.
오늘 자신은 매상을 10가마 돼어쓰며 이것을 돼기 위하여 오전 내 시간을 다 보내쓰며 이것은 정부로 바도 큰손실이다. 외냐 오늘 매상에 따린 일력들이 수도 업따고 본다.
"오늘 오후에는 이태옥씨 댄조하는돼 그들어 주어쓰며 이태옥씨는 자기 일하는돼 그들어 주어도 시원찬은돼 먼저 술예 취해서 일하는 사람은 어떠게 하든 말든 집배가서 잠만 자고 잇쓰니 생각을 할수록 기가 찬다. 이것도 두 번째는 신발을 감추고 잠을 잔다고 할 때 자신이 다 치가 떨리며 천동매재는 오늘이 삼일째로 아는돼 속석이는 일을 하고 잇따고 보며, 남들이 생각을 할 때에 일을 그만두고 갈 일이 하로 첫고도 수 십 번 들 것 같다."
"자신이 오늘 동사무소 내부 수리을 하여보니 이태옥씨가 동사무소을 20,000,000원 주고 산 것이 너무나 비싼 금액이라고 생각을 하며 이태옥씨는 동사무소 사따고 좋아하고 잇찌만 수리비을 다 친다면 음청난 금액이라고 말을 하고 십다."
"이태옥씨는 집을 샀는돼 처음은 별로 집갑씨 비싸도 생각지 않아는돼 자신이 어재 오늘 일을 하여보니 바가지 쓴 값이라고 말을 하고 십프며 집수리에 만은 투자을 해도 그 가치는 차절 수 업는 집이라고 말을 하고 십다.
수입에 매상 10가마 1등 478,200원
조합직원에 달라낸 것이 12가마

〈1995년 1월 14일 토요일 날씨 맑음〉
오늘 날씨는 기온이 내리가서 일하기가 그북하여서 종일 동안 휴식을 하여다. 오늘은 겨울들어서고는 재일 추원 날이라고 말을 하고 십다.
그리고 오늘 혜영이가 이력서 재출 할 때에 면담을 하는돼 자기 담점을 무려보는돼 나의 담점은 고집이라고 이야기을 하여서며 그리고 태평양 금속 회사에 이력서 재출하여서 상고을 나오지 않아서 밀리났따는 이야기을 하여따고 해서 면담 보는돼 그따이 말을 했다고 이 아빠가 생야단을 치곤 하여쓰며 내가 기업주라도 고집잇따는 사원을 쓰지 않캐다 하고 호돼게 꾸중을 하여쓰며 그래도 내딸이 성적이 좋으니 14日날 전화로 알리 준다고 해서 실날같은 기대을 하여는돼 그만 숲푸로 돌라가고 마랐다. 부모로서는 학교 식킬 때는 부담이라고 생각지 않는구나. 막상 학교을 끝을 내고 취업문재

신경이 쓰여지는 심정은 정말 크구나.

〈1995년 1월 15일 일요일 날씨 맑음〉

오늘로서 일기가 안전희 풀어지는 날씨가 돼어서 작과나무 전정하는돼 불편함이 업꾸나. 앞푸로 이른 날씨가 지속됀다면 전정하는돼 큰도심이 잇쓸 것으로 내다본다.
“요먼저 우리마을로 들어온 공구동씨라고 하는 사람이 우리 마을 냇방천에서 염소 농장을 하고 잇는돼 공사사장에게 자신의 딸 취직 부탁을 했뜬이 오늘 자신한테 전화로 딸 코오롱 회사에 부탁을 하여 났따면서 농장에 일꾼 새로 탁주 2병을 사주라고 전화가 왔따기에 자신은 들래서 저녁을 먹을 때에 들어와서 탁주 심부름을 하지 못 해서 자신이 돌래 잇따 이재와서 심부름을 못 해따고 공씨 자택으로 전화를 하니 이시간이라 좋으니 탁주 2병만 갇다주라고 하드라. 이것을 뜩고는 불캐하드라. 외냐 코롱회사는 큰 회사는 공채로 직원을 뽑는줄 아는돼 부탁을 했따면서 자신한태 사기를 치고 잇다. 자신은 공씨가 부록카라는 것은 알고 잇쓰며 이사람은 아무나 부록카 대상으로 알고 잇꾸나. 자신이 공씨을 잘못 밭꾸나. 이번 심부름은 그냥 속아 주는 것이며 다음은 이른 행동을 한다면 그냥두라고 호돼게 칠 작정이다.”
지출에 … 탁주값 1,600원

〈1995년 1월 16일 월요일 날씨 맑음〉

오늘 오전은 아포면 회위실래서 포도교육을 하여쓰며 오늘 포도교육은 금릉군이 김천시로 통합을 한 후에 처음 포도 교육을 하여쓰며 오늘 포도 강사는 월래 김천시내 근무을 한 사람이라고 이야기를 하는돼 강사 쳐고 교육을 잘하며 자신이 여때것 받아앗찌만 오늘처름 알들안 교육은 업쓰따고 본다.
오늘 오후에는 작과나무 전정을 하여쓰며 전정을 하면서도 작과나무가 다들 말라 죽은 가지가 너무들 만아서 전정을 하는 마음도 편찌 않꾸나. 이래도 봄이 돼어서 움이 돗아 날 때는 죽은 가지가 더 늙어 날 것을 생각을 하니 작과 나무와 정이 멀어지는구나.
지출에 … 버스비값 580원

〈1995년 1월 17일 화요일 날씨 맑음〉

일본은 대지진이 광도가 7도라고 일본 한시가지가 안전이 내리안자쓰며 그야말로 싹쓰리 하여쓰며 우리가 티부이로 볼 때에 피참하기 짝이 업쓰보이는돼 당하는 사람이야 말로 그 피참을 다 할 수 잇쓸까. 일본은 강대국이라고 하지만 지진 때문에 일본은 망한다고 생각을 한다. 현재로 일본 대지진 피해을 본다면 사망이 3,021명 실종 869명 이재민 14,572명 가옥피해 20,400체가 넘는다고 이야기을 하니 정말 큰 피해라고 말을 하고 십다.
“오늘은 날씨가 봄날을 연상캐 한다. 작과나무 전정을 하는돼 등골짝에는 땀이 나고 잇쓰니 봄이 눈앞패 온다는 정신호라고 말을 하고 십다. 그른돼 인간이 그처름 고대하고 잇는 눈빨이 오지 않코 잇단 말이냐. 우리 농민들 가슴을 태우고 잇단 말인가. 숨박한 가슴에 물드리고 잇단 말인가. 이재는 날씨마저 원망스럽꾸나.

〈1995년 1월 18일 수요일 날씨 흐림〉

요줌 부인은 하로 생활이 아주 절거운 표정

으로 보내고 잇따는 것을 부인의 행동으로 알 수 잇쓰며 자신은 부인이 좋아하고 잇쓸 때에 정말 남편이 저르게 좋을까 정말 저르게 좋을까 하고 의심이 갈 때도 잇다. 부인은 요줌 생활을 바서는 너무나 좋은 얼굴을 보일 때에 생전 늙찌 않으리라고 본다. 남편의 한사람으로 부인의 명랑한 그 모섭을 보고 잇쓸 때에 정말 고맙다. 내 부인이 명랑한 그 모섭을 볼 때에 무엇이 아까우리까. 내 마음도 따라서 절거지는구나. 여보 절거운 그 모섭을 볼 때에 남편의 몸으로 어떠게 보답을 다 하리까. 여보 정말 고맙따는 소리밖에 몿 하고 잇는 이 남편 마음로 몸으로 감싸주는 안내가 돼어주십시요. 이 남편은 알몸으로 그대의 마음과 육체을 감싸 주리다. 요보 늙 건강을 빌게노라.

"오늘 오전은 경옥이 엄마가 벼집 산 논들을 모른다고 자신한 때에 오늘 10시에 가지로 온다고 하며 논자리만 갈치 주라고 이야기을 해서 이것을 거절을 몿 하고 대답을 하여뜬이 오늘 집실어로 온다는 사람이 오후 2시가 돼어도 사람이 오지 않아서 내 일만 낭패을 한 셈이며 자신은 남의 부탁을 거절을 몿 하는 성격이라서 피해을 드로 보는 편이다. 오늘도 당한 셈이며 자신은 늙 이득을 생각을 하지 않코 약속을 하곤 하는돼 이것을 좀 자재을 하여야 할 것 같다."

"오늘은 오후만 전정을 하여다."

〈1995년 1월 19일 목요일 날씨 맑음〉

오늘도 봄날을 연상께 하여쓰며 전정일도 낢씨가 깨적하니 일이 훍신 만이돼며 이대로 간다면 개핵돼로 작업이 실천이 댈 것 같다. 자신이 개핵을 세운 것은 포도 전정과 당산 작과나무 전정은 설안내까지 다 한다는 계핵을 세어다.

"우리 혜영이가 오늘도 구미상공 회이소에 취직문재로 갇뜬이 행정 요원이 아니고 이국사람 접대한다고 한다면서 또 헛거름을 하고 마랐다. 아들학교 들어가는 것보다 취직 고통이 더 만타고 본다. 혜영이가 취직 문재로 4번 도전을 한 셈이다."

〈1995년 1월 20일 금요일 날씨 맑음〉

오늘을 저녁을 온 식구가 한자리에서 저녁을 먹고 잇는되 티부이 방송에 한 남편이 13년간 부인의 병관호 내역이 방연이 돼는데 이 남편은 부인의 간절로 거동도 몿 할 뿐 아니라 숯갈질도 못 하고 잇는 부인을 위하여 손발돼어주는 남편을 보고는 자신은 이 가정을 쭉본 느킴을 이야기한다면 부인보기에 부끄럽드라. 자신의 속으로는 나 자신은 부인한태 잘하고 잇따고 생각을 하는돼 오늘 티부이 푸로에 부인의 병간호로 13년동안 부인의 손발이 돼어주는 것을 보고는 나 자신은 부인한태 잘하여 준다고는 말자체도 끄내서는 안 댄다고 바야한다. 나 자신이 이 푸로을 보고서는 나 자신은 부인예깨 저르깨 하여준다고는 꿈에도 생각지 몿 하고 잇다.

"오늘 방송을 보고는 부인예깨 사랑을 더 배풀어야 할 것 같다. 자신은 이 푸로 보기 전에는 자신도 부인에깨 90점 이상돼는 남편이라고 생각을 하여는돼 오늘은 남편의 점수을 본다면 40점 정도로 보고 십다. 오늘방송은 나의 마음을 살찌게 하는 방송이 돼어따고 생각을 한다."

"오늘 작과 나무 전정을 하여쓰며 오늘은 부인도 나와서 전지목을 주어모두는 일을 하여다. 오늘을 날씨마저 따뜻하여서 부인까지 동원이 돼서 오늘 일은 절거운 일이 돼어다.
지출에 … 화장지값 3,900원

〈1995년 1월 21일 토요일 날씨 흐림〉
오늘로서 당산 작과나무 전정을 오늘로서 안전이 하여다. 그른돼 전정을 하여찌만 과일농사을 짓을 수가 잇쓸란지 몰겠다. 산업도로 사업공사을 일적 시작을 한다면 자신이 작과나무 전정하는돼 힘만 들어찌 아무른 소득이 업는 일을 겨울내 하여다고 바야 한다.
기상대는 오늘 저녁부터 비가 조금 온다고 예보을 하는데 기상대 예보가 빗나가서 만은 비가 왔주어쓰며 한다. 겨울 가뭄이 봄 가뭄까지 간다면 농민의 고통은 무어라 말로 할 수가 업는 고통이 따리게 됀다. 이번 비는 눈이오든 비가오든 만이만 와달라는 부탁을 하고 십다.

〈1995년 1월 22일 일요일 날씨 비〉
오늘 비오는 모섭이 그리 시원찬은 비가 내리나 목마르게 기다리고 잇는 농민의 심정을 그다지도 몰라 준단 말인가. 비야 비야 장때비 돼어서 여름 가뭄, 겨울 가뭄 다 해갈을 시키다오. 인간들은 너에 기다림에 지쳐서 인간의 정이 잊저저 간다고 말을 하고 십꾸나.
"오늘은 날씨가 눈, 비, 썩혀 잇는돼 이 눈, 비야말로 땅에 문지 안 날 정도의 비가 돼어쓰니 인간의 안타가움만 더 준 격이 돼어꾸나. 인간의 마음을 협쭉하게 하여준다면 눈이 폭내서 인간의 목까지 내리쓰며 하는 마음인돼 간질나게 비가 내리고 마라서 사람들의 마음을 어덥게 만든 하로가 돼어따고 본다.
"오늘은 비가 내리서 아무 일도 못 하고 종일동안 한 것이라고는 대신 떡방간 가래떡 할려고 오토바이로 갇다준 것 밖에 못 해꾸나."
"요줌 날씨을 생각을 할수록 이상하다. 때로 보나 무엇으로 보아도 비가 푹 올 때로 돼어따고 본다. 외냐 작년 봄부터 비 다운 비가 내리지 않아쓰며 여때것 한발로 농민들 등골짝에 땀만 흙리게 하여찌 농민의 가슴에 협족하두록 비 한번 안아서 이재는 눈이라도 푹 오리라고 생각을 하여왔는돼 그것도 다 숲푸로 돌라같쓰니 그 허망함을 무어라 할 수가 업꾸나."
가래떡 6돼함.

〈1995년 1월 23일 월요일 날씨 맑음〉
어재 비온 것이 문지 안 날 정도로 비가 왔는돼 이것을 오늘 세찬바람으로 다들 건조을 식키고 잇쓰니 매마른 대지에 습기을 준 것도 아주 오랜만인돼 이것을 하로만에 다들 말라버리고 만다니 가슴 아푼 일이다.
일본 대지진 고베시는 현재로 사망인원이 5,000명이 남어쓰고 잇쓰니 일본은 태풍피해, 지진 피해 때문에 일본은 살라 남키가 힘이 들것으로 내다본다.
"오늘은 앞밭태 작과나무 전정을 하여쓰며 앞밭에 작과나무는 죽원 것이 아주 적드라."
"우리 혜영이가 내일 졸업식이라고 학사모을 대여해와서 손질을 한다고 분주한 시간을 보내는 것을 보고 우리 혜영이가 내일로 학교 가정 맡치게 돼어다. 이 아빠는 졸업보도 치업이 더 신경이 쓰여지고 잇다."178)

〈1995년 1월 24일 화요일 날씨 맑음〉

오늘은 혜영이 졸업하는 날이며 이 아빠로서 대학졸업을 첬개시을 한 셈이며 이것도 동생을 먼저 졸업식을 하여쓰며 오늘 졸업식을 한 혜영이는 2년 동안 공부을 하는데 고생이 만아다. 외냐 하면 혜영이는 장학금을 받은 것은 오직 노력으로 장학금을 받아 왔쓰며 이 아빠는 정말 고맙게 생각을 한{다.} 오늘 졸업을 한 혜영이는 노력으로 (전산과) 저의 반에서 1등으로 졸업을 하고 전교에서 3등으로 졸업을 하여쓰며 이것은 이 아빠로서는 음청난 영광이라고 생각을 한다. 오늘 혜영이가 경찰서장상 받아쓰며 부상으로 손목시계을 받아쓰니 부모로서는 정말 고마운 일이며 공부로서 상을 받는 일이야 말로 큰 영광이며 이것은 돈으로도 살 수 업는 일이며, 혜영이로서는 공부한다고 피나는 고충이 따라찌만 무엇보다 오늘 표창장을 받아 온 것이 정말 고맙다.

"오늘 혜영이 졸업식에 형수와 김천 지수, 다들 참석을 하여준돼 돼예서 고맙드라. 그리고 오늘은 좋은 날인돼 정심 대집을 고기로 한택 잘 내라고 부인한태 부탁을 하여다."

"오늘은 앞밭에 작과나무 전정을 하여쓰며 자신이 전정을 하는돼 친구가 와서 전정을 하다말고 휴식을 하는 바람에 오전 전정을 못 한 것을 오후에 그 대까로 전정을 다 한다고 휴식업시 열심희 하여서 개핵대로 다 한다고 고생이 만아다."

"부인은 오늘 졸업식에 참석을 하여서 우리 딸이 졍찰서장 상을 받는 것을 보니 마음이 좋아따면서 좋아하드라."

〈1995년 1월 25일 수요일 날씨 맑음〉

오늘 날씨는 해동하는 날씨라고 말을 하고 십다. 얼른 대지가 녹고 잇쓰니 이재는 봄이 가까운 곳에 잇따는 증거이며 오늘은 날씨가 학 풀리서 양지바른 곳은 땅이 녹아서 걸어다니기도 불편할 정도 녹아 잇쓰며 이재는 땅이 갈수록 녹는다고 바야 하며 금년은 이러타 할 추위는 업시 94年을 보내고 잇따고 바야한다. 겨울추위는 업쓰니까 인간예깨는 좋찌만 한 해의 추위에 큰 눈이 업는 것이 아쉽꾸나.

오늘 오전은 진영 정미기로 방아을 찌어쓰며 아직은 정미기가 곳바로 벼가 현미로 나오는 것이 볼수록 신기하기 짝이 업꾸나 오늘 벼 근수가 91kg에 백미가 67,500g 나오드라. 이 기계가 수명이 을마갈련지는 몰라도 상당이 득이 됀다고 말을 하고 십다. 여태것 마을 정미소에서 부정으로 싹티는 거하며 양족으로 손에을 보앗아따고 본다.

"오늘 오후에는 오전에 전정을 못 한 량을 다 하게따고 오후시간에 일적 스들어서 작업을 일적 스들어도 오전에 못다한 량을 다 할 수가 업드라."

〈1995년 1월 26일 목요일 날씨 맑음〉

오늘은 날씨가 차거어서 아무 일도 하지 못하고 휴식을 하여왔다. 오늘 방에서 휴식을 하면서도 마음은 작과나무 전정하는 기분이 잇쓰며 사람이 마음과 몸이 다함깨 휴식을 하여야 하는데 오늘은 마음의 한쪽만 휴식을 하고 잇쓰니 마음적으로는 편하지 않꾸나.

혜영이는 요줌 취직문재로 불평을 만이 하

---

178) '95年 1月 24日 이점수 壹百萬원 차용하여줌'이라고 일기 지면 상단에 따로 기록되어 있다.

고 잇다. 외냐하면 저의 친구들은 공부을 못한 아이들도 부모의 빽으로 큰 회사에 취직을 하고 잇는 열락을 받고 잇쓸 때마다 아빠는 무엇하느냐고 할 때에 할 말이 업쓰며 구지 할 말은 이 아빠가 국민학교밖에 나오지 않아는데 빽이 잇쓸 수가 잇나. 이 말을 할 때마다 가슴 아푸구나. 티업시 교육을 끝내고 사회에 발을 내뒤기 전에 부정에 가슴마리을 해야 하며 사회 진출에 빽으로 입사을 하는 가정을 보고 잇는 심정 무어라고 소년들은 할 련지 이 아이들은 학교에서 배울 때는 부정이라고는 단어 조차도 잇고 살라왔쓸끈돼 현 사회가 첫거름부터 부정으로 출발을 하고 잇는 것을 볼 때에 사회는 부끄려어 할 줄 알라야 한다.
지출에 … 이발비값 5,000원

〈1995년 1월 27일 금요일 날씨 맑음〉
병원에 갈려고 아침부터 서들어다. 병원 갈 때는 서들지 않으며 약 타는돼도 종일 시간이 걸리기 때문에 일적 서들어야 한다. 요즘 김천 의료원도 손님이 넘무 만으며 김천에서는 김천의료원이 한자 손님이 재일 만타고 생각을 한다. 김천의료원이 한도막[한동안] 손님이 업쓰서 병원문을 닷들지 전까지 도달했는돼 이재는 안전이 종합병원으로 자리을 굳치따고 본다. 그른돼 혈압약 정기적으로 약만 타는 손님은 별또로 치급을 해서 운영을 하며 밭픈 한자들이 시간단축이 돼어서 질료을 밭들 수가 잇따고 보는돼 자신은 운영에 문재점이 잇따고 생각을 한다. 자신은 약 타오는돼 오전시간이 다 걸리며 시간 낭비가 만타고 본다.
"오후에는 작과나무 전정을 하는돼 해가 질무룸에는 세찬바람이 불어서 전정하는 것도 지루하고 해서 시간적으로 일을 더 해도 돼는돼 그만 작업을 일적 마치고 마랐다."
"자신이 작과나무 전정을 하는데 하로 평균 7포기 정도가 몿 돌라가는 편이다. 평균 수치는 날씨가 차가운 점, 작업시간이 을마돼지 않는 점 문재가 잇따고는 하지만 능률이 업따는 것을 시인하고 잇따."
지출에 … 접수비값 2,800원 혈압약 30일치 위장약 30일치가
계 33,700원
버스비값 920원
계 37,420원

〈1995년 1월 28일 토요일 날씨 맑음〉
오늘 오전은 날씨 춥다는 핑계로 아무 일도 하지 않코 태례비전과 오전 시간을 보내쓰며 오전 휴식을 하여보니 마음은 역시 편치 않아서 오후에는 양지바른 당산 작과 나무 묶는 일을 할려고 갈쓰며 만약 일을 하다 춥어며 그냥 올라고 생각을 하고 갈쓴는데 실지 작업을 하여보니 추원날씨는 아닌 것 갈트며 오전에 날씨 춥다고 휴식을 한 것이 아까어며 오전에 휴식을 한 것이 정말 아쉬운 맘을 가짓다. 앞푸론 날씨가 여관 추어도 당산작과 밭에는 을마든지 일을 할 수가 잇따고 생각을 한다.
"사실 오늘부터 설연휴가 돼어쓰며 이번 설은 공휴일 만으며 공직내 몸을 담고 잇는 공무원 들이 특희 좋은 설이라고 말을 하고 십다. 우리 농민들은 이번 설이 아주 좋은 설이 아니라고 말을 더부치고 십꾸나. 외냐 금년내 비지땀으로 벼수학을 하여 왔는데 정부가 매상량에 불신으로 우리 농민이 여름내 한발로 그것도 비지땀으로 벼수학을 한 것을 상인들에깨 헐갑으로 다들 내고 마

라쓰니 우리 농민은 잊찌 몾 할 해라고 말을 하고 십프며 그 여파로 고유의 명절도 밝지 몾 한 해라고 말을 하고 십다."
"우리 농민들이 고유의 설을 명랑하게 반갑계 마지을 해야 연간 좋은 해가 됄끈돼 설의 주인이 밝지 몾 하며 손님은 따라서 밝지 못 한 것은 사실이다. 정부가 농민들을 외면을 하고 잇쓰니 앞푸로의 설이 따라서 우울해질 것을 생각을 하니 가슴이 더 답답꾸나. 정부시책이 달라지지 않코야 농민들은 갈수록 힘들 것은 사실이며 소득은 줄어들것이며 농민의 가슴은 밝지 못 한 상태에서 설을 마지하는돼 그 설이 마음과 몸이 밝아지리까 정말 극정이 돼고 잇다."

〈1995년 1월 29일 월요일 날씨 맑음〉[179)]
오늘은 우리마을 설까지 대청소을 하여쓰며 오늘따라 기온이 내리가서 움직이는데 불편을 가지며 오늘은 날씨 때문에 휴식을 하여다.
"오늘은 집배서 모욕을 하는 것으로 오늘 일가을 보내고 마라쓰며 내 여때것 돈을 주지 않코 집에서 모욕을 해서 묵은 때을 씨쓰버리고 새해를 마지하여 왔다. 내 이러깨 금소하게 살라와도 우리농민들은 여유가 업시 살라가는 실정이다."
"내일이며 부인과 둘이서는 나이을 한살식 먹어야 하며 나 자신이 생각을 할때는 무선 세월이 외이래 빨리가는지 원망스럽꾸나. 자신은 세월을 잡아서 십년을 묵끄두어쓰며 하는 마음이다. 세월을 잡지 몾 하고 한해가는 것이 눈 감짝 할 사이에 다 가버리까 이내 마음 불안하구나."

〈1995년 1월 30일 화요일 날씨 맑음〉[180)]
오늘은 설 준비하는 것으로 오늘 일과을 보내쓰며 설 준비는 여자들이 하기 때문에 남자들은 그날 놀기만 하는 날이라고 말을 부치고 십꾸나. 오늘도 역시 자신도 돼지 돌부리겸 오는돼만 열중하여따고 본다. 우리 또래가 처음 화토노리을 하여쓰며 금년 들어 처음 얼굴을 맡다아 화토노리을 하여따고 본다. 그리고 해가 갈수록 어울리는 시간이 업쓰며 금년 들어서 처음 만나서 놀리따는 것이 미드저지 않을 일이다. 앞푸로 해가 그덥 됀다면 겨울 농항기가 업쓸 것으로 내다본다.
지출에 … 돼지고기값 2kg 100g에 6,400원
수입에 … 화토노리값 24,000원

〈1995년 1월 31일 수요일 날씨 맑음〉[181)]
다들 불항이라고 하지만 그래도 다들 살기 좋은가 바 우리마을 골목마다 이번 설은 승용차 들이 전시품쳐름 줄을 지어 잇는 것을 볼 때에 정말 살기좋은 세상이구나 하는 인식이 들며 한해가 다르게 자가용이 늙어나고 잇는 것이 눈에 표가 나고 잇다.
그리고 우리 형제들이 아무른 사고 업시 다들 건강한 모섭으로 다들 설을 마디 하여쓰며 건강한 모섭으로 한자리에서 모여서 이야기하는 모섭을 볼 때에 너무나 고맙고 감

179) 이 날은 일요일이나 월요일로 잘못 기록하였다.
180) 월요일을 화요일로 잘못 기록하였다.
181) 화요일을 수요일로 잘못 기록하였다.

사하다는 뜻을 남기야 한다는 마음가짐 쓰곤 하는구나. 내년에도 우리형제들 아무른 사고업시 건강하게 한 해을 지키며 밝은 표정으로 다음 설을 마지하게 두손 모아 빌게 노라. 그리고 우리 형제의 화목이 더도 말고 요대로 영혼희 지키주어쓰며 나 자신은 더바라지 않캐노라. 그듭 고맙따는 말을 하고 십다.
지출에 … 조카들세배돈 42,000원

〈1995년 2월 1일 수요일 날씨 맑음〉
이진일씨 개추[계추][182]하는데 개원과 개원이 아닌 사람이 반이나 같쓰며 오늘 개추는 부담업는 준비을 하여서 개추을 한다고 생각을 너켜다. 그리고 그 자리에서 동네남와 잇는 사람 40대에서 60대까지 계을 모어자고 이야기가 나와서 이 계는 다들 참석을 할 결심들을 만이 하고 잇드라.
"오늘은 당산밭으로 산업도로 난다는 것은 학정으로 돼어쓰며 토지보상은 3月달래 준다고 해서 보상을 밭기 전에 당산 밭 대치로 논을 살라고 가격 절충을 하여보라고 사람을 사이에 두어쓰며 이것이 절충이 이루어 질 것으로 내다본다. 자신은 토지 보상금액이 다 쑈다저나오면 땅금이 상성될 것으로 내다보고 미리 땅거래을 할려고 행동을 하여 보앗다."
"그리고 부인은 일적암시 친정에 서울 쳐재와 포항 동서 내외 앗따고 하면서 부인은 오전부터 친정에 같쓰며 자신은 오후 4시 30분경에 처어머님 약 할 (토기) 두바리을 오토바이에 실고서 처어머님 새배인사 드리로 같쓰며 오늘 사실 시간이 넘어 너저서 부인이 간 것으로 인사을 돼신하고 자신은 사실 포기할려고 생각을 하다 부인이 오전부터 어머님에깨 인사하로 가자고 건유을 만이 하여는돼 내 핑계로 오늘 처가을 가지 않코 싹 딱아 버린다면 을마나 서운하게나 하고 생각 끝에 힘을 내서 처가을 간 것이 큰 다행이라고 생각을 한다. 처어머님은 표정이 업는 사람인돼 이번에는 좋아 하드라. 그리고 고맙내 하는 말씀을 들을 때에 내가 오지 완아따면 이 노인내가 을마나 서운 하여깨나 하고 생각이 들드라. 앞푸로 30日 후에 한번 어머님을 배올 작정을 하고 도라왔다."

〈1995년 2월 2일 목요일 날씨 맑음〉
오늘은 50대의 계모임을 하여쓰며 오늘 계는 우리 마을 협동일은 좀드 될런진 몰라도 낭비는 득보다 손실이 드 댈 것으로 내다본다. 그리고 오늘 계모임으로 오늘은 욽판 화토노리 두판으로 하로 일을 보내고 마랐다.
"그리고 오늘 저녁에 형님네 둘째 딸 미숙이 예인을 대리고 와서 어른들례깨 첫인사을 올린다고 열락이 와서 가보앗뜬이 사람이 용숙이 실랑보다 더 났드라. 내가 볼 때에 사람이 순하게 생겨쓰며 사람이 점잔아보이드라."
지출에 … 계모임에 20,000원

〈1995년 2월 3일 금요일 날씨 맑음〉
오늘은 날씨가 너무나 좋아서 일하는 사람이 만아쓰며 자신은 휴식을 할려고 친구들을 차저 다녀쓰며 여르 사람을 찾아쓰며 여

182) 계추는 계모임을 뜻한다.

르사람 중 6명을 잡아서 윷판을 한번 벌리는 정도로 오후 시간을 보내다.

요즘 사람들은 다들 바픈 나머지 길거리에서 노는 사람이 업쓰며 그중 참외을 하는 가정은 눈코 털새 업시 바픈 일가을 보내고 잇따고 말을 하고 십다. 앞푸로 참외 농가가 늘어 갈 것이 이로 인하여 한가하게 시간을 가지고 휴식을 하는 사람이 줄어 들것으로 내다본다.

"내부인과 둘 사이는 시간이 갈수록 정의 깊이가 더 깊프지며 시간이 갈수록 둘 사이는 정이 더 두투어지며 부부의 정을 망킹하고 잇따고 본다."

지출에 … 보험료값 15,750원

〈1995년 2월 4일 토요일 날씨 맑음〉

오늘은 부인친구와 십원짜리 화토노리을 하여쓰며 십원짜리도 일연 사람은 만이 잇을 것 같드라. 자신이 1,000원 이상은 수입을 본 것 같다. 오늘은 화토노리에 우섬으로 시간을 그위 다 보냇따고 생각을 한다. 남녀가 놀면 꽃밭이니 하며 설 때 업는 소리로 절거운 웃섬이 돼어따고 생각을 한다.

"오늘 최종환씨 논형정을 하로 오라고 하드니 처음에는 19,000원 한다고 이야기을 하여놓고 아들이 20,000원 밭아야띠 파라고 한다면서 사람을 오라고 하여놓고 실수을 태연하게 하는 사람 처음 밭쓰며 자신도 매매 정서 쓸 사람을 소리을 하여다가 그것도 취소가 돼니 따라서 실수가 돼드라. 자신도 땅이 갈수록 값어치가 업따는 것을 알고 크게 탐을 내지 않코 잇다."

"혜영이 취직문재로 친구한태 부탁을 하여쓰며 이것도 취직에 푸로수가 아주 적은 친구라고 생각을 마음적으로 생각을 하고 잇찌만 그래도 아는 자리기 잇쓰서 취직을 씨킬련지 모르니까, 그리고 자신이 답답하니까 부탁을 하여보앗다."

"오늘도 혜영이는 구내 상공회이소에 갈쓰며 경리자리을 요구을 하고 잇는돼 고졸 사원을 요구을 한다고 하며 자리가 시원찬아여기며 안 갈라고 할 때에 우리 혜영이가 대기업은 자체에서 양성을 하고 중소기업은 연줄로 취업 알선이 돼고 잇쓰니 우리같이 아는 자리가 업는 사람들은 자녀들을 취직을 할 수가 업꾸나."

〈1995년 2월 5일 일요일 날씨 맑음〉

오전은 부인과 둘리서 당산 작과나무 전정한 것을 주어서 묵끄서며 오후에는 6日날 대장 검사한다고 예약을 해서 오늘 정심부터 검식에 들어 갈쓰며 저녁에는 식들이 안자리에서 밥을 먹는 것을 볼 때에 참기가 힘이 들드라. 그 고통은 당해 본 사람만이 알 수 잇따고 본다.

"그리고 오늘은 처음 고수돕을 하는데 1점에 100원을 첫는데 처음이라서 화토쳐는 요령이 업쓰서 5,000원 일으다. 이 화토는 만이 쳐야 수입을 볼 수가 잇고 이것은 바독모양, 급수가 잇따고 생각을 한다."

"사실 내일 9시 30분이며 자신의 대장검사하는데 아무른 사고가 업쓸끈돼 사실 마음적으로 부탐이 됀다. 자신이 건강해야 우리가족이 행복하게 살라갈 수가 잇는돼 염려대는바 크다."

지출에 … 고수돕에 5,000원

〈1995년 2월 6일 월요일 날씨 맑음〉

오늘은 부인과 둘리서 자신의 대장 찰영을 하기 위하여 김천의료원에 갈쓰며 찰영실 앞패서 순서을 기다리는돼 마음이 불안하여 자신은 부인한태 더 잘해 줄끈돼 하는 아쉬움이 머리에 쓰쳐가며 만약에 큰 병원에 가라고 하며 어떠게 하나 하는 극정, 모든 잡념이 깍차잇는 시간이여따고 생각을 한다. 그려자 자신의 순서가 돼어서 자신의 이름을 부르드라. 그려자 안우로 들어가서 찰영을 하는돼 자신은 창자가 너무나 꼬불꼬불해서 약이 잘 들어 가지 않아서 찰영하는돼 힘이 만이 들어 같쓰며 약이 들어가지 않아서 찰영시간이 너무나 길어쓰며 밭같에서 기다리는 부인은 약이 들어가지 않아서 시간이 지연이 돼는 줄도 모르고 을마나 초조할까 하는 염려가 돼고 잇쓰며 자신도 시간이 지연이 돼니까 몸에 이상이 잇쓰서 그른 것이 아닌가 하고 극정을 하여다. 그래서 찰영하는 사람한태 몸에 이상이 잇쓰서 안 들어 가는 것이 아니냐고 하면서 무르니까 몸에 이상이 업쓰도 때론 약물이 잘 안드려 가는 사람이 잇따고 하드라. 그래서 마음이 좀 안정돼는 너킴을 가질 수가 잇쓰다. 오랜 사간으로 찰영을 끝내고 일내과로 가서 검사 결과을 알라 보라고 해서 일내과을 가니까 오후 3시 30분에 오라고 해서 정심 시간도 돼어꼬 갈 곳이 업쓰서 망쓰리고 잇는돼 부인 언니 집에 가자고 해서 돼지고기 2斤을 들고 동서 집부로 가서 정심을 어드먹고 3시 30분까지 기다리는 시간이 너무나 길며 그 시간에도 부인예깨 말과 행동을 잘해야지 하는 마음이 나의 머리에 깍차 잇쓰며 만약에 큰병원에 가라고 하며 부인은 어떠게 할래 하니까 아무른 극정을 하지 말라고 하며 부인은 손톱만끔도 그른 생각 업따면서 극정을 하지 말라고 하드라. 그르자 동서 집배서 3시에 나와쓰며 김천 의료원에 와서도 1시간을 더기다리느며 그르자 내과 과장이 부르드라. 들어가서 사진을 보고 아무른 이상이 업따고 하며 아무른 극정을 안해도 됀다면서 내과 과장이 좋아하드라. 자신도 만약에 큰 병원에 가라고 하며 어떠게 하나하고 극정을 했는돼 아무른 일이 업따는 내과 가장의 말씀을 덧고는 마음이 노이며 내가 개핵을 세운돼로 할 수가 잇쓰서 기분이 더 좋으며 자신은 만약 자신의 몸에 이상이 잇따고 하며 나의집을 이층으로 한 것을 단층으로 나추어서 곳바로 집을 짓을 작정을 하여는돼 천만다형으로 몸에 이상이 업따니 나의 생각돼로 2층을 지을 작정이다.

지출에 … 쳐형집에 가는돼 돼지고{기}값 5,000원 병원접수비값 2,600원 병원질료비값 6,120원 버스비값 2,040원 계 15,760원

〈1995년 2월 7일 화요일 날씨 맑음〉

오늘은 금릉군이 시로 통합돼고 처음 시청에 자신의 집 경계 측량과 자신의 집이 두 필지로 돼어 잇쓰니 작년에 합필을 한다고 하여는돼 돼어 잇는지 학인을 할겸 시정을 처음 가니 시청이 새건물이라서 우람 하드라. 그리고 건물 자체가 시청쳐고는 적은 것이 탈이며 건물은 잘 지어드라. 자신이 자신의 집이 두필지로 돼어 잇는 것은 통합이 돼어 잇드라. 그래서 법원에는 통합이 안대서 잇는 것은 외그른냐고 무르니까 대장 등본 2통과 지적도 1통, 법원에서 등본 2통과 시청에서 통합하는 세금 3,600원 준 영수증을 가지고 사법소에 접수해야 한다고 해서 이스루을 티기 위하여 법원과 시청

거리가 음청난돼 이 거리을 두 번 다니면서 서류정리을 하여다. 자신은 처음부터 서류 미비로 두 번 다니는 일을 않 알라고 시청 직원한태 서류과 다 같차 젗는지 무르보니까 다 돼서 따고 해서 사법소 가니까 서류 한가지가 빠지따고 해서 두 번 다니는 불펼을 보앗다. 자신은 시청에도 안내자가 잇쓰서 서류절차와 학인을 하여 주는 부서가 잇쓰며 한다.

그리고 우리집 경계 측량은 한끈에 70,000원 한다고 경계 측량을 앞패 한사람 들이 이야기을 해서 자신은 돈을 여유잇씨 가지고 간다고 140,000원 가지고 같뜨니 측량비만 151,400원 달라고 해서 돈이 모자라서 아는 사람이 잇나하고 주위을 도라보곤 하여는 아는 사람은 업고 이 먼거리을 두 번 올 것을 생각을 하니 기가 찬다.

그래서 조금 기다리보앗도 아는 사람은 업쓰니 오후에 오기로 하고 그만 내리와서 조합에 가서 400,000만원 수령을 하여서 정심을 먹고 곳바로 시청을 다시 가는돼 뻐스로 주차장까지 가고 주차장에서 도보로 걸어서 시청까지 가니 시청문을 들어 쓸라니 발거름이 떨어지지 않드라. 그 발거름으로 사모실로 들어가서 오전에 못다한 일을 보고 조금 쉬어따가 시청문을 나와서 법원까지 갈려고 법원 잇는 곳을 쳐다보니 음두가 않나서 택시로 법원까지 간다면 택시비가 배로 갈 것 같아서 중간지점 정루장 입구에 내리서 법원으로 걸어서 같다. 법원 서류을 갈추어서 합필하는 서류을 사법소 내고 나니 이재는 다 했꾸나 하는 안도의 한숨을 실 수가 잇쓰다.

"오늘 일은 시청과 법원 거리가 멀뿐 아니라 반대의 거리에 잇쓰서 일 보는돼 불편하기 짝이 업쓰며 우리 시민의 민원에 도음을 줄 수 잇는 것은 한곳에 잇쓰야 하는돼 반대 방향에 잇는 것은 시민의 편위는 조금도 생각지 않아따고 생각을 한다."

"한가지로 시청을 평을 하여본다면 법원과 시청, 은행, 이른 것들이 한곳에 업는 것이 잘못돼어 잇따고 생각을 한다."

지출에 버스비값 460원 택시비값 1,000원
등기 등본 2통 1,800 대장등본 2통
1,800 지적도 900 시내버스값
290원 하필하는 세금 3,600 법무사
통합대금 26,000 우리집 경계
측량비값 151,400 택시값 1,000
버쓰값 460원 버쓰값 460원
보무는값 122,000원
지출 총금액 311,170원
수입 … 벼집값 84,000원

〈1995년 2월 8일 수요일 날씨 맑음〉

오늘은 안전 봄이라고 착각을 할 정도로 따뜻하며 작과 전정을 하면서 옻을 벗어놓고 일을 하여다. 오늘은 전정을 생각보다 만이 하여다. 그리고 부인은 전정목을 줏는 일을 하곤하여쓰며 작과전정은 앞푸로도 2일은 더 해야 할 것 같꾸나.

"우리 운이가 전문대학 접수 할 때가 다가오니 이 아빠는 큰 극정이 돼는구나 운이가 수능시험 점수가 30점이라니 이 점수로는 아무대도 갈 때가 업쓰니 부모로서 딸들은 전문대학이로도 다들 식키고 아들 하나을 고등학교 끝을 낸다는 것은 이 아빠로서 큰 재악이며 큰 손실이라고 말을 하고 십꾸나. 운이가 부모말을 덧찌 않아서 이른 불행이 따라오는 것이다. 이것을 운이는 아는지 몰게꾸나. 부모가 공부를 하라고 할 때에 조금이라도 했드라면 이른 폐단이 오지 않을 끈돼 생각을 할수록 가슴 아푸구나. 운이가 대학을 가지 못하여 어떠게 해야 잘하는 것인지 감이 잡피지을 않코 잇꾸나."

〈1995년 2월 9일 목요일 날씨 맑음〉

오늘도 전정을 하는데 날씨가 봄날 같으며 웃옷을 벗어놓고 일을 하여쓰며 오늘은 전정하는데 몸이 상당이 필요함을 너켜쓰며 우리 혜지는 아빠 열심희 한다고 아빠는 청춘이 아니니까 좀 쉬어가면서 일을 하라고 하드니 요줌은 체력이 딸리는지 일이 힘드는 너킴을 받고 잇다. 요줌 저녁들은 딸들에깨 어깨을 주물어 달라고 하며 딸심을 만이 빌리고 잇는 실정이다.

"오늘은 부인과 딸이 합세을 하여서 전지목을 주어다. 남들은 전지목을 묶끄서 실어오는 사람이 잇는데 이것을 본 자신은 마음이 바파지고 잇다."

"우리 혜영이가 상공회이소을 불리나게 들리곤 하드니 오늘은 적은 기업체인돼 공장 글로인이 약 100명 돼는 기업체라고 하면서 오늘 6시에 알리준다고 하기에 집배서는 전화로 알리 준다는 것은 다들 미역국 먹은 것이라고 이야기을 하여는데 5시 40분 경 돼어서 회사에 전화 와는돼 정말 일을 할 수 잇는가 다짐을 받고 하드라. 회사에스는 자격증이 만은 사람이 여기와서 일을 할까 극정이 됀다면서 자꾸만 다짐을 받고 잇쓰니 혜영이는 쓰주신다면 열심희 하여 보겟따고 이야기을 하고 잇드라. 한참 이야기을 하드니 내일 9시 30분까지 회사로 나와 달라고 하드라. 이재는 내일 가바야지 근무을 할련지 두고 바야 한다. 전문대학을 나와서 그것도 일등급으로 나와는돼 취직이 힘이 드는구나 우리 혜영이로 바서는 대기업체에 들어가야 할 아이인돼 조금한 곳에 갈려고 발부등이니 안스렵꾸나."

"우리 혜영이는 어느 곳이든 외부의 도엄업시 회쳐갈 아이라고 본다."

〈1995년 2월 10일 금요일 날씨 맑음〉

오늘로 작과나무 전정을 오늘로서 안전이 하여쓰며 작과나무 전정을 하는데 지루한 시간을 가지고 나날을 보냇따고 말을 하고 십꾸나. 오늘 오후부터는 사과나무 전정을 시작을 하여다.

"우리 혜영이가 오늘 대광 섬유 회사에 오전 건무을 하여보니 원단 들어오는 것을 수짜 파악하는 것을 하여쓰며 그것도 종일동안 해야 한다고 해서 오전만 하고서는 적성에 맏지 않아서 못 하게따고 하고서는 나와버리따고 하면서 집배 왔드라. 이 아빠는 이번에는 회사 취직이 돼어는가 했뜬이 또 실패구나. 우리 혜영이 갈 때가 어디겟는가."

오늘 오후에는 사과나무 전정을 처음 시작을 하여 받쓰며 오늘 사과나무 전정은 하다 말고 들어온 셈이다. 외냐 몸이 오늘 피곤해서 일을 계속할 수가 업쓰서 해가 만이 남아 잇는돼도 집부로 들어오고 마랐다.

"이제 봄이구나. 봄나물 떠들라고 나이 만은 사람들이 호미 들고 나물을 캐고 잇쓰니 이제는 땅에는 이미 봄이 왔잇다는 정거이며 이재는 머지 않아서 바람도 봄이 돼어서 귀전을 때릴 때가 곳 온다고 믿고 잇다."

〈1995년 2월 11일 토요일 날씨 맑음〉

오늘은 선희 부친 운상하로 같쓰며 오늘 상가집은 아들 4형제라서 운상꾼들이 유득 더 만으며 요줌 아들은 객지에서도 상을 당하며 다들 고향으로 와서 일을 같이 하고 잇는 모섭을 볼 때에 보기에도 좋드라. 그리고 윤상주씨는 74세로 일생을 하여찌만 고생 업이 하로만 별세을 하여서 죽음복이 만은 사람이라고 동민들이 말들을 하고 잇다. 오늘 운상하로 같은 우리 또래는 운상하로 같는 것이 아니라 문상꾼이 돼고 마랐다.

"오늘은 자신의 집을 짓을라고 업자가 와서 구두 개약을 하고 잇는 중 부산에 사는 사촌 쳐제와 동서가 오는 바람에 업자와 나와는 안전한 결탁을 하지 못하고 다음에 한번 만나자고 하고서 해여지고 마랐다."

지출에 … 선희 부친 부위 10,000원

〈1995년 2월 12일 일요일 날씨 맑음〉

학수고대하는 비가 오고 잇는데 인간마음 같아서는 비가 줄줄 쇼다저쓰며 하는데 비 오는 모섭이 이슬비로 내리는데 그리 시원찬으며 하늘은 비을 주지 않을 해세을 하고 잇다. 외냐 하늘은 멀뚱 멀뚱하게 개이고 잇는 중이며 날씨가 가뭄을 가중식키고 잇쓰며 이재는 인간이 갈증을 당하고 잇따는 너킴을 주고 잇다. 이 날씨가 행동하는 꼴리 금년도 순탄하게 보내주지 않을 것으로 내다보며 가뭄으로 인간 속 꿀라고 둘까바 제일 극정이다.

"오늘은 순달이 동생을 오라고 하여서 집 배치도을 그리달라고 해뜬이 동생도 땅의 위치에 따라서 배치도을 그릴라니 힘이 들며 마음에 더는 배치도을 그리지 못하고 자신이 이층을 짓을라고 하니 불편하다고 반대을 하는 것으로 오늘 일과의 시간을 다 보내다."

"오늘은 집배치도 구상만하다 해결을 하지 못하고 부인과 둘리서 학구내 새집짓어는데 구경을 가서 방의 크기와 자질을 해왔쓰며 학구내 배치도을 보고서는 윤각을 잡아는데 업자와 내일 상위을 할 작정이다."

"오늘비는 이슬비로 끝을 내고 마랏다. 비가 한번 올 때가 돼어따고 생각을 하는데 하늘은 무심하게 아무른 극정이 업따는 날을 보내고 잇는데 외간장이 다들 타고 잇다."

〈1995년 2월 13일 월요일 날씨 맑음〉

어재 비가 온 것 때문에 땅이 질어서 아무 것도 할 수가 업쓰며 자신도 친구와 휴식을 한 셈이다.

"오늘은 측량 신청한 것이 오늘 3시 30분에 나왔더라. 측량을 할 때는 자신이 생각한 돼로 집을 썩댕기서 집을 짓어며 될끈돼개니 측량이 151,400원을 준다고 생각한 것이 오늘 측량을 하여보니 자신이 생각한 돼로 집을 안치며 경계지점에서 집을 지을 뿐 했다. 이것을 보고는 오늘 측량은 정말 잘했따고 생각을 한다. 옛날에는 집을 짓을 때에 남외땅에다 집을 짓어쓸까. 이것을 본 자신은 요즘 같트며 한치도 양보라고 업쓸끈돼 옛날에는 정말 살기 좋을 때라고 생각을 한다."

"자신이 살고 잇는 이집이 몸체도 조금 남외땅이고 아래체는 반쪽이 남외땅에다 건물이 노여잇쓰니 옛날 인심이 좋다는 것을 너킬 수가 잇따고 본다."

그리고 혜영이 입사 서류 갈추는돼 면사모소에서 보증 인감 정명서 세금 고지서, 호적, 초본, 등본 갈추는돼 시간이 걸리곤 하여다.

지출에 … 버스비 600원

서류 갈추는돼 2,100 계 2,700원

〈1995년 2월 14일 화요일 날씨 맑음〉

오늘은 우리 운전면허 시험 일자리서 운이가 대구 화원 자동차 면허 시험장까지 가야하기 때문에 이 길이 처음 길이라서 이 아빠가 돼리고 같쓰며 자신도 처음이라서 대구역에 내리서 무족끈 택시을 타서 화원 운전 면허 시험장에 가자고 해서 가는돼 아침 출근 시간이라서 그른지 차예 밀리서 가지을 몾하며 시간여유을 2시 30분 두어서 그려치 시간을 짤계 잡아쓰며 지각을 해서 몾할 것 같드라. 화원까지 15,000원에서 천원을 드주어쓰며 이것은 오면서 너무나 밀리서 미안하다는 징표로 드주어다. 그리고 운전면어 시험이라고 해도 여사로 여기 왔는돼 시험장 들어쓰니까 운전면허증 딸라고 모여들은 사람을 보니 음청난 수짜이며 만원 인원을 보니까 급이 나드라. 그러자 1시간 30분을 기다리다가 운이가 11시에 시험장으로 들어같쓰며 이번에는 꼭 들어야 하는데 극정이며 운이가 면허 시험에 학격을 하겟나 하고 포기도 하여다가 머리에서는 별 극정이 왔따가 살라지고 수십번 한 셈이다. 자신은 운이 시험장에 보내놓고 입이 말라서 우유을 두번이나 빼어먹곤 하여쓰며 그러자 어깨을 탁쳐면서 아빠 학격되쓰 하드라. 발표 낫느냐고 하니까 이번에는 시험이 십따면서 일적하고 나와서 시간이 다 돼두록 검토을 하여보지 시험을 그래쳐는 것이 어뒤잇나 하고 꾸중을 주어쓰며 운이는 합격을 해따고 하지만 발표나야지 알찌 하고 초초한 마음으로 기다리니까 합격했따고 이름을 부르드라. 그때사는 이재는 돼어꾸나 하는 마음이 들며 실찌 운전하는 것은 이 아빠가 잘할 수 잇따고 인정을 하니까 극정이 반이상은 노이드라. 필기시험에 합격을 한것이 이 아빠가 드 좋으며 합격과 동시에 전화로 운이가 필기시험에 합격을 알리고 두번째는 코스인돼 이것도 합격했따고 아빠곁에 와서 알리주고 가드라. 그래서 이 아빠도 집부로 코스에도 합격을 알리고 우리집은 오늘은 기쁜날이 돼어쓰며 마지막 주행인돼 운이 출발 하라는 신호가 뜰어지며 콤피트 하면은 시간이 흐르고 점수가 나오는돼 점수가 빨리 올라가지 않는 것 같뜨며 좀 빨리 만이 올라 같쓰며 하는 마음인돼 모이타서는 천천이 올라가든이 권정운이 합격 하고 알리주는돼 우리 운이 장화구나 생각이 들며 이 아빠는 지능지수가 낮은 아이라고 생각을 했뜬이 낮은 아이가 아니고 노력을 안해서 학교 공부가 뒤떠러지는 것을 알랐다. 오늘 만원 인원이 불합격을 하고 어떤 사람은 철때마다 떨어진다면서 포기을 하는 사람이 잇드라. 이것을 본 자신은 우리 운이 아무것이라도 해낼 수 잇따고 생각을 한다. 오늘 시험장은 가거 시험이라고 말을 부치고 십다.

"우리 운이 고생 만아따. 정말 고맙따."

"오늘 집부로 올 때는 학원차로 구미까지 와서 경비가 들 드려같다."

지출에 … 열차비 1,400원 택시값
16,000원 돼지고기 3斤
9,400원 붕어빵 1,000원
택시값 4,000원
계 31,800원

〈1995년 2월 15일 수요일 날씨 맑음〉

오전에 사과나무 전정을 할려고 밭에 가서 한포기 하는데 한포기 전정도 다 몾하고 날씨가 추어서 그냥 들어 와서 친구와 같이 놀랐다.

오후에는 메기탕[목욕탕] 공사 한 것을 발라서 부역을 하여쓰며 이 일은 일적[일찍] 해야만 화판[불판]이 들상해는돼 그대로 방치을 하여따가 잇재야 해서 화판 상쳐가 만이 생기곤 하여다.
"그리고 우리 혜영이가 내일부터 쳇출근인돼 음무가 무엇신지 할 수잇는 일인지 그르치 않으며 적성에 맏지 않는다고 나올란지 염려가 만이 돼는구나. 이 아빠로 바서는 할 수 잇는 일이라면 꾹 참고 근무을 하여 주어쓰며 한다.

〈1995년 2월 16일 목요일 날씨 맑음〉
작과 나무 전지목을 주어 묵는 일을 부인과 둘리서 하여쓰며 전지목이 작년보다 아주 만아서 일부 버리기도 하여다.
"우리 혜영이가 쳣건무을 하여쓰며 건무을 처음이라서 좋은지 나픈지도 모르고 오늘 하로을 보내왔따고 하드라. 이곳은 초대 대우을 한다고 하니 계속 근무을 해야 할 것 같다."

〈1995년 2월 17일 금요일 날씨 맑음〉
오늘은 혜지 등록금내로 김천 국민은행 가서 등록금 1,176,000원 내고 곳바로 아포종합 고등학교 가서 성운 졸업장과 옐범, 삼년 개근상 바다왔다. 운이가 졸업식 하는 날 운전면허 시험 본다고 졸업식에 참석 몾해서 담임 선생님 꾸중을 준다고 졸업장을 차저로 안 갈라고 해서 이 아빠가 가든이 담님 우종석 선생님이며 나하고는 구면이다. 처음에는 선물을 들고 갈쓰며 이번에 그냥 같다. 자신 담임 선생님을 차저갈때는 선물이라도 들고 가야 예이인돼 나는 졸업식에 사유가 잇쓰서 참석을 몾한 학생한태 무선 소리을 했키에 졸업장을 안 차절라고 하는데 잇쓰서 나돼로 기분이 상해드라. 그래서 그냥 운이 졸업장 차지로 갈든이 인사도 잘 받아 주지 않으며 쌀쌀마저며 학부형에깨도 잇따이 짓을 하는데 학생에깨는 오죽 하겟나. 그리고 마지막 이별인돼 그따이 행동은 지나치며 학생과 선생은 무선 원이 잇키에 밝지 몾한 행동은 건절하여 주어쓰며 한다.
"오늘 오후에는 감기로 밭갓 출입은 하지 않아쓰며 오늘 부인과 둘리서 김경환 모친 병문갈려고 약속을 하고서는 감기 때문에 자신은 포기을 하고 부인만 병문안 같쓰며 회복은 힘들 것으로 본다는 이야기을 하드라. 이재는 어머님의 친구들도 한분식 한분식 죽어가고 잇다. 부모님 친구을 볼 때마다 어머님을 한번식 생각을 하고 하는데 이래 다들 끄저 간다면 어머님 생각도 끄저 갈 것이 아닌가 염려스렵꾸나.
지출에 … 혜지등록금 1,176,000
버스비값 1,310원
병문안 4,000원
계 1,181,310

〈1995년 2월 18일 토요일 날씨 맑음〉
이번 감기 정말 급이 나는구나. 내 감기로 이처름 고통을 당한 적은 처음이며 오늘은 감기로 종일동안 밭같추립을 하지 않아쓰며 골방에서 몸부림으로 하로을 보냇다. 이번 감기로는 정말 고통을 당한 하로라고 말을 하고 십꾸나.
지출에 … 감기약 4,000원

〈1995년 2월 19일 일요일 날씨 맑음〉
감기로 인하여 오전내 구둘목 신세을 저도

감기는 조금도 난기색이 업쓰며 오희려 몸만 까라지고 몸부림을 더 쳐게드라. 그래서 오후에는 이래 고생 하나 일을 하고 고생을 하나 똑같다 하면서 오후에는 전지목을 주어로 같쓰며 그것도 해가 절머리에는 바람이 부르서 감기에 더 할라 하고 극정이 돼어서 그만 일적 들어오고 마랐다. 이번 감기는 여간 독한 것이 아니라고 생각을 한다. 그리고 자신이 알기론 이번 감기가 제일 독하다고 생각을 하고 잇다.

〈1995년 2월 20일 월요일 날씨 흐림〉

오늘은 우리 운이 김천전문대 면접 보는 날이다. 그래서 병원 갈려다 오늘 오전만은 집배서 기다릴라고 문밖도 출입하지 않아쓰며 특희 부인마자 서울 방송국에 가요무대 녹화구경 간다고 동내 사람과 같이 떠나찌 그래서 자신만이라도 집배서 운이 면접하는 동안이라도 기다리쓰며 운이 실력으로 갈 때가 업쓸 것 같떠며 혜지가 면접보는데 돼리고 가는돼 학생들이 만이 밀리거든 전화 좀 해달라고 부탁을 하여쓰며 그리고 10시경에야 전화벨이 울리서 을련 바다보니 면접을 다 바따면서 식품공업에서 15명 떨어진다고 할 때에 한편으로 다행구나 하면서 급이 나드라. 이 소리을 덧고는 운이가 원망스렵키도 하드라. 저의 아빠가 공부해야 한다고 할 때는 오락실래 죽기 살기 하든 것이 이재 표가 나는구나. 우리 운이가 15명 중에 한사람으로 들어쓰며 어떠게 하나 할 때에 몸과 마음이 다 들리는데 마음의 고정하는돼 힘이 만이 들어다.

"부인은 가요무대 녹화 하는 구경을 한번식은 볼마나다고 하면서 구경을 잘했따고 하며 저의 친구들은 한사람도 가지 않코 부인만 같따고 하드라. 자신도 아들 면접 날이라서 구경하는 것을 마음속으로 원치 않아다. 운이가 대학을 가나 못가나 하는 판에 구경이 잘못됀 것으로 내다본다. 여화튼 운이가 합격을 하여쓰며 좋게쓰며 이 아빠도 할 일을 다 했따고 말을 하게는돼 극정이 태산같다."

"감기로 인하여 아무 일도 못하고 봄에 할 일들은 너무나 산적해 싸여 잇쓰니 몸은 움직여 주지 않고 마음은 다 타고 잇쓰니 그 고충 말로 다 할 수 업꾸나."

〈1995년 2월 21일 화요일 날씨 맑음〉

오늘은 김천이내과에 감기 치료밭으로 같든이 이것도 일적 스트려서 같는데 병원에서 4시간 이상 기다리쓰니 감기치료도 기다리는 시간 때문에 병원가기도 힘이 더는구나.

"오후에는 몸이 곤한몸으로 사과 전정하로 갈려고 하니 부인이 오늘 푹시라고 이야기을 하는데 감기 몸살로 너무나 공백기간 만아서 오늘 휴식을 할 수가 업쓰서 나련한 몸으로 전정을 하로 같다."

지출에 … 버스비값 920원
　　　　　병원비값 2,800원
　　　　　계 3,720원

〈1995년 2월 22일 수요일 날씨 맑음〉

오늘은 우리 운이 전문대학 발표날이며 오늘은 운이가 들어갈련지 마음이 띠는 날이며 두렵키도 한날이구나. 자신은 옘만하며 합격을 할끄라고 미드면서도 사실 부란하다. 집배서는 부인이 자동엄답기에 합격을 알려주는 전화을 가슴이 띠서 할 수가 업쓰서 운이한태 하여보라고 해서 전화을 하니 이름은 나오지 않코 번호만 나오면서 합격이라고 이야기을 한다고 할 때에 기분이 좋으면서도 이름이 업쓰니까 불안하다고 하며 오후에는 학격증을 밭와 오라고 하는돼 자신이 더 궁금하며 당장 가서 합격 여부을 전화로 알려 달라면서 이 아빠 합격했따는 전화을 밭고 들레 갈끄니까 계시판에 명단이 이끄든 곳바로 전화을 했달라고 부탐을 하여다. 집배서 2시간 기다리니까 운이가 전화로 합격 하여따고 할 때에 이 아빠 할 일 다하여따는 생각이 드는구나. 이재는 돈만 들며 이 아빠 할 일 다한다. 정말 기분이 좋은 날이며 우리 운이는 대학 문에도 못갈 줄 알라는데 대학을 가다니 운수 대통하여따고 본다. 정말 고맙다.

"그리고 운이 공낙금과 책값이 2,000,000만원이 돼니 시원찬은 아이들은 공낙금이 비싸스도 학교 못식키개꾸나. 공낙금도 무시 못하게 꾸나."

"오늘도 사과나무 전정을 하여쓰며 이재는 내일만 전정을 하며 나무전정은 끝이 나며 금년도 전정은 안전이 끝을 낸다."

"오늘은 봄이라도 깊숙이 들어온 봄날을 연상캐하여쓰며 날씨가 너무나 따뜻하여서 웃옻을 벗어노코 작업을 하여 왔다. 이러다가는 봄소식도 채 알기도 전에 여름이어 오는 것이 아닐까 염려도 돼는구나."

그리고 금년에는 자신의 일이 넘어 만이 밀리 잇따고 생각을 하며 올겨울은 놀지도 않코 일을 하여따고 생각을 하는돼 봄 일이 가득 차잇따고 생각을 한다.

〈1995년 2월 23일 목요일 날씨 맑음〉

오늘도 봄날씨을 연상캐 하여쓰며 연일 봄날씨로 착각을 할 정도며 그리고 과수전정은 오늘로서 끝을 냇다. 그리고 사과나무에 부란명약을 전정한돼 다 발라다. 사과나무에 약 바르는 작업은 오후에 다 하여다.

〈1995년 2월 24일 금요일 날씨 맑음〉

오전에는 앞밭태 전지목을 다 묶고서 낫참을 이용하여 운이 등록금을 납부할려고 국민은행에 갈쓰며 등록금을 내기 위하여 줄을 지어잇쓰며 자신도 그 줄 뒤에서 자신의 차례을 기다리쓰며 등록금을 내고 나니 오후 2시가 넘드라. 운이 등록금과 책값, 학교 들어가는 총액이 1,863,700원 납부을 하여쓰며 자신이 생각에는 등록금이 너무 비싸다고 생각을 하며 등록금 때문에 학교 못할 사람이 만타고 생각도 더는구나.

오후에는 운이와 둘리서 전지목단을 경운기에 실어서 남비까리 재는 일을 하여쓰며 오후에 이 일을 안전이 끝을 냇다.

지출금액 … 운이등록금 1,863,700원
버스비 460원 시내버스 290원
계 1,871,200원[183]

〈1995년 2월 25일 토요일 날씨 맑음〉

오늘 기상대는 오후부터 비 온다고 하여서 부인은 나무밑을 끌여내는 작업을, 자신은 둥치기 나무을 실어내는 일 비오기 전에 비료거름을 할려고 우리부부는 분주위 날띠쓰며 정신업시 두리가 하여도 앞밭태 밖에 거름을 하고 당산에는 나무단을 치우는 일도 다 못하고 마랐다. 오늘 계핵은 비가 오

183) 실제 계산은 1,864,450원이나 1,871,200원으로 잘못 기록하였다.

기 전에 작과 거름을 다 한다고 열심희 하여도 다 못했쓰며 나중에는 사람이 지칠 것 같다. 오늘 계핵을 치소을 하고 마랏다.
"올해는 집을 짓을 계핵이 잇키 때문에 그른지 올해는 마음이 그리 급해지고 잇다."
지출에 … 상토흙 1차에 23,000
작과 비료 5포, 27,300원
작과비료복합 15포 71,000원
계 121,300
"오늘 비 온다고 기상대에서 외보을 하여서 비오기 전에 거름한다고 우리 부부가 비도 오지 않는돼 기상대 말듯고 헛수고을 하여다고 생각을 한다."

〈1995년 2월 26일 일요일 날씨 맑음〉

오늘은 외성보 파보날이며 올해는 우리 마을에서 파보을 하여쓰며 파보시간이 10시부터 시작을 하기 때문에 10시 안에 포도 든불 전정한 것을 다 태우고 파보에 참석을 할려고 부지른희 날띠쓰며 태성이는 동내에서 일을 제일 만이 한다고 이야기까지 하드라. 자신은 봄에 할 일들이 너머 만이 밀려 잇쓰서 남들 놀 때 일을 해야 다 따라 할 수가 잇쓰서 잠쉬 실여가가 업두록 일을 하고 잇는 셈이다. 오늘도 포도 전지목을 다 태우고 파보에 참석을 해도 일적드라.
오후에는 부인은 외삼촌 딸결{혼}식에 가고 자신은 당산 작과나무 죽은 둥치기 나무을 톱질을 해서 경운기로 모두는데 반정도 밖에 뫃하여쓰며 올해는 퉁치기목이 한정도 업드라. 이러다가는 내년에는 작과나무 다 들 둥치는 것이 아닌가 몰겟다.
"오늘은 파보 끝에 술, 고기, 헌전 만전[흥청망청]하며 이것들을 가지고 친구들은 놀고 잇는데 자신을 일을 하고 와서 보기 미안터라."

〈1995년 2월 27일 월요일 날씨 맑음〉

오늘로서 작과거름을 다 하여쓰며 금년으로 바서는 작과거름이 조금 너찌 않아나 하는 생각이며 포도와 사과나무는 가을 거름을 하여서 그르치 가을 거름을 하지 않아드라면 봄 일이 넘어 만아서 육체적인 고통이 만을 것으로 내다본다. 앞푸로 가을거름을 만이하여 두어야지 봄 일이 수래서 마음적으로 수랄것 같다.
"이재는 자신도 사과 전지목만 주어며 봄에 할 일들을 거진 다하는 편이다."
그리고 오늘 우리 마을에서 건답직파 교육을 지도소에서 나와서 교육을 하는데 아주 형식적인 교육이라고 말을 하고 십꾸나.
"오늘일은 혜지와 운이가 아빠의 일을 도와서 아빠 일이 좀 수래따고 본다."
〈당산에 작과 거름량, 12포 함〉

〈1995년 2월 28일 화요일 날씨 눈〉

오늘은 마음에 더는 한박눈이 내리쓰며 눈이 한참 올 때는 급이 날정도 내리쓰며 오늘 한박눈을 마저면서 운이 대구 시험장에서 안전 교육 밭으로 가는데 같이 갈쓰며 운이가 말을 너무나 안해서 어대 보내기가 힘이 들며 마음이 노이지을 안아서 혼자 보내고자 하는 마음이 업쓰며 자신도 따라가면서 아들을 이래 키우서는 안대며 혼자 해결을 하두록 해야 하는데 너무나 가보호을 하고 잇따는 생각이 들며 앞푸론 혼자 해결하는 힘을 기루두록 해야 할 것 같다.
"오늘 구미까지 가는데 눈 때문에 1시간 30분이 더 걸리따고 생각을 하며 차량들이 거북이 거름을 하는데 자신은 대구 교육장에 1시 안에 가야 하는데 차량들이 막키는데 극정을 만이 하여다. 그른돼 대구 교육장에까지 1시간 전에 도착을 하여서 안도의 숨을 실수가 잇쓰다."

"그리고 정심을 먹고 운이는 교육장에 들어가고 교육시간이 4시간인돼 이시간을 기다리는데 자신은 음청난 곤욕을 치라쓰며 이 기다림은 두 번하라면 죽어도 하지 않을 정도로 곤욕을 치라따고 생각을 한다.

지출에 … 열차비 8,400원 구미버스 2,360 시내버스 700원 직행 1,100 정심 5,000 껌 200원 컵피 400원
계 18,160원

〈1995년 3월 1일 수요일 날씨 맑음〉

오늘은 새집을 짓기 위하여 치우는 일을 오전내 하여쓰며 오전내 치운집이 그대로 잇쓰며 집 치울 일이 한도 업꾸나. 새집을 짓는 일보다 치우는 일이 더 급이 나는구나.

"오후에는 사과나무 전지목을 주어서 묶는 일을 하여쓰며 오늘로서 전지목을 안전이 망우리을 한 샘이다."

지출에 … 감기약 4,000원

〈1995년 3월 2일 목요일 날씨 맑음〉

오전은 집 치우는 일을 하여쓰며 오늘 오전은 아들책 치우는 일을 오전내 하여쓰며 이 책을 치우면서 나 자신도 돈을 만이 벌어꾸나 하는 생각이 들며 이 책이 다 돈이니 이수짜도 한이 업따고 생각을 한다.

오후에는 마늘벗키는 일을 하여쓰며 그리고 포도나무 어장 보광 철사을 더쳐고 지주목을 보광하는 일을 하여다.

〈1995년 3월 3일 금요일 날씨 맑음〉

오전에는 포도 주지 보광하는 일 포도껍질 까는 일을 하는데 여관 힘이 아니며 자신은 껍질 벗키는 일 몾하게드라. 포도 농사을 만이 하는 사람들은 어떠게 포도 농사을 하는줄 몰개꾸나. 자신은 포도 껍질 벗키는 일은 부인을 막키나야 할 것 같다.

오후에는 두엄을 경운기로 실어내는 일로 오늘 일과을 다했다.

오늘 날씨는 맑은 햇쌀이지만 바람은 아주 차거운 바람 때문에 해가 서산에 기울 때까지 일들을 못한 하로여따고 말을 하고 십다.

〈1995년 3월 4일 토요일 날씨 맑음〉

오늘은 집 치우는데 오후 내 치아도 집을 치운 표가 업드라. 오늘 오후는 운이와 둘리서 농기계만 치운 셈이다.

"생각같다서는 집을 빨리 시작을 하고 십픈돼 융자을 받을 생각 때문에 자신 마음돼로 할 수가 업꾸나."

〈1995년 3월 5일 일요일 날씨 맑음〉

오늘은 새집을 짓기 위하여 마당 나라시을 하고 우사만 폭크레헨으로 떳는데 수라게 떳드라. 이것을 처음 짓을 때는 부인과 둘리서 흙벽돌을 디더서 하나에서 열까지가 손으로 만들어서 우사집을 짓는데 고생을 하여서 집을 짓은 것인돼 순식간에 다 허물고 잇쓰니 마음속으로 서운하드라. 저 집은 부인과 두리의 손으로 만들어진 집인돼 여혼희 보존을 해야 할 집인돼에 그만 새집을 짓기 위하여서는 허물어저야 하니 마음이 쓰리며 부인은 내 마음보다 더 아푼 마음을 가지고 허물고 잇는 모섭을 바라보고 잇쓸

것으로 생각을 한다.
"오늘로서 우사가 허물어지고 마랐찌만 이 우사는 우리을 살개 하여주고 허물어 저간다고 나는 생각을 한다. 남들은 우사을 짓어서 소을 먹이서 적자을 본 사람이 만원돼 자신은 소로 돈을 벌어따고 생각을 하며 부인과 둘리서 쇠먹인다고 고생을 하여찌만 우리는 기반을 다지 앗따고 생각을 한다.
"오늘로서 우사가 영혼희 살라지고 마란 것이 나로서 정말 아쉽꾸나."

〈1995년 3월 6일 월요일 날씨 맑음〉

오늘도 집치우는데 부인과 둘리서 종일 치아도 끝이 나지않아 쓰며 오늘은 화오서을 짓어서 방에 물건을 치아 쓰따. 그리고 자신의 집은 3月9日 날떠들 짝정이다.
"한번 움직이는데 정말 힘들며 이사다니는 사람들은 어떼게 다니며 그 고충은 격끄보지 않코는 알 수가 업다."

〈1995년 3월 7일 화요일 날씨 맑음〉

오늘도 집 치우는 일을 하여쓰며 오늘은 친구들이 거제도 놀로 갇다와서 속푸리 하는데 자신은 집을 짓키 위하여 이사짐을 나르고 잇쓰니 보기가 아주 실터라. 사실은 이번 구경은 이삿짐 보다 건강 때문에 가지 않아는 것이 사실이며 구경도 남이 갈 때는 같이 가야 한다는 생각이 들드라.
지출에 … 가루 kg짜리 1,100원

〈1995년 3월 8일 수요일 날씨 맑음〉

오늘로서 집 치우는 일을 안전이 하여쓰며 오늘은 형님이 도와서 이사하는데 좀 수레따고 본다. 도시사람들 이삿을 어떠게 하는 줄 몰갯따. 나는 오번왜 집 치우는데 큰 고충을 당해쓰며 두번다시 몾할일들이라고 생각을 한다.
"오늘로서 세집우로 이삿을 하여쓰며 어른들 보다 아들이 할머니 누을 안기칠라고 신경을 더 쓰더라. 이래두고 집은는 사람들이 정신적인 고통이 심하며 아들일수록 정신적인 고통을 주지 않아야 한다고 본다.

〈1995년 3월 9일 목요일 날씨 맑음〉

오늘은 폭크렌으로 우리집을 부수는데 금세 다 부술 뿐 아니라 문지가 너무 만이 나서 폭탄 뚜디는 것 같드라. 온 집안 문지 투성이로 변하면서 집은 자꾸만 주저안저 가면서 일은 마우리을 하여가는 편이다. 그리고 오늘 푸순 집은 실어내면서 모두면서 작업을 겨우 해서 지대까지 겨우 손질을 하여놓고 오늘 작업을 맘우리을 한셈이다.
그리고 오늘 정심 식사는 정석윤씨 일꾼도 다 대집을 하여쓰며 오늘 정심 식사준비에 부인 바뿐 거름을 한 샘이다.
지출에 … 정심식사 준비고값 35,000원
세값 13,000원
계 48,000원

〈1995년 3월 10일 금요일 날씨 비〉

어재 폭크랜 기사가 지대 팔 때에 수평을 잡아서 잘파주는 것 같뜬이 오늘 비가 와서 낮전대 물이 고이니 수평이 돼지 않코 뒤쪽으로가 더 깊게 파드라.
"오늘 오전은 함석을 고물재이 줄라고 부피을 줄아서 묶끄서 경운기 실어서 대신역전에 고물 상인예깨 주어떠니 좋아 하드라. 자신은 고물상인도 함석을 안 한다고 하면 어떠게 하나 하고 극정을 가면서 하여뜬 것이라 공짜로 주어도 기분이 좋드라."

오후에는 숙모님 작과거름을 대신분조에서 띠어와서 작과 나무 거름을 하여다 오늘 작과나무 거름량은 5포함.

"박사장이 개약금으로 10,000,000만원 달라고 하여서 12시에 정기적금액을 빼주어다."

"우리 운이가 입학식을 하고 등교을 하여서 학교을 가고 잇는데 공부을 할려고 생각이나 하고 잇는지 그려치 않으며 중학교, 고등학교 다니는 식으로 책보타리만 가지고 다닐라고 생각을 하고 잇는지 이 아빠는 제일 의문이며 이재는 생각을 하여서 공부를 좀 해야 하는돼 운이는 어떠게 생각을 하고 잇는지 이 아빠의 마음 답답키 짝이 업꾸나."184)

〈1995년 3월 11일 토요일 날씨 맑음〉

오늘은 부인과 둘리서 누님 아들(상환) 내일 결혼을 앞두고 준비을 한다고 누님 집에 갈쓰며 오늘 형수, 형님도 누님 집배서 시간을 보내쓰며 누님도 돈원 부족하고 아들 결혼을 식킬라니 여관 극정이 아닌 것 같꾸나. 이때는 자형이 살라 잇쓰며 누님은 따라만 가면 돼는돼 이재는 누님이 다 해야 하니 그 고충이 크다고 생각을 한다.

"자신이 누님을 볼 때에 인덕과 복이 업는 사람이라고 생각을 하고 십프며 이날까찌 학 피어 보지 못하고 시들기 밖에 못 했쓰니 그 고생은 말로 표현을 다 할 수 업꾸나."

〈1995년 3월 12일 일요일 날씨 흐림〉

오늘 흙실려 내는돼 자신은 흙이 넘어나 만아서 오늘 다 못 실어 낼 줄 알라는돼 예식장에 같다오니 다 실어냇드라. 그래서 자신은 놀랄 정도로 기분이 좋드라.

"오늘 예식은 누님으로서는 마지막 잔치며 이 자리에는 자형이 잇쓰야 할 자리에 업쓰니 마음이 안스러어며 이 큰일들 두고 혼자 막키고 가다니 이것은 부부로서 할 일이 아니라고 생각을 하며 이 자리에 업는 자식의 입장으로 볼 때에 가슴 아픈 일들이다."

"사람으로 할 수가 업따고는 하지만 부모로서 할 일들은 다 해야 하며 오늘같은 자리는 부부가 다 책임지고 잇쓰야 할 것 같다."

〈1995년 3월 13일 월요일 날씨 맑음〉

오전은 말리사과 나무밑에 벼집을 한벌 깔라 났는데 사과나무에 석회을 죽이 위해서 벼집을 다 거더내고 석회을 헌치는데 부인과 둘리서 하는데 부인은 석회을 할려고 생각을 한 끗에 벼집을 깔라서 사람을 외먹인다고 하는데 석회가 꼭 나올 줄 알라스며 벼집을 깔지 않코 그냥 두어다가 하지만 그것을 모르고 벼집을 깔라서 우리부부가 오전내 두불 일을 하여다.

오후에는 앞밭태 벼집을 두리서 다 깔라쓰며 자신은 혼자 할려고 생각을 하여는데 이것을 혼자 하여더라면 못 다 할뿐 했다. 오늘 오후 일은 부인이 그드는 바람에 망우리을 잘 하여다.

"그리고 저녁이 어더운데 철근을 차로 실고 왔드라. 철근 차가 우리집에 들어가지 못해서 난감하드라. 철근 차가 더 가지도 뫃하고 나가지도 못하고 입장이 난쳐 한대다가 재준내 마당을 이용을 하여서 해결을 하여다. 속집들은 집을 지을 생각을 마라야 하

184) '박사장 개약금으로 천만원 줌'이라고 일기 지면 상단에 따로 기록되어 있다.

게다. 장비가 마음대로 들어가지 못하니 신경만 잔득 쓰여지고 잇다.

〈1995년 3월 14일 화요일 날씨 맑음〉

오늘은 기초 철근 까는데 마음에 들두록 깔며 여관해서는 주인 마음에 들기는 아주 힘드는데 오늘 철근은 아주 마음에 들어서 좋드라. 오늘 철근은 안전이 깔라쓰며 내일은 기초 공구리을 칠 예정이다.[185)]

지출 … 세값 맥주 4병값 5,200원

〈1995년 3월 15일 수요일 날씨 흐림〉

오늘은 기초 공구리쳐는데 위우지[이웃]에서 초상이 나서 연기을 할려고 하니 레미콘 회사에서 개약을 하여서 안 댄다고 사장은 말을 하지 자신은 신경이 쓰이서 어재밤에는 잠도 재돼 못자고 마라쓰며 초상집에서 욕을 하지 않을까 하고 전신경이 다 쓰이며 공구리을 오전에 다쳐서 그르치 오후까지 갈드라면 더 고통이 만아쓸 꺼으로 내다본다.

그리고 오늘 출상날이라면 자신이 어떠한 손에가 가도 연기을 해야 하는돼 오늘은 출상 전날이라서 천만다행이다. 여화튼 공구리는 잘 쳐따고 생각을 한다.

"오늘은 세값은 화지 완코 정심만 하여주어다."

〈1995년 3월 16일 목요일 날씨 비〉

오늘은 아포읍에 가서 착공신고 할려고 갈든이 대장등본, 국토이용등본, 지적도 셋가지을 시청에 가서 띠오라고 하여서 시청에 갈든이 오늘은 비가 와서 촌에는 아무 일 못하기 때문에 다들 나와서 시청 민원실 온통 인간물결이 이륱 정도며 자신은 아침먹은 적시가서 12시가 다 돼어서 나와서며 법원에 일을 다보고 나오니 오후 2시가 돼며 집에오니 3시, 시청, 법원 민원실에 볼일을 보는데 종일이 소요대는 것은 민원에 문재가 잇따고 생각을 한다.

지출에 … 시청에 인지대가 800원 법원에 인지대가 900 버스비값 1,520원 태시비값 1,200원 정심값 3,000원 계 7,420원

지출에 … 정상국 조모 별세 부위 20,000원 사장 맥주대접 2,300원 계 22,300원 총금액 29,720원

〈1995년 3월 17일 금요일 날씨 맑음〉

비 온 디라 바람이 세차게 부니까 체감온도는 아주 차거어서 일부 일하는 사람도 더로 잇찌만 노는 사람이 더 만으며 자신도 오전에는 놀고 잇쓰니까 상한이 부부가 신혼여행 갈다 와서 외갑집이라고 외삼촌한태 인사하로 왔더라. 자신은 결혼식 할 때는 신부을 여시로 밭든이 오늘 집적보니 사람이 좋드라. 우선 볼 때는 좋은데 속이 좋아야 서로가 살라가는 가정이 순탄하게 살라간다. 우선 바서는 잘하리라고 생각이 드는구나.

오후에는 공구리 천는돼 가와 발라시 하여주는 일을 하여쓰며 이것은 내가 할 일이 아니는데 자신이 시간 여유가 잇쓰서 바라시을 다 하여다.

185) '철근부 6명, 화실아 철근 3명 = 9명'이라고 일기 지면 상단에 따로 기록되어 있다.

〈1995년 3월 18일 토요일 날씨 맑음〉

오전에는 감자 갈 때에 노타리을 쳤쓰며 노타리을 하면서 남외 감자 갈 때도 노타리을 만이 쳤쓰며 오늘 오전은 자신의 밭 여섯배나 남의 밭을 노타리을 하여쓰니 자신으로서는 손예가 만타고 생각을 한다.

"오후에는 트랙터 노타리 하여쓰며 금년에는 포도나무 심을 곳에 노타리가 만으며 작년 올해 심은 포도나무만 수학을 하여도 포도 폭락은 강 건너 불 보드시 튼하다고 본다."

오늘 노타리 면적 9마지기 돼리라고 본다.

〈1995년 3월 19일 일요일 날씨 맑음〉

말리 사과나무에 석회한다고 벼집을 다들 벅키고 다시 벼집을 깔라주는 일을 오전내 하여다.

"오후는 말리 사과밭 뒤도구을 첫는 일을 하여쓰며 이 가뭄에도 물이 뒤도구는 나고 잇다."

"부인은 김천 속킴이서 침을 유명하게 잘 놋는다고 소문이 났따고 부인은 어깨가 아푸다고 침을 마절라고 같는데 부인의 어깨가 이번 침으로 나쓰며 한다. 부인이 오늘로서 두번째 맏는데 효력이 잇쓰며 한다."

"부인의 건강을 일으며 내 몸을 일는 것이나 다름이 업다. 부인의 건강의 회복이 돼어야 한다."

〈1995년 3월 20일 월요일 날씨 맑음〉

오늘은 아연한 봄이라고 말을 하고 십꾸나. 이 날씨가 어재는 모진 바람과 차거어서 일하기가 그북 하여는데 오늘은 안전 봄이라고 생각을 할 정도로 맑은 날씨라니 신기하기 짝이 업꾸나.

"오늘은 우리집 일층 스라부 가와 부치는데 그들어 주어쓰며 오늘 자신이 그들어 주어서 일을 만이 하여따고 생각을 한다."

지출에 … 목수들 담배 5갑 5,000원

〈1995년 3월 21일 화요일 날씨 맑음〉

오전에는 포도 밭 뒤도구을 쳐는 일을 하여쓰며 오후에는 포도 껍질까는 일을 하는데 자신을 몾하게드라. 외냐하면 껍질은 안 까질뿐 아니라 지루하기 짝이 업쓰며 이 일은 활일업는 사람이나 하는 일이지 우리는 조급패서 포도돈이 만이 댄다고 해도 못 하게 드라.

오늘 우리집 석방을 안전이는 안 돼어찌만 그진 다 돼어따고 보는돼 일층 개단이 경사도가 만이 저잇쓰니 극정이 돼며 일청만 활끈돼 하는 마음이 드는구나.

자신은 내 부인을 평과 하라고 한다면 100점 만점에 200백점을 주어도 적기 주는 점수라고 말을 하고 십꾸나. 정말 좋은 사람이며 인간으로 할 수 업는 일을 하며 은재나 변함이 업쓰며 늙 그 마음에다 갈수록 더 잘하고 잇쓰서 이내 몸은 세월 흐르는 것이 급이 나는구나.

"여보, 늙 남편에깨 지칠까 극정이요."

〈1995년 3월 22일 수요일 날씨 맑음〉

오늘로서 우리집 석방까는 일을 안전이 하여다. 자신은 개단을 한번 접버서 오들이 방을 만들어서 개단을 할려고 작정을 하여는 돼 위치상 오들이 방을 못하게 돼어쓰며 우리집을 짓어도 내 마음대로 돼지 않는구나.

"오늘 석방을 안전희 깔라노니 집이 대단하드라. 이것을 보니 좀 적개 지을끈돼 하는 마음이 앞쓰며 가연 이 큰집이 필요한가 하고 생각이 머리을 스쳐가는구나. 내가 개핵을 세아서 집을 짓는 것인가. 벌로 집을 짓은 것이 아닌가 하고 마음을 대세기본다.
지출에 … 참값 3,800원

〈1995년 3월 23일 목요일 날씨 맑음〉

일층 스라부에 철근까는일을 6명이 오후 2시정도에 다 하드라. 철근일이 힘은 들어도 일이 십드라. 오늘 철근 까는 일은 자신이 볼 때에 만이 까는 것 같드라.
"자신이 처음 시작인돼 신경이 쓰이서 자신의 건강에 무리가 갈까바 극정이 크구나. 자신은 신경을 쓰지 않을라고 해서 전신경이 다 쓰여 지는구나."[186]
지출에 … 철근까는데 세값이 7,000원

〈1995년 3월 24일 금요일 날씨 흐림〉

오전에는 포도 심는다고 노타리을 쳐달라고 하여서 노타리을 쳤주어쓰며 금년에 포도 심는것만도 수도 업쓸 꺼이며 이 포도가 다 생산이 됀다면 자기 포도 자기가 다 먹어야 돼는 일이 아닌가 십다. 이것들이 정부 정책 잘못으로 발생돼는 일이며 자신은 정부을 욕을 하고 십다.
"오늘 오전에 마늘, 봄나물에 웃거름을 주어쓰며 마늘 거름은 좀 일적 준 것이 아닌가 십다."
오후에는 내일 스라부 공구리 친다고 전구공사 일 하는돼 시간을 보냇쓰며 목수일도 오늘 끝을 낸 샘이다. 그른돼 수도 공사가 들어오지 않아서 안전희 공구리 준비을 못한 샘이다.

〈1995년 3월 25일 토요일 날씨 비〉

오늘은 아침부터 보슬비가 내리서 오늘 공구리 작업을 연기을 식키떠니 기상대에서 비가 오미리 온다고 하면서 사장이 찾아서 오늘 공구리 쳤자고 하여서 응답을 해서 공구리 작업을 하여쓰며 일을 하고 보니 공구리 작업을 아주 잘 했따고 생각을 한다. 자신은 일을 하고 보며 잘 했따는 것을 늒하고 잇다.
"오늘 공구리 작업은 오후 2시경에 끝이 났다."
지출에 … 담배2보루 20,000원 새값 맥주 6병 7,800원 탁주 2병 컵 10개 300 음료수 大 1병 1,200
계 29,300원

〈1995년 3월 26일 일요일 날씨 맑음〉

오전은 웃들 두단지 벼집 태우는 일을 하여쓰며 벼집을 태우는돼 반은 타고 반은 그냥 남아 잇쓰서 갈리 하는데 지장이 업쓸란지 모르겟꾸나.
"오후에는 운이와 둘리서 우들 두단지 건너다니는 로광이 깊이 문쳐 잇쓰서 다시 솟아두는 일을 하는데 운이와 둘리 힘으로는 도저희 할 수가 업쓰서 내일 트랙터로 할려고 생각을 하고 그냥 두고 왔다."
"어재 스라부 천 것을 아침 일적 올라가보니 아주 잘 댄 것 같드라. 서라부 철 때는 낢씨가 좋찌 않아서 마음에 걸리쓴는데 일을 하고 보니 참 잘 했따는 생각이 들드라."

〈1995년 3월 27일 월요일 날씨 비〉

오늘 오전은 부인과 둘리서 웃들 두단지 건

186) '현재 목수 9명 들어감(3月23日 6명)'이라고 일기 지면 상단에 따로 기록되어 있다.

너다니는 로광을 올리는 작업을 하는데 트랙터까지 동원이 돼어서 겨우 한 셈이다. 오후에는 전기 수리한다고 잇쓰니까 사장이 레미콘 사장이 돈 밭으로 왔따고 하면서 돈원을 달라고 하며 천만원 달라고 해서 대신분소에서 수표로 1000,000만원짜리로 백만원짜리 10장 줌. 돈원을 이래주다가는 집을 다 짓기 전에 돈이 다갈 것 같꾸나.[187)]
지출에 … 중도금으로 10,000,000원
"오후에는 비가 오는 바람에 휴식을 하여씀."

〈1995년 3월 28일 화요일 날씨 맑음〉
오늘은 포도밭 약 살포함. 오늘 포도밭은 금년 들어서 처음 살포하는 약이며 자신은 이 약을 5일 앞당기서 살포을 할려고 했는돼 자신이 시간이 업쓰서 개핵돼로 못했다. 오늘 약량 18말, 물 1말래, 스미치온[188)] 100cc, 네와소진약[189)]도 100cc 희석을 하여서 살포을 하여다. 내년에는 어더한 일이 잇쓰도 3月20日 경에 살포을 할 작정이다.
"오후에는 포도나무 도구에 낙엽을 끌어올리는 작업을 하여다."

〈1995년 3월 29일 수요일 날씨 맑음〉
오전은 정석윤씨 스라부 공구리 쳤는데 그들어주로 갇서 오전내 그들어쓰며 이재는 이웃도 공일은 잘하지 않을라고 하며 옛날 잘트며 사람이 비잡두록 사람이 만을끈돼 이재는 이웃도 공짜는 업는 새상이 돼어 버리쓰니 우리농촌 인심이 외 이래 변한것이 세월을 원망하고 십꾸나. 우리 절멀 때도 이웃 인심이 푸근했는데 외이래 변한 것이 무엇신가. 이것도 개방의 물결로 인심이 변한 것이 자신도 잘 모르게꾸나.
"오후에는 포도밭 도구쳤는 것으로 오후 시간을 다 보내고 오후내 부인과 둘리서 일을 하는데 자신은 무선일이든지 대충하는 성격이고 부인은 안전무결하게 손 될 일도 업시 하는 사람이며 때로는 부인이 안전무결하게 한다고 때로는 원망도 하지만 오늘은 부인의 일하는 모섭을 보고 자신은 부인이 꼭 따라야 하며 부인업씨는 아무 일도 안 대겠따는 생각이 더는구나."
"그리고 부인과 잔관[잠깐] 휴식을 하면서 부인 외 촌으로 시집을 와서 골탕을 먹는냐고 이야기을 하니까 골탕을 먹으도 좋타는 이야기을 할 때에 고맙드라. 자신은 딸을 키아서 촌으로는 시집을 보낼 생각은 눈꼽만침도 업쓰며 현생각으로는 촌에는 제아무리 좋다고 해도 딸을 촌으로는 보내지 않깨다."
"부인 우리도 노후에는 손을 꼭 잡고 살라가고 십소. 이 마음은 부인의 고충을 이 남편은 알고 잇쓰며 때로는 이 가슴이 아푸두록 니우침을 가지고 잇쓰며 늙마음은 고충의 보답을 해드리야 하는데 하면서도 실천을 못하고 잇는 것이 재정이 따르지 못하고 잇쇼만 최종적으로는 재정따르지 않는다해도 부인의 보답을 꼭 실천하리라.
지출에 … 공구리쳐는데 노임이 50,000원

187) '(중도금 10,000,000원 박사장 줌)'이라고 일기 지면 상단에 따로 기록되어 있다.
188) 스미치온은 유기인계 살충제로 주로 과수류 해충의 구제에 쓰이며, 벼의 이화명충, 멸구, 채소나 과수의 애벌래나 진딧물에도 쓰인다.
189) 네아소진은 벼문고병약(벼 잎집무늬마름병)에 사용되는 약이다.

〈1995년 3월 30일 목요일 날씨 맑음〉

오늘은 사과밭, 작과밭, 약 살포을 하여쓰며 사과밭은 형님 유황쳤고 남원 것으로 말리사과 나무는 약량 15말로 살포을 하여다. 그리고 작과나무는 톱네이트약[190]과 데시서, 매타약 셋가지 약을 혼용을 하여서 살포을 하여쓰며 앞밭태 25말, 셋집배 골래 25말, 당산 작과나무는 도로 부지로 들어가는 나무는 거냥 두고 남어지 나무만 25말로 살포을 하여 두어다. 그리고 당산 작과 나무는 꽃눈들이 보기가 시원찬아 보이며 약쳐는돼 힘이 업쓰서 대충쳤고 잇쓰니까 부인이 약을 잘 쳐야 한다면서 약돼을 지고 약 살포을 하여다. 자신은 종일동안 약대로 지치서 그른지 당산 작과 나무가 다 죽은 것을 보고는 등안시 해서 그른지 당산 작과는 약이 골로 살포을 못 한 것은 사실이다.

"오늘 약 살포 면적은 12마지기는 돼리라고 본다."

〈1995년 3월 31일 금요일 날씨 맑음〉

오전은 권정운이 마당하는돼 그들어 주어쓰며 마당이 크니까 센멘도 만이 들어가는구나. 레미콘차로 3차 반이나 들어 같쓰며 마당쳐고는 아주 큰 축에 들어간다고 바야 한다.

"오후에는 터랙트 노타리을 하여쓰며 노타리로 돈 냇는 일은 내두록 상가해야 한다고 생각을 한다. 오늘 본식내 노타리 하로 가서 땅이 야물고 적토 한 땅이라서 돌도 만코 땅도 골라 저지 않코 여르 족끈으로 마지 않아서 하다 그만 중단 하고 마랐다. 오늘 노타리는 육촌 형님과 이윤오씨 다 노타리을 해도 본식 내 노타리하면서 기계마모됀 것 쳔다면 오희려 손에가 만타고 생각을 한다."

"오늘 씀이들 벽돌 싸는 일을 하는데 하로 만에 반은 싸따고 보며 내일 싸면 다 쌀 것으로 내다본다."

지출에 … 쓰미들 참 15,000

수입에 … 노타리값 30,000원

〈1995년 4월 1일 토요일 날씨 맑음〉

오전은 벽돌 싸는돼 그들어 주어쓰며 오늘은 벽돌 싸는돼 세사달라고 하며 사줄라고 마음에 준비을 하여는돼 오늘은 새사달라고 하지 않코 자기네들이 세사로 가드라. 그래서 마음적으로 좀 편한 마음은 잇쓰나 그리 썩 좋치는 않트라. 여하튼 지출을 면할 수가 잇쓰다.

"오후에는 상토 흙 쳤는 일을 하여쓰며 부인은 그둘라고 하는 것을 팔이 아푸다고 하여서 운이와 둘리서 흙쳤는 일을 하였다. 그른돼 흙첫는 일을 해가 저두록 했드라면 경운기로 닷섯바리는 할 수 잇는돼 운이가 내일 할려고 해서 오늘은 경운기로 4바리을 하고 마랐다."

〈1995년 4월 2일 일요일 날씨 맑음〉

오늘로서 상토흙을 준비을 안전이 한 셈이다. 오늘 운이와 두리서 경운기로 두바리을 실어서 총바리수가 상토흙이 경운기로 6섯바리 소복이 준비를 한 셈이다.

오후에는 웃들 셋단리을 갈리을 하는돼 뒤쪽으로 하여다. 금년쳐고 봄비가 만은 량은

---

190) 톱네이트는 응애와 희가루병에 사용되는 약이다.

아니라드라. 자주 온 셈인돼 갈리 하기는 알맡드라.

〈1995년 4월 3일 월요일 날씨 맑음〉

외성보에서 오늘은 갯돌작업을 하여쓰며 금년도는 갯돌작업을 2일 만에 끝을 낼 껏 같꾸나. 일은 적으서 좋지만 대농가는 돈을 만이 내개 돼어다. 오늘은 갯돌작업을 자신은 이태옥씨와 둘리서 한셈이다.

지출에 … 제초제 22,500원

〈1995년 4월 4일 화요일 날씨 맑음〉

오전에는 직파 갈자리에 제초제약을 살포을 하여쓰며 올해는 제초재을 글라이 액체을 살포을 하는돼 300cc짜리 11병으로 10마지기을 살포을 하여다.

오늘 11병으로 약 살포을 하여보니 그른돼로 약 살포을 할 수가 잇따고 생각을 한다. 오후에는 갯돌작업을 하여쓰며 오늘도 이태옥씨는 자신의 대로 출력을 하여다.

〈1995년 4월 5일 수요일 날씨 맑음〉

오전은 갯돌보하고 오후에는 논갈리 작업을 하여쓰며 오늘 오후에 갈리한 면적이 11마지 갈랐다.

그리고 날씨는 가문다고 하여도 갈리 작업은 좋은 편이드라.

〈1995년 4월 6일 목요일 날씨 맑음〉

오늘 오전은 논갈리 일을 하여쓰며 이것도 오후에는 상장한다고 음식 준비 하라고 목수들이 법석을 부리는 바람에 부인하고 형수 하고는 음식 준비 하고 자신은 남의 갈리 일을 하여다. 오늘 갈리 면적은 4말 5돼지기 하여다.

"오늘 오후 3시에 상장 올라간다고 해서 상장 준비하는돼 50,000원 상장 돈거는돼 250,000, 맥주, 다 친다면 250,000원 들어같다고 바야한다.[191]

지출에 … 노타리날 40,000원 실 10,000
보도 2,000 구리서 2,000원
상장하는돼 돈걸원 것이
150,000원 음식 준비 50,000원

〈1995년 4월 7일 금요일 날씨 맑음〉

오늘 오전으로 스라부 석방을 안전이 깔라쓰며 그른돼 석방도 깔기 전에 철근 까는 사람들이 와서 목수 일을 바푸게 만드는 것이 마음에 걸리는구나. 원칙으로 한다면 석방 일을 안전이 하고 난 뒤에 철근 까는 일을 해야 하는데 중복이 돼어서 목수일이 소월이 돼지나 않을까 하고 극정이 돼는구나. 옛날사람이 먼 길을 가며 말도 보고 소도 본다고 하드니 오늘 철근 까는 사람이 둘리가 와서 탁주 3병을 바다오라고 해서 술3병을 갇다 주어떠니 일도 을마하지 않코서 또 탁주 5병을 사다달라고 하드라. 그래서 높픈돼서 일하는 사람이 술을 만이 먹으며 안 댄다면서 안 바다 줄라고 하니 개안타고 술 받아 오라고 해서 몾 잇기서 또 5병을 사다 주어떠니 두리서 술만 먹으는지 자신이 정심 먹고 오니까 한 놈은 술이 취해서 몸도 제대로 가누지 몾 하면서 일을 아난다면서 간다고 지랄하면서 한 놈은 차비가 업

191) '300,000 건답직파 제초제값 22,500 본인은 정심식사 할 때에 절먼사람 줌'이라고 일기 지면 상단에 따로 기록되어 있다.

쓰니까 돈 5,000원 빌러 달라고 하는돼 성질이 나드라. 마음 같아서는 성질이 나서 돈을 주고 십픈 생각은 하나도 업는돼 차비 업따고 해서 할수 업시 돈을 주어쓰며 다들 한심한 놈들이드라. 사람이 돈을 벌라고 막 일하는 사람들이 술을 두리가 8병을 먹고 무선 돈을 번다 말이냐. 두리다 한심놈이며 결국 두리다 일을 중단하고 다들 도라가고 마랐다. 오늘 같은 놈은 우리집을 공짜로 지어준다고 해도 실타. 오늘 인간도 돼지 못한 놈에깨 10,000원 손에을 본 셈이다.

지출에 … 탁주 8병 4,800원
차비준 것 5,000원
계 9,800원

오늘로서 논갈리는 뒤쪽으로 갈라쓰며 오늘 오후로서 끝을 냇다.

〈1995년 4월 8일 토요일 날씨 맑음〉

건답직파 할자리에 복합비료 17-18-18 한 단지 5포식 하고 서양바실래는 6포 반을 한 셈이다. 오늘 거름량은 16포 반을 한 셈이다.

오늘 오후에는 철근까라 논 것에 운이와 둘리서 돌공구는 작업을 하여다. 그른돼 이번에 철근 까라논 것은 마음에 들지 않는구나. 1층보다 아주 적개 철근이 깔리쓰며 영 마음에 들지 않트라.

지출에 … 복합 17포 모판용 비료 3포
따찌에스 11봉 소독약 12병
계 116,299원

〈1995년 4월 9일 일요일 날씨 맑음〉

오전은 상토흙에 비료 다찌에스 약을 석는 일을 하여쓰며 올해도 운이가 도와 주어서 부인이 좀 수레따고 생각을 한다. 그리고 부인은 비료와 다찌에스 약만 석는데 그들고 장모 생신이라서 친정에 가고 자신은 건답 직파, 노타리 하로 같쓰며 올해는 건답 직파 면적이 줄어들 것 같다.

수입에 … 노타리값 30,000원
〃 50,000원
계 80,000원

〈1995년 4월 10일 월요일 날씨 맑음〉

오늘은 서라부 공구리 하는돼 레미콘 차가 연달라 오지 않아서 속을 상하게 하여쓰며 나중 두 차는 연달라와서 마음이 노여쓰며 그리고 공리 쳐는 사람들이 스라부 경사도와 일을 너무 잘하며 자신이 생각을 해도 입다실 말이 업드라. 공구리 쳐는 사람들이 일하는 모섭이 자신의 마음에 꼭 맏드라. 오늘 스라부 일은 잘 돼어따고 생각을 한다.

"오늘 폭크렌 돈을 주야 한다면서 박사장이 돈을 달라고 해서 (현금 백만원) 수표 6,000,000만원 주어다."

지출에 … 담배 한보루 10,000원
탁주 1병 600
계 10,600

〈1995년 4월 11일 화요일 날씨 비〉

오전은 윤상무씨 밭노타리을 하여주고 일적에서 상토흙 쳐고 남은 것을 내년에 상토흙로 쓰기 위하여 부인과 둘리서 말리 사과밭에 갇다 노왔다.

오후에는 건답직파 할자리 노타리을 하여쓰며 오늘 오후에 10마지기 노타리을 하여쓰며 자신도 내년에 건답 직파 면적을 좀 늙가야 할 것 같다.

〈1995년 4월 12일 수요일 날씨 맑음〉

오늘은 부인과 둘리서 파씨와 우엉씨을 갈라쓰며 비 온 뒤라고 씨갑씨[192]을 너치만 비라고는 문지비라서 땅속에는 보야터라. 그래도 비 온 뒤고 씨갑씨는 너저만 가서 오늘 파종을 하여다.

오후에는 상토흙을 쳐고 남은 것을 내년에 쓸라고 말리 사과밭에 실어다 놋는 일을 하여쓰며 경운기로 9바리 실어다 났는데 내년에 상토 흙이 될련지 몰껏꾸나.

수입에 … 노타리값 70,000원

〈1995년 4월 13일 목요일 날씨 맑음〉

오늘 오전은 외성보에서 물막아 넛는 일을 하는데 자신은 이태옥씨을 보내고 자신은 대신사람 갈리 하여주어쓰며 오후에는 자신끄 건답직파을 하여쓰며 올해가 직파 중재일 잘 돼어따고 본다. 오늘 직파을 하는돼 부인은 양머리 흙 고루는 일을 하는돼 넘어나 열심희 하여서 자신이 신경이 쓰이고 잇드라. 외냐 일을 부지른희 하는것도 좋찌만 몸살 나두록 할까바 극정이 부쩍쓰이며 자신은 일을 그래 하며 몸이 상하니까 대충하라고 노래을 해도 부인은 통화지을 않는다.

"자신이 일을 만이 하는 것은 극정이 돼지 않는돼 부인이 실찌 일을 만이 하면 전신경이 부인 일하는돼 가니까 신경이 날카러어지고 잇다. 이것을 해소 할려면 부인이 일을 들하면 돼는돼 부인의 생각은 자기가 일을 들하면 남편이 다 하기 때문에 일을 더 하고 잇따니 서로가 도와줄라고 일을 하니 부인한태 신경쓰이는 것이 해소가 돼지 않코 잇다."

"자신이 이룬 일들을 생각을 해 볼 때에 자신이 남의 농사을 들지어야 신경쓰는 일들이 줄어들 것으로 본다."

"남편이 부인 실타고 하는 사람은 업깨지만 자신은 부인이 업쓰서는 아무것도 이루어지지 않을 끝이며 부인업시는 살 수도 업쓸뿐 내 부인과는 천생 연분이라고 생각을 한다."

〈1995년 4월 14일 금요일 날씨 비〉

기상대는 남부지방에 비가 만이 온다고 하드니 가랑비가 오며 그것도 문지비가 오고 만니 인간들은 비을 큰 기대을 하여는돼 문지 안 날정도 밖에 돼지 완아서 큰 실망을 하여다고 본다. 자신도 남부지방에 비가 만이 온다고 예보을 하여서 휴식을 하여떠니 오늘 오전 휴식 한 것이 아쉽다.

"오후에는 김영남이 건답직파 하는돼 전신경을 다 쓰서 파종을 하여 주어쓰며 자신이 보기에도 아주 잘 돼어따고 생각을 하는돼 주인보기에는 마음 어뜰란지 모르겟꾸나. 자신은 파종에 자신이 부틀뿐 아니라 오늘 파종은 전신경을 다 쓰다고 바야 한다."

지출에 … 경유 한드람우 35,940원

〈1995년 4월 15일 토요일 날씨 맑음〉

오늘은 종일동안 건답직파 파종하여씀. 건답 직파을 태성이와 둘리 하는돼 외로점이 만타. 외냐 하면 태성이는 기계가 힘이 적으서 그른지 노타리가 잘 안돼서서 자신이 파종하는돼 문재점이 만타. 파종은 노타리가 잘 돼어야 파종이 잘 돼는돼 이것을 이

---

192) 종자를 뜻함.

야기을 할려니 어리 상하게꼬 그냥 하자니 남들은 속도 모르고 파종에 문제가 잇는 것이라고 생각을 할 끄시며 자신으로 문제가 재일 크다고 생각을 한다. 이것을 문재 삼아서 따로 할려니 마음에 걸리고 계속 하자니 자신만 망신을 당하고 마니 마음이 펜치 않는구나.

〈1995년 4월 16일 일요일 날씨 맑음〉
오늘은 종일 동안 건답직파 자리 노타리을 하여쓰며 노타리 하는돼 종일동안 노타리을 하여보니 기계에 무리가 만이 가는 것 같드라.
그리고 요줌은 시간이 업쓰서 우리집 짓는데 아침 저녁으로만 올라 가보며 우리집이 볼수록 태가 나는구나. 자신이 집을 크게 짓는 것을 보며 복장이 크다는 것을 너킬수 잇쓰며 남들이 집 크게 짓는다고 입을 다시는구나. 그리고 집짓는돼 진도가 빠르며 이대로 간다면 두달 반에 입주을 할 수 잇따고 보고 잇다."

〈1995년 4월 17일 월요일 날씨 맑음〉
오늘도 건답직파 노타리을 오후 2시까지 하고 오후에는 우리집 짓는데 일 거들어 주어쓰며 요줌은 일 진도가 빨라지고 잇드라. 오늘은 목수와 쓰미 두 팀이 일을 하여다. 오늘도 세는 자신이 하여쓰며 맥주 5병, 음료수 1병, 빵 8개, 지출을 하여다.

〈1995년 4월 18일 화요일 날씨 맑음〉
오전은 포도나무에 약 살포 하는돼 약량은 물 한 말래 스미치온약 30cc너어서 물 17말로 살포을 하여다. 현재로 눈들이 제법 큰 상태라서 약 살포을 하는 것이 좋은 것인지 모르고 약 살포을 하여다.
"오후에는 득계가서 건답직파을 하고 왔쓰며 우리 마을 보다 득계가 건답직파 면적이 만캐드라. 오늘 파종량이 9마지기 반은 하여따고 보고 잇다."
그리고 저녁을 먹고 잇쓰니까 순달 내와가 내일이 내 생일이라고 고기을 사와드라. 자신의 생일을 잊찌않고 늙 챙이 주는 것이 정말 고맙드라. 이 형은 너위들이 생각하는 마음의 반도 못하고 잇따고 생각하며 늙마음적으로 고맙게 생각하고 잇다. 그리고 너위들이 다들 챙길라고 하며 돈이 만이 들어간다. 이 돈이 들어가며 인정의 사이을 벌리는 일이 나게 돼는돼 이 형은 빈 몸으로 와주는 것만도 을마나 좋은지 모른다. 정말 고맙게 생각을 한다. 그리고 이 형은 행동으로는 너위들의 마음에 반도 안 찰지 몰라도 마음속으로는 너위둘레깨 뒤처지 않는다고 생각을 하고 잇다. 여하튼 이 우정을 더도 말고 이돼로 영혼이 지속했쓰며 한다. 정말 고맙다. 동생.

〈1995년 4월 19일 수요일 날씨 맑음〉
오늘 잠자리에서 일어나서 불을 키보니 선물과 편지가 아빠 머리 맡에 잇드라. 딸이 아빠 생일 축하 편지드라. 눈도 제돼로 떨어지 않은 상태에서 딸의 편지을 일거 보앗다. 내 딸이 이 아빠을 지격희 생각을 하는 줄은 정말 몰라쓰며 그 고마음에 코물 눈물을 다 흙리고 마라다. 내 딸이 이르게 생각하고 마음속으로 아빠의 고마움을 알고 잇는 딸의 편지을 일고 나는 갑지게 살고 잇따는 생각이 들며 내 열심희 살라온 보람이 잇쓰며 딸의 편지을 일어 갈 때에 내 마음에서는 힘이 솟는 기쁨이며 내 딸 자식들이 그냥 자라가고 잇는 줄 알라드니 부모의 고마움을 다 알고 잇는 자식들이 잘라고 잇쓰니 나 자신은 정말 행복한 사람이라고 나 자신이 생각을 한다. 혜영아 너의 편지 코물 눈물로 일거 보앗다. 사랑하는 내딸.
오늘은 내생일이며 금년은 남의 집이라서 집안사람도 초대하지 않고 형님, 형수만 초대해서 아침 한때 나누어 먹고 마랐다. 올해는 좀 간소한 생일을 하여다고 바야 한다.
"오늘도 종일 동안 직파 재배을 하여쓰며 건답직파을 우리마을 사람보다 득계 사람들이 만이 하고 잇쓰며 면적이 아주 만타고 생각을 한다. 오늘은 득계에서 종일 동안 파종을 하여다."
오늘 파종면적은 22봐지기 함.

〈1995년 4월 20일 목요일 날씨 맑음〉
오늘도 건답직파을 하여쓰며 직파는 우리 동네가 처음 시작을 하여는돼 현재로 바서는 우리마을은 파종면적이 줄어들고 득계는 파종면적이 상당이 면적이 불어났다.
오늘은 득계에서 종일동안 노타리을 하여쓰며 거것도 정심을 네다먹으면서 노타리을 하여다. 요줌은 파종한다고 우리집 짓는데 거들어 줄 시간이 업쓰서 자신이 일을 맡치며 오후 6시가 넘어서 일을 맡치니까 일을 그들어 줄 시간도 업고 임보들 다들 가고 난 뒤에 집구경을 매일 하곤 한다. 자신이 집구경을 할 때마다 순덕이 복장이 크다는 것을 너킬 수가 잇쓰며 집을 볼 때마다 아담하고 웅장하고 넘넘하게 웃뚝선 집을 보고 잇쓰며 시간 가는 줄 모르고 을마든지 바라고고만 십꾸나.
"현재 우리집 진도을 본다면 다음달은 입주을 충분이 할 수 잇따고 생각을 한다."
오늘 노타리 면적은 24.5돼지기.

〈1995년 4월 21일 금요일 날씨 비〉
오늘도 건답직파 노타리을 하여쓰며 득계 사람들이 우리마을 사람들 보다 수도작을 천대을 하고 잇따는 생각이 든다.
"오늘 오후에는 비가 와서 억찌로 하여따고 본다. 이번 비는 직파을 못하는 일이 잇드라도 좀 만은 량의 비가 와 주어 쓰며 한다."
"요줌은 들래서 직파을 하여도 우리집 일을 을마나 하여는가 하고 집생각이 그리 만이 나고 잇다."

〈1995년 4월 22일 토요일 날씨 비〉
육촌 형님 아들 고이 결혼을 앞두고 동네 술 내준다고 해서 그들어 주어쓰며 오후에는 집 짓는데 그들어 주는 것으로 아로일과을 보냇다.
임보들 참값 맥주 4병 탁주 1병 우유 2병 빵 계 6,200원

〈1995년 4월 23일 일요일 날씨 맑음〉
오늘은 육촌형님 종말리 아들 결혼식이라서 예식장에 참석을 하여쓰며 예식장에는 본동 사람은 참석을 적개하여쓰며 때가 바픈 때라서 모두들 참석을 들하고 안전부주을 만이 하여드라.
"요줌 자신이 일을 개핵성잇깨 못하고 집배일하는돼 자주 들리곤 하니까 무선 일이 뜰든 기분으로 하고 잇다. 일이 안정이 될라면 집배 일이 끝이 나야 한다고 본다."
수입에 트랙터 노타리값 90,000원
지출에 … 육촌형님 둘째아들 부주값 40,000원

〈1995년 4월 24일 월요일 날씨 맑음〉

오늘 오전은 웃들모재리을 하는돼 물이 업쓰서 물을 돼가면서 모재을 준비을 하는데 오전내 해도 반다바지밖에 못하고 마랏다. 오후에는 영권네 파종을 하여쓰며 오후에 해도 좀 일적드라.

우리집에 미장일이 앞푸로 3日 안에 끝을 내지 않을까 한다. 우리집 업자는 사람이 좋으며 너무 사람이 좋아서 업자가 손에 가는 것이 많을 것 같다.

〈1995년 4월 25일 화요일 날씨 맑음〉

오늘 오전은 재철내 파종을 하여쓰며 파종을 하는돼 미리 상자에 물을 전부 주어노니 일이 아주 빨리 돼는구나. 상자수가 800개가 넘는돼 오전에 파종을 다 하고 마랐쓰니 상자에 주 주는 것이 큰 목을 하고 잇다. 오후에는 모재리 할 때에 물돼는 일과 보뚝을 하는 것과 집에 일적 들어와 상자에 물주는 일, 오늘은 밤 8시가 넘두록 일을 하여다. 자신은 일이 끝이 업는 것 같뜨며 잠쉬 휴식시간이 업는 것이 마음의 불평을 가지곤 한다. 인간이 나처름 살라 가는 것이 좋다고 하는 사람이 가면 잇쓸란지 자신이 생각을 해도 인간 생활이란 육체적인 생활이나 정신적인 생활이나 여유 시간을 가지야 된다고 생각을 한다.

〈1995년 4월 26일 수요일 날씨 맑음〉

오늘은 자신의 파종날이며 오늘따라 바람이 부르서 파종하는돼 힘이 만이 들어다. 오늘은 바람만 업따면 파종하는돼 아주 좋은 날이인돼 바람 때문에 파종하는돼 종이 깔라주는 사람이 더 피료 했따고 본다.

그리고 올해는 상자에 물을 다 주고 난 뒤에 파종을 하니까 뒤가 깻끝하며 여르모로 득이 돼드라. 한가지 단점이라면 하로 전에 물을 주어서 수분이 좀이 좀 적지 않을까 한다.

오늘 파종은 오전에 끝을 냇다.

수입에 … 트랙터 노타리값 50,000원

〈1995년 4월 27일 목요일 날씨 맑음〉

오전은 모판일을 하여쓰며 미리 모판을 손을 바노니 오전으로서 모판 8판을 다 할 수가 잇쓰니 일이 좀 수라게 하여다. 오후에는 참깨 갈 때에 제초제 쳐는 일을 하여쓰며 이랑에 약량 × 물 1말래 60cc 희석을 하여다.

〈1995년 4월 28일 금요일 날씨 맑음〉

오전은 임보들이 방바닥 사다공구리 천다고 질통으로 저는 일을 도와 줄라고 같뜨니 임보한사람이 어재 저녁 3시까지 술 먹으서 일을 못 하게따고 하면서 잠을 자고 잇쓰서 오늘 일은 개핵대로 못하고 빵구땜만 하고 마랐다. 자신은 일 도와줄라고 하다 일도 못 도와 주면서 오전일과을 보냇다.

오후에는 영권의 육모상자을 건답에 내는 일과을 보넷다.

〈1995년 4월 29일 토요일 날씨 맑음〉

오늘 오전은 달희 육모 상자을 본답에 냇쓰며 사람이 만아서 일이 좀 수래다.

오후에는 이철수씨 직파 노타리을 하여쓰며 땅이 추지서 노타리가 잘 안돼드라. 이른 것을 볼 때에 무선일이든지 남할 때 같이 해야 한다. 오늘 이철수 씨 진작 했쓰며 아주 잘 될 논을 비가 오는 바람에 족끈이 아주 낮파다.

〈1995년 4월 30일 일요일 날씨 맑음〉
오늘은 자신의 육모상자을 내는 날인돼 파종한 벼씨 땅위에 올라오지 않아서 오늘 본답에 낼까 말까 아주 망스리쓰며 오늘 해장에 위웃 어른들 보이서 내는 것이 좋을까 하고 보이니까 내라고 하여서 망스리든 마음을 버리고 본답에 내기로 결심을 하고서 해장부터 스들어다. 오늘 일을 하고보니 벼씨도 잘 섯쓰며 오늘 일한 것이 아주 잘 하여따고 생각을 한다.
오늘 일은 하고 보니 사람도 만이들 와서 도와주어서 하고 보니 아주 잘했따는 생각이 들드라.

〈1995년 4월 31일 월요일 날씨 맑음〉[193]
오전은 태성이 육모상자을 본답에 내는 일을 부인과 둘리서 거들어 주어쓰며
오후에는 김천 신흥농약방에서 건답직파 제초제 해도지[194]와 크라이목존 약[195]을 10마지기 량을 사왔다. 그리고 포도약 살충제 영향제을 사왔다.
득계 건답직파 파종할 때 노타리 2단지 함.

〈1995년 5월 1일 화요일[196] 날씨 맑음〉
오늘은 열일을 재치 놋고라도 포도순이 필요업는 순을 따내는 일을 하여쓰며 포도순 볼 시간이 업쓰서 먼저 번에 약쳐고 처음가니 포도순이 몰라보게 잘라쓰며 이 일은 순이 잘라기 전에 따내야 하는돼 이재따내는 일을 하여서 포도순 자라는데 손에가 만아따고 본다.

〈1995년 5월 2일 화요일 날씨 맑음〉
오늘은 종일동안 약 살포을 하여쓰며 해장에는 포도약 살포을 하고 아침먹고는 건답직파 갈란든데 재초제 크라목손 해도지 약을 1단지 16말 약량으로 살포을 하여다. 오늘 건답직파 10마지기 약 살포을 하니 오후 1시가 돼드라. 정심을 먹고는 박사장 노임 줄라고 해서 돈 천만원 달라고 해서 수표 백만원짜리 8장과 현금 2,000,000만원 주었다. 그리고 말리 사과나무 밑태 제초제 약 12말 량으로 살포을 하는 것으로 오늘 일과을 마치고 마랐다.[197]
지출에 5月1日 56,500원
차비 880원 계 57,380원

〈1995년 5월 3일 수요일 날씨 맑음〉
오전은 두룸을 하고 오후는 모판에 종이을 벗키쓰며 오늘 자신은 종이 벗키고 다찌엣스 약을 살포을 하는돼 이재는 모판에 물을 돼어서 모판위에 올라 오두록 하여서 빼내는 작업을 하고 만다 자신도 물돼는 작업을 하고 말라쓰며 이재는 수입은 뒤로 하고 수란 방향으로 일들을 하고 잇다. 이대로 간다면 우리쌀은 줄어 들꺼시며 한대만 흙러 간다면 우리쌀이 살라 저지나 않을까 염려돼는 구나.

---

193) 4월은 30일까지이나 일기에는 4월 31일로 기록되어 있다.
194) 제초제 일종인 해돋이를 잘못 표기하였다.
195) 국내에는 그라목손(Gramoxone)이라는 이름으로 널리 알려져 있으며 이에 대한 오기인 것으로 보인다. 정식명칭은 파라콰트(paraquat)이며 제초제의 일종이다.
196) 이 날은 월요일이나 화요일로 잘못 기록하였다.
197) '박사장 37,000,000만원 주었다. (현재)'이라고 일기 지면 상단에 따로 기록되어 있다.

지출에 제초제 마끼세 2봉 4,400원

〈1995년 5월 4일 목요일 날씨 맑음〉

오늘 오전은 고추모종을 하여쓰며 고추 모종을 200포이라 하여는데 고추모종을 하고 보니 30포기가 적드라.

오후에는 작동 직파 노타리을 하여주어 쓰며 직파는 오늘로서 끝을 낸 셈이다. 앞푸로 건답직파와 담수직파가 돼니 안대니 말들을 하면서 올해 우리마을에서 담수직파을 시도 하는데 이것이 잘돼며 건답직파보다 보급이 빨리 학산 될 것으로 내다본다. 앞푸로 담수 직파가 됀다면 우리농민들이 좀 수라게 농사을 짓을 수가 잇따고 본다.

〈1995년 5월 5일 금요일 날씨 맑음〉

오늘은 종일동안 보뚝과 두룸을 하여쓰며 종일동안 3단지 두룸을 한 셈이다.

"오늘 해장에 물막어 넛는 보을 하여쓰며 오늘 해장에 보는 별료 가치 잇는 일을 못 하여따고 생각을 한다."

〈1995년 5월 6일 토요일 날씨 맑음〉

오전은 집배 다이류 부치는데 그들어 주어쓰며 다이류 부치는돼 일부 떠허지는것이 잇쓰며 이것을 본 자신은 냉가로 하지 않다는 것이.

〈1995년 5월 7일 일요일 날씨 맑음〉

오늘은 우리마을 회관 준공식과 경로잔치을 열어쓰며 금년 잔치는 성대하게 거행 돼어쓰며 그리고 손님도 재일만이 참석을 하여쓰며 오늘 잔치 분이기는 어느 때보다 더 좋아쓰며 분이가 좋을수록 우리 부모님이 생각이 나며 우리 부모님이 살라 개신다면 정말 잘해 드릴끈돼 하고 부모님을 한번 더 생각을 하여본다.

"자신은 자식에깨 이뼈아품을 주지 않아야 한다."

지출에 경로잔치 부주 20,000원

〈1995년 5월 8일 월요일 날씨 맑음〉

오전은 도로확장 부지 보상바둘라고 서류 정리하는데 면과 시청을 다니면서 서류정리을 해서 시청에 접수을 하여놨다. 민원 스비스는 면보다 시청이 아주 잘하며 이것이 반돼로 잘해야 하는돼 우리가 볼 때는 면은 우리 식구나 다름이 업는데 민원 스비스는 외면을 하고 잇쓰니 이것은 문재가 만타고 바야한다.

오후에는 웃들굼논 노타리을 해서 보뚝과 두룸을 안전이 하고 복판논에 두룸 노타리을 함.

지출에 버스비값 1,760원 택시비값
1,200원 인감 인지대값 300원
계 3,260

〈1995년 5월 9일 화요일 날씨 맑음〉

오늘 작과 나무에 약 살포을 함. 자두나무 약은 다이센 45, 란네이트 두가지로 자두나무 약을 살포함. 약량은 앞밭에 25말, 당산에 45말을 살포을 하는데 약량이 만이 남아서 약을 버리곤 하여다.

"조합에서 20말 약를 외상으로 구입함."

〈1995년 5월 10일 수요일 날씨 비〉

복판논 보뚝을 하고 임숙네 두 마지기 물돼는 일과 포도밭 도구에 물돼는 일을 하여쓰며 이번 비가 포도밭 도구에 물돼라고 비가 온 것쳐롬 도구에 물을 다 돼자 비가 그치드라. 이번 비는 자신을 위한 비가 돼어따고 생각을 한다. 외냐 자신은 시간여유가 업쓰서 관청 물 퍼지 못하고 극정만 사실하여다. 그른돼 이 비로 포도밭 해결이 돼어쓰니 천만 다행이다. 오늘 포도밭 해결은 눈에 표는 나지 않치만 음청난 소득을 어드따고 생각을 한다.

〈1995년 5월 11일 목요일 날씨 맑음〉

참깨 갈 자리에 부인과 두리서 비뉴류 씨는 작업을 하여쓰며 오후에는 참깨 가는데 쓸 모래을 두바리 실고서 모판 비뉴류을 안전이 그두어 왔다.

그리고 매일 일가 후에는 꼭 집을 한번식 들리고곤 하는데 꼭 집을 들리며 우리집이 그리 좋고 우리집이 우리마을에서 채고로 잘 짓는다고 생각을 하며 볼수록 우리집이 채고라고 생각을 하며 자신은 우리집이 조금식 진도가 나갈 때마다 내 마음은 말로 표현을 다 할 수가 업두록 좋더라.

〈1995년 5월 12일 금요일 날씨 맑음〉

임숙네 논에 물돼는 일을 하여쓰며 물을 돼면서 두룸 노타리을 하고 두룸까지 하여다. 오늘은 5마지기에 물돼는 일을 끝을 내고 한곳은 두룸까지 하여다.

〈1995년 5월 13일 토요일 날씨 비〉

오전은 두룸하는 일을 하고 일 적으서 포도육손따는 일을 하여쓰며 부인은 늙 포도밭에 살다시피 하며 오늘 부인을 도와줄라고 일을 하여보니 수란 일이 아니드라.

오후에는 참깨 파종을 부인과 숙모님이 하고 잇는데 자신은 모래로 덥는 일을 하여다. 그리고 도로확장 공사에 토지보상을 이천백만원을 자신의 구자로 들어 왔드라. 자신의 욕심으로 바서는 적은 보상이지만 마음은 불편하지 않꾸나.

"자신은 이 밭을 살 때부터 앞도로가 당산으로 난다고 일부 말들이 더로 잇쓰다. 그래서 자신은 투기로 이 밭을 매입을 해서 득을 현재 보고 잇따만 마음 찬 보상이 아니라서 아쉬운 감이 십계 떠나지 않는구나."

수입에 … 당산밭 423평에 (이천백만원 받듬)

〈1995년 5월 14일 일요일 날씨 비〉

오늘은 이양하기 위하여 종일동안 노타리을 하여쓰며 금년은 자신이 바빠서 형님 갈리는 그들어 주지 못하고 노타리만 2단지 하여 주어다. 오늘 노타리는 8단지 하여다.

〈1995년 5월 15일 월요일 날씨 비〉

오늘 오전으로 노타리 작업을 자신은 끝이 난 셈이다. 노타리가 남들보다 좀 빠르다고 생각을 한다. 자신 집짓고 직파하는데 돈 번다고 시간을 빼앗킨 것이 이재야 재자리 돌라 와따고 생각을 한다. 자신 늙 남들 보다 앞쓰서 일을 하여 왔는데 금년은 일이 남들보다 일이 뚝 뜰어저 일하는데 부인이나 나나 육체적으로나 정신적으로나 무진장 바빠다고 생각을 한다.

지출 기름값 36,550원 위안비료값 2포 3,680원
계 40,230원

〈1995년 5월 16일 화요일 날씨 비〉

오전은 박종서씨 노타리을 하여주어쓰며 박종서 씨는 매년 트랙터 노타리만 하여서

이앙기 모내기을 한다. 나만은 사람이 일손이 업쓰서 매년 노타리만 하고서 모내기을 하는데 이재는 일손이 수라게 농사을 지을 수 잇두록 하는 것이 현명한 사람이라고 생각을 한다.
오후에는 대신분소에서 복합 비료 40포을 띠어 왔쓰며 수도작 밑비료는 미리 준비을 해야 하는데 바푸다는 평계로 미루어 오도 오늘은 할 수 업{이} 비료을 띠어 오는 시간을 내다.
오늘은 포도나무 약 살포을 하여쓰며 약량은 15말로 약 살포을 하여다. 포도밭은 약량 15말로 충분하게 살포을 할 수 잇개더라.
말리 사과나무는 20말로 살포을 하여보니 약량이 조금 적드라. 앞푸로 25말량이 잇쓰야 사과나무에 약 살포을 할 것 같드라.
지출에 … 복합 17-21-21- 40포

〈1995년 5월 17일 수요일 날씨 맑음〉
오늘은 웃둘세단지 모내기 할려고 쓰레질을 하여쓰며 금년도는 믿비료을 한단지 4포식 하여다. 그리고 정심을 싸가서 일을 하니까 세단지 쓰레질이 안전이 끝을 내는데 오후 3시 안에 끝을 내게드라.
오후에는 집에 팽키질한다고 가보니까 일들을 만이 하고 잇드라. 미장, 돌, 팽기 셋팀이 일을 하고 잇드라. 그래서 참비값 10,000원을 자신이 부담을 하여다.
그리고 오후 5시돼어서 임숙네 고속도로 밑에 노타리 조금 남원 것을 마자 노타리을 하여다.

〈1995년 5월 18일 목요일 날씨 맑음〉
오늘은 종일동안 동서리만 다들 하여쓰며 동서래질을 먼저 하여노며 부인이 어쟁대는 시간이 적으전다고 바야 한다. 무선 일이든지 장단점이 다들 잇다. 쓰레질을 안전 망울이을 하며 일을 감편하나 거름 헌치는 사람이 어쟁대는 시간이 넘어 만꼬 동서레질을 다들 하고서 나중에 장쓰레질을 하며 뒤에 일하는 사람이 여유시간이 업쓰저는 장단점이 잇키 때문에 어느 것이 좋다는 말을 할 수가 업꾸나.

〈1995년 5월 19일 금요일 날씨 맑음〉
우리 마을래도 오늘부터 모내기에 들어 같쓰며 우리 마을 사람들은 파종날짜가 대신 사람들보다 너깨 하고도 모내기는 더 일적하고 잇다. 자신도 21日, 23日 이 날짜에 모내기을 할 예정으로 쓰레질을 끝을 냇다. 자신은 삼일은 이앙을 해야 다 할 것 같다. 오늘도 쓰래질을 23日 심을 것만 쓰레질을 끝을 내고 웃들 모판띠는 일을 일부 하여다.
자신은 상토읅에 거름을 2포해서 거름량이 적으서 모키가 적은 편이라 내년에는 상토읅에 거름이 조금 만은 것이 유리하게드라.

〈1995년 5월 20일 토요일 날씨 비〉
오전은 23日 날 모내기 할 논에 모판띠어서 본답에 같다 논는 작업을 하였다.

〈1995년 5월 21일 일요일 날씨 맑음〉
오늘은 웃돌 3단지 모내기을 하여쓰며 자신은 파종을 너깨야 해서 아직 모가 눈으로 보기에 아직 어리보이고 잇쓰며 이것을 자신이 보기에도 아직 날짜가 업는 모라서 죽살지나 않을까 하고 염려가 돼고 잇다.
그리고 운이가 모내기에 도와주어서 마음

적으로 편하고 잇다.
오늘로서 우리집 다이류을 안전희 끝을 냇쓰며 다이류 작업을 끝을 내고 보니 집이 깨끗하여 보이며 집이 모뒐도 좋을 뿐 아니라 건물 이치과 잘 안자 잇따고 생각을 한다. 그리고 우리집이 마을에서 제일 잘 짓은 집이라고 말들을 하고 잇쓰며 자신이 생각하기에도 제일 잘 짓으따고 생각을 한다.

〈1995년 5월 22일 월요일 날씨 맑음〉
오늘로서 쓰레질을 안전이 끝이 낱쓰며 오늘 쓰레작업은 형님이 도와주지 않아쓰며 저녁 땅거미가 저두록 해야 다 할 뿐 했다. 사실상 금년 농사 일은 다 했따고 바야 한다. 가는 세월 아무도 잡찌는 못하지만 세월이 빨리 갈수록 인생이 그만춤 늙어 간다는 것은 인생이 허전함을 무어로 달래준다 말인가. 그리고 들판에 파라게 물드려 가고 잇쓰며 이 들판이 일주일 안에 온 들판에 파라게 물드려 갈 것을 생각을 하니 농민의 즐거움을 농민만이 망킥하는 멋도 잇꾸나 하는 생각도 가져 본다.

〈1995년 5월 23일 화요일 날씨 맑음〉
오늘은 모내기을 하여쓰며 금년도 모내기는 3회로 나누어서 모내기을 할려고 예정을 하여쓰며 오늘은 2회째 모내기을 하여쓰며 마지막 3회는 25日날 심을 예정이다. 올해는 자신은 모키가 적으서 아주 불편을 만이 느낀다. 모키가 적으서 논들이 평탄하지 못하며 모키가 장기고 잇쓰서 올해 상토흙에 거름 적은 것이 큰 낭패다.

〈1995년 5월 24일 수요일 날씨 맑음〉
우리포도 순이 너무 왕성하며 우선 보기에 순들이 남들 보다 눈에 표가 나게 만이 잘라 잇쓰서 포도 결실에 지장이 업쓸란지 극정이 돼는구나. 그리고 오늘은 포도 적심과 엽순 따는 일을 부인과 두리 하여다.
부인이나 자신이나 잠쉬 실 여유가 업꾸나. 눈 떠며 일을 하여도 끝이 업꾸나.[198]
지출에 휘발유 1말

〈1995년 5월 25일 목요일 날씨 맑음〉
오늘로서 모내기 끝을 냇다. 그전에는 10마지기을 더 이앙기 모내기을 하여는돼 이재는 직파을 10마지기을 해서 이앙기 모내기는 30마지 하는돼 지루한 감을 너켜다. 우리 부부가 일하는 것이 56마지기나 돼니까 두리 목씨가 너무 만타고 바야 한다. 이래 살다가는 부인을 지치게 하고 말개쓰니 자신도 가감하게 농사을 주리야 한다고 바야 한다.

〈1995년 5월 26일 금요일 날씨 맑음〉
오늘은 제초제약을 헌치고 벼논에 제초제 살포을 하며 벼농사는 다 짓은 것이나 다름이 업다. 그리고 이재는 벼논에 장깐 일하고서 그 남어지 시간은 포도밭에 일을 하곤 한다. 요줌은 포도 적심 할려내 발따는 일 엽순 따는 일 일들이 넘어들 만아서 어느 것부터 손을 대야 좋을찌 알 수가 업쓸 정도라고 말을 하고 십다.

〈1995년 5월 27일 토요일 날씨 맑음〉
오전은 벼논에 제초제 살포하고 오후에는

---

198) '오늘로서 모내기 끝을 냇다'이라고 일기 지면 상단에 따로 기록되어 있다.

포도 적심과 엽순 발따는 일을 아들, 딸, 다들 같이 일을 하여다. 포도밭 일이 논농사 일보도 수리지도 않트라.
금년에는 포도 순들이 아주 좋은 편인돼 열매도 좋을란지 몰게 꾸나.
지출에 … 휘발유 4,700원 자신의
어깨담약 하로분 3,000
계 5,000원[199]

〈1995년 5월 28일 일요일 날씨 비〉

오전은 윤두희씨 노타리 해달라고 해서 논자리에 가니까 노타리 물도 안 돼어서 그냥 드려와서 포도 적심과 엽순 따는 일을 하여다.
그리고 오후에는 운이와 두리서 집 치우는데 오후 시간을 다 쓰도 다들 못 치와쓰며 운이가 열심이 도와주지 않아따면 반도 치우지 못할 뿐 햇따고 생각을 한다.
운이가 가만이 보면 만이 도와 줄라고 노력을 하는 것이 눈에 표가 난다. 이것을 본 아빠로서 정말 고맙다. 우리 운이가 한참 외먹이는 것을 볼 때에 바서는 사람 안 될 것 같드니 요줌 보며 안전 효자라고 생각을 한다. 운아 정말 고맙다.
지출에 … 팽키칠하는 사람 참비

〈1995년 5월 29일 월요일 날씨 맑음〉

오전은 윤두희씨 노타리 하는 것으로 오전을 다 보내쓰며 오후에는 시간여유을 가지고 물돼는 일을 하여쓰며 내일 제초제 약 살포을 할 논에 물돼는 일로 오늘 일과을 보냇다.
그리고 유행성 뇌출혈 예방주사을 마자쓰며 위 예방주사는 봄외 만는 줄 알고 잇는데 이재야 예방 주사을 주고 잇쓰니 예방 효과는 잇쓸란지 몰개꾸나.
지출에 부인예방, 자신 14,000원

〈1995년 5월 30일 화요일 날씨 맑음〉

오늘로서 논 제초재을 마지막으로 살포을 하여쓰며 제초제을 살포을 하고 나며 벼농사는 반은 다 짓어따고 생각을 한다.
오후에는 역전사람 노타리을 하여주고 김종옥씨 노타리을 하여쓰며 자신의 트랙터가 기름을 만당크 너어서 노타리을 15마지기 치니까 기름이 떠르지드라. 요줌은 기름을 만이 먹고 잇는 것 같다. 그전에는 기름 떠르저서 일 못한 적은 업는데 금년 들어서는 두 번이나 기름이 떠르저서 일을 못했다.
우리집은 업자가 마음먹고 일을 하여주며 3, 4일만에 입주을 할 수 잇따고 보는데 업자가 망우리 공사을 하지 않아서 마음이 타고 잇다.
지출 … 참비값 13,400원

〈1995년 5월 31일 수요일 날씨 맑음〉

마당에 흙 치우는돼 폭크렌 작업을 종일 하여쓰며 마당에 흙을 싹 치우니 보기에도 좋을 뿐 아니라 자신의 마음도 밝은 너킴을 가지고 잇다.
오늘일은 업자 업쓸 때에 자신의 생각도 흙을 치아서 오늘일은 갑업치 잇는 일이 돼어따고 본다.

〈1995년 6월 1일 목요일 날씨 맑음〉

오늘 오전도 마당에 흙치우는 일 망우리을

---

199) 실제 계산은 7,700원이나 5,000원으로 잘못 기록하였다.

하고 배수로 배관 까는 일을 하여쓰며 오전으로 배관일 정화조일 안전이 끝을 냇다. 배수로 배관은 2500 미리 배관으로 다들 하여다.
오후에는 싱크대 고루로 가자고 하여서 리바트 싱크대 대리점을 갈뜬이 색상도 매가지 밖에 업쓰서 고루지 못하게 쓰며 싱크대을 업주가 80십만원 부담을 하기 때문에 업주 거래 하는 대리점에 가서 하기 때문에 싱크대 선정 올캐 대지 않는구나. 자신도 싱크대 선정에 마음에 더는 물건 선정을 못햇따고 본다. 오늘 싱크대 선정은 270십만원 짜리로 선정을 하고 왔다.
지출에 … 새참비값 6,800원

〈1995년 6월 2일 금요일 날씨 맑음〉
고추에 진디물 약 살포을 하고 참깨 씨세우는 일을 하여쓰며 금년에는 참깨, 고추 다들 진디물이 아주 만은 것 같다.

〈1995년 6월 3일 토요일 날씨 비〉
오늘은 순달와 선산에 농협에서 운영하는 가구와 오디오 계약하로 갈쓰며 여기서는 거래 하기에는 넘어나 먼거리드라. 그리고 여기에서 가구 돈을 200백만은 생각을 하고 갈든이 가서 구경을 하니 자꾸만 돈이 올라 가드라. 그래서 가구와 아들 옷장을 하는 300백만원 훎신 넘어쓰고 그리고 오디오는 생각보다 돈이 적은 것을 예약을 했다. 오디오는 160만원 주고 하여다.
"오늘은 동생이 성용차로 다니는데 예을 먹으다."

〈1995년 6월 4일 일요일 날씨 맑음〉
오늘은 웃들 3단지 옷거름을 하여는돼 한단지 요소 20kg짜리 2포식 돌리서 거름을 한 셈이다.
그리고 오늘은 식수가 모자라서 기계로 우물을 파는돼 암석이 받치서 오후내 파도 을마 파지 못 하게드라.
계로 우물파는돼 60십만원 달라고 하드라. 모든 것이 부르는 것이 금액이니 이래서는 서민들은 살래야 살 수가 업꾸나. 서민들은 점점 살기가 힘이 드는구나.
지출에 … 참비값 11,800원

〈1995년 6월 5일 일요일 날씨 비〉
오늘은 부인과 둘리서 회장에 사과나무에 약 살포을 하는돼 20말 살포하니 충분 하드라.
그리고 오늘 웃거름 할려고 요소 비료 20kg짜리 28포을 대신 분소에서 띠어왔다. 한포에 3,530원식 하드라.
그리고 기계로 우물을 파는돼 오늘 오후 2시경에 다 파쓰며 오늘 우물을 파는돼 암석 때문에 파지을 못해서 자신이 힘이 들어 죽을 번 했다.
지출에 … 참비 5,800원
그리고 오늘 농과 오디오을 같이 가지고 왔드라. 거실과 방에 배치을 하니 방이 다 하나드라.

〈1995년 6월 6일 화요일 날씨 맑음〉
오늘은 입주하는 날인돼 운이을 이사하는돼 막키고 우리부부는 일손이 넘어나 밀리잇쓰서 이사는 뒤전이다. 부인은 포도나무 손질하고 자신은 웃거름을 하로 가고 이사는 김천 동생 네외분이 와서 이사하는 전적 다 하여쓰며 주인은 이사하는돼 아무도 업고 동생이 그진 다하여쓰니 미안하기 짝이 업드라. 오늘 이사는 방안 살림 살리는 그진 다하여 따고 본다.
오늘 웃거름을 8단지 하여쓰며 금년은 요소거름 20kg짜리 1단지에 2포식 돌리쓰며 서양바실 직파는 조금 더들 어 같다고 바야 한다.
지출에 … 돼지고기 10,000원
새값 3,600원
계 13,600원

〈1995년 6월 7일 수요일 날씨 맑음〉

직파 논 10마지기가 지섬이 넘어 만아서 신각하다. 자신이 직파을 파종하면서 곳바로 제초제을 살포을 해야 하는돼 자신이 직파 한다고 시간이 업쓰서 나중에 제초제을 처리을 할려고 그냥 두고 파종을 하고 20日 지나서 크라이목손과 잡초가 안 나는 약을 살포을 한 것이 폐착이 돼어 10마지기 직파자리에 피가 곽배기 잇다고 바야하며 이 김매기을 자신이 혼자 처리을 해야 하는돼 시간이 업쓰서 마음만은 질리고 잇꾸나. 올해는 무선 일이 조금한 뜸도 업시 처밀리 잇쓰며 잠쉬 여유가 업꾸나.
"부인도 자신과 같이 잠쉬 실시간 업시 일이 처밀리 잇다. 자신인 일이 처밀리 잇쓰도 마음이 한 곳을 묵어도 할 수 업찌 하고 마음을 크게 먹고 잇는돼 부인은 한 곳도 묵꾸는돼 업시 다 할려고 바락을 다 쓰고 잇는돼 자신은 부인이 일에 지치서 넘어 갈까바 극정이다. 자신은 부인에깨 좀 쉬어하면서 일을 하라고 당부을 했도 말을 들어주지 않고 잇꾸나. 자신은 새 집을 짓어고 이재는 부인과 둘리서 두 손을 꼭 잡고 영혼히 살고 십다.

〈1995년 6월 8일 목요일 날씨 맑음〉

오늘은 부인과 둘리서 작과약을 살포을 하여쓰며 앞밭에 약량은 25말 당산작과에 40말량을 살포을 하니까 충분하드라.
"오늘 당산 작과약을 다 살포을 하고 잠쉬 휴식을 하는돼 부인얼굴이 피료해 보이서 억찌로 자신의 무릅에 누워서 휴식을 하게 하여쓰며 부인도 만이 늙은 얼굴을 보니 한편으로 미안하고 한편으로 편하게 하여주어야지 해도 그 실천이 정말 어렵꾸나."
오후에는 건답직파 논에 김매기을 하여쓰며 10마지기 김매기을 다 할려면 4일 이상은 해야 김매기을 다 할 수 잇따고 볼 때에 귀가 찬타. 부인은 포도밭에 매달리고 자신은 논에 김매기에 매달리니 서로가 일이 안대고 잇다.
"돈이 정말 좋다는 느킴을 밭아쓰며 세집에 사니 온수가 나오지 만대로 (사우) 할 것 업시 한 가지에서 열까지가 다 펼리하니 이것을 격크보지 않코서는 이 좋은 점을 알 수가 업따고 보며, 이 좋은 집을 가질 수 잇는 것은 부인에 알떠람이 잇쓰키에 자신이 이 호광을 하고 잇따고 생각을 한다. 부인 업는 실랑 만나서 여때것 고생을 만이 하여는돼 이재는 부인 편한 생활하여 주어쓰며 하는 심정이다.

〈1995년 6월 9일 금요일 날씨 맑음〉

오늘은 건답직파 논에 김매기을 하여쓰며 서양바실래 4마지기을 하로 반을 김매기을 해서 다 맨셈이 돼는구나. 이 바쁜돼 김매기을 할려니 마음이 다 타는구나. 그래도 직파자리가 6마지기 김매기 할 논이 남아 잇쓰니 김매기가 급이 나고 잇다.
부인 포도 손질을 하면서 포도 꼬쟁이 포도

라고 해서 자세이 보니 포도가 시원찬아 보이며 금년도 포도가 잘 돼어야 하는데 포도가 시원찬아 극정이 크구나.
지출에 … 팽키 하는 사람 참비 300원

〈1995년 6월 10일 토요일 날씨 맑음〉
오늘도 직파 논에 도살리 좆는 시간을 보네쓰며 논에 도살리 좆는 시간은 업쓸 뿐 아니라 수도작에 시간을 다 보네쓰는 소득이 업다. 자신이 작과 밭이나 포도밭에 일을 해야 수입이 더 됀다는 생각을 하니 도살리 좆는 시간은 그리 지루하구나.

〈1995년 6월 11일 일요일 날씨 맑음〉
오늘은 부인과 둘리서 참깨 떠물약과 포도약, 제초제 약을 살포을 하는돼 오후 3시경에 안전희 끝을 냇다. 제초제 약을 살포을 하는돼 참깨에 갈까바 약 살포 하는데 전신경이 다 쓰이며 시간이 아주 만이 걸리드라.

〈1995년 6월 12일 월요일 날씨 맑음〉
오늘 오전은 외성보에서 물 막아 넌는 일을 하여쓰며 오후에는 건답직파 자리에 작업을 하여쓰며 오늘로서 김매기 작업을 끝을 냇쓰며 김매기 작업을 끝을 내고 보니 자신의 마음이 홀가분에 저고 잇다. 자신은 이재 남 따라 왔다고 생각을 한다.
지출에 식용유 10,300원
우물파는데 730,000원
계 743,000원

〈1995년 6월 13일 화요일 날씨 맑음〉
오늘은 직파 논에 모어들이는 일을 하여 가며 물돼는 작업을 하여다.
부인은 포도 손질을 하면서 포도가 바라가다 돼어따면서 재미업쓰서 포도밭에 일을 못하게 따고 해서 자신은 포도밭에 가기가 실어며 실찌 포도밭에 발이 떰하여 지드라.
"세집을 짓어노니 실찌 생활은 힘들고 잊꾸나. 헌집에 잊쓸 때는 대충 행동을 하여 왔는돼 이재는 문지 하나도 신경을 쓰서 행동을 하여야 하니 육체적으로는 힘은 들찌만 마음은 아주 밝은 생활을 하고 잊다."

〈1995년 6월 14일 수요일 날씨 맑음〉
오늘로서 건답직파 논에 제초제 약 살포을 마지막으로 하여쓰며 어재 저녁 밤잠을 설치가면서 물을 다 돼어쓰며 이곳은 매년 물될 적마다 밤우로 돼야 하는 이치 족끈이라고 말을 하고 십다. 수도작은 쵳째 물돼기가 수례야 한다고 본다.
오후에는 포도밭에 일 거들어 주로 같뜬이 포도송이가 작년보다 몿하며 다들 발라저서 정품이 을돼지 않을 것 같다서 속이 상하고 잊는데 표현을 못 하게드라. 외냐 부인이 실망할까바 그러치 않아도 포도송이가 발라라서 일도 재미가 업따고 말들을 하고 잊는데 자신까지 바라젓따고 허탈하게 생각을 하며 부인 힘 업따고 자신은 사람이 먹고 살며 됀다고 하면서 부인의 마음을 풀어주고 잊다.
"포도밭에 일하는 돼 실지 자신의 속은 다 타고 잊는데 부인 마음 상할까바 표현을 내지 못하고 마음속으로 색일라니 그리 힘이 드는구나."
내년에는 포도나무에 거름량을 아주 끈어야 하게쓰며 내년에는 염아가리 석회는 꼭 돼야 할것 같다. 이 두 가지는 꼭 실천을 해야 하겟다.

〈1995년 6월 15일 목요일 날씨 맑음〉

오전은 포도나무 손질을 부인과 둘리서 하여쓰며 포도송이가 자신은 원인도 모르고 포도송이는 발라저고 그 송이을 볼 때마다 속은 상하고 잇쓰며 포도농사도 십지 않타는 것을 알라다.

오후에는 싱크대 드리놋는데 시간을 보네쓰며 싱크대 조립만도 오후네 해도 다 못하여 쓰며 싱크대 금액은 실찌 물건값 보다 다들 조립 당가라고 생각을 하여본다.

지출에 … 싱크대 참비값 4,700원

〈1995년 6월 16일 금요일 날씨 맑음〉

오늘로서 씽크대 설치을 안전이 하여쓰며 주방에 씽크대 식탁을 드리노니 주방은 적으보이나 어울림은 아주 좋꾸나 자신이 이래 좋은데 부인은 을마나 좋깨나 내 부인 돈 업는 남편 만나서 살라 오는데 고생을 만이 하여는데 그 고마움 만분지 일이라도 보답을 하고저 장농, 씽크대, 다들 좋은 것으로 선택을 하여다. 부인 오목살이 부억에서 밥을 짓을 때보다 현 주방에서 밥을 짓는 모섭을 볼 때에 그리 내 마음이 좋꾸려.

오늘은 종일동안 늑들 전역에 수초작업을 하여쓰며 오늘따라 도위원 시위원 후보들이 와서 미려 달라고 드링크을 나누어 주곤 하드라. 그전 같트며 돈봉투을 다들 주고 갈끈데 요줌은 만이 변하여 돈원 일체 업다고 바야 한다.

앞푸로 선거해도 돈 안 쓰는 선거가 정착이 돼어야 하며 아직 돈이 오고 가고 잇는 곳이 드로 잇는데 이것이 안전희 건절돼어야 한다.

〈1995년 6월 17일 토요일 날씨 맑음〉

포도나무에 살충제을 살포하고 당산작과 밭에 과일 착색 약을 살포을 하는데 약량 5말을 해서 경운기로 약 살포을 처음 하여 보앗쓰며 자신은 푼무기로 한통쳤는데도 여기저기 다 쳤도 칠 때가 업쓴는데 금년에는 경운기로 약 살포을 하여쓰니 자신의 마음이 다들 크따고 본다. 그른돼 큰 모험을 해서 큰 손에가 돼지 않을까 하고 염려도 돼는구나.

그리고 작과밭 양군돼 제초제 약을 살포을 하여쓰며 오늘은 부인과 둘리서 종일동안 제초제 약 살포을 하는 것으로 시간을 다 보냇다.

지출에 … 싱크대값 잔금 1,900,000원
싱크대 조립하는데 참비값
4,700원
계 1,904,700원

수입에 … 트랙터 노타리값 150,000원

〈1995년 6월 18일 일요일 날씨 비〉

오늘은 종일동안 가랑비가 내리며 이 비가 굴건 소낙이로 내리어 주어쓰며 하는 소망이지만 날씨는 가랑비로 내리며 이것도 반은 오지 않코 히란[맑은] 날씨가 돼어쓰니 인간의 마음을 타계 하여다.

오늘같은 날은 부지런한 사람들은 일하기가 좋으며 개어른 사람들은 쉬기가 알맡은 날이라고 말을 하고 십꾸나.

자신은 종일동안 부인과 둘리서 김매기로 종일 해을 보냇다. 오늘은 사실 부인이나 자신이나 몸이 피료해서 휴식을 할려다 일이 너무 만아서 피료한 몸을 억찌로 움직잇따고 말을 하고 십꾸나. 부인은 자신이 좀 쉬게 하여야 하는데 말을 덧지 않아서 부인을 쉬게 하는 것도 십지 않꾸나.
이번에 새집에 들어오는돼 동생들이 선물을 만이 하여서 자신이 전자재품 사는돼 신경을 안쓰게 돼어꾸나.
"형님과 용학이가 믹서기, 전기후라펜, 암역솥, 순서 동생이 상, 순달이가(벽 시계) 종말이 동생이 청소기, 다들 예을 쓰꾸나."

〈1995년 6월 19일 월요일 날씨 맑음〉
오늘은 마늘 수학을 하는데 지섬속에서 마늘을 가리가면서 수학을 하여쓰며 금년도 마늘은 좀 야문 것 드라. 그리고 오늘 마늘 수학한 것이 우리 먹을 것은 돼리라고 본다.
오후에는 살충제 싸락약을 살포을 할려고 물돼는 일을 하는데 오토바이로 띠어 다니니까 7곱단지 물을 안전이 돼어따고 본다.
내 부인 주방에서 딸따리[200] 신고 다니는 모섭을 보니 부인이 덧보이며 내 부인도 주방에서 여유잇는 주방생활을 하는 내 부인을마든지 바라보고 십꾸나. 내 부인 고생한 보람을 가지고 이재는 좀 편한 생활을 하는구나.
"이재는 우리식구들이 새집에서 사니까 다들 생활이 한층 드 높파지고 잇꾸나. 사람은 한경에 따라 달라지는 것을 새집에 살고부터 알랏다."

〈1995년 6월 20일 화요일 날씨 맑음〉
오늘은 2차로 웃거름을 한단지에 20kg짜리 1포식 돌리다. 금년도는 거름량이 조금 더 드러가며 오늘은 논자리마다 거름을 다하고 돌라서면서 이화명충약[201], 싸락약 업체 파단약 살포을 하는데 해가 절무름에는 발자욱이 떨어저지을 않아서 힘이 만이 들어 같다. 오늘은 비료해야지 약 살포을 해야 논들은 트랙터로 논들을 갈라서 발은 빠지지 정말 힘들은 하로 해라고 말을 하고 십다.
오늘은 박사장이 정심시간에 와서 천만원 달라고 하는데 박사장이 집을 잘 짓어 주어서 고맡따는 뗫수로 이백을 더 하여서 천이백을 주어다.
박사장 줄 돈은 3백 남아잇다. 자신은 박사장 득분으로 집을 아주 잘 짓어따고 생각을 한다.[202]
지출 … 요소 6포에 21,200원

〈1995년 6월 21일 수요일 날씨 흐름〉
오늘도 비료와 싸락약 살포을 하여쓰며 오늘은 논자리에 들어가기가 급이 나드라. 그리고 현재로 2차 거름을 하지 않는 논은 윤봉희 씨 논 웃들래 3단지는 거름을 하지 않아다. 남은 논은 벼가 자라는 가정을 보고 거름을 할 작정이다.
오늘로서 벼논에 거름량을 다들한 셈이 이제는 벼농사는 다들 지어따고 해도 가언이 아니다. 이래두고 보며 금년 한 해가 다 같따고 해도 무리 돼는 말은 아닌 것 같다.

〈1995년 6월 22일 목요일 날씨 흐림〉
오늘은 포도 2차 점심을 하여쓰며 포도밭에 부터 살라도 끝이 업구나. 아직도 2차

---
200) 슬리퍼를 경상도에서 불리우는 말.
201) 이화명충약은 벼의 큰 해충인 이화명나방의 유충을 없애는 약이다.
202) '박사장 중도금 천이백 지불함'이라고 일기 지면 상단에 따로 기록되어 있다.

적심만 해도 하로 더 해야 할 것 같다.
포도 농사가 짓어보니 수란농사가 아니드라. 자신은 거름키가 만은 것은 포도송이가 좋고 거름키가 적은 곳은 포도송이가 바라다 저고 상품가치가 맷송이 돼지 않을 것 갈꾸나. 남들은 포도거름이 만으며 바라전다고 하는 말이 이해가 돼지 않코 잇다. 외냐하며 자신은 12줄 중 아래 위로 2줄식은 포도송이가 아주 좋다고 보며 그 남으지는 거름키가 적은 곳은 바라가 다 저고 잇쓰니 내년도에 거름을 어떠게 해야 하나 하고 마음에 결정을 못하고 잇따고 본다.

〈1995년 6월 23일 금요일 날씨 맑음〉
오전은 포도 2차 적심 하는돼 시간을 보내고 오후에는 운이와 둘리서 세면장에 세면을 하여쓰며 이것을 진작할려고 한 것이 시간이 나지 않아서 여때것 미류왓다.
"자신은 집 떠리 할 시간도 업지만 첬째 마당을 아직 하지 않아서 집뜰리도 하지 못하고 잇는데 주위에 사람들이 자신 잘 사라고 화이타이 사오는 사람이 만아서 집뜰리도 빨리 해야 할 것 같다."
그리고 우리집 구경 온 사람들은 한결같이 고생한 보람이 잇따고 말들을 하고 잇드라. 자신도 우리집을 볼 때에 자신이 이러깨 우람하게 짓어따는 것이 신기 할 정도다.

〈1995년 6월 24일 토요일 날씨 맑음〉
포도 적심과 포도송이가 만은 것을 속는 일을 하여쓰며 이것들 고로 달려쓰며 이 내 마음 포도송이 때문에 마음 상하는 일이 업쓸끈돼 포도송이 바라진 것을 보며 마음이 상하고 잇꾸나.
오늘은 부인과 둘리서 작과 수학을 하여쓰며 둘리서 8짝 수학밖에 못하고 마랏다.
오늘 저녁외에 용만 주선으로 시장 후보자에깨 술, 밥을 잘 어더 먹으다.
정부에서는 돈 안쓰는 선거을 하자고 부르짓지만 다들 소용업는 일들이며 오늘 저녁에서 고기집에 성용차가 드르 설 때도 업두록 주차장에 곽차 잇쓰니 이것들이 다들 선거 술이라고 이야기을 하는 것을 볼 때에 배장 적은 후보자는 당선이 어렵따고 바야 한다.

〈1995년 6월 25일 일요일 날씨 비〉
오늘 자두수학을 하는데 남들은 착색 약을 강하게 살포을 해서 만이 따는데 자신은 착색 약을 약하게 살포을 해서 남들보다 수학량이 적으니까 속이 상하고 잇꾸나. 그래서 자신이 자두수학을 8짝 수학하고 곳바로 김천 농약방에 가서 착색 약을 3병을 사와다.
오늘은 소낙비가 조금 오길래 이 소낙이가 조금 만이 왔주어쓰며 하는데 그만 비가 그치드라.
지출에 … 부인 줄라고 족발 8개
6,000원착색 약 3병 7,800원
차비 1,800원
계 15,600원

〈1995년 6월 26일 월요일 날씨 맑음〉
요줌 일과는 눈 떠며 작과 수학하고 12시 오후 5시까지는 포도 밭 잡초 재거하다 오후 5시돼며 또 작과 수학하는 일을 반복하게 돼곤 한다. 금년에는 부인과 두리서 죽두록 수학을 해본들 작과 가일값이 뚝 떠러져 과일따는 재미도 업쓸 뿐 아니라 과일에 정이 업꾸나.

오늘을 대석 12짝 수학 하여다.
지출에 … 라면, 가루 9,750원

〈1995년 6월 27일 화요일 날씨 맑음〉
오늘은 작과일 수학을 하여쓰며 작과 수학을 해도 가격 폭락으로 재미가 업쓰며 지루한 작과 수학을 하고 잇다.
"오늘은 4대 선거일이며 오늘은 (도지사) 시장, 도위원, 시위원을 우리 손으로 뽑는 날이다."
그리고 우리 국민원 선거하며 돈을 쓰는돼로 표가 나오는돼 이번 선거는 돈보다 인물을 보고 뽑아따고 생각을 한다.
작과 수학량 14짝

〈1995년 6월 28일 수요일 날씨 맑음〉
오늘도 작과일 수학을 하여쓰며 올해는 작과일 값이 폭락이 돼어서 짝수는 만아도 돈은 작년보다 반액정도 밖에 못 할 것 같꾸나. 자신은 과일값으로 아들 공낙금 대어너을라고 생각을 하여는돼 과일값이 너무 허르서 공낙금 대치는 음두도 못 할 것 같다. 자신은 공낙금 대치 할 돈이 나와야 하는돼 이것이 해결이 안 돼며 빗을 내야 하는 것이 아닌가 하고 염려가 돼는구나.
오늘도 종일동안 부인과 둘리서 종일동안 작과일 수학을 하여다.
오늘 작과일 수학량 25짝.

〈1995년 6월 29일 목요일 날씨 맑음〉
요줌은 정심을 싸가서 작업을 하며 사람이 잠쉬 실참이 업두륵 일을 하고 잇다. 그 대까는 아주 적은 대가라고 본다. 금년 같이 작과일이 풍년이 돼어쓸 때에 작과일이 좀 비싸며 을마나 좋으려만 그르치 않아서 마음이 상하고 잇꾸나.
작과일 수학량 16짝.

〈1995년 6월 30일 금요일 날씨 맑음〉
오늘은 서울청과 상회가 휴무라고 소도시 김천 상회가 다들 논다고 오늘은 동네 전체가 작과일 따는 일 중단하고 잇쓰며 자신이 생각 할 때에 생물이기 때문에 한 곳은 청과사회 문을 열어야지 우리 농민이 짓어논 과일을 묵꾸는 일이 업는돼 자신으로서는 작과밭이 두 군대라 작과량이 만은데 전국적로 휴무라고 하니 우리 농민은 익어가는 과일을 바라볼 때 가슴만 답답하구나. 전국적으로 생물이 하로 묵는다면 오리 농민은 음청난 손실이 따리다고 바야한다.
작과 수학량 (46짝)

〈1995년 7월 1일 토요일 날씨 비〉
오늘은 전국적으로 청과 상회가 다들 신다고 해서 오전은 부인 혼자만이 포도손질을 하고 자신은 바신내이 밭에 포도 원숨 묵끄주는 일을 하여쓰며 이 가뭄에도 포도순이 잘 자라고 잇는 것을 볼 때에 신기하구나. 자신은 이 포도가 자라서 수학을 한다면 남외 농사을 주라 하게꾸나.
그리고 부인 바서도 남외 농사을 주라야 한다. 외야 하면 어깨도 아푸다고 하지 자신이 바도 잠쉬 실여가 업쓰니 이것은 쇠뭉치라도 진지 나기가 힘든다고 바야 한다. 자신이 가감하게 행동을 취해야 하며 자신이 결단을 내리지 않는다면 부인은 일래 쓰러저고 만다.
"윤천희 씨가 윤두희가 여수 청과 조합에 간다고 작과일을 부치보라고 해서 잘 돼어다 하고 시간도 업는데 부인과 두리서 저물두록 따서 담아 싸리 해서 17짝을 주어떤 것이 외이 업깨 이곳에 반절도 못 대게 밭아서 정말 의위 업는 일을 당하고 마랐다. 무선 일이든지 침착하게 행동을 해야 한다. 생물이란 대도시가 나며 과일도 먹어주는 곳이 잇따고 바야 한다. 윤두희 씨예깨 부친 17짝이 80,000원 했쓰니 귀가 차는구나.
오늘 오후에는 내일 대전 줄 작과일을 부인과 둘리서 따는 일을 하여다.

〈1995년 7월 2일 일요일 날씨 비〉
오늘은 작과 일을 내 눈으로 보고 속는 것이 났따면서 경운기 29짝을 실고 김천 청과에 가면서 도로변에 상인한태 낼라고 작정을 하고 같는데 김천 청과에 다가도 상인도 업쓸 뿐 아니라 과일 사게따고 잡는 사람이 업쓰서 4만 청과에 들어 같쓰며 자신은 길거리 상인에깨 판다고 내 살리을 만이 넘어는데 그라지 못하고 청과 조합에 같쓰니 이것을 파본다면 큰 손에가 돼지 않을까 하고 염려도 돼며 이것을 입찰을 보두록 기다리고 잇쓸라다 그만 작과일 따는 것이 바파서 마을 사람에깨 돈원 차저 오라고 하면서 자신은 일적 내리와다.
오늘은 어재 전국적으로 청과에 휴업을 해서 그 바람에 과일이 소다저는구나. 오늘 청과에 과일 쏘다 저는 것을 볼 때에 과일 값 만이 밭키는 틀리따고 생각을 한다.
오늘과일 수학은 대전 18짝, 김천 20짝. 계 38짝.

〈1995년 7월 3일 월요일 날씨 맑음〉
오늘도 역시 자두수학을 하여쓰며 오늘은 당산밭 작과일은 사실상 자두 수학을 다 하여쓰며 남은 것은 이삭정도 남아 잇다. 당산밭은 자신으로서는 큰 득을 주어따고 생각을 하며 이 밭은 보상금을 다 받고 자두 수입까지 하여 쓰니 자신으로 잇구 양득을 본 셈이다.
자두수확량 25짝.

〈1995년 7월 4일 화요일 날씨 맑음〉
오늘은 앞밭태에 2차로 자두수학을 하여쓰며 오늘 자두수학을 하면서 자두가 자신이 알기론 자두가 처음 만이 달리쓰며 이것을 당산밭 과일 따니라고 앞밭에 과일따는 일은 손이 넘어서 과일은 밑차 따지 않은 것은 다들 익어 땅바닥에 떨어저 잇쓰서 마음이 아파 쓴는데 그 아품이 자신의 머리에서 떠나지 않코 잇쓰며 자신의 일손이 부족해서 과일이 땅바닥에 떨어저 잇쓰더 마음만은 아파쓸 뿐이다.
"오늘은 자신의 일손 부족으로 과일이 땅바닥에 떨어저 잇는 것은 부인과 자신 다가 계핵성이 업씨 일을 하여따고 본다."
자두 수학량 40짝.

〈1995년 7월 5일 수요일 날씨 맑음〉
오늘은 자두수학을 하는데 자두가 반수학을 하며 반은 다 떨어저며 땅바닥에는 빨갈게 떨어저잇는 것을 볼 때 마음이 아푸며 자신은 어느 누가 그들어 줄 사람이 업따는 품념을 하여쓰며 우리 형제가 내 손을 만이 필요로 하지만 자신은 도옴을 밭지 못하고 잇쓰며 오늘날까지 남의 도음을 조금도 바라지 않아 쓴는데 오늘 자두 수학을 하면서는 나와 도와 줄 사람은 업나하고 원망도 하여다. 우리 부부가 죽두록 하여도 손이 빠지는 바람에 자두 반은 버리야 하는 심정 가슴이 니우지는것 같다.

오늘 자두 수학 김천 30개, 서울 20개 계 50짝 수학함.

〈1995년 7월 6일 목요일 날씨 맑음〉

오늘은 자두수학을 하여서 대구경북 상회 상인한태 27짝 주는데 짝당 6,000원 넘어 돌라 간 셈이다. 자신은 대전 김천 다 물건을 주어도 짝당 6,000원 돌라간 적이 업쓰며 오늘은 대구 경북 상회 상인한태는 떨어저는 것이 업시 내손에 다 뜰어 저니 이것이 조금 적으도 실지 현금은 더 만타고 생각을 한다. 그리고 자신은 오늘 자두 값은 만이 밭아따고 생각을 한다.

오늘 자두 수학을 하면서 자두가 빨리 익는 이유을 알 수가 업쓰며 우리부부는 당산밭 자두 수학을 다 해서 앞밭에는 조금 익은 것이 잇쓰도 충분히 익은 것이 잇쓰도 충분히 익은 것만 고라가면서 수학을 할 수가 잇따고 생각을 한 것이 상상위에 과일 익는 속도 1시간이 다루게 익어가는 것 같드라. 자신은 손이 너저서 수학을 못 한 자두가 땅바닥에 떨어저 잇는 것을 보고는 정말 통곡을 하고 십드라. 자신이 이 과일을 수학하기 위하여 1년을 가까왔는데 이것도 부인과 둘리서 정성을 드리 왔는데 손이 모자라서 이 과일을 땅바닥에 다 떠려 뜨리쓰니 너무나 가슴이 아파서 주저 안자서 한탄을 하고 잇쓰니 부인이 죽두록 해도 못 다하는 것 어떠게 하느냐고 하며 마음의 상쳐을 달래곤 하지만 자신의 마음은 수거려어 들지 않는구나.

자두수학량 대구경북상회 27짝 용만 12짝
서울진수 10짝
계 49짝

〈1995년 7월 7일 금요일 날씨 비〉

오늘은 아침부터 가랑비가 내리드라. 사람이 과일값이 좋으며 우박이 와도 자두수학을 할끈돼 자두값이 상자당 2,000, 3,000원 식하고 잇쓰니 사람들이 과일따는돼 의욕이 업쓰며 자신도 이래, 저래 손애가 다 같쓰니 일에 의욕도 업쓰며 일도 하기가 실어서 휴식을 하고 잇쓰니 부인은 재미업다고 다 버리지 못하고 수학을 해야지 하면서 부인은 과일을 따고 잇쓰서 자신은 부인이 묵묵희 과일 따고 잇쓰서 자신도 그만 부인 따라 자두 수학을 묵묵희 따라하고 말라찌만 마음의 한구적은 풀리지 않코 잇꾸나.

오늘 동네서 과일 파란 것이 22짝에 100,000원

금년은 과일값이 너무나 허르서 짝수는 300짝이 나갓는데 돈은 아주 적은 돈 밖에 못했다.

자두 수학량 22짝

〈1995년 7월 8일 토요일 날씨 비〉

오늘은 종일동안 비가 내려서 포장 밑태서 어재 우리 부부가 종일동 과일 따온 것을 부인과 둘리서 선별을 아침 5시부터 해서 10시까지 선별을 해서 김천 원예 청과에 경운기로 22짝과 숙모님 6짝을 실고서 청과 시장에 갈뜬이 오늘 종일 비 온 땃수로 과일 상자가 아주 업드라. 그래서 마음속으로 오늘은 과일값이 재돼로 바들 수가 잇꾸나 하고 생각을 한 것이 떡밖에 생각을 했뜬 것이다.

오늘 계산서을 받아 보니 의이가 업드라. 외냐하면 상담아 3,000원, 중담아 2,000원 이래 나와쓰니 귀가 차는구나. 우리 부부가 그날 비을 마저면서 작업을 한 것이 그 대가는 어디로 가고 경운기 기름값도 못 돼게 나와서니 사람을 죽이는구나.
자신은 이것들이 정부에서 정치을 잘못하여서 우리 농민들이 뼈을 깍는 아픔을 당하고 잇따고 생각을 한다. 외냐하면 우리 농민을 조금 생각했드라면 정부에서 매상만 다 밭아 주어따면 이른 현상은 업따고 본다. 외냐 정부에서 매상을 밭아 주어따면 논들이 밭으로 변하는 일이 업쓸 것이며 자두도 과잉 생산으로 우리들의 뼈아품을 당하지 않아도 돼니까 우리 농민이 살아 남을 수가 잇따고 본다.
"우리 농민들이 우앙자왕 하는 것은 정부에서 정치 잘못이라고 생각을 하며 이것은 정치인들이 책임을 저야 한다고 생각을 한다."
오후 너깨야 세집에 포도나무에 거름을 하여쓰며 거름량은 요소 20kg짜리 2포을 한 셈이다. 그리고 순 묵끄 주는 일을 하여다. 그른돼 밭이 좋아서 그른지 포도 순이 잘자라 주어서 포도나무에 정감이 가는구나.
수입에 … 22짝에 59,400원
갈리값 100,000원
계 159,400원

〈1995년 7월 9일 일요일 날씨 맑음〉
오전은 포도송이가 너무 만이 달리서 이것을 속는 작업을 하여쓰며, 포도 속는 작업도 12골중 아래위로 두골식은 상품가치가 잇는데 그 남어지는 전부가 바라가 저서 상품가치가 업쓰어 금년 포도농사을 망친 셈이다.
자신은 올해 포도가 발라가 됀 이유을 모르고 잇쓰서 내년 포도 농사가 급이 나는구나.
"오후에는 부인이 작과일 이삭줏는 일을 하는데 그들이 주어쓰며 당산 밭에 작과일은 선물을 할려고 조금 둔 것이 다들 익어서 땅바닥에 다 떨어저서 선물할 것도 업드라. 선물을 다 못해도 누님은 선물을 해야 하는 돼 누님 줄 것도 못 대고 잇쓰서 미안하게 돼어다.
올해는 동생들래깨 자두선물을 하지 않을 작정이다. 외냐하면 자신과 부인 죽두록 해도 손이 넘어서 앞밭태 작과일은 반수는 땅바닥에 다 떨어젓쓰며 이것을 누구을 탓하는 것이 아니라 자신의 마음으로 자두가 땅바닥에 떨어진 것을 생각을 하여 볼 때에 십게 아픔이 수거려 들지 않으며 그 아픔 때문에 선물을 하여야 하게따는 시간 여유가 업꾸나.

〈1995년 7월 10일 월요일 날씨 비〉
포도송이 적과을 하여쓰며 적과 가정에 발라진 골은 적과을 하는데 짜증나는 적과이며 금년도 포도농사을 망친 원인을 몰라서 포도밭에 가며 망친 포도송이을 바라보면서 원이을 생각을 하면서 멍하니 안저 잇는 시간이 아주 만타고 생각을 한다.
"날씨가 이처름 비가 오기 실을까 원망이 돼는구나. 포도밭을 바서는 굴근 소낙이가 푹내리쓰며 하는돼 비는 오지 않코 날씨는 비가 쇼다 질떳 하면서 비는 오지 않아서 마음마는 따는 날씨만 계속 하는구나."
오후에는 포도 나무 밭침대을 새우다 남은 것을 이재아 밭침대을 새우는데 부인과 둘리서 일을 하여쓰며 밭침대도 모자라서 다들 보광을 하지 못하고 말라다.
지출 … 카탠값 900,000만원 방아값,
남어지값 350,000원
계 1,250,000원
"오늘로서 대석 과일은 4짝으로 마지막 수학을 하여다."

〈1995년 7월 11일 화요일 날씨 비〉
포도밭 김매기을 하여쓰며 곳곳마다 김매기을 해야 하며 아직까지 김매기을 본격적으로 할 시간 여유가 업다. 앞푸로 김매기을 다 한다면 시간여유가 잇쓸란지 모르개꾸나.
오후에는 조합에 사과약 사로 갇쓰며 아직까지 사과 수입은 업는데 사과나무 약값만 늙어나고 잇다.
수입에 직파값 400,000원

〈1995년 7월 12일 수요일 날씨 맑음〉
오늘 오전은 윤두희씨 모친 출상 날인돼 자신은 부주만 부치고 자신은 가지 않아다. 자신은 출상에 참석을 하고 십프나 우리 가정에 좋은 것이 좋다고 생각을 해서 참석을 하지 않아다.
우리 마을은 집을 짓어며 상가집에는 참석을 옛날부터 하지 않는다. 자신도 이것들은 다들 미신이라고 생각을 하지만 실찌 행동을 온기는 일은 십지 않코 잇다.
오늘 오후에는 포도약 살포을 15말로 살포을 하여다. 그리고 사과약 25말로 살포을 하여쓰며 앞푸로는 25말로 약 살포는 좀 적을 것으로 내다보고 잇다.
오늘 오후 너깨야 약살포 하는 일 시작을 하여뜬이 포도밭, 사과밭 다 약살포을 하니까 어더움이 짓터저는돼도 약살포을 하여다.
수입에 노타리값 100,000만원
직파값 460,000원
계 560,000원

〈1995년 7월 13일 목요일 날씨 맑음〉
오전에는 고추약 살포와 참깨약 살포, 포도나무 유목에 부인과 숙모님 셋시가 약 살포을 하는데 찜통 더위라서 숨을 모라 실 정도로 고통이 따리따고 생각을 한다. 이 날씨가 비오기을 학수 고대 하는데도 비 한방울 오지 않코 잇쓰며 이 날씨가 장마라고 기상대는 떠들어 대고 잇쓰며 그른대도 날씨는 불빛 더위만 연속대는데 분통 터지는 마음 누가 알라 주리까.
오후에는 무지파을 부인과 둘리서 무지 하는 것으로 오후 시간을 다 보네다.

〈1995년 7월 14일 금요일 날씨 맑음〉
오전은 포도나무 밑에 잡초을 낮으로 베는 일을 하여쓰며 이 작업을 하는데 날씨는 더어 땀은 비 오덧이 하며 옻은 땀에 젓저서 지어짜며 물이 나올 정도로 땀에 젖저 잇쓰며 자신은 일터에 나올 때에 부인이 피곤하다고 이야기을 하길래 자신이 나오면서 집배서 푹 자고 잇다 이 아빠 올 때 나와서 잠않자따고 이야기을 하고 나올 때에 부인이 바시내이 포도 순 묵는 일하로 갈라고 해서 자신이 일을 하면서 부인이 피곤한 몸으로 이 더위에 포도 순묵는 일을 한다는 것을 생각을 할 때에 자신 일을 더 할 수가 업쓰서 부인을 빨리 집부로 대리고 가서 푹 시계 해야 하게따는 생각을 하니 오전 10시가 돼는 것을 보고 더 할 수가 업드라. 그래서 부인 일하는 곳으로 가서 부인을 대리고 갈려고 하니 부인은 시간이 만이 남아따면서 일을 할려고 고집을 부리는 바람에 오전 11시돼는 것보고 겨우 집부로 돼리고 왔다.
오후에는 포도밭에 잡초을 재거 할려고 하다 이 날씨가 비 온다고 하지만 말짱한 날씨을 볼 때에 비는 영혼이 오지 않을 것 같다. 김천 전선 사로 가서 도랑캐로 잇는 전선을 사는데 42,000원 달라고 하는 것을

40,000원 주고 사왔다.
그리고 부인이 늙 피곤해 보이서 돼지 족발을 두바리 용 족발을 싸왔다. 부인은 족발은 아무련 의미도 업다면서 아들도 잘 먹는 살고기을 사오라고 하지만 자신은 부인의 피곤한 몸에 도움이 돼는 것은 살고기보다 뼈을 푹 살마서 그 국물이 부인의 몸에 득이 될 것 같다서 부인은 실타고 하지만 자신은 득이 될 것 같다서 부인의 말을 덧찌 않코 족발을 사왔다. 그리고 자신이 족발을 현재로 4바리용을 사왔는데 앞부로 16바리용 족발을 사와서 부인을 먹이 볼 작정이다.
지출에 관정에 양수작업 할려고 전선값이
40,000원 부인곰으로 족발
60,000원 차비 880원
계 46,880원[203)]
수입에 직파값 170,000원

〈1995년 7월 15일 토요일 날씨 비〉
기상대는 그진 매일 곳에 따라 소낙비 온다고 해서 곳 오개찌 하다 오늘까지 미루어 온 포도밭에 물 프는 작업을 오늘이사 포도나무 도구에 물프는 일을 오전내 하여떠니 오늘 오후에 소낙비가 한줄기 하드라. 이날이 용심 직이는 것 같터며 이것도 한줄기로 끝은 내드라. 처음 시작을 할 때 바서는 이재 만이 올란가 했떠니 비는 한줄기로 끝을 내고 하늘내 먹구름은 어뒤로 다들 살라 저고 말드라.
오늘 포도밭에 물프는 일은 관정이 아닌 선태 새암 물을 퍼니 오전 내 물프는 일을 끝을 내쓰니 관정 물보다 한나절 단축이 돼는구나. 오늘 선태 새암 때문에 일이 좀 시어다고 본다.
오후에는 보뚝에 풀 깍는 일을 하로 갈다가 한참 시작을 해서 일을 할려고 하는데 소낙비가 내리서 그만 일을 내일로 미루고 비 피한다고 범수 창고에 잇쓰니까 금새 비는 거치드라. 개이는 날씨을 보고 다시 들로 갈려고 하다가 부인이 바시내이 포도 순 묵는 일하는데 가서 김매기 작업을 하는 것으로 오늘 일가을 맏치다.

〈1995년 7월 16일 일요일 날씨 흐림〉
오늘은 날씨가 흐린 날씨로 인하여 오늘 일은 땀방울도 흙리지 않코 보뚝에 풀 깍는 일을 잘 하여다. 작년만 해도 이 날짜에 보뚝에 풀 깍는 작업은 두 번 이상은 했쓸끈돼 올해는 바푼 땃으로 처음 보뚝을 깍는돼 비드시 했쓰니 그 량은 한정도 업쓸 뿐 아니라 내 여때것 보뚝에 만은 풀 키아 본 적은 이번이 처음이며 나푼 아니라 들전역에 보뚝이라고는 다들 풀이 무성이 잘라서 잇쓰며 이것을 볼 때에 수도작은 우리 농민도 외면하고 잇따는 것을 절시리 너켜지며 농민이 땅을 외면한다면 어느 누가 땅을 마지한단 말인가. 생각을 할수록 정부에 불심 너켜지고 잇다.
오늘은 종일동안 보뚝에 풀 깍는 일로 종일 보네고 마랐다.
수입에 노타리값 20,000원

〈1995년 7월 17일 월요일 날씨 맑음〉
오늘도 역시 보뚝에 풀 깍는 작업을 하여쓰며 오늘은 기상대에서 장마가 소강상태라고 낢씨가 아주 맑은 날씨라서 일하는 데는

203) 실제 계산은 100,880원이나 46,880원으로 잘못 기록하였다.

힘이 만이 들어다.

그리고 낮참을 이용해서 득계 직파값 바두로 갇쓰며 오늘은 돈 밭으로 온다고 하여는돼 집배 사람이 없는 사람이 만아서 돈을 일부만 밭아 앗다.

오후에는 웃들 벼논에 물돼는 일을 하여쓰며 이른 일들은 비만 한번 오며 안전 해결이 될일을 일부로 사람이 돼어야 하니 그리 힘이 들며 이 맑은 날씨가 원망스렵꾸나.

그리고 비 한번 재돼로 오지 않코 장마가 끝이 나는 것이 아닌가 하고 급이 나는구나. 만약 이대로 장마가 끝이 난다면 우리 농민들은 음청 손실이 따르다고 바야 한다.

수입에 … 482,000원

자두수학 … 후모사 4짝 복숭 2짝
계 6짝

〈1995년 7월 18일 화요일 날씨 맑음〉

오전은 보뚝에 풀 깍는 일을 하여쓰며 이재 보뚝에 풀 깍는 일은 오늘 오전으로서 끝을 냇따고 생각을 한다.

오후에는 벼 이삭거름을 6포 사와서 웃들 두단지에 이삭거름용 1포을 하여쓰며 자신은 1포 반을 두단지에 다 할려고 생각을 하여는데 거름을 헌치보니 생각보다 적개 들어가드라.

그리고 포도밭에 황산가리 2포을 다 하여쓰며 이것은 포도 착색이 빨리 온다고 해서 사용을 처음 하여 보았다.

지출에 … 이삭거름 6포, 황산가리 2포
라쇼 1포
계 36,000원

〈1995년 7월 19일 수요일 날씨 비〉

오늘 날씨가 인간의 성질을 독꾸고 잇따고 말을 하고 십꾸나. 우리 농민은 비 다운 비을 기다리고 잇는데 비오는 모섭이 피통하기 짝이 업꾸나. 비가 오다 말다 간질난 비만 내리고 잇쓰니 속만 터지고 잇꾸나.

오전은 이것을 비 온다고 휴식을 하고 이것도 벼논에 물대는 일을 할려고 갇다가 비오는 모섭이 이번은 올 것 같다서 그만 집배 들어 왔뜨니 비는 거치고 말드라. 그래서 오전은 휴식을 한 셈이다.

오후에는 벼논에 물대는 일을 하여쓰며 이 날씨가 오후내 오다가 말다 하는 날씨로 종일 하여쓰니 농민의 외간장만 태우고 잇꾸나.

〈1995년 7월 20일 목요일 날씨 비〉

오늘은 기상대서는 장마가 소강상태라서 비가 오지 않고 흐린 날씨라고 하드니 오늘은 비가 온다고 하는 날보다 비가 만이 오고 잇쓰서 농민의 마음을 달래주고 잇다.

오늘은 벼이삭거름을 물도 업는 벼논에 이삭거름을 한단지에 반포식을 하여다. 이삭거름은 현재 벼가 노란 곳에만 할 것이 아니라 거름키가 잇쓰도 이삭거름량을 적은 량이라도 좀 해야 수학이 증산 댄다고 본다.

자신은 금년되어 이삭거름 6포을 사와서 다 했쓰며 자신은 한 포을 해야 될 곳을 반포식 둘리서 1단지에 0.5포을 하여다.

자신이 줄린 이유는 금년도에 오랜 가뭄으로 거름 소암이 들났따고 보고 이삭거름 량을 줄리서 하여는돼 이것이 잘한 것인지 알수가 업꾸나.

오후에는 두름에 풀 베로 가서 비가 오는 바람에 비을 피해잇다 비가 들오는 뜸을 바서 두룸에 풀을 다 베고서 집부로 돌라 왔다.

앞푸로 장마기간으로 바서는 끝이 날 때가 돼어는데 만약 이대로 장마가 끝이 난다면 우리 농민은 큰 따격이 올 것으로 내다 본다.
우리 농민을 살리게 할려면 도량에 가득 내리가야지 농민들이 수라게 농사 일을 할 수 잇쓰며 재발 비 한번 마음에 들두록 와주어며 하는 바람이다.
"부인과 자신사이에 세집을 짓고는 더 사랑이 깊프지고 잇쓰며 정말 부인이 고맏고 부인 떨어저쓰는 잠쉬도 살 수가 업따는 생각까지 드는 구나.
지출에 … 상자값(헌상자) 150개 90,000원

〈1995년 7월 21일 금요일 날씨 비〉

오늘도 간질나는 비가 왔쓰며 간질나는 비때문에 오전은 휴식을 하여쓰며 요줌 날씨가 이상하다고 생각을 한다. 외냐 그전 같터며 날씨만 바도 비가 만이 오나 적개 오나 하늘만 보아도 알 수가 잇는데 요줌 날씨는 외척을 할 수가 업쓰며 날씨가 예날과 동터려저잇는 느킴을 가지고 잇다고 본다.
올해도 작년모양 가뭄이 돼지 않을까 하고 불길한 마음이 더는 날씨을 하고 잇다.
요줌 날씨가 비 다운 비가 내리지을 않아서 우리 농민은 비가 오기을 학수 고대하고 잇는데 비는 오지 않아서 이재는 지치고 잇따고 해도 가언이 아니다.
오후에는 벼논에 피살리을 하여쓰며 건답 직파 자리에 제초재 해결이 돼지 않아서 건답 직파 문재점을 안고 잇따고 바야 한다.
자신도 건답 직파 10마지기가 제초재 회결을 몿해서 요줌 고생을 하고 잇다.
수입에 … 직파값 306,000원

〈1995년 7월 22일 토요일 날씨 흐림〉

고추 거름 하는일과 포도 순 묵끄 주는 일을 하여쓰며 캄벨 보다 세레단이 수세가 아주 좋다고 생각을 한다. 세레단이라서 벌서 한쪽으로 다 자란 것이 만타.

〈1995년 7월 23일 일요일 날씨 비〉

기상대에서는 태풍 페이 영향으로 아주 만은 비가 온다고 법석을 부리더니 이곳은 비다운 비도 오지 않코 태풍이 지나 가고 마랐다. 그른돼 협족한 비는 오지 않아찌만 태풍 피해 업시 잘 지내 같따는 것이 큰 다행이라고 생각을 한다. 이번 태풍이 가뭄에 조금 도움을 주어쓸뿐 큰 득업씨 가버리다.
자신 마음 같다서는 도랑에 물 한번 내리가두록 비가 와주어쓰며 하는데 이 간절한 마음 들어주지 안는구나.

〈1995년 7월 24일 월요일 날씨 맑음〉

이번 태풍으로 사과나무가 3주가 바람에 기울어저 잇는 것을 바로 세우기 위해서 산에 가서 받침대을 톱으로 베어와서 사과나무 밭차주고 부인은 후모사 따는 일을 하여쓰며 오늘은 태풍 뒤에는 과일따는 일은 하지 않아야 하는데 과일따는 일은 잘못이며 일을 하고 보니 잘못이란 생각이 들어서 앞밭에는 따지 않아다.
오후에는 벼논에 피살리을 하여서며 금년에는 벼논에 제초재 갈리을 소월이 하여서 논에 김매는 시간이 너무나 만이 빼앗키는 구나.
김영삼이 대통령 더르스고는[들어서고는] 안전 사고로 인명피해을 만이 내고 잇다. 삼풍 백화점도 안전 사과로 사망이 485명, 실종 100명이 넘어 댄다고 하며 이번 태풍에 안전을 무시해서 봉고차가 파도 떠밀리서 바다에 추락. 유조선 태풍에 대피을 하지 않아서 파도 떠밀리서 암초에 부디치는 바람에 기름 유출해서 바다에 오염이 심각하다고 하는돼 김영삼이 대통령은 안전을 강조하지 않아서 인명피해가 너무나 만이 난다. 이른 일들이 김영삼이는 책임이 업는 것 처름 이야기을 하고 잇찌만 이것들이 안전에 미비해서 발생을 한 것이기 때문에 책임 잇따고 생각을 한다.
자두수학 4짝.

〈1995년 7월 25일 화요일 날씨 맑음〉
오전은 포도밭에 제초재 살포을 하는데 약량 20말 하니까 충분 하드라. 이른 일들이 포도가 좋다면 일들 하나 하나가 다들 좋을끈돼 그러치 안아서 일에 재미가 업꾸나.
지출에 … 제초약 37,500원 간장 1,900
보험로 15,000
계 54,400원
자두 수학 후모시 6짝.

〈1995년 7월 26일 수요일 날씨 맑음〉
부인과 둘리서 포도밭, 참깨밭 김매기을 하여쓰며 김매기을 하는데 오전은 습기가 잇떠니 오후에는 땅이 습기라고는 업고 땅이 매말라서 김매기하는데 힘 들드라.
오늘 오후는 너무 오래 휴식을 하여서 계핵에 삼분지 일도 못 하여쓰며 오후는 밥값을 못 하여따고 생각을 한다.
오늘로서 건답직파값 다들바다드리다.
수입에 … 272,000원

〈1995년 7월 27일 목요일 날씨 맑음〉
부인과 두리서 불빛 더위에 벼논에 약 살포을 하여쓰며 기상대는 35도 올라간다고 외보을 하드니 오늘 오후는 정말 순 가푸며 입이 다들 벌어저드라. 자신은 매일 오전만 약 살포을 하여도 삼일 오전만 약 살포을 해도 다 할 수가 잇는데 성급희 시작을 하며 단번에 다 했치우야 직성이 풀리는 성격이라서 육체적인 고통이 만타고 생각을 한다.
"오늘 오후에 비지 땀 흙린 것만도 말로 다 할 수가 잇쓰리. 이른 일들은 가만이 생각을 하며 나 자신이 청해서 일을 하여따고 생각을 한다."
"오늘은 혜영이 정기 적금 400,000만원짜리 4회 불입을 하여다."

〈1995년 7월 28일 금요일 날씨 맑음〉
오늘 오전으로서 벼논에 약살포을 하여쓰며 약 살포량은 한단지에 약량 12말 반으로 살충재와 문고병[204], 도열병[205], 셋가지 약을 혼합해서 약 살포을 하여다.
"자신이 벼논에 약살포 시간은 하로 반으로 벼논에 약 살포을 끝을 냇다. 그리고 바시내이 참깨와 고추, 콩, 포도에 약 살포을 하는데 약량은 22말 량으로 살포을 하니까 충분하드라.
"자신도 아들 딸 다들 돈을 벌고 잇꾸나. 운이와 혜지는 방학 동안 아라바이트로 돈을 벌고 잇는 모섭을 볼 때에 정말 고맙다. 이 찜통 드위에도 불구하고 돈을 벌라고 하는 것을 볼 때에 그성이가 고맙꾸나."

---

204) 문고병은 잎집무늬마름병이라고도 하며 주로 잎집에 담자균류가 기생하여 회색의 얼룩무늬가 생기고 차츰 잿빛을 띤 흰색으로 변하여 시들어 죽는 병이다.

205) 도열병은 벼가 잘 자란 뒤에 잎과 줄기에 박테리아가 생겨 잎줄기 등을 해치는 병이다.

〈1995년 7월 29일 토요일 날씨 맑음〉

서양바실래 물돼는 일을 하여쓰며 물돼는 일을 하는데 도량에 수초가 만아서 물이 내리오지 안아서 물돼는데 시간이 걸일뿐 아니라 육체적인 고통이 따리는구나. 이복더위에는 휴식하여야 더위을 이기낼 수가 잇따고 보며 오늘은 서양바실래 이박 삼일이 걸린 셈이구나.

"요즘 연속 35도가 났재는 올라가니 견디기 힘이 더는구나."

〈1995년 7월 30일 일요일 날씨 맑음〉

금년에는 한 해의 장마가 비 한 번 오지 않코 한 달의 장마가 비 다운 비가 오지 않코 지나가다니 이것은 한 해의 불길한 신호가 아닌가 하고 불안한 감이 더는구나.

"오늘은 포도나무에 물 주는 일을 하여쓰며 포도송이가 착색이 올 때는 물을 주지 말라고 해도 포도나무가 가뭄이 더는 꼴을 보고서 착색에 다소 단점이 잇쓰도 물을 주야 하게따는 생각에 고랑에 물을 돼는 일을 하여다. 자신은 실기 물주는 일을 소월이 하여서 포도손실은 다 본 디에 이재와서 물을 준들 기분은 상캐하지는 않꾸나."

오후에는 참깨 이랑에 제초재 약을 살포을 하는 것으로 오늘 일과을 보내고 대어다. 요즘은 하로 일상을 따진다면 찜통더위로 밥값을 못하고 잇따고 생각을 한다.

〈1995년 7월 31일 월요일 날씨 맑음〉

오늘은 장독대 할려고 치우는 일을 하여쓰며 이것도 진작해야 하는돼 이재와서 장독대 할려고 아포가서 센멘을 2포사오고 집배 2포 남은 것과 4포로 장독대 할려고 준비을 하여 두어다.

수입에 직파값 206,000원

〈1995년 8월 1일 화요일 날씨 비〉

오늘은 해장부터 시작을 해서 포도약을 살포을 하고 오전은 사과나무 약을 살포을 하여쓰며 오늘 사과약 살포는 손푼무기 꼭지로 약 살포을 하여보니 약은 푹처개쓰며 그리고 약도 절감은 돼는데 약쳐는 시간이 30분은 더 걸린다고 생각을 한다. 앞푸로 약꼭지을 갈라서 사과나무에 약 살포을 하여야 하게꾸나.

오후에는 운이와 둘리서 장독대 하는돼 두리서 땀을 만이 흙리면서 장독대를 하여쓰며 이것도 빨리 한다고 생각을 한 것이 생각보다 더 시간이 만이 걸리더라. 그리고 센멘도 준비을 한 것보다 1포가 더 들어 같쓰며 오늘 장독대 하는돼 센멘이 5포가 들어 간 셈이다.

그리고 오늘 건답직파 한 사람에깨 무상으로 키타진 입제[206]가 40봉이 나와서 이것을 122마지기에 나누어 주는데 반봉짜리를 봉지을 짓저서 나누어 주야 모자라는 것이 업는돼 그르치 않아서 자신의 약을 1봉을 밀어너어다. 자신은 나누어주는데 고생은 고생대로 하고 자신의 약을 대치하여 준 것을 누가 알라주는 사람업고 자신의 손실만 돼고 잇꾸나.

"오늘 저녁을 먹고 잇는데 운이 등록금을 2기분을 너치 말라고 운이가 이야기을 하는데 기가차드라. 운이 말이 도저희 공부을 못 하게따면서 포기을 할려고 하드라. 그래

206) 키타진 입제는 티오인산계 살균제 농약으로 도열병 방제에 사용되는 약제이다.

서 운아 전문대학이라도 나와야지 결혼도 하지 그러치 않코서는 장가도 못 간다고 하면서 우리 공부을 열심히 하여보고 안 대면 말지 운이는 공부라고는 디다보지도 않코서 공부을 못 하게따고 하며 안 댄다면서 이번 2기분 등록금을 이 아빠가 너을태니까 우리 한번 하여보고 결정을 하자면서 달래 받다."

자신은 처음 운이가 전문대학교 합격을 하고서 등록금을 납부하고는 이재 아빠 할 일은 다 한다고 마음속으로 좋아 하여는돼 이재와서 운이가 공부을 못 하게따고 물어서고 잇쓰니 이 아빠로서는 음청난 충격을 밭아다. 나는 대학만 들어가면 졸업을 하는 줄 알라떠니 그러치 않코서 학점을 못 따면 졸업을 못하고 잇쓰니 이 아빠는 심각하다고 말을 하고 십다.

"이 아빠의 바람은 겨우 졸업만 해도 더 바라지 않캐꾸나."

〈1995년 8월 2일 수요일 날씨 맑음〉

벼논 위우자도 알더리 하지 않는 사람이 잇쓰니까 신경이 쓰일 뿐 아니라 오늘 오전은 남의 두룸에 잡초가 무성해 우리 벼논을 덥치고 잇쓰서 벼논 주인은 두릅을 깍끌라고 들지도 않코 해서 오전내 남외 두룸 깍는데 오전내 비지땀을 흙리고는 하여다.

이른 사람들은 남외 피해주는 것은 조금도 미안한 감이 업는 모양이다. 그러킬래 노다지 그냥 두고 잇찌 우리 같뜨며 열일을 재치 놋고서 남외 피해주는 것을 막지만 사람이 하나가 아니라는 것을 한번 생각을 할 수가 잇다.

오후에는 직파논자리에 벼가 무성하게 만이 잘란 곳에만 키타진 입제을 2봉 가지고 가서 10마지기 중 짓른대만 살포을 하여다.

부인은 포도송이에 착색약을 살포을 하여쓰며 포도 착색약 살포량 시기는 남들래깨 무르도 상새하게 가려치 주는 사람이 업쓰며 본인이 터득을 해야 한다. 그래서 올해는 포도농사을 망치쓰니 약 살포 하는 것을 배울 겸 부인 만음대로 살포을 하여보라고 하여떠니 물 1패에 착색약 4씨씨와 초산칼슘을 20g을 너어따면서 포도밭에 살포을 하고 잇드라.

오늘 부인이 착색약 살포을 한 것이 남의 말을 들어보며 착색약량이 좀 만타고 본다. 약량 물 1.7리터에 착색약 4cc 초산칼슘 20g 희석함.

〈1995년 8월 3일 목요일 날씨 맑음〉

오늘은 포도나무 잎을 포도송이 대는 것 두입식 따내는 일을 하여쓰며 포도 입이 쵓입과 둘째 입은 포도나무에 약 철때마다 갈구치고 잇쓰서 잎을 따내는 일을 하여다.

오후에는 벼논에 물을 댈 때가 돼어쓰며 실찌 물이 십급한대 도랑에 물은 업고 벼논에 물을 대어야 하는돼 하고 마음만 따고 잇꾸나.

요즘 비가 오기을 학수고대하는데 비는 좀처름 오지 않코 잇쓰니 사람이 더 가뭄을 따고 잇는 실정이다.

〈1995년 8월 4일 금요일 날씨 맑음〉

오늘 오전은 물막아 너는 보을 하여다. 오늘 보는 폭크렌으로 일을 해야 될 일을 사람이 해서 힘이 만이 들어다.

오늘 복합비료 살포 오늘 수인복합비료을 엽면 살포을 하며 포도 착색 빨리 난다고 해서 1kg짜리 1병에 30,000 한다고 하는 것을 부인한태 낫참에 사오라고 해서 오후 너께 약을 살포을 하여다.
오늘 약량은 물 12말 희석을 하여서 포도 송이에 약을 살포을 하여다.

〈1995년 8월 5일 토요일 날씨 맑음〉
오늘은 세벽 3시에 벼논에 물돼는 일을 하여는데 도랑에 수초작업을 하지 않아서 물돼는데 만은 시간이 걸리며 실찌 벼논은 물이 시급한데 사람들이 물돼는 일을 하지 않으며 여사로 생각을 하고 잇다. 이려다가는 벼논을 안전희 버리는 날이 오지 않을까 하는 생각도 더는구나.
요줌 사람들은 나이가 만은 사람 나이가 적은사람 다들 수도작을 외면 할 뿐 아니라 벼농사 짓는데 일을 하는 것은 다들 실어하고 잇쓰며 이러다가는 우리땅 다들 잡초밭 만들어 다 버리고 외국쌀 먹고 살라 갈 일이 곳오지 않을까 두렵꾸나.

〈1995년 8월 6일 일요일 날씨 맑음〉
요줌 날씨가 원망스렵꾸나. 비가 수십번 와야 할 날씨가 비 한방울 오지 않코 불빛 더위만 계속돼고 잇쓰니 작물들이 살라 남을 건득지가 업쓰며 자신 알기로도 처음이라고 생각을 하며 이 날씨가 수일 내로 비가 오지 않으며 밭곡석은 타돌라 갈 것이 기와 급수 늚어갈 것으로 내다보고 잇다.
오늘 오전은 고추 약 살포와 포도 순 묵끄주는 일을 하여쓰며 오늘 포도 순을 묵끄주는 일을 하면서도 포도나무가 가뭄이 들어 잇는 것을 볼 때 외쳐렵게 보이며 이것들을 볼 때마다 비만 한번 푹 와준다면 만사가 해결을 할 태인돼 정말 야속스렵꾸나.
오후에는 포도나무에 물주는 일을 하여다. 포도나무가 송이는 소복이 달려 잇는돼 날씨는 연일 불빛 더위만 지속대니 인간의 마음이 아푸구나.

〈1995년 8월 7일 월요일 날씨 맑음〉
오늘은 서양바실논에 양수작업을 하여쓰며 오늘 양수작을 오전 7시부터 오후 9시 30분까지 하여쓰며 이른 고통은 적으나 비가 와따면 하지 않아도 될 일을 오늘 종일동안 양수 작업을 하여쓰며 이것은 다들 낭비나 다름이 업다.
“오늘 양수작업하는 엽페 논은 한 단지 중 삼분지 일은 안전이 보닥빛에 다 타도리가고 만약 내일도 오늘처름 맑은 날씨라고 한다면 반은 다 타도라 간다고 볼 때에 주인의 심정을 누가 알라 준단 말인가. 남들은 사람들이 개을러서 벼가 다 도라 가두록 둔다고 욕을 다들 하고 잇캐찌만 나 자신은 주인을 욕을 하고 십지 않코 정부을 욕을 하고 십다. 외냐 정부에서 우리 농민을 조금이라도 생각을 했드라면 벼가 타도라가 두록 그냥두지 않을 것이다. 정부가 농민을 배반을 하고 잇는데 우리 농민은 무선 채비로 벼을 온정으로 베푼단 말인가. 정부가 계속 농민들을 배반하며 쌀수학은 정부에서 생각하는 것보다 음청난 수학이 떠려진다고 바야한다.
“우리 마을도 수도작을 버리고 밭으로 전안한 사람이 만은데 이것이 정국으로 따지 본다면 음청난 수짜라고 본다.”
정부에서는 우리나라가 못 산다고 볼 때에 이것은 정치인들이 정치을 못해서 그르니 정치인이 책임을 저야 한다고 본다. 나 자신은 정치인들이 다들 사기꾼 처름 너겨지며 정치인들은 다들 하나갇이 다음 선거 때에 어떠게 해야 표을 어들수가 잇쓸까 하는 생각가 또 하나는 재산증식하는것과 이 두 가지만 생각하고 잇따고 생각을 한다.

〈1995년 8월 8일 화요일 날씨 맑음〉

오늘은 늑들 전역에 배수로 수초작업을 외성보에서 종일동안 하여쓰며 자신은 수초작업을 벌서부터 하자고 김사에깨 이야기을 하여는데 이재와 벼는 출수을 하고 잇는데 물을 돼지 못하고 잇쓰며 이재는 눈에 표가 안 나서 그르치 실질적인 피해는 만이 보앗따고 생각을 한다.

오늘은 포도을 첯수학을 하여쓰며 자신은 포도수학을 해도 별로 좋은 너킴은 업꾸나. 외냐 포도송이가 발라인돼 그중 포도 알래싱이 배기서 상품행세을 하지 못해서 자신은 포도농사을 망치따고 바야 한다.[207]

포도 첯수학에 … 12짝. 대전.

〈1995년 8월 9일 수요일 날씨 비〉

채소 갈 자리에 석회을 하여쓰며 석회는 일적해야 하는돼 곳 채소 갈라야 하는돼 씨을 가리지 않을까 염려가 돼는구나.

그리고 오늘 비가 개이는 텀을 타서 김천 포도팍스 사로 같쓰며 아이스 팍스을 750원 한다고 해는돼 포도 팍스가 딸리고 잇쓰니 상인들이 부르는 것이 금이다. 정부에서 아이스 팍스는 공해 때문에 골판지 팍스을 금년에는 쓴다고 해서 조합여로 골판지 신청을 해서 500개을 했뜬이 골판지 팍스는 저장고 두고 아이사시 팍스을 다시 사서 사용을 해야 하니 우리로서는 이중 돈을 쓰야 한다.

우리가 골판지 팍스을 사용을 하며 상인들이 3, 4,000원 접고 산다고 하니 우리로서는 골판지 상자을 싸두는 한이 잇쓰도 아이사시 팍스을 다시 구입을 해서 시장 출하을 해야 한다. 자신도 오늘 아이사씨 팍스을 100개 사와다.

개당 1,000원

지출에 … 100개 100,000원
운님 6,000원
계 106,000원

〈1995년 8월 10일 목요일 날씨 맑음〉

날씨가 원망스렵꾸나. 비가 오는중에 좀 더 왔주어쓰며 오늘 물돼는 일은 안 해도 돼는대 날씨가 일을 전가 식키고 잇꾸나.

오늘 물돼는 일을 종일 하여도 10마지기을 다 못돼고 마라쓰며 내일 회장까지 물돼는 일을 하여야 할 것 같다.

그리고 오늘 포도 수학 7짝 대전.[208]

〈1995년 8월 11일 금요일 날씨 맑음〉

오전은 포도 착색 약을 부인과 둘리서 오전내 살포을 하여쓰며 착색 약이 인체에 해렵지 않는지는 몰라도 과일이라고 생긴 것은 다들 착색 약을 살포을 해서 시장 출하을 하고 잇쓰니 이것이 문재이다. 인간이 인간을 해치고 잇쓰니 이것은 법으로 규재을 해야 한다고 본다.

"이재는 착색 약을 잘쓰는 사람이 돈을 버는 세상이 돼고 마라다."

오후에는 벼논에 물돼는 일을 하여쓰며 오

---

207) '포도 첯수학 12짝'이라고 일기 지면 상단에 따로 기록되어 있다.

208) '포도 수학 7짝'이라고 일기 지면 상단에 따로 기록되어 있다.

늘 오후에는 물도 돼지 못하고 하로 해을 보낸 셈이다. 그리고 가뭄이 너무 심해서 밭곡식은 수학할 것이 업다고 보며, 이 가뭄이 작년 이어 금년까지 가문이 작물이 재대로 자랄 수가 잇깨나. 해도 해도 날씨가 너무 한다고 생각을 한다.

〈1995년 8월 12일 토요일 날씨 맑음〉
오늘은 아우리[아오리] 8짝. 포도 22상자을 길거리에 장사을 줄라고 올라가니 용신촌에서 상인이 잡드라. 그래서 곰이로 20,000원 달라고 하니 너무 비싸다면서 안 살라고 해서 가격도 알맏게 불어야 하게따는 생각이 들어서 두번째 상인 한태는 곰미로 17,000원 달라고 하니 조금 깍까서 16,800원 잡고 22짝을 팔라다.
사과는 8짝에 82,000원 받고 팔라쓰며 길거리 상인한태 팔며 상회비 띠는 것이 업쓰서 실찌 소득이 더 돼고 잇다.

〈1995년 8월 13일 일요일 날씨 맑음〉
오늘은 벼논에 물돼는 일과 두룸 깍는 일을 하여쓰며 가뭄이 지속대니 도랑에 물도 업쓸 뿐 아니라 사람까지 지치서 넘어갈 직전이라고 말을 하고 십다.
하늘도 무심하기 짝이 업꾸나. 밭에 가며 콩잎 땅콩, 참깨 할 것 업시 배들 배들 골라잇는 모섭을 볼 때에 농부로서 답답한 마음무라고 말을 할 수가 업꾸나.

〈1995년 8월 14일 월요일 날씨 맑음〉
오늘은 부인과 둘리서 종일 작업을 한 것이 24짝을 하여쓰며 이것을 부인과 두리서 해가 저물어서 어덥두록 하여다.

〈1995년 8월 15일 화요일 날씨 비〉
오늘은 회장부터 포도을 더 따보태서 김천 길거리 상인한태 팔라고 24짝에서 오늘 회장에 9짝을 떠따서 총 33짝을 가지고 갇다. 그른돼 우리포도는 송이가 남들보다 알맹이가 잘라서 남들보다 3,000원 떠려 진다고 본다.
오늘 포도 33짝에 522,000원 밭아다.
수입에 노타리값 70,000원

〈1995년 8월 16일 수요일 날씨 비〉
오늘은 맑은 날씨에 소낙비가 지나가는 비로 도로에 문지 않날 정도로 소낙비가 지나 갇다. 이 비는 밭곡식에 하로 가뭄은 피할 수가 잇따고 생각한다.
오늘도 부인과 두리서 포도따는 일을 하여쓰며 어재 오후부터 수학한 포도와 오늘 오전 수학한 포도을 32짝은 길거리 상인한태 팔라쓰며 가격은 1상자에 17,000원 바라포도 5,000원 받아쓰며 오늘 포도 정품은 28상자 바라포도 4상자 계32상자 팔안 돈이 495,000원 밭아다.
그리고 오후에 포도 수학한 것은 19짝을 대전청과에 부차다.
지출에 … 안질배이 저울 5kg짜리
46,000원 주고 사와다.
차비 900원
계 46,900원

〈1995년 8월 23일 수요일 날씨 비〉
오늘은 포도 수학을 하기 위하여 김천 길거리 상인한태 팔로가지 않코 대전 용만한태 69짝을 주어쓰며 이것이 잘 나와 하는데 하고 염려을 만이 한 날이라고 생각을 한다.

"우리 부부가 69짝 포도 수학을 한다고 수고을 몽탕 하여쓰며 그리고 부인이 세벽 1시까지 선별을 하노라고 그 수고는 어느 누구도 그 고충은 알 수가 업쓰며 부인은 야관 작업을 요줌 계속하고 잇쓰서 부인의 건강이 염려가 돼고 잇다."

〈1995년 8월 24일 목요일 날씨 비〉

오늘은 아버지 재사인돼 우리들은 포도 수학에 바빠서 부인은 아버지 재사 준비 하는돼 그들어주지 않코서 부인과 둘리서 포도 수학을 하여쓰며 금년도에도 우리 형재는 재사준비하는돼 다들 참석을 다하고 재사에도 다들 참석을 하여서 고맙다.

"그리고 우리 부부는 포도 수학을 31짝 수학을 하여다."

"아버님 사랑하는 아들놈이 단청 30평, 이층 27평을 짓어쓰며 남들은 우리동네에서는 재일 잘 짓어따고 하고 잇씀이다. 아버님 기쁘하여 주세요. 이 좋은 집에서 하로하로 절급게 살라가고 잇씀이다.

수입에 … 69짝에

우리집 짓는데 총계약금은 52,000,000원으로 하여 현재로 남어지 3,000,000만원 남아쓰며 그리고 장식하는돼 돈을 다 포함해서 현재로 들어간 금액이 63,000,000백만은 들어 갈다고 본다. 앞푸로 마당도 해야지 추가금으로 드 더르 갈 것으로 내다보고 잇다.

〈1995년 8월 25일 금요일 날씨 비〉

비가 쓸 때 업시 온다는 것은 예감을 잡아찌만 이래깨 구전 날씨을 보일 줄은 몰랐다.

"오늘은 공장용 포도을 수학을 하여쓰며 공장용으로 8짝을 수학을 하여서 경수을 갈다 주어다."

그리고 오늘은 오래만으로 부인과 둘리서 채소밭으로 벼논을 한밖키 돌라쓰며 부인은 들판에 오래 나오지 않아따가 벼가 출수을 해서 벼 이삭이 절시을 하고 잇는 벼을 보고서 감탄을 하고 잇드라.

"올 한 해는 정신업시 흝으갈따고 말을 하고 십다."

〈1995년 8월 26일 토요일 날씨 비〉

오늘은 근수가 입식 부억한다고 욕조실 스라보 친다고 일 좀 해달라고 해서 오늘은 비을 마저면서 일을 하여다. 오늘 일은 남외 일이라서 비을 마저면서 종일 일을 하여다.

지출에 … 포도상자값 160개 123,200원

"이번에 방학을 이용하여서 혜지, 운이가 아라바이트 해서 벌어 온 돈이 혜지가 650,000원, 운이가 530,000원 벌어 왔드라. 방학을 이용해서 벌어볼라는 욕망을 볼때에 이 아빠로서는 정말 고맙다고 생각을 한다.

〈1995년 8월 27일 일요일 날씨 맑음〉

오늘은 포도 수학을 하는데 운이가 도와 주어서 좀 만이 하여따고 생각을 한다. 오늘 포도 수학량은 36짝인돼 이것을 선별을 하는데 밤 11시까지 하여다.

"앞푸론 포도수학을 그진 다 하여서 이재 포도 일로 밤잠을 설치는 일이 업쓸것 같꾸나."

〈1995년 8월 28일 월요일 날씨 비〉

오늘도 종일동안 부인과 두리서 포도 수학을 하여쓰며 오늘로서 포도 수학은 끝이라고 해도 가연이 아니다.
오늘 포도 수학량은 28짝은 될 것 같다.
"자신이 포도 농사을 짓어니 줄 때가 수도 업꾸나. 오늘까지 포도 선물 한 것만도 수도 업꾸나. 그리고 따지고 보니 다 걸리는 사람이구나.
수입 … 포도 36짝에 … 430,000원

<1995년 8월 29일 화요일 날씨 맑음>
오늘도 포도 수학을 하여서 김천 길거리 상인한태 넘기고 말라다. 오늘 상인한태 포도 넘기는데 힘들어쓰며 오늘은 포도가 터지는 것이 만아서 짝당 12,000원을 해서 물건을 차에 실어며서 자신의 물건이 오늘은 터진 것이 넘어 만아서 상자당 1,000원식 깍키고 말라다. 자신의 포도가 비가 오기 전은 떠지는 것이 업드니 비가오고 나니 포도 알이 떠진 것이 만아서 오늘 흥정에 힘이 들어다.
수입에 … 포도 30상자 … 315,000원
지출에 … 포도나무에 비료 이삭거름 3포대 11,040원

<1995년 8월 30일 수요일 날씨 비>
오늘은 장마처름 비가 내리고 잇다. 이 비야말로 아무 필요가 업는 비라고 생각하며 이 비야말로 벼수학 감소만 될 뿐이다. 이 비가 종일 오며 벼수학은 음청난 감소가 될 것이라고 본다. 이 날씨가 골고루 농민의 가슴을 아푸게 하고 잇꾸나.
"요줌 날씨 하는 짓이 여름 장마가 업뜬 것이 이재와서 그 장마가 대신하는 것이 아닌가 하고 생각이 들며 요줌 비가 여름 장마비로 인하여 작물 피해 주는 것 보다 요줌 비가 음청난 비 피해를 주고 잇다."
오늘은 종일동안 비가 내리서 아무 일도 못하고 휴식을 하고 마랐다.
"이번에 비 내리는 것 보니 포도 수학을 다하지 않아따면 솔것이[전부] 공장용으로 따내야 한다것을 생각을 하니 정말 앗찔하구나. 자신은 남들보다 포도 수학을 팔리 해서 천만다형으로 포도 수학을 해서 큰 모면을 하게 돼어다."

<1995년 8월 31일 목요일 날씨 맑음>
어재 비 온 것이 정말 만이 온 것 같다. 어재 저녁에 재방에 물이 넘치는 것을 온 동민이 나와서 넘치는 것을 모면을 하여쓰며 또 한 곳은 바시내이 희석이 재방은 안전이 분개가 돼고 마라쓰며.
오늘은 오전 일적 들녁을 한밖기 돌라보니 들판 전채가 물 천지며 이것이 한 달 더 빨리 왔쓰야 하는데 이재와서 물날리을 직이고 잇쓰니 농민의 가슴은 더 아푸구나.
오후는 마당에 센멘을 하기 위하여 마당 정리을 오후내 해도 끝을 내지 못하고 내일까지 해야 할 것 같꾸나. 그리고 이번 토요일은 마당을 해야하는데 날씨만 좋아쓰며 한다.

<1995년 9월 1일 금요일 날씨 맑음>
오늘도 마당에 센멘을 할 준비을 하여쓰며 내일 마당을 할려고 하는데 기상대에서는 내일 비 올 학률이 70%라고 하니 오늘 마당을 할 준비을 하면서도 마음이 불안하구나. 자신은 마당을 할 준비를 하고 부인은 포도 마지막 수학을 하여쓰며 오늘 포도 수학 다하니 8짝 돼드라. 그리고 남은 것은 우리 식구들 먹으며 될 것 같다.
"올해는 사실 포도 돈은 포기을 한 것이 실

찌 수학을 하여보니 생각위에 수학을 만이 하여쓰며 금년도 포도 시세가 안 좋은데도 6,000,000만원 이상 했쓰니 자신한때는 정말 좋으며 포도 돈이 신기할 정도며 자신은 집 짓는다고 이 가뭄에 물 한 번 프주지 않아서 포도농사을 다 버리따고 생각한 것이 음청난 돈을 하여서 자신의 생활의 보탬이 대고 잇다."

지출에 … 맥주 1팍스 음료수 1팍스 소주 대병 1개
계 28,000원

〈1995년 9월 2일 토요일 날씨 비〉

오늘 기상대는 곳에 따라 비 온다고 하며 그리고 량은 5미리에서 20미리 온다고 예보을 하여서 오늘은 비가 오지 않을 줄 알고 마당에 센멘을 할려고 일적부터 업자한태 부탁을 해서 오전에 다 할려고 생각을 하고서 업자에깨 아침 먹든 질로 할려고 부탁을 하라고 하여뜬이 레미콘 회사에서 일이 넘어 만이 밀리서 오전 10시 돼어야 됀다고 해서 마음이 서운하여쓰며 오전 10시 하면 이 사람들이 11시 돼어야 될 판이니 자신으로 바서는 이 까음 일꾼들을 놀리야 돼며 그리고 바픈 사람을 오전 일만 식키고 마라야지 종일 일을 시키는 것은 도리에 어것나는 짓이며 이른 일들을 생각을 하니 마음이 급패지고 잇쓰며 무선 일이 안 풀리고 잇꾸나 하는 생각을 가지고 잇쓰는데 난대업는 소낙비가 내리는데 이것은 손도 쓰지 못하고 레미콘 2차을 그대로 소낙비 식키 내리가는데 귀가 안차며 자신은 레미콘 2차하며 500,000만원 번린다고 생각을 하여쓰며 사람이 너무 큰 일을 당하니 사람이 바보가 돼드라. 무선 생각이 집중이 돼지 않코 멍해 버리는 것 갈드라. 마당에 센멘한 것이 자갈만 남고 다들 떠내리 갈쓰니 당하여 보지 않코는 이 심정을 모룬다고 생각을 한다. 그르자 소낙비는 지나가고 앙상한 센멘을 갱이로 한 벌식 덥비서 미장을 하니 그른대로 대드라. 그래서 이만하기을 천만 다행이라고 생각이 들드라.

나머지 2차반을 출발 식키달라고 전화을 하여쓰며 레미콘 회사에서 순조렵게 센멘을 주지 않으며 일하는 사람들기 성질 나두록 주고 잇드라. 한 차 주고 을마 안 잇다 한 차 주고 회사 정전이라고 중단하고 오후 넛따고 내일 줄라고 회서 전화로 소리을 쳐고 하여쓰며 정말 화 나두록 공구리 차을 분배을 해서 성질나는 날이 돼고 마라다. 오늘 6시 출발을 해서 막바로 반 차을 출발을 식키주며 우리는 밤이라도 다 할 수가 잇는돼 반 차는 내일로 미루는 바람에 그만 골목은 센멘을 못하고 마랐다.

오늘은 생각지도 않아뜬 사람들이 도와주로 아서 정말 고맏고 사람들이 만아서 마당하는데 좀 수라게 할 수가 잇쓰다.

〈1995년 9월 3일 일요일 날씨 맑음〉

오늘 오전은 레미콘 반 차로 골목 세멘을 우리식들까지만 하는데 형님이 경운기로 두바리 실어주어서 좀 수레다. 오늘은 레미콘 차가 마음에 들두록 갇다주는구나. 그레서 오전에 일적 할 수가 잇쓰다.

"오후에는 부인과 들녘을 한밖기 돌라보고 채소밭 김매기을 하는 것으로 오늘 일가을 맡치다."

"그리고 벼이삭들이 항금 물결을 이루고 잇는데 보뚝과 두룸에 잡초가 무성하게 잘라서 벼 키보다 더 크서 벼을 뒤덥고 잇는 것을 볼 때에 농민을 욕을 하기 전에 정치인들을 욕을 하고 십다. 정부에서 조금이라도 우리 농민들을 생각을 했드라면 들판에 잡초는 볼 수가 업쓸땐돼 정부에서 우리 농민들을 외면하고 잇쓰니 우리 농민은 우리 조상들이 허리띠을 졸라가면서 옥토을 만들어 논 것을 우리들이 버림을 주고 잇쓰니 우리 후세들은 더 버림을 줄 것이며 옥토가 잡초밭으로 만들라고 작정한 정치인들이라고 말을 하고 십프며 정치인하며 우리 농민들은 피가 끄끌로 서고 잇다.
"약자을 개로피는 것은 발전을 할 수가 업는 일이며 결국은 당하고 잇는 자보다 더 약자가 돼리라."

〈1995년 9월 4일 월요일 날씨 맑음〉
오늘은 형님과 두리서 아버지 어머님 조상묘에 벌추을 하여쓰며 어머님 오늘 벌추을 아주 정성을 더리서 깨끗하게 벌추을 하여씀이다.
"오후에는 세집에 포도나무 밑에 김매기을 하여쓰며 시간여유가 업쓰서 잡초가 무성하게 잘라잇쓰서 잡초 제거에 그리 힘이 들드라."
"우리 마당에 센멘 하는데 레미콘차로 4차반 류배는 27류배가 들어다."

〈1995년 9월 5일 화요일 날씨 맑음〉
오전에는 세집에 포도밭에 김매기을 하여보니 힘이 들어서 도저이 다 할 수가 업쓸 것 같아 그만 잡초약을 살포하기로 작정을 하고 손픈무기로 6통으로 잡초약을 살포을 하여쓰며 잡초약 6통 쳐는데 오전 일과가 다 되드라. 그른데 낫수로 잡초을 다 재거할려며 앞푸로 2일은 더 해야 됄끈데 오늘 픈무기로 잡초약 살포을 하여보니 좀 쉽다고 본다.
"오후에는 말리 사과나무에 약 살포을 하고 그리고 포도나무에 살충재 약 살포을 하니 하늘에는 별들이 총총 나잇쓰며 우리가 이래 일을 해야 하느냐고 부인에께 물키도 하여쓰며 부인은 외 일을 하느냐고 디 물기도 하드라."
"금년은 가는 곳마다 잡초는 무성하게 자라서 내 손을 기다리고 잇쓰며 자신은 허{리} 한번 펼 수가 업쓰며 매일 죽두록 하여도 일이 끝이 나지 않으며 이재는 일에 짓칠 지경이다."
"오늘 포도밭에 약량은 15말 살포을 하여쓰며 오늘 약은 서미치온약 물 한 말에 70cc 혼용을 하여서 살포을 하여다. 그러고 사과나무 약은 25말 약량으로 살포을 하여다."
지출에 … 포도상자값 23,000원

〈1995년 9월 6일 금요일 날씨 비〉
오늘은 세집배서 이사을 오면서 들 가지고 온 것을 오늘 경운기로 부인과 둘리서 실어왔다. 오늘로서 이사짐은 다들 가지고 온 셈이다.
"오후에는 이사짐을 정리을 하여쓰며 그리고 누님 집에 포도 한 상자을 가지고 갈떠니 누님이 마실을 가고 업쓰서 길거리에서 한참 기다리고 잇쓰니까 누님이 오시드라. 그른데 누님이 다리 아파서 상당희 계로운 줄 알라는데 그러치 않아보이서 마음을 노을 수 잇드라. 그리고 누님 이야기을 들어보니 돈이 너무 쪼달리고 잇쓰서 자신이 적으나 여유가 잇따면 좀 바주어쓰며 하는 마음이 앞쓰드라."

그리고 상환 부인이 문재가 잇는 것 같떠며 여자가 사니 못사니 하는 말들을 하고 잇따는데 여자가 들대어서 그른 소리을 하고 잇쓰며 이른 여자는 일적암시 마라야 한다고 본다. 처음부터 잘못가면 다시 가는 것이 났찌 않을까 한다.
"오늘 모처름 누님 집에 가면서 고기 한 근 사들고 가지 못해서 누님 고기나 한 근 사라면서 돈 20,000원 주고 왔다."
지출에 … 누님 고기값으로 20,000원

〈1995년 9월 7일 목요일 날씨 비〉
옛초부터 예상은 하여다. 이 날씨가 벼 출수 할 때에 쓸때업는 비가 만이 올 줄 알라다. 풍년이 들자면 비가 피료할 때 비가 와야 하며 비을 바랄 때는 가뭄으로 작물에 피해을 주고 비가 피로 업쓸 때에 쓸때업는 비가 장시간 내리서 작물에 막대한 피해을 주고 잇쓰니까 우리 농민이 정말 개롭꾸나.
"우리 농민은 정부에서도 버림을 주고 잇찌 이재는 하늘마저 버림을 주고 잇쓰니 우리 농민은 살라 남을 수가 업꾸나."
"오늘은 종일동안 비가 내리서 아무 일도 못하고 집에서 휴식을 하여다."
"오늘은 혜영이가 추석 뽀낟스 받아따고 저의 아빠 옷 사오지 저의 엄마 옷 사입버라고 돈 주지 요줌은 자식들 돈을 만이 만치고 잇쓰며 이것이 다들 자식 키우는 보람을 가질 수가 잇꾸나."
"오늘 집뜰리 하면 찹쌀바을 찌어야 하기 때문에 아무 일도 못 할 때에 방아나 찟자해서 4가마 정도 방아을 찌어다."[209)]
수입에 … 노타리값 60,000원
지출에 … 마당공구리값 박사장
1,100,000원줌
공구리 원가는 … 1,092,000인돼
1,100,000원 주어다.

〈1995년 9월 8일 금요일 날씨 비〉
요줌 날씨가 급이 나고 잇꾸나. 들판에 벼들 바서는 맑은 하늘을 보여야 하는데 계속 비 오는 날만 지속대고 잇쓰니 벼이삭이 연거러 가고 잇는 가정인돼 흐린 날씨에 비까지 합세을 하여서 풍년의 길목을 차단하고 잇쓰니 농민의 가슴이 답답하기 그지업꾸나.
오늘은 차례상 준비하는 날이며 올해는 조카 미느리까지 합세을 하여서 추석 차례상 준비을 하는데 한사람도 빠지는 사람 업시 다들 참석을 하여서 고맙다.
지출에 … 이발료값 5,000원

〈1995년 9월 9일 토요일 날씨 비〉
오늘은 추석이다. 이번 추석은 고향을 차저온 사람들이 만으며 올해는 특희 조상을 더 생각을 하는 추석이란 인상을 주고 잇는 것 같다. 그리고 이번 추석은 길목마다 주차장이 돼고 잇쓰며 앞푸로 차들의 물결에 인간들이 밀리겟따는 생각이 더는구나.
"고리고 이번 추석은 보슬비 내리기 때문에 성묘가는 가는 사람 업꾸나. 우리 집안도 성묘을 다음으로 미루고 마랐다. 일 년에 한번 성묘 길을 날씨가 막고 마랐다. 오늘은 비 때문에 성묘을 못 하여찌만 맑은 날씨을 바서 아버님 어머님은 성묘을 할 작정이다."

---

209) '마당공구리값 … 1,100,000원 줌 박사장'이라고 일기 지면 상단에 기록되어 있다.

〈1995년 9월 10일 일요일 날씨 맑음〉

우리 마을 친목계 임시 총회을 하여쓰며 마을에 거주하는 사람 중 40대에서 50대 까지의 년령자는 희망하는 사람들은 다들 회원이라서 나이 차이가 너무 만아서 개라는 의미가 적드라.

오후에는 개에서 윷도 놀고 하는데 자신은 아들하고 오후에는 아버지 어머님 성묘을 가자고 약속을 햇뜬 것이라 오후에는 노는 것을 그만두고 운이와 둘리서 성묘을 가서 조상 산소에 성묘을 하고서 아버지 산소에 성묘을 할려고 가니까 김천동생 아들이 띠어 올라 오드라. 그래서 순달이 동생 식구들이 아버지 산소 성묘 온다는 것을 알라쓰며 동생들이 이처름 부모님을 지극희 생각을 하고 잇따는 것을 생각을 하니 눈에 눈물이 찡 돌라 하드라. 나는 아들만 대리고 와는돼 순달이는 처까지 다 대리고 왔쓰니 그 성이 고맙고 나보다 부모님을 더 생각을 하고 잇따는 느킴을 밭아서며 정말 고맙다. 우리 형재들이 아주 잘사는 형재는 업찌만 그른대로 다들 살고 잇쓰니 더 고맙고 앞푸로 아버지 어머님이 살라계신다는 마음으로 이 세상을 살라 주어쓰며 한다. 그리고 형재들을 만나며 우섬을 지을 수 잇는 형재가 돼어주며 인간 세상에서 모범이 돼는 사람이 돼어 주기을 기원한다.

그리고 부인이 친정 같다오면서 처어머님을 대리고 오라고 부탁을 했는데 부인과 서울 처재와 동서만 우리 집부로 오드라. 그래서 처보고 어머님 대리고 오라고 했는데 외 안대리고 오느냐고 하니까 처어머님이 만이 불편하다고 해서 못 대리고 왔따고 하며 처어머님 말씀이 올해 못 넌기다고 이야기을 한다기에 오늘 처가에 안 같는 것이 아주 잘못이구나. 오늘 부인과 같이 같드라면 자신의 일을 다 할 수가 잇쓰는데 오늘 처가에 못 간 것이 후예가 돼는구. 그리고 내일은 자식들 다 대리고 처어머님에깨 다녀와야 할 것 같다.

지출에 … 쇠고기 우유 15,000

〈1995년 9월 11일 월요일 날씨 맑음〉

오늘은 윷들래 보뚝에 잡초깍는 일을 하여쓰며 웃들 9마지기는 벼가 좋으며 이삭들이 탐스렵게 익어 가는 벼이삭을 볼 때에 이 마음이 한결 좋꾸나.

오늘 잡초깍는 일을 9마지기 보뚝을 다들 깍까다.

그리고 서울 동서와 쳐재가 친정을 들리서 간다고 쳐남 차가 동서 대리고 간다고 차가 오는 바람에 우리 식구 혜영이만 두고 처어머님에 인사을 드릴라고 같뜨니 처어머님이 생각빡에 몸이 줄어 잇쓰며 살이라곤 업는 것 같떠며 자신이 보기에도 오래 살지 못 할 것 같다서 마음속으로 서운하드라. 자신한태는 처어머님이라도 오래 살라 계시야 하는데 극정이 돼고 잇꾸나.

지출에 … 처어머님 인사드리는데 5,400원
버스비값 1,760원
계 7,160원

〈1995년 9월 12일 화요일 날씨 맑음〉

오늘은 말리사과나무 밑에 잡초가 너무 무성하게 너무 자라서 잡초약을 살포을 못하고 났으로 오늘 종일 베어서 저녁 노을이 자두록 하여쓰며 오늘 풀 베는 일은 오늘 다 해야 한다는 개핵을 세운 것이라서 부지른희 하여다.

“잡초보다 더 잘라는 것은 업따고 본다. 잡초

는 조금 자라서 제초재 약을 살포을 해야 하게다 하고 잡초밭을 가면 이미 무성하게 잘라서 약 살포는 너전감이 한두 번 아니다."

〈1995년 9월 13일 수요일 날씨 비〉

오늘은 벼논에 보뚝과 두름에 풀 재거 하는데 오전 시간을 보내쓰며 보뚝에 풀들은 키가 벼보다 더 크서 벼을 덥고 잇쓰며 이것 대다수가 벼알이 연거는데 지장을 주고 잇는데 그대로 방치을 하여 두며 자신이 생각을 해도 벼농사가 이려깨 천대을 받고 잇쓰니 생각을 할수록 가슴 아픈 일이며 앞푸로 이래가다가는 우리 농토가 잡초밭으로 변하는 것은 시간 문재라고 본다.

"오후에는 가랑비도 오고 하니까 들래 일하기는 멋하니까 부인이 그릇장을 바야 하기 때문에 팔이 아파서 그릇이 무거어서 들고 올 수가 업따면서 따라 가자고 해서 집배 잇쓰도 일도 못하니까 부인 장 가는데 따라 갈다. 부인이 그릇장을 보는데 비싸서 촌돈으로 아무 것도 살 수가 업따는 생각이 들며 접시 종류로 조금 사는데 190,000원 대는돼 돈 가치가 업따기보다 물건 값이 떠문이 업시 올라따는 생각이 더는구나."

"오늘 부인 그릇을 사며 팔이 아푼 부인이 들고 올 수가 업키 때문에 자신이 따라가서 가지고 올라고 갈뜨니 그릇집에서 다들 실어 주드라. 자신은 실어다 주는 줄 알라따면 자신은 가지 않아 쓸 끈돼 스비스로 실어다 주니 그리 피나구나."

지출에 … 그릇값 190,000 차비값 880원
계 190,880원

〈1995년 9월 14일 목요일 날씨 맑음〉

오전은 집뜰리 하며 쓸라고 도래 캐오는 일을 하여쓰며 부인이 해오라고 하는 것 보다 배는더 해왔다. 우리 도래가 땅씨가 나빠서 그른지 도래가 좋지 못하드라.

그리고 오후에는 보뚝에 풀 깍는 일을 하여쓰며 서양바실에 직파 한 곳이 벼가 절시을 하면서 다 죽어서 수학이 별로 될 것 업쓰서 성질이 나며 자신이 갈리 부족으로 농사을 망차지만 울라통이 떠지더라. 이곳은 복색이 땅이라 한 번도 올캐 농사을 짓은 적이 업쓰며 올해는 피참은 농사을 짓어났다. 이것을 본 자신은 다들 낪으로 다들 쳐누피쓰며 하는 마음 뿐이구나. 올해는 포도농사 벼농사 다 숭년이라고 바야 하며 자신을 원망하고 십픈 해라고 말을 하고 십다.

"서양바실 벼을 진작 받드라면 집뜰리 문재도 고리해볼 문재 여는데 이것을 집뜰리 한다는 개핵을 다 새우고 벼알이 다 죽은 것을 받쓰니 어이 할 도리가 업꾸나. 부인이 다 죽은 벼을 받드라면 남편 농사 못 짓는다고 원망을 을마나 할련지 부인 보기에 미안꾸나. 내 부인이 농사을 짓어따면 이른 농사을 짓찌는 않을 끈돼 자신이 원망스렵꾸나."

〈1995년 9월 15일 금요일 날씨 맑음〉

오전원 보에서 수료에 수초작업을 하여쓰며 오늘 보는 형식적으로 한 셈이다. 그리고 오늘은 보을 안 부치도 될 일을 부치쓰며 요앞전에 수초작업을 맑게 하여서 오늘은 수초작업 하는데 그냥 수로만 따라간 셈이다.

오후에는 서양바실에 보뚝 풀 깍는 일을 하여쓰며 벼이삭이 너무 만이 죽어서 보기도 실을 뿐 아니라 이해가 빨리 지나가버리쓰며 하는구나. 자신이 50평생 농사을 지어는데 농사을 이래 짓따니 내 자신 한심스른 생각이 더는구나.

"금년 농사는 벼논에 약 살포을 등안시 하여서 문고병으로 다들 망처 버리따고 생각을 한다. 앞푸론 벼농사에 병충을 방재을 철처하게 해야 한다는 것을 절리 느켜다."

그리고 무선농사든지 알맡은 농사을 짓어서 알찬 곡석을 빼먹어야 하지 만이 가지서 시간이 업는 농사는 오히려 생돈을 물리넛는 수가 만으며 한마디로 말을 해서 예만 먹고 실속이 업는 농사가 벼농사라고 말을 하고 십다.

〈1995년 9월 16일 토요일 날씨 맑음〉

오늘은 내일 집뜰리 준비 한다고 우리 식구이 분주하게 보내쓰며 오늘 돼지을 139斤 짜리을 위웃 친구들이 잡아쓰며 우리 집안에는 돼지 잡는 사람들 업기 때문에 힘이 더는 구나.

"오늘은 내일을 위하여 준비만 한 날이라고 말을 하고 십꾸나."

"무선 일이든지 일만하게 돼며 김천 순달이 동생 내외가 수고을 만이 하고 잇다. 그른돼 그 대까을 자신이 아직 못하고 잇따고 생각을 한다."

지출에 … 돼지값 138斤 151,000원

〈1995년 9월 17일 일요일 날씨 맑음〉

오늘은 아침부터 날씨가 아주 화창한 날씨을 보이며 날씨가 우리 집뜰리 한다고 더 밝은 날씨을 이이며 날씨가 맑으니까 내 마음이 평소 때보다 더 맑은 것 갈트며 오늘 낡씨는 정말 좋은 날씨라고 생각을 한다. 그리고 아버지, 어머님 오늘 집뜰리 하는 날이며 온 동내 어른들을 초대을 하여서 음식을 대접을 하여씁이다. 그리고 아버지, 어머님 또래는 맺대지는 안 씁이다만 이분들은 초대을 해도 오지 못한 사람들은 음식을 갈다드리쓰며 특별이 아버지, 어머님을 바서 신경을 더 쓰서 대접을 하여씁이다. 아버지, 어머님 온 동민이 순덕이가 집 잘 짓어따고 칭찬이 끈어저지 않씁이다. 아버지 오늘을 위하여 아버지 자식이 정말 열심이 살라 왔씁이다. 그리고 내 오늘까지 살라오면서 아버지가 물어 준 땅 적다고 불평한 번 하지 않아쓰며 늙 아버지, 어머님이 일적 돌아가신 것이 우리들이 복이 업키 때문에 일적 돌라가시따고 늙 자신을 원망을 하고 살라 왔씁이다. 아버님 오늘 동내 어른들 집배 모시서 푸근한 음식으로 잘 대접을 하여서 내 마음은 너무 좋아서 하늘로 날라갈 수 잇는 기분이라고 말을 하고 십씁이다. 아버지 오늘 아버지 손은 한 사람도 빠짐업시 다들 참석을 하여서 노래잔치을 벌리쓰며 오늘 노래방 처음 사용을 하여쓰며 자신이 전축을 사서 처음 값어치 잇게 사용을 하여다. 우리 부모님이 살리계시서 노래잔치을 벌리고 잇는 관경을 밭드라면 을마나 좋아 할까. 부모님이 안 계시니 다른 부모을 보며 마음씀이 더 가고 잇다.

〈1995년 9월 18일 월요일 날씨 맑음〉

오늘은 어재 집뜰리 하는데 어진 것을 다들 치우는 일을 하여쓰며 오늘 치우는 것을 오전만하고 오후에는 바푼 일을 먼저 하고 볼라고 채소에 김매는 일, 약 살포와 웃거름 하는 것으로 오늘 망우리을 한 셈이다.

"오늘 들래서 너깨야 집에 오니 이재야 빨래대을 가지고 와서 일을 해야 한다면서 시작을 하고 잇드라. 그래서 부인은 다시 저녁을 하는 부인 보기에 미안터라. 그른돼 오늘 맥주 남원 것을 반납 할려고 생각을 하다 콤바이 탈곡을 하며 세로 줄라고 맥주 1팍스 3병을 난겨 주어서 오늘 일하로 온 사람들 세을 잘 주어다."
"지출에 맥주, 음료수 가지고 온 것이
144,800원"
그리고 집뜰이 비용을 다 따지면 600,000 만원 지출을 낸 셈이다.
"이번 집뜰이 하는데 지출을 600,000 냇따고 하지만 남들래깨 친송을 밭은 것 따지면 음청난 수학을 했따고 생각을 하며 남들은 집뜰리 하며 돈 들어간다고 안하고 잊는데 자신은 친송을 들원 것만도 음청난 수학을 했따고 생각을 한다.

〈1995년 9월 19일 화요일 날씨 맑음〉

오늘로서 집뜰리 한다고 어질어 논 것을 오늘로서 안전희 치아쓰며 앞푸로 잔치는 고루해야 한다고 생각을 가저본다. 외냐하며 준비하는 시간, 치우는 시간 똑같이 시간이 걸리며 앞푸론 이른 시간의 낭비을 줄리야 한다고 본다.
오후에는 두룸과 벼논에 피살리을 하여다. 피살리는 다른 논도 좀 해야 하는데 이재는 다 할려니 한다도 업고 이재는 벼논에 일은 그만두야 하게쓰며 앞푸론 벼논에 콤바이 탈곡만 하로 가면 됀다고 생각을 한다.
"내 부인 집뜰리 하는데 준비하고 치우고 양삼일동안 고충이 만아쓰며 정말 수고가 만아다. 부인 사랑을 하며 푼수라고 하지만 내 부인은 정말 좋은 사람이며 아주 양반이며 거짓이 업고 여때것 시집 온 그 마음이며 자신은 때로는 부인을 사람이 아니고 신이라고 생각을 할 때가 만다. 부인 정말 머리 수겨 고맙따고 말을 하고 십쇼. 부인 건강이나 상할까바 극정이 만소. 앞푸론 일을 뒤로 하고 건강을 앞세우는 부인이 돼어 주기을 바라오. 부인 정말 존경하고 십쇼.(남편이)"
지출에 … 포도약값 12,800원

〈1995년 9월 20일 수요일 날씨 맑음〉

오전은 포도 나무에 살충재약 살포하여쓰며 살충재는 데시스약, 약량은 20말에 약 500cc짜리 3병을 희석을 살포을 하여다. 약량 20말하여도 포도나무 줄기에는 쳐지 못했다.
오후에는 바시내 길부역을 하여쓰며 그리고 골래 오럭미시에 길포장을 하여쓰며 레미콘차로 4차가 들어 같다. 이재는 골래 오럭마시는 비만 오면 골이 저서 다니지을 못하여는데 이재는 골저는 일이 업쓰서 다니기가 아주 좋을 것으로 본다.
"처어머님이 우리 집뜰리 할 때에 오시서 자신의 마음이 좋드니 이재는 집에 갈라고 부인한태 갈라고 한다기에 자신이 대접을 잘 못해서 갈라고 하는 것이 아닌가 하고 재송한 마음이 들어 가는구. 자신은 어머님이 일적 돌라가시서 처부모라도 살라 계시니까 마음적으로는 좋은데 갈라고 한다기에 마음적으로 좀 서운하구나."

〈1995년 9월 21일 목요일 날씨 맑음〉

오전은 바시내이 포도약 살포을 하여쓰며 포도에 힌가루 병이 발생을 한지가 오래돼어는데 오늘 살충재와 한가루병약을 살포을 하여주어는돼 효력이 날련지 몰겟다.
오늘 처어머님의 동태을 바라볼 때에 인간의 생명이 한심하다는 생각이 들 뿐 아니라 사람이 돈만 모월라고 바락을 부리는 것은 어리석은 짓이라고 생각이 들며 처어머님의 거동이 불편한 것을 볼 때에 사람이 누구나 저른 고통을 당하야 하니 인간이 산다고 할 수도 업꾸나. 특희 자식한태 너무 희생을 하여서는 안 댄다고 생각을 하며 특희 처어머님의 불편한 몸을 보고 더 느켜다.
"처어머님이 이재가면 다시는 우리집에 못 온다는 생각을 하니 서운하기 착이 업쓰며 처어머님이라도 오래 살라 계시야 하는데 처어머님도 오래 살라 계시지 못 할 것 같다서 처어머님 보내기가 망스리 저는구나. 처어머님이 자꾸 갈라 소리만 하지 않는다면 더 모시다 보내쓰며 하는데 그래하지도 못 할 것 같꾸나."

〈1995년 9월 22일 금요일 날씨 맑음〉

오늘은 연장 너을 선반식으로 상자을 짜는 일을 하여쓰며 오전내 선반식으로 3단으로 만드는데 힘이 들어쓰며 안전이 만들어노니 설모가 잇쓰며 진작 만들어 노을끈데 하는 마음이 들드라.
"처어머님이 오늘 처남이 차로 대리 간시다. 처어머님의 거동이 불편한 것을 볼 때에 사람이 나이가 만으며 다들 저른 고통을 당해야 하며 주위에서 보기에 큰 불편가지는 것 같뜬데 본인은 남이 아무도 모르는 고충을 격끄가면서 하로 하로 살라가는 인간의 생이 한심스렵다."
그리고 부모가 나이가 만으며 자식, 매느리 눈치가 보인다고 하는 처어머님의 말씀을 들어니 우리는 생각지도 못 한 일들을 노인내들은 격끄가면서 살라가고 잇따는 것을 생각을 할 때에 자식도 다 필요가 업따는 말이 아닌가. 한국부모들은 자식에깨 안전희 거름이 다 돼두록 살라가는 것이 생활의 방식이 틀리따는 것이 아닌가.
"오늘 사과나무 도장지을 빼는 일을 하여쓰며 사과는 이미 빨간 색갈이 들고 잇쓰며 이 사과을 보면서 도장지을 빼는 작업을 하니 어딘가 모르게 마음이 푸짐한 곳이 잇다. 탐스러개 익어가는 그 모섭은 무엇에 비할 길 업꾸나."

〈1995년 9월 23일 토요일 날씨 비〉

오늘은 종일동안 가랑비가 내리서 휴식을 하여쓰며 이 가랑비도 우리 농민들래깨 득보다 손에을 더 주고 잇는 비라고 말을 하고 십다.
"오늘 태풍이 온다고 기상대서 외보을 하여서 오늘 휴식을 하면서도 태풍이 오며 우리 농촌은 손실이 음청나게 컬끄란 생각에 마음이 불란하구나. 기상대에서 비바람이 세차서 피해가 만을끄라고 주위을 요해서 극정이 크구나."

〈1995년 9월 24일 일요일 날씨 맑음〉

오늘은 부인과 둘리서 채소밭에 벌래 잡고 벼논에 자리 자리 다들 들리서 벼농사 짓어논 것을 보인을 보여떠니 농사 다 바리따고 하며 아빠는 벌로 농사짓는다고 불평을 만이 하드라. 나 자신도 올해는 씨갑씨 선택을 잘못해서 농사 피롱해따고 보며 또하 나 잇따면 이차 거름을 만이 하여쓰며 벼농사에 실패 원인이 벼논에 가리질을 하지 않아는 원인도 들어 잇따고 본다.
앞푸론 벼농사에 가리질을 하지 않코는 벼농사을 지찌 못 한다는 가고가 잇쓰야 벼농사을 평년작을 만들 수가 잇따고 생각을 한다.

오후에는 포도밭에 잡초을 낫으로 베는 작업을 하여다. 원칙은 김매기을 해야 하는데 그만 낫으로 다들 쳐는 일로 하고 마라쓰며 이것도 내일 더 해야 다 할 것 같다.
"그리고 기상대서 14 라이언 태풍이 강한 비바람을 동반하여서 경북을 거쳐서 울릉도로 빠저가기 때문에 큰 피을 입을끄라면서 생야단을 직이면서 그리고 태리비전은 어재 저녁내 대비책과 자막으로 만반의 준비을 하라고 야단하드니 아침에 일어나보니 하늘만 맑아서 태래비전을 켜보니 이번 태풍은 일본쪽으로 돌라가서 우리나라는 아무른 피해가 업따고 방송을 하드라. 우리나라 기상대는 아직 거르마 정도며 기상대 관측이 아직은 주먹꾺식이나 다름이 업꾸나. 물론 태래비전도 국민을 위하여 야단을 쳐는 것은 좋은데 이번처름 의이 업는 일은 다음에 큰 손실을 줄 수 잇쓰니까 방송도 좀 침착한 방송을 하여 주어쓰며 한다. 우리나라 방송이 이번 태풍 일만 아니라 농산물이 조금 허르며 그저버리야 하는 것쳐름 호들갑을 떨고 좀 올라도 호들갑을 뜰고 하니까 물가 상성 하락은 태래비전이 다 하고 잇다. 방송은 국민의 귀니까 심중하게 좀 무게 잇깨 방송을 하여주어쓰며 한다."

〈1995년 9월 25일 월요일 날씨 흐림〉

오늘도 포도밭에 잡초을 낫으로 베는 일을 하여쓰며 포도밭 잡초는 오늘 종일로 끝을 냇다. 이 잡초는 내년을 바서 잡초약을 살포을 하든지 김매기을 해야 오른 일인돼 낫으로 베는 일을 하여서 마음에 들지 않는 일을 했따고 생각을 한다.
"그리고 기상대에서 내일은 비가 적은 량이라도 온다고 하여서 벼논에 물꼬가 안전 터저 잇나 하고 학인을 자리마다 학인을 하는데 벼이삭이 죽어 잇는 꼴을 보니 마음이 상하드라. 매년 농사을 짓어면서 이래 밖에 못 지어따는 것이 원망스렵꾸나."

〈1995년 9월 26일 화요일 날씨 맑음〉

참깨 갈때 비누 까란 것을 오늘로서 안전이 벗키 내는일을 하여쓰며 금년도 참깨 농사는 돌보지 못하고 약도 소월이 살포을 해서 그른지 안전희 숭년을 만나따고 본다.
"오후에는 남외 두룸에 피살리을 하여 주어쓰며 논위우지에 벌로 농사을 지어며 그중 알떠리 농사짓는 사람이 두룸에 잡초 갈리을 다 해주어야 하기 때문에 마음이 한두 번 상할 때가 만타고 본다. 자신은 남외 두룸 갈리하는 곳이 만아서 속상할 때가 만타."

〈1995년 9월 27일 수요일 날씨 맑음〉

오늘은 포도밭 도구에 모래을 경운기로 실어넛는 일을 하여쓰며 오늘 종일 실어도 5섯바리 밖에 못 실어쓰며 닷섯바리로 도구 2개밖에 못 느어다. 앞푸로 도구에 노래을 다넛는다고 볼 때에 약 오일은 실어야 너어야 될 것 같다.
요줌 기온이 너무 네리가며 기온이 불규척스러어 농작물 키우기가 힘이 더는구나. 앞푸로 기온이 고루지 못해서 농사의 풍년을 기대하기가 힘들 것으로 내다보고 잇다.
"우리 운이가 군대보다 방위 산업체을 가야 하는데 신체검사을 하여둔 몸이라 이 아빠로서 극정이 크구나. 우리 운이가 건강이 좋으며 군대을 입대을 해서 생애 교육을 더 바다쓰며 하는데 몸이 피리 같다서 군 생활이 극정이 사실 대고 잇다."
지출 … (이왕기 결산) 70,000원

〈1995년 9월 28일 목요일 날씨 맑음〉

오늘은 오전 11시에 읍 회이실에서 앞도로 학장 공사 짝두리 땅 보상문재을 심위위원 회을 거처서 결정을 한다면서 오전 11시까지 오라고 하여서 오전에 서들어서 모래을 한발리 실어놓고 읍 회이실에 같쓰며 자신이 가다보니 제일 일적 참석을 하여쓰며 그른데 회을 열어바도 별로 신통한 문재도 업쓸 뿐 아니라 시청직원 각본대로 따라가는 정도이며 건설과 직원은들이 감정원 평가돼로 한다는 말만 하드라. 감정사는 감정을 한들 뻔하며 감정사는 늙 정부 측에 잇쓰니 감정 보상이 마음에 들두록 보상을 바들리가 업다. 오늘 회이는 그저 참석만 하고 정심 식사만 잘 어더먹고 왔다.

"오늘 정심을 먹고 운이 방위 산업체 자격이 언뜬 사람이 갈 수가 잇는지 상담을 할려고 시청 방위과에 상담을 할려고 오늘 건설과 과장 차로 시청까지 잘 타고 같다. 김천 시청 방위과에 가서 방위 산업체 대한 상담을 하여보니 학실이 잘 알지 못하고 김천 구내 방위산업채의 전화번호와 회사 명칭, 주소을 복사을 해서 잘 아라보라고 하면서 주드라. 그래서 자신은 복사을 한 주소을 가지고 왔다."

김천, 구미 방위 산업체가 상당이 만드라. 운이가 자격증 치득을 못해서 방위 산업체에 갈 수가 잇쓸란지 극정이 돼고 잇다.

〈1995년 9월 29일 금요일 날씨 맑음〉

오늘은 사과나무 약을 마지막으로 살포을 하여다. 자신은 사과가 을마 달리지 않코 일손이 부족해서 5, 6월에 약 살포을 소월이 하여서 사과에 부페병이 마이 발생을 하여서 휴예가 돼는구나. 처음부터 약 살포을 잘 했드라면 수학량이 만을 사과을 다 바리따고 생각을 한다. 마음적으로 정말 아쉬운 감이 사과만 보며 생각이 나는구나.

오늘 약량은 25말 살포을 하여다.

오늘 오후에는 포도밭 도구에 모래을 실어 너는데 경운 크라치선이 떨어저서 두바리 밖에 못 실어다. 크라치선을 오후 태권[해질] 무름에야 오토바이로 조합센타로 사로 같쓰며 자신이 이 시간에 생각을 하며 오토바이로 복잡한 도로에 오토바이로 같다온 것이 경솔한 짓을 했따고 생각을 한다.

지출에 … 경운기 크라지선 2개 4,000원

〈1995년 9월 30일 토요일 날씨 맑음〉

오늘 오전은 포도밭에 모래 두바리을 실어 다노코 석희집에 오늘 집뜰리 한다고 해서 화이타이을 상점에 가서 사들고 부인과 두리 같떠니 석희가 형님 집뜰리 하는데 가지 못했는데 형님 와서 고맡따고 이야기을 하면서 미안타고 이야기을 하드라. 그리고 오늘 정심을 먹는데 입에 맡는 것이 업쓰며 자신뿐 아니라 다들 거른 이야기을 하드라. 그리고 손님도 아주 적드라.

"그리고 우리집을 보고는 앞쓰서 집을 일적 지원 사람들은 다들 집을 잘 못 짓어따고 후해을 하드라."

"오후에도 포도밭에 모래 실어 넛는 일을 하여다. 앞푸로 2일만 모래 실는 작업을 하며 끝을 낼 것 같꾸나."

지출에 석희 집뜰리 하는데 화이타이 5,000원

〈1995년 10월 1일 일요일 날씨 비〉

정상국 모친 칠순한다고 동네로 음식 재공을 하여쓰며 오늘 음식은 푸짐하게 먹을 수 잇두록 음식이 준비돼어 잇쓰며 앞푸론 동네로 음식을 재공할려면 여자 경로회가 잇쓰서 음식 준비을 그전에 60개의 접시 준비만 하면 동네로 주는 것 은 충분하여는데 이재는 접씨을 100개 이상 준비을 해야 하니 부담이 더 크젓따고 생각을 한다.
오전은에는 상국이 칠순 하는데 일그들어 주로 갈뜨니 동생 친구들이 만아서 아무 일도 하지 않코 잇쓰서며 친구들이 만어니 큰 일하는데는 아주 좋꾸나.
"오후에는 관정을 다시 파는데 구경을 하여쓰며 우리논 주위는 관정을 파도 물이 업쓰서 마음이 불안하며 오늘 파는 곳은 자신의 논자리에서 25매다 그리에 파는데 흙은 아주 좋아서 물이 나겟따는 생각을 했쓰며 실찌 물량은 몰라도 물이 나갯따는 생각을 하여는데 실찌 관정물이 프보니 물이 아주 적은 량이라서 치소을 하여쓰며 이 물은 종일 프며 물량이 적으적기 때문에 폐쇄을 하고 다시 화요일 날 다시 딴자리에 관정을 파기로 하고 해여지고 마랐다."
"오늘 관정파는데 참을 칠순하는 집에서 공짜로 갈다 주어서 물량이 적은 것이 아니냐 하고 여럿시 욷고 마랐다. 우리도 오늘 관정 물이 적으나 나오며 우리도 잘하는데 정말 아쉬운 일가가 돼고 마랐다."

〈1995년 10월 2일 월요일 날씨 맑음〉

오늘도 경운기로 모래 실는 일을 하여쓰며 처음 시작을 할 때는 음두 안 나든돼 막상 시작을 하고 보니 그리 힘드는 일은 아닌 것 같다.
오늘은 종일 6섯바리 실어도 충분이 실고 남을 정도여는돼 친구 형님과 두리서 우리 마을 도로 학장 부지에 짝두리 땅을 평당 110,000원 주고 막 사고 잇는데 자신이 생각을 할 때는 아무른 쓸모도 업는데 막 홍정이 돼고 잇는것을 보니 이상하며 자신도 짝두리 땅 파라고 이야기을 하고 잇쓰며 이른 일들을 이야기을 하면서 오후 시간을 보내고 하여쓰며 친구 형님도 땅 한 평에 110,000원 거래을 하고 잇는 것을 보고 놀라 따고 이야기을 하드라. 땅투기 하는 사람들은 우리보다 앞쓰가는 사람인돼 짝두리 땅 쓰도 못 할 땅을 마구 사고 잇는 것이 이상 하구나.
자기는 짝두리 땅 200평이 넘개 가지고 잇찌만 어떠게 하는 일이 좋은지 알 수가 업다. 매매을 하여서 다른 땅을 사는 것이 좋은지 그대로 두고 도로 포장을 안전희 하여서 땅값이 더 상성이 뗄련지 그대로 주저안 칠란지 아무도 모르고 잇다.
자신은 현재로 손을 돼지 않는 것은 도로 포장이 안전이 돼며 주차장을 만들고 나무을 심어서 그늘이라도 좋게 만든다음 과일 장사을 하두록 해서 새을 나볼까 하는 개핵으로 짝두리 땅을 팔지 않코 잇다.
"새집에 산이 200평이 넘찌 내키 200평이 넘지 이것이 약 70m 다 넘을 것으로 볼 때에 새집에 산만 들어온다면 성산이 잇따고 보며 현재로 새집에 산은 자신한태 드려 오기 돼어 잇따고 생각을 한다. 외냐 하면 자신 짝두땅 70평이 형님 산 아래 잇키 때문에 내 짝두리가 꼭 필요하다. 그려키 때문에 자신은 세집산 짝두리 땅은 차저하기가 십다. 그리고 자신은 짝두리 땅드리 철로 쪽으로 잇키 때문에 재산 가치가 공이 뗄 수 잇는 문재도 잇다. 그러키 때문에 자신은 만이 생각을 해야 한다고 본다."

〈1995년 10월 3일 화요일 날씨 비〉

오늘은 8시 30분에 4번째 관정을 시작을 하여쓰며 우리 밭 주위는 관정을 떨내도 물어 업쓰서 3번째까지 폐공을 하고 4번째 떨는데 마음이 불안하며 이번에 다시 폐공을 하며 우리 셋집은 관정을 일캐 대는데 천만다행으로 물이 일인치 물이 쇼다지고 잇쓰서 관정 원 풀리을 한 셈이다. 오늘 관정은 우리로서는 큰 행운이라고 생각을 한다.

〈1995년 10월 4일 수요일 날씨 맑음〉

오늘은 몸살로 아무 일도 하지 않코 휴식을 하여따고 본다. 그리고 도로학장하는데 짝두리 땅을 도로공사에서 매입을 하두록 신청을 한 것을 포기 각서을 시청에 냇다. 자신이 짝두리 땅이 양쪽에 잇는데 땅투기 꾼들이 내 땅 211평짜리을 11만원 준다고 파라고 이야기을 하고 잇찌만 자신은 아직 손대기가 실타.

요줌은 부인이 늙곤한 몸을 움직이고 잇쓰며 오늘은 자신까지 몸살로 몸부림을 치고 잇는 모섭을 보고 딸들이 내년에 나무공사 하지 마라고 당부을 하는 것을 보니 고맙드라. 이것들이 엄마 아빠 건강을 생각을 하여 주니 정말 고맙드라. 자신도 일이 급이 나는구나. 그전에는 일로는 급이 업쓴는데 이재는 급이 나고 잇쓰니 나 자신도 나이가 들고 잇따는 너킴이 들고 잇다.

지출에 … 경수와 정심값 4,000원

〈1995년 10월 5일 목요일 날씨 맑음〉

이재봉씨 장남 결혼을 앞두고 동네로 술돼접 할려고 돼지 잡는데 그들어 주어쓰며 이재봉씨는 노가다 벌리로 두부부가 아로빠짐 업시 벌어서 아들 4형재 중 3명원 대학을 시키낸 아주 성실한 부부라고 말을 하고 십프며 이재봉씨 부인은 소아마비을 알라서 안쪽다리을 절고 잇는데 그 몸으로 공사판에 돈을 벌어서 자식들 공부을 다 식키쓰니 장한 어머님이라고 말을 하고 십꾸나.

오늘 오후에 형님이 채소에 물주로 간다고 하면서 따라가자고 해서 쌍구름에 물이 조금빡에 업쓰서 채소에 물주고 남은 물은 양수기로 물을 프서 고기을 잡아쓰며 고기가 물에 잇쓸 때는 고기가 만은 것 같다서 실찌 고기을 잡아보니 멧마리 돼지 않드라.

〈1995년 10월 6일 금요일 날씨 맑음〉

오늘은 이재봉씨 장남 결혼식을 압두고 동네로 술을 내주는데 부인과 두리서 그들어 주어쓰며 요줌은 구미 공사판에 벌리 가는 사람들이 만아서 큰일 처는 사람은 일 할 사람이 업쓰서 신경을 쓰야 한다고 본다. 엔날에는 큰일하며 너도 나도 해서 일하기가 수레는데 이재는 내가 살라야 한고 생각을 하기 때문에 공일은 잘하지 않는다.

오늘은 우리 혜지 졸업사진 찍는다고 저의 엄마와 두리서 옻사로 간다고 가서 300,000만원 넘어 쓰고 와따고 이야기을 하드라. 아들 옻이 삼십만원식이나 하니 농민들은 죽두록 보닥빛에 비지땀을 흙리서 농사을 짓어바야 다들 어사이며 어리석은 농부들 내년보고 살다가 아까운 인생만 다 늘고 마는구나.

〈1995년 10월 7일 토요일 날씨 맑음〉

오늘은 이재봉씨 장남 재화군 결혼식을 경산 중앙 교회에서 올리는데 부인과 둘리서 일 거드려 주로 같쓰며 자신은 교인은 별로 좋은 사람이라고 말을 하고 십지 않다. 재화가 마지로서 교인예깨 장가을 간다는 것은 가정의 평원은 만이 뜰려 전다고 보며 그리고 신부가 신자 생활을 을마나 했나가 문재이지만 교인들은 천당에 간다고 꼭 믿고 잇쓰니까 인간의 새상이 바로 될 수가 업다고 본다. 한국이 교때문에 원잰가는 망하고 말 것이라고 본다.

"이 밝은 세상에 쓸때업는 천당 간다고 비지땀으로 벌은 돈을 교회에 밭치고 잇쓰니 정말 한심스려어며 어리석은 사람을 캐우치 주지을 않을 망정 수단과 방법을 가리지 않코 불어드리서 일평생 벌어가는 돈을 갈치 하고 잇쓰니 정말 답답다."

"오늘 종일동안 재화 결혼식에 참석을 하고 오니 오늘 해가 저물구나."

지출에 … 전축태이프 2,200원 담배
하나로 1보루 10,000원
재화 축이금 20,000원
계 32,200

〈1995년 10월 8일 일요일 날씨 맑음〉

오늘은 몸살이 난 후 처음으로 일을 한 셈이다. 오늘도 일을 하면서 건강을 생각을 하면서 일을 하여키 때문에 작업량은 만치는 안 해따. 자신은 평소 때도 건강을 생각을 하면서 무선 일이든지 해야 하는데 자신의 일은 그려치 않타. 사람이 나이가 성숙이 돼는 만큼 마음과 성격 다 나이에 따라 가야 하는데 그러치 않코 마음은 늙 아들마음이 돼고 잇쓰니 건강의 무리는 더 되는 것이 사실이다.

오늘도 포도밭에 모래 실어 너는 일을 종일 하여다. 앞푸로는 도구가 1.5 반이 남아 잇쓰며 이재는 모래을 실어서 너는다 해도 이틀만 하면 다 할 것 같다.

〈1995년 10월 9일 월요일 날씨 맑음〉

오늘 오전은 사과나무 밭침목을 베어 왔쓰며 처음 사과가 열려 잇쓸 때는 우리 먹을 것도 안 대겟다는 생각으로 약 살포하는 것도 등안시 하여뜬이 이재와서 사과가 아주 만으며 과일 업따고 약 살포을 등안시 하여뜬 것이 큰 휴에가 돼는구나. 요줌 약 살포을 등안시 하여서 부패병으로 썩어 저는 것이 아주 만아서 가슴이 아푸구나.

오후에는 모래을 실련돼 몸이 피곤해 보여뜬가 부인이 한발리는 가지말고 말리 사과나무 밭차 주로 가자고 하여서 자신도 몸이 피곤해서 모래 실련 것은 다음으로 미루고 부인 말을 들어 주어다.

"오늘까지 살라오면서 부인 말을 들어서 손예가는 일은 아주 더문 축으로 생각을 한다. 부부 생활을 하면서 큰일들은 남편이 처리을 해서 밀고 가고 소소한 것들은 부인의 말이 오를 때가 아주 만타고 생각을 한다."

지출에 … 광주 쪽으로 여행가는데 부인과
둘리가는데 인원 파악비로
20,000원

〈1995년 10월 10일 화요일 날씨 맑음〉

오늘은 감천면에서 건답직파 평가회을 하는데 우리 마을에서 5명 오라고 지도소장이 열락이 왔드라. 그래서 다른 사람들은 가자는 말도 하지 못하고 태성이와 두리서 오토바이로 감천에서 건답직파 평가 대회을 하는돼 현장을 같떠니 들녁 전체가 다들 깨끗하며 우리 들녁에 5년 전 모양 들판이라고 보면 될 것 같다. 감천면이 화오서가 빽빽하게 들어 선 것을 보며 우리 마을보다 앞스가는 것 같뜬데 수도작을 깨끗하게 농사을 짓는 것을 보며 아직은 농토들이 버림을 들밭고 잇는 것이 눈으로 알수가 잇드라. 그리고 수도작을 짓어논 것이 우리들보다 잘 짓어 노와따는 생각이 먼저 들어오드라.
"오후에는 내일 광주로 여행 간다고 돼지 잡는 일을 하여쓰며 오늘 돼지 102斤 짜리을 잡아다. 여행 준비로 돼지 잡는 일은 좋찌만 학실한 구경 갈사람의 수을 모르고 잡는 것은 잘못이 아니냐 하는 생각도 든다. 이번 여행 준비도 동신회원에서 주최해서 가는데 명학성이 업고 두서업는 주최가 돼어따고 본다."
지출에 … 부인 멀리약 10,000원

〈1995년 10월 11일 수요일 날씨 맑음〉
오늘은 부인과 둘리서 광주 비엔나레 구경을 갇쓰며 우리들은 광주 비엔날레 구경은 안전 재로[완전 제로] 이며 예술레 조외가 잇는 사람들은 구경이 좋을란지 몰라도 우리는 안전 재로이며 이곳에 돈 주로 왔따는 것 한심스러울 일이다.
그레서 광주을 나와서 내장산 갇쓰며 내장산은 아직 단풍이 들지 않아서 산천구경은 별로이며 그저 내장산에 와서 캐불카을 타밭따는 정도이며 오늘 구경은 아주 적은 점수 여따고 말을 하고 십다.
그른데 뻐스 안에서 오미가면서 흥겨운 춤으로 아주 만족을 치에쓰며 특히 여자들은 차 안에서 아주 만족한 춤을 쳤따고 생각을 한다. 나 자신도 부인의 손을 잡고 춤을 추곤 하여쓰며 우리 부부도 만족한 춤을 쳤따고 생각을 한다.
"그른돼 어느 관광지을 가도 남여들 손을 잡고 춤을 쳤도 몸들은 다 뜰어저 춤을 쳐고 했는데 이제 몸을 비비는 춤을 쳐고 잇는 모섭을 볼 때에 본인들은 좋타고 하지만 주위에서 보기는 불편하드라. 우리 국민들이 관광하는 자세가 바람직스럽지 안캐 읇으가고 잇꾸나. 오늘 두군데 들라떠니 내장산에서는 남들이 나을 보라는 뜻으로 남여가 손을 잡고 춤을 추고 잇는 것을 보니 내년만 가도 관광지에서 한몸이 돼어 춤추는 일을 만이 볼 것으로 내다본다. 우리나라 국민성이 놀기좋은 국민들이라 키가 만은 사람들은 가정파탄이 만아 절 것으로 내다본다."
"자신이 매년 관광을 하는데 올 봄에는 집 짓는다고 바빠서 구경을 못가고 이번에 관광을 하니 일 년에 관광 분이이가 산천을 구경을 하로 왔는 것이 아니라 여자 남자 손잡고 서양춤이라고 하는가 몰라도 여자 남자가 안고 춤을 쳐는 것이 가끔 보이고 잇쓰며 우리 마을에서 간 사람들도 몸을 부디치며 춤을 쳐는 것을 좋아하니 좋은 평을 해야 하는지 나쁘게 평을 해야 하는 자신으로 분별을 내리지는 못 하게찌만 꼭 잘못을 가리라고 한다면 관광지는 남여가 한몸이 돼서 춤을 쳐는 것은 단속대상이라고 말을 하고 십다."
지출에 … 관광 경비는 자신이 출물 두리 50,000원 준 것밖에 업쓰며 남어지 일들은 부인이 경비을 하여씀.
계 50,000원

〈1995년 10월 12일 목요일 날씨 맑음〉
오늘은 놀고 와서 속푸리 한다고 종일동안 윷놀리로 종일동 휴식을 보냇다.
그리고 우리 집에서 속푸리 한다고 놀라는

데 다들 춤을 배앗쓰며 하는 마음이 드라. 이것을 볼 때는 우리 국민도 살기좋은 편이라고 생각을 하며 다들 여유을 가지고 살라간다고 생각을 한다. 특희 여자들이 춤을 더 비앗쓰며 하드라.

〈1995년 10월 13일 금요일 날씨 맑음〉

오늘 오전은 부인과 둘리서 벼 빌 때가 돼어는가 학인 겸 채소밭에 부인은 가고 자신은 모래을 실어서 포도 밭에 실어다 놋는 일을 하여다. 자신은 오늘 오전에 경운기로 3바리 실년 것으로 오전 시간을 보냇다.
오후에는 윤두희 씨 교통사고로 대구 카토릭 병원에 입원하고 잇는데 마을 사람 11명이 병문안 같쓰며 여기서 말듯기보다 상쳐는 적은 것 같떠며 별료 큰 사고는 아니라고 말을 하고 십다.
오늘 병문가는데 코스을 잘못 잡아서 경비가 드 더려 같따고 생각을 한다. 외냐하면 김천으로 같뜬이 김천 직행은 국도로 해서 외관서 고속도로 올라가고 구미 직행은 곳바로 고속도로로 올라가니 시간 단축대고 돈 싸고 한대 김천으로 가서 직행을 이용해서 만이 불편하여다.
지출에 … 병문안 교통비 15,000원
(오늘 일인당 15,000 해서 11명 165,000원 가지고 자신이 책임을 지고 지출 하여다.)

〈1995년 10월 14일 토요일 날씨 맑음〉

오늘 오전은 콤바이 탈곡을 할려고 벼 갇돌리는 일을 부인과 두리서 하여다. 그리고 자신도 콤바이 탈곡을 하여 실어 올라고 트랙터 후래리을 여때것 첫밖아 둔 것을 오늘은 크내어서 손질을 하여노왔다.
그리고 오후에 콤바이 탈곡을 하는데 너무나 허전하드라. 자신은 벼수학을 해바야 량이 줄어들 것을 알라찌만 허처름 수학량이 줄을 줄은 몰랐다. 작년보다 콤바인 푸대로 10가마는 줄어따고 생각을 하며 자신으로 바서는 음청난 수짜라고 생각을 한다. 자신은 금년이 큰 숭년을 만나쓰며 부인보기에도 아주 미안하며 실찌 논주인들 보다 보인보기에 더 미안하며 부인은 내년에 잘 짓어며 됀다고 이야기을 하지만 자신은 부인이 농사을 지어며 잘 짓을 끄시며 이른 농사로 뼈 아품은 업쓸끈돼 하는 생각에 부인한태는 정말 마음속으로 미안꾸나.
요보 남들은 벼농사을 다 잘 어는돼 자신만이 농사을 다 바리서 머리가 수거려 저두록 미안하오. 일 년에 한번 농사을 다 망치서 부인의 가슴은 밭같으로 아무른 표을 내지 않치만 마음속으로는 내 가슴 보다 더 타리라고 생각하오. 여보 미안하오. 내년에는 부인의 마음에 속 들두록 지어보리다. (여보 정말 미안하오.)
"자신이 농사을 망친 원인을 아직 모르고 잇다. 원인로 부쳐본다면 약 살포을 적개한 것, 그리고 (내아소진약 살포) 이 두 가지밖에 업는데 이 두 가지로는 농사을 망친 위유가 돼지 안는다고 나는 생각을 한다."

〈1995년 10월 15일 일요일 날씨 비〉

오늘은 기상대에서 우리 지방에 비가 5cm 온다고 하드니 보슬비로 아무 일도 하지 않코 종일동안 테래비전만 보고 휴식을 하여다. 일부 부지련한 사람들은 일들을 하여쓰며 우리도 부인 땅콩 캐로 가자고 하는데 날 좋은 날로 미루고 휴식을 종일 하여다. 이 날씨가 가랑비로 인하여 가을일만 지원

시키는구나. 이번 비는 배추도 도음을 못 준 비라고 말을 하고 십다.
지출에 … 성운 감기약 3,500원

〈1995년 10월 16일 월요일 날씨 맑음〉
오전은 콤바이 푸대 당긴 벼을 열어서 말루는데 시간을 보내쓰며 자신이 농사을 잘못 짓어서 벼들이 검은 빛이 만으며 벼가 탐스렵지 못해서 마음이 편치 않꾸나.
오후에는 매상푸대로 4가마을 양식할려고 세집에 둔 것을 오늘 다 찌어다. 소영[소형] 정미기을 사떠니 그리 펼리하구나. 이 기계가 수명이 월마나 갈련지는 몰라도 우선바서는 신기 할 정도다.
지출에 … 보이라 기름 2드람 73,960원

〈1995년 10월 17일 화요일 날씨 맑음〉
오늘은 땅콩 수학을 안전희 하여쓰며 땅콩 수학을 하여보니 가뭄에 작물이 들어 따드라가는 현상의 날씨을 했는데 그른대로 불구하고 땅콩은 평년작이 됀다고 볼 때에 땅콩 수학은 그른돼로 만족을 가질 수가 잇따.
오늘은 벼 말루는데 시간을 다 보내다. 그리고 금년부터 물수매을 받는다고 신청을 하라고 하는데 우리 마을에서는 아직 신청을 하는 사람이 업꾸나. 물수매는 농민들이 벼 말루는 시간을 들어 준다면서 논에서 콤바이 탈곡을 하며 그대로 매상을 돼는데 수분이 만이 나가며 수분 15% 기준을 해서 감양을 잡고 그리고 수매량의 수짜을 일반값으로 주아 한다고 하니 다들 그크리고 잇다. 정부에서 하는 짓거리가 문재가 만이 잇다. 농민을 도와준다면 물매상은 그대로 받고 족끈을 달라서 매상량만큼 주어야 됀다는 족끈이 무엇이 피료잇나. 정부에서 일반 상인들보다 근당 돈을 더 주며 상인들레깨 주라고 해도 아무도 주지 않코 다들 정부 시책으로 따라 갈끈돼 족끈을 다는 것은 득을 보자는 속셈이 아닌가.[210)]

〈1995년 10월 18일 수요일 날씨 맑음〉
벼 수학을 하여보니 다들 수학이 작년보다 다들 떨어진다고 하지만 자신은 아주 만이 떨어저고 잇쓰며 자신은 콤바이 탈곡을 다 하고 나며 두 단지는 적개 수학이 돨 것 같다. 자신으로 바서는 큰 숭년으라고 말을 하고 십다.
"오늘 자신은 봉희 동서논 두 단지을 콤바이 탈곡을 하여뜬이 83푸대 수학밖에 안돼드라. 작년에는 88푸대 수학을 했는돼 금년은 83푸대 밖에 돼지 않으니 작년보다 5푸대나 적개 수학을 한 셈이다."

〈1995년 10월 19일 목요일 날씨 맑음〉
오늘은 임숙네 6마지기 콤바이 탈곡을 하여쓰며 오늘 콤바이 탈곡도 음청난 수짜로 주르다. 작년도는 125푸대 수학을 하여는데 금년도 95푸대 밖에 수학을 못 했쓰니 자신한태는 너무나 큰 손실이다. 이래 수학을 하게 돼며 자신한태는 큰 숭년이라고 생각을 한다.
우리 운이가 이재와서 공부을 할려고 방잠을 쓸치며 공부한다고 학교에서 아예 집에 오지을 안는 것을 보며 공부을 해야 됀다는 너킴을 밭아는지 이재라도 공부을 한다는 결심만 가지고 잇따면 아주 너지 않타고 본

210) '(물수매 매상 실시함)'이라고 일기 지면 상단에 따로 기록되어 있다.

다. 운아 진작 공부를 해야 한다는 니우침을 받고 공부를 했드라면 운이도 공부하기가 수랄탠돼 이재와서 공부을 할려니 그 고통은 누가 알라주리까. 여화튼 공부을 할려고 더는 너을 볼 때에 이 아빠로서는 안아주고 십픈 심정이다. 운아 정말 고맡고 운이가 마음잡고 공부를 한다면 이 아빠의 뼈가 부서지는 한이 잇쓰도 디바라지 해보리다. 운아 정말 고맡다.

〈1995년 10월 20일 금요일 날씨 맑음〉

내일은 웃들 콤바이 탈곡을 할려고 같돌리는 일을 하여쓰며 이곳은 개핵에 업는데 숙모님이 마당이 논다고 콤바이 탈곡을 해달라고 셋집이 무려도 다들 안 댄다고 하면서 큰집에 형수보고 너위들 욕심만 차린다고 해서 정말 기가 막힌다. 누가 남의 농사 짓어면서 자기의 욕심이 업는 사람이 어디 잇쓰며 숙모님은 콤바이 탈곡을 좀 일적하며 일적 한다고 실어하지 그저 입맡대로 할려고 더는 그 마음을 벌서 버리야 한다. 숙모님은 옛날 그 마음을 가지고 잇쓰니 현시대의 절먼 사람의 마음에 들 수가 잇나. 여하튼 급 나는 사람이란 것은 틀림이 업다.

오늘은 베 말루는 일을 부인과 두리서 한셈이다. 자신이 제일 극정하는 일을 해결을 하여서 자신은 임대 농사을 짓따가 자신 일이 만타는 이유로 농사을 띨라고 하니 자신의 입이 떨어저 않아서 기해만 보다 입 열어뜨니 논주인 하는 말이 내 일이 만타면서 수입이 안 대는 일을 자꾸만 하라고 할 수도 업고 이재는 농사을 할 사람이 업따면서 극정을 하면서 나의 말을 들어주고 잇쓰서 자신의 극정을 들어주니 마음속으로 고맡드라.

자신은 금년에는 농사을 자신위 논주인 한태 돌리주고 꼭 지을 사람이 업따고 하며 한 해는 더 지을 작정을 하여는데 자신의 생각보다 수라게 임숙네는 해결을 받다.

〈1995년 10월 21일 토요일 날씨 맑음〉

오늘은 웃들 콤바이 탈곡을 하여쓰며 웃들 논은 수학량이 생각보다 만은 량이 수학이 돼어쓰며 자신도 벼씨을 일품벼씨을 선택을 하여더라면 금년에도 풍년을 이루어 쓸끈돼 벼씨 선택에 실패을 했따고 생각을 한다. 오늘 콤바이 탈곡하는돼 수학량이 만아서 기분이 좋드라.

웃들두단지에 110개, 굼논에 55개. 이 푸대수는 상당이 만원 푸대라고 생각을 한다.

지출에 … 보일아 기름 석유 35,000원

〈1995년 10월 22일 일요일 날씨 맑음〉

금년도는 체소 갈리을 소월이 하여뜬이 배추가 가물어 들어서 배추 반은 김장 배추 행세을 할 수가 업게드라.

오늘은 종일동안 휴식이나 다름이 업다고 말을 하고 십다. 부인은 벼 말루는데 열성을 다 하고 잇는데 자신은 야구 구경을 오후내 하여쓰니 부인보기에 미안 하드라.

〈1995년 10월 23일 월요일 날씨 맑음〉

오늘은 복판에 콤바이 탈곡을 하여쓰며 오늘 벼 탈곡을 한 벼씨는 하남벼씨라고 세로 나온 벼씨인돼 이 벼씨가 수학량이 만타고 해서 벼씨 선택을 하여뜬 것이 콤바이 탈곡을 하여보니 별로 수학량이 만치 않꾸나.

요줌은 운이가 도와주어서 벼 가마니을 거들어 주니 부인은 말할 것도 업고 자신이 상당희 편하구나. 아들 힘이라서 힘쓰는것이 아주 다르며 이 아빠가 아주 편하구나.

〈1995년 10월 24일 화요일 날씨 비〉

오늘은 감질난 비 때문에 벼 말루는 일도 못하고 임숙네 2마지기 콤바이 탈곡하는 것으로 오늘 일과라고 해도 가연이 아니며 오늘 방울비가 왔따고 기온이 뚝 떨어저서 내일 아침에 서리 올까바 익은 고추 따고 고추대을 다들 뽑아 버리다. 옛날 사람의 말씀이 고추대을 그냥두고 서리마저며 다 못쓰도 고추대을 뽑아두며 약이 올란 고추는 익는다고 해서 고추대을 일부 맷포기만 두고 다들 뽑아 두어다.

자신이 모내기 한지가 어거재 같튼데 고추대을 뽑는 것을 볼 때에 세월 정말 잘 간다는 느킴을 받아쓰며 세월이 빨리 흙으버리서 좋은 것은 아무것도 업다. 자신의 마음 같다서는 세월을 잡아서 동여매어두어쓰며 한다.

〈1995년 10월 25일 수요일 날씨 맑음〉

우리 혜영이가 회사 일이 자기 적성에 안 마절 뿐 아니라 일거리가 업다면서 그만둘라고 하는 것을 마음에 더는 회사가 어디잇쓰며 사람이 자기 적성 딱 맡는 일이 어디 잇쓰며 자기일은 자신들이 자기일로 마추두록 노력을 해야 돼지 회사 일이 마음에 들지 않는다고 생각으로 회사일을 한다면 지루해서 못 한다고 이야기을 하면서 회사을 그만둘라고 하는 것을 이 아빠가 꾸중을 주고 회뜬이 이 아빠의 급이나서 우리 혜영이가 억찌로 다니고 잇는 눈치을 보여서 오늘 혜영이을 불어서 회사일이 마음에 들지 않으며 그만두어도 좋다는 말을 하고 이재는 혜영이 일을 혜영이가 책임을 저라고 이야기을 하면서 회사일은 혜영한태 막키두어다.

오늘은 벼 말루는 일과 형님 콤바이 탈곡하는데 한발이 그들어 주는 것으로 오늘 밭치다고 말을 하고 십다.

오늘은 읍사모소에서 신고하라고 주택개에서 전화와서 오늘은 중강검사 서류을 가추어서 신고을 할려고 읍사모소 가니까 주택개 직원이 평민도 배치도을 거리와야 한다고 어렵게 말을 하드라. 이 서류을 할려면 설개 사모실에 가서 다 할려고 하며 사모실에 더는 비용만도 300,000만원 이상 든다고 하여서 읍직원과 설계 사모실 더는 비용으로 할 수가 업느냐고 하면서 친구동생이 세무계 잇는데 사실 부탁을 했다. 설계사 비용은 다 못주고 반으로 결탄 해보라고 부탁을 했뜬 바푸다고 하면서 들어주드라. 그래서 이재는 오라 가라는 일은 하지 않캐구나. 자신도 설계 사모실에 가서 부탁을 하며 주택계보다는 만이 들어갈 것이고 서로가 잘하는 일이다 하고 농업에 동생예깨 200,000원 달라고 해서 봉투에 너어서 주어떠니 좋아 하는 기색이드라.

지출에 … 방화수 30,000원 읍주택계 200,000원 차비 880원
계 230,880원

〈1995년 10월 26일 목요일 날씨 맑음〉

오늘로서 벼 콤바이 탈곡은 오늘로서 끝을 냇다. 금년도 벼 탈곡은 오늘로서 끝을 내는데 실지 수학량이 적으서 마지막 벼 탈곡이 의미가 업꾸나.

오늘 육촌 형님 두 단지 벼 탈곡을 하여보니 콤바이 푸대로 2단지에 85푸대 밖에 안나드라.

오늘 주택계에서 나와서 건물 실평수을 자로 재며 자신은 신고한 것 보도 평수가 크기 때문에 융자 했택에 지장이 잇쓸까 마음이 조리오며 자신은 융자을 밭아야 자신의 생활에 보탬이 돼는데 융자 금액을 밭기 전에는 마음을 노윌 수 업꾸나. 그리고 주택 담당자가 잘해줄라고 하는 마음이 영력희 표가 나드라. 그래서 더 잘해달라는 뜻으로 100,000만원을 봉투에 너어서 주어떠니 그절하드라. 그래도 극정을 하지 말고 밭아 너어라고 해서 사실 억찌 준 샘이다.

"자신은 설개 사모소에 서류을 막키며 300,000만원 안 드려 갈련지는 몰라도 정신적인 고통이 될 것을 생각하며 주택계에 부탁을 한 것이 잘 했따는 생각이 더는구나."

지출에 주택계에 100,000만원

〈1995년 10월 27일 금요일 날씨 맑음〉

임숙네 고속도로 밑에 콤바이 탈곡을 하는데 논에 물이 만아서 푸대 만치는데 힘이 만이 들어다.

그리고 혜지가 보험회사에 면접을 보는데 따라간다고 하드니 월요일부터 건무을 해야 한다면서 보증인 인감을 띠와야 한다고 해서 급희 조합에 동생한태 전화을 해서 보증을 설 수가 잇느냐고 무르니 설 수가 잇따고 해서 인감증명을 김천서 띠와야 이것을 오늘 할 수 잇는데 그래서 내가 서류을 할 것만 다해서 동생이 할 일은 내일 해오라고 작정을 하고 읍사모소에 인감 증명을 띠고 잇쓰니까 순달이가 보증을 설 서류을 김천가서 다들 해와따면서 읍사모소에 들어오드라. 자신은 내일까지 할려고 작정을 한 것이 오늘 서류을 다 할 수가 잇쓰서 마음이 캐운하구나. 김천 동생이 뒤가 추진돼 오늘은 입이 뜰어지기 전에 일을 다 하여쓰니 고맙꾸나.

지출에 … 버스비값 1,400원 (남외 차비 부담) 인감 인지대값 800원
계 2,200원

〈1995년 10월 28일 토요일 날씨 맑음〉

오늘은 정심을 먹고 형님 콤바이 탈곡을 하는데 그들어 준다고 트랙터을 몰고 가니 도로에 가니까 사람들은 도로에 상당의 수가 나와 잇쓰서 사고가 났꾸나 하고 트랙터을 빨리 몰고 갈떠니 용일이 아들이 15톤 담부차에 칼리서 고향이 치어서 가중만 남아 잇는 모양으로 도로 바닥에 깔려 잇는데 그 모섭을 보니 피참하기 짝이 업고 보험 재도 때문에 사람 다들 죽인다 생각에 열이 오려드라. 용일이 조카라서 그른 것이 아니라 앞도로 차들이 달리는 속도가 너무나 빠르며 운전자 자질이 문재며 정부에서 이른 재도로 개속 간다면 교통사고을 주릴 수가 업따고 본다. 운전을 하고 잇는 사람들은 어떠게 생각을 할련지는 몰라도 자신은 법이 너무 무르며 인사 사고을 내며 보상액을 보험회사에서 다 부담을 하고 사고을 낸 사람은 아무른 부담이 업는데 이것을 인사 사고을 내며 당한 사람보다 더 뼈아품을 가지두록 해야 한다. 우리나라 법은 당한 사람은 한평생을 뼈아품을 안고 살라가야 하는데 사고을 낸 사람은 그날만 지나면 웃고 살라가는 세상이어 이것은 무엇인가 크게 잘못이다 라고 생각을 한다.

"오늘은 형님 콤바이 탈곡을 다음으로 미루고 김천의료원 영안실에 용일이 아들이 잇쓰서 오후 시간을 김천 의료원에서 보내쓰

며 저녁 12시까지 잇따가 왔다."
"용일이 아들이 유치온 같다오다 큰 변을 당해서쓰며 눈 떳고는 못 보게드라."

〈1995년 10월 29일 일요일 날씨 맑음〉
오늘은 용일이 아들 김천 의료원 영안실에서 오후 1시경에 나와서 화장실로 이동을 해서 화장을 하고 마랐다. 용일이로 바서는 자식을 두 번 죽이는 뼈아품을 간직한 몸이 돼고 마랐다.
그리고 용일이가 자식에 죽음의 자리가 집압이라서 출입을 할 때마다 죽은 자리가 눈에 보이는 자리라서 부모대는 입장으로 뼈아품을 참아내기가 힘이 들 것으로 내다 본다.
오늘은 용일이 아들 마지막 화장실에서 마지막 끝을 내는 그 짤번 생을 생각을 하며 어느 누구을 원망을 해야 하느냐 한수려운 일이다.
지출에 … 대신 김종환 장남 결혼 부주값 20,000원

〈1995년 10월 30일 월요일 날씨 맑음〉
오늘은 밭같 화장실 서라부 철근을 살려고 하니까 고물상에서 철근을 사도 30,000원 이상은 들 것 같아서 오늘은 부인과 둘리서 봉희 동생이 산 것 정미소 방 서라부 천 것을 폭크랜으로 철거한 것을 오늘 정기용접기로 철건을 끈을라고 시도을 하여보니 일이 돼대로 안대고 잇쓰서 그만 쇄톱으로 끈어보니 수라게 돼드라. 부인과 두리서 잠쉬 수고을 하니 우리 변소 서라보 철 철근은 준비을 다 하여다. 남들은 고물상에 가서 철근을 사서 하라고 하지만 자신은 요줌 일들이 한가해서 무이미하게 하로 생활을 보내니 자신이 힘은 들어도 하로만 수고 하며 철근값 30,000원 벌 수가 잇따는 욕심으로 시작을 하여보니 남들이 힘든다고 입을 모어지만 실찌 하여보니 수라게 일이 돼며 자신으로 바서는 수라게 30,000원 벌어따고 생각을 한다.
요줌은 전 노태우 대통령 비자금 때문에 음청난 파문이 일며 노태우 대통령 임기 때에 보통사람이라며 부정은 업따고 하면서 미드달라고 예원을 한 대통령이 우리로서는 생각지도 못할 돈을 통치자금이라면서 쓰고 남은 돈이 1,857억원이 됀다고 하니 정말 기가 막힌다. 이것은 국고 회수을 다하며 제아무리 전대통령이라 하지만 법대로 처벌을 해야 한다.

〈1995년 10월 31일 화요일 날씨 비〉
오늘은 비가 푹아주어쓰며 하는데 비가 왔다 같다 하는 비가 돼어쓰며 채소을 바서는 비가 만이 왔주어쓰며 하는데 인간의 마음을 몰라주고 비라는 것이 아침 이슬이 만이 온 것보다 더 적다고 볼 때에 아쉬운 비라고 말을 하고 십다.
오늘은 종일동안 모래 한바리 실어 드리는 일밖에 하지 않아다.
지출 … 국민연금 보험료값 종합세금 … 39,980원
"오늘은 우리 혜지가 보험회사에 첫출근을 하여쓰며 우리 혜지가 보험회사에 근무을 두려어하고 잇쓰며 이 아빠는 혜지가 무선 일이든지 할 수 잇따고 본다."

〈1995년 11월 1일 수요일 날씨 맑음〉
오늘은 노태우 대통령이 통치자금 비리료 검찰청에 소안대가는 모섭을 생중계 하는

것을 오전 시청을 하여쓰며 일개 대통령이 통치 자금으로 5천억이 넘는다고 하니 이 돈을 다 챙길라 하는 노태우 임기 중에 물 태우라고 하드니 정말 어리석은 사람이라고 말을 하고 십다. 오늘 노태우 전 대통령이 소안 대어가는 모섭 피참하기 짝이 업꾸나. 노태우씨가 비리로 음청난 돈을 챙기는 모섭은 죽일 놈이라고 하지만 일개 대통령 직을 지낸 사람이 검찰청에 비리로 불리가는 모섭을 볼 때는 불상한 마음이 더는구나. 노태우 전대통령이 오전 9시 24분에 집에서 출발을 해서 세벽 2시에 귀가 식키따고 검찰청이 보도을 하는데 그 긴시간을 검찰청에서 조사을 받아따니 본인으로서는 죽는 고통보다 더 힘들을 것으로 내다본다. 오후는 부인과 둘리서 팥과 콩나물 콩을 수학을 하여쓰며 이것은 부인 때문에 수학을 맡본다. 외냐하며 이 두가지는 부인이 씨을 뿌릴 때에 자신은 힘든다고 못 하구로 한 것이 장본이리라. 이것은 부인의 노력의 덕이라고 생각을 한다. 남편의 말을 들어따면 팥과 콩나물콩은 수학의 맏을 모르고 가을을 지내갈 것이 아닌가 하고 생각을 할 때에 부인의 손길이 고맙따고 생각을 한다.

〈1995년 11월 2일 목요일 날씨 맑음〉

오늘은 어재 거 팥 뽑아 온 것을 오늘은 종일동안 팥 따는 일을 하여다. 을마돼지 않는 팥을 따는 일이 아주 더디며 이것은 하로 일당을 따지며 이것은 노임 대까도 안 댄다고 생각을 한다.

요줌은 일들이 다들 한가한 일들인돼 저녁 잠자리에 들어쓰며 한참 가을 거지 할 때보다 몸은 더 지치며 자신의 몸이 외 이래 피료하느냐. 요줌은 자신의 몸이 진치고 잇쓰니 마음의 한구석에는 불안한 마음이 드는구나.

"자신의 마음은 이십대의 마음이라고 생각을 하고 잇는데 자신의 몸은 요줌 저녁으로는 건강의 피료로 몸부림의 쳐고 잇는 것은 자신의 몸은 이십대가 아니라는 정명이 돼고 잇다. 앞푸론 건강에 따라서 행동을 취해야 할 것 같다."

지출에 … 거실카폐트값 40,000원

〈1995년 11월 3일 금요일 날씨 맑음〉

오늘은 집등기 낼 서류 준비 한다고 읍사모소에서 서류 일체을 준비을 해서 대서방에 막키쓰며 이것이 접수가 일적 됀다면 5일 안에 등기가 됀다고 이야기을 하드라.

그리고 오늘 저녁은 할머니 재사라서 우리 가족은 재사준비을 하여쓰며 오늘 재사 참석은 순서 동생만 불참을 하여쓰며 다른 형재들은 다들 참석을 하여다.

지출이 … 버스비값 440원 등기서류
인지대값 1,600원 면허세
3,000원
계 5,040원

〈1995년 11월 4일 토요일 날씨 맑음〉

오전은 체소밭을 돌라밭떠니 김장배추가 가뭄이 심해서 잎이 허틀려저고 잇쓰며 김장 배추가 반은 김장 배추 행세을 못 할 것 갈드라. 자신이 미리 배추에 물을 주어드라면 김장배추가 좋아절쓸끈돼 자신이 배추에 등안시 하는 바람에 배추농사는 버리따고 생각을 한다.

그리고 배추에 물을 주지 않아도 우리 김장은 할 수가 잇따는 생각이 들어서 포도밭이랑에 모래 실어 너는 일을 하여쓰며 오후에는 포도밭에 모래 실어는는 것을 부인을 대리고 가서 일을 하여쓰며 부인을 대리고 하니 육체적인 일은 도움이 돼나 정신적으로는 고통이 더 돼고 잇따는 생각이 든다. 부인이 밤으로 피료감을 자신보다 더 하는 것을 저녁 잠자리에서 늙 눈으로 보고 잇키 때문에 부인의 도움을 받들라고 일터에 돼리고 왔찌만 부인이 일을 거들어도 마음적으로는 미안감 때문에 정신적인 고통이 혼자 일을 할 때보다 아주 더하고 잇다.
"어른들만 낭비을 만이 하고 잇따고 우리 국민이 검소하게 살라가야 한다고 늙 이야기을 하여는데 이것이 성인뿐만 아니라 우리 혜지가 직장을 가진지가 2일만에 직장인 전원이 단풍노리 같쓰며 그리고 혜영이는 직장 내외서 두번이나 단풍노리을 같쓰며 이것은 나이 차별업시 낭비을 만이 하고 잇따고 생각을 한다."

〈1995년 11월 5일 일요일 날씨 맑음〉

오늘은 몸이 너무 피료해서 종일동안 휴식을 한 셈이다. 내 몸이 여관 피료해도 잠자고 나며 피료가 다 풀리고 하는데 요줌은 매일 누적이 돼고 잇쓰며 자신도 내 몸이 이처름 피료 한지을 알 수가 업쓰며 그래서 오늘은 종일동안 휴식을 한 셈이다.
오늘은 휴식을 하면서 부인이 마당에 설거지 끄리가 그리만으며 부인은 매일 일끄리가 싸여 잇쓰며 이것을 생각을 하니 마음에 걸리고 하여서 짬짬이 시간이 나는데로 부인의 일거리을 도와주고는 하여다.
오늘은 사실상 휴식을 하고 나니까 저녁시간에 티부이을 보고 시간을 지낼 수가 잇드라. 우리 운이 제주도로 내일 여행 간다고 옻사입을라고 해서 60,000만원 주고 여행경비 160,000원, 잡비 60,000만원 요구을 하니 이 돈을 다 경비로 본다면 총 돈이 280,000원 됀다.
"정부는 이른 돈은 다들 하늘 높은지 모려고 치오려는데 우리 농산물은 올라가면 수입을 해서 땅바닥에 떠려 떠리며 매상가격원 3년째 동결이니 이것이 정치란 말인가 한심하기 짝이 업꾸나."

〈1995년 11월 6일 월요일 날씨 맑음〉

오늘은 우리 운이가 제주도 수학여행을 3박4日간 여행을 떠나쓰며 제주도을 배로 밤새두록 간다고 하는데 운이가 멀미을 하지 않을까 하고 극정이 돼는구나. 평소 때도 멀미을 하는데 더욱더 극정이 돼는구나. 여하뜬 이번 여행이 절거운 시간이 돼어주어쓰며 한다.
오늘은 배추에 물주는 일을 하여쓰며 이양물을 줄바예야 진작주어쓰며 배추 농사을 잘 짓어 쓸끈돼 이재 배추는 가뭄 때문에 다들 접고 이재와서 배추물 주는 시간으로 오전 시간을 다 보냇다.
오후에는 벼집 묵는 일을 하여쓰며 오늘 오후 일은 휴식을 만이 하여서 오후 벼집 묵는 일은 을마 하지 못했다.

〈1995년 11월 7일 화요일 날씨 비〉

오늘은 부인과 둘리서 사과 수학을 하여쓰며 자신이 사과나무 약을 등안시 하여서 사과들이 부패가 만아서 버리는 사과가 만아서 가슴 아푸구나. 자신이 약 살포을 철쳐희 하여 더라면 사과 수학을 만이 할 수가 잇쓴는데 하는 마음이 살라저지 않코 맴돌고 잇는 마음이 아푸구나.
오늘 비바람을 마저가면서 사과 수학을 하

여쓰며 오늘 비는 바람까지 동반을 하여서 참기가 힘이 들어다. 오늘 사과 수학량은 50짝 수학을 하여다.

오늘 운이한태 전화가 왔는데 배멀미 업시 잘 같따고 이야기을 하는데 큰 다행이라고 생각을 한다. 사람은 여행을 가든지 집 출타을 하면 행선지을 알리야 하며 부모는 원재라도 자식이 지금 어디 잇따는 것을 알라야지 그려치 않으며 부모는 큰 극정을 하고 잇키 때문에 항상 열락하는 습관을 드리야 한다고 운이한태 뉴차 이야기을 하여뜬이 이재는 운이가 전화을 자주 주고 잇꾸나.

〈1995년 11월 8일 수요일 날씨 맑음〉

오늘로서 사과 수학을 안전이 하여쓰며 사과 부패 방지만 철쳐희 하여더라면 사과 수학을 100상자는 충분이 할 수 잇쓴는데 부패 방재을 못 한 것이 원망스렵꾸나. 자신은 사과 달린 것이 우리 먹을 것 밖에 안 댄다고 약 살포을 여사로 여긴 것이 큰 실수라고 말을 하고 십다.

금년도 사과수학량이 80상자는 될 것이라고 본다.

〈1995년 11월 9일 목요일 날씨 맑음〉

오늘 오전은 집등기내는데 대지 합필 등기가 빠짓따고 하면서 좀 같다 달라고 하드라. 그래서 등기을 가지고 아포 대서방에 같다 주어다. 집등기 내는데 돈이 만이 들어 가는구나. 집등기에 들어 가는데 270,000원 들어 같다고 한다.

오늘 오후에는 벼집을 묵는 시간을 보내다. 그리고 금년에는 벼집을 8단지을 달라쓰며 1단지에 40,000원 받아다. 그래서 벼집을 묵어서 들어올 집이 그만춤 적다고 본다.

"운이가 오늘 일적 제주도에 3박 4일 간 여행을 무사이 잘같다 와쓰며 자신이 생각을 한 것은 부모의 입장의 극정이라고 생각이 들두록 운이 잘 같다온 것으로 생각을 한다."

지출에 … 티김가루 850원 차비 900원
계 1,750원

〈1995년 11월 10일 금요일 날씨 비〉

오늘 오전은 오다가다 내리는 비 때문에 아무 일도 못하고 오전내 휴식을 하여다. 오늘같은 날은 부지련한 사람들은 일을 할 수 잇는데 개어른 사람들은 잠자기 좋은 날씨라고 말을 하고 십다.

오늘 오후에는 김치 배추 좀 하고 벼집을 묵는 일을 하여쓰며 들판에 일을 하로가며 아무도 일하는 사람이 업다. 이 사람들이 사과밭에 일을 하는지 그 널번 들판에는 일하는 사람이라고는 자신 혼자 밖에 업드라. 들판에는 어거재만도 항금물결을 이루고 잇쓴는데 이재는 싹막한 들판이 돼어따니 이것은 가는 세월이 너무나 빠르다는 것이 아닌가. 자신이 생각을 할 때에 삶매 길이 빨리 간다고 볼 때에 한편으로는 서글픈 마음이 들 때가 잇다.

"사람이 삶라갈수록 욕심을 더 부리고 잇따는 생각이 더는구나. 사람이 욕심을 버리고 산다는 것은 말이 안대지만 그래도 욕심을 좀 버리고 살라가야 하게다."

"사람이 욕심을 너무 부리면 나의 인생은 절거운 시절이 그만춤 줄어든다. 사람이 한번 태어나서 이 세상에서 절거운 기분을 가지고 살라야 한다고 본다."

"본인의 생활관이고 자식은 자식대로 생활관이 잇따고 바야 한다."

오늘은 우리 마을 수매량 분배을 한다고 동장이 오라고 해서 회관에 갇뜨니 우리 마을은 1차로 다 땐다고 하드라. 금년도에도 마지기당 4가마 정도 돌라가드라. 그리고 우리 마을에 수도작이 줄른 면적은 90마지기가 돼니 이것은 수도작은 수입이 업따고 다들 버리고 잇쓰니 앞푸로 우리 농민이 살라가기가 급이 나는구나.
"자신은 95年, 수매량은 100가마밖에 안대도 잇쓰니 이것은 말도 안 댄다고 본다. 우리 농민을 살리주야 우리나라가 부강해 진다고 바야 하는데 매상 때만 돼며 정치인들이 원망스렵꾸나."

〈1995년 11월 11일 토요일 날씨 맑음〉
오늘은 추곡수매 할려고 풍구질을 하여쓰며 풍구질도 벼 탈곡이 맑은 것은 풍구질을 하지 않고 근대수만 40kg 달라 냇다.
그리고 오늘 자신이 수매량이 100개을 준비하는데 형님, 형수, 부모님, 부인, 아들 온 식구가 달라드려서 종일 매상 준비을 하여쓰며 매상도 한끄번에 준비을 할려니 힘이 만이 더는구나. 오늘 종일 동안 수매 준비을 158가마을 매상준비을 안전이 한 셈이다.
숙모님 58가마 자신이 100가마 준비을 하여주어다. 자신이 오늘날까지 매상준비하는데 풍구질을 좋은 벼도 한번식 풍구질을 해서 공판장 가지고 가는데 올해는 처음으로 벼 탈곡이 맑은 것은 숙모님 자신 다들 맑은 것은 풍구질을 하지 않코 근대수만 만들어 냇다. 이것들이 다들 매상도 별 의미가 업따는 말이다. 이재는 정부가 관심을 주지 않으니까 우리 농민도 천직으로 농사을 짓어온 농사을 버리고 잇다.
"오늘 운이가 매상준비을 하는데 아빠을 만이 도와 주어다. 이것만도 이 아빠는 만족을 너키는데 운이 말이 아빠 좀 쉬하는데 정말 고맙다. 이 아빠가 좀 쉬쓰가 아니라 우리 운이가 이 아빠 일하는데 좀 쉬라는 말을 처음 들어쓰며 이 말을 들을 때에 이 아빠로서는 제일 고마운 말이며 이재는 운이가 다 잘라따는 생각이 들며 운이한태 고마운 말을 들어서 정말 기쁘며 자신도 앞푸로 운이한태 더 갑깨깨 접근을 해야 하게다.
(운아 정말 고맙다.)

〈1995년 11월 12일 일요일 날씨 맑음〉
오늘은 마늘씨 씨뿌림을 하기 위하여 마늘씨을 가리쓰며 오후에는 마늘씨 부림을 하여다. 금년도 마늘씨는 좀 쉬운치 않아서 마늘 농사에 좀 극정이 돼고 잇다.

〈1995년 11월 13일 월요일 날씨 맑음〉
오늘은 형님 매상준비을 하는데 금년에는 105가마 하는데 한가마도 풍구질을 하지 않코 근대수만 맏차서 달라 났다. 매상준비하는데 풍구질을 하지 않으니 아주 수라더라.
"요줌은 세대가 흙르는 모습이 하로가 다르게 변화고 잇꾸나. 작년만 해도 등잘 맡절라고 온 동내가 풍구질 한다고 생날리을 직이는데 금년 들어쓰서는 그위다가 풍구질을 하지 않고 매상 가마니을 출하하고 잇쓰니 우리 농민도 등따이는 생각을 하지 않코 잇다. 이것들이 다들 정부의 불신으로 보고 십다."
"오늘은 금릉위생차가 방아관 앞패 스잇드라. 그래서 자신이 일주일 전에 부탁을 한 위생 차인 줄 알라드니 자신이 부탁을 한 위생차는 김천 위생차고 이것은 금릉 위생차라서 이름이 업따고 하면서 인분을 안쳐 줄라고 하는 것을 자신은 작은차을 불어서 이름이 업따고 이야기을 하면서 졸라떠니 프줄라고 하면서 오드라. 인분도 돈 주고 프는데도 힘이 들드라. 오늘은 인분값을 25,000원 주어쓰며 작년에 인분값을 17,000원 주어는데 올해는 인분값을 8,000원 더 주어쓰니 음청나게 올라다. 그른데 우리 농민이 생산하는 쌀은 3년째 동결을 하고 잇쓰니 이것이 정치라고 하고 잇는지 한심스렵다."
지출에 위생차 인분값 25,000원

〈1995년 11월 14일 화요일 날씨 맑음〉
오늘은 대서방에서 서류가 정리가 다 대어따고 차저가라고 하여서 대서방에 갈뜬이 서류 일체을 주더라. 등기비가 192,000원, 건축 관리 대장비 인지대 500원, 취득세가 77,220원, 차비가 890원, 이 돈이 등기 내는데 들어 같다.
계 270,610원
우리 집을 짓는데 설계사모실에 들어 간 돈 일체을 계산을 한다면 만원 돈이 들어 같쓰며 면사모소에 잘 바달라는 돈을 다 따지며 570,610원 들어같다. 이 돈은 업는 사람이 주택 융자을 밭는다고 볼 때에 음청난 돈이라고 생각을 하며 사실 국민주택을 짓을 때는 아주 저름한 돈이 들어가야 하는데 이것은 무선 돈이 그려깨 만이 들어가는 줄을 몰겟다.
"오늘은 우리 마을에 수매하는 날이다. 온 동내가 매상을 돼기 위하여 세벽부터 수매장에 벼 가마니 같다 논는다고 분주한 시간을 보내쓰며 이것은 날리나 다름이 업따고 생각을 한다. 그리고 금년은 매상가마니을 출하을 하는데 경운기로 하지 않코 다들 차로 실고 오니 공판장이 복잡하여서 출하는 시간이 아주 만이 걸리드라."
그리고 자신이 100가마 출하을 하여서 1등이 72가마니 2등이 28가마 돼며 자신으로는 2등이 넘어 만아서 오늘 일정은 좋지 않따고 본다. 그리고 금년도는 가뭄 때문에 벼알이 아주 좋지 않따고 보지만 그래도 동내 전체로 바서 등급이 아주 나푸다고 생각을 한다.

〈1995년 11월 15일 수요일 날씨 맑음〉
오늘은 점배기 사과을 담아 냇쓰며 자신은 사과을 출하는 것은 처음이며 오늘 큰집 조카가 사과을 가지고 대전 청과 시장에 간다고 해서 오늘 자신도 점배기 사과을 부인과 둘리서 9상자을 냇다.
올해 사과 정품도 너무 허르서 시장에 낼 수가 업따고 하는데 점배기 사과을 시장에 내바야 가만이 안저서 공장용 사과로 내는 것 보다 실속이 적을란지 모른다. 외냐하며 공판장 수수료와 운님을 다 따지며 한상자에 2,000원 이상 지출이 돼고 잇쓰니 생산자 수입은 그만춤 줄어들기 때문에 상품가치가 적은 것은 득이 업따고 본다.
오늘은 형수가 장외 같다 오면서 우리 줄라고 담예내기 모종을 2,000원 주고 사와서 두 집에 논가쓰며 자신은 담외내기 모정은 비싸다고 생각을 한 것이 실찌 가격은 너무 싸서 깜짝 놀랐다. 담아내기 모종 3다발에 2,000원 주어따고 하는데 이것은 수고비도 안 댄다고 생각을 하여쓰며 앞푸론 매년 모종을 싸서 갈라야 할 것 같다.

〈1995년 11월 16일 목요일 날씨 맑음〉
오늘은 자신이 주택 자금으로 3말 5대지기

논 흥정을 하여쓰며 평당 가격은 20,000원 식 하여쓰며 계약금 2,000,000만 주어쓰며 앞푸로 727평을 등기 서류 일체을 다 하여 주며 논값 전액을 주기로 하여다. 논값 전액은 14,540,000원이 됀다. 앞푸로 줄 돈원 12,540,000원 남아 잇다.
"오늘 오후에는 형님 사과꼭지 따는데 거들어 주어다."
지출에 … 땅개약하는돼 맥주 7병, 음료수 대 2병, 소주 1병, 돼지고기 5斤이 들어 같다.
오늘 지출금액은 돼지고기 5斤 16,000원
음료수 대2병 2,400원
계 18,400원

〈1995년 11월 17일 금요일 날씨 맑음〉

오늘 오전은 자신한태 땅을 팔안 사람이 구미 사법소에서 만나자고 하여 구미을 찾아 같뜬이 자신은 서류을 같출 것은 주민등록 등본 2통, 인감도장만 들어간다고 하여쓰며 서류을 같출 사람은 땅을 팔안 사람이 같추야 한다고 해서 오늘은 양쪽에서 서류을 가추지 못해서 그만 해여지고 마랐다. 그래서 자신은 김천 법원에 가서 자신이 살 땅 등본을 띠어 밭뜬이 죽은 아버지 앞푸로 돼어 잇쓰서 등기 내는데 힘이 들 것 같꾸나. 외냐 하면 아들 하나 잊는 것이 아주 농땡이라서 내 논 자식여 딸들은 다들 출가을 해서 등기 내는데 힘이 들 것 같꾸나.
자신은 박명섭이 말이 아들이 농띠라서 땅을 근저당이 돼어 잇따고 해서 좀 극정을 하여뜬이 근저당은 잡피지 않아드라. 오늘 법원에 가서 등본을 띠어본 것이 마음의 극정을 푸는데 잘 했따고 생각이 더는구나.
오늘 오후에는 부인과 두리서 형님 사과 저장하는데 도와주는 일로 오늘 일과을 보냇다.
그리고 형님도 금년에는 부패 사과와 점박이 사과가 만드라. 그리고 형님도 바시내이 사과는 올해로 끝을 낼 작정을 하고 잇드라. 그리고 우리 농민이 수입이 안 댄다고 외면하는 품종은 1등으로 벼농사, 2등으로는 사과 농사 순이로 외면하는 수난을 만나고 잇다.
지출에 … 버스비값 880원 법원등기등본값 900원 주민등본 인지대값 500원
계 1,780원
500
2,280원

〈1995년 11월 18일 토요일 날씨 맑음〉

오늘도 형님 사과 선별을 하여서 저장하는데 부인과 두리서 종일동안 거들어 주어쓰며 저장고가 적으서 상자을 9단을 싸올리는데 힘이 만이 들어다. 그리고 형님 사과가 좋아서 상자수가 만을 뿐 아니라 사과들이 색도 좋고 해서 팔기가 좋으리라고 생각을 한다.
우리 혜영이가 회사일이 적성이 맡지 않는다고 하면서 그만둘라고 하면서도 8개월동안 회사을 다니쓰며 우리 혜영이가 8회나 적금을 하여꾸나. 이 아빠는 늙 부란한 마음으로 8개월이 흝으따고 생각을 한다.
우리 혜영이가 오늘 적금을 8회을 너어쓰며 혜영이가 이재 3200,000원 벌어쓰며 우리 혜영이 정말 수고 만아다. 그간 돈을 만이 벌어따고 생각을 한다.

〈1995년 11월 19일 일요일 날씨 비〉

오늘은 벼집매단 묵고 이발소에서 이발하

는 시간으로 오전 시간을 보내쓰며 오후에 부인이 봉답에 무우 갈란 것을 뽑아논 것을 오토바이로 실어오는 것으로 오후 시간을 보내쓰며 오늘 오후에 테리비전에 민속시름 하는 것을 구경만하다 오후 시간을 다 보내쓰며 결국 오늘 하로는 휴식으로 오늘 일과을 다 보내따고 자신은 생각을 한다.
지출에 … 이발료값 5,000원

〈1995년 11월 20일 월요일 날씨 맑음〉
오늘은 벼집을 묵는데 그늘은 들판에 일하는 사람이 업쓰며 오늘 날씨가 바람이 부르서 날씨는 차가찌만 들판에서 일하는 사람은 자신뿐이드라. 다들 집에서 놀지는 않캐찌만 다들 무엇을 하고 잇는지 들판에는 아무도 업드라.
자신은 오늘로서 벼집을 다 묵끈 셈이다. 이재 날씨을 바서 부인과 둘리서 실려드리는 일만 남아 잇다.
"금년에 자신이 벼농사을 줄안 것이 17.5 마지기을 줄아서 내년 농사가 너무 한가한 시간이 돼지 않을까 하고 염려돼며 막상 농사을 줄어고 나니 마음의 한쪽은 서운한 감이 살라저지 않코 잇꾸나."

〈1995년 11월 21일 화요일 날씨 맑음〉
오늘은 부인과 둘리서 벼집을 실어 드리쓰며 다들 벼집을 다 파라는지 벼집을 만치는 사람이 업쓰며 장년만도 벼집을 거두어 드리서 작과밭 할 것 업시 밭투로 벼집이 다시 이용을 하는데 이재는 농민은 노력을 드리서 수학을 더 내야 할 의욕이 업쓰며 이재는 대는대로 살라 가는 모섭이 눈에 보이는구나.
"자신도 금년에 벼집을 실려드릴 면적은 5 마지기 밖에 업쓰며 앞푸로 드릴 벼집은 2 마지기 실어 드리며 금년도 벼집은 다들 만치는 셈이다."[211]

〈1995년 11월 22일 수요일 날씨 맑음〉
오늘로서 벼집 묵끈 것을 오늘 오전으로서 다들 실어드리다. 그른데 올해는 벼집을 너무 만이 파라서 과수 밭에 깔집이 적을 것 갈꾸나.
오후에는 무지파을 수학을 하여다. 금년도 무지파는 여름내 가뭄에도 불구하고 무지파는 풍년이라고 말을 하고 십다.

〈1995년 11월 23일 목요일 날씨 맑음〉
오전은 날씨가 차거어서 안전 휴식을 하여다. 오후에는 배추 수학을 하여다. 금년에 배추농사는 관심을 주지 않아서 자신이 배추농사을 짓은 직으로 이처름 숭년을 본 적은 업따고 생각을 한다.
그리고 자신이 농사을 짓은 후로는 동생들 배추, 무우는 김장용은 다들 돼어주어는데 금년부터는 배추을 한 포기도 줄 수가 업개 돼어서 마음의 한쪽으로는 걸리고 잇꾸나.
"그리고 오늘 순달이는 배추 수학을 한 것이라 부인이 우리 채소류 농사을 짓은 것은 조금식 다들 주어다."
"동생들이 도시에서 채소류 일체을 돈 주고 사먹는 것을 바서는 동생들 배추라도 농사을 짓어서 김장배추 주어야 하는데 이재 그래 하지 못해서 미안꾸나."

211) '95年 수매량 100가마, 조합으로 달라냇 것이 143가마'라고 일기 지면 왼쪽 상단에 따로 기록되어 있다.

〈1995년 11월 24일 금요일 날씨 눈〉

하늘에 문개 구름바서는 한박눈이 쇼다질 것 같떠니 그만 눈빨리 조금 내리더니 그만 비로 변하고 말라서 서운한 눈이 돼고 마랐다.

오전은 안전 휴식을 하고 오후에는 채소밭 낮전돼 경운기로 흙 두바리 실어 넛는 일로 종일 해을 보낸 셈이다.

"요줌은 매일 밥값도 못하고 잇따고 생각을 한다. 마음의 한쪽으로 여름네 비지땀으로 보낸 대가로 요줌은 휴식을 하여도 됀다고 생각을 하지만 그래도 무이미한 시간을 보낼라고 하니 그리 마음이 답답꾸나."[212)]

지출에 … 석회값 25포 14,250원
콤바이값 740,000원
계 754,250원

〈1995년 11월 25일 토요일 날씨 맑음〉

오전은 길거리에서 요전에 티부이 뉴스에서 발표댄 전국화물 주차장이 대신 둘래 발표가 돼어따고 발표을 해서 동내 사람들은 그 위치가 어디며 동민들은 그 말을 모이며 하곤 하며 만약에 우리 마을에 선정이 돼어서 땅이 다 들어가면 우리 마을은 큰 피해가 됀다고 본다. 동네가 살라남을라며 우리 마을 땅이 들어가지 않아야 우리 재산이 불어나는데 만약에 270,000평이라고 하니 이 엄청난 땅이 우리 마을 땅이 들어간다면 음천난 손실이라고 생각을 한다.

오늘 오후에는 임숙내 김장배추 수학한 것을 경운기로 두바리 실어주는 일로 오늘을 보냇다.

그리고 오늘 우리 혜지가 보험회사에서 첫 봉급을 받아 왔드라. 이 돈원 정말 소중한 돈이라고 생각을 하며 이 아빠로서는 우리 혜지가 졸업을 하고서 회사 취직이나 활까 극정을 만이 하여는데 그 극정을 캐고서 졸업도 하기 전에 회사을 들어가서 첫봉급을 500,000원 받아서 정말 소중한 돈이라고 생각을 하며 오늘 혜지가 더 대건해 보이드라.

"그리고 혜지가 봉급받아따고 운이 선물과 용돈을 주는데 정말 고맏드라. 혜지야, 정말 수고 만아다. 그리고 정말 이 아빠로서는 을마나 좋은지 모른단다."

지출 … 당산포도밭에 관정값으로
35,000원

〈1995년 11월 26일 일요일 날씨 맑음〉

오늘은 대신 1동에 사돈 김석진 장남 결혼식을 구미 목화 예식장에서 식을 올리는데 우리 마을에서 청첩장이 닷섯장이 온 돼 다들 바푸다는 핑계로 답래을 자신한태 다들 부치는데 자신은 김천 영빈 예식장에서 영주 친구 김옥현 장녀 결혼식 올린다고 청첩을 밭아서 양쪽에 참석을 할려니 마음적으로 바파쓰며 오늘 구미 예식장에서는 부주만 주고 식당에 가서 정심식사만 하고 곳바로 김천 영빈 예식장에 참석을 하기 위하여 같쓰며 양쪽을 볼라니 시간이 조금 너저서 일부 친구들은 식사을 하여쓰며 정심식사는 부패실에서 대접을 하드라. 그래서 자신도 부패실레서 쟁반을 들고 먹음직한 음식을 들어서 식닥에 안저서 식사을 두번 하게 돼어쓰며 자신은 부패실에서는 음식 욕심을 부리지 않아서 실찌 음식을 먹고 보니

---

212) '소, 석회값 25포 14,250원'이라고 일기 지면 상단에 따로 기록되어 있다.

조금 적은 너킴이 들어다.

"오늘 영빈 예식장에서 식을 올린 김옥현 친구는 우리 동기생 중에서 김천서 식을 올리는 것은 동기생 중 처음인돼 참석한 동기생들이 생각보다 적드라."

"그리고 예식장 참석을 하고 돌라오면서 자신의 집뜰리 할 때 참석을 못 했따면서 오늘 우리집우로 몰려와서 전축 노래방으로 한바탕 놀라서며 친구들이 참석을 하여주니 고맙드라."

지출에 … 버스비값 1,780원 택시비값
1,000원 부주값 50,000원
친구 접대비 값 11,600원
계 64,380원

〈1995년 11월 27일 월요일 날씨 맑음〉

오늘은 채소밭에 축사 인분을 경운기로 종일 실은 것은 6섯바리 채소밭이 33평에 6섯바리 실어너니 한별식 깔개드라. 이것을 시도한 것은 금년도 채소 농사가 너무나 응만이라 축사거름을 넛치 않코서는 채소농사을 짓을 수가 업따는 생각에 축사거름을 너개 돼어다.

"요줌 노태우 뇌물문제로 정국에 돈유통이 돼지을 안서 중소기업은 돈이 유통이 돼지을 안아서 부도가 유발을 하며 연쇠 도발이 됀다고 야단을 하는돼 기업들이 문어저는 것은 아랑곳 하지 않코 김영삼 대통령은 국민 여론 정치만 하고 잇쓰며 또다시 전두환 내란 문재 5月18日 광주 사태을 들고 나서고 잇쓰니 전국은 갑짝이 어순순하게 만들뿐 아니라 이 정치가 나라발전을 생각을 하고 잇는지 대통령 인키로만 차다고 잇는지 그 속을 몰개쓰며 인키보다 전부 발전을 앞세우는 정치을 하여야 하는데 김영삼 대통령은 우리 국민이 이재는 대모을 해서 결정을 하여쓰는 안 댄다는 생각으로 근로자나 학생들이나 다들 수거려저고 잇쓰며 이재는 다들 나라 발전을 위하여 노력을 하고 잇는데 이재와서 김영삼 대통령은 5月 18日 광주사태 이법자는 처별한다고 들고 나오니 조용하든 광주 학생들이 토다시 각목을 들고 도로로 티쳐나오고 잇쓰니 김영삼은 학생들을 대모을 하두록 부채질을 하고 잇따고 말을 하고 십다. 그리고 자신은 김영삼 대통령은 정치 보복을 감정적으로 하고 잇따고 말을 하고 십다. 가거 정치인들을 처벌만 할 것이 아니라 그분들도 나라발전을 위하여 머리을 쓴사람이 이것을 잘댄 점은 말도 하지 않코 잘못댄 일만 들고 나와서 법우로 처벌을 할려고 하는 것은 나라발전보다 글력을 이주로 정치을 하고 잇다."

"우리국민들도 정치자금을 노태우 대통령로부터 김영삼 대통령도 정치자금을 음청난 금액을 밭아따고 생각을 하고 잇는데 그 돈은 발희지 않코 남외 정치 자금만 발키고 잇쓰니 이것은 자기 잘못은 무드두고 남외 부정만 들치고 잇쓰니 김영삼 대통령도 무개업는 대통령이라고 자신은 말을 하고 십다."

"전두환 대통령, 노태우 대통령은 범색키 대통령 키어따고 바야 하는구나. 요줌 전두환 대통령, 노태우 대통령은 이재 영창 생활을 해야 하는 처신이 돼어쓰니 요줌 마음의 고통은 그 누가 알라주리까."

"자신이 대통령을 생각을 할 때 부정을 하지 않코는 정치을 할 수 업따고 생각을 할 때에 전직 대통령을 전부 감옥으로 보낼 것이 아니라 부정한 돈만 국고로 회수하고 국가 의신을 바스라도 감옥은 피해주야 한다고 본다. 인간의 대통령은 직을 떠난 후 문지을 떨며 문지 게 나게 마른이며 이것을 다 감옥에 보낸다면 한국의 대통령은 다들 감옥을 그치야 하는 운명이 돼고 만다고 본다."
김영삼 대통령은 5月18日 광주 문재보다 기업의 안정과 정부 발전을 앞세우는 정치을 해야 한다고 본다. 이것을 빨리 매듭을 짓지 못하고 오래간다면 정부 홀란만 더 주고 만다고 본다.

〈1995년 11월 28일 화요일 날씨 맑음〉
오늘은 누님이 아푸다고 해도 한번 가바야지 하면서도 자신이 바푸다는 핑계로 가보지 못하고 오늘은 누님 집에 들일라고 사과 한 짝과 대파 2단을 가지고 누님 집에 들일떠니 생각보다 누님 얼굴이 좋드라. 그른데 다리가 불편하다고 말을 하드라.
"자신이 누님 집에 가면서 돼지고기을 싸서 가지고 갈려하다 적은 돈이지만 현금으로 주는 것이 좋개따는 생각으로 가냥 가서 집부로 올 때에 20,000원 주면서 김천 장가시그든 고기 한 근 사라면서 20,000원을 떤지고 와버리다."
지출에 … 누님 집에 고기값으로 20,000원

〈1995년 11월 29일 수요일 날씨 맑음〉
오늘 오전은 채소밭에 두엄 실어논 것을 오늘 안전이 깔라놋는 일을 하여쓰며 채소밭이 적으서 경운기로 6섯바리을 깔라노니 거름량이 아주 만아서 채소에 해가 더 대지 않을까하고 극정이 돼고 잇다.
"오후에는 우리 마을 봉답논에 전국 화물 터미날이 학정이 돼어따고 공고을 하여 우리 동민들은 봉답 땅과 사과, 작과밭이 봉답에 다 잇쓰서 정말 터미날 270,000평이 학정이 돼며 우리 마을은 돈이 될 곳이 업쓰며 우리 마을은 빈곤을 벗쓰날수가 업개 돼어다. 자신도 사과밭이 한필지가 들어가며 득이 될라면 한필지도 들어가지 않아야 돈을 벌 수가 잇다고 보는데 자신은 한필지는 빠지지만 그래도 한단지가 들어가니 마음이 아쉬꾸나. 이 문재들로 동민들은 모여 잇는 곳마다 터미날 청사진을 보고서 다들 일손을 놋고 잇다. 우리 마을은 음청난 손실이라고 생각을 한다.
지출에 … 부록구값 120장에 54,000원

〈1995년 11월 30일 목요일 날씨 맑음〉
오늘로서 11月 달이 막가고 잇꾸나. 이재 한 달만 가며 95年도 살라저가는데 자신이 생각을 하여도 바람처름 스쳐가는 세월 정말 아쉬운 해가 서서희 저물어가고 잇다.
"오늘은 포도밭에 낙엽을 깔키로 끄러내서 다들 태우는 작업을 하여쓰며 아직까지 낙엽을 태우기는 좀 일적드라. 외냐 낙엽을 채 말으지 않아서 태우는데 힘이 들어다."
"자신은 일반벼가 매상가격보다 더 올라갈 줄 아는데 요즘 벼 값이 斤당 660원식은 상인들 떠고 잇는데 아직은 더 오려지 않코 잇꾸나. 자신은 앞푸로 더 올라야지 상인들 래깨 낼 작정이다."

〈1995년 12월 1일 금요일 날씨 맑음〉
오늘은 미숙이 결혼준비 한다고 큰집에서는 분주한 시간을 보내쓰며 자신도 따라서 의미업는 시간을 보내고 이쓰며 오늘 오전내 오후내 아무 일도 하지 않아쓰며 오후 너깨는 도로 학표장 하는데 친구들과 구경을 하는 시간도 잇쓰다.

"어재 우리 혜지가 회사에 집우로 오는데 버스 안에서 지갑을 분실하여따고 해서 돈원 을마 드려너야고 하니 돈원 30,000원 들어따면서 돈보다 지갑이 비산 것이라면서 지갑을 일전 것을 더 안타가하며 오늘 분실을 한 것을 예석하게 생각을 하며 골펜 하나 잊저도 마음이 아푼돼 오늘 큰 것을 잊저서 얼굴이 변하두록 아쉬어 하길에 앞푸로 주위을 하면 됀다는 말밖에 하지 않아다."

그른돼 오늘 회사에서 근무을 하고 잊는 전화가 와서 받아보니 지갑을 분실하지 않아너냐 하면서 지갑을 돌려줄태니까 내일 오후 5시에 구미시장 어디서 만나자고 한다고 혜지가 이야기을 하길에 한편으로 고맡고 한편으로 급도 나는구나. 쓰리꾼이 쓰리을 하여서보니 돈이 적으서 돈원 요구을 할려고 만나자고 하는 것이 아닌가 하는 생각도 들며 좋은 쪽으로 생각을 하는 것은 머리에 잠쉬 쓰쳐가고 나쁜 쪽으로는 머리에 깍차 잊따고 말을 하고 십다. 그래서 친구들을 만이 돼리고 가고 만나기 전에 전화번호가 학실한가 학인을 하고 약속장소에 가라고 부탁을 하여다. 여하뜬 좋은 사람이 여쓰며 한다.

〈1995년 12월 2일 토요일 날씨 맑음〉

오늘은 미숙이 결혼문재로 안전 준비하는 날이 여쓰며 오늘 돼지 잡는데 윤씨내을 묘사 준비한다고 같이 잡아서 돼지 잡는 일이 좀 수래따고 생각을 한다.

"앞푸로는 아무라도 잔치 준비을 하는데 번거로운 일은 하지 않아야 한다고 생각을 한다. 잔치 준비을 할려고 하며 잔치 날로부터 양쪽으로 3日은 잡아한다. 준비하는데 3일, 치우는데 3日 꼽밖 6일은 해야 잔치 마무리는 댄다고 볼 때 그 수고는 말로 다 할 수가 업따고 생각을 한다."

"앞푸로 세대흐름에 따라서 잔치도 변한다고 생각을 하지만 세대가 흐르며 옛것을 버일 껏은 가감이 버리고 가야 하는데 자꾸만 옛것을 생각을 하고 잊키 때문에 힘이 들어도 하고들 잊쓰서 언재나 갈까 극정이다."

"앞푸로는 자꾸만 푸마시가 살라저고 잊쓰니 이재는 자신의 일들은 자신들이 책임저고 해야 하는 시기가 오고 잊키 때문에 이재는 이웃손길도 머르저 가는 세대에 왔 잊쯔서 이재는 간소하게 하는 일들 배어 가야만 하는 세대라고 말을 하고 십다."

"우리 혜지 지갑을 주원 분이 고등학교 2학년이라고 하드라. 이 학생이 지갑을 그대로 돌려보내주는 그 고마음 정말 고맡고 그 얼굴을 한번 밭쓰며 하는 마음 떠나지 않으며 이 아빠가 그 아이을 초청을 하여서 대접을 하여쓰며 하는 생각이구나. 나는 이처름 예쁜 아이을 낮쁜 쪽으로 생각을 만이 하여서 정말 머리숙여 재송하며 이 새상에 좋은 사람이 더 만타는 느킴을 밭아다. 내일 날이 밝은 돼로 전화 열락을 하여서 고맙따는 전화라 해야 할 것 같꾸나."

〈1995년 12월 3일 일요일 날씨 맑음〉

오늘은 마산 한우 예식장에서 식을 올리는데 집에서 그진 10시에 출발을 해서 예식이 12시 40분이라서 겨우 예식 시간에 도착을 하여쓰며 고속도로에서 차들이 밀리는 것을 비서는 재시간에 도착을 못할 것 같다서 극정을 하여는데 기사양반이 같길로 마구 해쳐 가서 예식시간을 지키따고 생각을 한다. 요줌은 어대 업시 차들이 밀리기 때문 시간여유을 충분이 두고 차시간을 잡아야 할 것 같다. 오늘도 큰 경험을 싸따고 생각을 한다.
"미숙이 신랑대는 사람은 좋은데 밭같부모가 안 계신다는 것이 험이며 그리고 장남이라서 기본 재산이 업쓰서 미숙이가 했쳐가기가 힘이 들 것 같꾸나. 현사회에서는 기본 재산업시 사회에 살라 가기가 그만춤 힘이 든다고 바야 한다."
"나는 마산이 적은 도시라고 생각을 하여는데 오늘 마산시을 차로 도는돼 마산시가 크다는 것을 다시 한번 너켜다."
지출에 … 형님, 둘째딸 부주로 200,000원

〈1995년 12월 4일 월요일 날씨 맑음〉
오늘은 잔치쳐고 남은 음식을 나누어 먹으면서 싸인 이야기을 하는 것으로 그진 시간을 보내쓰며 그리고 누님이 배추 뽑는 극정을 하길에 경운기을 가지고 가서 배추을 뽑아 주어쓰며 배추 농사을 등안시 하여서 배추도 형편이 업드라. 자신은 배추만 뽑아다 주고 누님과 이야기 좀 하다 일적 드라오고 마랐다.
"오늘 분소에 저축하로 같뜬이 우리 마을에 전국 수화물 터미날 한다고 그진 학정이 돼어 잇따고 말들을 하고 잇드라. 이것이 들어오며 우리 마을은 아주 빈곤한 마을로 졸찌에 됀다고 바야 한다."

〈1995년 12월 5일 화요일 날씨 맑음〉
오늘은 농협에서 현지 시세로 매상 가마니을 산다고 해서 조합으로 줄라고 143가마니을 부인과 둘리서 40kg 300g으로 다들 달라낫다. 이것을 풍구질도 하지 않코 斤당 700원 주며 나락금이 만이 올라 같다고 생각을 해서 오늘 조합으로 낼라고 143가마을 준비을 하여두어다.

〈1995년 12월 6일 수요일 날씨 맑음〉
오늘 오전은 태성이가 단감나무을 줄라고 해서 오늘 아침부터 단감나무 두폭기을 캐어와서 앞밭에 같다 심어다. 자신은 단감나무가 업쓰서 남이 캐어내는 것을 자신이 어드서 심고 잇찌만 나무들 그진 다 자란 것이라서 살리기가 힘이 들지 않나 하고 생각을 한다.
"그리고 부인이 조합으로 달라 낼라고 28가마을 달라 났쓰며 자신은 부인이 팔이 아푼데 숙모님이 조합으로 낼 나락을 만친다고 생각을 하니 자신은 단감나무 심는 것을 빨리 끝을 내고 부인이 조합에 낼라고 나락가마니 만치는 것 그들어 줄라고 빨리 하여는데 그만 나락가마니을 다들 달라나서 부인이 팔이 아푼데 무거 것을 만치게 하여서 미안꾸나."
"오늘 미숙이가 신혼 여행을 오늘 오전에 집에 왔드라. 신혼 여행을 비행기로 다니까 참 좋은 세상이며 그리고 미숙이 신혼 앨범을 보니까 자신도 부인과 둘리서 신혼은 아니지만 신혼 감정을 세어 앨범을 하고 십꾸나."
지출에 … 남방용 경유 2드람 값 73,990원

〈1995년 12월 7일 목요일 날씨 맑음〉
오늘은 벼가마니을 남은 것은 전부 달라 냇다. 앞푸로 쌀가격이 올라 갈 것으로 내다보면서도 정부가 정미소에서 도정을 하여서 쌀갑 안정을 하기 위하여 방출 할려고 해서 그만 조합으로 남은 벼가마니을 다들 내고 마랐다. 자신도 욕심 같다서는 을마든지 올라가두록 나두어쓰며 하는데 넘어 욕심을 부리다 쌀갑이 하락이 돼며 어떠게 하나 하는 생각에 오늘 온 동민이 다들내고 잇쓰서 자신도 그만 남은 벼가마니을 다들내고 마랐다. 그래도 오늘 벼가마니을 내는 사람은 이 앞전내는 사람들은 605원식 낸 사람이 상당이 만원돼 오늘 내는 사람은 斤당 700원식 하니 상당이 만이 올라서 큰 득을 본 셈이다.
"오늘은 미숙이 시집가는데 상각으로 형수와 집사람 둘리서 따라 갈쓰며 남자들이 따라갈려고 생각을 하여는데 오늘이사 조합으로 나락을 달라 낼 가마니가 형님과 내가 다 250가마가 넘어서 이 만은 가마니을 차에 다들 실어주야 하는데 이 수고을 할 사람이 업쓰서 남자들은 포기하고 여자들을 세손으로 보내게 돼어다."
자신이 알기론 여자들이 세손으로 따라가는 것은 우리 마을로서는 처음이라고 생각을 하며 우리 마을뿐 아니라 다른 곳도 여자들이 상각으로 따라가는 줄래가 업따고 나는 생각을 한다.
오늘 조합으로 벼가마니 달라 낸 것이 143가마(가마당 40kg 300g 식함)

〈1995년 12월 8일 금요일 날씨 맑음〉

오늘은 당산도로 학포장 하는데 추가로 내 땅이 더 들어갈는지 학인하로 시청 건설과을 둘리떠니 추가로 들어가는 것이 업따고 하드라. 그래서 순석이 형님과 두리서 짝두리 교환 할려고 이야기을 한 것이라서 짝두리 평수 알라고 등기 등본을 띠어 왔쓰며 자신이 등본 띠는데 한것번에 두필지을 접수을 하여더라면 인지대가 들드려 가는데 깍깍해서 인지대 낭비을 더 한 셈이다. 그리고 시청이나 법원에 가서는 늙 서투려지는구나.
"그리고 오늘은 혜영이 보험료을 뻬어냇다. 혜영이가 회사에 그만둘라고 늙이야기을 하여서 보험료을 이중으로 들어가도 그냥 두어따가 오늘이사 혜영이 보험료을 빼어냇다."
"요줌 전직 대통령들이 광주 폭동문재로 옥살이을 할 뿐 아니라 노태우 대통령은 전 제산을 정부로부터 압수을 한다고 하며 전두환 대통령도 부정이 돼예 수사착수와 정치 자금문재을 재수사을 한다고 하니 전직 대통령들이 죄을 토할 아품을 격고 잇다. 전두환 대통령은 청문회을 열어서 그재로 백담사 생활을 하여는데 또다시 옥살리을 식키고 했는데 또다시 재수사을 해서 온갈 비리을 들출라고 하니 귀가 찰 일들이다. 아푸로 우리나라가 전직 대통령들은 다들 인기만 마치며 옥살이 신세을 저야 하는 것이 아닌가 하고 염려가 됀다."
"김영삼 대통령은 자기 입우로 5.18 문재는 역사로 돌리겟따고 분명이 이야기을 하여는지 을마 대지 않아는데 광주 여론이 전직 대통령들 정치 자금, 뇌물 등등해서 집고 넘어가야 한다면서 정국을 발딱 다 접놋고 말며 김영삼이 대통령은 청사진 업시 국민 여론 돼로 치고 잇쓰며 이쳐고 저리쳐고 실속은 하나도 업는 정치을 하고 잇다. 그리고 김영삼 대통령이 은행 비리문재로 중소기업들이 돈 화전이 안대어서 연세 부도을 다 냇고 도산이 다 대어는데 이재와서 중소기업을 살리야 한다면서 적극적으로 대출을 하는 방안을 세우라고 시달하여따고 법석을 부리고 잇다."
나 자신은 역대 대통령 중 임기에 안전사고

재일 만이 났으며 사람을 재일 만이 죽인 대통령이라고 말을 하고 십다. 법이 아무른 재재을 받지 않코 동립댄 법이라면 김영삼이 대통령은 직무 무심으로 처벌을 벌서 바다야 한다고 본다. 대통령은 직무 무관심으로 인명 피해을 음청나게 나도 아무련 재업시 장관 하나 정도만 바꾸며 해결이 돼는 것은 인간의 도리가 돼지 않는다고 본다.
"앞푸로 우리나라 정치가 올바르게 갈라면 법관이 정치와 불류가 돼어서 법관들이 아무른 재재업시 법을 운영을 해야지 나라가 재돼로 간다고 본다. 우리나라는 법도 업고 대통령이 법, 정치 모든 일 대통령이 하는 일은 안대는 일이 업다. 이래서는 늙 비리가 따라다니 법이다."
지출에 … 보험료 15,760원 택시비값 3번에 3,700원 등기등본값 1,200원 버스비값 2,300원 계 22,960

〈1995년 12월 9일 토요일 날씨 맑음〉
오늘은 무이미한 하로을 보내따고 생각을 한다. 오늘은 맑은 날씨인돼도 이곳 저곳 다니며 휴식을 하여쓰며 그리고 오후에는 도로 학장하는데 가서 구경을 하는 것으로 오늘 시간을 보내면서 자신의 밭이 도로 부지로 들어가서 오늘 폭크렌으로 밭을 마구재비로 파했치는 모섭을 보고 잇쓰니 가슴이 아푸드라. 이 밭이 도로 부지로 들어가지 않아따면 을마나 좋으리만 도로 부지로 다 들어가는 것이 정말 아쉽꾸나.
"우리 마을에 정국 화물터미날이 들어온다고 사람이 한두사람만 모여도 화물터미날 들어오며 우리 마을에 주소득원이 이곳인돼 이곳이 터미날이 돼며 우리 마을은 농사을 짓을 땅이 반으로 줄어며 실소득은 3분지 2로 줄는다고 볼 때에 심각한 문재가 됀다. 이것을 아는지 모르는지 반대한다는 의사 한마디가 업쓰며 그대로 정부 하는돼로 보고만 잇따고 보잇다. 우리 마을이 잘 살라면 화물 터미날이 들어왔쓰는 안 댄다고 생각을 한다."

〈1995년 12월 10일 일요일 날씨 맑음〉
오늘 오전도 휴식으로 오전을 보냇쓰며 오후에는 작과나무 전쟁을 하여쓰며 나무 전정을 하고 나서 해가 서산에 넘어갈 무름에 당산 밭 도로포장장 하는데 을마나 들어 왇는가 하고 구경을 갇뜬이 소장이라는 사람이 자신한태 왔서 우리가 흙쓰기 위해서 내 밭을 떠내주는 대신 차량 값을 대어라고 이야기을 하여서 자신은 학답을 하지 않고 좀 잘해달라고 부탁만 하여다. 이야기가 자신이 현장 소장을 차저가서 철로 안족으로 도로가 들어가고 남은 짝두리 땅을 다 떠내주며 사래비을 주개따고 이야기을 하여뜬이 오늘 소장이 자신한태 접근을 하여서 돈요구을 하고 잇드라.
"이번 일은 시간을 미루드래도 승산이 잇따고 생각을 하고 도로 높이을 안전이 알고서 흙떠내는 일을 하여야게다. 그리고 내일 시청에 들어가서 주택개 가서 철로에서 어느 거리에서 집을 짓을 수 잇는가 하고 무려보고서 흙 떠내는 일을 해야 하겠다."
"만약에 자신의 밭 짝두리 땅에서 집만 짓을 수만 잇따면 자신은 그 밭을 사고 나서 음청난 돈을 벌어따고 생각을 한다."

〈1995년 12월 11일 월요일 날씨 맑음〉
오늘 오전은 철로 주변에 상가라 짓을라면

철로에서 거리을 을마나 두고 집을 짓는지 시청주택계 가서 무르보앗뜬이 철로에 30매다 이상은 집을 마음대로 짓을 수가 잇따고 하며 철로에서 30매다 안쪽이며 철도청에 동위을 어드야 집을 짓을 수가 잇따고 이야기을 하드라. 그래서 마음의 한쪽으로는 희망이 생기는구나. 자신도 도로 4차선 부지에 상가건물을 짓을 꿈을 가질 수가 잇다고 생각을 할 때에 마음이 기쁘구나.
오후에는 도로 학장을 하는돼 구경을 하는 것으로 종일을 보냇다.
지출에 … 버스비값 1,320원 멸치젓 9,500원 택시비값 1,000원 계 11,800원[213)]

〈1995년 12월 12일 화요일 날씨 맑음〉
오전은 작과나무 둥치기을 경운기로 두바리 실어와서 세집에 한발리 주고 집우로 한발리 실고 왔다. 그리고 남은 것이 두바리는 될 것으로 내다보는데 집에 가지고 와도 나무을 땔 부억이 업쓰서 그대로 두고 마라쓰며 옛날 같더며 나무을 식량보다 더 중하게 여겨쓸 때가 어거재인돼 나무가 땔감으로서는 멀어지고 잇는 세상 정말 좋은 세상이라고 생각을 한다.
"오후에는 작과나무 전정을 좀 하는 것으로 오늘 일과을 보냇다."
지출에 … 전정하는 톱과 전지가위 140,000원

〈1995년 12월 13일 수요일 날씨 맑음〉
우리 운이가 집배도 오지않코 그것도 이박 3일 동안 저 친구 자치방에서 공부을 한다고 오지을 안아서 극정이 돼는구나. 외냐하면 과그에 운이가 공부는 하지 않고 오락실만 찾아다니고 했쓸 때가 잇쓰서 이 아빠는 운이 일이 늙 극정이 돼고 잇다. 운이한태 놀란 적이 잇쓰서 운이가 재시간에 오지 않으며 이 아빠의 가슴에는 두근그리는 느킴을 알 수가 잇다.
"오늘은 자신의 짝두리 땅을 도로 높이로 폭크렌으로 파내달라고 현장 소장님을 찾아가서 자신의 땅을 파내는 만큼 돈을 줄라고 이야기을 하니까 소장 이야기가 3,000,000원 전액을 다 달라고 해서 자신은 미드저지 않아서 허락을 하지 않아쓰며 상대방에서는 이상한 생각을 할련지 몰라도 자신도 흙을 떠내줄란지도 모르고 돈을 선뜻 주기가 힘이 들어서 그만 뒤로 미루고 마랐다."
"오늘 오후에는 전정을 좀 하는 것으로 오늘 해을 보냇다. 그리고 올해는 가을거지을 하고나서는 시간여유가 좀 만은 것 같꾸나."

〈1995년 12월 14일 목요일 날씨 맑음〉
오늘은 윤천희씨 장남 결혼식을 앞두고 돼지 잡는데 그들어 주어쓰며 윤천희씨가 딸 결혼식을 할 때는 간소하게 보내는돼 이번은 장남이라서 음식을 푸짐하게 할려는 마음을 먹고 잇드라.
"날씨가 너무 가물어 큰 극정이다. 우리나라가 평균 강우량이 연중 고루 내리고 잇는데 요즘은 그 말이 맡지 않코 이재는 가뭄을 2년식나 지속이 돼고 잇쓰며 이래가다가는 가뭄때문 인간의 이험이 따리지나 않

213) 실제 계산은 11,820원이나 11,800원으로 잘못 기록하였다.

을까 하고 염려가 됄 뿐 아니라 묵묵희 가뭄으로 조아가고 잇는 것을 볼 때에 가뭄으로 인간을 죽이지 않을까 하고 극정이 돼고 잇다.

지출 … 동사사모소에서 외상구입한 약값 (농약) 227,000원

〈1995년 12월 15일 금요일 날씨 맑음〉

"오늘은 윤천희 씨 장남 결혼을 앞두고서 동내로 음식재공을 하여쓰며 자신은 이 일을 도와 주는데 시간을 보내쓰며 동민들은 음식을 다 먹고서 우리 마을 농로 길이 도로 포장으로 인하여 농로 빡스 설계한 것이 우리들을 불편을 주게 돼어 잇쓰서 온 동민이 설계 변동을 하여 달라고 부탁을 하여다. 간개자 직원들은 중앙에 건위을 하여볼라고 하드라만 십게 잘 될련지 몰게꾸나. 우리 동민들로 바서는 이것이 변경이 돼어서 통행에 불편이 업쓰야 한다고 본다."

〈1995년 12월 16일 토요일 날씨 맑음〉

오늘은 윤천희씨 장남예식을 김천 예식장에 올리는데 축하객들이 예식장에는 들어가지 않고 식당으로 들어가서 음식만 먹고 잇쓰며 나 자신도 예식장은 구경도 하지 않고 부주만 올리고 곳바로 식당으로 들어가서 음식 축만 내고 마랐쓰니 이것은 자신이 생각을 해도 예이가 아니며 세다가 흙르 갈수록 예식에 대한 예이는 살라지고 잇다. 이것을 보며 예식대한 청첩은 업쓰저야 하게꾸나. 예냐 하면 예식에 축하객들이 돈만 주고 식당에 밥 사먹는 식으로 알고 잇쓰니 이것은 아주 잘못하는 풍토로 변해가고 잇따고 말을 하고 십다.

"우리 운이가 군대는 가기 실고 방위 산업체 갈려고 생각을 하고 잇는데 만약 방위 산업체을 가지 못한다면 실망이 클끄시며 이 아빠가 볼 때에는 군생활을 적용하게나 하는 의문이 가며 어떠한 일이 잇쓰도 방위 산업체을 너어야 하는데 이 아빠로서는 큰 극정이다."

윤천희 … 장남결혼식 부주 20,000원

〈1995년 12월 17일 일요일 날씨 맑음〉

요줌 날씨가 심각하다. 여름내 가뭄 때문에 작물에 큰 피해을 주곤 하여는데 겨울 가뭄까지 가중대고 잇쓰니 농민의 한사람으로서는 극정을 아니 할 수가 업꾸나. 날씨 하는 짓을 본다면 가뭄으로 인간을 치명적인 피해을 꼭 주고 말끄라는 너킴이 머리에서 사라지 않는다고 말을 하고 십꾸나.

"오늘은 형님 생일이며 용학이 성용차 구입을 해서 고사을 지내는 날이며 성용차 고사에 들어가는 돼지 머리만도 수도 업쓸 것 같꾸나. 우리 형재들이 순달이 부부 말고는 다들 참석을 하여쓰며 누님마저 참석을 해서 형제의 우정을 더 다짐을 가질 수 잇는 시간을 보냇다."

"자신은 식구들한태 말을 조심을 하지 않코 나의 편한대로 말을 마구한다고 자신도 생각을 하고 잇따고 생각을 하며 부인은 말벗럿을 곤치야 하며 아들이 크며 말도 생각을 해서 해야 한다고 부인 뉴차 이야기을 해도 자신의 버릇이 잘 곤처지 않코 잇다."

지출에 … 용학이차 고사지내는데 10,000원

〈1995년 12월 18일 월요일 날씨 맑음〉

오늘은 노태우 대통령이 재복과 힌 고무신을 신고 법정에 서잇는 모섭을 볼 때에 자

신은 욕보다 안스러운 마음이 더하며 후진 국으로서는 전대통령이 부정이 업시 대통령을 지킬 수가 업따고 보며 이것은 나라가 부강이 돼며 자연희 비리는 살라저 가는 법이며 이것을 자신이 볼 때는 우리나라가 선진국으로 발도듬 하는 이 시점에 전대통령 노태우 대통령, 이 두 분의 뇌물을 캐고 잇는 것은 우리나라의 발전 가정에서 볼 때에는 좀 일적다고 자신본다. 외냐 이 비리 문재로 돈의 유통이 중소기업에 돼지 않아서 중소기업들 부도가 연발이 돼며 중조기업들은 태풍을 밭고 순식간에 쓰려저고 잇는 모섭을 볼 때에 김영삼 대통령이 전직 대통령들에깨 뇌물 문재을 들고 정치 보복으로 희젓고 잇는데 이것이 국가을 위해서 득이 돼는지도 모르고 김영삼 대통령은 여론 인키만 세우는 정치을 하고 잇쓰며 실지 국가 발전을 위하여 정치을 해야 하는돼 정치 발전은 어듸로 가든 말든 여론 따라 가는 정치만 하고 잇쓰니 정말 전국이 어디로 갈련지 국민으로서 마음이 부란하다고 말을 하고 십다.

"자신이 볼 때는 일개 대통령은 인키가 업드래도 국가 발전으로 가는 정치을 해야 한다. 현재 김영삼 대통령은 국가발전을 저하만 하고 잇다. 김영삼 대통령이 전직 대통령 뇌물을 가지고 차기 선거에 승리 목적으로 비리만 들추고 잇쓰며 목적 달성은 할련지 몰라도 국(가)발전은 음청난 손실이며 이것은 내물보다 더 큰 재을 저절고 잇따고 자신은 생각을 한다."

"자신은 김영삼이 대통령을 평을 한다면 아주 쓰도 못 할 사람의 인품이라고 생각을 한다. 그 이유는 김영삼이가 야당 생활 쭉 해오다가 그것도 여당의 비리문재만 흙떳고 그처름 여당을 욕을 하는 사람이 대통령 하게따고 여당에 들어가 여우짓으로 당수가 돼어 대통령이 돼기까지 여당의 비리 정치 자금으로 대통령 자리에 안자서 그 비밀을 들추고 잇쓰니 이것은 참댄 인간으로는 할 수 업다고 자신은 생각을 한다. 외냐 내 물의 소굴에서 한쌈에 들어 갇 것만도 그 사람은 이중의 마음을 가진 자라고 보며 누가 누구의 팟을 한단 말인가. 옛말이 한길 물속을 알라도 한키의 사람 속은 모른다고 하드니 이것이 김영삼 대통령을 두고 한 말가꾸나."

〈1995년 12월 19일 화요일 날씨 맑음〉

오늘 운이 방위 산업체에 들어갈 수가 업나 하고 운이와 둘리서 구미 시청과 구미 상공 회이소에 들리떠니 아직까지 방위 산업체에 인원 배정을 하지 않아따면서 일주일 후에 오라고 해서 방위 산업체에 알라보지 못하고 마랐다.

"우리 운이가 어리석으서 군입대을 해서는 안대며 어떠한 일이 잇쓰도 방위 산업체 들어가야 하는데 자격증이 업쓰서 방위 산업체 어렵지 안나 하고 극정이 돼며 운이 자격증은 선반 보 자격증만으로 방위 산업체에 들어가기가 힘이 들지 않을까 하면서도 조금 만한 기대을 하여본다."

지출 … 외성보 무는것, 글전비값
156,000원 운이 방위산업체
문재로 4,400원 보험료 15,000
국민연금 4,400 전기세값
1,310원
계 182,110원[214)]

"가뭄이 지속이 돼는 것을 보며 인간들을 멸종을 식킬 작정을 하고서 이 날씨가 가뭄으로 조어고 잊는지 불안한 마음 검할길 업꾸나.”

〈1995년 12월 20일 수요일 날씨 맑음〉

오늘은 운이가 병력 특례 업체에 운이을 바다드릴 업체가 잊는지 전화 문위을 하여서며 여르 업체 문의을 해 본 결과 두 개의 업체가 나와 보라는 열락을 받아다. 우리 운이 병력문재로 자신이 마음이 들떠 잊쓰며 무선을 할려고 해도 집중이 대지 않코 잊다.
“내일 두 개 업체에 운이을 돼리고 방문을 해 볼 작정이다. 운이가 방위 업체에서 근무을 해야 하는데 자신으로서는 큰 극정이다.”
“우리 딸드리 사회진출을 하여서 아침 일적 출근을 하여서 밤너깨 들어오는 것을 볼 때에 그야말로 돈벌기가 수란 일들이 업따는 것을 한번 드 느켜쓰며 우리 딸들의 회사 생활을 볼 때에 우리 농촌 일은 수란 일들이라고 생각을 한다.”

〈1995년 12월 21일 목요일 날씨 맑음〉

오늘은 운이을 대리고 김천 삼우 주식회사에 병력 특례을 받아 볼까 하고 사모실을 차저 갇뜨니 자신이 화학 회사라서 냄새을 극정을 하여떤이 정말 자신이 생각을 한 것 처름 방해가 돼고 잊꾸나. 회사예서는 희망을 하고 잊는데 이 아빠로서는 자식이 삼년을 악족끈이라도 살라야 한다고 볼 때에 마음의 갈등이 만타. 외냐하면 자신이 생각을 해 볼 때에 근무 족끈이 나빠도 군생활 보도 낟지 않을까 하고 생각도 돼면서 한편으로는 화학 냄새가 건강에 침해을 준다고 볼 때는 반대을 하고 십고 이 아빠로서는 어느 쪽으로 가야 할찌 마음을 잡지 못하고 잊다.
“오늘 오후에는 나무전지을 조금 하는 것으로 시간을 보내쓰며 요즘은 마음이 붕떠잊는 기분이라서 무선 일에 집중이 대지을 않코 잊다.”
지출에 … 버스비값 1,800원
태시비 1,000원
계 2,800원

〈1995년 12월 22일 금요일 날씨 맑음〉

오늘은 시청 병무과에 가서 병력 특례 업체가 무선 회사 인가 알라 보기위서 집을 출발을 했는데 오늘 일은 신기 활 정도로 차 시간이 딱 마저며 자신은 시청에 일을 볼라면 꼭 택시을 이용하는데 오늘은 택시이용을 하지않코 돈을 절약을 해보게따는 결심을 하고서 버스을 이용을 할려고 작정을 하고서 집을 났쓰는데 오늘 일 보는데 차시간이 신기하두록 딱 맏드라. 김천 버스로 주차장에 가니까 시청가는 버스가 대기가 돼어 잊쓰며 시청일을 다보고 나오니까 주차장 가는 버스가 오드라. 그리고 주차장에 오니까 우리 마을에 오는 버스가 잊드라. 오늘은 자신의 일이 신기하며 늙 버스을 이용하여보며 짜증이 나두록 버스 시간을 기다리야 하는데 오늘은 버스가 자신의 자가용쳐름 이용을 하여다.
“오늘 운이 병력문재로 김천시청 병무계에 병력특례업체 명시만 돼어 잊는 것을 카피만 하여왔다. 그른돼 96年 병력 특례 인원이 잡피잊찌 않나서 마음은 말지 않아따고 생각을 한다.”

214) 실제 계산은 181,110원이나 182,110원으로 잘못 기록하였다.

"오늘 오후는 나무전정을 재일 만이 하여뜬 오후라고 생각을 하여본다."
"전두환 대통령은 구치소 들어가는 날로부터 단식을 하여서 자신은 병보석으로 나올라고 단식을 하는 줄 알러떠니 그려치 않고 경찰 병원으로 나와서도 병원에서 식사을 재공을 하는 것을 거절을 하고 보리차, 우유만 들고 잇따니 전두환 속샘을 몰개쓰며 자신의 머리에 스쳐가는 생각으로는 너위들에깨 처벌을 받들 수 업따는 생각 이전에 단식으로 생명의 끈을 생각의 각오을 했는 것이 아닌가 하고 생각도 드는구나."
"전두환 임기 중 잘한 정치는 아무튼 말 한까디 하지 않코 임기 중 잘못됀 일만 들추어서 처벌을 한다는 것은 잘못이라고 생각을 한다."
"김영삼 대통령이 말과 같이 광주 문재는 역사로 돌리겟다고 한 것이 국가 발전으로 바서는 잘한 것인돼 그 말이 채가기 전에 김영삼 대통령은 역사을 바로잡기 위해서는 광주 사태을 바로잡고 넘어가야 한다면서 광주 사태을 들추어서 국민여론을 추키 세우면서 전직 대통령 두 분을 모라세우며 전국을 홀란을 주며 중소기업들을 연쇄보도을 내게 만들어쓰며 김영삼 대통령은 인키는 좀 만이 해는가 몰라도 국가 발전은 뒤로 돌리 낫쓰며 이것이 바로 도라오기까지는 상당한 시간이 흙으야 하며 자신은 김영삼이가 어던 것보다 일은 것이 더 만타고 본다."
"그리고 김영삼 대통령은 정치보다 남의 일에 흙떠기만 하는 정치을 하여따고 본다."
지출에 … 동장 문구비 31,200원

〈1995년 12월 23일 토요일 날씨 맑음〉
오늘 오전은 부인과 둘리서 창고에 저장을 한 사과가 부패가 너무 만아서 창고가 늙떠시기 때문에 부패가 만타고 다시 창고에서 사과을 들어내서 부패됀 사과을 전부 가리내고 정품만 가리서 다시 마당에 야적을 하여서 갑파로 덥프두어다. 금년도 사과가 너무 허르서 시장에 낼 수도 업고 그냥 두고 볼라니 사과는 부패가 다 돼어서 그냥 다 버리고 말개꾸나.
오늘 작과나무 전정을 하여쓰며 금년도 작과나무 전정은 마구동치서 나무키을 나루고 잇다. 내년에 작과 수학을 감수을 할 작정을 하고서 마구둥치고 잇다.
"오늘 혜영이가 돈을 번다고 저의 엄마을 시장으로 나오라더니 운이 옺과 아빠 잔바을 사와드라. 그것도 잔바 하나에 100,000원 이상 가는 옺을 사와쓰니 정말 고맙드라. 그리고 운이 옺까지 다들 사주고 잇쓰니 아빠의 일까지 혜영이가 하고 잇쓰서 더 고맙드라."
"혜영아 아침 저녁으로 참바람을 마저가면서 번 돈을 마구 쓰서 아깝지 않나. 이 아빠 같트며 아까바 쓰지 못 하게꾸나."

〈1995년 12월 24일 일요일 날씨 눈〉
오늘은 밤잠을 자고나니 눈이 조금 와 잇쓰며 눈빨이 조금식 내리고 잇쓰서 내 마음 같다서는 폭설이 내리서 내 키만춤 푹 아주어쓰며 하는 간절한 소망을 가지고 잇따고 말을 하고 십픈데 나의 소망은 들어주지 않코 눈빨이 살짝내리고 말드라. 이것을 본 자신은 너무 서운 하드라. 만물소생하는 땅을 이처름 버림주고 잇는 하늘이 원망스럽고 이재는 하늘까지 기름진 땅을 버림을 주고 잇쓰니 우리 농민들은 살 자리가 업꾸나.

"요줌 날씨가 연속 2년간 가뭄으로 쬬이고 잇는 모셥을 볼 때에 인간의 말쌀을 하는 신호탄이 아닌가 하고 염려도 돼는구나."
"오늘 낡씨가 차거어서 종일동안 휴식을 하여다. 그리고 금년도는 휴식 시간이 만으며 금년도는 여유잇는 해라고 말을 하고 십다."

〈1995년 12월 25일 월요일 날씨 맑음〉
올드려 오늘이 제일 추은 너킴이며 바람까지 부려서 아무 일도 하지 않코 친구들과 우리집에서 휴식을 하여쓰며 친구들과 노라도 마음의 한쪽은 편하지 않는구나. 외냐하면 겨울에는 눈이 푹아야지 노라도 마음에 부담이 업시 놀 수가 잇는데 오라는 눈은 오지 않꼬 겨울 가뭄만 가중하고 잇쓰니 낡씨가 급이 나는구나.

〈1995년 12월 26일 화요일 날씨 맑음〉
오늘 부인은 매주을 크리는데 자신은 구경만 하는 것으로 시간을 보내따고 말을 하고 십다. 자신은 부인이 매주을 끄리는데 자신은 부인을 도와줄라고 약속을 하고서는 그만 친구들과 놀기 좋아 그만 약속을 의기고 친구들과 시간을 보내다. 부인이 매주 끄리는데 시간을 지연을 식키쓰며 부인은 남편을 기다리다 해가 저무는 것을 보고 부인 혼자 매주 디디는 것을 막 할려고 둘 때에 남편이 왔쓰니 원망 눈치보다 좋은 눈치가 보여서 남편이 보기에 들 미안아 저드라.
"요줌은 자신이 정말 한가한 시간을 늙 가지고 잇쓰서 본인도 늙 휴식만 해서는 안 됀다 하면서 마음의 한쪽은 일을 해야 한다는 마음뿐이다."
지출에 … 라면 7,500원
"오늘 혜지가 첫 봉급으로 1회 적금을 부어다."

〈1995년 12월 27일 수요일 날씨 맑음〉
오늘도 오전은 휴식을 하고서 오후에는 작과나무 전정을 하여쓰며 요줌은 작과나무 전정을 재미로 하고 잇다. 자신도 겨울철은 몸을 푸는 식으로 하고 잇다.
"요줌은 운이가 병력 특례업체을 알라보고 잇는데 멧칠간 구미 공단에 다녀보아도 업따고 해서 아빠로서 시간이 갈수록 마음이 조급하여 지고 잇따고 말을 하고 십다."

〈1995년 12월 28일 목요일 날씨 흐림〉
오늘은 우리 마을 회관에 운동실, 식품 가공실, 미장원, 사오실을 개업식을 하는 날이여쓰며 오늘은 기관장과 동민들 전원이 정심식사을 재공을 하여쓰며 온 동민이 잔치을 치룬 셈이다.
"오늘은 기상대에서 적은 눈이 전국적으로 온다고 해서 기상대 일기예보가 빛나가서 폭설이 왔주어쓰며 한다. 그리고 오늘은 우리 마을 개업식을 한디라서 우리 친구들이 그진 다 나와서 오늘은 오후에 워어서 놀라고 해서 화토을 싸와서 부치쓰며 오늘은 화토노리을 하는데 실찌 손애을 본 사람은 15,000원 같따고 하지만 모쳐름 잘 노라따고 생각을 한다. 자신은 친구들을 노리을 부치기을 좋아 하는 습성이라고 생각을 하는데 앞푸론 이른 습성은 좋은 일이 아니라는 것을 느켜보며 앞푸른 이른 일들은 하지 않캐다.
"자신은 오늘 노리을 하면서 6,000원 수입을 받따가 이 돈원은 남외 끄라는 생각에 마구잡이로 하여서 나중에는 이 돈을 다들 내어났쓰며 이것을 다 주고 와야지 하면서도 다들 주고 그니 마음은 시원치 않아서 화토노리는 따뜬 말뜬 다들 좋은일은 아니라는 것을 느켜보앗다.
지출에 … 카스 12,000원
오늘은 사과을 마을로 사로 온 사람에깨 짝당에 8,000원 56짝을 주어쓰며 자신의 사과는 부패 돼는 것이 만아서 두고 볼 수가 업쓰서 오늘 다 내고 보니 속이 시원하드라.
수입에 … 56짝에 420,000원

〈1995년 12월 29일 금요일 날씨 눈〉
오늘은 사과을 싼 상인이 사과을 가지고 갈려고 왔드라. 상인 사과 선별하는 아주마 한사람을 돼리고 왔드라. 그래서 자신과 부인은 사과 선별을 하는돼 그들어 주어쓰며 남들은 사과을 상인한태 넘어가면 그들어 주지 않는돼 우리 부부는 다들 거들어 주어쓰며 오늘은 사과 선별과 차에 실어주는 일까지 다하여 주어다.
"그리고 부인의 친구가 딸 결혼식을 앞두고 오늘 돼지 잡는데 좀 거들어 주어다. 남편업시 딸 결혼식을 앞두고 일을 하는데도 남편이 업시 살라도 별다름업시 준비을 하고 잇드라. 그리고 부인의 친구가 남편을 먼저들 보내고 혼자 사는 사람들이 4명이나 돼고 다들 넉넉지 않은 사람이며 그래도 다들 학교을 다들 식키고 잇는 것을 보며 다들 용하다고 말을 하고 십다."
"오늘은 하늘에는 먹구름 때각 찌어 잇는 것을 보며 한박눈이 소다질것 갈떠니 그려치 않코 눈빨만 조금 휘날리고 말드라."
지출에 남방용 경유 … 73,890원 400리터

〈1995년 12월 30일 토요일 날씨 맑음〉
오늘은 금란내가 결혼식을 앞두고서 동네로 음식을 재공을 하는데 그들어 주어쓰며 오늘은 날씨가 추원것 바서 동회관에 사람의 수가 적드라. 남편업시 2번의 잔치을 벌리고 잇쓰며 여자의 몸으로 잔취을 벌린다는 것은 상당한 교통[고통]이 따른다고 생각을 하며 그리고 기본 재산이 업는 과부가 잔치을 벌린다는 것은 만원 고통이 따린다고 생각을 하며, 우리 부부는 조금이라도 일을 도와준다는 뜻으로 오늘 일적부터 도와주어다.
"그리고 오늘은 동네로 음식재공을 하여주는 음식으로 정심을 때우고 우리 친구는 다들 한자리 모일 수가 잇쓰며 오늘따라 절먼 사람까지 합세을 하여서 방우로 하나돼며 일부 사람은 화토을 하고 잇고 그 남어지는 구경만 하는데 일부 사람이 담배을 때우는데 방안은 연기로 가득해도 화토 구경을 하고 잇는 것을 보며 이상활 정도이며 그 만은 사람이 잇는데 담배을 태우는 사람도 문재가 잇찌만 담배연기 속에서 좋다고 하는 사람도 문재라고 말을 하고 십다."
지출에 … 화토노리 2,000원
수입에 … 사과 점배기 9개 39,000원

〈1995년 12월 31일 일요일 날씨 흐림〉
이 한 해을 보내는 마음이 정말 아쉽꾸나. 늙 이때만 돼며 뒤도라보는 시간을 생각을 하고 할 때 허전한 마음이 늙 앞쓰고 잇다.
"95年는 자신예깨는 재일 큰 영광을 준 해라고 말을 하고 십다. 나외깨는 꿈을 이룬 보금자리을 위추어쓰며 그것도 남들이 우리 동네에서 제일 집을 잘 지엇따고들 하고 잇쓰니 나외깨는 큰 영광이며 자신으로서는 95年을 잊절 수 업는 해라고 보며 우리 가정에 다들 건강하게 지내왔쓰니 더 바랄 것이 업쓰며 하늘에서 원총을 주어따고 생각을 하며 95年는 마음속에 간직을 하고 십픈 해라고 말을 하고 십다."

"그리고 매사 살아오면서 복이 만은 사람이라고 생각을 한다. 외냐 오늘날까지 살라오면서 부모의 유산업시 살라오면서 남외 집에 돈빌리로 가지 않코 살라왔쓰며 그것도 부인한태 사랑을 덤벅 받아가면서 살라왔쓰니 나는 정말 복이 만은 남자이다. 매사 일에 절급고 부부 생활이 절거어며 나한태는 불편을 주는 것이 업다. 늙 천사가 돈 기분으로 살라간다."

"오늘로서 아쉬운 해을 보내게 돼어쓰며 다가오는 세해도 우리 식구 다들 건강한 몸으로 지낼 수 잇는 원총을 주십시요. 네머리숙여 기원을 드리며 복된 해가 돼두록 두손 모아 비나이다."

"96年 새희는 우리 부부가 사랑을 더 만이 주는 해가 돼두록 노력을 아키지 않을끄시면 새해는 내 부인예깨 말 한마디 한마디 심중을 주어서 말로 인하여 부인을 불캐하게 만들지 안투록 전심을 다하여 노력을 하게노라. 여보 늙 이만 때가 돼며 부족을 니우치고 잇소. 부인 용서 해주오. 부인 96年도 건강을 함게 하소소.(남편이)"

지출에 … 원만 누우 결혼축이금 20,000원
한문책 3,000원 사과팍스 10개 2,000원
계 30,000원[215)]

215) 실제 계산은 25,000원이나 30,000원으로 잘못 기록하였다.

저자

이정덕　전북대학교 인문과학대학 고고문화인류학과 교수
소순열　전북대학교 농업생명과학대학 농업경제학과 교수
남춘호　전북대학교 사회과학대학 사회학과 교수
임경택　전북대학교 인문과학대학 일어일문학과 교수
문만용　KAIST 한국과학문명사연구소 연구교수
안승택　서울대학교 규장각한국학연구원 HK연구교수
이성호　전북대학교 SSK개인기록연구실 전임연구원
손현주　전북대학교 SSK개인기록연구실 전임연구원
이태훈　전북대학교 대학원 사회학과 박사 수료
김예찬　전북대학교 대학원 고고문화인류학과 박사과정
박성훈　전북대학교 대학원 농업경제학과 석사과정
김민영　전북대학교 대학원 국어국문학과 석사

농민 권순덕의 삶과 기록 『아포일기』 4

지 은 이　이정덕 · 소순열 · 남춘호 · 임경택 · 문만용 · 안승택 · 이성호 · 손현주 · 이태훈 · 김예찬 · 박성훈 · 김민영
펴 낸 이　이남호
펴 낸 곳　전북대학교 출판문화원

초판 1쇄 인쇄 | 2015년 6월 27일
초판 1쇄 발행 | 2015년 6월 30일

등록번호　제465-2012-000021호
주　　소　전라북도 전주시 완산구 어진길 32(풍남동2가)
전　　화　(063) 219-5321~2
팩　　스　(063) 219-5323

ISBN 978-89-98534-55-4　　**값** 38,000**원**
ISBN 978-89-98534-21-9(세트)　94810

이 도서의 국립중앙도서관 출판예정도서목록(CIP)은 서지정보유통지원시스템 홈페이지(http://seoji.nl.go.kr)와 국가자료공동목록시스템(http://www.nl.go.kr/kolisnet)에서 이용하실 수 있습니다. (CIP제어번호 : CIP2015017128)